DICTIONNAIRE TOPOGRAPHIQUE

DE

LA FRANCE

COMPRENANT

LES NOMS DE LIEU ANCIENS ET MODERNES

PUBLIÉ

PAR ORDRE DU MINISTRE DE L'INSTRUCTION PUBLIQUE

ET SOUS LA DIRECTION

DU COMITÉ DES TRAVAUX HISTORIQUES ET DES SOCIÉTÉS SAVANTES

DICTIONNAIRE TOPOGRAPHIQUE

DU

DÉPARTEMENT DE LA MAYENNE

COMPRENANT

LES NOMS DE LIEU ANCIENS ET MODERNES

RÉDIGÉ SOUS LES AUSPICES

DE LA SOCIÉTÉ DE L'INDUSTRIE DE LA MAYENNE

PAR

LÉON MAÎTRE

ARCHIVISTE DE LA LOIRE-INFÉRIEURE
OFFICIER D'ACADÉMIE, EX-ARCHIVISTE DE LA MAYENNE

PARIS

IMPRIMERIE NATIONALE

—

M DCCC LXXVIII

INTRODUCTION.

CONSTITUTION PHYSIQUE DU DÉPARTEMENT.

Le département de la Mayenne est situé entre 2° 30′ et 3° 30′ de longitude ouest de Paris et entre 47° 45′ et 48° 35′ de latitude. Sa configuration présente l'aspect d'un parallélogramme presque régulier, dont la longueur moyenne, du nord au sud, est de 80 kilomètres et la largeur moyenne, de l'est à l'ouest, de 65 kilomètres. Il est borné au nord par les départements de l'Orne et de la Manche, à l'ouest par ceux d'Ille-et-Vilaine et de la Loire-Inférieure, au midi par le département de Maine-et-Loire et à l'est par celui de la Sarthe. Son étendue superficielle est de 5,188 kilomètres carrés.

Par sa constitution physique il appartient à cette région spéciale que les géologues désignent sous le nom de *massif breton*, vaste ensemble de granit et de roches anciennes qui comprend non-seulement la Bretagne, mais la Vendée, ainsi qu'une grande partie du Poitou, de l'Anjou, du Maine et de la presqu'île de la Manche. Toutes les grandes classes de la série géologique régulière, c'est-à-dire les terrains primitifs, de transition, secondaires et tertiaires, se trouvent dans le sol de la Mayenne; les terrains volcaniques seuls ne s'y révèlent par aucun indice. Ces différentes masses se présentent par groupes de proportions fort inégales. Le sous-sol granitique, qui couvre une superficie d'environ 1,278 kilomètres carrés, se répartit en six massifs, tous situés dans l'arrondissement de Mayenne, à l'exception d'un seul qui gît dans les communes de Saint-Cyr-le-Gravelais et de Beaulieu. Les gneiss se rencontrent dans les environs de Mayenne, de Marcillé-la-Ville, de Champfremont et d'Ernée. On trouve le diorite à Montenay, à Ernée, à Ambrières, à Montsurs et à Brée. Le schiste micacé, qui comprend une superficie de 168 kilomètres carrés, s'étend en forme de bandes dans les communes de Landivy, de Fougerolles, de la Dorée, de Saint-Aubin-Fosse-Louvain, au sud d'Ernée, aux environs de Bais et d'Ambrières et au nord-est de Lassay. Le pétrosilex, l'eurite et le porphyre se trouvent près de Nuillé-sur-Vicoin et constituent les buttes des Coëvrons.

Le terrain de transition occupe environ les deux tiers de la superficie du département de la Mayenne et se divise en trois masses principales, dont la plus considérable embrasse près de la moitié du département, savoir : tout l'arrondissement de Château-Gontier et une partie de celui de Laval; l'autre s'étend dans les limites des communes de la Croixille, de Saint-Hilaire, de la Pellerine, d'Ernée, de Montenay, de Saint-Georges-Buttavent, de Châtillon-sur-Colmont, de Parigné, d'Oisseau; la troisième, enfin, ne dépasse pas les trois cantons du nord-est du département. Dans ce terrain de transition on remarque le calcaire-marbre, dont les couches, très-abondantes dans l'arrondissement de Laval et rares dans les autres, sont exploitées comme pierres à chaux et alimentent les nombreux fours de Louverné, d'Argentré, de Bonchamp, de Saint-Berthevin, de Saint-Jean-sur-Mayenne, de Chemeré, de Saint-Pierre-la-Cour et de Grez-en-Bouère. L'anthracite s'extrait des mines d'Épineu-le-Séguin, de la Bazouge-de-Chemeré, de Bazougers, de la Baconnière, et principalement de celle de l'Huisserie. Le schiste argileux ou phyllade fournit d'excellentes carrières d'ardoises à Javron, à Saint-Germain-de-Coulamer et à Renazé[1].

Le terrain appelé secondaire n'est représenté que par un petit dépôt houiller exploité dans la commune de Saint-Pierre-la-Cour depuis 1830.

La place qu'occupe la masse tertiaire n'est guère plus considérable; ses variétés se composent sur les plateaux élevés d'une certaine couche d'argile, et ailleurs de dépôts de sable et de grès ferrugineux ou siliceux desquels on extrait du minerai de fer dans les communes de Saint-Pierre-la-Cour, de Saint-Ouen-des-Toits, du Bourgneuf, d'Évron, de Châtres, de Saint-Pierre-sur-Orthe, de Montsurs, de la Baconnière, de Meslay, de Bourgon et de Blandouet. Pour compléter cette énumération, il faut citer le manganèse trouvé au fond des vallées de Marcillé-la-Ville, de Grazay et de Hambers, quelques amas de silex meulière, de coquilles marines et de corps madréporiques, enfin de rares dépôts de marne calcaire. Champfremont, Bais, Grazay et quelques autres communes contiennent des dépôts tourbeux; mais ils sont, en général, superficiels. Les sources minérales, qui sont en petit nombre, sont toutes ferrugineuses; aucune n'est thermale. Les deux principales sont dans la commune de Niort et dans la ville de Château-Gontier.

Le sol du département de la Mayenne est très-accidenté, très-pittoresque, sillonné de nombreuses vallées, de chemins creux, hérissé aussi de monticules. Nulle part, les saillies ne sont assez prolongées pour mériter le nom de chaîne : ce sont plutôt des hauteurs isolées, en forme de croupes quelquefois abruptes. Les sommets les plus élevés

---

[1] Cette description a été composée avec les documents de statistique conservés dans les archives de la Mayenne, séries O et P, et, en grande partie, avec l'ouvrage de M. Blavier, ingénieur des mines, intitulé : *Essai de statistique minéralogique et géologique du département de la Mayenne*, in-8°; le Mans, 1837.

se trouvent au nord; ce sont : les Avaloirs, dans le bois de Boulay, qui montent à 417 mètres au-dessus du niveau de la mer, et le mont Souprat, dont la cime est à 385 mètres. Vers le centre, à la butte de Rochard, on compte encore 352 mètres; à la pointe des Coëvrons, près de Voutré, 330 et à Montaigu, 290 mètres; mais à mesure qu'on descend vers la région méridionale les sommets s'affaissent et ne dépassent pas 113 mètres dans l'arrondissement de Château-Gontier. A Daon, près du département de Maine-et-Loire, le sol n'est plus qu'à 73 mètres au-dessus du niveau de la mer.

La physionomie générale du pays, agreste, souvent sauvage, rappelle au voyageur bien moins le paysage de la Sarthe que celui de la Bretagne; les roches grisâtres et moussues disséminées le long des rivières, les ajoncs et les genêts qui forment les haies, donnent à la Mayenne une grande ressemblance avec cette dernière province. Les clôtures des champs sont tellement rapprochées et touffues que, pour l'observateur placé sur un point culminant, le pays présente l'aspect uniforme d'un bois continu. Si cette multiplicité de haies protège les moissons contre les vents d'ouest, il faut dire aussi qu'elle retient les brouillards et donne au climat une humidité dont les habitants sont importunés. La température, généralement variable, est plus froide dans l'arrondissement de Mayenne que dans les deux autres.

Pour quiconque observe attentivement la carte physique de la Mayenne, il n'est pas douteux que ce département n'ait été autrefois une vaste forêt, éclaircie çà et là par quelques steppes. On pourrait encore indiquer les points où se réunissaient entre elles les forêts qui subsistent aujourd'hui, et comment elles se rattachaient à celles des départements voisins. Les forêts de Monnoye, de Pail, de Mayenne, de Bourgon, de Sillé-le-Guillaume, d'Hermet, couvraient l'arrondissement du nord; celles de Concise et de la Charnie occupaient le centre, et les forêts de Bouère, de Valles, de Lourzais et de Craon, la partie méridionale.

L'édit du 13 août 1766, qui accordait une exemption d'impôt à ceux qui défricheraient des terres, n'a pas produit de résultats dans la Mayenne: les vassaux qui avaient des droits de pacage, et les seigneurs qui tiraient des redevances des usagers, crurent qu'il était de leur intérêt de s'opposer à toute innovation. Un rapport constate qu'en 1804 les landes et bruyères couvraient, dans le département de la Mayenne, une étendue de 20 à 21 lieues carrées, c'est-à-dire un douzième et demi de sa superficie, et se répartissaient ainsi : dans l'arrondissement de Mayenne, 65,000 arpents carrés; dans l'arrondissement de Laval, 12,000, et dans le Craonnais, 3,000. Depuis soixante-dix ans, les défrichements se sont poursuivis activement; cependant on comptait encore en 1860 25,000 hectares de terres en friche. Le sol de ces landes se com-

INTRODUCTION.

pose presque en totalité de cailloux quartzeux ou de galets enveloppés d'un sable grossier; les carrières de ces pierres s'étendent à des profondeurs de 10, 15 et 20 pieds et plus, depuis les hauteurs quartzeuses de Pré-en-Pail, à l'entrée est du département, jusqu'aux environs de Mayenne. Ces landes se répandent sur cette contrée de l'arrondissement nord dans la largeur d'une lieue et prennent une partie des territoires de Pré-en-Pail et de Saint-Calais-du-Désert, entourent une portion de la forêt de Pail, forment les bruyères de Froc, passent par les communes de Saint-Cyr-en-Pail, de Villepail, de Gesvres, de Saint-Mars et de Saint-Aubin-du-Désert, regagnent les communes de Crennes, de Champgenéteux, les hauteurs de Loupfougères et d'Hardanges, les buttes de Buleu, les landes de Guilaintain et d'Aron. J'indique seulement ici celles qui se suivent presque sans aucune interruption et forment ces bancs immenses de galets roulés des montagnes de l'est et répandus sur les terrains inférieurs par la rapidité des courants qui, seuls, ont pu broyer et réduire à cette multitude innombrable les cailloux arrondis qu'on trouve à toutes les profondeurs dans cette longue suite de terrains incultes.

Les autres landes éparses dans le surplus de l'arrondissement du nord et dans les deux autres, hors la lande de la Croix-Bataille, près de Laval, ne sont que des amas de sable, d'une terre lourde et d'une nature schisteuse. Leur sol sec et aride est recouvert d'une seule plante nommée *la petite bruyère*, dont les débris, après des siècles, n'ont procuré que deux à trois pouces de terre noire qu'on mêle aux terrains trop gras.

Le sol de la Mayenne est généralement fertile, particulièrement dans l'arrondissement de Château-Gontier, mais il est rude et difficile à labourer; il s'agglomère en mottes épaisses qui ne se divisent qu'à l'aide de la chaux répandue en abondance. Dans le résumé du cadastre établi en 1844, la contenance du territoire est portée à 516,200 hectares, dont voici les principales évaluations :

Terres labourables.	353,625^h 88^a 25^c
Prés.	72,319 91 20
Vignes.	807 73 67
Bois.	32,574 96 17
Vergers et jardins.	9,767 32 33
Oseraies et saussaies.	50 11 37
Étangs et canaux.	1,685 59 94
Landes et bruyères.	25,628 49 62
Cultures diverses.	46 45 43
Propriétés bâties.	3,660 74 61
Rivières et cours d'eau.	1,788 64 35

Certains articles se sont beaucoup modifiés depuis 1844, notamment celui des

INTRODUCTION.

landes. Un rapport de 1853 constate que 5,420 hectares ont été défrichés en dix années ou plantés en bois, et que 338 hectares de vignes ont été convertis en terres labourables. Si l'on procédait à un nouveau recensement aujourd'hui, il est probable que le chiffre des landes s'abaisserait encore dans la même proportion, car un grand nombre de propriétaires ont fait d'immenses sacrifices pour utiliser les terres en friche.

La population, qui s'élève à 351,933 habitants[1], est répandue sur le territoire par villages, hameaux et fermes, et non point rassemblée comme dans l'est autour des clochers. Les agglomérations sont plus clair-semées, mais plus populeuses dans l'arrondissement de Mayenne que dans les deux autres, où les fermes sont généralement isolées au centre de leurs dépendances. Les champs ont des limites invariables : ce sont des fossés profonds, dont les talus très-élevés sont garnis de haies épaisses, de broussailles et d'arbres forestiers. On distingue trois sortes d'exploitations agricoles : les bordages ou biqueteries, qui ne dépassent pas 5 hectares ; les closeries, dont l'étendue va de 5 à 14 hectares, et les métairies ou fermes, qui contiennent 15 hectares et au-dessus.

HYDROGRAPHIE.

Le département de la Mayenne est un des mieux arrosés de France, puisque ses rivières, ses ruisseaux et ses étangs couvrent une superficie de 3,474 hectares. Dans les parties les plus accidentées on ne rencontrait pas autrefois une seule vallée qui ne servît de bassin à un étang, mais depuis que l'agriculture est entrée dans la voie du progrès les prairies ont remplacé les flaques d'eau ; cependant le nombre des étangs est encore considérable. J'ai eu soin d'indiquer ceux qui existent et ceux qui ont disparu.

On ne compte pas moins de 1,461 rivières ou ruisseaux, dont les eaux se partagent en quatre bassins. La Mayenne, qui est la seule dont le cours se prête à la navigation, coupe le département, du nord au sud, dans toute sa longueur en deux parties à peu près égales et conduit la plus grande masse des eaux dans la Loire. On est parvenu à la rendre navigable, malgré la pente excessive de son lit, en établissant de nombreuses écluses de Mayenne à Angers. Ses principaux affluents sur la rive droite sont la Varenne, la Colmont, l'Anvore, l'Anxurre, l'Ernée, le Vicoin et l'Oudon, et sur la rive gauche, l'Aisne, le Lassay, la Vienne, l'Aron, la Jouanne et l'Ouette.

Le bassin le plus important est ensuite celui de la Sarthe, dans lequel se déversent les eaux du Merdereau, de la Vaudelle, de l'Erve et de la Vaige.

[1] Ce sont les chiffres du recensement de 1876.

Au nord, les eaux du canton de Landivy s'écoulent dans la Manche par les bassins du Déron et du Couesnon, et, au centre, quelques ruisseaux des cantons de Loiron et de Chailland vont réunir leur cours à celui de la Vilaine.

GÉOGRAPHIE HISTORIQUE.

Au moment où César vint en Gaule, le territoire qui porte le nom de département de la Mayenne était partagé en trois parties, dont la plus petite appartenait aux Andes, établis au midi, et les deux autres aux Cénomans et aux Diablintes. Ces trois peuplades sont indiquées si sommairement dans César et dans les anciens géographes, qu'il est difficile de fixer les limites dans lesquelles elles se mouvaient; cependant on sait que les Cénomans habitaient la région de *Subdinum* (Le Mans), et les Diablintes, celle de *Neodunum* (Jublains)[1]. C'est tout ce qu'on peut dire de leur position respective, car elles ont laissé si peu de traces de leur passage sur le sol, qu'il n'est même pas possible d'invoquer le secours de l'archéologie; je serai donc obligé d'être très-succinct sur cette époque primitive.

Les principaux centres de population n'étaient pas alors où ils sont aujourd'hui : Laval, Mayenne et Château-Gontier n'existaient pas; les deux premières ne sont pas antérieures au IXe siècle, et la dernière est du XIe siècle. Il paraît avéré aujourd'hui que Jublains (*civitas Diablintorum*) fut à l'époque Gallo-Romaine la principale et peut-être la seule cité du Bas-Maine : on trouve en effet dans cette commune, qui n'est aujourd'hui qu'une bourgade, non-seulement un camp romain fortifié et un théâtre, mais encore des vestiges indubitables de trois civilisations successives. Ce qu'on a découvert ailleurs de débris romains ne mérite pas d'être mentionné.

Les lieux qui pourraient ensuite être cités comme les plus anciens sont : Courceriers (*curia Cæsaris*), Marcillé-la-Ville, Châtres, Colombiers, Évron, Brée, Poulay, Quelaines, dont les noms figurent dans les textes du VIIe siècle; puis Montsurs, Villiers-Charlemagne, Javron, Gorron, Loiron et Chemeré-le-Roi.

Sous le règne d'Auguste, les Diablintes et les Cénomans, qui sont surtout les aborigènes du pays dont je m'occupe, furent englobés dans la province appelée Lyonnaise, dont le gouverneur résidait à Lyon. Au IVe siècle, ils passèrent dans la seconde Lyonnaise avec Rouen pour capitale, puis dans la troisième, dont le chef-lieu était à Tours. Sous les Mérovingiens, leur territoire devint une unité administrative qui prit le nom de

---

[1] Voir l'ouvrage de M. Barbe sur Jublains. 1 vol. in-8°. Le Mans, 1863.

province du Maine, dont le gouvernement fut confié à un comte. La partie la plus occidentale, représentée aujourd'hui par le département de la Mayenne, fut appelée Bas-Maine, par opposition au territoire de la Sarthe, qu'on nommait le Haut-Maine.

Après être restée longtemps indépendante, cette province tomba au xi᷍e siècle sous la domination des Plantagenêts, qui la réunirent à la Touraine et à l'Anjou sous une même autorité. Confisquée au xiii᷍e siècle par Philippe Auguste, elle fut réunie au domaine royal et servit d'apanage aux princes de la maison d'Anjou jusqu'à la fin du règne de Charles VII.

Lorsque la France fut partagée au xvi᷍e siècle en gouvernements, le Maine fut placé dans le ressort du gouverneur qui commandait le Poitou, le Berry, la Bretagne, l'Anjou et la Touraine. Ce n'est que sous Henri III que le Maine eut un gouverneur particulier, et après le règne de Louis XIII on trouve des lieutenants du roi dans les trois grandes seigneuries du Bas-Maine.

DIVISIONS ECCLÉSIASTIQUES.

Le département de la Mayenne forme une circonscription diocésaine toute récente; sa création ne remonte pas au delà de 1855. Avant cette date il appartenait au diocèse du Mans, qui, déjà très-étendu sous l'ancien régime, s'était encore accru, au moment du Concordat, de la partie du diocèse d'Angers réunie au département de la Mayenne. Avant 1790, le territoire dont nous nous occupons dépendait de deux diocèses : celui d'Angers comprenait le marquisat de Château-Gontier et la baronnie de Craon, pendant que celui du Mans embrassait tout le pays nommé Bas-Maine.

Les archidiaconés qui se partageaient le Bas-Maine étaient ceux de Laval, de Passais, du Sonnois et de Sablé, dont le ressort se divisait en doyennés comme suit :

	Doyennés de :		Doyennés de :
Archidiaconé de Passais.	Javron. Lassay. Passais. Roche-Mabille (La).	Archidiaconé de Laval.	Ernée. Évron. Laval. Mayenne.
	Doyennés de :		Doyennés de :
Archidiaconé de Sablé.	Brulon. Sablé.	Archidiaconé du Sonnois.	Fresnay. Sillé-le-Guillaume.

La partie du département qui appartenait au diocèse d'Angers était dans l'archidiaconé d'Outre-Maine, dont le territoire se divisait en deux doyennés : celui de Craon et celui d'Écuillé.

Suit la liste des paroisses de chaque diocèse, telles qu'elles étaient classées dans chaque doyenné :

DIOCÈSE DU MANS.

DOYENNÉ DE BRULON.

Bannes.
Cossé-en-Champagne.
Épineu-le-Séguin.

Saint-Jean-sur-Erve.
Saint-Pierre-sur-Erve.

Saulges.
Thorigné.

DOYENNÉ D'ERNÉE.

Baconnière (La).
Carelles.
Chailland.
Colombiers.
Croixille (La).
Désertines.
Dorée (La).
Fougerolles.

Juvigné.
Landivy.
Larchamp.
Launay-Villiers.
Lévaré.
Montoudin.
Montenay.
Pellerine (La).

Saint-Berthevin-la-Tannière.
Saint-Denis-de-Gastines.
Saint-Ellier.
Saint-Hilaire-des-Landes.
Saint-Mars-sur-la-Futaie.
Saint-Pierre-des-Landes.
Vautorte.

DOYENNÉ D'ÉVRON.

Assé-le-Bérenger.
Bais.
Bazoge-Montpinçon (La).
Bazouge-des-Alleux (La).
Belgeard.
Blandouet.
Brée.
Châlons.
Chammes.
Champgenéteux.
Châtres.

Commer.
Gesnes.
Hambers.
Jublains.
Livet.
Martigné.
Mézangers.
Montourtier.
Montsurs.
Neau.
Saint-Céneré.

Saint-Christophe-du-Luat.
Sainte-Gemmes-le-Robert.
Sainte-Suzanne.
Saint-Georges-sur-Erve.
Saint-Ouen-des-Vallons.
Torcé.
Trans.
Viviers.
Voutré.

DOYENNÉ DE FRESNAY.

Gesvres.

DOYENNÉ DE JAVRON.

Averton.
Baroche-Gondouin (La).
Brétignolles.
Champéon.

Chantrigné.
Chapelle-au-Riboul (La).
Chapelles (Les).
Charchigné.

Chevaigné.
Couptrain.
Courberie.
Courcité.

INTRODUCTION.

Crennes-sur-Fraubée.
Grazay.
Ham (Le).
Hardanges.
Horps (Le).
Housseau (Le).
Izé.
Lassay.
Loupfougères.
Madré.

Marcillé-la-Ville.
Melleray.
Montreuil.
Niort.
Poulay.
Pré-en-Pail.
Rennes-en-Grenouille.
Ribay (Le).
Saint-Aubin-du-Désert.
Saint-Calais-du-Désert.

Saint-Cyr-en-Pail.
Sainte-Marie-du-Bois.
Saint-Fraimbault-de-Prières.
Saint-Julien-du-Terroux.
Saint-Loup-du-Gast.
Saint-Thomas-de-Courceriers.
Thubœuf.
Villaines.
Villepail.

DOYENNÉ DE LAVAL.

Ahuillé.
Andouillé.
Astillé.
Beaulieu.
Bourgneuf (Le).
Bourgon.
Brulatte (La).
Changé.
Cosmes.
Cossé-le-Vivien.
Courbeveille.

Genest (Le).
Gravelle (La).
Grenoux.
Houssay.
Huisserie (L').
Loiron.
Montigné.
Montjean.
Nuillé-sur-Vicoin.
Olivet.
Quelaines.

Ruillé-le-Gravelais.
Saint-Berthevin.
Saint-Cyr-le-Gravelais.
Saint-Gault.
Saint-Germain-le-Fouilloux.
Saint-Isle.
Saint-Jean-sur-Mayenne.
Saint-Ouen-des-Toits.
Saint-Pierre-la-Cour.
Saint-Sulpice.

DOYENNÉ DE MAYENNE.

Alexain.
Aron.
Bigottière (La).
Châtillon-sur-Colmont.

Contest.
Moulay.
Oisseau.
Parigné.

Placé.
Saint-Baudelle.
Saint-Georges-Buttavent.
Saint-Germain-d'Anxurre.

DOYENNÉ DE PASSAIS.

Ambrières.
Brécé.
Cigné.
Couesmes.
Désertines.

Gorron.
Hercé.
Lesbois.
Pas (Le).
Saint-Aubin-Fosse-Louvain.

Saint-Mars-sur-Colmont.
Soucé.
Vaucé.
Vieuvy.

DOYENNÉ DE LA ROCHE-MABILLE.

Boulay.
Champfremont.
Lignières-la-Doucelle.

Neuilly-le-Vendin.
Orgères.
Pallu (La).

Poôté (La).
Ravigny.
Saint-Samson.

Mayenne.

INTRODUCTION.

DOYENNÉ DE SABLÉ.

Argenté.
Arquenay.
Ballée.
Bazouge-de-Chemeré (La).
Bazougers.
Beaumont-Pied-de-Bœuf.
Bignon (Le).
Bonchamp.
Bouère.
Bouessay.
Buret (Le).
Chapelle-Anthenaise (La).
Chapelle-Rainsouin (La).
Chemeré-le-Roi.

Cropte (La).
Entrammes.
Forcé.
Fromentières.
Gennes.
Grez-en-Bouère.
Longuefuye.
Louverné.
Louvigné.
Maisoncelles.
Meslay.
Montflours.
Nuillé-sur-Ouette.
Parné.

Préaux.
Ruillé-Froidfont.
Sacé.
Saint-Brice.
Saint-Charles-la-Forêt.
Saint-Denis-du-Maine.
Saint-Georges-le-Fléchard.
Saint-Germain-de-l'Hommel.
Saint-Léger.
Saint-Loup-du-Dorat.
Soulgé-le-Bruant.
Vaiges.
Villiers-Charlemagne.

DOYENNÉ DE SILLÉ-LE-GUILLAUME.

Saint-Germain-de-Coulamer.
Saint-Mars-du-Désert.

Saint-Martin-de-Connée.
Saint-Pierre-sur-Orthe.

Vimarcé.

DIOCÈSE D'ANGERS, ARCHIDIACONÉ D'OUTRE-MAINE.

DOYENNÉ DE CRAON.

Ampoigné.
Athée.
Ballots.
Boissière (La).
Bouchamp.
Brains-sur-les-Marches.
Chapelle-Craonnaise (La).
Chemazé.
Chérancé.
Congrier.
Cuillé.
Denazé.
Fontaine-Couverte.

Gastines.
Laigné.
Laubrières.
Livré.
Loigné.
Marigné-Peuton.
Mée.
Ménil.
Méral.
Niafle.
Peuton.
Pommerieux.
Renazé.

Roë (La).
Rouaudière (La).
Saint-Aignan-sur-Roë.
Saint-Erblon.
Saint-Martin-du-Limet.
Saint-Michel-de-la-Roë.
Saint-Poix.
Saint-Quentin.
Saint-Saturnin-du-Limet.
Selle-Craonnaise (La).
Senonnes.
Simplé.

DOYENNÉ D'ÉCUILLÉ.

Argenton.
Azé.
Bazouges.
Bierné.

Château-Gontier.
Châtelain.
Coudray.
Daon.

Saint-Denis-d'Anjou.
Saint-Fort.
Saint-Laurent-des-Mortiers.
Saint-Michel-de-Feins.

INTRODUCTION.

DIVISIONS FÉODALES.

Éginhard nous apprend que, sous le règne de Charlemagne, la partie la plus occidentale du Maine formait une circonscription militaire dont le chef se nommait « le préfet de la marche de Bretagne » [1]. Pendant la décadence de l'empire d'Occident, cette contrée tomba dans la mouvance féodale du comté du Maine, mais elle ne perdit pas son autonomie et se transforma en deux grands fiefs qui devinrent les baronnies de Mayenne et de Laval. Deux autres petites seigneuries indépendantes des précédentes se formèrent à l'Est autour des abbés d'Évron et des barons de Sainte-Suzanne et englobèrent dans leur ressort la partie du Bas-Maine qui restait libre. Au Midi la province d'Anjou embrassait aussi une trop grande étendue pour que le comte pût la maintenir à lui tout seul dans sa dépendance : il érigea donc la baronnie de Craon sur les confins de l'Anjou, du Maine et de la Bretagne, puis celle de Château-Gontier. Tels étaient les noms des six seigneuries qui se partageaient à l'origine le département sous la suzeraineté des comtes du Maine et d'Anjou.

L'unité qui s'était constituée avec la féodalité dans le gouvernement de la province du Maine ne se prolongea pas au delà du xve siècle; le premier démembrement se fit en faveur des comtes de Laval. Charles VII, pour les récompenser des services signalés qu'ils avaient rendus à la couronne pendant la guerre de Cent ans, érigea, le 17 juillet 1429, la baronnie de Laval en comté-pairie. Cet acte entraînait avec lui des conséquences fort importantes : il créait deux seigneuries rivales dans la province et plaçait le comté de Laval dans l'échelle de la hiérarchie féodale sur le même rang que le comté du Maine, car le roi le prenait du même coup sous sa domination immédiate et le relevait de toute vassalité intermédiaire. Louis XI acheva de consacrer ce morcellement et de briser les liens administratifs qui rattachaient encore le comte de Laval à son ancien suzerain en créant un siége judiciaire et un siége financier dont les appels relevaient directement du Parlement et de la Chambre des comptes de Paris.

La baronnie de Mayenne, qui était restée seigneurie inférieure jusqu'au xvie siècle, fut mise au nombre des fiefs suzerains sous le règne de François Ier. Ce prince, continuant la politique de Louis XI, en fit un marquisat indépendant en réunissant à sa mouvance les terres de la Ferté-Bernard et de Sablé. Cette haute situation fut confirmée par Charles IX, qui l'érigea en duché-pairie en faveur de Charles de Lorraine.

La baronnie de Sainte-Suzanne, d'abord vassale directe de la sénéchaussée du

---

[1] *In quo prælio Hruodlandus limitis Britannici præfectus interficitur.* (Éginhard, *Vita Karoli Magnia.*)

Maine, devint membre du duché de Beaumont au moment de l'érection de cette terre en 1543. Elle tomba dans le domaine royal à l'avénement de Henri IV, qui était héritier des sires de Beaumont par son aïeule Françoise d'Alençon, puis passa entre les mains de divers propriétaires engagistes qui prêtaient hommage devant la Chambre des comptes de Paris.

La baronnie de Château-Gontier, quoique située dans le ressort de la province d'Anjou, fut séparée de sa mouvance primitive pour former le duché de Beaumont. Elle ne resta pas longtemps dans la maison de Bourbon, car Louis XIII la donna en 1629 à Louise de Lorraine, princesse de Conti, en échange de diverses principautés. Elle fut achetée, la même année, par le président de Bailleul, qui la fit ériger, en 1647, en marquisat indépendant, relevant immédiatement de la couronne. Les seigneurs qui lui succédèrent au xviii° siècle ne furent, comme lui, que des propriétaires engagistes.

Après avoir amoindri peu à peu la puissance des grands feudataires de la couronne en multipliant les érections de fiefs suzerains, nos rois entreprirent au xvii° siècle le même travail de morcellement à l'égard des seigneuries inférieures. Ils enlevèrent successivement à la mouvance des ducs de Mayenne le marquisat de Villaines-la-Juhel en 1587, le marquisat du Plessis-Châtillon en 1624, le marquisat de Gesvres en 1643, le marquisat de Lassay en 1647, la baronnie d'Ambrières, qui fut annexée au comté de Tessé, et le marquisat de Montaudin en 1676.

Dans le comté de Laval, qui était bien moins étendu, les fractionnements furent beaucoup moins nombreux; les baronnies d'Entramnes et de la Chapelle-Rainsouin furent les seules seigneuries créées aux dépens de son ressort direct. Dans le marquisat de Château-Gontier on ne connaît pas d'autre érection que celle du marquisat de la Barre, au xvii° siècle. Il me reste maintenant à faire connaître quels étaient les fiefs dépendant des mouvances suzeraines indiquées ci-dessus. En voici la nomenclature :

MOUVANCES FÉODALES DU COMTÉ DE LAVAL.

CHÂTELLENIE D'ARQUENAY.

Bignon (Le).	Montavallon.	Pontfarcy.
Champfleury.	Pleinchesne.	Troquerie (La).
Maisoncelles.		

CHÂTELLENIE DE BAZOUGERS.

Barberie (La).	Bois-Joussé (Le).	Buron (Le).
Besnardières (Les).	Breil (Le).	Chaluère (La).
Bizollière (La).	Brochardière (La).	Changé.

INTRODUCTION.

Châtaignères (Les).
Chaumerais (Les).
Chauvinière (La).
Clairet (Le).
Érablaie (L').
Flers.
Gast (Le).
Gaubertière (La).
Gaudinière (La).
Gouvaudière (La).
Gravier (Le).
Grulière (La).

Hauterives.
Heaulme-Champenois (Le).
Hune (La) [en partie].
Ifs (Les).
Jariaie (La).
Linières et Ballée.
Marboué ou Sénéchal.
Ménardière (La).
Montdamer.
Motte (La).
Motte-Alain (La).
Pin (Le) [en partie].

Pinsonnière (La).
Plaine (La).
Prezaie (La).
Ringeardière (La).
Roche-Pichemer (La).
Selle (La).
Sort (Le).
Souvré.
Touches (Les).
Triquerie (La).
Troussière (La).
Valettes (Les).

CHÂTELLENIE DE CARELLES, CHAMPORIN, YVOY ET L'OTAGERIE.

Chapelle-Montbert (La).

Ramée (La).

Saint-Christophe-du-Luat.

BARONNIE DE LA CHAPELLE-RAINSOUIN [1].

Beauchêne.
Bignon (Le).
Bommat.
Bonne-Fontaine.
Bourgneuf-sous-Vénard (Le).
Champagnette.
Chauffour.

Coupeau.
Crotigné.
Deffay (Le).
Fouconnière (La).
Gresse.
Landes-de-Harcourt (Les).
Landes-Juhées (Les).

Montrenoux.
Outrebois.
Roulis (Le).
Soumat.
Valette (La).

CHÂTELLENIE DE CHEMERÉ-LE-ROI.

Bazouge-de-Chemeré (La).
Maubusson.

Motte-Giraine (La).
Ropiteau.

Thévales.
Touche-Boulard (La).

CHÂTELLENIE DE COURBEVEILLE.

Bois-de-Brifilouse.
Bourgeonnière (La).
Carteraie (La).
Chenil (Le).
Cottinière (La).
Coudraie (La).
Cour-Dorée (La).
Dureil.
Épechère (L').
Genetais (Les).

Guédonnière (La).
Guéhardière (La).
Guénaudière (La).
Guétraudière (La).
Haie-Baude (La).
Jousseaumière (La).
Langron.
Ligonnière (La).
Macheferrière (La).
Mingé.

Motte-de-Mordron (La).
Noës (Les Grandes-).
Patrière (La).
Prés (Les).
Prezaie (La).
Rimacé.
Roguinière (La).
Simonnière (La).
Théaudière (La).
Villamy (Le Grand et le Petit).

[1] Cette seigneurie relevait de trois suzerains : du comte de Laval, du duc de Mayenne et du marquis de Château Gontier.

INTRODUCTION.

BARONNIE D'ENTRAMNES.

Aunay-Peloquin (L').
Bigottière (La).
Bonnes.
Briacé.
Changé.
Cheré.
Cour-Belot (La) ou Thubœuf.

Forcé [en partie].
Fretray.
Guyardière (La).
Jarossaie (La).
Lancheneil.
Marboué.
Montigné.

Moulinet (Le).
Moussay.
Ouette.
Planches (Les).
Plessis-Mulot (Le).
Port-Ringeard (Le).
Roussière (La).

CHÂTELLENIE DE FOUILLOUX.

Barbin.
Brunard.
Calabres.
Deffais-Robinard (Les).

Motte-du-Creux (La).
Plessis-Caigneux (Le).
Plessis-Saulmon (Le).

Ragottière (La).
Salle (La).
Ville-Galant (La).

CHÂTELLENIE DE LA GRAVELLE.

Cornesse.
Gaberie (La).

Vennerie (La).
Vermandiers.

CHÂTELLENIE DE LAVAL.

Aché.
Arsis (Les).
Aubigné.
Auvers.
Barbottière (La).
Beaulieu.
Beauvais.
Béhaudière (La).
Beloiseau.
Berne.
Bertinière (La).
Bois-Gamast (Le).
Bootz.
Bourgon.
Brétignolles.
Briacé.
Brouillère (La).
Chaluère (La).
Chambotz.
Chanteloup.

Châtelier (Le).
Chesnaie (La).
Choiseau.
Clermont.
Coconnière (La).
Coges.
Cornesse.
Coudray.
Coupeau.
Courporchère (La).
Courteille.
Crapon.
Drogerie (La).
Érablaie (L').
Essarts (Les).
Estrières (Les).
Falluère (La).
Feux-Vilaine (Les).
Fortécuyère (La).
Fougerolles.

Gandonnière (La).
Godelinière (La).
Grenusse.
Gresse.
Grillemont.
Gué-d'Orgé (Le).
Havart.
Hemeriaie (La).
Houssaie (La).
Ifs (Les).
Lancheneil [en partie].
Lande (La).
Lande-Sourchin (La).
Languetinière (La).
Manoir-Ouvrouin (Le).
Marboué.
Marche (La Haute-).
Marcherue.
Marie (La).
Maritourne.

Mées (Les).
Moisière (La).
Mont-Besnard.
Neuville.
Noëdières (Les).
Olivet.
Orange.
Parthenay.
Perray (Le).
Perrine (La).
Plessis (Le).
Plessis-d'Anthenaise (Le).

Plessis-de-Cosmes (Le).
Provôtière (La).
Puisiers.
Ragonnière (La).
Rimonnières (Les).
Rouessé.
Saint-Sauveur.
Saucogné.
Sumeraine.
Tamozé.
Tertre (Le).
Touches (Les).

Tour-et-Chamaillard (La).
Troullière (La).
Troussière (La).
Val (Le).
Valette (La).
Vauberger.
Vaujois (Le Grand-).
Vayère (La).
Vennerie (La).
Vieucourt (La).
Vieuville (La).

CHÂTELLENIE DE MESLAY.

Aviraut.
Bignon (Le).
Bois-Robert (Le).
Bouhourie (La).
Boussignaudière (La).
Carreau (Le).
Chardonnière (La).
Chesnaie (La).
Chevonnières (Les).
Corberaie (La).
Cropte (La).
Diboisière (La).
Dijon.
Échelettes (Les).
Féaudière (La).
Fontaine (La Grande-).

Franc-Alleu [en partie].
Georgetière (La).
Grenouillère (La).
Gusveries (Les).
Haies (Les).
Hune (La).
Lande-Bourrel (La).
Maillardière (La).
Malabry.
Marchandière (La).
Marchederier.
Masserie (La).
Massetière (La).
Mortiers (Les).
Motte-Piau (La).

Orière (L').
Parmeigner.
Pâtis (Les).
Pin (Le).
Plessis-Pellecoq (Le).
Pommeraie (La).
Pretseillère (La).
Riveraie (La).
Rocher (Le).
Touche-Gérigné (La).
Tranchée (La).
Troquerie (La).
Troussière (La).
Ville-Pucelle.
Yvron.

CHÂTELLENIE DE LONGUEFUYE, VASSALE DE LA CHÂTELLENIE DE MESLAY.

Corbinières (Les).
Écorces (Les).
Forêt-d'Aubert (La).
Jumelaie (La).

Marboué.
Pironnière (La).
Primaudière (La).

Quanterie (La).
Roches (Les).
Touches (Les).

SEIGNEURIE ET HAUTE JUSTICE DE MONTCHEVRIER.

Cour-Belot (La), *alias* Thubœuf.
Courcelles.
Montmoult.
Morellière (La).

Perrine-Montéclair (La).
Poncé.
Ragottière (La).
Rennebourg.

Saudraie (La).
Vauchoisier.
Volue (La) ou Scepeaux.

CHÂTELLENIE DE MONTIGNÉ.

Baudonnière (La).
Bigottière (La).
Bourgeau.
Brehinière (La).
Chemin (Le).
Coudray-aux-Selles (Le).
Coupairie (La).

Courcelles.
Écouaillerie (L').
Fortécuyère (La).
Garellière (La).
Houdans.
Machinottière (La).
Morinière (La) ou Posson.

Scepeaux (Les).
Semondière (La).
Touche (La Grande-).
Touche-aux-Regereaux (La).
Vauraimbaut.
Verger (Le).

CHÂTELLENIE DE MONTJEAN.

Baulourie (La).
Beaulieu.
Beu.
Blanchardière (La).
Boissière (La).
Bonnetière (La).
Bouchardière (La).
Bourbouillé.
Brévintière (La).
Brouillère (La).
Buatière (La).
Carterie (La).
Chesnes (Les).
Christophlière (La).
Daguerie (La).
Foi (La).
Folie (La).
Foulles (Les).
Garenne (La).
Gasnerie (La).

Gourretière (La).
Guillemonnière (La).
Hamelinière (La).
Herseloyère (La).
Hubinière (La).
Jariais (La).
Lande-Brûlée (La).
Lande-Sourchin (La).
Lanfrière (La).
Lévaré-Feschal.
Loiron.
Macheferrière (La).
Mairie (La).
Malvoisine.
Mécorbon.
Ménardière (La).
Montbron.
Morinière (La).
Oresse (L').
Origné.

Pinellière (La).
Poilbouc.
Pont (Le).
Quentière (La).
Quesnerie (La).
Rainière (La Petite-).
Rassenouzière (La).
Réaulté (La).
Rochereau.
Rues (Les).
Seguère (La Haute et la Basse).
Tégonnière (La).
Terchamp (Vicomté de).
Thébaudière (La).
Tilleuls (Les).
Touchebroul.
Touche-Mollière (La).
Verger (Le).

CHÂTELLENIE DE LA GUÉHARDIÈRE, ANNEXÉE À LA PRÉCÉDENTE.

Blaudetière (La).
Bouillère (La).
Champagné (Le Petit-).
Énaudière (L').
Épinay (L').
Hart (La).

Jonchère (La).
Lévaré-Feschal.
Ligneux.
Loges (Les).
Mejonnière (La).
Montbron.

Poterie (La).
Tardivière (La).
Thébaudière (La).
Ville (La).
Ville-Tremaise (La).

INTRODUCTION.

CHÂTELLENIE DE MONTSURS.

Belliardières (Les).	Courtaudon.	Ifs (Les).
Brée et la Courbe.	Essarts (Les).	Thuré.
Buron (Le).	Francour.	Véloché.
Châlons.	Grillemont.	Vivoin.

CHÂTELLENIE DE SAINT-BERTHEVIN ET D'ACHÉ.

Beucherie (La).	Châtellier (Le).	Épine (L').
Bootz.	Courbusson.	Guette.
Bressaut.	Courtils (Les).	

CHÂTELLENIE DE SAINT-DENIS-DU-MAINE.

Breil-Héraut (Le) ou la Forge.	Clavières.	Vauberger.

CHÂTELLENIE DE SAINT-OUEN-DES-TOITS.
(Voir au ressort du duché de Mayenne.)

CHÂTELLENIE DE VAIGES.

Aubigné.	Escorcé (L').	Robichère (La).
Boullay (Le).	Hannellière-Mallet (La).	Saint-Georges-le-Fléchard.
Breil-Brillant (Le).	Landelle.	Sourchette.
Châtellier (Le).	Linières.	Théaudière (La).
Cherellière (La).	Malottière (La).	Villiers.
Ébaudière (L').	Meslay.	

La châtellenie de Champagne-Hommet, sise dans le Haut-Maine, paroisse de Poillé (Sarthe), qui s'étendait sur 10 paroisses, relevait aussi du comté de Laval; mais nous laissons à M. Hucher le soin de donner le dénombrement des fiefs de cette mouvance dans le dictionnaire qu'il prépare.

MOUVANCES FÉODALES DU DUCHÉ DE MAYENNE.

Angrunière (L').	Bazoche (La Grande-).	Bourgneuf (Le).
Aron (La Motte d').	Belinière (La).	Buleu.
Augeard.	Beublière (La).	Censive (La).
Baladé.	Bilheudière (La).	Chabossaie (La) ou la Haie-
Barres (Les).	Blanchardière (La).	Trossard.
Bas-Mont.	Bois-au-Parc (Le).	Chagouinière (La).
Baudais.	Bois-Demont (Le).	Chardon.

Mayenne.

Châteauneuf.
Chaumine.
Chauvellerie (La).
Chauvinière (La).
Cohardon.
Contest.
Contilly.
Coudray (Le).
Coulonges.
Courceriers.
Courcité.
Cour-des-Oyères (La).
Danvollière (La).
Devison.
Écluse (L').
Écottais (Les).
Éveillardière (L') ou Vivain.
Ferré.
Fourmondière (La).
Fresnay.
Froullay.
Gastine de Courceriers (La).
Gauberdière (La).
Gesvres.
Gougeonnière (La).
Guillemaux.
Haltière (La Grande-).
Hamar.

Hermetz.
Hermitage (L').
Île-du-Gast (L').
Jamins (Les).
Juardières (Les).
Juvandière (La).
Landepoutre.
Layeul (Le).
Ligottaie (La).
Loges (Les).
Loré.
Marcherue.
Marie (La).
Marigny.
Meigné.
Montceaux.
Montesson.
Montgiroul.
Montgriveu.
Montourtier.
Poôté (La).
Mortelon.
Motte-Crehen (La).
Motte-Boudier (La).
Mouetiez (Le Bas-).
Ollon.
Orthes.
Parc-d'Avaugour (Le).

Passouer (Le).
Pellerine (La).
Pescoux.
Picanes (Les).
Pillière (La).
Plessis-de-Contest (Le).
Plessis-sur-Colmont (Le).
Poillé.
Rouairie (La).
Rouesson.
Rouvray.
Saint-Victor (Féages de).
Sauvelière (La).
Surgon.
Tessé.
Torbechet.
Touche-Matignon (La).
Tricotterie (La).
Trotterie (La).
Val (Le).
Vaujuas.
Vautorte (La Cour de).
Vaux.
Vieuvy.
Ville-Limoudin (La).
Villette (La).

BARONNIE D'AMBRIÈRES.

Argencé.
Baugé.
Bazeille (La Cour-de-).
Belinière (La).
Béraudière (La).
Cimetière (Le).
Corbellière (La).
Courbadon.
Favières.
Fenouillère (La).

Froullay.
Gaucherie (La).
Haie (La).
Houssemagne.
Hussonnière (La).
Lignères.
Loutière (La).
Ménage.
Millières.
Motte-Belin (La).

Moussay.
Pallu (La).
Rivière (La).
Tertre (Le).
Tessé.
Torcé.
Valette (La).
Vauboureau.
Villefeu.

INTRODUCTION.

BARONNIE DU PLESSIS-CHÂTILLON.

Crapon.
Écluse (L').
Gauberdière (La).

Île-de-Brécé (L').
Montguerré.

Nancé.
Ponnière (La).

BARONNIE DE SILLÉ-LE-GUILLAUME [en partie].

Beschère (La).
Chellé.

Orthes.
Remmes.

Villiers.
Vivoin.

SEIGNEURIE DE LA CHARNÉ.

Achois.
Boisardière (La).
Bois-Louvre (Le).
Boissière (La).
Bouessé (Le).
Bretonnière (La).
Brimonnière (La).
Champlain.
Chesne (Le).
Domaine (Le).
Épine (L').

Fougerolles.
Haut-Bois (Le).
Hermillon.
Houllerie (La).
Lambarré (Le Petit-).
Livray.
Mangeardière (La).
Marolles [en partie].
Mébertin.
Montflaux.

Motte-Boudier (La).
Pannard.
Raizeux.
Rongère (La).
Roussière (La).
Séguelières (Les).
Torambert.
Torchanon.
Tremblay (Le).
Villeneuve.

CHÂTELLENIE DE COUPTRAIN.

Bitouzière (La).
Coulfru.
Courbais.

Fresnaie (La).
Hurelière (La).

Lamboux.
Serez.

CHÂTELLENIE D'IERNÉE.

Aubert.
Aunay (L').
Averton.
Barillière (La).
Barils.
Bilardière (La).
Blanchardière (La).
Bois-Béranger (Le).
Bois-Guyot (Le).
Boulonnay (Le).
Bourdes.
Bruère (La).
Buchardière (La).

Censive (La).
Châtelets (Les).
Châtenay-Beuve.
Châtenay-Cornesse.
Chauvière (La Haute-).
Cicorie (La).
Clerberie (La).
Corbon.
Couhouroux.
Courteilles.
Daviet.
Devison.
Désert (Le).

Dinaie (La).
Épinay (L').
Fesselle (La).
Fontenailles.
Forboué.
Forêt-le-Guillaume (La).
Forge-de-la-Caillère (La).
Fossavy.
Fresnay.
Gastines.
Gueretrie (La).
Hamelinaie (La).
Lice (La).

Marolles.
Massonnaie (La).
Méhubert.
Ménil-Barré (Le).
Montguerré.

Motte-Boudier (La).
Raizeux.
Salle (La Haute-).
Salles (Les).
Touche-Matignon (La).

Touches (Les).
Tranchée (La).
Vezins.
Villiers (Launay).

CHÂTELLENIE DE LA FEUILLÉE.

Abathan.
Juvandière (La).
Montigny.

Motte-Serrant (La).
Orange.

Pihorais (La).
Plessis (Le).

CHÂTELLENIE DE JUVIGNÉ ET DE SAINT-OUEN.

Bourgeonnière (La).
Bressinière (La).
Chamboz.
Cormier (Le).
Cour (La).
Cour-Boré (La).
Cour-Perraut (La).
Courteille.

Croix-aux-Vanneurs (La).
Crué.
Deffais-Robinard (Les) [partie].
Fauvellière (La).
Feux-Villaine (Les).
Henrière (La).
Ménil-Barré (Le).

Motte-de-Juvigné (La).
Nuillé-sur-Vicoin [partie].
Painchaud.
Plessis-Milcent (Le).
Poterie (La).
Réaulumière (La).
Rousseraie (La).

CHÂTELLENIE DE LIGNIÈRES, RESNÉ ET SAINT-CALAIS.

Aunay-Lioust (L').
Chauvinière (La).

Cordouin.
Magny, *alias* Bellanger-de-Haux.

Monthéard.
Revellière (La).

CHÂTELLENIE DE PONTMAIN.

Angottière (L').
Antiquelières (Les).
Astillé.
Baconnière (La).
Bailleul.
Belinière (La).
Biardière (La).
Buron (Le).
Chaise (La)
Chancellerie (La).

Cour-Boivin (La).
Forge (La).
Fresnais (Les).
Gué (Le).
Hemnard.
Lac (Le).
Lande-de-Champs (La).
Lande-Foucher (La).
Landivy et Mausson.

Lévaré.
Mordanterie (La).
Orcisse.
Pairas (La).
Parc-de-Goué (Le).
Pont-Aubrée (Le).
Provotière (La).
Tuffeu.
Vairie (La).

CHÂTELLENIE DE LA POÔTÉ.

Bellière (La).
Cour-Galain (La).

Goutard.
Lozé.

INTRODUCTION.

CHÂTELLENIE DE PRÉ-EN-PAIL.

Barre (La).
Buats (Les).
Chevrigny.

Marais (Les).
Peau-de-Loyère.

Puits-Cochelin (Le).
Remeneudière (La).

MOUVANCES FÉODALES DE LA SÉNÉCHAUSSÉE DU MAINE.

MARQUISAT DE LA HAUTONNIÈRE OU DE MONTAUDIN.

Aveneaux (Les).
Beucherie (La).
Ferrière (La).
Guesné.

Hautonnière (La).
Pihoraie (La).
Poupardière (La).
Primaudon.

Touches (Les).
Villabry.
Villaine (La).

MARQUISAT DE LASSAY.

Barberie (La).
Bois-Froust (Le).
Bois-Thibaut (Le).
Chantepie.
Coispellière (La).
Commerçon.
Coulonches.
Couterne.

Drouardière (La).
Fresne (Le).
Froullay.
Haies (Les).
Hardanges (La Forêt d').
Lamboux.
Laire (La).
Madré (La Motte de).

Montfoucaut.
Perray (Le).
Regellerie (La).
Roche (La).
Rocherie (La).
Tennet (Le).
Thubœuf (Le Bois de).
Vaucelle (La).

MARQUISAT DE VILLAINES-LA-JUHEL.

Bazeilles (Châtellenie de).
Brizollière (Châtellenie de la).
Chasseguère (Baronnie de).
Coudray (Le).
Courtœuvre.
Fontenay.
Fossé.
Ham (Baronnie du).

Hat (Le).
Laisy (Le).
Lamboux.
Layeul (Le).
Lingé.
Loisir (Le).
Marcillé (Châtellenie de).
Monthavoux.

Oisillé.
Repail.
Rue (La).
Taillée-d'Averton (La).
Theil (Baronnie du).
Trémaillère (La).
Vaucelle (Baronnie de la).

COMTÉ D'AVERTON.

Cormier (Le).
Cour-d'Aulain (La).

Coulonches.
Repail.

BARONNIE D'ÉVRON.

Cambie (La).
Champ (Le).

Chesnellière (La).
Cordouen.

Courceriers (Châtellenie de).
Cour de Sainte-Gemmes (La).

Cour-Dommier (La).
Courtaudon.
Érable (L').
Étiveau (L').
Foulletorte (Châtellenie de).
Galbaudière (La).

Guette (La Grande-).
Hulenière (La).
Longuefougère.
Mairerie (La).
Métairie (La).
Orion (L').

Prieuré (Le).
Sacristie (La).
Thorigné (Châtellenie de).
Touche (La).
Vaudelle (La).
Villiers.

BARONNIE DE SAINTE-SUZANNE.

Ambriers.
Aunay-Péan (L').
Baillée (La).
Champfleury.
Courbehier.
Courpierre.
Grange-Bourreau (La).
Haie-Huon (La).

Lande (La).
Mézangers (Châtellenie de).
Morinières (Les).
Motte-Guittet (La).
Pérardière (La).
Pierre-Fontaine.
Plessis-Buret (Le).
Poillé.

Pont (Le).
Thébert.
Thévalles.
Thorigné (Châtellenie de).
Vaigron.
Valette.
Vallée-de-Blandouet (La).

CHÂTELLENIE D'ASSÉ-LE-BÉRANGER.

CHÂTELLENIE DE BRÉE ET DE LA COURBE.

Bourrelière (La).
Gasnerie (La).

Gérennes.
Gesnes.

Montchauveau.
Montoron.

CHÂTELLENIE DE COURCERIERS.

Beauvais.
Boufource.
Chauchis (Le).
Classé.
Corbière (La).
Cordouen.

Crun.
Épine (L').
Grazay.
Halcul.
Hardangère (La).
Montfaucon.

Perron (Le).
Perronnière (La).
Plessis-Janvier (Le).
Pont-Bellanger (Le).
Touche (La Grande-).

CHÂTELLENIE DE GORRON.

Baconnière (La).
Beslay.
Bois-Bouvier (Le).
Bois-Brault (Le).
Brillancais (Le).
Brosse (Le).

Charbonnière (La).
Cour (La).
Esseulay (Le Plessis-).
Haie-Peau-de-Loup (La).
Lucé.
Pré (Le).

Rocher (Le).
Roulle.
Surgon.
Vairie (La).
Verger (Le).

INTRODUCTION.

CHÂTELLENIE DE POLIGNÉ.

Moisière (La).   Trétonnières (Les).

CHÂTELLENIE DE SOULGÉ-LE-BRUANT.

COMMANDERIE DE THÉVALLES ET DU BREIL-AUX-FRANCS.

SEIGNEURIE ROYALE DE BOURGNOUVEL.

SÉNÉCHAUSSÉE D'ANJOU.

MOUVANCES FÉODALES DU MARQUISAT DE CHÂTEAU-GONTIER.

Ampoigné.
Aulnais-Barrés (Les).
Balhayère (La).
Barillère (La).
Baronnière (La).
Baumerie (La).
Billonnière (La).
Bois-aux-Moines (Le).
Bois-Barré (Le).
Bois-Bignon (Le).
Bonnière (La).
Bouillé-Thévalles.
Bouillons (Les).
Boulay (Le).
Bourdonnière (La).
Bourg-Renaud.
Bozeille-Bouchard.
Bozeille-Maroutière.
Bozeille-Roué.
Bréon.
Brossinnière (La).
Brulon (La Motte-de-).
Champagne-Erezeau.
Châtelet (Le).
Cheripeau.
Chouannière (La).

Clos-Avril (Le).
Coges.
Deffay (Le).
Douet-Sauvage (Le).
Écorces (Les).
Festillé.
Fossés (Les),
Fourmentière (La).
Frezellière (La).
Geneteil (Le).
Goguerie (La).
Grassetière (La).
Grossinière (La).
Hamelinaie (La).
Hayère (La).
Hérissière (La).
Hulairies (Les).
Joyère (La).
Loigné.
Luigné.
Magnannes.
Malabry.
Marigné-Peuton.
Maroutière (La).
Mauvinet.
Meignannière (La).

Ménil.
Michinottière (La).
Mirouaut.
Moiré.
Moissant.
Mollières.
Montaigu.
Noirieux.
Ormellières (Les).
Pironnière (La).
Plessis-Bourré (Le).
Plessis-de-Quelaines (Le).
Poillé.
Port-la-Valette (Le).
Potage.
Pouverie (La).
Prée (La).
Raudière (La).
Renarderie (La).
Rezé (Le Grand-).
Robellière (La).
Rougé-Derval.
Rouillères (Les).
Saint-Aubin.
Saint-Ouen.
Sancé.

Sapinière (La).   Tremblay (Le).   Verger (Le).
Teillay (Le).   Val (Le).   Vieil-Aunay (Le).
Teilleul (Le).   Valette (La).   Vignes (Les).
Tellouinière (La).

BARONNIE D'ENTRAMNES.

Bonnes.   Fresnay.   Orvillette.
Bouffayère (La).   Jarossay (Le) [en partie]. Tremblay (Le).
Briacé.   Lucé.   Volue (La).
Forges.   Marboué [en partie].

BARONNIE D'INGRANDES.

Aillères (Les).   Douaillon (Le Petit-). Portejoie.
Bachelottière (La).   Étuveau.   Rallay.
Bodinière (La).   Forêt-d'Aubert (La) [en partie]. Rivière (La).
Bois-Hubert.   Forges [en partie].   Roche-de-Gennes (La).
Chambrezais.   Franc-Alleu.   Rochers (Les) [en partie].
Champgrenu.   Longuefuye.   Roche-Talbot (La).
Chelluère (La).   Monnerie (La).   Tannière (La).
Chesne (Le).   Motte (La).

CHÂTELLENIE DE BOUÈRE ET DE LA VEZOUZIÈRE.

Bigottière (La).   Daguinière (La).   Hermonnière (La).
Chasnay.   Guénaudière (La).   Rivière-Cornesse (La).
Chevallerie (La).   Hellaud.   Vezouzière (La).
Cormerais (La).

CHÂTELLENIE DE CHÂTELAIN.

Bretonnière (La).   Louisse (La).   Rigaudière (La).
Chauvelais (La).   Minzé [en partie].   Romfort.
Crespinière (La).   Motte-de-Vaux (La).   Rondinière (La).
Gilardière (La).   Poterie (La).   Vallées (Les).
Héraudière (L').   Richardière (La).

CHÂTELLENIE DE DAON.

Aunay-de-Gennes (L').   Fouloux.   Mauvinet [en partie].
Chemeré-le-Roger.   Guéroul.   Motte-Cormerant (La).
Denezé.   Haie-de-Clers (La).   Porte (La).
Épine (L').   Maltouche.   Savigné.
Forges.   Marigné.

INTRODUCTION.

CHÂTELLENIE DE FROMENTIÈRES.

Baubigné.
Beauchêne.
Coulonges.
Erbrée.

Étoubles (Les).
Forêt-Beaufils (La).
Forêt-d'Aubert (La).
Gastines.

Lande (La).
Montaumer.
Quanterie (La).
Ruillé-Froidfont.

TERRE DE MÉNIL.

Bougraie (La).
Bressaut.
Brosse (La).
Chambellé.

Chaucherie (La).
Chazé-sur-Argos.
Dormet.

Hardas (Le).
Roche-Pallière (La).
Valettes (Les Grandes-).

TERRE DU PARC ET DE LA RONGÈRE.

Chesnuère (La).
Cormiers (Les).
Coudray.

Jarry (Le).
Origné.

Saint-Sulpice.
Toits (Les).

CHÂTELLENIE DE ROMFORT.

Baumeraie (La).
Blandinière (La).
Bois-Herbert (Le).
Bois-Mozan (Le).
Breil (Le).
Chauvières (Les).
Chesnaie (La).
Cuve (La Haute-).
Érable (L').

Fautraize.
Fautrardière (La).
Fontenelle.
Gendrie (La).
Guesné (Le Petit-).
Guyotterie (La).
Minzé [en partie].
Papinaie (La).
Perdrière (La).

Pineau (Le Grand-).
Piverdière (La).
Poiriers (Les Petits-).
Réhoraie (La).
Rouaudière (La Grande-).
Roussière (La).
Saint-Martin-de-Villenglose.
Tiron.
Turmeau (Le Haut-).

BARONNIE DE CRAON.

Asnerie (L').
Asseil.
Balisson (La Motte de).
Ballots (La Motte de).
Boiron-Feugère.
Bois (Le Petit-).
Bois de Simplé (Le).
Bois-Gandon (Le).
Boissière (La).
Bonne-Touche (La).
Borderie (La).

Bouchamp (La Motte de).
Boulay (Le).
Boutigné.
Brardière (La).
Brécharnon.
Brossay (Le).
Chantepie.
Charnières.
Châtaigner (Le).
Châtaigneraie (La).
Châtelais.

Chauvigné.
Cherviers.
Chesnaie-Lallier (La).
Confignon.
Corbière (La).
Corderie (La).
Courbure.
Églorière (L').
Éperonnière (L').
Escoulle (L').
Estres (Les).

Fellinde (La).
Forest (La).
Fougerais (Les).
Fromentraie (La).
Gallière (La).
Gastines.
Gastinières (Les).
Germonte.
Grimaudière (La).
Guesnerie (La).
Gueudelerie (La).
Guyonnerie (La).
Haie de Maulny (La).
Jacopière (La).
Jarrossel.

Laigné-le-Bigot.
Maillé.
Maugendrière (La).
Ménil.
Montallays.
Monternault-l'Amaury.
Monternault-le-Guillaume.
Montigné.
Motte-Sorsin (La).
Pangeline.
Parvis (Le).
Patrière (La).
Pineau (Le).
Pommeraie (La).
Pont (Le Grand-).

Pontvien.
Poterie (La).
Queurie (La).
Ravallay.
Romefort.
Roussardière (La).
Roussière (La).
Suavière (La).
Suhardière (La).
Terretient.
Tibergère (La).
Trichonnière (La).
Vairie (La).
Valette (La).
Vignes (Les).

DIVISIONS JUDICIAIRES.

« Fief et Justice sont tout un. » Telle était la maxime qui, suivant la coutume primitive adoptée dans le Maine, servait de principe dans les contestations en règlement de juges. Il suffisait qu'un suzerain établit qu'il avait la vassalité d'un fief pour prouver qu'il en était aussi le seigneur justicier. En énumérant les fiefs placés dans la mouvance de chaque châtellenie et en groupant les châtellenies autour du comté ou du marquisat qui les englobait, j'ai donc indiqué en même temps les divers ressorts judiciaires du Bas-Maine. J'essayerai cependant de fournir un nouvel aperçu des divisions judiciaires du pays en produisant la nomenclature des paroisses composant chaque ressort, autant du moins que la difficulté du sujet le comporte, car presque toutes les paroisses relevaient de plusieurs juridictions.

On sait qu'autrefois le droit public admettait en France deux sortes de justice, celle des seigneurs et celle du roi, qui toutes deux ont fonctionné parallèlement jusqu'en 1789. J'ai donc encore à exposer quels étaient les siéges royaux du Bas-Maine et dans quelles limites ils se renfermaient. Nos rois, pour reconquérir peu à peu la prépondérance que la féodalité leur avait enlevée, n'avaient pas trouvé de meilleur moyen pour intervenir dans les affaires de leurs vassaux que de déterminer un certain nombre de cas royaux dont eux seuls pouvaient connaître, et il faut avouer que l'expédient ne manquait pas d'habileté.

Pendant longtemps la sénéchaussée royale du Maine fut une des plus vastes du royaume de France : elle étendait sa juridiction souveraine sur tous les cas royaux comme sur les appels de toutes les justices seigneuriales du Bas-Maine; mais au xv^e

siècle Louis XI lui enleva une notable partie de son ressort, en créant une sénéchaussée royale exclusivement réservée au comté de Laval. A une époque bien antérieure, la royauté avait établi au Bourgnouvel de la commune de Belgeard un siége royal dont le ressort était si restreint qu'il est à peine besoin d'en faire mention; je l'indique cependant comme une singularité intéressante.

Le duché de Mayenne, les marquisats de Villaines-la-Juhel, de Lassay, et les autres terres érigées en dignité restèrent comprises, pour les *cas royaux*, dans la sénéchaussée du Maine. Lorsque les baronnies de Sainte-Suzanne et de Château-Gontier furent réunies à la couronne, elles furent pourvues, chacune pour leur ressort, d'une sénéchaussée royale, qu'elles conservèrent invariablement jusqu'en 1789.

Une troisième justice, celle de l'Église, étendait sa juridiction sur les territoires féodaux que je viens de citer et dérobait aux juges royaux et ordinaires la connaissance des causes relatives aux monastères, aux commanderies, aux cures et aux prieurés disséminés çà et là dans la province. Je citerai notamment la barre de la châtellenie d'Assé-le-Bérenger, dont le ressort s'étendait sur toutes les cures, sur les fiefs appartenant au chapitre de Saint-Julien du Mans, et dont les appels allaient à la sénéchaussée du Maine. Les causes de toutes les cures dépendant de l'évêché du Mans se jugeaient au siége de la baronnie épiscopale de Touvois et les appels de toutes les justices des monastères relevaient directement de la sénéchaussée du Maine.

Par-dessus tous les ressorts judiciaires ci-dessus énumérés, nos rois superposèrent au xvi° siècle les ressorts des présidiaux, qui soulevèrent de nombreuses réclamations. Malgré l'opposition des seigneurs, les siéges judiciaires du Bas-Maine furent compris dans le ressort du présidial du Mans. En créant le présidial de la Flèche, Henri IV enleva au précédent la baronnie de Sainte-Suzanne et au présidial d'Angers la baronnie de Château-Gontier pour composer le nouveau ressort. Enfin, le marquisat de Château-Gontier fut lui-même pourvu en 1639 d'un siége présidial auquel on attribua les appels des juridictions suivantes : les siéges de Saint-Jean-Baptiste et d'Azé, les châtellenies d'Entramnes, de Louvaines, de Poligné, de Daon, de Longuefuye, de Lourzais, de la Boissière, de Bouche-Ménard, de Saint-Laurent-des-Mortiers et de Saint-Denis-d'Anjou, les baronnies de Mortiercrolles[1], de Laval et de la Chapelle-Rainsouin, les justices de Villiers-Charlemagne, de Champagne-Hommet et de Fontaine-Daniel.

Dans toutes les causes qui échappaient à la compétence des présidiaux, le jugement en dernier ressort appartenait au parlement de Paris, qui recevait les appels des siéges de toutes les terres érigées en dignité dans le Maine et dans l'Anjou.

[1] C'est le ressort indiqué par l'édit de création lui-même (arch. de la Mayenne, série B).

PAROISSES DU RESSORT JUDICIAIRE DU COMTÉ DE LAVAL [1].

Abuillé.
Andouillé.
Argentré.
Arquenay.
Astillé.
Avesnières.
Baconnière (La).
Ballée.
Bazouge-de-Chemeré (La).
Bazouge-des-Alleux (La).
Bazougers.
Beaulieu.
Beaumont-Pied-de-Bœuf.
Bignon (Le).
Bonchamp.
Bourgneuf (Le).
Bourgon.
Brée.
Brulatte (La).
Buret (Le).
Châlons.
Changé.
Chapelle-Anthenaise (La).
Chapelle-Rainsouin (La).
Chemeré-le-Roi.
Commer.
Cosmes.
Cossé-en-Champagne.
Cossé-le-Vivien.
Courbeveille.
Croixille (La).

Cropte (La).
Deux-Évailles.
Entramnes.
Épineu-le-Séguin.
Forcé.
Fromentières.
Genest (Le).
Gesnes.
Gravelle (La).
Grenoux.
Grez-en-Bouère.
Houssay.
Huisserie (L').
Juvigné.
Launay-Villiers.
Loiron.
Longuefuye.
Louverné.
Louvigné.
Maisoncelles.
Martigné.
Méral.
Meslay.
Montflours.
Montigné.
Montjean.
Montourtier.
Montsurs.
Neau.
Nuillé-sur-Ouette.
Nuillé-sur-Vicoin.

Olivet.
Parné.
Préaux.
Quelaines.
Ruillé-Froidfont.
Ruillé-le-Gravelais.
Sacé.
Saint-Berthevin.
Saint-Cénéré.
Saint-Charles-la-Forêt.
Saint-Christophe-du-Luat.
Saint-Cyr-le-Gravelais.
Saint-Denis-du-Maine.
Saint-Georges-le-Feschal.
Saint-Germain-de-l'Hommel.
Saint-Germain-le-Fouilloux.
Saint-Isle.
Saint-Jean-sur-Erve.
Saint-Jean-sur-Mayenne.
Saint-Loup-du-Dorat.
Saint-Ouen-des-Toits.
Saint-Ouen-des-Vallons.
Saint-Pierre-la-Cour.
Saint-Pierre-sur-Erve.
Saint-Sulpice.
Saulges.
Soulgé-le-Bruant.
Vaiges.
Villiers-Charlemagne [2].

[1] Les siéges des 18 châtellenies appartenant au comté de Laval furent supprimés après l'édit de 1536 et réunis au siége ordinaire du comté établi à Laval; celle de Saint-Ouen-des-Toits seule a subsisté jusqu'en 1789, sous le nom de sénéchaussée. Les justices seigneuriales de Villiers-Charlemagne, de Chemeré, d'Entramnes et de Longuefuye se sont également conservées.

[2] Les justices indépendantes du comté de Laval, et formant enclave dans son ressort jusqu'en 1789, sont les châtellenies de Touvois, Hauterives et Argentré réunies, le bailliage d'Assé-le-Bérenger, la châtellenie de Poligné, celle de Soulgé-le-Bruant et la juridiction des commanderies annexées de Thévalles, du Breil-aux-Francs et de Chevillé, dont les justiciables étaient peu nombreux.

INTRODUCTION.

Par la châtellenie de Champagne-Hommet la barre du comté de Laval s'étendait sur :

Asnières.	Chantenay.	Saint-Georges-en-Champagne.
Auvers-le-Hamon.	Chevillé.	Saint-Ouen-de-Peluy.
Avessé.	Fontenay.	Saint-Ouen-en-Champagne.
Avoise.	Juigné-sur-Sarthe.	Solesmes.
Brûlon.	Poillé.	Viré.

PAROISSES DU RESSORT JUDICIAIRE DU DUCHÉ DE MAYENNE.

Alençon (Faubourg d').	Courcité.	Montourtier.
Alexain.	Crennes-sur-Fraubée.	Moulay.
Ambrières.	Croixille (La).	Neuilly-le-Vendin.
Andouillé.	Désertines.	Oisseau.
Baconnière (La).	Deux-Évailles.	Olivet.
Bais.	Dorée (La).	Orgères.
Bazoche-Montpinçon (La).	Ernée.	Pallu (La).
Bazouge-des-Alleux (La).	Fougerolles.	Parigné.
Belgeard.	Genest (Le).	Pas (Le).
Bigottière (La).	Gesvres.	Pellerine (La).
Boulay.	Grazay.	Placé.
Bourgneuf-la-Forêt (Le).	Haie-Traversaine (La).	Poôté (La).
Bourgon.	Hambers.	Poulay.
Brécé.	Hercé.	Pré-en-Pail.
Brulatte (La).	Izé.	Ravigny.
Carelles.	Javron.	Ribay (Le).
Ceaulcé.	Jublains.	Sacé.
Chailland.	Juvigné.	Saint-Aignan-de-Couptrain.
Champéon.	Landivy.	Saint-Aubin-des-Grouas.
Champfremont.	Larchamp.	Saint-Aubin-du-Désert.
Champgenéteux.	Launay-Villiers.	Saint-Aubin-Fosse-Louvain.
Chantrigné.	Lévaré.	Saint-Baudelle.
Chapelle-au-Riboul (La).	Lignières-la-Doucelle.	Saint-Berthevin-la-Tannière.
Chapelles (Les).	Loiron.	Saint-Calais-du-Désert.
Charchigné.	Loroux (Le) (Bretagne).	Saint-Cyr-en-Pail.
Châtillon-sur-Colmont.	Loupfougères.	Saint-Denis-de-Gastines.
Cigné.	Maigné.	Sainte-Gemmes-le-Robert.
Colombiers.	Marcillé-la-Ville.	Saint-Ellier.
Commer.	Martigné.	Saint-Fraimbault-de-Prières.
Contest.	Meslay-sur-Sarthe.	Saint-Fraimbault-sur-Pisse.
Couesmes.	Montaudin.	Saint-Georges-Buttavent.
Couptrain.	Montenay.	Saint-Georges-le-Gaultier.

Saint-Germain-d'Anxurre.
Saint-Germain-de-Coulamer.
Saint-Germain-le-Guillaume.
Saint-Hilaire-des-Landes.
Saint-Isle.
Saint-Léonard-des-Bois.
Saint-Loup-du-Gast.
Saint-Mars-du-Désert.
Saint-Mars-sur-Colmont.
Saint-Mars-sur-la-Futaie.

Saint-Martin-de-Connée.
Saint-Ouen-des-Toits.
Saint-Paul-le-Gautier.
Saint-Pierre-des-Landes.
Saint-Pierre-des-Nids.
Saint-Pierre-la-Cour.
Saint-Pierre-sur-Orthe.
Saint-Samson.
Saint-Thomas-de-Courceriers.
Soucé.

Templerie (La).
Vallon.
Vaucé.
Vautorte.
Vieuvy.
Villaines-la-Juhel.
Villepail.
Vimareé [1].

PAROISSES DU RESSORT JUDICIAIRE DU MARQUISAT DE LASSAY.

Baroche-Gondouin (La).
Brétignolles.
Champéon.
Chantrigné.
Chevaigné.
Couesmes.
Courberie.
Couterne.
Geneslay.

Hardanges.
Horps (Le).
Housseau (Le).
Javron.
Lassay.
Loupfougères.
Madré.
Melleray.
Montreuil.

Neuilly-le-Vendin.
Niort.
Rennes-en-Grenouille.
Ribay (Le).
Sainte-Marie-du-Bois.
Saint-Julien-du-Terroux.
Saint-Loup-du-Gast.
Thubeuf.

PAROISSES DU RESSORT JUDICIAIRE DU MARQUISAT DE VILLAINES-LA-JUHEL.

Averton.
Champgenéteux.
Chapelle-au-Riboul (La).
Ham (Le).
Hambers.

Hardanges.
Javron.
Loupfougères.
Marcillé-la-Ville.

Saint-Aubin-du-Désert.
Saint-Cyr-en-Pail.
Villaines-la-Juhel.
Villepail.

PAROISSES DU RESSORT DE LA CHÂTELLENIE DE GORRON.

Carelles.
Châtillon-sur-Colmont.
Cigné.

Colombiers.
Couesmes.
Gorron.

Hercé.
Vieuvy.

---

[1] J'indique ici le ressort direct et indirect du duché sans distinction parce que l'étendue des justices subalternes n'a jamais été bien déterminée. Pour être complet, je devrais indiquer les ressorts des châtellenies d'Ernée, de Couptrain, de Pré-en-Pail, de la Poôté, de Resné, Lignières et Saint-Calais, de Champorin, Yvoy et Carelles, des comtés de Gesvres et d'Averton. Les indications données à la féodalité sont les seules certaines: j'y renvoie le lecteur.

INTRODUCTION.

PAROISSES DU RESSORT JUDICIAIRE DE LA BARONNIE D'ÉVRON.

Bais.	Mézangers.	Saint-Georges-sur-Erve.
Champgenéteux.	Neau.	Torcé.
Châtres.	Saint-Christophe-du-Luat.	Trans.
Courceriers.	Sainte-Gemmes-le-Robert.	Voutré.
Izé.		

PAROISSES DU RESSORT JUDICIAIRE DE LA BARONNIE DE SAINTE-SUZANNE.

Amné.	Évron.	Saint-Léger.
Bannes.	Livet-en-Charnie.	Saint-Jean-sur-Erve.
Bernay.	Mézangers.	Saint-Pierre-sur-Erve
Blandouet.	Neuvillette.	Saint-Symphorien.
Chammes.	Nuillé-sur-Ouette.	Thorigné.
Chapelle-Rainsouin (La).	Ruillé-en-Champagne.	Torcé.
Chemeré.	Saint-Christophe-du-Luat.	Viviers.
Châtres.	Sainte-Gemmes-le-Robert.	Voutré.
Cossé-en-Champagne.	Sainte-Suzanne.	
Étival.	Saint-Georges-sur-Erve.	

SÉNÉCHAUSSÉE D'ANJOU.

PAROISSES DU RESSORT JUDICIAIRE DU MARQUISAT DE CHÂTEAU-GONTIER.

Ampoigné.	Chemazé.	Jaille-Yvon (La).
Argenton.	Chemiré.	Juigné.
Avessé.	Chéripeau.	Laigné.
Aviré.	Chevillé.	Loigné.
Azé.	Coudray.	Longuefuye.
Bazouges.	Daon.	Louvaines.
Bierné.	Écuillé.	Louvigné.
Boissière (La).	Entramnes.	Marigné-Daon.
Bouère.	Ferrière (La).	Marigné-Peuton.
Bouillé-Ménard.	Fontenay.	Mée.
Bourg-Philippe.	Froidfont.	Ménil.
Brissarthe.	Fromentières.	Mollière.
Chaires (Les).	Gennes.	Montguyon.
Chambellay.	Grez-en-Bouère.	Nuillé.
Changé.	Grez-sur-Maine.	Parné.
Chantenay.	Hôtellerie (L').	Peuton.
Chanteussé.	Houssay.	Poillé.
Châtelain.	Huisserie (L').	Quelaines.
Châtelais.	Jaillette (La).	Queré.

Ruillé-Froidfont.
Saint-Aignan.
Saint-Aubin-du-Pavoil.
Saint-Denis-d'Anjou.
Saint-Fort.
Saint-Gault.
Saint-Germain-de-l'Hommel.

Saint-Laurent-des-Mortiers.
Saint-Martin-de-Villenglose.
Saint-Martin-du-Bois.
Saint-Michel-de-Feins.
Saint-Quentin.
Saint-Remy de Château-Gontier.
Saint-Sauveur de Fléé.

Saint-Sulpice.
Segré.
Seurdres.
Thorigné.
Villiers-Charlemagne.

PAROISSES DU RESSORT JUDICIAIRE DE LA BARONNIE DE CRAON.

Athée.
Ballots.
Boissière (La).
Bouchamp.
Brains.
Chapelle-Craonnaise (La).
Châtelais.
Cherancé.
Congrier.
Craon.
Cuillé.
Denazé.

Fontaine-Couverte.
Gastines.
Laubrières.
Livré.
Marigné-Peuton.
Méral.
Niafle.
Peuton.
Pommerieux.
Quelaines.
Renazé.
Roë (La).

Rouaudière (La).
Saint-Aignan-sur-Roë.
Saint-Christophe.
Saint-Erblon.
Saint-Martin-du-Limet.
Saint-Michel-de-la-Roë.
Saint-Poix.
Saint-Saturnin.
Selle-Craonnaise (La).
Senonnes.
Simplé.

DIVISIONS FINANCIÈRES ET ADMINISTRATIVES.

Le Maine était au nombre des provinces qu'on nommait *pays d'élection*, c'est-à-dire qu'au lieu d'être abonnés envers le fisc royal pour une somme fixe et de jouir du privilége de répartir l'impôt à leur gré, comme les pays d'États, les contribuables étaient obligés de supporter la taille proportionnelle, sous le contrôle des officiers du roi nommés *élus*. Le premier siége d'élection établi dans le Maine sous Charles V étendait sa juridiction sur toute la province. En 1483, Louis XI créa un second siége à Laval, auquel il donna pour ressort 62 paroisses du Bas-Maine; sous Henri IV, une troisième élection fut formée à la Flèche en 1595, avec 102 paroisses du Maine et 28 de la province d'Anjou. Sous Louis XIII, le duché de Mayenne fut également pourvu, en 1635, d'une élection qui comprenait 67 paroisses entre la Normandie et le comté de Laval. L'élection de Château-Gontier fut créée au xvie siècle.

ÉLECTION D'ANGERS.

Boissière.
Congrier.

Renazé.
Rouaudière (La).

Saint-Erblon.
Senonnes.

INTRODUCTION.

PAROISSES DE L'ÉLECTION DE CHÂTEAU-GONTIER.

Ampoigné.
Argenton.
Athée.
Azé.
Ballots.
Bazouges.
Bierné.
Bouchamp.
Brains
Chanteussé.
Chapelle-Craonnaise (La).
Château-Gontier (Saint-Remy de).
Châtelain.
Chemazé.
Chemiré-sur-Sarthe.
Chérancé.
Cosmes.
Cossé-le-Vivien (Le ressort de).
Coudray.
Craon (Saint-Clément de).
Cuillé.
Daon.

Denazé.
Fontaine-Couverte.
Fromentières.
Gastines.
Gennes.
Grez-en-Bouère.
Hôtellerie-de-Flée (L').
Houssay.
Jaille-Yvon (La).
Laigné.
Laubrières.
Livré.
Loigné.
Longuefuye.
Marigné, près Daon.
Marigné-Peuton.
Mée.
Ménil.
Méral.
Miré.
Niafle.
Peuton.
Pommerieux.

Quelaines.
Roë (La).
Ruillé-Froidfont.
Saint-Aignan-sur-Roë.
Saint-Charles-la-Forêt.
Saint-Denis-d'Anjou.
Saint-Fort.
Saint-Gault.
Saint-Germain-de-l'Hommel.
Saint-Laurent-des-Mortiers.
Saint-Martin-de-Villenglose.
Saint-Martin-du-Limet.
Saint-Michel-de-Feins.
Saint-Michel-de-la-Roë.
Saint-Poix.
Saint-Quentin.
Saint-Saturnin-du-Limet.
Saint-Sauveur-de-Flée.
Saint-Sulpice-de-Houssay.
Selle-Craonnaise (La).
Simplé.
Varennes-Bourreau.
Villiers-Charlemagne.

PAROISSES DE L'ÉLECTION DE LA FLÈCHE.

Ballée.
Bannes.
Beaumont-Pied-de-Bœuf.
Bouère.
Bouessay.

Buret (Le).
Cossé-en-Champagne.
Épineu-le-Séguin.
Préaux.
Saint-Brice.

Sainte-Suzanne.
Saint-Léger.
Saint-Loup-du-Dorat.
Saulges.

PAROISSES DE L'ÉLECTION DE LAVAL.

Ahuillé.
Argentré.
Arquenay.
Astillé.
Avesnières.
Mayenne.

Baconnière (La).
Bazouge-de-Chemeré (La).
Bazouge-des-Alleux (La).
Bazougers.
Beaulieu.

Bignon (Le).
Bonchamp.
Bourgneuf-la-Forêt (Le).
Bourgon.
Brée.

INTRODUCTION.

Brulatte (La).
Buret (Le).
Châlons.
Changé.
Chapelle-Anthenaise (La).
Chapelle-Rainsouin (La).
Chemeré-le-Roi.
Cossé-le-Vivien.
Courbeveille.
Croixille (La).
Cropte (La).
Entrammes.
Forcé.
Genest (Le).
Gesnes.
Gravelle (La).
Grenoux.

L'Huisserie.
Juvigné.
Launay-Villiers.
Loiron.
Louverné.
Louvigné.
Maisoncelles.
Meslay.
Montflours.
Montigné.
Montjean.
Montsurs.
Nuillé-sur-Ouette.
Nuillé-sur-Vicoin.
Olivet.
Parné.
Ruillé-le-Gravelais.

Sacé.
Saint-Berthevin.
Saint-Céneré.
Saint-Charles-la-Forêt.
Saint-Christophe-du-Luat.
Saint-Cyr-le-Gravelais.
Saint-Denis-du-Maine.
Saint-Georges-le-Fléchard.
Saint-Georges-sur-Erve.
Saint-Germain-le-Fouilloux.
Saint-Isle.
Saint-Jean-sur-Mayenne.
Saint-Ouen-des-Toits.
Saint-Pierre-la-Cour.
Soulgé-le-Bruant.
Vaiges.

PAROISSES DE L'ÉLECTION DU MANS.

Assé-le-Bérenger.
Averton.
Baroche-Gondouin (La).
Bazouge-des-Alleux (La).
Boulay.
Brétignolles.
Chammes.
Champfremont.
Champgenéteux.
Chantrigné.
Chapelle-au-Riboul (La).
Chapelles (Les).
Charchigné.
Châtres.
Chevaigné.
Couptrain.
Courberie.
Courcité.
Crennes-sur-Fraubée.
Gesvres.
Ham (Le).
Hambers.

Hardanges.
Horps (Le).
Housseau (Le).
Izé.
Javron.
Lassay.
Lignières-la-Doucelle.
Livet.
Loupfougères.
Madré.
Melleray.
Montreuil.
Neuilly-le-Vendin.
Niort.
Orgères.
Pallu (La).
Poôté (La).
Poulay.
Pré-en-Pail.
Ravigny.
Rennes-en-Grenouille.
Ribay (Le).

Saint-Aignan-de-Couptrain.
Saint-Aubin-du-Désert.
Saint-Calais-du-Désert.
Saint-Cyr-en-Pail.
Sainte-Marie-du-Bois.
Saint-Germain-de-Coulamer.
Saint-Julien-du-Terroux.
Saint-Loup-du-Gast.
Saint-Mars-du-Désert.
Saint-Martin-de-Connée.
Saint-Pierre-sur-Orthe.
Saint-Samson.
Saint-Thomas-de-Courceriers.
Thorigné.
Thubœuf.
Trans.
Villaines-la-Juhel.
Villepail.
Vimarcé.
Viviers.
Voutré.

INTRODUCTION.

PAROISSES DE L'ÉLECTION DE MAYENNE.

Alexain.	Fougerolles.	Saint-Aubin-Fosse-Louvain.
Ambrières.	Gorron.	Saint-Baudelle.
Aron.	Grazay.	Saint-Berthevin-la-Tannière.
Bazoge-Montpinçon (La).	Hercé.	Saint-Denis-de-Gastines.
Belgeard.	Jublains.	Sainte-Gemmes-le-Robert.
Bigottière (La).	Landivy.	Saint-Ellier.
Brécé.	Larchamp.	Saint-Fraimbault-de-Prières.
Carelles.	Lesbois.	Saint-Fraimbault-sur-Pisse.
Ceaulcé.	Lévaré.	Saint-Georges-Buttavent.
Chailland.	Marcillé-la-Ville.	Saint-Germain-d'Anxurre.
Champéon.	Martigné.	Saint-Germain-le-Guillaume.
Charné-Ernée.	Mayenne.	Saint-Hilaire-des-Landes.
Châtillon-sur-Colmont.	Mézangers.	Saint-Jean-sur-Erve.
Cigné.	Montaudin.	Saint-Mars-sur-Colmont.
Colombiers.	Montenay.	Saint-Mars-sur-la-Futaie.
Commer.	Montourtier.	Saint-Pierre-des-Landes.
Contest.	Moulay.	Saint-Pierre-sur-Erve.
Couesmes.	Neau.	Soucé.
Désertines.	Oisseau.	Torcé.
Deux-Évailles.	Parigné.	Vaucé.
Dorée (La).	Pas (Le).	Vautorte.
Ernée.	Pellerine (La).	Vieuvy.
Évron.	Placé.	

Le Bas-Maine était aussi un pays de Grande Gabelle, c'est-à-dire qu'au lieu d'acheter librement le sel où il leur plaisait, comme en Bretagne, les habitants étaient contraints de consommer les quantités que leur imposait l'État. Chaque paroisse du Maine, selon l'ordonnance de 1517, devait tous les ans lever dans les greniers du roi la somme de sel qui avait été fixée par les officiers grenetiers dans la répartition générale et désignait ensuite des collecteurs qui distribuaient, de trois mois en trois mois, à chaque famille sa quote-part. Le roi Jean, prévoyant que ce monopole donnerait lieu à de fréquentes contraventions et soulèverait de nombreuses contestations, annexa à chaque grenier à sel une chambre de justice dont les officiers avaient une juridiction civile et criminelle. Charles V enleva à ces officiers le droit de punir les faux-sauniers, mais Charles VI le leur restitua en 1388, et ils n'ont pas cessé de l'exercer jusqu'en 1789. Le grenier à sel de la Gravelle est le seul qui ait été réduit à une chambre de distribution.

La réunion des justices des greniers à celles des élections, qui fut tentée sous Louis XIV en 1685, ne fut pas de longue durée, car dès 1694 un édit rétablit les officiers grenetiers en possession de connaître des affaires tant civiles que criminelles concernant la ferme et la répartition de la Gabelle. De nouvelles déclarations rendues en 1698 et en 1710 décidèrent qu'ils pourraient statuer en dernier ressort sur la restitution des droits de Gabelle, sur les oppositions en surtaxe, enfin sur les contestations pendantes entre le fisc et les contribuables.

Comme il serait trop long d'énumérer les changements qui sont survenus dans l'organisation territoriale des greniers à sel, je me contenterai d'indiquer les ressorts tels qu'ils ont été constitués par l'Édit de 1726.

RESSORT DU GRENIER DE CHÂTEAU-GONTIER.

Ampoigné.
Argenton.
Aviré.
Azé.
Bazouges.
Bierné.
Chambellé.
Changé.
Chantocé.
Châtelain.
Chemazé.
Chemillé.
Cherré.
Cherres (Les).
Contigné.

Coudray.
Daon.
Fromentières.
Gennes.
Houssay.
Jaille-Yvon (La).
Laigné.
Loigné.
Longuefuye.
Louvaines.
Marigné, près Daon.
Ménil.
Montguyon.
Montreuil.
Quelaines.

Querré.
Ruillé-Froidfont.
Saint-Charles-la-Forêt.
Saint-Fort.
Saint-Gault.
Saint-Germain-de-l'Hommel.
Saint-Laurent-des-Mortiers.
Saint-Martin-du-Bois.
Saint-Michel-de-Feins.
Saint-Sauveur-de-Flée.
Saint-Sulpice.
Seurdres.
Villiers-Charlemagne.

RESSORT DU GRENIER DE CRAON.

Athée.
Ballots.
Boissière (La).
Bouchamp.
Brains.
Chapelle-Craonnaise. (La)
Châtelais.
Chérancé.
Cosmes.
Cuillé.
Denazé.

Ferrière (La).
Fontaine-Couverte.
Gastines.
Hôtellerie-de-Flée (L').
Laubrières.
Livré.
Marigné-Peuton.
Mée.
Méral.
Niafle.
Nioiseau.

Peuton.
Pommerieux.
Roë (La).
Saint-Aignan-sur-Roë.
Saint-Aubin-du-Pavoil.
Saint-Michel-de-la-Roë.
Saint-Poix.
Saint-Quentin.
Saint-Saturnin.
Selle-Craonnaise (La).
Simplé.

INTRODUCTION.

Ce serait une erreur de croire que les commissaires chargés de procéder à la formation des départements aient tracé leurs limites d'une façon arbitraire; il est facile de prouver qu'ils ont tenu compte des coutumes locales, des habitudes qui résultaient de la pratique des anciens ressorts judiciaires, féodaux ou administratifs. Ainsi du côté de la Bretagne, province qui n'avait eu aucun rapport administratif et judiciaire avec le Maine, ils n'ont fait aucun emprunt de territoire, et du côté de la Normandie, dont ils auraient pu distraire une portion du Passais, ils n'ont point voulu dépasser les limites du duché de Mayenne et du marquisat de Lassay et sont restés dans le ressort de l'ancienne sénéchaussée du Mans.

Le Bas-Maine étant trop peu étendu pour former un département, ils ont emprunté une partie du territoire septentrional de l'Anjou, mais ils ont eu soin de prendre en presque totalité les mouvances de la baronnie de Craon et du marquisat de Château-Gontier; à l'Est, ils ont pris pour bornes celles du marquisat de Villaines et de la baronnie de Sainte-Suzanne. Ainsi constitué, le département de la Mayenne fut partagé en 7 districts, divisés en 68 cantons administratifs et judiciaires, subdivisés eux-mêmes en 285 communes.

Les districts étaient ceux de Château-Gontier, de Craon, d'Ernée, d'Évron, de Lassay, de Laval, et de Mayenne. Voici comment étaient répartis les cantons et les communes :

DISTRICT DE CHÂTEAU-GONTIER.

1° CANTON DE BALLÉE.

Ballée, Beaumont-Pied-de-Bœuf, Bouessay, Buret (le), Préaux, Saint-Loup-du-Dorat.

2° CANTON DE CHÂTEAU-GONTIER.

Azé, Bazouges, Château-Gontier.

3° CANTON DE CHEMAZÉ.

Bourg-Philippe (le), Chemazé, Ménil, Mollière, Saint-Fort.

4° CANTON DE DAON.

Argenton, Bierné, Châtelain, Coudray, Daon, Saint-Michel-de-Feins.

5° CANTON DE FROMENTIÈRES.

Fromentières, Longuefuye, Ruillé-Froidfont, Mayenne.

Saint-Germain-de-l'Hommel, Villiers-Charlemagne.

6° CANTON DE GREZ-EN-BOUÈRE.

Bouère, Gennes, Grez-en-Bouère, Saint-Aignan, Saint-Brice, Saint-Charles.

7° CANTON DE LAIGNÉ.

Ampoigné, Chaires (les), Laigné, Loigné, Marigné-Peuton, Saint-Gault.

8° CANTON DE QUELAINES.

Houssay, Origné, Quelaines, Saint-Sulpice.

9° CANTON DE SAINT-DENIS-D'ANJOU.

Saint-Denis-d'Anjou, Saint-Laurent-des-Mortiers, Saint-Martin-de-Villenglose, Varennes-Bourreau.

DISTRICT DE CRAON.

1° CANTON D'ATHÉE.

Athée, Chapelle-Craonnaise (la), Denazé, Peuton, Simplé.

2° CANTON DE BOUCHAMP.

Boissière (la), Bouchamp, Saint-Christophe, Saint-Martin-du-Limet, Selle-Craonnaise (la).

3° CANTON DE CONGRIER.

Congrier, Renazé, Rouaudière (la), Saint-Aignan, Saint-Erblon, Saint-Saturnin, Senonnes.

4° CANTON DE COSSÉ-LE-VIVIEN.

Cosmes et Cossé-le-Vivien.

5° CANTON DE CRAON.

Craon, Livré et Niafle.

6° CANTON DE CUILLÉ.

Cuillé, Gastines, Laubrières, Méral, Saint-Poix.

7° CANTON DE POMMERIEUX.

Chérancé, Cheripeau, Mée, Pommerieux, Saint-Quentin.

8° CANTON DE LA ROË.

Ballots, Brains-sur-les-Marches, Fontaine-Couverte, Roë (la), Saint-Michel-de-la-Roë.

DISTRICT D'ERNÉE.

1° CANTON DU BOURGNEUF.

Bourgneuf (le), Baconnière (la), Launay-Villiers, Saint-Pierre-la-Cour.

2° CANTON DE CHAILLAND.

Bigottière (la), Chailland, Saint-Germain-le-Guillaume, Saint-Hilaire-des-Landes, Templerie (la).

3° CANTON D'ERNÉE.

Ernée, Montenay, Pellerine (la).

4° CANTON DE FOUGEROLLES.

Désertines, Dorée (la), Fougerolles, Vieuvy.

5° CANTON DE GORRON.

Colombiers, Gorron, Hercé, Lesbois, Saint-Aubin-Fosse-Louvain.

6° CANTON DE JUVIGNÉ.

Bourgon, Croixille (la), Juvigné, Saint-Pierre-des-Landes.

7° CANTON DE LANDIVY.

Landivy, Saint-Ellier, Saint-Mars-sur-la-Futaie.

8° CANTON DE MONTAUDIN.

Larchamp, Lévaré, Montaudin, Saint-Berthevin-la-Tannière.

9° CANTON DE SAINT-DENIS-DE-GASTINES.

Carelles, Saint-Denis-de-Gastines et Vautorte.

DISTRICT D'ÉVRON.

1° CANTON D'ASSÉ-LE-BÉRENGER.

Assé-le-Bérenger, Saint-Georges-sur-Erve, Vimarcé, Voutré.

2° CANTON DE CHEMERÉ-LE-ROI.

Bannes, Chemeré-le-Roi, Cossé-en-Champagne, Cropte (la), Épineu-le-Séguin, Saulges.

INTRODUCTION.

RESSORT DU GRENIER D'ERNÉE.

Baconnière (La).
Bigottière (La).
Bourgneuf (Le).
Bourgon.
Brécé.
Carelles.
Chailland.
Colombiers.
Croixille (La).
Désertines.
Dorée (La).

Fougerolles.
Gorron.
Hercé.
Juvigné.
Landivy.
Larchamp.
Lesbois.
Lévaré.
Montaudin.
Montenay.
Pellerine (La).

Placé.
Saint-Aubin-Fosse-Louvain.
Saint-Berthevin-la-Tannière.
Saint-Denis-de-Gastines.
Saint-Ellier.
Saint-Germain-le-Guillaume.
Saint-Hilaire-des-Landes.
Saint-Mars-sur-la-Futaie.
Saint-Pierre-des-Landes.
Vautorte.
Vieuvy.

RESSORT DU GRENIER DE LAVAL.

Ahuillé.
Andouillé.
Argentré.
Arquenay.
Astillé.
Avesnières.
Bazouge-de-Chemeré (La).
Bazougers.
Beaulieu.
Bignon (Le).
Bonchamp.
Brulatte (La).
Châlons.
Changé.
Chapelle-Anthenaise (La).
Cossé-le-Vivien.
Courbeveille.
Entramnes.

Forcé.
Genest (Le).
Gesnes.
Gravelle (La).
Grenoux.
Huisserie (L').
Launay-Villiers.
Loiron.
Louverné.
Louvigné.
Maisoncelles.
Meslay.
Montflours.
Montigné.
Montjean.
Montsurs.
Nuillé-sur-Ouette.
Nuillé-sur-Vicoin.

Olivet.
Parné.
Ruillé-le-Gravelais.
Sacé.
Saint-Berthevin.
Saint-Céneré.
Saint-Cyr-le-Gravelais.
Saint-Denis-du-Maine.
Saint-Georges-le-Fléchard.
Saint-Germain-le-Fouilloux.
Saint-Jean-sur-Mayenne.
Saint-Isle.
Saint-Ouen-des-Toits.
Saint-Ouen-des-Vallons.
Saint-Pierre-la-Cour.
Soulgé-le-Bruant.

RESSORT DU GRENIER DE LASSAY.

Antoigny.
Baroche-Gondouin (La).
Ceaulcé.
Chantrigné.

Chapelle-Moche (La).
Chapelles (Les).
Charchigné.
Chevaigné.

Cigné.
Couesmes.
Courberie.
Couterne.

Crennes-sur-Fraubée.
Étrigé.
Geneslay.
Ham (Le).
Horps (Le).
Housseau (Le).
Javron.
Loupfougères.
Madré.
Méhoudin.
Melleray.

Montreuil.
Neuilly-sur-Vendin.
Niort.
Pas (Le).
Poulay.
Rennes-en-Grenouille.
Ribay (Le).
Saint-Aignan.
Saint-Cyr-en-Pail.
Saint-Denis-sur-Sarthon.
Sainte-Marie-du-Bois.

Saint-Fraimbault-sur-Pisse.
Saint-Julien-du-Terroux.
Saint-Ouen-le-Brisoul.
Soucé.
Tessé.
Thubœuf.
Vaucé.
Villaines.
Villepail.

RESSORT DU GRENIER DE MAYENNE.

Alexain.
Ambrières.
Aron.
Bais.
Bazoge-Montpinçon (La).
Bazouge-des-Alleux (La).
Belgeard.
Champéon.
Champgenéteux.
Chapelle-au-Riboul (La).

Châtillon-sur-Colmont.
Commer.
Contest.
Deux-Évailles.
Grazay.
Hambers.
Hardanges.
Jublains.
Marcillé-la-Ville.
Martigné.

Montourtier.
Moulay.
Oisseau.
Parigné.
Saint-Baudelle.
Saint-Fraimbault-de-Prières.
Saint-Georges-Buttavent.
Saint-Germain-d'Anxurre.
Saint-Loup-du-Gast.
Saint-Mars-sur-Colmont.

RESSORT DU GRENIER DE SABLÉ.

Ballée.
Beaumont-Pied-de-Bœuf.
Bouère.
Bouessay.

Buret (Le).
Cropte (La).
Épineu-le-Séguin.
Grez-en-Bouère.

Préaux.
Saint-Brice.
Saint-Denis-d'Anjou.
Saint-Loup-du-Dorat.

RESSORT DU GRENIER DE SAINTE-SUZANNE.

Assé-le-Bérenger.
Bannes.
Blandouet.
Brée.
Chammes.
Chapelle-Rainsouin (La).
Châtres.
Cossé-en-Champagne.
Évron.

Izé.
Livet.
Mézangers.
Neau.
Saint-Christophe-du-Luat.
Sainte-Gemmes-le-Robert.
Saint-Georges-sur-Erve.
Saint-Jean-sur-Erve.
Saint-Léger.

Saint-Pierre-sur-Erve.
Saulges.
Thorigné.
Torcé.
Vaiges.
Viré.
Viviers.
Voutré.

INTRODUCTION.

XXXIX

RESSORT DU GRENIER DE SILLÉ-LE-GUILLAUME.

Courcité.	Saint-Mars-du-Désert.	Saint-Thomas-de-Courceriers.
Saint-Aubin-du-Désert.	Saint-Martin-de-Connée.	Trans.
Saint-Germain-de-Coulamer.	Saint-Pierre-sur-Orthe.	Vimarcé.

Lorsqu'au xviiie siècle les greniers à sel furent classés par département, Laval devint le chef-lieu d'une circonscription dans laquelle étaient compris les greniers de Château-Gontier, de Pouancé, de Craon, de Mayenne, d'Ernée, de Lassay, de Sablé, de Sainte-Suzanne et de Laval. Cette ville devint également, en 1671, le siége d'une juridiction des Traites-Foraines, dont les attributions s'étendaient sur les recettes de Brains, de Pouancé, de Segré, de Saint-Michel-de-la-Roë, de Sablé, de Château-Gontier, de Cossé-le-Vivien, de Craon, de Cuillé, d'Ernée, de Laval, de la Gravelle, de la Croixille, de Landivy, de Mayenne et de Saint-Ellier. Les appels des causes jugées par les siéges des Élections, des Greniers à sel et des Traites se reportaient à la Cour des aides de Paris.

Pour imprimer plus de régularité et de rapidité au recouvrement des impôts qui se percevaient dans chaque élection par les receveurs des tailles, des aides et de la Gabelle, le fisc créa d'abord douze recettes générales sous François Ier, puis dix-neuf sous Charles IX, et chaque recette devint le centre d'une circonscription financière qui prit le nom de Généralité en raison des commissaires *généraux* délégués pour y surveiller la répartition et la levée des contributions. Le Maine (Haut et Bas), qui pendant trois siècles avait été réuni à la Touraine et à l'Anjou sous l'autorité d'un même sénéchal, fut de nouveau annexé à ces deux provinces pour former la Généralité de Tours.

Lorsque Richelieu établit au centre de chaque Généralité un commissaire permanent du pouvoir central, chargé de veiller à l'exécution des ordres du roi, sous le nom d'intendant, le Maine fut partagé en subdélégations dont le ressort fut calqué sur celui des élections. La seule circonscription que j'aie à faire connaître ici est celle de la subdélégation de Villaines-la-Juhel, qui fut établie dans l'étendue de l'élection du Mans.

SUBDÉLÉGATION DE VILLAINES-LA-JUHEL.

Averton.	Chantrigné.	Courberie.
Bais.	Chapelle-Moche (La).	Courcité.
Baroche-Gondouin (La).	Chapelles (Les).	Crennes-sur-Fraubée.
Boulay.	Charchigné.	Étrigé.
Champfremont.	Chevaigné.	Geneslay.
Champgenéteux.	Couptrain.	Gesvres.

INTRODUCTION.

Ham (Le).	Poulay.	Saint-Georges-de-Villaines.
Horps (Le).	Pré-en-Pail.	Saint-Julien-du-Terroux.
Javron.	Ravigny.	Saint-Loup-du-Gast.
Lignières-la-Doucelle.	Rennes-en-Grenouille.	Saint-Mars-du-Désert.
Loupfougères.	Ribay (Le).	Saint-Pierre-des-Nids.
Madré.	Saint-Aignan-de-Couptrain.	Saint-Samson.
Melleray.	Saint-Aubin-du-Désert.	Tessé.
Montreuil.	Saint-Calais-du-Désert.	Thubœuf.
Neuilly-le-Vendin.	Saint-Cyr-en-Pail.	Trans.
Niort.	Saint-Denis-de-Villenette.	Vallée-au-Tilleul (La).
Orgères.	Sainte-Marie-du-Bois.	Villepail.
Pallu (La).	Saint-Fraimbault-de-Lassay.	

DIVISIONS MODERNES.

Le nom que porte le département de la Mayenne est emprunté au principal cours d'eau qui l'arrose dans toute sa longueur. Avant 1790, ce territoire était désigné sous le nom de Bas-Maine, par opposition à celui de la Sarthe, qui s'appelait le Haut-Maine. Ces limites ne furent pas arrêtées immédiatement, en 1790, telles qu'elles sont aujourd'hui. Au moment de la division de la France en départements il existait sur la frontière du Maine 12 communes mixtes partagées en deux municipalités, l'une assise en Normandie, l'autre dans le Maine. De ces 12, 9 avaient leur clocher dans la Mayenne et ressortissaient pour les affaires civiles aux administrations de Normandie : ces communes mixtes étaient Ceaulcé, la Chapelle-Moche, Geneslay, Lesbois, Melleray, Neuilly-le-Vendin, Rennes-en-Grenouille, Saint-Denis-de-Villenette, Saint-Fraimbault-sur-Pisse, Sainte-Marie, Tessé et Vaucé. Les décrets des 18 et 20 janvier 1790 décidèrent que les communes mixtes appartiendraient au département dans lequel se trouvait le clocher, mais seulement à l'époque où les coutumes auraient disparu. Leur incorporation fut donc suspendue jusqu'en 1808, époque de la promulgation du Code Napoléon.

Les communes de Brétignolles, du Housseau, de Sainte-Marie, de Rennes, de Lesbois, de Melleray, de Madré, n'avaient pas été comprises à l'origine dans les limites de la Mayenne; elles ont été enlevées au département de l'Orne, en vertu d'une loi en date du 30 mars 1831, et échangées contre les communes de Ceaulcé, de la Chapelle-Moche, d'Étrigé, de Geneslay, de Saint-Fraimbault-sur-Pisse et de Tessé. La commune de Saint-Pierre-sur-Orthe, classée d'abord dans le département de la Sarthe, fut échangée peu de temps après le décret de constitution contre celle d'Auvers-le-Hamon.

DISTRICT DE CRAON.

1° CANTON D'ATHÉE.
Athée, Chapelle-Craonnaise (la), Denazé, Peuton, Simplé.

2° CANTON DE BOUCHAMP.
Boissière (la), Bouchamp, Saint-Christophe, Saint-Martin-du-Limet, Selle-Craonnaise (la).

3° CANTON DE CONGRIER.
Congrier, Renazé, Rouaudière (la), Saint-Aignan, Saint-Erblon, Saint-Saturnin, Senonnes.

4° CANTON DE COSSÉ-LE-VIVIEN.
Cosmes et Cossé-le-Vivien.

5° CANTON DE CRAON.
Craon, Livré et Niafle.

6° CANTON DE CUILLÉ.
Cuillé, Gastines, Laubrières, Méral, Saint-Poix.

7° CANTON DE POMMERIEUX.
Chérancé, Cheripeau, Mée, Pommerieux, Saint-Quentin.

8° CANTON DE LA ROË.
Ballots, Brains-sur-les-Marches, Fontaine-Couverte, Roë (la), Saint-Michel-de-la-Roë.

DISTRICT D'ERNÉE.

1° CANTON DU BOURGNEUF.
Bourgneuf (le), Baconnière (la), Launay-Villiers, Saint-Pierre-la-Cour.

2° CANTON DE CHAILLAND.
Bigottière (la), Chailland, Saint-Germain-le-Guillaume, Saint-Hilaire-des-Landes, Templerie (la).

3° CANTON D'ERNÉE.
Ernée, Montenay, Pellérine (la).

4° CANTON DE FOUGEROLLES.
Désertines, Dorée (la), Fougerolles, Vieuvy.

5° CANTON DE GORRON.
Colombiers, Gorron, Hercé, Lesbois, Saint-Aubin-Fosse-Louvain.

6° CANTON DE JUVIGNÉ.
Bourgon, Croixille (la), Juvigné, Saint-Pierre-des-Landes.

7° CANTON DE LANDIVY.
Landivy, Saint-Ellier, Saint-Mars-sur-la-Futaie.

8° CANTON DE MONTAUDIN.
Larchamp, Lévaré, Montaudin, Saint-Berthevin-la-Tannière.

9° CANTON DE SAINT-DENIS-DE-GASTINES.
Carelles, Saint-Denis-de-Gastines et Vautorte.

DISTRICT D'ÉVRON.

1° CANTON D'ASSÉ-LE-BÉRENGER.
Assé-le-Bérenger, Saint-Georges-sur-Erve, Vimarcé, Voutré.

2° CANTON DE CHEMERÉ-LE-ROI.
Bannes, Chemeré-le-Roi, Cossé-en-Champagne, Cropte (la), Épineu-le-Séguin, Saulges.

INTRODUCTION.

Ce serait une erreur de croire que les commissaires chargés de procéder à la formation des départements aient tracé leurs limites d'une façon arbitraire; il est facile de prouver qu'ils ont tenu compte des coutumes locales, des habitudes qui résultaient de la pratique des anciens ressorts judiciaires, féodaux ou administratifs. Ainsi du côté de la Bretagne, province qui n'avait eu aucun rapport administratif et judiciaire avec le Maine, ils n'ont fait aucun emprunt de territoire, et du côté de la Normandie, dont ils auraient pu distraire une portion du Passais, ils n'ont point voulu dépasser les limites du duché de Mayenne et du marquisat de Lassay et sont restés dans le ressort de l'ancienne sénéchaussée du Mans.

Le Bas-Maine étant trop peu étendu pour former un département, ils ont emprunté une partie du territoire septentrional de l'Anjou, mais ils ont eu soin de prendre en presque totalité les mouvances de la baronnie de Craon et du marquisat de Château-Gontier; à l'Est, ils ont pris pour bornes celles du marquisat de Villaines et de la baronnie de Sainte-Suzanne. Ainsi constitué, le département de la Mayenne fut partagé en 7 districts, divisés en 68 cantons administratifs et judiciaires, subdivisés eux-mêmes en 285 communes.

Les districts étaient ceux de Château-Gontier, de Craon, d'Ernée, d'Évron, de Lassay, de Laval, et de Mayenne. Voici comment étaient répartis les cantons et les communes :

DISTRICT DE CHÂTEAU-GONTIER.

1° CANTON DE BALLÉE.

Ballée, Beaumont-Pied-de-Bœuf, Bouessay, Buret (le), Préaux, Saint-Loup-du-Dorat.

2° CANTON DE CHÂTEAU-GONTIER.

Azé, Bazouges, Château-Gontier.

3° CANTON DE CHEMAZÉ.

Bourg-Philippe (le), Chemazé, Ménil, Mollière, Saint-Fort.

4° CANTON DE DAON.

Argenton, Bierné, Châtelain, Coudray, Daon, Saint-Michel-de-Feins.

5° CANTON DE FROMENTIÈRES.

Fromentières, Longuefuye, Ruillé-Froidfont, Mayenne.

Saint-Germain-de-l'Hommel, Villiers-Charlemagne.

6° CANTON DE GREZ-EN-BOUÈRE.

Bouère, Gennes, Grez-en-Bouère, Saint-Aignan, Saint-Brice, Saint-Charles.

7° CANTON DE LAIGNÉ.

Ampoigné, Chaires (les), Laigné, Loigné, Marigné-Peuton, Saint-Gault.

8° CANTON DE QUELAINES.

Houssay, Origné, Quelaines, Saint-Sulpice.

9° CANTON DE SAINT-DENIS-D'ANJOU.

Saint-Denis-d'Anjou, Saint-Laurent-des-Mortiers, Saint-Martin-de-Villenglose, Varennes-Bourreau.

INTRODUCTION.

3° CANTON DE COURCITÉ.

Averton, Courcité, Saint-Aubin-du-Désert, Saint-Germain-de-Coulamer, Saint-Mars-du-Désert.

4° CANTON D'ÉVRON.

Châtres, Évron, Livet, Saint-Christophe-du-Luat.

5° CANTON D'IZÉ.

Izé, Saint-Thomas-de-Courceriers, Trans.

6° CANTON DE SAINTE-GEMMES-LE-ROBERT.

Mézangers, Neau, Sainte-Gemmes-le-Robert.

7° CANTON DE SAINT-MARTIN-DE-CONNÉE.

Saint-Martin-de-Connée, Saint-Pierre-sur-Orthe.

8° CANTON DE SAINTE-SUZANNE.

Blandouet, Chammes, Sainte-Suzanne, Torcé, Viviers.

9° CANTON DE VAIGES.

Saint-Jean-sur-Erve, Saint-Léger, Saint-Pierre-sur-Erve, Thorigné, Vaiges.

DISTRICT DE LASSAY.

1° CANTON DE LA CHAPELLE-MOCHE.

Chapelle-Moche (la), Étrigé, Geneslay, Rennes-en-Grenouille, Saint-Denis-de-Vilenette et Tessé.

2° CANTON DE COUPTRAIN.

Couptrain, Madré, Neuilly-le-Vendin, Saint-Aignan.

3° CANTON DU HORPS.

Charchigné, Courberie, Horps (le), Ribay (le).

4° CANTON DE JAVRON.

Chapelles (les), Chevaigné, Javron.

5° CANTON DE LASSAY.

Lassay, Melleray, Niort, Saint-Fraimbault-de-Lassay.

6° CANTON DE LIGNIÈRES-LA-DOUCELLE.

Lignières, Orgères, Pallu (la), Saint-Calais.

7° CANTON DE LA POÔTÉ.

Boulay, Champfremont, Gesvres, Poôté (la), Ravigny.

8° CANTON DE PRÉ-EN-PAIL.

Pré-en-Pail, Saint-Cyr-en-Pail, Saint-Samson

9° CANTON DE THUBEUF.

Baroche-Gondouin (la), Housseau (le), Saint-Julien-du-Terroux, Sainte-Marie-du-Bois, Thubeuf.

10° CANTON DE VILLAINES-LA-JUHEL.

Crennes-sur-Fraubée, Ham (le), Saint-Georges, Villaines-la-Juhel, Villepail.

DISTRICT DE LAVAL.

1° CANTON D'ANDOUILLÉ.

Andouillé, Saint-Germain-le-Fouilloux, Saint-Jean-sur-Mayenne.

2° CANTON D'ARGENTRÉ.

Argentré, Bonchamp, Louverné.

3° CANTON DE LAVAL.

Avesnières, Changé, Grenoux, Laval.

4° CANTON DE LOIRON.

Beaulieu, Gravelle (la), Loiron, Montjean, Ruillé-le-Gravelais, Saint-Cyr-le-Gravelais.

INTRODUCTION.

5° CANTON DE MESLAY.

Arquenay, Bazouge-de-Chemeré (la), Meslay, Saint-Denis-du-Maine.

6° CANTON DE MONTSURS.

Châlons, Chapelle-Anthenaise (la), Gesnes, Montflours, Montsurs, Saint-Céneré.

7° CANTON DE NUILLÉ-SUR-VICOIN.

Ahuillé, Astillé, Courbeveille, Nuillé-sur-Vicoin.

8° CANTON DE PARNÉ.

Bignon (le), Entramnes, Forcé, Maisoncelles, Parné.

9° CANTON DE SAINT-BERTHEVIN.

Huisserie (l'), Montigné, Saint-Berthevin, Saint-Isle.

10° CANTON DE SAINT-OUEN-DES-TOITS.

Brulatte (la), Genest (le), Olivet, Saint-Ouen-des-Toits.

11° CANTON DE SOULGÉ-LE-BRUANT.

Bazougers, Chapelle-Rainsouin (la), Louvigné, Nuillé-sur-Ouette, Saint-Georges-le-Fléchard, Soulgé-le-Bruant.

DISTRICT DE MAYENNE.

1° CANTON D'AMBRIÈRES.

Ambrières, Cigné, Pas (le).

2° CANTON D'ALEXAIN.

Alexain, Contest, Placé, Saint-Germain-d'Anxurre.

3° CANTON DE BAIS.

Bais, Champgenéteux, Hambers.

4° CANTON DE CHAMPÉON.

Champéon, Chapelle-au-Riboul (la), Hardanges, Loupfougères, Poulay.

5° CANTON DE CHANTRIGNÉ.

Chantrigné, Montreuil, Saint-Loup-du-Gast.

6° CANTON DE GRAZAY.

Belgeard, Grazay, Jublains, Marcillé-la-Ville.

7° CANTON DE MARTIGNÉ.

Bazouge-des-Alleux (la), Commer, Martigné, Sacé.

8° CANTON DE MAYENNE.

Aron, Bazoge-Montpinçon (la), Moulay, Parigné, Saint-Baudelle, Saint-Fraimbault-de-Prières.

9° CANTON D'OISSEAU.

Brécé, Oisseau, Saint-Mars-sur-Colmont.

10° CANTON DE SAINT-FRAIMBAULT-SUR-PISSE.

Céaulcé, Couesmes, Saint-Fraimbault-sur-Pisse, Soucé, Vaucé.

11° CANTON DE SAINT-GEORGES-BUTTAVENT.

Châtillon-sur-Colmont, Saint-Georges-Buttavent.

12° CANTON DE SAINT-OUEN-DES-VALLONS.

Brée, Deux-Évailles, Montourtier, Saint-Ouen-des-Vallons.

On sait que les administrations de district n'ont pas vécu au delà de l'an III, et que les divisions cantonales furent seules maintenues par la constitution du 5 fructidor an III. Lorsque la loi du 28 pluviôse an VIII institua les arrondissements communaux des sous-préfectures, le département de la Mayenne fut divisé en trois arrondissements portant les noms de Laval, de Mayenne et de Château-Gontier. Les divisions cantonales furent conservées, mais leur nombre fut réduit de 68 à 27, en vertu d'une loi en

INTRODUCTION.

date du 8 pluviôse an IX. Le département est aujourd'hui divisé comme l'indique la nomenclature suivante :

Arrondissements : 3; cantons : 27; communes : 276; population : 351,933 habitants[1].

ARRONDISSEMENT DE CHÂTEAU-GONTIER.

(6 cantons, 73 communes, 74,533 habitants. — Superficie totale : 126,798 hectares.)

CANTON DE BIERNÉ.
(Superficie, 17,377 hectares; 8,387 habitants.)

Argenton, Bierné, Châtelain, Coudray, Daon, Gennes, Longuefuye, Saint-Denis-d'Anjou, Saint-Laurent-des-Mortiers, Saint-Michel-de-Feins.

CANTON DE CHÂTEAU-GONTIER.
(Superficie, 27,238 hectares; 20,064 habitants.)

Ampoigné, Azé, Bazouges, Château-Gontier, Chemazé, Fromentières, Houssay, Laigné, Loigné, Marigné-Peuton, Ménil, Origné, Saint-Fort, Saint-Gault, Saint-Sulpice.

CANTON DE COSSÉ-LE-VIVIEN.
(Superficie, 20,126 hectares; 10,989 habitants.)

Chapelle-Craonnaise (la), Cosmes, Cossé-le-Vivien, Cuillé, Gastines, Laubrières, Méral, Peuton, Quelaines, Saint-Poix, Simplé.

CANTON DE CRAON.
(Superficie, 21,362 hectares; 13,329 habitants.)

Athée, Boissière (la), Bouchamp, Chérancé, Craon, Denazé, Livré, Mée, Niafle, Pommerieux, Saint-Martin-du-Limet, Saint-Quentin, Selle-Craonnaise (la).

CANTON DE GREZ-EN-BOUÈRE.
(Superficie, 21,245 hectares; 10,400 habitants.)

Ballée, Beaumont-Pied-de-Bœuf, Bouère, Bouessay, Buret (le), Grez-en-Bouère, Préaux, Ruillé-Froidfont, Saint-Brice, Saint-Charles, Saint-Loup-du-Dorat, Villiers-Charlemagne.

CANTON DE SAINT-AIGNAN-SUR-ROË.
(Superficie, 19,485 hectares; 11,364 habitants.)

Ballots, Brains-sur-les-Marches, Congrier, Fontaine-Couverte, Renazé, Roë (la), Rouaudière (la), Saint-Aignan-sur-Roë, Saint-Erblon, Saint-Michel-de-la-Roë, Saint-Saturnin-du-Limet, Senonnes.

[1] Cette statistique est dressée sur le dénombrement de 1876.

INTRODUCTION.

ARRONDISSEMENT DE LAVAL.

(9 cantons, 91 communes, 123,897 habitants. — Superficie totale : 180,203 hectares.)

CANTON D'ARGENTRÉ.
(Superficie, 16,353 hectares; 8,465 habitants.)

Argentré, Bonchamp, Châlons, Chapelle-Anthenaise (la), Forcé, Louverné, Louvigné, Montflours, Parné.

CANTON DE CHAILLAND.
(Superficie, 28,433 hectares; 16,831 habitants.)

Andouillé, Baconnière (la), Bigottière (la), Chailland, Croixille (la), Juvigné, Saint-Germain-le-Guillaume, Saint-Hilaire-des-Landes, Saint-Pierre-des-Landes.

CANTON D'ÉVRON.
(Superficie, 22,993 hectares; 14,952 habitants.)

Assé-le-Bérenger, Châtres, Évron, Livet, Mézangers, Neau, Saint-Christophe-du-Luat, Sainte-Gemmes-le-Robert, Saint-Georges-sur-Erve, Vimarcé, Voutré.

CANTON DE LAVAL.
Laval (Ville de), 27,107 habitants.

CANTON DE LAVAL-EST.
(Superficie, 14,092 hectares; 17,214 habitants.)

Astillé, Courbeveille, Entrammes, Huisserie (l'), Laval-Est, Montigné, Nuillé-sur-Vicoin.

CANTON DE LAVAL-OUEST.
(Superficie, 13,640 hectares; 23,653 habitants.)

Ahuillé, Changé, Laval-Ouest, Saint-Berthevin, Saint-Germain-le-Fouilloux, Saint-Jean-sur-Mayenne.

CANTON DE LOIRON.
(Superficie, 25,220 hectares; 14,849 habitants.)

Beaulieu, Bourgneuf (le), Bourgon, Brulatte (la), Genest (le), Gravelle (la), Launay-Villiers, Loiron, Montjean, Olivet, Port-Brillet, Ruillé-le-Gravelais, Saint-Cyr-le-Gravelais, Saint-Isle, Saint-Ouen-des-Toits, Saint-Pierre-la-Cour.

CANTON DE MESLAY.
(Superficie, 24,922 hectares; 11,371 habitants.)

Arquenay, Bannes, Bazougers, Bazouge-de-Chemeré (la), Bignon (le), Chemeré-le-Roi, Cossé-en-Champagne, Cropte (la), Épineu-le-Séguin, Maisoncelles, Meslay, Saint-Denis-du-Maine, Saint-Georges-le-Fléchard, Saulges.

INTRODUCTION.

CANTON DE MONTSURS.
(Superficie, 13,501 hectares; 7,244 habitants.)

Brée, Chapelle-Rainsouin (la), Deux-Évailles, Gesnes, Montourtier, Montsurs, Nuillé-sur-Ouëtte, Saint-Céneré, Saint-Ouen-des-Vallons, Soulgé-le-Bruant.

CANTON DE SAINTE-SUZANNE.
(Superficie, 21,048 hectares; 9,318 habitants.)

Blandouet, Chammes, Saint-Jean-sur-Erve, Saint-Léger, Saint-Pierre-sur-Erve, Sainte-Suzanne, Thorigné, Torcé, Vaiges, Viviers.

ARRONDISSEMENT DE MAYENNE.
(12 cantons, 112 communes, 153,503 habitants. — Superficie totale : 209,205 hectares.)

CANTON D'AMBRIÈRES.
(Superficie, 11,384 hectares; 10,575 habitants.)

Ambrières, Chantrigné, Cigné, Couesmes, Pas (le), Saint-Loup-du-Gast, Soucé, Vaucé.

CANTON DE BAIS.
(Superficie, 22,097 hectares; 14,921 habitants.)

Bais, Champgenéteux, Hambers, Izé, Jublains, Saint-Martin-de-Connée, Saint-Pierre-sur-Orthe, Saint-Thomas-de-Courceriers, Trans.

CANTON DE COUPTRAIN.
(Superficie, 16,607 hectares; 12,128 habitants.)

Chapelles (les), Chevaigné, Couptrain, Javron, Lignières-la-Doucelle, Madré, Neuilly-le-Vendin, Orgères, Pallu (la), Saint-Aignan, Saint-Calais-du-Désert.

CANTON D'ERNÉE.
(Superficie, 19,287 hectares; 14,605 habitants.)

Ernée, Larchamp, Montenay, Pellerine (la), Saint-Dénis-de-Gastines, Vautorte.

CANTON DE GORRON.
(Superficie, 18,999 hectares; 14,112 habitants.)

Brecé, Carelles, Châtillon-sur-Colmont, Colombiers, Gorron, Hercé, Lesbois, Lévaré, Saint-Aubin-Fosse-Louvain, Saint-Mars-sur-Colmont, Vieuvy.

INTRODUCTION.

CANTON DU HORPS.
(Superficie, 15,477 hectares; 9,847 habitants.)

Champéon, Chapelle-au-Riboul (la), Charchigné, Courberie, Ham (le), Hardanges, Horps (le), Montreuil, Poulay, Ribay (le).

CANTON DE LANDIVY.
(Superficie, 19,112 hectares; 12,507 habitants.)

Désertines, Dorée (la), Fougerolles, Landivy, Montaudin, Pontmain, Saint-Berthevin-la-Tannière, Saint-Ellier, Saint-Mars-sur-la-Futaie.

CANTON DE LASSAY.
(Superficie, 9,509 hectares; 8,513 habitants.)

Baroche-Gondouin (la), Brétignolles, Housseau (le), Lassay, Melleray, Niort, Rennes-en-Grenouille, Saint-Julien-du-Terroux, Sainte-Marie-du-Bois, Thubœuf.

CANTON DE MAYENNE.

Mayenne (Ville de), 10,098 habitants.

CANTON DE MAYENNE-EST.
(Superficie, 20,921 hectares; 16,039 habitants.)

Aron, Bazoge-Montpinçon (la), Bazouge-des-Alleux (la), Belgeard, Commer, Grazay, Marcillé-la-Ville, Martigné, Mayenne-Est, Moulay, Sacé, Saint-Fraimbault-de-Prières.

CANTON DE MAYENNE-OUEST.
(Superficie, 19,075 hectares; 16,408 habitants.)

Alexain, Contest, Haie-Traversaine (la), Mayenne-Ouest, Oisseau, Parigné, Placé, Saint-Baudelle, Saint-Georges-Buttavent, Saint-Germain-d'Anxurre.

CANTON DE PRÉ-EN-PAIL.
(Superficie, 14,551 hectares; 10,318 habitants.)

Boulay, Champfremont, Poôté (la) Pré-en-Pail, Ravigny, Saint-Cyr-en-Pail, Saint-Samson.

CANTON DE VILLAINES-LA-JUHEL.
(Superficie, 21,158 hectares; 13,530 habitants.)

Averton, Courcité, Crennes-sur-Fraubée, Gesvres, Loupfougères, Saint-Aubin-du-Désert, Saint-Germain-de-Coulamer, Saint-Mars-du-Désert, Villaines-la-Juhel, Villepail.

INTRODUCTION.

NOMENCLATURE DES COMMUNES

DU

DÉPARTEMENT DE LA MAYENNE.

Ahuillé.
Alexain.
Ambrières.
Ampoigné.
Andouillé.
Argenton.
Argentré.
Aron.
Arquenay.
Assé-le-Bérenger.
Astillé.
Athée.
Averton.
Azé.

Baconnière (La).
Bais.
Ballée.
Ballots.
Bannes.
Baroche-Gondouin (La).
Bazoche-Montpinçon (La).
Bazouge-de-Chemeré (La).
Bazouge-des-Alleux (La).
Bazougers.
Bazouges.
Beaulieu.
Beaumont-Pied-de-Bœuf.
Mayenne.

Belgeard.
Bierné.
Bignon (Le).
Bigottière (La).
Blandouet.
Boissière (La).
Bonchamp.
Bouchamp.
Bouère.
Bouessay.
Boulay.
Bourgneuf (Le).
Bourgon.
Brains-sur-les-Marches.
Brécé.
Brée.
Brétignolles.
Brulatte (La).
Buret (Le).

Carelles.
Chailland.
Châlons.
Chammes.
Champéon.
Champfremont.
Champgenéteux.
Changé.

Chantrigné.
Chapelle-Anthenaise (La).
Chapelle-au-Riboul (La).
Chapelle-Craonnaise (La).
Chapelle-Rainsouin (La).
Chapelles (Les).
Charchigné.
Château-Gontier.
Châtelain.
Châtillon-sur-Colmont.
Châtres.
Chemazé.
Chemeré.
Chérancé.
Chevaigné.
Cigné.
Colombiers.
Commer.
Congrier.
Contest.
Cosmes.
Cossé-en-Champagne.
Cossé-le-Vivien.
Coudray.
Couesmes.
Couptrain.
Courberie.
Courbeveille.

INTRODUCTION.

Courcité.
Craon.
Crennes-sur-Fraubée.
Croixille (La).
Cropte (La).
Cuillé.

Daon.
Denazé.
Désertines.
Deux-Évailles.
Dorée (La).

Entramnes.
Épineu-le-Séguin.
Ernée.
Évron.

Fontaine-Couverte.
Forcé.
Fougerolles.
Fromentières.

Gastines.
Genest (Le).
Gennes.
Gesnes.
Gesvres.
Gorron.
Gravelle (La).
Grazay.
Grez-en-Bouère.

Haie-Traversaine (La).
Ham (Le).
Hambers.
Hardanges.
Hercé.
Horps (Le).
Houssay.
Housseau (Le).
Huisserie (L').

Izé.

Javron.
Jublains.
Juvigné.

Laigné.
Landivy.
Larchamp.
Lassay.
Laubrières.
Launay-Villiers.
Laval.
Lesbois.
Lévaré.
Lignières-la-Doucelle.
Livet-en-Charnie.
Livré.
Loigné.
Loiron.
Longuefuye.
Loupfougères.
Louverné.
Louvigné.

Madré.
Maisoncelles.
Marcillé-la-Ville.
Marigné-Peuton.
Martigné.
Mayenne.
Mée.
Melleray.
Ménil.
Méral.
Meslay.
Mézangers.
Montaudin.
Montenay.
Montflours.
Montigné.
Montjean.

Montourtier.
Montreuil.
Montsurs.
Moulay.

Neau.
Neuilly-le-Vendin.
Niaffe.
Niort.
Nuillé-sur-Ouette.
Nuillé-sur-Vicoin.

Oisseau.
Olivet.
Orgères.
Origné.

Pallu (La).
Parigné.
Parné.
Pas (Le).
Pellerine (La).
Peuton.
Placé.
Pommerieux.
Pontmain.
Poôté (La).
Port-Brillet.
Poulay.
Préaux.
Pré-en-Pail.

Quelaines.

Ravigny.
Renazé.
Rennes-en-Grenouille.
Ribay (Le).
Roë (La).
Rouaudière (La).
Ruillé-Froidfont.
Ruillé-le-Gravelais.

INTRODUCTION.

Sacé.
Saint-Aignan-de-Couptrain.
Saint-Aignan-sur-Roë.
Saint-Aubin-du-Désert.
Saint-Aubin-Fosse-Louvain.
Saint-Baudelle.
Saint-Berthevin.
Saint-Berthevin-la-Tannière.
Saint-Brice.
Saint-Calais-du-Désert.
Saint-Céneré.
Saint-Charles-la-Forêt.
Saint-Christophe-du-Luat.
Saint-Cyr-en-Pail.
Saint-Cyr-le-Gravelais.
Saint-Denis-d'Anjou.
Saint-Denis-de-Gastines.
Saint-Denis-du-Maine.
Sainte-Gemmes-le-Robert.
Saint-Ellier.
Sainte-Marie-du-Bois.
Saint-Erblon.
Sainte-Suzanne.
Saint-Fort.
Saint-Fraimbault-de-Prières.
Saint-Gault.
Saint-Georges-Buttavent.
Saint-Georges-le-Fléchard.

Saint-Georges-sur-Erve.
Saint-Germain-d'Anxurre.
Saint-Germain-de-Coulamer.
Saint-Germain-le-Fouilloux.
Saint-Germain-le-Guillaume.
Saint-Hilaire-des-Landes.
Saint-Isle.
Saint-Jean-sur-Erve.
Saint-Jean-sur-Mayenne.
Saint-Julien-du-Terroux.
Saint-Laurent-des-Mortiers.
Saint-Léger.
Saint-Loup-du-Dorat.
Saint-Loup-du-Gast.
Saint-Mars-du-Désert.
Saint-Mars-sur-Colmont.
Saint-Mars-sur-la-Futaie.
Saint-Martin-de-Connée.
Saint-Martin-du-Limet.
Saint-Michel-de-Feins.
Saint-Michel-de-la-Roë.
Saint-Ouen-des-Toits.
Saint-Ouen-des-Vallons.
Saint-Pierre-des-Landes.
Saint-Pierre-la-Cour.
Saint-Pierre-sur-Erve.
Saint-Pierre-sur-Orthe.
Saint-Poix.

Saint-Quentin.
Saint-Samson.
Saint-Saturnin-du-Limet.
Saint-Sulpice.
Saint-Thomas-de-Courceriers.
Saulges.
Selle-Craonnaise (La).
Senonnes.
Simplé.
Soucé.
Soulgé-le-Bruant.

Thorigné.
Thubœuf.
Torcé.
Trans.

Vaiges.
Vaucé.
Vautorte.
Vieuvy.
Villaines-la-Juhel.
Villepail.
Villiers-Charlemagne.
Vimarcé.
Viviers.
Voutré.

EXPLICATION

DES

ABRÉVIATIONS EMPLOYÉES DANS LE DICTIONNAIRE.

abb.	abbaye.	détr.	détruit.
affl.	affluent.	doy.	doyenné.
anc.	ancien, ancienne.	éc.	écart.
arch.	archives.	élect.	élection.
arrond.	arrondissement.	f.	ferme.
auj.	aujourd'hui.	f. lat.	fonds latin.
bar.	baronnie.	h.	hameau.
bibl. nat.	bibliothèque nationale.	ibid.	même source.
cab.	cabinet.	inv.	inventaire.
c^{on}.	canton.	liv. bl.	livre blanc.
c.	carte.	marq.	marquisat.
cart.	cartulaire.	ment.	mentionné.
chap.	chapitre.	mⁱⁿ.	moulin.
ch.	charte ou chartier.	par.	paroisse.
chât.	château.	pr.	prieuré ou preuves.
châtell.	châtellenie.	riv.	rivière.
c^{ne}.	commune.	ruiss.	ruisseau.
défr.	défriché.	seign.	seigneurie.
dénombr.	dénombrement.	s^e.	siècle.
dép.	dépendait.	suppr.	supprimé.
dess.	desséché.	vill.	village.

DICTIONNAIRE TOPOGRAPHIQUE

DE

LA FRANCE.

DÉPARTEMENT

DE LA MAYENNE.

A

ABAT (L'), f. c^{ne} de Saint-Charles-la-Forêt.
ABATIS (LES), f. c^{ne} de Brécé.
ABATS (LES), f. c^{ne} de Saint-Ouen-des-Toits.
ABÂTTANTS (LES HAUT et BAS), f. c^{ne} de la Bigottière.
— *Terram de Abattans*, 1198 (Hist. des sires de Mayenne. pr.). — *Fief d'Abathan alias la Chapelle*, 1570 (ibid.).
 Fief vassal de la seign. de la Feuillée, au duché de Mayenne.
ABBATIALE (L'), f. c^{ne} de Landivy.
ABBAYE (L'), f. c^{ne} de Chemazé.
ABBAYE (L'), f. et mⁱⁿ, c^{ne} de Gesvres.
ABBAYE (L'), éc. c^{ne} de Laubrières.
ABBAYE (L'), f. c^{ne} de Renazé.
ABBAYE (L'), f. c^{ne} de la Roë.
ABBAYE (L'), f. c^{ne} de Sacé.
ABBAYE (L'), éc. c^{ne} de Saint-Aubin-du-Désert.
ABBAYE (L'), f. c^{ne} de Saint-Erblon.
ABBAYE (L'), f. c^{ne} de Villaines-la-Juhel.
ABBAYETTE (L'), *alias* VILLARENTON, bois, h., éc. et mⁱⁿ, c^{ne} de la Dorée; ancien prieuré dép. de l'abb. du Mont-Saint-Michel, fondé en 1235 par Robert de Gorram. — *Apud abbatiolam de Villarentum*, XIIe s^e (Généal. de la maison de Gorram). — *Priori de Villarenton*, XIIIe s^e (cart. du Mont-Saint-Michel).
 Étang auj. desséché. — Le ruiss. de l'Abbayette, qui arrose la Dorée et Fougerolles, se jette dans le ruiss. du Moulin des Prés.

ABBÉE (L'), f. c^{ne} de Gennes; auj. supprimée.
ABBÉE (L'), f. c^{ne} du Ham.
ABBÉE (L'), éc. c^{ne} de la Roë.
ABBÉES (LES), f. c^{ne} de Juvigné-des-Landes.
ACHAT (L'), f. c^{ne} de la Bazouge-de-Chemeré.
ACHAT (L'), f. c^{ne} de Châtelain.
ACHAT (L'), f. c^{ne} de Chemazé.
ACHÉ, fief, c^{ne} de Saint-Berthevin, annexé à la châtell. de Saint-Berthevin, relevant du comté de Laval.
ACHOIS, fief, c^{ne} d'Ernée, vassal de la terre de Charné, au duché de Mayenne.
ACLOUX (LES), f. c^{ne} de Brécé.
ACNE (L'), f. c^{ne} de Laval.
AGETS (LES), f. c^{ne} de Bazougers. — *La plaine des Agez*, 1479 (arch. nat. P. 343).
AGETS (LES), f. c^{ne} du Buret.
AGETS (LES), vill. c^{ne} de Saint-Brice; fief vassal de la châtell. de Sablé. — La lande de ce nom a été défrichée vers 1817.
AGETS (LES), h. c^{ne} de Saint-Loup-du-Dorat.
AGNETS (LES), éc. c^{ne} de Jublains.
AHUILLÉ, c^{on} de Laval-Ouest; anc. paroisse du doyenné, de l'élection et du comté de Laval. — *Hiliaco*, 615 (test. Bertramni. Gall. christ. t. XIV, pr. col. 107).
 — *Alanus de Hulliaco*, 1067 (liv. bl. du chap. du Mans).
AIGREFIN, éc. c^{ne} de Loigné.
AIGREFIN, f. c^{ne} de Placé.

Mayenne.

1

AIGREFOIN, f. c^{ne} de Saint-Georges-sur-Erve.
AIGREFOIN, f. c^{ne} de Saint-Jean-sur-Erve.
AIGREMONT, f. c^{ne} d'Azé.
AIGUÈRE (L'), f. c^{ne} de la Brulatte. — *Leguire* (Cassini). — *L'Eguère* (carte de l'État-major).
AIGUERIE (L'), h. c^{ne} de Saint-Jean-sur-Mayenne.
AIGUILLERIE (L'), éc. c^{ne} de Montigné.
AIGUILLERIE (L'), éc. c^{ne} de Nuillé-sur-Vicoin.
AIGUILLON (L'), éc. c^{ne} de Courcité.
AILLÈRES (LES), chât. et f. c^{ne} d'Azé. — *Richardus de Alleriis*, 1265 (ch. de Saint-Nicolas d'Angers).—*Fief des Alières*, 1492 (ibid.).

Le bois des Aillères a été défriché vers 1853. Ce lieu possédait un étang au XVe siècle. — Le fief des Aillères dépendait de la bar. d'Ingrandes et de la terre de Forges, au marq. de Château-Gontier.

AILLERIE (L'), f. c^{ne} de Laval.
AILLERIE (L'), f. et éc. c^{ne} de Saint-Fort.
AILLERIE (L'), f. c^{ne} de Simplé.
AILLERIES (LES), f. c^{ne} de Marigné-Peuton ; supprimée vers 1812.
AILLEVERT, vill. c^{ne} de Chantrigné.
AILLEVERTE, vill. c^{ne} du Pas ; donne son nom à un ruiss. affl. de celui du Buron.
AIRE-DU-BOIS (L'), éc. c^{ne} de la Brulatte.
AIRE-MACÉ (L'), éc. c^{ne} de Brains-sur-les-Marches.
AIRE-MARY (L'), f. c^{ne} du Pas.
AIRE-VIEILLE (L'), f. c^{ne} d'Azé.
AISE (L'), éc. c^{ne} de Changé.
AISÉ (LANDES D'), c^{ne} de Martigné, auj. défrichées ; mentionnées sur la carte de Jaillot.
AISIÈRE (L'), chât. c^{ne} de Maisoncelles.
AISNE (L'), riv. qui prend sa source à Champéon, arrose le Ribay, le Horps, le Ham, Javron, les Chapelles, Madré, et se jette dans la Mayenne près de Neuilly-le-Vendin.
AISNE (MOULIN D'), mⁱⁿ sur l'Aisne, c^{ne} du Ham.
AJEUX (LES), f. c^{ne} de Saint-Georges-Buttavent.
ALCUC, h. c^{ne} d'Izé.
ALENÇON (BOIS D'), c^{ne} d'Ampoigné ; auj. défriché. — L'étang est desséché depuis 1789.
ALEXAIN, c^{ne} de Mayenne-Ouest ; anc. par. de l'élect., du doy. et du marq. de Mayenne. — *Presbyter de Alecem*, 1180 (liv. d'argent de Saint-Florent, f° 36).
ALEXANDER, f. c^{ne} de Saint-Christophe-du-Luat.
ALEXANDRIÈRE (L'), f. c^{ne} de Javron.
ALGER, h. et briqueterie, c^{ne} d'Aron.
ALLÉES (LES), f. c^{ne} de Changé.
ALLÉES (LES), f. c^{ne} de Saint-Loup-du-Dorat.
ALLEMANDIÈRE (L'), vill. c^{ne} de la Poôté.
ALLERIS (LES), vill. c^{ne} de Hercé.
ALLEU (L'), f. c^{ne} de Mée.

ALLEUX (ÉTANG DES), c^{ne} de Châlons.
ALLEUX (LES), chât. et mⁱⁿ, c^{ne} de Cossé-le-Vivien. — *Rotbertus de Alodiis*, XIe s^e (Bibl. nat. fonds lat. 5441). — *Johanne et Viviano de Aloetis*, XIIe s^e (abb. de la Roë, H. 151, f° 79).

Le fief des Alleux dépendait du comté de Laval.

ALLEUX (LES), f. c^{ne} de Gesnes.
ALLEUX (LES), f. c^{ne} de Quelaines. — Le bois de ce nom, aussi appelé *le Gast*, a été défriché en 1860.
ALLIER (L'), f. c^{ne} d'Andouillé. — Fief de la châtell. d'Ernée, au duché de Mayenne.
ALLIER (L'), ruiss. affluent de celui de la Denillère ; il arrose la Selle-Craonnaise.
ALLIGNÉ (LE GRAND et LE PETIT), château et f. c^{ne} de Laval. — Le fief était vassal de Rouessé.
ALLUMETTES (LES), éc. c^{ne} de Laval.
ALMOIS (L'), f. c^{ne} de Lévaré.
ALNAUDIÈRES (LES), h. c^{ne} de Sainte-Gemmes-le-Robert.
ALOTTERIES (LES), f. c^{ne} de Juvigné-des-Landes.
ALOUÉ (L'), f. c^{ne} de la Bazouge-des-Alleux. — *Forêt d'Alouers*, 1443 (arch. nat. P. 343). — *Forêt d'Allouée*, 1629 (cab. La Baulière).

La forêt de ce nom, sise entre Montsurs et la Bazouge-des-Alleux, est aujourd'hui défrichée. — Le fief, sis en la Bazouge-des-Alleux, était, comme la forêt, dans la vassalité de la châtellenie de Montsurs.

ALTONDIÈRE (RUISSEAU DE L'), affluent de la Sarthe ; il arrose Saint-Laurent-des-Mortiers.
AMBRIÈRE (L'), h. c^{ne} des Chapelles.
AMBRIÈRES, arrond. de Mayenne. — *Custodis castelli de Ambres*, 1201 (Rymer, *Acta publ.* t. I, p. 125). — *Castellum de Ambreriis*, 1204 (abb. de Savigny, arch. nat. L. 967). — *Terræ juxta Ambreres*, 1241 (ibid. L. 970).

Baronnie annexée à celles de Froullay, de Tessé et de Châteauneuf pour former le comté de Tessé ; sa mouvance judiciaire resta au duché de Mayenne. Le ressort de sa juridiction s'étendait sur Brecé, Ceaucé, Cigné, Couesmes, Lesbois, Oisseau, le Pas, Saint-Fraimbault-sur-Pissé, Saint-Mars-sur-Colmont, Soucé et Vaucé. — Paroisse du doy. de Passais et de l'élect. de Mayenne, sise au confluent de deux rivières, d'où elle a pris son nom.

AMBRIERS, vill. c^{ne} de Viviers. — *Le féage d'Ambre*, *les bois d'Ambriez*, 1367 (trés. des ch. de Bretagne, H. F. XI).

Châtellenie dép. de la baronnie de Sainte-Suzanne. — Le ruiss. d'Ambriers, aussi appelé *ruisseau de Bouillé*, est un affl. de l'Erve ; il arrose Sainte-Suzanne, Torcé et Viviers.

DÉPARTEMENT DE LA MAYENNE.

Ambriers (Le Grand et le Petit), f. c^{ne} de Saint-Jean-sur-Erve.
Ambroiserie (L'), h. c^{ne} de Montaudin.
Ame (L'), f. c^{ne} d'Andouillé.
Ame (L'), f. c^{ne} de Montflours.
Ame (L'), écluse, c^{ne} de Saint-Jean-sur-Mayenne : établissement de pisciculture.
Amerie (L'), f. c^{ne} de Martigné.
Ami (Étang d'), c^{ne} de Neuilly-le-Vendin; dess. en 1799.
Ampeignardière (L'), f. c^{ne} de Craon.
Amplerie (L'), h. c^{ne} de Grazay. — *Lantpleurie* (Cassini).
Ampoigné, c^{on} de Château-Gontier; anc. par. du doy. de Craon, de l'élect. et du marq. de Château-Gontier. — *A. de Amponiaco*, xie s^e (cart. du Ronceray). — *Philip. de Ampugneio*, xiie s^e (abb. de la Roë, H 151, f° 48). — *Ampongné*, 1622 (*ibid.*).
Ancien Étang (Ruisseau de l'), affl. du ruiss. de l'Étang de la Houssaie; il arrose la Cropte.
Anclerie (L'), f. c^{ne} de Montigné.
Andière (L'), f. c^{ne} de Saint-Aignan-sur-Roë.
Andigné (Bois d'), c^{ne} de Saint-Aignan-sur-Roë.
Andouillé, c^{on} de Chailland; anc. par. du doy., de l'élect. et du comté de Laval. — *De villa Andoliaco*, 802 (dipl. de Charlemagne, Rec. des Hist. de France, t. V, p. 768). — *Eccl. de Andoliaco*, 1144 (cart. d'Évron). — *Domino de Andoilleio*, 1248 (abb. de Savigny, arch. nat. L. 971). — *Dominus de Andoilleto*, 1251 (*ibid.*). — *Par. d'Andoillé*, 1443 (arch. nat. P. 343).
Andronnière (La Haute et Basse), h. c^{ne} de Senonnes.
Androu, m^{in}, c^{ne} de la Poöté.
Anerie (L'), f. et éc. c^{ne} de Ballots. — Fief vassal de la bar. de Craon.
Anerie (L'), h. c^{ne} de Champgenêteux.
Anerie (L'), f. c^{ne} de Chemazé.
Anerie (L'), éc. c^{ne} de Cossé-le-Vivien.
Anerie (L'), f. c^{ne} de Cuillé.
Anerie (L'), f. c^{ne} de Larchamp.
Anerie (L'), f. c^{ne} de Livet-en-Charnie. — Étangs auj. desséchés. — Ruiss. affluent de la Jouanne.
Anerie (L'), f. c^{ne} de Loiron; auj. supprimée.
Anerie (L'), vill. c^{ne} de Montenay.
Anerie (L'), f. c^{ne} de Quelaines; donne son nom à un ruiss. affl. de celui de Brault.
Anerie (L'), h. c^{ne} de Rennes-en-Grenouille.
Anerie (L'), éc. c^{ne} de Saint-Fraimbault-de-Prières.
Anerie (L'), h. c^{ne} de Saint-Georges-sur-Erve.
Anerie (L'), h. c^{ne} de Saint-Jean-sur-Erve.
Anerie (L'), f. c^{ne} de Saint-Jean-sur-Mayenne.
Anerie (L'), f. c^{ne} de Saint-Julien-du-Terroux.
Anerie (L'), f. c^{ne} de Saint-Laurent-des-Mortiers.

Angebaud (L'), f. c^{ne} de Gennes; auj. supprimée.
Angebaudière (L'), h. c^{ne} de Congrier.
Angebaudière (L'), f. c^{ne} de Courcité.
Angebaudière (L'), f. c^{ne} de Neau.
Angebaudière (L'), f. c^{ne} de Saint-Thomas-de-Courceriers.
Angebaudière (L'), h. c^{ne} de Landivy.
Angeberdière (L'), f. c^{ne} de Saint-Mars-sur-la-Futaie.
Angeberdière (L'), h. c^{ne} de Saint-Martin-de-Connée.
Angeboudière (L'), vill. c^{ne} de Chevaigné. — *Langibaudière* (Cassini).
Angeferrière (L'), f. c^{ne} de Senonnes. — C'est une corruption de *Landeferrière*.
Angeguier (Rivière d'); elle arrose Saint-Denis-de-Gastines et Vautorte. — Voy. Gué-de-Languy (Ruisseau du).
Angelinière (L'), vill. c^{ne} d'Averton.
Angellerie (L'), f. c^{ne} d'Argentré.
Angellerie (L'), f. c^{ne} de Bazougers.
Angellerie (L'), f. c^{ne} de Beaulieu.
Angellerie (L'), h. c^{ne} de Colombiers.
Angellerie (L'), f. c^{ne} de Lévaré.
Angellerie (L'), f. c^{ne} de Mayenne.
Angellerie (L'), f. c^{ne} de Saint-Denis-de-Gastines.
Angellerie (L'), f. c^{ne} de Saint-Denis-du-Maine.
Angellerie (L'), f. c^{ne} de Saulges.
Angelottière (L'), f. c^{ne} de Coudray.
Angelottière (L'), f. c^{ne} de Saint-Denis-d'Anjou. — *Langebelerie* (Cassini). — On dit aussi *Langelotterie*.
Angerie (L'), f. c^{ne} de l'Huisserie.
Anges (Les), vill. c^{ne} de Saint-Quentin.
Angevinière (L'), f. c^{ne} d'Ampoigné.
Angevinière (L'), f. c^{ne} de Bais.
Angevinière (L'), f. c^{ne} de Denazé.
Angevinière (L'), f. c^{ne} de Laigné.
Angevinière (L'), c^{ne} de Lesbois; fief de la comm^{tie} de Quittay, relev. de la sénéch. du Mans.
Angevinières (Les), f. c^{ne} de Saint-Brice.
Angevinières (Les), logis, c^{ne} de Saint-Loup-du-Dorat.
Anglaine, f. c^{ne} du Horps. — Étang et m^{in} supprimés vers 1838.
Anglaine, h. c^{ne} de Lassay.
Anglaine (L'), riv. qui prend sa source en Charchigné, arrose Saint-Julien-du-Terroux et Madré et se jette dans la Mayenne.
Anglaine (Le Grand et le Petit), h. c^{ne} de Charchigné. — *Englenne* (carte de Jaillot).
Le ruiss. du Petit-Anglaine est affl. de l'Anglaine.
Angle (L'), h. c^{ne} de Soucé.
Anglechère (L'), f. c^{ne} du Ham.
Anglechère (La Grande-), f. c^{ne} de Colombiers.
Anglechère (La Petite-), h. c^{ne} de Colombiers.

1.

ANGLÉCHERIE (L'), h. c^ne d'Alexain.
ANGLÉCHERIE (L'), h. c^ne de Courberie.
ANGLÉCHERIE (L'), f. c^ne du Horps. — *Fief d'Englescherie*, 1609 (arch. de la Mayenne, série E).
Fief dép. de la comm^rie de Quittay.
ANGLÉCHERIE (L'), h. c^ne de Saint-Loup-du-Gast.
ANGLETERRE (L'), f. c^ue de Laval.
ANGOTTIÈRE (L'), f. c^ne d'Argentré.
ANGOTTIÈRE (L'), f. c^ne de la Dorée; donne son nom à un ruiss. affl. de celui du Domaine. — Fief de la châtell. de Pontmain.
ANGOTTIÈRE (L'), h. c^ne du Ham.
ANGOTTIÈRE (L'), f. c^ne du Horps.
ANGOTTIÈRE (L'), f. c^ne de Saint-Calais-du-Désert.
ANGOTTIÈRE (L'), f. c^ne de Saint-Denis-de-Gastines.
ANGOTTIÈRE (L'), vill. c^ne de Sainte-Gemmes-le-Robert; donne son nom à un ruiss. affl. de celui de la Bellangerie.
ANGOTTIÈRE (LA GRANDE et LA PETITE), h. c^ne de Fougerolles.
ANGOULIÈRE (L'), h. c^ne de Hambers. — *L'Angoyère* (Cassini). — On prononce *l'Angouyère*.
ANGOULIÈRE (L'), h. c^ne d'Izé.
ANGOULIÈRE (L'), f. c^ne de Jublains.
ANGOYÈRE (L'), h. c^ne de Saint-Denis-de-Gastines. — *Laugouyère* (Cassini). — *Laugoyère* (carte de l'État-major).
ANGRIÈRE (L'), vill. c^ne de Larchamp.
ANGRUMIÈRE (L'), f. c^ne de Saint-Georges-Buttavent. — Fief vassal du duché de Mayenne, qui s'étendait aussi sur Placé.
ANGUECHERIE (L'), f. c^ue de Torcé. — Altération d'*Anglecherie*.
ANGUEUCHERIE (L'), h. c^ne de Houssay.
ANGUEUCHERIE (L'), f. c^ne d'Origné.
ANGUEUCHERIES (LES), vill. c^ne de Viviers.
ANGUILLE (L'), f. c^ne de Larchamp.
ANJONNERIE (L'), f. c^ne de Mayenne.
ANJOU (BOIS D'), c^ne de Saint-Denis-d'Anjou; défriché en 1838.
ANJUBAUDIÈRE (L'), f. c^ne de Saint-Germain-d'Anxurre.
ANJUBERDIÈRE (L'), fief vassal de la châtell. de Thorigné, en la bar. de Sainte-Suzanne.
ANJUÈRE (L'), vill. c^ne d'Andouillé.
ANNEBEAUX (LES), h. c^ne de la Cropte. — *Hannebault* (Cassini).
ANNELAIE (L'), h. c^ne de Livré.
ANNELIÈRE (L'), f. c^ne d'Orgères. — On écrit aussi *l'Aneiller*.
ANNELIÈRES (LES), vill. c^ne de Gesvres.
ANNELIÈRES (RUISSEAU DES), affl. de l'Ornette; arrose Gesvres.

ANNETTE, f. c^ne de Boulay.
ANNETTE, vill. c^ne de la Poôté.
ANNETTE-DES-BRUYÈRES, f. c^ne de la Poôté.
ANNIBAL, éc. c^ne de Landivy. — Le bois taillis appartenait à l'abb. de Savigny.
ANNILLE (L'), h. c^ne de Bais.
ANSAUDIÈRE (L'), château, f. et étang, c^ne de Saint-Martin-du-Limet. — Ruiss. affl. de l'Usure.
Le fief était vassal en partie de l'Île-Tison et en partie de la Selle-Craonnaise; mouvance de la bar. de Craon.
ANSQUILLÈRES (LES), h. c^ne de Saint-Ellier.
ANTES (LES), f. c^ne de Parné.
ANTHENAISE, chât. et f. c^ne de la Chapelle-Anthenaise. — *Gauscelinus de Altanoisa*, xie s^e (Bibl. nat. fonds lat. 5441). — *Petrus de Antonosia*, 1203 (*ibid.*).
Fief dépendant du comté de Laval. — Landes auj. défrichées.
ANTINIÈRE (L'), h. c^ne de Courbeveille.
ANTINIÈRE (L'), f. c^ne de Saint-Christophe-du-Luat.
ANTIQUELIÈRES (LES), fief du duché de Mayenne, relev. de la châtell. de Pontmain.
ANTONNIÈRE (L'), h. c^ne des Chapelles.
ANTONNIÈRE (L'), f. c^ne de Loupfougères. — On dit aussi *l'Antonnerie*.
ANTONNIÈRE (L'), h. c^ne de Soucé.
ANTONNIÈRES (LES), f. c^ne de Jublains.
ANTOUDIÈRES (LES), h. c^ne de Villiers-Charlemagne. — Fief vassal du comté de Laval.
ANVORE (L'), h. c^ue de Châtillon-sur-Colmont; il prend son nom d'un ruisseau qui se jette dans celui du Fauconnier. — *In aqua Anverie, Haia de Anvoria*, 1205 (cart. de Fontaine-Daniel).
ANVORE (L'), f. c^ne de Contest.
ANXURRE (L'), riv. qui prend sa source à Saint-Georges-Buttavent et se jette dans la Mayenne, après avoir arrosé Placé, Alexain et Saint-Germain-d'Anxurre.
APPRIS (LES), f. c^ne de Daon.
APRÈS (LES), f. c^ne de Saint-Pierre-sur-Orthe.
APRILLÉS (LES), f. c^ne de Chammes.
ARBRETS (LES), landes défrichées situées entre Mayenne, Parigné et Saint-Baudelle.
ARCHE (L'), f. c^ne de Courcité. — *Ad Archas*, 834 (Gesta Aldrici, 25; Baluze, 62).
ARCHE (L'), éc. c^ne d'Épineu-le-Seguin.
ARCHE (L'), f. et éc. c^ne de Saint-Fort.
ARCHERIE (L'), f. c^ne de Blandouet.
ARCHET, f. c^ne d'Andouillé. — *Archer* (Cassini). — On écrit aussi *Harché*.
ARCQUES (ÉTANG D'), c^ne de Saint-Brice; desséché vers l'an 1810.
ARDENNES, f. c^ne d'Argenton.

ARDENNES, f. c^{ne} de Changé.
ARDENNES (LES), f. c^{ne} de Cuillé.
ARDENNES (LES), f. c^{ne} de la Selle-Craonnaise. — *A cause du lieu Dardannes*, 1513 (abb. de la Roë, H 180).
ARDENNES (LES BASSES-), f. c^{ne} de Cuillé; auj. supprimée. — On écrit à tort *les Sardennes*.
ARDRÉE, mⁱⁿ, c^{ne} de Thorigné.
ARDRIER (L'), f. c^{ne} d'Ahuillé.
ARDRIER (L'), f. c^{ne} de Bouère.
ARDRIER (L'), vill. c^{ne} de Gesvres.
ARDRIER (L'), f. c^{ue} de Laval.
ARDRIER (L'), chât. et f. c^{ne} de Montigné.
ARDRIER (L'), bois, c^{ne} de Saint-Jean-sur-Erve; défriché vers 1840.
ARDRIÈRE (L'), vill. c^{ne} de Chevaigné.
ARDRIÈRE (L'), f. c^{ne} de Laval. — On prononce à tort *la Hardrière*.
ARDRIERS (LES), f. c^{ne} de la Chapelle-Anthenaise.
ARGENCÉ, vill. c^{ne} de la Haie-Traversaine. — *G. de Erguntio*, XIIe s^e (Hist. des sires de Mayenne, pr.). — *Medietaria de Argentheio*, 1200 (abb. de Savigny, arch. nat. L 978). — *Argenté*, 1209 (cart. d'Évron). — *Medietariam de Argenceio*, 1240 (abb. de Savigny, arch. nat. L 970). — Fief vassal de la bar. d'Ambrières.
ARGENTON, c^{on} de Bierné; anc. par. du doy. d'Écuillé, du marq. et de l'élect. de Château-Gontier.
ARGENTRÉ, arrond. de Laval. — *De Argentrato*, XIIe s^e (Gesta pontif. Cenom.). — *In ecclesia de Argentreio*, 1534 (Liber fundat.). — Anc. par. du doy. de Sablé, de l'élect. et du comté de Laval. — Le prieuré, sous l'invocation de saint Cyr et de sainte Julitte, dép. de l'abb. de Toussaints d'Angers. — La haute justice d'Argentré, réunie à celles de Touvois et d'Hauterives, dépendait du siége de Laval.
ARIAIS (L'), f. c^{ne} de Hambers.
ARIES (LES), éc. c^{ne} d'Izé.
ARIETTE (RUISSEAU DE L'), c^{ne} de Contest, affluent de la Mayenne.
ARMAILLÉ, f. c^{ne} de Laigné.
ARMENDERIE (L'), vill. c^{ne} d'Averton.
ARMENERIE (L'), f. c^{ne} de Louverné.
ARMENTIAIS (L'), vill. c^{ne} de Montenay.
ARMENTIAIS (LA PETITE-), éc. c^{ne} de Montenay.
ARNERIE (L'), f. c^{ne} de Belgeard.
ARNERIE (L'), f. c^{ne} de Martigné.
ARON, c^{on} de Mayenne-Est; anc. par. du doyenné, de l'élect. et du duché de Mayenne. — *Eccl. S. Martini de Araone*, 1125 (cart. d'Évron). — *Chiminum de Arun*, 1217 (abb. de Savigny, arch. nat. L 969). — *In parrochia de Arono*, XIIIe s^e (ibid.). — *Decimis de Airon*, XIIIe s^e (arch. de la Mayenne). — *Decimam de Aronio juxta Meduanam*, 1373 (abb. de Savigny, arch. nat. L 975).
La forge d'Aron, construite vers 1510 et mue par trois étangs, est remplacée aujourd'hui par une filature.
ARON (L'), riv. qui prend sa source à Bais, arrose Champgeneteux, la Chapelle-au-Riboul, Grazay, Marcillé, Aron, et se jette dans la Mayenne à Moulay. — *Juxta ripam Aroënæ fluvioli comparavi*, 615 (test. Bertramni, Gallia christ. t. XIV, pr. col. 120).
ARONDEAU, mⁱⁿ, c^{ne} de Saint-Calais-du-Désert. — On écrit aussi *Ahérondeau*.
ARPENTIÈRE (L'), f. c^{ne} de Vaiges.
ARPENTIGNÉ, f. c^{ne} de Saint-Aubin-du-Désert.
ARPENTIGNÉ, f. c^{ne} de Saint-Pierre-sur-Orthe.
ARPENTIN-COURBE (L'), fief, c^{ne} d'Izé, vassal de la châtell. de Courceriers.
ARQUENAY, c^{on} de Meslay. — *Lisiardus de Erqueneio*, XIe s^e (Bibl. nat. fonds lat. 5441). — *Lisiervus de Archeni*, XIe s^e; *Ecclesia de Erkania*, 1200 (ibid.). — *L. de Arquiniaco*, XIIe s^e (cart. du Ronceray). — *Guillelmus de Erkeneio*, 1200 (abb. de Savigny, arch. nat. L 978). — *G. de Herquené*, XIIIe s^e (cart. d'Évron).
Anc. par. du doyenné de Sablé, de l'élect. et du comté de Laval. — La châtell., érigée en 1571, comprenait les fiefs du Bignon, de Champ-Fleury, de Maisoncelles, de Montavallon, de Pleinchesne, de Pontfarcy et de la Troquerie. — Prieuré de l'abb. de Marmoûtiers annexé à celui d'Origné.
ARQUENCÉ, h. c^{ne} de la Croixille.
ARRANGEOT, h. c^{ne} d'Andouillé. — *Arrangeau* (Cassini).
ARRIVÉES (LES), éc. c^{ne} de Saint-Loup-du-Dorat. — Bois auj. défriché.
ARS, mⁱⁿ, c^{ne} de Fromentières; auj. détruit.
ARSERIE (L'), h. c^{ne} de Madré.
ARSIS (LES), f. c^{ne} de Louvigné; bois défriché vers 1863. — Ce nom équivaut aux *brûlis*.
ARSIS (LES), chât. et f. c^{ne} de Meslay. — Fief vassal de la châtell. de Meslay et de celle de Fromentières, au comté de Laval.
ARSIS (LES), f. c^{ne} de Montsurs.
ARSIS (LES), f. c^{ne} de Nuillé-sur-Ouette.
ARSIS (LES), h. c^{ne} de Saint-Germain-de-Coulamer.
ARSIS (LES), h. c^{ne} de Saint-Mars-du-Désert.
ARSIS (LES PETITS-), f. c^{ne} de Préaux.
ARSIS (RUISSEAU DES), affl. de celui de Lorière.
ARTERIE (L'), f. c^{ne} de Carelles.
ARTILLEUR (L'), f. c^{ne} d'Azé.
ARTOIR (L'), tour aujourd'hui détruite, sise dans la

forêt de Mayenne et entourée d'un étang. — Un bois porte encore ce nom.

ANTOINE (L'), carrefour, c^{ne} de Montourtier. — On dit aussi *l'Oratoire*.

ASSÉE (RUISSEAU D'); passe près de Saint-Germain-le-Guillaume.

ASSEIL (LE GRAND et LE PETIT), vill. c^{ne} de Ballots. — *Les fiés d'Arseil*, 1481 (arch. de la Mayenne, E 2). — *Fief d'Asseul*, 1542 (ch. du prieuré des Bonshommes).

Le fief d'Asseil, vassal de la baronnie de Craon, s'étendait sur Athée, Ballots et Livré.

ASSÉ-LE-BERENGER, c^{on} d'ÉVRON. — *Cella-Arciacas*, 802 (dipl. de Charlemagne, Recueil des Hist. de France, t. V). — *Aciacus*, ixe s^e (Gesta Dom. Aldrici). — *Assé le Bellanger* (carte de Jaillot).

Anc. par. du doy. d'Évron, de l'élect. et de la sénéch. du Mans. — La châtell., appart. au chapitre de Saint-Julien du Mans, relevait de la baronnie épiscopale de Touvois et de la sénéchaussée du Mans; elle étendait sa juridiction sur tous les fiefs et sur toutes les cures du Bas Maine appartenant au même chapitre.

ASSELINAIS (L'), f. c^{ne} de Saint-Pierre-des-Landes.

ASSELINE, h. c^{ne} de Livré; mⁱⁿ auj. détruit.

ASSELINIÈRE (L'), f. c^{ne} d'Ahuillé.

ASSIÈRE (L'), f. c^{ne} de Mayenne.

ASSIÈRE (L'), f. c^{ne} de Nuillé-sur-Vicoin.

ASSINIÈRE (L'), h. c^{ne} d'Ambrières.

ASSIS (LE GRAND et LE PETIT), h. c^{ne} de Cossé-le-Vivien.

ASSIS (LES), f. c^{ne} d'Argenton.

ASSIS (LES), f. c^{ne} d'Astillé.

ASSIS (LES), f. c^{ne} de la Brulatte.

ASSIS (LES), h. c^{ne} de Fromentières.

ASSIS (LES), f. c^{ne} de Ruillé-le-Gravelais.

ASSIS-DE-GOUBIE (LES), f. c^{ne} de Saint-Michel-de-Feins.

ASTILLÉ, c^{on} de Laval-Est. — *In parrochia Astillei*, 1184 (bulle de Lucius III, abb. de la Roë). — *Hastilliacum*, xiie siècle (ch. de Saint-Serge). — *Prioratum nostrum de Atillé*, 1311 (*ibid.*).

Anc. paroisse du doy., de l'élect. et du comté de Laval. — Anc. prieuré dép. de l'abbaye de Saint-Serge d'Angers.

ASTILLÉS (LES), vill. c^{ne} de Saint-Ellier. — Fief du duché de Mayenne, relevant de la châtell. de Pontmain.

ASTILLY, h. c^{ne} de Landivy.

ATELLERIE, f. c^{ne} de Beaulieu.

ATHÉE, c^{on} de Craon. — *Johanne sacerdote de Ateia*, xiie s^e (abb. de la Roë, H 151, f° 79). — *Magistro Guidone d'Atée*, 1200 (cart. de l'Hôtel-Dieu d'Angers, f° 117). — *La par. d'Aptée*, 1552 (arch. de la Mayenne, série E).

Anc. par. du dioc. d'Angers, du doy. de Craon, de l'élect. de Château-Gontier et de la bar. de Craon. — Le prieuré, uni à celui de Boutigny, dépendait du prieuré de Saint-Clément de Craon. — Le fief de l'Ile-d'Athée était vassal de la bar. de Craon.

ATTELAIS (LES), f. c^{ne} de Soulgé-le-Bruant; donne son nom à un ruiss. affl. de la riv. d'Ouette.

AUBAUDIÈRE (L'), f. c^{ne} de Cossé-en-Champagne.

AUBÉE (L'), ruiss. affluent de l'Usure; il arrose Saint-Michel-de-la-Roë et la Roë.

AUBÉPIN (L'), h. c^{ne} de Beaumont-Pied-de-Bœuf.

AUBÉPIN (L'), f. c^{ne} de l'Huisserie.

AUBÉPIN (L'), f. c^{ne} de Laval; dép. autrefois de la c^{ne} de Changé.

AUBÉPIN (L'), f. c^{ne} de Saint-Laurent-des-Mortiers.

AUBÉPINAIS (LES), f. c^{ne} de Montigné.

AUBERDERIE (L'), f. c^{ne} de Denazé. — On prononce *la Hauberderie*.

AUBERDIÈRE (L'), h. c^{ne} de Brécé.

AUBERDIÈRE (L'), vill. c^{ne} de la Chapelle-au-Riboul.

AUBERDIÈRE (L'), f. c^{ne} de Commer.

AUBERDIÈRE (L'), c^{ne} de Mézangers.

AUBERDIÈRE (L'), f. c^{ne} de Peuton. — On dit aussi *l'Auberderie*.

AUBERDIÈRE (L'), f. c^{ne} de Saint-Denis-de-Gastines; elle donne son nom à un ruiss. affluent de celui de Papouse.

AUBERDIÈRE (L'), f. c^{ne} de Saint-Georges-Buttavent.

AUBERDIÈRE (L'), h. c^{ne} de Saint-Mars-sur-la-Futaie.

AUBERDIÈRE (L'), f. c^{ne} de Villaines-la-Juhel.

AUBERDIÈRES (LES), f. c^{ne} d'Ahuillé.

AUBERDIÈRES (LES), h. c^{ne} de Lévaré; donne son nom à un ruiss. affl. de celui du Glandier, aussi nommé *l'Auberiais*.

AUBERDIÈRES (LES), h. c^{ne} de Montaudin.

AUBERGEMENT (L'), h. c^{ne} de Gesvres.

AUBERGEMENT (L'), h. c^{ne} de Lassay.

AUBERGERIE (L'), f. c^{ne} de Bais; donne son nom à un ruiss. affl. de la Vaudelle.

AUBERGERIE (L'), f. c^{ne} de Chemeré-le-Roi.

AUBERT, h. c^{ne} de Chailland. — Fief de la châtellenie d'Ernée.

AUBERT (CHAPELLE D'), c^{ne} de Châtillon-sur-Colmont, fondée par le sire de Mayenne de ce nom.

AUBERTIÈRE (L'), f. c^{ne} de Bazougers. — *Laubertière* (Cassini).

AUBERTIÈRE (L'), f. c^{ne} de la Cropte.

AUBERTIÈRES (LES), h. c^{ne} de Gennes.

AUBIER (L'), f. c^{ne} de Grez-en-Bouère. — Fief vassal de la châtell. de la Vezouzière.

AUBIER (L'), f. c^{ne} du Pas.
AUBIERS (LES), h. c^{ne} de Grazay.
AUBIGNÉ, f. c^{ne} de Désertines.
AUBIGNÉ, h. c^{ue} de Fougerolles. — *Feodum de Albigneio*, 1219 (abb. de Savigny, arch. nat. L 969).
AUBIGNÉ, chât. et f. c^{ne} de Vaiges. — Fief du comté de Laval relevant de la châtell. de Vaiges.
AUBINEAU (L'), f. c^{ne} d'Entrammes; supprimée en 1839.
AUBINIÈRE (L'), chât. et f. c^{ne} d'Arquenay. — Fief vassal de la châtell. d'Arquenay.
AUBINIÈRE (L'), f. c^{ne} de Beaumont-Pied-de-Bœuf.
AUBINIÈRE (L'), h. c^{ne} de Cossé-le-Vivien.
AUBINIÈRE (L'), f. c^{ne} de Martigné. — Fief du duché de Mayenne.
Les deux étangs de ce lieu sont auj. desséchés.
AUBINIÈRE (L'), f. c^{ne} de Placé.
AUBINIÈRE (L'), vill. c^{ne} de Renazé.
AUBINIÈRE (L'), f. c^{ne} de Sacé.
AUBINIÈRE (LA PETITE-), f. c^{ne} de Placé.
AUBINIÈRE-SOUS-LES-BOIS (L'), f. c^{ne} de Placé.
AUBONNIÈRE (L'), f. c^{ne} de Brée.
AUBONNIÈRE (L'), f. c^{ne} de Livré. — *Laubouynière*, 1553 (abb. de la Roë).
AUBOURGÈRE (L'), f. c^{ne} de Cosmes.
AUBOURNIÈRE (L'), h. c^{ne} de Saint-Pierre-sur-Orthe.
AUBRAY (CHAPELLE D'), c^{ne} de Beaulieu. — On la nomme aussi *chapelle de Cointiers*.
AUBRIAIS (L'), f. c^{ne} de la Bazouge-de-Chemeré.
AUBRIAIS (L'), h. c^{ne} de Bourgon. — La lande de ce nom est auj. défrichée.
AUBRIAIS (L'), f. c^{ne} d'Ernée.
AUBRIAIS (L'), f. c^{ne} de Grazay.
AUBRIAIS (L'), f. c^{ue} de Lévaré.
AUBRIAIS (LES), h. c^{ne} de Saint-Denis-de-Gastines.
AUBRIAIS-AU-BLANC (L'), h. c^{ne} de Landivy.
AUBRIAIS-GIGOT (L'), f. c^{ne} de Landivy.
AUBRIÈRE (L'), f. c^{ne} d'Ahuillé.
AUBRIÈRE (L'), vill. c^{ne} de Bais. — Les marais de ce lieu sont desséchés depuis 1864.
AUBRIÈRE (L'), f. c^{ne} de Ballée.
AUBRIÈRE (L'), vill. c^{ne} de Belgeard.
AUBRIÈRE (L'), f. c^{ne} de Bonchamp.
AUBRIÈRE (L'), h. c^{ne} de Chammes.
AUBRIÈRE (L'), vill. c^{ne} des Chapelles.
AUBRIÈRE (L'), f. c^{ne} de Commer.
AUBRIÈRE (L'), f. c^{ne} d'Oisseau.
AUBRIÈRE (L'), f. c^{ne} de Saint-Denis-d'Anjou.
AUBRIÈRE (L'), f. de Saint-Georges-Buttavent. — Fief dép. de la comm^{rie} de Quittay.
AUBRIÈRE (L'), h. c^{ne} de Saint-Julien-du-Terroux.
AUBRIÈRE (L'), f. c^{ne} de Saint-Léger.
AUBRIÈRE (LA HAUTE et LA BASSE), f. c^{ne} de Loiron.

AUBRIÈRES (LES), h. c^{ne} d'Azé.
AUBRIÈRES (LES), f. et éc. c^{ne} de Fromentières.
AUBRIÈRES (LES), f. c^{ne} de Mézangers.
AUBRUÈRE (L'), f. c^{ne} de Saint-Germain-le-Guillaume.
AUBUSSON, chât. c^{ne} d'Évron.
AUCESNIÈRE (L'), f. c^{ue} de Vaiges. — *L'Ossesnière* (carte de l'État-major).
Le ruiss. des Aucesnières est un affl. de celui du Tertre.
AUCHERIE (L'), f. c^{ne} de Carelles. — Corruption d'*Oucherie*.
AUCHERIE (L'), h. c^{ne} de Chantrigné.
AUCHERIE (L'), h. c^{ne} de Contest.
AUCHERIE (L'), f. c^{ne} de Launay-Villiers.
AUCHERIE (L'), f. c^{ne} d'Oisseau.
AUCHERIE (L'), h. c^{ne} de Saint-Loup-du-Gast.
AUDINIÈRE (L'), f. c^{ne} de Congrier.
AUDOIRIE (L'), f. c^{ne} de Bazougers.
AUDOIRIES (LES), f. c^{ne} de Parné.
AUDRAIS (LES), f. c^{ne} de Beaulieu.
AUDRAIS (LES), f. c^{ne} de Saint-Cyr-le-Gravelais.
AUDRI, h. c^{ne} de Beaulieu.
AUDRUGET (L'), éc. c^{ne} de Chammes.
AUDUGERIE (L'), f. c^{ne} de Commer.
AUDUGERIE (L'), h. c^{ue} de Hambers.
AUDUGERIE (L'), f. c^{ne} de Saint-Georges-Buttavent.
AUDUGERIE (L'), f. c^{ne} de Saint-Jean-sur-Mayenne.
AUFFRIÈRES (LES GRANDES-), f. c^{ne} de Saint-Denis-d'Anjou. — On écrit aussi *les Offrières*.
AUFRESNE (L'), f. c^{ne} de la Dorée.
AUFRESNE (L'), f. c^{ne} de Saint-Mars-sur-la-Futaie.
AUFRESNE (LE PETIT-), f. et éc. c^{ne} de Saint-Mars-sur-la-Futaie.
AUFRIÈRE (L'), f. c^{ne} de Vaiges.
AUFRIÈRE (LA GRANDE et LA PETITE), f. c^{ne} de Bazougers.
AUGÉ, m^{in}, c^{ne} d'Athée. — *Étang de moulin Augier*, 1461 (arch. nat. P 339).
AUGEARD (LE GRAND et LE PETIT), h. c^{ne} de Saint-Fraimbault-de-Prières. — Fief du duché de Mayenne, vassal de l'Île-du-Gast.
AUGEARD (LE PETIT-), f. c^{ne} de Saint-Georges-Buttavent. — Fief relevant directement du duché de Mayenne.
AUGEARDIÈRE (L'), h. c^{ne} de Larchamp.
AUGEBETIÈRE (L'), f. c^{ne} de Saint-Denis-d'Anjou. — On prononce *Augebequaire*.
AUGER, m^{in}. — Voy. OGER.
AUGERIE, f. et h. — Voy. OGERIE (L').
AUGERIE (L'), f. c^{ne} de Grazay. — Elle tire son nom des auges en béton de l'aqueduc romain qui passe à travers ses cours.

Augre (L'), vill. c^{ne} de la Poôté.
Augre (Le Grand et le Petit), vill. c^{ne} de Villepail.
Augronnière (L'), f. c^{ne} de Saint-Germain-le-Fouilloux.
Augronnière (L'), f. c^{ne} de Vaiges. — *L'Augrunière*, 1866 (dénombr.).
Augrumière (L'), f. c^{ne} de Saint-Georges-Buttavent.
Auguinière (L'), h. c^{ne} de Landivy. — Étang desséché.
Aujugerais (L'), f. c^{ne} de Bouère.
Aujuizière (L'), f. c^{ne} de Saint-Loup-du-Gast.
Aujuizières (Les), f. c^{ne} de la Chapelle-Anthenaise. — *L'Aujaissière* (Cassini). — *Les Auzuizières* (carte de l'État-major)..
Aulain, fief. — Voy. Cour-d'Aulain (La).
Aulain (Le Grand et le Petit), f. c^{ne} de Louvigné.
Aulaine (L'), h. c^{ne} de Carelles.
Aulaines (Les Grandes-), h. c^{ne} de Champgeneteux.
Aulaines (Les Grandes et les Petites), h. c^{ne} d'Hambers.
Aumalinière (L'), f. c^{ne} de Saint-Jean-sur-Mayenne. — Fief vassal de la châtell. de Fouilloux.
Aumarin (Le Grand et le Petit), vill. c^{ne} du Bourgneuf-la-Forêt. — Ruiss. affl. de celui de la Cailletière.
Aumonde (L'), ruiss. affl. de celui des Aunelières; il arrose Gesvres.
Aumonde (L'), éc. c^{ne} de Neuilly-le-Vendin.
Aumonde (L'), f. c^{ne} de Sainte-Gemmes-le-Robert.
Aumondes (Les), f. c^{ne} du Horps.
Aumondes (Les), vill. c^{ne} de Montreuil.
Aumône (L'), vill. c^{ne} de Crennes-sur-Fraubée.
Aumône (L'), éc. c^{ne} de Monténay.
Aumône (L'), vill. c^{ne} d'Oisseau; donne son nom à un ruiss. affl. de la riv. Colmont.
Aumône (L'), f. c^{ne} du Pas.
Aumône (La Grande-), fief, c^{ne} de Saint-Georges-Buttavent, dép. de la comm^{rie} de Quittay.
Aumônerie (L'), f. c^{ne} du Ménil.
Aumônerie (L'), f. c^{ne} de la Roë.
Aumônes (Les), f. c^{ne} de Louverné.
Aumônière (L'), vill. c^{ne} d'Oisseau.
Aunais (Étang des), c^{ne} de Parné, desséché vers 1805; a donné son nom à un ruiss. affl. de celui des Galicheries. — Fief vassal de la bar. d'Entramnes.
Aunais (Le Grand et le Petit), f. c^{ne} de Trans.
Aunais (Les), f. c^{ne} de Bais.
Aunais (Les), f. c^{ne} de Bazouges.
Aunais (Les), vill. c^{ne} de Blandouet. — Étang auj. desséché.
Aunais (Les), f. c^{ne} de Bouère.
Aunais (Les), h. c^{ne} de la Brulatte.
Aunais (Les), h. c^{ne} de Fontaine-Couverte.
Aunais (Les), f. c^{ne} de Grazay.
Aunais (Les), f. c^{ne} du Ham.
Aunais (Les), vill. c^{ne} d'Hardanges; donne son nom à un ruiss. affl. du Merdereau.
Aunais (Les), f. c^{ne} de Jublains.
Aunais (Les), f. c^{ne} de Loigné. — Fief vassal du fief de la Frezellière au marq. de Château-Gontier.
Aunais (Les), h. c^{ne} de Martigné.
Aunais (Les), h. c^{ne} d'Oisseau. — Ruiss. affl. de la riv. Colmont.
Aunais (Les), f. c^{ne} de Placé.
Aunais (Les), h. c^{ne} de Saint-Calais-du-Désert.
Aunais (Les), f. c^{ne} de Saint-Cyr-le-Gravelais.
Aunais (Les), f. c^{ne} de Saint-Denis-de-Gastines.
Aunais (Les), h. c^{ne} de Saint-Gault; donne son nom à un ruiss. affl. de la Mayenne.
Aunais (Les), h. c^{ne} de Saint-Pierre-sur-Orthe.
Aunais (Les), h. c^{ne} de Saint-Thomas-de-Courceriers.
Aunais (Les Grands-), f. et logis, c^{ne} d'Astillé. — Fief du comté de Laval.
Aunais (Les Petits-), f. c^{ne} d'Astillé.
Aunais-Barrés (Les), fief, c^{ne} de Bazouges, vassal du marq. de Château-Gontier.
Aunay (L'), éc. et f. c^{ne} d'Ahuillé.
Aunay (L'), vill. c^{ne} d'Andouillé.
Aunay (L'), f. c^{ne} d'Argentré.
Aunay (L'), vill. c^{ne} d'Aron.
Aunay (L'), mⁱⁿ et f. c^{ne} d'Assé-le-Bérenger.
Aunay (L'), f. c^{ne} d'Athée.
Aunay (L'), h. c^{ne} d'Averton.
Aunay (L'), f. c^{ne} de Ballée; donne son nom à un ruiss. affl. de l'Erve.
Aunay (L'), f. c^{ne} de Ballots.
Aunay (L'), éc. c^{ne} de Bazouges.
Aunay (L'), f. et étang, c^{ne} de Beaulieu; donne son nom à un ruiss. affl. de l'Oudon.
Aunay (L'), h. c^{ne} de la Bigottière.
Aunay (L'), éc. c^{ne} de Brains-sur-les-Marches.
Aunay)L'), f. c^{ne} de Brécé.
Aunay (L'), f. c^{ne} du Buret.
Aunay (L'), f. c^{ne} de Chailland.
Aunay (L'), f. c^{ne} de Champéon.
Aunay (L'), h. c^{ne} de Changé.
Aunay (L'), f. c^{ne} de Chantrigné.
Aunay (L'), f. c^{ne} de la Chapelle-Craonnaise.
Aunay (L'), f. c^{ne} de Châtillon-sur-Colmont.
Aunay (L'), f. c^{ne} de Contest.
Aunay (L'), f. c^{ne} de Cosmes.
Aunay (L'), f. c^{ne} de la Cropte.
Aunay (L'), f. c^{ne} de Cuillé.
Aunay (L'), h. et mⁱⁿ, c^{ne} de Désertines.
Aunay (L'), f. c^{ne} de la Dorée.

DÉPARTEMENT DE LA MAYENNE.

Aunay (L'), fief, c^{ne} de Gennes, vassal de la châtell. de Daon.
Aunay (L'), f. c^{ne} de Gesnes.
Aunay (L'), h. c^{ne} de Grazay.
Aunay (L'), h. c^{ne} de Grez-en-Bouère.
Aunay (L'), h. c^{ne} de la Haie-Traversaine.
Aunay (L'), vill. c^{ne} de Housseau.
Aunay (L'), f. c^{ne} de Laigné; donne son nom à un ruiss. affl. de celui de Marigné.
Aunay (L'), f. c^{ne} de Lévaré.
Aunay (L'), f. c^{ne} de Livré.
Aunay (L'), f. c^{ne} de Loupfougères.
Aunay (L'), f., chât. et dom. c^{ne} de Marigné-Peuton. — Fief vassal de la seign. de Marigné.
Aunay (L'), h. c^{ne} de Melleray.
Aunay (L'), fief, c^{ne} de Ménil, relevant de la châtell. de Marigné-sous-Daon par le fief d'Isles.
Aunay (L'), f. c^{ne} de Méral.
Aunay (L'), f. c^{ne} de Montenay.
Aunay (L'), bois, c^{ne} de Montjean; donne son nom à un ruiss. affl. de celui du Château.
Aunay (L'), f. c^{ne} de Niort.
Aunay (L'), f. c^{ne} de Nuillé-sur-Ouette.
Aunay (L'), f. c^{ne} du Pas.
Aunay (L'), f. c^{ne} de Poulay; donne son nom à un ruiss. affl. de celui de Pigray.
Aunay (L'), f. c^{ne} de Préaux.
Aunay (L'), f. c^{ne} de Pré-en-Pail.
Aunay (L'), f. c^{ne} de Quelaines.
Aunay (L'), f. c^{ne} de la Rouaudière; auj. supprimée.
Aunay (L'), f. c^{ne} de Ruillé-le-Gravelais.
Aunay (L'), h. c^{ne} de Saint-Aignan-de-Couptrain.
Aunay (L'), h. c^{ne} de Saint-Aubin-du-Désert.
Aunay (L'), h. c^{ne} de Saint-Baudelle.
Aunay (L'), f. c^{ne} de Saint-Berthevin-la-Tannière.
Aunay (L'), f. c^{ne} de Saint-Brice.
Aunay (L'), f. c^{ne} de Saint-Denis-de-Gastines. — Fief de la châtell. d'Ernée.
Aunay (L'), f. c^{ne} de Saint-Ellier.
Aunay (L'), f. c^{ne} de Saint-Gault.
Aunay (L'), éc. c^{ne} de Saint-Georges-le-Fléchard.
Aunay (L'), f. c^{ne} de Saint-Germain-d'Anxurre; supprimée vers 1853.
Aunay (L'), f. c^{ne} de Saint-Germain-de-Coulamer.
Aunay (L'), h. c^{ne} de Saint-Germain-le-Guillaume.
Aunay (L'), f. c^{ne} de Saint-Jean-sur-Erve; supprimée vers 1865. — Fief vassal de la châtell. de Thorigné.
Aunay (L'), f. c^{ne} de Saint-Léger.
Aunay (L'), f. c^{ne} de Saint-Loup-du-Dorat.
Aunay (L'), f. c^{ne} de Saint-Loup-du-Gast.
Aunay (L'), h. c^{ne} de Saint-Martin-de-Connée.
Aunay (L'), f. c^{ne} de Saint-Martin-du-Limet.
Aunay (L'), h. c^{ne} de Saint-Pierre-des-Landes.
Aunay (L'), vill. c^{ne} de Saint-Samson.
Aunay (L'), f. c^{ne} de la Selle-Craonnaise.
Aunay (L'), f. c^{ne} de Simplé.
Aunay (L'), h. c^{ne} de Soulgé-le-Bruant; donne son nom à un ruiss. affl. de celui de Champagnette.
Aunay (L'), vill. c^{ne} de Torcé. — Fief vassal de la bar. de Sainte-Suzanne.
Aunay (L'), h. c^{ne} de Villaines-la-Juhel.
Aunay (L'), f. et mⁱⁿ, c^{ne} de Vimarcé.
Aunay (Le Bas-), f. c^{ne} de Contest.
Aunay (Le Bas-), f. c^{ne} de Couesmes.
Aunay (Le Bas-), f. c^{ne} de Trans.
Aunay (Le Grand-), h. c^{ne} de Charchigné.
Aunay (Le Grand-), f. c^{ne} de Couesmes.
Aunay (Le Grand-), vill. c^{ne} de Fougerolles.
Aunay (Le Grand-), h. c^{ne} de Hardanges.
Aunay (Le Grand-), f. c^{ne} de Livré.
Aunay (Le Grand-), f. c^{ne} de Mée.
Aunay (Le Grand-), f. c^{ne} de Parné.
Aunay (Le Grand-), vill. c^{ne} du Ribay.
Aunay (Le Grand-), vill. c^{ne} de Saint-Mars-sur-Colmont.
Aunay (Le Moulin d'), f. c^{ne} de Marigné-Peuton.
Aunay (Le Petit-), f. c^{ne} d'Argentré. — Le ruiss. du Petit-Aunay affluc au ruiss. de Richaton.
Aunay (Le Petit-), h. c^{ne} de Carelles.
Aunay (Le Petit-), f. c^{ne} de Fougerolles.
Aunay (Le Petit-), éc. c^{ne} de Mée.
Aunay (Le Petit-), h. c^{ne} de Pommerieux.
Aunay (Le Petit-), éc. c^{ne} de Pré-en-Pail.
Aunay (Le Petit-), f. c^{ne} de Saint-Berthevin-la-Tannière.
Aunay (Ruisseau de L') et des Haies, affl. de l'Hière; arrose Laigné.
Aunay (Ruisseau du Château de L'), c^{ne} de Beaulieu, affl. de la Seiche.
Aunay-aux-Landais (L'), f. c^{ne} de Colombiers.
Aunay-aux-Ramiers (L'), h. c^{ne} de Châtillon-sur-Colmont.
Aunay-Bougrie (L'), f. c^{ne} de Pommerieux; donne son nom à un ruiss. affl. de celui de la Tronchée.
Aunay-Bourges (L'), h. c^{ne} de Saint-Germain-d'Anxurre.
Aunay-Brûlé, f. c^{ne} de Poulay.
Aunay-Chotard (L'), f. c^{ne} de Saint-Gault; donne son nom à un ruiss. affl. de l'Hière. — *Medietarium de Alnetis-Chotard*, XIIe siècle (abb. de la Roë, H 151, f° 50).
Aunay-Cochin (L'), f. et four à chaux, c^{ne} d'Évron.
Aunay-Crasseux (L'), f. c^{ne} de Brécé.
Aunay-Daguet (L'), h. c^{ne} de la Dorée.

Aunay-des-Bouillons (L'), h. c^{ne} du Horps.
Aunay-des-Bourdaines (L'), f. c^{ne} du Horps.
Aunay-du-Bas (L'), f. c^{ne} de Saint-Georges-sur-Erve.
Aunay-du-Bois (L'), mⁱⁿ, c^{ne} d'Izé.
Aunay-du-Goutil (L'), f. c^{ne} de Saint-Mars-sur-Colmont.
Aunay-du-Haut (L'), f. c^{ne} d'Izé; donne son nom à un ruiss. affl. de l'Orthe.
Aunay-du-Haut (L'), f. c^{ne} de Saint-Georges-sur-Erve.
Aunay-du-Saule (L'), h. c^{ne} d'Andouillé.
Aunay-Fouassier (L'), f. c^{ne} de Parné.
Aunay-Gautier (L'), fief, c^{ne} de Grez-en-Bouère, vassal de la seign. de Vezouzière.
Aunay-Gondard (L'), vill. c^{ne} de Chevaigné.
Aunay-Gouabin (L'), f. c^{ne} de Saint-Germain-d'Anxurre.
Aunay-Guinard (L'), f. c^{ne} de Bouère.
Aunay-Guyard (L'), f. c^{ne} de Parné.
Aunay-Housseau (L'), masure, c^{ne} de Beaulieu; donne son nom à un ruiss. affl. de l'Oudon.
Aunay-Huard (L'), h. c^{ne} de la Dorée.
Aunay-le-Crapaud (L'), f. c^{ne} d'Oisseau.
Aunay-Lioust (L'), fief, c^{ne} de Saint-Calais-du-Désert, relev. de la châtell. de Resné, Lignières et Saint-Calais.
Aunay-Montlavé (L'), f. c^{ne} d'Oisseau.
Aunay-Noyé (L'), h. c^{ne} de Sacé; donne son nom à un ruiss. affl. de celui de l'Ouvrain.
Aunay-Péan (L') ou Monteclerc, seigneurie, c^{ne} de Châtres, vassale de la bar. de Sainte-Suzanne.
Les fiefs qui en relevaient étaient le Champ, la Cochinière, Luart, Mont-Crintin, la Peillerie, les Pins, la Saugère, le Tremblay et Villeneuve.
Aunay-Pré (L'), f. et éc. c^{ne} d'Évron.
Aunay-Pelé (L'), f. c^{ne} de Saint-Georges-Buttavent.
Aunay-Pelocquin (L'), fief, c^{ne} de Parné, vassal de la bar. d'Entramnes.
Aunay-Pioche (L'), h. c^{ne} de Colombiers.
Aunay-Poquet (L'), f. c^{ne} d'Izé.
Aunay-Poupart (L'), f. c^{ne} de Pommerieux.
Aunay-Racin (L'), fief, c^{ne} du Buret, vassal de la châtell. de la Cropte.
Aunay-Radré (L'), f. c^{ne} de la Haie-Traversaine.
Aunay-Richard (L'), f. c^{ne} de Saint-Jean-sur-Erve.
Aunay-Ricot (L'), h. c^{ne} de Saint-Georges-Buttavent.
Aunay-Roquet (L'), h. c^{ne} de Saint-Ellier.
Aunay-Roux (L'), f. c^{ne} de Sacé.
Aunay-Sainte-Marie, fief, c^{ne} de Thorigné, vassal de la châtell. de Thorigné.
Aunay-Taligot (L'), f. c^{ne} de la Dorée.
Aunay-Tribert (L'), f. c^{ne} de Chevaigné.
Aunay-Virolé (L'), f. c^{ne} de Poylay.

Aune (L') ou l'Aulne, château, c^{ne} de Châlons. — Étang auj. desséché.
Fief vassal de la châtell. de Montsurs par le fief de Châlons.
Aune (L'), ruiss. c^{ne} de Châtillon-sur-Colmont, affl. de celui de la Fourmondière.
Aune (L'), f. c^{ne} de Fromentières.
Aune (L'), f. et chât. c^{ne} de Martigné. — Fief du duché de Mayenne.
Aune (L'), vill. c^{ne} de Saint-Berthevin.
Aune (L'), vill. c^{ne} de Sainte-Gemmes-le-Robert.
Aune (L'), f. c^{ne} de Saint-Ouen-des-Toits.
Aune (La Petite-), f. c^{ne} de Loiron.
Auneaux (Les), f. c^{ne} de Désertines.
Aunelle (L'), f. c^{ne} de Bais.
Aunelle (L'), h. c^{ne} de Carelles.
Aunoges (Les), f. c^{ne} de Saint-Thomas-de-Courceriers.
Aupin (L'), f. c^{ne} de Loigné. — *L'Aubépin*, 1668 (abb. de la Roë).
Aupinais (Les), f. c^{ne} de Grez-en-Bouère.
Aupinay (L'), h. c^{ne} de Livré.
Aure (L'), ruiss. c^{ne} de Montourtier, affl. de la riv. de Deux-Évailles.
Auriais (L'), f. c^{ne} d'Hambers. — On dit aussi *l'Aurias*.
Auriais (L'), h. c^{ne} de Saint-Mars-la-Futaie.
Aurore (L'), mⁱⁿ, c^{ne} de Gesvres.
Aussé, h. c^{ne} de Saint-Mars-sur-la-Futaie; donne son nom à un ruiss. affl. de celui de Mousson. — On écrit aussi *Aucé*.
Auteloire (L'), h. c^{ne} de Javron : corruption de *Haute-Loire*. — Voy. Loyère (La).
Autheux (Le Grand et le Petit), c^{ne} de Loigné. — *L'Autheu-Soursil*, 1668 (abb. de la Roë). — *Autheu-Bougler*, XVIIe siècle (*ibid.* H 170).
Aution (Le Haut et le Bas), h. c^{ne} de Chailland.
Aution (Le Haut et le Bas), h. c^{ne} de Saint-Ouen-des-Toits.
Autruère (L'), vill. c^{ne} de Saint-Germain-le-Fouilloux. — *L'Autraire* (carte de l'État-major).
Auvers (Le Grand et le Petit), f. et chât. c^{ne} de Bonchamp. — *Lisiardus de Alvers*, XIe s^e (Bibl. nat. f. lat. 5441).
Fief vassal du comté de Laval.
Auvers (Le Grand et le Petit), h. c^{ne} de Saint-Pierre-sur-Erve. — *Auvers Habatans* (Cassini).
Le fief nommé *les Auvers-Abattans* relevait de la châtell. de Thorigné.
Auvoy (L'), h. c^{ne} de Brécé.
Auvoy (Le Petit-), f. c^{ne} de Brécé. — *Lauvois* (Cassini).
Auvrie (L'), f. c^{ne} de la Bazouge-des-Alleux.
Auvrie (L'), h. c^{ne} de Montenay; donne son nom à un ruiss. affl. de celui de Rolland.

Auvrie (L'), h. c^{ne} de la Pellerine.
Auvrie (L'), h. c^{ne} de Saint-Denis-de-Gastines.
Auvrie (La Haute et la Basse), vill. c^{ne} de Bourgon.
Auxiliaire (La Grande et la Petite), f. c^{ue} de Méc.
Auzuzières (Les), h. et chât. c^{ne} de Juvigné-des-Landes. — *Dauzuzières* (Cassini).
Fief vassal de la châtell. de Saint-Ouen.
Auzuzières (Les), vill. c^{ne} de Renazé.
Availle (La Grande et la Petite), f. c^{ne} d'Oisseau.
Avaizelles, f. c^{ne} de Saint-Georges-le-Fléchard; auj. détruite.
Avanries (Les), f. c^{ne} de la Selle-Craonnaise.
Avaugour (Ruisseau du Parc d'), c^{ne} de Brécé, affl. du Colmont.
Avazé, h. c^{ne} de Montenay. — Landes auj. défrichées.
Avazé, h. c^{ne} de Vautorte.
Avenay, mⁱⁿ et f. c^{ne} de Montenay. — *Avené* (carte de Jaillot).
Aveneaux (Les), fief, c^{ne} de Montaudin, vassal du marq. de la Hautonnière.
Avenue (L'), f. c^{ne} de Livré.
Avenue-de-la-Borde (L'), h. c^{ne} de Saint-Pierre-des-Landes.
Avenue-de-Vahais (L'), éc. c^{ne} d'Ernée.
Avenay, fief vassal du comté de Laval.
Averton, c^{on} de Villaines-la-Juhel. — *Andreas de Avertum*, 1200 (abb. de Savigny, arch. nat. L. 978). — *G. de Avertonio*, xiiie s^e (cart. de l'abb. d'Évron).
La châtellenie relevait, au xve s^e, de la baronnie de Lassay; elle fut érigée en comté et placée dans la mouvance de la sénéchaussée du Mans. Les fiefs qui en dépendaient étaient le Cormier, la Cour-d'Aulain, Coulonches et Repail. Son ressort judiciaire s'étendait sur Boulay, Courcité, Champgeneteux, la Chapelle-au-Riboul, Hardanges, Saint-Aubin-du-Désert, Saint-Léonard-des-Bois, Saint-Paul-le-Gaultier, Trans et Villepail. Ce comté possédait une maîtrise des eaux et forêts.
Anc. paroisse du doy. de Javron, de l'élect. et de la sénéch. du Mans.
L'étang d'Averton a été desséché vers 1805.
Averton, fief de la châtell. d'Ernée.
Averton (Le Haut et le Vieux), vill. c^{ne} de Courcité.
Avesnières, c^{ne} de Laval-Ouest; commune annexée à Laval en 1863. — *Ecclesia Avenariæ*, xie s^e (cart. du Ronceray). — *Homines de Aveneriis*, xie s^e (ibid.).
Le prieuré, fondé en 1040 par Guy II de Laval, dép. de l'abb. du Ronceray d'Angers.
Avesnières, f. c^{ne} de Torcé.
Avetteries (Les), f. c^{ne} de Saint-Michel-de-la-Roë.
Aviraut, f. c^{ne} de Ruillé-Froidfont. — Fief vassal de la châtell. de Meslay.
Aviné, f. c^{ne} d'Azé. — Étang desséché vers 1840.
Aviné (Le Haut et le Bas), h. c^{ne} de Loigné.
Avrillé, mⁱⁿ, c^{ne} de Saint-Jean-sur-Erve. — *Avilliacum*, 989 (cart. d'Évron).
Avrillère (L'), f. et h. — Voy. Vrillère (La).
Azanges, f. c^{ne} de Pré-en-Pail. — *Hasange* (carte de Jaillot).
Azé, c^{on} de Château-Gontier. — *De Azeio*, xie siècle (cart. du Ronceray). — *De Aziaco*, xie siècle (ibid.). — *In parr. de Adzeio*, 1260 (ch. de Saint-Nicolas d'Angers).
Prieuré dép. de l'abb. de Saint-Nicolas d'Angers. — Anc. paroisse du doy. d'Écuillé, de l'élect. et du marq. de Château-Gontier.

B

Babellerie (La), f. c^{ne} de Nuillé-sur-Ouette.
Babigeon, f. c^{ne} de Gennes.
Babinais (La), f. c^{ne} d'Ernée.
Babinais (La), h. c^{ne} de Saint-Hilaire-des-Landes.
Babinière (La), f. c^{ne} de Bierné.
Babinière (La), f. c^{ns} de Bouchamp.
Babinière (La), f. c^{ne} de Changé.
Babinière (La), h. c^{ne} d'Entrammes.
Babinière (La), f. c^{ne} de Launay-Villiers.
Babinière (La), f. c^{ne} de Saint-Berthevin.
Babinière (La), h. c^{ne} de Saint-Ellier. — *Terram de Babineria in Argenceio*, 1241 (abb. de Savigny, arch. nat. L. 970).
Ruiss. affl. de la riv. de la Glenne.

Babinière (La), f. c^{ne} de la Selle-Craonnaise. — Fief vassal de la seign. de Saint-Amadour.
Babinière (La), f. c^{ne} de Thorigné. — Domaine dép. de la chartreuse du Parc-en-Charnie et vassal de la bar. d'Évron.
Babinière (La Grande et la Petite), f. c^{ne} de Saint-Ouen-des-Toits.
Babonnière (La), f. c^{ne} de Changé; supprimée en 1850.
Babouessière (La), f. c^{ne} de Bazougers; donne son nom à un ruiss. affl. de la riv. d'Ouette.
Babylone, éc. c^{ne} d'Hardanges.
Bac (Le), h. c^{ne} de Daon.
Baccaillière (La), h. c^{ne} de Saint-Jean-sur-Erve.
Bâchard, éc. c^{ne} de Cossé-le-Vivien.

BÂCHARD, f. et bois, c^{ne} de Saint-Berthevin.
BACHELLERIE (LA), f. c^{ne} d'Astillé.
BACHELOTTIÈRE (LA), f. c^{ne} de Gennes. — Fief de la bar. d'Ingrandes.
BACHELOTTIÈRE (LA), f. c^{ne} de Grez-en-Bouère.
BACHELOTTIÈRE (LA), h. c^{ne} de Javron.
BACHELOTTIÈRE (LA), f. c^{ne} de Renazé.
BACHELOTTIÈRE (LA GRANDE et LA PETITE), éc. et f. c^{ne} de Bazougers.
BACHELOTTIÈRES (LES), fief, c^{ne} d'Izé, vassal de la bar. d'Évron.
BACHERIE (LA), f. c^{ne} de Bazouges.
BACLERIE (LA), f. c^{ne} de la Bazoche-Montpinçon.
BACLERIE (LA), h. c^{ne} de Belgeard.
BACLERIE (LA), f. c^{ne} de Juvigné-des-Landes.
BACONNIÈRE (LA), c^{on} de Chailland. — *Ecclesia S. Cypriani de Baconneria*, 1125 (cart. d'Évron). — *Ecclesia de la Bacumneria*, 1280 (liv. bl. du chap. du Mans).
 Anc. par. du doy. d'Ernée, de l'élect. et du comté de Laval.
BACONNIÈRE (LA), f. c^{ne} du Bignon.
BACONNIÈRE (LA), f. c^{ne} de Saint-Georges-Buttavent.
BACONNIÈRE (LA), h. c^{ne} de Vieuvy. — Fief vassal de la châtell. de Gorron.
BACONNIÈRE (RUISSEAU DE LA), c^{ne} de Villaines-la-Juhel, afll. du ruiss. de Courtemanche.
BACQUERIE (LA), h. c^{ne} de Saint-Sulpice.
BADERIE (LA), f. c^{ne} de Laval.
BADERIE (LA), f. c^{ne} de Martigné.
BADERIE (LA), vill. c^{ne} de la Poôté; donne son nom à un ruiss. afll. de celui de Malatré.
BADERIE (LA), f. c^{ne} de Saint-Berthevin.
BADERIE (LA), h. c^{ne} de Saint-Mars-sur-la-Futaie.
BADERIE (LA), h. c^{ne} de Saint-Pierre-sur-Orthe.
BADERIE (LA PETITE-), h. c^{ne} de Saint-Cénéré; donne son nom à un ruiss. afll. de la Jouanne.
BADOIRIE (LA GRANDE et LA PETITE), f. c^{ne} du Buret.
BADONNIÈRE (LA), h. c^{ne} de Fougerolles. — *Acram terra in Badonneria*, 1251 (abb. de Savigny, arch. nat. L 971).
BADOUILLÈRE (LA), f. c^{ne} de Saint-Denis-du-Maine.
BADRIÈRE (LA), éc. c^{ne} de Désertines.
BAFORIÈRE (LA), f. c^{ne} de Blandouet. — Étang desséché vers 1856 ; bois auj. défriché.
BAFORIÈRE (LA), f. c^{ne} de Saint-Jean-sur-Erve.
BAGANERIE (LA), f. c^{ne} de Montourtier.
BAGATELLE (LA), f. c^{ne} de Saint-Fort.
BAGUELIÈRE (LA), h. c^{ne} de Thubœuf.
BAGUELISAIS (LA), vill. c^{ne} de Saint-Pierre-des-Landes.
BAGUELINIÈRE (LA), h. c^{ne} d'Oisseau.
BAGUERIE (LA), f. c^{ne} de Ménil.

BAHAIE (LA), f. c^{ne} de Mézangers. — *Bahé* (Cassini).
BAHONNIÈRE (LA), f. c^{ne} de Pommerieux.
BAHOUILLÈRE (LA), f. c^{ne} de Saint-Denis-du-Maine. — Fief vassal du comté de Laval.
BAÏF, bois et mⁱⁿ. — Voy. BAILLIF.
BAIGNARDIÈRES (LES), f. c^{ne} de Mézangers.
BAIGNERIE (LA), f. c^{ne} de Ruillé-Froidfont.
BAILLARD, f. c^{ne} de Jublains. — On écrit aussi *Beillard*.
BAILLÉ (LE HAUT et LE BAS), f. c^{ne} de Saint-Hilaire-des-Landes.
BAILLÉ (LES), h. c^{ne} de Chailland.
BAILLÉE (LA), f. c^{ne} de Blandouet.
BAILLÉE (LA), f. c^{ne} du Bourgneuf-la-Forêt.
BAILLÉE (LA), f. c^{ne} d'Évron.
BAILLÉE (LA), h. c^{ne} de Rennes-en-Grenouille; donne son nom à un ruiss. afll. de la Mayenne.
BAILLÉE (LA), f. c^{ne} de Saint-Cyr-le-Gravelais.
BAILLÉE (LA), f. c^{ne} de Saint-Ellier.
BAILLÉE (LA), f. c^{ne} de Saint-Georges-Buttavent.
BAILLÉE (LA GRANDE et LA PETITE), f. c^{ne} d'Olivet.
BAILLÉE (LA GRANDE et LA PETITE), f. c^{ne} de Saint-Léger.
BAILLÉE (LA PETITE-), f. c^{ne} du Bourgneuf-la-Forêt.
BAILLÉE-CHÉROT (LA), f. c^{ne} de Saint-Hilaire-des-Landes.
BAILLÉES (LES), f. c^{ne} de Châtillon-sur-Colmont.
BAILLÉES (LES), éc. c^{ne} de Livet-en-Charnie.
BAILLÉES (LES), h. et mⁱⁿ, c^{ne} de Vautorte.
BAILLÉES (LES), vill. c^{ne} de Viviers. — Fief vassal de la bar. de Sainte-Suzanne.
BAILLE-PÂTE, éc. c^{ne} de Lassay.
BAILLÈRE (LA), f. c^{ne} d'Astillé.
BAILLÈRE (LA), f. c^{ne} de Bais.
BAILLÈRE (LA), f. c^{ne} de Quelaines.
BAILLERIE (LA), f. c^{ne} de Vimarcé.
BAILLET, f. c^{ne} de Saint-Georges-Buttavent.
BAILLEUL, étang, chât. et mⁱⁿ, c^{ne} de Hercé. — *Symona de Baillol*, 1158 (cart. de Savigny, f° 102).
 Ferme supprimée vers 1855. — Ruisseau afll. de celui de la Danvolière.
 Fief du duché de Mayenne, relev. de la châtell. de Pontmain.
BAILLEUL (LE), f. c^{ne} de Vaiges.
BAILLEUL (LE PETIT-), f. c^{ne} de Gorron.
BAILLIF, bois, écluse et mⁱⁿ, c^{ne} de Saint-Denis-d'Anjou. — *Petrus de Baïfclericus*, 1208 (arch. de Maine-et-Loire, E 1541).
 Fief vassal de la seign. de Briolay.
BAILLIS (LES), vill. c^{ne} d'Averton.
BAILLIS (LES), f. c^{ne} de Belgeard.
BAILLOLIÈRE (LA), h. c^{ne} de Saint-Mars-du-Désert.
BAILLY, nom donné à la baronnie du Bourg-le-Prêtre par la famille de Bailly, lorsqu'elle acheta cette sei-

gneurie. — L'érection en marquisat, consentie par le roi en 1768, fut contestée jusqu'en 1790; son siége était à la Chapelle-Rainsouin. —Sa mouvance judiciaire, qui ressortissait à la barre de Laval, quoique transférée dans le ressort du bailliage royal de Sainte-Suzanne, ne fut pas modifiée.

Bais, arrond. de Mayenne. — *Ecclesia S. Marie de Bedisco*, 1125 (cart. d'Évron). — *Nic. de Baes*, 1202 (*ibid.*). — *Bas*, 1773 (pouillé du diocèse).

Anc. par. du doy. d'Évron, de l'élect. et du duché de Mayenne.

Bais (Les), f. c^{ne} d'Arquenay.

Baladé, f. c^{ne} d'Aron. — Fief du duché de Mayenne.

Baladé, f. c^{ne} de Torcé.

Balainiès (Les), fief, c^{ne} d'Athée, vassal de la bar. de Craon.

Balanderie (La), f. c^{ne} de Saint-Baudelle.

Balardière (La), f. c^{ne} de Saint-Martin-de-Connée.

Balayère (La), f. et étang, c^{ne} de Bierné. — *Balhayère*, 1569 (arch. de la Mayenne, E 4).

Fief vassal de l'Entorterie et du marq. de Château-Gontier.

Balayère (La), h. et mⁱⁿ, c^{ne} de la Selle-Craonnaise.— *Domaine de la Balleyère*, 1532 (arch. de la Mayenne, série E). — On écrit aussi *la Baleyère*.

Fief vassal de la seign. de Saint-Amadour.

Bâle, f. c^{ne} de Longuefuye.

Balisson, f. c^{ne} de Saint-Michel-de-la-Roë. — *Le prieur de Baluczon*, 1490 (abb. de la Roë). — *Aux plez de Baliczon*, 1504 (*ibid.*). — *Balizon*, 1535 (*ibid.*).

La chapelle de ce lieu dép. de l'abb. de la Roë.— La motte de Balisson était un fief de la bar. de Craon.

Balivière (La), f. c^{ne} de Cuillé.

Balivière (La), h. c^{ne} de Vaiges.

Balivières (Les), f. c^{ne} de Saint-Léger.

Ballaie, f. c^{ne} de Saint-Cyr-le-Gravelais.

Ballée, c^{ne} de Grez-en-Bouère. — *R. de Balae*, 1160 (arch. de la Sarthe). — *Super molendino de Balae*, 1265 (*ibid.*). — *Ballaye*, 1304 (*ibid.* abb. de Bellebranche). — *Baillée* (Cassini).

Anc. paroisse du doy. de Sablé et de l'élect. de la Flèche. — Les fiefs de Ballée relevaient partie du comté de Laval, partie de la bar. de Sainte-Suzanne, partie de la châtell. de Bouère. — Prieuré dép. de l'abb. de Marmoutiers.

Ballerie (La), f. c^{ne} de Brée.

Ballerie (La), f. c^{ne} de Cuillé.

Ballerie (La), h. et étang, c^{ne} de Mézangers.

Ballerie (La), éc. c^{ne} d'Oisseau.

Ballerie (La), f. c^{ne} de Saint-Georges-Buttavent.

Ballerie (La Haute-), f. c^{ne} de Launay-Villiers.

Ballet (Le), f. c^{ne} de Madré.

Balleterie (La), éc. c^{ne} de Saint-Denis-du-Maine.

Balletière (La), ruiss. c^{ne} de Landivy, affl. de la riv. de la Futaie.

Balletières (Les), h. c^{ne} de Saint-Mars-du-Désert.

Balleur (Le), f. c^{ne} d'Entrammes.

Ballon, h. c^{ne} de Désertines.

Ballots, c^{on} de Saint-Aignan-sur-Roë. — *De Balorcio*, xiie s^e (abb. de la Roë, H 151, f° 4). — *Apud Balocium*, 1237 (ch. du prieuré des Bonshommes de Craon).—*Baloz*, 1346 (abb. de la Roë).—*Balloz*, 1459 (*ibid.*). — *Parr. de Ballouz*, 1515 (*ibid.* H 180). — *Parr. de Baloutz*, 1614 (*ibid.*).

Anc. par. du doy. de Craon, de l'élect. de Château-Gontier et de la bar. de Craon.

Ballue (La), h. c^{ne} de Bais.

Ballue (La), f. c^{ne} de Denazé. — *Terram de Balua*, xiie s^e (abb. de la Roë, H 151, f° 59). — *Capellam S. Georgi de Balutis*, 1184 (bulle du ch. de la Roë).

Le prieuré de la Ballue dép. de l'abb. de la Roë.

Ballus (Les), f. c^{ne} d'Arquenay.

Ballus (Les), f. c^{ne} de Champéon.

Ballus (Les), lande, c^{ne} de Deux-Évailles.

Baloire (La), f. c^{ne} d'Andouillé.

Baloraie (La), f. c^{ne} de Launay-Villiers.

Baloraie (La Basse-), vill. c^{ne} de Saint-Pierre-la-Cour.

Baloup éc. et landes, c^{ne} de Saint-Fraimbault-de-Prières.

Balthazar, h. c^{ne} de Saint-Denis-d'Anjou.

Bandoulières (Les), f. c^{ne} de Saint-Cyr-le-Gravelais.

Banne (La), h. c^{ne} de Niort.

Bannerie (La), vill. c^{ne} de Chevaigné.

Bannerie (La), h. c^{ne} du Genest.

Bannerie (La), f. c^{ne} de Montjean.

Bannes, c^{on} de Meslay. — *In pago Carnicense villam nomine Bonalla*, 838 (Gesta Aldrici 59 Bal. 177). — *Parrochie de Benna*, 1256 (liv. bl. du chap. du Mans).

Anc. par. du doy. de Brûlon et de l'élect. de la Flèche.

Banneterie (La), f. c^{ne} de Laval.

Banneterie (La), f. c^{ne} de Saint-Berthevin.

Bannetière (La), f. c^{ne} de Brecé.

Bannette, arrière-fief, c^{ne} de Cossé-en-Champagne, vassal de la châtell. de Thorigné, relev. directement de la cour de Bannes.

Bannières (La), f. c^{ne} du Genest.

Bannières (Les), h. c^{ne} de Martigné.

Baptière (La), f. c^{ne} de Landivy.

Baraise (La), f. c^{ne} de Saint-Denis-d'Anjou. — *Stagnum de Baraise*, 1326 (chap. de Saint-Maurice d'Angers).

L'étang est auj. desséché.

Baraise (Le Grand et le Petit), f. c^ne de Saint-Laurent-des-Mortiers.
Baratte (La), f. c^ne de Saint-Calais-du-Désert.
Baratte (La), m^in, c^ne de Saint-Fraimbault-de-Prières.
Baratterie (La), fief, c^ne de Craon; vassal de la bar. de Craon.
Barattière (La), f. c^ue de Vieuvy.
Barattière (La), f. c^ue de Villaines-la-Juhel.
Barattinière (La), f. c^ne de Contest.
Barault, éc. c^ne de Parigné.
Barbarinière (La), vill. c^ne de Saint-Germain-le-Guillaume.
Barbé, f. et m^in, c^ne de Laval.
Barbé, vill. et four à chaux, c^ne de Louverné. — Le moulin de Barbé est auj. détruit.
Barbé (Le Grand et le Petit), f., étang et m^in, c^ne de Bouchamp. — *Martinus de super Barboz*, xie s^e (cart. du Ronceray). — *Fluvius qui appellatur Barbatus*, xie s^e (Bibl. nat. f. lat. 5441).
Le ruiss. de Barbé ou de Saint-Nicolas afflue à la Mayenne.
Barbé (Le Grand et le Petit), vill. c^ne d'Évron.
Barbé (Le Petit-), éc. c^ne de Laval.
Barbelerie (La), f. c^ue de Mée.
Barbelerie (La), f. c^ne de Pouton.
Barbelière (La), f. c^ne de Ménil.
Barbelinge, vill. c^ne de Lignières-la-Doucelle.
Barbenière (La), f. c^ne de Saint-Cyr-en-Pail.
Barberay, f. c^ne de Fromentières.
Barbère (La), vill. c^ne de Champéon. — On écrit aussi *la Barboire*.
Barberé (Le), f. c^ue d'Astillé.
Barbereau, f. c^ns de Saint-Cyr-le-Gravelais.
Barberie (La), h. c^ne d'Averton.
Barberie (La), f. c^ne de Changé.
Barberie (La), vill. et landes, c^ne de Niort. — Fief vassal du marq. de Lassay.
Barberie (La), f. c^ne de Soulgé-le-Bruant. — Fief vassal de la châtell. de Bazougers.
Barberie (La), h. c^ne de Villaines-la-Juhel.
Barbière (La), h. c^ne de la Poôté.
Barberie (La Grande et la Petite), f. c^ne de Brécé.
Barbiers (Ruisseau des), c^ne d'Olivet, affl. de la rivière du Vicoin. — *La rivière des Borbiers*, 1651 (ch. de la Roë).
Barbin (Le Haut et le Bas), f. c^ns de Saint-Ouen-des-Toits; prennent leur nom de la forêt de Barbin. — Le fief de Barbin était vassal de la châtell. de Fouilloux.
Barbion, éc. c^ne de Longuefuye.
Barbotaux, f. c^ne du Ménil.
Barbotinais (La), h, c^ne de Montenay.

Barbotinière (La), vill. c^ne de Neuilly-le-Vendin.
Barbotterie (La), vill. c^ne de la Croixille.
Barbottière (La), chât. et f. c^ne d'Ahuillé. — Fief dép. du comté de Laval.
Barbottière (La), f. c^ne de Bouchamp; auj. supprimée.
Barbottière (La), h. c^ne de Brécé.
Barbottière (La), h. c^ne de la Dorée.
Barbottière (La), vill. c^ne de Fougerolles; donne son nom à un ruiss. affl. de celui de Buais.
Barbottière (La), f. c^ne de Loiron.
Barbottière (La), f. c^ne de Saint-Baudelle.
Barbottière (La), h. c^ne de Saint-Denis-d'Anjou.
Barbottière (La), f. c^ne de Saint-Georges-Buttavent.
Barbottière (La), f. c^ne de Saint-Germain-d'Anxurre. — On dit aussi *la Barbotterie*.
Barbou, f. c^ne de Longuefuye.
Barbouillères (Les), f. c^ne de Saint-Pierre-sur-Orthe; donnent leur nom à un ruiss. affl. de l'Orthe.
Barbure, f. c^ne d'Andouillé.
Barburière (La), f. c^ne d'Andouillé.
Bardeau (Le), éc. c^ne d'Aron.
Bardeau (Le), f. c^ne de Fougerolles.
Bardeau (Le), éc. c^ne de Torcé.
Bardeaux (Les), h. c^ne de la Bazouge-des-Alleux.
Bardennes (Les), f. c^ne de Villaines-la-Juhel. — Landes auj. défrichées.
Barderie (La), f. c^ne d'Ahuillé.
Barderie (La), f. c^ne de Cuillé.
Bardouère (La), f. c^ne de l'Huisserie.
Bardouillère (La), vill. c^ne de la Bigottière.
Bardouillère (La), f. c^ne de Bouchamp.
Bardouillère (La), vill. c^ne de la Chapelle-au-Riboul.
Bardouillère (La), h. c^ne de Désertines.
Bardouillère (La), h. c^ne de l'Huisserie.
Bardoul (Le), f. c^ne de Ballots.
Bardoul (Le Petit-), éc. c^ne de Ballots. — Étang desséché vers 1844. — Ruiss. affl. de celui de la Picardière.
Bardoulais (La), f. c^ne de Chailland.
Bardoulière (La), f. c^ne de la Bazouge-des-Alleux.
Baresserie (La), f. c^ne de Ruillé-Froidfont.
Baril (Le), h. c^ne de Saint-Martin-du-Limet. — Fief de la bar. de Craon.
Barillé, f. c^ne de Ballots. — *Terram Christiani de Barrilleio*, xiie s^e (abb. de la Roë, H 151, f° 56). — *Reffoul du moulin de Barrillé*, 1488 (*ibid.*).
Le moulin est auj. détruit.
Barillé-Princé, f. c^ne de Ballots.
Barillère (La), f. c^ne d'Ampoigné. — Fief vassal du marq. de Château-Gontier.
Barillère (La), f. c^ne de Champgeneteux.

BARILLÈRE (LA), chât. et f. c^{ne} de la Croixille; ruiss. affl. de la Vilaine.
Fief de la châtell. d'Ernée.
BARILLERIE (LA), alias CACOUAULT, fief vassal de la châtell. de Montigné.
BARILLON, f. c^{ne} de la Poôté.
BARILLON-BOCHARD, f. c^{ne} de la Poôté.
BARILS (LES), fief vassal de la châtell. d'Ernée.
BARINIÈRE (LA), f. c^{ne} de Craon.
BAROCHE-GONDOUIN (LA), c^{on} de Lassay. — *S. Maria de Basilgia Gunduini*, 1110 (liv. bl. du chap. du Mans). — *S. Maria de Basilipia Gondoini*, 1180 (arch. de la Sarthe). — *Robertus de Bazogia Gondoini*, 1254 (abb. de Savigny, arch. nat. L 972).
Prieuré dép. de l'abb. de Saint-Aubin d'Angers.
— Anc. par. du doy. de Javron, de l'élect. du Mans et du marq. de Lassay.
BAROCHÈRE (LA), f. c^{ne} de Ruillé-le-Gravelais.
BARONNERIE (LA), f. c^{ne} de Bouère.
BARONNERIE (LA), h. c^{ne} de la Chapelle-Craonnaise.
BARONNERIE (LA HAUTE-), h. c^{ne} de la Chapelle-Craonnaise.
BARONNIE (LA), h. c^{ne} de Saint-Cyr-en-Pail.
BARONNIE (LA), f. c^{ne} de Saint-Germain-le-Guillaume.
BARONNIE (LA GRANDE et LA PETITE), bois, c^{ne} de Blandouet.
BARONNIÈRE (LA), f. c^{ne} de Houssay; donne son nom à un ruiss. affl. de celui de Brault. — Fief vassal du marq. de Château-Gontier.
BARONNIÈRE (LA), f. c^{ne} de Saint-Mars-sur-la-Futaie.
BARONNIÈRE (LA), f. c^{ne} de Villaines-la-Juhel.
BARONNIÈRE (LA GRANDE et LA PETITE), h. c^{ne} de Nuillé-sur-Vicoin.
BARONNIÈRES (LES), h. c^{ne} d'Entrammes.
BARRÉ, fief, c^{ne} de Denazé, vassal de la bar. de Craon.
BARRÉ, h. c^{ne} de Montigné.
BARRÉ, f. c^{ne} de Nuillé-sur-Vicoin.
BARRE (LA), f. c^{ne} d'Assé-le-Bérenger.
BARRE (LA), f. c^{ne} d'Athée. — Fief vassal de la bar. de Craon.
BARRE (LA), f. c^{ne} de Ballots. — *La Barre Guiméz*, 1540 (arch. de la Mayenne, E 134). — *La Barre Grignay*, 1677 (ibid. E 132).
BARRE (LA), h. c^{ne} de la Bazouge-de-Chemeré.
BARRE (LA), f. et chât. c^{ne} de Bierné. — Cette terre, avant d'être érigée en marquisat au XVIIe s^e, portait le nom de *la Guénaudière*; cette seigneurie comprenait les terres de Bierné, du Plessis-Bourel et de Saint-Aignan-de-Gennes.
BARRE (LA), f. c^{ne} de Champéon.
BARRE (LA), f. c^{ne} de la Chapelle-Rainsouin.
BARRE (LA), f. c^{ne} de Commer.

BARRE (LA), f. c^{ne} de Contest.
BARRE (LA), f. c^{ne} de Cosmes. — *Capella de Barra*, 1217 (abb. de la Roë).
Le prieuré de Saint-Léonard de la Barre fut donné aux religieux de la Roë en 1217.
BARRE (LA), f. c^{ne} de Cuillé.
BARRE (LA), h. c^{ne} de Fontaine-Couverte.
BARRE (LA), f. c^{ne} du Horps. — Fief du marq. de Lassay.
BARRE (LA), f. c^{ne} de Javron. — Fief vassal de la châtell. de Pré-en-Pail.
BARRE (LA), h. c^{ne} de Jublains.
BARRE (LA), f. c^{ne} de Livet-en-Charnie.
BARRE (LA), f. c^{ne} de Montjean; donne son nom à un ruiss. affl. de celui de Champagné.
BARRE (LA), f. c^{ne} de Neau.
BARRE (LA), h. c^{ne} de Saint-Berthevin-la-Tannière.
BARRE (LA), f. c^{ne} de Saint-Georges-Buttavent.
BARRE (LA), étang, c^{ne} de Saint-Mars-sur-la-Futaie; desséché vers 1806.
BARRE (LA), f. c^{ne} de Saint-Pierre-des-Landes.
BARRE (LA), f. c^{ne} de Saint-Saturnin-du-Limet. — Le château de ce nom a été détruit vers 1820.
Fief vassal de la bar. de Craon.
BARRE (LA), f. c^{ne} de Saint-Thomas-de-Courceriers.
BARRE (LA GRANDE-), f. c^{ne} de la Gravelle.
BARRE (LA GRANDE-), f. c^{ne} de Renazé. — Ruiss. affl. du Chéran.
BARRE (LA GRANDE et LA PETITE), h. c^{ne} de Sainte-Gemmes-le-Robert.
BARRE (LA HAUTE-), f. c^{ne} de Livet-en-Charnie.
BARRE (LA PETITE-), éc. c^{ne} de la Boissière.
BARRE (LA PETITE-), éc. c^{ne} de la Gravelle.
BARRE (LA PETITE-), f. c^{ne} de Peuton. — Supprimée.
BARRE (LA PETITE-), f. c^{ne} de Saint-Pierre-des-Landes.
BARREAU (LE), éc. c^{ne} de Hambers.
BARREAUX (LES), f. c^{ne} de Saint-Brice.
BARRE-FOISNARD (LA), f. c^{ne} de Cuillé.
BARRE-PORÉE (LA), f. c^{ne} de Cuillé.
BARRERIE (ÉTANG DE LA), c^{ne} de Changé; auj. desséché.
BARRERIE (LA), f. c^{ne} de Brée.
BARRERIE (LA), f. c^{ne} de la Chapelle-Rainsouin. — Étang auj. desséché.
BARRERIE (LA), vill. c^{ne} de Niort.
BARRERIE (LA), f. c^{ne} de Nuillé-sur-Vicoin.
BARRERIE (LA), h. c^{ne} de Vaucé.
BARRERIES (LES), vill. c^{ne} de Viviers.
BARRES (LES), f. c^{ne} d'Ambrières.
BARRES (LES), éc. c^{ne} de Bazougers.
BARRES (LES), f. c^{ne} de Beaulieu.
BARRES (LES), h. c^{ne} de Bierné.
BARRES (LES), h. c^{ne} de Bouessay.

Barres (Les), vill. c^{ne} de Châtillon-sur-Colmont. — Fief vassal du duché de Mayenne.
Barres (Les), f. c^{ne} de Châtres.
Barres (Les), f. c^{ne} de la Gravelle. — Bois auj. défriché.
Barres (Les), f. c^{ne} de la Haie-Traversaine.
Barres (Les), f. c^{ne} de Houssay. — Landes auj. défrichées.
Barres (Les), f. c^{ne} de Méral.
Barres (Les), h. c^{ne} de Nuillé-sur-Ouette.
Barres (Les), f. c^{ne} du Pas.
Barres (Les), h. c^{ne} de Peuton. — *Herbergamentum de Barra*, xiie s^e (abb. de la Roë, H 151, f° 71).
Barres (Les), f. c^{ne} de Saint-Aignan-sur-Roë.
Barres (Les), f. c^{ne} de Saint-Cyr-le-Gravelais.
Barres (Les), h. c^{ne} de Saint-Michel-de-la-Roë.
Barres (Les Grandes et les Petites), f. c^{ne} d'Ahuillé.
Barres (Les Grandes et les Petites), f. c^{ne} de Saint-Poix.
Barres (Les Petites-), f. c^{ne} de Saint-Aignan-sur-Roë.
Barrets (Les), f. c^{ne} de Châtres.
Barrière (La), f. c^{ne} de Ballots.
Barrière (La), éc. c^{ne} du Bignon.
Barrière (La), f. c^{ne} de Brécé.
Barrière (La), f. c^{ne} d'Épineu-le-Séguin.
Barrière (La), f. c^{ne} d'Ernée.
Barrière (La), f. c^{ne} de Lesbois.
Barrière (La), vill. c^{ne} de Louverné.
Barrière (La), f. c^{ne} de Sainte-Suzanne.
Barrière (La), h. c^{ne} de Vieuvy.
Barrière (La Grande et la Petite), f. c^{ne} d'Arquenay.
Barrière-au-Chat (La), éc. c^{ne} de Lévaré.
Barrière-au-Rocher (La), éc. c^{ne} de Martigné.
Barrière-du-Bois (La), éc. c^{ne} de la Gravelle.
Barrière-du-Bois-du-Breil (La), h. c^{ne} de Brécé.
Barrières (Les), éc. c^{ne} de Martigné.
Barrilais (Les), h. c^{ne} de Placé.
Barrottière (La), h. c^{ne} de Vieuvy.
Barrué, éc. c^{ne} de Châtres.
Barsole (La), f. c^{ne} du Bourgneuf-la-Forêt.
Bas, vill. c^{ne} de Saint-Germain-le-Guillaume.
Bas-Bois (Les Grands-), h. c^{ne} de Ribay.
Baslière (La), vill. c^{ne} de Chevaigné.
Bas-Maigné, f. c^{ne} de Montenay; donne son nom à un ruiss. affl. de l'Ernée.
Fief vassal de la châtell. d'Ernée.
Bas-Mont (Le), chât. et f. c^{ne} de Moulay. — Fief vassal du duché de Mayenne.
Basse (La), h. c^{ne} de Cossé-le-Vivien.
Basse (La), éc. c^{ne} de Larchamp.
Basse (La), f. c^{ne} de Saint-Germain-d'Anxure.
Basse (La Petite-), éc. c^{ne} de Larchamp.
Basse (La Petite-), f. c^{ne} de Saint-Sulpice; supprimée.
Basserie (La), f. c^{ne} du Buret.

Basserie (La), f. c^{ne} de Ruillé-Froidfont.
Basseries (Les), f. c^{ne} de Saint-Jean-sur-Erve.
Basset, f. c^{ne} d'Arquenay.
Basset (Le), mⁱⁿ. c^{ne} de Désertines; auj. supprimé.
Basset (Le), mⁱⁿ. f. et bois, c^{ne} de Vimarcé.
Basse-Terre (La), f. c^{ne} de Charchigné.
Bassetière (La), h. c^{ne} de Chevaigné.
Bassetière (La Grande-), f. c^{ne} de Chérancé.
Bassetière (La Petite-), éc. c^{ne} de Chérancé.
Bastille (La), f. c^{ne} de Gesnes. — *Bastilliacum*, 989 (cart. d'Évron).
Bastille (La), h. c^{ne} de Juvigné-des-Landes.
Bataille (La), vill. c^{ne} de Saint-Georges-sur-Erve.
Bataillère (La), f. c^{ne} de la Chapelle-Anthenaise.
Bataillère (La), f. c^{ne} de la Chapelle-Rainsouin.
Batailles (Les), h. c^{ne} de Bais. — Les landes de ce lieu sont défrichées depuis 1850.
Batardière (La), f. c^{ne} d'Andouillé.
Batardière (La), f. c^{ne} du Ham.
Batardière (La), h. c^{ne} de Ruillé-le-Gravelais.
Batardière (La), h. c^{ne} de Saint-Aignan-sur-Roë.
Batardière (La), f. c^{ne} de Villiers-Charlemagne; supprimée en 1857.
Bâte (La), f. c^{ne} de Cossé-en-Champagne.
Bâte (La), f. c^{ne} de Loiron.
Bâte (La), f. c^{ne} de Longuefuye.
Bâte (La Grande et la Petite), f. c^{ne} de Changé; elles donnent leur nom à un ruiss. qui se jette dans la Mayenne.
Bâtiment (Le), vill. c^{ne} de Changé.
Battereau, f. c^{ne} de Daon. — *Chaussée Battereau*, 1564 (abb. de la Roë, H 184, f° 63).
Batterie (La), vill. c^{ne} de Bourgon.
Batterie (La), f. c^{ne} de Maisoncelles.
Batterie (La), f. c^{ne} de Mézangers.
Baubardière (La), h. c^{ne} de la Haie-Traversaine.
Baubigné, f. et chât. c^{ne} de Fromentières. — Fief et haute justice relevant de Ruillé-Froidfont par Fromentières.
Baucellière (La), f. c^{ne} de Saint-Pierre-sur-Erve; donne son nom à un ruiss. affl. de l'Erve.
Baucerie (La), f. c^{ne} du Genest; donne son nom à un ruiss. affl. de celui du Plessis.
Bauche (La), f. c^{ne} de Livet-en-Charnie.
Bauche (Landes de la), c^{ne} d'Ampoigné; auj. défrichées. — Elles prennent leur nom du bois qu'elles ont remplacé.
Bauchée (La Haute et la Basse), f. c^{ne} de Brains-sur-les-Marches.
Baucherie (La), f. c^{ne} de Courcité.
Baucherie (La), f. c^{ne} de Saint-Aignan-de-Couptrain.
Baucherie (La), f. c^{ne} de Saint-Calais-du-Désert.

BAUDAIS (LA), f. c^{ne} du Bourgneuf-la-Forêt.
BAUDAIS (LA), h. c^{ne} de Bourgon.
BAUDAIS (RUE DE), à Mayenne. — Elle prend son nom d'une seigneurie qui s'étendait dans la ville et d'un étang qui était sous les murs du donjon.
BAUDELLERIE (LA), f. c^{ne} de Vaiges.
BAUDELLIÈRE (LA), vill. c^{ne} de Nuillé-sur-Vicoin.
BAUDERIE (LA), f. c^{ne} d'Azé. — Arrière-fief de la châtell. de Fromentières, vassal de la Quanterie.
BAUDERIE (LA), f. c^{ne} de Gennes.
BAUDERIE (LA), f. c^{ne} de Montigné.
BAUDIÈRE (LA), h. c^{ue} de Ruillé-le-Gravelais.
BAUDIÈRE (LA), vill. c^{ne} de Villepail.
BAUDIÈRES (LES), vill. c^{ne} de Saint-Denis-d'Anjou.
BAUDINIÈRE (LA), f. c^{ne} de Nuillé-sur-Vicoin.
BAUDINIÈRE (LA), f. c^{ne} de Saint-Pierre-des-Landes.
BAUDONNIÈRE (LA), f. c^{ne} d'Averton.
BAUDONNIÈRE (LA), f. c^{ne} de la Bazouge-de-Chemeré.
BAUDONNIÈRE (LA), f. c^{ne} de Bouchamp.
BAUDONNIÈRE (LA), h. c^{ne} de Bourgon; donne son nom à un ruiss. affl. de celui de Choiseau.
BAUDONNIÈRE (LA), f..c^{ne} d'Ernée.
BAUDONNIÈRE (LA), h. c^{ne} de Houssay.
BAUDONNIÈRE (LA), f. c^{ne} de Neuilly-le-Vendin.
BAUDONNIÈRE (LA), f. c^{ne} de Nuillé-sur-Vicoin. — Fief vassal de la châtell. de Montigné.
BAUDONNIÈRE (LA GRANDE et LA PETITE), h. et f. c^{ne} d'Andouillé.
BAUDOUIN, h. c^{ne} de Bouère.
BAUDOUINAIS (LA), f. c^{ne} d'Ernée.
BAUDOUINIÈRE (LA), h. c^{ne} de Bouère.
BAUDOUINIÈRE (LA), f. c^{ne} de Cuillé.
BAUDRAIRIE (LA), f. c^{ne} de Bannes.
BAUDRAIRIE (LA), f..c^{ne} de Mayenne; donne son nom à un ruiss. affl. de celui de la Courbe.
BAUDREL, f. c^{ne} de Villiers-Charlemagne.
BAUDRON, f. c^{ne} de Gennes.
BAUDRONNIÈRE (LA), f. c^{ne} d'Argentré.
BAUDRONNIÈRE (LA), f. c^{ne} de la Dorée.
BAUDRONNIÈRE (LA), f. c^{ne} de Saint-Cénéré.
BAUDRONNIÈRE (LA), éc. c^{ne} de Saint-Denis-de-Gastines.
BAUGÉ, h. c^{ne} d'Ambrières. — Fief vassal de la bar. d'Ambrières.
BAUGÉ (LE HAUT-), h., chât. et landes, c^{ne} de Cigné.
BAUGÉ-LE-NEUF, f. c^{ne} de Saint-Mars-sur-Colmont.
BAUGÉ-LE-VIEUX, f. c^{ne} de Saint-Mars-sur-Colmont.
BAUGÈRE (LA), f. c^{ne} de Ruillé-le-Gravelais.
BAUGERIE (LA), h. c^{ne} de Javron.
BAUGNIÈRE (LA), f. c^{ne} de Saulges.
BAUJONNERIE (LA), f. et éc. c^{ne} d'Origné.
BAULDERT, f. c^{ue} d'Athée; auj. supprimée.

BAULOURIE (LA), f. c^{ne} de Cossé-le-Vivien. — Fief vassal de la châtell. de Montjean.
BAULUÈRE (LA), h. c^{ne} de Contest. — Landes défrichées.
BAUMAILLÈRE (LA), h. c^{ne} de Villaines-la-Juhel.
BAUMERAIE (LA), f. c^{ne} de Gennes. — Fief vassal de la châtell. de Romfort.
BAUMERIE (LA), f. c^{ne} de Bazouges.
BAUMERIE (LA), f. c^{ne} de Châtelain. — Fief du marq. de Château-Gontier.
BAUMERIE (LA), f. c^{ne} de Chevaigné.
BAUMERIE (LA), h. c^{ne} du Ribay.
BAUMERIE (LA), f. c^{ne} de la Rouaudière.
BAUMERIE (LA), f. c^{ne} de Saint-Michel-de-Feins.
BAUMERIES (LES), f. c^{ne} du Bignon.
BAUNE, h. c^{ne} de Saint-Martin-de-Connée.
BAUTERAIS (LA), chât. et f. c^{ne} de Simplé.
BAVONNIÈRE (LA), h. c^{ne} d'Entrammes.
BAVONNIÈRE (LA GRANDE et LA PETITE), f. c^{ue} de Nuillé-sur-Vicoin.
BAVOUSE, f. et m^{in} à eau, c^{ne} d'Azé; donnent leur nom à un ruiss. affl. de la Mayenne.
BAVOUSE, écl. et m^{in}, c^{ne} de Ménil.
BAY, m^{in}, c^{ne} d'Andouillé; auj. détruit.
BAYARDIÈRE (LA), f. c^{ne} de Saint-Brice.
BAYENNE, h. c^{ne} de Saint-Martin-de-Connée.
BAZARDIÈRE (LA), h. c^{ne} du Bourgneuf-la-Forêt.
BAZEILLE, château en ruine, c^{ne} du Ham; étang auj. desséché.

Châtell. relevant du marq. de Villaines-la-Juhel et du marq. de Lassay.

BAZEILLE, h. c^{ne} du Pas. — *R. de Bazeilla*, 1144 (Hist. des sires de Mayenne, pr.). — *Radulphus de Baiselles*, 1200 (abb. de Savigny, arch. nat. L 978). — *Petrus de Baseilleis*, 1239 (cart. de Fontaine-Daniel).

Étang auj. desséché. — Ruiss. affl. de la Varenne.
— Voy. COUR-DE-BAZEILLE (LA).

BAZILLÈRE (LA), f. c^{ne} de Marcillé-la-Ville; donne son nom à un ruiss. affl. de celui de l'Oyère.
BAZILLY, f. c^{ne} de Coudray.
BAZINIÈRE (LA), f. c^{ne} de Ballots.
BAZOCHE (LA GRANDE-), fief du duché de Mayenne.
BAZOCHE-MONTPINÇON (LA), c^{cn} de Mayenne-Est. — *Robertus de Monte Pinsonis*, xie s^e (Bibl. nat. f. lat. 5441). — *Eccl. de la Bazogia de Monte-Pinsonis*, 1125 (cart. d'Évron). — *La Bazoche-de-Montpinçon* (carte de Jaillot). — *La Bazoge-sous-Montpinçon* (Cassini).

Anc. par. du doy. d'Évron, de l'élect. et du marq. de Mayenne.

BAZOGE (LA), f. c^{ne} de Gesvres.
BAZONNIÈRE (LA), f. c^{ne} de Chailland.

Bazonnière (La), f. c^{ne} de Landivy.
Bazonnière (La), vill. c^{ne} de Saint-Hilaire-des-Landes.
Bazouge-de-Chemeré (La), c^{on} de Meslay. — *Hugo de Baselgis*, xie s^e (Bibl. nat. f. lat. 5441). — *Basilgia juxta criptam*, 1111 (liv. bl. du chap. du Mans). — *Gervasius de Basilgia juxta criptam*, 1180 (arch. de la Sarthe). — *Bazochia, Bazogia, Bazoche et Bazoge*, du xive au xvie s^e (arch. de la fabrique).
Anc. par. du doy. de Sablé, de l'élect. et du comté de Laval. — Étang desséché en 1858. — Mine d'anthracite découverte en 1821.
Bazouge-des-Alleux (La), c^{on} de Mayenne-Est. — Anc. par. du doy. d'Évron, de l'élect. du Mans et du duché de Mayenne.
Bazougers, c^{on} de Meslay. — *Basilgeacum*, 989 (cart. d'Évron). — *Basilgeria*, 1065 (cart. de Saint-Vincent du Mans). — *In parrochia de Basogers*, 1277 (arch. de la Sarthe, f. de Bellebranche).
Le prieuré dép. de l'abb. de Saint-Vincent du Mans. — Anc. par. du doy. de Sablé, de l'élect. et du comté de Laval.
Bazouges, c^{on} de Château-Gontier. — *In curte que vocatur Basilicas*, 1037 (ch. de l'abb. Saint-Aubin, arch. de la Mayenne, H 15). — *Baziligam*, 1097 (arch. de la Sarthe). — *R. de Bazogiis*, 1180 (*ibid.*). — *Juxta Bazogias*, 1217 (abb. de la Roë). — *Parrochia de Bussoges*, 1272 (arch. de la May. série H).
Anc. paroisse du doy. d'Écuillé, de l'élect. et du marq. de Château-Gontier.
Béard, mⁱⁿ avec étang, c^{ne} de Chantrigné. — *Behard* (carte de Jaillot).
Béard, h. c^{ne} de Montreuil; donne son nom à un ruiss. afll. de la Vienne.
Béardière (La), f. c^{ne} d'Évron. — *Béhardière*, 1547 (cart. d'Évron).
Béardière (Ruisseau de la), c^{ne} de Sainte-Marie-du-Bois; il afflue au ruiss. de Glandsemé.
Béardières (Les), f. c^{ne} de Saint-Hilaire-des-Landes. — *Besnehardière* (carte de Jaillot).
Étang auj. desséché. — Altération de *Besnardière*.
Beauchemin, h. c^{ne} d'Ampoigné.
Beauchêne, h. et f. c^{ne} d'Ambrières.
Beauchêne, h. c^{ne} d'Ampoigné.
Beauchêne, f. c^{ne} de Ballots.
Beauchêne, f. c^{ne} de la Bazoche-Montpinçon. — Fief du duché de Mayenne.
Beauchêne, vill. c^{ne} de Cigné; donne son nom à un ruiss. afll. de la Mayenne.
Beauchêne, f. c^{ne} de Chantrigné; étang auj. desséché. — Fief vassal du marq. de Lassay.
Beauchêne, f. c^{ne} de Charchigné; donne son nom à un ruiss. afll. de celui du Fougeray.

Beauchêne, f. c^{ne} de Colombiers. — Fief vassal de la châtell. de Champorin, Yvoy, l'Otagerie.
Beauchêne, éc. c^{ne} de Cuillé.
Beauchêne, f. c^{ne} de Hercé.
Beauchêne, vill. c^{ne} de Niort; donne son nom à un ruiss. afll. de celui de Lassay.
Beauchêne, f. c^{ne} de Saint-Denis-d'Anjou.
Beauchêne, chât. et h. de Saint-Saturnin-du-Limet. — Le bois, qui s'étend sur Saint-Aignan et sur Saint-Saturnin, donne son nom à un ruiss. afll. du Chéran.
Seign. vassale de la bar. de Craon.
Beauchêne, f. c^{ne} de Vaiges.
Beauchêne (Chapelle de), h. et f. c^{ne} de Fromentières. — La seigneurie, vassale de la châtell. de Fromentières, appelée aussi *forêt de Chaubec*, fut annexée à la bar. du Bourg-le-Prêtre en 1664.
Beauchêne (Le Grand-), f. c^{ne} de Montenay.
Beauchêne (Le Grand et le Petit), f. c^{ne} de Bazougers; donnent leur nom à un ruiss. afll. de la rivière d'Ouette.
Beauchêne (Le Grand et le Petit), f. c^{ne} de Saint-Berthevin.
Beauchêne (Le Petit-), f. c^{ne} de Montenay.
Beauchênes (Les), h. c^{ne} de Montenay.
Beauchevreuil, éc. c^{ne} de Méral. — *Beuchevral*, 1603 (arch. de la Mayenne, E 145). — *Bachevrail* (Cassini). — *Bechevreuil* (carte de l'État-major).
Beaucoudray, éc. et étang, c^{ne} d'Aron.
Beaucoudray, f. c^{ne} de Peuton.
Beaucrochet, f. c^{ne} de Fontaine-Couverte.
Beaudouet, h. c^{ne} de Saint-Denis-de-Gastines.
Beaufleury, f. c^{ne} de Saint-Jean-sur-Mayenne.
Beaufleury, éc. c^{ne} de Saint-Ouen-des-Toits.
Beaufleury, f. c^{ne} de Saint-Quentin.
Beaufouteau, f. c^{ne} de la Bazouge-des-Alleux.
Beaufouteau, f. c^{ne} de Saint-Berthevin.
Beaugrandière (La), f. c^{ne} de Saint-Erblon.
Beaugrandière (La), vill. c^{ne} de Louverné.
Beaujarry, f. c^{ne} de Saint-Christophe-du-Luat.
Beaulieu, c^{on} de Loiron. — *Paroyssa de Beilou*, 1262 (ch. de Saint-Serge d'Angers). — *Par. de Beaulou*, 1305 (*ibid.*).
Prieuré de l'abb. de Saint-Jouin-de-Marnes. — Anc. paroisse du doy., de l'élect. et du comté de Laval.
Beaulieu, f. c^{ne} de Bouessay.
Beaulieu, f. c^{ne} de Chammes.
Beaulieu, f. c^{ne} de Fromentières.
Beaulieu, f. c^{ne} de Grez-en-Bouère.
Beaulieu, f. c^{ne} de Montourtier.
Beaulieu, h. c^{ne} de Sainte-Suzanne.

DÉPARTEMENT DE LA MAYENNE.

Beaulieu (Ruisseau de) ou de Gratte-Haie, c^{ne} de Villiers-Charlemagne; se jette dans la Mayenne.

Beauménil, vill. c^{ne} de Javron.

Beauménil (Le Grand et le Petit), h. c^{ne} de Saint-Pierre-des-Landes.

Beaumont, f. c^{ne} de Bazouges. — Fief vassal du prieuré de Saint-Jean-Baptiste.

Beaumont, f. c^{ne} de Chérancé.

Beaumont, f. c^{ne} de Daon; auj. supprimée.

Beaumont, f. c^{ne} de Livré.

Beaumont, chât. et h. c^{ne} de Saint-Denis-d'Anjou; m^{lu} détruit vers 1861. — La baronnie de Beaumont, *alias* Grattecuisse, relevait de Morannes.

Beaumont, f. c^{ne} de Saint-Laurent-des-Mortiers.

Beaumont (Landes de), c^{ne} de Juvigné-des-Landes; auj. défrichées.

Beaumont-Pied-de-Bœuf, c^{on} de Grez-en-Bouère. — *Ecclesia S. Petri de Passu Bovis*, 1147 (cart. de l'abb. de Tyron). — *Parr. de Bellomonte de Pede Bovis*, 1232 (liv. bl. du chap. du Mans).

Anc. par. du doy. de Sablé, de l'élection de la Flèche et du comté de Laval.

Beaumonts (Les), f. c^{ne} de Saint-Cénéré.

Beaupletterie (La), f. c^{ne} de Bouère.

Beaupréau, f. c^{ne} de Ménil.

Beauré, mⁱⁿ, c^{ne} de Torcé. — *Mol. de bello radio*, 1342 (arch. de la Sarthe).

Beauregard, f. c^{ne} de Châtres.

Beauregard, f. c^{ne} de Laval.

Beauregard, f. c^{ne} d'Olivet.

Beauregard, f. c^{ne} de Parné.

Beauregard, f. c^{ne} de Saint-Ouen-des-Toits.

Beauregard, éc. c^{ne} de Saint-Quentin.

Beaurepaire, f. c^{ne} d'Azé.

Beauséjour, éc. c^{ne} de Changé.

Beauséjour, f. c^{ne} de Laval.

Beauséjour, h. c^{ne} de Livet-en-Charnie.

Beauséjour, h. c^{ne} de Loigné.

Beauséjour, f. c^{ne} de Nuillé-sur-Vicoin.

Beauséjour, f. c^{ne} de Saint-Mars-sur-la-Futaie.

Beausoleil, éc. c^{ne} d'Ahuillé.

Beausoleil, f. c^{ne} d'Ambrières.

Beausoleil, éc. et h. c^{ne} d'Andouillé.

Beausoleil, f. c^{ne} d'Aron.

Beausoleil, f. c^{ne} de la Baconnière.

Beausoleil, h. c^{ne} de Ballots.

Beausoleil, f. et h. c^{ne} de Bazougers.

Beausoleil, éc. c^{ne} de Beaulieu.

Beausoleil, f. c^{ne} de Bouère.

Beausoleil, éc. c^{ne} de Châlons.

Beausoleil, f. c^{ne} de Chammes.

Beausoleil, f. c^{ne} de Charchigné.

Beausoleil, éc. c^{ne} de Châtillon-sur-Colmont.

Beausoleil, h. c^{ne} de Chemazé.

Beausoleil, f. c^{ne} de Chemeré-le-Roi.

Beausoleil, f. c^{ne} de Colombiers.

Beausoleil, éc. c^{ne} de Commer.

Beausoleil, éc. c^{ne} de Congrier.

Beausoleil, éc. c^{ne} de Contest.

Beausoleil, éc. c^{ne} de la Croixille.

Beausoleil, f. et éc. c^{ne} de Cuillé.

Beausoleil, f. c^{ne} de Désertines.

Beausoleil, éc. c^{ne} d'Entrammes.

Beausoleil, h. c^{ne} d'Évron.

Beausoleil, éc. c^{ne} de Gorron.

Beausoleil, f. c^{ne} de Houssay.

Beausoleil, f. c^{ne} de l'Huisserie.

Beausoleil, f. c^{ne} de Laval.

Beausoleil, éc. c^{ne} de Livet-en-Charnie.

Beausoleil, h. c^{ne} de Livré.

Beausoleil, éc. c^{ne} de Louverné.

Beausoleil, f. c^{ne} de Neau.

Beausoleil, f. c^{ne} de Quelaines.

Beausoleil, éc. c^{ne} de la Roë.

Beausoleil, f. et éc. c^{ne} de Saint-Cénéré.

Beausoleil, éc. c^{ne} de Saint-Denis-d'Anjou.

Beausoleil, h. c^{ne} de Saint-Georges-Buttavent.

Beausoleil, éc. c^{ne} de Saint-Jean-sur-Erve.

Beausoleil, f. c^{ne} de Saint-Laurent-des-Mortiers.

Beausoleil, h. c^{ne} de Saint-Léger.

Beausoleil, éc. c^{ne} de Saint-Mars-sur-Colmont.

Beausoleil, f. c^{ne} de Saint-Mars-sur-la-Futaie.

Beausoleil, f. c^{ne} de Saint-Martin-du-Limet.

Beausoleil, h. c^{ne} de Saint-Ouen-des-Toits.

Beausoleil, f. c^{ne} de Saint-Poix.

Beausoleil, f. c^{ne} de Saint-Quentin.

Beausoleil, vill. c^{ne} de Sainte-Suzanne.

Beausoleil, h. c^{ne} de Thorigné.

Beausoleil, éc. c^{ne} de Villiers-Charlemagne.

Beaussivière (La) ou la Bossivière, f. c^{ne} d'Argenton.

Beauvais, h. c^{ne} d'Ambrières.

Beauvais, h. c^{ne} d'Arquenay.

Beauvais, f. c^{ne} de Ballots; auj. supprimée.

Beauvais, f. c^{ne} de Chantrigné.

Beauvais, h. c^{ne} de Cossé-le-Vivien.

Beauvais, h. c^{ne} de Coudray.

Beauvais, f. c^{ne} de Craon.

Beauvais, village, c^{ne} de la Cropte. — Lande défrichée en 1839.

Beauvais, f. c^{ne} de Fromentières. — Fief vassal de la châtell. de Fromentières.

Beauvais, vill. c^{ne} de Gorron.

Beauvais, h. c^{ne} du Ham.

Beauvais, f. c^{ne} de Jublains.

Beauvais, f. c^{ne} de Loigné.
Beauvais, h. c^{ne} de Montenay.
Beauvais, vill. c^{ne} d'Orgères.
Beauvais, f. c^{ne} de la Rouaudière. — Le ruiss. de Beauvais et de l'Épale se jette dans le Chéran.
Beauvais, f. c^{ne} de Saint-Charles-la-Forêt.
Beauvais, f. et chât. c^{es} de Saint-Denis-du-Maine.
Beauvais, f. c^{ne} de Saint-Mars-sur-la-Futaie.
Beauvais, f. c^{ne} de Saint-Quentin.
Beauvais, f. c^{ne} de Vaiges.
Beauvais (Le Haut et le Bas), vill. c^{ne} de Changé. — Fief vassal du comté de Laval.
Beauvais (Le Haut et le Bas), vill. c^{ne} de Saint-Thomas-de-Courceriers. — Fief vassal de la châtell. de Courceriers; arrière-fief de la baronnie de Sillé-le-Guillaume.
Beauvais (Le Petit-), f. c^{ne} de Thorigné.
Beauvent, f. c^{ne} de Livré.
Bec (Le Haut-du-), h. c^{ne} de Nuillé-sur-Vicoin.
Becanne (La), vill. c^{ne} de Bais.
Becanne (La), f. c^{ne} de la Chapelle-Rainsouin.
Bécassière (La), f. c^{ne} d'Athée.
Bécassière (La), h. c^{ne} de Hercé.
Beccaudière (La), f. c^{ne} de Saint-Denis-d'Anjou.
Bêche (La), f. c^{ne} de Saint-Mars-du-Désert. — Arrière-fief de la baronnie de Sainte-Suzanne, relevant de Courceriers.
Bêche (La Basse-), f. c^{ne} de Torcé-en-Charnie.
Becherelle (La), h. c^{ne} de Saint-Cyr-en-Pail. — *In reditu de Becherel*, 1205 (ch. de Fontaine-Daniel).
Bechenet, f. c^{ne} de Laval.
Bêcherie (La), f. c^{ne} de Martigné; donne son nom à un ruiss. affl. de celui d'Ouvrain.
Bêcheveau, f. c^{ne} de Louvigné.
Béchonnière (La), éc. c^{ne} de Saint-Berthevin. — La ferme de ce lieu est auj. détruite.
Bedalière (La), f. c^{ne} d'Athée.
Bedellière (La), h. c^{ne} de la Poôté.
Bedennière (La), h. c^{ne} de Coudray.
Bederie (La Grande et la Petite), f. c^{nes} de Cuillé.
Bedouaudière (La), bois, c^{ne} de la Boissière; auj. défriché.
Bedouault, f. c^{ne} de Ruillé-le-Gravelais.
Bedouillère (La), village, c^{ne} de la Croixille. — *La Bédoyère*, xvie siècle (arch. de Maine-et-Loire, E 3079).
Fief vassal de la seign. de l'Épine, qui s'étendait sur Bourgon et la Croixille.
Bedoutière (La), f. c^{ne} d'Oisseau.
Beduaudière (La), c^{ne} de Désertines.
Beduaudière (La), f. c^{ne} de Sacé.
Beduère (La), f. c^{ne} de Jublains.

Bégaudière (La), éc. c^{ne} de Saint-Michel-de-la-Roë. — *La Becgaudière*, 1450 (abb. de la Roë).
Bégonnerie (La), f. c^{ne} d'Azé.
Bégonterie (La), f. c^{ne} de Saint-Germain-le-Fouilloux.
Béhan (Le), f. c^{ne} de Loigné.
Béhaudière (La), f. c^{ne} de Bonchamp; donne son nom à un ruiss. affl. de la Jouanne. — Fief vassal du comté de Laval.
Béhérie (La), f. c^{ne} de Brée.
Béhérie (La), h. c^{ne} de Cigné. — *Behairie* (Cassini). — *Bérie* (carte de l'État-major).
Béhorie (La), f. c^{ne} de Cossé-le-Vivien.
Béhorie (La), f. c^{ne} de Courbeveille; donne son nom à un ruiss. affl. de celui du Pont-Poirier.
Béhourie (La), f. c^{ne} de Larchamp.
Behunnière (La), éc. c^{ne} d'Andouillé; donne son nom à un ruiss. affl. de celui de la Bigottière.
Behuru, h. c^{ne} de Chevaigné.
Beladé, vill. c^{ne} de Chevaigné.
Belaillée, m^{in} et chaussée, c^{ne} de Laval; supprimés depuis 1830. — *Juxta molendinum de Balaillée*, 1407 (arch. de la fabr. de Houssay). — *Le molin de Balaillée*, 1443 (arch. nat. P 343, n° 1033).
Bel-Air, h. c^{ne} d'Ambrières.
Bel-Air, f. c^{ne} d'Ampoigné.
Bel-Air, vill. c^{ne} d'Andouillé.
Bel-Air, h. c^{ne} d'Argentré.
Bel-Air, éc. c^{ne} d'Arquenay.
Bel-Air, f. c^{ne} d'Averton.
Bel-Air, f. c^{ne} de la Baconnière.
Bel-Air, h. c^{ne} de Ballée.
Bel-Air, tuilerie, c^{ne} de Ballots.
Bel-Air, f. c^{ne} de la Bazouge-de-Chemeré.
Bel-Air, h. c^{ne} de la Bazouge-des-Alleux.
Bel-Air, château et f. c^{ne} de Bazouges, annexés à Château-Gontier le 2 juillet 1862. — Lande auj. défrichée.
Bel-Air, éc. c^{ne} de Bazouges.
Bel-Air, éc. c^{ne} de Beaulieu.
Bel-Air, f. c^{ne} de Belgeard.
Bel-Air, éc. c^{ne} de Bonchamp.
Bel-Air, f. et m^{in}, c^{ne} de Bouère.
Bel-Air, vill. c^{ne} du Bourgneuf-la-Forêt.
Bel-Air, f. c^{ne} de Brée.
Bel-Air, f. c^{ne} du Buret.
Bel-Air, f. c^{ne} de Carelles.
Bel-Air, éc. c^{ne} de Chailland.
Bel-Air, éc. et f. c^{ne} de Châlons.
Bel-Air, éc. c^{ne} de Champfremont.
Bel-Air, f. c^{ne} de Changé.
Bel-Air, h. c^{ne} de la Chapelle-Anthenaise.

DÉPARTEMENT DE LA MAYENNE.

Bel-Air, f. et bois, c^{ne} de la Chapelle-Rainsouin.
Bel-Air, h. c^{ne} des Chapelles.
Bel-Air ou Triage, f. c^{ne} de Châtillon-sur-Colmont.
Bel-Air, f. c^{ne} de Châtres.
Bel-Air, éc. c^{ne} de Commer.
Bel-Air, vill. c^{ne} de Cossé-en-Champagne.
Bel-Air, f. c^{ne} de Cossé-le-Vivien.
Bel-Air, f. c^{ne} de Couesmes.
Bel-Air, f. c^{ne} de Courberie.
Bel-Air, éc. c^{ne} de Crennes-sur-Fraubée.
Bel-Air, f. c^{ne} de la Croixille.
Bel-Air, éc. c^{ne} de Désertines.
Bel-Air, f. c^{ne} d'Entramnes.
Bel-Air, h. c^{ne} d'Ernée.
Bel-Air, f. c^{ne} d'Évron.
Bel-Air, mⁱⁿ; c^{ne} de Fontaine-Couverte.
Bel-Air, *alias* Raquette, éc. c^{ne} de Fromentières.
Bel-Air, f. c^{ne} du Ham.
Bel-Air, éc. c^{ne} de Hambers.
Bel-Air, vill. c^{ne} de Hardanges.
Bel-Air, éc. c^{ne} de Houssay.
Bel-Air, f. c^{ne} d'Izé.
Bel-Air, f. c^{ne} de Jublains. — Les landes de ce lieu sont défrichées depuis 1830.
Bel-Air, f. c^{ne} de Juvigné-des-Landes.
Bel-Air, f. c^{ne} de Larchamp.
Bel-Air, f. c^{ne} de Lévaré.
Bel-Air, f. c^{ne} de Lignières-la-Doucelle.
Bel-Air, éc. c^{ne} de Livet-en-Charnie.
Bel-Air, éc. c^{ne} de Livré.
Bel-Air, éc. c^{ne} de Loigné.
Bel-Air, f. c^{ne} de Loupfougères.
Bel-Air, f. c^{ne} de Maisoncelles.
Bel-Air, f. c^{ne} de Mayenne.
Bel-Air, f. c^{ne} de Ménil.
Bel-Air, f. c^{ne} de Méral.
Bel-Air, f. c^{ne} de Mézangers.
Bel-Air, f. c^{ne} de Montaudin.
Bel-Air, éc. c^{ne} de Montigné.
Bel-Air, éc. c^{ne} de Montjean.
Bel-Air, f. c^{ne} de Montsurs.
Bel-Air, h. c^{ne} de Moulay.
Bel-Air, éc. c^{ne} de Nuillé-sur-Vicoin.
Bel-Air, éc. c^{ne} d'Oisseau.
Bel-Air, éc. c^{ne} de Pommerieux.
Bel-Air, f. c^{ne} de la Poôté.
Bel-Air, f. et bois, c^{ne} de Pré-en-Pail.
Bel-Air, f. c^{ne} de la Roë.
Bel-Air, éc. c^{ne} de Saint-Baudelle.
Bel-Air, f. c^{ne} de Saint-Berthevin; auj. supprimée.
Bel-Air, f. c^{ne} de Saint-Berthevin-la-Tannière.
Bel-Air, h. c^{ne} de Saint-Cénéré.

Bel-Air, f. c^{ne} de Saint-Charles-la-Forêt.
Bel-Air, f. c^{ne} de Saint-Erblon.
Bel-Air, éc. c^{ne} de Saint-Georges-Buttavent.
Bel-Air, h. c^{ne} de Saint-Germain-de-Coulamer.
Bel-Air, f. c^{ne} de Saint-Germain-le-Fouilloux.
Bel-Air, f. c^{ne} de Saint-Jean-sur-Mayenne.
Bel-Air, f. c^{ne} de Saint-Julien-du-Terroux.
Bel-Air, h. c^{ne} de Saint-Léger.
Bel-Air, f. c^{ne} de Saint-Mars-du-Désert.
Bel-Air, f. c^{ne} de Saint-Mars-sur-Colmont.
Bel-Air, f. c^{ne} de Saint-Mars-sur-la-Futaie.
Bel-Air, éc. c^{ne} de Saint-Martin-de-Connée.
Bel-Air, éc. c^{ne} de Saint-Martin-du-Limet.
Bel-Air, f. c^{ne} de Saint-Michel-de-la-Roë.
Bel-Air, f. c^{ne} de Saint-Ouen-des-Toits.
Bel-Air, f. c^{ne} de Saint-Pierre-des-Landes.
Bel-Air, éc. c^{ne} de Thorigné.
Bel-Air, f. c^{ne} de Vautorte; auj. détruite.
Bel-Air, éc. c^{ne} de Vimarcé.
Bel-Air, f. c^{ne} de Viviers.
Bel-Air (Le Haut-), h. c^{ne} de Nuillé-sur-Vicoin.
Bel-Air (Le Petit-), f. c^{ne} de Viviers.
Bel-Air-des-Landes, f. c^{ne} de Montsurs.
Bélant (La lande), c^{ne} de Deux-Évailles; auj. défrichée.
Belardière (La), h. c^{ne} du Bignon.
Belardière (La), vill. c^{ne} du Boulay.
Belardière (La), h. c^{ne} de Champfremont.
Belardière (La), f. c^{ne} de la Poôté.
Belardières (Les), f. c^{ne} de Laval.
Belardières (Les), f. c^{ne} de Saint-Hilaire-des-Landes; donnent leur nom à un ruiss. affl. de celui de la Templerie.
Belassière (La), éc. et f. c^{ne} de Saint-Germain-de-Coulamer.
Belassière (La), h. c^{ne} de Saint-Pierre-sur-Orthe.
Bel-Ébat, f. c^{ne} de Bazougers; supprimée vers 1863.
Bel-Éclair, f. c^{ne} de Niort.
Bel-Essart, f. c^{ne} de Viviers.
Belette (La), f. c^{ne} de Vautorte.
Bel-Évent, h. c^{ne} de Champfrémont.
Bel-Évent, h. c^{ne} de Pré-en-Pail.
Belfardière, vill. c^{ne} de Louverné.
Belgeard, c^{on} de Mayenne. — *S. Broylo Lejardis*, 1205 (ch. de Fontaine-Daniel). — *Brolio Ligardis*, 1218 (arch. de la Mayenne, H 66). — *Bellejeard*, 1773 (pouillé du dioc.). — *Bellejeart* (Jaillot).
Le prieuré dép. de l'abb. de Beaulieu. — Anc. paroisse du doy. d'Évron, de l'élect. et du duché de Mayenne.
Belin, f. c^{ne} de la Boissière.
Belin, mⁱⁿ, c^{ne} des Chapelles. — La ferme de ce lieu est auj. supprimée.

BELINERIE-AU-BOIS (LA), f. c^{ne} de Brains-sur-les-Marches.
BELINES (LES), f. c^{ne} de Saint-Loup-du-Dorat.
BELINIÈRE (LA), f. c^{ne} d'Abuillé.
BELINIÈRE (LA), f. c^{ne} d'Andouillé.
BELINIÈRE (LA), f. c^{ne} d'Astillé.
BELINIÈRE (LA), f. c^{ne} de la Bazouge-des-Alleux.
BELINIÈRE (LA), f. c^{ne} de Courbeveille.
BELINIÈRE (LA), f. c^{ne} de Fontaine-Couverte.
BELINIÈRE (LA), f. c^{ne} de Gesnes.
BELINIÈRE (LA), f. c^{ne} de Larchamp. — Fief de la châtell. de Pontmain.
BELINIÈRE (LA), f. c^{ne} de Loiron.
BELINIÈRE (LA), vill. c^{ne} de Neuilly-le-Vendin.
BELINIÈRE (LA), f. c^{ne} du Pas. — Fief vassal de la bar. d'Ambrières.
BELINIÈRE (LA), vill. c^{ne} de Sainte-Marie-du-Bois.
BELINIÈRE (LA), f. c^{ne} de Saulges. — On pron. *Blinière*.
BELINIÈRE (LA GRANDE-), h. c^{ne} du Pas.
BELINIÈRE-AUX-BERTEREAUX (LA), h. c^{ne} du Pas.
BELINIÈRES (LES), f. c^{ne} de Cossé-le-Vivien.
BELINIÈRES (LES), f. c^{ne} de Loigné. — *La Bellignière*, 1668 (abb. de la Roë, H 170).
BELLAISE, f. c^{ne} de Saint-Julien-du-Terroux. — Il faudrait écrire *Bel-Aise*.
BELLANDAIS (LA), f. c^{ne} de Juvigné-des-Landes.
BELLANDIÈRE (LA), h. c^{ne} de Champfrémont.
BELLANDIÈRE (LA), f. c^{ne} de Saint-Aubin-du-Désert.
BELLANGEARD, éc. et h. c^{ne} de Saint-Denis-d'Anjou.
BELLANGERAIE (LA), f. c^{ne} de Chemazé.
BELLANGERAIE (LA), f. et h. c^{ne} de Saint-Denis-d'Anjou.
BELLANGERAIE (LA), f. c^{ne} de Saint-Loup-du-Dorat; auj. détruite.
BELLANGERIE (LA), f. c^{ne} d'Arquenay.
BELLANGERIE (LA), f. c^{ne} de la Bazouge-des-Alleux.
BELLANGERIE (LA), vill. c^{ne} de la Bigottière.
BELLANGERIE (LA), f. c^{ne} de Bonchamp.
BELLANGERIE (LA), f. c^{ne} de Condray.
BELLANGERIE (LA), f. c^{ne} de Cuillé.
BELLANGERIE (LA), f. c^{ne} de Fromentières.
BELLANGERIE (LA), f. c^{ne} du Genest.
BELLANGERIE (LA), f. c^{ne} du Ham.
BELLANGERIE (LA), f. c^{ne} de Montigné.
BELLANGERIE (LA), f. c^{ne} de Parné.
BELLANGERIE (LA), f. c^{ne} de Saint-Berthevin.
BELLANGERIE (LA), éc. c^{ne} de Saint-Mars-du-Désert. — Ruiss. affl. de celui de la Vaudelle.
BELLANGERIE (LA), f. c^{ne} de la Selle-Craonnaise.
BELLANGERIE (RUISSEAU DE LA), aussi nommé *ruisseau de Poillé* et *de Crun*; il arrose Saint-Gemmes-le-Robert et se jette dans la Jouanne.

BELLANGERIES (LES), f. c^{ne} de Courbeveille.
BELLANGERIES (LES), vill. c^{ne} de Saint-Germain-le-Fouilloux.
BELLE-ARRIVÉE, éc. c^{ne} de Désertines.
BELLE-ARRIVÉE, éc. c^{ne} de Fougerolles.
BELLE-BOSSE, alias PETIT-PLESSIS, f. c^{ne} de Gesnes.
BELLEBRANCHE, chât. et h. c^{ne} de Saint-Brice. — *B. M. de Bella-Brancha*, XIIe s^e (arch. de la Sarthe). — *Abbate Bele-Brachie*, XIIe s^e (cart. de l'abb. de Savigny, f° 122).
Ce lieu a pris son nom d'une abbaye de Bénédictins fondée en 1151, qui fut réunie au collège de la Flèche en septembre 1607.
La forêt de Bellebranche s'étend sur Bouère et Saint-Brice.
BELLE-BREBIS, éc. c^{ne} de Montigné.
BELLE-EAU, f. c^{ne} de Montenay.
BELLE-ÉPINE, f. c^{ne} de Châtillon-sur-Colmont.
BELLE-ÉPINE (LA), f. c^{ne} de Juvigné-des-Landes.
BELLE-ÉTOILE (LA), éc. c^{ne} de Brécé.
BELLE-ÉTOILE (LA), éc. c^{ne} de Montaudin.
BELLE-ÉTOILE (LA), h. c^{ne} de Saint-Ouen-des-Toits.
BELLE-FAUTIÈRE (LA), f. c^{ne} de Saint-Brice.
BELLE-FONTAINE, f. c^{ne} de Saint-Aignan-de-Couptrain.
BELLE-GARDE, f. c^{ne} de Juvigné-des-Landes.
BELLE-GARDE, h. c^{ne} de Saint-Hilaire-des-Landes.
BELLE-HOMMERIE (LA), f. c^{ne} d'Athée.
BELLE-LUNE, éc. c^{ne} d'Ambrières.
BELLE-MANIÈRE, f. c^{ne} de Bouessay.
BELLE-MER, f. c^{ne} de Cigné.
BELLE-NOË, usine, c^{ne} de Beaumont-Pied-de-Bœuf.
BELLE-PLANTE, éc. c^{ne} d'Ernée.
BELLE-PLANTE, f. c^{ne} de Laval.
BELLE-POULE, mⁱⁿ et écluse, c^{ne} de Changé.
BELLERAIE (LA), h. c^{ne} de Méral.
BELLERAIE (LA), f. c^{ne} de Saint-Hilaire-des-Landes.
BELLERIE (LA), h. c^{ne} de Brée.
BELLERIE (LA), étang et f. c^{ne} de Courcité. — *Berleryas*, 989 (cart. d'Évron).
BELLES-MAISONS (LES), f. c^{ne} de Pré-en-Pail.
BELLES-PLACES (LES), h. c^{ne} de Pré-en-Pail.
BELLE-TAILLE, h. c^{ne} de Chantrigné. — Fief du marq. de Lassay.
BELLE-TAILLE, f. c^{ne} de Niort.
BELLETAIS (LA), f. c^{ne} du Bourgneuf-la-Forêt.
BELLETAIS (LA PETITE-), écart, c^{ne} du Bourgneuf-la-Forêt.
BELLETAIS-NEUVE (LA), f. c^{ne} du Bourgneuf-la-Forêt.
BELLETIÈRE (LA), f. c^{ne} de Bais.
BELLETIÈRE (LA), h. c^{ne} de Bazouges.
BELLETIÈRE (LA), f. c^{ne} de Changé.
BELLETIÈRE (LA), f. c^{ne} de Houssay.

Belletière (La), f. cne de Jublains; étang desséché vers 1844. — On écrit aussi *la Beltière*.
Belletière (La), vill. cne de Saint-Aubin-Fosse-Louvain.
Belletière (La), f. cne de Vieuvy.
Belletière (La Petite-), f. cne de Saint-Aubin-Fosse-Louvain.
Belle-Verge (La), h. cne de Saint-Germain-de-Coulamer.
Belle-Ville, éc. cne de Chemazé.
Belle-Ville, vill. cne de Villepail.
Bellevue, f. cne d'Ampoigné.
Bellevue, f. cne d'Assé-le-Bérenger.
Bellevue, f. cne d'Averton.
Bellevue, f. cne de Ballots.
Bellevue, éc. cne de la Bazouge-de-Chemeré.
Bellevue, f. cne de Beaumont-Pied-de-Bœuf.
Bellevue, f. cne de Blandouet.
Bellevue, f. cne du Bourgneuf-la-Forêt.
Bellevue, h. cne de la Brulatte.
Bellevue, éc. cne de Champfremont.
Bellevue, f. cne de Châtelain.
Bellevue, f. cne de Chemazé.
Bellevue, f. cne de Cossé-en-Champagne.
Bellevue, h. cne de la Croixille.
Bellevue, f. cne d'Évron.
Bellevue, éc. cne de Fontaine-Couverte.
Bellevue, éc. cne de Gesnes.
Bellevue, f. cne de Juvigné-des-Landes.
Bellevue, f. cne de Landivy.
Bellevue, f. cne de Lévaré.
Bellevue, h. cne de Lignières-Doucelle.
Bellevue, éc. cne de Loiron.
Bellevue, chât. et f. cne de Ménil.
Bellevue, h. cne de Montigné.
Bellevue, éc. cne de Saint-Denis-d'Anjou.
Bellevue, éc. cne de Saint-Germain-de-Coulamer.
Bellevue, chât. cne de Saint-Jean-sur-Erve.
Bellevue, f. cne de Saint-Laurent-des-Mortiers.
Bellevue, f. cne de Saint-Pierre-des-Landes.
Bellevue, h. cne de Saint-Pierre-la-Cour.
Bellevue, éc. cne de Saint-Pierre-sur-Orthe.
Bellevue, vill. cne de Saint-Poix.
Bellevue, éc. cne de Saint-Saturnin-du-Limet.
Bellevue, f. cne de Saulges.
Bellevue, éc. cne de la Selle-Craonnaise.
Bellevue, f. cne de Soucé.
Bellevue, f. cne de Thubœuf.
Bellevue, f. cne de Vimarcé.
Belley (Le), f. cne de la Boissière.
Belliard, éc. cne d'Épineu-le-Séguin.
Belliard, f. cne de Jublains. — On dit aussi *Baillard* et *Beillard*.

Belliardière (La), f. cne de la Baconnière.
Belliardière (La), h. cne de Bouère.
Belliardière (La), f. cne de Brécé.
Belliardière (La), f. cne de Brée. — On prononce souvent *Bayardière* et *Beillardière*.
Belliardière (La), f. cne de Colombiers.
Belliardière (La), h. cne du Pas.
Belliardière (La Grande-), f. cne de Brée.
Belliardière (La Petite-), f. cne de Montsurs. — Fief vassal de la châtell. de Montsurs.
Belliardières (Les), f. cne de Saint-Denis-d'Anjou.
Bellicière (La), vill. cne de Louverné.
Belliée (Étang de), cne de Désertines; desséché vers 1815. — Orthographe de 1561 (cab. d'Achon). — On prononce *Beyer*.
Bellière (La), f. cne de Bais.
Bellière (La), chât. et étang, cne de Champfremont. — Fief de la châtell. de la Poôté.
Bellière (La), f. cne de Cosmes.
Bellière (La), f. cne de Lesbois.
Bellière (La), f. cne de Quelaines.
Bellière (La), h. cne de Sainte-Marie-du-Bois.
Bellière (La), h. et min, cne de Saint-Pierre-sur-Orthe.
Bellière (La), f. cne de Thubœuf.
Bellitourne, f. cne d'Azé.
Bellou, f. cne de Martigné.
Belluant, four à chaux, cne de Beaumont-Pied-de-Bœuf.
Belluet, min, cne de Marcillé-la-Ville.
Belluet, min et f. cne de Martigné. — On prononce *Bluet*.
Bellus (Les), f. cne d'Arquenay.
Belobière (La), vill. cne d'Oisseau. — *La Beslobière*, 1209 (cart. d'Évron).
Belobière (La), f. cne de Saint-Mars-sur-Colmont.
Belocière (La), f. cne de la Baroche-Gondouin.
Beloiseau, fief, cne de Laval, qui s'étendait sur la rue Gaudin et dépendait du comté de Laval. — *Fief de Belot-ouaysel*, xive se (aveu de la bibl. de Laval). — *Belotoaiseau*, 1477 (arch. de la Mayenne, E 21).
Belonnière (La), h. cne du Bourgneuf-la-Forêt.
Belonnière (La), f. cne de Vimarcé.
Belonnières (Les), f. cne de Brécé; donnent leur nom à un ruiss. affl. de celui du Parc.
Bel-Orient, h. cne de la Gravelle.
Bel-Orient, vill. cne de Saint-Aignan-sur-Roë.
Belosse (La), f. cne de Montigné.
Belosseraie (La), f. cne de Ballots. — *Belorceraye*, 1459 (abb. de la Roë).
Belosseraie (La), f. cne de Saint-Christophe-du-Luat.
Belosserie (La), f. cne d'Ambrières.

Belosserie (La), vill. c^{ne} de Champfremont.
Belosserie (La), h. c^{ne} de Rennes-en-Grenouille.
Belosserie (La), h. c^{ne} de Saint-Aubin-du-Désert.
Belossières (Les), h. c^{ne} de Bazougers.
Belossinière (La Petite-), f. c^{ne} d'Entrammes.
Belottière (La), h. c^{ne} d'Ahuillé.
Belottière (La), f. c^{ne} d'Ampoigné.
Belottière (La), f. c^{ne} d'Azé.
Belottière (La), f. c^{ne} de Ballots.
Belottière (La), f. c^{ne} de Brée. — On dit aussi *la Belotterie*.
Belottière (La), h. c^{ne} du Buret.
Belottière (La), f. c^{ne} de Cossé-en-Champagne. — Fief vassal de la Cour de Cossé.
Belottière (La), f. c^{ne} de Jublains.
Belottière (La), f. c^{ne} de Lassay.
Belottière (La), f. c^{ne} de Marcillé-la-Ville.
Belottière (La), f. c^{ne} de Mayenne.
Belottière (La), f. c^{ne} de Nuillé-sur-Vicoin.
Belottière (La), f. c^{ne} de Saint-Martin-de-Connée.
Belottière (La), f. c^{ne} de Saint-Pierre-sur-Orthe.
Belottière (La) ou la Belotterie, f. c^{ne} de Saint-Sulpice. — *La Beulotterie*, 1565 (arch. de la Mayenne, E 39).
Belottière (La), f. c^{ne} de Soulgé-le-Bruant.
Belottière (La), f. c^{ne} de Vautorte.
Belottières (Les), h. c^{ne} de Sainte-Gemmes-le-Robert.
Belouvrie (La), h. c^{ne} de Saint-Pierre-des-Landes.
Belouze, f. c^{ne} de la Pellerine.
Belouze (La), h. c^{ne} de Brécé.
Belouze (La), f. c^{ne} de la Brulatte; auj. détruite.
Belouze (La), h. c^{ne} de Châtillon-sur-Colmont.
Belouze (La), f. c^{ne} de Juvigné-des-Landes.
Belouze (La Grande et la Petite), f. c^{ne} de Saint-Berthevin-la-Tannière.
Belouze (Saint-Jacques de), prieuré, c^{ne} de Lignières-la-Doucelle, dép. de l'abb. de Saint-Calais.
Belu (La), f. c^{ne} de Montjean. — *Lieu de la grande Belu*, 1440 (arch. nat. P 401).
La ferme de la Petite-Belu a été détruite vers 1838. — Fief vassal de la châtell. de Montjean.
Belussière (La), h. c^{ne} de Saint-Pierre-sur-Orthe.
Belutourne, f. et vill. c^{ne} de Chemazé. — *Le village de Blutourne*, 1674 (abb. de la Roë, H 197, f° 114).
Belútourne, f. c^{ne} de Cosmes. — *Le seigneur de Blutourne*, 1515 (abb. de la Roë).
Fief vassal du Plessis-de-Cosmes et de l'Ile-d'Athée.
Belvéder (Bois du), c^{ne} de Charchigné.
Bénaudais (La), h. c^{ne} de Bouchamp.
Bendart, usine, c^{ne} de la Bazouge-de-Chemeré.

Bénéards (Les), f. c^{ne} de Ballots. — *Loci vulgaliter nuncupati Belvéart*, 1319 (ch. du prieuré des Bonshommes de Craon). — *Besnéart*, 1593 (arch. de la Mayenne, E 122).
Bénéprière (La), f. c^{ne} de Senonnes.
Benestières (Les), h. c^{ne} de Saint-Denis-de-Gastines.
Bénétière (La), h. c^{ne} de la Baconnière.
Benetière (La), f. c^{ne} de Houssay.
Benetière (La), h. c^{ne} de Saint-Mars-sur-la-Futaie. — Landes défrichées en 1866.
Benetouze, vill. c^{ne} de Villiers-Charlemagne.
Benetouze (La Petite-), f. c^{ne} de Villiers-Charlemagne.
Bénétouze (Le Grand et le Petit), vill. c^{ne} de Poulay.
Beneudière (La), f. c^{ne} de Gorron.
Bénichère (La), f. c^{ne} de Bouère; donne son nom à un ruiss. affl. de celui du Rocher. — On écrit aussi *la Bernichère*.
Bénichère (La), f. c^{ne} de Juvigné-des-Landes. — Seigneurie paroissiale vassale de la châtell. de Saint-Ouen.
Bénissière (La), f. c^{ne} d'Argentré.
Benissière (La), f. c^{ne} d'Athée; auj. détruite.
Benissons, f. c^{ne} de Loigné.
Benrie (La), f. c^{ne} de la Gravelle.
Benuchère (La), h. c^{ne} d'Oisseau.
Benucherie (La), h. c^{ne} de Saint-Mars-sur-Colmont.
Benussière (La), f. c^{ne} de Méral. — *Moulin de la Bernucière*, 1320 (arch. de la Mayenne, E 158).
Benusson, h. c^{ne} d'Aron.
Bequeterie (La), f. c^{ne} d'Ahuillé.
Bérachère (La), h. c^{ne} d'Hardanges.
Bérangerie (La), h. c^{ne} de Colombiers.
Bérangerie (La), f. c^{ne} de Juvigné-des-Landes.
Bérangerie (La), f. c^{ne} de Larchamp.
Bérangerie (La), f. c^{ne} de Lévaré.
Bérangerie (La), f. c^{ne} de Saint-Ellier.
Bérangerie (La Petite-), h. c^{ne} de Larchamp.
Bérangerie-Menotière (La), h. c^{ne} de Saint-Ellier.
Béraudière (La), fief vassal de la bar. d'Ambrières.
Béraudière (La), f. c^{ne} de Ballots; auj. détruite.
Béraudière (La), h. c^{ne} de Bazouges.
Béraudières (Les), f. c^{ne} de Cuillé.
Bercerie (La), f. c^{ne} de Saint-Mars-sur-la-Futaie.
Bercoisière (La), f. c^{ne} de la Bigottière. — *Barcoisière* (carte de l'État-major).
Berdavy (Ruisseau de), affl. de la Mayenne; arrose Thubœuf et Saint-Julien-du-Terroux.
Berdelière (La), h. c^{ne} de Villiers-Charlemagne.
Berdière (La Haute-), h. c^{ne} de Changé.
Berdière (La Haute-), f. c^{ne} de Nuillé-sur-Vicoin.
Berdières (Les Hautes-), h. c^{ne} de la Brulatte.
Berdières (Les Hautes-), f. c^{ne} de Saint-Cyr-le-Gravelais.

Berdoulière (La), h. cne de Châtillon-sur-Colmont.
Bergaut (Bois de), qui s'étend sur Arquenay en Maisoncelles. — *Bois de Breguillery*, 1417 (cab. la Baulière). — *Forêt de Breguillery*, 1732 (*ibid.*).
Bergée (La), h. cne de Saint-Denis-de-Gastines.
Bergenière (La), f. cne de Grez-en-Bouère.
Bergeray, f. cne de Saint-Denis-du-Maine.
Bergerie (La), f. cne d'Ahuillé.
Bergerie (La), f. cne de Bierné.
Bergerie (La), vill, cne de Chantrigné.
Bergerie (La), f. cne de Martigné; donne son nom à un ruiss. affl. de celui d'Ouvrain.
Bergerie (La), f. cne de Montjean.
Bergerie (La Haute-), f. cne de la Boissière.
Bergerie (La Haute et la Basse), f. cne de Pommerieux. — *La Bregerie*, 1439 (abb. de la Roë).
Bergeries (Les), h. cne de Montaudin.
Bergeries (Les), f. cne de Saint-Denis-du-Maine.
Berhaie, f. cne de Mézangers.
Bérinière (La), f. cne de Mayenne.
Berlandais, vill. cne de Bourgon.
Bermerie (La), vill. cne de Niort.
Bermonderie (La), chât., f. et min, cne de Saint-Julien-du-Terroux. — Fief du marq. de Lassay, vassal de la Motte-Madré.
Bernarderie (La), h. cne de Chantrigné.
Bernaudière (La Basse-), f. cne de Villaines-la-Juhel.
Berne, fief vassal de la châtell. de Laval. — *Les fiés de la Berne*, 1443 (arch. nat. P 343).
Bensé, prieuré, cne de Lignières-la-Doucelle; dép. de l'abb. de Tyron.
Berné, f. cne de Peuton.
Berne, h. cne de Saint-Baudelle. — *Juxta vineam Bernam*, 1189 (rec. de chartes fait au xviie se). — *Eccl. Beati Johannis de Berna*, 1209 (cart. d'Évron). Le prieuré dépendait de l'abbaye d'Évron.
Bernerie (La), vill. cne de Champéon.
Bernusse, f. et min, cne de Saint-Pierre-sur-Orthe. — Fief vassal de la bar. d'Évron.
Béron, f. cne du Bignon.
Béron, f. cne de Mayenne.
Béron (Ruisseau de), affl. de la Mayenne; il arrose Bierné et Coudray.
Bérouardière (La), h. cne de Launay-Villiers.
Bérousière (La), vill. cne de la Poôté.
Berray (Le), f. cne de Montenay.
Berrie (La), f. cne de Martigné.
Berrière (La), f. cne de Sainte-Suzanne.
Berruère (La), fief, cne de Gastines, vassal de la baronnie de Craon. — *Feodum de Berrueria*, 1229 (abb. de la Roë, H 186, f° 165).
Bersanddière (La), f. cne de Bourgon.

Bersière (La), f. cne de la Bazouge-de-Chemeré. — Fief vassal de la châtell. de Chemeré-le-Roi.
Bersonnière (La), h. cne de Brécé. — *In molendino Reginaudi Berson* (abb. de Savigny, arch. nat. L 970).
Bersonnière (La), f. cne de la Chapelle-Anthenaise.
Bersonnière (La), f. cne de Chemeré-le-Roi.
Bersonnière (La), h. cne de Lignières-la-Doucelle.
Bersonnière (La), h. cne de Pré-en-Pail.
Bersonnière (La), f. cne de la Selle-Craonnaise.
Bertaudière (La), h. cne de Gesvres.
Berthellière (La), f. cne d'Ambrières. — On dit aussi *la Bretellière*.
Berthellière (La), h. cne de Lassay.
Berthellière (La), h. cne de Montenay.
Berthellière (La), vill. cne d'Oisseau.
Berthellières (Les), h. cne de Saint-Germain-le-Guillaume; donne leur nom à un ruiss. affl. de l'Ernée.
Berthereau (Ruisseau de) ou des Yvoy, affl. de l'Ernée; arrose Larchamp.
Bertherie (La), vill. cne de Bourgon.
Bertherie (La), f. cne de Carelles.
Bertherie (La), f. cne d'Entrammes.
Bertherie (La), f. cne d'Ernée.
Bertherie (La), f. cne de Landivy; donne son nom à un ruiss. affl. de celui du Moulin-des-Prés.
Bertherie (La), h. cne de Saint-Ellier.
Bertherie (La), h. cne de Saint-Georges-sur-Erve.
Bertherie (La), f. cne de Saint-Mars-sur-la-Futaie.
Bertherie (La Basse-), f. cne de Launay-Villiers.
Bertherie (La Grande-), h. cne de Couesmes.
Bertherie (La Haute-), f. cne de Landivy.
Bertherie (La Petite-), f. cne de Couesmes.
Bertheries (Les), f. cne de Montsurs.
Bertheries (Les Grandes-), h. cne de Bourgon.
Bertière (La Haute-), h. cne de Juvigné-des-Landes.
Bertière (La Haute et la Basse), f. cne de Gennes.
Bertinière (La), f. cne de Chemazé.
Bertinière (La), h. cne de Cigné.
Bertinière (La), f. cne de Ruillé-le-Gravelais. — On dit aussi *la Bretinière*.
Bertinière (La Basse-), h. cne de Cigné.
Bertinière (La Grande-), h. cne de Bonchamp. — Fief vassal du comté de Laval.
Bertinière-aux-Fouassiers (La), h. cne de Bonchamp.
Bertoisière (La), f. cne de Grazay.
Bertonnière (La), f. cne de Loigné.
Bertonnière (La), f. cne de Nuillé-sur-Vicoin. — Altération de *Bretonnière*.
Bertraie (La), f. cne de Brécé.
Bertraie (La), f. cne de Gorron.
Bertraie (La), h. cne du Pas; donne son nom à un ruiss. affl. de celui de Bazeilles.

Bertrayère (La), h. c^ne du Horps.
Bertru (Le Grand et le Petit), h. c^ne d'Azé.
Beruère (La), f. c^ne d'Ernée.
Beruère (La Petite-), h. c^ne de Saint-Mars-sur-la-Futaie.
Bervinais (La), f. c^ne de Colombiers.
Besacière (La Grande et la Petite), f. c^ne de Bierné.
Beschère (La), f. c^ne de Deux-Évailles. — Arrière-fief du duché de Mayenne, vassal de la seign. de Thuré. Il avait dans sa mouvance les fiefs de la Bourrelière, de Chevaignon, de Mauny, du Plessis-Moraine, de Mezeray, de la Durbellière, de Mérollès, de la Touche-Valory.
Beschère (La), f. c^ne de Ruillé-Froidfont.
Bescherie (La), f. c^ne de Bréc.
Beslay, vill. c^ne de Chantrigné.
Beslay, m^in, c^ne de Cigné. — Fief de la châtell. de Gorron.
Beslay, f. c^ne de Laval.
Beslay (Étang de), c^ne de Vaucé. — Ruiss. afll. de la Varenne.
Beslay (Le), f. c^ne de Marigné-Peuton.
Beslay (Le Petit-), éc. c^ne de Gorron.
Besleu, h. c^ne de Désertines; donne son nom à un ruiss. afll. de l'Ourde.
Besnaie (La Grande et la Petite), h. c^ne de Senonnes.
Besnard (Étang de), c^ne de la Croixille.
Besnardais (La), h. c^ne de Soucé.
Besnardière (La), vill. c^ne de Bais.
Besnardière (La), f. c^ne de Ballots.
Besnardière (La), h. c^ne de Champgeneteux.
Besnardière (La), h. c^ne de la Chapelle-Anthenaise.
Besnardière (La), f. c^ne de la Chapelle-Rainsouin.
Besnardière (La), f. c^ne de Cosmes.
Besnardière (La), f. c^ne de Cossé-le-Vivien.
Besnardière (La), h. c^ne de Courcité.
Besnardière (La), f. c^ne d'Entramnes.
Besnardière (La), f. c^ne de Grazay.
Besnardière (La), h. c^ne de Larchamp.
Besnardière (La), f. c^ne de Lassay.
Besnardière (La), vill. c^ne de Lesbois.
Besnardière (La), f. c^ne de Montreuil.
Besnardière (La), vill. c^ne de Niort.
Besnardière (La), f. c^ne de Nuillé-sur-Ouette.
Besnardière (La), h. c^ne de Saint-Fort.
Besnardière (La), f. c^ne de Saint-Germain-d'Anxurre. — Landes défrichées en 1858. Fief vassal de la châtellenie d'Ernée.
Besnardière (La), fief et haute justice, c^ne de Saint-Hilaire-des-Landes, relevant de la châtell. d'Ernée.
Besnardière (La), f. c^ne de Saint-Saturnin-du-Limet.
Besnardière (La), f. c^ne de Vaiges.

Besnardières (Les), f. c^ne de Bouère.
Besnardières (Les), h. c^ne de Brée.
Besnardières (Les), f. c^ne de Madré.
Besnardières (Les), vill. c^ne de Marcillé-la-Ville.
Besnardières (Les), f. c^ne de la Pellerine.
Besnardières (Les), h. c^ne de Saint-Pierre-sur-Erve. — Fief vassal de la châtell. de Saint-Denis-du-Maine.
Besnatière (La), vill. c^ne de Chevaigné.
Besnatre, écluse, c^ne d'Entramnes.
Besneraie (La), f. c^ne de Châtres.
Besnebaie (La), fief, c^ne de Chérancé, vassal de la bar. de Craon.
Besneraie (La), h. c^ne de Congrier.
Besneraies (Les), h. c^ne de Cossé-le-Vivien.
Besnerie (La), f. c^ne d'Ahuillé.
Besnerie (La), éc. c^ne de Chammes.
Besnerie (La), vill. c^ne de Champéon.
Besnerie (La), éc. c^ne de Changé.
Besnerie (La), h. c^ne des Chapelles; donne son nom à un ruiss. afll. de l'Aisne.
Besnerie (La), f. c^ne de Chemazé.
Besnerie (La), f. c^ne de Chérancé; donne son nom à un ruiss. afll. de celui de Sazé.
Besnerie (La), m^in, c^ne de Cuillé.
Besnerie (La), f. c^ne de Denazé.
Besnerie (La), f. c^ne de Launay-Villiers.
Besnerie (La), f. c^ne de Maisoncelles.
Besnerie (La), h. c^ne de Nuillé-sur-Vicoin.
Besnerie (La), f. c^ne d'Oisseau.
Besnerie (La), f. c^ne d'Olivet.
Besnerie (La), f. c^ne de Ruillé-Froidfont.
Besnerie (La), f. c^ne de Saint-Aignan-sur-Roë. — Le lieu de la Bernerie, 1462 (abb. de la Roë, H 189, f° 24).
Besnerie (La), h. c^ne de Saint-Georges-sur-Erve.
Besnerie (La), h. c^ne de Saint-Martin-du-Limet; donne son nom à un ruisseau afll. de celui de la Fléchère.
Besnerie (La), f. c^ne de Saint-Michel-de-Feins.
Besnerie (La), vill. c^ne de Saint-Ouen-des-Toits.
Besnerie (La Basse-), f. c^ne de Launay-Villiers.
Besnerie (La Basse-), m^in et f. c^ne de Saint-Berthevin.
Besnerie (La Haute-), f. c^ne de Saint-Berthevin.
Besneries (Les), h. c^ne de Lassay.
Besnier, m^in, c^ne d'Oisseau.
Besnier (Le Haut-), h. c^ne d'Oisseau.
Besnière (La), f. et logis, c^ne de Fontaine-Couverte.
Besnières (Les), h. c^ne de Laval.
Besnières (Les), f. c^ne de Saint-Denis-de-Gastines.
Besselinaie (La), h. c^ne de Saint-Hilaire-des-Landes.
Bessière (La), h. c^ne de la Bigottière.

Bessière (La), f. c^ne de Cosmes. — *La Beassière*, 1595 (arch. de la Mayenne, E 121).
Bessière (La), f. c^ne d'Hardanges.
Bessière (La), fief, c^ne de Saint-Ouen-des-Vallons, vassal de la châtell. de Montsurs.
Besson, fief, c^ne de Méral, vassal de la bar. de Craon. — *Es fez de Beuson*, 1284 (abb. de Saint-Serge d'Angers).
Bessonnière (La), éc. et h. c^ne de Ballots.
Bessonnière (La), f. c^ne de Cosmes.
Bessonnière (La), f. c^ne de Laval.
Bethardière (Étang de la), c^ne de Saint-Hilaire-des-Landes.
Bettefer, f. c^ne de Landivy. — *Betfor* (Cassini). Étang desséché vers 1815.
Bettelés (La), f. c^ne de Montigné.
Betterie (La), f. c^ne d'Ahuillé.
Betterie (La), f. c^ne de Saint-Berthevin.
Bettière (La), f. c^ne de Saint-Baudelle.
Bettonnière (La), f. c^ne de Coucsmes.
Bettonnière (La), f. c^ne d'Entramnes.
Bettonnière (La), f. c^ne de Loiron.
Bettonnière (La), f. c^ne de Louverné.
Beublière (La), f. c^ne de Saint-Denis-de-Gastines. — *La Bublière*, 1666 (Hist. des sires de Mayenne, pr.). Fief du duché de Mayenne.
Beuchardière (La), f. c^ne de Bierné.
Beuchardière (La), f. c^ne de Loigné.
Beuchardière (La), f. c^ne de Saint-Sulpice.
Beuchardière (La Croix-de-la-), f. c^ne de Bierné.
Beucheraie (La), h. c^ne de Carelles.
Beucheraie(La), f. c^ne de Ménil. — Étang auj. desséché.
Beucheraie (La), f. c^ne de Saint-Fort.
Beucherie (La), h. c^ne d'Andouillé.
Beucherie (La), f. c^ne de Bazouges.
Beucherie (La), f. c^ne de Bouère.
Beucherie (La), f. c^ne de Bouessay.
Beucherie (La), h. c^ne de Courcité.
Beucerie (La), h. c^ne d'Izé.
Beucherie (La), f. c^ne de Larchamp. — Fief du marq. de la Hautonnière.
Beucherie (La), f. c^ne de Laval. — Fief vassal de la châtell. de Saint-Berthevin.
Beucherie (La), f. c^ne de Saint-Loup-du-Gast.
Beucherie (La), f. c^ne de Saint-Mars-sur-la-Futaie; auj. détruite.
Beucherie (La Basse-), vill. c^ne de Bais.
Beucherie (La Haute-), f. c^ne de Bais.
Beucheries (Landes des), c^ne de la Roë; auj. défrichées. — Fief vassal de la bar. de Craon.
Beucheries (Les), f. c^ne de Fromentières.
Beucheries (Les), f. c^ne de Trans.

Beuchetière (La), f. c^ne de Bouère.
Beuchetière (La), f. c^ne de Parné.
Beuchetière (La), f. c^ne de Saint-Pierre-des-Landes.
Beuchetières (Les), f. c^ne de Vautorte; donnent leur nom à un ruiss. affl. de l'Ernée.
Beuchevreuil (Le Grand-), f. c^ne de Méral. — Voy. Bourg-Chevreuil (Chapelle de).
Beuchières (Les), h. c^ne de Champgeneteux.
Beudardière (La), f. c^ne de Sainte-Gemmes-le-Robert.
Beudart, f. c^ne de la Bazouge-de-Chemeré. — Le moulin a été détruit vers 1838.
Beudière (La), vill. c^ne de Madré.
Beudinière (La), vill. c^ne de Champéon.
Beudivraie (La), f. c^ne de Chemeré-le-Roi.
Beugère (La), h. c^ne de Villepail.
Beugère (La Grande et la Petite), f. c^ne de Carelles; donnent leur nom à un ruiss. affluent de celui de Berthereau.
Beugerie (La), h. c^ne de Hercé.
Beuglère (La), f. c^ne de Bazougers.
Beuglerie (La), h. c^ne de Saint-Ceneré.
Beugy (Vallée de), c^ne de Sainte-Suzanne. — *In valle Beugici*, xie s^e (Orderic Vital).
Beulay (Le), f. c^ne de Saint-Denis-du-Maine.
Beulière (La), f. c^ne de Marcillé-la-Ville.
Beulin, vill. c^ne de Saint-Germain-le-Guillaume.
Beulonnerie (La), f. c^ne d'Andouillé.
Beunard, f. c^ne de la Brûlatte; donne son nom à un ruiss. affl. du Vicoin.
Beunard (Le Petit-), éc. c^ne de la Brûlatte.
Beunarderie (La), f. c^ne d'Entramnes.
Beunarderie (La) ou la Tuile Ronde, éc. c^ne de Saint-Jean-sur-Erve.
Beunardière (La), f. c^ne de Bouère.
Beunardières (Les Grandes et les Petites), f. c^ne de Chemazé.
Beunèche (La Grande et la Petite), f. c^ne de Lévaré. — On écrit aussi *Bunache*.
Beunèches (Les), f. c^ne de Saint-Martin-de-Connée.
Beunelière (La), h. c^ne de Cigné.
Beunerie (La), f. c^ne de Chemazé.
Beuniche (La), f. c^ne d'Azé.
Beundé (Le Haut et le Bas), f. c^ne de Cossé-le-Vivien.
Beuretière (La), f. c^ne de Saint-Denis-de-Gastines.
Beurge (La), f. c^ne de Brains-sur-les-Marches.
Beurge (La), éc. c^ne de Saint-Michel-de-la-Roë.
Beurges (Les), f. c^ne de Saint-Poix.
Beurichère (La), f. c^ne de Saint-Quentin.
Beurichonnerie (La), f. c^ne de Bazouges.
Beurrerie (La), f. c^ne d'Ampoigné.
Beurrerie (La), f. c^ne de la Gravelle.
Beurreries (Les), f. c^ne d'Ahuillé.

BEURRERIES (LES), h. c^{ne} de Bazouges.
BEURRERIES (LES), f. c^{ne} de Bouère.
BEURRERIES (LES), h. c^{ne} de Châtres.
BEURRIÈRE (LA), h. c^{ne} de la Baconnière.
BEURRIÈRE (LA), vill. c^{ne} de Chailland.
BEURRIÈRE (LA GRANDE-), f. c^{ne} d'Arquenay.
BEUTRUCHÈRE (LA), h. c^{ne} de Champfrémont.
BEUVINAIS (LA), f. c^{ne} de la Gravelle.
BEUVRIE (LA), h. c^{ne} de Houssay.
BEUVRIE (LA), f. c^{ne} de Laigné.
BEUVRIE (LA), vill. c^{ne} de Laval, séparé de Changé en 1863.
BEUVRIE (LA), h. c^{ne} de Marigné-Peuton ; donne son nom à un ruiss. affl. de celui de Bréon.
BEUVRIÈRE (ÉTANG DE LA), c^{de} de Saint-Léger ; auj. desséché.
BEUZELIÈRE (LA), f. c^{ne} de Houssay.
BEUZELINIÈRE (LA), f. c^{ne} de Laigné. — *Le seigneur de la Bezelinière*, 1400 (arch. de la Mayenne, E 146). Fief de la baronnie de Craon. — L'étang de ce lieu a été desséché vers 1830.
BEUZENNERIE (LA), f. c^{ne} de Bazouges.
BEUZERIE (LA), f. c^{ne} de Villiers-Charlemagne.
BÉVINIÈRE (LA), f. c^{ne} de la Chapelle-Anthenaise.
BÉVINIÈRE (LA), f. c^{ne} de Mayenne.
BEZANTERIE (LA), f. c^{ne} de Saint-Germain-le-Fouilloux.
BEZARDERIE (LA), f. c^{ne} de la Chapelle-Craonnaise.
BEZARDIÈRE (LA), f. c^{ne} d'Azé.
BEZARDIÈRE (LA), h. c^{ne} de Saint-Ouen-des-Toits.
BEZIÈRES (LES), f. c^{ne} de Saint-Berthevin.
BEZIERS ou BIZIERS, éc. c^{ne} de Louverné.
BEZIERS, f. c^{ne} de Voutré.
BEZIERS (LES), f. c^{ne} de Cuillé.
BEZIERS (RUISSEAU DES) ou DU RATEAU, c^{ne} de Laval ; il afflue à la Mayenne.
BEZIGUÈRE (LA), f. c^{ne} de Cossé-en-Champagne. — Altération de *Bezillère*.
BEZILLARDIÈRE (LA), f. c^{ne} de Mézangers. — Fief de la châtell. de Chellé.
BEZILLÈRE (LA), f. c^{ne} de la Selle-Craonnaise.
BIAIRIE (LA), vill. c^{ne} de Cigné.
BIAIS (LES), vill. c^{ne} de Couesmes.
BIAN (LE), h. c^{ne} de Vimarcé.
BIANNIÈRE (LA), f. c^{ne} de Changé.
BIARD, m^{in}, c^{ne} d'Hambers ; il donne son nom à un ruiss. affl. de la rivière de Deux-Évailles. — On prononce *Bias* et *Béard*.
BIARDIÈRE (LA), h. c^{ne} de Sainte-Marie-du-Bois. — Fief du marq. de Lassay.
BIARDIÈRE (LA), f. c^{ne} de Vieuvy. — Fief vassal de la châtell. de Pontmain, au duché de Mayenne.
BIARDS (LES), f. c^{ne} de Désertines.
BIAUCERAIE (LA), f. c^{ne} de Bierné.

BIAY (LE), m^{in}, c^{ne} de Javron. — Altération de *Bief*.
BIAY (LE HAUT-), f. c^{ne} de Javron.
BIBARD, f. c^{ne} de Laubrières.
BICHE (ÉTANG DE LA), c^{ne} de Fontaine-Couverte. — Son ruisseau s'écoule dans celui de la Pelleterie.
BICHELIÈRE (LA), vill. c^{ne} de Martigné.
BICHELIÈRE (RUISSEAU DE LA), c^{ne} de Louverné, affl. de celui de la Thibaudière.
BICHERIE (LA), f. c^{ne} de la Pellerine.
BICHIÈRE (LA), f. c^{ne} de Saint-Quentin.
BICORNUÈRE (LA), f. c^{ne} de la Brulatte ; donne son nom à un ruiss. affl. du Vicoin. — On dit aussi *la Bicaunuère*.
BICOSNIÈRE (RUISSEAU DE LA) ou DE LA SORINIÈRE, c^{ne} du Genest, affl. du ruiss. de l'Étang de la Poterie.
BIDAUDIÈRE (ÉTANG DE LA), c^{ne} de Saint-Léger ; desséché vers 1750.
BIDAUDIÈRE (LA), f. c^{ne} de Placé. — On prononce aussi *la Bidauyère*.
BIDAUDIÈRE (LA), f. c^{ne} de Saint-Gault.
BIDAUDIÈRE (LA), vill. c^{ne} de Saint-Germain-de-Coulamer.
BIDAUDIÈRE (LA), f. c^{ne} de Vaiges.
BIDAUDIÈRE (LA HAUTE et LA BASSE), f. et éc. c^{nes} de Saulges.
BIDERIE (LA), h. c^{ne} d'Hardanges.
BIDETTERIE (LA), h. c^{ne} de Saint-Denis-de-Gastines.
BIDONNIÈRE (LA), h. c^{ne} de Saint-Quentin.
BIDORIÈRE (LA), f. c^{ne} de Laval.
BIDORIÈRE (LA), f. c^{ne} de Poulay.
BIDORIÈRES (LES), f. c^{ne} de Cossé-en-Champagne.
BIENAVISÉ, f. c^{ne} de Nuillé-sur-Vicoin.
BIENNERIE (LA), f. c^{ne} de Lassay.
BIENNERIE (LA), éc. c^{ne} de Laval.
BIENVENU, f. c^{ne} de Bazouges.
BIENVENU, h. c^{ne} de Javron.
BIENVENU, f. et logis, c^{ne} de Saint-Fort.
BIENVENU, éc. c^{ne} de Saint-Laurent-des-Mortiers.
BIÈRE, h. c^{ne} d'Izé.
BIERNÉ, arrond. de Château-Gontier. — *Guillelmus de Bierni*, 1190 (arch. d'Anjou, t. II, p. 73). — *Gauterio de Biherneio*, 1208 (cart. de l'Hôtel-Dieu d'Angers, f° 117). — *Galterius de Byerné*, 1225 (*ibid.* f° 131).
Anc. paroisse du doy. d'Écuillé, de l'élect. et du marq. de Château-Gontier.
BIETIÈRE (LA), f. c^{ne} de Saint-Mars-sur-la-Futaie.
BIEUVET (LE), f. c^{ne} de Montigné.
BIGARRÉ, f. c^{ne} d'Origné.
BIGAUDIÈRE (LA GRANDE et LA PETITE), f. c^{ne} de Livré. — Arrière-fief de la baronnie de Craon, vassal de l'Île-d'Athée.

BIGNE (LA), f. c⁽ⁿᵉ⁾ de Champéon.
BIGNÉ (RUISSEAU DE), c⁽ⁿᵉ⁾ de Saint-Jean-sur-Mayenne; il afflue à la Mayenne.
BIGNERIE ((LA), f. c⁽ⁿᵉ⁾ de Louverné.
BIGNETTE (LA), h. c⁽ⁿᵉ⁾ de Brécé.
BIGNETTE (LA), h. c⁽ⁿᵉ⁾ de Saint-Ellier. — Une partie est en Bretagne, l'autre dans le Maine.
BIGNON (LE), c⁽ⁿᵉ⁾ de Meslay. — *Garsilius de Buino*, xi⁰ s⁰ (Bibl. nat. fonds lat., 5441). — *F. de Buinone*, xi⁰ s⁰ (cart. du Ronceray). — *F. de Bugnon*, xi⁰ s⁰ (*ibid*.). — *G. de Bugnonio*, 1142 (liv. bl. du chap. du Mans). — *X. de Bugneio*, 1220 (inv. des arch. de la Sarthe). — *Eccl. de Bugnon*, 1253 (arch. de la fabrique). — *X. de Buignon*, 1263 (inv. des arch. de la Sarthe).
Le prieuré dép. de l'abb. de Marmoûtiers. — Anc. par. du doy. de Sablé, de l'élect. et du comté de Laval.
BIGNON (LE), h. c⁽ⁿᵉ⁾ d'Andouillé.
BIGNON (LE), f. c⁽ⁿᵉ⁾ d'Argentré.
BIGNON (LE), f. c⁽ⁿᵉ⁾ d'Aron.
BIGNON (LE), f. c⁽ⁿᵉ⁾ d'Astillé.
BIGNON (LE), f. c⁽ⁿᵉ⁾ de la Bazouge-de-Chéméré.
BIGNON (LE), f. c⁽ⁿᵉ⁾ de Bazouges.
BIGNON (LE), éc. c⁽ⁿᵉ⁾ de Beaulieu.
BIGNON (LE), logis, c⁽ⁿᵉ⁾ de Beaumont-Pied-de-Bœuf.
BIGNON (LE), f. c⁽ⁿᵉ⁾ de Bierné.
BIGNON (LE), f. c⁽ⁿᵉ⁾ de la Boissière.— Fief vassal de la châtell. de la Bussière.
BIGNON (LE), vill. c⁽ⁿᵉ⁾ de Bourgon.
BIGNON (LE), h. c⁽ⁿᵉ⁾ de Carelles.
BIGNON (LE), f. c⁽ⁿᵉ⁾ de Châtres.
BIGNON (LE), f. c⁽ⁿᵉ⁾ de Congrier; donne son nom à un ruiss. affl. du Chéran.
BIGNON (LE), f. c⁽ⁿᵉ⁾ de Gorron.
BIGNON (LE), h. c⁽ⁿᵉ⁾ d'Izé.
BIGNON (LE), f. c⁽ⁿᵉ⁾ de Larchamp.
BIGNON (LE), f. c⁽ⁿᵉ⁾ de Laubrières; donne son nom à un ruiss. affl. de celui de la Pilletière.
BIGNON (LE), f. c⁽ⁿᵉ⁾ de l'Huisserie; donne son nom à un ruiss. affl. de celui de la Houssaie.
BIGNON (LE), vill. c⁽ⁿᵉ⁾ de Niort.
BIGNON (LE), f. c⁽ⁿᵉ⁾ de Pommerieux; donne son nom à un ruiss. affl. de l'Hière.
BIGNON (LE), f. c⁽ⁿᵉ⁾ de Quelaines.
BIGNON (LE), f. c⁽ⁿᵉ⁾ de Saint-Baudelle.
BIGNON (LE), f. et chât. c⁽ⁿᵉ⁾ de Saint-Laurent-des-Mortiers.
BIGNON (LE), f. c⁽ⁿᵉ⁾ de Saint-Loup-du-Dorat.
BIGNON (LE), f. c⁽ⁿᵉ⁾ de Saint-Loup-du-Gast.
BIGNON (LE), éc. c⁽ⁿᵉ⁾ de Saint-Michel-de-la-Roë.

BIGNON (LE), h. c⁽ⁿᵉ⁾ de Vautorte; donne son nom à un ruiss. affl. de celui du Clos-Huis.
BIGNON (LE), f. c⁽ⁿᵉ⁾ de Villepail.
BIGNON (LE BAS-), éc. c⁽ⁿᵉ⁾ de Niort.
BIGNON (LE BAS-), f. c⁽ⁿᵉ⁾ d'Origné; dite aussi *Basbillon*.
BIGNON (LE GRAND et LE PETIT), f. c⁽ⁿᵉ⁾ d'Ahuillé.
BIGNON (LE GRAND et LE PETIT), h. c⁽ⁿᵉ⁾ de Saint-Jean-sur-Erve.
BIGNON (LE GRAND et LE PETIT), f. c⁽ⁿᵉ⁾ de Voiges. — Étang auj. desséché.
Fief vassal de la bar. de la Chapelle-Rainsouin.
BIGNON (LE HAUT et LE BAS), f. c⁽ⁿᵉ⁾ de Saint-Poix.
BIGNON-DES-LANDES (LE), f. c⁽ⁿᵉ⁾ de Châtres.
BIGNON-GAUDRAY (LE), f. c⁽ⁿᵉ⁾ de Parné; donne son nom à un ruiss. affl. de la rivière de l'Ouette.
BIGNONNET (LE), f. c⁽ⁿᵉ⁾ de Bonchamp; auj. détruite. — *Le Buignonnet*, 1476 (arch. de la Mayenne, E 45).
BIGNONNET (LE), f. c⁽ⁿᵉ⁾ de Saulges.
BIGNONNETS (LES), f. c⁽ⁿᵉ⁾ de la Brulatte. — *Bignognes*, 1643 (abb. de la Roë, I, 199, f⁰ 76).
BIGNONNIÈRE (LA), f. c⁽ⁿᵉ⁾ d'Ahuillé.
BIGNONNIÈRE (LA), vill. c⁽ⁿᵉ⁾ d'Évron.
BIGNONNIÈRE (LA), f. c⁽ⁿᵉ⁾ de Loiron; donne son nom à un ruiss. affl. de celui des Rochettes.
BIGNONNIÈRE (LA), h. c⁽ⁿᵉ⁾ de Sainte-Suzanne.
BIGNONNIÈRE (LA GRANDE et LA PETITE), vill. et f. c⁽ⁿᵉˢ⁾ de Chailland. — Le ruiss. de la Bignonnière ou de Babinais se jette dans l'Ernée.
BIGNONNIÈRE (LA HAUTE et LA BASSE), h. c⁽ⁿᵉ⁾ de Saint-Julien-du-Terroux.
BIGNONNIÈRES (LES), f. c⁽ⁿᵉ⁾ d'Azé. — Bois défriché vers 1856; étang auj. desséché.
Fief vassal du marq. de Château-Gontier.
BIGNONNIÈRES (LES), f. c⁽ⁿᵉ⁾ de Gennes.
BIGNONNIÈRES (LES), h. c⁽ⁿᵉ⁾ de Grez-en-Bouère.
BIGNONS (LES), f. c⁽ⁿᵉ⁾ de Cossé-en-Champagne. — Le ruiss. du Bignon se jette dans celui de la Forêt.
BIGOT (LE), m⁽ⁱⁿ⁾, c⁽ⁿᵉ⁾ de Craon.
BIGOT (LE), f. et m⁽ⁱⁿ⁾, c⁽ⁿᵉ⁾ de Méral.
BIGOT (LE), m⁽ⁱⁿ⁾, c⁽ⁿᵉ⁾ de Montigné.
BIGOTIÈRE (LA GRANDE et LA PETITE), f. c⁽ⁿᵉˢ⁾ de Bazouges. — Bois défriché en partie en 1863.
BIGOTTIÈRE (LA), c⁽ⁿᵉ⁾ de Chailland. — *Ex dono Hamelini de Exclusa terram de Bigotteria*, 1241 (abb. de Savigny, arch. nat. L 970).
Anc. paroisse du doy., de l'élect. et du duché de Mayenne.
BIGOTIÈRE (LA), h. c⁽ⁿᵉ⁾ d'Averton.
BIGOTTIÈRE (LA), vill. c⁽ⁿᵉ⁾ de Boulay.
BIGOTTIÈRE (LA), vill. c⁽ⁿᵉ⁾ de Champéon.
BIGOTTIÈRE (LA), vill. c⁽ⁿᵉ⁾ de la Chapelle-au-Ribonl.
BIGOTTIÈRE (LA), vill. c⁽ⁿᵉ⁾ de Charchigné.

Bigottière (La), f. cne de Denazé. — On dit aussi la *Bigotterie*.
Bigottière (La), f. cne de la Dorée.
Bigottière (La), vill. cne de Fougerolles. — La chapelle de Sainte-Geneviève-de-la-Bigottière dép. de l'abb. de Savigny.
Bigottière (La), f. cne de Grez-en-Bouère. — Fief de la châtell. de la Vezouzière.
Bigottière (La), f. cne de Larchamp.
Bigottière (La), h. cne de Lévaré.
Bigottière (La), h. cne de Louverné.
Bigottière (La), vill. cne de Madré.
Bigottière (La), f. cne de Neau.
Bigottière (La), vill. cne de Nuillé-sur-Vicoin; donne son nom à un ruiss. affl. du Vicoin. — Fief vassal de la châtell. de Montigné.
Bigottière (La), éc. cne de Quelaines.
Bigottière (La), f. cne de Saint-Mars-sur-la-Futaie.
Bigottière (La), f. cne de Saint-Michel-de-la-Roë.
Bigottière (La Grande et la Petite), f. cne de Changé. — Fief vassal de la châtell. de Saint-Berthevin.
Bigottière (La Grande et la Petite), f. cne de Pommerieux.
Bigottières (Les), f. cne de Laval. — Fief vassal du comté de Laval.
Bigottières (Les), f. et chât. cne de Maisoncelles. — Étang desséché vers 1800. — Ruiss. affl. de celui de la Louvinière.
Fief vassal de la châtell. de Meslay.
Bigottières (Les), f. cne de Montigné. — Fief vassal de la bar. d'Entramnes.
Bigottières (Les), h. cne de Saint-Pierre-sur-Orthe.
Biguereau, f. cne de Deux-Évailles.
Biguerie, h. cne de Louverné; donne son nom à un ruiss. qui se jette dans la Mayenne.
Bihier (Le), h. cne d'Izé.
Bihoret (Le), f. cne de Saint-Pierre-sur-Orthe.
Bijardière (La), f. cne de Thubœuf. — *La Bigeardière* (Cassini).
Bilesard, f. cne de Viviers.
Billerie (Étang de la), cne de Saint-Léger; desséché.
Billeries (Les), h. cne de Vaiges.
Billeterie (La), f. cne de Saint-Georges-Buttavent.
Billeterie (La Grande et la Petite), h. cne de Saint-Berthevin-la-Tannière.
Billetière (La), f. cne de Gennes.
Billeudière (La), f. cne d'Aron.
Billeudière (La), h. cne de Courberie. — *Feodum de la Billehoudière*, 1235 (abb. de Fontaine-Daniel).
Billeudières (Les), f. cne de Saint-Denis-de-Gastines. — Fief du duché de Mayenne, vassal de la châtell. d'Ernée.

Billonnière (La), h. cne de Cossé-le-Vivien.
Billonnière (La), f. cne de Quelaines. — Bois défriché en 1858.
Fief vassal du marq. de Château-Gontier.
Billonnière (La), f. cne de la Rouaudière.
Billonnière (La), h. cne de Saint-Quentin.
Billonnière (La), f. cne de Villiers-Charlemagne.
Billonnière (La Haute et la Basse), h. cne de la Chapelle-au-Riboul.
Billottière (La), f. cne de Cossé-en-Champagne.
Bilvardière (La), éc. cne de Quelaines.
Bimondière (La), éc. cne d'Hardanges; auj. détruit.
Binardière (La), f. cne de Ballée.
Binardière (La), f. cne de Ruillé-le-Gravelais.
Binetterie (La), f. cne d'Azé.
Binetterie (La), h. cne de Saint-Denis-d'Anjou.
Biochère (La), f. cne de Changé.
Biochère (La), h. cne de Châtillon-sur-Colmont.
Biochère (La), f. cne du Genest.
Biochère (La), f. et min, cne de Saint-Pierre-sur-Orthe; donne son nom à un ruiss. aussi nommé *la Noé-Ragane*, qui se jette dans la Vaudelle.
Biochère (La), f. cne de Vaiges.
Biochetière (La), h. cne de Soucé.
Biobage, f. cne de Pré-en-Pail.
Biotière (La), f. cne d'Azé.
Biotière (La), f. cne de Parné.
Biotière (La), f. cne de Saint-Denis-d'Anjou.
Biotières (Les), h. cne de Fromentières.
Biotraie (La), h. cne de Brécé.
Biquerie (La), f. cne de Quelaines.
Biqueterie (La), h. cne de Lignières-la-Doucelle.
Biquetière (La), f. cne de Cuillé.
Biraudière (La), f. cne de la Rouaudière.
Birollière (La), fief, cne d'Argentré; vassal de la seigneurie de Grenusse.
Biry, f. cne du Ribay.
Bisauderie (La), f. cne de Chemazé.
Bisauderie (La), éc. cne de Saint-Fort. — Lande auj. défrichée et ferme détruite.
Bise (La), f. cne de Martigné.
Bisolais (La), f. cne de la Dorée.
Bissac (Le), h. cne de Saint-Hilaire-des-Landes.
Bissons (Les), f. cne de Saint-Calais-du-Désert.
Bissoré (Le), f. cne de Saint-Pierre-sur-Orthe.
Bitouzière (La), f. cne de Saint-Aignan-de-Couptrain. — Fief vassal de la châtell. de Couptrain et de la seign. de Monthavoux.
Bittes (Les), f. cne de Chailland; donnent leur nom à un ruiss. affl. de la rivière de l'Ernée.
Bizardière (La), f. cne de Bonchamp.
Bizardière (La), f. cne de la Chapelle-Anthenaise.

Bizardière (La), f. c^ne de Laval. — On prononce *la Bizarrière*.
Bizé, vill. c^ne de Cuillé.
Bizollière (La), h. c^ne d'Argentré.
Bizollière (La), f. c^ne d'Arquenay. — Fief vassal de la châtell. de Saint-Denis-du-Maine.
Blairie (La), f. c^ne de Laigné.
Blairie (La), f. c^ne de Loiron.
Blairie (La Grande et la Petite), f. c^ne de Pommerieux. — Fief vassal de la bar. de Craon.
Blamé, f. c^ne du Bignon.
Blampisserie, f. c^ne de Contest.
Blanc-Bonnet, éc. c^ne de Vimarcé.
Blanchaie (La), vill. c^ne de Congrier; donne son nom à un ruiss. affl. du Chéran.
Blanchaie (La), f. c^ne de Cuillé; auj. détruite.
Blanchard, m^in, c^ne de Grazay.
Blanchardière (La), fief, c^ne d'Alexain, vassal du duché de Mayenne.
Blanchardière (La), f. c^ne d'Azé.
Blanchardière (La), h. c^ne de Bais.
Blanchardière (La), fief, c^ne de Ballée; vassal de la châtell. de Linières.
Blanchardière (La), vill. c^ne de Bignon.
Blanchardière (La), f. c^ne de Brée; donne son nom à un ruiss. affl. de la riv. de Deux-Évailles.
Blanchardière (La), f. c^ne de Champéon.
Blanchardière (La), h. c^ne de la Chapelle-au-Riboul.
Blanchardière (La), vill. c^ne de Charchigné; donne son nom à un ruiss. affl. de celui de Fougeray.
Blanchardière (La), h. c^ne de Châtillon-sur-Colmont.
Blanchardière (La), f. c^ne de Cossé-le-Vivien.
Blanchardière (La), f. c^ne de Denazé.
Blanchardière (La), f. c^ne de la Dorée.
Blanchardière (La), f. c^ne d'Ernée. — Fief vassal de la châtell. d'Ernée.
Blanchardière (La), f. c^ne de Juvigné-des-Landes.
Blanchardière (La), f. c^ne de Longuefuye.
Blanchardière (La), f. c^ne de Marcillé-la-Ville.
Blanchardière (La), f. c^ne de Montjean. — Fief vassal de la châtell. de Montjean.
Blanchardière (La), h. c^ne de la Rouaudière.
Blanchardière (La), f. c^ne de Ruillé-le-Gravelais.
Blanchardière (La), f. c^ne de Saint-Baudelle.
Blanchardière (La), f. c^ne de Saint-Denis-d'Anjou.
Blanchardière (La), f. c^ne de Saint-Erblon.
Blanchardière (La), f. c^ne de Saint-Georges-le-Fléchard.
Blanchardière (La), vill. c^ne de Saint-Martin-de-Connée.
Blanchardière (La), h. c^ne de Saint-Pierre-sur-Orthe; donne son nom à un ruiss. affl. de l'Orthe.

Blanchardière (La), f. c^ne de Soulgé-le-Bruant.
Blanchardière (La), f. c^ne de Vimarcé.
Blanchardières (Les), f. c^ne de Mézangers.
Blanchardières (Les), h. c^ne de Saint-Fraimbault-de-Prières.
Blanche, f. c^ne de Jublains.
Blanche, h. c^ne de Juvigné-des-Landes.
Blanche, h. c^ne de Livet-en-Charnie.
Blanche, h. c^ne de Pré-en-Pail.
Blanche (Le Haut-), f. c^ne de Livet-en-Charnie.
Blanchebarbière (La Grande et la Petite), f. c^ne de Craon.
Blanche-Lande (La), vill. c^ne de Fougerolles.
Blanche-Lande (Le Bas-), f. c^ne de Fougerolles.
Blanche-Noë (La), f. c^ne de la Roë.
Blanche-Noë (La), h. c^ne de Saint-Denis-de-Gastines.
Blancheraie (La), f. c^ne de Saint-Denis-d'Anjou.
Blanchère (La), f. c^ne d'Aron.
Blanchère (La), f. c^ne d'Hardanges.
Blanchère (La Grande et la Petite), h. c^ne de la Poôté.
Blanchère (La Haute et la Basse), h. c^ne de Niafle; donne son nom à un ruiss. affl. de celui de Malaunay.
Blancherie (La), f. c^ne de Courbeveille. — Fief vassal du comté de Laval.
Blancherie (La), f. c^ne de Larchamp.
Blancherie (La), h. et chât. c^ne de Laval.
Blancherie (La), f. c^ne de Nuillé-sur-Vicoin.
Blanchet, h. c^ne de Voutré.
Blanchet (Ruisseau de), c^ne de Contest, affl. du ruiss. du Fauconnier.
Blancheteries (Les), f. c^ne de Saint-Cyr-le-Gravelais.
Blanchetière (La), f. c^ne de Lévaré.
Blanchetières (Les), f. c^ne de Maisoncelles.
Blanchinière (La), f. c^ne de la Poôté.
Blanchisserie (La), f. c^ne de Craon.
Blanchisserie (La), f. c^ne de Ménil.
Blanchonnières (Les), f. c^ne de Meslay.
Blanderie (La), éc. et f. c^ne de Gastines.
Blandetière (La), c^ne de Beaulieu. — *La Blondetière*, 1305 (abb. de Saint-Serge d'Angers). Fief vassal de la châtell. de la Guéhardière.
Blandin, m^in à vent, c^ne de Brains-sur-les-Marches; détruit vers 1850.
Blandinière (La), f. c^ne de Bouère.
Blandinière (La), f. c^ne de Brains-sur-les-Marches.
Blandinière (La), f. c^ne de Châtillon-sur-Colmont; donne son nom à un ruiss. affl. de la Burlaie.
Blandinière (La), f. c^ne de Gennes; auj. détruite. — Fief vassal de la châtell. de Romfort.

BLANDINIÈRE (LA), f. c^{ne} de Loiron.
BLANDINIÈRE (LA), f. c^{ne} de Longuefuye.
BLANDINIÈRE (LA), f. c^{ne} du Pas.
BLANDINIÈRE (LA), f. c^{ne} de Quelaines.
BLANDINIÈRE (LA), vill. et étang, c^{ne} de Saint-Calais-du-Désert.
BLANDINIÈRE (LA), f. c^{ne} de Saint-Hilaire-des-Landes.
BLANDINIÈRE (LA), éc. c^{ne} de Saint-Ouen-des-Toits.
BLANDINIÈRE (LA), f. c^{ne} de Saint-Pierre-des-Landes.
BLANDINIÈRE (RUISSEAU DE LA), c^{ne} de la Haie-Traversaine, affl. de la riv. Colmont.
BLANDINIÈRE (RUISSEAU DE LA), c^{ne} de Saint-Samson, affl. de la Mayenne.
BLANDINIÈRES (LES), h. c^{ne} de Juvigné-des-Landes.
BLANDOUET, c^{on} de Sainte-Suzanne. — *Blandoit*, 1197 (inv. des arch. de la Sarthe).
    Anc. par. du doy. d'Évron, de l'élect. du Mans et de la bar. de Sainte-Suzanne. — Église fillette du prieuré de Torcé, érigée en paroisse en 1802; elle était comprise auparavant dans la paroisse de Viviers.
BLANQUETIÈRE (LA), f. c^{ne} de Cossé-le-Vivien.
BLÉARD, vill. c^{ne} de Montreuil.
BLÉRAY, f. c^{ne} de Sacé. — *Bleré* (carte de Jaillot).
    Fief vassal du duché de Mayenne. — Voy. VAL-DE-BLERÉ (ÉTANG et MOULIN DU.)
BLÉS (LES GRANDS et LES PETITS), h. c^{ne} de la Bazouge-de-Chemeré.
BLESLENIÈRE (LA), h. c^{ne} d'Ampoigné. — *La Blailinière*, 1668 (abb. de la Roë, H. 170).
BLESSINIÈRE (LA), f. c^{ne} d'Entrammes; étang auj. desséché. — On dit aussi *la Blussinière*.
BLETTERIE (LA), f. c^{ne} du Buret.
BLETTERIE (LA), c^{ne} de Placé; donne son nom à un ruiss. affl. de celui de l'Étang de Pouriotte.
BLETTIÈRES (LES), f. c^{ne} de Gastines.
BLEU, f. c^{ne} de Bouère.
BLINDOIRE (LA), f. c^{ne} de Saint-Cyr-le-Gravelais.
BLINET, h. c^{ne} de Larchamp. — Le taillis de ce lieu a été défriché vers 1854.
BLOCHERIE (LA), h. c^{ne} de Cuillé.
BLOCHET (LE), vill. et mⁱⁿ, c^{ne} de Livré. — *Capellam S. Dyonisii de Molendini Blochet*, 1136 (bulle de l'abb. de la Roë).
    Le prieuré annexé à celui de Livré dép. de l'abb. de la Roë.
BLOHIN (ÉTANG DE), c^{ne} de Fontaine-Couverte.
BLOHINIÈRE (LA), f. c^{ne} de Fontaine-Couverte. — *Propè la Bloynière in feodo Bouzemani*, 1299 (arch. du prieuré des Bonshommes). — *La Blonnière*, 1418 arch. de la Mayenne, E 99). — *La Blouinière*, 1658 abb. de la Roë, H 190).

BLOIN (ÉTANG DE), c^{ne} de la Roë. — *Estang de Blon*, 1407 (arch. de la Mayenne, E 99). — *Bloy*, 1418 (*ibid.* f° 70). — *Bloyn*, 1455 (*ibid.* f° 86). — *Blouin*, 1461 (arch. nat. P 339).
BLOTTAIE (LA), f. c^{ne} du Genest.
BLOTTAIE (LA), vill. c^{ne} d'Olivet.
BLOTTAIE (LA GRANDE et LA PETITE), h. c^{ne} de la Rouaudière.
BLOTTAIES (LES), f. c^{ne} d'Azé.
BLOTTAY (LE), f. c^{ne} de Bouchamp.
BLOTTINIÈRE (LA), f. c^{ne} de Saint-Fort.
BLOTTINIÈRE (LA PETITE-), f. c^{ne} de Saint-Fort.
BLOURIE (LA), f. c^{ne} de l'Huisserie.
BLOUSIÈRE (LA), h. c^{ne} de Landivy.
BLOZÉ, f. c^{ne} de Montenay.
BLUSSE (LA), f. c^{ne} d'Athée.
BLUTERIE (LA), f. c^{ne} de Saulges.
BLUTIÈRE (LA), f. c^{ne} de Gennes.
BOBERIE (LA), f. c^{ne} d'Origné.
BOBICHAIS (LA), vill. c^{ne} de Bourgon.
BOBINIÈRE (LA), f. c^{ne} d'Entrammes; détruite vers 1865.
BOBONNIÈRE (LA), f. c^{ne} de Loiron.
BOCAGE (LE), éc. c^{ne} de Fougerolles.
BOCAGE (LE), éc. c^{ne} de Lassay.
BOCAGE (LE), f. c^{ne} de l'Huisserie.
BOCAGERIE (LA), f. c^{ne} de Pommerieux.
BOCHARD, f., h. et étang, c^{ne} de la Poôté.
BOCHER (LE), f. c^{ne} de Lassay.
BOCHÊTRE (LE), f. c^{ne} de Courcité.
BODAN, f. c^{ne} de Saint-Saturnin-du-Limet.
BODANGERIE (LA), h. et f. c^{ne} de Livré. — *Les Boudangères*, 1549 (abb. de la Roë).
BODARD (LE), f. c^{ne} de Ruillé-Froidfont.
BODARDIÈRE (LA), h. c^{ne} d'Argentré.
BODARDIÈRE (LA), éc. c^{ne} d'Astillé.
BODARDIÈRE (LA), h. c^{ne} de la Baconnière. — On dit aussi *la Bodarière*.
BODARDIÈRE (LA), f. c^{ne} de Chemazé. — Fief du marq. de Château-Gontier.
BODARDIÈRE (LA), f. c^{ne} de Quelaines. — On dit aussi *la Bodarière*.
BODÉOT, f. c^{ne} d'Athée.
BODERIE (ÉTANG DE LA), c^{nes} de Montaudin et de Saint-Ellier.
BODERIE (LA), h. c^{ne} de Congrier.
BODIEN, fief, c^{ne} de Saint-Laurent-des-Mortiers, vassal de la seign. de Gratte-Cuisse.
BODINAIS (LA), f. c^{ne} de Larchamp.
BODINIÈRES (LES), f. c^{ne} de Chemazé.
BODINIÈRE (LA), f. c^{ne} d'Ampoigné.
BODINIÈRE (LA), f. c^{ne} d'Andouillé.
BODINIÈRE (LA), f. c^{ne} d'Aron.

BODINIÈRE (LA), vill. cne de la Baconnière.
BODINIÈRE (LA), f. cne de Bazougers.
BODINIÈRE (LA), f. cne de Chailland.
BODINIÈRE (LA), f. cne de Gennes. — Fief de la bar. d'Ingrandes.
BODINIÈRE (LA), f. cne de Ménil.
BODINIÈRE (LA), f. cne de Meslay.
BODINIÈRE (LA), f. cne de Nuillé-sur-Vicoin.
BODINIÈRE (LA), f. cne de Quelaines.
BODINIÈRE (LA), h. cne de Saint-Aubin-du-Désert.
BODINIÈRE (LA), f. cne de Saint-Berthevin.
BODINIÈRE (LA), f. cne de Saint-Charles-la-Forêt.
BODINIÈRE (LA), f. cne de la Selle-Craonnaise.
BODINIÈRES (LES), f. cne de Bouessay; donne son nom à un ruiss. affl. de la Vaige.
BODINIÈRES (LES), f. cne de Livré. — Le fief de la Bodinière, vassal de la seigneurie de Saint-Poix, comprenait dans sa mouvance les fiefs de la Grande-Ragottière, du Rocher, des Brardières, de la Haie-de-Gastines et du Jarry.
BODRAIE (LA), f. cne de Bierné.
BOËE (LA), vill. cne de Landivy.
BOËE (LA), h. cne de Vautorte.
BOËE (LA), f. cne de Vieuvy; donne son nom à un ruiss. affl. de l'Ourde.
BOËFFRIE (LA), f. cne de Saint-Denis-d'Anjou. — On dit aussi la Boiffrerie.
BOEUF-RENARD, h. cne de Saint-Cyr-en-Pail.
BOGOTHA, h. cne de Landivy.
BOGUERIE (LA), h. cne du Genest.
BOGUERIE (LA), f. cne d'Olivet.
BOGUILLERIES (LES), h. ces de Laigné.
BOHERIE (LA), éc. cne de Saint-Jean-sur-Mayenne.
BOHILLÈRE (LA), h. cne de Saint-Martin-du-Limet.
BOHIRAIE (LA), f. cne de Chemazé.
BOIFFRERIE (LA), f. — Voy. BOËFFRIE (LA).
BOILARD, min, cne de Chantrigné.
BOILIÈRE (LA), h. cne de Javron.
BOIMERIES (LES), f. cne de Fromentières.
BOINERIE (LA), h. cne de Saint-Mars-sur-la-Futaie.
BOINIÈRE (LA), h. cne de Saint-Michel-de-la-Roë. — La Bouynière, 1450 (abb. de la Roë).
BOIRIE (LA), f. cne de Commer.
BOIRIE (LA), h. cne de Houssay; donne son nom à un ruiss., aussi nommé ruisseau de Brault, qui se jette dans la Mayenne.
BOIRIE (LA), éc. cne de Martigné.
BOIRON (LE), h. — Voy. BOIS-ROND (LE).
BOIRON-FEUGERÉ ou BAURON-FARRICÈRE, fief, cne de Craon, vassal de la bar. de Craon.
BOIS (ÉTANG DU), cne de Courcité.
BOIS (LE), f. cne d'Aron.

BOIS (LE), étang et min, cne d'Averton; donne son nom à un ruiss. affl. de celui de Trotterie.
BOIS (LE), f. cne d'Azé.
BOIS (LE), f. cne de Ballots; auj. détruite.
BOIS (LE), vill. cne de la Boissière.
BOIS (LE), h. cne de la Chapelle-au-Riboul.
BOIS (LE), f. cne de Chemazé.
BOIS (LE), f. cne de Chemeré-le-Roi.
BOIS (LE), f. cne de Contest.
BOIS (LE), f. cne de la Dorée; donne son nom à un ruiss. affl. de celui de Montcharray.
BOIS (LE), f. cne de Fougerolles.
BOIS (LE), chât. et f. cne de Grazay. — Fief vassal du duché de Mayenne.
BOIS (LE), h. cne du Horps.
BOIS (LE), éc. cne de l'Huisserie.
BOIS (LE), vill. et h. cne d'Izé.
BOIS (LE), h. cne de Méral.
BOIS (LE), h. cne de Montaudin; donne son nom à un ruiss. affl. de celui de l'Étang de l'Éplus.
BOIS (LE), f. cne de Montenay.
BOIS (LE), f. cne de Neau.
BOIS (LE), f. cne de Nuillé-sur-Vicoin.
BOIS (LE), min, cne d'Origné.
BOIS (LE), f. cne de Pré-en-Pail.
BOIS (LE), h. cne de Saint-Aubin-Fosse-Louvain.
BOIS (LE), f. cne de Saint-Brice.
BOIS (LE), vill. cne de Saint-Calais-du-Désert.
BOIS (LE), f. cne de Saint-Denis-de-Gastines.
BOIS (LE), f. cne de Saint-Fort.
BOIS (LE), h. cne de Saint-Fraimbault-de-Prières.
BOIS (LE), éc. cne de Saint-Germain-d'Anxurre.
BOIS (LE), f. cne de Saint-Germain-de-Coulamer.
BOIS (LE), f. cne de Saint-Mars-sur-la-Futaie.
BOIS (LE), éc. cne de Saint-Michel-de-la-Roë.
BOIS (LE), f. cne de Simplé. — Fief vassal de la bar. de Craon.
BOIS (LE BAS-), vill. cne du Ribay; donne son nom à un ruiss. affl. de la Laire.
BOIS (LE GRAND-), f. cne de Cossé-le-Vivien.
BOIS (LE GRAND-), f. cne de Denazé. — Fief vassal de la seign. de Cangen.
BOIS (LE GRAND-), f. cne de Saint-Quentin.
BOIS (LE GRAND et LE PETIT), f. cne de Carelles.
BOIS (LE GRAND et LE PETIT), h. cne de Hambers.
BOIS (LE GRAND et LE PETIT), h. cne de Parigné.
BOIS (LE GRAND et LE PETIT), f. cne de Pommerieux. Fief vassal de la bar. de Craon. — L'étang du Petit-Bois a été desséché au XVIIIe siècle.
BOIS (LE HAUT-), éc. cne de la Bazouge-des-Alleux.
BOIS (LE HAUT-), h. cne de la Bazouge-de-Chemeré.
BOIS (LE HAUT-), f. cne du Bourgneuf-la-Forêt.

Bois (Le Haut-), h. c^{ne} de Désertines.
Bois (Le Haut-), éc. c^{ne} de la Dorée.
Bois (Le Haut-), f. c^{ne} de Saint-Christophe-du-Luat; donne son nom à un ruiss. affl. de la Jouanne. — Le moulin et l'étang ont été détruits vers 1828.
Bois (Le Haut-), f. c^{ne} de Saint-Pierre-des-Landes.
Bois (Le Haut-du-), h. c^{ne} de la Gravelle.
Bois (Le Haut-du-), f. c^{ne} de Juvigné-des-Landes.
Bois (Le Haut et le Bas), h. c^{ne} de Courbeveille.
Bois (Le Petit-), f. c^{ne} d'Ampoigné.
Bois (Le Petit-), éc. c^{ne} de Chemazé.
Bois (Le Petit-), f. c^{ne} d'Ernée.
Bois (Le Petit-), f. et h. c^{ne} de Montaudin.
Bois (Le Petit-), h. c^{ne} de Montreuil.
Bois (Le Petit-), f. c^{ne} de Saint-Aignan-de-Couptrain.
Bois (Le Petit-), f. c^{ne} de Saint-Aubin-Fosse-Louvain.
Bois (Le Petit-), f. c^{ne} de Saint-Cyr-en-Pail.
Bois (Le Petit-), f. c^{ne} de Saint-Denis-de-Gastines.
Bois (Le Petit-), f. c^{ne} de Saint-Georges-Buttavent.
Bois (Le Petit-), h. c^{ne} de Saint-Mars-sur-la-Futaie.
Bois (Le Petit-Bas-), f. c^{ne} du Ribay.
Bois (Les), f. c^{ne} d'Arquenay.
Bois (Les), h. c^{ne} de Brains-sur-les-Marches.
Bois (Les), f. c^{ne} de Louvigné.
Bois (Les), f. c^{ne} de la Roë.
Bois (Les), f. c^{ne} de Saint-Aignan-de-Couptrain.
Bois (Les), h. c^{ne} de Saint-Aignan-sur-Roë.
Bois (Les), chât. et f. c^{ne} de Saint-Pierre-sur-Orthe; donnent leur nom à un ruiss. affl. de celui de Gravier. — Fief vassal de la bar. de Sillé-le-Guillaume.
Bois (Les), vill. c^{ne} de Soulgé-le-Bruant.
Bois (Les), h. c^{ne} de Trans.
Bois (Les), f. c^{ne} de Vaiges.
Bois (Les), f. c^{ne} de Villiers-Charlemagne.
Bois (Les Hauts-), vill. c^{ne} de Louverné.
Bois (Les Hauts-), h. c^{ne} de Saint-Léger. — Étang desséché au XVIIIe siècle.
Bois (Les Petits-), h. c^{ne} du Housseau.
Bois (Les Petits-), h. c^{ne} de Jublains.
Bois (Les Petits-), h. c^{ne} de Saint-Mars-sur-la-Futaie; donne son nom à un ruiss. affl. de celui de Berthereau.
Bois (Les Petits-), h. c^{ne} de Saint-Pierre-sur-Orthe.
Bois-Aimont (Le), f. c^{ne} de Saint-Pierre-des-Landes.
Bois-à-la-Guimonde (Le), taillis, c^{ne} de Blandouet, dépendant de la terre de la Vallée.
Bois-Ambroisie (Les), f. c^{ne} de Landivy.
Bois-Anger (Le), f. c^{ne} du Bourgneuf-la-Forêt.
Bois-Angot (Le), f. c^{ne} de Hercé.
Boisannière (La) f. c^{ne} de Chemazé.
Boisard, vill. c^{ne} d'Olivet. — Arrière-fief de la châtell. de Saint-Ouen, relevant du Plessis-Milcent.

Boisardière (La), f. c^{ne} d'Astillé.
Boisardière (La), f. c^{ne} du Bourgneuf-la-Forêt. — Landes de la Boissardière (carte de Jaillot).
Boisardière (La), f. c^{ne} de Chailland.
Boisardière (La), f. c^{ne} de la Chapelle-Anthenaise.
Boisardière (La), f. c^{ne} de Cosmes.
Boisardière (La), f. c^{ne} de la Croixille; donne son nom à un ruiss. affl. de celui de Lambarré.
Boisardière (La), f. c^{ne} de Grazay.
Boisardière (La), f. c^{ne} du Horps.
Boisardière (La), h. c^{ne} de Loupfougères.
Boisardière (La), vill. c^{ne} de Mayenne.
Boisardière (La), f. c^{ne} de Montigné.
Boisardière (La), f. c^{ne} de Saint-Baudelle.
Boisardière (La), h. c^{ne} de Saint-Denis-de-Gastines. — Fief de la terre de Charné.
Boisardières (Les), f. c^{ne} de Louvigné.
Boisards (Les), f. c^{ne} de Ménil.
Bois-Asse (Le), h. c^{ne} de Pré-en-Pail.
Bois-Aubry (Le), f. c^{ne} de Sainte-Gemmes-le-Robert.
Bois-au-Clos (Le), f. c^{ne} de Bourgon.
Bois-Audouy (Le), f. c^{ne} de Chemeré-le-Roi. — Fief vassal du Moulin-Herbelin.
Bois-Aumont (Le), f. c^{ne} de Saint-Pierre-des-Landes. — Le bois Heumont (Cassini).
Bois-au-Panc (Le), f. c^{ne} de Commer; donne son nom à un ruiss. affl. du ruiss. de la Planche-à-l'Asnière. — Château en ruines.
Fief vassal du duché de Mayenne.
Bois-aux-Loups (Le), f. c^{ne} du Ham.
Bois-aux-Moines (Le), f. c^{ne} de Balléc.
Bois-aux-Moines (Le), h. et landes, c^{ne} de Cigné.
Bois-aux-Moines (Le), bois, c^{ne} d'Izé, défriché avant le XVIe s^e. — Fief vassal de la seign. de Courceriers.
Bois-aux-Moines (Le), f. et chât. c^{ne} de Saint-Fort. — Fief du marq. de Château-Gontier.
Bois-aux-Moines (Le), f. c^{ne} de Torcé.
Bois-aux-Moines (Le), f. c^{ne} de Vaiges.
Bois-aux-Noës (Le), h. c^{ne} de Villiers-Charlemagne.
Bois-aux-Vanneurs (Le Haut et le Bas), vill. c^{ne} de Saint-Aignan-de-Couptrain.
Bois-Barré (Le Grand et le Petit), f. c^{ne} de Châtelain. — Fief vassal du marq. de Château-Gontier.
Bois-Bâtard (Le), f. c^{ne} de Landivy.
Bois-Belin (Le), vill. c^{ne} de la Boissière.
Bois-Belle (Le), vill. c^{ne} de Bourgon.
Bois-Belleray (Le), chât. et f. c^{ne} de Martigné; donne son nom à un ruiss. affl. de la Mayenne. — On écrit aussi le Bois-Bléray.
Bois-Benêts (Les), f. c^{ne} de Laubrières. — Le lieu et la métairie du Bois-Benoist, 1647 (abb. de la Roë, H 182).

Bois-Benoist (Le), f. c^ne de Hercé.
Bois-Bérenger (Le), étang et m^in, c^ne de Saint-Denis-de-Gastines; donnent leur nom à un ruiss. affl. de l'Ernée. — *Ex dono Henrici de Bosco Berengerii*, 1241 (abb. de Savigny, arch. nat. L 970). Fief de la châtell. d'Ernée.
Bois-Besnard (Le), f. c^ne d'Astillé.
Bois-Beuchet (Le), f. c^ne de Saint-Gault.
Bois-Beuglot (Le), f. c^ne de Livet-en-Charnie.
Bois-Bignon (Le), f. c^ne de Gennes. — Fief du marq. de Château-Gontier.
Bois-Bigot (Le), f. c^ne de Contest.
Bois-Blanc (Le), h. c^ne d'Izé.
Bois-Blanc (Le), h. c^ne de Pré-en-Pail.
Bois-Bléray (Le), chât. et f. —Voy. Bois-Belleray (Le).
Boisbonnière, f. c^ne de Saint-Germain-d'Anxurre.
Bois-Bonny (Le), f. c^ne de Saint-Loup-du-Dorat.
Bois-Boucher (Le), h. c^ne de Saint-Gault. — *Le lieu de Bois Beucher*, 1462 (abb. de la Roë, H 189, f° 23).
Bois-Bouin (Le), f. c^ne de Saint-Loup-du-Dorat.
Bois-Bourgault (Le), f. c^ne de Denazé.
Bois-Bouvier (Le), f. c^ne de Carelles.
Bois-Bouvier (Le), f. c^ne de Colombiers. — Fief des châtell. de Pontmain et de Gorron.
Bois-Bouvier (Le), vill. c^no du Ribay.
Bois-Brault (Le), f. c^ne de Gorron. — Fief vassal de la châtell. de Gorron.
Boisbureau, f. c^ne de Bouessay. — Le ruisseau de l'ancien étang de ce lieu se jette dans la Vaige.
Boisbureau, c^ne de la Cropte. — Voy. Cour-du-Bois-Bureau.
Bois-Bureau (Le), h. et landes, c^ne de Saint-Pierre-des-Landes.
Boisbureau (Le Grand et le Petit), f. c^ne de Bierné.
Bois-Buvin (Le), h. c^ne de Sacé.
Bois-Cent (Le), f. c^ne de Pommerieux. — *Bois sanos* (Cassini).
Bois-Chabot (Le), f. c^ne de Hambers.
Bois-Chacot (Le), f. c^ne de Pommerieux. — *Bois-Jacot* (Cassini).
Bois-Chapon (Le), h. c^ne de la Baconnière.
Bois-Chassé (Le), f. c^ne de Peuton.
Bois-Chauveau (Le), h. c^ne de Placé.
Bois-Chauvin (Le), f. c^ne de Chemeré-le-Roi.
Bois-Chauvin (Le Petit-), éc. c^ne de Chemeré-le-Roi.
Boischer, éc. c^ne de Laigné.
Bois-Chorin (Le), h. c^nes des Chapelles.
Bois-Cordier (Le), f. c^ne de Carelles.
Bois-Cornu (Le), f. c^ne de Colombiers.
Bois-Cornu (Le), f. c^ne de Sainte-Gemmes-le-Robert.
Bois-Couvé (Le), h. c^ne de Pré-en-Pail.
Bois-Curaud (Le), logis, c^ne de Chemeré-le-Roi.

Bois-d'Achaies (Le), f. c^ne de Saint-Gault.
Bois-d'Andigné (Le), éc. c^ne de Saint-Aignan-sur-Roë.
Bois-d'Anjou (Le), éc. c^ne de Saint-Denis-d'Anjou.
Bois-d'Annibal (Le), h. c^ne de Landivy.
Bois-d'Athée (Le), h. c^ne d'Athée.
Bois-David (Le), f. c^ue de Contest.
Bois-David (Le Grand et le Petit), vill. c^ne de Chemeré-le-Roi.
Bois-de-Brifilouse (Fief de), c^ne d'Ahuillé, vassal de la châtell. de Courbeveille.
Bois-de-Buleu (Ruisseau du), c^ne de Marcillé-la-Ville, affl. du ruiss. de Tarot.
Bois-de-Chamasso (Le), éc. c^ne de Gesvres.
Bois-de-Chambre (Le), vill. c^ne de Landivy. — Voy. Chambre.
Bois-de-Châtenay (Le), h. c^ne de Juvigné-des-Landes.
Bois-de-Châtres (Le), fief, c^ne d'Oisseau, vassal de la seign. de Loré.
Bois-de-Cuillé (Le), f. et chât. c^ne de Cuillé. — Fief vassal de la seign. de Saint-Poix.
Bois-de-Forge (Le), f. c^ne de Montaudin.
Bois-de-Haie (Le), h. c^ne de Madré.
Bois-de-Jouet (Le), éc. c^ne d'Andouillé.
Bois-de-la-Frette (Le), h. c^ne du Horps.
Bois-de-la-Lande (Le), éc. c^ne de la Pellerine.
Bois-de-la-Mancellière (Le), f. c^ne de Colombiers.
Bois-de-la-Ruelle (Ruisseau du), c^ne du Bourgneuf-la-Forêt, affl. du ruiss. de Choiseau.
Bois-de-l'Échasserie (Le), f. c^ne de Saint-Martin-du-Limet.
Bois-de-l'Église (Le), f. c^ne du Housseau.
Bois-de-l'Homme (Le), f. c^ne de Coudray.
Bois-de-Maine (Le), chât. et f. c^ne de Rennes-en-Grenouille. — *Le Bois de Mane*, xive s^e (Rymer, vol. III, p. 536). — *Le Bois Domayne*, xive s^e (ibid. p. 547). — *Bois de Mayenne* (carte de Jaillot). Fief vassal du marq. de Lassay.
Bois-de-Maquillé (Le), fief, c^ne de Fougerolles, vassal de la châtell. de Pontmain.
Bois-Demont (Le), f. c^ne de la Haie-Traversaine. — Fief de la mouvance du duché de Mayenne.
Bois-de-Moulin (Le), f. c^ne de Saint-Denis-d'Anjou. — Étang desséché vers 1849.
Bois-de-Nancé (Le), h. c^ne de Brécé. — Voy. Nancé.
Bois-de-Thorigné (Le), h. c^ne de Sainte-Suzanne.
Bois-de-Vaiges (Le), f. c^ne de Vaiges.
Bois-de-Vais (Le), f. c^ne de Saint-Brice.
Bois-des-Bourdonnais (Le), h. c^ne de Melleray.
Bois-des-Cuernes (Le), f. c^ne de Saint-Gault.
Bois-des-Couettes (Le), h. c^ne de la Dorée.
Bois-des-Dormants (Le), éc. c^ne de Larchamp.
Bois-des-Hommes (Le), h. c^ne de Craon. — Il a pris son

nom du prieuré des Bonshommes, établi dans la forêt de Craon.

Bois-des-Landelles (Le), éc. c^{ne} de Cuillé.

Bois-des-Noës (Le), f. c^{ne} de Chemazé.

Bois-des-Noës-Bizeul (Le), fief vassal de la cour de Cossé-en-Champagne.

Bois-Destrait (Le), f. c^{ne} de Méc.

Bois-d'Orange (Le), f. c^{ne} du Buret.

Bois-d'Orthe (Le), h. c^{ne} de Saint-Pierre-sur-Orthe.

Bois-du-Blé (Le), f. c^{ne} de Pommerieux.

Bois-du-Breil (Le), f. c^{ne} de Brécé.

Bois-du-Breil (Le), f. c^{ne} de Montenay.

Bois-du-Breil (Le), f. c^{ne} de Peuton.

Bois-du-Clos (Le), éc. c^{ne} de Saint-Aubin-du-Désert.

Bois-du-Cou (Le), vill. c^{ne} de Chammes.

Bois-du-Domaine (Le), vill. c^{ne} de Gesvres. — Landes défrichées vers 1864.

Bois-du-Feu (Le Grand et le Petit), vill. c^{ne} de Poulay.

Bois-du-Fresne (Ruisseau du), c^{ne} de Saint-Fraimbault-de-Prières, affl. de la Mayenne.

Bois-du-Maine (Le), h. c^{ne} de Landivy.

Bois-du-Montfaucon (Le), h. c^{ne} de Saint-Pierre-sur-Orthe.

Bois-du-Parc (Le), f. c^{ne} de Landivy.

Bois-du-Pin (Le), chât. c^{ne} de Bazougers.

Bois-Durand (Le), f. c^{ne} de Désertines.

Bois-du-Tertre (Landes du), c^{ne} de Vimarcé.

Bois-Égline (Le), h. c^{ne} de Bouessay.

Boiselard (Le), f. c^{ne} de Chailland.

Boiselard (Le), f. c^{ne} de Cossé-le-Vivien.

Bois-Émery (Le), f. c^{ne} de Bazougers.

Bois-Fichard (Le), vill. c^{ne} d'Averton.

Bois-Fief (Le), h. c^{ne} de Madré.

Bois-Flèche (Le), f. c^{ne} de Martigné.

Bois-Forts (Les), f. c^{ne} de Juvigné-des-Landes.

Bois-Foucher (Le), f. c^{ne} de Saint-Denis-de-Gastines.

Bois-Foucher (Le), f. c^{ne} de Saint-Germain-le-Guillaume.

Bois-Fougeray (Le), f. c^{ne} du Buret. — *Le Bois-Foucray*, 1866 (rôles de dénombrement).

Bois-Fouqueray (Le), f. c^{ne} de Saint-Hilaire-des-Landes.

Bois-Fouquet (Le), f. c^{ne} de Carelles.

Bois-Fournier (Le), f. c^{ne} de Saint-Saturnin-du-Limet.

Bois-Froger (Le), h. c^{ne} de Saint-Mars-sur-la-Futaie.

Bois-Froul (Le), f. et mⁱⁿ, c^{ne} de Niort. — *Guillelmus de Bosco-Froout*, 1243 (abb. de Savigny, arch. nat. L 970). — *Jehan de Bois Frost*, 1435 (abb. de Fontaine-Daniel). — *Sieurie de Bois Froul*, 1581 (cab. Chedeau).

Château en ruines.

Bois-Gamast (Le), f. et chât. c^{ne} de Laval. — *De nemore Guemardi*, 1237 (arch. de la Sarthe). — *N. du Bois-Gamar*, 1419 (arch. de Chantelou). — *Bois Glamart* (carte de Jaillot).

Fief vassal du comté de Laval. — Moulin détruit en 1865.

Bois-Gandon (Le), f. c^{ne} de la Selle-Craonnaise. — Fief vassal de la bar. de Craon.

Bois-Gandry (Le), f. c^{ne} de Madré.

Bois-Garreau (Le), f. c^{ne} de Juvigné-des-Landes; donne son nom à un ruiss. affl. de celui des Haies.

Bois-Gasnier (Le), f. c^{ne} d'Argentré.

Bois-Gast (Le), f. c^{ne} de Bonchamp. — On dit aussi *le Bois-Gâtre*.

Bois-Gast (Le), f. c^{ne} de Châlons. — Étang auj. desséché.

Fief vassal de la châtell. de Montsurs.

Bois-Gast (Le), h. c^{ne} de Martigné. — Fief du comté de Laval.

Bois-Gast (Le), f. c^{ne} de Saint-Berthevin-la-Tannière.

Bois-Gast (Le Petit-), éc. c^{ne} de Bonchamp.

Bois-Gast (Ruisseau du) ou de Beaulieu, affluent de l'Erve; arrose Chammes.

Bois-Gaudin (Le), f. c^{ne} de Saint-Christophe-du-Luat. — Étang desséché vers 1818.

Bois-Gaudin (Le), h. c^{ne} de Saint-Fraimbault-de-Prières.

Bois-Gautier (Le), h. c^{ne} d'Athée.

Bois-Gautier (Le), f. c^{ne} de Ballots. — Fief vassal de la seign. de Saint-Poix.

Bois-Gendrière (Le), h. c^{ne} de Madré.

Bois-Gervais (Le), vill. c^{ne} de Grennes-sur-Fraubée. — On dit aussi *le Bois-Gevre* et *le Bois-Gevrese*.

Bois-Gesbert, fief, c^{ne} de Laval, vassal du comté de Laval.

Bois-Geslin, f. c^{ne} de Chailland. — *XII acras terre in bosco Gellini*, 1241 (abb. de Savigny, arch. nat. L 970).

Bois-Giand (Le), f. c^{ne} de Saint-Erblon.

Bois-Gigant (Le), f. c^{ne} de Saint-Germain-d'Anxure.

Bois-Girard (Le), f. c^{ne} de Renazé; donne son nom à un ruiss. affl. du Chéran.

Bois-Giret (Le), f. c^{ne} de Ballots.

Bois-Glain (Le), f. c^{ne} de Renazé.

Bois-Gland-Semé (Le), h. c^{ne} de Thubœuf.

Bois-Gouault (Le), éc. c^{ne} de Contest.

Bois-Goude (Le), h. c^{ne} de Pré-en-Pail; donne son nom à un ruiss. affl. de celui des Creux. — Fief vassal de la châtell. de Pré-en-Pail.

Bois-Grésil (Le), f. c^{ne} de Saint-Quentin.

Bois-Grousset (Le), f. c^{ne} de Bouessay.

Bois-Guérin (Le), h. c^{ne} de la Bazouge-de-Chemeré. — Étang desséché au xviiie siècle.

Bois-Guet (Le), f. c^ne de la Croixille.
Bois-Guet (Le Haut-), éc. c^ne de la Croixille.
Bois-Guet (Le Petit-), éc. c^ne de la Croixille.
Bois-Guillaume (Le), f. c^ne de Quelaines.
Bois-Guilleux (Le), h. c^ne de Laigné.
Bois-Guillotin (Le), f. c^ne de Pré-en-Pail.
Bois-Guinard (Le), f. c^ne d'Arquenay; détruite vers 1806.
Bois-Guinot (Les), f. c^ne de Senonnes.
Bois-Guyard (Le), h. c^ne de Saint-Cyr-en-Pail; donne son nom à un ruiss. affl. de celui des Touches.
Bois-Guyot (Le), fief de la châtell. d'Ernée.
Bois-Hâlé (Le Grand et le Petit), f. c^ne de Châtelain.
Bois-Hambert (Le), écluse, c^ne de Martigné.
Bois-Hamelin (Le), f. c^ne de Neuilly-le-Vendin. — A pris son nom du fief du Bois-Hamelin, sis en Normandie, c^ne de la Ferté-Macé, qui s'étendait aussi sur la Pallu.
Bois-Haudier (Le), f. c^ne d'Argentré.
Bois-Havard (Le), f. et éc. c^ne de Vimarcé.
Bois-Hédin (Le), f. c^ne de Bonchamp.
Bois-Helbert (Le), f. c^ne de Saint-Denis-d'Anjou. — Seign. vassale de la châtell. de Romfort. On disait autrefois *le Bois-Herbert*.
Bois-Héry (Le), f. c^ne de la Rouaudière.
Bois-Hu (Le), vill. c^ne de Champéon.
Bois-Hu (Le), h. c^ne de Colombiers.
Bois-Hu (Le), éc. c^ne du Ribay. — Fief vassal du marq. de Lassay.
Bois-Hubert (Le), f. c^ne de Bouchamp.
Bois-Hubert (Le), f. c^ne de Lassay.
Bois-Hubert (Le Grand et le Petit), f. c^ne de Gennes. — Fief vassal de la bar. d'Ingrandes.
Bois-Huchet (Le), f. c^ne de Contest; donne son nom à un ruiss. affl. de celui de la Jugerie.
Bois-Huet (Le), f. c^ne de Renazé.
Bois-Hunault (Le), h. c^ne de Fontaine-Couverte.
Bois-Isabeau (Le), f. et h. c^ne de Bannes. — Fief vassal des seign. de Linières et de Ballée.
Bois-Jacob (Le), vill. c^ne de Niort.
Bois-Janvier (Le), h. c^ne de Lassay.
Bois-Janvier (Le), h. c^ne de Saint-Fraimbault-de-Prières.
Bois-Jean (Le), f. c^ne de Trans.
Bois-Jogeneuf (Le), f. c^ne de Chemazé.
Bois-Joly (Le), h. c^ne du Bourgneuf-la-Forêt.
Bois-Joly (Le), f. c^ne de Cuillé.
Bois-Joly (Le), éc. c^ne de Denazé.
Bois-Joly (Le), f. c^ne de Juvigné-des-Landes.
Bois-Joly (Le), éc. c^ne de Mézangers.
Bois-Joly (Le), f. c^ne de Montenay.
Bois-Jouan (Le Haut et le Bas), vill. c^ne d'Athée. —

Le Bois Johan, 1432 (arch. du chap. de Saint-Nicolas de Craon).
Bois-Joulin (Le), h. c^ne de Renazé. — *Le bois Jollain*, 1550 (arch. de la Mayenne, E 121).
Bois-Jourdain (Le), fief, c^ne de Mayenne. — Fief vassal du duché de Mayenne.
Bois-Jourdan (Le), f. et chât. c^ne de Bouère. — Fief vassal de la châtell. de la Vezouzière.
Bois-Joussé, f. c^ne de Bazougers. — Fief vassal de la châtell. de Bazougers.
Bois-Jousselin (Le), f. c^ne de Beaulieu.
Bois-la-Dame (Le), f. c^ne de Saint-Germain-le-Fouilloux.
Bois-Lambas (Le), h. c^ne du Housseau.
Bois-Lasseau (Le), f. c^ne de Saint-Mars-sur-Colmont.
Bois-Laurent (Ruisseau du), c^ne de Madré; affl. de la riv. de l'Anglaine.
Bois-Léau (Le), f. c^ne de Bierné.
Bois-Leuf (Le), vill. c^ne de la Pallu.
Bois-Libert (Le), f. c^ne de Beaumont-Pied-de-Bœuf.
Bois-Lisse (Le), f. c^ne de Nuillé-sur-Vicoin.
Bois-Livet (Le), f. c^ne de Commer. — Ferme fondée depuis 1858 sur les défrichements du bois Livet.
Bois-Logeais (Le), f. c^ne de Beaulieu; auj. détruite.
Bois-Long (Le), f. c^ne d'Ampoigné.
Bois-Lord (Le), f. c^ne de Saint-Denis-de-Gastines.
Bois-Loup (Le), f. c^ne de Saint-Charles-la-Forêt.
Bois-Louveau (Le), f. c^ne de Saint-Pierre-des-Landes. — On dit aussi *le Bois-Louvre*. Fief de la seign. de Charné.
Bois-Mabon (Le), h. c^ne de Bais; donne son nom à un ruiss. affl. de l'Aron.
Bois-Macé (Le), f. c^ne de Juvigné-des-Landes.
Bois-Marais (Le), f. c^ne de Peuton.
Bois-Marie (Le), fief c^ne de Fromentières; vassal de la seign. de Baubigné.
Bois-Marie (Le), f. c^ne de Vieuvy. — Fief vassal de la châtell. de Pontmain.
Bois-Marteau (Le), f. c^ne de Montourtier. — On dit aussi *le Bois-Martel*. Arrière-fief du duché de Mayenne relevant de la Motte-d'Aron.
Bois-Martin (Le), f. c^ne de Bouère.
Bois-Martin (Le), h. c^ne de la Chapelle-Anthenaise.
Bois-Melet (Le), éc. c^ne de Viviers.
Bois-Ménage (Le), f. c^ne de Blandouet; aujourd'hui détruite et remplacée par un bois.
Bois-Michel (Le), f. c^ne de Saint-Denis-de-Gastines.
Bois-Mizan (Le), f. c^ne de Saint-Denis-d'Anjou. — On écrit aussi *le Bois-Mozan*. Fief vassal de la châtell. de Romfort.
Bois-Monnier (Le Grand et le Petit), f. c^ne de Saint-Denis-d'Anjou.

Bois-Moreau (Le), h. c^ne de Bourgon.
Bois-Morin (Le), chât. c^ne de Bonchamp.
Bois-Morin (Le Grand et le Petit), f. c^ne de Grez-en-Bouère.
Bois-Mouillé (Le), f. c^ne de Marcillé-la-Ville.
Boisnard (Le), h. c^ne de Chemeré-le-Roi.
Boisnardière (La), f. c^ne de Saint-Mars-sur-la-Futaie.
Boisnardières (Les), h. c^ne de Grez-en-Bouère.
Boisnay (Le), h. c^ne de Saint-Georges-sur-Erve.
Boisnay (Le), f., m^in et étang, c^ne de Trans. — *Bouesnay*, 1630 (cart. d'Évron). — *Boisné* (carte de Jaillot). — *Boisnet* (carte de l'État-major).
Arrière-fief de la bar. d'Évron, relevant de la châtell. de Foulletourte.
Boisnelle (La), f. c^ne de Saint-Cyr-le-Gravelais.
Boisnerie (La), f. c^ne d'Hambers.
Boisnerie (La), f. c^ne de Saint-Mars-sur-la-Futaie.
Boisnière (La), h. c^ne de Champgenetoux.
Boisnière (La), vill. c^ne de Lignières-la-Doucelle.
Boisnière (La), f. c^ne de Pommerieux.
Boisnière (La), h. c^ne de la Rouaudière.
Boisnière (La), f. c^ne de Saint-Georges-Buttavent.
Boisnière (La), f. c^ne de Saint-Jean-sur-Erve. — *In osca illa de la Boisnère*, 1202 (cart. d'Évron).
Boisnière (La), h. c^ne de Saint-Michel-de-la-Roë.
Boisnière (La Grande et la Petite), h. c^ne de Loupfougères; donnent leur nom à un ruiss. affl. de celui des Fossés. — Les étangs de ce lieu sont desséchés.
Bois-Noé (Le), f. c^ne de Loigné.
Bois-Noir (Le), f. c^ne de Brée.
Bois-Nouveau (Le), f. c^ne de Bazougers.
Bois-Pendant (Le), vill. c^ne de Juvigné-des-Landes.
Bois-Pépin (Le), fief, c^ne de la Boissière, vassal de la châtell. de la Boissière.
Bois-Pépin (Le), h. c^ne de Renazé. — Fief vassal de la bar. de Pouancé.
Bois-Peurin (Le), f. c^ne de Senonnes.
Bois-Philippe (Le), h. c^ne de Saint-Mars-sur-la-Futaie; donne son nom à un ruiss. affl. de la Futaie.
Bois-Pichard (Le Grand et le Petit), h. c^ne de Melleray.
Bois-Picot (Ruisseau du), c^ne de Saint-Ouen-des-Toits, affl. de l'Ernée.
Bois-Pied-Doux (Le), éc. c^ne de la Croixille.
Bois-Pierre (Le), f. c^ne de Saint-Aignan-de-Couptrain.
Bois-Pineau (Le), f. c^ne de Marigné-Peuton.
Bois-Plaidé (Le), f. c^ne de Château-Gontier. — *Bois Prioudé*, 1770 (arch. de la Mayenne, série E).
Bois-Pledet (Le), f. c^ne de Villiers-Charlemagne.
Bois-Prioux (Le), f. c^ne de Chemazé. — *Lieu du Bois Prioul*, 1527 (abb. de Saint-Nicolas d'Angers).
Bois-Ragot (Le), f. c^ne de Cossé-le-Vivien; donne son nom à un ruiss. affl. de l'Oudon.

Bois-Ragot (Le Grand-), f. c^ne de Cossé-le-Vivien.
Bois-Ragot (Le Petit-), f. c^ne de Cosmes. — Fief vassal du Plessis-de-Cosmes.
Bois-Rayer (La Motte-du-), f. c^ne de Saint-Poix. — Fief vassal de la seign. de Saint-Poix.
Bois-Rayer (Le), h. c^ne de Laigné.
Bois-Rayer (Le), f. c^ne de Méral.
Bois-Rayer (Le), f. c^ne de Pommerieux.
Bois-Rayer (Le Grand et le Petit), f. c^ne d'Évron.
Bois-Réard (Le), f. c^ne de Bouessay.
Bois-Régnier (Le), h. c^ne de Saint-Thomas-de-Courceriers.
Bois-Renard (Le), f. c^ne de Saint-Jean-sur-Mayenne.
Bois-Richard (Le), fief, c^ne de Bouessay, vassal de la châtell. de Sablé.
Bois-Richard (Le), vill. c^ne du Horps.
Bois-Ringeard (Le), f. c^ne de Ballots.
Bois-Robert (Le), bois, c^ne de la Boissière.
Bois-Robert (Le), f. c^ne de Chemeré-le-Roi. — Arrière-fief de la châtell. de Bazougers, relevant du fief de Chemeré-le-Roi.
Bois-Robert (Le), f. c^ne de Jublains. — Fief du duché de Mayenne.
Bois-Robert (Le), f. et chât. c^ne de Préaux. — Fief vassal des seign. de Meslay et de Chemeré.
Bois-Robin (Le), f. c^ne de Carelles.
Bois-Rochereau (Le), h. c^ne de Pré-en-Pail.
Bois-Roger (Le), vill. c^ne de Lassay.
Bois-Roger (Le), vill. c^ne de Loupfougères.
Bois-Roger (Le), h. c^ne de la Poôté; donne son nom à un ruiss. affl. de la Sarthe.
Bois-Romée (Le), f. c^ne du Bourgneuf-la-Forêt.
Bois-Rond (Le), f. c^ne d'Ahuillé.
Bois-Rond (Le), f. c^ne de Bonchamp.
Bois-Rond (Le), vill. c^ne de Courcité.
Bois-Rond (Le), h. c^ne de Saint-Denis-d'Anjou.
Bois-Rond (Le), f. c^ne de Simplé.
Bois-Rose (Le), f. c^ne de Saint-Calais-du-Désert.
Bois-Rouillé (Le), h. c^ne de Marcillé-la-Ville. — Landes auj. défrichées.
Bois-Rousseau (Le), f. c^ne de Chemeré-le-Roi.
Bois-Rousseau (Le), h. c^ne de la Poôté.
Bois-Roux (Le), f. c^ne de la Bazoche-Montpinçon.
Bois-Roux (Le), vill. c^ne de Landivy; donne son nom à un ruiss. affl. de celui de la Grange.
Bois-Roux (Le), fief, c^ne de Saint-Georges-Buttavent, vassal de la comm^rie de Quittay.
Bois-Ruault (Le), h. c^ne de Saint-Saturnin-du-Limet.
Bois-Saint-Michel (Le), éc. c^ne de la Roë.
Bois-Saint-Michel (Le), f. c^ne de Saint-Michel-de-la-Roë.

BOISSANDIÈRE (LA), fief, c^{ne} de Simplé, vassal de la bar. de Craon.

BOISSEAU (LE), m^{in}, c^{ne} de la Chapelle-Anthenaise; auj. détruit. — *Le Boessel*, 1443 (arch. nat. P. 343, cote 1033).

BOISSEAU (LE GRAND et LE PETIT), vill., m^{in} et vallée, c^{ne} de Saint-Jean-sur-Mayenne. — Ruiss. qui se jette dans la Mayenne.

BOISSELLERIE (LA), f. c^{ne} de Daon.

BOISSERIE (LA), f. c^{ne} de Saint-Aubin-Fosse-Louvain.

BOISSIÈRE (LA), c^{on} de Craon. — *Boisseria*, 1243 (arch. de la Mayenne, série E). — *Terra de Buxeria*, 1254 (*ibid.*). — *La Boessière*, 1597 (*ibid.*).

Anc. par. du doy. et de la bar. de Craon et de l'élect. d'Angers; l'église paroiss. dépend. de l'abb. de Saint-Serge d'Angers. — La châtell. de la Boissière, relevant de la seign. de Châtelais, comprenait les fiefs du Bignon, du Bois-Pépin et de la Croptière.

BOISSIÈRE (LA), f. c^{ne} de Chemazé.

BOISSIÈRE (LA), vill. c^{ne} de Courberie.

BOISSIÈRE (LA), h. c^{ne} d'Ernée; donne son nom à un ruiss. affl. de l'Ernée. — Fief de la terre de Charné.

BOISSIÈRE (LA), h. c^{ne} de Juvigné-des-Landes.

BOISSIÈRE (LA), h. c^{ne} de Lassay.

BOISSIÈRE (LA), f. c^{ne} de Loupfougères. — Fief du marq. de Villaines-la-Juhel.

BOISSIÈRE (LA), f. c^{ne} de Montjean. — Fief vassal de la châtell. de Montjean.

BOISSIÈRE (LA), h. c^{ne} de Placé.

BOISSIÈRE (LA), vill. c^{ne} de Saint-Calais-du-Désert.

BOISSIÈRE (LA), f. c^{ne} de Saint-Christophe-du-Luat. — *Busserias*, 989 (cart. d'Évron).

BOISSIÈRE (LA), vill. et four à chaux, c^{ne} de Saint-Pierre-sur-Orthe. — *Masura in Bossiliacum*, 989 (cart. d'Évron).

BOISSIÈRE (LA), h. c^{ne} de Vautorte.

BOIS-TANCÉ (LE), f. c^{ne} de Saint-Cyr-en-Pail.

BOIS-TASSEAU (LE), f. c^{ne} de Saint-Mars-sur-Colmont.

BOIS-THIBAULT (LE), h. c^{ne} de Lassay. — *Johannes de nemore Theobaldi*, 1245 (cart. de Fontaine-Daniel). Fief du marq. de Lassay. — Château en ruine.

BOIS-THUBŒUF (LE), h. c^{ne} de Thubœuf.

BOIS-TISONS (RUISSEAU DES), c^{ne} de Montflours, affl. de la Mayenne.

BOIS-TROTTIER (LE), f. c^{ne} de Saint-Gault.

BOIS-VALLÉE (LE), f. et h. c^{ne} de Saint-Martin-du-Limet.

BOIS-VALLET (LE), f. c^{ne} de la Pellerine.

BOIS-VERT (LE), f. c^{ne} de Fougerolles.

BOIS-VERT (LE), h. c^{ne} de la Poôté.

BOIS-VIEIL (LE GRAND et LE PETIT), h. c^{ne} de la Bigottière.

BOIS-VIEN (LE), f. c^{ne} de Craon.

BOIS-YON (LE), vill. c^{ne} de Javron. — *Bois Lion* (Cassini). — *Bois Yons* (carte de l'État-major).

BOITARD, m^{in}, c^{ne} de Chantrigné. — *Moulin de Bouestard*, xve s^e (cab. Ravault). Il a été construit vers 1480.

BOITARDIÈRE (LA), h. c^{ne} de la Poôté.

BOITARDIÈRE (LA), vill. c^{ne} de Saint-Germain-le-Guillaume.

BOITARDIÈRE (LA), f. c^{ne} de Saint-Jean-sur-Mayenne.

BOÎTE (LA), éc. c^{ne} de Montigné.

BOÎTE (LA), f. c^{ne} de Peuton.

BOITERIE (LA), éc. et bois, c^{ne} de Pré-en-Pail.

BOITERIE (RUISSEAU DE LA), c^{ne} de Gesvres, affl. de la riv. de l'Ornette.

BOITIÈRE (LA), h. c^{ne} de Javron.

BOITINIÈRE (LA), f. c^{ne} de Saint-Aubin-Fosse-Louvain.

BOITISSE (LA), f. c^{ne} de Nuillé-sur-Vicoin.

BOITOUZIÈRE (LA), vill. c^{ne} de la Pallu.

BOIVINAIE (LA), f. c^{ne} de la Brulatte; auj. détruite.

BOLINIÈRE (LA), h. c^{ne} de Hambers.

BOLLARD, f. c^{ne} d'Arquenay.

BOLORIE (LA), vill. c^{ne} d'Oisseau.

BOMMAT, fief vassal de la bar. de la Chapelle-Rainsouin.

BON-ABRI, h. c^{ne} d'Ernée.

BONBONNIÈRE (RUISSEAU DE LA), c^{ne} du Genest, affl. du ruiss. de la Bicosnière.

BONCHAMP, c^{on} de Laval-Est. — *A. de Malo-Campo*, xie s^e (cart. du Ronceray). — *Buignon in parrochia de Bono-Campo*, 1241 (Hist. de l'Église du Mans, D. Piolin, t. IV, pr.).

Anc. par. du doy. de Sablé, de l'élect. et du comté de Laval.

BONDE (LA), f. c^{ne} de Chaumes.

BONDE (LA), f. c^{ne} de Saint-Pierre-sur-Orthe.

BON-DÉSIR, éc. c^{ne} d'Olivet.

BONDIE, f. et landes, c^{ne} de Chantrigné.

BONDIE, m^{in}, c^{ne} de Châtillon-sur-Colmont; auj. détruit. — *Molendinum Bondye in aqua Anverie*, 1205 (cart. de Fontaine-Daniel).

BONDIE (LA), f. c^{ne} de Jublains.

BONDIE (LA), éc. c^{ne} de Lévaré.

BONDIE (LA), f. c^{ne} de Montaudin.

BONDIE (LA), h. c^{ne} de Neau.

BONDIE (LA), f. c^{ne} de Saint-Pierre-sur-Erve.

BONDIE (LA), f. c^{ne} de Villiers-Charlemagne.

BONDIÈRE (LA), f. c^{ne} de Beaulieu.

BONDIES (LES), f. c^{ne} de Saint-Ouen-des-Vallons. — Le ruiss. des Basses-Bondies est affl. de la riv. de Deux-Évailles; le ruiss. des Hautes-Bondies est affl. de celui de la Lanfrière.

BONDONIÈRE (LA), f. c^{ne} de Sainte-Gemmes-le-Robert.

BON-ENFANT, f. c^{ne} d'Ahuillé.

BONHEUR (LE PETIT-), f. cne du Horps.
BONHEUR (LE PETIT-), h. cne de Marcillé-la-Ville.
BONICHÈRE (LA), h. cne de Saint-Erblon.
BONICIÈRE (LA), f. cne d'Ahuillé.
BONNARDIÈRE (LA), f. cne de Chemazé.
BONNARDIÈRES (LES), f. cne de Villiers-Charlemagne.
BONNEAU (LA), éc. cne de Laigné.
BONNE-ÉVIÈRE (LA), h. cne de Saint-Loup-du-Gast.
BONNE-FONTAINE, f. cne de Lignières-la-Doucelle; construite vers 1815.
BONNE-FONTAINE, f. et min, cne de Loupfougères.
BONNE-FONTAINE, f. cne de Saint-Georges-le-Fléchard. — Fief vassal de la bar. de la Chapelle-Rainsouin.
BONNE-FONTAINE (LA), vill. cne de Champgeneteux.
BONNE-FONTAINE (RUISSEAU DE), cne de Chemeré-le-Roi, affl. de la Vaige.
BONNELÉE (LA), f. cne de Vaiges.
BONNELIÈRES (LA), f. cne de la Brulatte; auj. détruite.
BONNELIÈRE (LA), f. cne de Louvigné.
BONNELIÈRE (LA), f. cne de Nuillé-sur-Vicoin.
BONNELIÈRES (LES), f. cne de Cossé-en-Champagne. — Ruiss. affl. du Treulon.
BONNE-MARIE (LA), f. cne de Thorigné. — Arrière-fief de la bar. de Sainte-Suzanne, vassal de la châtell. de Thorigné.
BONNE-METRIE (LA), f. cne de l'Huisserie.
BONNERIE (LA), h. cne de la Bigottière.
BONNES, f. cne de l'Huisserie. — Moulin détruit vers 1869. — Landes défrichées vers 1807.
Fief vassal de la bar. d'Entramnes.
BONNES-VIERGES (LES), f. cne de Saint-Samson.
BONNETIÈRE (LA), f. cne de Montjean. — Fief vassal de la châtell. de Montjean.
BONNETIÈRE (LA), éc. cne de Saint-Denis-d'Anjou.
BONNE-TOUCHE (LA), f. cné de Quelaines. — Fief vassal de la bar. de Craon.
BONNETTE (LA), éc. cne de Meslay.
BONNETTERIE (LA GRANDE), f. cne de Mée.
BONNETTERIE (LA PETITE-), éc. cne de Mée.
BONNEVILLE, vill. cne de Champéon; donne son nom à un ruiss. affl. de celui du Bois-du-Fresne.
BONNIBIS, fief vassal de la châtell. d'Ernée.
BONNIÈRE (LA), f. cne de Bouère.
BONNIÈRE (LA), f. cne de Houssay. — Fief du marq. de Château-Gontier.
BONNIÈRE (LA), f. cne de Quelaines.
BONNIÈRE (LA), éc. cne de Saint-Georges-Buttavent.
BONNIEU (LE), f. cne de Saint-Aubin-du-Désert.
BON-POIRIER (LE), éc. cne de la Poôté.
BON-REPOS, f. cne de Cosmes. — Ruiss. affl. de celui de la Garaudière.
Fief vassal du Plessis-de-Cosmes.

BON-REPOS (LE), éc. cne de Grez-en-Bouère.
BON-REPOS (LE), éc. cne de Quelaines.
BON-SECOURS, f. cne de la Poôté.
BONSHOMMES (LES), f. cne de Ballots. — Le prieuré de ce nom, de l'ordre de Grandmont, fondé dans la forêt de Craon, était une annexe de la Haie-aux-Bonshommes près d'Angers. — Voy. HAIE-AUX-BONSHOMMES (LA).
BONSCULIÈRE (LA), f. cne de Niafle. — Bonsculière (Cassini).
BONTELVÈRE (LA), vill. cne du Horps.
BONTÉS (RUISSEAU DES), cne de Cigné, affl. de la Mayenne.
BONULIÈRE (LA), f. cne de Saulges.
BONVALAIN (LE), h. cne d'Izé.
BOOTZ, vill. et min annexés à Laval depuis 1861; étaient autrefois de la cne de Changé. — Mabo de Bor, 1150 (Bibl. nat. fonds lat. 5441). — La chaucée de Boz, 1477 (arch. de la Mayenne, E 20).
Fief vassal des châtell. de Laval et de Saint-Berthevin. — Les landes de ce lieu ont été défrichées de 1820 à 1825.
BOOTZ (LE PETIT-), éc. cue de Laval.
BOQUELERIE (LA), f. cne de Laigné.
BOQUETIÈRE (LA GRANDE et LA PETITE), f. cne de Saint-Saturnin-du-Limet.
BORBIÈRE (LA), f. cne de Rennes-en-Grenouille.
BORDAGE (LE), h. cne d'Andouillé.
BORDAGE (LE), f. cne d'Arquenay; supprimée vers 1826.
BORDAGE (LE), f. cne d'Athée.
BORDAGE (LE), éc. cne de Courbeveille.
BORDAGE (LE), f. cne de Quelaines.
BORDAGE (LE GRAND-), f. cne d'Origné.
BORDAGE (LE PETIT-), f. cne de Nuillé-sur-Vicoin.
BORDE (LA), f. cne de Saint-Pierre-des-Landes.
BORDEAU (LE), h. cne de Fromentières.
BORDEAU (LE), éc. cne de Saint-Georges-sur-Erve.
BORDEAU-CHOUAN (LE), f. cne de Thorigné. — Arrière-fief de la bar. de Sainte-Suzanne, vassal de la châtell. de Thorigné.
BORDEAUX (LES), f. cne d'Aron.
BORDEAUX (LES), vill. cne d'Arquenay.
BORDEAUX (LES), f. cne d'Averton.
BORDEAUX (LES), h. cne de la Baconnière.
BORDEAUX (LES), f. cne de Brée. — Fief vassal de la châtell. de Brée.
BORDEAUX (LES), f. cne de la Chapelle-Rainsouin; auj. détruite. — Fief vassal de la châtell. de la Ramée.
BORDEAUX (LES), h. cne de Fromentières.
BORDEAUX (LES), min et vill. cne de Grez-en-Bouère.
BORDEAUX (LES), vill. cne de Hardanges.
BORDEAUX (LES), f. cne de Loigné.
BORDEAUX (LES), f. cne de Saint-Hilaire-des-Landes;

donne son nom à un ruiss. affluent de celui de la Monitais.

BORDELAIE (LA), f. c^{ne} du Horps.
BORDELAIE (LA), vill. c^{ne} de Marcillé-la-Ville.
BORDELAY (LE), vill. c^{ne} de la Chapelle-au-Riboul.
BORDELIE (LA), f. c^{ne} d'Olivet; auj. détruite.
BORDELIÈRE (LA), f. c^{ne} d'Alexain.
BORDELIÈRE (LA), f. c^{ne} de Bonchamp.
BORDELIÈRE (LA), f. c^{ne} de Courbeveille.
BORDELIÈRE (LA), f. c^{ne} de Fontaine-Couverte; auj. détruite.— *Lieu de la Bourdouillère*, 1437 (abb. de la Roë).
BORDELIÈRE (LA), f. c^{ne} de Jublains.
BORDELIÈRES (LES), f. c^{ne} de Villiers-Charlemagne.
BORDERIE (LA), f. c^{ne} de Châlons.
BORDERIE (LA), h. c^{ne} de Congrier.
BORDERIE (LA), f. c^{ne} de Cossé-le-Vivien.
BORDERIE (LA), f. c^{ne} de Craon.
BORDERIE (LA), f. c^{ne} de Deux-Évailles.
BORDERIE (LA), f. c^{ne} de Livré.
BORDERIE (LA), f. c^{ne} de Loigné.
BORDERIE (LA), f. c^{ne} de Montourtier.
BORDERIE (LA COUR-DE-LA-), f. c^{ne} de Livré. — Fief vassal de la bar. de Craon.
BORDERIE (LA GRANDE et LA PETITE), f. c^{ne} de Fromentières.
BORDERIE (LA HAUTE et LA BASSE), f. c^{ne} de Niafle.
BORDERIE (LA HAUTE et LA BASSE), h. c^{ne} de Pommerieux.
BORDERIES (LES), vill. c^{ne} de la Chapelle-Rainsouin.
BORDINIÈRE (LA), f. c^{ne} de Courbeveille.
BORDINIÈRE (LA), f. c^{ne} de Vaiges.
BORIE (LA), h. c^{ne} de Villaines-la-Juhel. — *Boorie*, 1866 (rôles de dénombr.).
BORINIÈRES (LES), f. c^{ne} de Villaines-la-Juhel.
BORRERIE (LA), f. c^{ne} de Saint-Martin-de-Connée.
BOS (LA), h. c^{ne} de Landivy. — *Labos* (Cassini).
BOSONNIÈRE (LA), f. c^{ne} de la Cropte.
BOSSARD, f. — Voy. BOUSSARD.
BOSSERIE (LA), f. c^{ne} d'Ambrières.
BOSSES (LA), f. c^{ne} d'Andouillé.
BOSSES (LES), vill. c^{ne} de la Croixille. — *Les Biausses* (Cassini).
BOSSETIÈRE (LA), f. c^{ne} de Belgeard.
BOSSETIÈRE (LA GRANDE et LA PETITE), f. c^{ne} de Saint-Cénéré.
BOSSIVIÈRE (LA), f. — Voy. BEAUSSIVIÈRE (LA).
BOSSUAU, h. c^{ne} de Saint-Martin-de-Connée.
BOSSUAU (LE HAUT et LE BAS), f. c^{ne} de Saint-Thomas-de-Courceriers.
BOSSUAU-DU-MILIEU (LE), f. c^{ne} de Saint-Thomas-de-Courceriers.

BOSSUÈRE (LA), h. c^{ne} de Nuillé-sur-Vicoin.
BOSSUÈRE (LA), f. c^{ne} de Saint-Berthevin.
BOTAIS (LA), h. c^{ne} du Genest.
BOTINIÈRE (LA), h. c^{ne} de Landivy.
BOTINIÈRE (LA), f. c^{ne} de Montaudin.
BOTROLIÈRES (LES), f. c^{ne} de Villiers-Charlemagne. — *Botte-Lorière* dans les anciens titres. Fief vassal du comté de Laval.
BOTTE-GARDIEN (LA), h. c^{ne} de Saint-Sulpice.
BOTTELLERIE (LA), f. c^{ue} d'Ahuillé.
BOTTELLERIE (LA), f. c^{ne} d'Astillé.
BOTTELLERIE (LA), f. c^{ne} de Châtillon-sur-Colmont.
BOTTELLERIE (LA), f. c^{ne} de Saint-Mars-sur-la-Futaie.
BOTTELLIÈRE (LA), h. c^{ne} d'Aron.
BOTTEREAU, f. c^{ne} d'Évron.
BOTTERIE (LA), f. c^{ne} de Saint-Denis-de-Gastines.
BOTTERIE (LA GRANDE et LA PETITE), f. c^{ne} de Colombiers.
BOTTES (LES), h. c^{ne} de Saint-Sulpice.
BOTTIÈRE (LA), f. c^{ne} de Belgeard.
BOUANDIÈRE (LA), f. c^{ne} de Parné.
BOUCASSIÈRE (LA), h. c^{ne} du Ham.
BOUCAUDERIE (LA), h. c^{ne} de la Rouaudière.
BOUCHAMP, c^{on} de Craon. — *Fuit calumnia hujus ecclesie Vetuli Campi in curia Roberti Burgundi*, 1067 (cart. de la Trinité de Vendôme). — *Villelmus de Boscampo. J. capellano de Boochamp*, vers 1250 (abb. de la Roë, H 180). — *In parrochia de Buechamp. Johannes de Bochamp*, XIIIe s^e (*ibid.* H 151, f°s 98 et 100).

Anc. par. du doy. de Craon, de l'élect. de Château-Gontier et de la bar. de Craon; le prieuré, annexé à celui de Saint-Clément de Craon, dép. de l'abb. de la Trinité de Vendôme.

L'étang de la commune fut desséché vers 1830.

BOUCHARD, f. c^{ne} de Laigné.
BOUCHARD (BOIS DE), c^{ne} de Belgeard; défriché. — *Boschum Bochardi*, 1205 (cart. de Fontaine-Daniel).
BOUCHARDIÈRE (LA), h. c^{ne} de la Bazouge-de-Chemeré.
BOUCHARDIÈRE (LA), f. c^{ne} du Buret.
BOUCHARDIÈRE (LA), h. c^{ne} du Houssay.
BOUCHARDIÈRE (LA), f. c^{ne} de Laval.
BOUCHARDIÈRE (LA), h. c^{ne} de Lesbois.
BOUCHARDIÈRE (LA), h. c^{ne} de Marigné-Peuton.
BOUCHARDIÈRE (LA), vill. c^{ne} de Mayenne.
BOUCHARDIÈRE (LA), f. c^{ne} de Quelaines.
BOUCHARDIÈRE (LA), f. c^{ne} de la Roë.
BOUCHARDIÈRE (LA), vill. c^{ne} de Saint-Fraimbault-de-Prières.
BOUCHARDIÈRE (LA), f. c^{ne} de Saint-Loup-du-Dorat.
BOUCHARDIÈRE (LA), h. c^{ne} de Thubœuf.
BOUCHARDIÈRE (LA), f. c^{ne} de Vaiges.

BOUCHARDIÈRE (LA GRANDE et LA PETITE), f. c^ne de Montjean. — Fief vassal de la châtell. de Montjean.
BOUCHE (LA), h. c^ne de Commer.
BOUCHE-D'USURE, chât. et m^in, c^ne de Bouchamp. — *Tison de Buca Usure*, xiie s^e (abb. de la Roë, H 151, f° 74).
BOUCHEPOLLIÈRE (LA), f. et chât. c^ne de Simplé.
BOUCHELIÈRE (LA), f. c^ne de Commer; donne son nom à un ruiss..afll. de celui de Monceaux.
BOUCHENAIN (LE), vill. c^ne de Lesbois.
BOUCHENAIN (LE BAS-), f. c^ne de Lesbois.
BOUCHÈRE (BOIS DE LA), c^ne de Saint-Saturnin-du-Limet; auj. défriché.
BOUCHERIE (LA), f. c^ne de Bannes.
BOUCHERIE (LA), bois et f..c^ne de Blandouet.
BOUCHERIE (LA), f. c^ne de Changé.
BOUCHERIE (LA), éc. c^ne de Couesmes.
BOUCHERIE (LA), f. c^ne de l'Huisserie.
BOUCHERIE (LA), h. c^ne de Javron; donne son nom à un ruiss. afll. de la Mayenne.
BOUCHERIE (LA), vill. c^ne de Lignières-la-Doucelle.
BOUCHERIE (LA), f. c^ne de Saint-Denis-du-Maine; donne son nom à un ruiss. afll. de celui de Lucé.
BOUCHERIE (LA), f. c^ne de Saint-Georges-le-Fléchard.
BOUCHERIE (LA), vill. c^ne de Saint-Samson; donne son nom à un ruiss. afll. de la Mayenne.
BOUCHERIE (LA GRANDE et LA PETITE), f. c^ne de Saint-Saturnin-du-Limet.
BOUCHERIE-DES-BOIS (LA), vill. c^ne de Pré-en-Pail.
BOUCHERIE-SOUS-SAINT-CYR (LA), h. c^ne de Pré-en-Pail.
BOUCHERS (LES), h. c^ne de Laval.
BOUCHERS (LES), éc. c^ne de Montsurs. — Fief vassal de la seign. de Saint-Poix.
BOUCHONS (LES), f. c^ne de Nuillé-sur-Vicoin.
BOUCLARDERIE (LA), f. c^ne d'Origné; auj. détruite.
BOUCLERIE (LA), f. c^ne d'Arquenay.
BOUDALLIÈRE (LA), éc. c^ne de Bais.
BOUDELOUP, f. c^ne d'Ahuillé.
BOUDERIE (LA), f. c^be d'Azé.
BOUDERIE (LA), éc. c^ne de Chantrigné.
BOUDERIE (LA), f. c^ne de Neuilly-le-Vendin.
BOUDERIE (LA), h. c^ne de Saint-Germain-de-Coulamer.
BOUDERIES (LES), f. c^ne de Saint-Samson.
BOUDERON (RUISSEAU DE), c^ne d'Oisseau, afll. de la riv. Colmont.
BOUDIER, étang et m^in, c^ne de Contest; auj. détruits. — Voy. MOTTE-BOUDIER.
BOUDIÈRE (LA GRANDE et LA PETITE), vill. c^nes du Genest.
BOUDILLERIE (LA), f. c^ne de Ballots; auj. détruite.
BOUDINIÈRE (LA), f. c^ne de Brécé.
BOUDINIÈRE (LA), f. c^ne de Trans.
BOUDRÉ (RUISSEAU DE), c^ne de Montaudin. — *Rivulo Budreie*, 1160 (cart. de Savigny, f° 110).

BOUÈLE (LA), f. c^nes d'Oisseau.
BOUÈRE, c^on de Grez-en-Bouère. — *Apud Boëriam*, 1065; *exemplationes boschi de Boeria*, xie s^e (Hist. de Sablé, pr.). — *Boëre*, 1215 (inv. des arch. de la Sarthe). — *La forêt de Mellay*, autrem. appelée *la forêt de Boyère*, 1443 (arch. nat. P 343). — *Paroisse de Boyre*, 1587 (chap. de Saint-Maurice d'Angers). — *Boëre* (carte de Jaillot).
Cette par. a été fondée sur les défrichements de la forêt de Bouère; elle était du doy. de Sablé et de l'élect. de la Flèche. — Le prieuré fut donné en 1062 à l'abb. de Marmoûtiers. — La châtell. relevait en partie du comté de Laval et en partie du marq. de Sablé.
BOUÈRIE (LA), h. c^ne d'Ampoigné.
BOUÈRIE (LA GRANDE et LA PETITE), f. c^ne de Ruillé-Froidfont.
BOUÈRIE (LANDES DE LA), c^ne de Saint-Charles-la-Forêt; défrichées vers 1820.
BOUÈS (LES), vill. c^ne de Saint-Pierre-des-Landes.
BOUESSAY, c^on de Grez-en-Bouère. — *G. de Buxiaco*, xie s^e (cart. du Ronceray). — *Par. de Boesseio*, 1297 (inv. des arch. de la Sarthe).
Anc. par. du doy. de Sablé, de l'élect. de la Flèche et du marq. de Sablé. — Le prieuré dépendait du prieuré de Solesmes.
BOUESSAY, f. c^ne d'Aron.
BOUESSAY, éc. c^ne de Fongerolles.
BOUESSAY, vill. c^ne de Javron.
BOUESSAY, f. c^ne de Mézangers.
BOUESSAY, h. c^ne de la Pallu.
BOUESSAY (LE PETIT-), h. c^ne de Grazay.
BOUESSÉ, h. c^ne de la Dorée.
BOUESSÉ (LE GRAND-), h. c^ne de Bonchamp.
BOUESSÉ (LE GRAND-), f. c^ne d'Ernée.
BOUESSÉ (LE HAUT-), f. c^ne d'Ernée. — Fief vassal de la terre de Charné.
BOUESSÉ (LE PETIT-), f. c^ne de Bonchamp. — *Le fié de Boessay*, 1356 (mss. de la bibl. de Laval).
Le ruiss. de Bouessé est afll. de celui de Bonchamp.
BOUESSÉ (LE PETIT-), f. c^ne d'Ernée.
BOUESSÉE, f. c^ne de Larchamp.
BOUESSÉES (LES), f. c^ne de la Pellerine.
BOUESSELIÈRE (LA), f. c^ne de Montenay.
BOUET (LE), f. c^ne de la Baconnière.
BOUFFAY (LE), h. c^ne d'Azé.
BOUFFAY (LE), f. c^ne de Cuillé.
BOUFFAYÈRE (LA), vill. c^ne de Hercé. — *La Bouaffassière*, 1640 (cab. La Baulnère).
Le ruiss. de la Bouffayère est un afll. de celui de la Danvolière.

DÉPARTEMENT DE LA MAYENNE.

BOUFFELLIÈRE (LA), f. c^{ne} d'Andouillé.
BOUFFELLIÈRE (LA), f. c^{ne} d'Entramnes. — Fief de la bar. d'Entramnes.
On prononce *la Bouffayère*.
BOUFFELLIÈRE (LA), f. c^{ne} de Loiron.
BOUFFETIÈRE (LA), f. c^{ne} de Châtillon-sur-Colmont.
BOUFFETIÈRE (LA), f. c^{ne} de Gorron.
BOUFFETIÈRE (LA GRANDE-), h. c^{ne} de Landivy.
BOUFFETIÈRE (LA GRANDE et LA PETITE), f. c^{ne} de Changé.
BOUFFETIÈRE (LA PETITE-), f. c^{ne} de Landivy.
BOUFFETIÈRES (LES), f. c^{ne} de Méral.
BOUFFRAYE (LA), f. c^{ne} de Changé.
BOUFFRAYÈRE (LA), f. c^{ne} de Châtillon-sur-Colmont.
BOUFOURCE (FIEF DE), c^{ne} de Saint-Germain-de-Coulamer, vassal de la châtell. de Courceriers.
BOUGARDIÈRES (LES), vill. c^{ne} d'Ernée.
BOUGAUDIÈRE (LA), f. c^{ne} de Beaumont-Pied-de-Bœuf.
BOUGAUDIÈRE (LA), f. c^{ne} de Grez-en-Bouère.
BOUGE, f. c^{ne} de Louvigné.
BOUGE, f. c^{ne} de Nuillé-sur-Vicoin.
BOUGELIÈRE (LA), f. c^{ne} de Villaines-la-Juhel.
BOUGEOLAIE (LA), f. c^{ne} de l'Huisserie.
BOUGEREAUX (LES), vallée, c^{ne} de Saint-Jean-sur-Mayenne.
BOUGERIE (LA), f. c^{ne} de Cossé-en-Champagne.
BOUGETERIE (LA), f. c^{ne} de Saint-Germain-le-Fouilloux.
BOUGETS (LES), h. c^{ne} de Marigné-Peuton.
BOUGLER (BOIS DE), près de la Roë; défriché dès le XVIIe s^e. — *Toutes les terres mises en labour du bois de Bougler*, 1668 (abb. de la Roë).
BOUGONNIÈRE (LA), f. c^{ne} d'Arquenay.
BOUGONNIÈRE (LA), f. c^{ne} de Courbeveille.
BOUGONNIÈRE (LA), h. c^{ne} de Fougerolles.
BOUGONNIÈRE (LA), vill. c^{ne} de la Poôté.
BOUGRAIE (LA), f. c^{ne} de Ménil. — Fief vassal de la terre de Ménil.
BOUGRÈRE (LA), h. c^{ne} de Châtillon-sur-Colmont.
BOUGRIE (LA), f. c^{ne} de Simplé.
BOUGRIE-AUNAY (LA), f. c^{ne} de Pommerieux.
BOUGRIÈRE (LA), f. c^{ne} de Bonchamp.
BOUGRIÈRE (LA), f. c^{ne} de Saulges.
BOUGUELIÈRE (LA), h. c^{ne} de Laigné.
BOUGUELIÈRE (LA HAUTE et LA BASSE), f. c^{ne} de Pommerieux. — On dit aussi *la Bouguelinière*.
Fief vassal de la bar. de Craon.
BOUGUERIE (LA), f. c^{ne} de Saint-Berthevin.
BOUHAMERIES (LES), h. c^{ne} de Montenay.
BOUHARDIÈRE (LA), f. c^{ne} du Buret.
BOUHARDIÈRE (RUISSEAU DE LA), c^{ne} de Saint-Denis-de-Gastines; affl. du ruiss. de Montflaux.
BOUHEREAU (LE), éc. c^{ne} de Parigné.
BOUHERIE (LA), éc. c^{ne} de Saint-Jean-sur-Mayenne.

BOUHON (BOIS DE), c^{ne} d'Évron; auj. défriché.
BOUHORONS (RUISSEAU DES), c^{ne} de Préaux; affl. de la Vaige.
BOUHOURDERIE (LA), f. c^{ne} de Bierné.
BOUHOURDERIE (LA), f. c^{ne} d'Origné.
BOUHOURDERIE (LA), f. de Saint-Sulpice.
BOUHOURDIÈRE (LA), h. c^{ne} de Grez-en-Bouère.
BOUHOURDIÈRE (LA), f. c^{ne} de Hercé.
BOUHOURDIÈRE (LA), f. c^{ne} de Juvigné-des-Landes. — On prononce *la Bouhourière*.
BOUHOURDIÈRE (LA), f. c^{ne} de Marigné-Peuton.
BOUHOURDIÈRE (LA), f. c^{ne} de Parné.
BOUHOURDIÈRE (LA), éc. c^{ne} de Saint-Aubin-Fosse-Louvain.
BOUHOURIE (LA), fief vassal de la châtell. de Meslay.
BOUILLANDIÈRE (LA), f. c^{ne} de Houssay.
BOUILLÉ, f. c^{ne} de Craon. — *Étang de Bouillée*, 1461 (arch. nat. P 339).
BOUILLÉ, vill. c^{ne} de Torcé et chât. en ruines. — Fief vassal de la bar. de Sainte-Suzanne.
BOUILLÈRE (LA), f. c^{ne} de Bais. — Landes défrichées en 1860.
BOUILLÈRE (LA), f. c^{ne} de Beaulieu. — Fief vassal de la châtell. de la Guéhardière.
BOUILLÈRE (LA), f. c^{ne} de Bouère.
BOUILLÈRE (LA), f. c^{ne} de Brée.
BOUILLÈRE (LA), f. c^{ne} de Cuillé.
BOUILLÈRE (LA), f. c^{ne} de Gesvres.
BOUILLÈRE (LA), f. c^{ne} de Lassay.
BOUILLÈRE (LA), f. c^{ne} de Loiron.
BOUILLÈRE (LA), h. c^{ne} de Trans.
BOUILLETERIE (LA), f. c^{ne} d'Ampoigné.
BOUILLERIE (LA), h. c^{ne} de Bais.
BOUILLERIE (LA), f. c^{ne} de Champgeneteux. — On prononce aussi *la Boulerie*.
BOUILLERIE (LA), f. c^{ne} de Larchamp.
BOUILLERIE (LA), f. c^{ne} de Saint-Germain-le-Fouilloux.
BOUILLERIES (LES), f. c^{ne} de Laigné.
BOUILLERIES (LES GRANDES-), h. c^{ne} de Chemazé.
BOUILLÉ-THÉVALES, fief, c^{ne} de Chemazé, vassal du marq. de Château-Gontier.
BOUILLETTERIE (LA), éc. c^{ne} de Saint-Germain-le-Fouilloux.
BOUILLON, h. c^{ne} de Loupfougères.
BOUILLON, f. c^{ne} de Montenay; donne son nom à un ruiss. affl. de celui de Montenay.
BOUILLON (LE), f. c^{ne} d'Athée; auj. détruite.
BOUILLON (LE), h. c^{ne} de la Chapelle-au-Riboul.
BOUILLON (LE), h. c^{ne} de Grazay; donne son nom à un ruiss. affl. de l'Aron.
BOUILLON (LE), f. c^{ne} d'Izé.
BOUILLON (LE), h. c^{ne} de Lassay.

6.

Bouillon (Le), f. c^ne de Pommerieux.
Bouillon (Le), h. c^ne de Sainte-Marie-du-Bois.
Bouillon (Le), f. c^ne de Saint-Mars-sur-Colmont.
Bouillon (Le), f. c^ne de Simplé.
Bouillon (Le Grand et le Petit), f. c^ne de Chemazé. — Fief vassal du marq. de Château-Gontier.
Bouillon (Ruisseau de), c^ne du Pas, affl. du ruiss. de l'Étang de la Pallu.
Bouillon-Gravier, f. c^ne de Craon.
Bouillonnet (Le), éc. c^ne de Chantrigné.
Bouillonnet (Les Bois de), c^nes de Sainte-Suzanne et de Viviers.
Bouillonnets (Les), f. c^ne de la Bigottière.
Bouillonnets (Les), h. c^ne de Saint-Loup-du-Gast. — Ruiss. affl. de celui de Vienne.
Bouillonnière (La), f. c^ne de Lesbois.
Bouillonnière (La), f. c^ne de Pré-en-Pail.
Bouillons (Les), f. c^ne de Châtillon-sur-Colmont.
Bouillons (Les), f. c^ne d'Ernée.
Bouillons (Les), f. c^ne de Hercé.
Bouillons (Les), f. c^ne d'Izé.
Bouillons (Les), vill. c^ne de Jublains.
Bouillons (Les), f. c^ne de Launay-Villiers.
Bouillons (Les), f. c^ne de Loigné. — Fief du marq. de Château-Gontier. — Ruiss. affl. de la Mayenne.
Bouillons (Les), éc. c^ne de la Pallu.
Bouillons (Les), h. c^ne de Saint-Fraimbault-de-Prières.
Boujandière (La), f. c^ne de Saint-Georges-le-Fléchard. — On dit aussi la Boujantière.
Boujantière (La), f. c^ne de Ruillé-Froidfont.
Boujuère (La), h. c^ne de Grazay.
Boul (Le), f. c^ne d'Arquenay.
Boulaie (La), f. c^ne de Fougerolles.
Boulaie (La), vill. c^ne de Gesvres.
Boulaie (La), h. c^ne du Ham; donne son nom à un ruiss. affl. de celui de la Motte.
Boulaie (La), bois et landes, c^ne de Hambers.
Boulaie (La), f. c^ne de Juvigné-des-Landes.
Boulaie (La), f. c^ne de Landivy.
Boulaie (La), f. c^ne de Larchamp.
Boulaie (La), f. c^ne de Laubrières.
Boulaie (La), f. c^ne de Louvigné.
Boulaie (La), f. c^ne de Montenay.
Boulaie (La), f. c^ne d'Olivet.
Boulaie (La), h. c^ne de Pré-en-Pail.
Boulaie (La), f. c^ne de Saint-Germain-le-Fouilloux; donne son nom à un ruiss. affl. de celui d'Ingrandes.
Boulaie (La), f. c^ne de Saint-Isle.
Boulaie (La), f. c^ne de Saint-Ouen-des-Toits.
Boulaie (La), f. c^ne de Saint-Pierre-des-Landes.
Boulaie (La), landes et bois, c^ne de Viviers.
Boulaie (La Petite-), f. c^ne de Larchamp.

Boulaie (La Petite-), f. c^ne de Saint-Pierre-des-Landes.
Boulaie-de-la-Cordellière (La), h. c^ne de Juvigné-des-Landes.
Boulaie-de-l'Étang-Neuf (La), h. c^ne de Juvigné-des-Landes.
Boulaie-du-Feu (La), f. c^ne de Juvigné-des-Landes.
Boulaies (Les), fief, c^ne d'Azé, vassal de la châtell. d'Ingrandes.
Boulaies (Les), f. c^ne de Bais. — Les bruyères de ce lieu sont auj. défrichées.
Boulaies (Les), h. c^ne de Bazouges.
Boulaies (Les), h. c^ne de Bouchamp.
Boulaies (Les), h. c^ne du Bourgneuf-la-Forêt.
Boulaies (Les), vill. c^ne de Champgeneteux. — Ruiss. affl. de celui de la Vrillère.
Boulaies (Les), vill. c^ne de la Chapelle-au-Riboul.
Boulaies (Les), vill. c^ne de Saint-Hilaire-des-Landes.
Boulaies (Les), h. c^ne de Saint-Saturnin-du-Limet.
Boulanderie (La), éc. c^ne de Saint-Charles-la-Forêt.
Boulangerie (La), h. c^ne de Saint-Pierre-sur-Orthe.
Boulard, ruiss. c^ne de la Poôté, affl. de celui de Campas.
Boulardière (La), f. c^ne de Colombiers.
Boulardière (La), f. c^ne de Grez-en-Bouère.
Boulardière (Étang de la), c^ne de Meslay; desséché.
Boulardière (La), vill. c^ne d'Orgères.
Boulardière (La), f. c^ne de Saint-Aubin-Fosse-Louvain.
Boulaudière (La), f. c^ne de Fontaine-Couverte. — La Boulardière, 1640 (abb. de la Roë, H 181). Les landes de ce lieu sont auj. défrichées.
Boulay, c^on de Pré-en-Pail. — Guillelmus de Boolet, 1198 (rec. de chartes fait au XVIIe siècle). Anc. par. du doy. de la Roche-Mabille, de l'élect. du Mans et du duché de Mayenne. — L'étang du bourg a été desséché vers 1862.
Boulay (Le), f. c^ne d'Argentré.
Boulay (Le), f. c^ne du Bignon.
Boulay (Le), f. c^ne de Bouchamp. — Le Boullay-Coulom, 1549 (arch. de la Mayenne, E 134).
Boulay (Le), f. c^ne de Brée.
Boulay (Le), m^in, c^ne de Brétignolles.
Boulay (Le), f. c^ne de Chemazé. — Fief du marq. de Château-Gontier.
Boulay (Le), f. c^ne de Cossé-le-Vivien.
Boulay (Le), f. c^ne de Désertines.
Boulay (Le), f. c^ne d'Évron.
Boulay (Le), vill. c^ne du Horps; donne son nom à un ruiss. affl. de l'Aisne.
Boulay (Le), f. c^ne de Laubrières.
Boulay (Le), f. c^ne de Louverné.
Boulay (Le), f. c^ne de Neau.

Boulay (Le), f. cne d'Olivet.,
Boulay (Le), f. cne de Parné.
Boulay (Le), f. cne de Ruillé-Froidfont.
Boulay (Le), f. cne de Saint-Denis-du-Maine.
Boulay (Le), h. cne de Saint-Ellier.
Boulay (Le), h. cne de Sainte-Marie-du-Bois.
Boulay (Le), f. cne de la Selle-Craonnaise.
Boulay (Le), h. et f. cne de Simplé.
Boulay (Le), h. cne de Thorigné. — Le fief du Grand-Boulay relevait en partie du fief du Châtelet et en partie de la seign. de la Raguenière.
Boulay (Le), h. cne de Villepail. — Arrière-fief du marq. de Villaines-la-Juhel, vassal de la châtell. de la Brizollière.
Boulay (Le), f. cne de Villiers-Charlemagne.
Boulay (Le Bas-), h. cne de Brétignolles.
Boulay (Le Bas-) f. cne de l'Huisserie; détr. v. 1854. — Le ruiss. du Bas-Boulay se jette dans la Mayenne.
Boulay (Le Bas-), f. cne de Saint-Saturnin-du-Limet. — Fief vassal de la bar. de Craon.
Boulay (Le Grand-), f. cne de Saint-Saturnin-du-Limet.
Boulay (Le Grand et le Petit), f. cne d'Andouillé.
Boulay (Le Grand et le Petit), f. cne de Denazé.
Boulay (Le Grand et le Petit), h. cne de Vaiges.
Boulay (Le Haut-), vill. cne de Brétignolles.
Boulay (Le Haut-), f. cne de l'Huisserie.
Boulay (Ruisseau de), cne de Saint-Hilaire-des-Landes, affl. de celui de Vaumorin.
Boulayère (La), f. cne du Horps. — Étang desséché en 1823.
Boulayère (La), f. cne de Maisoncelles.
Boulayère (La Grande et la Petite), f. cne de Louverné.
Bouleau (Le), f. cne de Crennes-sur-Fraubée.
Bouleaux (Les), éc. cne de la Dorée.
Boule-d'On (La), f. cne de Livet-en-Charnie.
Boule-d'Or (La), h. cne de Vimarcé.
Boulenerie (La), f. cne de Laval.
Bouleraies (Les), f. cne de la Rouaudière.
Boulerie (La), f. cne d'Ernée.
Boulerie (La), éc. cne de Montaudin.
Boulerie (La), f. cne d'Oisseau.
Boulerie (La Basse-), éc. cne de Chailland. — Altération de Bouillerie.
Boulerie (La Haute-), h. cne de Chailland.
Bouleron, f. cne de Louvigné.
Boulière (La), f. cne de Deux-Évailles.
Boulière (La), f. cne de la Poôté. — Altération de la Bouillère.
Boulières (Les), h. cne de la Poôté.
Boulinière (La), h. cne de Saint-Thomas-de-Courceriers.

Boulonnay, f. cne de Juvigné-des-Landes. — Fief vassal de la châtell. d'Ernée.
Boulonnay (Le), bois, cne d'Évron; auj. défriché. — In nemore de Boullonnay, 1332 (cart. d'Évron).
Boulonnay-Yon (Le), f. cne de Juvigné-des-Landes.
Boulonnière (La), f. cne d'Andouillé.
Boulonnière (La), f. cne de Changé.
Boulonnière (La), f. cne de Grez-en-Bouère.
Boulonnière (La), f. cne de Laval.
Boulonnière (La), h. cne de Lesbois.
Boult (Le), éc. et f. cne de Fontaine-Couverte.
Boultière (La), f. cne de Commer.
Boultière (La), f. cne d'Entrammes.
Boulvraie (La), h. cne de Marcillé-la-Ville.
Boumaillère (La), f. cne de Saint-Germain-de-Coulamer. — On prononce aussi la Baumaillère.
Bouquet (Le), bois cne de Saint-Charles-la-Forêt, sis dans la forêt de Bouère.
Bouquet (Le), h. cne de Viviers.
Bouquet-de-la-Rue (Le), h. cne d'Ernée.
Bouquéteau, f. cne de Voutré.
Bouquetière (La), h. cne de Laigné.
Bouquetière (La), f. cne de Saint-Denis-d'Anjou.
Bourbe (La), ruiss. cne de Boulay, affl. de l'Ornette.
Bourbe (La), h. cne de Saint-Ellier.
Bourbes (Les), éc. cne de Brée.
Bourbes (Les), f. cne de Chammes.
Bourbes (Les), f. cne de Châtres.
Bourbes (Les), f. cne d'Izé.
Bourbes (Les), éc. cne de la Poôté.
Bourbes (Les), f. cne de Pré-en-Pail.
Bourbonnière (La), f. cne de Deux-Évailles.
Bourbouillé, f. cne de Beaulieu. — Borbouillet (Cassini).
Fief vassal de la châtell. de Montigné.
Bourchien (Ruisseau de), cne de Neuilly-le-Vendin, affl. de la Mayenne.
Bourdaine (La), vill. cne de Fougerolles.
Bourdaines (Les), h. cne du Bourgneuf-la-Forêt.
Bourdaines (Les Petites-), h. cne du Bourgneuf-la-Forêt.
Bourdais, f. cne de Carelles.
Bourdais, vill. cne de Saint-Mars-sur-Colmont; donne son nom à un ruiss. affl. de celui de la Torchandière.
Bourdais (Le Haut et le Bas), h. cne de Saint-Pierre-des-Landes.
Bourdaiserie (La), f. cne de Gorron.
Bourdaiserie (La), vill. cne du Ham.
Bourdaiserie (La), f. cne de Ménil.
Bourdaiserie (La), éc. cne d'Oisseau.
Bourdaiserie (La), f. cne d'Origné.

BOURDAISERIE (LA), f. c^{ne} de Saint-Brice.
BOURDAISERIE (LA), f. c^{ne} de Villiers-Charlemagne.
BOURDAZÉ, éc. c^{ne} de Cuillé.
BOURDAZIÈRE (LA), éc. c^{ne} de Montourtier.
BOURDELIÈRE (LA), f. c^{ne} de Chérancé.
BOURDES, fief de la châtell. d'Ernée.
BOURDINEAU, f. c^{ne} d'Ahuillé.
BOURDINIÈRE (LA), f. c^{ne} d'Ahuillé.
BOURDINIÈRE (LA), éc. c^{ne} de Bazougers.
BOURDINIÈRE (LA), h. c^{ne} du Bourgneuf-la-Forêt.
BOURDINIÈRE (LA), f. c^{ne} de Brécé.
BOURDINIÈRE (LA), f. c^{ne} de Courbeveille.
BOURDINIÈRE (LA), f. c^{ne} de Saint-Berthevin.
BOURDINIÈRE (LA), f. c^{ne} de Saint-Fort.
BOURDINIÈRE (LA GRANDE-), f. c^{ne} de Houssay.
BOURDINIÈRE (LA HAUTE-), h. c^{ne} d'Ahuillé.
BOURDINIÈRE (LA HAUTE-), f. c^{ne} de Saint-Berthevin.
BOURDINIÈRE (LA PETITE-), éc. c^{ne} de Houssay ; donne son nom à un ruiss. affl. de celui de Courcelles.
BOURDONNAIE (LA), f. c^{ne} d'Ampoigné.
BOURDONNAIE (LA), éc. c^{ne} d'Athée.
BOURDONNAIE (LA), f. c^{ne} de Courcité.
BOURDONNAIE (LA), h. c^{ne} du Ribay.
BOURDONNAIE (LA), h. c^{ne} de Saint-Aubin-du-Désert.
BOURDONNAIES (LES), vill. c^{ne} de Melleray.
BOURDONNAY (LE), vill. c^{ne} du Horps.
BOURDONNERIE (LA), f. c^{ne} de la Chapelle-Craonnaise.
BOURDONNERIE (LA), f. c^{ne} de Cossé-le-Vivien.
BOURDONNERIE (LA), f. c^{ne} de Cuillé.
BOURDONNERIES (LES), f. c^{ne} de Laigné.
BOURDONNIÈRE (LA), f. c^{ne} d'Andouillé.
BOURDONNIÈRE (LA), h. c^{ne} de Chailland.
BOURDONNIÈRE (LA), vill. c^{ne} des Chapelles.
BOURDONNIÈRE (LA), éc. c^{ne} de la Croixille ; donne son nom à un ruiss. qui se jette dans celui de la Mé-latière.
BOURDONNIÈRE (LA), vill. c^{ne} de Fougerolles ; donne son nom à un ruiss. affl. de la riv. Colmont.
BOURDONNIÈRE (LA), f. c^{ne} de Marigné-Peuton.
BOURDONNIÈRE (LA), f. c^{ne} de Saint-Berthevin.
BOURDONNIÈRE (LA), f. c^{ne} de Saint-Denis-de-Gastines.
BOURDONNIÈRE (LA), h. c^{ne} de Saint-Ellier.
BOURDONNIÈRE (LA), h. c^{ne} de Sainte-Gemmes-le-Robert.
BOURDONNIÈRE (LA PETITE-), h. c^{ne} de Saint-Berthevin.
BOURDONNIÈRES (LES), f. c^{ne} de Nuillé-sur-Ouette.
BOURDONNIÈRES (LES), f. c^{ne} de Saint-Fort. — La Boudemonnière (Cassini).
Le ruiss. des Bourdonnières ou de Valles se jette dans celui du bourg de Ménil. — Fief vassal du marq. de Château-Gontier.
BOUREL, mⁱⁿ, c^{ne} de Bierné ; détruit. — Étang desséché.

BOURELIÈRE (LA), f. c^{ne} de Ballots.
BOURELIÈRE (LA), fief, c^{ne} de Brée, vassal de la châtell. de Brée et de la seign. de la Beschère.
BOURETTE, f. c^{ne} de Cossé-le-Vivien.
BOURG (ÉTANG DU), c^{ne} de Villepail.
BOURG (LE), f. c^{ne} d'Astillé.
BOURG (LE), h. c^{ne} de Bazouges.
BOURG (LE), f. c^{ne} de Champfremont ; détruite vers 1830.
BOURG (LE), éc. c^{ne} de Changé.
BOURG (LE), f. c^{ne} de Courbeveille.
BOURG (LE), f. c^{ne} de Désertines ; auj. détruite.
BOURG (LE), f. c^{ne} de Neau ; détruite en 1848.
BOURG (LE), f. c^{ne} de Sacé ; auj. détruite.
BOURG (LE), f. c^{ne} de Saint-Berthevin.
BOURG (LE), f. c^{ne} de Saint-Erblon ; auj. détruite.
BOURG (LE), éc. c^{ne} de Saint-Isle.
BOURG (LE), f. c^{ne} de Simplé.
BOURG (LE BAS-), f. c^{ne} de Colombiers.
BOURG (LE BAS-), f. c^{ne} de Launay-Villiers.
BOURG (LE BAS-DU-), f. c^{ne} de la Croixille.
BOURG (LE BAS-DU-), f. c^{ne} de Nuillé-sur-Vicoin.
BOURG (LE HAUT-), f. c^{ne} de la Bigottière ; auj. détruite.
BOURG (LE HAUT-), vill. c^{ne} du Genest.
BOURG (LE HAUT-DU-), f. c^{ne} de Ruillé-le-Gravelais ; auj. détruite.
BOURG (LE HAUT-DU-), f. c^{ne} de Saint-Germain-d'Anxurre ; détruite vers 1837.
BOURG-À-L'ABBESSE (LE), éc. c^{ne} de Chammes.
BOURGANIÈRE (LA), f. c^{ne} de Parné.
BOURGAUD (LE), f. c^{ne} de la Selle-Craonnaise.
BOURGAUDIÈRE (LA), f. c^{ne} du Housseau.
BOURGAUDIÈRE (LA), f. c^{ne} de Parigné. — *Terram et reditum de la Burgaudière*, 1239 (abb. de Savigny, arch. nat. L 970). — *Super motta feodi de Burgauderia*, 1259 (ibid. L 972).
BOURG-AUX-NONNAINS (LE), vill. c^{ne} de Renazé ; landes défrichées vers 1819. — Prieuré dép. de l'abb. de Nidoiseau.
BOURG-BAILLY, nom donné à la paroisse de la Chapelle-Rainsouin par la famille de Bailly, lorsqu'elle fit l'acquisition de la baronnie de la Chapelle.
BOURG-BAYON (LE), f. c^{ne} d'Aron.
BOURG-BEAUREGARD (LE), h. c^{ne} de Vimarcé.
BOURG-CHEVREAU (LE), f. c^{ne} d'Entrammes ; détruite en 1865.
BOURG-CHEVREAU (LE), quartier de Laval qui s'étendait autour de l'église Saint-Thugal au moyen âge.
BOURG-CHEVREAU (LE), vill. c^{ne} de Sainte-Gemmes-le-Robert. — *Via de Borchevrel*, 1220 (cart. d'Évron).
BOURG-CHEVREUIL (CHAPELLE DE), c^{ne} de Méral. — *La chapelle de Bourg-Chevrart*, 1351 (abb. de la Roë). — *In decima de Bourg-Cheval*, 1439 (ibid.). — *La*

chapellenie de Bourchevrart, 1544 (*ibid.*). — Elle était desservie à la Corbière.

Bourg-Coquin (Le), f. c^{ne} de Bazouges; auj. détruite.

Bourg-Coquin (Le), f. c^{ne} de Bouère.

Bourg-Coquin (Le), éc. c^{ne} de Daon.

Bourg-du-Chemin (Le), éc. c^{ne} de Beaulieu.

Bourg-du-Chemin (Le), vill. c^{ne} de Montjean.

Bourgeais (Les), f. c^{ne} de Mayenne.

Bourgeau (Le), f. c^{ne} d'Astillé. — Fief vassal de la châtell. de Montigné.

Bourgeau (Le), f. c^{ne} de Saint-Fort.

Bourgeau (Le), f. c^{ne} de la Selle-Craonnaise.

Bourgeau (Le), h. c^{ne} de Vaiges.

Bourgeau (Le), f. c^{ne} de Villiers-Charlemagne.

Bourgelais (La), f. c^{ne} de l'Huisserie.

Bourgeoiserie (La), f. c^{ne} de Louvigné.

Bourgeoiserie (La), f. c^{ne} de Maisoncelles.

Bourgeoiserie (La), f. c^{ne} de Saint-Georges-le-Fléchard; détruite en 1850.

Bourgeolière (La), h. c^{ne} de Cuillé.

Bourgeonneau, h. c^{ne} de Châtillon-sur-Colmont.

Bourgeonnière (La), vill. c^{ne} de Courbeveille. — Fief vassal de la châtell. de Courbeveille.

Bourgeonnière (La), f. c^{ne} de Saint-Denis-de-Gastines.

Bourgeonnière (La), f. c^{ne} de Saint-Pierre-des-Landes.

Bourgeonnière (La), h. c^{ne} de Saint-Pierre-sur-Orthe.

Bourgeonnières (Les), f. c^{ne} de Bazougers.

Bourgeray (Le), h. c^{ne} de Thubœuf.

Bourgère (La), f. c^{ne} de Commer.

Bourgère (La), vill. c^{ne} de Melleray.

Bourgère (La Haute-), bois, c^{ne} de Bouère.

Bourgerie (La), f. c^{ne} de Cossé-en-Champagne.

Bourget (Le), f. c^{ne} de Mayenne.

Bourget (Le), f. c^{ne} de Saint-Georges-Buttavent.

Bourg-Hersent (Le), vill. c^{ne} de Laval — *Hersendis burgum*, 1150 (Bibl. nat. f. lat. 5441).

Bourginière (La), f. c^{ne} de la Bazouge-des-Alleux.

Bourg-le-Prêtre (Le), nom donné à la paroisse de la Chapelle-Rainsouin par la famille Le Prêtre, lorsqu'elle acquit cette terre. — La bar. de ce nom fut érigée le 7 septembre 1664.

Bourg-Levant (Le), f. c^{ne} d'Ernée.

Bourg-Levant (Le), éc. c^{ne} de Placé.

Bourg-Levant (Le), éc. c^{ne} de Saint-Hilaire-des-Landes.

Bourg-l'Évêque (Le), chât. et f. c^{ne} de Simplé. — *In capella turris de vico episcopi*, 1215 (arch. de la Mayenne, H 194, f° 12). — *Ad burgum episcopi* (*ibid.* H 151, f° 72).

Le fief de ce lieu, vassal de la seign. de Gangen, appartenant au chap. de la cath. d'Angers, s'étendait sur les par. de Cosmes, de Simplé et de la Chapelle-Craonnaise.

Bourg-Mansais (Le), vill. c^{ne} de Champgenéteux.

Bourg-Moreau (Le Haut et le Bas), vill. c^{ne} de Chailland.

Bourgneuf (Le), h. c^{ne} de la Bazonge-des-Alleux.

Bourgneuf (Le), vill. c^{ne} de Bouère.

Bourgneuf (Le), vill. c^{ne} de Champéon.

Bourgneuf (Le), vill. c^{ne} de Fromentières. — *Lesdictes choses sises en la ville de Bourcneuf*, 1409 (arch. de la Mayenne, E 25, f° 26). — *Le Bourgneuf de Baubigné*, 1614 (*ibid.* E 27).

Bourgneuf (Le), f. c^{ne} de Jublains. — Fief du duché de Mayenne.

Bourgneuf (Le), vill. c^{ne} de Livré. — *Capellam de Burgo novo*, 1184 (abb. de la Roë). — *Le Bourcneuf*, 1372 (*ibid.*).

Le prieuré de Saint-Michel du Bourgneuf-des-Écotais dép. de l'abb. de la Roë. — Étang desséché.

Bourgneuf (Le), f. c^{ne} de Nuillé-sur-Ouette. — Le fief du Bourgneuf-sous-Vénard était vassal de la bar. de la Chapelle-Rainsouin.

Bourgneuf (Le), vill. c^{ne} de Saint-Fraimbault-de-Prières.

Bourgneuf (Le), vill. c^{ne} de Saint-Quentin. — On le nomme *le Bourgneuf-de-la-Forêt* ou *le Bourgneuf-de-Saucogné* pour le distinguer des autres homonymes si nombreux dans la Mayenne.

Bourgneuf (Le), h. c^{ne} de Voutré. — Arrière-fief de la baronnie de Sainte-Suzanne, vassal de la seign. de Bouillé.

Bourgneuf (Le Grand et le Petit), f. c^{ne} de Bierné.

Bourgneuf (Le Haut et le Bas), vill. c^{ne} de Pré-en-Pail.

Bourgneuf (Le Petit-), f. c^{ne} de Saint-Georges-Buttavent.

Bourgneuf-la-Forêt (Le), c^{on} de Loiron. — *Burgus novus*, 1226 (liv. bl. du chap. du Mans). — *Porrochia S. Martini de Burgonovo de Foresta*, 1606 (reg. de la par.). — *Bourgneuf de la Forêt* (carte de Jaillot).

Anc. par. du doy., du comté et de l'élect. de Laval.

Bourg-Nouveau (Le), f. c^{ne} de Juvigné-des-Landes.

Bourg-Nouveau (Le), vill. c^{ne} de Saint-Berthevin; donne son nom à un ruiss. affl. de celui de Courteilles.

Bourg-Nouveau (Le), f. c^{ne} de Vautorte.

Bourgnouvel, vill. siége de la c^{ne} de Belgeard. — *Burgo novello*, 1205 (cart. de l'abb. de Fontaine-Daniel).

Domaine des comtes du Maine, puis de la couronne, cette localité fut, jusqu'au XVIIe s^e, le siége d'une petite sénéchaussée royale dont la juridiction s'étendait sur Belgeard et quelques fiefs voisins et dont les appels se relevaient à la sénéchaussée du Mans et au parlement de Paris.

Le sceau, que possède le curé de la paroisse, porte en légende : *Sigillum regis ad causas de Burgonovo.*

Bourgon, c^ne de Loiron. — *Johanne de Borgon*, xiie s^e (cart. de Savigny, f° 88). — *Burgodenum*, xiie s^e (Gesta pontif. Cen.). — *Cure de Burgon*, 1528 (abb. de Fontaine-Daniel).

Anc. paroisse du doy., de l'élect. et du comté de Laval. — Étangs auj. desséchés.

Bourgon, f., chât. et forêt, c^ne de Montourtier. — *Burgon*, 989 (cart. d'Évron). — *Silva quæ Burcoium dicitur*, 1219 (Bibl. nat. f. lat. 5441).

Fief du duché de Mayenne. — La forêt s'étend sur Belgeard et Jublains.

Bourgonnière (La), f. c^ne de la Baconnière. — Fief vassal de la châtell. de Saint-Ouen-des-Toits.

Bourgonnière (La), f. c^ne de la Haie-Traversaine.

Bourgonnière (La), f. c^ne de Hambers.

Bourgonnière (La Petite-), f. c^ne de Grez-en-Bouère.

Bourgonnière-Grotteau (La), f. c^ne de Grez-en-Bouère.

Bourg-Pelletier (Le), f. c^ne de Saint-Pierre-des-Landes.

Bourg-Philippe (Le), vill. c^ne de Chemazé. — *Capellam de Burgo-Philippi*, 1184 (bulle de l'abb. de la Roë). — *Le prieur du Bourfelipes*, 1622 (abb. de la Roë).

Le prieuré de Saint-Léonard du Bourg-Philippe dép. de l'abb. de la Roë.

Bourg-Philippe (Le), f. c^ne de Montaudin. — *In burgo Philippi*, 1239 (abb. de Fontaine-Daniel).

Bourg-Renaud, fief, c^ne de Bazouges, vassal du marq. de Château-Gontier. — C'est la partie de la par. fondée par Renaud de Château-Gontier, l'un des premiers seigneurs.

Bourg-Tourné (Le), h. c^ne de Saint-Mars-sur-la-Futaie.

Bourguelière (La), h. c^ne de la Poôté.

Bourg-Vallée (Le), éc. c^ne de la Gravelle.

Bourg-Vallée (Le Petit-), f. c^ne de la Gravelle.

Bourienne, f. c^ne de l'Huisserie. — Étang desséché vers 1835.

Bourigné, f. c^ne de la Bigottière. — *Bouriany* (Cassini).

Bourmence, h. c^ne de Champgeneteux. — *Bourmances* (Cassini).

Bourneau (Le Grand-), f. c^ne de Bazouges.

Bourny (Le), f. c^ne de Laval.

Bouroches (Les Hautes et les Basses), h. c^nes de Houssay.

Bourons (Les), h. c^ne de Craon.

Bourons (Les Hauts-), f. c^ne de Pommerieux. — *Boron* (Cassini).

Bourouzière (La), f. c^ne de Saint-Martin-de-Connée. — On prononce *la Brouzière*.

Bournaie (La), f. c^ne d'Azé.

Bournie (La), f. c^ne de Nuillé-sur-Vicoin.

Bournière (La), f. c^ne de Bouère.

Bournière (La), vill. c^ne de la Gravelle. — Landes auj. défrichées.

Bournière (La), f. c^ne de Grez-en-Bouère.

Bournière (La), f. c^ne de Saint-Berthevin.

Bournière (La Grande et la Petite), f. et éc. c^ue de Saint-Cyr-le-Gravelais.

Bournières (Les), h. c^ne de la Bazouge-de-Chemeré.

Bournières (Les), vill. c^ne du Genest.

Bourniers (Les), bois, c^ne du Ham.

Bourserie (La), f. c^ne de la Chapelle-Anthenaise.

Bourserie (La Petite-), f. c^ne d'Argentré.

Bourseries (Les), h. c^ne de Vaiges; donnent leur nom à un ruiss. affl. de la Vaige.

Boussaie (La), h. c^ne de Torcé. — *Bussiacum*, 989 (cart. de l'abb. d'Évron).

Boussard, m^in à vent, c^ne de Bierné; auj. détruit.

Boussard, f. c^ne de Martigné. — Moulin détruit vers 1858.

Boussard ou Bossard, f. c^ne de la Roë; elle a donné son nom à une chapellenie desservie à l'abb. de la Roë.

Boussardière (La) ou la Bossardière, f. c^ne de Bonchamp.

Boussardière (La), f. c^ne de Cuillé. — *Village de la Bossardière*, 1656 (abb. de la Roë).

Boussardière (La), f. c^ne du Horps.

Boussardière (La), f. c^ne de Larchamp.

Boussardière (La), vill. c^ne de Marcillé-la-Ville.

Boussardière (La), f. c^ne de Mée. — Fief vassal de la bar. de Mortiercrolles.

Boussardière (La), f. c^ne de Montaudin.

Boussardière (La), h. c^ne de Saint-Fraimbault-de-Prières.

Boussardière (La), vill. c^ne de Saint-Jean-sur-Mayenne.

Boussardière (La Grande et la Petite), f. c^ne de Carelles.

Boussardières (Les), h. c^ne de la Boissière.

Boussé (Le Grand-), f. c^ne de Bonchamp.

Boussellière (La), vill. c^ne d'Andouillé.

Boussellière (La), f. c^ne de Brée.

Boussellière (La), vill. c^ne des Chapelles.

Boussellière (La), f. c^ne de Courbeveille.

Boussellière (La), h. c^ne d'Épineu-le-Séguin.

Boussellière (La), f. c^ne de Gesvres.

Boussellière (La), f. c^ne du Ham. — *G. de Bosselei*, xiie s^e (Hist. des sires de Mayenne, pr.).

Boussellière (La), f. c^ne de Hambers.

Boussellière (La), f. c^ne d'Izé.

Boussellière (La), h. c^ne de Madré.

Boussellière (La), h. c^ne de la Poôté.

BOUSSELLIÈRE (LA), f. c^{ne} de Saint-Denis-du-Maine.
BOUSSELLIÈRE (LA), f. c^{ne} de Saulges. — Fief vassal de la Cour de Bannes.
BOUSSELLIÈRE-DE-LA-CROIX-VERTE (LA), h. c^{ne} de Madré.
BOUSSELLIÈRES (RUISSEAU DES), c^{ne} de Saint-Hilaire-des-Landes, affl. du ruiss. de la Guyottière.
BOUSSERIE (LA), h. c^{ne} de la Baconnière.
BOUSSERIE (LA), f. c^{ne} de Saint-Aubin-du-Désert.
BOUSSETERIE (LA), h. c^{ne} d'Hardanges.
BOUSSETIÈRE (LA), f. c^{ne} de Soulgé-le-Bruant.
BOUSSETIÈRES (LES), f. c^{ne} de Colombiers.
BOUSSIÈRE (LA), h. c^{ne} de Courcité.
BOUSSIÈRE (LA GRANDE et LA PETITE), h. c^{ne} de la Baconnière ; donne son nom à un ruiss. affl. de celui de Cormerie.
BOUSSIÈRE (LA GRANDE et LA PETITE), f. c^{ne} de Commer.
BOUSSIÈRE (LA GRANDE et LA PETITE), h. c^{ne} de Méral.
BOUSSIÈRE (LA HAUTE-), f. c^{ne} de Commer.
BOUSSIGNAUDIÈRE (LA), fief du comté de Laval, relevant de la châtell. de Méslay.
BOUSSIS, f. c^{ne} du Buret.
BOUSSINIÈRE (LA), h. c^{ne} de la Baconnière.
BOUSSINIÈRE (LA), f. c^{ne} de Laval.
BOUSSINIÈRES (LES GRANDES et LES PETITES), f. c^{ne} de la Bigottière.
BOUT (LE), h. c^{ne} d'Averton.
BOUT-À-BAS (LE), h. c^{ne} de Saint-Germain-le-Guillaume.
BOUTAUDRIE (LA), vill. c^{ne} de Changé.
BOUTAYE (LA), f. c^{ne} de la Selle-Craonnaise.
BOUT-DE-BOIS (LE), f. c^{ne} d'Astillé.
BOUT-DE-LA-LANDE (LE), vill. c^{ne} de Saint-Jean-sur-Erve.
BOUT-DES-RUES (LE), f. c^{ne} de la Poôté.
BOUT-DU-BOIS (LE), f. c^{ne} de la Chapelle-Anthenaise.
BOUT-DU-BOIS (LE), h. c^{ne} de Maisoncelles.
BOUTEFOURNÉE, f. c^{ne} d'Azé.
BOUTEFOURNÉE, éc. c^{ne} de Saint-Charles-la-Forêt.
BOUTEILLÈRE (LA), h. c^{ne} de Saint-Pierre-des-Landes.
BOUTEILLERIE (LA), f. c^{ne} de Bazouges. Il y en a trois.
BOUTEILLERIE (LA), f. c^{ne} de Houssay.
BOUTEILLERIE (LA), vill. c^{ne} de Saint-Ouen-des-Toits.
BOUTELLERIE (LA), bois, c^{ne} de la Bigottière ; auj. défriché. — *In Bigoteria brolium de Botelliis*, 1225 (abb. de Savigny, arch. nat. L 969).
BOUTELLERIE (LA PETITE-), f. c^{ne} de Laval.
BOUTULVÈRE (LA), h. c^{ne} du Horps.
BOUTERIE (LA), f. c^{ne} de Chammes.
BOUTERIE (LA), f. c^{ne} de Châtillon-sur-Colmont ; donne son nom à un ruiss. affl. de celui de la Chaussée.
BOUTERIE (LA), f. c^{ne} de Denazé.
BOUTERIE (LA), f. c^{ne} de Fromentières.

BOUTERIE (LA), f. c^{ne} de Pommerieux.
BOUTERIE (LA), f. c^{ne} de Vaiges.
BOUTERIE (LA), f. c^{ne} de Voutré.
BOUTERIE (RUISSEAU DE LA), c^{ne} d'Hardanges, affl. du ruiss. de la Trébuchère.
BOUTEVILLÈRE (LA), f. c^{ne} du Ham.
BOUTIER (LANDES DE), c^{ne} de Deux-Évailles.
BOUTIER-FOURNIE, éc. c^{ne} de Saint-Charles-la-Forêt.
BOUTIGNÉ ou BOUTIGNY, h. c^{ne} de Craon. — Le prieuré de Saint-Jacques-de-Boutigné, ordre de Saint-Benoît, annexé à celui de Craon, dépendait de l'abb. de la Trinité de Vendôme. — Le fief de ce nom était vassal de la bar. de Craon.
Le ruisseau de Boutigné se jette dans celui de Fleins. — Étang desséché au xviiie siècle.
BOUTINIÈRE (LA), h. c^{ne} de Contest.
BOUTINIÈRE (LA), f. c^{ne} de Daon.
BOUTINIÈRE (LA), f. c^{ne} de Saint-Thomas-de-Courceriers.
BOUTINIÈRES (LES), vill. c^{ne} de Thorigné.
BOUTOUÈRES (LES), h. c^{ne} de Beaumont-Pied-de-Bœuf.
BOUT-ROQUET (LE), f. c^{ne} de Saint-Gault.
BOUTROUILLÈRE (LA), f. c^{ne} de Madré. — Moulin détruit vers 1815.
BOUTROUILLÈRE (LA), h. c^{ne} de Saint-Aignan-de-Couptrain.
BOUTRUCHÈRE (LA), h. c^{ne} de la Baconnière.
BOUTRUCHÈRE (LA), f. c^{ne} de la Croixille.
BOUVARDIÈRE (LA), f. c^{ne} de Saint-Denis-du-Maine.
BOUVARDIÈRE (LA), f. c^{ne} de Saint-Sulpice.
BOUVARDIÈRE (LA), f. c^{ne} de Villiers-Charlemagne.
BOUVARDIÈRE (LA), éc. c^{ne} de Bais.
BOUVATERIE (LA), f. c^{ne} de Laval.
BOUVELLIÈRE (LA), h. c^{ne} de Saint-Aubin-du-Désert.
BOUVENTERIE (LA), h. c^{ne} du Pas.
BOUVERAIE (LA), f. c^{ne} de Marcillé-la-Ville.
BOUVERIE (LA), f. c^{ne} de Bazonges. — Bois auj. défriché.
BOUVERIE (LA), f. c^{ne} de Bouchamp.
BOUVERIE (LA), f. c^{ne} du Bourgneuf-la-Forêt ; donne son nom à un ruiss. affl. du Vicoin.
BOUVERIE (LA), f. c^{ne} de Brains-sur-les-Marches.
BOUVERIE (LA), f. c^{ne} de la Brulatte.
BOUVERIE (LA), f. c^{ne} de Chantrigné.
BOUVERIE (LA), f. c^{ne} de Chemazé.
BOUVERIE (LA), f. c^{ne} de Cossé-en-Champagne.
BOUVERIE (LA), vill. c^{ne} de Couesmes. — Avant le 27 juin 1838, il faisait partie du territ. de la c^{ne} de Vaucé.
BOUVERIE (LA), f. c^{ne} de Courcité. — Le ruisseau de la Bouverie et de Méville va se jeter dans le Merdereau.
BOUVERIE (LA), f. c^{ne} de la Croixille.

Bouverie (La), f. c^ne d'Entramnes.
Bouverie (La), f. c^ne d'Izé.
Bouverie (La), f. c^ne de Landivy.
Bouverie (La), f. c^ne de Laval.
Bouverie (La), f. c^ne de Mézangers.
Bouverie (La), f. c^ne de Nuillé-sur-Vicoin; donne son nom à un ruiss. affl. de celui du Tertre.
Bouverie (La), chât. et f. c^ne d'Olivet.
Bouverie (La), f. c^ne de Pommerieux.
Bouverie (La), f. c^ne de Ravigny.
Bouverie (La), f. c^ne de la Roë; détruite vers 1826.
Bouverie (La), h. c^ne de Saint-Aubin-Fosse-Louvain.
Bouverie (La), f. c^ne de Saint-Ellier.
Bouverie (La), h. c^ne de Sainte-Gemmes-le-Robert.
Bouverie (La), vill. c^ne de Saint-Léger.
Bouverie (La), f. c^ne de Saint-Pierre-des-Landes; donne son nom à un ruiss. affl. de l'Ernée.
Bouverie (La), f. c^ne de Saint-Poix.
Bouverie (La), f. c^ne de Thubœuf. — Fief vassal du marq. de Lassay.
Bouverie (La), h. c^ne de Villepail.
Bouverie (La), f. c^ne de Vimarcé.
Bouverie (La Basse-), h. c^ne de Launay-Villiers.
Bouverie (La Grande-), f. c^ne de la Chapelle-Rainsouin; donne son nom à un ruiss. affl. de l'Ouette.
Bouverie (La Grande-), f. c^ne de Launay-Villiers.
Bouverie (La Grande et la Petite), h. c^ne de Carelles.
Bouverie (La Grande et la Petite), vill. c^ne de Saint-Germain-le-Fouilloux; donne son nom à un ruiss. affl. de la Mayenne.
Bouverie (La Petite-), éc. c^ne de la Bigottière; donne son nom à un ruiss. affl. de l'Ernée.
Bouverie (La Petite-), f. c^ne de la Chapelle-Rainsouin; auj. détruite.
Bouverie-du-Coin (La), f. c^ne de Saint-Léger.
Bouveteries (Les), f. c^ne du Bourgneuf-la-Forêt; donne son nom à un ruiss. affl. du Vicoin.
Bouvetière (La), f. c^ne de Landivy. — Ruiss. affl. de celui de Philippeau.
Bouvinière (La), f. c^ne de Trans.
Bouvinière (La Grande et la Petite), f. c^ne de Torcé.
Bouvronnière (La), f. c^ne de Marigné-Peuton.
Boux, m^in, c^ne du Ribay; détruit vers 1809. — Étang desséché vers 1810. — Boust (carte de Jaillot).
Boux (Le), f. c^ne de la Baconnière.
Bouzannes, f. c^ne de Voutré.
Bouze, vill. c^ne de Lignières-la-Doucelle.
Bouzienne ou Bouzianne, h. c^ne de Saint-Jean-sur-Mayenne.
Bovazé, h. c^ne de Ménil.
Boyeau, h. c^ne de Bouère.
Boyelle, h. c^ne d'Oisseau.

Boyer, vill. c^ne de Chailland.
Boyère (La), h. c^ne de Bais.
Boyère (La), f. c^ne de Gennes.
Bozée (La), chât. c^ne de Bazougers.
Bozée (La Grande-), f. c^ne de Bazougers.
Bozée (La Petite-), f. c^ne de Bazougers. — Moulin détruit vers 1826.
Fief vassal de la châtell. de Bazougers.
Bozées (Les), éc. c^ne de Laval.
Bozeille, éc. c^ne de Gennes. — *Lieu de Bosséé*, aliàs *les Loges*, 1780 (abb. de Saint-Nicolas d'Angers).
Bozeille (Le Haut et le Bas), f. c^ne de Bazouges.
Bozeille (Le Petit-), f. c^ne de Bazouges.
Bozeille-Bouchard ou Belhomme, fief, c^ne de Bazouges, vassal du marq. de Château-Gontier.
Bozeille-Maroutière, fief, c^ne de Saint-Fort, vassal du marq. de Château-Gontier. — Il fut réuni à ceux de la Lande et de Loigné au xviie s^e pour former la châtell. de la Maroutière.
Bozeille-Roué, fief, c^ne de Bazouges, vassal du marq. de Château-Gontier.
Braconnière (La), éc. c^ne de Crennes-sur-Fraubée.
Bradelières (Les), f. c^ne d'Ernée.
Bragonnière (La), f. c^ne de Saint-Denis-de-Gastines.
Braie (La), riv. qui se jette dans la Mayenne après avoir arrosé Parigné.
Braie (La), f. c^ne de Villiers-Charlemagne.
Brain, f. c^ne de Laigné. — Le moulin de ce lieu est auj. détruit et l'étang desséché.
Brains-sur-les-Marches, c^on de Saint-Aignan-sur-Roë. — *Eccl. S. Mathurini de Breaimo*, 1119 (abb. de la Roë). — *Ecclesiam Sancti Petri de Bremio*, 1136 (*ibid.*). — *Paroisse de Brein*, 1307 (*ibid.*). — *Paroisse de Bren*, 1351 (*ibid.*).—*Brein-sur-les-Marches*, 1547 (*ibid.*).
Anc. paroisse du doy. et de la bar. de Craon et de l'élect. de Château-Gontier.
Branche, h. c^ne de Montenay.
Branche-Courbe (La), f. c^ne de Montenay.
Brancheraie (La), h. c^ne de Courbeveille. — Fief vassal de la châtell. de Courbeveille.
Brancherie (La), f. c^ne de Saint-Denis-d'Anjou.
Brancherie (La), h. c^ne d'Athée.
Brancherie (La), vill. c^ne de Cigné.
Brancherie (La), f. c^ne de Longuefuye. — Fief de la châtell. de Longuefuye.
Brancherie (La Basse-), h. c^ne d'Athée.
Brancherie (La Petite-), éc. c^ne d'Athée.
Branchuère (La), f. c^ne de Renazé.
Brandes (Les), f. et éc. c^ne de Neuilly-le-Vendin.
Brandoulaie (La), h. c^ne de la Rouaudière.
Brangeraie (La), h. c^ne de Saint-Poix.

Branlardière (La), h. cne d'Évron.
Branlardière (La), f. cne de Saint-Jean-sur-Mayenne.
Branlerie (La), f. cne de Grez-en-Bouère.
Branlerie (La), f. cne de Parné; auj. détruite.
Branlinière (La), éc. cne de Sainte-Gemmes-le-Robert.
Brard, h. cne d'Azé.
Brardière (La), f. cne d'Ampoigné.
Brardière (La), h. cne de Chantrigné.
Brardière (La), f. cne de Montreuil.
Brardière (La), f. et logis, cne de Nuillé-sur-Ouette.
Brardière (La Grande et la Petite), f. cne de Méc.
Brardière (La Grande et la Petite), f. cne de Ménil.
Brardières (Les), h. cne de Méral. — Étang desséché. Arrière-fief de la bar. de Craon, relevant de la seign. de Saint-Poix, qui s'étendait sur Laubrières et Fontaine-Couverte.
Bras, f. cne de Mayenne.
Bras-d'Or, h. et min, cne de Bais.
Bras-d'Or (Le), vill. cne de Saint-Baudelle.
Brasinières (Les), éc. cne de Villaines-la-Juhel.
Bras-Landon (Ruisseau de), affl. de la riv. Colmont; passe près de Gorron. — Il est cité dans un titre de 1553 (arch. du gr. prieuré d'Aquitaine).
Brassé (Le), h. cne de Saint-Ellier.
Brassé (Le Grand et le Petit), f. cne de Beaulieu. — *Deyme de Braacé*, 1262 (abb. de Saint-Serge d'Angers). Fief vassal de la seign. de Méral.
Brasseries (Les), f. cne de Laval.
Bratinière (La), h. cne de Cigné.
Braudais (La), f. cne du Bourgneuf-la-Forêt.
Braudais (La), f. cne de Juvigné-des-Landes.
Braudais (La Grande et la Petite), f. cne de Saint-Hilaire-des-Landes. — *Fief de la Beraudais*, 1638 (arch. du gr. pr. d'Aquitaine). Fief vassal de la châtell. d'Ernée.
Brauderie (La), f. cne de Champéon.
Brauderie (La), f. cne de Châtillon-sur-Colmont.
Brauderies (Les), h. cne de Chammes.
Brauderies (Les), éc. cne de Saint-Léger.
Braudière (La), vill. cne de la Baconnière.
Braudière (La), f. cne de Beaumont-Pied-de-Bœuf.
Braudière (La), éc. cne de Bouchamp.
Braudière (La), f. cne de Boulay.
Braudière (La), h. cne d'Izé.
Braudière (La), h. cne de Montaudin.
Braudière (La), f. cne de Niafle; auj. détruite.
Braudière (La), vill. cne de Saint-Jean-sur-Erve. — Bois défriché en 1864.
Braudière (La Haute et la Basse), h. cne de Placé.
Brault (Le), éc. cne de Quelaines. — *Ruiss. de Breau*, 1770 (arch. de la Mayenne, série E).

Le moulin a été détruit en 1827. — Le ruiss. de Brault, aussi nommé *ruisseau de la Boirie*, se jette dans la Mayenne.
Bray (Le), f. cne d'Ahuillé. — Altération de *Breil*.
Bray (Le), f. cne d'Assé-le-Bérenger.
Bray (Le), f. cne de la Bazouge-des-Alleux.
Bray (Le), vill. cne des Chapelles.
Bray (Le), f. cne de Cigné.
Bray (Le), f. cne de Désertines.
Bray (Le), f. et étang, cne d'Évron. — *Villa de Briaco que est ad oppidum Basilicæ Ebroniensis*, 650 (cart. d'Évron). — *Breil*, 1404 (*ibid.*).
Le fief de Bray ou du Breil était vassal de la bar. d'Évron.
Bray (Le), éc. cne de Gorron.
Bray (Le), vill. cne de la Haie-Traversaine.
Bray (Le), vill. cne du Ham.
Bray (Le), min, cne de Javron.
Bray (Le), f. cne de Mayenne.
Bray (Le), vill. cne de Montjean.
Bray (Le), f. cne de Saint-Aignan-de-Couptrain.
Bray (Le), h. cne de Saint-Cyr-en-Pail.
Bray (Le), f. cne de Saint-Denis-du-Maine.
Bray (Le), h. cne de Saint-Ellier.
Bray (Le), f. cne de Saint-Germain-de-Coulamer.
Bray (Le), f. cne de Sainte-Marie-du-Bois.
Bray (Le), h. cne de Saint-Pierre-sur-Orthe.
Bray (Le), f. cne de Saint-Poix.
Bray (Le), f. cne de Vaiges.
Bray (Le), vill. cne de Voutré.
Bray (Le Bas-), h. cne d'Aron.
Bray (Le Bas-), f. cne de Hercé.
Bray (Le Bas-), f. cne de Sainte-Marie-du-Bois.
Bray (Le Grand et le Petit), f. cne de Gennes.
Bray (Le Haut-), f. cne d'Aron.
Bray (Le Haut-), f. cne de Javron.
Bray (Le Petit-), f. cne d'Aron. — Fief vassal de la seign. de la Motte-d'Aron.
Bray (Le Petit-), éc. cne de Gorron.
Bray (Le Petit-), f. cne de Saint-Denis-de-Gastines.
Brayère (La), f. cne de la Croixille.
Bréandière (La), éc. cne de Saint-Cénéré. — Le ruiss. de ce nom est un affl. du ruiss. de la Métairie. On prononce aussi *la Breillardière*.
Brébionnière (La), f. cne de Montflours.
Brebis-Noire (La), f. cne de Saint-Ellier.
Brébonnière (La), f. cne de Deux-Évailles.
Brébonnière (La), h. cne de Jublains. — On dit aussi *la Bribonnière*.
Brébonnière (La Grande et la Petite), f. cne de Commer.
Brébrillet (Le), f. cne de Quelaines.

7.

Brécé, c^on de Gorron. — *Ecclesia Sancti Martini de Bresceio*, 1135 (cart. de Savigny, f° 7). — *Ecclesia Sancti Martini de Briceio*, 1165 (abb. de Savigny, arch. nat. L 966). — *Alanus miles de Breccio*, 1216 (*ibid.* L 969).

Anc. par. du doy. de Passais, de l'élect. et du duché de Mayenne.

Brécé, vill. c^ne d'Aron.

Brécé, h. c^ne de Chérancé.

Bréchardon, f. c^ne de Genest.

Brécharnon, f. c^ne de Saint-Michel-de-la-Roë. — *Es fez de Brachanon*, 1351 (arch. de l'abb. de la Roë). — *Ou fié de Brochasnon*, 1429 (*ibid.*). — *La recepte de Brechargnon*, 1483 (*ibid.*). — *Aux plez de Breschanon*, 1491 (*ibid.*).

L'étang de ce lieu a été desséché vers 1820; le moulin a été détruit et les landes défrichées. — Le fief de Brécharnon, vassal de la bar. de Craon, comprenait dans son ressort les fiefs de la Lande, de la Suhardière, de Bressaut, de la Corbière, de Chevrie, de la Motte-Gaubert, de la Selle, et s'étendait jusqu'en Bretagne sur la par. de Drouge.

Brèche-d'Ernée (La), f. c^ne de Contest.

Brèche-d'Ernée (La), éc. c^ne de Saint-Georges-Buttavent.

Bréchet (Le), éc. c^ne de Sacé. — Le moulin de ce lieu, aussi nommé *Angibart*, est auj. détruit.

Bréchière (La), f. c^ne de Courbeveille.

Brechinière (La), f. c^ne de Saint-Martin-de-Connée.

Bredinchetterie (La Haute et la Basse), f. c^ne de Saint-Germain-le-Guillaume.

Brée, c^on de Montsurs. — *Villa Brea*, 615 (test. Bertramni). — *Villa Briaco*, 642 (test. de saint Hadouin). — *Ecclesia Sancti Gervasii de Breiaco*, 1125 (cart. d'Évron). — *Parrochia de Braico*, 1202 (*ibid.*). — *Robertus de Breio miles*, 1212 (abb. de Savigny, arch. nat. L 969).

Anc. par. du doy. d'Évron et de l'élect. de Laval. — La châtell. de Brée, annexée à celle de la Courbe, relevait en partie du comté de Laval par la châtell. de Montsurs et en partie de la châtell. d'Assé-le-Bérenger; elle comprenait dans sa mouvance les fiefs de la Bourrellière, de la Gasnerie, de Gerennes, de Montchauveau, de Montoron, de Trancalou et de Régales.

Brée, f. c^ne de Ménil. — On écrit aussi *Bray*.

Brée (Bois et landes de), c^ne de Deux-Évailles.

Bregelle (La), f. c^ne de Larchamp. — *Bregerel* (Cassini). — *Brejel* (carte de l'État-major).

Bregeonnière (La), f. c^ne de la Dorée.

Brehaigne, f. c^ne de Laigné.

Bréhauderie (La), f. c^ne de Saint-Michel-de-Feins.

Bréhaudière (La), f. c^ne de Changé.

Brehennière (La), f. c^ne de Sacé.

Brehermond, m^in, c^ne de la Cropte. — *Le Seigneur de Brehermon*, 1446 (arch. de Maine-et-Loire, abb. de Saint-Aubin).

Fief vassal de la châtell. de la Cropte.

Brehindière (La), f. c^ne de Changé. — On dit aussi *la Brevindière*.

Brehinière (La), f. c^ne d'Astillé.

Brehinière (La), éc. c^ne de Saint-Christophe-du-Luat. — La ferme est auj. détruite.

Brehinière (La Grande-), f. c^ne de Montigné.

Brehinière (La Petite-), éc. c^ne de Montigné. — Fief vassal de la châtell. de Montigné.

Breuonnière (La), f. c^ne d'Astillé.

Breil (Le), f. c^ne de Ballots.

Breil (Le), f. c^ne de la Bazouge-de-Chemeré.

Breil (Le), f. c^ne de Bouessay.

Breil (Le), h. c^ne de Brécé.

Breil (Le), f. c^ne de Chailland.

Breil (Le), chât. c^ne de Contest.

Breil (Le), f. c^ne de Denazé.

Breil (Le), h. c^ne de la Dorée.

Breil (Le), f. c^ne d'Entrammes.

Breil (Le), fief, c^ne de Gennes, vassal de la châtell. de Romfort.

Breil (Le), f. c^ne de Juvigné-des-Landes.

Breil (Le), f. c^ne de Launay-Villiers. — Landes auj. défrichées.

Breil (Le), h. c^ne de Saint-Germain-d'Anxurre. — Bois auj. défriché.

Breil (Le), h. c^ne de Saint-Hilaire-des-Landes.

Breil (Le), fief, c^ne de Sainte-Marie-du-Bois, vassal du marq. de Lassay.

Breil (Le), m^in, c^ne de Saint-Ouen-des-Vallons.

Breil (Le), f. c^ne de Saint-Poix.

Breil (Le Bas-), f. c^ne de la Croixille.

Breil (Le Grand-), f. c^ne de Pommerieux.

Breil (Le Grand et le Petit), h. c^ne de Montenay.

Breil (Le Grand et le Petit), h. c^ne de Sainte-Gemmes-le-Robert.

Breil (Le Grand et le Petit), h. c^ne de Saint-Mars-sur-Colmont.

Breil (Le Haut-), h. c^ne de Pommerieux.

Breil (Le Haut et le Bas), f. c^ne de la Chapelle-Authenaise.

Breil (Le Petit-), f. c^ne d'Aron. — Arrière-fief du duché de Mayenne, vassal de la Motte-d'Aron.

Breil (Le Petit-), éc. c^ne de la Croixille.

Breil-à-l'Aire (Le), f. c^ne de Courbeveille.

Breil-au-Court (Le), h. c^ne de Courbeveille.

Breil-aux-Francs (Le), f. c^ne d'Entramnes. — Anc.

domaine des Templiers dépend. de la comm^rie de Thévalles. — *Brolium Francorum*, 1241 (Hist. de l'Église du Mans, t. IV, pr.). — *Meson du Breill au Frans*, 1274 (arch. du pr. d'Aquitaine). — *L'ospital du Brueil auffrans*, 1379 (ibid.). — *Le maistre dou Brel au frans*, 1402 (arch. de la Mayenne, E 25). Fief vassal de la sénéch. du Mans.

Breil-Brillant (Le), fief vassal de la châtell. de Vaiges. — *Le Breil-Breillant*, 1440 (arch. nat. P 401).

Breil-de-Peuton, anc. nom du bourg de Peuton.

Breil-du-Bourg (Le), f. c^ne d'Ahuillé.

Breil-du-Milieu, h. c^ne de la Croixille. — On prononce *Bray*.

Breil-Héraut (Le), *aliàs* la Forge, fief, c^ne de Chemeré-le-Roi, vassal de la châtell. de Chemeré et de Saint-Denis-du-Maine. — On dit aussi *Bril-Héraut*.

Breils (Les), f. c^ne de Bazougers; étang auj. desséché. — Fief vassal de la châtell. de Bazougers.

Breils (Les), f. c^ne de la Croixille.

Breils (Les), f. c^ne de Saint-Denis-du-Maine.

Breils (Les Petits-), h. c^ne de la Cropte.

Brejuinière (La), h. c^ne de Chevaigné.

Brejussomme, h. c^ne de Courbeveille (Cassini); auj. détruit. — Altération de *Breil-Jussaume*.

Breménard (Le), f. c^ne de Quelaines. — Altération de *Breil-Ménard*.

Bremencé, h. c^ne de Saint-Martin-de-Connée.

Bremonnière (La Grande et la Petite), f. c^ne de Commer.

Breneudière (La), h. c^ne de Chantrigné; donne son nom à un ruiss. affl. de celui de Béard.

Breneudière (La), h. c^ne de Villaines-la-Juhel.

Breneudière (La Petite-), h. c^ne de Villaines-la-Juhel.

Brensac (Le Grand et le Petit), f. c^ne de Chemazé. — *Brunescat*, 1498 (arch. de la Mayenne, E 30). — *Brunessart*, 1509 (arch. de l'hospice de Château-Gontier).

Bréon, f. c^ne de Sainte-Gemmes-le-Robert. — *Brehuon ou Loriondière*, 1631 (ch. d'Évron). Le bois de ce lieu est auj. défriché.

Bréon, chât. et étang, c^ne de Marigné-Peuton; ferme détruite en 1857. — Le ruiss. de l'étang de Bréon est un affl. de l'Hière. Fief vassal du marq. de Château-Gontier.

Bréon (Bois de), c^ne de Courcité.

Bréon (Bois de), c^ne d'Évron.

Bréon (Le Grand et le Petit), f. c^ne de Peuton. — Le fief de Bréon-Maineuf relevait prochement du fief de Peuton.

Bréon-Subert, chât. c^ne de Daon. — *Capella de Bosco de Breil en Sebert*, 1239 (arch. de l'abb. de la Roë). — *Le prieur de Breillon Subert*, 1406 (arch. de la Mayenne, série E). — *Es-bois de Breile-Sibert*, 1471 (abb. de la Roë). — *Le prieur de Breon-Surbret*, 1486 (ibid.). — *Brel-an-Subert*, 1499 (ibid.). — *Prieuré de Bril-an-Subert*, 1504 (ibid.). — *Le fief de Brian Setbert*, 1637 (arch. de la Mayenne, série E). — *Brion-sur-Berne* (Cassini). Le-prieuré de Bréon-Subert dépendait de l'abb. de la Roë.

Brénault (Le), f. c^ne de Quelaines. — Altération de *Breil-Érault*.

Bresnière (La), f. c^ne de Chevaigné.

Bresnières (Les), h. c^ne de Javron.

Bressac, f. c^ne de Chemazé.

Bressac, m^in, c^ne de Ménil; auj. détruit. — *Moulin de Brechesac*, 1229 (cab. la Baulière).

Bressac, m^in, c^ne de la Pellerine.

Bressaut, fief vassal de la seign. de Brecharnon.

Bressaut, fief du comté de Laval, relevant de la châtell. de Saint-Berthevin. — *Les fiés de Breczau*, 1443 (arch. nat. P 343).

Bressaut (Le Haut et le Bas), f. et m^in, c^ne de Ménil. Il y avait un château qui fut détruit au XVIe s. — Le fief de Bressaut relevait de la seign. de Maguannes.

Bressinière (La), f. c^ne d'Alexain.

Bressinière (La), vill. et landes, c^ne de Bourgon. — *Landes de la Brocinière* (carte de Jaillot). Fief vassal de la châtell. de Saint-Ouen.

Bressinière (La), f. c^ne de la Chapelle-Anthenaise. — Altération de *Broissinière*.

Bresteau (Le Grand-), h. c^ne de Courcité.

Bresteau (Le Petit-), f. c^ne de Courcité.

Bret (Le), f. c^ne de Saint-Martin-du-Limet.

Bretagne (La), f. c^ne de Cosmes.

Bretèche (La), f. c^ne de Saint-Berthevin.

Bretellier (Le), f. c^ne d'Azé.

Bretellière (La), éc. c^ne d'Aron.

Bretellière (La), f. c^ne de Ballots.

Bretellière (La), f. c^ne de Cossé-le-Vivien. — Altération de *Berthellière*.

Bretellière (La), f. c^ne de Ménil.

Bretellière (La), f. c^ne de Saint-Mars-du-Désert. — Voy. Berthellière (La).

Breteucherie (La), f. c^ne de Fromentières. — *La Berteuchère*, 1547 (arch. de Maine-et-Loire, E 1995). Le fief, aussi nommé *la Bretochière*, était vassal de la bar. d'Entramnes.

Bretignolles, c^ne de Lassay. — *Bretynnolas*, 989 (cart. d'Évron). Le prieuré-cure dépendait de l'abb. de Beaulieu, dioc. du Mans. — Anc. par. du doy. de Javron, de l'élect. du Mans et du marq. de Lassay.

BRETIGNOLLES, f. c^ne de Laval. — *Bretaignelles*, xve s^e (arch. nat. P 345). — *Bertigneul* (Cassini) Fief vassal du comté de Laval. — Ruiss. affl. de la Mayenne.
BRETIGNOLLES, f. c^ne de Pommerieux.
BRETIGNOLLES (LES), f. c^ne de Ruillé-Froidfont.
BRETONNIÈRE (LA), f. c^ne d'Ampoigné.
BRETONNIÈRE (LA), f. c^ne de la Bazouge-des-Alleux.
BRETONNIÈRE (LA), f. c^ne de Bierné. — Fief vassal du marq. de Château-Gontier.
BRETONNIÈRE (LA), f. c^ne de Châtelain. — Fief de la châtell. de Châtelain.
BRETONNIÈRE (LA), f. c^ne de Châtillon-sur-Colmont.
BRETONNIÈRE (LA), f. c^ne de Contest.
BRETONNIÈRE (LA), f. c^ne de Cossé-le-Vivien.
BRETONNIÈRE (LA), f. c^ne de Craon.
BRETONNIÈRE (LA), f. c^ne de Crennes-sur-Fraubée.
BRETONNIÈRE (LA), f. c^ne de Daon.
BRETONNIÈRE (LA), f. c^ne d'Entrammes.
BRETONNIÈRE (LA), h. c^ne de Grazay.
BRETONNIÈRE (LA), f. c^ne du Ham.
BRETONNIÈRE (LA), f. c^ne de Houssay.
BRETONNIÈRE (LA), h. c^ne du Housseau.
BRETONNIÈRE (LA), f. c^ne d'Izé.
BRETONNIÈRE (LA), f. c^ne de Juvigné-des-Landes.
BRETONNIÈRE (LA), f. c^ne de Lassay.
BRETONNIÈRE (LA), f. c^ne de Laval.
BRETONNIÈRE (LA), f. c^ne de Loigné.
BRETONNIÈRE (LA), f. c^ne de Maisoncelles.
BRETONNIÈRE (LA), logis, c^ne de Marigné-Peuton. — Bois défriché en 1825.
BRETONNIÈRE (LA), f. c^ne de Mée.
BRETONNIÈRE (LA), f. c^ne d'Olivet.
BRETONNIÈRE (LA), f. c^ne de la Pallu.
BRETONNIÈRE (LA), h. c^ne de Parigné.
BRETONNIÈRE (LA), h. c^ne de Ruillé-Froidfont.
BRETONNIÈRE (LA), f. c^ne de Ruillé-le-Gravelais.
BRETONNIÈRE (LA), f. c^ne de Saint-Berthevin. — Fief vassal de la seign. de Courbusson.
BRETONNIÈRE (LA), f. c^ne de Saint-Brice.
BRETONNIÈRE (LA), f. c^ne de Saint-Fort. — Lande auj. défrichée.
BRETONNIÈRE (LA), vill. c^ne de Saint-Hilaire-des-Landes.
BRETONNIÈRE (LA), f. c^ne de Saint-Mars-sur-la-Futaie.
BRETONNIÈRE (LA), vill. c^ne de Saint-Martin-de-Connée.
BRETONNIÈRE (LA), h. c^ne de la Selle-Craonnaise.
BRETONNIÈRE (LA), f. c^ne de Vimarcé.
BRETONNIÈRE (LA BASSE-), f. c^ne de Moulay.
BRETONNIÈRE (LA GRANDE et LA PETITE), f. c^ne de Saint-Baudelle.
BRETONNIÈRE (LA HAUTE-), f. c^ne de Moulay.

BRETONNIÈRE (RUISSEAU DE LA), affl. de la Mayenne; arrose Mayenne.
BRETONNIÈRES (LES BASSES-), h. c^ne d'Ernée; donnent leur nom à un ruiss. affl. de l'Ernée. — Fief vassal de la terre de Charné.
BRETONNIÈRES (LES HAUTES-), f. c^ne d'Ernée.
BRETTERIE (LA), éc. c^ne de Fromentières.
BREUDIÈRE (LA), h. c^ne de la Chapelle-au-Riboul.
BREUDIÈRE (LA), vill. c^ne de Crennes-sur-Fraubée.
BREUDIÈRE (LA), vill. c^ne de Loupfougères.
BREUDIÈRES (LES), f. c^ne de Chantrigné.
BREUIL (LE), f. c^ne de Houssay. — Synonyme de *Breil*.
BREUIL (LE), f. c^ne de la Roë; auj. détruite. — Lande défrichée.
BREUIL (LE PETIT-), f. c^ne d'Oisseau.
BREUSIÈRE (LA), f. c^ne d'Assé-le-Bérenger.
BREVIER (LE), f. c^ne de Saint-Cyr-le-Gravelais.
BREVINDIÈRE (LA), f. c^ne de Changé. — On dit aussi *la Brehindière*.
BREVINTIÈRE (LA), f. c^ne de Beaulieu. — Fief vassal de la châtell. de Montjean.
BREVIRAIE (LA), vill. c^ne de Saint-Jean-sur-Erve.
BREZAIE (LA HAUTE et LA BASSE), f. c^ne de Courbeveille.
BRIACÉ, fief, c^ne de Cossé-le-Vivien, vassal du comté de Laval.
BRIACÉ, m^in, c^ne d'Entrammes.
BRIACÉ (LE GRAND-), f. c^ne d'Entrammes.
BRIACÉ (LE PETIT-), éc. c^ne d'Entrammes. — *Le bléaige de Briacé*, 1443 (arch. nat. P 343). Fief vassal de la bar. d'Entrammes.
BRICAUDIÈRE (LA), f. c^ne d'Alexain.
BRICHARD, h. c^ne de Voutré.
BRICHARDIÈRE (LA), vill. c^ne d'Ambrières.
BRICHARDIÈRE (LA), f. c^ne d'Oisseau.
BRICHARDIÈRE (LA), f. c^ne de Saint-Berthevin.
BRICHARDON, h. c^ne d'Olivet.
BRICHÈRE (LA), f. c^ne de Montenay.
BRICHEREL, vill. c^ne de la Dorée. — *Brollium Cherelli*, 1158 (cart. de Savigny, f° 102). — *Bricherel*, 1190 (ibid. f° 126).
BRICHETIÈRE (LA), vill. c^ne de Fougerolles; donne son nom à un ruiss. affl. de la riv. Colmont.
BRICHETIÈRE (LA), vill. c^ne du Genest.
BRICHETIÈRE (LA), h. c^ne de Javron.
BRICHETIÈRE (LA), f. c^ne d'Olivet; auj. détruite.
BRICHETIÈRE (LA), h. c^ne de Saint-Martin-du-Limet.
BRIDELANDE, vill. c^ne de Fougerolles. — *Brollio de Landis*, 1158 (cart. de Savigny, f° 102).
BRIDELLIÈRES (LES), logis et f. c^ne de Belgeard.
BRIDERIE (LA), f. c^ne d'Entrammes.
BRIÈRE (LA), h. et f. — Voy. BRUYÈRE (LA).
BRIÈRE (LA), f. c^ne d'Ahuillé; détruite en 1856.

BRIFFAUDIÈRE (LA), f. c^{ne} de Cossé-le-Vivien; donne son nom à un ruiss. affl. de l'Oudon. — On dit aussi la *Briffauderie.*
BRIGAUDIÈRES (LES), vill. c^{ne} de Parigné.
BRIGAUT, éc. c^{ne} d'Athée.
BRILHAUT, vill. c^{ne} de Gorron, pour BREILHAUT. — *Lieu de Brillehaut*, 1524 (titr. du cab. Ravault).
BRILLAIS (LA), h. c^{ne} du Bourgneuf-la-Forêt.
BRILLAIS (LA), h. c^{ne} de Launay-Villiers.
BRILLAIS (LA GRANDE-), f. c^{ne} de Saint-Pierre-la-Cour.
BRILLAIS (LES PETITES-), f. c^{ne} de Launay-Villiers.
BRILLANÇAIS (LA), h. c^{ne} de la Croixille.
BRILLANÇAIS (LA), h. c^{ne} de Saint-Ellier.
BRILLANÇAIS (LA BASSE-), h. c^{ne} de Hercé. — Seign. vassale de la châtell. de Gorron, qui s'étendait sur Colombiers, Larchamp, Saint-Aubin-Fosse-Louvain, Saint-Berthevin-la-Tannière, Saint-Denis-de-Gastines et Montaudin.
BRILLANÇAIS (LA HAUTE-), vill. c^{ne} de Hercé.
BRILLANCIÈRE (LA), h. c^{ne} de Beaulieu.
BRILLANCIÈRE (LA), f. c^{ne} de Châtillon-sur-Colmont. — *Breil orset*, 1190 (cart. de Savigny, f° 126).
BRILLANCIÈRE (LA), f. c^{ne} de Loiron.
BRILLANDIÈRE (LA), f. c^{ne} de Bouère.
BRILLANDIÈRE (LA), vill. c^{ne} de Couesmes.
BRILLANDIÈRE (LA), vill. c^{ne} de Saint-Martin-de-Connée.
BRILLANTERIE (LA), f. c^{ne} de Beaulieu.
BRILLANTERIE (LA), f. c^{ne} de Loigné; auj. détruite. — *La Brianterye*, 1668 (arch. de l'abb. de la Roë).
BRILLANTERIE (LA), f. c^{ne} de Fontaine-Couverte.
BRILLONNIÈRE (LA), éc. c^{ne} de Craon.
BRIMAUDIÈRE (LA), h. c^{ne} de Gorron.
BRIMETTES (LES), h. c^{ne} de Désertines.
BRIMONNIÈRE (LA), f. c^{ne} d'Ernée. — Fief vassal de la seign. de Charné.
BRIMONNIÈRE (LA), f. c^{ne} de Montenay.
BRIMUSSIÈRE (LA), f. c^{ne} de Chemeré-le-Roi.
BRIOLAY, f. c^{ne} de Colombiers.
BRIOURY, vill. c^{ne} d'Olivet; un canton de la forêt de Misedon porte aussi ce nom. — *Landes de Burlory, landes de Brilory*, 1523 (arch. de la Mayenne, H 199); landes défrichées de 1840 à 1856.
BRIQUETERIE (LA), f. c^{ne} de Changé.
BRIQUETERIE (LA), f. c^{ne} de Fougerolles.
BRISANE, f. c^{ne} de la Bazouge-de-Chemeré.
BRISANTIÈRE (LA), h. c^{ne} de Saint-Germain-d'Anxurre.
BRISE-CUISSE, éc. c^{ne} de Saint-Pierre-sur-Erve.
BRISE-CUISSE (RUISSEAU DE), affl. de l'Erve; il arrose Chemeré-le-Roi.
BRISELLIÈRE (LA), h. c^{ne} de la Chapelle-au-Riboul.
BRISETTE (LA), éc. c^{ne} de Champéon.
BRISETTE (LA), f. c^{ne} de Jublains. — Landes défrichées.

BRIVARDERIE (LA), f. c^{ne} de Saint-Denis-d'Anjou.
BRIVES, h. c^{ne} de Belgeard.
BRIVES (LE HAUT et LE BAS), vill. c^{ne} de Mayenne. — *Terram de Vado de Brives*, 1241 (abb. de Savigny, arch. nat. L 970).
BRIZARD (LANDES DE), c^{ne} d'Olivet; défrichées vers 1840.
BRIZARDIÈRE (LA), f. c^{ne} de Ballots.
BRIZARDIÈRE (LA), f. c^{ne} de Cossé-en-Champagne.
BRIZOLLIÈRE (LA), f. c^{ne} de Loupfougères; donne son nom à un ruiss. affl. de celui des Couardières. — Châtell. du marq. de Villaines-la-Juhel.
BRIZOLLIÈRE (LA), éc. c^{ne} de Saint-Mars-du-Désert.
BRIZOULIÈRE (LA), f. c^{ne} de Saint-Georges-Buttavent.
BROCU, fief, c^{ne} du Ham, vassal de la châtell. de Villeray.
BROCHARD, f. et mⁱⁿ, c^{ne} de Ballots; auj. détruits.
BROCHARD (BOIS DE), c^{ne} de Quelaines.
BROCHARDIÈRE (LA), f. c^{ne} de la Chapelle-Anthenaise.
BROCHARDIÈRE (LA), f. c^{ne} de Colombiers.
BROCHARDIÈRE (LA), h. c^{ne} de Courcité.
BROCHARDIÈRE (LA), h. c^{ne} de la Croixille.
BROCHARDIÈRE (LA), f. c^{ne} de Laigné.
BROCHARDIÈRE (LA), f. c^{ne} de Laval; était avant 1861 de la c^{ne} de Changé. — Fief vassal de la seign. de Bootz.
BROCHARDIÈRE (LA), f. c^{ne} de Longuefuye. — Fief vassal de la châtell. de Bazougers.
BROCHARDIÈRE (LA), f. c^{ne} de Ménil.
BROCHARDIÈRE (LA), f. c^{ne} de Thorigné.
BROCHELLERIE (LA), f. c^{ne} de Ruillé-Froidfont.
BROCHÈRE (LA), f. c^{ne} de Saint-Denis-d'Anjou.
BRODINIÈRE (LA), f. c^{ne} de Fougerolles.
BROLAIS (LA), f. c^{ne} de la Cropte.
BROLTIÈRE (LA), h. c^{ne} d'Ahuillé.
BROMER, h. c^{ne} de Saint-Mars-sur-la-Futaie. — *Brommer* (Cassini).
BROSSAY, h. c^{ne} de Charchigné.
BROSSAY, f. c^{ne} de Saint-Saturnin-du-Limet. — Fief vassal de la bar. de Craon.
BROSSAY (LE GRAND et LE PETIT), f. c^{ne} de Quelaines. — Fief vassal du Plessis de Quelaines.
Le ruiss. du Petit-Brossay est affl. de celui des Vignes.
BROSSE (LA), f. c^{ne} d'Ampoigné.
BROSSE (LA), f. c^{ne} d'Argentré.
BROSSE (LA), f. c^{ne} d'Aron.
BROSSE (LA), h. c^{ne} de Bazougers.
BROSSE (LA), f. c^{ne} de la Boissière.
BROSSE (LA), f. c^{ne} du Bourgneuf-la-Forêt.
BROSSE (LA), f. c^{ne} de Bretignolles.
BROSSE (LA), f. c^{ne} du Buret.
BROSSE (LA), f. c^{ne} de Châlons.
BROSSE (LA), f. c^{ne} de Champéon.

Brosse (La), f. c^{ne} de Champfremont.
Brosse (La), vill. c^{ne} de Chantrigné.
Brosse (La), f. c^{ne} de Chemazé.
Brosse (La), éc. c^{ne} de Commer.
Brosse (La), f. c^{ne} de Denazé.
Brosse (La), f. c^{ne} de Gennes; auj. détruite.
Brosse (La), f. c^{ne} de Gorron. — Fief vassal de la châtell. de Gorron.
Brosse (La), f. c^{ne} de la Gravelle. — On dit aussi *la Brousse*.
Brosse (La), h. c^{ne} du Horps.
Brosse (La), f. c^{ue} de Houssay.
Brosse (La), f. c^{ne} de Livet-en-Charnie.
Brosse (La), f. c^{ne} de Livré. — Arrière-fief de la bar. de Craon, vassal de la Cour de Livré. — Les étangs sont auj. desséchés.
Brosse (La), éc. c^{ne} de Louverné.
Brosse (La), f. c^{ne} de Martigné.
Brosse (La), h. c^{ne} de Melleray.
Brosse (La), f. c^{ne} de Ménil. — Fief vassal de la seign. de Ménil.
Brosse (La), éc. c^{ne} de Mézangers.
Brosse (La), f. c^{ne} de Montaudin; donne son nom à un ruiss. affl. de celui des Landes.
Brosse (La), vill. c^{ne} de Montenay.
Brosse (La), f. c^{ne} de Montourtier.
Brosse (La), f. c^{ne} de Neau.
Brosse (La), éc. c^{ne} de Poulay.
Brosse (La), f. c^{ne} de Quelaines.
Brosse (La), h. c^{ne} de Saint-Aubin-du-Désert.
Brosse (La), f. c^{ne} de Saint-Denis-d'Anjou.
Brosse (La), f. c^{ne} de Saint-Denis-de-Gastines.
Brosse (La), f. c^{ne} de Saint-Erblon.
Brosse (La), f. c^{ne} de Saint-Gault.
Brosse (La), f. c^{ne} de Saint-Germain-d'Anxurre.
Brosse (La), f. c^{ne} de Saint-Jean-sur-Erve.
Brosse (La), h. c^{ne} de Saint-Mars-du-Désert.
Brosse (La), h. c^{ne} de Saint-Mars-sur-Colmont.
Brosse (La), h. c^{ne} de Saint-Mars-sur-la-Futaie.
Brosse (La), f. c^{ne} de Saint-Martin-de-Connée.
Brosse (La), f. c^{ne} de Saint-Quentin.
Brosse (La), f. c^{ne} de la Selle-Craonnaise; donne son nom à un ruiss. affl. de celui de Grilais.
Brosse (La Haute et la Basse), f. c^{ne} de Châtelain.
Brosserie (La), bois de la forêt de Craon au xve s^e (arch. nat. P 339).
Brosserond, f. c^{ne} de Montenay.
Brosse-Ruillé (La), f. c^{ne} de Châtelain.
Brosses (Landes des), c^{ne} de Saint-Berthevin.
Brosses (Les), f. c^{ne} de Bais.
Brosses (Les), f. c^{ne} de la Bazoche-Montpinçon; donnent leur nom à un ruiss. affl. de l'Aron.

Brosses (Les), vill. c^{ne} du Bourgneuf-la-Forêt.
Brosses (Les), h. c^{ne} de Bourgon.
Brosses (Les), h. c^{ne} de Chailland.
Brosses (Les), f. c^{ne} de Châtillon-sur-Colmont.
Brosses (Les), f. c^{ne} de Chemazé. — *Lieu de la Broce*, 1494 (arch. de la Roë, H. 198).
Brosses (Les), h. c^{ne} de Courberie.
Brosses (Les), f. c^{ne} de la Cropte.
Brosses (Les), fief, c^{ne} de Daon, vassal de la seign. du Port-Joulain. — *Par le moyen du seigneur des Broces*, 1490 (arch. de la Roë).
Brosses (Les), f. c^{ne} de Grazay.
Brosses (Les), f. c^{ne} de Grez-en-Bouère.
Brosses (Les), vill. c^{ne} du Horps; donnent leur nom à un ruiss. affl. de l'Anglaine.
Brosses (Les), h. c^{ne} de Juvigné-des-Landes.
Brosses (Les), f. c^{ne} de Laubrières.
Brosses (Les), h. c^{ne} de Launay-Villiers.
Brosses (Les), vill. et four à chaux, c^{ne} de Louverné.
Brosses (Les), f. c^{ne} de Louvigné; donnent leur nom à un ruiss. affl. de celui de la Jouassière.
Brosses (Les), f. c^{ne} de Ménil.
Brosses (Les), f. c^{ne} de Mérai.
Brosses (Les), f. c^{ne} de Montourtier.
Brosses (Les), vill. c^{ne} de Niort. — Fief de la bar. d'Ambrières.
Brosses (Les), f. c^{ne} d'Olivet; auj. détruite.
Brosses (Les), f. c^{ne} de Préaux.
Brosses (Les), f. c^{ne} de Sacé; donnent leur nom à un ruiss. affl. de la Mayenne.
Brosses (Les), f. c^{ne} de Saint-Denis-d'Anjou.
Brosses (Les), h. c^{ne} de Saint-Denis-de-Gastines.
Brosses (Les), f. c^{ne} de Saint-Denis-du-Maine.
Brosses (Les), f. c^{ne} de Saint-Germain-le-Fouilloux.
Brosses (Les), h. c^{ne} de Saint-Jean-sur-Erve.
Brosses (Les), h. c^{ne} de Saint-Martin-de-Connée.
Brosses (Les), vill. c^{ne} de Saint-Ouen-des-Toits.
Brosses (Les), h. c^{ne} de Vautorte.
Brosses (Les Basses-), f. c^{ne} de Courberie.
Brosses (Les Hautes-), f. c^{ne} de Bais.
Brosses (Les Petites-), éc. c^{ne} de Juvigné-des-Landes.
Brosses (Ruisseau des), c^{ne} de Saint-Laurent-des-Mortiers, affl. du ruiss. de Savenière.
Brosset (Le), vill. c^{ne} de Charchigné.
Brossette (La), f. c^{ne} de Placé.
Brossettes (Les), f. c^{ne} de Colombiers.
Brossiau, f. c^{ne} du Bourgneuf-la-Forêt.
Brossinière (La), chât. c^{ne} d'Azé.
Brossinière (La), f. c^{ne} de Chemazé. — *Les bois de la Broissinière*, 1622 (arch. de la Mayenne, H 173). Fief vassal du marq. de Château-Gontier.
Brossinière (La), f. c^{ne} de Houssay.

BROSSINIÈRE (LA), h. c^ne de Ruillé-Froidfont.
BROTAIS (LA), h. c^ne de Brécé.
BROUARDIÈRE (LA), h. c^ne de Loupfougères. — On écrit aussi la Berouardière.
BROUARDIÈRE (LA), vill. c^ne de Saint-Denis-de-Gastines. — On écrit aussi la Bouhardière.
BROUCHETIÈRE (LA), f. c^ne de la Chapelle-au-Riboul.
BROUCHETIÈRE (LA), h. c^ne de Javron.
BROUDIÈRE (LA), h. c^ne de Hambers.
BROUILLARD (LE), f. c^ne de Vautorte.
BROUILLÉ (LE), éc. c^ne de Javron.
BROUILLÈRE (LA), f. c^ne d'Arquenay.
BROUILLÈRE (LA), f. c^ne de la Chapelle-Anthenaise. — Fief vassal de la seign. du Manoir-Ouvrouin.
BROUILLÈRE (LA), f. c^ne de Châtillon-sur-Colmont.
BROUILLÈRE (LA), f. c^ne de Montjean. — La Berouilière, XIVe s^e (arch. nat. P 345).
Arrière-fief du comté de Laval, vassal de la châtell. de Montjean.
BROUILLÈRE (LA), f. c^ne de Vimarcé.
BROUILLERIE (LA), f. c^ne d'Ernée.
BROUILLET, vill. c^ne de Chantrigné; donne son nom à un ruiss. affl. de celui de Vienne.
BROUSSAULT, éc. c^ne de Larchamp.
BROUSSE (LA), f. c^ne de la Gravelle.
BROUSSE (LA), f. c^ne d'Orgères.
BROUSSE (LA), f. c^ne de la Poôté.
BROUSSES (LES), f. c^ne de Saint-Samson. — Altération de Brosses.
BROUTELLERIE (LA), f. c^ne de Saint-Berthevin.
BROUTELLIÈRE (LA), f. c^ne de Laval.
BROUTIÈRE (LA), m^in, c^ne de Couesmes.
BROUTINIÈRE (LA), h. c^ne de Loupfougères.
BRUANDIÈRE (LA), f. c^ne de Viviers.
BRUCHETIÈRE (LA BASSE-), éc. c^ne de Courbeveille.
BRUCHETIÈRE (LA HAUTE-), éc. c^ne de Courbeveille.
BRUÈRE (LA), f. c^ne d'Ahuillé. — Altération de Bruyère.
BRUÈRE (LA), f. c^ne d'Argentré.
BRUÈRE (LA), f. c^ne de Loiron.
BRUÈRE (LA), h. c^ne de Placé. — Fief du duché de Mayenne.
BRUÈRE-DE-GAISNÉ (LA), f. et éc. c^ne de Larchamp.
BRUÈRE-MARION (LA), éc. c^ne de Larchamp.
BRUÈRES (LES), f. c^ne de Laubrières.
BRUÈRES (RUISSEAU DES), c^ne de Saint-Mars-sur-la-Futaie, affl. du ruiss. de Mousson.
BRUFEU-BAUDOUIN (LANDES DE), c^ne de Hercé; auj. défrichées.
BRUFODIÈRE (LA), f. c^ne d'Arquenay.
BRUGERIES (LES), f. c^ne de Chemazé.
BRULAIE (LA), f. c^ne de Chemeré-le-Roi.
BRULAIE (LA), f. c^ne du Buret.

BRULARDIÈRE (LA), h. c^ne de Saint-Martin-de-Connée.
BRULATTE (LA), c^en de Loiron. — Anc. par. du doy., de l'élect. et du comté de Laval, qui paraît avoir été conquise sur les forêts voisines.
BRÛLE-ÉPINE, h. c^ne de Livré.
BRÛLE-ÉPINE, éc. c^ne de Villiers-Charlemagne.
BRÛLE-ÉVÊQUE (LE), chât. c^ne de Fougerolles.
BRÛLE-ÉVÊQUE (LE), h. c^ne de Landivy.
BRÛLE-ÉVÊQUE (LE), f. c^ne de Saint-Mars-sur-la-Futaie.
BRÛLERIE (LA), h. c^ne de Fontaine-Couverte. — On dit aussi la Bûlerie.
BRÛLERIES (LES), f. c^ne d'Ampoigné.
BRÛLERIES (LES), h. c^ne de Fromentières.
BRÛLÉS (LES), f. c^ne de Montaudin.
BRÛLÉS (LES), f. c^ne de Saint-Berthevin; donnent leur nom à un ruiss. affl. du Vicoin.
BRÛLIS (LE), éc. c^ne de Chammes.
BRÛLIS (LE), f. c^ne de Neau.
BRÛLIS (LE), f. c^ne de Saint-Georges-Buttavent.
BRÛLIS (LE), f. c^ne de Vaiges.
BRÛLIS (LES), f. c^ne de Juvigné-des-Landes.
BRÛLON, f. c^ne de Saint-Laurent-des-Mortiers. — La Motte de Brûlon était un fief vassal du marq. de Château-Gontier.
BRÛLON (LE), f. c^ne de Hercé.
BRUMERIE (LA), f. c^ne de Laigné.
BRUNAIS (LES), h. c^ne de Juvigné-des-Landes.
BRUNARD, f. c^ne de Saint-Jean-sur-Mayenne. — Domaine de Brugnard, 1391 (cab. Guays des Touches). Fief vassal de la châtell. de Fouilloux. — Ruiss. affl. de celui des Moyettes.
BRUNARD (BOIS DE), c^nes de Saint-Jean-sur-Mayenne et de Saint-Germain-le-Fouilloux; donne son nom à un ruiss. affl. de la Mayenne.
BRUNELAIE (LA), f. c^ne de Congrier.
BRUNELAIE (LA), f. c^ne de Saint-Pierre-des-Landes.
BRUNELLIÈRE (LA), vill. c^ne d'Athée.
BRUNELLIÈRE (LA), f. c^ne de la Bazouge-des-Alleux. — Landes auj. défrichées.
BRUNELLIÈRE (LA), f. c^ne de la Brulatte; auj. détruite.
BRUNELLIÈRE (LA), f. c^ne de Champgeneteux.
BRUNELLIÈRE (LA), f. c^ne de Congrier.
BRUNELLIÈRE (LA), f. c^ne de Cosmes.
BRUNELLIÈRE (LA), f. c^ne du Ham; donne son nom à un ruiss. affl. de la Fraubée.
BRUNELLIÈRE (LA), vill. c^ne du Horps. — Landes défrichées en 1830. — Ruisseau affl. de celui de l'Anglaine.
BRUNERIE (LA), h. c^ne du Genest.
BRUNERIE (LA), h. c^ne de Vimarcé.
BRUNERIE (LA GRANDE et LA PETITE), f. c^ne de Couesmes.
BRUNESSIÈRE (LA), f. c^ne de Chemeré-le-Roi.

Bruneterie (La), éc. c^{ne} d'Azé.
Bruneterie (La), f. c^{ne} de Saint-Michel-de-Feins.
Brunetière (La), vill. compris dans le bourg de Lignières-la-Doucelle.
Brunetière (La), f. c^{ne} de Saint-Aignan-sur-Roë.
Brunetières (Les), f. c^{ne} d'Argenton.
Brunetières (Les), f. c^{ne} de Bierné.
Bruyère (La), f. c^{ne} d'Ahuillé.
Bruyère (La), h. c^{ne} d'Argentré.
Bruyère (La), h. c^{ne} d'Averton.
Bruyère (La), f. c^{ne} de la Bazouge-de-Chemeré.
Bruyère (La), f. c^{ne} de Beaumont-Pied-de-Bœuf.
Bruyère (La), f. c^{ne} de Bouchamp.
Bruyère (La), éc. c^{ne} de Bouère.
Bruyère (La), f. c^{ne} de Bréc.
Bruyère (La), h. c^{ne} de Châtillon-sur-Colmont.
Bruyère (La), f. c^{ne} de la Croixille. — Fief de la châtell. d'Ernée.
Bruyère (La), f. c^{ne} de Cuillé.
Bruyère (La), h. c^{ne} de Fougerolles.
Bruyère (La), f. c^{ne} de Gennes.
Bruyère (La), f. c^{ne} du Housseau.
Bruyère (La), h. c^{ne} de Landivy.
Bruyère (La), f. c^{ne} de la Poôté.
Bruyère (La), f. c^{ne} de Ruillé-Froidfont.
Bruyère (La), f. c^{ne} de Ruillé-le-Gravelais.
Bruyère (La), éc. c^{ne} de Saint-Aubin-du-Désert.
Bruyère (La), f. et éc. c^{ne} de Saint-Charles-la-Forêt.
Bruyère (La), éc. c^{ne} de Saint-Georges-Buttavent.
Bruyère (La), h. c^{ne} de Saint-Mars-sur-la-Futaie.
Bruyère (La), f. c^{ne} de Villepail.
Bruyère (La Belle-), éc. c^{ne} de Gesvres.
Bruyère (La Grande et la Petite), f. c^{ne} d'Ambrières.
Bruyère (La Grande et la Petite), f. c^{ne} du Bignon.
Bruyère (La Petite-), éc. c^{ne} de Châlons.
Bruyère (La Petite-), h. c^{ne} de la Poôté.
Bruyère (Le Bas de la), h. c^{ne} de la Pallu.
Bruyère-d'Isle (La), f. c^{ne} de Brécé.
Bruyère-Motte (La), f. c^{ne} de Landivy.
Bruyère-Rousse-de-la-Peau-de-Loire (La), f. c^{ne} de Javron.
Bruyères (Les), f. c^{ne} de Ballots.
Bruyères (Les), h. c^{ne} du Bignon.
Bruyères (Les), f. c^{ne} de Chammes.
Bruyères (Les), f. c^{ne} de Chemazé.
Bruyères (Les), h. c^{ne} de Fougerolles. — Étang desséché vers 1865.
Bruyères (Les), f. c^{ne} de Laubrières. — *Los Bruères*, 1544 (abb. de la Roë).
Bruyères (Les), éc. c^{ne} de Marcillé-la-Ville.
Bruyères (Les), f. c^{ne} d'Oisseau.
Bruyères (Les), h. c^{ne} de Saint-Aignan-de-Couptrain.

Bruyères (Les), f. c^{ne} de Saint-Baudelle.
Bruyères (Les), h. c^{ne} de Saint-Berthevin.
Bruyères (Les), f. c^{ne} de Saint-Calais-du-Désert.
Bruyères (Les), h. c^{ne} de Saint-Cyr-en-Pail.
Bruyères (Les), vill. c^{ne} de Saint-Denis-de-Gastines.
Bruyères (Les), h. c^{ne} de Saint-Mars-sur-Colmont.
Bruyères (Les), f. c^{ne} de Senonnes.
Bruyères (Les), f. c^{ne} de Thorigné; séparées en 1840 de la c^{ne} de Saint-Jean-sur-Erve. — Fief vassal de la châtell. de Thorigné.
Bruyères (Les Petites-), f. c^{ne} de Champfremont.
Bruyères (Les Petites-), f. c^{ne} de Montigné.
Bruyères-Beaudouin (Les), f. c^{ne} de Colombiers. — Landes auj. défrichées.
Bruyères-Beaudouin (Les), f. c^{ne} de Hercé. — Landes défrichées vers 1831. — On y voit de vieux retranchements.
Bruyères-Saint-Avit (Les), h. c^{ne} de Brécé.
Buais (Le), f. c^{ne} de Madré.
Buais (Ruisseau de), aff. du ruiss. du Moulin des Prés, qui sépare le dép^t de la Manche de celui de la Mayenne sur une longueur de 4,800 mètres.
Buaisière (La), vill. c^{ne} de Lesbois.
Buannière (La), f. c^{ne} de Changé.
Buard (Le), h. c^{ne} de Changé.
Buard (Le), h. c^{ne} d'Évron; donne son nom à un ruiss. aussi nommé *ruisseau du Gué-Martin*, qui se jette dans la riv. des Places.
Buard (Le), f. annexée au bourg de Lignières-la-Doucelle.
Buats (Les), fief c^{ne} de Villepail, vassal de la châtell. de Villepail.
Buats (Les Bas-), h. c^{ne} du Housseau.
Buats (Les Hauts et les Bas), vill. c^{ne} de Thubœuf.
Buattière (La), f. c^{ne} de Cossé-le-Vivien. — Fief vassal de la châtell. de Montjean.
Bucessière (La), f. c^{ne} d'Ernée.
Buchage (Le), h. c^{ne} de Pré-en-Pail.
Buchardière (La), f. c^{ne} d'Aron.
Buchardière (La), h. c^{ne} de Brécé.
Buchardière (La), f. c^{ne} de Laigné.
Buchardière (La), f. c^{ne} de Saint-Denis-de-Gastines. — Fief de la châtell. d'Ernée.
Buchardière-du-Bois-du-Breil (La), h. c^{ne} de Brécé.
Buchaud, h. et mⁱⁿ, c^{ne} d'Aron. — *Moulin de Busnan* (carte de Jaillot). — Ruiss. aff. de l'Aron.
Buchaudière (La), h. c^{ne} d'Ambrières.
Buchelière (La), h. c^{ne} de Châtillon-sur-Colmont.
Bucuèbe (La), h. c^{ne} de Saint-Julien-du-Terroux.
Bucherie (La), f. c^{ne} de Beaulieu.
Bucherie (La), f. c^{ne} de Contest.
Bucherie (La), f. c^{ne} de Cossé-le-Vivien.

Bucherie (La), f. c^ne de Fontaine-Couverte; donne son nom à un ruiss. affl. de celui du Pont-Coutard. — Landes auj. défrichées.
Bucherie (La), *aliàs* Lorière, h. c^ne de Livré.
Buchens (Les), f. c^ne de Grez-en-Bouère.
Bucheterie (La), f. c^ne de Mée.
Buchetière (La), f. c^ne de la Bazoche-Montpinçon. — On dit aussi *la Beuchetière*. Fief du duché de Mayenne relevant de la seign. de la Motte-d'Aron.
Buchetière (La), vill. c^ne de la Poôté.
Buchetière (La), h. c^ne de Saint-Céneré.
Bucossière (La), chapelle, c^ne d'Athée; auj. détruite.
Bucottière (La), f. c^ne de Ballée.
Budors (Notre-Dame-des-), chapelle, c^ne de Courcité.
Buetterie (La), f. c^ue d'Averton.
Buffardière (La), f. c^ne de Laval; séparée de la c^ue de Changé en 1861.
Buffardière (La), vill. c^ne d'Oisseau.
Buffardière (La Grande et la Petite), f. c^ne de Beaulieu.
Bufferais (Les Bas-), f. c^ne de la Croixille.
Bufferais (Les Hauts-), f. c^ne de la Croixille.
Bufferie (La), éc. c^ne d'Izé.
Buffet (Le), f. c^ne du Ribay.
Buffetière (La) ou la Buffière, f. c^ne d'Arquenay.
Buffetière (La), f. c^ne de Saint-Denis-de-Gastines.
Buffetières (Les), h. c^ne de Grez-en-Bouère. — On prononce *les Buffières*.
Buffeu (Le Grand et le Petit), f. c^ne d'Évron.
Buglaire (La), f. c^ne de Couesmes.
Buguelière (La), h. c^ne de Thubœuf.
Buhail, f. c^ne de Bouessay.
Buhané, f. c^ne de Peuton. — *Vivianus de Buheneio*, xiie siècle (abb. de la Roë, H 151, f° 75). — *Buhannay*, 1732 (*ibid.*). Ruiss. affl. de celui de la Rivière-Bossard.
Buharay (Le), f. c^ne de Saint-Fort.
Buharay (Le), f. c^ne de Fromentières. — Fief vassal de la bar. d'Entrammes.
Buhardière (La), vill. c^ne d'Andouillé; donne son nom à un ruiss. affl. de celui de Grennes.
Buhuru (Bois de), c^ne de Ravigny.
Buiardière (La), f. c^ne de Ballée.
Buignerie (La), f. c^ne de Laigné.
Boillerie (La), éc. c^ne d'Ampoigné.
Buillière (La), f. c^ne de Marcillé-la-Ville.
Builloterie (La), f. c^ne de la Chapelle-Craonnaise.
Buine (Le Grand-), f. c^ne d'Épineu-le-Seguin.
Buine (Le Petit-), éc. c^ne d'Épineu-le-Seguin.
Buinière (La), vill. c^ne du Ham.
Buis (Le), f. c^ne d'Athée; auj. détruite.

Buis (Le Bas du), h. c^ne de Commer.
Buis (Les), h. c^ne de Saint-Germain-de-Coulamer; donnent leur nom à un ruiss. affl. de celui de la Subardière.
Buis (Les), f. c^ne de Vautorte; donnent leur nom à un ruiss. affl. de celui de Montenay.
Buissennerie (La), f. c^ne de Longuefuye.
Buisson (Étang du), c^ne de Livet-en-Charnie.
Buisson (Le), f. c^ne d'Aron.
Buisson (Le), f. c^ne de Ballots.
Buisson (Le), f. c^ne de la Bazouge-de-Chemeré.
Buisson (Le), f. c^ne de Bazougers.
Buisson (Le), f. c^ne de Bierné.
Buisson (Le), f. c^ne de Blandouet.
Buisson (Le), f. c^ne de Bouère.
Buisson (Le), f. c^ne de Bouessay.
Buisson (Le), h. c^ne du Bourgneuf-la-Forêt.
Buisson (Le), f. c^ne de Châlons.
Buisson (Le), f. c^ue de Chemeré-le-Roi.
Buisson (Le), h. c^ne de Courcité.
Buisson (Le), f. c^ue de Craon.
Buisson (Le), f. c^ne de Deux-Évailles.
Buisson (Le), f. c^ne de Fromentières.
Buisson (Le), f. c^ne de Longuefuye.
Buisson (Le), éc. c^ne de Montourtier.
Buisson (Le), f. c^ne de Ruillé-Froidfont.
Buisson (Le), f. c^ne de Saint-Brice.
Buisson (Le), f. c^ne de Saint-Cyr-en-Pail.
Buisson (Le), éc. c^ne de Sainte-Gemmes-le-Robert.
Buisson (Le), h. c^ne de Saint-Germain-de-Coulamer.
Buisson (Le), h. c^ne de Saint-Jean-sur-Erve.
Buisson (Le), h. c^ne de Saint-Mars-du-Désert.
Buisson (Le), éc. c^ne de Saint-Ouen-des-Toits.
Buisson (Le), f. c^ne de Saint-Saturnin-du-Limet.
Buisson (Le), éc. et f. c^ne de Vaiges.
Buisson (Le), f. c^ne de Vimarcé.
Buisson (Le Grand-), vill. c^ne d'Andouillé.
Buisson (Le Grand-), f. c^ne de Coudray. — Le Petit-Buisson a été détruit vers 1850.
Buisson (Le Grand-), f. c^ne de Saint-Charles-la-Forêt.
Buisson (Le Grand et le Petit), f. c^ne de Villiers-Charlemagne.
Buisson (Le Haut-), f. c^ne de Champgeneteux.
Buisson (Le Haut-), f. c^ne d'Évron.
Buisson (Le Haut et le Bas), éc. c^ne de Saint-Martin-du-Limet.
Buisson (Le Petit-), h. c^ne d'Andouillé.
Buisson (Le Petit-), éc. c^ne de Saint-Charles-la-Forêt.
Buisson-Blot (Le), f. c^ne de Coudray.
Buissonnière (La), f. c^ne d'Arquenay. — On prononce *la Bussonnière*.

Buissonnière (La), h. cⁿᵉ de Chevaigné.
Buissonnière (La), f. cⁿᵉ de Montjean.
Buissonnières (Les), f. cⁿᵉ de Saint-Jean-sur-Erve.
Buisson-Rond (Le), f. cⁿᵉ de Biernè.
Buissons (Les), h. cⁿᵉ de Saint-Charles-la-Forêt.
Buissons (Les), f. cⁿᵉ de Désertines.
Buissons (Les), f. cⁿᵉ d'Évron.
Buissons (Les), f. cⁿᵉ du Ham.
Buissons (Les), f. cᵘᵉ de Lignières-la-Doucelle.
Buissons (Les), h. cⁿᵉ de Saint-Calais-du-Désert.
Buissons (Les), vill. cⁿᵉ de Saint-Germain-de-Coulamer.
Buissons-de-Coulonge (Les), f. cⁿᵉ de Saint-Mars-du-Désert.
Buisson-Vert (Le), f. cⁿᵉ de Villaines-la-Juhel.
Bulangerie (La), vill. cⁿᵉ de Lesbois; donne son nom à un ruiss. affl. de la riv. Colmont.
Bulangerie (La), h. cⁿᵉ du Pas.
Bulardière (La), h. cⁿᵉ de Brécé.
Bulay (Le Haut-), h. cⁿᵉ d'Averton.
Bulay (Le Haut et le Bas), h. cⁿᵉ de Saint-Aubin-du-Désert.
Buleu, bois, f., mⁱⁿ et buttes, cⁿᵉ de Marcillé-la-Ville. — *Bulieu* (carte de Jaillot).
    Fief avec haute justice, vassal des seigneurs de Bourgon, des Vaux et du duché de Mayenne.
    Le ruisseau de Buleu ou de Tarot est un affl. de l'Aron. — Landes auj. défrichées ou boisées.
Bullière, f. cⁿᵉ de Senonnes.
Bulottière (La), vill. cⁿᵉ du Bourgneuf-la-Forêt.
Bulottière (La Grande-), f. cⁿᵉ du Bourgneuf-la-Forêt.
Bulottière-Ravenel (La), f. cⁿᵉ du Bourgneuf-la-Forêt.
Bulourdière (La), f. cⁿᵉ de Fontaine-Couverte. — *La Bulordière*, 1418 (arch. de la Mayenne, E 99).
Bunançais, éc. cⁿᵉ d'Épineu-le-Séguin. — La ferme de ce lieu est auj. détruite.
Bure, vill. cⁿᵉ de Chantrigné.
Bure, landes et vill. cⁿᵉ de Niort.
Bure (Le Bas-), f. cⁿᵉ de Couesmes.
Bure (Le Haut-), h. cⁿᵉ de Couesmes.
Bure (Le Petit-), vill. cⁿᵉ de Couesmes.
Bureau (Le), vill. cⁿᵉ de la Pellerine.
Bureau (Le), h. cᵉˢ de Saint-Ellier; prend son nom d'un ancien poste de la gabelle.
Burellerie (La), f. cⁿᵉ de Ruillé-Froidfont.
Buret (Le), cⁿᵉ de Grez-en-Bouère. — *H. de Buareto*, 1166 (inv. des arch. de la Sarthe). — *Au cimetière du Bueret*, 1613 (ibid. E 1).
    Prieuré dép. de l'abb. de Marmoûtiers. — Anc. par. du doy. de Sablé, comté et élect. de Laval.

Buret (Le), éc. cⁿᵉ de Montigné.
Burlaie (La), h. cᵘᵉ de Châtillon-sur-Colmont; donne son nom à un ruiss. affl. de la riv. Colmont.
Burlière (La), h. cⁿᵉ de Gorron.
Burlière (La), f. cⁿᵉ d'Oisseau.
Buron (Le), f. cⁿᵉ d'Andouillé.
Buron (Le), éc. cⁿᵉ d'Assé-le-Bérenger.
Buron (Le), f. cⁿᵉ d'Astillé.
Buron (Le), h. cⁿᵉ d'Azé. — Fief vassal de la seign. de la Balhayère.
    Ancien couvent de Cordelières.
Buron (Le), fief vassal de la châtell. de Bazougers.
Buron (Le), f. cⁿᵉ de la Bigottière.
Buron (Le), f. cⁿᵉ de Bouchamp.
Buron (Le), f. cⁿᵉ de Cossé-le-Vivien.
Buron (Le), h. cⁿᵉ de Saint-Aubin-Fosse-Louvain.
Buron (Le), f. cⁿᵉ de Saint-Berthevin-la-Tannière. — Fief de la châtell. de Pontmain.
Buron (Le), f. cⁿᵉ de Vimarcé.
Buron (Le Bas-), f. cⁿᵉ du Pas. — Fief vassal de la seign. de la Pallu.
    Le ruiss. de l'étang du Buron se jette dans la Varenne; l'étang est auj. desséché et le mⁱⁿ détruit.
Buron (Le Haut-), f. cⁿᵉ de Montsurs.
Buron (Le Haut-), h. cⁿᵉ du Pas.
Buron (Le Petit-), h. cⁿᵉ de Montsurs. — Fief vassal de la châtell. de Montsurs.
Buronnière (La), f. cⁿᵉ d'Ernée.
Buronnières (Les), h. cⁿᵉ de Saint-Denis-de-Gastines. — Fief du duché de Mayenne.
    L'étang de ce lieu est auj. desséché.
Burons (Les), h. cⁿᵉ de Saint-Georges-Buttavent.
Burons (Les), f. cⁿᵉ de Saint-Sulpice.
Burons (Les), fief, cⁿᵉ de Thorigné, vassal de la châtell. de la Raguenière.
Burson, f. cⁿᵉ de Chemazé.
Buru (Le), mⁱⁿ, cⁿᵉ de la Cropte. — Le ruiss. du Buru et de l'Oisillière, affl. de la Vaige, arrose Saint-Denis-du-Maine et Arquenay.
Buru (Le), f. cⁿᵉ de Meslay. — Fief de la châtell. de Meslay, qui s'étendait aussi sur le Bignon.
Buru (Le Grand-), f. cⁿᵉ d'Arquenay.
Buru (Le Petit-), f. cⁿᵉ d'Arquenay; elle a été détruite en 1856.
Buru (Le Petit-), f. cⁿᵉ de la Cropte.
Busselière (La), f. cⁿᵉ de Daon.
Busson, f. et h. — Voy. Buisson (Le).
Bussonais (La), vill. cⁿᵉ de Saint-Hilaire-des-Landes.
Bussonnière (La), f. cⁿᵉ d'Alexain.
Bussonnière (La), f. cⁿᵉ de Bouère.
Bussonnière (La), f. cⁿᵉ du Bourgneuf-la-Forêt.
Bussonnière (La), f. cⁿᵉ de Chammes.

Bussonnière (La), vill. c^{ne} de Chevaigné.
Bussonnière (La), f. c^{ne} de Craon.
Bussonnière (La), f. c^{ne} d'Izé.
Bussonnière (La), f. c^{ne} de Saint-Jean-sur-Erve.
Bussonnière (La), h. c^{ne} de Trans.
Bussonnière-du-Houx (La), f. c^{ne} d'Alexain.
But (Le), h. c^{ne} de la Baroche-Gondouin.
But (Le), h. c^{ne} de la Chapelle-au-Riboul.
But (Le), vill. c^{ne} de Loupfougères; donne son nom à un ruiss. afll. de celui des Fossés.
But (Le), f. c^{ne} de Préaux. — Fief vassal de la seign. de Linières.
But (Le), vill. c^{ne} de Saint-Cyr-en-Pail; donne son nom à un ruiss. afll. de celui des Touches.
Butallerie (La), f. c^{ne} de Bierné.
Butardières (Les), f. c^{ne} de Changé.
Butauderie (La), f. c^{ne} de Ballots.
Butême (La), f. c^{ne} de la Chapelle-Rainsouin.
Buthus (Landes de), c^{ne} de Saint-Pierre-des-Landes.
Buts (Les), h. c^{ne} de Saint-Berthevin.
Butte, éc. c^{ne} de Saint-Ouen-des-Toits.
Butte (La), f. c^{ne} d'Ambrières.
Butte (La), f. c^{ne} d'Andouillé; donne son nom à un ruiss. afll. de celui de la Mancellière.
Butte (La), f. c^{ne} d'Assé-le-Bérenger.
Butte (La), éc. c^{ne} d'Athée.
Butte (La), h. c^{ne} de Bierné.
Butte (La), h. c^{ne} de la Chapelle-au-Riboul.
Butte (La), f. c^{ne} de Commer.
Butte (La), f. c^{ne} de Cosmes.
Butte (La), éc. c^{ne} de Crennes-sur-Fraubée.
Butte (La), f. c^{ne} de Fromentières.
Butte (La), éc. c^{ne} du Ham.
Butte (La), éc. c^{ne} de Hambers.
Butte (La), f. c^{ne} du Housseau.
Butte (La), éc. et f. c^{ne} de Landivy.
Butte (La), f. c^{ne} de Launay-Villiers.
Butte (La), f. c^{ne} de Livet-en-Charnie.
Butte (La), f. c^{ne} de Montaudin.
Butte (La), éc. c^{ne} de Montreuil.
Butte (La), f. c^{ne} de Montsurs.
Butte (La), h. c^{ne} de Niort.
Butte (La), f. c^{ne} de la Pellerine.
Butte (La), éc. c^{ne} de Pré-en-Pail.
Butte (La), éc. c^{ne} de la Roë.
Butte (La), h. c^{ne} de Saint-Aubin-Fosse-Louvain.
Butte (La), f. et éc. c^{ne} de Saint-Berthevin.
Butte (La), f. c^{ne} de Saint-Charles-la-Forêt.
Butte (La), f. c^{ne} de Saint-Denis-de-Gastines.
Butte (La), éc. c^{ne} de Saint-Germain-de-Coulamer.
Butte (La), vill. c^{ne} de Saint-Germain-le-Fouilloux.
Butte (La), f. c^{ne} de Saint-Germain-le-Guillaume.

Butte (La), éc. c^{ne} de Saint-Jean-sur-Mayenne.
Butte (La), f. c^{ne} de Saint-Michel-de-la-Roë; détruite vers 1855.
Butte (La), f. c^{ne} de Saint-Pierre-des-Landes.
Butte (La), éc. c^{ne} de Saint-Pierre-sur-Erve.
Butte (La), h. c^{ne} de Saint-Pierre-sur-Orthe.
Butte (La), f. c^{ne} de Saint-Sulpice; auj. détruite.
Butte (La), éc. c^{ne} de Vautorte.
Butte (La), f. c^{ne} de Villiers-Charlemagne.
Butte (La Basse-), h. c^{ne} d'Averton.
Butte (La Haute-), vill. c^{ne} d'Averton.
Butte (Ruisseau de la), c^{ne} de Saint-Berthevin-la-Tannière; il afflue à la Futaie.
Butte-à-Brault (La), f. c^{ne} de Jublains. — Landes défrichées en 1840.
Butte-de-Chon (La), h. c^{ne} de Crennes-sur-Fraubée.
Butte-de-la-Grefferie (Landes de la), c^{ne} de Montreuil.
Butte-de-Montaigu (La), éc. c^{ne} de Bais.
Butte-des-Fresnes (La), éc. c^{ne} de Montourtier.
Butte-des-Grès (Lande de la), c^{ne} de Gesvres; défrichée vers 1859.
Butte-des-Rochers (La), éc. c^{ne} de Montflours.
Butte-de-Terre (La), f. c^{ne} de Ruillé-Froidfont.
Butte-de-Valaunay (La), éc. c^{ne} de Bais.
Butte-du-Fouteau (La), vill. de Saint-Pierre-des-Landes.
Butte-du-Houx (La), h. c^{ne} de Commer.
Butte-du-Pré (La), f. c^{ne} de Couesmes.
Butte-Potier (La), éc. c^{ne} de Couesmes.
Butterie (La), f. c^{ne} de Bais.
Butte-Ruchère (La), h. c^{ne} de Champfremont.
Buttes (Les), h. c^{ne} de Brains-sur-les-Marches.
Buttes (Les), vill. c^{ne} de Chailland.
Buttes (Les), f. c^{ne} de Chemazé.
Buttes (Les), moulin à vent, c^{ne} de Congrier; détruit vers 1828.
Buttes (Les), éc. c^{ne} de Cuillé.
Buttes (Les), éc. c^{ne} de Fougerolles.
Buttes (Les), f. c^{ne} du Horps.
Buttes (Les), f. c^{ne} de Juvigné-des-Landes.
Buttes (Les), f. c^{ne} de Montigné.
Buttes (Les), h. c^{ne} de Parné.
Buttes (Les), vill. c^{ne} de Sainte-Gemmes-le-Robert.
Buttes (Les), éc. c^{ne} de Saint-Hilaire-des-Landes.
Buttes-Coupées (Les), éc. c^{ne} de Larchamp.
Buttes-de-la-Mencerie (Les), éc. c^{ne} de Placé.
Buttes-de-Rochard (Les), vill. c^{ne} de Sainte-Gemmes-le-Robert.
Buttes-du-Clairet (Les), h. c^{ne} de Placé.
Buttes-Morinières (Les), f. c^{ne} de Soulgé-le-Bruant.
Butte-Vire (La), f. c^{ne} de Daon.

BUVINIÈRE (LA), h. c^ne de Gesvres.
BUZARDERIE (LA), f. c^ne de Saint-Jean-sur-Erve. — On dit aussi *la Buisarderie.*
BUZARDIÈRE (LA), *aliàs* LA GARAUDIÈRE, fief, c^ne de Cosmes, vassal des seign. du Plessis-de-Cosmes et de l'Île-d'Athée.
BUZARDIÈRES (LES), h. c^ne de Cosmes.
BUZOTTIÈRE (LA), f. c^ne de Ballée.

C

CABINET (LE), f. c^ne du Bourgneuf-la-Forêt.
CABINET (LE), f. c^ne de Contest.
CABINET (LE), éc. c^ne de Renazé.
CACHE (LA), h. c^ne de Saulges; prend son nom des grottes voisines.
CACHERIE (LA), f. c^ne de Bazouges.
CACHETERIE (LA), f. c^ne de Saint-Léger.
CACHETERIE (LA GRANDE-), éc. c^ne de Saint-Fort.
CACHETERIE (LA GRANDE et LA PETITE), f. c^ne de Saint-Fort; ont été annexées en 1862 à la ville de Château-Gontier.
CACOUAULT, f. c^ne de Montigné; aussi nommée *la Barillerie.* — Fief vassal de la châtell. de Montigné.
CADEURIE (LA HAUTE et LA BASSE), f. c^ne de Loigné.
CADIER (BOIS), c^ne de Saint-Denis-d'Anjou; défriché vers 1828.
CADIN, étang, c^ne de Lignières-la-Doucelle.
CADIN, f., étang et m^in, c^ne d'Orgères. — *Moulin de Cadiou* (carte de Jaillot).
— Fief vassal de la seign. de la Motte-Fouquet, en Normandie. — Le ruiss. de Cadin sépare le dép^t de l'Orne de celui de la Mayenne et afflue à la Gourbe.
CADIN (LE BAS-), f. c^ne de Lignières-la-Doucelle.
CADORÉE (LA), f. c^ne d'Athée.
CAFFORIE (LA), éc. c^ne de Saint-Christophe-du-Luat. — La ferme est auj. détruite.
CAHEUDIÈRE (LA), f. c^ne de Saint-Georges-Buttavent; auj. détruite.
CAHORIE (LA), f. c^ne de Bonchamp.
CAHOT, f. c^ne de Saint-Michel-de-la-Roë.
CAILLARDIÈRE (LA), h. c^ne de Bais.
CAILLARDIÈRE (LA), h. c^ne de Hambers.
CAILLARDIÈRE (LA), h. c^ne de Pré-en-Pail.
CAILLEBOURDIÈRE (LA GRANDE et LA PETITE), f. c^ne de Laval.
CAILLERAIE (LA), fief, c^ne de Brécé, vassal de la seign. du Parc-d'Avaugour.
CAILLÈRE (LA), vill. c^ne de Champéon.
CAILLÈRE (LA), vill. c^ne de Champgeneteux.
CAILLÈRE (LA), h. c^ne du Horps.
CAILLÈRE (LA), f. c^ne de Quelaines.
CAILLÈRE (LA), vill. c^ne de Ravigny.
CAILLÈRE (LA), f. c^ne de Saint-Thomas-de-Courceriers.

CAILLÈRE (LA BASSE-), f. c^ne de Saint-Jean-sur-Erve.
CAILLERIE (LA), f. c^ne d'Azé.
CAILLERIE (LA), vill. c^ne de Bonchamp.
CAILLETERIE (LA), f. c^ne d'Astillé; donne son nom à un ruiss. affl. du Vicoin.
CAILLETIÈRE (LA), h. c^ne du Bourgneuf-la-Forêt; donne son nom à un ruiss. affl. du Vicoin.
CAILLOTIÈRE (LA), f. c^ne de Courbeveille. — Fief vassal de la seign. de Vieucourt.
CAILLOTIÈRE (LA), h. c^ne de Mayenne.
CALABRE, h. c^ne de Saint-Jean-sur-Mayenne. — Fief vassal de la châtell. de Fouilloux.
CALAIS (LE HAUT-), h. c^ne du Ham.
CALANCHE (LA), ruiss. nommé *ruisseau de l'Épinay* dans la partie supérieure; il arrose Beaulieu et afflue à la Vilaine.
CALANDE (LA), f. c^ne de Cossé-en-Champagne.
CALANDERIE (LA), f. c^ne de Saint-Cyr-en-Pail.
CALARDIÈRE (LA), f. c^ne de la Baconnière.
CALCAIRES (LES), f. c^ne du Bourgneuf-la-Forêt.
CALEURIE (LA), f. c^ne de Thorigné.
CALIFASIÈRE (LA), f. c^ne de Laval.
CALIFORNIE (LA), h. c^ne de Sainte-Suzanne.
CALIOTS, h. c^ne de Saint-Michel-de-la-Roë.
CALLINIÈRE (LA), f. c^ne du Genest.
CALVAIRE (LE), h. c^ne du Ham.
CALVAIRE-DE-LA-RABLAIS (LE), h. c^ne de Chantrigné.
CALVINIÈRE (LA), f. c^ne de Courcité.
CAMBIE (LA), fief, c^ne de Châtres, vassal de la baronnie d'Évron.
CAMINIÈRE (LA), f. c^ne de Saint-Denis-de-Gastines.
CAMINIÈRE (LA), f. c^ne de Saint-Georges-Buttavent.
CAMP (LE), f. c^ne de Saint-Berthevin.
CAMP (LE), f. c^ne de Saint-Ouen-des-Toits.
CAMPAIL, f. et m^in, c^ne de Courcité.
CAMPAIL, f. c^ne de Javron. — *Campas* (carte de l'État-major).
CAMPAS, m^in, c^ne de la Poôté. — Le ruiss. de Campas et de Térançon est un affl. de l'Ornette.
CAMPERIER (BOIS DE), c^ne de Saint-Germain-le-Fouilloux; auj. défriché.
CANADA (LE), f. c^ne de Saint-Quentin.
CANGERIE (LA), h. c^ne de Laigné.

Cangin (Le Haut et le Bas), f. et m^in, c^ne de Laigné. — *Guillelmo de Cangemeio*, xiie s^e (abb. de la Roë, H 151, f° 49). — *Dominus de Changien*, xiie s^e (*ibid.* f° 84). — *Le fief de Cangen*, 1462 (*ibid.* H 189, f° 23). — *Le bois de Cangean*, 1462 (*ibid.*). — *La chapelle Sainte-Anne de Cangein*, xviiie s^e (pouillé du dioc. d'Angers).

Le fief de Cangin, qui s'étendait sur Laigné, Denazé, Cosmes et Ballots, était vassal de la Motte-de-Bouchamp.

Cannetière (La), f. c^ne de Saint-Christophe-du-Luat.

Cantine (La), éc. c^ne de Commer.

Cantine-de-l'Alleu (La), éc. c^ne de Châlons.

Capriais (La), h. c^ne de Juvigné-des-Landes. — *Gapriais* (Cassini).

Capucins (Les), logis, c^ne de Bazouges. — Anc. couvent.

Carelles, c^on de Gorron. — Anc. par. du doy. d'Ernée et de l'élect. de Mayenne, sise dans les mouvances de la châtell. de Gorron et de la bar. de la Chapelle-Rainsouin.

Cargerault (Le), h. c^ne de Saint-Aubin-Fossé-Louvain.

Carousée (Tertre de), c^ne d'Ernée.

Carreau (Le), vill. c^ne de Meslay. — *Cahareau*, xive s^e (arch. nat. P 345).

Étang auj. desséché. — Fief vassal de la châtell. de Meslay.

Carrée (La), h. c^ne de Changé.

Carrés (La), f. c^ne de Laval.

Carrefour (Le), éc. c^ne d'Assé-le-Bérenger.

Carrefour (Le), f. et éc. c^nes de Bais.

Carrefour (Le), f. et éc. c^ne du Bignon.

Carrefour (Le), h. c^ne de la Chapelle-Rainsouin.

Carrefour (Le), f. c^ne de Chevaigné.

Carrefour (Le), f. c^ne de Désertines.

Carrefour (Le), éc. c^ne de Deux-Évailles.

Carrefour (Le), éc. c^ne de Grazay.

Carrefour (Le), f. c^ne de Grez-en-Bouère.

Carrefour (Le), f. c^ne de Lesbois.

Carrefour (Le), f. c^ne de Livet-en-Charnie.

Carrefour (Le), h. c^ne de Longuefuye.

Carrefour (Le), f. c^ne de Martigné.

Carrefour (Le), f. c^ne de la Roë.

Carrefour (Le), f. c^ne de Saint-Charles-la-Forêt.

Carrefour (Le), f. c^ne de Saint-Ellier.

Carrefour (Le), éc. c^ne de Saint-Germain-de-Coulamer.

Carrefour (Le), f. c^ne de Saint-Jean-sur-Erve.

Carrefour (Le), éc. c^ne de Saint-Pierre-sur-Orthe.

Carrefour (Le), h. c^ne de Vaiges.

Carrefour (Le), f. c^ne de Vimarcé.

Carrefour (Le), f. c^ne de Voutré.

Carrefour-Beaubois (Le), f. c^ne de Saint-Charles-la-Forêt.

Carrefour-de-la-Goupillère (Le), h. c^ne de Saint-Berthevin.

Carrefour-de-la-Violette (Le), h. c^ne de Saint-Charles-la-Forêt.

Carrefour-des-Trois-Paroisses (Le), éc. c^ne d'Évron.

Carrefour-du-Bois (Le), h. c^ne du Ham.

Carrefour-du-Cerisier (Le), f. c^ne de Lassay.

Carrés (Les) ou les Carreaux, landes, c^ne de Saint-Fraimbault-de-Prières.

Carrés (Les Grands et les Petits), f. c^ne de Laval. — Fief vassal du comté de Laval.

Carrie (La), éc. c^ne d'Argentré.

Carrie (La), f. c^ne de Bouère.

Carrie (La), h. c^ne de Saint-Gault.

Carrière (La), éc. c^ne de Beaulieu.

Carrière (La), chât. et vill. c^ne de la Cropte. — Fief vassal de la châtell. de la Cropte.

Carrière (La), h. c^ne de Gorron.

Carrière (La), f. c^ne de Loigné.

Carrière (La), f. c^ne de Sainte-Suzanne; auj. détruite.

Carriers (Les), éc. c^ne de Saint-Mars-sur-la-Futaie.

Carteau (Le), f. c^ne de Saint-Denis-d'Anjou. — Altération de *Quarteau*.

Cartemonnière (La), éc. c^ne de Bazouges.

Carterie (La), f. c^ne de Bierné.

Carterie (La), f. c^ne de Bouchamp.

Carterie (La), f. c^ne de Montjean. — Fief vassal de la châtell. de Montjean.

Carterie (La), f. c^ne de Saint-Ouen-des-Toits.

Carterie (La), f. c^ne de Saint-Berthevin.

Carterie (La), h. c^ne de Sainte-Gemmes-le-Robert.

Carterie (La), éc. c^ne de Saint-Loup-du-Dorat.

Carterie (La Grande et la Petite), f. c^ne de Craon.

Carterie (La Haute et la Basse), f. c^ne d'Arquenay.

Carteries (Les), vill. c^ne de Saint-Berthevin.

Cartinière (La), f. c^ne de Fromentières.

Cartinière (La), f. c^ne de Saint-Martin-du-Limet.

Cartrais (Le), f. c^ne d'Ahuillé. — Fief vassal de la châtell. de Courbeveille.

Cartronnière (La), f. c^ne de la Bazouge-de-Chemeré. — On devrait écrire *la Quartronnière*.

Cartronnières (Les), f. c^ne de Saint-Georges-le-Fléchard.

Casanova-du-Bourg, h. c^ne de Jublains.

Cassée (La), h. c^ne de la Gravelle.

Cassée (La Petite-), h. c^ne de la Gravelle; donne son nom à un ruiss. de l'Ille-et-Vilaine. — Étang desséché.

Casse-Pot, vill. c^ne de Lévaré.

Cassière (La), f. c^ne de Sainte-Gemmes-le-Robert.

Cassine (La), f. c^ne de Bonchamp; prend son nom d'une ruine importante qui a conservé l'aspect d'une nef d'église romane avec abside.

Cateusserie (La), f. c^{ne} de Congrier.
Catinière (La), f. c^{ne} de Saint-Pierre-des-Landes.
Cauderie (La), h. c^{ne} de Saint-Baudelle.
Cauderie (La), f. c^{ne} de Saint-Loup-du-Dorat.
Caupinière (La), h. c^{ne} de Saint-Julien-du-Terroux.
Cautières (Les), fief, c^{ne} de Saint-Fraimbault-de-Prières; il était vassal de l'île du Gast, au duché de Mayenne.
Cave (La), h. c^{ne} de la Bazoche-Montpinçon.
Cave (La), f. c^{ne} de Laval.
Cave (La), f. c^{ne} de Saint-Aubin-du-Désert.
Cave (La), éc. c^{ne} de Saint-Denis-du-Maine.
Cave (La), éc. c^{ne} de Saint-Pierre-sur-Orthe.
Cave (La), f. et éc. c^{ne} de Vimarcé.
Cave-à-Margot (La), c^{ne} de Thorigné, souterrain dont l'entrée, sise sur les bords de l'Erve, conduit à des cavernes où se remarquent de belles stalactites et des stalagmites.
Cave-au-Loup (La), f. c^{ne} de Carelles.
Cave-de-Rochefort, c^{ne} de Thorigné, grotte sise sur les bords de l'Erve, en face de la Cave-à-Margot.
Caves (Les), h. c^{ne} de la Bazoche-Montpinçon.
Caves (Les), f. c^{ne} de Chantrigné.
Caves (Les), vill. c^{ne} de Commer.
Caves (Les), f. c^{ne} de Hambers.
Caves (Les), f. c^{ne} de Javron.
Caves (Les), éc. c^{ne} de Jublains.
Caves (Les), éc. c^{ne} de Martigné.
Caves (Les), éc. c^{ne} d'Oisseau.
Caves (Les), h. c^{ne} de Saint-Charles-la-Forêt.
Caves (Les), h. c^{ne} de Saint-Hilaire-des-Landes.
Caves (Ruisseau des), c^{ne} de Senonnes, affluent du Semnon.
Cavesserie (La), h. c^{ne} de Saint-Pierre-des-Landes.
Cécé, h. c^{ne} de Jublains.
Cécé-les-Landes, h. c^{ne} de Jublains. — Landes défrichées en 1829.
Cée, mⁱⁿ, c^{ne} de Villiers-Charlemagne. — On écrit aussi *Scées*.
Cehélie, vill. c^{ne} de Villepail.
Celinière (La Grande et la Petite), f. c^{ne} de Meslay.
Celle (La), f. c^{ne} de Changé.
Celle (La), f. c^{ne} de Gesnes; donne son nom à un ruiss. affl. de celui de la Jariais. — Fief vassal de la châtell. de Bazougers.
Celle (La Haute et la Basse), f. c^{ne} de Charchigné. — Le ruiss. de la Basse-Celle est un affl. de celui de la Hermerie.
Celles (Les), f. c^{ne} d'Andouillé.
Celletière (La), f. c^{ne} de Neau.
Celletière (La), h. c^{ne} de Pré-en-Pail.
Cellier (Le), f. c^{ne} du Bignon.

Cellier (Le), f. c^{ne} de Ruillé-Froidfont; donne son nom à un ruiss. affl. de celui de Pont-Manceau.
Celottière (La), vill. c^{ne} de Ravigny.
Cense (La), h. c^{ne} de Soucé. — Altération de *Censive*, canton féodal sujet au droit roturier du cens.
Censeraie (La), f. c^{ne} de la Chapelle-au-Riboul.
Censeraie (La), h. c^{ne} d'Hardanges.
Censerie (La), f. c^{ne} de Cuillé.
Censerie (La), f. c^{ne} de Pommerieux; donne son nom à un ruiss. affl. de celui de l'Échasserie.
Censie (La), h. c^{ne} de la Baconnière. — *La Censie* (Cassini).
Censie (La), f. c^{ne} de Beaumont-Pied-de-Bœuf.
Censie (La), f. c^{ne} de Chemeré-le-Roi.
Censie (La), f. c^{ne} de Cossé-le-Vivien.
Censie (La), f. c^{ne} de la Croixille.
Censie (La), f. c^{ne} de Fromentières.
Censie (La), f. c^{ne} de Juvigné-des-Landes.
Censie (La), f. c^{ne} de Loigné.
Censie (La), f. c^{ne} de Peuton.
Censie (La), f. c^{ne} de Saint-Fort.
Censie (La), f. c^{ne} de Saint-Jean-sur-Erve.
Censie (La), logis, c^{ne} de Senonnes; donne son nom à un ruiss. affl. de celui du Presbytère.
Censif (Le), f. c^{ne} de la Boissière. — *Le Sonsi* (Cassini).
Censive (La), h. c^{ne} de Saint-Aignan-de-Couptrain.
Censive (La), f., mⁱⁿ et étang, c^{ne} de Saint-Denis-de-Gastines. — La chapelle de ce lieu était annexée au prieuré de l'Abbayette.
Fief de la châtell. d'Ernée.
Censive (La), f. c^{ne} de Vaiges.
Censives (Les), f. c^{ne} de Torcé.
Cerclerie (La), h. c^{ne} de Vimarcé.
Cérès, éc. c^{ne} de Chemazé.
Cereusière (La), f. c^{ne} de Saint-Jean-sur-Erve.
Ceriselais, mⁱⁿ, c^{ne} de Cossé-le-Vivien. — *Moulin de la Sereseraie*, 1399 (arch. de la Mayenne, E 146).
Ceriselais (La), f. c^{ne} de Launay-Villiers.
Ceriselais (La), f. c^{ne} de Lévaré.
Ceriselais (La), f. c^{ne} de Saint-Aignan-sur-Roë. — *La Seriseraye*, 1549 (abb. de la Roë).
Cerisier, h. c^{ne} de la Poôté.
Cerisier (Le), f. c^{ne} de Courbeveille; détruite vers 1828.
Cerisier (Le), éc. c^{ne} de Laubrières.
Cerisier (Le), h. c^{ne} de Mézangers.
Cerisier (Le), f. c^{ne} de Saint-Charles-la-Forêt.
Cerisier (Le), f. c^{ne} de Simplé.
Cerisier (Le Grand et le Petit), f. c^{ne} de Lassay.
Cerisiers (Les), éc. c^{ne} de Placé.
Cerisiers (Les), f. c^{ne} de Sacé.
Cerisiers (Les), f. c^{ne} de Saint-Quentin.

Cerisiers (Les), f. c^{ne} de Villaines-la-Juhel.
Certainerie (La), f. c^{ne} de Houssay.
Cervelle (Étang de la), c^{ne} de Colombiers; desséché.
Cervelle (La), vill. c^{ne} de Lévaré.
Cervelle (La Grande-), vill. c^{ne} de Couesmes.
Cervelle (La Petite-), éc. c^{ne} de Couesmes.
Cervelle (La Petite-), vill. c^{ne} de Lévaré.
Cesnerie (La), h. c^{ne} de Saint-Aubin-du-Désert.
Cesnière (La), f. c^{ne} de Chemeré-le-Roi. — Fief vassal de la seign. de Chemeré.
Cessardière (La), f. c^{ne} d'Athée; donne son nom à un ruiss. qui se jette dans l'Oudon.
Cétine, vill. c^{ne} de Melleray.
Cévennes, vill. c^{ne} de Poulay.
Chabandière (La), f. c^{ne} de Grazay. — On dit aussi la Chaberdière.
Chabeudière (La), f. c^{ne} de Bazougers.
Chabrudière (La), f. c^{ne} de la Cropte.
Châble (Le), h. c^{ne} d'Averton.
Châble (Le), h. c^{ne} de Boulay.
Châble (Le), f. c^{ne} de Chammes. — Fief vassal de la bar. de Sainte-Suzanne.
Châble (Le), h. c^{ne} de Saint-Martin-de-Connée.
Chablère (La), h. c^{ne} de Martigné.
Chablère (La), f. c^{ne} d'Oisseau.
Chabossaie (La), fief, c^{ne} de la Bazoche-Montpinçon, vassal du duché de Mayenne. — *Sitos in feodo de Chabosaye*, 1251 (rec. de chartes fait au XVIIe s^e).
Chabossière (La), f. c^{ne} de Changé.
Chabossière (La Petite et la Basse), vill. c^{ne} de Saint-Aignan-de-Couptrain.
Chabossières (Les), f. c^{ne} de Saint-Jean-sur-Mayenne.
Chabotière (La), f. c^{ne} de Bazougers.
Chabotière (La), vill. c^{ne} de Champgeneteux.
Chacotterie (La), f. c^{ne} de Chailland.
Chacotterie (La), f. c^{ne} de Laval.
Chacotterie (La), f. c^{ne} de Ménil.
Chacotterie (La), h. c^{ne} de Saint-Ouen-des-Toits.
Chacourie (La), f. de Saint-Denis-de-Gastines.
Chacutte, fief, c^{ne} du Bourgneuf-la-Forêt, vassal de la châtell. de Saint-Ouen-des-Toits.
Chadaignerie (La), f. c^{ne} de Soulgé-le-Bruant. — *Chadoignerie* (Cassini).
On dit aussi *la Chaidagnerie*.
Chaffenay, f. c^{ne} de Laval; détruite. — *Les terres de Chaferné sises sur le grand chemin tendant à Saint-Étienne*, 1526 (ch. de la seign. de Chantelou).
Chaffenay, f. c^{ne} de Montflours.
Chaffenay, f. c^{ne} de Saint-Jean-sur-Mayenne. — *Le lieu de Chafferné*, 1535 (cab. Guays des Touches). Les landes de ce lieu s'étendent aussi sur Montflours.

Chaffinière (La), f. c^{ne} de Coudray.
Chagouinière (La), fief du duché de Mayenne.
Chahin, h. c^{ne} de Saint-Georges-Buttavent.
Chahin (Le) ou Chain, f. c^{ne} de la Bazouge-de-Chemeré. — *Cahayo*, 989 (cart. d'Évron). — *Au seigneur de Chahaingn*, 1378 (arch. de Maine-et-Loire, fonds de Saint-Aubin). — *Chaën*, XVIe s^e (arch. de la fabrique).
Fief vassal de la châtell. de Chemeré-le-Roi. — Vieux château en ruines.
Chahin (Le), f. c^{ne} de Soulgé-le-Bruant. — Fief vassal de la châtell. de Bazougers.
Chahin (Le), f. c^{ne} de Vimarcé.
Chahin (Le Grand-), f. c^{ne} d'Oisseau.
Chahin (Le Petit-), f. c^{ne} d'Oisseau. — *Lieu de Chahain*, 1621; *lieu de Chain*, 1781 (arch. de la Mayenne, E 188).
Chahin (Le Petit-), *alias* la Bodelerie, f. c^{ne} de Vaiges; auj. détruite.
Chahuet, f. c^{ne} de Cigné.
Chaignardière (La), f. c^{ne} d'Ambrières. — Altération de *la Chesnardière*.
Chaignardière (La), h. c^{ne} de Courberie.
Chaignardière (La), vill. c^{ne} du Horps.
Chaignardière (La), f. c^{ne} du Pas.
Chaignardière (La), f. c^{ne} de Saint-Denis-de-Gastines.
Chaignardière (La), f. c^{ne} de Saulges.
Chaignardière-du-Pont-Landry, h. c^{ne} d'Ambrières.
Chaigné, h. c^{ne} de Torcé.
Chaigne (La), f. c^{ne} de Bouchamp; auj. détruite.
Chaigné (Le Grand et le Petit), f. c^{ne} de Daon. — Le fief du Petit-Chaigné relevait du duché d'Anjou par la châtell. de Daon.
Chaigne-de-Gérouard, vill. c^{ne} de Fougerolles; fief vassal de la seign. de Mausson. — Voy. Gérouard.
Chaignonnière (La), h. c^{ne} d'Izé.
Chailland, arrond. de Laval. — *Terre en la paroisse de Chaagland*, 1212 (arch. de la Mayenne, E 66). Anc. par. du doy. d'Ernée, de l'élect. et du duché de Mayenne.
Chaillandrie (La), f. c^{ne} de Nuillé-sur-Vicoin.
Chaillet, f. c^{ne} de Saint-Hilaire-des-Landes.
Chailleux, h. c^{ne} de Courbeveille.
Chaine (La), f. c^{ne} de Belgeard; donne son nom à un ruiss. affl. de celui de Préambourg.
Chaine (La), étang et mⁱⁿ, c^{ne} du Bourgneuf-la-Forêt. — L'étang est en partie dans la c^{ne} de la Baconnière; ruiss. affl. de celui du Guy-Boutier.
Chaine (La), éc. c^{ne} de Brécé. — Ruiss. affl. de celui de la Bellonnière.
Chaine (La), f. c^{ne} de Châlons.
Chaine (La), vill. c^{ne} de Changé.

Chaîne (La), h. c^ne de Châtillon-sur-Colmont. — *Cathenam Normanorum*, 1190 (cart. de Savigny, f° 126).
Chaîne (La), f. c^ne de Congrier.
Chaîne (La), h. c^ne de Marcillé-la-Ville.
Chaîne (La), h. c^ne de Sainte-Gemmes-le-Robert.
Chaîne (La), vill. c^ne de la Selle-Craonnaise. — *Le Cheigne* (Cassini).
Chaîne (La), f. c^ne de Simplé.
Chaire (La), h. c^ne de Châtillon-sur-Colmont.
Chaire (La), h. c^ne de Saint-Julien-du-Terroux.
Chaire (La), h. c^ne de Saint-Mars-sur-Colmont.
Chaire (La Grande-), h. c^re de Saint-Pierre-sur-Erve.
Chaire (La Grande-), f. c^ne de Soulgé-le-Bruant.
Chaire-au-Diable (La), f. c^nes d'Aron et de Jublains.
Chaire-au-Diable (La), grotte, c^ne de Saint-Berthevin, ouverte dans un rocher qui domine le Vicoin.
Chaire-au-Diable (La), rocher, c^ne de Saint-Jean-sur-Mayenne, situé dans la vallée de l'Ernée.
Chaise (La), f. c^ne de Désertines. — *Terre de la Cheze*, 1561 (cab. d'Achon).
 Seign. du duché de Mayenne relevant de la châtell. de Pontmain. — Les étangs de ce lieu sont auj. desséchés et le moulin détruit.
Chaise (La Grande-), f. c^ne de Soulgé-le-Bruant.
Chaiselais (La), f. c^ne de Cossé-le-Vivien.
Châlerie (La), f. c^ne de Quelaines.
Châlerie (La), f. c^ne de Villiers-Charlemagne.
Châlerie (La Grande et la Petite), h. c^ne de Bierné. — Fief vassal des seign. de Saint-Martin-de-Villenglose, du Plessis-Bourel et de la châtell. de Saint-Denis-d'Anjou. — Étang desséché avant 1789.
Châlerie (La Petite-), éc. c^ne de Quelaines.
Châles (Le chemin), route séparant la c^ne de Saint-Pierre-des-Landes de la c^ne de la Pellerine, et dont la création est attribuée à Charles VIII.
Châlet (Le), f. c^ne du Buret.
Châlet (Le), f. c^ne de Saint-Christophe-du-Luat.
Châlet (Le), éc. c^ne de Saint-Pierre-des-Landes.
Châlet-de-Vahais (Le), éc. c^ne d'Ernée.
Chaligné, f. c^ne de Saint-Brice.
Chalmest (Le Haut et le Bas), h. c^ne de Saint-Cyr-en-Pail.
Chalmeries (Les), f. c^ne de Saint-Georges-sur-Erve; auj. détruite.
Chalonge (La Petite-), f. c^ne de Saint-Denis-de-Gastines.
Chalonge (Le), f. c^ne d'Alexain.
Chalonge (Le), éc. c^ne de Bouère.
Chalonge (Le), f. c^ne de Charchigné.
Chalonge (Le), h. c^ne de Fougerolles.
Chalonge (Le), f. c^ne d'Origné.
Chalonge (Le), h. c^ne de Saint-Cyr-le-Gravelais.

Chalonge (Le), h. c^ne de Saint-Gault.
Chalonge (Ruisseau de), c^ne de Louverné, affl. du ruiss. du Fresne.
Chalonges (Les), h. c^ne de Bourgon. — On appelait ainsi les terres limitrophes des par. imposées tour à tour dans une par. et dans une autre.
Chalonges (Les), f. c^ne de Châlons.
Chalonges (Les), f. c^ne de Saint-Denis-de-Gastines. — Ruiss. affl. de celui de la Chopinière.
Chalonges (Les), f. c^ne de Saint-Georges-sur-Erve.
Chalonges (Les), f. c^ne de Vautorte.
Chalonnerie (La), f. c^ne de Niafle.
Chalonnière (La), f. c^ne de Belgeard.
Chalonnière (La), f. c^ne de Deux-Évailles.
Chalonnière (La), *alias* la Chellubre, fief, c^ne de Gennes, vassal du marq. de Château-Gontier.
Chalonnière (La), f. c^ne de Jublains.
Chalon-Poisson, f. c^ne de la Haie-Traversaine.
Châlons, c^on d'Argentré. — *De Caladunno monasterio quod est constructum in condita Diablintica*, 710 (Gesta pontif. Cen.). — *Caladon*, 832 (Gesta dom. Aldrici). — *Ecclesiam Sancti Petri de Chadelone*, 989 (cart. d'Évron). — *Roterius de Castellone*, xi° s° (Bibl. nat. f. lat. 5441). — *Eccl. de Chaalon*, 1125 (cart. d'Évron).
 Anc. par. du doy. d'Évron, du comté et de l'élect. de Laval.
Chaloperie (La), f. c^ne de Saint-Céneré.
Chalopières (Les), f. c^ne de la Bazouge-de-Chemeré.
Chalopinière (La), f. c^ne de Meslay.
Chalopinière (La), f. c^ne d'Origné.
Chalopinière (La), f. c^ne de Saint-Sulpice. — Bois auj. défriché.
Chaloterie (La), h. c^ne de Livet-en-Charnie.
Chaloterie (La), f. c^ne de Ménil.
Chaloterie (La), f. c^ne de Saint-Michel-de-Feins.
Chalotière (La), h. c^ne du Genest; donne son nom à un ruiss. affl. du Vicoin.
Chalotière (La), f. c^ne de Neau.
Chalotière (La), h. c^ne de Saint-Pierre-sur-Orthe; donne son nom à un ruiss. affluent de celui de la Biochère.
Chaloupières (Les Hautes et les Basses), f. c^ne de la Bazouge-de-Chemeré.
Chalousière (La), éc. c^ne de Bazougers. — *Jallouières* (Cassini). — *Jallouyères* (carte de l'État-major).
Chalucerie (La), f. c^ne de Laval; auj. détruite.
Chaluère (La), fief, c^ne de Bazougers, vassal de la châtell. de Bazougers.
Chaluère (La), h. c^ne de la Chapelle-au-Riboul.
Chaluère (La), h. c^ne de la Chapelle-Rainsouin. — Fief vassal de la châtell. de Laval.

DÉPARTEMENT DE LA MAYENNE. 67

Chaluère (La), h. c^{ne} de Loupfougères.
Chalumeaux (Les), f. c^{ne} de Saint-Berthevin-la-Tannière.
Chalus (Le Bas-), f. c^{ne} d'Andouillé. — *Reditu de Chaalud*, 1213 (abb. de Fontaine-Daniel).
Chalus (Le Grand-), f. c^{ne} d'Andouillé.
Chalus (Le Petit-), f. c^{ne} d'Andouillé.
Chamaillère (La), f. c^{ne} de Saint-Denis-de-Gastines.
Chauaudière (La), f. c^{ne} de Saint-Pierre-sur-Erve.
Chamasson (Bois de), c^{ne} de Gesvres; défriché vers l'an 1858.
Chambellant, f. c^{ne} de la Bazoche-Montpinçon. — *Landes de Chambellon* (carte de Jaillot).
Chambellay, f. c^{ne} de Bonchamp.
Chambord, éc. c^{ne} d'Assé-le-Bérenger.
Chambord, chât. et vill. c^{ne} de Blandouet. — On le nommait autrefois *la Closerie de la Loge*.
Chambord (Le), f. c^{ne} du Bourgneuf-la-Forêt.
Chambord (Le Petit-), f. c^{ne} du Bourgneuf-la-Forêt.
Chambordeau, f. c^{ne} du Bourgneuf-la-Forêt. — Les landes de ce lieu portent aussi le nom de *la Fleurardière*.
Chambors, f. c^{ne} de Changé. — On prononce *Chambot*. — *Mon domaine de Chamboz*, 1419 (arch. de la Mayenne, série E).
Fief vassal du comté de Laval. — Ruiss. affl. de celui de Saint-Nicolas.
Chambray, f. c^{ne} de la Chapelle-Rainsouin. — *Campum Raium*, 989 (cart. d'Évron). — *Chambreil*, 1453 (arch. nat. P 345).
Le fief de ce nom était vassal de la bar. de la Chapelle-Rainsouin.
Chambre (La), riv. aussi nommée *Ruisseau du Moulin-des-Prés*, qui se jette dans le Déron, c^{ne} de Fougerolles. — *Fluvius qui vocatur Chamba ipsam forestam a Cenomannia determinat*, 1112 (cart. de Savigny, f° 5). — *In riveria de Chambelve*, 1221 (abb. de Savigny, arch. nat. L 969). — *Rivagium aque Cambe*, 1241 (ibid. L 970).
Chambre (La), éc. c^{ne} de Lesbois.
Chambre (La), f. c^{ne} de Saint-Charles-la-Forêt.
Chambrerie (La), f. c^{ne} de Châlons.
Chambrerie (La), f. c^{ne} de Saint-Cénéré.
Chambresais, chât. et f. c^{ne} d'Azé. — *Apud campum Brezais*, 1265 (abb. de Saint-Nicolas d'Angers). — On dit aussi *Chambrisé*.
Seign. vassale de la bar. d'Ingrandes.
Chambresson, mⁱⁿ, f. et étang, c^{ne} de Saint-Mars-sur-la-Futaie. — Ruiss. affl. de la Futaie.
Chambresson (Le Grand-), f. c^{ne} de Saint-Mars-sur-la-Futaie. — Fief annexé au xviiie s^e à la châtell. de Landivy.

Chambreux, f. c^{ne} de Saint-Cénéré.
Chambrie (La), f. c^{ne} de Brée. — Fief vassal de la bar. d'Évron.
Chambrisé, f. c^{ne} d'Ampoigné.
Chambrisé, f. c^{ne} de Loigné.
Chambrollière (La), f. c^{ne} de Bonchamp.
Chambrulerie (La), f. c^{ne} de Laval.
Chamière (La) ou la Chemière, h. c^{ne} de Grazay. — Fief du duché de Mayenne.
Chammes, c^{on} de Sainte-Suzanne. — *Precaria de villa Calisamen*, 840 (Gesta dom. Aldrici). — *Ecclesia Sancti Petri de Chama*, 1125 (cart. de l'abb. d'Évron). — *Chames*, 1547 (ibid.).
Anc. par. du doy. d'Évron, de l'élect. du Mans et de la bar. de Sainte-Suzanne.
Chamonière (La), f. c^{ne} de Martigné.
Chamossay, village, c^{ne} de Fougerolles. — *Terra juxta Chamoceium magnum*, xiie siècle (cart. de Savigny, f° 121).
Champ (Le), fief, c^{ne} d'Évron, vassal de la seign. de Launay-Péan.
Champ (Le), f. c^{ne} de Lignières-la-Doucelle.
Champ (Le), f. c^{ne} de Saint-Jean-sur-Mayenne.
Champ (Le Grand-), f. c^{ne} de la Brulatte.
Champ (Le Grand-), éc. c^{ne} de Gennes.
Champ (Le Grand-), f. c^{ne} de Montaudin.
Champ (Le Grand-), h. c^{ne} de Saint-Mars-du-Désert.
Champ (Le Haut-), f. c^{ne} de Landivy.
Champagne, h. c^{ne} de Bazouges. — Bois auj. défriché et château détruit.
Champagne, h. c^{ne} de Chérancé.
Champagné, f. c^{ne} de Montjean. — Ruiss. affl. de celui des Rochettes.
Champagné (Le Petit-), f. c^{ne} de Beaulieu. — Fief vassal de la châtell. de la Guéhardière.
Champagne-à-l'Abbé (La), f. c^{ne} de Bazouges. — Fief vassal du marq. de Château-Gontier.
Champagne-Frezeau (La), fief du marq. de Château-Gontier.
Champagnette, chât. et f. c^{ne} de Bazougers.
Champagnette, éc. c^{ne} de Livet-en-Charnie.
Champagnette, f. c^{ne} de Villiers-Charlemagne; détruite vers 1804.
Champagnette, f. c^{ne} de Voutré.
Champagnette (La Petite-), f. c^{ne} de Bazougers. — Le fief de ce nom, aussi nommé *Monthoudéard*, relevait de la bar. de la Chapelle-Rainsouin. — Ruiss. affl. de l'Ouette.
Champ-aux-Bœufs-de-la-Peau-de-Loire (Le), f. c^{ne} de Javron.
Champ-Bâtard (Le), f. c^{ne} de la Gravelle.
Champ-Bellard, h. c^{ne} de la Bazoche-Montpinçon.

9.

CHAMP-BLANC, éc. c^ne de Saint-Cyr-en-Pail.
CHAMP-BŒUF (LE), f. c^ne de Montaudin.
CHAMP-BOUILLON (LE), f. c^ne de Viviers.
CHAMP-BOUQUET (LE), vill. c^ne du Bourgneuf-la-Forêt.
CHAMP-CHORIN, éc. c^ne de Torcé.
CHAMP-CORNU (LE), f. c^ne d'Orgères.
CHAMP-COUPÉ (LE), f. c^ne de la Poôté.
CHAMP-DAUPHIN (LE), f. c^ne de Maisoncelles. — Fief vassal de la châtell. de Meslay.
CHAMP-DE-LA-ROUTE (LE), éc. c^ne de Saint-Berthevin-la-Tannière.
CHAMP-DE-L'ÉPINE (LE), f. c^ne de Landivy.
CHAMP-DE-MOUSSARD (LE), éc. c^ne de Saint-Baudelle.
CHAMP-DES-MARES (LE), f. c^ne de Saint-Georges-Buttavent.
CHAMP-DES-POIRIERS (LE), éc. c^ne de Saint-Michel-de-la-Roë.
CHAMP-DES-PRÉS-COUDRAY (LE), h. c^ne d'Oisseau.
CHAMP-DE-VIGNE (LE), logis et f. c^ne de Montourtier.
CHAMP-DU-BOIS (LE), f. c^ne de Crennes-sur-Fraubée.
CHAMP-DU-FOUGERAY (LE), f. c^ne d'Oisseau.
CHAMP-DU-FOUR (LE), f. c^ne d'Orgères.
CHAMPEAUX, f. c^ne d'Évron. — *In rupia de Campellis*, 1387 (cart. d'Évron).
CHAMPÉON, c^ne du Horps. — *Villam que Cambionis appellatur*, 840 (Gesta dom. Aldrici). — *Champaion*, 989 (cart. d'Évron). — *Ecclesia de Campo Aionis*, 1125 (*ibid.*). — *Campéon*, XIIe s^e (cart. de Savigny). Anc. par. du doy. de Javron, de l'élect. et du duché de Mayenne.
CHAMPEUX, vill. c^ne de Montourtier. — *Champeu* (carte de Jaillot). — On écrit aussi *Champoux*. Fief du duché de Mayenne.
CHAMP-FAILLY (LE), f. c^ne de Sainte-Gemmes-le-Robert.
CHAMP-FAUREAU (LE), h. c^ne de Torcé.
CHAMPFLEURY (LE), chât. et f. c^ne d'Arquenay. — Fief vassal de la châtell. d'Arquenay.
CHAMPFLEURY, f. c^ne de Bazouges.
CHAMPFLEURY, f. c^ne de Chemazé.
CHAMPFLEURY, chât. c^ne de Fromentières.
CHAMPFLEURY, f. c^ne de Sainte-Gemmes-le-Robert.
CHAMPFLEURY, f. c^ne de Saint-Pierre-sur-Orthe.
CHAMPFLEURY, f. c^ne de Torcé. — Fief vassal de la bar. de Sainte-Suzanne.
CHAMPFLEURY (LE), f. c^ne de Saint-Germain-d'Anxurre.
CHAMP-FORÊT, vill. c^ne d'Izé.
CHAMP-FOURNEAU (LE), f. c^ne de Bourgon.
CHAMP-FOURNEAU (LE), éc. c^ne de Saint-Pierre-la-Cour.
CHAMPFREMONT, c^ne de Pré-en-Pail. — *Ecclesia de Campo Fremuno*, XIIe s^e (Gesta Hildeberti). Anc. par. du doy. de la Roche-Mabille, de l'élect. du Mans et du duché de Mayenne.

CHAMP-FRETON (LE), éc. c^ne de Ravigny.
CHAMPGEMERT, f. c^ne d'Évron. — *Champgemet* (Cassini).
CHAMPGENETEUX, c^ne de Bais. — *Ecclesia Sancti-Gervasii de Campo-Genestoso*, 989 (cart. de l'abbaye d'Évron). Prieuré dép. de l'abb. d'Évron. — Anc. par. du doy. et de la bar. d'Évron et de l'élect. du Mans.
CHAMP-GÉRAULT (LE), éc. c^ne de Saint-Mars-du-Désert.
CHAMPGRENU, f. c^ne d'Azé. — Fief de la bar. d'Ingrandes.
CHAMP-GUILMET (LE), f. c^ne de Placé.
CHAMP-HAMELIN, h. c^ne de Deux-Évailles.
CHAMP-HERVÉ (LE), h. c^ne de Ravigny.
CHAMP-HERVÉ (LE), h. c^ne de Saint-Cyr-en-Pail.
CHAMPION, h. c^ne d'Izé.
CHAMPIONNIÈRE (LA), f. c^ne de Chammes.
CHAMPIONNIÈRE (LA), f. c^ne d'Évron.
CHAMPIONNIÈRE (LA), h. c^ne d'Izé.
CHAMPIONNIÈRE (LA), f. c^ne d'Oisseau.
CHAMPIONNIÈRE (LA), h. c^ne du Ribay.
CHAMPIONNIÈRE (LA), h. c^ne de Viviers.
CHAMP-ISEMBARD (LE), h. c^ne de Saint-Pierre-des-Landes. — *Champizambors* (Cassini).
CHAMPLAIN, f. c^ne de Saint-Pierre-des-Landes. — *Chamslain* (carte de Jaillot). Le m^in de ce lieu a été détruit en 1850 et l'étang desséché. — Il y a une ferme nommée *l'ancien moulin de Champlain*. — Le ruiss. de l'étang est un affl. de la Calanche. — Fief vassal de la seign. de Charné.
CHAMP-LE-VIEUX, f. c^ne de Saint-Berthevin-la-Tannière.
CHAMPLOUIS, f. c^ne de la Bazouge-de-Chemeré.
CHAMPLOUNIÈRES (LES), h. c^ne de Houssay.
CHAMP-MARTIN (LE), éc. c^ne de Saint-Germain-de-Coulamer.
CHAMP-MESLIN, h. c^ne d'Ernée.
CHAMP-MORVEUX (LE), h. c^ne de Pré-en-Pail.
CHAMP-NEUF (LE), f. c^ne de Montaudin.
CHAMPORIN (LE HAUT ET LE BAS), h. c^ne de Saint-Denis-de-Gastines. — La châtell. de Carelles, Yvoy, Champorin et l'Hôtagerie s'étendait sur les par. de Hercé, de Saint-Denis-de-Gastines, de Carelles, de Larchamp et circonvoisines, et relevait en appel de la bar. du Bourg-le-Prêtre.
CHAMPORINAIS (LA), f. c^ne de Saint-Mars-sur-la-Futaie.
CHAMP-PEGU (LE), vill. c^ne de Bourgon.
CHAMP-POULAIN, h. c^ne de Thorigné.
CHAMPREAUX, vill. c^ne de Ravigny.
CHAMP-RENAULT, éc. c^ne de Neau.
CHAMPROND, f. c^ne de Torcé.
CHAMPROND, f. c^ne de Viviers.
CHAMPROND, f. c^ne de Voutré.
CHAMPROSIER, vill. c^ne de Saint-Pierre-des-Landes.

CHAMPROUGE (LE), f. c^{ne} de Beaumont-Pied-de-Bœuf.
CHAMPROUSIER (LE), vill. c^{ne} de la Poôté.
CHAMPS (LES), h. c^{ne} d'Ambrières.
CHAMPS (LES), éc. c^{ne} de Bazouges.
CHAMPS (LES), h. c^{ne} de Bouère. — *In Boëria in loco qui dicitur grandis campus*, 1208 (arch. de Maine-et-Loire, E 1541).
CHAMPS (LES), f. c^{ne} de Champéon.
CHAMPS (LES), h. c^{ne} de la Chapelle-au-Riboul.
CHAMPS (LES), f. c^{ne} de Colombiers.
CHAMPS (LES), h. c^{ne} de Couesmes.
CHAMPS (LES), vill. c^{ne} de Fougerolles.
CHAMPS (LES), f. c^{ne} de Fromentières.
CHAMPS (LES), f. c^{ne} de Gennes.
CHAMPS (LES), h. c^{ne} de Landivy.
CHAMPS (LES), vill. c^{ne} de Larchamp.
CHAMPS (LES), f. c^{ne} de Montenay.
CHAMPS (LES), vill. c^{ne} de Neuilly-le-Vendin.
CHAMPS (LES), vill. c^{ne} d'Oisseau.
CHAMPS (LES), f. c^{ne} du Pas.
CHAMPS (LES), f. c^{ne} de Ruillé-Froidfont.
CHAMPS (LES), f. c^{ne} de Saint-Ellier.
CHAMPS (LES), f. c^{ne} de Trans. — Fief vassal de la bar. d'Évron, qui s'étendait sur Évron et les paroisses voisines.
CHAMPS (LES BAS-), mⁱⁿ, c^{ne} d'Ambrières. — Fief vassal de la bar. d'Ambrières.
CHAMPS (LES BAS-), f. c^{ne} d'Évron.
CHAMPS (LES GRANDS-), f. c^{ne} de Gennes ; auj. détruite.
CHAMPS (LES GRANDS-), f. c^{ne} de Juvigné-des-Landes.
CHAMPS (LES GRANDS-), f. c^{ne} de Saint-Pierre-des-Landes. — Bois auj. défriché.
CHAMPS (LES HAUTS-), f. c^{ne} de Désertines.
CHAMPS (LES HAUTS-), f. c^{ne} d'Évron.
CHAMPS (LES HAUTS-), f. c^{ne} de Montourtier.
CHAMPS (LES HAUTS-), f. c^{ne} de Saint-Georges-sur-Erve. — Cette ferme, aussi nommée *la Cointerie*, dépendait de la châtell. de Foulletorte.
CHAMPS (LES HAUTS-), h. c^{ne} de Saint-Poix.
CHAMPS (LES PETITS-), f. c^{ne} de Châtres.
CHAMPS (LES PETITS-), h. c^{ne} de Fougerolles.
CHAMPS (LES PETITS-), f. c^{ne} de Laval.
CHAMPS (LES PETITS-), h. c^{ne} de Pré-en-Pail.
CHAMPS (LES PETITS-), f. c^{ne} de Saint-Aubin-Fosse-Louvain.
CHAMPS (LES PETITS-), éc. c^{ne} de Saint-Georges-le-Fléchard. — Lande défrichée en 1842.
CHAMPS (RUISSEAU DES GRANDS-), c^{ne} du Horps, affl. du ruiss. de Boulay.
CHAMPS-ROUGES (LES), f. c^{ne} de Saint-Loup-du-Dorat.
CHAMPTIBOURG (LE), f. c^{ne} de Brains-sur-les-Marches.
CHAMPTIÈRE (LA), f. c^{ne} de Châtillon-sur-Colmont.

CHAMPVIEL, f. c^{ne} de Belgeard.
CHAMPVOISIN (LE), f. c^{ne} de Carelles.
CHANCELLERIE (LA), fief de la châtell. de Pontmain.
CHANDELIER (LE), f. c^{ne} d'Ampoigné.
CHANDON, f. et landes, c^{ne} de Deux-Évailles.
CHANDON (RUISSEAU DE) ou DE PAILLARD, c^{ne} de Ravigny, affl. du Sarthon.
CHANDONNIÈRE (LA), f. c^{ne} de Jublains.
CHANGÉ, c^{on} de Laval-Ouest. — *De Candiaco*, IXe s^e (Gesta pontif. Cenom.). — *Calgiacum villam*, 989 (cart. d'Évron). — *Eccl. Sanctæ Mariæ de Cambiaco*, 1125 (*ibid.*).
Le prieuré dépendait de l'abb. d'Évron. — Anc. paroisse du doyenné, de l'élection et du comté de Laval.
CHANGÉ, chât., f. et mⁱⁿ, c^{ne} de Beaumont-Pied-de-Bœuf. — Fief vassal de la châtell. de Bazougers.
CHANGÉ, fief, c^{ne} d'Entramnes, vassal de la bar. d'Entramnes.
CHANGÉ, f. c^{ne} de Pré-en-Pail.
CHANGION, f. c^{ne} de Saulges.
CHANNERIE (LA), f. c^{ne} d'Ampoigné.
CHANOINES (LES), h. c^{ne} de Fromentières.
CHANT-D'OISEAU, f. c^{ne} d'Azé.
CHANTEGAIRIE, f. c^{ne} de Fromentières, réunie au lieu de Coulonges au XVIIe s^e (arch. de la Mayenne, E 26).
CHANTEIL, chât. et bois, c^{ne} de Méral. — *Campus Tiliate*, XIIIe s^e (abb. de la Roë, H 151). — *Chantail*, 1561 (arch. de la Mayenne, E 120).
Fief vassal de la seign. de Saint-Poix.
CHANTEIL, h. c^{ne} de Saint-Ellier.
CHANTELLERIE (LA), h. c^{ne} de Grez-en-Bouère.
CHANTELLERIE (LA), f. c^{ne} de Larchamp.
CHANTELLERIE (LA), f. c^{ne} de Préaux.
CHANTELLIÈRE (LA), vill. c^{ne} de Contest.
CHANTELLIÈRE (LA), f. c^{ne} de Villiers-Charlemagne.
CHANTELLIÈRES (LES), h. c^{ne} du Bignon.
CHANTELOUP, vill. c^{ne} de Blandouet.
CHANTELOUP, f. c^{ne} de Bouère.
CHANTELOUP, h. c^{ne} de Brée.
CHANTELOUP, f. c^{ne} de Chemazé.
CHANTELOUP, f. c^{ne} de Daon.
CHANTELOUP, f. c^{ne} d'Entramnes.
CHANTELOUP, h. c^{ne} de Gastines.
CHANTELOUP, h. c^{ne} de Houssay.
CHANTELOUP, f. c^{ne} de Juvigné-des-Landes.
CHANTELOUP, mⁱⁿ, c^{ne} de Laval ; détruit en 1867. — *R. de Cantu Lupi*, XIe s^e (cart. du Ronceray). — *R. de Chantelo*, XIe s^e (*ibid.*). — *Renardus de Cantalupo*, XIe s^e (Bibl. nat. f. lat. 5441).
Seign., membre de la châtell. de Touvois, en Argentré, vassale de la châtell. de Laval.

CHANTELOUP, h. c^ne de Marigné-Peuton.
CHANTELOUVIÈRE (LA), f. c^ne d'Oisseau.
CHANTEMESLE, f. c^ne de Beaumont-Pied-de-Bœuf. — Altération de *Chantemerle*.
CHANTEMESLE, f. c^ne de Longuefuye.
CHANTEMESLE, éc. c^ne de Saint-Charles-la-Forêt.
CHANTEMESLE, fief, c^ne de Saint-Loup-du-Dorat, vassal en partie du marq. de Sablé, en partie de la châtell. de Saint-Denis-d'Anjou. — *Cantus merule vicus*, 1010 (Hist. de Sablé). — *Stagnum de Chantemello*, 1217 (arch. de la Mayenne, H 95). — *Chantemerle*, 1385 (*ibid.*).
CHANTEMESLE, h. c^ne de Saint-Martin-de-Connée.
CHANTEMESLE (LE GRAND-), f. c^ne de la Poôté.
CHANTEMESLE (LE GRAND et LE PETIT), f. c^ne de Loigné. — *Chaintemello*, 1668 (abb. de la Roë).
CHANTEMESLE (LE PETIT-), h. c^ne de la Poôté.
CHANTEMESLIÈRE (BOIS DE); faisait partie des forêts de Craon, d'après un aveu de 1461 (arch. nat. P 339).
CHANTEPIE, f. c^ne d'Athée. — Fief vassal de la bar. de Craon.
CHANTEPIE, h. c^ne de Ballée. — Fief vassal de la châtell. de Bouère.
CHANTEPIE, vill. c^ne de la Dorée.
CHANTEPIE, f. c^ne d'Épineu-le-Séguin. — Fief vassal du marq. de Sablé. — L'étang de ce lieu est auj. desséché.
CHANTEPIE, h. c^ne de Fromentières.
CHANTEPIE, f. c^ne de Loiron. — Fief vassal de la châtell. de Loiron.
CHANTEPIE, f. c^ne de Méral.
CHANTEPIE, f. c^ne de Saint-Cénéré.
CHANTEPIE, f. c^ne de Saint-Pierre-sur-Orthe.
CHANTEPIE, chât. et m^in, c^ne de Thubœuf. — Fief du marq. de Lassay.
CHANTEPIERRE, f. c^ne de Châtelain.
CHANTEPIERRE, h. c^ne de Saint-Georges-Buttavent.
CHANTEPIERRE (LA), f. c^ne de Châtillon-sur-Colmont.
CHANTEREINE, m^in sur la rivière de la Jouanne, près Entrammes; auj. détruit. — *Moulin de Chanteroyne*, 1334 (cnb. La Baulière).
CHANTERIE (LA), f. c^ne de Ménil.
CHANTRIGNÉ, c^ne d'Ambrières. — *In parrochia de Chantrigneio*, 1235 (abb. de Savigny, arch. nat. L 970). — *Rad. de Chantrigneio*, 1241 (*ibid.*).
Anc. par. du doy. de Javron, de la bar. d'Ambrières et de l'élect. du Mans.
CHANVERIE (LA), f. c^ne de Fougerolles.
CHAOURCES, fief, c^ne de Bouère. — *Hugo de Cadurcis*, xie s^e (Bibl. nat. f. lat. 5441). — *F. de Cadulcis*, xiiie s^e (cart. d'Évron).
Terre vassale de la châtell. de la Vezouzière.

CHAPELLE (LA), f. c^ne de Ballots.
CHAPELLE (LA), éc. c^ne de Bouchamp.
CHAPELLE (LA), vill. c^ne de Chantrigné.
CHAPELLE (LA), éc. c^ne de Châtillon-sur-Colmont.
CHAPELLE (LA), f. c^ne de Cuillé.
CHAPELLE (LA), éc. c^ne de Parigné.
CHAPELLE (LA), h. c^ne de Quelaines.
CHAPELLE (LA), f. c^ne de Saint-Berthevin; donne son nom à un ruiss. affl. du Vicoin.
CHAPELLE (LA), f. c^ne de Saint-Cyr-le-Gravelais.
CHAPELLE (LA), h. c^ne de Saint-Georges-Buttavent.
CHAPELLE (LA), h. c^ne de Villaines-la-Juhel.
CHAPELLE (LA), h. c^ne de Villiers-Charlemagne.
CHAPELLE (LA GRANDE et LA PETITE), h. c^ne d'Ambrières.
CHAPELLE (LA GRANDE et LA PETITE), f. c^ne de Fougerolles. — Étang desséché en 1865.
CHAPELLE (LA PETITE-), f. c^ne de la Roë.
CHAPELLE-ANTHENAISE (LA), c^ne d'Argentré. — *Hamelinus de Alta Nosia*, 1096 (arch. de la Sarthe). — *H. de Alta nosa*, xie s^e (cart. du Ronceray). — *H. de Antenosia*, 1180 (arch. de la Sarthe). — *S. de Altenaisia*, 1234 (*ibid.*). — *H. de Antenesse*, 1250 (*ibid.*).
Anc. par. du doy. de Sablé, de l'élect. et du comté de Laval.
CHAPELLE-AU-GRAIN (LA), vill. c^ne de Saint-Georges-Buttavent.
CHAPELLE-AU-RIBOUL (LA), c^ne du Horps. — Anc. par. du doy. de Javron, de l'élect. du Mans et du marq. de Villaines-la-Juhel.
CHAPELLE-CRAONNAISE (LA), c^ne de Cossé-le-Vivien. — Le prieuré dépendait de l'abb. de la Trinité de Vendôme. — Anc. par. du doy. de Craon, de l'élect. de Château-Gontier et de la bar. de Craon.
CHAPELLE-DE-GENNES, fief, c^ne de Gennes, aussi nommé *Longuetouche*, qui s'étendait sur Fromentières et Longuefuye et relevait de la Canterie.
CHAPELLE-DES-PIAU (LA), f. c^ne d'Ahuillé.
CHAPELLE-DU-CHÊNE (LA), vill. c^ne de Loiron.
CHAPELLE-DU-CHÊNE (LA), f. c^ne de Saint-Martin-de-Connée; auj. détruite.
CHAPELLE-DU-CHÊNE (LA), vill. c^ne de Saint-Pierre-sur-Orthe.
CHAPELLE-MONTBERT (LA), c^ne de Martigné, châtell. vassale de la bar. de la Chapelle-Rainsouin.
CHAPELLE-RAINSOUIN (LA), c^ne de Montsurs; a porté les noms de *Bourg-le-Prêtre* au xviie s^e et de *Bourg-Bailly* au xviiie pour rappeler les deux familles qui l'ont successivement possédée. — *La Chapelle-Rainxoin*, 1411 (cart. de l'abb. d'Évron).
La seign., érigée en bar. au xviie s^e, comprenait

dans sa mouvance les fiefs du Petit-Nuillé, de la Foucinière, de Saint-Christophe, du Bourgneuf, de Mézières, d'Outre-Bois, de Crotigné, de Soumat, du Rocher, des Landes-Juhées, de Lande-Harcoud, de Livet, de Chaufour, de la Ramée, de Coupeau, de Valette, de l'Érablais, de la Challuère, des Ifs et de Grillemont, pour lesquels elle relevait du duché de Mayenne, de la bar. de Sainte-Suzanne et du comté de Laval : sa juridiction s'étendait sur les paroisses de Brée, de Gesnes, de Montflours, de Montourtier, de Montsurs, de Martigné, de Saint-Léger, de Saint-Cénéré, de Saint-Ouen-des-Vallons, de Soulgé-le-Bruant et de Vaiges. — En 1767, le marquis de Bailly fit ériger cette terre en marq., mais il souleva contre lui des oppositions qui durèrent jusqu'en 1790. — Anc. paroisse du doy. de Sablé et de l'élect. de Laval.

CHAPELLERIE (LA), h. c^{ne} de Saint-Denis-du-Maine.
CHAPELLERIE (LA), f. c^{ne} de Thorigné.
CHAPELLERIE (LA), f. c^{ne} de Viviers.
CHAPELLES (LES), c^{on} de Couptrain. — Anc. par. du doy. de Javron, de l'élect. du Mans et du duché de Mayenne.
CHAPELLES (LES), f. c^{ne} de la Bazoche-Montpinçon.
CHAPELLES (LES), éc. c^{ne} de Fontaine-Couverte.
CHAPELLES (LES GRANDES-), f. c^{ne} de la Roë.
CHAPELLE-SAINT-AUBIN (RUISSEAU DE LA), c^{ne} de Louverné, affl. du ruiss. de Saint-Nicolas.
CHAPELLIÈRE (LA), f. c^{ne} de la Baconnière.
CHAPELLIÈRE (LA), h. c^{ne} de Châtillon-sur-Colmont.
CHAPELLIÈRE (LA), f. c^{ne} de Commer.
CHAPELLIÈRE (LA), f. c^{ne} d'Hardanges.
CHAPELLIÈRE (LA), f. c^{ne} de Quelaines.
CHAPELLIÈRE (LA), h. c^{ne} de Saint-Cyr-en-Pail.
CHAPELLIÈRE (LA), f. c^{ne} de Saint-Georges-Buttavent.
CHAPIFEUX (LES), h. c^{ne} de la Pellerine.
CHAPIN, f. c^{ne} de Saint-Baudelle.
CHAPIZEAU (LA), f. c^{ne} de Lassay.
CHAPONNAIE (LA), vill. c^{ne} du Horps; donne son nom à un ruiss. affl. de celui de la Métairie, qui arrose Champéon.
CHAPONNIÈRE (LA), f. et éc. c^{ne} de Parné.
CHAPONNIÈRE (LA), f. c^{ne} de Villiers-Charlemagne.
CHAPONNAIS (LA), f. c^{ne} de Saint-Ellier.
CHAPRONNIÈRE (LA), h. c^{ne} d'Ahuillé.
CHAPRONNIÈRE (LA), f. c^{ne} de Cossé-le-Vivien.
CHAPRONNIÈRE (LA), f. c^{ne} de Fontaine-Couverte. — Lieu de la Chaponnière, 1553 (abb. de la Roë).
CHAPRONNIÈRE (LA), f. c^{ne} de Montjean.
CHAPRONNIÈRE (LA), vill. c^{ne} de la Poôté.
CHAPRONNIÈRE (LA), f. c^{ne} de Saint-Christophe-du-Luat.
CHAPRONNIÈRES (LES), f. c^{nes} de Gesvres.

CHARBONNEAU, f. c^{ne} de Saint-Michel-de-Feins.
CHARBONNERIE (LA), f. c^{ne} d'Arquenay.
CHARBONNERIE (LA), f. c^{ne} de Ballots et anc. maison seigneuriale.
CHARBONNERIE (LA), h. c^{ne} de Chailland.
CHARBONNERIE (LA), h. c^{ne} de Lignières-la-Doucelle.
CHARBONNERIE (LA), h. c^{ne} de Brécé. — Fief vassal de la châtell. de Gorron.
CHARBONNIÈRE (LA), éc. c^{ne} de Châtillon-sur-Colmont. — Fief vassal de la châtell. de Gorron.
CHARBONNIÈRE (LA), f. c^{ne} de Loiron. — On dit aussi la Charbonnerie.
CHARBONNIÈRE (LA), f. c^{ne} de Saint-Denis-d'Anjou.
CHARCENAY, vill. c^{ne} de Gastines.
CHARCENAY, f. c^{ne} de Laubrières. — On dit aussi Charchenay.
CHARCHÈRE (LA), f. c^{ne} de Longuefuye. — La Sarchière, 1404 (arch. de la Mayenne, série E).
Fief vassal de la seign. de Ruillé-Froidfont.
CHARCHIGNÉ, c^{on} du Horps. — Sarciniacus, ixe s^e (Gesta Aldrici episc. Cen.).
Anc. par. du doy. de Javron, de l'élect. du Mans et du duché de Mayenne.
CHARDIÈRE (LA), f. c^{ne} de Châtillon-sur-Colmont. — On dit aussi l'Échardière.
CHARDON, fief du duché de Mayenne.
CHARDONNERETS (LANDES DES), c^{ne} de Bais; plantées en taillis vers 1830.
CHARDONNET (LE), f. c^{ne} de Commer.
CHARDONNIÈRE (LA), f. c^{ne} de Loigné; donne son nom à un ruiss. affl. de celui de Bouillon.
CHARDONNIÈRE (LA), f. c^{ne} de Préaux. — Fief vassal de la châtell. de Meslay.
CHARDONNIÈRE-FREZEAU, f. et chât. c^{ne} de Loigné.
CHARDRON (LE), f. c^{ne} de Beaulieu.
CHARDONNAIE (LA), f. c^{ne} de Placé.
CHARDONNIÈRE (LA), f. c^{ne} de Ballée. — Altération de la Chardonnière.
CHARDONNIÈRE (LA), h. c^{ne} de la Bazouge-de-Chemeré.
CHARDONNIÈRE (LA), vill. c^{ne} de Chailland.
CHARDONNIÈRE (LA), vill. c^{ne} de la Chapelle-Anthenaise.
CHARDONNIÈRE (LA), h. c^{ne} de Sainte-Gemmes-le-Robert.
CHARETTERIE (LA), f. c^{ne} de Saint-Denis-d'Anjou. — On écrit aussi la Charterie.
CHARILLIÈRE (LA), f. c^{ne} de Loigné.
CHARIOT (LE GRAND et LE PETIT), f. c^{ne} de Laigné.
CHARLOTTIÈRE (LA), village, c^{ne} de Saint-Martin-de-Connée.
CHARMELIÈRE (LA), f. c^{ne} de Quelaines.
CHARMELIÈRE (LA), h. c^{ne} de Saint-Denis-de-Gastines.

CHARMERIE (LA), éc. c^{ne} de Saint-Georges-sur-Erve.
CHARMIERS (LES), f. c^{ne} de Saint-Ouen-des-Toits.
CHARMILLE (LA), logis, c^{ne} de Château-Gontier, à laquelle il a été réuni le 2 juillet 1862, après avoir été séparé de la c^{ne} de Saint-Fort.
CHARMILLE (LA), éc. c^{ne} de Craon.
CHARNOYÈRE (LA), f. c^{ne} du Pas.
CHARNÉ ou CHARNAY, vill. c^{ne} d'Ernée. — *Ecclesia de Charneio*, 1186 (liv. bl. du chap. du Mans). — *In villa Carnerii*, 1218 (abb. de Savigny, arch. nat. L 969).
Siége primitif de la paroisse.
CHARNIE (LA), forêt, bois et landes sis dans les c^{nes} de Blandouet, de Torcé, de Viviers, et dans plusieurs c^{nes} du dép^t de la Sarthe. — *Carneia*, 989 (cart. d'Évron). — *De Carneta*, 1109 (inv. des arch. de la Sarthe). — *Moniales de Cherniaco*, 1135 (*ibid.*).
La Charnie, aujourd'hui en grande partie défrichée, était une contrée inégale, hérissée de rochers, couverte de bois, d'étangs et de vastes landes. — De l'ouest à l'est, elle s'étendait à peu près de Montsurs à Tennie, dans le dép^t de la Sarthe; moins large que longue, elle allait des Coëvrons à Saulges. — La forêt de Sillé paraît être un de ses membres.
CHARNIE (LA), f. c^{ne} de Livet-en-Charnie.
CHARNIE (LA PETITE-), éc. c^{ne} de Livet-en-Charnie.
CHARNIÈRES, f. c^{ne} de Quelaines. — L'étang a été desséché vers 1822.
Fief vassal de la baronnie de Craon et du marq. de Château-Gontier.
CHARNIÈRES (BOIS DE), c^{ne} de Méral; auj. détruit. — *Bruil de Charniers*, 1272 (abbaye de Saint-Serge d'Angers). — *Brolium de Charnières*, 1276 (*ibid.*). — *Boys de Cherniex*, 1397 (arch. de la Mayenne, E 146).
CHARNIÈRES (ÉTANG DE), c^{ne} de Loigné; desséché avant 1778.
CHAROLAIS, h. c^{ne} de Saint-Cyr-en-Pail.
CHAROLAIS, h. et étang, c^{ne} de Villepail. — Le mⁱⁿ a été détruit vers 1835. — Ruiss. affl. de celui de Montbavoux.
CHARPENTRAIE (LA), f. c^{ne} de Beaulieu.
CHARPENTRIE (LA), f. et bois, c^{ne} d'Azé, dép. de la seign. de Chambresais.
CHARPENTRIE (LA), f. c^{ne} de la Bazoche-Montpinçon. — Ruiss. affl. de celui de Biard.
CHARPENTRIE (LA), f. c^{ne} de Châtelain.
CHARPENTRIE (LA), f. c^{ne} d'Entrammes.
CHARPENTRIE (LA), vill. c^{ne} de Javron.
CHARPENTRIE (LA), h. c^{ne} de Saint-Aubin-du-Désert.
CHARPENTRIE (LA), f. c^{ne} de Senonnes.
CHARPENTRIE (LA), f. c^{ne} de Viviers.

CHARPENTRIE-DES-LANDES (LA), h. c^{ne} de Jublains.
CHARPENTRIE-DU-BOURGNEUF (LA), f. c^{ne} de Jublains.
CHARRIÈRE (LA), f. c^{ne} de Lesbois.
CHARRIÈRE (LA), h. c^{ne} de Montenay.
CHARRIS (LES), f. c^{ne} de Saint-Quentin.
CHARROYÈRE (LA), f. c^{ne} de Juvigné-des-Landes.
CHARROYÈRE (LA), f. c^{ne} de Loubrières.
CHARTE (LA), f. et éc. c^{ne} de Saint-Martin-de-Connée.
CHARTERIE (LA), h. c^{ne} d'Azé.
CHARTERIE (LA), f. c^{ne} de Bazouges; auj. détruite.
CHARTERIE (LA), f. c^{ne} de Fougerolles.
CHARTERIE (LA), f. c^{ne} de Gennes.
CHARTERIE (LA), f. c^{ne} du Horps.
CHARTERIE (LA), f. c^{ne} de Laval.
CHARTERIE (LA), f. c^{ne} de Saint-Baudelle.
CHARTERIE (LA), f. c^{ne} de Saint-Ellier.
CHARTERIE (LA), f. c^{ne} de Villiers-Charlemagne.
CHARTIÈRE (LA), f. c^{ne} de Désertines. — On dit aussi *la Chartrière*.
CHARTIÈRE (LA), f. c^{ne} de Gennes.
CHARTRENNIÈRE (LA), f. c^{ne} de Saint-Denis-du-Maine.
CHARTRIÈRE (LA), f. c^{ne} de Laval.
CHARURIE (LA), f. c^{ne} de Chemazé.
CHASINIÈRE (LA), f. c^{ne} de Coudray.
CHASNAY, f. c^{ne} de Gennes. — *Chané* (carte de Jaillot).
CHASNAY, chât. c^{ne} de Grez-en-Bouère. — *Chahennay*, 1404 (arch. de la Mayenne, série E). — *Le seigneur de Chaannay*, 1788 (*ibid.* E 16).
Fief vassal des seign. du Plessis-Bourrel et de la châtell. de la Vezouzière.
CHASNAY, f. c^{ne} de Houssay.
CHASSEBOURG, f. c^{ne} de Laigné.
CHASSEBOUVIÈRE, f. c^{ne} d'Ampoigné.
CHASSEBOUVIÈRE (LA), éc. c^{ne} de Longuefuye.
CHASSEBOUVIÈRE (LES), f. c^{ne} du Bignon.
CHASSEBOUVRIE, f. c^{ne} de Chailland.
CHASSEGUÈRE (LA), h., étang et mⁱⁿ, c^{ne} d'Hardanges. — *Chasse-Gayère*, 1670 (cab. La Bauluère). — *Chasseguene* (carte de Jaillot).
Baronnie du marq. de Villaines-la-Juhel. — Château en ruines.
CHASSELOUVIÈRES (LES), f. c^{ne} d'Arquenay.
CHASSE-PALIÈRES (LES), h. c^{ne} du Buret. — *La Chaspallière*, 1684 (arch. de la Mayenne, E 181).
CHASSEPIERRE (LA GRANDE-), f. c^{ne} de Quelaines.
CHASSEPIERRE (LA PETITE-), f. c^{ne} de Quelaines.
CHASSERIE (LA), f. c^{ne} d'Azé.
CHASSERIE (LA), f. c^{ne} de Landivy.
CHASSERIE (LA), f. c^{ne} de Saint-Charles-la-Forêt.
CHASSERIES (LES), vill. c^{ne} d'Izé; donnent leur nom à un ruiss. affl. de l'Orthe. — Bois auj. défriché.
CHASSÉS (LES), f. c^{ne} de Saint-Pierre-sur-Orthe.

CHASSETIÈRE (LA), f. c^ne de Saint-Mars-sur-la-Futaie.
CHASSILLÉ (LE), h. c^ne de Saint-Erblon.
CHAT (LE), f. c^ne de Saint-Baudelle.
CHATAIGNER (LE), f. c^ne d'Athée.
CHATAIGNER (LE), f. c^ne de Brécé.
CHATAIGNER (LE), f. c^ne de Cossé-le-Vivien.
CHATAIGNER (LE), f. c^ne de Courbeveille.
CHATAIGNER (LE), f. c^ne de Craon.
CHATAIGNER (LE), f. c^ne de la Croixille.
CHATAIGNER (LE), f. c^ne de Livré.
CHATAIGNER (LE), h. c^ne de Loiron; donne son nom à un ruiss. affl. du Vicoin.
CHATAIGNER (LE), éc. c^ne de Montigné.
CHATAIGNER (LE), fief, c^ne de la Roë, vassal de la bar. de Craon.
CHATAIGNER (LE), f. c^ne de Saint-Berthevin.
CHATAIGNER (LE), f. c^ne de Saint-Charles-la-Forêt.
CHATAIGNER (LE GRAND et LE PETIT), f. c^ne de Saint-Michel-de-Feins.
CHATAIGNER (LE PETIT-), f. c^ne de la Croixille.
CHÂTAIGNERAIE (LA), f. c^ne d'Athée.
CHÂTAIGNERAIE (LA), f. c^ne de Bazougers.
CHÂTAIGNERAIE (LA), h. c^ne de Cossé-le-Vivien.
CHÂTAIGNERAIE (LA), h. c^ne de Hambers.
CHÂTAIGNERAIE (LA), fief, c^ne de Livré, vassal de la bar. de Craon.
CHÂTAIGNERAIE (LA), vill. c^ne de Montreuil.
CHÂTAIGNERAIE (LA), f. c^ne de Saint-Fort; auj. détruite.
CHÂTAIGNERAIE (LA), f. c^ne de Sainte-Gemmes-le-Robert.
CHÂTAIGNERAIE (LA), éc. c^ne de Saint-Mars-sur-la-Futaie.
CHÂTAIGNERAIE (LA GRANDE et LA PETITE), f. c^ne de Vaiges.
CHÂTAIGNÈRE (LA), vill. c^ne de Landivy.
CHATAIGNÈRES (LES), fief vassal de la châtell. de Bazougers.
CHÂTAIGNERS (LES), f. c^ne d'Ernée.
CHATARDIÈRE (LA), f. c^ne de Saint-Michel-de-Feins.
CHATÉ, f. c^ne de Marcillé-la-Ville.
CHÂTEAU (LE), f. c^ne d'Averton.
CHÂTEAU (LE), f. c^ne de Bais.
CHÂTEAU (LE), f. c^ne de Beaulieu.
CHÂTEAU (LE), éc. c^ne de la Boissière.
CHÂTEAU (LE), f. c^ne de Brée.
CHÂTEAU (LE), f. c^ne du Chailland; donne son nom à un ruiss. affl. de l'Ernée.
CHÂTEAU (LE), f. c^ne de Châtres.
CHÂTEAU (LE), vill. c^ne de Courbeveille.
CHÂTEAU (LE), f. c^ne de Cuillé.
CHÂTEAU (LE), éc. c^ne de Hambers.
CHÂTEAU (LE), f. c^ne de Larchamp.
CHÂTEAU (LE), m^in, c^ce de Montjean. — Le ruiss. du Mayenne.

Château et des Rochettes arrose Montjean, Ahuillé, Loiron, et se jette dans l'Oudon.
CHÂTEAU (LE), f. c^ne d'Olivet.
CHÂTEAU (LE), f. c^ne de Ruillé-Froidfont.
CHÂTEAU (LE), f. c^ne de Saint-Mars-sur-Colmont.
CHÂTEAU (LE), f. c^ne de Saint-Ouen-des-Toits.
CHÂTEAU (LE), f. c^ne de Saint-Quentin.
CHÂTEAU (LE), f. c^ne de Saint-Sulpice.
CHÂTEAU (LE), f. c^ne de Simplé.
CHÂTEAU (LE HAUT-), f. c^ne du Bourgneuf-la-Forêt.
CHÂTEAU (LE HAUT-), f. c^ne de Saint-Pierre-la-Cour.
CHÂTEAU (RUISSEAU DU), c^ne de la Gravelle; donne naissance à l'Oudon.
CHÂTEAU (RUISSEAU DU), c^ne de Launay-Villiers, affl. du Vicoin.
CHÂTEAUBRIANT, éc. c^ne du Bourgneuf-la-Forêt.
CHÂTEAU-COCHELINAIS (LE), f. c^ne de Montenay.
CHÂTEAU-DE-BOURGON (RUISSEAU DU), c^ne de Montourtier, affl. du ruiss. de Pont-Besnard.
CHÂTEAU-DE-PAILLE, éc. c^ne de Bais.
CHÂTEAU-FOUILLET, f. c^ne d'Aron.
CHÂTEAU-GAILLARD, h. c^ce de Bazouges.
CHÂTEAU-GAILLARD, f. c^ne de Saint-Laurent-des-Mortiers.
CHÂTEAU-GAILLARD (LE), f. c^ne de Saint-Pierre-sur-Orthe.
CHÂTEAU-GONTIER, ch.-l. d'arrond. — *Castrum Gunterii*, 1090 (inv. des arch. de la Sarthe). — *De Castello Gunterii*, xie s^e (cart. du Ronceray).
Cette ville a pris naissance autour d'un chât. établi au xie s^e sur la par. de Bazouges par le comte d'Anjou. — Chef-lieu d'une importante bar. depuis le xive s^e jusqu'au xviie s^e; la terre fut érigée en marq. vers 1647. — Siège d'une élection, d'un grenier à sel et d'un présidial de 1639 à 1790. — Anc. paroisse du doy. d'Écuillé, de la sénéch. d'Anjou et du dioc. d'Angers.
CHÂTEAU-GUEUX (LE), éc. c^ne de Cuillé.
CHÂTEAU-HAIE (LE), vill. c^ne d'Oisseau.
CHÂTEAU-MEIGNAN (LANDES DU), c^ne de Saint-Jean-sur-Mayenne. — *Château-Moyen*, 1476 (aveu du cab. Guays des Touches).
Elles prennent leur nom d'une enceinte de pierres disposées en forme elliptique sur une hauteur qui domine les vallées de l'Ernée et de la Mayenne.
CHÂTEAUNEUF (LE), logis, c^ne de la Rouaudière.
CHÂTEAU-RENARD, vill. c^ne d'Oisseau.
CHÂTEAU-ROUX, h. c^ne de Marigné-Peuton.
CHÂTEAU-VERT, f. c^ne de Montenay.
CHÂTEAUX (LES), h. c^ce de Chemeré-le-Roi.
CHÂTEAUX (LES HAUTS-), vill. c^ne de Thorigné. — Voy. TROIS-CHÂTEAUX (LES).

Châtelain, c°° de Bierné. — Anc. par. du doy. d'Écuillé et de l'élect. de Château-Gontier. — Siége d'une châtell. qui relevait du marq. de Château-Gontier.

Châtelet (Le), chât. et h. c°° de Bazouges. — Fief vassal du marq. de Château-Gontier. — Le ruiss. de ce nom se jette dans le ruiss. de Saint-Joseph.

Châtelet (Le), fief, c°° de Chérancé, vassal du marq. de Château-Gontier.

Châtelet (Le), fief, c°° d'Ernée, vassal de la châtell. d'Ernée.

Châtelet (Le), logis, c°° de Laubrières.

Châtelet (Le Grand-), f. c°° de Thorigné; faisait partie de la c°° de Saint-Jean-sur-Erve avant 1840. — Arrière-fief de la bar. de Sainte-Suzanne relevant de la châtell. de Thorigné.

Châtelet (Le Petit-), f. c°° de Saint-Jean-sur-Erve. — Étang desséché avant 1840.

Châtelleraut (Le), f. c°° de Villaines-la-Juhel.

Châtellerie (La), vill. c°° de Chemeré-le-Roi. — *Le seigneur de la Chetelerie*, 1413 (abb. de la Sarthe, abb. de Bellebranche).

Fief vassal de la châtell. de Chemeré-le-Roi.

Châtellier (Le), h. c°° de Chailland.

Châtellier (Le), h. c°° de la Chapelle-au-Riboul.

Châtellier (Le), logis, c°° de Château-Gontier.

Châtellier (La), f. c°° de Chérancé.

Châtellier (Le), h. c°° d'Entrammes.

Châtellier (Le), f. c°° de Fontaine-Couverte. — *Le Chastellier*, 1648 (abb. de la Roë). — On prononce *le Chatayer*.

Châtellier (Le), f. c°° de Fromentières; auj. détruite.

Châtellier (Le), éc. c°° de Laigné.

Châtellier (Le), f. c°° de Livré.

Châtellier (Le), vill. c°° de Loupfougères; donne son nom à un ruiss. affl. de celui de la Fosse.

Châtellier (Le), f. c°° de Marigné-Peuton.

Châtellier (Le), f. c°° de Pommerieux.

Châtellier (Le), f. et éc. c°° de Pré-en-Pail.

Châtellier (Le), chât. et f. c°° de Saint-Berthevin. — Fief vassal du comté de Laval.

Châtellier (Le), f. c°° de Saint-Berthevin-la-Tannière; ruiss. affl. de celui de la Percherie.

Châtellier (Le), f. c°° de Saint-Calais-du-Désert.

Châtellier (Le), f. c°° de Saint-Hilaire-des-Landes.

Châtellier (Le), f. c°° de Saint-Saturnin-du-Limet.

Châtellier (Le), f. c°° de Saint-Thomas-de-Courceriers.

Châtellier (Le), h. c°° de Soucé.

Châtellier (Le), h. c°° de Trans. — *R. de Castelereio*, vers 1160 (inv. des arch. de la Sarthe).

Châtellier (Le), f. c°° de Vaiges. — Fief vassal de la châtell. de Vaiges.

Châtellier (Le Grand-), f. c°° de Sainte-Gemmes-le-Robert.

Châtellier (Le Haut et le Bas), f. c°° de Saint-Aignan-sur-Roë. — *La Fontaine du Chastelier*, 1459 (abb. de la Roë).

Châtellier (Le Haut et le Bas), h. et m¹ⁿ, c°° de Saint-Jean-sur-Mayenne.

Châtellier (Le Petit-), éc. c°° de Sainte-Gemmes-le-Robert.

Châtellière (La), f. c°° d'Aron.

Châtellière (La), f. c°° de Saint-Germain-le-Guillaume.

Châtelliers (Les), h. c°° de Bonchamp.

Châtelliers (Les), f. c°° de la Dorée.

Châtelliers (Les), f. c°° de Mayenne.

Châtelliers (Les), vill. c°° de Méral.

Chatenay, f. c°° de Lassay; donne son nom à un ruiss. qui arrose Courberie, Niort et Bretignolles et se jette dans la Mayenne.

Chatenay, f. c°° de Saint-Pierre-des-Landes.

Chatenay, f. c°° de Larchamp.

Chatenay (Le Bas-), h. c°° de Larchamp.

Chatenay (Le Bois-de-), h. c°° de Juvigné-des-Landes. — Les fiefs de Chatenay-Beuve et Chatenay-Cornesse relevaient de la châtell. d'Ernée.

Chatenay (Le Haut-), f. c°° de Juvigné-des-Landes.

Chatenay (Le Haut et le Bas), f. c°° de Saint-Georges-Buttavent.

Chatenay (Le Petit-), f. c°° de Juvigné-des-Landes.

Chatenay (Les Hauts-), m¹ⁿ et h. c°° de Juvigné-des-Landes. — Étang et landes au même lieu.

Chatenay-Marais, h. c°° de Larchamp.

Chaterie (La), f. c°° d'Ahuillé.

Chaterie (La), f. c°° de Carelles.

Chaterie (La), h. c°° de Montenay.

Chaterie (La), h. c°° de la Poôté.

Chaterie (La), f. c°° de Poulay.

Chaterie (La), f. c°° de Villiers-Charlemagne.

Châtillon, chât. c°° de Saint-Berthevin.

Châtillon, f. c°° de Cossé-en-Champagne.

Châtillon, h. c°° de Saint-Pierre-sur-Orthe.

Châtillon (Le Grand-), h. c°° de la Cropte.

Châtillon (Le Petit-), f. c°° de Meslay.

Châtillon (Le Petit-), f. c°° de la Cropte.

Châtillon (Le Petit-), f. c°° de Saint-Pierre-sur-Orthe.

Châtillon-sur-Colmont, c°° de Gorron. — *Castellum novum desuper Cosmum*, 1199 (Dom Martène, t. I, 1023). — *Juxta novum burgum de Chastellon*, 1237 (abb. de Savigny, arch. nat. L 970). — *Juxta hospitariam de Castellonio*, 1241 (*ibid.*).

Anc. paroisse du doy., de l'élect. et du duché de Mayenne.

DÉPARTEMENT DE LA MAYENNE. 75

Chatmort, f. c^{ne} de Saint-Georges-sur-Erve.
Chatouin, h. c^{ne} de Châtillon-sur-Colmont.
Châtres, c^{on} d'Évron. — *Dono Sancte Marie Aureonno Castra*, 642 (test. de saint Hadouin, Gall. christ.).
— *Villam cum ecclesia Castras*, 989 (cart. d'Évron).
— *Ecclesia Sancti Martini de Castris*, 1125 (ibid.).
— *Chàstres*, 1656 (ibid.).
    Anc. paroisse du doy. et de la bar. d'Évron et de l'élect. du Mans.
Châtres (Ruisseau de), c^{ne} de Saint-Laurent-des-Mortiers; il afflue à la Sarthe.
Chattemoue, vill. c^{ne} de Javron. — Carrière importante d'ardoises.
Chatune, f. c^{ne} de la Dorée; donne son nom à un ruiss. affl. de celui de l'Étang de la Hogue.
Chatune, f. c^{ne} de Saint-Mars-sur-la-Futaie.
Chauboulin (Le), f. c^{ne} du Genest.
Chaubronnière (La), f. c^{ne} de Coudray.
Chauchais (Le), f. c^{ne} de Torcé.
Chaucherie (La), fief vassal de la seign. de Ménil, au marq. de Château-Gontier.
Chauchinière (La), h. c^{ne} de Saint-Aubin-du-Désert.
Chauchis (Le), h. c^{ne} de Madré. — Altération de *la Chaussis*.
Chaude-Bruyère (La), h. c^{ne} d'Averton.
Chaude-Fontaine, h. c^{ne} de Saint-Pierre-sur-Orthe.
Chaudet (Le), f. c^{ne} de Chammes.
Chauduhais (La), f. c^{ne} de Loigné.
Chaufaillais (La), f. c^{ne} de Placé.
Chaufailly, f. c^{ne} de Sainte-Gemmes-le-Robert.
Chaufardière (La), f. c^{ne} de Daon; auj. détruite.
Chaufaudière (La Grande-), h. c^{ne} de Maisoncelles.
Chaufaudière (La Petite-), f. c^{ne} de Maisoncelles.
Chauffaux, éc. c^{ne} de Bourgon.
Chauffaux, quartier de la ville d'Ernée.
Chauffetière (La), f. c^{ne} de Cossé-en-Champagne.
Chauffetière (La), h. c^{ne} de Landivy; donne son nom à un ruiss. affl. de celui de Mousson.
Chaufleury, f. c^{ne} de Sainte-Gemmes-le-Robert.
Chaufour, f. c^{ne} de Saint-Christophe-du-Luat. — Fief vassal de la bar. de la Chapelle-Rainsouin.
Chaugonnière (La), f. c^{ne} d'Assé-le-Bérenger.
Chaugonnière (La), f. c^{ne} de Niort.
Chaugonnière (La), f. c^{ne} de Saint-Denis-de-Gastines.
Chaugonnière (La Petite-), éc. c^{ne} d'Assé-le-Bérenger.
— On dit aussi *la Changuenière*.
Chaumeraie (La), h. c^{ne} de Sacé.
Chaumeraie (La), vill. c^{ne} de Saint-Jean-sur-Mayenne.
Chaumeraies (Les), fief vassal de la châtell. de Bazougers.
Chaumezière (La), vill. c^{ne} de Niort.
Chaumière (La), f. c^{ne} d'Ahuillé.

Chaumière (La), f. c^{ne} de Bourgon.
Chaumière (La), f. c^{ne} de Livet-en-Charnie.
Chaumine (La), fief du duché de Mayenne.
Chauminet (Le), f. c^{ne} de Ballots.
Chauminette (La), f. c^{ne} de Laval.
Chaumondière (La), f. c^{ne} d'Aron.
Chaumont, f. c^{ne} de Saint-Aubin-du-Désert.
Chaumonteau, vill. c^{ne} de Crennes-sur-Fraubée. — *Chaumonseau* (carte de Jaillot).
Chaumustière (La), f. c^{ne} de Saint-Céneré.
Chaunière (La), vill. c^{ne} de la Baconnière. — Mine d'anthracite exploitée depuis 1834.
Chaunière (La Haute et la Basse), vill. c^{ne} de Chailland.
Chaunouse, fief, c^{nes} de Houssay et de Saint-Gault, vassal de la seign. de Poillé.
Chaupilière (La), f. c^{ne} de Ruillé-Froidfont.
Chaussay, éc. c^{ne} de Montourtier. — *Calceatum*, 989 (cart. d'Évron).
Chaussée (La), f. c^{ne} d'Ahuillé; donne son nom à un ruiss. affl. de celui de Gouillas.
Chaussée (La), usine; c^{ne} de la Bazouge-de-Chemeré. — Elle a remplacé un moulin détruit vers 1858.
Chaussée (La), f. c^{ne} de Bouchamp. — Étang et moulin supprimés vers 1800; au milieu de l'étang était une presqu'île où se tenaient les assises féodales.
Chaussée (La), h. c^{ne} de Chemazé.
Chaussée (La), f. c^{ne} de Courbeveille.
Chaussée (La), vill. c^{ne} de Gesvres. — Il a pris son nom d'un étang et d'un mⁱⁿ supprimés vers 1833. Le ruiss. de la Chaussée est un affl. de l'Ornette.
Chaussée (La), f. c^{ne} de l'Huisserie.
Chaussée (La), éc. c^{ne} de Jublains.
Chaussée (La), f. c^{ne} de Livet-en-Charnie. — Étang auj. desséché.
Chaussée (La), f. c^{ne} de Quelaines.
Chaussée (La), f. c^{ne} de Saint-Baudelle.
Chaussée (La), f. c^{ne} de Saint-Denis-de-Gastines.
Chaussée (La), h. c^{ne} de Saint-Georges-Buttavent; donne son nom à un ruiss. affl. de celui du Fauconnier.
Chaussée (La), vill. c^{ne} de Saint-Martin-de-Connée.
Chaussée (La), f. c^{ne} de Saint-Saturnin-du-Limet.
Chaussée (La Grande et la Petite), f. c^{ne} de Congrier; donne son nom à un ruiss. affl. du Chéran.
Chaussée (La Grande et la Petite), f. c^{ne} de Marigné-Peuton.
Chaussée-Henri (La), vieux chemin qui passe par Fougerolles. — *A Calceia Henrici*, 1255 (abb. de Savigny, arch. nat. L 972).
Chaussée-Neuve (La), f. c^{ne} de Landivy.
Chaussées (Les), f. c^{ne} de Ravigny.
Chausseray (Le Grand et le Petit), f. c^{ne} de Bouëssay.

10.

CHAUSSERIE (LA), h. c^{ne} de Couesmes.
CHAUSSERIE (LA), f. c^{ne} de Thubœuf.
CHAUSSERIE (LA), f. c^{ne} de Vautorte.
CHAUSSINIÈRE (LA), vill. c^{ne} d'Oisseau.
CHAUSSIS (LE), f. c^{ne} d'Aron.
CHAUSSIS (LE) ou LE CHAUCHIS, h. c^{ne} de Saint-Thomas-de-Courceriers. — Domaine dép. de la châtell. de Courceriers.
CHAUSSONNERIE (LA), f. et chât. c^{ne} de la Chapelle-Anthenaise.
CHAUSSONNERIE (LA), éc. c^{ne} de Saint-Jean-sur-Mayenne.
CHAUSSONNIÈRE (LA), f. c^{ne} de Mayenne.
CHAUVALON, vill. c^{ne} du Ribay.
CHAUVÉ, f. c^{ne} de Quelaines.
CHAUVELAIE (LA), *alias* LA CHEVALLERIE, f. c^{ne} de Coudray. — Fief vassal de la châtell. de Châtelain.
CHAUVELAIE (LA), f. c^{ne} de Senonnes.
CHAUVELAIE (LA HAUTE et LA BASSE), f. c^{nes} de Montenay.
CHAUVELLERIE (LA), h. c^{ne} de Contest. — Fief du duché de Mayenne.
CHAUVELLIÈRE (LA), f. c^{ne} de Bouère.
CHAUVELLIÈRE (LA), f. c^{ne} de Cigné
CHAUVELLIÈRE (LA), f. c^{ne} de Coudray.
CHAUVELLIÈRE (LA), h. c^{ne} de Courcité.
CHAUVELLIÈRE (LA), f. c^{ne} de Quelaines.
CHAUVELLIÈRE (LA), vill. c^{ne} de Ravigny.
CHAUVELLIÈRE (LA), vill. c^{ne} de Saint-Cyr-en-Pail.
CHAUVELLIÈRE (LA), f. c^{ne} de Saint-Cyr-le-Gravelais.
CHAUVELLIÈRE (LA), f. c^{ne} de Saint-Mars-du-Désert.
CHAUVELLIÈRE (LA), h. c^{ne} de Villepail; donne son nom à un ruiss. affl. de celui de Monthavoux.
CHAUVELLIÈRE (LA GRANDE-), f. c^{ne} de Vaiges.
CHAUVELLIÈRE-MALET (LA), f. c^{ne} de Vaiges.
CHAUVELLIÈRES (LES), h. c^{ne} de Jublains.
CHAUVERIE (LA), mⁱⁿ, c^{ne} de la Bazoche-Montpinçon. — Landes auj. défrichées.
CHAUVERIE (LA), vill. c^{ne} de Chevaigné.
CHAUVERIE (LA), h. c^{ne} de Saint-Mars-sur-Colmont.
CHAUVICLOU, h. c^{ne} du Ribay.
CHAUVIÈRE (LA), h. c^{ne} d'Ambrières.
CHAUVIÈRE (LA), éc. c^{ne} d'Ampoigné.
CHAUVIÈRE (LA), vill. c^{ne} d'Aron.
CHAUVIÈRE (LA), f. c^{ne} d'Athée.
CHAUVIÈRE (LA), h. c^{ne} de Bais.
CHAUVIÈRE (LA), f. c^{ne} de Belgeard.
CHAUVIÈRE (LA), h. c^{ne} de Charchigné.
CHAUVIÈRE (LA), éc. c^{ne} de Chemazé.
CHAUVIÈRE (LA), f. c^{ne} de Commer.
CHAUVIÈRE (LA), f. c^{ne} de Deux-Évailles.
CHAUVIÈRE (LA), f. c^{ne} de Houssay.
CHAUVIÈRE (LA), vill. c^{ne} de Lassay.
CHAUVIÈRE (LA), f. c^{ne} de Ménil.

CHAUVIÈRE (LA), f. c^{ne} de Meslay.
CHAUVIÈRE (LA), h. c^{ne} de Montourtier.
CHAUVIÈRE (LA), f. c^{ne} de Parigné; donne son nom à un ruiss. affl. de celui de la Chaussée.
CHAUVIÈRE (LA), f. c^{ne} de la Rouaudière.
CHAUVIÈRE (LA), f. c^{ne} de Ruillé-Froidfont.
CHAUVIÈRE (LA), h. c^{ne} de Saint-Calais-du-Désert.
CHAUVIÈRE (LA), f. c^{ne} de Saint-Denis-de-Gastines.
CHAUVIÈRE (LA), h. c^{ne} de Saint-Germain-de-Coulamer.
CHAUVIÈRE (LA), f. c^{ne} de Saint-Jean-sur-Erve.
CHAUVIÈRE (LA), h. c^{ne} de Saint-Mars-du-Désert.
CHAUVIÈRE (LA), f. c^{ne} de Saint-Ouen-des-Vallons.
CHAUVIÈRE (LA), f. c^{ne} de Saint-Pierre-des-Landes.
CHAUVIÈRE (LA), h. c^{ne} de Saint-Samson.
CHAUVIÈRE (LA HAUTE-), vill. c^{ne} de Deux-Évailles.
CHAUVIÈRE (LA HAUTE-), fief, c^{ne} de Saint-Denis-de-Gastines, vassal de la châtell. d'Ernée.
CHAUVIÈRE (LA HAUTE et LA BASSE), h. et f. c^{ne} de la Bazouge-de-Chemeré.
CHAUVIÈRE (LA PETITE-), f. c^{ne} de Saint-Denis-de-Gastines.
CHAUVIÈRES (LES), h. c^{ne} d'Argenton. — Fief vassal de la châtell. de Romfort.
CHAUVIÈRES (LES), h. c^{ne} de Commer.
CHAUVIÈRES (LES), f. c^{ne} de Daon.
CHAUVIÈRES (LES), f. c^{ne} de Javron.
CHAUVIÈRES (LES), h. c^{ne} de Quelaines.
CHAUVIGNÉ, f. c^{ne} de Denazé. — *Bulcardi de Cauvineio*, XIIe s^e (abb. de la Roë, H 151; f° 72).
CHAUVIGNÉ, h. c^{ne} de Sainte-Gemmes-le-Robert.
CHAUVIGNÉ (LE GRAND et LE PETIT), f. c^{ne} de Craon. — *Burchart de Chauvineio*, XIIe s^e (abb. de la Roë, H 151, f° 37).
CHAUVIGNÉ (LE HAUT et LE BAS), f. c^{ne} de Simplé; donne son nom à un ruiss. affl. de celui de la Rivière-Bossard. — Fief de la bar. de Craon.
CHAUVIGNY, chât. et f. c^{ne} d'Athée; étangs auj. desséchés. — Fief vassal de la bar. de Craon, qui s'étendait aussi sur la Chapelle-Craonnaise.
CHAUVIGNY, mⁱⁿ, c^{ne} de la Chapelle-Craonnaise.
CHAUVIN, mⁱⁿ, c^{ne} de Saint-Germain-le-Guillaume.
CHAUVIN (LE HAUT-), vill. c^{ne} d'Andouillé.
CHAUVINAIE (LA), f. c^{ne} de Marcillé-la-Ville.
CHAUVINAIE (LA), h. c^{ne} de Saint-Ouen-des-Toits.
CHAUVINIÈRE (LA), h. c^{ne} d'Ambrières.
CHAUVINIÈRE (LA), f. c^{ne} d'Ampoigné.
CHAUVINIÈRE (LA), f. c^{ne} d'Athée.
CHAUVINIÈRE (LA), f. c^{ne} de Bazougers. — Fief vassal de la châtell. de Bazougers.
CHAUVINIÈRE (LA), f. c^{ne} du Bignon.
CHAUVINIÈRE (LA), f. c^{ne} de Bouère.

CHAUVINIÈRE (LA), f. c^ne de Chérancé.
CHAUVINIÈRE (LA), f. c^ne de Cosmes.
CHAUVINIÈRE (LA), h. c^ne de Courbeveille.
CHAUVINIÈRE (LA), f. c^ne de Fougerolles.
CHAUVINIÈRE (LA), h. c^ne du Horps.
CHAUVINIÈRE (LA), h. c^ne de Juvigné-des-Landes.
CHAUVINIÈRE (LA), f. c^ne de Launay-Villiers.
CHAUVINIÈRE (LA), f. c^ne de Laval.
CHAUVINIÈRE (LA), vill. c^ne de Lignières-la-Doucelle. — Fief de la châtell. de Resné, Lignières et Saint-Calais.
CHAUVINIÈRE (LA), vill. c^ne de Montaudin.
CHAUVINIÈRE (LA), h. c^ne de Montflours.
CHAUVINIÈRE (LA), éc. c^ne de Montigné.
CHAUVINIÈRE (LA), f. c^ne de Niort; donne son nom à un ruisseau affluent de celui de la Fontaine-Rouillée.
CHAUVINIÈRE (LA), f. c^ne d'Origné.
CHAUVINIÈRE (LA), f. c^ne de Parné.
CHAUVINIÈRE (LA), f. c^ne de Placé.
CHAUVINIÈRE (LA), f. c^ne de Pommerieux.
CHAUVINIÈRE (LA), f. c^ne de la Poôté.
CHAUVINIÈRE (LA), h. c^ne de Préaux.
CHAUVINIÈRE (LA), logis, f. et étang, c^ne de Pré-en-Pail; donne son nom à un ruiss. affl. de la Mayenne.
CHAUVINIÈRE (LA), h. c^ne de Saint-Aubin-Fosse-Louvain.
CHAUVINIÈRE (LA), h. c^ne de Saint-Germain-de-Coulamer.
CHAUVINIÈRE (LA), f. c^ne de Saint-Germain-le-Fouilloux.
CHAUVINIÈRE (LA), h. et m^in, c^ne de Saint-Martin-du-Limet.
CHAUVINIÈRE (LA), étang, c^ne de Sainte-Suzanne.
CHAUVINIÈRE (LA), f. c^ne de la Selle-Craonnaise.
CHAUVINIÈRE (LA), h. c^ne de Trans; donne son nom à un ruiss. affl. de celui de la Luçonnière.
CHAUVINIÈRE (LA), f. c^ne de Vaiges.
CHAUVINIÈRE (LA HAUTE-), f. c^ne de Saint-Germain-de-Coulamer.
CHAUVINIÈRE (LA PETITE-), f. c^ne de Saint-Aubin-Fosse-Louvain.
CHAUVINIÈRES (LES), f. c^ne d'Ernée.
CHAUVINIÈRES (LES), h. c^ne de Martigné.
CHAUVINIÈRES (LES), f. c^ne de Sainte-Gemmes-le-Robert.
CHAUVINIÈRES (LES), h. c^ne de Sainte-Suzanne.
CHAUVRAIES (LES), h. c^ne de Bazougers.
CHAUVRETTE (LA), vill. c^ne de Montourtier.
CHAUX (ÉTANG DE LA), c^ne de Juvigné-des-Landes; auj. desséché.
CHAUX (LA), fief, c^ne de Villiers-Charlemagne, vassal du comté de Laval.
CHAVAIGNES, éc. c^ne de Gennes. — Bois auj. défriché.
CHAVARDIÈRE (LA), f. c^ne de Martigné.

CHAVET, f. c^ne de Quelaines.
CHEBUSSÉ, vill. c^ne d'Athée.
CHEDASNIÈRE (LA), f. c^ne du Bignon.
CHEDASNIÈRE (LA), f. c^ne de la Selle-Craonnaise.
CHEDASNIÈRE (LA), f. c^ne de Villiers-Charlemagne.
CHEDORIÈRE (LA), f. c^ne de Torcé.
CHEDOUET, h. c^ne de Saint-Fraimbault-de-Prières.
CHEF-DU-BOIS (LE), f. c^ne de Charchigné.
CHEF-D'YVOIS (LE), h. c^ne de Carelles.
CHEFLIEU (LE), f. c^ne de Livré.
CHEFLIEU (LE), h. c^ne de Pommerieux.
CHEFTEAUX (LES), f. c^ne de Bouchamp. — Le ruiss. des Chefteaux et de Saint-Martin est un affluent de l'Oudon.
CHELLÉ, vill., étang et m^in, c^ne de Hambers. — *Loco qui dicitur Calviaco... juxta ripam Aroënœ*, 615 (test. Bertramni). — *G. de Chiellé*, 1297 (arch. du chât. du Rocher).
La chapelle passe pour être une anc. église paroissiale. — Le ruisseau de Chellé est un affl. de celui de Biard. — Arrière-fief du duché de Mayenne, vassal de la bar. de Sillé-le-Guillaume.
CHELLERAIE (LA), f. c^ne du Bourgneuf-la-Forêt.
CHELLERIE (LA), vill. c^ne d'Alexain.
CHELLERIE (LA), f. et landes, c^ne de Bais.
CHELLERIE (LA), f. c^ne d'Izé.
CHELLERIE (LA), h. c^ne de Placé.
CHELLIÈRE (LA), f. c^ne de Vaiges.
CHELLIÈRE (LA GRANDE et LA PETITE), f. c^ne de Charchigné. — Le ruiss. de Chellière est un affluent de l'Aisne.
CHELLUÈRE (LA), éc. c^ne d'Azé. — On écrit aussi *la Challuère* et *la Chesluere*.
CHELLUÈRE (LA), f. c^ne du Bignon. — Le m^in à vent est auj. détruit.
CHELLUÈRE (LA), f. c^ne de Loigné.
CHELLUÈRE (LA GRANDE et LA PETITE), f. c^ne de Gennes. — Le fief de ce lieu, aussi nommé *la Chalonnière* et *Fief-Potage*, était vassal du marq. de Château-Gontier.
Bois défriché vers 1820.
CHELOINE (LA), f. c^ne de Saint-Jean-sur-Mayenne. — Fief vassal de la châtell. de Fouilloux.
CHELONNIÈRE (LA), f. c^ne de Montourtier.
CHELOTTIÈRE (LA), h. c^ne d'Oisseau.
CHELUÉ, f. c^ne de Grez-en-Bouère.
CHEMAILLÈRE (LA), h. c^ne de la Cropte.
CHEMARTIÈRES (LES), h. c^ne d'Arquenay. — Le bois de ce lieu a été défriché vers 1853.
CHEMAZÉ, c^en de Château-Gontier. — *Robertus de Camaziaco*, 1080 (arch. d'Anjou, t. II, p. 11). — *X. de Chamatheio*, 1169 (cart. du Ronceray). — *R. de*

Chamazeio, xii⁰ s⁰ (*ibid.*). — *O. de Chamaziaco*, xii⁰ s⁰ (*ibid.*). — *I. de Chamazé*, xii⁰ s⁰ (*ibid.*) — *G. de Camazeio*, xii⁰ s⁰ (abb. de la Roë).

Anc. paroisse du doy. de Craon, de l'élect. et du marq. de Château-Gontier.

CHEMAZÉ (LE HAUT-), f. c⁽ᵉ⁾ de Chemazé.
CHEMAZÉ (LE PETIT-), f. c⁽ⁿᵉ⁾ de Chemazé.
CHEMAZÉ (LE PETIT-), f. c⁽ᵉ⁾ de Ménil.
CHEMERÉ-LE-ROI, c⁽ᵒⁿ⁾ de Meslay. — *Camariacus*, 802 (dipl. de Charlemagne, Rec. des hist. de France, t. V). — *Apud Chimeresium*, 1180 (inv. des arch. de la Sarthe). — *Hominum de Chimere regis*, 1265 (*ibid.* abb. de Bellebranche).

Le prieuré dépendait de l'abb. d'Évron. — Anc. par. du doy. de Sablé, de l'élect. et du comté de Laval. — La châtell. qui avait haute justice depuis 1207 et relevait de la barre de Laval, comprenait les fiefs de la Bazouge, de Maubusson, de Motte-Géraine, de Rappileau, de Thévalles et de Touche-Boulard.

CHEMERETTE, f. c⁽ⁿᵉ⁾ de la Bazouge-de-Chemeré; donne son nom à un ruiss. affl. de la Vaige.
CHEMIN (LE), f. c⁽ⁿᵉ⁾ de Bazouges.
CHEMIN (LE), h. c⁽ⁿᵉ⁾ de Brécé.
CHEMIN (LE), vill. c⁽ⁿᵉ⁾ de la Chapelle-au-Riboul.
CHEMIN (LE), f. c⁽ⁿᵉ⁾ de Cigné; donne son nom à un ruiss. affl. de la Varenne.
CHEMIN (LE), f. c⁽ⁿᵉ⁾ de Commer.
CHEMIN (LE), vill. c⁽ⁿᵉ⁾ de Cuillé. — Arrière-fief de la seign. de Saint-Poix, relevant de la Croptière.
CHEMIN (LE), h. c⁽ⁿᵉ⁾ de Madré.
CHEMIN (LE), f. c⁽ⁿᵉ⁾ de Nuillé-sur-Vicoin. — Fief vassal de la châtell. de Montigné.

Le ruiss. du Chemin est un affl. du Vicoin.

CHEMIN (LE), éc. c⁽ⁿᵉ⁾ de Ruillé-le-Gravelais.
CHEMIN (LE), vill. c⁽ⁿᵉ⁾ de Saint-Jean-sur-Mayenne.
CHEMIN (LE), f. c⁽ⁿᵉ⁾ de Saint-Sulpice.
CHEMIN (LE BAS-), éc. c⁽ⁿᵉ⁾ d'Azé.
CHEMIN (LE GRAND-), f. c⁽ⁿᵉ⁾ de Blandouet.
CHEMIN (LE GRAND-), f. c⁽ⁿᵉ⁾ de l'Huisserie.
CHEMIN (LE GRAND-HAUT-), éc. c⁽ⁿᵉ⁾ de Saint-Michel-de-la-Roë.
CHEMIN (LE GRAND ET LE PETIT), vill. c⁽ⁿᵉ⁾ du Pas.
CHEMIN (LE HAUT-), f. c⁽ⁿᵉ⁾ de Saint-Léger.
CHEMIN (LE HAUT-GRAND-), f. c⁽ⁿᵉ⁾ de Loiron.
CHEMIN (LE VILLAGE-DU-), h. c⁽ⁿᵉ⁾ de Livré.
CHEMINANDIÈRE (LA), éc. c⁽ⁿᵉ⁾ de Brée.
CHEMINANDIÈRE (LA), f. c⁽ⁿᵉ⁾ de Deux-Évailles.
CHEMIN-CHARTIER (LE), h. c⁽ⁿᵉ⁾ de Placé.
CHEMIN-DE-LASSAY (L'ANCIEN), f. c⁽ⁿᵉ⁾ de Saint-Fraimbault-de-Prières.
CHEMIN-DE-SAINT-FRAIMBAULT (LE), éc. c⁽ⁿᵉ⁾ de Mayenne.
CHEMINÉE (LA), f. c⁽ⁿᵒ⁾ de Congrier.
CHEMINÉE (LA), f. c⁽ⁿᵉ⁾ de Cuillé.
CHEMINÉE (LA), éc. c⁽ⁿᵉ⁾ de Grazay.
CHEMINÉE (LA), f. c⁽ⁿᵉ⁾ de Ménil.
CHEMINÉES (LES), h. c⁽ⁿᵉ⁾ de Champéon. — Côte très-montueuse.
CHEMINÉES (LES), h. c⁽ⁿᵉ⁾ de la Chapelle-au-Riboul.
CHEMINÉES (LES), h. c⁽ⁿᵉ⁾ de Loupfougères.
CHEMINÉES (LES), fief, c⁽ⁿᵉ⁾ de Pommerieux, relevant de la bar. de Craon par le moyen de Terrétient.
CHEMINERIE (LA), f. c⁽ⁿᵉ⁾ de Grez-en-Bouère.
CHEMINS (LES), éc. c⁽ⁿᵉ⁾ de Saint-Michel-de-la-Roë.
CHEMINS (LES), f. c⁽ⁿᵉ⁾ de Sainte-Suzanne; auj. détruite.
CHEMIN-VERT (LE), f. c⁽ⁿᵉ⁾ de Montjean.
CHÊNE (LE), f. c⁽ⁿᵉ⁾ d'Andouillé.
CHÊNE (LE), f. c⁽ⁿᵉ⁾ d'Azé.
CHÊNE (LE), f. c⁽ⁿᵉ⁾ de la Chapelle-Craonnaise.
CHÊNE (LE), f. c⁽ⁿᵉ⁾ de Châtres.
CHÊNE (LE), f. c⁽ⁿᵉ⁾ de Coudray.
CHÊNE (LE), h. c⁽ⁿᵉ⁾ de Forcé.
CHÊNE (LE), fief, c⁽ⁿᵉ⁾ de Fougerolles; vassal de la châtell. de Pontmain.
CHÊNE (LE), f. c⁽ⁿᵉ⁾ de Larchamp.
CHÊNE (LE), f. c⁽ⁿᵉ⁾ de Louverné.
CHÊNE (LE), f. c⁽ⁿᵉ⁾ de Ménil.
CHÊNE (LE), f. et éc. c⁽ⁿᵉ⁾ de Saint-Denis-d'Anjou.
CHÊNE (LE), f. c⁽ⁿᵉ⁾ de Saint-Denis-de-Gastines. — Fief de la terre de Charné.
CHÊNE (LE), f. c⁽ⁿᵉ⁾ de Saint-Georges-sur-Erve.
CHÊNE (LE), f. c⁽ⁿᵉ⁾ de Saint-Léger.
CHÊNE (LE), f. c⁽ⁿᵉ⁾ de Saint-Loup-du-Dorat.
CHÊNE (LE), f. c⁽ⁿᵉ⁾ de Saint-Quentin.
CHÊNE (LE BAS-), éc. c⁽ⁿᵉ⁾ de Montigné.
CHÊNE (LE GRAND-), f. c⁽ⁿᵉ⁾ d'Athée.
CHÊNE (LE GRAND-), f. c⁽ⁿᵉ⁾ de Gennes. — Fief vassal de la bar. d'Ingrandes.
CHÊNE (LE GRAND-HAUT-), éc. c⁽ⁿᵉ⁾ de Montigné.
CHÊNE (LE GROS-), f. c⁽ⁿᵉ⁾ d'Ahuillé.
CHÊNE (LE GROS-), f. c⁽ⁿᵉ⁾ d'Athée.
CHÊNE (LE GROS-), f. c⁽ⁿᵉ⁾ de Longuefuye.
CHÊNE (LE GROS-), f. c⁽ⁿᵉ⁾ de Marcillé-la-Ville.
CHÊNE (LE HAUT-), éc. c⁽ⁿᵉ⁾ de Bazouges.
CHÊNE (LE HAUT-), f. c⁽ⁿᵉ⁾ d'Entrammes.
CHÊNE (LE HAUT-), f. c⁽ⁿᵉ⁾ de Saint-Quentin.
CHÊNE (LE MOULIN-DU-), h. c⁽ⁿᵉ⁾ de Grez-en-Bouère; prend son nom d'un moulin auj. détruit.
CHÊNE (LE PETIT-), f. c⁽ⁿᵉ⁾ de Bazouges.
CHÊNE (LE PETIT-), f. c⁽ⁿᵉ⁾ de Saint-Quentin.
CHÊNE (LE PETIT-HAUT-), éc. c⁽ⁿᵉ⁾ de Montigné.
CHÊNE-BLANC (LE), f. c⁽ⁿᵉ⁾ de Commer.
CHÊNE-BLANC (LE), f. c⁽ⁿᵉ⁾ de Saint-Charles-la-Forêt.
CHÊNE-BOSSÉ (LE GRAND ET LE PETIT), f. c⁽ⁿᵉ⁾ d'Olivet.
CHÊNE-BRÛLÉ (LE), f. c⁽ⁿᵉ⁾ de Juvigné-des-Landes.

Chêne-Brûlé (Le), vill. et landes, cne de Saint-Pierre-des-Landes.
Chêne-Cocu (Le), éc. cne de Saint-Hilaire-des-Landes.
Chêne-Coupé (Le), f. cne de Martigné.
Chêne-Coupé (Le), f. cne de Houssay.
Chêne-Creux (Le), éc. cne de Pré-en-Pail.
Chêne-Cutte, f., dom. et min, cne de la Chapelle-au-Riboul. — *Chaincutte*, 1656 (cab. Chedeau). Fief vassal du marq. de Villaines-la-Juhel.
Chenedé (Le), h. cne de Chantrigné.
Chêne-de-Croix, f. cne d'Aron.
Chêne-de-Guette (Le), f. cne de Changé.
Chêne-des-Loges (Le), f. cne de Bouère.
Chêne-Doux (Le), f. cne de Ruillé-Froidfont.
Chêne-Doux (Le), f. cne de Saint-Georges-Buttavent.
Chêne-du-Roi (Le), f. cne de Meslay.
Chêne-Faudin (Le), f. cne de Méral.
Chêne-Gros (Le), vill. cne de Sainte-Suzanne.
Chêne-Jarry (Le), éc. cne de Laubrières.
Chêne-Large (Le), f. cne de Saint-Georges-Buttavent.
Chenelay (Le), f. cne de Chailland.
Chenelay (Le Haut et le Bas), f. cne de Chailland.
Chêne-Léger (Le), f. cne d'Athée.
Chêne-Macé (Le), f. cne de Loiron.
Chêne-Macé (Le), f. cne de Ruillé-le-Gravelais.
Chêne-Marie (Le), éc. cne de la Croixille.
Chêne-Mulon (Le), h. cne de la Selle-Craonnaise.
Chêne-Nouet (Le), f. cne de Peuton.
Chêne-Ongleux (Le), f. cne d'Arquenay ; détruite vers l'an 1830.
Chêne-Percé (Le), h. cne de Saint-Germain-de-Coulamer.
Chêne-Planté (Le), f. cne d'Aron.
Chêne-Planté (Le), f. cne de Carelles.
Chêne-Planté (Le), éc. cne de Mayenne.
Chêne-Planté (Le), f. cne de Saint-Cyr-le-Gravelais.
Chêne-Poteau (Le), vill. cne de Gesvres.
Chêne-Robert (Le), h. cne de Saint-Pierre-des-Landes.
Chêne-Robin (Le), f. cne de Beaumont-Pied-de-Bœuf.
Chêne-Roignoux (Le), h. cne de Gorron.
Chêne-Rond (Le), f. cne d'Astillé.
Chêne-Rond (Le), h. cne de Congrier.
Chêne-Rond (Le), f. cne de Hambers.
Chêne-Rond (Le), f. cne de Meslay ; auj. détruite.
Chêne-Rond (Le), h. cne de Montigné.
Chêne-Rond (Le), h. cne de Quelaines.
Chêne-Rond (Le), f. cne de Sainte-Marie-du-Bois.
Chêne-Rond-du-Haut (Le), f. cne de Saint-Mars-du-Désert.
Chênes (Les), f. cne de Larchamp. — *Chaingne* (carte de Cassini).
Chênes (Les), f. cne de Longuefuye.

Chênes (Les), f. cne de Montjean. — Fief vassal de la châtell. de Montjean.
Chênes (Les), f. cne de Saint-Berthevin.
Chênes (Les), f. cne de Saint-Fort.
Chênes (Les), f. cne de Saint-Martin-de-Connée.
Chênes (Les), f. cne de Vaiges.
Chêne-Seras (Le), éc. cne de Saint-Pierre-des-Landes.
Chêne-Simon (Le), vill. cne de Saint-Hilaire-des-Landes.
Chênes-Secs (Les), vill. cne de Changé.
Chêne-Thereau, h. et f. cne de Martigné.
Chêne-Tort (Le), f. cne de Méral.
Chêne-Trumeau (Le), f. cne de Saint-Berthevin-la-Tannière.
Chenevasserie (La), f. cne de Châtillon-sur-Colmont.
Chenevenderie (La), éc. cne de Saint-Ouen-des-Toits.
Chêne-Vert (Le), éc. cne de Ballée.
Chêne-Vert (Le), logis et f. cne de Bazouges.
Chêne-Vert (Le), éc. cne de Bonchamp.
Chêne-Vert (Le), f. cne de Chammes.
Chêne-Vert (Le), f. cne de Courcité.
Chêne-Vert (Le), quartier de la ville d'Ernée.
Chêne-Vert (Le), f. cne de Fromentières.
Chêne-Vert (Le), éc. cne de Launay-Villiers.
Chêne-Vert (Le), éc. cne de Montigné.
Chêne-Vert (Le), f. cne d'Origné.
Chêne-Vert (Le), éc. cne de Saint-Fort.
Chêne-Vert (Le), éc. cne de Saint-Charles-la-Forêt.
Chenevetterie (La), f. cne de Placé.
Chenevotterie (La), f. cne de Saint-Denis-de-Gastines.
Chenil (Le), fief, cne d'Ahuillé ; vassal de la châtell. de Courbeveille.
Chenil (Le), fief vassal de la châtell. de Châtelain.
Chenil (Le), f. cne de Chemazé.
Chenil (Le), f. cne de Saint-Sulpice. — Fief vassal du marq. de Château-Gontier.
Chenil (Le), f. cne de Torcé.
Chenil-du-Buisson (Le), logis, cne de Deux-Évailles.
Chenillère (La), f. cne d'Ahuillé.
Chenillère (La), f. cne de Chemazé.
Chenillère (La), f. cne de Saint-Berthevin.
Chenotière (La), éc. cne de Montflours.
Chenquillère (La), éc. cne de Bannes.
Chesnaie (La), fief vassal de la Chesnaie-Lallier, en la bar. de Craon.
Chênière (La), f. cne de Meslay.
Chênière (La), f. cne de Montigné.
Chênière (La), fief, cne de Saint-Sulpice, vassal de la seign. de la Rongère. — *La Chesnuère*, xviie siècle (arch. de la Mayenne, E 39).
Chénan, riv. qui arrose Saint-Aignan-sur-Roë, Congrier, la Boissière, et se jette dans l'Oudon. — *Rivière de Cherens*, 1494 (arch. de la May., série E).

CHÉRANÇAIS (LA), f. c^{ne} de Bouchamp.
CHÉRANCÉ, f. c^{ne} d'Aron; donne son nom à un ruiss. affl. de celui des Poteries.
CHÉRANCÉ, c^{on} de Craon. — *Lambertus de Cherenciis*, XIIIe s^e (abb. de la Roë, H 151, f° 100). — *Charancé*, 1537 (arch. de la Mayenne, E 104).
 Anc. par. du doy. de Craon, de l'élect. de Château-Gontier et de la bar. de Craon.
CHÉRANCÉ, vill. c^{ne} du Ham; donne son nom à un ruiss. affl. de la riv. de Fraubée.
CHÉRAUDIÈRE (LA), h. c^{ne} de Marcillé-la-Ville.
CHERBAY, vill. avec église succursale, c^{ne} de Saint-Hilaire-des-Landes. — *Templerie d'Escharbaie*, 1450 (arch. du gr. prieuré d'Aquitaine). — *Templerie de Charbay*, 1579 (ibid.).
 Siège d'une anc. templerie annexe de la comm^{rie} de Quittay.
CHERBONNERIE (LA), f. c^{ne} de Montaudin. — L'étang de ce lieu a été desséché vers 1801. — Altération de *la Charbonnerie*.
CHERBONNERIE (LA), f. c^{ne} de Saint-Michel-de-la-Roë.
CHERBONNIÈRE (LA), f. c^{ne} de Vieuvy.
CHÉRÉ, mⁱⁿ, c^{ne} de Bonchamp. — *Cheheré*, 1356 (censif de la bibl. de Laval).
CHÈRE (LA), h. c^{ne} de la Rouaudière.
CHÉRÉ (LE), mⁱⁿ et f. c^{es} de Parné. — Fief vassal de la bar. d'Entrammes.
CHERELLIÈRE (LA), fief vassal de la châtell. de Vaiges.
CHERFRETTE, h. c^{ne} de Méral. — *Lieu de Chie de Frette*, 1399 (arch. de la Mayenne, E 146). — *Cheurefrette*, 1411 (ibid.). — *Chellefrette*, 1550 (ibid. E 121). — *Chelfraicte*, 1595 (ibid.).
CHÉRIES (LES), h. c^{ne} de Saint-Martin-de-Connée.
CHÉRIES (LES), h. c^{ne} de Vimarcé.
CHERIPEAU (LE GRAND et LE PETIT), f. et dom. c^{ne} d'Ampoigné. — *Le seigneur de Cheruppeau*, 1462 (abb. de la Roë, H 189, f° 27).
 Fief vassal de la bar. de Craon et du marq. de Château-Gontier. — Anc. par. du doy. de Craon réunie à celle d'Ampoigné en 1791.
CHERIZAY, vill. c^{ne} d'Orgères; donne son nom à un ruiss. affl. de celui de la Courbe.
CHERMOYÈRE (LA), f. c^{ne} du Pas. — Altération de *la Charmoyère*.
CHÉRON (LE), ruiss. qui sort de l'étang de la Chevronnais, c^{ne} de Saint-Saturnin-du-Limet.
CHERONNÉ, f. c^{ne} de Saint-Georges-Buttavent. — *Cherumé* (Cassini).
 Fief dépendant de l'abb. de Fontaine-Daniel.
CHÉRONNÉ, éc. c^{ne} de Voutré; prend son nom d'un bois situé entre Courceriers et Vimarcé. — *In nemore de Caivronio*, 1238 (Histoire de l'Église du Mans, t. IV, pr.).
CHERONNIÈRES (LES), vill. c^{ne} de Saint-Georges-sur-Erve.
CHEROTELLERIE (LA), f. c^{ne} de Saint-Léger.
CHEROUINAIS (LA), f. c^{ne} de Saint-Hilaire-des-Landes.
 — Le ruiss. de l'étang de la Cherouinais est un affl. de l'Ernée.
CHEROUVRIE (LA), f. c^{ne} de Thorigné.
CHERRES (LES) ou LES CHAIRES, vill. et bois, c^{ne} de Saint-Gault. — *Ecclesia de Chescis*, 1216 (abb. de la Roë).
 Anc. par. réunie à celle de Saint-Gault en 1791.
CHERRIÈRE (LA), f. c^{ne} d'Astillé.
CHERRIÈRE (LA), f. c^{ne} de Grez-en-Bouère.
CHERRIÈRE (LA), f. c^{ne} de Longuefuye.
CHERRIÈRE (LA), f. c^{ne} de Saint-Gault.
CHERRUAULT, h. c^{ne} de la Selle-Craonnaise. — *Moulin de Cherruau*, 1400 (arch. de la Mayenne, E 146).
CHERRUÈRE (LA), f. c^{ne} de Loigné.
CHERTÉ (LA), h. c^{ne} de Saint-Pierre-des-Landes.
CHERULIÈRE (LA), f. c^{ne} de Saint-Aignan-sur-Roë. — *La Cheruvière*, 1658 (abb. de la Roë).
CHERUMIÈRE (LA), f. c^{ne} de Saint-Georges-Buttavent.
CHERVELLIÈRE (LA), éc. c^{ne} de Brée.
CHERVIEN, f. c^{ne} de Cossé-le-Vivien. — *Taillis de Cherviers* (carte de Jaillot).
 Le bois de ce lieu, partie en Cossé, partie en Livré, a été défriché vers 1810. — Fief vassal de la bar. de Craon.
CHESNAIE (LA), éc. c^{ne} d'Andouillé.
CHESNAIE (LA), f. c^{ne} d'Argenton. — Fief vassal de la châtell. de Romfort.
CHESNAIE (LA), f. c^{ne} d'Argentré.
CHESNAIE (LA), logis, c^{ne} d'Arquenay.
CHESNAIE (LA), f. c^{ne} d'Aron.
CHESNAIE (LA), f. c^{ne} d'Athée.
CHESNAIE (LA), f. c^{ne} de Bais.
CHESNAIE (LA), h. c^{ne} de Bazougers.
CHESNAIE (LA), f. c^{ne} de Bazouges. — Bois auj. défriché.
CHESNAIE (LA), éc. c^{ne} de Beaulieu.
CHESNAIE (LA), éc. c^{ne} de la Bigottière.
CHESNAIE (LA), f. c^{ne} de Bouère.
CHESNAIE (LA), chât. et f. c^{ne} de Bouessay. — Fief vassal de la châtell. de Sablé.
CHESNAIE (LA), f. c^{ne} de Brains-sur-les-Marches.
CHESNAIE (LA), f. c^{ne} de Brecé.
CHESNAIE (LA), f. c^{ne} de Brée.
CHESNAIE (LA), vill. c^{ne} de la Brulatte.
CHESNAIE (LA), f. c^{ne} de la Chapelle-au-Riboul.
CHESNAIE (LA), f. c^{ne} de Châtres.
CHESNAIE (LA), f. et éc. c^{ne} de Chemazé.
CHESNAIE (LA), vill. c^{ne} de Cigné.

DÉPARTEMENT DE LA MAYENNE.

Chesnaie (La), h. c^{ne} de Colombiers.
Chesnaie (La), f. c^{ne} de Cossé-le-Vivien.
Chesnaie (La), f. c^{ne} de Cuillé; auj. détruite.
Chesnaie (La), f. c^{ne} de Denazé.
Chesnaie (La), f. c^{ne} d'Entramnes.
Chesnaie (La), f. c^{ne} de Fougerolles.
Chesnaie (La), éc. c^{ne} de Gennes.
Chesnaie (La), f. c^{ne} d'Hercé.
Chesnaie (La), f. c^{ne} de Houssay.
Chesnaie (La), h. c^{ne} d'Izé.
Chesnaie (La), vill. c^{ne} de Jublains.
Chesnaie (La), f. c^{ne} de Laigné.
Chesnaie (La), f. c^{ne} de Laubrières.
Chesnaie (La), f. c^{ne} de Laval. — Étang auj. desséché; ruiss. affl. de la Jouanne.
Chesnaie (La), f. c^{ne} de Lesbois.
Chesnaie (La), f. c^{ne} de Livré.
Chesnaie (La), f. c^{ne} de Louvigné. — Fief vassal de la seign. de Marboué.
Chesnaie (La), f. c^{ne} de Marigné-Peuton. — Fief vassal de la seign. du Plessis-Marigné.
Chesnaie (La), éc. c^{ne} de Montflours.
Chesnaie (La), h. c^{ne} d'Orgères.
Chesnaie (La), f. c^{ne} d'Origné.
Chesnaie (La), f. c^{ne} du Pas.
Chesnaie (La), f. c^{ne} de Pommerieux.
Chesnaie (La), f. c^{ne} de Quelaines.
Chesnaie (La), f. c^{ne} de Saint-Aignan-sur-Roë.
Chesnaie (La), f. c^{ne} de Saint-Charles-la-Forêt.
Chesnaie (La), f. c^{ne} de Saint-Denis-de-Gastines.
Chesnaie (La), f. c^{ne} de Saint-Denis-du-Maine.
Chesnaie (La), f. c^{ne} de Saint-Germain-le-Guillaume.
Chesnaie (La), f. et chât. c^{ne} de Saint-Martin-du-Limet.
Chesnaie (La), logis, c^{ne} de Saint-Pierre-des-Landes.
Chesnaie (La), vill. c^{ne} de Saint-Pierre-sur-Orthe.
Chesnaie (La), h. c^{ne} de Saint-Sulpice.
Chesnaie (La), éc. c^{ne} de Senonnes.
Chesnaie (La), h. c^{ne} de Soucé.
Chesnaie (La), f. c^{ne} de Trans.
Chesnaie (La), f. c^{ne} de Vaucé.
Chesnaie (La), f. c^{ne} de Vautorte.
Chesnaie (La Grande-), f. c^{ne} d'Azé.
Chesnaie (La Grande et la Petite), h. c^{ne} de Crennes-sur-Fraubée.
Chesnaie (La Grande et la Petite), f. c^{ne} de Nuillé-sur-Vicoin.
Chesnaie (La Haute-), f. c^{ne} de Bazouges.
Chesnaie (La Haute-), f. c^{ne} de Bouère.
Chesnaie (La Haute et la Basse), h. c^{ne} de Ménil.
Chesnaie (La Petite-), éc. c^{ne} d'Azé. — Le bois de ce lieu a été défriché vers 1840. Fief de la bar. d'Ingrandes.

Chesnaie (La Petite-), f. c^{ne} de Bazouges.
Chesnaie-de-Groteau (La), f. c^{ne} de Bouère.
Chesnaie-Lallier (La), fief, c^{ne} de Saint-Martin-du-Limet, vassal de la seign. de la Corbière et de la bar. de Craon. — On dit aussi la Chesnaie-Rallier.
Chesnaies (Les), f. c^{ne} de Champéon.
Chesnaies (Les), f. c^{ne} de Cossé-le-Vivien.
Chesnaies (Les), f. c^{ne} de Daon.
Chesnaies (Les), h. c^{ne} de Laval. — Fief vassal de la châtell. de Laval.
Chesnaies (Les), h. c^{ne} de Saint-Denis-d'Anjou.
Chesnaies (Les), h. c^{ne} de Saint-Michel-de-la-Roë.
Chesnaies (Les), f. c^{ne} de la Selle-Craonnaise.
Chesnaies (Les), éc. c^{ne} de Voutré.
Chesnardière (La), f. c^{ne} de Saint-Pierre-sur-Erve.
Chesnardières (Les), f. c^{ne} d'Aron.
Chesnardières (Les), f. c^{ne} de Cuillé.
Chesnardières (Les), f. c^{ne} de Livré.
Chesnay (Le), f. c^{ne} d'Alexain.
Chesnay (Le), f. c^{ne} du Ham.
Chesnay (Le), vill. c^{ne} de Laubrières.
Chesnay (Le), f. c^{ne} de Maisoncelles. — Le ruiss. du Chesnay et de la Chaponnière est un affl. de l'Ouette.
Chesnay (Le), f. c^{ne} de Saint-Aubin-du-Désert.
Chesnay (Le), f. c^{ne} de Saint-Cyr-en-Pail.
Chesnay (Le), vill. c^{ne} de Saint-Julien-du-Terroux.
Chesnay (Le), h. c^{ne} de Trans.
Chesnay (Le Bas-), h. c^{ne} de Cigné.
Chesnay (Le Grand et le Petit), h. c^{ne} de Ménil.
Chesnay (Le Grand et le Petit), h. c^{ne} de Saint-Fraimbault-de-Prières. — Le ruiss. de l'étang du Chesnay est un affl. de celui du Bois du Fresne.
Chesnay (Le Haut-), h. c^{ne} de Cigné.
Chesnay-Morin (Le), h. c^{ne} de Saint-Aubin-du-Désert.
Chesnelière (La), f. c^{ne} de Désertines. — Ruiss. affl. de la riv. Colmont.
Chesnelière (La), vill. c^{ne} de Grazay.
Chesnelière (La), f. c^{ne} de Saint-Christophe-du-Luat. — Le fief de ce nom, érigé en châtell. en 1778, dépendait de la bar. d'Évron.
Chesnellière (La Haute et la Basse), h. c^{ne} de Thubœuf.
Chesnerie (La), h. c^{ne} de Gorron.
Chesnière (La), f. c^{ne} de Meslay.
Chesnonnière (La), f. c^{ne} de Fontaine-Couverte.
Chesnonnière (La), h. c^{ne} de Livré.
Chesnot, f. c^{ne} de Bazougers; auj. détruite.
Chesnot (Le), f. c^{ne} de Changé.
Chesnot (Le), h. c^{ne} de Cuillé.
Chesnot (Le), h. c^{ne} de Martigné.
Chesnot (Le), f. c^{ne} de Saint-Denis-du-Maine.
Chesnot (Le), f. c^{ne} de Saint-Ouen-des-Toits. — Fief vassal de la châtell. de Saint-Ouen.

CHESNOT (LE), f. c^{ne} de Saint-Quentin.
CHESNOT (LE), h. c^{ne} de Vimarcé.
CHESNOTERIE (LA), éc. c^{ne} de Saint-Berthevin-la-Tannière.
CHESNOTS (LES), f. c^{ne} de Saint-Baudelle.
CHESNOTS (LES), h. c^{ne} de Saint-Ellier.
CHESNOTS (LES), f. c^{ne} de Saint-Mars-sur-la-Futaie.
CHETELLERIE (LA), fief, c^{ne} de Chemeré-le-Roi, vassal de la châtell. de Chemeré.
CHETILLOT (LE), h. c^{ne} de Villaines-la-Juhel. — Bois auj. défriché.
CHETRIE (LA), h. c^{ne} de Livré.
CHEULARDIÈRE (LA), f. c^{ne} de Saint-Denis-d'Anjou. — Bois défriché en 1852.
CHEULINIÈRE (LA), f. c^{ne} de Chailland.
CHEULOTIÈRE (LA), f. c^{ne} de la Bazouge-de-Chemeré. — L'étang de ce lieu a été desséché au xviiie s^e.
CHEULTIÈRES (LES), f. c^{ne} du Bourgneuf-la-Forêt.
CHEURAIE (LA), f. c^{ne} du Meslay.
CHEUTIÈRES (LES), h. c^{ne} de la Bazouge-des-Alleux.
CHEVAIGNÉ, c^{on} de Couptrain. — *Villa nomine Cavania*, xiie s^e (Gesta pontif. Cen.). — *Guehuegné*, 1440 (arch. de la Mayenne, H 109). — *Chevagny*, 1737 (ibid.).
  Anc. par. du doy. de Javron, de l'élect. du Mans et du marq. de Lassay.
CHEVAIGNÉ (LE BAS-), h. c^{ne} du Pas.
CHEVAIGNÉ (LE HAUT-), h. c^{ne} du Pas.
CHEVAIGNÉ (LE VIEUX-), vill. c^{ne} de Madré.
CHEVAIGNON, f. c^{ne} de Gesnes. — *Les Touches Chevegnon* (Cassini).
  Fief vassal de la seign. de la Beschère.
CHEVAILLÉ, f. et mⁱⁿ, c^{ne} de Larchamp. — *Les Chavaillies* (Cassini).
CHEVAIRIE (LA), h. c^{ne} de Hambers.
CHEVAISIÈRE (LA), h. c^{ne} de Hambers.
CHEVAL-BLANC (LE), éc. c^{ne} de Château-Gontier.
CHEVAL-BLANC (LE), f. c^{ne} de l'Huisserie; détruite vers 1839.
CHEVAL-BLANC (LE), éc. c^{ne} de Ménil.
CHEVALERIE (LA), f. c^{ne} d'Ahuillé.
CHEVALERIE (LA), f. c^{ne} d'Ambrières. — Fief vassal de la bar. d'Ambrières.
CHEVALERIE (LA), f. c^{ne} d'Argentré.
CHEVALERIE (LA), f. c^{ne} de Bais.
CHEVALERIE (LA), f. c^{ne} de Beaulieu.
CHEVALERIE (LA), f. c^{ne} de la Boissière; détr. vers 1842.
CHEVALERIE (LA), f. c^{ne} de Bonchamp.
CHEVALERIE (LA), f. c^{ne} de Bouère.
CHEVALERIE (LA), f. c^{ne} de Bourgon.
CHEVALERIE (LA), f. c^{ne} de Brée. — Étang auj. desséché.
CHEVALERIE (LA), f. c^{ne} de Chailland.

CHEVALERIE (LA), h. c^{ne} de Champéon.
CHEVALERIE (LA), vill. c^{ne} de Chantrigné.
CHEVALERIE (LA), f. c^{ne} de la Chapelle-Anthenaise.
CHEVALERIE (LA), chât. et f. c^{ne} de Châtelain. — Lieu aussi nommé *la Chauvelaie*.
  Fief vassal du marq. de Château-Gontier.
CHEVALERIE (LA), f. c^{ne} de Cigné.
CHEVALERIE (LA), f. c^{ne} de Couptrain.
CHEVALERIE (LA), f. c^{ne} de Courberie.
CHEVALERIE (LA) ou LA CHEVALLIÈRE, h. c^{ne} de Courcité.
CHEVALERIE (LA), h. c^{ne} d'Ernée.
CHEVALERIE (LA), f. c^{ne} de Fromentières.
CHEVALERIE (LA), f. c^{ne} de Grez-en-Bouère. — Fief vassal de la seign. de la Vezouzière.
CHEVALERIE (LA), h. c^{ne} de la Haie-Traversaine.
CHEVALERIE (LA), f. c^{ne} de Juvigné-des-Landes.
CHEVALERIE (LA), f. c^{ne} de Laval; donne son nom à un ruiss. affl. de la Mayenne.
CHEVALERIE (LA), f. c^{ne} de Marcillé-la-Ville.
CHEVALERIE (LA), h. c^{ne} de Mayenne.
CHEVALERIE (LA), h. c^{ne} de Moulay.
CHEVALERIE (LA), b. c^{ne} de Niort.
CHEVALERIE (LA), h. c^{ne} d'Orgères.
CHEVALERIE (LA), f. c^{ne} de Pré-en-Pail.
CHEVALERIE (LA), h. c^{ne} de Saint-Aubin-du-Désert.
CHEVALERIE (LA), h. c^{ne} de Saint-Cyr-en-Pail.
CHEVALERIE (LA), f. c^{ne} de Saint-Denis-d'Anjou.
CHEVALERIE (LA), f. c^{ne} de Saint-Hilaire-des-Landes.
CHEVALERIE (LA), h. c^{ne} de Saint-Mars-sur-la-Futaie.
CHEVALERIE (LA), h. c^{ne} de Saint-Samson.
CHEVALERIE (LA), h. c^{ne} de Saint-Thomas-de-Courceriers.
CHEVALERIE (LA), éc. c^{ne} de Vautorte.
CHEVALERIE (LA), f. c^{ne} de Villiers-Charlemagne.
CHEVALERIE (LA GRANDE-), f. c^{ne} de Désertines.
CHEVALERIE (LA GRANDE et LA PETITE), f. c^{ne} d'Entramnes. — *Domus de la Malchevalerie*, 1237 (arch. du gr. prieuré d'Aquitaine).
CHEVALERIE (LA GRANDE et LA PETITE), h. c^{ne} de l'Huisserie.
CHEVALERIE (LA PETITE-), f. c^{ne} de Désertines.
CHEVALERIE (LA PETITE-), h. c^{ne} de Mayenne.
CHEVALERIE-BARILLON (LA), h. c^{ne} de la Poôté.
CHEVALERIES (LES), h. c^{ne} de Ballots.
CHEVALERIES (LES), h. c^{ne} de Courcité.
CHEVALERIES (LES), h. c^{ne} de Saint-Germain-de-Coulamer.
CHEVALERIES (LES), h. c^{ne} de Saulges.
CHEVALERIE-SUR-SARTHON (LA), vill. c^{ne} de la Poôté.
CHEVALIERS (FIEF AUX), c^{ne} de Saint-Denis-d'Anjou, vassal de la bar. de Briolay.

Chevardières (Les), f. c^ne d'Aron.
Chevaucherie (La), h. c^ne de Larchamp.
Chevaudière (La), f. c^ne de la Brulatte.
Chevaudière (La), f. c^ne de Jublains.
Chevaudière (La), f. c^ne de Marcillé-la-Ville.
Chevaudière (La), f. c^ne de Montaudin.
Chevaudière (La), f. c^ne de la Pellerine.
Chevelière (La), f. c^ne de Brécé.
Chevelière (La), f. c^ne de Champgeneteux.
Chevelière (La), f. c^ne de Cossé-le-Vivien.
Chevelleterie (La), f. c^ne de Blandouet.
Chevenus, f. c^ne de Saint-Hilaire-des-Landes.
Cheveuches (Les), f. c^ne de Montjean.
Chevigné, f. c^ne de Changé.
Chevillardière (La), vill. c^ne de Saint-Denis-de-Gastines; donne son nom à un ruiss. affl. de celui du Parc.
Chevillardière (La Grande et la Petite), f. c^ne de Placé.
Chevillardière (La Petite-), h. c^ne de Saint-Denis-de-Gastines.
Chevillerie (La), f. c^ne d'Astillé.
Chevillerie (La), f. c^ne de Laval.
Chevillonnière (La), vill. c^ne de la Selle-Craonnaise.
Chevillonnière (La Petite-), f. c^ne de la Selle-Craonnaise.
Chevonnières (Les), fief vassal de la châtell. de Meslay.
Chevratière (La), f. c^ne de Saint-Georges-sur-Erve.
Chevray, h. c^ne de la Bigottière.
Chevray, f. c^ne de Chailland.
Chevray, h. c^ne de la Haie-Traversaine.
Chevray, f. c^ne de Meslay.
Chevray, f. c^ne de Placé.
Chèvre (Le), f. c^ne de Bannes.
Chevreau, vill. c^ne de Grennes-sur-Fraubée; donne son nom à un ruiss. affl. de la Fraubée.
Chevreau (Le), h. c^ne du Ham.
Chevrelaie (La), f. c^ne de Bierné.
Chevrelière (La), f. c^ne de Champgeneteux.
Chevrerie (La), f. c^ne de Vimarcé.
Chevrerie (La Basse-), vill. c^ne de Madré. — *Chevesrie* (Cassini).
Chevrerie (La Haute-), h. c^ne de Madré.
Chevreux (Étangs de), c^ne de Saint-Hilaire-des-Landes; auj. desséchés.
Chevrie (La), f. c^ne de la Baconnière.
Chevrie (La), f. c^ne du Bourgneuf-la-Forêt.
Chevrie (La), h. c^ne de Chantrigné.
Chevrie (La), h. c^ne de Grez-en-Bouère.
Chevrie (La), f. c^ne d'Izé. — *Medietariam de la Chevrerie*, 1387 (cart. de l'abb. d'Évron).
Chevrie (La), f. c^ne de l'Huisserie.

Chevrie (La), logis et bois, c^ne de Saint-Aignan-sur-Roë. — Étang desséché vers 1815. Fief vassal de la seign. de Brecharnon.
Chevrie (La), h. c^ne de Saint-Aubin-du-Désert. — Fief vassal du comté d'Averton.
Chevrie (La), f. c^ne de Saint-Christophe-du-Luat.
Chevrie (La), h. c^nu de Saint-Martin-de-Connée.
Chevrie (La), h. c^ne de Saint-Michel-de-la-Roë.
Chevrie (La), f. c^ua de Saint-Pierre-sur-Orthe.
Chevrie (La Grande-), f. c^ne d'Oisseau.
Chevrie (La Petite-), f. c^ne d'Oisseau.
Chevrier (Le), f. c^ne de la Chapelle-Anthenaise.
Chevrier (Le), f. c^ne de Fromentières.
Chevrier (Le), f. c^ne de Saint-Jean-sur-Erve. — *Terra de Caprario*, XIIIe s^e (cart. de l'abb. d'Évron).
Chevrière (La), vill. c^ne d'Astillé.
Chevrière (La), f. c^ne de la Croixille.
Chevrière (La), f. c^ne de Saint-Gault.
Chevriers (Les), h. c^ne de Saint-Aubin-du-Désert.
Chevries (Les), h. c^ne de Commer.
Chevries (Les), f. et éc. c^ne de Martigné.
Chevrigné, f. c^ne d'Hardanges.
Chevrigné, h. c^ne de Madré.
Chevrigny, vill. et landes, c^ne de Javron. — Fief vassal de la châtell. de Pré-en-Pail.
Chevrillais (La), f. c^ne d'Ernée.
Chevrillais (La), f. c^ne de Larchamp.
Chevrolais (La Grande et la Petite), f. c^ne de Cosmes.
Chevrolais (Les), f. c^ne de Ballots. — *Super tenementum de Chebrolee*, XIIIe s^e (titres du prieuré des Bonshommes).
Chevrollière (Étang de la), c^ne de Mézangers. — On prononce souvent *la Chevollière*.
Chevrollière (La), f. et chât. c^ne d'Ampoigné.
Chevrollière (La), f. c^ne d'Andouillé.
Chevrollière (La), f. c^ne de Cossé-en-Champagne.
Chevrollière (La), f. c^ne de Jublains.
Chevrollière (La), f. c^ne de Ruillé-Froidfont.
Chevrollière (La), f. c^ne de Saint-Georges-sur-Erve. — Fief vassal de la châtell. de Thorigné et de la seign. de Saint-Georges.
Chevronnaie (La), f. c^ne de Bouchamp.
Chevronnaie (La), h. avec étang, c^ne de Congrier.
Chevronnière (La), f. c^ne de Cigné.
Chevronnière (La), f. c^ne de Commer.
Chicane (La), f. c^ne d'Athée.
Chicaudière (La), f. c^ne d'Aron.
Chicaudière (La), f. c^ne de la Poôté.
Chichardière (La), f. c^ne de Ménil.
Chicheval, h. c^ne de Grez-en-Bouère.
Chicheval, f. c^ne de Martigné.
Chicheval, f. c^ne de Montflours.

CHICHEVAL (Bois de), c^ne de Châlons; auj. défriché.
CHICOTTERIE (LA), f. c^ne de Livré.
CHICOTTIÈRE (LA), f. c^ne de Couesmes.
CHICOTTIÈRE (LA), h. c^ne de Saint-Aignan-sur-Roë.
CHIENDENT (LE), f. c^ne de Châtelain; détruite vers 1846.
CHIENNERIE (LA), vill. c^ne de Chevaigné.
CHIENNERIE (LA), h. c^ne de la Pellerine.
CHIENS-MACÉ (LES), éc. c^ne de Javron.
CHIFFANERIE (LA), f. et éc. c^ne d'Azé.
CHIFFANET, f. et landes, c^ne de Saint-Pierre-des-Landes.
CHIFFAZIÈRE (LA), f. c^ne de Laval.
CHIFFIÈRE (LA), f. c^ne de Courcité.
CHIFFOLLIÈRE, f. et étang, c^ne de Laval, qui n'existent plus. — L'étang, desséché avant le xviie s^e, baignait les murs de la ville dans l'endroit même où se trouve la place de la Mairie actuelle.
CHILLIÈRE (RUISSEAU DE LA), c^ne d'Averton, affl. du Merdereau.
CHILONNIÈRE (LA), f. c^ne de Montourtier.
CHILOUP, f. c^ne de Saint-Ellier. — *Chilou* (cartes de Jaillot et de Cassini).
CHIMIEN, h. c^ne de Chemazé; ruiss. qui se jette dans celui de Sazée.
CHINFRETIÈRE (LA), f. c^ne de Bouère.
CHINTRES (LES), f. c^ne de Ballots. — *Les Chentres*, 1544 (abb. de la Roë).
CHINTRIÈRE (LA), éc. c^ne de Bonchamp.
CHINTRIES (LES), f. c^ne de Contest.
CHIOT, éc. c^ne de Thubœuf.
CHIPONNIÈRE (LA), f. c^ne de Brée.
CHITRAY (LE BAS-), f. et étang, c^ne de Ménil. — On écrit aussi *Chitré*.
CHITRAY (LE HAUT-), h. c^ne de Ménil. — Fief vassal de la seign. de Bressaut.
CHIVRAY (LE), f. c^ne de Saint-Michel-de-Feins.
CHIVRAY (LE GRAND et LE PETIT), f. c^ne de Bierné.
CHOCHETIÈRE (LA), h. c^ne de Saint-Ouen-des-Toits.
CHOCHONNIÈRE (LA), f. c^ne de Laigné.
CHOGONNIÈRE (LA), f. c^ne de Saint-Denis-de-Gastines.
CHOINARDIÈRE (LA), f. c^ne de Saulges.
CHOINEAU (LE), h., m^in et étang, c^ne de Larchamp.
CHOINÈRE (LA), f. c^ne de Saint-Laurent-des-Mortiers.
CHOISEAU, m^in, c^ne d'Argentré.
CHOISEAU, éc. et étang, c^ne du Bourgneuf-la-Forêt. — Le m^in de ce lieu est détruit.
   Le ruiss. de Choiseau et de Morfallon est un affl. du Vicoin.
CHOISEAU, étang et m^in, c^ne de Bourgon, auj. détruits.— Le ruiss. de Choiseau et de la Mangerie est un affl. de la Vilaine.
CHOISEAU, m^in, c^ne de la Gravelle; auj. détruit. — *Moulin à Choisel*, 1443 (arch. nat. P 343, aveu 1033).

CHOISEAU, éc. c^ne de Juvigné-des-Landes.
CHOISEAU (ÉTANG DE), c^ne d'Azé. — Le ruiss. de Choiseau et de Saint-Pierre arrose aussi Coudray et se jette dans la Mayenne.
CHOISEAU (LE), éc. c^ne de Houssay.
CHOISEAU (LE), m^in, c^ne de Saint-Ouen-des-Vallons.
CHOISEAU (LE GRAND-), f. c^ne d'Argentré.
CHOISEAU (LE PETIT-), éc. c^ne d'Argentré. — *Lieu du Choisel*, 1443 (arch. nat. P 343).
   Fief vassal de la châtell. de Laval.
CHOISEAU (LE PETIT-), f. c^ne du Genest.
CHOISEAU (LA), f. c^ne de Saint-Généré. — On dit aussi *la Jouaisière*.
CHOISIÈRE (LA), f. c^ne de Soulgé-le-Bruant.
CHOISIÈRE (LA HAUTE et LA BASSE), f. c^ne de Bazougers. — On prononce aussi *la Joisière*.
CHOISIÈRES (LES), vill. c^ne de Saint-Georges-le-Fléchard. — *Les Jouazières*, chât. (carte de Jaillot). — *Jouasière* (Cassini).
   Fief vassal de la bar. de la Chapelle-Rainsouin.
CHOLLERIE (LA), f. c^ne de Deux-Évailles.
CHOLLERIE (LA), f. c^ne de Grazay.
CHOLLETERIE (LA), vill. c^ne de Lignières-la-Doucelle.
CHOLLETIÈRE (LA GRANDE et LA PETITE), h. et f. c^ce d'Argentré.
CHOLLIÈRE (LA), f. c^ne de Livré.
CHOMEAU, h. c^ne de Houssay.
CHON, vill. c^ne de Crennes-sur-Fraubée. — *Lieu de Chouon*, 1554 (abb. de Champagne). — *Fief de Chouan*, 1558 (ibid.). — *Lieu de Choon*, 1619 (ibid.). — *Fief de Chouen*, 1620 (ibid.). — *Chom* (carte de Jaillot).
CHOPERIES (LES), f. c^ne de Viviers.
CHOPIÈRE (LA BASSE-), f. c^ne de Châtelain; détruite vers 1840.
CHOPINAIS (LA), f. c^ne de Saint-Ellier.
CHOPINERIE (LA), f. c^ne d'Olivet.
CHOPINERIES (LES), f. c^ne de Montsurs.
CHOPINIÈRE (LA), f. c^ne d'Aron; donne son nom à un ruiss. affl. de la riv. d'Aisne qui arrose aussi Champéon.
CHOPINIÈRE (LA), f. c^ne de Bonchamp.
CHOPINIÈRE (LA), f. c^ne de Colombiers; donne son nom à un ruiss. affl. de celui de la Turlière.
CHOPINIÈRE (LA), f. c^ne de Cossé-le-Vivien.
CHOPINIÈRE (LA), h. c^ne de Courbeveille.
CHOPINIÈRE (LA), h. c^ne d'Évron.
CHOPINIÈRE (LA), f. c^ne du Horps.
CHOPINIÈRE (LA), h. c^ne du Houssau.
CHOPINIÈRE (LA), f. c^ne de Montaudin.
CHOPINIÈRE (LA), f. c^ne d'Origné.
CHOPINIÈRE (LA), f. c^ne de Parné.
CHOPINIÈRE (LA), f. c^ne de Sainte-Gemmes-le-Robert.

Chopinière (La), f. c^ne de Saint-Germain-le-Guillaume.
Chopinière (La), f. c^ne de Thorigné.
Chopinière (La), f. c^ne de Vaiges.
Chopinière (La Petite-), f. c^ne de Montaudin.
Chorie (La), f. c^ne de Gorron.
Chorin, h. c^ne de Saint-Baudelle; donne son nom à un ruiss. affl. de la Mayenne.
Chotard, f. c^ne de Saint-Gaült.
Chotardière (La), f. c^ne de Cossé-le-Vivien.
Chotardière (La), f. c^ne de Mézangers.
Chotardière (La), f. c^ne de Ruillé-le-Gravelais.
Chotardière (La), f. c^ne de la Selle-Craonnaise.
Chotardière (La), h. c^ne de Saint-Hilaire-des-Landes.
Chotardière (La), f. c^ne de Saint-Michel-de-Feins.
Chotards (Les), éc. c^ne de Montourtier.
Chotellière (La), f. c^ne de Préaux.
Choteraie (La), f. c^ne de Montaudin. — *Chetoriaye* (Cassini). — *La Choteriaie* (carte de l'État-major).
Chouagné (Le Grand-), f. c^ne de Beaulieu. — On écrit aussi *le Grand-Chouannier*.
Chouagné (Le Petit-), éc. c^ne de Beaulieu. — *Choigné*, 1746 (abb. de Saint-Serge d'Angers).
Fief vassal de la seign. de Méral.
Chouaigne, h. et m^in, c^ne de Craon.
Chouaigne (Le Petit-), f. c^ne de Craon.
Chouan (Le), f. c^ne de Saint-Thomas-de-Courceriers.
Chouanne (La), h. c^ne de Champéon.
Chouanne (La), f. c^ne de Mayenne; donne son nom à un ruiss. affl. de la Mayenne.
Chouanne (La), éc. c^ne de Saint-Mars-sur-Colmont.
Chouannellerie (La), h. c^ne de Bouère.
Chouanneteau, éc. c^ne de Mayenne.
Chouannière (La), f. c^ne d'Ampoigné. — Bois. auj. défrichés.
Fief vassal du marquisat de Château-Gontier.
Chouannière (La), f. c^ne d'Argentré.
Chouannière (La), f. c^ne de Cossé-le-Vivien.
Chouannière (La), f. c^ne de Denazé. — On dit aussi *la Chouannerie*.
Chouannière (La), vill. c^ne d'Évron.
Chouannière (La), f. et éc. c^ne de Laval.
Chouannière (La), f. c^ne de Livré. — *Choinière* (rôles de dénomb. de 1866).
Chouannière (La), f. c^ne de Mée. — On prononce *la Jouannière*.
Chouannière (La), f. c^ne de Montflours.
Chouannière (La), f. c^ne de Neau.
Chouannière (La), f. c^ne de Saint-Pierre-sur-Orthe. — On dit aussi *la Chouannerie*.
Le ruiss. de la Chouannière afflue à l'Orthe.
Chouannière (La), f. c^ne de Saint-Berthevin.
Chouannière (La), h. c^ne de Senonnes.

Chouannière (La), f. c^ne de Simplé.
Chouannière (La Grande et la Petite), f. c^nes de Ruillé-Froidfont.
Chouannière-Collet (La), f. c^ne de Saint-Berthevin.
Chouannières (Les), h. c^ne de Saint-Georges-le-Fléchard.
Chouanouse (La) ou la Chouanouère, f. c^ne de Houssay.
Chouanterie (La), f. c^ne de Bouère.
Chouber, f. c^ne du Ham; donne son nom à un ruiss. affl. de la Fraubée.
Chouetterie (La), f. c^ne de la Roë.
Chouipais, f. c^ne de Juvigné-des-Landes.
Choularière (La), f. c^ne de Saint-Denis-d'Anjou.
Choumerie (La) ou la Chômerie, f. c^ne de Livré.
Choutellerie (La), f. c^ne de Saint-Léger.
Chrétenière (La), f. c^ne de Ballots.
Chrétiennière (La), f. c^ne du Genest.
Chrétiennière (La), f. c^ne de Loiron.
Christophlière (La), fief vassal de la châtell. de Montjean.
Chulière (La), f. c^ne de Ballots. — *Étang de la Chehullière*, 1511 (arch. de la Mayenne, E 132). — *Métairie de la Chullière*, 1614 (ibid.).
Chupinière (La), f. c^ne de Cossé-le-Vivien.
Chupinière (La), f. c^ne de Landivy.
Chupinière (La), h. c^ne de Saint-Mars-sur-la-Futaie.
Churin, vill. c^ne de Champéon.
Cibois, h. c^ne de Niort.
Cicorie (La), chât. c^ne de Saint-Germain-le-Guillaume; fief vassal de la châtell. d'Ernée, qui s'étendait aussi sur la c^ne de la Bigottière.
Le ruiss. de la Cicorie est un affl. de l'Ernée.
Cicorie (La Basse-), h. c^ne de Saint-Germain-le-Guillaume.
Cicorie-aux-Guitiers (La), f. c^ne de Saint-Germain-le-Guillaume.
Cigné, c^on d'Ambrières. — *In parrochia de Cigneio*, 1125 (cart. de l'abb. d'Évron).
Anc. paroisse du doy. de Passais, de l'élection et du duché de Mayenne.
Cimberdière (La), f. c^ne de Ruillé-Froidfont.
Cimbretière (La), f. c^ne de Ménil. — Le ruiss. de la Cimbretière ou de la Planche est un affl. de la Mayenne.
Cimetière (Le), fief de la bar. d'Ambrières.
Cimetière (Le), h. c^ne de Vaiges.
Cimetière (Le Bas-), f. c^ne de Saint-Jean-sur-Erve.
Cimetière (Le Grand-), h. c^ne de Pommerieux.
Cimetières (Les), h. c^ne de Saint-Jean-sur-Erve; donnent leur nom à un ruiss. affl. de l'Erve.
Cinq-Lots (Les), f. c^ne de Saint-Berthevin-la-Tannière.
Ciroire (La), h. c^ne de Javron.

Ciscognard, f. c^{ne} d'Azé. — *Sixcontords* (Cassini).
Cispitault, f. c^{ne} d'Azé. — *Sizepiteau* (Cassini).
Cissé, f. c^{ne} de Brécé.
Cissé, f. c^{ne} de Préaux.
Cissé, f. c^{ne} de Sainte-Gemmes-le-Robert. — *Civisiacum*, 989 (cart. de l'abb. d'Évron).
Cité (La), lande avec ruines, c^{ne} de Thorigné.
Citerne (La Haute et la Basse), h. c^{ne} de Landivy.
Civardière-du-Haut (La), f. c^{ne} de Sainte-Gemmes-le-Robert.
Civardière-du-Bas (La), f. c^{ne} de Sainte-Gemmes-le-Robert.
Civardière-du-Milieu (La), éc. c^{ne} de Sainte-Gemmes-le-Robert.
Civatière (La), h. c^{ne} de Cossé-le-Vivien.
Civennes, h. c^{ne} de Poulay. — *Sivainne* (Cassini).
Civernés (Les), h. c^{ne} de Larchamp.
Civray (Le), h. c^{ne} de Ballots. — *Les terres de Cyveré*, 1561 (arch. de la Mayenne, E 133). — *Village de Civré et ruisseau*, 1650 (abb. de la Roë).
Civray (Le Grand et le Petit), h. c^{ne} d'Athée. — Fief vassal de la bar. de Craon.
Claie (Gué de la), c^{ne} de Jublains, au passage du ruiss. de Biards.
Claie (La), h. c^{ne} d'Assé-le-Béranger.
Claie (La), f. c^{ne} de Blandouet.
Claie (La), f. c^{ne} de Chailland.
Claie (La), éc. c^{ne} de Denazé.
Claie (La Haute et la Basse), h. c^{ne} de Saint-Aignan-sur-Roë. — Le bois de la Basse-Claie est défriché depuis 1842.
Claie-Guille (La), h. et mⁱⁿ, c^{ne} de Pré-en-Pail.
Claie-Rochereau (La), vill. c^{ne} de Pré-en-Pail.
Claies (Les), h. c^{ne} de Juvigné-des-Landes.
Clainbois, f. c^{ne} de Chammes.
Claircinais (La), f. c^{ne} de la Baconnière.
Clair-Doiteau, vill. c^{ne} de Saint-Samson.
Clair-Douet (Bois de) ou de Montaigu, c^{ne} de Viviers.
Claireau (Le), f. c^{ne} de Chailland.
Claire-Fontaine, chât. c^{ne} de Fougerolles.
Claire-Fontaine, h. et mⁱⁿ, c^{ne} de Pré-en-Pail.
Claires-Ventes (Les), h. c^{ne} de Pré-en-Pail.
Clairet, c^{ne} de Belgeard, siège primitif d'une abb. de l'ordre de Citeaux, fondée vers 1200 par Juhel de Mayenne dans le lieu dit *Herperie*, et qui fut transférée à Fontaine-Daniel en 1205. — *Fratre Laurentio abbate Clareii*, 1200 (cart. de l'abb. de Fontaine-Daniel).
Clairet (Le), f. c^{ne} d'Abuillé.
Clairet (Le), f. c^{ne} de Ballots.
Clairet (Le), f. c^{ne} de Courbeveille.
Clairet (Le), f. c^{ne} de Daon.

Clairet (Le), vill. c^{ne} de Larchamp.
Clairet (Le), éc. c^{ne} de Montigné.
Clairet (Le), h. et bois, c^{ne} de Pré-en-Pail.
Clairet (Le), mⁱⁿ, c^{ne} de Saint-Berthevin.
Clairet (Le), éc. c^{ne} de Saint-Denis-d'Anjou.
Clairet (Le), f. c^{ne} de Saint-Léger.
Clairet (Le), éc. c^{ne} de Saint-Pierre-des-Landes.
Clairet (Le), f. et bois, c^{ne} de Saint-Pierre-sur-Orthe.
Clairet (Le), f. c^{ne} de Saint-Sulpice.
Clairet (Le Grand-), f. c^{ne} d'Argentré. — Fief vassal de la châtell. de Bazougers.
Clairet (Le Haut et le Bas), h. c^{ne} de Placé.
Clairet (Le Petit-), éc. c^{ne} d'Abuillé. — *Le lieu du Claray*, 1443 (arch. nat. P. 343).
Clairet (Le Petit-), éc. c^{ne} de Saint-Léger.
Clairets (Les), h. c^{ne} de Chailland. — On dit aussi *les Éclairets*.
Clairets (Les), f. c^{ne} de Montourtier.
Claire-Venterie (La), h. c^{ne} de Pré-en-Pail.
Claireville (La), f. c^{ne} de Laval.
Clairevue (La), f. c^{ne} de Carelles.
Clairie (La), vill. c^{ne} de Bourgon.
Clairière (La), f. c^{ne} de Saint-Georges-le-Fléchard. — Lande défrichée en 1867.
Clamabière (La), fief vassal de la châtell. de Meslay qui s'étendait sur Saint-Denis-du-Maine, la Bazouge-de-Chemeré et la Cropte.
Clans (Les), f. c^{ne} de Brains-sur-les-Marches.
Clarière (La), f. c^{ne} du Genest.
Clariot (Le Petit-), f. c^{ne} de Laigné. — *Clairiotta* (Cassini).
Clarisse, bois et landes, c^{ne} de Bouère, auj. défrichés; dépendaient de la châtell. de Meslay. — *Landes de Clerisse*, 1574 (arch. de la Mayenne, G 57).
Clarveaux, f. c^{ne} de Saint-Michel-de-Feins.
Classé, f. et mⁱⁿ, c^{ne} de Saint-Germain-de-Coulamer; étang desséché au xviiie s^e. — *Classé* (c. de Jaillot). Fief vassal de Courceriers.
Clavellière (La), f. c^{ne} de Chérancé.
Claverie (La), f. c^{ne} d'Azé.
Claverie (La), h. c^{ne} de Gastines.
Claverie (La), f. c^{ne} de Saint-Berthevin.
Claveterie (La), f. c^{ne} de Villiers-Charlemagne.
Claveurière (La), h. c^{ne} de Renazé. — Fief vassal de la châtell. de Lourzais.
Clavière (La), fief, c^{ne} de Saint-Denis-du-Maine, vassal de la châtell. de Saint-Denis-du-Maine.
Clavières, chât. et f. c^{ne} du Bignon. Fief vassal de la châtell. de Meslay. — Cette terre appartenait au chapitre de Jarzé (Anjou).
Clavrolières (Les), f. c^{ne} de Laigné. — *La Cravolière* (Cassini).

CLÉE, f. c^ne de Saint-Forf.
CLEMAILLÈRE (LA), f. c^ne du Burct.
CLEMAILLÈRE (LA), vill. c^ne de la Cropte.
CLEMENCELLERIE (LA), f. c^ne de Placé.
CLEMENCERIE (LA), f. c^ne d'Ahuillé. — On dit aussi la Clemencière.
CLEMENCERIE (LA), f. c^ne d'Entramnes.
CLEMENCERIE (LA), h. c^ne de Montaudin.
CLEMENTIÈRE (LA), f. c^ne de Saint-Pierre-sur-Erve. — *Clementiacum*, 989 (cart. de l'abb. d'Évron).
CLERBERIE (LA), f. c^ne de la Baconnière.
CLERBERIE (LA BASSE-), vill. c^ne d'Andouillé.
CLERBERIE (LA GRANDE et LA PETITE), f. c^ne du Bourgneuf-la-Forêt; étang auj. desséché. Fief vassal de la châtell. d'Ernée.
CLERBERIE (LA HAUTE-), f. c^ne d'Andouillé.
CLERBERIE-AUBERT (LA), f. c^ne du Bourgneuf-la-Forêt.
CLERGERIE (LA), f. c^ue de Couesmes.
CLERGERIE (LA), f. c^ne de Moulay.
CLERGERIE (LA), h. c^ne du Pas.
CLERGERIE (LA), f. c^ne de Saint-Denis-d'Anjou.
CLÉRISSIÈRE (LA), h. c^ne du Bourgneuf-la-Forêt.
CLERMONT, h., bois et étang, c^ne d'Olivet; anc. abb. de Bernardins fondée, en 1230 par Emma, veuve de Guy VII, comte de Laval. — Le domaine relevait du comté de Laval.
CLERMONT, f. c^ne du Pas.
CLISSAIS (LES), h. c^ne de Saint-Erblon.
CLIVOY, chât., f. et m^in, c^ne de Chailland; landes auj. défrichées. — Arrière-fief de la châtell. d'Ernée, vassal de la seign. de la Cicorie.
CLOCHER (LE), h. c^ne de Fromentières.
CLOCHER (LE), f. c^ne de Mézangers.
CLOCHER (LE), f. c^ne de Ruillé-Froidfont.
CLOCHER (LE GRAND-), f. c^ne d'Origné.
CLOCHER (LE PETIT-), f. c^ne d'Origné.
CLOCHERIE (LA), f. c^ne de Brécé.
CLOCHET (RUISSEAU DU), c^ne de Cossé-le-Vivien, affluent du ruiss. de Cossé.
CLOPEAU, h. c^ne de Pré-en-Pail.
CLOPIÈRE (LA), ruiss. c^ne de Fontaine-Couverte.
CLOPOCHE (LE), f. c^ne de Beaumont-Pied-de-Bœuf.
CLOS (BOIS DU), c^ne de Saint-Aubin-du-Désert.
CLOS (LE), f. c^ne d'Arquenay.
CLOS (LE), f. c^ne d'Athée.
CLOS (LE), f. c^ne de la Baconnière.
CLOS (LE), f. c^ne de Bouère.
CLOS (LE), f. c^ne de Chantrigné.
CLOS (LE), vill. c^ne de Châtillon-sur-Colmont.
CLOS (LE), vill. c^ne de Chevaigné.
CLOS (LE), f. c^ne de Contest.
CLOS (LE), f. c^ne de Cuillé.

CLOS (LE), f. c^ne de Fontaine-Couverte.
CLOS (LE), f. c^ne de Grez-en-Bouère.
CLOS (LE), f. c^ne du Horps.
CLOS (LE), f. c^ne de Lévaré.
CLOS (LE), f. c^ne de Livet-en-Charnie.
CLOS (LE), vill. c^ne de Melleray.
CLOS (LE), f. c^ne de Montigné; détruite vers 1829.
CLOS (LE), h. c^ne de Neuilly-le-Vendin.
CLOS (LE), f. c^ne de Nuillé-sur-Vicoin.
CLOS (LE), f. c^ne de la Roë.
CLOS (LE), f. c^ne de Sainte-Marie-du-Bois.
CLOS (LE), vill. c^ne de Saint-Ouen-des-Vallons.
CLOS (LE), f. c^ne de Saint-Pierre-sur-Orthe.
CLOS (LE), f. c^ne de Soulgé-le-Bruant.
CLOS (LE), h. c^ne de Trans.
CLOS (LE), éc. c^ne de Villaines-la-Juhel.
CLOS (LE), h. c^ne de Villepail.
CLOS (LE), f. c^ne de Viviers.
CLOS (LE GRAND-), f. c^ne de Bais.
CLOS (LE GRAND-), f. c^ne de Saint-Aubin-Fosse-Louvain.
CLOS (LE GRAND et LE PETIT), h. c^ne de Saint-Denis-de-Gastines.
CLOS (LE PETIT-), éc. c^ne de Châtillon-sur-Colmont.
CLOS (LE PETIT-), h. c^ne de Courcité.
CLOS (LE PETIT-), f. c^ne d'Évron.
CLOS (LE PETIT-), f. c^ne de Montaudin.
CLOS (LES), h. c^ne de la Cropte.
CLOS (LES), f. c^ne de Désertines.
CLOS (LES), f. c^ne de Grazay.
CLOS (LES), f. c^ne de Montjean; donnent leur nom à un ruiss. affl. de celui de Launay.
CLOS-AVRIL, fief du marquisat de Château-Gontier.
CLOS-BEAUDOUIN (LE), f. c^ne de Ravigny.
CLOS-BEAUDOUIN (LE), éc. c^ne de Saint-Cyr-en-Pail.
CLOS-BIENVENU (LE), h. c^ne de Saint-Quentin.
CLOS-BINOT (LE), f. c^ne de Saint-Quentin.
CLOS-BLANCHARD (LE), vill. c^ne de Montourtier.
CLOS-BRIANT (LE), f. c^ne de Landivy.
CLOS-CHENIS (LE), f. c^ne de Saint-Berthevin.
CLOS-CIRON (LE), éc. c^ne de Quelaines.
CLOS-DE-BILLES (LE), h. c^ne de Simplé.
CLOS-DE-L'ILLE (LE), h. c^ne de Simplé.
CLOS-DU-BOIS (LE), f. c^ne de la Croixille.
CLOS-DU-BOIS (LE), h. c^ne de Deux-Évailles.
CLOS-DU-BOIS (LE), éc. c^ne de Montourtier.
CLOS-DU-CHÊNE (LE), f. c^ne de Nuillé-sur-Vicoin.
CLOS-DU-COMTE (LE), éc. c^ne de Saint-Laurent-des-Mortiers.
CLOS-DU-FEU (LE), f. c^ne de Courcité.
CLOS-DU-RAY (LE), éc. c^ne de Saint-Laurent-des-Mortiers.
CLOSEAU (LE), h. c^ne de Saint-Poix.
CLOSEAUX (LES), éc. c^ne de Saint-Ouen-des-Vallons.

CLOSERIE (LA), f. c^{ne} de Brécé.
CLOSERIE (LA), f. c^{ne} de Sainte-Gemmes-le-Robert.
CLOSERIE (LA), f. c^{ce} de Saint-Hilaire-des-Landes.
CLOSERIE (LA GRANDE-), f. c^{ne} de Chemazé.
CLOSERIE (LA GRANDE-), f. c^{ne} de Laigné.
CLOSERIE (LA GRANDE-), f. c^{ne} de Saint-Denis-d'Anjou.
CLOSERIES (LES), h. c^{ne} de Vautorte.
CLOSET (LE), f. c^{ne} de Crennes-sur-Fraubée.
CLOSET (LE), f. c^{ne} de Lévaré.
CLOSET (LE), f. c^{ne} de la Poôté.
CLOSET (LE), vill. c^{ne} de Pré-en-Pail.
CLOSET (LE), f. c^{ne} de Sainte-Marie-du-Bois.
CLOS-FLEURIS (LES), éc. c^{ne} de Saint-Ellier.
CLOS-GAUTHIER (LE), f. c^{ne} de Voutré.
CLOS-GEORGES (LES), f. c^{ue} de Lévaré.
CLOS-GIRARD (LE), h. c^{ne} de Fromentières.
CLOS-GUILLOT (LE), f. c^{ne} de Landivy.
CLOS-GUILLOUX (LE), éc. c^{ne} de Pré-en-Pail.
CLOS-HENRI (LE), f. c^{ne} de Bazouges.
CLOS-HUET (LE), logis et f. c^{ne} de Mézangers. — *Queuhuet* (Cassini).
CLOS-HUIS (LES), h. c^{ne} de Vautorte; donnent leur nom à un ruiss. affl. de celui du Bas-Maigné.
CLOS-JARDIN (LE), f. c^{ne} de Saint-Cyr-le-Gravelais.
CLOS-LIGEARD (LE), f. c^{ne} du Bourgneuf-la-Forêt.
CLOS-L'ŒIL (LE PETIT-), f. c^{ne} de Saint-Berthevin; auj. détruite.
CLOS-L'ŒIL (LE GRAND-), f. c^{ne} de Saint-Berthevin. — *Moulin de Cloluell*, 1443 (arch. nat. P 343).
CLOS-MACÉ (LE GRAND-), f. c^{ne} de Bazougers.
CLOS-MACÉ (LE PETIT-), éc. c^{ne} de Bazougers.
CLOS-MESLAY (LE), f. c^{ne} de Saint-Loup-du-Dorat.
CLOS-MESLIN, éc. c^{ne} de Préaux.
CLOS-NEUF (LE), f. c^{ne} de Bais.
CLOS-NEUFS (LES), f. c^{ne} d'Arquenay.
CLOS-PILÉ (LE), éc. c^{ne} de Courbeveille.
CLOS-PLAT (LE), éc. c^{ne} de Saint-Poix.
CLOS-ROBIN (LE), f. c^{ne} de Torcé.
CLOS-SANGION (LE), f. c^{ne} de Chemeré-le-Roi. — On dit aussi *le Clou-Changion*.
CLOSSET (LE), f. et éc. c^{ne} de St-Germain-de-Coulamer.
CLOSSIN (LE), f. c^{ne} de la Croixille.
CLOS-SOUS-LA-CROIX (LE), éc. c^{ne} de Saint-Laurent-des-Mortiers.
CLOTEAU (LE), éc. c^{ne} du Bourgneuf-la-Forêt. — Le ruiss. du Cloteau et de la Favrottière se jette dans celui de Forton.
CLOTEAU (LE), f. c^{ne} de Cuillé.
CLOTIN (LE), f. c^{ne} de Désertines.
CLOUE (LA), vill. c^{ne} de Chevaigné.
CLOUE (LA), f. c^{ne} de Madré.
CLOUE (LA), h. c^{ne} de Sainte-Marie-du-Bois.

CLOUET (LE), f. c^{ne} de Saint-Denis-d'Anjou.
CLOUPÉ, h. c^{ne} de la Baconnière.
CLOUILLÈRE (LA), f. c^{ne} d'Astillé.
CLOUSEIL (LANDES et BOIS DE), c^{ne} de la Baconnière, auj. défrichés.
CLOUTERIE (LA), f. c^{ne} de Saint-Jean-sur-Mayenne.
CLOUTIÈRE (LA), f. c^{ne} de Ruillé-Froidfont.
CLOUTIÈRE (LA), h. c^{ne} de Saint-Mars-sur-la-Futaie.
CLUDONNIÈRE (LA), f. c^{ne} de Villiers-Charlemagne.
COBOUG ou COBOUC, f. c^{ne} de Montigné. — *Lieu de Coaïbouc*, 1443 (arch. nat. P 343, cote 1033). — *Quoibouc* (Cassini). — *Coibouc* (carte de l'État-major). — On dit aussi *Couboux*.
COCAGNE, h. c^{ne} de Saint-Samson.
COCANNES (LES), h. c^{ne} d'Averton.
COCARDERIE (LA), f. c^{ne} de Pommerieux.
COCHARDIÈRE (LA), f. c^{ne} de Couesmes.
COCHARDIÈRE (LA), f. c^{ne} de Saint-Poix.
COCHARDIÈRES (LES), h. c^{ne} de Bazouges.
COCHASSIÈRE (LA PETITE-), éc. c^{ne} de Désertines. — *Les Cochassières* (Cassini).
COCHELINAIE (LA), fief, c^{ne} de Fougerolles. — *In feodo de Cochelincia*, 1244 (abb. de Savigny, arch. nat. L 970).
COCHELLERIE (LA), f. c^{ne} de Longuefuye.
COCHER (LE GRAND et LE PETIT), f. c^{ne} de Changé.
COCHERE (LA), f. c^{ne} de Juvigné-des-Landes.
COCHEREAU (LE), vill. c^{ne} de Madré.
COCHERIE (LA), f. c^{ne} d'Alexain; donne son nom à un ruiss. affl. de la Mayenne qui arrose aussi Saint-Germain-d'Anxurre.
COCHERIE (LA), h. c^{ne} de la Baroche-Gondouin.
COCHERIE (LA), f. c^{ne} de Bonchamp.
COCHERIE (LA), h. c^{ne} de Brécé.
COCHERIE (LA), f. c^{ue} de Châtres.
COCHERIE (LA), vill. c^{ne} de Colombiers.
COCHERIE (LA), f. c^{ne} de Contest.
COCHERIE (LA), f. c^{ne} d'Ernée.
COCHERIE (LA), éc. c^{ne} du Genest.
COCHERIE (LA), éc. c^{ne} de Launay-Villiers.
COCHERIE (LA), f. c^{ne} de Montreuil.
COCHERIE (LA), vill. c^{ne} d'Oisseau.
COCHERIE (LA), f. c^{ne} d'Origné.
COCHERIE (LA), f. c^{ne} de Parigné.
COCHERIE (LA), f. c^{ne} de Saint-Cyr-le-Gravelais.
COCHERIE (LA), h. c^{ne} de Villaines-la-Juhel; mⁱⁿ détruit.
COCHERIE (LA GRANDE et LA PETITE), f. c^{ne} de Saint-Berthevin.
COCHERIE (LA HAUTE et LA BASSE), h. c^{ne} du Pas. — Une section de la c^{ne} se nomme *le Trait de Cocherie*.
COCHERIES (LES), f. c^{ne} de Louvigné.
COCHERIES (LES), f. c^{ne} de Saint-Berthevin.

Cocueterie (La), vill. c^{ne} de Bourgon.
Cocueterie (La), f. c^{ne} de la Croixille.
Cocueterie (La), f. c^{ne} de Saint-Aubin-du-Désert.
Cochetière (La), h. c^{ne} de Landivy.
Cochetières (Les), h. c^{ne} de Gesvres.
Cochinière (La) ou la Cochellière, f. c^{ne} de Livet-en-Charnie. — Étang auj. desséché.
Fief vassal de la seign. de Launay-Péan.
Cochonnaie (La), f. c^{ne} du Bourgneuf-la-Forêt.
Cochonnaie (La Grande et la Petite), h. c^{ne} de Soucé.
Cochonnière (La), f. c^{ne} de Bais.
Cochonnière (La), f. c^{ne} de Chailland.
Cochonnière (La), f. c^{ne} de Montigné.
Cochonnière (La), f. c^{ne} de Pommerieux. — On dit aussi la Cohonnière.
Cochonnière (La), h. c^{ne} de Saint-Loup-du-Dorat.
Coconnerie (La), f. c^{ne} de Saint-Michel-de-la-Roë, auj. détruite. — Les terres de la Quoquonerie, 1429 (abb. de la Roë).
Coconnière (La), h. c^{ne} du Genest.
Coconnière (La), h. c^{ne} d'Izé.
Coconnière (La), vill., hospice, étang et mⁱⁿ, c^{ne} de Laval. — Terra de Coconeria, xie s^e (cart. du Ronceray). — Terra Coconarii, xie s^e (ibid.). — La Coquonnière, 1526 (arch. de Chantelou).
La seigneurie, annexée à celle de Poligné, relevait du comté de Laval.
Coconnière (La), f. c^{ne} de Montjean.
Coconnière (La), f. c^{ne} de Saint-Pierre-sur-Orthe.
Coeffetière (La), vill. c^{ne} de Désertines.
Coellerie (La), f. c^{ne} de Cuillé.
Coeurond (Ruisseau de) ou de la Laire, c^{ne} du Ribay, affl. de la riv. d'Aisne.
Coëvrons (Les), chaîne de montagnes qui s'étend de la forêt de Sillé à Jublains. — Montem Coebron, 989 (cart. d'Évron). — Landes de Coueuvron, 1461 (aveu du cab. La Bauluère).
Les landes des Coëvrons s'étendaient sur les c^{nes} de Voutré, d'Assé-le-Béranger, de Saint-Georges-sur-Erve, de Vimarcé et de Rouessé-Vassé. — Le ruiss. des Coëvrons est un affl. de l'Erve.
Coffinière (La), f. c^{ne} de Craon.
Coffinière (La), f. c^{ne} de la Pallu.
Coffrard, h. c^{ne} de Saint-Georges-sur-Erve.
Cogeaisière (La), vill. c^{ne} de Saint-Jean-sur-Erve.
Coges, f. c^{ne} d'Origné. — Seign. vassale de la châtell. de Laval et du marq. de Château-Gontier.
Cognarderie (La), f. c^{ne} de Ruillé-Froidfont.
Cognardière (La) ou la Congnandière, étang et f. c^{ne} de Saint-Germain-de-Coulamer. — Le ruiss. de la Cognardière se jette dans la Vaudelle.
Cognardière (La), f. c^{ne} de Vaiges.

Cogonnière (La), f. c^{ne} de Saint-Cyr-le-Gravelais.
Cogonnière (La Grande et la Petite), f. c^{ne} d'Ahuillé.
Cograis (Le Grand et le Petit), f. c^{ne} de Saint-Denis-d'Anjou.
Conélie, vill. c^{ne} de Villepail.
Couodon, f. c^{ne} de la Pallu.
Cohonnière (La), fief, c^{ne} de Chérancé, vassal de la bar. de Craon.
Cohue (La), f. c^{ne} de Saint-Jean-sur-Mayenne. — Tertre où se tenaient les plaids féodaux.
Coicaudière (La), f. c^{ne} de Laval.
Coiffardière (La), f. c^{ne} de Martigné; donne son nom à un ruiss. affl. de la Mayenne.
Coignardière (La), f. c^{ne} de Bazougers.
Coignardière (La), f. c^{ne} de Meslay.
Coignées (Les), vill. c^{ne} de Torcé.
Coignet (Le), f. c^{ne} de Désertines.
Coillerie (La), f. c^{ne} d'Ahuillé. — On écrit aussi la Couaillerie.
Coimiau (Ruisseau de), c^{ne} de Parné, affl. de l'Ouette.
Coin (Le), f. c^{ne} du Pas.
Coin (Le), f. et bois, c^{ne} de Saint-Léger.
Coin-des-Haies (Le), f. c^{ne} de Blandouet.
Coin-des-Haies (Le), f. c^{ne} de Saint-Charles-la-Forêt; détruite vers 1828.
Coin-du-Bois (Le), f. c^{ne} d'Olivet.
Coin-du-Fossé (Le), éc. c^{ne} de Désertines.
Coins (Les), h. c^{ne} de Saint-Denis-d'Anjou.
Cointerie (La), h. c^{ne} de Carelles. — Étang de la Couainterie, xviie s^e (arch. de la Mayenne, série E).
Cointerie (La), f. c^{ne} de Cigné; donne son nom à un ruiss. affl. de la Mayenne.
Cointerie (La), f. c^{ne} de Laval.
Cointerie (La), f. c^{ne} de Lévaré; donne son nom à un ruiss. affl. de celui de Vausourde.
Cointières (Les), f. c^{ne} de Beaulieu.
Coipellière (La), h. c^{ne} du Horps; donne son nom à un ruiss. affl. de celui de Lassay. — Fief du marq. de Lassay.
Coipellière (La), f. c^{ne} de Ménil. — Les Couespelières, 1511 (arch. de la Mayenne, E 36).
Coipinière (La), vill. c^{ne} de Saint-Julien-du-Terroux. — La Coapinière (Cassini).
Coiraudière (La), f. c^{ne} de Craon. — La Coairaudière, 1404 (arch. de la Mayenne, série E).
Coire (La), f. c^{ne} de Saint-Laurent-des-Mortiers.
Coirie (La), f. c^{ne} de Champgeneteux.
Coissinière (La), f. c^{ne} de Brécé. — La Couessinière (Cassini).
Colarderie (La), f. c^{ne} de Simplé.
Colasière (La), f. c^{ne} de Grazay.
Colasière (La), f. c^{ne} de Saint-Georges-sur-Erve.

COLINERIE (LA), f. c^ne de Ballots.
COLINET (LE), f. c^ne de Brétignolles.
COLINIÈRE (LA), f. c^ne d'Argentré.
COLINIÈRE (LA), f. c^ne de Juvigné-des-Landes.
COLINIÈRE (LA), f. c^ne de Saint-Cyr-le-Gravelais.
COLLERIE (LA), f. c^ne de Saint-Mars-du-Désert. — Le bois de ce lieu a été défriché vers 1840.
COLLETIÈRE (LA), f. c^ne de Louverné.
COLLETIÈRE (LA), f. c^ne de Neau.
COLLETIÈRE (LA), f. c^ne de Saint-Berthevin.
COLLETIÈRE (LA), f. c^ne de Sainte-Gemmes-le-Robert.
COLLETIÈRE (LA), f. c^ne de Vautorte.
COLLIOTS (LES), f. et m^in, c^ne de Senonnes.
COLMONT (LA), riv. qui prend sa source en Heussé, dép^t de la Manche, arrose Lesbois, Saint-Aubin-Fosse-Louvain, Gorron, Brécé, Saint-Mars-sur-Colmont, Oisseau, et se jette dans la Mayenne à la Haie-Traversaine. — *Aquam Colmontem*, 1120 (Bibl. nat. f. latin, 5441). — *Et haias de Coumont* 1200 (abb. de Savigny, arch. nat. L 978). — *Aqua de Coulmont*, 1210 (*ibid.* cart. 968). — *La Caumont*, 1212 (arch. de la Mayenne, H 66).
COLMONT (LA), f. c^ne d'Oisseau.
COLOMBAY (LE), f. c^ne de Saint-Mars-du-Désert.
COLOMBETTE, chât. et f. c^ne de Montigné.
COLOMBIER, f. c^ne de Saint-Hilaire-des-Landes. — Landes défrichées vers 1850.
COLOMBIER (LE), f. c^ne de Gorron.
COLOMBIÈRE (LA), f. c^ne de Sainte-Gemmes-le-Robert. — On dit aussi *la Coulombière*.
COLOMBIERS, c^ne de Gorron. — *Pro villa Columbaria*, 615 (test. dom. Bertramni). — *Warnerius de Columbariis*, 1100 (inv. des arch. de la Sarthe). — *In Columbiers*, 1158 (abb. de Savigny, arch. nat. L 966). — *Terram de Columbiers*, 1241 (*ibid.* L 970).
Anc. par. du doy. d'Ernée, de l'élect. et du duché de Mayenne. — Le ruisseau de Colombiers est un affl. de l'Ernée.
COLOMBIERS (LES), f. c^ne de Saint-Mars-du-Désert.
COLOMBRY, éc. c^ne de Jublains.
COLOMBU, éc. c^ne de Saint-Martin-de-Connée.
COLOUZIÈRE (LA) ou LA COULOUZIÈRE, f. c^ne de Bais.
COMBRIE (LA), vill. c^ne de Pré-en-Pail.
COMELLE, h. c^ne de Cossé-le-Vivien.
COMERAIS, vill. c^ne de Ballée. — *Comeré* (Cassini). — *Commeré*, 1866 (rôles de dénombr.).
Fief vassal de la châtell. de Linières.
COMÈTE (LA), f. c^ne de Saint-Jean-sur-Erve.
COMMANDERIE (LA), f. c^ne de Charchigné; anc. propriété des chevaliers de Malte.
COMMANDERIE (LA), h. c^ne de Livré.
COMMANDERIE (LA), f. c^ne de Pommerieux.

COMMANDIÈRES (LES), h. c^ne de Loigné.
COMMARCÉ, f. c^ne de Saint-Céneré. — Fief vassal de la bar. de la Chapelle-Rainsouin.
COMMER, c^ne de Mayenne-Est. — *Cometas*, 650 (cart. de l'abb. d'Évron). — *Cometias*, 989 (*ibid.*). — *From. de Commeth*, XIIe s^e (*ibid.*). — *G. de Comes*, 1202 (*ibid.*). — *Willelmum de Commereio*, XIIIe s^e (abb. de Fontaine-Daniel).
Anc. par. du doy. d'Évron, de l'élect. et du duché de Mayenne. — Le prieuré dépendait de l'abb. de Marmoûtiers.
COMMERÇON (LE HAUT et LE BAS), h. c^ne de Melleray. — *Comerson*, 1452 (arch. nat. P 343). — *Seigneurie de Courmerson*, 1597 (cab. Chedeau).
Seign. vassale du marq. de Lassay.
COMMUNE (LA), éc. c^ne de Saint-Thomas-de-Courceriers.
COMMUNE-DE-ROUGEFEUIL, vill. c^ne de Bourgon.
COMMUNES (LES), f. c^ne de Bourgon.
COMMUNES (LES), éc. c^ne de Champéon.
COMMUNES (LES), m^in, c^ne de Martigné.
COMMUNES (RUISS. DES), c^ne de Congrier, affl. du Chéran.
COMMUNES (RUISSEAU DES), affl. du ruiss. de Montguerré; arrose Montenay.
COMPAGNÈRE (LA), f. c^ne d'Ahuillé. — Fief vassal du comté de Laval.
COMPOTIÈRE (LA), f. c^ne de Vimarcé. — On dit aussi *la Compoutière*.
COMPOUTIÈRE (LA), f. c^ne de Grez-en-Bouère.
COMTÉ (LA), f. c^ne de la Chapelle-Anthenaise.
COMTÉ (LA), f. c^ne de la Cropte. — Étang auj. desséché; bois défriché vers 1842.
Fief de la châtell. de la Cropte.
COMTÉ (LA), f. c^ne de Ménil.
COMTÉ (LE HAUT-), f. c^ne d'Arquenay.
CONCISE (FORÊT DE), c^nes de Saint-Berthevin et de Laval. — *In bosco Conciso*, XIe s^e (Bibl. nat. f. lat. 5441).
CONDÉ, h. c^ne de Neau. — *Medietariam de Condoit*, 1721 (cart. d'Évron).
CONDITIÈRE (LA), f. c^ne de la Bigotlière.
CONDREUIL, f. c^ne d'Évron. — *Condulerium*, 989 (cart. de l'abb. d'Évron).
CONERETTES (LES), h. c^ne de Voutré. — *Les Cosnerettes*, 1590 (arch. de la Mayenne, série E).
CONFIGNON, fief de la bar. de Craon, vassal de la Motte-de-Bouchamp, qui s'étendait sur Fontaine-Couverte et Brains-sur-les-Marches. — *Concessit terram de Chofignum*, XIIe s^e (abb. de la Roë, H 151, f° 70).
CONFLEUR, f. et vallée, c^ne de Saint-Cyr-en-Pail. — *Château de Courfleur* (Jaillot). — *Conflent* (carte de l'État-major) : cette dernière orthographe est la meilleure, puisque ce lieu est à la rencontre de deux ruisseaux.
Fief de la châtell. de Pré-en-Pail.

CONFLUENT, h. c^{ne} d'Ambrières.
CONGNARDIÈRE (LA), étang et f. — Voy. COGNARDIÈRE (LA).
CONGRIEN, c^{on} de Saint-Aignan-sur-Roë. — *Guarinus de Congreciaco*, XIIe s^e (abb. de la Roë, H 151, f. 91). — *Paroisse de Congrez*, 1328 (prieuré des Bonshommes): Anc. par. du doy. de Craon, de l'élect. d'Angers et de la bar. de Craon.
CONILLEAU, fief vassal des seign. de Bouche-d'Usure et de Saint-Amadour, en la bar. de Craon.
CONILLEAU, f. c^{ne} de Fromentières.
CONILLEAU, h. c^{ne} de la Poôté.
CONILLEAU (RUISSEAU DE), c^{ne} de Grazay, affl. de la riv. d'Aron.
CONILLÈRE (LA), h. c^{ne} d'Aron.
CONILLÈRE (LA), h. c^{ne} de la Baroche-Gondouin.
CONILLÈRE (LA), h. c^{ne} de la Chapelle-Anthenaise.
CONILLÈRE (LA), f. c^{ne} de la Chapelle-Rainsouin.
CONILLÈRE (LA), f. c^{ne} de Congrier.
CONILLÈRE (LA), f. c^{ne} de Livet-en-Charnie.
CONILLÈRE (LA), h. c^{ne} de Martigné.
CONILLÈRE (LA), f. c^{ne} de Parné.
CONILLÈRE (LA), f. c^{ne} de Thorigné.
CONILLÈRE (LA PETITE-), c^{ne} de Changé.
CONILLÈNES (LES), f. c^{ne} de Meslay.
CONILLERIES (LES GRANDES et LES PETITES), h. c^{ue} de Fromentières.
CONNUETTE (LA), f. c^{ne} de Nuillé-sur-Ouette.
CONNULAIS (LA), h. c^{ne} de Brécé.
CONORANDIÈRE (LA), f. c^{ne} de Saint-Ouen-des-Toits.
CONRAIE (FIEF DE LA), c^{ne} de Saint-Georges-Buttavent, dépendant de la comm^{rie} de Quittay. — *Fief de la Conrouaye*, 1623 (arch. du grand prieuré d'Aquitaine).
CONRAY (LE), f. c^{ne} d'Andouillé.
CONSENT (LE), f. et éc. c^{ne} de Mézangers.
CONSTANTINE, f. c^{ne} d'Évron.
CONTENTINIÈRE (LA), f. c^{ne} de Bierné.
CONTERIE (LA), f. c^{ne} d'Argentré.
CONTERIE (LA), f. c^{ne} de Bonchamp.
CONTERIE (LA), f. c^{ne} de Brée.
CONTERIE (LA), f. c^{ne} de Désertines.
CONTERIE (LA), fief, c^{ne} de Fromentières, vassal de la bar. d'Entrammes.
CONTERIE (LA), h. c^{ne} d'Izé.
CONTERIE (LA), f. c^{ne} de Moulay.
CONTERIE (LA), h. c^{ne} de Parigné.
CONTERIE (LA), h. c^{ne} de la Poôté.
CONTERIE (LA), f. c^{ne} de Saint-Denis-d'Anjou.
CONTERIE (LA), h. c^{ne} de Saint-Loup-du-Gast.
CONTERIE (LA), f. c^{ne} de Trans.
CONTERIE-DES-CHAUVINIÈRES (LA), f. c^{ne} d'Ernée.

CONTERIE-DU-ROCHER (LA), f. c^{ne} d'Ernée.
CONTEST, c^{on} de Mayenne-Ouest. — H. *Dominus de Constet*, 1207 (abb. de Fontaine-Daniel). Anc. paroisse du doy., de l'élect. et du duché de Mayenne, dont la cure était sous la dépendance du prieuré de Géhard.
CONTRE-PIÈCES (LES), h. c^{ne} de Renazé.
CONVENANCIÈRE (LA), f. c^{ne} d'Andouillé.
CONVENANCIÈRE (LA), logis, c^{ne} de Villiers-Charlemagne; ruiss. affl. de celui de la Morlière.
CONVENTION (LA), f. c^{ne} de Meslay.
COPARDIEU (LE), f. c^{ne} de Bazouges.
COPILLÈRE (LA), f. c^{ne} d'Ernée.
COPINERIE (LA), f. c^{ne} de Montsurs.
COQ-BLANC (LE), f. c^{ne} de Sainte-Suzanne.
COQ-HARDI (LE), h. c^{ne} d'Andouillé.
COQ-HARDI (LE), éc. c^{ne} d'Athée.
COQUAIS (LA), h. c^{ne} de Congrier.
COQUAIS (LES), f. c^{ne} de Renazé; donne son nom à un ruiss. affl. du Chéran.
COQUELIFAUDIÈRE (LA), f. c^{ne} de la Chapelle-Anthenaise. — *Coclifaudière* (Cassini).
COQUELINIÈRE (LA), vill. c^{ne} de Montreuil.
COQUELINIÈRE (LA HAUTE et LA BASSE), f. c^{ne} de Saint-Berthevin.
COQUÈNE (LA), h. c^{ne} de Cuillé.
COQUÈRE (LA), f. et h. c^{ne} de Daon. — *La Quocuère*, 1527 (abb. de la Roë, H 184).
COQUÈRE (LA), f. c^{ne} de Marcillé-la-Ville.
COQUÈRE (LA), f. c^{ne} de Niort.
COQUÈRE (LA), f. c^{ne} de Rennes-en-Grenouille.
COQUERELLE-DU-DOMAINE (LA), lande, c^{ne} d'Épineu-le-Séguin; auj. défrichée.
COQUEREUIL (LE), f. c^{ne} d'Assé-le-Bérenger.
COQUERIE (LA), h. c^{ne} de Couesmes.
COQUERIE (LA), f. c^{ne} de Laubrières. — *La Quoquerie*, 1586 (arch. de la Mayenne, E 155).
COQUILLONNERIE (LA), h. c^{ne} de Bazouges.
COQUINIÈRE (LA), f. c^{ne} de Placé.
COQUINIÈRE (LA), f. c^{ne} de Saint-Aubin-Fosse-Louvain.
COQUINIÈRE (LA), f. c^{ne} de Saint-Fort.
CORASIÈRE (LA), h. c^{ne} de Champfremont.
CORBEAU (LE), h. c^{ne} de Bazouges.
CORBELAIE (LA), vill. c^{ne} d'Averton.
CORBELLIÈRE (LA), h. c^{ne} de Cigné; donne son nom à un ruiss. affl. de la Mayenne. — Fief de la bar. d'Ambrières.
CORBELLIÈRE (LA), f. c^{ne} d'Oisseau.
CORBELLIÈRE (LA), h. c^{ne} de Saint-Denis-d'Anjou.
CORBELLIÈRES (LES), h. c^{ne} de Saint-Georges-Buttavent.
CORBELLIÈRE-SUR-ROC (LA), f. et éc. c^{ne} d'Oisseau.

CORBERAY, f. c^ne de Fromentières. — Fief vassal de la châtell. de Meslay.

CORBERAY, f. c^ne de Loigné, dont le nom a été changé en *Francoisière* au xviie siècle : voy. ce nom.

CORBERIE (LA), h. c^ne de Thubœuf.

CORBIÈRE (LA), fief, c^ne de la Selle-Craonnaise, vassal de la seign. de Brecharnon.

CORBIÈRE (LA HAUTE et LA BASSE), f. c^ne de Saint-Quentin. — *Zacharias de Corberia*, 1236 (prieuré des Bonshommes).

CORBIÈRE (LA HAUTE et LA BASSE), h. c^ne de Saint-Thomas-de-Courceriers. — Fief de la châtell. de Courceriers.

CORBIÈRES (LES), f. c^ne de Landivy.

CORBIÈRES (LES), f. c^ne de Méral. — Seign. vassale de la bar. de Craon et dont relevaient la Chesnaie-Lallier, la Babinière, la Noë, Montbourcher, Vilgrand, la Freslonnière et la Motte-Hamelin.

CORBILAIE (LA), f. c^ne. de Livré.

CORBIN (RUISSEAU DE), c^ne de Saint-Calais-du-Désert, affl. du ruiss. du Tilleul.

CORBINEUL (RUISSEAU DE), c^ne de Sacé, affluent de la Mayenne.

CORBINIÈRE (LA), h. c^ne d'Andouillé.

CORBINIÈRE (LA), f. et éc. c^ne de Bonchamp; carrière de marbre.

CORBINIÈRE (LA), f. c^ne de Boulay.

CORBINIÈRE (LA), f. c^ne de Chailland.

CORBINIÈRE (LA), f. c^ne de Champgeneteux.

CORBINIÈRE (LA), f. c^ne de Fougerolles.

CORBINIÈRE (LA), f. c^ne de Houssay.

CORBINIÈRE (LA), f. c^ne de Laigné.

CORBINIÈRE (LA), f. c^ne de Laval.

CORBINIÈRE (LA), f. c^ne de Livré. — Fief vassal de la cour de Livré.

CORBINIÈRE (LA), f. c^ne de Louvigné.

CORBINIÈRE (LA), vill. c^ne de Neuilly-le-Vendin.

CORBINIÈRE (LA), f. c^ne de Saint-Cénéré.

CORBINIÈRE (LA), h. c^ne de Saint-Germain-de-Coulamer.

CORBINIÈRE (LA), h. c^ne de Saint-Pierre-sur-Erve.

CORBINIÈRE (LA), vill. c^ne de Saint-Samson; donne son nom à un ruiss. affl. de la Mayenne.

CORBINIÈRE (LA), f. c^ne de Saint-Thomas-de-Courceriers.

CORBINIÈRE (LA GRANDE et LA PETITE), f. c^ne de Denazé. — Fief vassal de la bar. de Craon.

CORBINIÈRE-DE-LA-RAMÉE (LA), logis, c^ne de Soulgé-le-Bruant.

CORBINIÈRE-DES-ATTELAIS (LA), logis, c^ne de Soulgé-le-Bruant.

CORBINIÈRES (LES), h. c^ne de Bazouges.

CORBINIÈRES (LES), landes, c^ne de Saint-Charles-la-Forêt; défrichées vers 1858. — Fief vassal de la châtell. de Longuefuye.

CORBINIÈRES (LES), f. c^ne de Gennes. — Fief vassal de la seign. des Courants.

CORBLÉ (LE), f. c^ne du Ribay.

CORBON, f. c^ne de la Bigottière; donne son nom à un ruiss. affl. de la riv. d'Ernée. — Fief de la châtell. d'Ernée.

CORBRAIE (LA), éc. c^ne de Mézangers.

CORDÉ, f. c^ne de Bazougers.

CORDELLIÈRE (LA), f. c^ne de la Cropte.

CORDELLIÈRE (LA), f. c^ne de Simplé.

CORDELLIÈRE (LA), f. c^ne de Vautorte.

CORDERAIS (LA), f. c^ne d'Ahuillé.

CORDERIE (LA), h. c^ne d'Andouillé.

CORDERIE (LA), h. c^ne de la Baroche-Gondouin. — Ruiss. affl. de la Mayenne.

CORDERIE (LA), f. c^ne de la Chapelle-Rainsouin; détruite vers 1867.

CORDERIE (LA), éc. c^ne de Châtillon-sur-Colmont.

CORDERIE (LA), f. c^ne de Jublains; donne son nom à un ruiss. affl. du ruiss. de l'Étang de la Grande-Métairie.

CORDERIE (LA), f. c^ne de Livré. — Fief vassal de la bar. de Craon.

CORDERIE (LA), h. c^ne de Niort.

CORDERIE (LA), f. c^ne de Saint-Baudelle; auj. détruite.

CORDERIE (LA), f. c^ne de Saint-Denis-de-Gastines; donne son nom à un ruiss. affl. de celui du Parc.

CORDERIE (LA), f. c^ne de Vieuvy.

CORDERIE (LA GRANDE et LA PETITE), f. c^ne de Gorron.

CORDERIE (LA GRANDE et LA PETITE), f. c^ne de Saint-Denis-d'Anjou.

CORDONNAIE (LA), h. c^ne de Saint-Hilaire-des-Landes.

CORDONNIÈRE (LA), h. c^ne de Brains-sur-les-Marches. — Landes auj. défrichées.

CORDOUAN (LE), vill. c^ne de Saint-Loup-du-Gast. — *Willelmo de Cordoam*, xiie siècle (cart. de Savigny, f° 122).

CORDOUEN, f. c^ne d'Oisseau.

CORDOUIN, chât., f., m^in, étang et h. c^ne d'Izé. — *Cordouan*, 1560 (abb. d'Évron).

Le fief de Cordouin relevait de la bar. d'Évron par la seigneurie de Courceriers : dans sa mouvance étaient les fiefs de Poilé, du Breil, de la Galbaudière, de la Fosse et du Grand-Breil.

CORDOUIN, f. et m^in, c^ne de Saint-Calais-du-Désert. — Fief vassal de la châtell. de Resné, Lignières et Saint-Calais.

CORMEIL, h. c^ne de Niort.

CORMERAIE (LA), f. c^ne de Grez-en-Bouère. — Fief vassal de la châtell. de la Vezouzière.

CORMERAIE (LA), f. c^ne de Pommerieux.— On dit aussi la *Cormerie*.
CORMERAIE (LA), h. c^ne de Senonnes.
CORMERAIS (LES), h. c^ne de Ballots.
CORMERAIS (LES), h. c^ne de Daon.
CORMERAIS (LES), f. c^ne de Villiers-Charlemagne. — Fief vassal du comté de Laval.
CORMERAY, h. c^ne de Chailland.
CORMENÉ, f. c^ne de Bonchamp; donne son nom à un ruiss. affl. de la Jouanne.
CORMERIE, éc. c^ne de Viviers.
CORMERIE (LA), éc. c^ne d'Ahuillé.
CORMERIE (LA), f. c^ne de la Baconnière; donne son nom à un ruiss. qui afflue au Vicoin et arrose Saint-Ouen-des-Toits.
CORMERIE (LA), h. c^ne d'Épineu-le-Séguin.
CORMERIE (LA), h. c^ne de Saint-Georges-sur-Erve. — — *Cormerias*, 989 (cart. d'Évron).
CORMERIE (LA), f. — Voy. CORMERAIE (LA).
CORMIER (LE), f. c^ne d'Argentré.
CORMIER (LE), f. c^ne d'Aron.
CORMIER (LE), logis, c^ne d'Arquenay.
CORMIER (LE), f. c^ne d'Azé.
CORMIER (LE), f. c^ne de la Baconnière; donne son nom à un ruiss. affl. de celui de Mauny.
CORMIER (LE), m^in, c^ne de Beaulieu.
CORMIER (LE), f. c^ne du Bignon.
CORMIER (LE), f. c^ne de Brains-sur-les-Marches.
CORMIER (LE), éc. c^ne du Buret.
CORMIER (LE), h. c^ne de Châlons.
CORMIER (LE), h. c^ne de Changé. — Fief vassal de la châtell. de Saint-Ouen-des-Toits.
CORMIER (LE), éc. c^ne de la Chapelle-Rainsouin. — Ferme auj. supprimée.
CORMIER (LE), f. c^ne de Châtres.
CORMIER (LE), f. c^ne de Chemazé.
CORMIER (LE), f. c^ne de Chérancé.
CORMIER (LE), f. c^ne de Courbeveille.
CORMIER (LE), f. et h. c^ne de Fontaine-Couverte.
CORMIER (LE), f. c^ne de Grez-en-Bouère.
CORMIER (LE), f. c^ne de Laval.
CORMIER (LE), f. c^ne de Loiron.
CORMIER (LE), f. c^ne de Longuefuye.
CORMIER (LE), f. c^ne de Martigné.
CORMIER (LE), éc. c^ne de Meslay.
CORMIER (LE), f. c^ne de Montflours.
CORMIER (LE), f. c^ne de Montjean.
CORMIER (LE), f. c^ne d'Olivet; donne son nom à un ruiss. affl. de celui du Gué-de-l'Aune.
CORMIER (LE), éc. c^ne de Quelaines.
CORMIER (LE), f. c^ne de Ruillé-Froidfont.
CORMIER (LE), f. c^ne de Saint-Aignan-sur-Roë.

CORMIER (LE), chât., f. et m^in, c^ne de Saint-Aubin-du-Désert. — Ruiss. affl. de celui de Merdereau. Châtellenie vassale du comté d'Averton.
CORMIER (LE), f. c^ne de Saint-Céneré.
CORMIER (LE), éc. c^ne de Saint-Mars-du-Désert.
CORMIER (LE), f. c^ne de Saint-Michel-de-la-Roë. — *Le lieu de Rouillon, aliàs les Cormiers*, 1728 (abb. de la Roë, H 181, f° 30).
CORMIER (LE), h. c^ne de Saint-Poix.
CORMIER (LE), f. c^ne de Sainte-Suzanne.
CORMIER (LE), f. c^ne de Soulgé-le-Bruant.
CORMIER (LE GRAND et LE PETIT), f. c^ne de Loigné. — Fief vassal de la seign. de la Rongère.
CORMIER (LE PETIT-), f. c^ne de Cuillé.
CORMIER-DES-BOIS (LE), f. c^ne de Saint-Isle.
CORMIER-DES-GRILLOTS (LE), f. c^ne de Saint-Charles-la-Forêt.
CORMIERS (LES), h. c^ne de Bonère.
CORMIERS (LES), f. c^ne de Brains-sur-les-Marches.
CORMIERS (LES), f. c^ne du Buret.
CORMIERS (LES), f. c^ne de la Chapelle-Anthenaise; ruiss. affl. de celui de Saint-Nicolas.
CORMIERS (LES), f. c^ne de Chérancé.
CORMIERS (LES), f. c^ne de Grez-en-Bouère.
CORMIERS (LES), h. c^ne de Livré.
CORMIERS (LES), f. c^ne de Parné.
CORMIERS (LES GRANDS-), f. c^ne de Saint-Denis-d'Anjou.
CORMIERS (LES), f. c^ne de Saint-Loup-du-Dorat.
CORNAUDIÈRE (LA), h. c^ne d'Assé-le-Bérenger.
CORNE (LA), f. c^ne de Courcité; auj. détruite.
CORNEILLERIES (LES), f. c^ne d'Astillé.
CORNESSE, h. c^ne du Bourgneuf-la-Forêt; donne son nom à un ruiss. affl. du Vicoin.
CORNESSE, chât., f. et m^in, c^ne de la Brulatte. — L'étang est en partie dans la c^ne de Juvigné. Fief vassal des châtell. de Laval et de la Gravelle.
CORNESSE, m^in et f. c^ne de Juvigné-des-Landes.
CORNESSE (ÉTANG DE), c^ne de Saint-Pierre-la-Cour.
CORNETTERIE (LA), f. c^ne de Saint-Laurent-des-Mortiers.
CORNILLEAU, fief, c^ne de la Selle-Craonnaise, vassal de la bar. de Craon.
CORNILLÈRE (LA), f. c^ne de Changé.
CORNILLÈRE (LA), f. c^ne de Juvigné-des-Landes.
CORNILLÈRE (LA), vill. c^ne de Lignières-la-Doucelle; donne son nom à un ruiss. affl. de celui de Cadin.
CORNILLERIE (LA), h. c^ne de Courbeveille.
CORNOUAILLE, f. c^ne de Chemazé.
CORNUILLÈRE (LA), f. c^ne de Landivy. — On dit aussi la *Cosnuyère*.
CORNULAIS (LA), f. c^ne de Brécé.
CORPENIEN, f. c^ne de Changé.

Conponnière (La), f. cne de Changé.
Connaies (Les), f. cne du Bourgneuf-la-Forêt.
Consu, écluse et min, cne de Martigné.
Convaserie (La), f. cne de Gesvres.
Convée (La), éc. cne de Bouère.
Corvinière (La), h. cne de Hercé.
Corvinière (La), h. cne de Saint-Berthevin-la-Tannière.
Corzé (Moulins de), cne de Nuillé-sur-Vicoin; auj. détruits.
Coslay (Le Haut et le Bas), vill. cne de Champfremont.
Cosmes, cen de Cossé-le-Vivien. — *Villa de Comnis*, 802 (dipl. de Charlemagne). — *Herveus de Chosma*, xie se (arch. d'Anjou, t. II, p. 8). — *Eccles. de Comis*, 1184 (abb. de la Roë). — *Prior de Cosmis*, 1217 (*ibid.*). — *Ad mensuram de Comes*, 1236 (*ibid.*).

Anc. par. du doy. de Laval, de l'élect. de Château-Gontier et du comté de Laval. — Le prieuré dépendait de l'abb. de la Roë.

Cosnard (Étang de), cne de Ballots; auj. desséché. — *Étang de Cosnard*, 1544 (abb. de la Roë). — *Conart*, 1545 (*ibid.*).
Cosnardière (La), f. cne de Champgeneteux.
Cosnardière (La), f. cne d'Hardanges.
Cosnardière (La), h. cne du Housseau.
Cosnardière (La), h. cne de Saint-Denis-de-Gastines.
Cosnardière (La), f. cne de Trans.
Cosnardière (La Petite-), h. cne d'Hardanges.
Cosnardières (Les), f. cne de Deux-Évailles.
Cosnardières (Les), f. cne de Villaines-la-Juhel.
Cosnerie (La), h. cne de Courcité.
Cosnerie (La), f. cne de Laigné.
Cosnerie (La), f. cne de Saint-Thomas-de-Courceriers.
Cosneries (Les), f. cne de la Bazouge-de-Chemeré.
Cosneries (Les), vill. cne de Saint-Léger.
Cosnet, h. cne de Montaudin.
Cosnette, h. cne de Voutré.
Cosnuère (La), f. cne d'Ahuillé.
Cosnuère (La), vill. cne de Courcité.
Cosnuère (La) ou la Cornuère, f. et étang, cne de Mézangers. — Ruiss. affl. de celui du Rocher.
Cosnuère (La), f. cne de Parné.
Cosnuère (La), vill. cne de Saint-Denis-de-Gastines.
Cosnuères (Les), f. cne de Saint-Germain-le-Fouilloux.
Cosnuères (Les), f. cne de la Selle-Craonnaise.
Cossé-en-Champagne, cen de Meslay. — Anc. par. du doy. de Brulon et de l'élect. de la Flèche; une partie de la par. relevait des châtell. de Brulon et de Viré, l'autre de la Cour de Bannes. — Le prieuré dépendait de l'abb. de la Coulture du Mans.
Cossé-le-Vivien, arrond. de Château-Gontier. — *Sacravit eccl. de Cauciaco*, ixe se (Gesta pontif. Cen.).
— *Coctiaco vico publico*, 802 (dipl. de Charlemagne).
— *Cocciaco vico publico*, 832 (dipl. de Louis le Déb.). — *Heubertus prior de Coceio*, 1203 (Bibl. nat. f. lat. 5441). — *Margarita de Quocé*, 1245 (abb. de Savigny, arch. L 971). — *Apud Quoceium*, 1278 (prieuré des Bonshommes). — *Château de Quocé le Vivien*, 1443 (arch. nat. P 343).

Anc. par. du doy. et de l'élect. de Laval. — La châtell. de Cossé était annexée à celle de Montjean, au comté de Laval. — Le prieuré dépendait de l'abb. de Saint-Florent de Saumur.

Cossellière (La), f. cne de Martigné.
Cosserie (La), f. cne d'Ampoigné.
Cosserie (La), f. cne de Laigné.
Cossevinière (La), vill. cne de Hercé.
Cossevinière (La), h. cne de Saint-Berthevin-la-Tannière; donne son nom à un ruiss. affl. de celui de l'Étang de la Hogue.
Cossimbre (La), f. cne de Ballots. — *Lieu de Cosimbre*, 1396 (arch. de la Mayenne, E 146).
Cossimbre (Le), éc. cne d'Athée.
Cossonnière (La), f. cne de Bais; donne son nom à un ruiss. affl. de l'Aron.
Cossonnière (La), h. cne de Cossé-le-Vivien.
Côte (La), éc. cne de Coudray.
Côte-de-l'Aiguillon (La), vill. cne de la Baroche-Gondouin.
Cotellerie (La), f. et chât. cne de Bazougers. — Fief vassal de la châtell. de Bazougers.
Cotellerie (La), éc. cne de la Boissière.
Cotellerie (La), f. cne de Laval.
Cotellière (La), f. cne de Larchamp.
Cotellière (La), f. cne de Loigné.
Cotellière (La), h. cne de Saint-Mars-sur-la-Futaie.
Cotendar, étang, cne de Marcillé-la-Ville; desséché au xviiie siècle. — *Étang de Clotendart*, 1708 (carte de Jaillot).
Cotentin, f. cne de Larchamp.
Cotentinière (La), f. cne de Changé.
Cotentinière (La), f. cne de Vieuvy.
Cotereul (Ruisseau de), cne de Saint-Charles-la-Forêt, affl. du ruiss. du Pont-Saint-Martin.
Coterie (La), f. cne de Saint-Georges-sur-Erve.
Cotin, h. cne de la Bigottière.
Cotinet, f. cne de Saint-Julien-du-Terroux.
Cotinière (La), f. cne de Châtillon-sur-Colmont.
Cotinière (La), f. cne de Chemazé.
Cotinière (La), fief vassal de la châtell. de Courbeveille.
Cotinière (La), h. cne de Houssay. — *La Quotinière*, 1546 (arch. de la Mayenne, E 97).
Cotinière (La), f. cne de Laigné.
Cotinière (La), f. cne de Landivy.

COTTEMANDIÈRE (LA), h. c̄ⁿᵉ de Champfremont.
COTTEREAU, f. c̄ⁿᵉ de Levaré; donne son nom à un ruiss. affl. de l'Ourde.
COTTEREAU (LE), f. c̄ⁿᵉ du Ham.
COTTIÈRE (LA), f. c̄ⁿᵉ d'Ampoigné.
COTTIÈRE (LA), f. c̄ⁿᵉ du Horps.
COTTIÈRES (LES), vill. c̄ⁿᵉ de Saint-Cyr-en-Pail; donnent leur nom à un ruiss. affluent de la Fraubée, qui arrose Villepail.
COUABAUT, f. c̄ⁿᵉ de Charchigné.
COUAILLES (LES), éc. c̄ⁿᵉ d'Andouillé.
COUALONNIÈRE (LA), vill. c̄ⁿᵉ de la Poôté.
COUALONNIÈRE (LA), f. c̄ⁿᵉ de Viviers.
COUANNIÈRE (LA), h. c̄ⁿᵉ de Javron.
COUANNIÈRE (LA GRANDE ET LA PETITE), f. c̄ⁿᵉ de Beaulieu.
COUANNIÈRE (LA GRANDE ET LA PETITE), f. c̄ⁿᵉ de Montjean.
COUARDIÈRE (LA), f. c̄ⁿᵉ d'Assé-le-Bérenger.
COUARDIÈRE (LA), f. c̄ⁿᵉ de Beaulieu. — Fief vassal de la seign. de Méral.
COUARDIÈRE (LA), f. c̄ⁿᵉ d'Hardanges; donne son nom à un ruisseau qui afflue à celui des Fossés et arrose Loupfougères.
COUARDIÈRES (LES), f. c̄ⁿᵉ de Deux-Évailles.
COUAS (LES), h. c̄ⁿᵉ de Saulges.
COUASNON (LANDES DE), c̄ⁿᵉ de Saint-Pierre-des-Landes.
COUASNONNIÈRE (LA), h. c̄ⁿᵉ de Landivy. — La Coisnonnière (Cassini).
COUASNONNIÈRE (LA), h. c̄ⁿᵉ de Saint-Mars-sur-la-Futaie; donne son nom à un ruiss. affl. de celui de la Hemerie. — La Coinonnière (Cassini).
COUASNONNIÈRE (LA GRANDE-), h. c̄ⁿᵉ de Désertines.
COUASNONNIÈRE (LA PETITE-), f. c̄ⁿᵉ de Désertines.
COUATURE (LA), éc. c̄ⁿᵉ de Désertines.
COUBRAN, chât. c̄ⁿᵉ de Saint-Pierre-des-Landes; auj. détruit.
COUCHANT, f. c̄ⁿᵉ de l'Huisserie.
COUCHE (LA), vill. c̄ⁿᵉ de Cossé-en-Champagne.
COUCHERS (LES), h. c̄ⁿᵉ de Saint-Germain-de-Coulamer.
COUDOIS, f. c̄ⁿᵉ d'Ahuillé. — Molin de Couldoye, 1443 (arch. nat. P 343, cote 1033).
COUDRAIE (LA), fief vassal de la châtell. de Courbeveille.
COUDRAIE (LA), f. c̄ⁿᵉ de la Chapelle-Rainsouin.
COUDRAIE (LA), f. c̄ⁿᵉ du Genest.
COUDRAIE (LA), mⁱⁿ auj. détruit, c̄ⁿᵉ de Maisoncelles; étang desséché vers 1782. — Le fief était vassal de la châtell. d'Arquenay.
COUDRAIE (LA), f. c̄ⁿᵉ de Renazé. — On la nommait la Tremblaie avant 1700.
COUDRAIE (LA GRANDE-), f. c̄ⁿᵉ de Voutré.
COUDRAIE (LA PETITE-), éc. c̄ⁿᵉ de Voutré.
COUDRAIS (LES), f. c̄ⁿᵉ d'Andouillé.
COUDRAIS (LES), h. c̄ⁿᵉ de Montjean.

COUDRAIS (LES), f. c̄ⁿᵉ de Saint-Denis-de-Gastines.
COUDRAU (LE), f. c̄ⁿᵉ de Chemazé.
COUDRAY, c̄ⁿᵉ de Bierné. — Le Coudray Geniers (Cassini). — Aujourd'hui Coudray-le-Geniers.
Anc. par. du doy. d'Écuillé, de l'élect. et du marq. de Château-Gontier, qui fut démembrée de celle de Ménil.
COUDRAY (ÉTANG DU), c̄ⁿᵉ de Courcité.
COUDRAY (LE), f. c̄ⁿᵉ d'Ampoigné.
COUDRAY (LE), h. c̄ⁿᵉ d'Averton.
COUDRAY (LE), f. c̄ⁿᵉ du Bignon.
COUDRAY (LE), h. c̄ⁿᵉ du Bourgneuf-la-Forêt; donne son nom à un ruiss. affl. du Vicoin.
COUDRAY (LE), f. c̄ⁿᵉ de Chailland.
COUDRAY (LE), f. c̄ⁿᵉ de Champgeneteux.
COUDRAY (LE), h. c̄ⁿᵉ de Cossé-en-Champagne; donne son nom à un ruiss. affl. du Treulon. — Fief vassal de la Cour de Cossé.
COUDRAY (LE), f. c̄ⁿᵉ de Denazé.
COUDRAY (LE), h. c̄ⁿᵉ de Fromentières. — R. de Coldreio, 1126 (cart. du Ronceray). — Terra de Corrileto, 1189 (Bibl. nat. f. latin, 5441).
Fief vassal de la Quanterie et de la châtell. de Fromentières.
COUDRAY (LE), vill. c̄ⁿᵉ de Grazay.
COUDRAY (LE), f. c̄ⁿᵉ de Lesbois.
COUDRAY (LE), vill. c̄ⁿᵉ de Lignières-la-Doucelle.
COUDRAY (LE), f. c̄ⁿᵉ de Loigné. — Fief du marq. de Château-Gontier, vassal de la seigneurie de la Rongère.
COUDRAY (LE), h. et bois, c̄ⁿᵉ de Marigné-Peuton. — Landes défrichées en 1832.
COUDRAY (LE), vill. c̄ⁿᵉ de Montourtier.
COUDRAY (LE), éc. c̄ⁿᵉ d'Oisseau.
COUDRAY (LE), vill. c̄ⁿᵉ de la Pallu.
COUDRAY (LE), f. c̄ⁿᵉ de Pommerieux.
COUDRAY (LE), f. c̄ⁿᵉ de Saint-Berthevin-la-Tannière.
COUDRAY (LE), f. c̄ⁿᵉ de Saint-Cénéré; donne son nom à un ruiss. affl. de celui de la Métairie.
COUDRAY (LE), vill. c̄ⁿᵉ de Saint-Cyr-en-Pail; donne son nom à un ruiss. affl. du ruiss. de l'Étang d'Havoust.
COUDRAY (LE), chât. et f. c̄ⁿᵉ de Saint-Denis-du-Maine.
COUDRAY (LE), f. c̄ⁿᵉ de Saint-Georges-Buttavent.
COUDRAY (LE), f. c̄ⁿᵉ de Saint-Jean-sur-Erve.
COUDRAY (LE), f. c̄ⁿᵉ de Saulges.
COUDRAY (LE), f. c̄ⁿᵉ de Soulgé-le-Bruant.
COUDRAY (LE), vill. c̄ⁿᵉ de Torcé.
COUDRAY (LE), f. c̄ⁿᵉ de Villiers-Charlemagne; donne son nom à un ruiss. affl. de la Mayenne.
COUDRAY (LE), f. c̄ⁿᵉ de Vimarcé.
COUDRAY (LE GRAND-), vill. c̄ⁿᵉ d'Andouillé.

Coudray (Le Grand-), h. c^{ne} de Chantrigné.—L'étang du Grand-Coudray est auj. desséché.

Coudray (Le Grand-), chât. c^{ne} de Saint-Fort.

Coudray (Le Grand et le Petit), f. c^{ne} de Bonchamp; ruiss. affl. de celui de Saint-Nicolas. — Fief vassal de la châtell. de Laval.

Coudray (Le Grand et le Petit), f. c^{ne} de Commer.

Coudray (Le Grand et le Petit), h. c^{ne} de Maisoncelles. — L'étang du Grand-Coudray a été dess. vers 1800.

Coudray (Le Grand et le Petit), f. c^{ne} de Ménil.

Coudray (Le Grand et le Petit), f. c^{ne} de Montigné. — *Burcardus de Coldreio*, 1203 (Bibl. nat. f. latin, 5441).

Coudray (Le Grand et le Petit), h. c^{ne} de Saint-Brice.

Coudray (Le Grand et le Petit), h., mⁱⁿ et étang, c^{ne} de Villaines-la-Juhel. — Fief du marq. de Villaines.

Coudray (Le Haut et le Bas), f. et mⁱⁿ, c^{ne} de Saint-Isle. — Le ruiss. du Haut-Coudray arrose le Genest et se jette dans le Vicoin.
Fief de la châtell. de Saint-Ouen.

Coudray (Le Petit-), f. c^{ne} d'Andouillé.

Coudray (Le Petit-), h. c^{ne} de Chantrigné. — Fief vassal du duché de Mayenne.

Coudray (Le Petit), h. c^{ne} de Saint-Charles-la-Forêt.

Coudray (Le Petit-), f. c^{ne} de Saint-Sulpice; bois auj. défriché.

Coudray (Le Petit-), f. c^{ne} de Soulgé-le-Bruant; supprimé vers 1858.

Coudray-aux-Selles (Le), fief, c^{ne} de Montigné, vassal de la châtell. de Montigné.

Coudray-Guichard (Le), f. c^{ne} de Bonchamp.

Coudray-Simon (Le), f. c^{ne} de Pommerieux.

Coudre (La), f. c^{ne} de Ballots; auj. détruite.

Coudre (La), f. c^{ne} de Bazouges.

Coudre (La), h. c^{ne} de Changé.

Coudre (La), f. c^{ne} de la Chapelle-Rainsouin.

Coudre (La), f. c^{ne} de Denazé; donne son nom à un ruiss. qui affiue à l'Hière et arrose Laigné.

Coudre (La), chât. et f. c^{ne} d'Entrammes.

Coudre (La), f. c^{ne} de Jublains.

Coudre (La), couvent de Trappistines, c^{ne} de Laval.

Coudre (La), f. c^{ne} de Louverné.

Coudre (La), f. c^{ne} de Ménil.

Coudre (La), f. c^{ne} de Montigné.

Coudre (La), f. c^{es} de la Pellerine.

Coudre (La), f. c^{ne} de Ruillé-Froidfont.

Coudre (La), f. c^{ne} de Saint-Berthevin-la-Tannière.

Coudre (La), f. c^{ne} de Saint-Erblon.

Coudre (La), f. c^{ne} de Saint-Laurent-des-Mortiers.

Coudre (La), h. et f. c^{ne} de Saint-Mars-sur-la-Futaie.

Coudre (La), f. c^{ne} de Thorigné.

Coudreau (Le), f. c^{ne} de Chemazé.

Coudreaux (Les), h. c^{ne} de Désertines.

Coudre-aux-Paumard (La), f. c^{ne} d'Andouillé.

Coudre-aux-Rallier (La), vill. c^{ne} d'Andouillé.

Coudrie (La), f. c^{ne} d'Argentré.

Coudrière (La), h. c^{ne} de Courcité.

Coudrière (La Grande et la Petite), f. c^{ne} de Mézangers. — Les landes de ce lieu sont auj. défrichées. Fief vassal de la châtell. de Chellé.

Couesmes, c^{on} d'Ambrières. — *Apud Coismes*, 1241 (abb. de Savigny, arch. nat. L 970). — *Coaysmes*, 1404 (inv. des arch. de la Sarthe). — *Coysmes*, 1455 (ibid.).
Anc. par. du doy. de Passais, de l'élect. de Mayenne et de la châtell. de Gorron. — Le ruisseau de Couesmes est un affl. de celui de Beslay.

Couesmes, fief, c^{ne} de Gennes, aussi nommé *Éventard*, vassal de la châtell. de Romfort.

Couesnon (Le), riv. qui prend sa source dans la c^{ne} de Saint-Pierre-des-Landes.

Couèvre (Le), vill. c^{ne} de Bannes. — Fief vassal de la Cour de Bannes.

Couèvrons (Lande des), éc. c^{ne} de Vimarcé.

Couèvrons (Les), f. c^{ne} de Vimarcé, voisine de la chaîne des Coëvrons.

Cougés (Les), f. c^{ne} de Saint-Denis-de-Gastines.

Couhabrun, f. c^{ne} de Saint-Pierre-des-Landes.

Couhodon, c^{ne} de Neuilly-le-Vendin.

Couhouroux, f. c^{ne} de Saint-Pierre-des-Landes. — Fief vassal de la châtell. d'Ernée.

Couillaudière (La), éc. c^{ne} de Marcillé-la-Ville.

Couillaux, éc. c^{ne} de la Dorée.

Couillé, étang et mⁱⁿ, c^{ne} de Vaiges; supprimés en 1845.

Couillère (La), f. c^{ne} de Bouère. — On prononce *la Coyère*.

Couillère (La), f. c^{ne} d'Origné.

Couillère (La), f. c^{ne} de Préaux.

Coulairie (La), f. c^{ne} d'Alexain.

Coulais (La), f. c^{ne} de Juvigné-des-Landes.

Coulamer, h. et étang, c^{ne} de Saint-Germain-de-Coulamer.

Coulangère (La), f. c^{ne} de Désertines.

Coulée (Bas-), vill. c^{ne} de Blandouet.

Coulée (La), éc. c^{ne} de Jublains.

Coulées (Les), f. c^{ne} de Chammes.

Coulées (Les), éc. c^{ne} de Voutré.

Coulées (Les-Petites-), f. c^{ne} de Chammes.

Coulençon, h. c^{ne} de Boulay.

Coulerie (La), f. c^{ne} d'Athée.

Coulerie (La), f. c^{ne} de Saint-Ellier; donne son nom à un ruiss. affl. de la Futaie.

Coulerie (La), f. c^{ne} de Villiers-Charlemagne.

Couleuvrau, f. c^ne de Saint-Christophe-du-Luat.
Coulfrotière (La), f. c^ne de Saint-Brice; auj. détruite. — *La Coullefrotière*, 1479 (arch. nat. P 343). — *Métairie de la Coulefroquière*, 1600 (abb. de Bellebranche).
Fief vassal de la châtell. de Sablé.
Coulfru, h. c^ne de Saint-Aignan-de-Couptrain. — *Coullefru*, 1509 (cab. Chedeau). — *Courflux*, chât. (carte de Jaillot).
Fief vassal de la seign. de Lamboux.
Coulie (La), éc. c^ne de Saint-Léger.
Coulière (La), h. c^ne de Montourtier. — *Coleriacum*, 989 (cart. d'Évron).
Coulière (La), f. c^ne d'Oisseau. — On prononce la *Couillère*.
Coulion, h. c^ne du Ribay. — *Curaurelio*, 989 (cart. d'Évron).
Coulion, vill. c^ne de Villaines-la-Juhel. — Fief vassal de la seign. de Courtœuvre.
Couliron, éc. c^ne de Beaulieu.
Coullouet, f. c^ne de Martigné.
Coulombière (La), f. c^ne de Meslay.
Coulon (Le Grand et le Petit), f. c^ne de Saint-Denis-d'Anjou. — Étang desséché au XVIIIe siècle.
Fief vassal de la seign. de Durtal.
Coulonges, vill. c^ne de Couesmes. — Fief vassal du marq. de Lassay.
Coulonges, f. c^ne d'Évron.
Coulonges, chât., m^in, f. et étang, c^ne de Saint-Fraimbault-de-Prières. — Ruiss. affl. de l'Ollon.
Fief vassal du duché de Mayenne.
Coulonges, h. c^ne de Saint-Mars-du-Désert. — Fief vassal du comté d'Averton.
Coulonges (Le Grand et le Petit), h. et chât. c^ne de Fromentières. — Fief de la châtell. de Fromentières.
Coulonnière (La), h. c^ne de Bais. — Étangs desséchés en 1832.
Coulonnière (La), f. c^ne de Commer.
Coulonnière (La), h. c^ne de Trans.
Coulouzière (La), f. c^ne de Bais.
Coultru, f. c^ne de Juvigné-des-Landes.
Coulusse, m^in, c^ne de Contest; détruit vers 1820. — *Moulin de Coulluces*, 1546 (arch. de la Mayenne, série E).
Ruisseau affl. de la Mayenne.
Coupairie (La), fief vassal de la châtell. de Montigné.
Couparié (La), h. c^ne de Hambers.
Coupaude (La Grande et la Petite), f. c^ne de Saint-Céneré.
Coupé, h. c^ne de Châtillon-sur-Colmont.
Coupeau, f. c^ne de Saint-Céneré. — Fief vassal de la bar. de la Chapelle-Rainsouin.

Coupeau (Le), m^in, c^ne de Saint-Berthevin. — *Moulin Coupel*, 1312 (cab. La Bauluère). — *Moulin Coppel*, 1365 (*ibid.*).
Fief vassal de la châtell. de Laval.
Coupée (La), vill. c^ne de Larchamp. — Taillis défriché vers 1864.
Coupelleries (Les), h. c^ne de Saint-Georges-Buttavent.
Coupellière (La), f. c^ne d'Alexain.
Coupellière (La), f. c^ne d'Argentré.
Coupellière (La), f. c^ne de la Bigottière.
Coupellière (La), f. c^ne de Saint-Pierre-la-Cour.
Couperie (La), éc. c^ne de la Bazouge-de-Chemeré.
Couperie (La), f. c^ne de Cigné.
Couperie (La Haute et la Basse), h. c^ne de Villaines-la-Juhel.
Couperie (La Petite-), f. c^ne de Villaines-la-Juhel.
Couperies (Les), c^ne de Villaines-la-Juhel; donnent leur nom à un ruiss. affl. de celui de Saint-Georges.
Coupesac, m^in, c^ne de Daon; détruit au XVIIIe siècle. — *In molendino de Copesage*, 1250 (abb. de la Roë, H 183, f° 105). — *Copesac*, 1250 (*ibid.* f° 106).
Le pont de Daon est établi sur la chaussée du moulin.
Couplé (Étang de), partie dans la c^ne de Juvigné et partie dans la c^ne de la Croixille.
Couptrain, arrond. de Mayenne. — *Riparia et molendina de Corputragio*, 1198 (recueil de ch. fait au XVIIe s^e). — *Apud Corputranum*, 1208 (*ibid.*). — *In molendino Corpotrani*, 1208 (*ibid.*) - *Copetrain*, 1473 (bibl. de la ville du Mans). — *Courpourtrain*, 1484 (cab. Chedeau). — *Courptrain*, 1508 (cout. du Maine).
Le prieuré dépendait de l'abb. Saint-Julien de Tours. — Anc. par. du doy. de Javron, de l'élect. du Mans et du duché de Mayenne. — La châtell. de Couptrain s'étendait sur Javron, Saint-Aignan, la Pallu et Saint-Cyr-en-Pail.
Cour (Étang de la), c^ne de Saint-Brice; desséché de 1800 à 1810.
Cour (La), fief, c^ne d'Andouillé, vassal de la châtell. de Saint-Ouen-des-Toits.
Cour (La), m^in, c^ne d'Assé-le-Bérenger. — Ce nom indiquait toujours le siége d'une seigneurie : la Cour d'Assé était vassale de la bar. de Touvoie.
Cour (La), f. c^ne d'Azé.
Cour (La), f. c^ne de Ballots. — Fief de la bar. de Craon.
Cour (La), f. c^ne de Bannes. — Arrière-fief de la bar. de Sainte-Suzanne, vassal de la châtell. de Thorigné, comprenant dans sa mouvance les fiefs de Blandouet, de Rochebrault, de Bannette, de Cœuvre, de Cossé, de la Bousselière, de la Roche-Boutin et de Vignart.

Cour (La), chât. c^ne de la Bazouge-de-Chemeré.
Cour (La), f. c^ne de Bazougers.
Cour (La), f. c^ne de Beaumont-Pied-de-Bœuf. — Fief vassal de la châtell. de Bazougers.
Cour (La), f. c^ne de la Bigottière. — Fief vassal de la seign. de la Feuillée. — Landes auj. défrichées.
Cour (La), f. c^ne de Cigné.
Cour (La), chât. et f. c^ne de Commer; donne son nom à un ruiss. affl. de la Mayenne. — Étang desséché vers 1820.
 Fief du duché de Mayenne.
Cour (La), h. c^ne de Congrier. — Fief vassal de la bar. de Craon.
Cour (La), chât. avec étang, c^ne de Cossé-en-Champagne. — Le m^in est auj. détruit.
Cour (La), vill. c^ne de la Cropte. — Siége de la châtell. de la Cropte.
Cour (La), fief, c^ne de Denazé, vassal de la bar. de Craon. — Le ruiss. de la Cour se jette dans l'Oudon.
Cour (La), chât. c^ne de Fromentières.
Cour (La), chât. et f. c^ne de Grazay. — Fief vassal du duché de Mayenne.
Cour (La), chât. et f. c^ne de Laubrières. — Fief vassal de la bar. de Craon.
Cour (La), h. c^ne de Livré. — Siége de la seign. de Livré, dép. de la bar. de Craon.
Cour (La), f. c^ne de Maisoncelles. — Fief de la châtell. d'Arquenay.
Cour (La), f. c^ne de Nuillé-sur-Vicoin.
Cour (La), chât. et f. c^ne de Parné.
Cour (La), h. c^ne de Placé. — Fief du duché de Mayenne.
Cour (La), f. c^ne du Ribay.
Cour (La), f. c^ne de la Rouaudière.
Cour (La), f. c^ne de Ruillé-le-Gravelais.
Cour (La), f. c^ne de Saint-Aubin-du-Désert; détruite en 1867.
Cour (La), h. c^ne de Saint-Aubin-Fosse-Louvain. — Le fief de la Cour-aux-Dames était vassal de la châtell. de Gorron.
Cour (La), f. c^ne de Saint-Denis-d'Anjou.
Cour (La), chât. et f. c^ne de Sainte-Gemmes-le-Robert. — Fief vassal de la bar. d'Évron.
Cour (La), f. c^ne de Saint-Loup-du-Gast. — Fief de la bar. d'Ambrières.
Cour (La), f. c^ne de Saint-Sulpice.
Cour (La), h. c^ne de Vautorte; bois auj. défriché. — Fief du duché de Mayenne.
Cour (La Basse-), f. c^ne d'Ahuillé.
Cour (La Basse-), f. c^ne de Chammes.
Cour (La Basse-), f. c^ne de Chevaigné.
Cour (La Basse-), f. c^ne de Daon.
Cour (La Basse-), f. c^ne de Fougerolles.
Cour (La Basse-), f. c^ne de Rennes-en-Grenouille.
Cour (La Basse-), f. c^ne de Voutré.
Cour (La Grande-), f. c^ne de Gesvres; détr. en 1865.
Cour (La Grande-), f. c^ne de Saint-Berthevin.
Cour (La Grande-), h. c^ne de Saint-Denis-du-Maine.
Cour (La Haute-), vill. c^ne de Gesvres.
Cour (La Haute-), f. c^ne de Niort. — Fief vassal du marq. de Lassay.
Cour (La Petite-), f. c^ne de Champfremont; détruite vers 1819.
Couraiguère (La), f. c^ne de Saint-Denis-d'Anjou.
Couralière (La), f. c^ne d'Aron.
Couralière (La), f. c^ne de Ballots; auj. détruite.
Couralière (La), f. c^ne de la Roë; suppr. vers 1812. — On écrit aussi la Corrayère.
 Ruiss. affl. de celui de la Pelleterie. — Landes auj. défrichées.
Couralières (Les), h. c^ne de la Bazouge-des-Alleux.
Courandière (La), f. c^ne d'Azé.
Courandière (La), vill. c^ne de Charchigné.
Courandière (La), f. c^ne de Châtelain.
Courant (Le), f. c^ne de Saint-Poix.
Courants (Les), f. c^ne de Bazouges.
Courants (Les), chât., f. et dom. c^ne de Longuefuye. — Medietatem terre quam Currentes vocant, 1130. — Les Courances (carte de Jaillot).
 Cette terre, vassale des seign. de la Forêt d'Aubert et de Marboué et de la châtell. de Longuefuye, a pris son nom d'une famille établie à l'origine près de Saumur; on en trouve la trace dans le cartulaire de Saint-Maur-sur-Loire (ch. 50).
Courasière (La), h. c^ne du Pas. — In mensura de Corrassière, 1260 (abb. de Savigny, arch. nat. L 972).
Couraux (Les), f. c^ne de Bierné.
Courbadon, f. c^ne de Cigné. — Fief de la bar. d'Ambrières.
Courbault, vill. c^ne de Bais. — Curquebot, 989 (cart. d'Évron).
Courbay ou Courbais, h. c^ne de Saint-Aignan-de-Couptrain. — Arrière-fief de la châtell. de Couptrain, vassal de la seign. de Lamboux.
Courbayer, fief, c^ne de Saint-Aignan-de-Couptrain, vassal de la châtell. de Couptrain.
Courbe (La), vill. c^ne d'Argentré.
Courbe (La), f. c^ne de Beaumont-Pied-de-Bœuf. — Fief de la châtell. de Bazougers.
Courbe (La), f. c^ne de Bouessay.
Courbe (La), vill. c^ne de Champgeneteux.
Courbe (La), logis et f. c^ne de Mayenne; donne son nom à un ruiss. affl. de la Mayenne.

Courbe (La), f. c^{ne} de Nuillé-sur-Vicoin. — Arrière-fief de la bar. d'Entramnes; vassal de la seign. de Lancheneil.

Courbe (La), m^{in}, c^{ne} d'Oisseau.

Courbe (La), f. c^{on} d'Origné.

Courbe (La), f. c^{ne} de Saint-Cénéré.

Courbe (La Grande-), f. c^{ne} d'Origné.

Courbe (La Grande et la Petite), f. c^{ne} de Brée. — Seign. annexée à la châtell. de Brée.

Courbefosse, f. c^{ne} de Fougerolles. — *Habitus de Curva Fossa*, 1158 (abb. de Savigny).

Courbehier, f. c^{ne} de Voutré. — *Curtem Byssœris*, 989 (cart. d'Évron). — *Court Behier*, 1488 (inscript. tumulaire de l'église parois.). — *Courbayer*, 1590 (arch. de la Mayenne, série E). — On écrit aussi *Courbeiller* dans les dénombrements.

Seign. vassale de la bar. de Sainte-Suzanne.

Cour-Beline, f. c^{ne} de Parné.

Cour-Belot (La), chât. auj. nommé Thudeuf, c^{ne} de Nuillé-sur-Vicoin. — Fief vassal de la bar. d'Entramnes et des châtell. de Lancheneil et de Montchevrier.

Cour-Benu (La), h. c^{ne} de Saint-Calais-du-Désert.

Courberie, c^{on} du Horps. — Ruiss. affl. de celui de Lassay.

Prieuré-cure dépendant de l'abb. de Beaulieu (Maine). — Anc. par. du doy. de Javron, de l'élect. du Mans et du marq. de Lassay.

Courberie, f. c^{ne} d'Évron. — *Le ruissel de Courbery*, 1453 (cart. d'Évron).

Courbes (Les), f. c^{ne} d'Épineu-le-Séguin. — Fief vassal du marq. de Sablé.

Courbes (Les), f. c^{ne} de Saint-Aubin-Fosse-Louvain.

Courbes (Les), f. c^{ne} de Saint-Jean-sur-Mayenne.

Courbeveille, c^{on} de Laval-Est. — *Castrum Curvœ Villœ*, xiie s^e (Bibl. nat. f. lat. 5441). — On prononce *Courveille*.

Anc. par. du doy. de l'élect. et du comté de Laval. — Les landes, contenant 67 hect., ont été défrichées de 1815 à 1830.

Courbezain, vill. c^{ne} de Neuilly-le-Vendin. — *Courbezain* (Cassini).

Seign. vassale de la châtell. de la Ferté-Macé.

Cour-Bigot, fief, c^{ne} de Méral, vassal de la bar. de Craon.

Cour-Bodin (La), fief, c^{ne} de Bazougers, vassal de la châtell. de Bazougers.

Cour-Boivin (La), h. c^{ne} de Montaudin. — Arrière-fief du duché de Mayenne, vassal de la châtell. de Pontmain.

Cour-Boré (La), vill. c^{ne} de Bourgon. — Fief de la châtell. de Saint-Ouen.

Cour-Boyer (La), fief, c^{ne} de Villaines-la-Juhel, vassal de la seign. de Courtœuvre.

Courbure, f. c^{ne} de Brains-sur-les-Marches.

Courbure, f. et m^{in}, c^{ne} de Livré. — *Juxta stagnum molendini de Corbuira*, xiie s^e (abb. de la Roë, H 151, f° 64). — *Reffoul de Corbeure*, 1488 (abb. de la Roë). — *Moulin de Courbeure*, 1549 (*ibid.*).

Courbure (La), f. c^{ne} d'Athée.

Courbusson, chât. et f. c^{ne} de Saint-Berthevin. — *Courbuisson* (Cassini).

Fief de la châtell. de Saint-Berthevin.

Courbusson, f. c^{ne} de Saint-Christophe-du-Luat. — *Curquorbionem*, 989 (cart. d'Évron).

Fief vassal de la bar. d'Évron.

Courcelles, f. c^{ne} d'Astillé.

Courcelles, h. c^{ne} du Horps.

Courcelles, chât. et f. c^{ne} de Houssay. — Ruiss. affl. de celui de Poillé; landes auj. défrichées.

Seign. vassale du marq. de Château-Gontier.

Courcelles, chât. et f. c^{ne} de Nuillé-sur-Vicoin. — Fief vassal des seign. de Montchevrier et de Montigné.

Courcelles, f. c^{ne} de Parné; donne son nom à un ruiss. affl. de l'Ouette.

Courcerettes (Les), f. c^{ne} de Juvigné-des-Landes.

Courceriers, chât., f. et m^{in}, c^{ne} de Saint-Thomas-de-Courceriers. — *G. de Corceser*, 1197 (inv. des arch. de la Sarthe). — *G. de Corceisiers*, vers 1200 (abb. de Savigny, arch. nat. L 977). — *G. de Curcesiers*, 1218 (inv. des arch. de la Sarthe). — *Curia Cesaris*, 1277 (liv. bl. du chap. du Mans). — *Courceliers*, xiiie s^e (cart. d'Évron). — *Le seigneur de Coursezierez*, 1479 (test. du cab. d'Achon).

Le ruiss. de Courceriers se jette dans la Vaudelle. La châtell. de Courceriers était vassale de l'abb. d'Évron et comprenait dans sa mouvance les fiefs de Beauvais, de Chauchris, de la Corbière, de Cordouen, de Crun, du Febvre, de Grazay, de Halcul, de la Martinière, de Montfaucon, des Pernaiges, de Perron, de la Perronnière, du Pont-Bellanger, de la Grande-Touche et de la Tréhorie; elle reportait les uns au duché de Mayenne ou à la bar. de Sillé-le-Guillaume, les autres à la bar. de Sainte-Suzanne et à celle de Lavardin. — Elle avait droit de sergent à Bais, Champgeneteux et Couptrain.

Courceron, f. c^{ne} de Champgeneteux. — On dit aussi *Couceron*.

Courcière (La), f. c^{ne} de Désertines; donne son nom à un ruiss. affl. de l'Ourde.

Courcière (La), f. c^{ne} de Hercé.

Courcière (La), h. c^{ne} de Neuilly-le-Vendin.

Courcière (La), éc. c^{ne} de la Poôté.

COURCITÉ, c⁰ⁿ de Villaines-la-Juhel. — *In parrochia de Courcité*, 1125 (cart. d'Évron). — *Parr. de Curia Civitatis*, 1273 (inv. des arch. de la Sarthe).
Le prieuré-cure dépendait de l'abb. de Beaulieu. — Anc. par. du doy. de Javron, de l'élect. du Mans et du marq. de Villaines-la-Juhel.
COURCOIFFÉ (LA), h. cⁿᵉ de Juvigné-des-Landes.
COUR-CORBIN (LA), f. cⁿᵉ de Bais.
COUR-CORBIN (LA), f. et mⁱⁿ, cᵐᵉ d'Izé. — Fief vassal de la bar. de Sillé-le-Guillaume.
COUR-CORDON (LA), f. cⁿᵉ de Couptrain.
COUR-D'AULAIN (LA), f. cⁿᵉ d'Averton. — Fief vassal du comté d'Averton.
COUR-DE-BAZEILLE (LA), h. cⁿᵉ du Pas. — Fief de la bar. d'Ambrières. — Voy. BAZEILLE.
COUR-DE-FILLEURON (LA), f. cⁿᵉ de Bazougers. — Fief vassal de la châtell. de Bazougers.
COUR-DE-FROIDFONT (LA), f. cⁿᵉ de Ruillé-Froidfont.
COUR-DE-HERCÉ (LA), f. cⁿᵉ de Colombiers. — Arrière-fief du duché de Mayenne, vassal de la seign. de la Gauberdière.
COUR-DE-L'ABBÉ (LA), f. cⁿᵉ de Cossé-le-Vivien.
COUR-DE-LA-HARD (LA), f. cⁿᵉ de Cossé-le-Vivien. — Fief vassal de la châtell. de la Guéhardière.
COUR-DE-LA-ROË (LA), f. cⁿᵉ de Fontaine-Couverte.
COUR-DE-L'AUNAY (LA), f. cⁿᵉ de Saint-Denis-de-Gastines.
COUR-DE-RALLAY (LA), chât. cⁿᵉ d'Azé. — Fief vassal de la bar. d'Ingrandes. — Voy. RALLAY.
COUR-D'ERVE (LA), vill. cⁿᵉ de Saint-Pierre-sur-Erve.
COUR-DES-AUNAIS (LA), chât. cⁿᵉ de Parné. — Fief vassal de la bar. d'Entrammes. — Voy. AUNAIS (LES).
COUR-DES-LANDES (LA), f. cⁿᵉ de la Bazouge-des-Alleux.
COUR-DES-OYÈRES (LA), f. cⁿᵉ d'Aron. — Fief vassal du duché de Mayenne. — Voy. OYÈRES (LES).
COUR-DOMMIER (LA), f. cⁿᵉ d'Évron. — Fief vassal de la bar. d'Évron. — Voy. DOMMIER.
COUR-DORÉ, fief vassal de la châtell. de Courbeveille.
COUR-D'OUETTE (LA), chât. et f. cⁿᵉ d'Entrammes.
COURDOUX, vill. cⁿᵉ de Neuilly-le-Vendin. — *Courdhoux* (Cassini).
COUR-DU-BOIS (LA), f. cⁿᵉ de Denazé.
COUR-DU-BOIS (LA), *aliàs* LA GRANGE, f. cⁿᵒ d'Épineu-le-Séguin.
COUR-DU-BOIS-BUREAU (LA), h. cⁿᵉ de la Crapte. — Fief vassal de la châtell. de la Cropte. — Voy. BOISBUREAU.
COUR-DU-BOULAY (LA), f. cⁿᵉ de Cossé-le-Vivien.
COUR-DU-LARRY (LA), f. cⁿᵉ de Larchamp. — Voy. LARRY.
COUR-DU-VAL (LA), f. cⁿᵉ d'Athée.
COUREAUX (LES), vill. cⁿᵉ de Javron.
COUR-FONTAINE, vill. cⁿᵉ de Saint-Pierre-sur-Orthe.
COUR-FOURÉ (LA), f. cⁿᵉ de la Chapelle-Craonnaise.
COUR-GALAIN, h. cᵉᵉ de Boulay. — Fief vassal de la châtell. de la Poôté.
COURGÉ, chât. cⁿᵉ de Chailland.
COURGÉ (LE GRAND-), h. cⁿᵉ de Chailland.
COURGEMAY, f. cⁿᵉ de Bazougers. — *Cougemay* (carte de l'État-major).
COURGENIL, vill. cⁿᵉ de Juvigné-des-Landes. — *Courgenie* (Cassini). — *Courgeny* (carte de l'État-major).
COURGÉS (LES), f. cⁿᵉ de Saint-Hilaire-des-Landes. — Étang auj. desséché. — Le ruiss. de Courgé et de Vaumorin est un affl. de l'Ernée; le ruiss. du Petit-Courgé est un affl. de celui du Boulay.
COUR-HAIRIE (LA), h. cⁿᵉ de Saint-Martin-de-Connée.
COUR-HESLIER (LA), f. cⁿᵉ de Saint-Georges-Buttavent. — Fief du duché de Mayenne.
COURIE (LA HAUTE et LA BASSE), f. cⁿᵉ de Châtillon-sur-Colmont.
COUR-JANVIER (LA GRANDE et LA PETITE), f. cⁿᵉ d'Ambrières. — Arrière-fief de la bar. d'Ambrières, vassal de la seign. de Houssemagne.
COURLAIS (LA), f. cⁿᵉ de la Boissière.
COURLAIS (LA), f. cⁿᵉ de Saint-Denis-de-Gastines.
COURLAIS (LE PETIT-), f. cⁿᵉ de Saint-Léger.
COURLAIS (LES), f. cⁿᵉ de Saint-Léger.
COUR-LANDAIS (LA), h. cⁿᵉ du Ribay. — Fief vassal du marq. de Lassay.
COUR-LANDE, f. cⁿᵉ de Cosmes. — Bois auj. défriché.
COUR-MALABRY, h. cⁿᵉ de Gesvres.
COUR-MELOT, f. cⁿᵉ de Saint-Pierre-des-Landes.
COUR-MESNIL, h. cⁿᵉ de Landivy. — Fief de la châtell. de Landivy.
COUR-MESNIL, f. cⁿᵉ de Quelaines.
COUR-MINET, f. cⁿᵉ de Juvigné-des-Landes.
COURMONDRON, h. cⁿᵉ de Martigné. — *Courmondrau* (Cassini). — *Courmaudrou* (carte de l'État-major).
COURMONT, f. cⁿᵉ de Moulay.
COURMONTAIS, h. cⁿᵉ de Sainte-Gemmes-le-Robert. — Arrière-fief de la bar. de Sainte-Suzanne, vassal de la seign. du Plessis-Buret.
COUR-MULOT, f. cⁿᵉ de Saint-Martin-de-Connée. — Fief vassal de la bar. de Sillé-le-Guillaume.
COUR-NEUVE (LA), h. cⁿᵉ de Saint-Ellier.
COUR-NOBLE, vill. cⁿᵉ de Saint-Georges-sur-Erve.
COURPELÉE, f. cⁿᵉ de Saint-Georges-Buttavent.
COUR-PERRAULT (LA), h. cⁿᵉ de Juvigné-des-Landes. — Fief vassal de la châtell. de Saint-Ouen.
COUR-PERRON (LA), h. cⁿᵉ d'Aron.
COUR-PIAU (LA), f. cⁿᵉ de Martigné.
COURPIED, éc. et h. cⁿᵉ de Grez-en-Bouère.
COURPIERRE, h. cⁿᵉ d'Évron. — *G. de Curtpetra*, XII° s° (cart. d'Évron).
Fief vassal de la bar. de Sainte-Suzanne.

COURPIERRE (LA), f. c^{ne} d'Entramnes.
COUR-PONCHÈRE (LA), f. c^{ne} de Sacé. — *Courtporchère*, 1558 (arch. de la Mayenne, série E).
Fief vassal de la châtell. de Laval.
COURQUENOUX (LES), vill. c^{ne} de Juvigné-des-Landes. — *Obedientiam que Corcanol vocatur in territorio Erneie*, XIIe s^e (abb. de la Roë, H 151, f° 18). — *Courquenou* (Cassini).
Fief vassal de la seign. de Montguerré.
COURTABON, f. c^{ne} de Brée.
COURTACHIEN, f. c^{ne} de Châtres.
COURTADIÈRE (LA), h. c^{ne} de Courcité.
COURTALIÉRU (LE GRAND ET LE PETIT), vill. et bois, c^{ne} de Vimarcé; château en ruines. — Ruisseau affl. de l'Erve.
Fief vassal de la bar. de Sillé-le-Guillaume.
COURTAUDIÈRE (LA), f. c^{ne} de Soulgé-le-Bruant.
COURTAUDON, seign. voisine de Chemeré-le-Roi.
COURTAUDON, f. c^{ne} de Neau. — Fief vassal de la bar. d'Évron et de la châtell. de Montsurs.
COURTEAUME, f. c^{ne} de Saint-Martin-de-Connée.
COURTEILLE, f. et landes, c^{ne} de Juvigné-des-Landes. — Ruiss. affl. de la Vilaine; étang auj. desséché et mⁱⁿ détruit.
Seign. vass. de la châtell. de Saint-Ouen-des-Toits.
COURTEILLE, f. c^{ne} de Saint-Christophe-du-Luat.
COURTEILLE, h. c^{ne} de Saint-Denis-de-Gastines.
COURTEILLE (LA GRANDE ET LA PETITE), f. c^{ne} de Bonchamp. — Ruiss. affl. de celui de Saint-Nicolas, qui arrose Changé.
Fief vassal de la châtell. de Laval.
COURTEILLES (LES), éc. c^{ne} de Neuilly-le-Vendin.
COURTEILLES (LES HAUTES ET LES BASSES), h. c^{ne} de Martigné. — *Lieu de Courtaille*, 1443 (arch. nat. P 343).
COURTEMANCHE, h. et mⁱⁿ, c^{ne} de Villaines-la-Juhel. — Ruiss. affl. de celui de Merdereau.
Seign. vassale du marq. de Villaines.
COURTEMICHE, éc. c^{ne} de Champfremont.
COURTENTRÉ, f. c^{ne} de Vaiges.
COURTERIE (LA), f. c^{ne} de Saint-Mars-du-Désert.
COURTERON, f. c^{ne} d'Izé.
COURTIBŒUF, mⁱⁿ, c^{ne} de Champgeneteux. — Fief du marq. de Villaines.
COURTIL (LE), f. c^{ne} d'Argentré. — *H. de Curtillis*, XIe s^e (cart. du Ronceray).
COURTILLAUX (LES), f. c^{ne} de Montaudin.
COURTILLE (LA); h. c^{ne} d'Ambrières.
COURTILLE (LA), éc. c^{ne} de Grazay.
COURTILLÉ (LE), f. c^{ne} de Parné; donne son nom à un ruiss. affl. de la riv. de l'Ouette.
COURTILLERIE (LA), f. c^{ne} de la Bazouge-des-Alleux.

COURTILLERIE (LA), vill. c^{ne} de Bonchamp, annexé au^t bourg.
COURTILLERIE (LA), f. c^{ne} de Changé.
COURTILLERIE (LA), f. c^{ne} de Daon.
COURTILLERIE (LA), f. c^{ne} de Forcé.
COURTILLERIE (LA), f. c^{ne} de Grez-en-Bouère. — Fief vassal de la châtell. de Sablé.
COURTILLERIE (LA), h. c^{ne} de Louverné.
COURTILLERIE (LA), f. c^{ne} de Ruillé-Froidfont.
COURTILLERIES (LES), h. c^{ne} de Renazé.
COURTILS (LES), f. c^{ne} de Cuillé.
COURTILS (LES), f. c^{ne} de Saint-Ouen-des-Toits. — Fief vassal de la châtell. de Saint-Berthevin.
COURTINIÈRE (LA), vill. c^{ne} de la Baconnière.
COURTINIÈRE (LA), vill. c^{ne} de Lignières-la-Doucelle.
COURTINIÈRE (LA), f. c^{ne} de Ménil.
COURTINIÈRE (LA), h. c^{ne} de Saint-Aubin-Fosse-Louvain.
COURTINIÈRE (LA), f. c^{ne} de Saint-Hilaire-des-Landes.
COURTISON, f. c^{ne} de Villiers-Charlemagne.
COURTŒUVRE, f. c^{ne} de Villaines-la-Juhel. — Châtell. membre du marq. de Villaines.
COURTOGIS, h. c^{ne} de Saint-Aubin-du-Désert.
COURTOGIS, f. c^{ne} de Sainte-Gemmes-le-Robert. — *Lieu de Courtoges*, 1546 (cab. La Bauluère).
COURTONON, h. c^{ne} de Villaines-la-Juhel.
COURTONON (LE HAUT ET LE BAS), vill. c^{ne} de Pré-en-Pail. — Ruiss. affl. de celui de Fuseau, qui arrose Saint-Cyr-en-Pail.
COURTOUIN, vill. c^{ne} de Gesvres.
COURTOUX, chât. et f. c^{ne} de Saint-Pierre-sur-Orthe. — *Fief de Courtour*, 1583 (cab. d'Achon).
Fief vassal de la bar. de Sillé-le-Guillaume.
COURT-POIL (BOIS DE), c^{ne} de Saint-Georges-sur-Erve. — La butte fait partie de la chaîne des Coëvrons.
COURTRAIS, vill. c^{ne} de Juvigné-des-Landes.
COUR-VANNEAU (LA), f. c^{ne} de Juvigné-des-Landes.
COURVILLE, f. c^{ne} de Désertines.
COURVÔLE (LA), h. c^{ne} de Saint-Germain-de-Coulamer.
COUSERIE (LA), f. c^{ne} de Cuillé.
COUSINIÈRE (LA), f. c^{ne} d'Andouillé.
COUSINIÈRE (LA), f. c^{ne} d'Azé.
COUSINIÈRE (LA), f. c^{ne} de Changé.
COUSINIÈRE (LA), f. c^{ne} de Courbeveille; détruite vers 1840.
COUSINIÈRE (LA), h. c^{ne} de Saint-Denis-de-Gastines.
COUSINIÈRE (LA), f. c^{ne} de Saint-Germain-le-Fouilloux.
COUSINS (LES), f. c^{ne} de Villaines-la-Juhel.
COUSSONNAIE (LA), h. c^{ne} de Gorron. — On dit aussi *la Coursonnais*.
COUTAN, f. c^{ne} de Chemazé.

COUTANÇAIS (La), h. c^ne de Saint-Ellier; donne son nom à un ruiss. affl. du ruiss. de Mision.
COUTANCES, f. c^ne de Beaulieu.
COUTANCIÈRE (La), f. c^ne d'Athée.
COUTANCIÈRE (La), f. c^ne de Commer.
COUTANCIÈRE (La), vill. c^ne de Vautorte.
COUTARD, fief, c^ne de la Poôté, vassal de la châtell. de la Poôté. — Étang auj. desséché.
COUTARDIÈRE (La), f. c^ne du Buret.
COUTARDIÈRE (La), h. et étang, c^ne de Courcité; donne son nom à un ruiss. affl. de celui de Méville. — Fief du duché de Mayenne relevant de la châtellenie de Courcité.
COUTARDIÈRE (La), f. c^ne de Préaux.
COUTARDIÈRE (La), h. c^ne de Saint-Berthevin-la-Tannière; donne son nom à un ruiss. affl. du ruiss. de la Merrière.
COUTARDIÈRE (La), f. c^ne de Soulgé-le-Bruant.
COUTARDIÈRE (La), f. c^ne de Vieuxy.
COUTELLE (La), h. c^ne de Saint-Pierre-sur-Orthe.
COUTELLERIE (La), f. c^ne de Neau.
COUTELONBIÈRE (La Haute et la Basse), f. c^ne de Placé.
COUTEMILLIÈRE (La), f. c^ne de Ménil. — *La Coupemillière*, 1564 (abb. de la Roë, H 184).
COUTEREUSES (Ruisseau des), c^ne de Blandouet; se jette dans le ruiss. de l'Essart.
COUTESSIÈRE (La), h. c^ne de Congrier.
COUTIÈRE (La), vill. c^ne de la Poôté.
COUTIL (Le), éc. c^ne de Saint-Germain-de-Coulamer.
COUTURE (La), f. c^ne d'Ampoigné.
COUTURE (La), vill. c^ne de la Chapelle-Craonnaise.
COUTURE (La), f. c^ne de Daon.
COUTURE (La), f. c^ne de Désertines.
COUTURE (La), f. c^ne de Montjean; auj. détruite.
COUTURE (La), f. c^ne de Quelaines.
COUTURE (La), f. c^ne de Saint-Denis-du-Maine.
COUTURE (La), f. c^ne de Saint-Georges-Buttavent.
COUTURE (La), f. c^ne de Saint-Mars-du-Désert.
COUTURE (La), h. c^ne de Senonnes.
COUTURE (La), f. c^ne de Vaiges.
COUTURE (La), h. c^ne de Voutré. — *Cultura S. Mariæ*, 989 (cart. d'Évron).
COUVELLIÈRE (La), f. c^ne de Louverné. — *La Couvillière* (carte de l'État-major).
COUVELOUP, vill. c^ne de Chemeré-le-Roi. — *Chemin de Couelou*, 1443 (arch. nat. P 343).
COUVELOUP, h. c^ne de Lesbois.
COUVERIE (La), vill. c^ne de Champéon. — Le ruiss. de la Couverie est un affl. de l'Ollon.
COUVERIE (La), vill. c^ne du Horps.
COUVERIE (La), f. c^ne de Larchamp.
COUVERIE (La), f. c^ne de Loiron.

COUVERIE (La), f. c^ne de Nuillé-sur-Ouette.
COUVERIE (La), éc. c^ne de Pré-en-Pail. — *La Gouvrie*, 1865 (rôles de dénombr.).
COUVERIE (La), vill. c^ne de Saint-Ouen-des-Toits.
COUVERIE (La Grande et la Petite), h. c^ne de Saint-Berthevin-la-Tannière; donne son nom à un ruiss. qui afflue à celui de la Percherie et arrose Lévaré.
COUVETTERIE (La), f. c^ne de Saint-Sulpice.
COUVRIÈRE (Ruisseau de la), c^ne de Champéon, affl. du ruiss. de la Mauvrière.
COYAUDIÈRE (La), h. c^ne de Saint-Aubin-du-Désert. — *Lieu de la Cohiaudière*, 1455 (abb. de Champagne).
COYÈRE (La), f. c^ne de Saint-Mars-du-Désert. — On prononce *la Couillère*.
COYÈRES (La Grande et la Petite), f. c^ne de la Cropte.
COYERS (Le Haut et le Bas), f. c^ne de Vaiges. — *Coyet* (Cassini). — On écrit aussi *Couyer*.
Le m^in de ce lieu est auj. détruit.
CRAGNAC (Bois de), c^ne de Saint-Sulpice; auj. défriché.
CRAIS, seign. vassale de la terre de Ménil.
CRANNE, f. c^ne de Bouère. — On écrit aussi *Crennes*.
CRAON, arrond. de Château-Gontier. — *Apud castrum Credonense*, 1041 (Hist. de Sablé, p. 81). — *Credonium*, 1660 (ibid. f° 3a). — *H. de Cretone*, 1094 (cart. du Ronceray). — *Redditus castri Creonis*, 1180 (abb. de la Roë). — *M. de Creonio*, xii° s° (invent. des arch. de la Sarthe). — *M. de Crehun*, xii° s° (cart. de Savigny, f° 112). — *Mauricius de Credunte*, xii° s° (Gesta cons. Andeg., p. 146). — *Mauritius de Ceron*, 1180 (Ampl. collectio D. Martin. I, 984). — *M. de Creono*, 1204 (abb. de Savigny). — *Joh. de Creon*, 1210 (abb. de la Roë). — *Amaurico de Credona*, 1212 (Ampl. collectio I, 1166). — *Apud Credunum*, 1250 (inv. des arch. de la Sarthe). — *N. Decanus de Credonio*, 1252 (abb. de la Roë, H 180). — *Forest de Croon*, 1328 (prieuré des Bonshommes). — *La bar. de Cran*, 1490 (abb. de la Roë).
Siége d'une bar. dont la justice s'étendait sur 25 paroisses entières et dont les appels se reportaient à la sénéchaussée d'Angers. — Le doy. de Craon dépendait du dioc. d'Angers et la ville était de l'élect. de Château-Gontier.
La forêt de Craon s'étend sur Ballots et Livré.
CRAONNAIS (Le), contrée de l'Anjou qui comprenait à peu près la même étendue que la bar. de Craon; elle paraît avoir été en partie englobée dans le territoire du comté de Nantes avant le x° siècle. — *Lambertius fugit ad Ciron tunc temporis territorii Nannetici vicum...... castrum super ripam Oldonis composuit* (Chron. nannet., D. Lobineau, ii° vol.).

DÉPARTEMENT DE LA MAYENNE.

— Cette contrée est une des plus fertiles du dép¹ de la Mayenne.

CRAONNAISE (LA), f. c^ne de Laigné.

CRAPAUDIÈRE (LA), h. c^ne de Cossé-le-Vivien.

CRAPAUDIÈRE (LA), h. c^ne de Laval.

CRAPAUDIÈRE (LA), f. c^ne de Loigné.

CRAPAUD-SELLÉ (LE), h. c^ne de Congrier.

CRAPON, f. c^ne de Placé. — Fief de la bar. du Plessis-Châtillon.

CRAPON, fief, c^ne de Saint-Berthevin, vassal de la seign. du Châtellier.

CRAQUOTIÈRES (LES), f. c^ne d'Arquenay.

CRASTERIE (LA), f. c^ne d'Ampoigné.

CRAULIÈRE (LA), f. c^ne des Chapelles.

CRÉAN-LA-MOTTE, vill. c^ne d'Alexain. — Le m^in détruit a laissé son nom à une ferme.

CRÈCHERIE (LA), f. c^ne de Loigné.

CRÈCHERIE (LA BASSE-), f. c^ne de Loigné.

CRÉCHOUX, vill. c^ne de Larchamp. — Taillis défriché en 1868.

CRÉDO (LE GRAND-), f. c^ne d'Origné.

CRÉMAILLÈRE (LA), h. c^ne de Laigné.

CRÉMAZIÈRE (ÉTANG DE LA), c^ne de Saint-Poix; auj. desséché. — *Étang de la Cremezière*, 1620 (arch. de la Mayenne, E 148).

CRÉMEAUX (LES), h. et bois, c^ne de Gennes.

CRÉNEAUX (LES), f. c^ne de Houssay.

CRENELLIÈRE (LA), h. c^ne de la Chapelle-au-Riboul.

CRENELLIÈRE (LA), f. c^ne de Loupfougères.

CRENNES, f. c^ne d'Andouillé. — *Landes de Crames* (carte de Jaillot).

Le ruiss. de Crennes se jette dans celui d'Ingrandes.

CRENNES (LES), h. c^ne de Châlons.

CRENNES (LES HAUTES et les BASSES), f. c^nes de Châlons.

CRENNES-SUR-FRAUBÉE, c^on de Villaines-la-Juhel. — *R. de Creniis*, 1160 (inv. des arch. de la Sarthe). — *In parrochia de Cresneio*, xiie s^e (abb. de Savigny, arch. nat. L 971). — *P. de Crennis*, 1285 (inv. des arch. de la Sarthe). — *Crannes*, 1773 (pouillé du dioc. du Mans).

Anc. par. du doy. de Javron, de l'élect. du Mans et du duché de Mayenne.

CRÉPEAUX (LES), f. c^ne d'Astillé.

CREPELLIÈRE (LA), f. c^ne de la Brulatte.

CREPELLIÈRE (LA), f. c^ne de Montigné.

CRESENTIÈRES (LES), f. c^ne de Cossé-en-Champagne.

CRESPIÈRE (LA), f. c^ne de Cossé-le-Vivien.

CRESPIÈRES (LES), f. c^ne de Saint-Laurent-des-Mortiers.

CRESPIÈRE (LA), f. c^ne de Châtelain. — Fief de la châtell. de Châtelain.

CRESPINIÈRE (LA), f. c^ne de Fromentières.

CRESPINIÈRE (LA), éc. c^ne de Quelaines.

CRESPINIÈRE (LA), f. c^ne de Saint-Berthevin-la-Tannière.

CRESSONNIÈRE (LA), éc. c^ne de Contest.

CRESSONNIÈRE (LA), f. c^ne de Saint-Jean-sur-Mayenne.

CRETELLIÈRE (LA), f. c^ne du Ham; donne son nom à un ruiss. affl. de celui de Villeray.

CRETELLIÈRE (LA), f. c^ne de Saint-Germain-de-Coulamer; donne son nom à un ruiss. affl. de la Vaudelle, qui arrose Saint-Aubin-du-Désert.

CRETEUFIÈRE (LA), f. c^ne de Saint-Cyr-le-Gravelais.

CRETINIÈRE (LA), f. c^ne de Saint-Denis-de-Gastines.

CRETOUFIÈRE (LA), h. c^ne de Colombiers.

CREULY (LE), f. c^ne de Saint-Denis-du-Maine.

CREUSERIE (LA GRANDE et la PETITE), vill. c^nes du Pas.

CREUSEROTTE, f. c^ne d'Azé; donne son nom à un ruiss. affl. de celui de Souvron.

CREUSIÈRE (LA), h. c^ne d'Ahuillé.

CREUX (LE), f. c^ne de Bouchamp.

CREUX (LE), éc. c^ne de Bouessay.

CREUX (LE), h. c^ne de Fougerolles.

CREUX (LE), f. c^ne d'Hardanges.

CREUX (LE), f. c^ne de Saint-Georges-sur-Erve.

CREUX (LE), vill. c^ne de Saint-Germain-le-Fouilloux. — Le fief de la Motte-de-Creux, était vassal de la châtell. de Fouilloux.

CREUX (LE HAUT et LE BAS), h. c^ne de Pré-en-Pail; donne son nom à un ruiss. affl. de la Mayenne.

CREUX-AUX-MÉNARDS (LE), f. c^ne de Colombiers.

CREUX-MOCHIN (LE), f. c^ne de Colombiers.

CREVER (ÉTANG DE), c^ne de Commer; desséché vers 1803.

CRIBERIE (LA), f. c^ne de Saint-Ellier.

CRIBIÈRE (LA HAUTE et LA BASSE), vill. c^ne de Couesmes.

CRIBLERIE (LA), fief, c^ne d'Andouillé, vassal de la châtell. d'Ernée.

CRIBLERIE (LA), f. c^ne de la Brulatte; auj. détruite.

CRIBLERIE (LA), h. c^ne de la Gravelle.

CRIGNEUL (LE), f. c^ne de Soucé.

CRILLOIR (LE), h. c^ne d'Hardanges.

CRINIÈRES (LES), f. c^ne de Chemazé.

CROC-DE-CHON, éc. c^ne de Crennes-sur-Fraubée.

CROCHARDIÈRE (LA), h. c^ne de Champéon.

CROCHARDIÈRE (LA), h. c^ne de la Poôté.

CROCHARDIÈRE (LA), f. c^ne de Saint-Ellier.

CROCHARDIÈRE (LA), f. c^ne de Villaines-la-Juhel.

CROCHATS (LES HAUTS et les BAS), h. et m^in, c^ne du Pas.

CROCHÈRE (LA), vill. c^ne de Juvigné-des-Landes.

CROCHERIE (LA), f. c^ne de Pommerieux; donne son nom à un ruiss. affl. de celui de Mauconseil.

CROCHETIÈRE (LA), vill. c^ne de Saint-Ouen-des-Toits.

CROCHETIÈRE (LA GRANDE et la PETITE), f. c^ne de Saint-Hilaire-des-Landes.

CROCHETIÈRE (LA PETITE-), éc. c^{ne} de Saint-Ouen-des-Toits.
CROCHINIÈRE (LA GRANDE et LA PETITE), f. c^{ne} de Loiron.
CROIRIE (LA GRANDE-), f. c^{ne} de Villiers-Charlemagne.
CROIRIE (LA PETITE-), éc. c^{ne} de Villiers-Charlemagne.
CROISÉ (LE), f. — Voy. GROISÉ (LE GRAND et LE PETIT).
CROISÉE (LA), f. c^{ne} de Saint-Jean-sur-Erve.
CROISETTE (LA), usine et h. c^{ne} de Vaiges; donne son nom à un ruiss. affl. de la Vaige qui arrose Chemeré-le-Roi.
CROISETTES (LES), f. c^{ne} d'Évron.
CROISETTES (LES), f. c^{ne} de Marigné-Peuton.
CROISETTES (LES), f. c^{nê} de Saint-Aubin-Fosse-Louvain.
CROISETTES (LES), h. c^{ne} de Saint-Pierre-sur-Orthe.
CROISETTES (LES), éc. c^{ne} de la Selle-Craonnaise. — *Les Croeseites*, 1462 (abb. de la Roë).
CROISIE (LA), h. c^{ne} de Saint-Samson.
CROISNIÈRE (LA), f. c^{ne} de Villiers-Charlemagne.
CROISNIÈRES (LES), vill. c^{ne} de Saulges. — *La Croiniere*, chât. (carte de Jaillot). — *La Croisnière* (Cassini). Fief vassal de la Cour de Bannes.
CROIX (LA), f. c^{ne} d'Arquenay.
CROIX (LA), f. c^{ne} d'Athée.
CROIX (LA), f. c^{ne} de Bazouges.
CROIX (LA), vill. c^{ne} de Blandouet.
CROIX (LA), f. c^{ne} de Bouère.
CROIX (LA), f. c^{ne} du Bourgneuf-la-Forêt.
CROIX (LA), f. c^{ne} de Champéon.
CROIX (LA), f. c^{ne} de la Chapelle-Rainsouin.
CROIX (LA), f. c^{ne} de Châtillon-sur-Colmont.
CROIX (LA), f. c^{ne} de Chemeré-le-Roi.
CROIX (LA), h. c^{ne} de Congrier.
CROIX (LA), f. c^{ne} de Coudray; détruite vers 1850.
CROIX (LA), f. c^{ne} de Couesmes.
CROIX (LA), h. c^{ne} de Crennes-sur-Fraubée.
CROIX (LA), f. c^{ne} de Denazé.
CROIX (LA), vill. c^{ne} de Deux-Évailles.
CROIX (LA), éc. c^{ne} de Fougerolles.
CROIX (LA), h. c^{ne} d'Izé.
CROIX (LA), éc. c^{ne} de Jublains.
CROIX (LA), f. c^{ne} de Marcillé-la-Ville.
CROIX (LA), f. c^{ne} de Ménil.
CROIX (LA), f. c^{ne} de Montaudin.
CROIX (LA), éc. c^{ne} de Montigné.
CROIX (LA), f. c^{ne} de Neuilly-le-Vendin; détruite vers 1832.
CROIX (LA), f. c^{ne} de Sacé.
CROIX (LA), éc. c^{ne} de Saint-Baudelle.
CROIX (LA), f. c^{ne} de Saint-Berthevin.
CROIX (LA), f. c^{ne} de Saint-Germain-de-Coulamer.
CROIX (LA), h. c^{ne} de Saint-Léger.
CROIX (LA), f. c^{ne} de Saint-Loup-du-Dorat.
CROIX (LA), f. c^{ne} de Saint-Mars-du-Désert.
CROIX (LA), f. c^{ne} de Saint-Martin-de-Connée.
CROIX (LA), h. c^{ne} de Saint-Martin-du-Limet.
CROIX (LA), f. c^{ne} de Saint-Ouen-des-Toits.
CROIX (LA), h. c^{ne} de Saint-Pierre-des-Landes.
CROIX (LA), h. c^{ne} de Saint-Pierre-sur-Erve.
CROIX (LA), f. c^{ne} de Saint-Pierre-sur-Orthe.
CROIX (LA), h. c^{ne} de Saint-Saturnin-du-Limet.
CROIX (LA), f. c^{ne} de Saulges.
CROIX (LA), éc. c^{ne} de Vaiges.
CROIX (LA), f. c^{ne} de Villiers-Charlemagne.
CROIX (LA), éc. c^{ne} de Vimarcé.
CROIX (LA GRANDE-), f. c^{ne} de Saint-Baudelle.
CROIX (LA HAUTE-), f. c^{ne} d'Ampoigné.
CROIX (LA HAUTE-), h. c^{ne} de Loigné.
CROIX (LA PETITE-), éc. c^{ne} de Châtillon-sur-Colmont.
CROIX (LA PETITE-), h. c^{ne} de Landivy.
CROIX (LA PETITE-), f. c^{ne} de Peuton; auj. détruite.
CROIX (LA PETITE-), h. c^{ne} de Saint-Baudelle.
CROIX-AU-BAL (LA), h. c^{ne} de Niort.
CROIX-AU-GENDRE (LA), éc. c^{ne} de Cossé-en-Champagne.
CROIX-AUX-BRUN (LA), éc. c^{ne} de Brécé.
CROIX-AUX-VANNEURS (LA), vill. c^{ne} de la Brulatte. — Fief de la châtell. de Saint-Ouen.
CROIX-AUX-VANNEURS (LA), h. c^{ne} de Ruillé-le-Gravelais. — Ruiss. affl. de l'Oudon.
CROIX-AUX-VESQUES (LA), usine à chaux, c^{ne} de Châtres.
CROIX-BACHELOT (LA), h. c^{ne} de Thorigné.
CROIX-BARBE (LA), f. c^{ne} d'Hardanges.
CROIX-BARBIN (LA), f. c^{ne} de Saint-Ouen-des-Toits.
CROIX-BASSE (LA), f. c^{ne} de Loigné.
CROIX-BASSET (LA), éc. c^{ne} de Laval.
CROIX-BATAILLE (LANDES DE LA), c^{ne} d'Entrammes; défrichées en partie en 1823.
CROIX-BAUMÉ (LA), f. c^{ne} de Bazouges.
CROIX-BERTAUD (LA), éc. c^{ne} de Saint-Denis-de-Gastines.
CROIX-BEUCHÈRE (LA), f. c^{ne} de Villiers-Charlemagne. — Ruiss. affl. de la Mayenne.
CROIX-BLANCHE (LA), éc. c^{ne} d'Andouillé.
CROIX-BLANCHE (LA), f. c^{ne} de Bazougers.
CROIX-BLANCHE (LA), éc. c^{ne} de Bazouges.
CROIX-BLANCHE (LA), h. c^{ne} de Châlons.
CROIX-BLANCHE (LA), h. c^{ne} de Changé.
CROIX-BLANCHE (LA), f. c^{ne} de Châtillon-sur-Colmont.
CROIX-BLANCHE (LA), f. c^{ne} de Landivy.
CROIX-BLANCHE (LA), éc. c^{ne} de Montsurs.
CROIX-BLANCHE (LA), f. c^{ne} d'Oisseau.
CROIX-BLANCHE (LA), f. c^{ne} de Saint-Baudelle.
CROIX-BODIN (LA), h. c^{ne} de Montenay.
CROIX-BOISSELET (LA), h. c^{ne} de Saint-Christophe-du-Luat.

CROIX-BOUESSÉ (LA), f. c^ne de Saulges.
CROIX-BOULLEUX (LA), f. c^ne d'Azé.
CROIX-BOURGES (LA), f. c^ne de Viviers.
CROIX-BRETON (LA), f. c^ne de Saint-Pierre-des-Landes.
CROIX-CHAMPORINAIS (LA), f. c^ne de Saint-Mars-sur-la-Futaie.
CROIX-CHOPIN (LA), f. c^ne de Loigné.
CROIX-COSNARD (LA), h. c^ne de la Baconnière.
CROIX-COUTEAU (LA), h. c^ne de Ruillé-Froidfont.
CROIX-COUVERTE (LA), éc. c^ne de Châtillon-sur-Colmont.
CROIX-COUVERTE (LA), éc. c^ne de Fontaine-Couverte.
CROIX-COUVERTE (LA), éc. c^ne de Mayenne.
CROIX-COUVERTE (LA), f. c^ne d'Oisseau.
CROIX-COUVERTE (LA), h. c^ne de Saint-Michel-de-la-Roë.
CROIX-CULOT (LA), éc. c^ne de Saint-Germain-de-Coulamer.
CROIX-D'ABDENNE (LA), h. c^ne de Changé.
CROIX-DAUDIN (LA), f. c^ne de Gennes.
CROIX-DE-BARBEREAU (LA), éc. c^ne de Saint-Cyr-le-Gravelais.
CROIX-DE-BEAUMONT (LA), f. et landes, c^ne de Juvigné-des-Landes.
CROIX-DE-BESLEUX (LA), h. c^ne de Désertines.
CROIX-DE-BESNIÈRE (LA), éc. c^ne de Saint-Denis-de-Gastines.
CROIX-DE-LA-BEUCHARDIÈRE (LA), f. c^ne de Bierné.
CROIX-DE-LA-CHASSERIE (LA), f. c^ne de Landivy.
CROIX-DE-LA-CHAUVINIÈRE (LA), f. c^ne de Montaudin.
CROIX-DE-LA-CORDERIE (LA), éc. c^ne de la Baroche-Gondouin.
CROIX-DE-LA-CORDERIE (LA), f. c^ne de Saint-Julien-du-Terroux.
CROIX-DE-LA-LANDE (LA), éc. c^ne de Saint-Mars-du-Désert.
CROIX-DE-LA-MADELEINE (LA), h. c^ne de Landivy.
CROIX-DE-LA-MEULE (LA), f. c^ne de Saint-Hilaire-des-Landes.
CROIX-DE-LA-MISSION (LA), h. c^ne d'Ernée.
CROIX-DE-LA-MOTTE (LA), h. c^ne de Saint-Martin-de-Connée.
CROIX-DE-LA-REBUFFERIE (LA), h. c^ne du Bourgneuf-la-Forêt.
CROIX-DE-LA-RUELLE (LA), f. c^ne de Montaudin.
CROIX-DE-LA-TOUCHE (LA), éc. c^ne de Saint-Georges-Buttavent.
CROIX-DE-L'ÉCU (LA), f. c^ne de Voutré.
CROIX-DE-L'ÉPINE (LA), éc. c^ne de Saint-Ouen-des-Toits.
CROIX-DE-MIRACLE (LA), communauté religieuse, c^ne de Lassay.
CROIX-DE-MISSION (LA), éc. c^ne de Saint-Laurent-des-Mortiers.
CROIX-DE-PIERRE (LA), h. c^ne de Congrier.

CROIX-DE-PIERRE (LA); h. c^ne de Montaudin.
CROIX-DE-PIERRE (LA), f. c^ne de St-Aubin-Fosse-Louvain.
CROIX-DE-PIERRE (LA), h. c^ne de Vautorte.
CROIX-DE-SAINT-OUEN (LA), f. c^ne d'Andouillé.
CROIX-DE-SALÉ (LA), éc. c^ne de Thorigné.
CROIX-DES-BOTTES (LA), h. c^ne de Châtillon-sur-Colmont.
CROIX-DES-BOUILLES (LA), éc. c^ne de Grez-en-Bouère.
CROIX-DES-CUESNOTS (LA), éc. c^ne de Courberie.
CROIX-DES-FEUX (LA), éc. c^ne de Brécé.
CROIX-DES-HOUSSAIES (LA), h. c^ne de Viviers.
CROIX-DES-LANDES (LA), vill. c^ne de Laval.
CROIX-DES-LOUPS (LA), éc. c^ne du Horps.
CROIX-DES-QUATRE-ÉPINES (LA), h. c^ne de Gorron.
CROIX-DES-ROUËRIES (LA), éc. c^ne de Blandouet.
CROIX-DES-TROIS-CHÊNES (LA), éc. c^ne de Lévaré.
CROIX-DES-VAUX (LA), f. c^ne de la Baconnière.
CROIX-DE-VERGEOT (LA), éc. c^ne de Brécé.
CROIX-D'OR (LA), h. et éc. c^ne d'Azé.
CROIX-D'OR (LA), éc. c^ne de Grez-en-Bouère.
CROIX-DORÉE (LA), f. c^ne de Denazé; auj. détruite.
CROIX-DU-BOUQUET (LA), h. c^ne de Saint-Ouen-des-Toits.
CROIX-DU-BRAY (LA), f. c^ne de Saint-Denis-d'Anjou.
CROIX-DU-BUISSON (LA), f. c^ne de Saint-Germain-de-Coulamer.
CROIX-DU-GRATTOIR (LA), éc. c^ne de Châtillon-sur-Colmont.
CROIX-DU-HOUX (LA), logis, c^ne de Sainte-Suzanne.
CROIX-DU-LOUVRE (LA), f. c^ne de Poulay.
CROIX-DU-PAUVRE (LA), f. c^ne de Poulay.
CROIX-DU-RAY (LA), f. c^ne de Saint-Denis-d'Anjou. — Moulin détruit en 1868.
CROIX-DU-RONCERAY (LA), h. c^ne du Bourgneuf-la-Forêt.
CROIX-DU-TERTRE (LA), f. c^ne de Vautorte.
CROIX-DU-TONNEAU (LA), f. c^ne de Saint-Ouen-des-Toits.
CROIX-FOUCAULT (LA), éc. c^ne de Châtillon-sur-Colmont.
CROIX-FRANÇOIS (LA), éc. c^ne de la Pellerine.
CROIX-GAILLIER (LA), h. c^ne de Ballots.
CROIX-GAUDIN (LA), f. c^ne de Bonchamp.
CROIX-GUILLAUME (LA), h. c^ne de Lignières-la-Doucelle.
CROIX-GUILLAUME (LA), h. c^ne de Saint-Aubin-du-Désert.
CROIX-HERMENIER (LA), éc. c^ne de Livré.
CROIX-HOUX (MOULIN DE LA), c^ne de Bouchamp; détruit.
CROIXILLE (LA), c^on de Chailland. — *P. de Crucilia*, XIIe siècle (Gesta pontif. Cen.). — *Ruellono de Crosilla*, 1200 (abb. de Savigny, arch. nat. L 977). — *La Crouesille*, 1556 (arch. de la fabrique). — *La Croixille du Désert*, 1610 (reg. paroissiaux). — *La Crosille* (carte de Jaillot). — *La Croisille*, 1773 (pouillé du dioc. du Mans).

Anc. par. du doy. d'Ernée et de l'élect. de Laval. — Ses fiefs relevaient en partie du comté de Laval et en partie du duché de Mayenne.

CROIXILLE (LA), f. c^ne de Maisoncelles.
CROIXILLE (LA), vill. c^ne de Voutré. — *Villa quæ vocatur Cursillas*, 989 (cart. d'Évron). — *La Crouxille*, 1656 (*ibid.*).
CROIX-JAGUELIN (LA), éc. c^ne de Saint-Ellier.
CROIX-JEANNEAU (LA), h. c^ne de Saint-Mars-du-Désert.
CROIX-JOLIE (LA), f. c^ne d'Ernée.
CROIX-MABÉ (LA), h. c^ne de Saint-Ellier.
CROIX-MALARD (LA), h. c^ne de Viviers.
CROIX-MALARD (LA HAUTE-), f. c^ne de Viviers.
CROIX-MARIE (LA), f. c^ne de la Pellerine.
CROIX-MARTIN (LA), f. c^ne de Saint-Cyr-le-Gravelais.
CROIX-MINOT (LA), éc. c^ne de la Poôté.
CROIX-MITRAIE (LA), h. c^ne d'Arquenay.
CROIX-MOISIE (LA), éc. et vill. c^ne de Saint-Denis-d'Anjou.
CROIX-MOLLET (LA), f. c^ne de Saint-Berthevin.
CROIX-MOREAU (LA), vill. c^ne de Saint-Denis-du-Maine.
CROIX-NOUVEAU (LA), f. c^ne de l'Huisserie.
CROIX-PAPIN (LA), éc. c^ne de Ruillé-le-Gravelais.
CROIX-PICARD (LA), f. c^ne d'Argentré.
CROIX-PICHARD (LA), vill. c^ne d'Évron.
CROIX-RAIMBAUT (LA), f. c^ne de Fontaine-Couverte; auj. détruite.
CROIX-RENAUD (LA), f. et éc. c^ne d'Averton.
CROIX-RENETIÈRE (LA), f. c^ne de Villiers-Charlemagne.
CROIX-RICHE (LA), f. c^ne de Landivy.
CROIX-ROBERT (LA), h. c^ne de Saint-Baudelle.
CROIX-ROSEAU (LA), f. et éc. c^ne de Saint-Georges-Buttavent.
CROIX-ROUGE (LA), éc. c^ne de Commer.
CROIX-ROUGE (LA), usine à chaux et quartier de la ville d'Évron.
CROIX-ROUGE (LA), h. c^ne de Laval.
CROIX-ROUGE (LANDES DE LA), c^ne de Chantrigné; auj. défrichées.
CROIX-ROUGE (RUISSEAU DE LA), c^ne de Saint-Georges-le-Fléchard, affl. de la Vaige.
CROIX-ROUGES (LES), h. c^ne de Ballots.
CROIX-ROUSSE (LA), éc. c^ne de Sacé.
CROIX-RUAULT (LA), éc. c^ne d'Ernée.
CROIX-SAINT-JEAN (LA), h. c^ne de Pommerieux.
CROIX-THION (LA), f. c^ne de Loiron.
CROIX-VERTE (LA), éc. c^ne d'Andouillé.
CROIX-VERTE (LA), vill. c^ne de la Baconnière.
CROIX-VERTE (LA), f. c^ne de Blandouet.
CROIX-VERTE (LA), f. c^ne de Bouère.
CROIX-VERTE (LA), éc. c^ne de Cuillé.
CROIX-VERTE (LA), f. c^ne de Launay-Villiers.
CROIX-VERTE (LA), f. c^ne de Montsurs.
CROIX-VERTE (LA), éc. c^ne de Saint-Erblon.
CROIX-VERTE (LA), vill. c^ne de Saint-Pierre-la-Cour.
CROIX-VERTES (LES), vill. c^ne de Saint-Denis-d'Anjou.
CROIX-VION (LA), h. c^ne de Vautorte.
CRON, vill. et m^in. — Voy. CRUN.
CROPATOUR, f. c^ne de Brée.
CROPET (LE), f. c^ne de la Gravelle.
CROPTE (LA), c^on de Meslay. — *In villa quæ vocatur Cripta*, 1096 (abbaye Saint-Aubin d'Angers). — *Sanctus Petrus de Cripta*, 1110 (liv. bl. du chap. du Mans). — *La Crotte*, 1567 (arch. de la fabr.). Étang desséché en 1657.
Prieuré dépendant de l'abb. Saint-Aubin d'Angers. — Anc. par. du doy. de Sablé, de l'élect. et du comté de Laval. — La châtell. de la Cropte était annexée à celle de Meslay.
CROPTIÈRE (LA), f. c^ne de Bouchamp. — Le fief, vassal des seign. de Saint-Poix et de la Boissière, comprenait dans sa mouvance les fiefs du Lattay, d'Usages, de Bouche-d'Usure, du Chemin et de la Touche-Budor.
CROQUELOUP, éc. et landes, c^ne de Launay-Villiers.
CROQUEPOIRE ou CROPOIRE, f. c^ne de Martigné. — *Crépoire* (carte de l'État-major).
CROQUERIE (LA), f. c^ne de Meslay.
CROSNERIE (LA), f. c^ne du Bignon.
CROSNERIE (LA), éc. c^ne de Châlons.
CROSNERIE (LA), f. et éc. c^ne de Montjean.
CROSNERIE (LA), f. c^ne de Saint-Christophe-du-Luat; donne son nom à un ruiss. affl. de celui du Rocher.
CROSNERIE (LA), f. c^ne de Saint-Denis-du-Maine. — On dit aussi *la Crosnière*.
CROSNERIE (LA), f. c^ne de Sainte-Gemmes-le-Robert.
CROSNERIE (LA), f. c^ne de Saint-Germain-d'Anxurre. — On dit aussi *la Crosnière*.
CROSNERIES (LES), f. c^ne de la Bazouge-de-Chemeré.
CROSNERIES (LES), vill. c^ne de Blandouet.
CROSSARDIÈRE (LA), f. c^ne d'Ahuillé. — *La Crossoire* (Cassini). — *La Croissardière* (carte de l'État-major).
CROSSARDIÈRE (LA), rue de la c^ne de Laval; autrefois lavanderie sise sur le bord de la Mayenne. — *La Crosouardière*, 1526 (arch. de Chanteloup).
CROTELLIÈRE (LA), f. c^ne de Nuillé-sur-Vicoin.
CROTIGNÉ, faub. c^ne de Montsurs. — Fief vassal de la bar. de la Chapelle-Rainsouin.
CROTTERIE (ÉTANG DE LA), c^nes de Saint-Ellier et de Montaudin; desséché vers 1836.
CROTTERIE (LA), f. c^ne de Montaudin.
CROTTIER, f. c^ne de Beaulieu.
CROTTIER, f. c^ne de Saint-Cénéré.
CROUILLARD, h. c^ne de Brécé.
CROUILLEAU (LE), vill. c^ne d'Oisseau.
CROUILLÈRE (LA), f. c^ne de l'Huisserie.

CROUILLÈRES (LES), h. c⁽ⁿᵉ⁾ de Ballots. — La lande de ce lieu, de 50 hectares, est auj. défrichée.
CROULARDIÈRE (LA), h. cᵃⁿ du Pas.
CROULIÈRE (LA), vill. c⁽ⁿᵉ⁾ de Pré-en-Pail.
CROUSARDIÈRE (LA), h. c⁽ⁿᵉ⁾ de Saint-Mars-du-Désert.
CROUTETTE, f. c⁽ⁿᵉ⁾ de la Bigottière.
CRUARDIÈRE (LA), f. c⁽ⁿᵉ⁾ de Craon.
CRUARDIÈRE (LA), f. c⁽ⁿᵉ⁾ de Niafle. — Fief vassal de la bar. de Craon.
CRUAU (LE), f. c⁽ⁿᵉ⁾ de Montenay.
CRUAUX (LES), f. c⁽ⁿᵉ⁾ de la Dorée.
CRUAUX (LES), f. c⁽ⁿᵉ⁾ de Saint-Aubin-Fosse-Louvain.
CRUAUX-BERTHAUD (LES), f. c⁽ⁿᵉ⁾ de Fougerolles.
CRUCHE (LA), f. c⁽ⁿᵉ⁾ d'Ahuillé.
CRUCHE (LA), f. c⁽ⁿᵉ⁾ de Saint-Denis-d'Anjou.
CRUCHE (LA HAUTE-), éc. c⁽ⁿᵉ⁾ de Brée.
CRUCHÈRE (LA), h. c⁽ⁿᵉ⁾ de Brécé.
CRUCHÈRE (LA), h. c⁽ⁿᵉ⁾ de Lesbois.
CRUCHÈRE (LA), f. c⁽ⁿᵉ⁾ d'Oisseau.
CRUCHÈRE (LA), éc. c⁽ⁿᵉ⁾ de Saint-Mars-sur-la-Futaie.
CRUCHÈRE (LA HAUTE et LA BASSE), h. c⁽ⁿᵉ⁾ de Jublains.
CRUCHÈRES (LES), éc. c⁽ⁿᵉ⁾ de Châtillon-sur-Colmont.
CRUCHEROTS (LES), éc. c⁽ⁿᵉ⁾ de Saint-Denis-de-Gastines.
CRUCHET (LE), f. c⁽ⁿᵉ⁾ de Ballots.
CRUCHET (LE), vill. c⁽ⁿᵉ⁾ de Chevaigné.
CRUCHET (LE), h. c⁽ⁿᵉ⁾ du Ham.
CRUCHET (LE), h. c⁽ⁿᵉ⁾ de Saint-Georges-Buttavent.
CRUCHET (LE), f. c⁽ⁿᵉ⁾ de Viviers.
CRUCHETIÈRE (LA), f. c⁽ⁿᵉ⁾ de Saint-Cyr-le-Gravelais.
CRUCHETTE (LA), f. c⁽ⁿᵉ⁾ de Saulges.
CRUCHODIÈRE (LA), f. c⁽ⁿᵉ⁾ de Craon.
CRUCHONNIÈRE (LA), f. c⁽ⁿᵉ⁾ de Vaiges.
CRUDEREAUX (LES), f. c⁽ⁿᵉ⁾ de Désertines.
CRUDEREAUX (LES BAS-), éc. c⁽ⁿᵉ⁾ de Désertines.
CRUÉ, f. c⁽ⁿᵉ⁾ de la Baconnière. — Fief de la châtell. de Saint-Ouen-des-Toits.
CRUÉ (LA), vill. c⁽ⁿᵉ⁾ de la Selle-Craonnaise.
CRUÉ (LE HAUT et LE BAS), h. et f. c⁽ⁿᵉ⁾ de Jublains.
CRUE (NOTRE-DAME DE LA), anc. chapelle, c⁽ⁿᵉ⁾ de Saint-Martin-du-Limet; reconstruite récemment.
CRUN, vill. et m⁽ⁱⁿ⁾, c⁽ⁿᵉ⁾ de Sainte-Gemmes-le-Robert. — On prononce *Cron*.
CRUN (BOIS DE), qui s'étendait dans les c⁽ⁿᵉˢ⁾ d'Assé-le-Béranger, de Saint-Georges-le-Fléchard, d'Izé et d'Évron et couvrait 400 arpents en 1770. — Le fief de Crun, annexé au Plessis-Buret, relevait de la châtell. de Courceriers, mouvance de la bar. de Sillé-le-Guillaume.
CRY, f. c⁽ⁿᵉ⁾ d'Argenton.
CUARDIÈRE (LA), h. c⁽ⁿᵉ⁾ de la Chapelle-au-Riboul.
CUARDIÈRE (LA), h. c⁽ⁿᵉ⁾ de Sainte-Gemmes-le-Robert.

CUCHE (LA HAUTE et LA BASSE), vill. c⁽ⁿᵉ⁾ de Cossé-le-Vivien.
CUCHE-THÉARD (LA), h. c⁽ⁿᵉ⁾ de Cossé-le-Vivien.
CUEILLERETTE, h. c⁽ⁿᵉ⁾ de Saint-Martin-de-Connée.
CUEILLERIE (LA), h. c⁽ⁿᵉ⁾ de Saint-Hilaire-des-Landes. — *La Queullerie* (Cassini).
Ce lieu donne son nom à un affl. du ruiss. du Boulay.
CUFFERIE (LA), h. c⁽ⁿᵉ⁾ de Martigné.
CUILLÉ, c⁽ⁿ⁾ de Cossé-le-Vivien. — *In parrochia de Culleio*, 1229 (abb. de la Roë, H 186, f° 165).
L'étang de Cuillé est auj. desséché.
Le prieuré dépendait de l'abb. Saint-Serge d'Angers. — Anc. par. du doy. de Craon, de l'élect. de Château-Gontier et de la bar. de Craon.
CUILLÉ (MOULIN DE), c⁽ⁿᵉ⁾ de Méral.
CUILLERAIS (LA), h. c⁽ⁿᵉ⁾ de Châtillon-sur-Colmont. — *Culraye* (Cassini).
CUILLÈRE (LA), f. c⁽ⁿᵉ⁾ de Fougerolles; donne son nom à un ruiss. affl. de la Colmont.
CUILLÈRE (LA HAUTE-), f. c⁽ⁿᵉ⁾ de la Bigottière. — On écrit aussi *la Haute-Cuyère*.
CUILLERIE (LA), f. c⁽ⁿᵉ⁾ de la Bigottière.
CUINIÈRE (LA), f. c⁽ⁿᵉ⁾ de Saint-Berthevin-la-Tannière.
CUISSEBELLE, f. c⁽ⁿᵉ⁾ de Champgenéteux; donne son nom à un ruiss. affl. de celui du Moulin-Guibert.
CUISSEBELLE, f. c⁽ⁿᵉ⁾ de Trans.
CUIVRAIE (LA), f. c⁽ⁿᵉ⁾ de Juvigné-des-Landes. — *La Cuvraie* (Cassini).
CUJONNIÈRE (LA), vill. c⁽ⁿᵉ⁾ de Hambers.
CUL-DE-LOUP, f. c⁽ⁿᵉ⁾ de Chemazé.
CUL-DE-LOUP, éc. c⁽ⁿᵉ⁾ de Parné.
CUL-DE-LOYÈRE (LE), f. et étang, c⁽ⁿᵉ⁾ de la Chapelle-Anthenaise. — *Codelouyère* (Cassini).
Ruisseau affl. de celui de Saint-Nicolas.
CUL-DU-FOUR (LE), h. c⁽ⁿᵉ⁾ de Blandouet.
CUL-DU-FOUR (LE), éc. c⁽ⁿᵉ⁾ du Bourgneuf-la-Forêt.
CUL-DU-FOUR (LE GRAND et LE PETIT), h. c⁽ⁿᵉ⁾ de Bonchamp.
CUL-ÉVENTÉ (LE), f. c⁽ⁿᵉ⁾ de Loiron.
CULOCHE, h. c⁽ⁿᵉ⁾ de Saint-Georges-Buttavent.
CULOISON, f. et m⁽ⁱⁿ⁾, c⁽ⁿᵉ⁾ de Sainte-Gemmes-le-Robert; ruiss. affl. de la Jouanne.
CULPRONT (LE), éc. c⁽ⁿᵉ⁾ de Saint-Denis-d'Anjou. — On écrit aussi *le Cupron*.
CUMINERIE (LA), f. c⁽ⁿᵉ⁾ d'Olivet; auj. détruite.
CUMONT ou QUEUMONT, h., écluse et scierie de marbre, c⁽ⁿᵉ⁾ de Laval. — *Molendinum de Clauso Monte*, XIIᵉ s⁽ᵉ⁾ (cart. du Ronceray).
Moulin détruit en 1868.
CUNIÈRE (LA), f. c⁽ⁿᵉ⁾ du Bourgneuf-la-Forêt.
CUPÉRIE (LA), f. c⁽ⁿᵉ⁾ de Montigné. — *La Cupairie* (Cassini).

CURAIE (LA), f. c^{ne} de Juvigné-des-Landes.
CURAIE (LA GRANDE et LA PETITE), f. et étang, c^{ne} de Renazé.
CURARDIÈRE (LA), h. c^{ne} de Châtillon-sur-Colmont. — On prononce *la Curarière*.
CURE (LA), f. c^{ne} de Beaumont-Pied-de-Bœuf.
CURE (LA), f. c^{ne} de Nuillé-sur-Ouette.
CURE (LA); f. c^{ne} de Thorigné.
CURESSY, chât. et f. c^{ne} de Saint-Loup-du-Dorat. — *La Thieuraissie*, 1600 (abb. de Bellebranche). — *Clouxfraisie*, 1607 (arch. de la Mayenne, H 95). — *Clouxraissis*, 1613 (*ibid.*). — *Clouraisie*, 1641 (*ibid.*). — *Cluraiserie*, 1697 (*ibid.*). — *Curessis*, XVIIIe s^e (*ibid.*). — *Cluressix* (Cassini).
CURIÈRE (LA), f. c^{ne} de Parné.
CUROCHERIE (LA), f. c^{ne} de Denazé.

CUSSE (LA HAUTE-), h. c^{ne} de Saint-Georges-sur-Erve; autrefois *la Haute-Fosse-Cusse*. — *Les Fouclusses* (Cassini).
CUSSONNIÈRE (LA), h. c^{ne} de Chemazé. — *Village de la Cussonnerie*, 1622 (abb. de la Roë).
CUTERIE (LA), f. c^{ne} de Sainte-Gemmes-le-Robert. — *Cuterium rivulus*, 989 (cart. d'Évron).
Le ruiss. se jette dans celui de Villiers.
CUTESSON, f. c^{ne} de Longuefuye. — Fief dépendant de la seign. de Ruillé-Froidfont.
CUTESSON, fief vassal de la châtell. de Saint-Denis-d'Anjou.
CUVE (LA HAUTE et LA BASSE), f. c^{ne} de Châtelain. — Fief vassal de la châtell. de Romfort.
CUVERIE (LA), h. c^{ne} de Saint-Germain-le-Guillaume.
CUVES (ÉTANG DES), c^{ne} de Moulay; auj. desséché.

D

DABERIE (LA), f. c^{ne} de Saint-Ellier.
DACTERIE (LA), f. c^{ne} de Laval.
DADINIÈRE (LA), f. c^{ne} du Genest.
DADINIÈRE (LA), f. c^{ne} de Grez-en-Bouère.
DAGNEAU ou DAIGNEAU, f. c^{ne} de Bazougers.
DAGORDIÈRE (LA), f. c^{ne} de Changé. — *Dagorière* (Cassini).
DAGUENIÈRE (LA), f. c^{ne} d'Ahuillé.
DAGUERIE (LA), f. c^{ne} de Colombiers.
DAGUERIE (LA), f. c^{ne} de Montjean. — Fief vassal de la châtell. de Montjean.
DAGUERIE (LA), h. c^{ne} de Saint-Denis-de-Gastines.
DAGUERIES (RUISSEAU DES), affl. du ruiss. du Mat; il arrose Saint-Quentin.
DAGUETTERIE (LA), f. c^{ne} de Ballots.
DAGUINIÈRE (LA), f. c^{ne} du Bignon.
DAGUINIÈRE (LA), fief, c^{ne} de Grez-en-Bouère, vassal de la châtell. de la Vezouzière.
DAGUINIÈRE (LA), f. c^{ne} de Laigné.
DAHINIÈRE (LA), f. c^{ne} de Laval.
DAHINIÈRES (LES), h. c^{ne} de Changé.
DALBARDIÈRE (LA), f. c^{ne} de Montflours.
DALBARDIÈRE (LA), f. c^{ne} de Saint-Georges-sur-Erve; auj. détruite.
DALIGAUDAIS (LA BASSE-), h. c^{ne} de Juvigné-des-Landes.
DALIGAUDAIS (LA HAUTE-), f. c^{ne} de Juvigné-des-Landes.
DALINIÈRE (LA), f. c^{ne} de la Croixille.
DALINIÈRE (LA), h. c^{ne} de Saint-Georges-Buttavent.
DALLERIE (LA), h. c^{ne} de Vautorte.
DALLIONNIÈRE (LA), h. c^{ne} de Saint-Mars-sur-la-Futaie.
DAMARDAIS (LA), vill. c^{ne} de Juvigné-des-Landes.

DAMASERIE (LA), f. c^{ne} de Saint-Julien-du-Terroux.
DAMOISIÈRE (LA), f. c^{ne} d'Ahuillé. — *La Damoicière* (Cassini).
DANIAU, f. c^{ne} de Ménil. — *La métairie de Danneau*, 1600 (abb. de la Roë, H 184).
DANNIÈRE (LA), h. c^{ne} de Bais; donne son nom à un ruiss. affl. de l'Aron.
DANSÉ, f. c^{ne} de Thorigné. — *Dancé*, chât. (carte de Jaillot).
Fief vassal de la châtell. de Thorigné.
DANSE (LA), h. et f. c^{ne} de Bazouges.
DANSERIE (LA), f. c^{ne} d'Oisseau.
DANVOLIÈRE (LA), f. c^{ne} de Chantrigné.
DANVOLIÈRE (LA), f., mⁱⁿ et étang, c^{ne} de Lévaré. — *La Donvalière* (Cassini).
Le ruiss. de ce nom arrose Hercé et se jette dans la Colmont. — Seign. du duché de Mayenne.
DANVOLIÈRE (LA), f. c^{ne} de Saint-Denis-de-Gastines; détruite vers 1850.
DAON, c^{on} de Bierné. — *Wido clericus de Daun*, 1118 (abb. Saint-Aubin d'Angers). — *Eccl. Sancti Germani de Daona*, 1136 (abb. de la Roë). — *Oliverius de Daun*, 1216 (arch. de la Mayenne, H 183). — *Oliverius de Daum*, 1223 (arch. de l'Hôtel-Dieu d'Angers, B 156). — *In parrochia de Daanz*, 1250 (arch. de la Mayenne, H 183, f° 106). — *In parrochia de Daonio*, XIIIe s^e (*ibid.* f° 104). — *Daon sur Maienne*, 1509 (abb. de la Roë). — *Paroisse de Dan*, 1535 (*ibid.*).
Anc. par. du doy. d'Écuillé et de l'élect. de Château-Gontier. — La châtell. de Daon, dépendant du

marq. de Château-Gontier, s'étendait sur Marigné et Saint-Michel-de-Feins.

L'étang de Daon est auj. desséché.

Dargentière (La), f. cne de Montenay.
Dasserie (La) ou la Dacerie, f. cne de Courbeveille.
Datière (La), f. cne d'Entramnes.
Daubelière (La), éc. cne du Housseau.
Daubelière (La), f. cne de Lassay.
Daubinaie (La), f. cne de Saint-Berthevin.
Daublancherie (La), f. cne de Châtelain.
Dauderie (La), f. cne de Laigné.
Dauderie (La), f. cne de Sainte-Suzanne.
Daudinais (La), f. cne de Juvigné-des-Landes.
Daudinetterie (La), f. cne de Bazouges; auj. supprimée. — Son nom est resté à un boulevard de la ville de Château-Gontier.
Daudinière (La), f. cne d'Azé.
Daudinière (La), f. cne de Ballots.
Daudinière (La), f. cne de Daon.
Daudinière (La), f. cne de Gesvres.
Daudinière (La), f. cne d'Hardanges.
Daudinière (La), f. cne de Laigné.
Daudinière (La), f. cne de Ménil.
Daudinière (La Grande-), f. cne d'Averton.
Daudinières (Les), f. cne de Cossé-le-Vivien.
Daudinières (Les), h. cne de Courcité.
Daudinières (Les), h. cne de Grez-en-Bouère.
Daudrière (La), f. cne de Nuillé-sur-Vicoin.
Daudrières (Les), f. cne de Quelaines.
Daufretterie (La), f. cne de Livré. — La Daufetterie, 1866 (rôles de dénombr.).
Daujardière (La), vill. cne de Marcillé-la-Ville.
Daulerie (La), f. cne de Bierné.
Daulière (La), h. cne de Commer.
Daulière (La), f. cne de Denazé.
Daulière (La), f. cne de Montourtier; donne son nom à un ruiss. affl. de celui du Pont-Besnard.
Daulumerie (La), f. cne de Saint-Erblon.
Daumasse, h. cne de Vieuvy.
Daumasse (La Petite-), h. cne de Vieuvy.
Daumeraie (La), f. cne de Chemazé. — La Daulmeraie, 1609 (abb. de la Roë, H 198, f° 116).
Daumerie (La), éc. cne de Couesmes.
Daumerie (La), f. cne de Laval.
Daumerie (La), f. cne de Livré.
Daumerie (La), f. cne de Saint-Mars-sur-la-Futaie.
Daumerie (La), f. cne de Vautorte; donne son nom à un ruiss. affl. de celui de Bas-Maigné.
Daumeries (Les), f. cne de Sacé.
Daumoisserie (La), f. cne de Quelaines.
Daumouchène (La), f. cne de Saint-Cyr-le-Gravelais.
Daunelière (La), h. cne de Saint-Loup-du-Gast.

Dauphin, f. cne de Maisoncelles.
Daussière (La), f. cne de Nuillé-sur-Vicoin.
Davellière (La), h. cne de Saint-Aubin-du-Désert.
Daveneau, f. cne de Torcé.
Daviais (La), f. cne de Juvigné-des-Landes.
David, f. cne de Bouchamp.
David, min, cne de Craon.
Davier, min, cne de Saint-Jean-sur-Erve.
Davière (La), f. cne d'Alexain.
Davière (La), h. cne d'Aron; donne son nom à un ruiss. affl. de l'Ollon.
Davière (La), f. cne de Bazougers.
Davière (La), f. cne de Bazouges.
Davière (La), éc. cne du Buret.
Davière (La), f. cne d'Entramnes.
Davière (La), vill. cne de Grazay.
Davière (La), f. cne d'Hardanges.
Davière (La), h. cne de Loigné.
Davière (La), f. cne de Saint-Berthevin.
Davière (La), h. cne de Saint-Berthevin-la-Tannière.
Davière (La), h. cne de Saint-Denis-de-Gastines; donne son nom à un ruiss. affl. de l'Ernée.
Davière (La), f. cne de Saint-Germain-d'Anxurre; donne son nom à un ruiss. affl. de l'Anxurre.
Davière (La), f. cne de Saint-Germain-de-Coulamer.
Davière (La), f. cne de Saint-Quentin.
Davière (La Basse et la Haute), h. cne de Champéon.
Davière (Ruisseau de la), cne de Courberie, affl. du ruiss. de Lassay.
Daviet, f. cne de Bouère.
Daviet, min à eau et vill. cne de Saint-Hilaire-des-Landes. — Bourg de Daviet, 1595 (arch. du grand prieuré d'Aquitaine).

L'étang a été desséché vers 1840. — Fief vassal de la châtell. d'Ernée.

Daviet (Ruisseau de), cne de Saint-Georges-Buttavent, affl. de l'Anvore.
Davoudière (La), vill. cne de Landivy.
Debaudière (La), f. cne de Saulges.
Debaudière (La), f. cne de Thorigné.
Debinière (La), f. et éc. cne de Vaiges.
Debitière (La), f. cne de la Bazouge-de-Chemeré.
Debonnière (La), éc. — Voy. Dibonnière (La).
Décends (Les), f. cne de Vaiges.
Dechelière (La), h. cne de Hercé.
Deffais (Les), h. cne de Sainte-Suzanne.
Deffais (Les Grands et les Petits), f. cne de Saint-Jean-sur-Mayenne. — Le fief des Deffais-Robinard relevait des châtell. de Fouilloux et de Saint-Ouen.
Deffaiseries (Les); f. cne de Marigné-Peuton; détruite en 1839.

DEFFAY (LE), f. c^ne d'Argentré. — Fief vassal de la bar. de la Chapelle-Rainsouin.
DEFFAY (LE), f. c^ne de Changé.
DEFFAY (LE), h. c^ne de la Chapelle-Craonnaise. — Fief vassal de la seign. de Saint-Poix.
DEFFAY (LE), f. c^ne de Contest.
DEFFAY (LE), h. c^ne de Hercé.
DEFFAY (LE), f. c^ne de Laigné.
DEFFAY (LE), h. c^ne de Lassay.
DEFFAY (LE), éc. c^ne de Livet-en-Charnie.
DEFFAY (LE), éc. c^ne de Placé.
DEFFAY (LE), f. c^ne de Quelaines. — Fief vassal du marq. de Château-Gontier.
DEFFAY (LE), étang, c^ne de Saint-Cyr-le-Gravelais. — Il y avait le *bois du Deffay-de-la-Péronse*, dans la forêt de la Gravelle, en 1545 (arch. de la May. série E).
DEFFAY (LE), f. c^ne de Saint-Germain-d'Anxurre.
DEFFAY (LE GRAND ET LE PETIT), f. c^ne de Saint-Pierre-sur-Erve. — Arrière-fief de la bar. de Sainte-Suzanne, vassal de la châtell. de Thorigné.
Le ruisseau du Deffay est un affluent de celui de Longrette.
DEFFAY (LE PETIT-), éc. c^ne de Chailland.
DEFFETIÈRE (LA), f. c^ne de Vaiges.
DEFLEURIÈRE (LA), f. c^ne de Méral. — *La Deuffleurière*, 1550 (arch. de la Mayenne, E 121). — *La Defflorière*, XVIe siècle (*ibid.*).
DEUILLIÈRE (LA), f. c^ne de Hercé.
DELAYÈRE (LA), f. c^ne de Châtillon-sur-Colmont.
DELLERAY, h. c^ne d'Izé.
DELLERIE (LA), f. c^ne de Carelles. — *La Dehailerie* (Cassini). — *La Dehellière* (carte de l'État-major).
Le ruiss. de la Dellerie est un affl. de celui de la Danvolière.
DELLERIE (LA), f. c^ne de Larchamp.
DELLERIE (LA), f. c^ne de Sainte-Gemmes-le-Robert.
DELLOUÈRE (LA), f. c^ne de Changé.
DÉLUGE (LE), h. c^ne de Lignières-la-Doucelle.
DELUGEAU, f. c^ne de Bouère.
DEMBURANTAIS (LA), h. c^ne de Saint-Denis-de-Gastines.
DEMBURÉES (LES), vill. c^ne de Courcité.
DEMORELLE (LA), f. c^ne de la Brulatte.
DEMOUL (LE), f. c^ne de Cosmes.
DEMOULT (LE), f. c^ne de Quelaines. — Fief vassal du marq. de Château-Gontier.
DENACHERIE (LA), f. c^ne de Saint-Fraimbault-de-Prières.
DENAY, f. c^ne de Saint-Denis-d'Anjou. — *Le plessis de Denail*, 1451 (chap. de Saint-Maurice d'Angers). — *Lieu de Denaël*, 1478 (*ibid.*). — *La Motte aux Denails*, 1585 (*ibid.*).
Fief vassal des seigneuries de la Morinière et de Grattecuisse.

DENAZÉ, c^on de Craon. — *Bl. de Danaziaco*, 1129 (cart. du Ronceray). — *In parr. Sancti Johannis de Danazeio*, XIIe siècle (abb. de la Roë, H 151, f° 49). — *Johannes de Denae*, 1279 (*ibid.* H 180).
Anc. par. du doy. et de la bar. de Craon et de l'élect. de Château-Gontier. — Le prieuré dépendait de l'abb. Saint-Florent de Saumur.
DENIAU, f. c^ne de Bazougers; détruite vers 1869. — Moulin détruit vers 1826.
DENILLÈRE (LA), f. c^ne de Montaudin.
DENILLÈRE (LA), f. c^ne de la Selle-Craonnaise. — *La Denislière*, 1398 (arch. de la Mayenne, E 146).
Ruiss. affl. de l'Usure. — Fief vassal de la seign. de la Corbière.
DENILLÈRE (LA HAUTE ET LA BASSE), h. c^ns de Ruillé-le-Gravelais.
DENISIÈRE (LA), f. c^ne de la Bazouge-de-Chemeré.
DENISIÈRE (LA), f. c^ne de Villaines-la-Juhel.
DENUAUDIÈRES (LES), f. c^ne d'Astillé.
DENUAUDIÈRES (LES), f. c^ne de Bouère.
DENUAUDIÈRES (LES), f. c^ne de Grez-en-Bouère.
DÉPART (LE), h. c^ne d'Oisseau.
DERBOURIÈRE (LA), f. c^ne de Chemazé.
DEROINIÈRES (LES), f. c^ne de Marcillé-la-Ville. — Le bois est auj. défriché.
DÉNON (LE), riv. d'Ille-et-Vilaine, qui borde le dép^t sur une longueur de 6,100 mètres et reçoit plusieurs ruiss. de la Mayenne; elle se jette dans la Sélune.
DERONNERIE (LA), f. c^ne de Meslay.
DEROUACHE, h. c^ne de Saint-Pierre-des-Landes.
DEROUAIS (LA), h. c^ne de Saint-Hilaire-des-Landes.
DEROUARDIÈRE (LA), f. c^ne d'Arquenay.
DEROUARDIÈRE (LA), f. c^ne de Châtillon-sur-Colmont.
DEROUARDIÈRE (LA), vill. c^ne de Landivy.
DEROUETRIE (LA), f. c^ne de Pommerieux.
DERRIÈRE (LA), f. c^ne de Bais. — *La Derrerie* (Cassini).
DÉSERT (LE), vaste contrée schisteuse sise à l'est du dép^t; s'étendait de la forêt de Sillé à la Ferté-Macé.
DÉSERT (LE), éc. c^ne du Bourgneuf-la-Forêt.
DÉSERT (LE), h. c^ne d'Ernée. — Fief de la châtell. d'Ernée.
DÉSERT (LE), h. c^ne de Juvigné-des-Landes.
DÉSERT (LE), f. c^ne de Martigné.
DÉSERT (LE), f. c^ne de Saint-Aignan-de-Couptrain.
DÉSERT (LE), f. c^ne de Saint-Calais-du-Désert.
DÉSERT (LE), f. c^ne de Saint-Germain-le-Guillaume.
DÉSERTIÈRE (LA), h. c^ne de Méral.
DÉSERTIÈRE (LA), f. c^ne de Vimarcé.
DÉSERTINES, c^on de Landivy. — *Desertina*, 1158 (abb. de Savigny).
Anc. par. du doy. d'Ernée, de l'élect. et du duché de Mayenne.

DÉPARTEMENT DE LA MAYENNE.

Désillère (La), vill. c⁰ᵉ de Vimarcé.
Desmerie (La), vill. cⁿᵉ de la Croixille.
Desmerie (La), f. et éc. cⁿᵉ de Désertines. — On prononce aussi *la Damerie*.
Desnerie (La), f. cⁿᵉ de Lévaré.
Desnière (La), f. cⁿᵉ de Loigné.
Desnière (La Grande et la Petite), f. cⁿᵉ de Chemazé.
Desnoserie (La), h. cⁿᵉ d'Évron.
Déteurbe (La), f. et éc. cⁿᵉ de Pré-en-Pail.
Détourbe (La), f. cⁿᵉ de Mayenne.
Détrière (La), éc. cⁿᵉ. de Saint-Cénéré.
Deulinière (La), h. cⁿᵉ de Saint-Hilaire-des-Landes.
Deuriaut (Le Grand et le Petit), h. cⁿᵉ de Saint-Thomas-de-Courceriers.
Deurie (La) ou la Durie, f. cⁿᵉ de Louvigné.
Deurie (La), h. cⁿᵉ de Renazé.
Deux-Chevaleries (Les), vill. cⁿᵉ de l'Huisserie.
Deux-Évailles, cⁿᵉ de Montsurs. — *Eccl. de duabus Avallis*, 1125 (cart. d'Évron). — *W. de Availles*, 1203 (Bibl. nat. fonds lat. 5441). — *Deux Évaillés* (carte de Jaillot).
Anc. par. du doy. d'Évron, de l'élect. et du comté de Laval. — Fief du duché de Mayenne.
La riv. de Deux-Évailles prend sa source cⁿᵉ de Hambers, traverse Saint-Ouen-des-Vallons et Brée et se jette dans la Jouanne à Montsurs.
Deux-Fours (Les), vill. cⁿᵉ de Saint-Jean-sur-Erve.
Devagerie (La), f. cⁿᵉ de Montaudin.
Devanlais (La), f. cⁿᵉ de Larchamp.
Devinière (La), h. cⁿᵉ de Chammes.
Devise (La), f. cⁿᵉ de Colombiers.
Devise (La), f. cⁿᵉ du Horps.
Devise (La), f. cⁿᵉ de Larchamp.
Devise (La), f. cⁿᵉ de Montreuil.
Devison (La), f. cⁿᵉ d'Ernée. — Fief de la châtell. d'Ernée.
Dezarine (La), éc. cⁿᵉ du Pas.
Diablintes, peuplade gauloise qui, dans les premiers siècles de notre ère, était établie au nord du dépᵗ de la Mayenne; son principal siège était à Jublains, qui en conserve le nom. — *Diablintes* (Cæsar, *De Bello Gallico*, l. IV). — *Diablindi* (Pline, *De Gallia*, l. IV). — Διαυλῖται (Ptolémée, l. IV).
Diaudière (La), f. cⁿᵉ d'Entrammes. — Le bois de ce lieu est auj. défriché.
Diboisière (La), fief vassal de la châtell. de Meslay.
Dibonnière (La) ou la Dubonnaire, f. cⁿᵉ de Montigné.
Dibonnière (La) ou la Debonnière, éc. cⁿᵉ de la Poôté.
Dibonnières (Les), éc. cⁿᵉ de Gennes.
Dibonnières (Les), f. cⁿᵉ de Saint-Jean-sur-Erve.
Diercé, f. cⁿᵉ d'Évron. — *Dirgiacum*, 989 (cartul. d'Évron).
Fief et seign. relevant de la bar. d'Évron.

Diercé (Le Petit-), éc. cⁿᵉ d'Évron.
Diette (La), f. cⁿᵉ d'Argentré.
Dijon (Le Grand et le Petit), h. cⁿᵉ du Buret. — *Digeon*, 1443 (arch. nat. P 343).
Fief vassal de la châtell. de Meslay.
Dilautière (La) ou la Déloutière, f. cⁿᵉ de Hambers.
Dimancherie (La), h. cⁿᵉ de Craon.
Dinaie (La), f. cⁿᵉ de Saint-Pierre-des-Landes. — *La Dinaye* (carte de Jaillot).
Le moulin et l'étang sont auj. détruits. — Fief vassal de la châtell. d'Ernée.
Dinard, mⁱⁿ, cⁿᵉ d'Évron.
Dinard (Le Petit-), éc. cⁿᵉ d'Évron. — *Moulin de Diguart*, 1453 (cart. d'Évron). — *Disnart*, 1631 (abb. d'Évron).
Dinard est un des noms de la Jouanne dans son cours supérieur.
Diseries (Les), f. cⁿᵉ du Buret.
Diodon, f. cⁿᵉ de Coudray.
Dioné, h. cⁿᵉ de Meslay.
Dioterie (La), f. cⁿᵉ de Châtelain.
Diotière (La), f. cⁿᵉ de Lévaré. — L'étang de ce lieu est auj. desséché.
Divayère (La), h. cⁿᵉ de la Dorée.
Divellière (La), f. cⁿᵉ de Saint-Aubin-du-Désert.
Diverie (La), f. cⁿᵉ d'Azé.
Dixmerie (La), f. cⁿᵉ de Laval; donne son nom à un ruiss. affl. de celui de Périls, qui arrose Changé.
Dodinais (La), f. cⁿᵉ de Saint-Ellier.
Dodinière (La), f. cⁿᵉ de Gennes.
Doinelière (La), f. cⁿᵉ de Boulay.
Doinelière (La), f. cⁿᵉ de Désertines.
Doinelière (La), f. cⁿᵉ de Fougerolles.
Doinelière (La), f. cⁿᵉ de Livet-en-Charnie.
Doinelière (La), vill. cⁿᵉ de Saint-Mars-sur-Colmont.
Doinerie (La), f. cⁿᵉ de la Bigottière.
Doinerie (La), f. cⁿᵉ de Saint-Germain-d'Anxurre.
Doinière (La), vill. cⁿᵉ de Chailland.
Doirox, h. cⁿᵉ de Saint-Georges-Buttavent.
Doisnard, logis et f. cⁿᵉ de Bazouges.
Dolenay, vill. cⁿᵉ d'Izé.
Dolnaize, f. cⁿᵉ de Méral. — *La petite Dolenoise*, 1470 (arch. de la Mayenne, E 122). — *Lieu de Dollenaise*, 1595 (*ibid.*). — *Dalnaise* (Cassini). — *Dolnesse* (carte de l'État-major).
Domain (Le Bas-), f. cⁿᵉ du Bourgneuf-la-Forêt.
Domain (Le Haut-), h. cⁿᵉ du Bourgneuf-la-Forêt.
Domaine (Le), f. cⁿᵉ d'Alexain; donne son nom à un ruiss. affl. de celui de la Cocherie.
Domaine (Le), f. cⁿᵉ d'Ampoigné.
Domaine (Le), f. cⁿᵉ d'Azé.
Domaine (Le), f. cⁿᵉ de Beaulieu.

DOMAINE (LE), f. c^{ne} de Bouchamp.
DOMAINE (LE), h. et étang, c^{ne} du Bourgneuf-la-Forêt.
DOMAINE (LE), f. c^{ne} de Chailland.
DOMAINE (LE), f. c^{ne} de la Chapelle-Rainsouin.
DOMAINE (LE), f. c^{ne} de Chemazé.
DOMAINE (LE), f. c^{ne} de Craon.
DOMAINE (LE), f. c^{ne} de Crennes-sur-Fraubée.
DOMAINE (LE), f. c^{ne} de la Dorée; donne son nom à un ruiss. affl. de celui du Grand-Étang.
DOMAINE (LE), f. c^{ne} d'Épineu-le-Séguin. — Mine d'anthracite exploitée depuis 1837.
DOMAINE (LE), h. c^{ne} d'Ernée. — Fief de la seign. de Charné.
DOMAINE (LE), f. c^{ne} de Fontaine-Couverte.
DOMAINE (LE), vill. c^{ne} de Gesvres.
DOMAINE (LE), f. c^{ne} de la Gravelle.
DOMAINE (LE), f. c^{ne} du Horps.
DOMAINE (LE), f. c^{ne} de Lévaré.
DOMAINE (LE), f. c^{ne} de Louvigné; auj. détruite.
DOMAINE (LE), f. c^{ne} de Martigné; donne son nom à un ruiss. affl. de la Mayenne.
DOMAINE (LE), f. c^{ne} de Mézangers.
DOMAINE (LE), f. c^{ne} de Montaudin.
DOMAINE (LE), vill. c^{ne} de Montourtier.
DOMAINE (LE), f. c^{ne} de Nuillé-sur-Ouette.
DOMAINE (LE), f. c^{ne} d'Oisseau.
DOMAINE (LE), f. c^{ne} de Saint-Berthevin-la-Tannière.
DOMAINE (LE), h. c^{ne} de Saint-Denis-de-Gastines.
DOMAINE (LE), f. c^{ne} de Saint-Georges-sur-Erve.
DOMAINE (LE), f. c^{ne} de Saint-Germain-le-Fouilloux.
DOMAINE (LE), f. c^{ne} de Saint-Germain-le-Guillaume.
DOMAINE (LE), f. c^{ne} de Saint-Hilaire-des-Landes.
DOMAINE (LE), f. c^{ne} de Saint-Loup-du-Gast.
DOMAINE (LE), f. c^{ne} de Saint-Ouen-des-Vallons.
DOMAINE (LE), f. c^{ne} de Saint-Pierre-des-Landes.
DOMAINE (LE), f. c^{ne} de Saint-Pierre-la-Cour.
DOMAINE (LE), f. c^{ne} de Senonnes.
DOMAINE (LE), f. c^{ne} de Villiers-Charlemagne.
DOMAINE (LE PETIT-), alias LA TUILERIE, h. c^{ne} de Montourtier.
DOMAINE DE BAILLEUL (LE), f. c^{ne} de Gorron.
DOMAINE DE FAVIÈRES (LE), h. c^{ne} de Brécé.
DOMAINE DE LA LOGE (LE), h. c^{ne} de Villiers-Charlemagne.
DOMAINE DE LA PORTE (LE), chât. c^{ne} de Daon.
DOMAINE DES HOULES (LE), f. c^{ne} d'Ernée.
DOMAINE DE SOUVRÉ (LE), f. c^{ne} de Bazougers.
DOMAINE DU BOURG (LE), f. c^{ee} des Chapelles; auj. détruite.
DOMAINE PINON (LE), f. c^{ee}. de Daon.
DOMAINES (LES), vill. c^{ne} de Javron.
DOMAINIÈRE (LA HAUTE et LA BASSE), h. c^{ne} de Ruillé-le-Gravelais. — Lieu de la Dommaignère, xvie s^e (abb. de la Roë, H 199). — On prononce aussi la Domaignière.

DOMARIÈRE (LA), f. c^{ne} de Ruillé-le-Gravelais.
DOMDENIL, f. c^{ne} de Juvigné-des-Landes.
DÔME (LE GRAND-), usine, c^{ne} de Changé, annexée auj. à Laval.
DOMICILE (LE), f. c^{ne} de Villiers-Charlemagne.
DOMIENNERIE (LA), f. c^{ne} de Montjean; auj. détruite.
DOMMIER, vill. c^{ne} d'Évron. — Dulmetiacum, 989 (cart. d'Évron).
Fief vassal de la bar. d'Évron.
DOMMIER (LE PETIT-), éc. c^{ne} d'Évron.
DOMOL, bois de la forêt de la Gravelle. — Nemoris quod Domol dicitur, xiie s^e (abb. de la Roë, H 151, f° 22).
DOMPIERRE ou SAINT-PIERRE-DES-LANDES, c^{on} de Chailland. — Apud Danpere, 1168 (cart. de Savigny, f° 113). — In parrochia Domini Petri de Landis, 1215 (abb. de Savigny, arch. nat. L 973). — Ductionem aque ad molendinium de Domini Petra, 1241 (ibid. L 970).
DOMPIERRE (LA), f. c^{ne} de Courcité.
DONJON (LE), f. c^{ne} de la Selle-Craonnaise.
DONJON-D'ARDENNES (RUISSEAU DU), c^{ne} de la Selle-Craonnaise, affl. du ruiss. de la Denillère.
DOPTIÈRE (LA) ou LA DOCTIÈRE, éc. c^{ne} de Landivy.
DORANGÈRE (LA), h. c^{ne} de Saint-Jean-sur-Erve.
DORANGERIE (LA), f. c^{ne} de Larchamp.
DORAT (RUISSEAU DU), arrose la c^{ne} de Saint-Loup-du-Dorat et se jette dans la Vaige.
DORBELLIÈRE (LA), f. c^{ne} de la Chapelle-Anthenaise.
DORBELLIÈRE (LA), f. c^{ne} de Saint-Denis-du-Maine.
DORBELLIÈRE (LA), f. c^{ne} de Saint-Michel-de-la-Roë; auj. détruite.
DORCÉ (ÉTANG DE) ou D'ORSAY, c^{ne} de Villaines-la-Juhel.
DORDOGNE, f. c^{ne} d'Azé. — On dit aussi Dourdogne et Duredogna.
DORÉE, c^{on} de Landivy. — Signum Emerici de Doreta, 922 (rec. de chartes fait au xviie siècle). — In parrochia de Dorea, 1200 (abb. de Savigny, arch. nat. L 977). — Inter Doretam et Desertines, 1241 (ibid. L 970). — Deaurata, xve siècle (mart. Eccl. cen. 80).
Anc. par. du doy. d'Ernée, de l'élect. et du duché de Mayenne.
DORÉS (LES), h. c^{ne} de Chemazé.
DORIÈRE (LA), h. c^{ne} de Bais.
DORIÈRE (LA), vill. c^{ne} de Loupfougères; donne son nom à un ruiss. affl. de celui des Fossés.
DORIN, étang et mⁱⁿ, c^{ne} de la Bazouge-de-Chemeré; détruits au xviiie siècle.
DORINIÈRE (LA), f. c^{ne} de Sainte-Suzanne.
DORMERIE (LA), f. et éc. c^{ne} de Laval, distraits de la c^{ne} de Changé depuis 1861.
DORONNERIE (LA), f. c^{ne} de Meslay.

DORTIÈRE (LA), h. c^{ne} de Saint-Calais-du-Désert.
DOSSERIE (LA) ou LA DOUSSERIE, h. c^{ne} de Saint-Denis-d'Anjou. — Fief vassal de la châtellenie de Saint-Denis-d'Anjou.
DOUAILLON (LE GRAND et LE PETIT), f. et éc. c^{ne} de Gennes. — *Ouiallons* (Cassini).
Le fief de la Roche-de-Douaillon relevait de la bar. d'Ingrandes.
DOUAIRE (LE), éc. c^{ne} de Marcillé-la-Ville.
DOUANNIÈRE (LA), vill. c^{ne} de Hambers.
DOUANNIÈRE (LA), vill. c^{ne} de Javron.
DOUANNIÈRE (LA), f. c^{ne} de Saint-Pierre-sur-Orthe.
DOUARD (LE), f. c^{ne} de Montjean. — Altération de *Douaire*.
DOUARDIÈRE (LA), f. c^{ne} du Horps.
DOUARDIÈRE (LA), f. c^{ne} de Saint-Berthevin-la-Tannière; donne son nom à un ruiss. affl. de celui de la Merrière, qui arrose Saint-Denis-de-Gastines.
DOUARIE (LA), h. c^{ne} de Montjean. — Altération de *Douairie*.
Le ruiss. de la Douarie est un affl. de celui du Pont-Poirier.
DOUBELIÈRE (LA), h. c^{ne} de Loupfougères; donne son nom à un ruiss. affl. de celui des Fossés.
DOUBELLIÈRES (LES), f. c^{ne} de Parné.
DOUCÉ, vill. c^{ne} de Jublains. — Il y a la chapelle de Notre-Dame de Doucé.
Le ruiss. de Doucé et de la Farcière est un affl. du ruiss. de Biard.
DOUCE (LA), f. c^{ne} de Saint-Denis-du-Maine; donne son nom à un ruiss. affl. de la Vaige.
DOUCERIE (LA), f. et étang, c^{ne} de Désertines.
DOUCIÈRE (LA), f. c^{ne} de Bannes.
DOUCINERIE (LA), f. c^{ne} de Bazouges.
DOUDARDIÈRE (LA), f. c^{ne} de Saint-Ellier.
DOUDETTERIE (LA), f. et mⁱⁿ à vent, c^{ne} de Saint-Aignan-sur-Roë.
DOUEFRIE (LA), f. et éc. c^{ne} de Montjean.
DOUET (LE), f. c^{ne} du Housseau.
DOUET (LE), h. c^{ne} de Sainte-Marie-du-Bois.
DOUET (LE), f. c^{ne} de Villiers-Charlemagne.
DOUET (LE GRAND-), f. c^{ne} de Bouère. — Le ruiss. du Douet est un affl. de celui de Saint-Martin.
Le fief de Douet relevait de la seigneurie de la Vezouzière.
DOUET (LE GRAND-), f. c^{ne} de Torcé.
DOUET (LE GRAND-), f. c^{ne} de Voutré.
DOUET (RUISSEAU DU), c^{ne} de la Roë, affl. de celui de la Pelleterie.
DOUET DES PENDUS (RUISSEAU DU), c^{ne} du Horps, affl. du ruiss. de Riolet.
DOUET-DRAY, f. c^{ne} de Voutré. — On dit aussi *Drouet*.

DOUET DU BOIS (LE), f. c^{ne} de Cigné.
DOUETÉE (LA), f. c^{ne} de Charchigné.
DOUETÉE (LA), f. c^{ne} de Crennes-sur-Fraubée.
DOUETÉE (LA), vill. c^{ne} de Grazay. — Fief du duché de Mayenne.
DOUETÉE (LA), f. c^{ne} du Pas.
DOUETÉE (LA), h. c^{ne} de Placé.
DOUETÉE (LA), f. c^{ne} de la Poôté.
DOUETÉE (LA), h. c^{ne} de Saint-Jean-sur-Erve; donne son nom à un ruiss. affl. de l'Erve.
DOUETÉE (LA HAUTE et LA BASSE), h. c^{ne} de Juvigné-des-Landes.
DOUETÉES (LES), h. c^{ne} de Saint-Fraimbault-de-Prières.
DOUETIER (LA), f. c^{ne} de Bonchamp.
DOUETS (LES), f. c^{ne} de Brécé.
DOUETS (LES), f. c^{ne} de Laubrières.
DOUETS (LES), f. c^{ne} de Quelaines.
DOUETS (LES), f. c^{ne} de Saint-Georges-sur-Erve.
DOUETS (LES), h. c^{ne} de Viviers.
DOUETS (RUISSEAU DES), c^{ne} de Grez-en-Bouère, affl. du ruiss. de Saint-Martin.
DOUETS (RUISSEAU DES), c^{ne} de Saint-Mars-du-Désert, affl. de la Vaudelle.
DOUET-SAUVAGE (LE), fief, c^{ne} de Bierné, relevant du marq. de Château-Gontier. — *Gaufridus de Doit-Sauvage*, 1206 (arch. de l'hospice de Château-Gontier).
DOUETTERIE (LA), f. c^{ne} de Saint-Georges-sur-Erve.
DOUET-TIREAU (RUISSEAU DU), c^{ne} de Madré, affl. de la Mayenne.
DOUGEBERT, h. c^{ne} de Sainte-Marie-du-Bois. — On dit aussi *Doucebert*.
Ruiss. affl. de celui de Glandsemé.
DOUILLÈRES (LES), f. c^{ne} d'Izé.
DOUINIÈRE (LA), f. c^{ne} de Cuillé.
DOUTERIE (LA), f. c^{ne} de Ballée.
DOUTERIE (LA), f. c^{ne} de Méral.
DOUVE (LA), f. c^{ne} d'Aron.
DOUVE (LA), h. c^{ne} de Saint-Michel-de-la-Roë.
DOYÈRE (LA), f. c^{ne} de Louvigné. — Le fief était vassal de la seign. de Marboué.
DRAGIN, mⁱⁿ, c^{ne} de Marcillé-la-Ville; détruit depuis un siècle. — Le ruiss. de Dragin ou Dragier est un affl. de celui de Sainte-Anne.
DRAGONNIÈRE (LA GRANDE-), h. c^{ne} de Cigné.
DRAGONNIÈRE (LA PETITE-), f. c^{ne} de Cigné.
DRAPELIÈRE (LA), éc. c^{ne} de Craon.
DRAPELIÈRE (LA), f. c^{ne} de Vautorte.
DRAPELIÈRE (LA PETITE-), f. c^{ne} de Craon.
DRAPERIE (LA), f. c^{ne} de Ménil.
DRAUMERIE (LA), f. c^{ne} de Saint-Georges-Buttavent. — *La Dreaumerie*, 1396 (arch. du gr. pr. d'Aquitaine).

Dreudière (La), vill. cne des Chapelles.
Dreulière (La), h. cne de Javron.
Dreurie (La), h. cne de Saint-Aignan-de-Couptrain; donne son nom à un ruiss. affl. de la riv. d'Aisne.
Drogerie (La), fief vassal de la châtell. de Laval.
Drouannière (La), f. cne de Saint-Pierre-sur-Orthe.
Drouardière (La), h. cne de Bais.
Drouardière (La), f. cne de la Baroche-Gondouin. — Fief du marq. de Lassay.
Drouardière (La), vill. cne de Hambers.
Drouardière (La), h. cne de Saint-Germain-de-Coulamer.
Drouardière (La), chât. et étang, cne de Sainte-Marie-du-Bois. — *La Douardière* (carte de Jaillot). Fief vassal du marq. de Lassay.
Drouardière (La), f. cne de Vaiges.
Drouesnière (La), f. cne de la Roë; auj. détruite. — *La Drouesnerye*, 1557 (abb. de la Roë).
Drouesnière (La), f. cne de Saint-Mars-du-Désert.
Drouettière (La), f. cne de Saint-Aubin-du-Désert.
Drouillards (Les), éc. cne de la Roë. — *Conquestus apud Druillatum*, 1510 (abb. de la Roë).
Droulinière (La), chât. et h. cne de Daon.
Drugeonnière (La), f. cne de Fromentières.
Drugeonnière (La), f. cne de Sacé.
Drugeotterie (La), f. et logis, cne d'Entrammes.
Druillé (Le Grand et le Petit), h. cne de Méral.
Drulinière (La), f. cne de Bierné.
Dubinière (La), f. cne de Saint-Denis-de-Gastines.
Duboiserie (La), f. cne de Ruillé-Froidfont.
Duchais (La), f. cne de Juvigné-des-Landes.
Duchère (La), f. cne d'Astillé.
Ducherie (La), f. cne d'Évron.
Ducherie (La), f. et chât. cne de Saint-Céneré. — Fief vassal de la bar. de la Chapelle-Rainsouin.
Ducherie (La), h. cne de Saint-Jean-sur-Mayenne.
Ducherie (La Petite-), f. cne de Nuillé-sur-Vicoin.
Duchetière (La) ou la Duchière, f. cne de Hambers.
Ducraie (La), h. cne du Buret.
Dufferie (La), chât. et f. cne d'Oisseau. — Fief de la bar. d'Ambrières.
Dugaterie (La), f. cne de la Chapelle-Rainsouin.
Dulière (La), f. cne de Brée. — On dit aussi *la Deulière*.
Dumeterie (La), f. cne de Chérancé.
Dumeterie (La), f. cne de la Croixille.
Dumetière (La), f. cne d'Athée.

Durairie (La), h. cne de Chemeré-le-Roi. — Ruiss. affl. de celui des Bouhorons, qui arrose Préaux.
Durand (Logis), cne de Lassay.
Durandais (La), f. cne du Bourgneuf-la-Forêt.
Durandais (La), f. cne de Gorron.
Durandière (La), f. cne d'Athée.
Durandière (La), f. cne d'Ampoigné; donne son nom à un ruiss. affl. de celui de la Riantière.
Durandière (La), f. cne de Bannes.
Durandière (La), f. cne de la Bazouge-des-Alleux.
Durandière (La), f. cne de Bierné.
Durandière (La), vill. cne de Chantrigné.
Durandière (La), h. cne de Cigné.
Durandière (La), h. cne de Désertines.
Durandière (La), f. cne de Méral; auj. détruite.
Durandière (La), éc. cne de Neau.
Durandière (La) ou la Durenderie, f. cne de Sainte-Gemmes-le-Robert.
Durandière (La), éc. cne de Saint-Mars-sur-Colmont.
Durandière (La), h. cne de Thorigné.
Durandière (La), f. cne de Vaiges.
Durantaie (La), h. cne de Larchamp.
Durantaie (La), h. cne de Montaudin; donne son nom à un ruiss. affl. de celui de la Gériais.
Durantière (La), f. cne d'Ahuillé.
Durantière (La), vill. cne de Marcillé-la-Ville.
Durantière (La), f. cne de Martigné.
Durantière (La), f. cne de Saint-Sulpice.
Durbellière (La), h. cne de Champéon.
Durbellière (La), h. cne de Deux-Évailles. — Anc. fief vassal de la seign. de la Beschère.
Durbil, f. cne de Courbeveille. — Anc. fief vassal de la châtell. de Courbeveille.
Durie (La), vill. cne du Horps.
Durière (La), f. cne de Loiron; auj. détruite.
Durière (La Grande-), f. cne d'Andouillé.
Durière (La Petite-), h. cne d'Andouillé.
Durionnière (La), f. cne d'Aron.
Durot, f. cne de Torcé.
Durtière (La), f. cne de Melleray; donne son nom à un ruiss. affl. de la Mayenne.
Durvellière (La), f. cne de la Croixille.
Duttière (La), vill. cne d'Arquenay.
Duttière (La), f. cne de Sainte-Gemmes-le-Robert. — *La Dutice* (Cassini).
Duvacherie (La), f. cne de la Rouaudière.

E

Eau-de-Sarthe (L'), éc. cne de Nuillé-sur-Ouette.
Ébaudière (L'), h. cne de Saint-Christophe-du-Luat.

Ébaudière (L'), f. cne de Vaiges. — Fief vassal de la châtell. de Vaiges.

ÉBAUDIÈRES (Les), f. cne de Changé.
ÉBAUPIN (L'), f. cne de Ballots.
ÉBAUPIN (L'), f. cne de Denazé.
ÉBAUPINAIS (L'), f. cne de Montigné. — Altération d'*Aubépinais*.
ÉBLAYS (Les), f. cne de Martigné. — *Le Blay* (cadastre). — On écrit aussi l'*Éblé*.
ÉCABOT (L'), f. cne d'Ahuillé.
ÉCARDIER (L'), bois, cne du Ham; défriché en 1867.
ÉCARDERIE (L'), vill. cne de Javron. — *La Gueurderie* (carte de Jaillot). — *L'Écharderie* (cadastre). — On dit aussi *les Guerderies*.
ÉCARBERIE (L'), f. cne de Saint-Germain-d'Anxurre.
ÉCARSERIE (L'), f. cne de Saint-Denis-de-Gastines.
ÉCHALIER (L'), h. cne de Livré.
ÉCUAMETTES (Les), f. cne de Saint-Léger.
ÉCHANGE (L'), h. cne d'Andouillé.
ÉCHANGE (L'), f. cne de Saint-Denis-de-Gastines.
ÉCHANGE (L'), f. cne de Saint-Mars-sur-la-Futaie.
ÉCHANLIÈRES (Les), f. avec étang, cne de la Chapelle-Anthenaise. — Le ruiss. de ce nom est un affl. de celui de Saint-Nicolas.
ÉCHARDERIE (L'), f. cne de Fromentières.
ÉCHARDIÈRE (L'), f. cne de Louverné.
ÉCHASSERIE (L'), f. cne de Craon; donne son nom à un ruisseau qui va se jeter dans l'Oudon. — *Terra quæ dicitur Leschaceria*, 1241 (abb. de Savigny, arch. nat. L 970).
ÉCHASSERIE (L'), bois taillis, cne de Saint-Martin-du-Limet; auj. défriché.
ÉCHAUD (L'), f. cne de Gennes.
ÉCHAUDÉ (L'), f. cne de Chammes.
ÉCHAUDIETTE (L'), f. cne du Bourgneuf-la-Forêt.
ÉCHAUDIETTE (La Petite-), f. cne du Bourgneuf-la-Forêt.
ÉCHÉES (Les), vill. cne de Charchigné. — *Les Échais* (Cassini).
ÉCHELETTES (Les) ou les ÉCUERETTES, f. cne de Cossé-en-Champagne. — Fief vassal de la Cour de Cossé.
ÉCHELETTES (Les), f. cne de Saint-Léger.
ÉCHELETTES (Les), f. cne de Villiers-Charlemagne. — *Cherettes*, xive siècle (arch. nat. P 345). Fief vassal de la châtell. de Meslay.
ÉCHELLE (L'), f. cne de Bazougers.
ÉCHELOTTERIE (L'), f. cne de Gennes.
ÉCHERBAUDIÈRE (L'), f. cne de Saint-Denis-de-Gastines.
ÉCHERBAY, f. cne de Saint-Hilaire-des-Landes. — Voy. CHERBAY.
ÉCHERETS (Les), vill. cne de Chevaigné. — *Les Acherets*, 1442 (arch. de la Mayenne, H. 109).
ÉCHO (L'), f. cne de l'Huisserie. — Ruiss. affluent de la Mayenne.

ÉCLAIRS (Landes des) ou du Pommier, cne de Saint-Germain-le-Fouilloux.
ÉCLAT (L'), f. cne de Saint-Georges-sur-Erve.
ÉCLÈCHE (L'), f. cne d'Arquenay; lande et bois défrichés vers 1830.
ÉCLÈCHE (L'), f. cne d'Oisseau. — *L'Eclaiche, in parr. de Oissello*, 1235 (abb. de Savigny, arch. nat. L 970).
ÉCLÈCHE (L'), f. cne de Saint-Michel-de-la-Roë.
ÉCLEVON, f. cne d'Azé. — *Le ruissel d'Esclivon*, 1410 (arch. de la Mayenne, E 25).
ÉCLUSE (Étang de l'), cne de Courcité. — Le fief de ce nom était vassal de la châtell. de Courcité.
ÉCLUSE (L'), vill. et min, cne de Brécé. — *H. de Exclusa*, xiie s. (Bibl. nat. f. lat. 5441).
Arrière-fief du duché de Mayenne, vassal de la bar. du Plessis-Châtillon.
ÉCLUSE (L'), f. cne de l'Huisserie; prend son nom du barrage voisin établi dans la Mayenne.
ÉCLUSEAU (L'), h. cne de la Gravelle.
ÉCORCÉ, f. cne d'Ernée.
ÉCORCÉ, f. cne de Vaiges. — Fief vassal de la châtell. de Vaiges.
ÉCORCÉ (L'), f. cne d'Entramnes. — *Moulin d'Escorcé*, 1461 (cab. la Bauluère). Moulin auj. détruit.
ÉCORCÉ (La Grande et la Petite), h. cne de Ruillé-Froidfont. — *Métairie d'Escorces*, 1443 (arch. nat. P 343).
Fief vassal des châtell. de Ruillé-Froidfont et de Longuefuye.
ÉCORCÉ (Le Bas-), f. cne d'Oisseau.
ÉCORCÉ (Le Haut-), h. cne d'Oisseau.
ÉCORCÉ (Le Petit-), éc. cne d'Ernée.
ÉCORCE-BOUVIÈRE (L'), f. cne de Bazougers.
ÉCORCERIE (L'), h. cne de Saint-Denis-de-Gastines.
ÉCORCES (Les), chât. et dom. cne de Chemazé. — Fief vassal du marq. de Château-Gontier.
ÉCORCHERIE (L'), f. cne de Ballots; donne son nom à un ruiss. affl. de celui de Mée.
ÉCORCIÈRES (Les), h. cne de Thorigné. — *Scorcerias*, 989 (cart. d'Évron).
ÉCOTTAIS (Les), f. cne d'Aron.
ÉCOTTAIS (Les), éc. cne de Bazougers. — *Les Escotais sis en Bassougiers*, 1488 (arch. du gr. pr. d'Aquitaine).
ÉCOTTAIS (Les), éc. cne de Brécé. — La ferme est auj. détruite.
ÉCOTTAIS (Les), chât. en ruine, cne de Jublains. — Seign. vassale du duché de Mayenne.
ÉCOTTAIS (Les), f. cne de Marcillé-la-Ville.
ÉCOTTAIS (Les), f. cne de Saint-Denis-d'Anjou.

Écottais (Moulin des), cⁿᵉ de Brains-sur-les-Marches; auj. détruit.
Écottay (L'), h. cⁿᵉ de Chailland.
Écottay (L'), f. cⁿᵉ de Deux-Évailles.
Écottay (L'), éc. cⁿᵉ de Landivy.
Écottay (L'), éc. cⁿᵉ de Parné.
Écottay (L'), f. cⁿᵉ de Peuton.
Écottay (L'), f. cⁿᵉ de Quelaines. — Fief vassal du marq. de Château-Gontier.
Écottay (L'), f. cⁿᵉ de Ruillé-Froidfont.
Écottay (L'), f. cⁿᵉ de Saint-Germain-d'Anxurre.
Écottay (L'), f. cⁿᵉ de Sacé.
Écottay (L'), éc. cⁿᵉ de Torcé.
Écottay (Le Grand et le Petit), h. et f. cⁿᵉ de Montourtier.
Écotterues (Les), f. cⁿᵉ de Gesvres.
Écottière (L'), f. cⁿᵉ du Genest. — Le ruiss. de l'Écottière est un affl. du Vicoin.
Écottière (L'), f. cⁿᵉ de Jublains.
Écottière (L'), f. cⁿᵉ d'Oisseau.
Écottière (L'), f. cⁿᵉ de Torcé.
Écottière (L'), f. cⁿᵉ de Vimarcé.
Écottière (L'), f. cⁿᵉ de Viviers.
Écottière (La Petite-), éc. cⁿᵉ de Vimarcé.
Écottinières (Les), f. cⁿᵉ de la Chapelle-au-Riboul.
Écouaillerie (L'), fief vassal de la châtell. de Montigné.
Écoubarbière (L'), f. — Voy. Isebarbière (L').
Écoubière (L'), h. cⁿᵉ de Saint-Calais-du-Désert.
Écoubières (Les), vill. cⁿᵉ de Champfremont.
Écoublère (L'), chât. et f. cⁿᵉ de Daon. — Arrière-fief du duché d'Anjou, vassal de la châtell. de Daon.
Écoublère (L'), f. cⁿᵉ de Saint-Michel-de-la-Roë. — *Totam Eschobleriam sicuti eam tenebat de domino de landa Baruchon*, xiiᵉ sⁿ (abb. de la Roë, H 151, fᵒ 69).
Écoublère (L'), f. cⁿᵉ de Thorigné. — *Les Coublers* (Cassini).
Écoublerie (L'), f. cⁿᵉ de Saint-Mars-du-Désert.
Écouincé, f. cⁿᵉ de Saint-Mars-sur-Colmont.
Écoutard, éc. cⁿᵉ de Saint-Germain-d'Anxurre.
Écrille (L'), f. cⁿᵉ de Vaiges.
Écrilloir (L'), f. cⁿᵉ d'Hardanges.
Écrilloir (L'), éc. cⁿᵉ de Saint-Germain-de-Coulamer.
Écu (L'), h. cⁿᵉ de Fontaine-Couverte.
Écuellenée (L'), f. cⁿᵉ de Houssay.
Éculorières (Les), f. cⁿᵉ de Saint-Pierre-sur-Orthe.
Écure, f. cⁿᵉ de Grazay. — On écrit aussi *Écueure*.
Écure, vill. cⁿᵉ de la Poôté.
Écures (Les), vill. cⁿᵉ de Marcillé-la-Ville.
Écurie (L'), f. cⁿᵉ de Charchigné. — *Les Cuiries* (Cassini). — *Les Quiries* (carte de l'État-major). — *Les Guiries*, 1866 (rôles de dénombr.). Étang auj. desséché.

Écurie (L'), éc. cⁿᵉ de Montflours.
Écusseau (L'), éc. cⁿᵉ de Saint-Mars-sur-la-Futaie.
Écusson (L'), éc. cⁿᵉ de Montigné.
Édais (L'), f. cⁿᵉ de Congrier. — Bois auj. défriché.
Éden (L'), h. cⁿᵉ de Saint-Erblon; altération de *Hédin*.
Édinière (L'), vill. cⁿᵉ d'Andouillé. — Il faudrait écrire *l'Hédinière*.
Édinière (L'), h. cⁿᵉ de Neau.
Édonnière (L'), vill. cⁿᵉ de Bourgon.
Édonnière (L'), f. cⁿᵉ de Houssay. — Bois auj. défriché.
Édouvelles (Les), h. cⁿᵉ de Saint-Loup-du-Gast.
Effardière (L'), f. cⁿᵉ de Saint-Jean-sur-Mayenne.
Effertais (Les), bois, cⁿᵉˢ de la Gravelle et de Saint-Pierre-la-Cour.
Efficerie (L'), f. cⁿᵉ de Larchamp.
Efficière (L'), f. cⁿᵉ de Montigné.
Effrayère (L'), f. cⁿᵉ de Saint-Ellier.
Effrayères (Les), f. cⁿᵉ de Saint-Pierre-des-Landes.
Effredière (L'), f. cⁿᵉ de Craon.
Effretière (L'), f. cⁿᵉ de Pommerieux. — On écrit aussi *l'Efferdière*.
Effrière (L'), f. cⁿᵉ de Bannes. — Fief vassal de la châtell. de Thorigné.
Effrière (L'), f. cⁿᵉ de Sainte-Gemmes-le-Robert; donne son nom à un ruiss. affl. de la Jouanne.
Effrières (Les), f. cⁿᵉ de Saint-Denis-d'Anjou.
Égalité (L'), f. et éc. cⁿᵉ de Saint-Mars-sur-la-Futaie.
Égite (L'), f. cⁿᵉ d'Olivet. — *Terres d'Egypte*, 1545 (arch. de la Mayenne, série E). — *La métairie de l'Égipte*, 1665 (abb. de la Roë, H 200, fᵒ 135).
Le ruiss. de l'Égite se jette dans celui de la Lande de Brioury.
Églandrière (L'), f. cⁿᵉ de Saulges.
Églannerie (L'), f. cⁿᵉ de Saint-Berthevin.
Églinais (L'), h. cⁿᵉ d'Ambrières.
Église (La Petite-), éc. cⁿᵉ de Parné.
Églorière (L'), f. cⁿᵉ de Livré. — *Juxta Leglorere*, xiiiᵉ siècle (abb. de la Roë, H 151, fᵒ 100). Fief vassal de la bar. de Craon.
Égoutellés (Les), h. cⁿᵉ de Villepail; donne son nom à un ruiss. affl. de celui de Charolais.
Égretais (L'), f. cⁿᵉ de Montenay.
Égrillère (L'), f. cⁿᵉ de Bannes.
Égrillère (L'), h. cⁿᵉ de Saint-Michel-de-la-Roë. — *Gaufridus de Aquilaria*, xiiiᵉ siècle (abb. de la Roë, H 151, fᵒ 97).
Élée (L'), h. cⁿᵉ du Ham.
Élée (L'), f. cⁿᵉ de Villaines-la-Juhel.
Élonches (Ruisseau des), cⁿᵉ de Gesvres, affluent de l'Ornette.
Embranchement (L'), éc. cⁿᵉ de Saint-Berthevin-la-Tannière.

EMBÛCHE (L'), éc. c^{ne} de la Chapelle-au-Riboul.
EMBÛCHE (L'), éc. c^{ne} de Courbeveille.
EMBÛCHE (L'), f. c^{ne} d'Ernée.
EMBÛCHE (L'), vill. c^{ne} de Saint-Pierre-la-Cour. — Mine de houille exploitée de 1830 à 1833.
ÉMEILLARD, f. c^{ne} d'Andouillé. — *Meyard* (Cassini).
ÉMONDERIE (L'), f. c^{ne} d'Arquenay. — La lande de ce lieu a été défrichée vers 1840.
ÉMONDES (LES), vill. c^{ne} de Champfremont.
ÉMONDIÈRE (L'), f. c^{ne} de la Dorée.
ÉMONDIÈRE (L'), f. c^{ne} de Landivy; donne son nom à un ruiss. affl. de celui de la Ragottière.
ÉMONDIÈRE (L'), éc. c^{ne} de Mayenne.
ÉMOUCHOIR (L'), f. c^{ne} de Saint-Mars-sur-la-Futaie; donne son nom à un ruiss. affl. de celui de l'Étang de la Hogue.
ÉNARDIÈRE (L'), h. c^{ne} de la Rouaudière.
ÉNAUDAIS (L'), f. c^{ne} d'Ahuillé.
ÉNAUDERIE (L'), f. c^{ne} de Loigné.
ÉNAUDERIE (L'), f. c^{ne} de Maisoncelles.
ÉNAUDIÈRE (L'), f. c^{ne} de Chammes.
ÉNAUDIÈRE (L') ou LES NODIÈRES, f. c^{ne} du Genest. — Fief vassal de la châtell. de Laval.
ÉNAUDIÈRE (L'), f. c^{ne} de Saint-Berthevin.
ÉNAUDIÈRE (L'), f. c^{ne} de Saint-Ellier.
ÉNAUDIÈRES (LES), f. c^{ne} du Horps.
ÉNAUDIÈRES (LES), h. c^{ne} de Méral. — Fief vassal de la châtell. de la Guéhardière.
ÉNAUDIÈRES (LES), h. c^{ne} de Neau.
ENCHENIÈRE (L'), f. c^{ne} d'Astillé.
ENCLAIRIE (L'), f. c^{ne} de Montigné.
ENCLOS (L'), f. c^{ne} de Bouère.
ENCLOS (L'), h. c^{ne} de Villaines-la-Juhel.
ENCLOS (LE GRAND et LE PETIT), f. et éc. c^{ne} de Voutré.
ENCLOS (LES), f. c^{ne} de Belgeard.
ENCLOS (LES), f. c^{ne} de Mézangers.
ENCLOS (LES), f. c^{ne} de Saint-Georges-sur-Erve.
ENCLOSE (L'), f. c^{ne} de l'Huisserie.
ENCLOSE (L'), f. c^{ne} de Saint-Berthevin.
ENDREUDIÈRE (L'), vill. c^{ne} d'Averton; donne son nom à un ruiss. affl. de celui du Merdereau.
ÉNELIÈRE (L'), f. c^{ne} de Saint-Germain-de-Coulamer.
ENFENNERIE (L'), f. c^{ne} de Bouère. — *Lanfainerie* (Cassini).
ENFER (L'), éc. c^{ne} de Fromentières.
ENFER (LA MAISON DE L'), éc. c^{ne} de Saint-Denis-du-Maine.
ENFER (LE PETIT-), éc. c^{ne} d'Origné.
ENGOULVENT, f. c^{ne} de Meslay.
ÉNOLIÈRES (LES), h. c^{ne} de Placé.
ENNOUÉE (LA HAUTE et LA BASSE), f. c^{ne} de Saint-Fort.

ENSAMORDIÈRE (LA HAUTE et LA BASSE), f. c^{ne} de Cossé-le-Vivien.
ENTE (L'), vill. c^{ne} de Montenay.
ENTES (LES), f. — Voy. ANTES (LES).
ENTOURTERIE (L'), f. c^{ne} de Grez-en-Bouère. — *Lantorterie* (carte de Jaillot). — *L'Entortrie*, 1782 (cab. Trochon de la Théardière).
Fief vassal de la châtell. de Bouère.
ENTRAMMES, c^{on} de Laval-Est. — *Monachos instituit quos ab Intramnis monasterio misit*, IXe s^e (Gesta Aldrici). — *Guarinus de Intramis*, XIe s^e (Bibl. nat. f. lat. 5441). — *H. de Atramis*, XIe s^e (cart. du Ronceray). — *G. de Entremis*, 1150 (*ibid.*). — *Fossata de Intramnis*, 1220 (cart. d'Évron).
Anc. par. du doy. de Sablé, de l'élect. et du comté de Laval. — Siége d'une bar. érigée en 1608, dont les membres relevaient en partie du marq. de Château-Gontier et en partie du comté de Laval. — Le prieuré dépendait de l'abb. d'Évron.
ENTRECHET (LE GRAND et LE PETIT), f. c^{ne} de Bazougers.
ENTREDOUZIÈRE (L'), f. c^{ne} d'Alexain. — *Lantredousière* (Cassini).
ENTRÉES (LES), vill. c^{ne} de Villepail.
ENTRÉES (LES LANDES DES), c^{ne} de Gesvres.
ENTREHAIE (L'), f. c^{ne} de Cuillé. — *Ou fé au segnour d'Entrehais*, 1365 (abb. de la Roë, H 180).
ENTURES (LES), éc. c^{ne} de Vimarcé.
ÉPAGNIÈRES (LES), h. c^{ne} de Trans. — *Speltariæ*, IXe s^e (Gesta Aldrici). — *L'Epeignère* (Cassini).
ÉPALE (L'), h. c^{ne} de la Rouaudière. — Le ruiss. de l'Épale et de Beauvais est un affl. du Chéran.
ÉPALET (L'), f. c^{ne} du Genest.
ÉPALU (L'), h. c^{ne} de Montaudin. — *L'Éplu* (Cassini). L'étang a été desséché et le moulin détruit vers 1800.
ÉPAU (L'), f. c^{ne} de Loigné. — *L'Espeau*, 1660 (terrier de la Roë, H 170).
ÉPAU (L'), f. c^{ne} de Nuillé-sur-Vicoin.
ÉPAULPONT, f. c^{ne} de Cossé-en-Champagne.
ÉPÉCHÈRE (L'), f. c^{ne} de Courbeveille. — Fief vassal de la châtell. de Courbeveille.
ÉPÉCHÈRES (LES), fief vassal des seign. de Linières et de Ballée.
ÉPEIGNANDERIE (L'), f. c^{ne} de Ballots; auj. détruite.
ÉPEIGNE, h. c^{ne} de Saint-Baudelle.
ÉPEIGNES (LES), h. c^{ne} de Saint-Pierre-sur-Orthe.
ÉPERONNIÈRE (ÉTANG DE L'), c^{ne} de Juvigné-des-Landes.
ÉPERONNIÈRE (L'), chât. et h. c^{ne} de Livré. — Le fief était vassal de la bar. de Craon.
ÉPERONNIÈRE (L'), f. c^{ne} de Parné.
ÉPERONNIÈRE (L'), h. c^{ne} de Ruillé-le-Gravelais.

Éperonnière (L'), logis, c^{ne} de Saint-Michel-de-la-Roë.
Épervier (L'), f. c^{ne} de Chemazé. — *Les Perviers* (Cassini).
Épiers, f. c^{ne} de Ballots; auj. détruite.
Épiers (Les), f. c^{ne} de Bonchamp. — *Les Espiers*, 1356 (censif de la bibl. de Laval).
Épiez, h. c^{ne} de Saint-Brice. — *Epicez* (Cassini). — *Épiais* (carte de l'État-major).³
  La chapelle Saint-Martin-des-Épiez était annexée à la cure de Saint-Brice depuis 1761.
Épiez (Les), f. c^{ne} de Saint-Pierre-des-Landes.
Épinais (Les), f. c^{ne} d'Arquenay. — Landes défrichées en 1859.
Épinais (Les), f. c^{ne} de la Chapelle-au-Riboul.
Épinais (Les), f. c^{ne} de Courcité.
Épinais (Les), f. c^{ne} de Juvigné-des-Landes.
Épinais (Les), f. c^{ne} de Longuefuye. — Fief vassal de la seign. de Ruillé-Froidfont.
Épinais (Les), f. c^{ne} de Saint-Cénéré.
Épinais (Les), h. c^{ne} de Saint-Michel-de-la-Roë.
Épinais (Les), h. c^{ne} de Saint-Pierre-des-Landes. — Fief vassal de la châtell. d'Ernée.
  Les landes de ce lieu s'étendent aussi en Juvigné.
Épinard, h. c^{ne} de Ruillé-Froidfont.
Épinarderie (L'), h. c^{ne} de la Bazouge-de-Chemeré.
Épinarderie (L'), f. c^{ne} de Voutré.
Épinay (L'), f. c^{ne} d'Andouillé.
Épinay (L'), h. c^{ne} d'Averton.
Épinay (L'), h. c^{ne} de la Baconnière.
Épinay (L'), f. c^{ne} de Bierné.
Épinay (L'), f. c^{ne} de Bouchamp. — Voy. Épinay de Poncé (L') et Saint-Péan (Le Petit-).
  L'étang est auj. desséché.
Épinay (L'), f. c^{ne} de Chailland.
Épinay (L'), f. c^{ne} de Cigné.
Épinay (L'), f. c^{ne} de Contest.
Épinay (L'), f. c^{ne} de Cossé-le-Vivien. — Fief vassal des seign. de la Guéhardière et de Méral.
Épinay (L'), f. c^{ne} de Fougerolles.
Épinay (L'), f. c^{ne} de Juvigné-des-Landes.
Épinay (L'), f. c^{ne} de Loiron.
Épinay (L'), f. c^{ne} de Montaudin.
Épinay (L'), f. c^{ne} de Nuillé-sur-Ouette.
Épinay (L'), h. c^{ne} de Parigné.
Épinay (L'), h. c^{ne} de Poulay.
Épinay (L'), f. c^{ne} de Quelaines.
Épinay (L'), h. c^{ne} du Ribay.
Épinay (L'), f. c^{ne} de Saint-Fort. — Le bois est auj. défriché.
Épinay (L'), h. c^{ne} de Saint-Fraimbault-de-Prières.
Épinay (L'), f. c^{ne} de Saint-Jean-sur-Erve.
Épinay (L'), f. c^{ne} de Saint-Michel-de-la-Roë.

Épinay (L'), f. c^{ne} de Saint-Quentin.
Épinay (L'), h. c^{ne} de Saint-Samson.
Épinay (L'), h. c^{ne} de Thubœuf.
Épinay (Le Bas-), h. c^{ne} de Bourgon.
Épinay (Le Grand et le Petit), vill. c^{ne} de Saint-Cyr-en-Pail.
Épinay (Le Grand et le Petit), b. c^{ne} de Trans. — Le ruiss. de l'Épinay est un affl. de celui de la Vaudelle.
Épinay (Le Haut-), f. c^{ne} de Bourgon.
Épinay (Le Haut et le Bas), f. c^{ne} d'Ampoigné.
Épinay (Le Haut et le Bas), h. c^{ne} de Saint-Calais-du-Désert.
Épinay (Le Petit-), h. c^{ne} de Désertines.
Épinay de Poncé (L'), arrière-fief, c^{ne} de Bouchamp, vassal de la seign. de la Brardière.
Épine (L'), éc. c^{ne} de Bierné. — Fief vassal de la châtell. de Daon.
Épine (L'), h. c^{ne} de Cigné.
Épine (L'), h. c^{ne} de Contest.
Épine (L'), éc. c^{ne} de Courbeveille; prend son nom d'une ferme détruite en 1819.
Épine (L'), f. c^{ne} de la Croixille.
Épine (L'), f. c^{ne} d'Épineu-le-Séguin. — Landes auj. défrichées.
Épine (L'), f. c^{ne} de Fougerolles.
Épine (L'), f. c^{ne} de Gorron.
Épine (L'), f. c^{ne} de Juvigné-des-Landes. — Fief vassal de la seign. de Charné.
Épine (L'), f. et four à chaux, c^{ne} de Laval. — Arrière-fief de la châtell. de Laval, vassal des seign. de Chanteloup et de Rouessé.
Épine (L'), f. c^{ne} de Montigné.
Épine (L'), f. c^{ne} de Montourtier.
Épine (L'), h. c^{ne} de Neau.
Épine (L'), f. c^{ne} de Saint-Berthevin. — Fief vassal de la châtell. de Saint-Berthevin.
Épine (L'), h. c^{ne} de Saint-Cénéré.
Épine (L'), éc. c^{ne} de Saint-Charles-la-Forêt.
Épine (L'), f. c^{ne} de Saint-Jean-sur-Erve. — *Medietaria de Spinis*, 1228 (cart. d'Évron). — *L'Espine*, 1547 (*ibid.*).
  Lande défrichée vers 1844.
Épine (L'), h. c^{ne} de Saint-Léger.
Épine (L'), éc. c^{ne} de Saint-Martin-de-Connée.
Épine (L'), h. c^{ne} de Saint-Samson.
Épine (L'), f. c^{ne} de Saulges. — Fief vassal de la Cour de Bannes.
Épine (La Petite-), éc. c^{ne} de Montourtier.
Épine (La Petite-), éc. c^{ne} de Saint-Charles-la-Forêt.
Épine-Blanche (L'), f. et éc. c^{ne} de Vimarcé. — Lieu aussi nommé *la Patouille*.
Épine-Noire (L'), f. c^{ne} de Châtelain.

ÉPINERIE (L'), f. c^ne de la Rouaudière.
ÉPINES (LES), f. c^ne de Saint-Georges-Buttavent.
ÉPINETTE (L'), éc. c^ne de Carelles.
ÉPINETTE (L'), f. c^ne de Coudray.
ÉPINETTES (LES), f. c^ne de Saint-Céneré.
ÉPINEU-LE-SÉGUIN, c^on de Meslay. — *Parr. de Espinou*, 1218 (liv. bl. du chap. du Mans). — *Versus Spinetum*, 1238 (inv. des arch. de la Sarthe). — *Parr. d'Espinou-le-Seguin*, 1333 (abb. de Bellebranche). Anc. par. du doy. de Brûlon et de l'élect. de la Flèche. — La châtellenie d'Épineu était vassale de la bar. de Varennes-l'Enfant. — La seign. de la par. appartenait aux religieux de Bellebranche.
ÉPINEUSE (LA GRANDE et LA PETITE), h. c^ne de la Selle-Craonnaise. — *La Petite-Epinouse*, 1409 (arch. de la Mayenne, série E).
ÉPINGLERIE (L'), f. c^ne de Montjean.
ÉPINIAUX (LES), f. c^ne du Bourgneuf-la-Forêt.
ÉPINOTTIÈRE (L'), f. c^ne de Lévaré.
ÉPINOUSES (LES), f. c^es de Châtres.
ÉPINOYAUX, f. c^ne d'Épineu-le-Séguin.
ÉPLU (LE HAUT et LE BAS), f. c^ne de Montaudin. — Voy. ÉPALU (L') et MOULIN D'ÉPLU.

Le m^in et l'étang de ce lieu ont été supprimés vers 1800. — Le ruiss. de l'Éplu est un afll. de celui de la Fontaine-du-Bourg.

ÉPUISARDS (LES), f. c^ne de la Chapelle-Anthenaise. — Fief consolidé avec celui des Étoyères en 1733.

Le ruiss. des Épuisards est un afll. de la Jouanne et arrose Saint-Céneré.

ÉQUIRIE (L'), f. c^ne de la Baconnière. — *L'Équillerie* (Cassini). — *Le Query* (carte de l'État-major).
ÉQUIRY (L'), vill. c^ne d'Olivet.
ÉRABEAU (L'), f. c^ne du Ham.
ÉRABLAIS (LES), f. c^ne de Saint-Céneré. — Fief vassal des châtell. de Laval et de Bazougers.

Étang desséché vers 1800 et landes auj. défrichées.
ÉRABLAY (L'), h. c^ne de Brécé.
ÉRABLAY (L'), vill. c^ne de Chantrigné. — On écrit aussi *la Rablais*, mais à tort.
ÉRABLAY (L'), f. c^ne de Javron.
ÉRABLAY (L'), f. c^ne de Saint-Berthevin-la-Tannière.
ÉRABLE (L'), f. c^ne de Châtres. — Fief vassal de la bar. d'Évron.
ÉRABLE (L'), f. c^es de Gennes. — Fief vassal de la châtell. de Romfort.
ÉRABLE (L'), f. c^ne de Montourtier.
ÉRABLE (L'), f. c^ne de Rennes-en-Grenouille.
ÉRABLE (LA HAUTE et LA BASSE), f. c^ne d'Ahuillé.
ÉRABLE (LA PETITE-), f. c^ne de Montourtier.
ÉRARDIÈRE (L'), h. c^ne de Champfremont.
ÉRARDIÈRE (L'), h. c^ne de Neau.

ÉRARDIÈRE (L'), vill. c^ne de Saint-Martin-de-Connée.
ERBRÉE, chât. et f. c^ne de Fromentières. — Seign. vassale de la châtell. de Fromentières.
ERBRÉE (L'), f. c^ne de Chailland.
ERBRÉE (L'), f. c^ne de Saint-Jean-sur-Erve.
ERCLOU (LE GRAND et LE PETIT), f. c^ne de Torcé.
ERCY, f. — Voy. ARSIS (LES PETITS-).
ERFROIDE, chât. et f. c^ne de la Cropte. — *Airfroide* (Cassini).
ERMANGERIE (L'), f. et éc. c^ne de Bais.
ERMENERIE (L'), f. c^ne de la Brulatte.
ERMIEN ou HERMIER, h. c^ne de Brétignolles.
ERNÉE, arrond. de Mayenne. — *Prioratum Sancti Jacobi de Erneia situm prope castrum de Erneia*, 922 (rec. de ch. fait au XVIIe s^e). — *Ecclesia de Herneia*, 1162 (liv. bl. du chap. du Mans). — *Juxta Herneiam*, 1243 (abb. de Savigny, arch. nat. L 970).

Siége d'un dôy., d'un grenier à sel et d'une châtell. vassale du duché de Mayenne, dont la juridiction s'étendait sur 10 paroisses.

ERNÉE (L'), riv. qui prend sa source entre Lévaré et Carelles, arrose Larchamp, Saint-Denis-de-Gastines, Ernée, Montenay, Chailland, Saint-Germain-le-Fouilloux, Andouillé, et se jette dans la Mayenne à Saint-Jean-sur-Mayenne. — *Aquam Erneie*, 1144 (Hist. des ducs de Mayenne, pr.). — *L'Hernez*, 1212 (arch. de la Mayenne, H 66).

Cette rivière porte aussi, dans son cours supérieur, les noms de *Mégaudais* et de *Villechevreuil*.
ERNERIE (L'), h. c^ne de Bourgon. — On dit aussi *Hairie*.
ERNERIE (L'), f. c^ne de la Brulatte. — *Lerrie* (Cassini). — *L'Herrerie* (carte de l'État-major).
ERNERIE (L'), f. c^ne d'Entramnes.
ERNIÈRE (L'), f. c^ne d'Arquenay.
ERTRÉE (RUISSEAU D'), afll. de l'Ernée; arrose Saint-Germain-le-Fouilloux.
ERVAULT, vill. c^ne du Pas. — Landes auj. défrichées.
ERVE (L'), riv. qui prend sa source à Vimarcé, arrose Assé-le-Bérenger, Sainte-Suzanne, Chammes, Saint-Jean-sur-Erve, Saint-Pierre-sur-Erve, Saulges, Ballée, Auvers-le-Hamon, puis se jette dans la Sarthe à Sablé, après avoir parcouru une distance de 74 kilomètres. — *Aquam Arvam concedo*, 1060 (cart. de l'abb. de la Couture, n° 198). — *In fluvio cui nomen est Arva*, XIIe siècle (cart. d'Évron). — *Super Arruam*, 1246 (inv. des arch. de la Sarthe).
ERVES (LES), m^in et h. c^ne de Sainte-Suzanne.
ESCOULLE (L'), fief vassal de la bar. de Craon.
ESCOUSE (CHAPELLE SAINT-JEAN DE LA FOURCHERIE D'), c^ne d'Assé-le-Bérenger, auj. détruite. — Elle existait en 1574, d'après un titre du cab. d'Achon.

ESCOUTARD ou ESCOUTE-S'IL-PLEUT, m^{in}, c^{ne} de l'Huisserie. — Il dépendait de la terre de la Moisière.
ESPÉRANCE (L'), éc. c^{ne} d'Azé.
ESPÉRANCE (L'), éc. c^{ne} de Bazouges.
ESPÉRANCE (L'), éc. c^{ne} de Livré.
ESPÉRANCE (L'), f. c^{ne} de Longuefuye.
ESPÉRANCE (L'), éc. c^{ne} de Saint-Denis-d'Anjou.
ESPÉRANCE (L'), vill. c^{ne} de Saint-Erblon.
ESSART (L'), vill. c^{ne} de Blandouet. — Bois défriché en 1862; le ruisseau de l'Essart est un affluent du Treulon.
ESSART (L'), f. c^{ne} de Fontaine-Couverte.
ESSART (L'), éc. c^{ne} d'Izé.
ESSART (L'), h. c^{ne} de Placé.
ESSART (L'), f. c^{ne} de Saint-Georges-sur-Erve.
ESSART (L'), éc. c^{ne} de Sainte-Suzanne.
ESSART (LE HAUT-), f. c^{ne} de Sainte-Suzanne.
ESSARTS (LES), f. c^{ne} de Châtres.
ESSARTS (LES), f. c^{ne} de Commer.
ESSARTS (LES), fief, c^{ne} de Forcé, vassal du comté de Laval.
ESSARTS (LES), bois, c^{ne} de Saint-Pierre-la-Cour. — Minière de fer qui fournit du minerai depuis le XVIIe siècle aux forges du Port-Brillet.
ESSARTS (LES), h. c^{ne} de Saint-Pierre-sur-Orthe.
ESSARTS (LES GRANDS ET LES PETITS), f. c^{ne} de Martigné. — Fief vassal de la châtell. de Montsurs.
ESSENLAY (L'), h. c^{ne} de Carelles.
ESSEULAY (LE GRAND-), h. c^{ne} de Couesmes. — Villelmo de Ceulai, XIIe s^e (cart. de Savigny). — Essaulay, 1055 (arch. nat. P. 343).
La seign. du Plessis-Esseulay était vassale de la châtell. de Gorron.
ESSEULAY (LE PETIT-), h. c^{ne} de Couesmes.
ESTAMOIRE (L'), h. c^{ne} du Genest. — Le lieu de l'Estamouère, 1526 (arch. de la Mayenne, H 199, f° 21).
ESTOURMIÈRE (L'), fief, c^{ne} de Couptrain, vassal de la châtell. de Couptrain.
ESTRE (LE BAS-), f. c^{ne} de Martigné.
ESTRE (LE PETIT-), h. c^{ne} d'Hardanges.
ESTRE-AULOIS (L'), f. c^{ne} de Loupfougères; donne son nom à un ruiss. affl. du ruiss. des Fossés.
ESTRE-AU-ROI (L'), h. c^{ne} de Lignières-la-Doucelle.
ESTRE-AUX-BOTTINS (L'), b. c^{ne} de la Poôté.
ESTRE-AUX-DORMET (L'), vill. c^{ne} de l'Huisserie.
ESTRE-AUX-FERRON (L'), h. c^{ne} de Boulay.
ESTRE-AUX-ROYER (L'), vill. c^{ne} de l'Huisserie.
ESTRE-AUX-VANNIER (L'), vill. c^{ne} de Loupfougères.
ESTRE-AUX-VEILLÉES (L'), h. c^{ne} de Saint-Berthevin. — Lestre au Vailler (Cassini).
Ruiss. affl. de celui de Gouillas.
ESTRE-DU-BOIS (L'), h. c^{ne} de Saint-Ouen-des-Toits.

ESTRÉE (BOIS D'), c^{ne} de Mée; défriché vers 1820.
ESTRE-FLEURY (L'), f. c^{ne} de Saint-Pierre-la-Cour; auj. détruite. — Lieu aussi nommé Villeneuve au XVIe siècle.
ESTRE-GASNIER (L'), f. c^{ne} de Bazouges.
ESTRE-GENNEQUIN (L'), h. c^{ne} de Champfremont.
ESTRE-GÉRARD (L'), vill. c^{ne} de la Poôté.
ESTRE-GESLAND (L'), h. c^{ne} de Saint-Cyr-en-Pail.
ESTRE-JEANNETTE (L'), h. c^{ne} de Loupfougères.
ESTRE-LABAT (L'), vill. c^{ne} de la Poôté.
ESTRE-LOTTIN (L'), h. c^{ne} de la Poôté.
ESTRE-POULAIN (L'), f. c^{ne} de Saint-Fort; auj. détruite.
ESTRES (LES), h. c^{ne} de Bazouges.
ESTRES (LES), f. c^{ne} de Livré. — Fief vassal de la bar. de Craon.
ESTRES (LES), f. c^{ne} d'Olivet; auj. détruite. — Le lieu des Aistres, 1661 (abb. de la Roë, H 199, f° 145).
ESTRES (LES), fief, c^{ne} de Saint-Martin-du-Limet, vassal de la bar. de Craon.
ESTRE-VIEIL (L'), f. c^{ne} d'Aron.
ESTURMIÈRE (BOIS DE L'), c^{ne} de Champéon; auj. défriché.
ÉTANCHE-MAILLARD (RUISSEAU DE L'), c^{ne} de Blandouet, affl. de l'Essart.
ÉTANG (L'), f. c^{ne} d'Aron.
ÉTANG (L'), f. c^{ne} de Bazouges.
ÉTANG (L'), éc. c^{ne} de Brée.
ÉTANG (L'), f. c^{ne} des Chapelles.
ÉTANG (L'), f. c^{ne} de Cigné.
ÉTANG (L'), h. c^{ne} de Coudray.
ÉTANG (L'), f. c^{ne} de Courbeveille.
ÉTANG (L'), éc. c^{ne} de Daon.
ÉTANG (L'), h. c^{ne} d'Évron.
ÉTANG (L'), f. c^{ne} de Forcé; auj. détruite.
ÉTANG (L'), éc. c^{ne} d'Izé.
ÉTANG (L'), f. c^{ne} de Livet-en-Charnie.
ÉTANG (L'), f. c^{ne} de Quelaines.
ÉTANG (L'), f. et éc. c^{ne} de Saint-Mars-sur-Colmont.
ÉTANG (L'), h. c^{ne} de Saint-Martin-de-Connée.
ÉTANG (L'), f. c^{ne} de Torcé.
ÉTANG (L'), h. c^{ne} de Villaines-la-Juhel.
ÉTANG (LE PETIT-), f. c^{ne} de Marigné-Peulon.
ÉTANG (RUISSEAU DU GRAND-) ET DE LA BONDE, c^{ne} de Chammes, affl. du ruiss. du Pont-d'Orvalle.
ÉTANG (RUISSEAU DU GRAND-), c^{ne} de la Dorée, affl. du ruiss. du Moulin-des-Prés.
ÉTANG-AU-BOEUF (L'), f. c^{ne} de Changé. — L'étang Beule, 1866 (rôles de dénombr.).
ÉTANG-BLANC (L'), f. c^{ne} de Montourtier.
ÉTANG-BLEU (L'), éc. c^{ne} de Brée.
ÉTANG-CHAUD (L'), f. c^{ne} de Bouère. — Lande auj. défrichée.
ÉTANG-CHAUD (L'), éc. c^{ne} de Saint-Berthevin.

ÉTANG-CHAUD (L'), h. c^{ne} de Saint-Samson.
ÉTANG-DANGER (L'), f. c^{ne} de Saint-Samson.
ÉTANG-DE-LA-HOUSSAIE (RUISSEAU DE L'), c^{ne} de Sainte-Suzanne, aff. du ruiss. du Grand-Étang.
ÉTANG-DE-LA-POTERIE (L'), f. c^{ne} du Bignon; prend son nom du voisinage d'un étang desséché vers 1838.
ÉTANG-DES-AUNAIS (RUISSEAU DE L'), c^{ne} de Cossé-en-Champagne, aff. du Treulon.
ÉTANG-DES-LANDES (L'), h. c^{ne} de Sainte-Suzanne. — Le ruiss. de l'étang des Landes, auj. desséché, est un aff. de celui du Grand-Étang.
ÉTANG-D'OLIVET (RUISSEAU DE L'), c^{ne} du Genest, aff. du Vicoin.
ÉTANG-DU-BOURG (RUISSEAU DE L'), c^{ne} de Boulay, aff. du ruiss. de Passoir.
ÉTANG DU MOULIN-NEUF (L'), c^{ne} de Jublains. — Le ruiss. qui en sort est un aff. du ruiss. de Biard.
ÉTANG-DU-TOUR (L'), h. c^{ne} de la Poôté.
ÉTANG NEUF (L'), c^{ne} de Deux-Évailles; auj. desséché.
ÉTANG-NEUF (L'), f. c^{ne} de Houssay.
ÉTANG NEUF (L'), c^{ne} de Saint-Pierre-des-Landes; desséché vers 1810.
ÉTANG-ROMPU (RUISSEAU DE L'), c^{ne} de Congrier, aff. du Chéran.
ÉTANG-ROND (L'), h. c^{ne} de Juvigné-des-Landes.
ÉTANGS (LES), logis et f. c^{ne} d'Azé.
ÉTANGS (LES), f. c^{ne} de Châtres.
ÉTANGS (LES), f. c^{ne} de Mézangers.
ÉTANGS (LES), h. c^{ne} de Saint-Loup-du-Gast.
ÉTANGS (RUISSEAU DES PETITS-), c^{ne} de Cossé-le-Vivien, aff. de celui de la Jouannière.
ÉTARDERIE (L'), f. c^{ne} de Saint-Jean-sur-Erve.
ÉTARDERIE (L'), f. c^{ne} de Saint-Léger.
ÉTAUDIÈRE (L'), fief, c^{ne} de Bierné, de la châtell. de Bouère, relevant en partie de la seign. de Chasnay.
ÉTAUX (LES), anc. f. c^{ne} de Laval, dont l'emplacement est auj. occupé par l'hospice Saint-Louis. — *Bab. de Estallis*, XIe siècle (cart. du Ronceray).
ÉTEPPES (LES), h. c^{ne} de Parigné.
ÉTEURERIE (L'), vill. c^{ne} d'Oisseau. — *L'Esteurerie*, 1607 (arch. de la Mayenne, E 188).
ÉTEURERIE (L'), f. c^{ne} de Saint-Aubin-Fosse-Louvain.
ÉTINOUX (LE GRAND et LE PETIT), vill. c^{ne} de Lignières-la-Doucelle.
ÉTIVAL, h. c^{ne} de Chailland. — *Etival en Chaagland*, 1212 (arch. de la Mayenne, H 66).
ÉTIVEAU, vill. et landes, c^{ne} de Sainte-Gemmes-le-Robert. — Fief vassal de la bar. d'Évron.
ÉTOGES, fief, c^{ne} de Saint-Christophe-du-Luat, vassal de la bar. d'Évron. — *Estoges*, 1513 (cab. d'Achon).
ÉTOILE (ÉTANG DE L'), c^{ne} de Saint-Ellier.
ÉTOILE-DU-BERGER (L'), éc. c^{ne} de Ballots.

ÉTONDELLIÈRE (L'), f. c^{ne} de Nuillé-sur-Vicoin.
ÉTONDELLIÈRE (LA HAUTE et LA BASSE), f. c^{ne} de Montflours.
ÉTOUBLES (LES), f. c^{ne} de Fromentières. — Fief vassal de la châtell. de Fromentières.
ÉTOURNEAU (L'), f. c^{ne} de Jublains.
ÉTOYÈRES (LES), chât., f. et m^{in}, c^{ne} de Saint-Céneré. — Fief de la bar. de la Chapelle-Rainsouin, consolidé avec celui des Épuisards en 1733.
ÉTRAVY (L'), vill. c^{ne} de Saint-Cyr-en-Pail.
ÉTRELLES (LES), h. c^{ne} de Saint-Cyr-en-Pail.
ÉTRICHÉ (LE GRAND et LE PETIT), f. c^{ne} de Bazougers.
ÉTRIÈRES (LES), fief vassal de la châtell. de Laval.
ÉTROGNÉ ou ÉTRONNIER, f. c^{ne} d'Ahuillé.
ÉTROGNÉ, f. c^{ne} de la Chapelle-Craonnaise.
ÉTROGNÉ, barrage avec écluse sur la Mayenne, c^{ne} de l'Huisserie. — *D. de Truigniaco*, XIe s^e (cart. du Ronceray). — *D. de Trumniaco*, XIe s^e (*ibid.*). — *P. de Stroneio*, XIe s^e (*ibid.*). — *P. de Stromeio*, XIe s^e (*ibid.*). — *Esclusa de Estrogné*, 1237 (inv. des arch. de la Sarthe). — *Les Molins d'Estrongné*, 1443 (arch. nat. P. 343, cote 1033).
Le moulin a été détruit en 1869.
ÉTROGNÉ, h. c^{ne} de Simplé. — *Apud Estrongné*, 1408 (abb. de la Roë).
ÉTROGNÉ (LE HAUT-), f. c^{ne} de Laval.
ÉTROYÈRE (LA HAUTE-); f. c^{ne} de Laval. — On disait autrefois *les Estrières*.
Fief de la châtell. de Laval.
ÉTRUMIÈRE (L'), f. c^{ne} de Cossé-le-Vivien.
ÉTUBIÈRE (L'), f. c^{ne} de Saint-Denis-d'Anjou; détruite et rebâtie sur le territ. de Miré (Maine-et-Loire) vers 1860.
ÉTUDE (L'), f. c^{ne} d'Épineu-le-Séguin.
ÉTUNAIS (LES), b. c^{ne} de Saint-Céneré.
ÉTURIE (LA GRANDE et LA PETITE), f. c^{ne} de la Bazouge-des-Alleux.
EUBERDIÈRE (L'), vill. c^{ne} de Couesmes.
EUBERDIÈRE (LA PETITE-), éc. c^{ne} de Couesmes.
EUBLINIÈRE (L'), f. c^{ne} de Colombiers.
EUCHE (L'), f. c^{ne} de Bierné.
EUCHE (L'), f. c^{ne} de Châtres.
EUCHE (L'), f. c^{ne} d'Évron.
EUCHE (L'), f. c^{ne} de Montenay.
EUCHE (L'), h. c^{ne} de Saint-Isle.
EUCHE (L'), f. c^{ne} de Voutré.
EUCHE (LA HAUTE et LA BASSE), f. c^{ne} de Launay-Villiers.
EUCHE (LE HAUT-DE-L'), h. c^{ne} de Saint-Germain-de-Coulamer.
EUCHEMORT (L'), f. c^{ne} de Châlons. — Les bois de ce lieu sont auj. défrichés.
EUCHES (LES), f. c^{ne} du Bourgneuf-la-Forêt.

EUCHIÈRES (LES) ou LES EUCHETIÈRES; vill. c^ne du Bourgneuf-la-Forêt.
EUCHONNERIE (L'), h. c^ne de Saint-Mars-du-Désert.
EUFINIÈRE (L'), f. c^ne de Villiers-Charlemagne.
EUGÉNIE-VILLE, f. c^ne de Mézangers. — Landes défrichées.
EUISIÈRES (LES), h. c^ne de Saint-Denis-d'Anjou. — *Les Heuisières* (Cassini).
EURERIE (L'), h. c^ne de Madré. — *L'Heurrie* (Cassini).
EURERIE (L'), vill. c^ne de Neuilly-le-Vendin. — *L'Heurrie* (Cassini).
EURIAIS (L'), f. c^ne de Bazouges.
EUSIL (L'), f. — Voy. L'EUZIL.
EUSILLIÈRE (L'), f. c^ne de Bazouges.
EUSSIÈRE (L'), h. c^ne de la Baroche-Gondouin.
EUVRARDIÈRE (L'), h. c^ne de Larchamp.
EUZEVIN, vill. c^ne de Châtillon-sur-Colmont. — *Terra de Esventedos*, 1190 (cart. de Savigny, f° 126). — *Heuzevin* (Cassini).
EVAY (LE GRAND et LE PETIT), vill. c^ne de Fougerolles. — *Les Evays* (Cassini).
ÈVE-D'ORTHE (L'), f. c^ne de Saint-Pierre-sur-Orthe.
ÉVEIGNERIE (L'), f. c^ne de Saint-Berthevin.
ÉVEILLARDIÈRE (L'), fief, c^ne de Juvigné-des-Landes, vassal du duché de Mayenne; nommé aussi *Vivain*.
ÉVEILLARDIÈRES (LES), h. c^ne de Laubrières.
ÉVENTAIL (L'), f. c^ne de Chailland.
ÉVENTAILS (LES), h. c^ne de Bouère.

ÉVENTARD, f. c^ne de Gennes. — Fief du marquisat de Château-Gontier.
ÉVENTARDS (LES), f. c^ne de Craon.
ÉVERIE (L'), f. c^ne de Saint-Jean-sur-Erve. — On dit aussi *la Leverie*.
ÉVRARD, éc. c^ne de Villiers-Charlemagne; donne son nom à un ruiss., aussi nommé *ruisseau des Landes*, affl. de la Mayenne.
ÉVRELLE (FONTAINE-DE-L'), éc. c^ne de Chemazé. — *Les terres Levrelles*, 1647 (abb. de la Roë, H 198, f° 77). — On prononce *Évreulle*.
ÉVRON, arrond. de Laval. — *Dono basilicæ domnæ et Sanctæ Mariæ Aureonno vicum*, 642; *Aureonensi vico*, 642 (test. de saint Hadouin, Gall. christ.). — *Aureonensis vicus*, 650 (cart. d'Évron). — *Aurion*, 989 (ibid.). — *Ebron*, 989 (ibid.). — *Monast. d'Ebrone*, XII° s° (cart. du Ronceray). — *Decanatus de Ebronio*, 1230 (liv. bl. du chap. du Mans). — *Eufvron*, 1363 (arch. nat. JJ 101, n° 48, f° 28). — *Esvron*, 1376 (cart. de l'abb. d'Évron).
Cette c^ne s'est formée autour du monastère bénédictin fondé au VII° s° par saint Hadouin et restauré en 989 par Robert de Blois. — Siége d'un doy. qui embrassait 32 paroisses et d'une bar. abbatiale qui relevait de la sénéchaussée du Maine; sa juridiction s'étendait sur 9 paroisses. — Évron appartenait à l'élection de Mayenne.

F

FABRICE (LA), éc. c^ne de Commer.
FABURAIS (LA), h. c^ne du Ribay.
FACHERIE (LA), f. c^ne de Saint-Germain-le-Fouilloux.
FADERIE (LA), h. c^ne de Bourgon.
FAGUERIE (LA), f. c^ne de Cossé-le-Vivien.
FAIE (LA), f. c^ne de Saint-Pierre-la-Cour; auj. détruite.
FAÎTEAUX (LES), f. c^ne de Ménil.
FAÎTE DE-MONGOUIN (LE), f. c^ne de Jublains. — Landes défrichées en 1860.
FALLUÈRE (LA), éc. c^ne d'Argentré.
FALLUÈRE (LA GRANDE et LA PETITE), f. c^ne de Laval. — *La Faluyère*, 1356 (censif de la bibl. de Laval). Seign. vassale de la châtell. de Laval.
FANERIE (LA), f. c^ne de l'Huisserie; suppr. vers 1819.
FANILLÈRE (LA), f. c^ne de Saint-Fraimbault-de-Prières.
FARAIS, h. c^ne de la Baconnière.
FARAUDIÈRE (LA), f. c^ne de Houssay.
FARCIÈRE (LA), vill. c^ne de Jublains. — Ruiss. affl. de celui de Biard.
FARCIÈRE (LA), f. c^ne de Saint-Fraimbault-de-Prières.

FARDELLIÈRE (LA), f. c^ne de Saint-Gault. — On prononce *la Fardeyère*.
FARIBAUDIÈRES (LES), f. c^ne de Ruillé-Froidfont.
FARINIÈRE (LA), f. c^ne de Chemazé. — *La Farinelière*, 1367 (Trésor des chartes des ducs de Bretagne, arm. H, cass. F).
FARINIÈRES (LES), h. c^ne de Viviers.
FAROIRE (LA), f. c^ne de Vautorte.
FATINIÈRE (LA), f. c^ne de Peuton.
FATONNIÈRE (LA), f. c^ne de Charchigné.
FAUCHARDAIS (LA), f. c^ne de Saint-Hilaire-des-Landes.
FAUCHARDIÈRE (LA), f. c^ne d'Andouillé.
FAUCHARDIÈRE (LA), éc. c^ne de Saint-Cyr-le-Gravelais.
FAUCHERIE (LA), h. c^ne de Saint-Ellier.
FAUCHERIE (LA), f. c^ne de Saint-Thomas-de-Courceriers.
FAUCHERIE (LA), f. c^ne de Thorigné.
FAUCHERIE (LA), h. c^ne de Vimarcé.
FAUCHERIES (LES), h. c^ne de Livré.
FAUCHETIÈRE (LA) ou LA FAUCHIÈRE, f. c^ne de Jublains.

FAUCHETIÈRE (LA), fief, c^{ne} de Renazé, vassal de la châtell. de Lourzais.

FAUCHEUX (LANDE DE), c^{ne} de la Boissière; auj. défrichée.

FAUCILLÈRE (LA), f. c^{ne} de Fromentières.

FAUCONNERIE (LA), f. c^{ne} de Préaux.

FAUCONNIER (LE), m^{in} et étang, c^{ne} de Saint-Georges-Buttavent, supprimés en 1860. — Le ruisseau du Fauconnier ou de Fontaine-Daniel est un affluent de la Mayenne.

FAUCONNIÈRE (LA), f. c^{ne} de Belgeard.

FAUCONNIÈRE (LA), f. de Gennes.

FAUCONNIÈRE (LA), f. c^{ne} de Saint-Christophe-du-Luat. — Fief vassal de la bar. d'Évron.

FAUCONNIÈRE (LA), f. et éc. c^{ne} de Saint-Georges-Buttavent.

FAUCONNIÈRE (LA), h. c^{ne} de Saint-Hilaire-des-Landes. — On dit souvent la Fouconnière.

FAUCRON, f. — Voy. FOUQUERON.

FAUDINIÈRE (LA), h. c^{ne} de Cossé-le-Vivien ; donne son nom à un ruiss. affl. de celui du Pont-Poirier.

FAU-DU-TEUIL (LE), vill. c^{ne} de Saint-Pierre-la-Cour. — *Village du Faulx-du-Tail*, 1545 (arch. de la Mayenne, série E, châtell. de la Gravelle).

FAUQUELERAIE (LA), f. c^{ne} de Ménil.

FAUQUERIE (LA), f. c^{ne} de Bazouges; auj. détruite.

FAUQUERIE (LA), h. c^{ne} de Carelles.

FAUTELLIÈRES (LES), h. c^{ne} de Saint-Martin-de-Connée.

FAUTIER, f. c^{ne} de Chemazé. — On écrit aussi *Fauquier*.

FAUTRAISE, chât. et f. c^{ne} d'Argenton. — Seigneurie vassale de la châtell. de Romfort.

FAUTRARDIÈRE (LA), f. c^{ne} du Bignon.

FAUTRARDIÈRE (LA), f. c^{ne} de Châtelain. — Seign. vassale de la châtell. de Romfort.

FAUTRARDIÈRE (LA), f. c^{ne} de Villiers-Charlemagne.

FAUTRIÈRE (LA), f. c^{ne} de Fontaine-Couverte.

FAUVELLIÈRE (LA), f. éc. c^{ne} d'Azé; prend son nom d'une ferme supprimée vers 1850.

FAUVELLIÈRE (LA), f. c^{ne} de Bazouges.

FAUVELLIÈRE (LA), f. c^{ne} du Bignon.

FAUVELLIÈRE (LA), vill. c^{ne} de la Chapelle-au-Riboul.

FAUVELLIÈRE (LA), vill. c^{ne} de Charchigné.

FAUVELLIÈRE (LA), f. c^{ne} de Cossé-le-Vivien.

FAUVELLIÈRE (LA), h. c^{ne} d'Ernée.

FAUVELLIÈRE (LA), f. c^{ne} de Loiron. — Fief de la châtell. de Saint-Ouen-des-Toits.

FAUVELLIÈRE (LA), f. c^{ne} d'Oisseau.

FAUVELLIÈRE (LA), éc. c^{ne} de Ruillé-le-Gravelais.

FAUVELLIÈRE (LA), f. c^{ne} de Saint-Cyr-le-Gravelais.

FAUVELLIÈRE (LA), f. c^{ne} de Saint-Georges-Buttavent.

FAUVELLIÈRE (LA), éc. c^{ne} de Saint-Georges-sur-Erve.

FAUVELLIÈRE (LA), vill. c^{ne} de Saint-Mars-sur-Colmont.

FAUVELLIÈRE (LA), f. c^{ne} de Vaiges.

FAUVELLIÈRE (LA), éc. c^{ne} de Vimarcé.

FAUVELLIÈRES (LES), h. c^{ne} de Cossé-le-Vivien.

FAUVERIE (LA), éc. c^{ne} de Louvigné.

FAUVERIE (LA), h. c^{ne} de Saint-Denis-du-Maine.

FAUVIÈRES (LES), h. c^{ne} de Saint-Cyr-le-Gravelais.

FAUX (LE), f. c^{ne} de Cossé-en-Champagne.

FAUX (LES), h. c^{ne} de Congrier.

FAUX-PIED (LE), f. c^{ne} de Saint-Thomas-de-Courceriers.

FAVARDIÈRE (LA GRANDE et LA PETITE), f. c^{ne} de Bonchamp.

FAVERIE (LA), f. c^{ne} d'Athée.

FAVERIE (LA), h. c^{ne} de la Baconnière.

FAVERIE (LA), h. c^{ne} de Chailland.

FAVERIE (LA), h. c^{ne} de Cigné.

FAVERIE (LA), f. c^{ne} de Gennes; auj. détruite.

FAVERIE (LA), h. c^{ne} de Lévaré.

FAVERIE (LA), éc. c^{ne} d'Oisseau.

FAVERIE (LA), f. c^{ne} d'Olivet.

FAVERIE (LA), f. et m^{in}, c^{ne} de Préaux. — Fief vassal du comté de Laval.

FAVERIE (LA), vill. c^{ne} de Saint-Aubin-du-Désert.

FAVERIE (LA), h. c^{ne} de Saint-Germain-de-Coulamer.

FAVERIE (LA), f. c^{ne} de Saint-Mars-sur-la-Futaie.

FAVERIE (LA), h. c^{ne} de Saint-Michel-de-Feins.

FAVERIE (LA), f. c^{ne} de Saint-Ouen-des-Toits.

FAVERIES (LES), h. c^{ne} de Cigné.

FAVIER (LE), f. c^{ne} de Renazé.

FAVIÈRES, chât., h. et m^{in}, c^{ne} de Brécé. — Le ruiss. de Favières est un affl. de la Colmont. Seign. vassale de la bar. d'Ambrières.

FAVRIÈRE (LA), f. c^{ne} de Saint-Jean-sur-Erve.

FAVROTIÈRE (LA), h. c^{ne} du Bourgneuf-la-Forêt; donne son nom à un ruiss. affl. de celui du Moulin.

FAY (FORÊT DE), c^{ne} de Montaudin; auj. défrichée. — *Foresta Failli*, 1160 (cart. de Savigny, f° 110). — *Decime terre mee de Faill*, 1215 (abb. de Savigny, arch. nat. L 969).

FAY (LE), f. c^{ne} d'Alexain.

FAY (LE), éc. c^{ne} du Bignon.

FAY (LE), f. c^{ne} de Carelles.

FAY (LE), m^{in}, c^{ne} de Courcité.

FAY (LE), f. c^{ne} d'Ernée.

FAY (LE), vill. c^{ne} de Grazay.

FAY (LE), f. c^{ne} de Jublains.

FAY (LE), f. c^{ne} de Juvigné-des-Landes.

FAY (LE), f. c^{ne} d'Oisseau.

FAY (LE), f. c^{ne} de Saint-Baudelle. — *In manerio del Fay*, 1248 (abb. de Savigny, arch. nat. L 971).

FAY (LE), h. c^{ne} de Saint-Calais-du-Désert.

FAY (LE), f. c^{ne} de Saint-Léger. — Fief vassal de la bar. de Sainte-Suzanne.

Fay (Le), f. c^ne de Saint-Pierre-sur-Erve.
Fay (Le), h. c^ne de Vieuvy.
Fay (Le Bas-), vill. c^ne de la Poôté. — Le ruiss. du Bas-Fay est un affl. du Sarthon.
Fay (Le Haut-), vill. c^ne de Bourgon. — Bois auj. défriché.
Fay (Le Haut-), h. c^ne de la Poôté.
Fay (Le Haut et le Bas), h. c^nes de Bazouges.
Fay (Le Haut et le Bas), f. c^ne du Genest.
Fay (Le Petit-), f. c^ne d'Ernée. — *Decime de Fail sito in parrochia de Charne*, 1278 (abb. de Savigny, arch. nat. L 973).
Fayère (La), h. c^ne de Courcité. — On prononce *la Feillère*.
Fayère (La), f. c^ne de Saint-Christophe du Luat.
Fayère (La Haute et la Basse), h. c^ne de Fromentières.
Fays (Les Bas-), f. c^ne de la Croixille.
Fays (Ruisseau des), c^ne du Genest, affl. de la rivière du Vicoin.
Féaudière (La), fief, c^ne de Saint-Charles-la-Forêt; vassal de la châtell. de Meslay.
Febvre (Le), h. c^ne de Saint-Georges-Buttavent.
Febvre (Le Fief aux), vassal de la châtell. de Courceriers.
Féchal-Giffaing ou Feucheux, f. c^ne de Bouchamp.
Féchalière (La), f. c^ne de Bouchamp. — *La Feschallière*, 1560 (chap. de Saint-Nicolas de Craon).
Féchard (Le), f. c^ne de Chérancé.
Féconnaie (La), f. c^ne de Saint-Ellier.
Feillerie (La), h. c^ne de Saint-Calais-du-Désert.
Feinière (La), f. c^ne de la Chapelle-Rainsouin.
Félière (La), vill. c^ne de la Baconnière; donne son nom à un ruiss. affl. de celui de la Havardière.
Félière (La), f. c^ne de Fromentières.
Fellerie (La), h. c^ne des Chapelles.
Fellerie (La), f. c^ne de Montigné.
Fellerie (La), f. c^ne de Saint-Germain-le-Fouilloux.
Felletière (La), h. c^ne de Saint-Germain-le-Fouilloux.
Fenague (Le), h. c^ne de Sainte-Marie-du-Bois.
Fenardière (La), h. c^ne de Saint-Berthevin.
Fenardière (La Petite-), f. c^ne de Saint-Berthevin.
Fenderie (La), étang et m^in, c^nes de Montourtier et de Deux-Évailles.
Fendrie (La), éc. c^ne de Chailland; m^in auj. détruit.
Fendrie (La), étang et m^in, c^ne de Lignières-la-Doucelle.
Fendrie (La), m^in, c^ne de Saint-Martin-de-Connée.
Fénerie (La), f. c^ne de la Bigottière.
Fenoillère (La), f. c^ne de Ménil.
Fenouillère (La), fief vassal de la baronnie d'Entramnes.

Fentes (Les), h. c^ne de Vimarcé.
Férardière (La), f. c^ne de Gorron.
Férardière (La Grande-), h. c^ne du Pas.
Férardière (La Petite-), f. c^ne de Gorron.
Férardière (La Petite-), vill. c^ne de Pas.
Ferchauderie (La), f. c^ne d'Ampoigné.
Fercoq (Étang de), c^ne de Saint-Berthevin-la-Tannière; desséché au XIXe siècle.
Ferdurière (La), f. c^ne de la Chapelle-Anthenaise.
Férichard, faubourg de la ville de Mayenne.
Fericot, éc. c^ne de Juvigné-des-Landes.
Ferlais (La), f. c^ne de Marcillé-la-Ville.
Fermandière (La), f. c^ne d'Évron. — Le fief était vassal de la bar. d'Évron.
Ferme (La), vill. c^ne de Châtres.
Ferme (La), éc. c^ne de Saint-Baudelle.
Ferme (La Basse-), f. c^ne de Ballée.
Ferme (La Petite-), f. c^ne de Sainte-Gemmes-le-Robert.
Ferme-au-Coq (La), f. c^ne d'Oisseau.
Ferme-aux-Goupils (La), h. c^ne d'Oisseau.
Ferme-du-Bas (La), f. c^ne d'Épineu-le-Séguin.
Ferme-du-Haut (La), éc. c^ne d'Épineu-le-Séguin.
Ferme-Neuve (La), f. c^ne de Bierné.
Fermerie (La), h. c^ne de Juvigné-des-Landes.
Ferraguère (La), f. c^ne de Livré. — *Lafferaguère* (carte de l'État-major).
Fief de la bar. de Craon.
Ferrand, f. c^ne de Vaiges.
Ferrandais (La), f. c^ne de Bazouges.
Ferranderie (La), f. c^ne de Ballée.
Ferranderie (La), f. c^ne de Bouère.
Ferranderie (La), h. c^ne du Buret.
Ferranderie (La), h. avec étang, c^ne de Saint-Ellier. — On dit aussi *la Ferrandière-de-l'Étang*. Ruisseau affl. de celui du Moulin-des-Prés.
Ferranderie (La), h. c^ne de Saint-Mars-sur-la-Futaie.
Ferranderie (La), éc. c^ne de Saulges.
Ferré, f. c^ne de Martigné; étang auj. desséché. — Le fief était vassal du duché de Mayenne.
Ferrée (La), f. c^ne de Bierné.
Ferrée-Crespin (La), h. c^ne de Bierné.
Ferrerie (La), f. c^ne d'Azé.
Ferrerie (La), f. c^ne de Fromentières.
Ferrerie (La), f. c^ne du Pas.
Ferrette (La), f. c^ne de Cossé-en-Champagne.
Ferrière (La), f. c^ne d'Andouillé.
Ferrière (La), f. c^ne de Bazouges; étang auj. desséché.
Ferrière (La), f. c^ne du Bignon.
Ferrière (La), f. c^ne de Cossé-en-Champagne.
Ferrière (La), f. c^ne de Grez-en-Bouère.
Ferrière (La), f. c^ne de Lignières-la-Doucelle.
Ferrière (La), vill. c^ne de Viviers.

Ferrière (La), fief du marq. de la Hautonnière.
Ferrière (La Grande et la Petite), f. c^{ne} du Bourgneuf-la-Forêt.
Ferrières (Les), f. c^{ne} de Méral.
Ferron (La Basse-), f. c^{ne} d'Athée.
Ferronnière (La), vill. c^{ne} de Madré. — *La Fervenière* (Cassini).
Ruiss. affl. de la riv. d'Aisne.
Ferronnière (La), éc. c^{ne} de Mayenne.
Ferronnière (La), f. c^{ne} de Saint-Martin-du-Limet.— Fief de la bar. de Craon.
Ferronnière (La), chât. et f. c^{ne} de Simplé. — Le fief de ce lieu, vassal des seign. de la Garaudière et de Pingonet, s'étendait sur les par. de Simplé, de Quelaines, de Cosmes, de Saint-Gault, d'Astillé, de Laigné et de la Chapelle-Craonnaise.
Ferronnière (La), h. c^{ne} de Trans.
Ferterie (La), f. c^{ne} de Vaiges.
Fertier, bois taillis, c^{ne} de Bouessay.
Fertière (La), h. c^{ne} de Chantrigné.
Fertière (La), f. c^{ne} de Quelaines.
Fertinière (La), h. c^{ne} de Courberie.
Fertinière (La), f. c^{ne} de Torcé.
Fertrais (La), f. c^{ne} du Bourgneuf-la-Forêt. — *Château de la Ferté* (carte de Jaillot). — *Fertrée* (carte de l'État-major).
L'étang et le mⁱⁿ sont auj. supprimés. — Fief vassal de la châtell. de Saint-Ouen-des-Toits.
Fertray, f. c^{ne} de Ballée.
Fessardière (La), f. c^{ne} d'Arquenay.
Fesselles (Les) ou les Flesselles, vill. c^{ne} du Bourgneuf-la-Forêt; ruiss. affl. de celui du Cloteau. — Fief vassal de la châtell. d'Ernée.
Festillé, f. et logis, c^{ne} de Quelaines. — *G. de Festillé*, xie s^e (cart. du Ronceray). — *Feutillé*, chât. (carte de Jaillot).
Fief vassal du marq. de Château-Gontier.
Fetinie (La), h. c^{ne} du Ribay.
Fetissaie (La), f. c^{ne} de Juvigné-des-Landes.
Fetraies (Les), f. c^{ne} de Gesvres.
Fetrie (La), f. c^{ne} d'Alexain.
Feu (Le), mⁱⁿ avec étang, c^{ne} de Chantrigné.
Feu (Le), vill. c^{ne} de Courberie.
Feu (Le), mⁱⁿ c^{ne} de Courcité.
Feu (Le), chât. et f. c^{ne} de Juvigné-des-Landes. — Les landes sont auj. défrichées.
Le fief était vassal des châtell. de Saint-Ouen et de Juvigné.
Feu (Le), bois, c^{ne} de Poulay.
Feu (Le), vill. c^{ne} de Saint-Georges-sur-Erve. — La butte du Feu fait partie des Coëvrons.
Feu (Le), h. c^{ne} de Trans.

Feuchaud, f. c^{ne} de Bouchamp.
Feuchaud (Le Grand-), f. c^{ne} d'Athée.
Feuchaud (Le Haut et le Bas), f. c^{ne} de la Bazouge-de-Chemeré.
Feuchaud (Le Petit-), f. c^{ne} d'Athée. — Lieu autrefois nommé *Pisoisson*.
Feudonnière (La Grande et la Petite), f. c^{ne} de Saint-Laurent-des-Mortiers.
Feugast (Le), h. c^{ne} de Champfremont.
Feugeray (Le), h. c^{ne} d'Orgères.
Feuges (Les), f. c^{ne} de Chevaigné.
Feuges (Les), f. c^{ne} de Saint-Pierre-des-Landes.
Feu-Guillaume, mⁱⁿ, c^{ne} de Viviers.
Feu-Heulin (Landes de), c^{nes} de Saint-Georges-Buttavent et de Contest; défrichées vers 1840. — On dit aussi *Feulin*.
Feuille (Haute-), f. c^{ne} de Saint-Michel-de-la-Roë; auj. détruite.
Feuilleau (Les), vill. c^{ne} de Juvigné-des-Landes. — On dit aussi *les Fouilloux*.
Feuillée (La), h. c^{ne} d'Alexain.
Feuillée (La), h. et chât. c^{ne} de la Bigottière. — *Ambroais d'Orenge*, seign. *de la Fouillée*, 1405 (arch. de la Mayenne, E 25). — *Fief de la Foullée*, 1443 (arch. nat. P 343).
Seign. vassale du duché de Mayenne, qui s'étendait sur les paroisses d'Andouillé, d'Alexain, de la Bigottière, de Saint-Germain-le-Fouilloux, de Saint-Jean-sur-Mayenne, de Sacé et de Montflours. — Le bois taillis est auj. défriché.
Feuillée (La), logis, c^{ne} de Saint-Fort. — On dit aussi *la Fouillée*.
Feuillée (La), f. c^{ne} de Saint-Pierre-la-Cour.
Feuillerie (La), f. c^{ne} de Maisoncelles.
Feuilleterie (La), f. c^{ne} de la Rouaudière.
Feuillevée (La), f. c^{ne} de Loiron. — *Lieu de Feilleray*, 1515 (cab. La Baulière). — *Feilvé* (Cassini). — *Feuillevet* (carte de l'État-major).
Feujamet, h. c^{ne} du Bourgneuf-la-Forêt.
Feujean, mⁱⁿ et h. c^{ne} de Gesvres.
Feumusson, h., étang et mⁱⁿ, c^{ne} de Saint-Denis-de-Gastines. — *Faumusson* (carte de Jaillot). — *Fumeçon* (carte de l'État-major).
Feumusson, h. c^{ne} de Saint-Mars-sur-Colmont. — *Fumesson*, 1695 (arch. du chât. de l'Isle).
Feumusson, h. c^{ne} de Viviers. — On dit aussi *Fremusson*.
Feurtière (La) ou la Furetière, f. c^{ne} d'Entrammes.
Feurtière (La), f. c^{ne} de Niafle; auj. détruite. — Ruiss. affl. de celui de la Lande.
Feusillière (La), h. c^{ne} de Sainte-Suzanne. — *Fousillère* (cadastre).

Feussis (Les), f. de Bouchamp.
Feuvries (Les), éc. c^ne de Saint-Fraimbault-de-Prières.
Feux (Les Hauts et Bas), f. c^ne de Cossé-le-Vivien. — Ruiss. affl. de l'Oudon.
Feux-Jamet (Les), vill. c^ne de Saint-Pierre-la-Cour.
Feux-Vilaine (Les Grands et Petits), vill. c^ne de Saint-Pierre-la-Cour : on disait autrefois *Fonulaine*. — Seign. vassale de la châtell. de Saint-Ouen-des-Toits.
Fèvre (Moulin aux), c^ne de Saint-Aignan-sur-Roë ; auj. détruit.
Fèvrie (La), f. c^ne d'Aron.
Fèvrie (La), f. c^ne de Livré.
Fèvrie (La), éc. c^ne de Saint-Michel-de-Feins.
Fèvrière (La), f. c^ne de Carelles.
Fiages (Les), h. c^ne de la Selle-Craonnaise.
Fiandière (La), f. c^ne d'Évron.
Fiandière (La), f. c^ne d'Izé.
Fiaudière (La), h. c^ne de Gorron.
Fiaudières (Les), f.-c^ne de Grez-en-Bouère.
Fichardière (La), f. c^ne de Montigné.
Fichet (Le), f. c^ne de Saint-Georges-Buttavent.
Fichetière (La), f. c^ne de Saint-Mars-du-Désert.
Fiéchu (Le), éc. c^ne d'Averton.
Fief-aux-Collas (Le), fief, c^ne de Saint-Pierre-la-Cour, vassal de la châtell. de Saint-Ouen-des-Toits.
Fief-Bigot (Le), f. c^ne de Lassay.
Fief-Corbin (Le), f. c^ne de Saint-Mars-sur-la-Futaie.
Fief-Garnier (Le), vill. c^ne de Saint-Thomas-de-Courceriers.
Fief-Jarry, h. c^ne de Saint-Martin-de-Connée ; donne son nom à un ruiss. affl. de celui de la Pescherie.
Fief-Joli (Le), f. et éc. c^ne de la Baconnière.
Fiefs (Les Bas-), f. c^ne de Larchamp.
Fieudière (La), h. c^ne d'Ambrières.
Figulin (Landes de), c^ne de Montreuil.
Filardière (La), h. c^ne de Trans.
Filerie (La), h. c^ne de la Chapelle-Anthenaise.
Filerie (La), h. c^ne de Saint-Mars-du-Désert.
Filière (La), éc. c^ne de Fromentières.
Filières (Les), f. c^ne de Saint-Charles-la-Forêt.
Fillâtraie (La), f. c^ne de Saint-Berthevin-la-Tannière.
Fillâtrais (La), h. c^ne du Pas.
Filleurons (Les), h. c^ne de Bazougers. — Voy. Cour-de-Filleuron (La).
Filochère, vill. c^ne de la Pallu.
Filonnière (La), f. c^ne de Saint-Germain-le-Fouilloux.
Filotière (La), h. c^ne de la Selle-Craonnaise.
Filouziau (Le), f. c^ne d'Ahuillé. — *La Filouzière*, 1866 (rôles de dénombr.).
Filoyère (La), f. c^ne de Villiers-Charlemagne.

Fintelais (Les), h. c^ne de Hambers.
Fintière (La), f. c^ne du Bourgneuf-la-Forêt.
Fintière (La), h. c^ne de Bourgon.
Fiolais (La), f. c^ne de Brécé.
Fiolais (La), f. c^ne de Fougerolles.
Fissainie (La), f. c^ne de Bazouges.
Fisseau, éc. c^ne de Larchamp.
Fizellerie (La), f. c^ne de Montenay.
Fizellerie (La), h. c^ne de Vautorte.
Fizellier (Le), f. c^ne de Couesmes.
Fizellière (La), f. c^ne de la Chapelle-Anthenaise.
Fizellière (La), éc. c^ne de Châtillon-sur-Colmont.
Flandière (La), f. c^ne d'Ampoigné.
Flandière (La), f. c^ne de Brécé ; auj. détruite. — *Acras terre in Flaanderia;* 1325 (abb. de Savigny, arch. nat. L 969).
Flandière (La), h. c^ne de Rennes-en-Grenouille.
Flanterie (La), f. c^ne de Saint-Mars-sur-la-Futaie.
Flardière (La), f. c^ne de Blandouet : on dit aussi *la Flarière*. — L'étang a été desséché en 1850.
Flardière (La), f. c^ne de Longuefuye.
Flardière (La), h. c^ne de Saint-Aubin-du-Désert.
Flatrie (La), vill. c^ne de Landivy ; donne son nom à un ruiss. affl. de celui du Moulin-des-Prés.
Flatrière (La), f. c^ne de Fontaine-Couverte.
Flauchalaines (Les), f. c^ne de Placé.
Fléchardière (La), f. c^ne de Bonchamp.
Fléchardière (La), f. c^ne de Cossé-en-Champagne.
Fléché (Le), bois, c^ne d'Azé, 1575 (arch. de la Mayenne, E 8).
Fléchay (Le), f. c^ne de Ballots.
Flèche (La), f. c^ne de Marigné-Peuton.
Flécheray (Le), f. c^ne de Bonchamp.
Flécheray (Le), f. c^ne de Louverné.
Flécheray (Le), h. c^ne de Saint-Berthevin.
Flécheray (Le Grand et le Petit), f. c^ne de Saint-Berthevin.
Flécheray (Le Petit-), éc. c^ne de Bonchamp.
Fléchère (La), f. c^ne de Congrier.
Fléchère (La), f. c^ne de Saint-Martin-du-Limet ; ruiss. affl. de celui de Saint-Saturnin. — Le fief, nommé aussi *Collette* et *la Poterie*, était vassal de la seign. de Saint-Amadour.
Fléchère (La), f. c^ne d'Astillé.
Fléchère (La), h. c^ne de Gastines.
Fléchère (La Haute et la Basse), f. c^ne de Maisoncelles ; lande auj. défrichée.
Fléchigné (Le Grand et le Petit), h. et f. c^ne de Courcité.
Flée, f. c^ne de Saint-Quentin.
Fleins, f. c^ne de Craon. — *Flin* (carte de l'État-major). Le ruiss. de Fleins et de l'Étang de la Cour est un

afll. de l'Oudon. — La seign. de Fleins était vassale de la Motte-Sourchin.

Flemengère (La), h. cne de Saint-Loup-du-Gast.

Flemillé (Landes de), cne de Chantrigné; défrichées.

Flens,-fief vassal de la châtell. de Bazougers.

Fleurandière (La), f. cne de Fontaine-Couverte.

Fleurerie (La), h. cne de la Baconnière.

Fleuret (Le), f. cne de la Baconnière.

Fleuretière (La), h. cne de Gesvres.

Fleuretière (La), f. cne de Laval. — On dit aussi la Fleuretterie.

Fleuretterie (La), h. cne de Renazé.

Fleuriais (La), f. cne de Châtelain.

Fleuriais (La), f. cne de Larchamp.

Fleuriais (La), f. cne de Montaudin.

Fleurière (La), f. cne de la Bazouge-de-Chemeré.

Fleurière (La), f. cne du Bignon.

Fleurière (La), f. cne de Brécé.

Fleurière (La), f. cne de Châtillon-sur-Colmont.

Fleurière (La), f. cne de la Croixille.

Fleurière (La), f. cne de Cuillé.

Fleurière (La), f. cne de Deux-Évailles.

Fleurière (La), f. cne de Laval, son de Grenoux.

Fleurière (La), f. cne de Laval; auj. détruite. — Elle était sise en Saint-Melaine.

Fleurière (La), f. cne de Meslay.

Fleurière (La), f. cne de Placé.

Fleurière (La), vill. cne de Saint-Germain-le-Fouilloux.

Fleurière (La), f. cne de Saint-Ouen-des-Vallons.

Fleurière (La), h. cne de la Selle-Craonnaise.

Fleurière (La Grande et la Petite), f. cne du Méc.

Fleurinet, f. cne de Launay-Villiers.

Fleusière (La), f. cne de Deux-Évailles.

Flingue (La), f. cne de la Chapelle-Craonnaise : on dit aussi la Flinde. — Fief de la bar. de Craon.

Flinière (La), h. cne d'Assé-le-Béranger.

Florence, f. cne de Saint-Léger : on dit aussi Fleurance. — L'étang a été desséché vers le milieu du xviiie siècle.

Fief vassal de la bar. de Sainte-Suzanne.

Flotoirie (La), h. cne de la Poôté.

Flux (Le), f. cne de Beaumont-Pied-de-Bœuf.

Fluxon, f. cne de Congrier. — Fuxon (Cassini).

Foi (La), f. cne de Beaulieu; donne son nom à un ruiss. afll. de celui de l'Aunay-Housseau. — Fief vassal de la châtell. de Montjean.

Foineterie (La), h. cne de Montenay.

Foinoterie (La), éc. cne de Fontaine-Couverte.

Foireau, éc. cne de Jublains, construit en 1875.

Foireul (Ruisseau de) ou de Fondreux : arrose Bouère et Saint-Brice et se jette dans la Taude.

Foirie (La), f. cne de Fontaine-Couverte.

Foirie (La), éc. cne de Saint-Baudelle. — On prononce aussi la Fouérie.

Foisillère (La), h. cne du Pas.

Foisnière (La), vill. cne de Bourgon.

Folangère (La), f. cne de Carelles.

Folangère (La), f. cne de Colombiers.

Folas, vill. et min, cne du Pas. — Une section de la commune se nomme le Trait de Folas.

Le ruiss. de Folas est un afll. de celui de Bazeille.

Folie (La), min, cne du Bourgneuf-la-Forêt.

Folie (La), f. cne de Champfremont.

Folie (La), f. cne de Laval.

Folie (La), h. cne de Saint-Ouen-des-Toits.

Folie (La), f. cne de Saint-Pierre-des-Landes.

Folie (La), fief vassal de la châtell. de Montjean.

Folletière (La), f. cne de Chémeré-le-Roi. — La Grande-Folaquerie, 1655 (prieuré de la Cropte).

Folletière (La), f. cne de Marcillé-la-Ville.

Folletière (La Basse-), vill. cne d'Oisseau.

Folleverie (La), f. cne de Chemeré-le-Roi. — Mes mesons de la Folleverrie, 1451 (abb. de Bellebranche). — La Follevayrie, 1461 (ibid.). — Lieu de la Grand-Folvairie, 1606 (prieuré de la Cropte).

Follis (Haute-), f. cne d'Ampoigné.

Follis (-Haute-), f. cne de Bouessay.

Follis (Haute-), f. cne de Cuillé.

Follis (Haute-), h. cne de Grez-en-Bouère.

Follis (Haute-), couvent, cne de Laval.

Follis (Haute-), f. cne de Marigné-Peuton; supprimée vers 1810.

Follis (Haute-), h. cne de Martigné.

Follis (Haute-), f. cne de Mayenne.

Follis (Haute-), f. cne de Nuillé-sur-Vicoin.

Follis (Haute-), f. cne de Placé.

Follis (Haute-), h. cne de Saint-Christophe-du-Luat.

Follis (Haute-), h. cne de Saint-Georges-sur-Erve.

Follis (Haute-), f. cne de Saint-Germain-le-Fouilloux; donne son nom à un ruiss. afll. de celui d'Ingrandes.

Follis (Haute-), f. cne de Saint-Martin-du-Limet.

Follis (Haute-), f. cne de Vimarcé.

Folusière (La Grande et la Petite), f. cne d'Entrammes.

Foncière, f. cne de Peuton; donne son nom à un ruiss. afll. de l'Hière.

Foncière (La), fief, cne de Saint-Jean-sur-Erve, vassal de la châtell. de Thorigné.

Foncière (La), éc. cne de Saint-Jean-sur-Erve.

Fondasnerie (La), f. cne de Saint-Fort.

Fondellerie (La), f. cne de Saint-Ouen-des-Vallons.

FONDREUX (RUISSEAU DE), c^{ne} de Bouère, affl. de la Taude : il est aussi nommé *Sfondreux* ou *Foireul*.
FONNERIE (LA), f. c^{ne} de Contest.
FONNERIE (LA), f. c^{ne} de Coudray.
FONNERIE (LA), h. c^{ne} de Marcillé-la-Ville.
FONNERIE (LA), vill. c^{ne} de Niort.
FONTAINE (LA), f. c^{ne} d'Athée.
FONTAINE (LA), f. c^{ne} de Ballots ; donne son nom à un ruiss. affl. de celui de la Moussauderie.
FONTAINE (LA), éc. c^{ne} de Bazouges.
FONTAINE (LA), f. c^{ne} de Bouère.
FONTAINE (LA), h. c^{ne} de Boulay.
FONTAINE (LA), vill. c^{ne} de Brécé.
FONTAINE (LA), f. c^{ne} de Châtillon-sur-Colmont.
FONTAINE (LA), f. c^{ne} de Châtres.
FONTAINE (LA), f. c^{ne} de Colombiers.
FONTAINE (LA), f. c^{ne} de Cossé-le-Vivien ; donne son nom à un ruiss. affl. de l'Oudon.
FONTAINE (LA)), h. c^{ne} de Crennes-sur-Fraubée.
FONTAINE (LA), f. c^{ne} de Fontaine-Couverte ; donne son nom à un ruiss. affl. de celui de la Pelleterie.
FONTAINE (LA), h. c^{ne} de Gastines.
FONTAINE (LA), f. c^{ne} de Gennes ; auj. détruite.
FONTAINE (LA), vill. c^{ne} de Gesvres.
FONTAINE (LA), f. c^{ne} de Juvigné-des-Landes.
FONTAINE (LA), f. c^{ne} de Laigné.
FONTAINE (LA), h. c^{ne} de Larchamp.
FONTAINE (LA), f. c^{ne} de Mée.
FONTAINE (LA), éc. c^{ne} de Mézangers.
FONTAINE (LA), f. c^{ne} de Montenay.
FONTAINE (LA), f. c^{ne} d'Oisseau.
FONTAINE (LA), éc. c^{ne} de Peuton. — La ferme de ce lieu est auj. détruite.
FONTAINE (LA), f. c^{ne} de Quelaines.
FONTAINE (LA), h. c^{ne} de Sacé.
FONTAINE (LA), h. c^{ne} de Saint-Aubin-Fosse-Louvain.
FONTAINE (LA), f. c^{ne} de Saint-Denis-d'Anjou.
FONTAINE (LA), f. c^{ne} de Saint-Erblon.
FONTAINE (LA), f. et logis, c^{ne} de Saint-Fort.
FONTAINE (LA), h. c^{ne} de Saint-Germain-le-Guillaume.
FONTAINE (LA), f. c^{ne} de Saint-Mars-sur-Colmont ; donne son nom à un ruiss. affl. de celui du Pont-Gasté.
FONTAINE (LA), f. c^{ne} de Saint-Pierre-sur-Orthe.
FONTAINE (LA), h. c^{ne} de Saint-Thomas-de-Courceriers. — On appelait autrefois ce hameau *la Fontaine-Loustouer*.
FONTAINE (LA), logis, c^{ne} de Senonnes.
FONTAINE (LA), f. c^{ne} de Soucé.
FONTAINE (LA), f. c^{ne} de Torcé.
FONTAINE (LA), éc. c^{ne} de Viviers.
FONTAINE (LA), f. c^{ne} de Vautorte.

FONTAINE (LA COUR DE LA GRANDE-), f. c^{ne} de Ruillé-Froidfont. — Fief vassal de la seign. de Ruillé.
FONTAINE (LA GRANDE-), f. c^{ne} de Ruillé-Froidfont.
FONTAINE (LA HAUTE-), f. c^{ne} de Ruillé-le-Gravelais.
FONTAINE (LA PETITE-), f. et éc. c^{ne} d'Azé.
FONTAINE (LA PETITE-), f. c^{ne} de Gorron.
FONTAINE (LA PETITE-), f. c^{ne} de Maisoncelles.
FONTAINE (LA PETITE-), f. c^{ne} de Saint-Fort.
FONTAINE (LA PETITE-), f. c^{ne} de Sainte-Gemmes-le-Robert.
FONTAINE (RUISSEAU DE LA) : arrose Lignières-la-Doucelle et se jette dans le ruiss. du Tilleul.
FONTAINE-AUX-BRETONS (LA), h. c^{ne} de Saint-Aignan-sur-Roë.
FONTAINE-AUX-BRETONS (LA), h. c^{ne} de Saint-Michel-de-la-Roë.
FONTAINE-AUX-FÉES (LA), f. c^{ne} de la Brulatte.
FONTAINE-AUX-HIRONS (LA), f. c^{ne} de Colombiers.
FONTAINE-AUX-LOUPS (RUISSEAU DE LA) : arrose Montenay et se jette dans le ruiss. de Gué-Racineaux.
FONTAINE-BLANCHE (LA), f. c^{ne} de Saint-Brice.
FONTAINE-BLANCHE (LA), f. c^{ne} de Saint-Charles-la-Forêt.
FONTAINE-BLOT (LA), f. c^{ne} de Voutré.
FONTAINE-COUVERTE, c^{ne} de Saint-Aignan-sur-Roë.— *Ecclesia Sancti Baomiri de Fonte Cooperto*, 1136 (abb. de la Roë). — *Fontaine-Coupverte*, 1648 (*ibid.*).
Anc. par. du doy. et de la bar. de Craon et de l'élect. de Château-Gontier.
FONTAINE-COUVERTE (LA), f. c^{ne} de Saint-Ellier ; donne son nom à un ruiss. affl. de la riv. de la Futaie.
FONTAINE-DANIEL, usine, étang et vill. c^{ne} de Saint-Georges-Buttavent. — Anc. abb. bénédictine de l'ordre de Cîteaux, fondée en 1205 dans le bois de Salert. — *Fons Danielis et est in Salerto*, 1205 (ch. de fondation). — *Apud fontem Danielis*, 1209 (cart. d'Évron). — *Monasterium Fontis Danielis* alias *B. M. de Pissenia*, 1582 (abb. de Fontaine Daniel).
FONTAINE-DE-LA-POTERIE (RUISSEAU DE), c^{ne} de Sainte-Gemmes-le-Robert, affl. du ruiss. de Culoison.
FONTAINE-DES-CHALONGES (RUISSEAU DE LA) : arrose Montaudin et se jette dans la Futaie. — *Rivulo fontis Calumpniarum*, 1160 (cart. de Savigny, f° 110).
FONTAINE-DOMIN, arrière-fief de la châtell. de Saint-Ouen-des-Toits, c^{ne} de Saint-Pierre-la-Cour, vassal de la seign. des Feux-Vilaine.
FONTAINE-D'ORTHE (LA), f. c^{ne} d'Izé.
FONTAINE-DU-BIGNON (LA), f. c^{ne} de Saint-Brice.
FONTAINE-DU-BOURG (RUISSEAU DE LA) : arrose Saint-Berthevin-la-Tannière et se jette dans la Futaie.
FONTAINE-GERARD, prieuré de l'abb. de Marmoûtiers, c^{ne} de Châtillon-sur-Colmont. — Voy. GERARD.

FONTAINE-ORY (LA), f. c^{ne} de Grazay.
FONTAINERIE (LA), f. c^{ne} d'Oisseau.
FONTAINERIE (LA), h. c^{ne} de Placé.
FONTAINE-ROBERT (RUISSEAU DE LA), c^{ne} de Larchamp, affl. de la riv. de Rollond.
FONTAINE-ROUILLÉE (RUISSEAU DE LA), c^{ne} de Niort, affl. du ruiss. de Villette.
FONTAINE-ROUX, fief, c^{ne} de Saint-Georges-sur-Erve; vassal de la châtell. de Foulletorte.
FONTAINES (LES), f. c^{ue} de Changé. — Le ruisseau des Grandes-Fontaines est un affl. de la Mayenne.
FONTAINES (LES), f. c^{ne} de Méc.
FONTAINES (LES), f. c^{ne} de Saint-Fraimbault-de-Prières; donnent leur nom à un ruisseau affl. de celui de la Chopinière.
FONTAINES (LES), f. c^{ne} de Saint-Gault.
FONTAINES (LES), f. et étang, c^{ne} de Saint-Georges-Buttavent; donnent leur nom à un ruisseau affl. de celui de l'étang de Pouriotte.
FONTAINES (LES), éc. c^{ne} de Saint-Georges-sur-Erve.
FONTAINES (LES), vill. c^{ne} de Sainte-Marie-du-Bois.
FONTAINES (LES), h. c^{ne} de Saint-Sulpice.
FONTAINES (RUISSEAU DES): arrose Oisseau et se jette dans le ruiss. de la Guyardière.
FONTAINE-SAINT-MEEN (LA), f. c^{ne} de Ruillé-le-Gravelais; donne son nom à un ruiss. affl. de l'Oudon.
FONTAINE-VILLIERS (RUISSEAU DE LA), c^{ne} de Sainte-Gemmes-le-Robert, affl. du ruiss. de Culoison.
FONTENAILLES, f. c^{ne} de Congrier.
FONTENAILLES, f. c^{ne} de Loigné. — Le fief relevait de la bar. de Briolay.
Le ruiss. de Fontenailles afflue à la Mayenne.
FONTENAILLES, chât. et vill. c^{ne} de Saint-Pierre-des-Landes. — Fief vassal de la châtell. d'Ernée.
FONTENAY, f. c^{ne} de Ballée.
FONTENAY, mⁱⁿ, c^{ne} de Couesmes.
FONTENAY, h. c^{ne} de Javron. — Fief du marq. de Villaines-la-Juhel.
FONTENAY, f. c^{ne} de Saulges. — *Fontenellas*, 989 (cart. de l'abb. d'Évron).
FONTENAY (LE GRAND-), f. c^{ne} de Couesmes.
FONTENAY (LE HAUT et LE BAS), f. c^{ne} de la Bigottière.
FONTENELLE, h. c^{ne} de Ballots.
FONTENELLE, f. c^{ne} de la Bazouge-de-Chemeré.
FONTENELLE, fief, c^{ne} de Congrier, vassal de la seign. du Petit-Bois.
FONTENELLE, f. c^{ne} de Coudray.
FONTENELLE, f. c^{ne} de Gennes. — Fief vassal de la châtell. de Romfort.
FONTENELLE, éc. c^{ne} de Javigné-des-Landes.
FONTENELLE, f. c^{ne} de Laigné. — Arrière-fief de la bar. de Craon, vassal de la seign. de Maillé.

FONTENELLE, h. c^{ne} de Lassay. — *Medietarium de Fontenella*, 1241 (abb. de Savigny, arch. nat. L 970).
FONTENELLE, f. c^{ne} de Loigné.
FONTENELLE, f. c^{ne} de Saint-Calais-du-Désert.
FONTENELLE, h. et f. c^{ne} de Saint-Denis-d'Anjou.
FONTENELLE, h. c^{ne} de Saint-Fort.
FONTENELLES (LES), éc. et f. c^{es} de Montjean.
FONTENELLES (LES), éc. c^{ne} de Saint-Baudelle.
FONTENELLES (LES), éc. c^{ne} de Saint-Georges-Buttavent.
FONTENOY, f. c^{ne} de Ballots. — *Terram de Fonte-Oezt*, XIIe s^e (abb. de la Roë, H 151, f° 78). — *In frumentagio de Fonte-OEtis*, 1235 (prieuré des Bonshommes). — *Métairie de Fontenouel*, 1626 (abb. de la Roë, H 186). — *Fief et seigneurie de Fontenouet*, XVIIe s^e (*ibid.*).
Arrière-fief de la bar. de Craon.
FONTERIE (LA), f. c^{ne} de Changé.
FORCÉ, c^{on} d'Argentré. — *Hugonem de Forceio*, XIIe s^e (miscell. de Baluze, L VII, p. 202).
Anc. paroisse du doy. de Sablé, de la bar. d'Entrammes, du comté et de l'élect. de Laval.
FORCHETTIÈRE (LA), vill. c^{ne} de la Chapelle-au-Riboul.
FORÊT (LA), f. c^{ne} d'Ahuillé.
FORÊT (LA), h. c^{ne} d'Andouillé. — Voy. FORÊT-LE-GUILLAUME (LA).
FORÊT (LA), f. c^{ne} de Bais.
FORÊT (LA), f. c^{ne} de Ballots.
FORÊT (LA), f. c^{ne} de la Bigottière.
FORÊT (LA), vill. c^{ne} de Cossé-en-Champagne; donne son nom à un ruiss. affl. du Treulon.
FORÊT (LA), f. c^{ne} d'Izé.
FORÊT (LA), h. c^{ne} de Saint-Berthevin-la-Tannière.
FORÊT (LA), f. c^{ne} de Saint-Martin-de-Connée.
FORÊT (LA), f. c^{ne} de Saint-Michel-de-la-Roë. — Fief vassal de la bar. de Craon.
FORÊT (LA), h. c^{ne} de Vieuvy.
FORÊT (LA GRANDE-), f. c^{ne} de Courcité.
FORÊT (LA GRANDE et LA PETITE), h. c^{ne} de Fromentières.
FORÊT (LA HAUTE et LA BASSE), f. c^{ne} de Hercé.
FORÊT (LA PETITE-), f. c^{ne} de Ballots. — Landes auj. défrichées.
FORÊT (LA PETITE-), vill. c^{ne} de Courcité. — Arrière-fief du duché de Mayenne, vassal de la chât. de Courcité.
Le ruiss. de la Forêt est un affl. de celui de Remontay.
FORÊT (LA PETITE-), h. c^{ne} de Saint-Aubin-Fosse-Louvain.
FORÊT-BEAUFILS (LA), fief, c^{ne} de Fromentières, vassal de la châtell. de Fromentières et de la bar. d'Entrammes.
FORÊT-D'AUBERT (LA), f. c^{ne} de Fromentières. — Fief

vassal des châtell. de Longuefuye et de Fromentières et de la bar. d'Ingrandes, qui fut annexé à la bar. de Bourg-le-Prêtre en 1664. — C'est le même fief que celui qui se nomme *Beauchêne*.

Forêt-d'Hardanges (La), fief du marq. de Lassay.

Forêt-le-Guillaume (La), fief, c^{ne} d'Andouillé, vassal de la châtell. d'Ernée.

Forêt-Neuve (La), bois, c^{ne} de Vimarcé.

Forêt-Neuve (Lande de la), c^{ne} de Bazouges; défrichée vers 1820.

Forêtrie (La), f. c^{ne} de Bouchamp.

Forêtrie (La), f. c^{ne} de la Croixille.

Forêtrie (La), h. c^{ne} de Saint-Denis-d'Anjou.

Forge (Étang de la), c^{ne} de la Brulatte. — Le ruiss. de l'étang de la Forge et du Tilleul est un affl. du Vicoin.

Forge (Étang de la), c^{ne} de Lignières-la-Doucelle.

Forge (La), h. et m^{in}, c^{ne} d'Andouillé. — Le fief de la Forge de la Callière était vassal de la châtellenie d'Ernée.

Forge (La), logis, usine et étang, c^{ne} d'Aron.

Forge (La), m^{in}, c^{ne} de Brée.

Forge (La), vill. c^{ne} de Chailland.

Forge (La), chât. et f. c^{ne} de Chemeré-le-Roi. — Le fief de la Forge, aussi nommé *Breil-Héraut*, relevait de la seign. de Chemeré-le-Roi par Saint-Denis-du-Maine.

Le ruiss. de la Forge est un affl. de l'Erve.

Forge (La), f. c^{ne} de Cigné.

Forge (La), f. c^{ne} de Maisoncelles.

Forge (La), f., m^{in} et bois, c^{ne} de Montaudin. — Fief de la châtell. de Pontmain.

Forge (La), m^{in}, c^{ne} de Pré-en-Pail.

Forge (La), h. c^{ne} de Rennes-en-Grenouille.

Forge (La), f. c^{ne} de Saint-Denis-de-Gastines.

Forge (La), éc. c^{ne} de Saint-Denis-du-Maine.

Forge (La), f. c^{ne} de Saint-Germain-le-Fouilloux.

Forge (La Grande et la Petite), f. c^{ne} de Chemazé.

Forge (La Haute et la Basse), f. c^{ne} d'Azé.

Forge (La Haute et la Basse), h. c^{ne} du Buret.

Forge (La Petite), m^{in}, h. et étang, c^{ne} de Chailland.

Forge (La Petite-), f. c^{ne} d'Ernée.

Forge (La Petite-), éc. c^{ne} d'Olivet.

Forgelle (La), f. c^{ne} de Larchamp.

Forgelle (La), h. c^{ne} de Montaudin.

Forgelle (La), f. c^{ne} de Sacé.

Forgebon, f. c^{ne} de la Roë.

Forges, f. c^{ne} de Châtelain, détr. en 1872. — Châtell. qui s'étendait sur Azé, Entrammes, Gennes, Maisoncelles, Parné et Villiers-Charlemagne et reportait les aveux de ses fiefs à la bar. d'Ingrandes et à celle d'Entrammes.

Forges (Les), f. c^{ne} du Bignon.

Forges (Les), m^{in}, c^{ne} de Chammes.

Forges (Les), f. c^{ne} de Chemazé.

Forges (Les), vill. c^{ne} de Contest.

Forges (Les), f. c^{ne} de Daon.

Forges (Les), f. c^{ne} de Désertines.

Forges (Les), h. c^{ne} de Hambers.

Forges (Les), h. c^{ne} de Méral.

Forges (Les), vill. c^{ne} de Montflours.

Forges (Les), f. c^{ne} de Montigné.

Forges (Les), f. c^{ne} d'Origné.

Forges (Les), h. c^{ne} de Saint-Brice.

Forges (Les), f. c^{ne} de Saint-Georges-le-Fléchard.

Forges (Les Grandes et les Petites), f. c^{ne} de Saint-Pierre-sur-Orthe.

Forget, h. c^{ne} de Désertines.

Forgette (La), f. c^{ne} de Denazé.

Fort (Le), éc. c^{ne} de Saint-Hilaire-des-Landes.

Fort (Le), f. c^{ne} de Thorigné.

Fortecuère (La), f. c^{ne} de Loiron.

Forte-Écuyère (La), f. c^{ne} de Montigné. — Arrière-fief du comté de Laval.

Forterie (La), f. c^{ne} de Daon.

Forterie (La), vill. c^{ne} de Fontaine-Couverte. — *Village de la Fonterie*, 1640 (abb. de la Roë).

Forterie (La), f. c^{ne} de Laigné.

Forterie (La), f. c^{ne} de Livré.

Forterie (La), f. c^{ne} de Melleray.

Forterie (La), f. c^{ne} de la Roë.

Forterie (La), f. c^{ne} de la Selle-Craonnaise.

Forterie (La Basse-), éc. c^{ne} de Thorigné.

Forterie (La Haute-), f. c^{ne} de Thorigné.

Forterie (La Petite-), f. c^{ne} de Laigné. — Fief de la bar. de Craon.

Forteries (Les), f. c^{ne} de Méral.

Fortinière (La), h. et usine, c^{ne} de la Bazouge-de-Chemeré.

Fortinière (La), f. c^{ne} de Brée.

Fortinière (La), f. c^{ne} de Champéon.

Fortinière (La), f. c^{ne} de la Chapelle-Anthenaise.

Fortinière (La), vill. c^{ne} de Charchigné; donne son nom à un ruiss. affl. de la Lorerie.

Fortinière (La), f. c^{ne} de Lassay.

Fortinière (La), f. c^{ne} de Loigné.

Fortinière (La), h. c^{ne} de Melleray.

Fortinière (La), f. c^{ne} de Saint-Jean-sur-Erve.

Fortinière (La), f. c^{ne} de Thorigné.

Forton (Ruisseau de) ou du Moulin-de-la-Planche: il arrose le Bourgneuf-la-Forêt et se jette dans le Vicoin.

Fort-Thomas (Le), f. c^{ne} de Chemazé.

Fossavy, h. c^{ne} de Juvigné-des-Landes.

Fossavy (La Maison de), h. c^ne de Juvigné-des-Landes.
Fossavy (Le Petit-), f. c^ne de Juvigné-des-Landes. — Fief vassal de la châtell. d'Ernée.
Fosse (La), f. c^ne d'Alexain.
Fosse (La), f. c^ne de Bais.
Fosse (La), f. c^ne de Beaulieu; auj. détruite.
Fosse (La), h. c^ne de Carelles.
Fosse (La), f. c^ne de Changé.
Fosse (La), h. c^ne de la Chapelle-au-Riboul.
Fosse (La), vill. c^ne de Châtillon-sur-Colmont.
Fosse (La), vill. c^ne de Contest.
Fosse (La), f. c^ne de la Dorée.
Fosse (La), vill. et f. c^ne d'Izé.
Fosse (La), f. c^ne de Javron.
Fosse (La), h. c^ne de Larchamp.
Fosse (La), f. c^ne de Loupfougères; donne son nom à un ruiss. affl. du Merdereau.
Fosse (La), f. c^ne de Mayenne.
Fosse (La), f. c^ne de Niort.
Fosse (La), éc. c^ne de Ravigny.
Fosse (La), f. c^ne de Saint-Brice.
Fosse (La), f. c^ne de Saint-Denis-de-Gastines; donne son nom à un ruiss. affl. de celui de Montenay.
Fosse (La), m^in et f. c^ne de Sainte-Gemmes-le-Robert. — Le ruiss. de la Fosse et des Nayères se jette dans la Jouanne.
Fosse (La), f. c^ne de Saint-Pierre-des-Landes.
Fosse (La), h. c^ne de Saint-Pierre-sur-Orthe.
Fosse (La), f. c^ne de Saulges.
Fosse (La), m^in et f. c^ne de la Selle-Craonnaise.
Fosse (La), f. c^ne de Torcé.
Fosse (La), h. c^ne de Trans.
Fosse (La), m^in, étang et f. c^ne de Villaines-la-Juhel.
Fosse (La), m^in et bois, c^ne de Villiers-Charlemagne.
Fosse (La Grande et la Petite), f. c^ne de Montaudin.
Fosse (La Petite-), éc. c^ne de Torcé.
Fossé (Le), h. c^ce de la Selle-Craonnaise.
Fosse-à-Loups (La), vill. c^ne de Renazé.
Fosse-aux-Loups (La), h. c^ne de Chailland.
Fosse-Avray (La), ravins, c^nes du Ribay et du Ham. — On dit aussi la Fosseravay. Ruiss. affl. de celui du Cœurond.
Fosse-Bouju (La), f. c^ne de Saint-Georges-Buttavent.
Fosse-Camerelle (Landes de la), c^ne de la Roë; auj. défrichées. — Elles sont mentionnées au chartrier de l'abb. de la Roë en 1483 (H 195, f° 21).
Fosse-Dagrie (La), f. c^ne de la Brulatte. — *La Fosse-Daguery*, 1643 (abb. de la Roë, H 199).
Fosse-Eulin (La), vill. c^ne d'Évron.
Fosse-Garnier (La), vill. c^ne de Lignières-la-Doucelle. — *Fosse-Garnier*, 1487 (cab. Brière).
Fosse-Montlivoux (La), f. c^ne de la Poôté.

Fosse-Noire (La), h. c^ne de Saint-Ouen-des-Vallons.
Fosse-Perrin (La), f. c^ne de Saint-Ellier.
Fosses (Les), vill. c^ne de la Baconnière.
Fosses (Les), h. c^ne de Juvigné-des-Landes.
Fosses (Les), h. c^ne de Saint-Georges-Buttavent.
Fosses (Les), f. c^ne de Saint-Germain-de-Coulamer.
Fosses (Les), f. c^ne de Saint-Jean-sur-Mayenne.
Fosses (Les), f. c^ne de Saint-Pierre-sur-Orthe.
Fosses (Les), f. c^ne de Senonnes.
Fosses (Les Grandes et les Petites), f. c^ne de Bazouges; étang auj. desséché.— Fief vassal du marq. de Château-Gontier.
Fossés (Les), vill. c^ne de Champfremont.
Fossés (Les), f. c^ne de Champgeneteux; ruiss. affl. de l'Aron. — Le m^in du Fossé a été détruit vers 1838 et l'étang desséché vers 1848. Fief du marq. de Villaines-la-Juhel.
Fossés (Les), f. c^ne de Changé.
Fossés (Les), vill. c^ne de Loigné. — Fief vassal du marq. de Château-Gontier.
Fossés (Les), f. c^ne d'Oisseau.
Fossés (Les), f. c^ne de Parné; donnent leur nom à un ruiss. affl. de l'Ouette.
Fossés (Les), f. c^ne de Saint-Denis-d'Anjou.
Fossette (La), f. et m^in, c^ne de la Rouaudière.
Fossettes (Les), f. c^ne de Saint-Denis-d'Anjou.
Fou (Le), h. c^ne de Champfremont.
Fouannière (La), f. c^nn de Laigné.
Fouas (Les), f. c^ne de Saint-Berthevin-la-Tannière.
Fouasse (La), f. c^ne de Rennes-en-Grenouille; donne son nom à un ruiss. affl. de la Mayenne, qui arrose Thubœuf.
Fouassière (La), f. c^ne de Belgeard.
Fouassière (La), f. c^ne de la Chapelle-Anthenaise; ruiss. affl. de celui de Saint-Nicolas.
Fouassière (La), f. c^ne de Lassay.
Fouassières (Les), h. c^ne de Soulgé-le-Bruant.
Fouassières (Les), vill. c^ne de Thorigné.
Fouberdière (La), f. c^ne de Désertines.
Fouberdière (La), h. c^ne de Niort.
Foucaud, f. c^ne de Hambers. — Le m^in et l'étang de ce lieu n'existent plus. Arrière-fief de la bar. du Ham relevant de la châtell. de Villeray.
Foucaudière (La), f. c^ne de Belgeard.
Foucaudière (La), f. c^ne de Blandouet.
Foucaudière (La), f. c^ne de Coudray.
Foucaudière (La), f. c^ne d'Épineu-le-Séguin.
Foucaudière (La), f. c^ne d'Ernée.
Foucaudière (La), m^in et f. c^ne du Ham; donne son nom à un ruiss. affl. de la riv. de l'Aisne.
Foucaudière (La), f. c^ne de Meslay.

FOUCAUDIÈRE (LA), vill. c^{ne} de Montsurs.
FOUCAUDIÈRE (LA), vill. c^{ne} de la Poôté.
FOUCAUDIÈRE (LA), f. c^{ne} de Préaux.
FOUCAUDIÈRE (LA), f. c^{ne} de Saint-Aignan-sur-Roë.
FOUCAUDIÈRE (LA), h. c^{ne} de Saint-Fraimbault-de-Prières.
FOUCAUDIÈRE (LA), f. c^{ne} de Sainte-Gemmes-le-Robert.
FOUCAUDIÈRE (LA), f. c^{ne} de Saint-Georges-le-Fléchard.
FOUCAUDIÈRE (LA), f. c^{ne} de Saint-Jean-sur-Erve.
FOUCAUDIÈRE (LA), f. c^{ne} de Saint-Jean-sur-Mayenne; lande auj. défrichée.
FOUCAUDIÈRE (LA), h. c^{ne} de Saint-Julien-du-Terroux.
FOUCAUDIÈRE (LA), h. c^{ne} de Saint-Loup-du-Gast.
FOUCAUDIÈRE (LA), h. c^{ne} de Saint-Pierre-sur-Orthe.
FOUCAUDIÈRE (LA), f. c^{ne} de Vaiges.
FOUCAUDIÈRE (LA), f. c^{ne} de Villaines-la-Juhel.
FOUCAUDIÈRE (LA HAUTE et LA BASSE), f. c^{ne} de Chemeré-le-Roi.
FOUCAUDIÈRE (RUISSEAU DE LA), c^{ne} de Montreuil, affl. de la Mayenne.
FOUCAUDIÈRE-DES-BONDIES (LA), vill. c^{ne} de Saint-Loup-du-Gast.
FOUCAUDIÈRE-DU-PONT-LANDRY (LA), f. c^{ne} de Saint-Loup-du-Gast.
FOUCAUDIÈRES (LES), h. c^{ne} de Mézangers.
FOUCAUDIÈRES (LES), h. c^{ne} de Saint-Fraimbault-de-Prières.
FOUCAUDIÈRES (LES), h. c^{ne} de Saint-Thomas-de-Courceriers.
FOUCAUDIÈRES (RUISSEAU DES), c^{ne} de Soulgé-le-Bruant, affl. du ruiss. du Pont-Biberon.
FOUCAURAIS (LA), vill. c^{ne} de Marcillé-la-Ville.
FOUCHARDIÈRE (LA), f. c^{ne} de Carelles.
FOUCHARDIÈRE (LA), f. c^{ne} de Contest.
FOUCHARDIÈRE (LA), h. c^{ne} de Crennes-sur-Fraubée.
FOUCHARDIÈRE (LA), vill. c^{ne} de Lignières-la-Doucelle.
FOUCHARDIÈRE (LA), f. c^{ne} d'Oisseau.
FOUCHARDIÈRE (LA), h. c^{ne} de Saint-Aignan-de-Couptrain.
FOUCHARDIÈRE (LA), h. c^{ne} de Sainte-Marie-du-Bois.
FOUCHERAIE (LA), h. c^{ne} de Brécé.
FOUCHERAIE (LA), f. c^{ne} de Hambers.
FOUCHERAIES (LES), f. c^{ne} de Saint-Erblon.
FOUCHERIE (LA), h. c^{ne} d'Ahuillé.
FOUCHERIE (LA), h. c^{ne} de la Baconnière.
FOUCHERIE (LA), f. c^{ne} du Bourgneuf-la-Forêt.
FOUCHERIE (LA), h. c^{ne} de Commer; donne son nom à un ruiss. affl. de celui de la Planche-à-l'Asnière.
FOUCHERIE (LA), f. c^{ne} d'Ernée.
FOUCHERIE (LA), f. c^{ne} de Hambers.
FOUCHERIE (LA), f. c^{ne} de Laval.
FOUCHERIE (LA), h. c^{ne} de Livré.

FOUCHERIE (LA), h. c^{ne} du Pas.
FOUCHERIE (LA), h. c^{ne} de Saint-Aubin-Fosse-Louvain.
FOUCHERIE (LA), f. c^{ne} de Saint-Cyr-le-Gravelais.
FOUCHERIE (LA), f. c^{ne} de Saint-Denis-de-Gastines.
FOUCHERIE (LA), f. c^{ne} de Sainte-Gemmes-le-Robert.
FOUCHERIE (LA), f. c^{ne} de Saint-Léger.
FOUCHERIE (LA), f. c^{ne} de Saint-Michel-de-Feins; détruite vers 1859.
FOUCHERIE (LA), f. c^{ne} de Saint-Sulpice; auj. détruite.
FOUCHERIE (LA), h. c^{ne} de Saint-Thomas-de-Courceriers.
FOUCHERIE (LA BASSE-), h. c^{ne} de Loiron.
FOUCHERIE (LA BASSE-), h. c^{ne} de la Pallu.
FOUCHERIE (LA HAUTE-), vill. c^{ne} de la Pallu.
FOUCHERIE (LA HAUTE et LA BASSE), f. c^{ne} de Larchamp.
FOUCHERIE (LA HAUTE et LA BASSE), h. c^{ne} de Saint-Berthevin.
FOUCHERIE (LA HAUTE et LA BASSE), vill. c^{ne} de Saint-Georges-sur-Erve.
FOUCHERIE (LA PETITE-), h. c^{ne} de Sainte-Gemmes-le-Robert.
FOUCHERIES (LES), h. c^{ne} de Saint-Ellier.
FOUCHET (LE), f. c^{ne} de Livré.
FOUCIBOURDE, éc. c^{ne} d'Andouillé. — On prononce aussi *Feucibourde*.
FOUCIBOURDE (LA), f. c^{ne} de la Bazouge-de-Chemeré.
FOUCIBOURDE (LA), f. c^{ne} de l'Huisserie; dét. vers 1869.
FOUCIBOURDE (LA), f. c^{ne} de Parné; auj. détruite. — On dit aussi *la Fousselibourde*.
FOUCIBOURDES (LES), f. c^{ne} de Sainte-Suzanne; auj. détruite et transformée en bois.
FOUCONNIÈRE (LA), h. c^{ne} de la Chapelle-Rainsouin. — On dit aussi *la Fauconnière*. Fief vassal de la bar. de la Chapelle-Rainsouin.
FOUCONNIÈRE (LA), f. c^{ne} de Laigné.
FOUCONNIÈRE (LA), f. c^{ne} de Longuefuye. — Fief vassal de la seign. de Ruillé-Froidfont.
FOUCONNIÈRE (LA), h. c^{ne} de la Rouaudière.
FOUCREILLÈRE (LA), f. c^{ne} d'Évron. — *Foucrayère*, 1547 et 1656 (cart. d'Évron).
FOUENNETIÈRE (LA), f. c^{ne} de Saint-Pierre-sur-Erve. — *Les Fonnotières*, 1861 (rôles de dénombr.).
FOUÉTIÈRE (LA), h. c^{ne} de Saint-Thomas-de-Courceriers.
FOUGEASSIÈRE (LA), étang, c^{ne} de la Cropte; auj. desséché. — *Étang de la Fougerassière*, 1633 (abb. Saint-Aubin d'Angers). — *Étang de la Fougerastière*, 1659 (arch. de la Mayenne, E 21,).
FOUGEONNERIE (LA), f. c^{ne} de Ballots. — On écrit aussi *la Fourgonnerie*.
FOUGERAIE (LA), f. c^{ne} de Meslay.
FOUGERAIE (LA), éc. c^{ne} de Saint-Charles-la-Forêt.
FOUGERAIS (LES), f. c^{ne} d'Andouillé.
FOUGERAIS (LES), h. c^{ne} de Bazouges.

Fougerais (Les), h. c^{ne} de Brains-sur-les-Marches.
Fougerais (Les), vill. c^{ne} d'Épineu-le-Séguin.
Fougerais (Les), f. c^{ne} de Livré. — Arrière-fief de la bar. de Craon, relevant de l'Île-d'Athée.
Fougerais (Les), f. c^{ne} du Ribay.
Fougerais (Les Grands-), h. c^{ne} de Saint-Martin-de-Connée.
Fougeray (Le), f. c^{ne} de Bonchamp.
Fougeray (Le), h. c^{ne} de Charchigné; donne son nom à un ruiss. affl. de la Lorerie.
Fougeray (Le), h. c^{ne} de Commer.
Fougeray (Le), f. c^{ne} de Cossé-le-Vivien.
Fougeray (Le), éc. c^{ne} de Hambers.
Fougeray (Le), f. c^{ne} de Méral.
Fougeray (Le), vill. c^{ne} de Montflours; donne son nom à un ruiss. affl. de la Mayenne.
Fougeray (Le), f. c^{ne} de Nuillé-sur-Vicoin.
Fougeray (Le), f. c^{ne} d'Oisseau.
Fougeray (Le), chât. et f. c^{ne} de Pommerieux. — Arrière-fief de la bar. de Craon, relevant de la seign. du Petit-Bois.
Fougeray (Le), f. c^{ne} de Sacé.
Fougeray (Le), éc. c^{ne} de Saint-Martin-de-Connée.
Fougeray (Le Grand et le Petit), h. c^{nes} de Saint-Mars-sur-Colmont; ruiss. affl. de celui de la Torchandière.
Fougeray (Le Haut et le Bas), f. c^{ne} de l'Huisserie.
Fougeray-Corbin (Le), h. c^{ne} de Saint-Martin-de-Connée.
Fougères (Les Grandes-), h. c^{ne} de Saint-Charles-la-Forêt.
Fougerolles, c^{ne} de Landivy. — *G. de Falgerolis*, 1060 (livre des serfs de Marmoûtiers). — *T. de Faugerolles*, xiie s^e (cart. du Ronceray). — *In parrochia de Feugerolles*, 1247 (abb. de Savigny, arch. nat. L 971). — *Parrochia de Filgerioles*, 1252 (*ibid.*, L 971). — On dit aussi *Fougerolles-du-Plessis*.
Anc. par. du doy. d'Ernée, du duché et de l'élect. de Mayenne.
Fougerolles, f. et vill. c^{ne} d'Ahuillé. — Fief vassal de la châtell. de Laval.
Fougerolles, h. c^{ne} de Bonchamp; donne son nom à un ruiss. affl. de la Jouanne.
Fougerolles, f. c^{ne} de Saint-Charles-la-Forêt; auj. détruite.
Fougerolles, h. c^{ne} de Saint-Denis-de-Gastines. — Fief de la terre de Charné.
Ruiss. affl. de celui de l'Auberdière.
Fougerolles (Le Haut et le Bas), vill. c^{ne} du Pas.
Fougerolles (Le Haut et le Bas), f. c^{ne} de Saint-Pierre-des-Landes. — *Totam terram meam de Folgeroles*, 1215 (abb. de Savigny, arch. nat. L 969).

Fouges (Les Hautes et les Basses), h. c^{ne} de Daon.
Fougetterie (La), f. c^{ne} d'Azé.
Fouillardet (Le), h. c^{ne} de Pré-en-Pail.
Fouillardière (La), f. c^{ne} de Cossé-le-Vivien.
Fouillardière (La), vill. c^{ne} de Poulay.
Fouillé (Le), f. c^{ne} de Torcé.
Fouillée (La), f. c^{ne} de Montaudin.
Fouillée (La), mⁱⁿ, c^{ne} de la Poôté.
Fouillée (La), f. c^{ne} de Quelaines.
Fouillées (Les), f. c^{ne} de Ballée.
Fouillées (Les), f. c^{ne} de Bouère.
Fouillées (Les), f. c^{ne} d'Évron.
Fouillère (La), f. c^{ne} du Bourgneuf-la-Forêt. — On prononce *la Foullière*.
Fouillère (La), h. c^{ne} de Congrier.
Fouillère (La Haute et la Basse), h. c^{ne} de Cossé-le-Vivien.
Fouilleneuf, mⁱⁿ, c^{ne} de la Chapelle-Craonnaise.
Fouillerie (La), f. c^{ne} de Cuillé.
Fouillerie (La), f. c^{ne} de Saint-Aignan-sur-Roë.
Fouilletière (La), f. c^{ne} du Bourgneuf-la-Forêt.
Fouilloux, chât., bois et vallée, c^{ne} de Saint-Germain-le-Fouilloux. — *Foylleux*, 1416 (cab. Guays des Touches).
Châtell. du comté de Laval, comprenant les fiefs de Barbain, de Brunard, de Calabres, des Deffais-Robinard, de la Motte-du-Creux, du Plessis-Coigneux, du Plessis-Saulmon, de la Ragottière, de la Salle et de Ville-Galant.
Fouilloux, f. c^{ne} de Saint-Jean-sur-Mayenne.
Fouinetière (La), f. c^{ne} de Saint-Jean-sur-Erve.
Fouinier (Le), f. c^{ne} d'Ampoigné.
Fouinière (La), f. c^{ne} de Bouère.
Foulage (Le), éc. c^{ne} d'Averton.
Foulage (Le), f. c^{ne} de Saint-Germain-de-Coulamer.
Foulage (Le), f. c^{ne} de Saint-Pierre-sur-Orthe.
Foulage (Le), mⁱⁿ, c^{ne} de Saint-Thomas-de-Courceriers.
Foulier, mⁱⁿ, c^{ne} du Horps.
Foulleraie (La), f. c^{ne} de la Rouaudière.
Foulleray (Le), mⁱⁿ, c^{ne} de Saint-Jean-sur-Mayenne.
Foulles (Les), fief vassal de la châtell. de Montjean.
Foulletière (La), h. c^{ne} de Congrier. — *De Bordagio Foleterie*, xiie s^e (abb. de la Roë, H 151, f° 75).
Foulletière (La), h. c^{ne} de la Poôté.
Foulletorte, domaine, chât. et mⁱⁿ, c^{ne} de Saint-Georges-sur-Erve. — *Roscelinus de Fola Torta*, xiie s^e (cart. de Savigny, f° 106).
Châtell. vassale de l'abb. d'Évron comprenant les fiefs de Boisné, de Fontaine-Roux, de Grillemont, de Monterbonil, de l'Oisillère et de la Thébaudière.
Foulon, mⁱⁿ, c^{ne} de Chevaigné.

Foulu (Le Grand-), éc. c^{ne} de Ballée.
Foulu (Le Petit-), f. c^{ne} de Ballée.
Founillon (Le), vill. c^{ne} de Saint-Pierre-la-Cour.
Fouprais (La), h. c^{ne} de Saint-Loup-du-Dorat.
Fouquais (La), chât. et f. c^{ne} de Saint-Hilaire-des-Landes.
Fouqueleraie (La), f. c^{ne} de Ménil.
Fouquelière (La), f. c^{ne} de Saint-Berthevin.
Fouquelière (La), f. c^{ne} de Saint-Sulpice.
Fouquerie (La), f. c^{ne} de la Gravelle.
Fouqueries (Les), h. c^{ne} de Quelaines.
Fouqueron ou Fauqueron, f. c^{ne} de Saint-Jean-sur-Erve.
Fouquetière (La), vill. c^{ne} de Champgeneteux; donne son nom à un ruiss. aff. de celui du Moulin-Guibert.
Fouquetière (La), f. c^{ne} de Saint-Georges-Buttavent.
Four (Le), éc. c^{ne} de Chérancé.
Four (Le), éc. c^{ne} d'Épineu-le-Séguin.
Four (Le), h. c^{ne} de Saint-Martin-de-Connée.
Four-à-Carreau (Le), h. c^{ne} de la Rouaudière.
Four-à-Chaux (Le), f. c^{ne} d'Aron.
Four-à-Chaux (Le), éc. c^{ne} de Neuilly-le-Vendin.
Four-à-Chaux (Le), h. c^{ne} de Villaines-la-Juhel.
Four-à-Tuile (Le), f. c^{ne} de Livré.
Fourboué, mⁱⁿ, c^{ne} d'Ernée. — On dit aussi Forbois. Fief vassal de la châtell. d'Ernée.
Fourboué, f. c^{ne} de Saint-Hilaire-des-Landes.
Fourboué (Le Haut-), f. c^{ne} d'Ernée.
Fourboué (Le Petit-), éc. et f. c^{ne} d'Ernée.
Fourches (Les), f. c^{ne} de Laval.
Fourchommer (Le), f. c^{ne} d'Athée, annexée au bourg. — Lieu de Fourchommé, 1580 (arch. de Maine-et-Loire, E 3139). — On écrit aussi le Fouchommé.
Four-Coupé (Le), h. c^{ne} de Champéon.
Four du Pierras (Le), four à chaux, c^{ne} de Châtres.
Fouretterie (Bruyères de la), dép. de la châtell. de Villeray.
Four-Ferré (Le), f. c^{ne} d'Ahuillé.
Fourgon (Le), h. c^{ne} de Laval.
Four-Herbelin (Le), éc. c^{ne} de la Bazouge-de-Chemeré.
Fourie (La), h. c^{ne} de la Baroche-Gondouin.
Fourière (La), f. c^{ne} de la Selle-Craonnaise.
Fourmanderie (La), f. c^{ne} du Buret.
Fourmanderie (La), h. c^{ne} d'Izé.
Fourmanderie (La), h. c^{ne} de Saint-Julien-du-Terroux.
Fourmardière (La), logis et f. c^{ne} d'Aron. — On dit aussi la Fourmarière.
Fourmellière (La Grande-), f. c^{ne} de Saint-Saturnin-du-Limet.

Fourmengerie (La), f. c^{ne} de Soucé.
Fourmière (La), f. c^{ne} d'Aron; donne son nom à un ruiss. aff. de l'étang de Beaucoudray.
Fourmillère (La), f. c^{ne} de Livet-en-Charnie.
Fourmillère (La), h. c^{ne} de Saint-Pierre-la-Cour.
Fourminière (La), f. c^{ne} de Saint-Georges-Buttavent.
Fourmondais (La), vill. c^{ne} du Bourgneuf-la-Forêt. — On dit aussi la Fromondais.
Fourmondais (La), h. c^{ne} de la Dorée.
Fourmondière (La), vill. c^{ne} de la Baroche-Gondouin.
Fourmondière (La), h. et étang, c^{ne} de la Bazouge-des-Alleux. Fief vassal du duché de Mayenne.
Fourmondière (La), f. c^{ne} de Saint-Aubin-Fosse-Louvain.
Fourmondière (La), f. c^{ne} de Saint-Germain-d'Anxure.
Fourmondière (La), f. c^{ne} de Saint-Sulpice. — On dit aussi la Fromondière.
Fourmondière (La), h. c^{ne} de Thubœuf.
Fourmondière (La Grande et la Petite), h. c^{ne} de Châtillon-sur-Colmont; ruiss. aff. de la Colmont.
Fourmondière (La Haute et la Basse), usines, c^{ne} d'Andouillé.
Fourmondière (La Petite-), f. et étang, c^{ne} du Buret. — On dit aussi la Petite-Fourmonderie.
Fourmondières (Les), h. c^{ne} de Montflours; ruiss. aff. de la Mayenne.
Fourmusson, mⁱⁿ, c^{ne} de Bonchamp. — Moulin de Fremusson, 1477 (arch. de la Mayenne, E 45).
Fourmusson, f. et mⁱⁿ, c^{ne} de Daon. — Au moulin de Furmuczon, 1564 (abb. de la Roë, H 184).
Fourmusson, écluse, c^{ne} de Ménil.
Fournairie (La), f. c^{ne} de Houssay.
Fourneau (Le), mⁱⁿ et éc. c^{ne} d'Andouillé.
Fourneau (Le), h. c^{ne} d'Argentré.
Fourneau (Le), éc. c^{ne} d'Assé-le-Béranger.
Fourneau (Le), f. c^{ne} de Laval.
Fourneau (Le), éc. c^{ne} de Changé.
Fourneau (Le), h. c^{ne} de la Cropte.
Fourneau (Le), éc. c^{ne} d'Épineu-le-Séguin.
Fourneau (Le), f. c^{ne} de Launay-Villiers.
Fourneau (Le), mⁱⁿ et étang, c^{ne} de Pré-en-Pail.
Fourneau (Le), éc. c^{ne} de Saint-Cénéré.
Fourneau (Le), h. c^{ne} de Saint-Georges-sur-Erve.
Fourneau (Le), éc. c^{ne} de Saint-Pierre-la-Cour.
Fourneau (Le), h. c^{ne} de Saulges.
Fourneau (Le Petit-), éc. c^{ne} de Torcé.
Fourneau-à-Tuiles (Le), éc. c^{ne} de Sainte-Suzanne.
Fourneau-de-la-Bonde (Le), logis, c^{ne} de Sainte-Suzanne.
Fourneau de la Place (Le), éc. et four à chaux, c^{ne} de Saulges.

Fourneau-de-la-Viosne (Le), éc. c^{ne} de Saint-Ouen-des-Toits.

Fourneau-de-Mouette (Le), f. c^{ne} d'Argentré.

Fourneau-de-Saint-Nicolas (Le), vill. c^{ne} de Blandouet.

Fourneau du Rocher (Le), four à chaux, c^{ne} de la Bazouge-de-Chemeré.

Fourneaux (Les), f. c^{ne} d'Ahuillé.

Fourneaux (Les), f. c^{ne} du Buret.

Fourneaux (Les), f. c^{ne} de Châlons.

Fourneaux (Les), f. c^{ne} de Grez-en-Bouère.

Fourneaux (Les), f. c^{ne} de Houssay.

Fourneaux (Les), fours à chaux, c^{ne} de Montsurs.

Fourneaux (Les Hauts-), f. c^{ne} d'Alexain.

Fourneaux (Les Petits-), f. c^{ne} de Jublains.

Fourneaux-de-la-Mardelle (Les), éc. c^{ne} de Bazougers.

Fournellerie (La), h. c^{ne} de Saint-Pierre-sur-Orthe.

Fournellière (La Grande et la Petite), f. c^{ne} de Saint-Saturnin-du-Limet.

Fournerie (La), f. c^{ne} de Châtillon-sur-Colmont.

Fournerie (La), h. c^{ne} de Cossé-le-Vivien.

Fournière (La), vill. c^{ne} de Laval.

Fournière (La), f. c^{ne} de Louvigné; auj. détruite.

Four-Percé (Le), f. c^{ne} d'Ahuillé.

Four-Rouge (Le), f. c^{ne} de la Bazouge-de-Chemeré.

Fours (Les), usine à chaux, c^{ne} de Gesnes.

Fours-à-Chaux (Les), h. c^{ne} de Marcillé-la-Ville.

Fours-à-Chaux (Les), vill. c^{ne} de Moulay.

Fousseau, h. c^{ne} de Saint-Pierre-des-Landes.

Foussières (Les), f. c^{ne} de Saint-Jean-sur-Mayenne.

Foutaudière (La), f. c^{ne} de Saint-Fort.

Fouteau (Le), f. c^{ne} de Gesvres.

Fouteau (Le), f. c^{ne} de Loiron.

Fouteau (Le), f. c^{ne} de Martigné.

Fouteau (Le), h. c^{ne} de Sainte-Gemmes-le-Robert.

Fouteau (Le), f. c^{ne} de Saint-Georges-Buttavent.

Fouteau (Le), f. c^{ne} de Villaines-la-Juhel.

Fouteau (Le), h. c^{ne} de Vimarcé.

Fouteau (Le Grand et le Petit), h. c^{ne} d'Olivet.

Fouteau (Le Haut-), f. c^{ne} d'Olivet.

Fouteau (Le Petit-), f. c^{ne} du Ham.

Fouteau-des-Nos (Le), f. c^{ne} de Saint-Denis-de-Gastines.

Fouteau-Hubert (Le), f. c^{ne} d'Ahuillé.

Fouteau-Madon (Lande de), c^{ne} de Saint-Berthevin.

Foutelaie (La), h. c^{ne} du Horps.

Foutelaie (La), f. c^{ne} de Martigné; auj. détruite.

Foutelaie (La), h. c^{ne} de Saint-Ellier.

Foutelaie (La), f. c^{ne} de Saint-Germain-le-Fouilloux.

Foutelaie (La), f. c^{ne} de Villepail.

Foutelaies (Les), f. c^{ne} de Hambers.

Foutelaies (Les), h. c^{ne} de Saint-Charles-la-Forêt.

Fouzeau (Le), éc. c^{ne} de Lévaré.

Foyardière (La), f. c^{ne} de Saulges. — *La Grant et la Petite Folliardière*, 1410 (abb. de Bellebranche).

Frabottière (La), h. c^{ne} de Saint-Ellier.

Frabottière (La), éc. c^{ne} de Saint-Ouen-des-Toits.

Frageu (Bois de): fait partie de la forêt de la Gravelle. — *Les Ussaigers des Frageux de la Gravelle*, 1504 (arch. de la Mayenne, H 199, f° 5). — *Bois de Fraigeu*, 1545 (ibid. série E).

Fragotière (La), f. c^{ne} de Javron.

Fraichottière (La), h. c^{ne} de Gesvres. — On dit aussi *la Frichottière*.

Fraiges, bois de la forêt de Misedon, c^{ne} d'Olivet.

Fraimbault (Étang de), c^{ne} de Lassay.

Frairie (La), h. c^{ne} de Chemazé.

Frairie (La), f. c^{ne} de Pré-en-Pail.

Frairie (La Haute-), f. c^{ne} de Fromentières.

Fraisiers (Les), h. c^{ne} de la Chapelle-au-Riboul.

Franc-Aleu, fief, c^{nes} d'Origné et de Villiers-Charlemagne, relevant en grande partie de la sénéchaussée d'Angers; les autres parties relevaient de la baronnie d'Ingrandes et de la châtellenie de Meslay. — Ce fief était pourvu d'une haute justice qui, en 1505, fut réunie par acquisition à celle de Villiers-Charlemagne.

Franc-Cour, fief vassal de la châtell. de Montsurs.

Francellière (La), éc. c^{ne} de Marigné-Peuton.

Francellières (Les), logis et f. c^{ne} de Jublains. — Fief du duché de Mayenne.

Francherie (La), f. c^{ne} d'Argentré.

Franchet (Le), f. c^{ne} de Saint-Jean-sur-Mayenne.

Francière (La), f. c^{ne} de Désertines.

Francière (La), f. c^{ne} de Vaiges. — La seign. de la Francière s'étendait sur Chemeré-le-Roi et relevait de la châtell. de ce nom.

Françoisière (La), f. c^{ne} de Loigné; se nommait, au xviie s^e, *la Closerie de Corberay*. — Fief vassal du marq. de Château-Gontier.

Fraubée (La), rivière qui prend sa source dans la c^{ne} de Crennes-sur-Fraubée, arrose le Ham et se jette dans la rivière d'Aisne.

Fraubée (Landes de), c^{ne} de Crennes-sur-Fraubée.

Fraudinière (La), f. c^{ne} de Jublains.

Frayère (La), f. c^{ne} de Vautorte.

Fréardière (La), h. c^{ne} de Saint-Berthevin-la-Tannière. — Le ruiss. de ce nom est un affl. de celui de la Rouairie.

Fregoulet, éc. c^{ne} de Carelles.

Fremisson, f. c^{ne} de la Poôté.

Fremondias (La), f. c^{ne} de Landivy.

FREMUR (SAINT-AUBIN-DE-), prieuré de l'abb. de la Roë, sis en la c^{ne} de Laigné.
FREMUSSON, f. c^{ne} de Ballots. — *Courtillerie de Foulmisson*, 1378 (arch. de Maine-et-Loire, E 4054).
FRENOUSE, vill. c^{ne} de Cossé-le-Vivien.
FRENOUSE, h. c^m du Pas. — *Conductum aquæ quæ currit ad stannum Frainose*, XIIe siècle (cart. de Savigny, f° 123).
FRÉONNIÈRE (LA), f. c^{ne} de Saint-Mars-sur-la-Futaie.
FREPIÈRE (LA), f. c^{ne} d'Entramnes.
FRESCHE (LA), f. c^{ne} de la Selle-Craonnaise.
FRESCHERIE (LA), vill. c^{ne} de Gastines.
FRESLE (LA), f. c^{ne} de Saint-Ellier.
FRESLE-DU-BAS (LA), f. c^{ne} de Saint-Ellier; auj. détr.
FRESLONNIÈRE (LA), h. c^{ne} de Bouère.
FRESLONNIÈRE (LA), f. c^{ne} de la Chapelle-Craonnaise. — Arrière-fief de la bar. de Craon, relevant du fief de la Corbière.
FRESLONNIÈRE (LA), f. c^{ne} de Chemazé. — *Freulonnière*, 1866 (rôles de dénombr.).
FRESLONNIÈRE (LA), h. c^{ne} de Saint-Pierre-sur-Orthe.
FRESNAIE (LA), f. c^{ne} de Charchigné.
FRESNAIE (LA), h. c^{ne} de Livré.
FRESNAIE (LA), f. c^{ne} de Martigné.
FRESNAIE (LA), f. c^{ne} de Nuillé-sur-Vicoin.
FRESNAIE (LA), h. c^{ne} de Pré-en-Pail.
FRESNAIE (LA), f. c^{ne} de Saint-Aignan-de-Couptrain. — Fief de la châtell. de Couptrain.
Le ruiss. de la Fresnaie est un affl. de celui de la Villaie.
FRESNAIE (LA), f. c^{ne} de Saint-Aignan-sur-Roë.
FRESNAIE (LA), h. c^{ne} de la Selle-Craonnaise.
FRESNAIE (LA GRANDE et LA PETITE), f. c^{ne} de Ballée.
FRESNAIE (LA GRANDE et LA PETITE), f. c^{ne} de la Bazouge-de-Chemeré.
FRESNARDIÈRE (LA), chât. c^{ne} de Saint-Berthevin.
FRESNAY, fief, c^{ne} de Beaumont-Pied-de-Bœuf, vassal de la châtell. de Bazougers.
FRESNAY, chât. et f. c^{ne} du Bourgneuf-la-Forêt. — Fief de la châtell. d'Ernée.
L'étang de ce lieu est auj. desséché et les landes sont défrichées.
FRESNAY, f. c^{ne} de Parné; fief de la bar. d'Entramnes.
FRESNAY (LE BAS-), f. c^{ne} de Carelles. — Fief du duché de Mayenne, vassal de la châtell. de Pontmain.
FRESNAY (LE BAS-), f. c^{ne} de Saint-Mars-sur-Colmont. — Fief du duché de Mayenne.
Le ruiss. de Fresnay est un affl. de la Colmont.
FRESNAY (LE HAUT-), h. c^{ne} de Carelles.
FRESNAY (LE HAUT-), chât. c^{ne} de Saint-Mars-sur-Colmont.
FRESNAY (LE PETIT-), f. c^{ne} du Bourgneuf-la-Forêt.

FRESNE (LE), éc. c^{ne} d'Assé-le-Bérenger.
FRESNE (LE), f. c^{ne} de Ballots.
FRESNE (LE), f. c^{ne} de Bazougers.
FRESNE (LE), f. c^{ne} de Bierné.
FRESNE (LE), f. c^{ne} de Bouère.
FRESNE (LE), chât., étang et f. c^{ne} de Champéon. — Fief vassal du marq. de Lassay.
FRESNE (LE), f. c^{ne} de Chemazé.
FRESNE (LE), h. c^{ne} de Cossé-le-Vivien.
FRESNE (LE), f. c^{ne} de Denazé. — Ruiss. affl. de l'Oudon, qui arrose la Chapelle-Craonnaise.
FRESNE (LE), f. c^{ne} d'Entramnes.
FRESNE (LE), f. c^{ne} d'Izé.
FRESNE (LE), f. c^{ne} de Juvigné-des-Landes.
FRESNE (LE), f. c^{ne} de Louvigné; auj. détruite.
FRESNE (LE), h. c^{ne} de Madré.
FRESNE (LE), f. c^{ne} de Marcillé-la-Ville.
FRESNE (LE), f. c^{ne} de Meslay.
FRESNE (LE), f. c^{ne} de Niort.
FRESNE (LE), f. c^{ne} de Quelaines.
FRESNE (LE), h. c^{ne} de Renazé.
FRESNE (LE), vill. c^{ne} de Saint-Calais-du-Désert.
FRESNE (LE), f. c^{ne} de Saint-Charles-la-Forêt.
FRESNE (LE), vill. c^{ne} de Saint-Cyr-le-Gravelais.
FRESNE (LE), mⁱⁿ et landes, c^{ne} de Saint-Fraimbault-de-Prières. — Le ruiss. du Petit-Fresne est un affl. de celui du Bois-du-Fresne.
FRESNE (LE), f. c^{ne} de Saint-Germain-le-Fouilloux.
FRESNE (LE), f. c^{ne} de Saint-Quentin.
FRESNE (LE BAS-), f. c^{ne} d'Ampoigné; auj. détruite.
FRESNE (LE BAS-), mⁱⁿ et étang, c^{ne} de Sacé. — Fief du duché de Mayenne.
FRESNE (LE HAUT-), f. c^{ne} de Sacé.
FRESNE (LE HAUT et LE BAS), vill. c^{ne} d'Astillé.
FRESNE (LE PETIT-), f. c^{ne} d'Astillé.
FRESNE (LE PETIT-), vill. c^{ne} de Champéon.
FRESNE (LE PETIT-), f. c^{ne} de Cossé-le-Vivien.
FRESNE (LE PETIT-), f. c^{ne} du Horps.
FRESNE (RUISSEAU DU) ou DE COURTEILLE, affl. de la Mayenne; il arrose Louverné et Saint-Jean-sur-Mayenne.
FRESNEAU (LE), f. c^{ne} de Fromentières.
FRESNE-AUVERS (LE), fief, c^{ne} de Ballée, vassal de la châtell. de Bazougers.
FRESNERIE (LA), f. c^{ne} de la Bigottière.
FRESNERIE (LA), vill. c^{ne} de la Gravelle.
FRESNERIE (LA), h. c^{ne} de Villiers-Charlemagne.
FRESNES (LES GRANDS et LES PETITS), f. c^{ne} de Châtillon-sur-Colmont.
FRESNIÈRE (LA), f. c^{ne} d'Évron.
FRESNOT (ÉTANG DE), c^{ne} de Colombiers, desséché au XVIIIe siècle.

DÉPARTEMENT DE LA MAYENNE.

Fresnots (Les), vill. c^ne de Saint-Fraimbault-de-Prières.

Fresny, f. c^ne de la Baconnière.

Fresselle (La Haute-), f. c^ne de la Baconnière. — On dit aussi la Fesselle.

Fressière (La), f. c^ne de Bonchamp.

Fret (Le Haut-), f. c^ne de Saint-Cyr-le-Gravelais.

Fretainie (La), f. c^ne de Montenay.

Fretellière (La), h. c^ne de Saint-Loup-du-Gast.

Fretigné, f. c^ne de Montigné.

Fretignés (Les), h. c^ne de Juvigné-des-Landes; ruiss. affl. de celui du Bois-Garreau.

Fretillonières (Les), h. c^ne d'Évron.

Fretissières (Les), h. c^ne de Viviers.

Fretray (Le Grand et le Petit), f. c^ne de Parné. — Fief vassal de la bar. d'Entrammes.

Frettay (Le), f. c^ne de Gesnes.

Frettay (Le), bois de la forêt de la Gravelle; auj. défriché. — Bois et forêts des Fretays, 1545 (arch. de la Mayenne, série E).

Frettay (Le), h. c^ne de Vimarcé.

Frettay (Le Haut et le Bas), f. c^ne d'Ampoigné.

Frette (La), f. et bois taillis, c^ne d'Assé-le-Bérenger.

Frette (La), f. c^ne de Bais.

Frette (La), f. c^ne de Champgeneteux.

Frette (La), f. c^ne de Cossé-en-Champagne.

Frette (La), f. c^ne d'Izé.

Frette (La), vill. c^ne de Martigné.

Frette (La), h. c^ne du Ribay.

Frette (La), h. c^ne de Saint-Calais-du-Désert.

Frette (La), f. c^ne de Saint-Martin-de-Connée.

Frette (La), vill. c^ne de Saint-Samson.

Frettière (La), f. c^ne de Chailland.

Frettière (La Basse-), h. c^ne de Livré. — On dit aussi la Fertière.

Frettière (La Haute-), f. c^ne de Livré.

Freuberts (Les), f. c^ne de Landivy.

Freux (Les), f. c^ne de Ballée.

Frezelière (La), f. c^ne de Loigné. — Fief vassal du marq. de Château-Gontier. — On prononce aussi la Ferselière.

Frezelière (La Petite-), f. c^ne de Loigné.

Frichardière (La), h. c^ne de Saint-Berthevin-la-Tannière.

Friche (Le), f. c^ne d'Ahuillé.

Friche (Le), éc. c^ne de Cuillé.

Friche (Le), f. c^ne de Quelaines.

Friche (Le), f. c^ne de la Rouaudière; auj. détruite.

Friche-Beau (Le), f. c^ne de Sacé.

Friche-Blanc (Le), éc. c^ne d'Arquenay.

Friche-Blanc (Le), f. c^ne d'Olivet.

Friche-Gras (Le), h. c^ne de Saint-Denis-de-Gastines.

Friche-Macé (Le), f. c^ne de Maisoncelles.

Friches (Les), f. c^ne de Bazouges.

Friches (Les), h. c^ne de la Bazouge-des-Alleux.

Friches (Les), f. c^ne de Congrier.

Friches (Les), f. c^ne de Cossé-le-Vivien.

Friches (Les), f. c^ne de Meslay.

Friches (Les), f. c^ne de Saint-Aignan-sur-Roë.

Friches (Les), f. c^ne de la Selle-Craonnaise.

Friches (Les), f. c^ne de Villiers-Charlemagne.

Fricotière (La), f. c^ne de Saint-Cénéré.

Friloup, f. c^ne de Juvigné-des-Landes.

Friloux, éc. c^ne de Chailland.

Frilouze, f. c^ne de Bazougers.

Frilouze, vill. c^ne de Blandouet.

Frilouze, f. c^ne de Sainte-Suzanne.

Frilouzière (La) ou la Filouzière, f. c^ne d'Ahuillé.

Frilouzière (La), éc. c^ne de la Bazouge-des-Alleux.

Frilouzière (La), éc. c^ne de Commer.

Frilouzière (La), f. c^ne du Genest.

Frilouzière (La), f. c^ne de Juhlains.

Frilouzière (La), h. c^ne de Loiron.

Frilouzière (La), f. c^ne de Louverné. — Lande auj. défrichée.

Frilouzière (La), f. c^ne de Mayenne.

Frilouzière (La), f. c^ne de Montigné.

Frilouzière (La), vill. c^ne d'Olivet.

Frilouzière (La), f. c^ne de Ruillé-le-Gravelais.

Frilouzières (Les), f. c^ne de Ballots.

Friperie (La) ou la Friperaie, f. c^ne de Pommerieux.

Froc (Le), f. c^ne de Changé.

Froc (Le), vill. c^ne de Saint-Cyr-en-Pail; donne son nom à un ruiss. affl. de celui de Monthavoux.

Froc (Le), vill. c^ne de Villepail. — Les bruyères du Froc s'étendaient de Villepail à Pré-en-Pail.

Froge (Étang de la), c^ne de Saint-Thomas-de-Courceriers; auj. desséché.

Frogeard, vill. c^ne de Saint-Ouen-des-Toits.

Frogen, éc. c^ne de Saulges.

Frogeraie (La), f. c^ne de Ménil; auj. détruite.

Frogerie (La), f. c^ne de Champéon.

Frogerie (La), f. c^ne de Fougerolles.

Frogerie (La), f. c^ne de Montflours.

Frogerie (La), f. c^ne d'Oisseau.

Frogerie (La), f. c^ne d'Origné; donne son nom à un ruiss. affl. de la Mayenne.

Frogerie (La), vill. c^ne de Poôté.

Frogerie (La), f. c^ne de Saint-Hilaire-des-Landes.

Frogerie (La), h. c^ne de Saint-Ouen-des-Toits.

Frogerie (La), f. c^ne de Saint-Thomas-de-Courceriers.

Frogerie (La), h. c^ne de Villaines-la-Juhel.

Frogerie (La Grande et la Petite), h. c^ne de Saint-Georges-Buttavent.

Mayenne.

FROGERIES (LES), h. c^ne de Parigné.
FROGERIES (LES), h. c^ne du Ribay.
FROGERIES (LES BASSES-), f. c^ne du Ribay.
FROIDEFONTAINE (LA), éc. c^ne d'Argentré.
FROIDFONT, vill. c^ne de Ruillé-Froidfont. — *Villa de Frigido Fonte*, 650. (cart. d'Évron). — *Decima de Frigido Fonte*, XIIe siècle (cart. du Ronceray). — *Terre de Fraideffons*, 1404 (titres du comté de Laval). — *Fredefons*, 1560 (arch. de la Mayenne, E 27).
 Le ruiss. de Froidfont est un affl. de celui du Pont-Perdreau.
FROISSIÈRE (LA GRANDE ET LA PETITE), f. c^ne de Meslay. — On écrit aussi *la Fressière*.
FROMAGÈRE (LA), f. c^ne de Bazougers.
FROMAGÈRE (LA), f. c^ne de Loigné. — *La Formagère*, 1668 (abb. de la Roë).
FROMAGERIE (LA), f. c^ne de Mée.
FROMAGERIE (LA), f. c^ne de Méral. — *La Fourmaigerie*, 1550 (arch. de la Mayenne, E 121).
FROMAGERIE (LA), f. c^ne de Montourtier.
FROMAGERIE (LA), h. c^ne de Saint-Ouen-des-Toits.
FROMANDIÈRE (LA), f. c^ne de Ballots.
FROMANGÈRE (LA), vill. c^ne de la Baconnière.
FROMANGERIE (LA), vill. c^ne de la Bigottière.
FROMENTEAU, h. c^ne de Madré.
FROMENTERAIE (LA), h. c^ne de la Rouaudière. — On dit aussi *la Fourmontraie*.
 Fief vassal de la baronnie de Craon.
FROMENTERIE (LA), h. c^ne d'Alexain.
FROMENTERIE (LA), f. c^ne d'Ampoigné.
FROMENTIÈRE (LA), f. c^ne d'Origné. — On prononce *la Fourmentière* dans le pays.
 Fief vassal du marq. de Château-Gontier.
FROMENTIÈRES, c^on de Château-Gontier. — *G. de Frumenteriis*, XIe siècle (cart. du Ronceray). — *F. de Frumentariis*, 1100 (inv. des arch. de la Sarthe). — *G. de Fromentereis*, XIIe s^e (cart. du Ronceray).
 Prieuré dépend. de l'abb. de Saint-Serge d'Angers. — Anc. par. du doy. de Sablé, de l'élect. et du marq. de Château-Gontier. — Châtellenie qui comprenait les fiefs des Arsis, de Baubigné, de Beauchêne, de Coulonges, d'Erbrée, des Étoubles, de la Forêt-d'Aubert, de la Forêt-Beaufils, de Gastines, de la Lande, de Montaumer, de la Quanterie et de Ruillé-Froidfont.
FROMENTINIÈRE (LA), f. c^ne de Bazouges.
FROMENTINIÈRE (LA), f. c^ne de Cossé-le-Vivien.
FROMENTINIÈRES (LES), f. c^ne de Craon.
FROMOND (LE BOIS), c^ne de Quelaines, dép. de la terre de Charnières.
FROTARDIÈRE (LA), f. c^ne de la Chapelle-Craonnaise.

FROTTERIE (LA), f. c^ne de Ballots ; auj. détruite.
FROUILLÈRE (LA), f. c^ne de Châtelain.
FROULLAY (LE), f. c^ne de Couesmes. — Fief de la bar. d'Ambrières.
FROULLAY (LE), éc. c^ne de Saint-Denis-de-Gastines.
FROULLAY (LE PETIT-), m^in, c^ne de Saint-Denis-de-Gastines ; auj. détruit.
FUARDIÈRE (LA), f. c^ne de Villiers-Charlemagne ; auj. détruite.
FUBERTIÈRE (LA), f. c^ne de Chailland.
FUCHAUDERIE (LA), f. c^ne d'Ampoigné.
FUIE (LA), f. c^ne d'Argentré.
FUIE (LA), éc. c^ne d'Épineu-le-Séguin.
FUIE (LA), f. c^ne de Gennes.
FUIE (LA), f. c^ne de l'Huisserie.
FUIE (LA), f. c^ne de Laval.
FUIE (LA), f. c^ne de Ménil.
FUIE (LA), f. c^ne de Saint-Pierre-sur-Erve.
FUIE (LA), éc. c^ne de Sainte-Suzanne.
FUMIÈRE (LA HAUTE-), h. c^ne d'Oisseau.
FURARDIÈRES (LES), f. c^ne du Bourgneuf-la-Forêt. — *Landes de la Fleurardière* (carte de Jaillot). — *La Furardière* (Cassini).
 Le ruiss. des Furardières est un affl. de celui de Choiseau.
FURET (LE), éc. c^ne de Colombiers.
FURETIÈRE (LA), f. — Voy. FEURTIÈRE (LA).
FURONNAIE (LA), h. c^ne de la Croixille.
FURONNIÈRE (LA), f. c^ne de la Bigottière ; donne son nom à un ruiss. affl. de celui de la Bigottière.
FURONNIÈRE (LA), h. c^ne de Brecé ; donne son nom à un ruiss. affl. de celui de la Fourmondière.
FURONNIÈRE (LA), f. c^ne de Martigné.
FUSEAU, logis, bois et f. c^ne de Villiers-Charlemagne.
FUSEAU (MOULIN DE) OU DE LA BOIRIE, c^ne de Houssay ; détruit avant 1770.
FUSEAU (RUISSEAU DU) ET DU PONT-CORDON, c^ne de Couptrain ; affl. de la Mayenne.
FUSELIÈRE (LA), éc. c^ne de la Rouaudière. — La ferme est auj. détruite.
FUSELIÈRE (LA), f. c^ne de Saint-Michel-de-la-Roë.
FUT (LE), f. c^ne de Lassay.
FUTAIE (LA), riv. qui prend sa source en Montaudin, arrose Saint-Berthevin, Saint-Mars-sur-la-Futaie, Saint-Ellier, Landivy, et se jette dans le Déron.
FUTAIE (LA), f. c^ne de la Chapelle-Rainsouin.
FUTAIE (LA), vill. c^ne de Lassay.
FUTAIE (LA), h. c^ne de Saint-Mars-sur-la-Futaie. — Étang desséché en 1804.
FUTAIE (LA HAUTE ET LA BASSE), f. c^ne de Simplé.
FUTAIE (LA PETITE-), éc. c^ne de Simplé.
FUTAUTS (LES), f. c^ne de Simplé. — *Fiault* (cadastre).

G

Gabarre (La), f. c^{ne} de Nuillé-sur-Vicoin.
Gabelinière (La), f. c^{ne} d'Olivet.
Gabellière (La), f. c^{ne} de Beaulieu. — Landes auj. défrichées.
Gaberie (La), h. c^{ne} de la Brulatte. — Fief vassal de la châtell. de la Gravelle.
  Le ruiss. de la Gaberie est un affl. du Vicoin.
Gaberie (La Grande-), f. c^{ne} de la Brulatte.
Gaberie (Ruisseau de la), c^{ne} du Genest; affl. du ruiss. de l'étang de la Poterie.
Gâche (Ruisseau de la), c^{ne} de Champfremont; affl. du ruiss. du Passoir.
Gâcheries (Les), f. c^{ne} de la Baconnière.
Gacia (Étang de), c^{ne} de la Bazouge-des-Alleux.
Gadelières (Les), f. c^{ne} de Bazougers.
Gadellerie (La), h. c^{ne} de Saint-Hilaire-des-Landes. — Ruiss. affl. du ruiss. de Colombiers.
Gadilleraie (La) ou la Gadillerie, f. c^{ne} de Vaiges. — Ruiss. affl. de la Vaige, qui arrose Saint-Georges-le-Fléchard.
Gadilleraie (La Petite-), éc. c^{ne} de Vaiges.
Gadonnière (La), éc. c^{ne} de Quelaines.
Gagaudière (La), h. c^{ne} de Courcité.
Gage (Le), f. c^{ne} de Brée.
Gage (Le), f. c^{ne} de Contest.
Gage (Le), f. c^{ne} de la Dorée.
Gage (Le), éc. c^{ne} de Launay-Villiers.
Gage (Le), f. c^{ne} de Martigné.
Gage (Le), f. c^{ne} de Ruillé-Froidfont.
Gages (Les), f. c^{ne} de Brécé.
Gages (Les), f. c^{ne} de Châtillon-sur-Colmont.
Gages (Les), f. c^{ne} de Colombiers.
Gages (Les), f. c^{ne} de Préaux.
Gages (Les), f. c^{ne} de Saint-Georges-sur-Erve.
Gagnardière (La), f. c^{ne} de Mézangers.
Gagnardières (Les), vill. c^{ne} de Livré. — Les Gaignardières, 1531 (abb. de la Roë, H. 191, f° 62).
Gagne, f. c^{ne} de Chérancé. — L'hébergement de Gaigne, 1537 (arch. de la Mayenne, E 104).
Gagne (La), f. c^{ne} de Gennes; auj. détruite.
Gagnerie (La), f. c^{ne} d'Azé.
Gagnerie (La), f. c^{ne} de Coudray.
Gagnerie (La), f. c^{ne} de Gennes.
Gagnerie (La), f. c^{ne} de Montjean.
Gagnerie (La), f. c^{ne} de Saint-Denis-d'Anjou.
Gagnerie (La Petite-), éc. c^{ne} de Meslay.
Gagnerie (La Petite-), f. c^{ne} de Saint-Georges-sur-Erve.
Gahigné (Le), h. c^{ne} de Chevaigné. — Guéhigné, 1687 (arch. de la Mayenne, H 109). — Gahaigné, 1737 (ibid.).
  Étang auj. desséché et moulin détruit.
Gahinière (La), f. c^{ne} d'Assé-le-Bérenger.
Gaieté (La), éc. c^{ne} d'Entrammes.
Gaignardière (La), f. c^{ne} de la Bigottière.
Gaignardière (La), f. c^{ne} de Montenay.
Gaignardière (La), f. c^{ne} de Saint-Georges-Buttavent.
Gaignère (La Grande et la Petite), h. c^{ne} de Saint-Baudelle.
Gaignères (Les), vill. c^{ne} des Chapelles.
Gaillarderie (La), vill. c^{ne} de Courcité.
Gailleule (La), f. c^{ne} de Fontaine-Couverte, annexée à la Bullourdière au XVIe s°. — La Gaileulle, 1383 (abb. de la Roë, H 186, f° 382). — Ma Metaerie de Lesgaillelle, 1392 (ibid.).
Gaillotière (La), f. c^{ne} de Craon.
Galachère (La), f. c^{ne} de Brécé.
Galandière (La), h. c^{ne} de Champgeneteux.
Galandières (Les), f. c^{ne} de Ballots. — La Gallenaière (Cassini).
  Le bois est auj. défriché.
Galardais (La), f. c^{ne} de la Croixille.
Galardière (La), h. c^{ne} de Ballée.
Galardière (La), vill. c^{ne} de Couesmes; donne son nom à un ruiss. affl. de celui de Bazeille.
Galardière (La), h. c^{ne} de Courcité.
Galaris (La), h. c^{ne} de Saint-Aubin-du-Désert.
Galasière (La), vill. c^{ne} de Boulay. — La Goailecière (carte de Jaillot). — La Galaisière (carte de l'État-major).
  Étang desséché vers 1869.
Galasières (Les), h. et bruyères, c^{ne} de Javron.
Galbaudière (La), vill. c^{ne} de Champgeneteux. — Fief vassal de la bar. d'Évron.
Galbaudière (La), f. c^{ne} de Chevaigné.
Galbaudière (La), vill. c^{ne} d'Izé.
Galbé (Le), h. c^{ne} de Bonchamp. — Gallebée, 1356 (censif de la bibl. de Laval).
Galboisières (Les), h. c^{ne} de Couesmes.
Galbronnière (La), f. c^{ne} de Chémazé. — Les Galbrunières, 1790 (arch. de la Mayenne, série Q).
  Étang auj. desséché.
Galbronnière (La), f. c^{ne} de Saulges.

18.

GALBRONNIÈRES (LES), f. c^ne de Ruillé-Froidfont.
GALBRUZIÈRE (LA), f. c^ne de Laigné.
GALEMBERT, f. c^ne de Gennes.
GALERIÈRE (LA), f. c^ne de Montflours.
GALESNERIE (LA), f. c^ne de Cosmes. — Fief de la bar. de Craon qui s'étendait aussi sur Athée.
GALESNERIE (LA), f. c^ne de Saint-Denis-de-Gastines.
GALESNERIE (LA), f. c^ne de Saint-Georges-Buttavent.
GALETERIE (LA), f. c^ne de Blandouet, réunie à la Lamberderie.
GALETIÈRE (LA), f. c^ne de Bouchamp.
GALETIÈRE (LA), chât. et f. c^ne de Craon.
GALETTE (LA PETITE-), h. c^ne d'Andouillé.
GALEUCHÈRE (LA), f. c^ne de Ruillé-le-Gravelais; donne son nom à un ruiss. affl. de l'Oudon.
GALICHÈRE (LA), f. c^ne de Bazougers.
GALICHERIES (LES), f. et étang, c^ne de Maisoncelles. — Le ruiss. des Galicheries est un affl. de l'Ouette.
GALIE (LA), f. c^ne de Cuillé.
GALINIÈRES (LES), f. c^ne d'Assé-le-Béranger. — Les Galenières (Cassini).
GALLERIE (LA), f. c^ne d'Argentré.
GALLERIE (LA), h. c^ne de Ballots.
GALLERIE (LA), h. c^ne de Saint-Ouen-des-Vallons.
GALLERIE (LA GRANDE et LA PETITE), f. c^ne de Daon.
GALLESANDIÈRE (LA), fief de la châtell. de Couptrain.
GALLIÈRE (LA), f. c^ne de Bouchamp; donne son nom à un ruiss. affl. de l'Usure.
GALLIÈRE (LA), f. c^ne de Niort.
GALLIÈRE (LA), vill. c^ne d'Orgères.
GALLIÈRE (LA), h. c^ne de la Rouaudière. — Fief vassal de la bar. de Craon.
GALLIÈRE (LA), f. c^ne de Saint-Mars-du-Désert.
GALLIÈRE (LA HAUTE et LA BASSE), h. c^ne du Bourgneuf-la-Forêt.
GALLIÈRE (LA PETITE-), f. c^ne du Bourgneuf-la-Forêt.
GALLIÈRES (LES), f. c^ne des Deux-Évailles. — Landes auj. défrichées.
GALONNIÈRE (LA), f. c^ne de Bazougers.
GALONNIÈRE (LA), h. c^ne de Chantrigné.
GALONNIÈRE (LA), f. c^ne de Ruillé-Froidfont.
GALONNIÈRES (LES), vill. c^ne de Chammes.
GALOP (LE) ou LA TUILERIE, f. et usine, c^ne de Gesnes. — Landes auj. défrichées.
GALOPIÈRE (LA), f. c^ne de Courcité.
GALORIÈRE (LA), f. c^ne de Louverné.
GALPI ou DE VILLENEUVE (RUISSEAU DE), c^ne de Montigné, affl. du Vicoin.
GALPIÈRE (LA), vill. c^ne de Montigné.
GAMBADE (LA), éc. c^ne de Landivy.
GAMBARD (LA LANDE DE), c^nes des Chapelles; auj. défrichée.
GAMBERT, f. c^ne de Pommerieux.

GAMBERT, f. c^ne de Simplé.
GANAISERIE (LA), f. c^ne de Méral; auj. détruite. — La Ganoyserie, 1393 (arch. de la Mayenne, E 146). — La Ganoiserie, 1689 (ibid. E 145).
GANCHE, h. et m^in, c^ne de Champfrémont.
GANCHERIE (LA), f. c^ne de Congrier.
GANCHERIE (LA GRANDE et LA PETITE), f. c^ne de Cuillé.
GANDARDIÈRE (LA), f. c^ne du Pas. — La Godardière (cadastre).
GANDELAY (LE), f. c^ne d'Alexain.
GANDELINIÈRE (LA), f. c^ne de l'Huisserie.
GANDIE (LA), h. c^ne de Montenay. — Manerium de la Gandie, 1248 (abb. de Fontaine-Daniel).
GANDOISIÈRE (LA), f. c^ne de Bais.
GANDON, f. et éc. c^ne de Larchamp.
GANDONNIÈRE (LA), h. c^ne d'Ambrières.
GANDONNIÈRE (LA), f. c^ne d'Aron.
GANDONNIÈRE (LA), f. c^ne de Bazouges.
GANDONNIÈRE (LA), vill. c^ne de Champéon.
GANDONNIÈRE (LA), h. c^ne de Champgeneteux; donne son nom à un ruiss. affl. de l'Aron.
GANDONNIÈRE (LA), vill. c^ne de Chantrigné.
GANDONNIÈRE (LA), f. c^ne de Colombiers.
GANDONNIÈRE (LA), h. c^ne de Commer.
GANDONNIÈRE (LA), f. c^ne de la Dorée. — N. de Gandonneria, xiie s^e (cart. de Savigny).
GANDONNIÈRE (LA), h. c^ne de Hambers.
GANDONNIÈRE (LA), f. c^ne d'Izé.
GANDONNIÈRE (LA), f. c^ne de Laval.
GANDONNIÈRE (LA), h. c^ne de Loiron. — Fief vassal de la châtell. de Loiron.
GANDONNIÈRE (LA), h. c^ne de Martigné. — Fief du duché de Mayenne.
GANDONNIÈRE (LA), f. c^ne de Montigné.
GANDONNIÈRE (LA), f. c^ne de Saint-Georges-sur-Erve.
GANDONNIÈRE (LA), h. c^ne de Saint-Mars-sur-la-Futaie. — Ruiss. affl. de la Futaie.
GANDONNIÈRE (LA), f. c^ne de Saint-Samson.
GANDONNIÈRE (LA), h. c^ne de Villepail.
GANDONNIÈRE (LA PETITE-), h. c^ne de Laval. — Terra de Gandonaria, 1142 (Bibl. nat. fonds latin 5441). — Manerium quod vocatur la Gandonere, 1246 (abb. de Savigny, arch. nat. L. 971). — Fief vassal de la châtell. de Laval.
GANDONNIÈRE-BEAUCHÊNE (LA), f. c^ne de Colombiers.
GANDONNIÈRE-FOUILLEULERIE (LA), f. c^ne de Colombiers.
GANDONNIÈRE-LOCHU (LA), h. c^ne de Colombiers.
GANDONNIÈRES (LES), f. c^ne de Bazougers.
GANDONNIÈRES (LES), f. c^ne de Laval.
GANDONNIÈRES (LES), h. c^ne de Mézangers.
GANDORDIÈRE (LA), f. c^ne d'Entrammes. — On prononce la Gandorière.

Gandouin, mⁱⁿ, c^{ne} de Ballée.
Ganguenière (La), h. c^{ne} d'Hardanges.
Gant-Blanc, h. c^{ne} de Livet-en-Charnie.
Gaptière (La), f. c^{ne} de Beaulieu.
Gaptière (La), f. c^{ne} de Saint-Cyr-le-Gravelais.
Gaptière (La), f. c^{ne} de Saint-Denis-de-Gastines.
Garangeot, mⁱⁿ, c^{ne} d'Entramnes.
Garatas (Le), f. c^{ne} de la Roë.
Garaudière (La), chât., f. et étang, c^{ne} de Cosmes. — Ce lieu fut aussi nommé *la Buzarderie*. — La seign. était vassale du Plessis-de-Cosmes et de l'Île-d'Athée.
Le ruiss. de la Garaudière ou du Pied-Vignon est un affl. de celui du Bois-Ragot.
Garchonnière (La), éc. c^{ne} de Saint-Saturnin-du-Limet.
Garde (La), f. c^{ne} d'Ambrières.
Garde (La), f. c^{ne} de la Bigottière.
Garde (La), f. c^{ne} de Brécé.
Garde (La), f. c^{ne} de Meslay.
Garde (La), f. c^{ne} de Montaudin. — *Terram de Garda*, 1241 (abb. de Savigny, arch. nat. L. 970).
Garde (La), f. c^{ne} de Moulay.
Garde (La), h. c^{ne} de la Poôté.
Garde (La), f. c^{ne} de Saint-Denis-de-Gastines.
Garde (La), vill. c^{ne} de Saint-Martin-de-Connée.
Garde (La), éc. c^{ne} de Saint-Pierre-des-Landes.
Garderie (La), f. c^{ne} de Courbeveille.
Gardes (Les Grandes-), f. c^{ne} de Saint-Pierre-sur-Orthe.
Gardière (La), h. c^{ne} de Ballots. — *Le villaige de la Guárière*, 1564 (abb. de la Roë, H 180).
Garellière (La), vill. c^{ne} de la Baconnière.
Garellière (La), fief vassal de la châtell. de Montigné.
Garellière (La), f. c^{ne} de Vieuvy.
Garenne (La), f. c^{ne} d'Athée.
Garenne (La), vill. c^{ne} de Boulay.
Garenne (La), vill. c^{ne} de Champéon.
Garenne (La), f. c^{ne} de Fougerolles.
Garenne (La), h. c^{ne} de Gesvres.
Garenne (La), fief, c^{ne} du Ham, vassal du marq. de Villaines-la-Juhel.
Garenne (La), éc. c^{ne} de Nuillé-sur-Ouette.
Garenne (La), f. c^{ne} de Pommerieux.
Garenne (La), h. c^{ne} de Ruillé-le-Gravelais. — Fief vassal de la châtell. de Montjean.
Garenne (La), éc. c^{ne} de Saint-Denis-de-Gastines.
Garenne (La), f. c^{ne} de Saint-Ellier.
Garenne (La), f. c^{ne} de Saint-Mars-du-Désert.
Garenne (La), éc. c^{ne} de Villaines-la-Juhel.
Garennes (Bois des), c^{ne} de Bouère; auj. détruit.
Garenne-Saint-Méen (La), h. c^{ne} de Ruillé-le-Gravelais.
Gargouillère (La), f. c^{ne} de Mézangers.
Garmaterie (La), f. c^{ne} de Méral; auj. détruite. —

Elle est mentionnée dans un titre de 1305 (abb. de Saint-Serge d'Angers).
Garmellon, landes, c^{ne} de Fougerolles; auj. défrichées. — *Landam de Garmellon*, 1239 (abb. de Savigny, arch. nat. L. 970). — *Landam Jarmeillon*, 1246 (ibid. L. 971). — *Landam Germeillon*, 1247 (ibid.).
Garnière (La), f. c^{ne} de Bouchamp.
Garnière (La), h. c^{ne} de Quelaines.
Garnières (Les), f. c^{ne} de Nuillé-sur-Vicoin; donnent leur nom à un ruiss. affl. de celui de Galpi.
Garulées (Les), f. — Voy. Guéroulet (Le Grand et le Petit).
Gascaigne, f. c^{ne} d'Ahuillé.
Gascoignerie (La), h. c^{ne} de la Pellerine.
Gasneraie (La), f. c^{ne} de Bierné.
Gasneraie (La), vill. c^{ne} de Couesmes.
Gasneraie (La), f. c^{ne} de Désertines. — On dit aussi *la Gasnerie*.
Gasneraie (La), f. c^{ne} de Montigné; détruite vers 1864.
Gasneraie (La Grande et la Petite), f. c^{ne} de Saint-Brice.
Gasnerie (La), f. c^{ne} d'Ampoigné.
Gasnerie (La), f. c^{ne} d'Andouillé.
Gasnerie (La), f. c^{ne} d'Astillé.
Gasnerie (La), h. c^{ne} de Ballots.
Gasnerie (La), f. c^{ne} du Bourgneuf-la-Forêt.
Gasnerie (La), h. c^{ne} de Brécé.
Gasnerie (La), f. c^{ne} de Changé.
Gasnerie (La), vill. c^{ne} des Chapelles; donne son nom à un ruiss. affl. de l'Aisne.
Gasnerie (La), h. c^{ne} de Châtillon-sur-Colmont.
Gasnerie (La), f. c^{ne} de Deux-Évailles. — L'étang de ce lieu est auj. desséché.
Fief vassal de la châtell. de Brée.
Gasnerie (La), f. c^{ne} d'Entramnes.
Gasnerie (La), étang et h. c^{ne} d'Évron.
Gasnerie (La), f. c^{ne} de Fromentières.
Gasnerie (La), f. c^{ne} du Houssay.
Gasnerie (La), h. c^{ne} de Juvigné-des-Landes.
Gasnerie (La), f. c^{ne} de Launay-Villiers.
Gasnerie (La), f. c^{ne} de Loiron.
Gasnerie (La), vill. c^{ne} de Madré.
Gasnerie (La), vill. c^{ne} de Melleray.
Gasnerie (La), h. et f. c^{ne} de Montjean. — Fief vassal de la châtell. de Montjean.
Gasnerie (La), f. c^{ne} de la Pallu.
Gasnerie (La), f. c^{ne} de Sacé.
Gasnerie (La), h. c^{ne} de Saint-Aignan-de-Couptrain; donne son nom à un ruiss. affl. de celui du Fuseau. — Fief de la châtell. de Couptrain.
Gasnerie (La), h. c^{ne} de Saint-Aubin-Fosse-Louvain.
Gasnerie (La), f. c^{ne} de Saint-Christophe-du-Luat.

GASNERIE (LA), f. c^{ne} de Saint-Cyr-le-Gravelais.
GASNERIE (LA), f. c^{ne} de Saint-Denis-de-Gastines.
GASNERIE (LA), f. c^{ne} de Sainte-Gemmes-le-Robert.
GASNERIE (LA), f. c^{ne} de Saint-Sulpice.
GASNERIE (LA), f. c^{ne} de la Selle-Craonnaise. — *Medietariam vocatam la Guanerie*, 1388 (prieuré des Bonshommes de Craon).
GASNERIE (LA HAUTE et LA BASSE), f. c^{ne} d'Argentré.
GASNERIE (LA HAUTE et LA BASSE), f. c^{ne} du Bourgneuf-la-Forêt.
GASNERIE (LA PETITE-), f. c^{ne} de Brécé.
GASNERIES (LES), h. c^{ne} d'Argentré. — Le ruiss. des Gasneries est un affl. de celui du Fresne.
GASNERIES (LES), f. c^{ne} d'Azé.
GASNERIES-DES-LANDES (LES), f. c^{ne} d'Argentré.
GASSEAU (LE), f. c^{ne} d'Aron.
GASSEAU (LE), f. c^{ne} de Champfremont.
GASSEAU (LE), f. c^{ne} de Commer.
GASSEAU (LE), f. c^{ne} de Courcité.
GASSEAU (LE), f. c^{ne} de Sainte-Gemmes-le-Robert.
GASSEAUX (LES), f. c^{ne} de Vimarcé.
GASSEL (LE), vill. c^{ne} d'Orgères; donne son nom à un ruiss. affl. de celui de Cherizay. — Fief vassal de la seign. de la Motte-Fouquet (Normandie).
GASSELINAIS (LA), f. c^{ne} d'Ernée.
GASSELINAIS (LA), f. c^{ne} de Larchamp.
GASSELINAIS (LA), h. c^{ne} de Saint-Ellier.
GASSOTIÈRE (LA), f. c^{ne} de Saint-Berthevin-la-Tannière.
GAST (LA LANDE DU), c^{ne} de Bouère; auj. défrichée.
GAST (LE), f. c^{be} d'Athée.
GAST (LE), f. c^{ne} de la Bazouge-de-Chemeré.
GAST (LE), f. c^{ne} de Bazougers; détruite vers 1856.
GAST (LE), f. c^{ne} de Beaulieu.
GAST (LE), f. c^{ne} de Beaumont-Pied-de-Bœuf.
GAST (LE), f. c^{ne} de Livré.
GAST (LE), vill. c^{ne} de Melleray.
GAST (LE), h. c^{ne} de Parné. — Fief vassal de la châtell. de Bazougers.
GAST (LE), f. c^{ne} de Peuton.
GAST (LE), f. c^{ne} de Quelaines.
GAST (LE), f. c^{ne} de Saint-Jean-sur-Erve.
GAST (LE), f. c^{ne} de Saulges.
GAST (LE GRAND et LE PETIT), h. c^{ne} du Bourgneuf-la-Forêt.
GAST (LE GRAND et LE PETIT), f. c^{ne} de Saint-Cyr-le-Gravelais.
GAST (LE PETIT-), f. c^{ne} de Champéon.
GASTARD, étang et m^{in}, c^{ne} d'Andouillé. — *Landes de Gâtard* (carte de Jaillot).
Le ruiss. de Gâtard et de la Bigottière est un affl. de la Mayenne.
GASTARDIÈRE (LA GRANDE et LA PETITE), vill. c^{ne} d'Andouillé.

GAST-BOUSSELET (LE), vill. c^{ne} des Chapelles.
GAST-CHÂTELET (LE), éc. c^{ne} de Chemeré-le-Roi.
GASTÉ, m^{in}, c^{ne} de Châtillon-sur-Colmont.
GASTE, vill. c^{ne} de Saint-Mars-sur-Colmont.
GASTE (LA), f. c^{ne} d'Ahuillé.
GASTÉE (LA), f. c^{ne} de Chailland.
GASTELLIÈRE (LA), f. c^{ne} de Ballée.
GASTELLIÈRE (LA), f. c^{ne} de Bonchamp.
GASTELLIÈRE (LA), f. c^{ne} de Louvigné.
GASTELLIÈRE (LA), f. c^{ne} de Vautorte.
GASTELLIÈRE (LA), h. c^{ne} de Vieuvy.
GASTELLIÈRE (LA PETITE-), h. c^{ne} de Vieuvy.
GASTIÈRE (LA), f. et étang, c^{ne} de Ballots; auj. supprimés.
GASTIÈRE (LA), f. c^{ne} du Bignon.
GASTINES, c^{on} de Cossé-le-Vivien. — *Decima de Gastineriis*, XIIe s^e (cart. du Ronceray). — *In parrochia de Gastinis*, 1229 (abb. de la Roë, H 186, f° 165).
Anc. par. du doy. et de la bar. de Craon et de l'élection de Château-Gontier. — Prieuré de l'abb. de Saint-Florent.
GASTINES, chât. et f. c^{ne} de Chemazé. — Fief du marq. de Château-Gontier.
GASTINES, fief, c^{ne} de Fromentières, vassal de la châtell. de Fromentières.
GASTINES, m^{in} et étang, c^{ne} de Saint-Denis-de-Gastines; ruiss. qui se jette dans celui de Montenay. — Fief de la châtell. d'Ernée.
GASTINES (LE GRAND-), h. c^{ne} du Pas.
GASTINES (LE PETIT-), h. c^{ne} du Pas.
GASTINES DE COURCERIERS, fief du duché de Mayenne.
GASTINIÈRE (LA), h. c^{ne} de Chevaigné.
GASTINIÈRE (LA), f. c^{ne} de Saint-Quentin. — Fief vassal de la bar. de Craon.
GASTRAGAINE (LA), h. c^{ne} des Chapelles.
GASTS (LES), f. c^{ne} de Bouère.
GATTE-CHÈVRE, f. c^{ne} de Saint-Poix. — *Bois taillis de Gastechevre*, 1543 (arch. de la Mayenne, E 133).
GAUBERDIÈRE (LA), f. c^{ne} de Coudray.
GAUBERDIÈRE (LA), f. c^{ne} du Horps.
GAUBERDIÈRE (LA), f. c^{ne} de Préaux; auj. détruite. — *Au domaine de la Gauberdière*, 1301 (prieuré de la Cropte).
Fief vassal de la châtell. de Bazougers.
GAUBERDIÈRE (LA GRANDE-), f. et m^{in}, c^{ne} de Colombiers. — Fief vassal de la seign. de l'Écluse, de la bar. du Plessis-Châtillon et du duché de Mayenne.
Le ruiss. de la Gauberdière est un affluent de la Colmont.
GAUBERDIÈRES (LES), h. c^{ne} de Viviers.
GAUBERT, f. c^{ne} de Gesnes.
GAUBERT (LE GRAND-), f. c^{ne} de Pommerieux.
GAUBERT (LE PETIT-), f. c^{ne} de Mée.

GAUBOURGÈRE (LA), f. c^ne de la Chapelle-Rainsouin.
GAUBOURGÈRES (LES), h. c^ne de Saint-Ellier.
GAUCHARDIÈRE (LA), h. c^ne de Champgeneteux.
GAUCHARDIÈRE (LA), vill. c^ne de Courcité.
GAUCHARDIÈRE (LA), h. c^ne de Marcillé-la-Ville.
GAUCHARDIÈRE (LA), h. c^ne de Saint-Pierre-sur-Orthe.
GAUCHARDIÈRE (LA), f. c^ne de Vimarcé.
GAUCHERAIE (LA), f. c^ne de la Selle-Craonnaise.
GAUCHERAIES (LES) ou LA GAUCHERIE, f. c^ne de Ménil.
GAUCHERIE (LA), f. c^ne de la Dorée.
GAUCHERIE (LA), f. c^ne de Laval.
GAUCHERIE (LA), f. c^ne d'Oisseau. — Fief vassal de la bar. d'Ambrières.
GAUCHERIE (LA), f. c^ne de Villiers-Charlemagne.
GAUCHERIES (LES), f. c^ne d'Azé.
GAUCHERIES (LES), f. c^ne d'Évron.
GAUCHOTTIÈRE (LA), f. c^ne de Ruillé-le-Gravelais.
GAUDESCHES (LES), f. c^ne d'Ernée. — *Gaufridus de Gaudechia*, XIIe siècle (cart. de Savigny, f° 121).
Le ruiss. des Gaudesches est un affl. de celui de Montguerré.
GAUDESCHES (LES), chât. et h. c^ne de Juvigné-des-Landes.
GAUDIÈRE (LA), f. c^ne d'Hardanges.
GAUDINAIE (LA), h. c^ne de Senonnes.
GAUDINES (LES), chât. c^ne de Fougerolles.
GAUDINIÈRE (LA), f. c^ne de Bais.
GAUDINIÈRE (LA), f. c^ne de Bazouges.
GAUDINIÈRE (LA), h. c^ne de Désertines.
GAUDINIÈRE (LA), f. c^ne de Fromentières.
GAUDINIÈRE (LA), f. c^ne de Hambers.
GAUDINIÈRE (LA), h. c^ne d'Hardanges.
GAUDINIÈRE (LA), f. c^ne d'Izé.
GAUDINIÈRE (LA), éc. c^ne de Landivy.
GAUDINIÈRE (LA), f. c^ne de Laubrières.
GAUDINIÈRE (LA), f. c^ne de Marigné-Peuton.
GAUDINIÈRE (LA), f. c^ne de Martigné.
GAUDINIÈRE (LA), f. c^ne de Méral.
GAUDINIÈRE (LA), f. c^ne de Meslay. — Fief vassal de la châtell. de Meslay.
GAUDINIÈRE (LA), vill. c^ne de Niort.
GAUDINIÈRE (LA), f. c^ne de Sacé.
GAUDINIÈRE (LA), h. c^ne de Saint-Cénéré. — Fief de la bar. de la Chapelle-Rainsouin.
GAUDINIÈRE (LA), éc. c^ne de Saint-Denis-d'Anjou.
GAUDINIÈRE (LA), f. c^ne de Saint-Ellier; donne son nom à un ruiss. affl. de la Futaie.
GAUDINIÈRE (LA), f. c^ne de Saint-Fraimbault-de-Prières.
GAUDINIÈRE (LA), f. c^ne de Saint-Germain-le-Fouilloux.
GAUDINIÈRE (LA GRANDE et LA PETITE), f. c^ne d'Athée.
GAUDINIÈRE (LA GRANDE et LA PETITE), h. c^ne de la Bigottière.

GAUDINIÈRE (LA GRANDE et LA PETITE), h. c^ne de Congrier.
GAUDINIÈRE-DES-CLOS (LA), f. c^ne de Quelaines.
GAUDINIÈRE-DES-PRÉS (LA), f. c^ne de Quelaines.
GAUDINIÈRES (LES), vill. c^ne de Bonchamp.
GAUDINIÈRES (LES), vill. c^ne de Landivy; donnent leur nom à un ruiss. affl. du Déron.
GAUDINIÈRES (LES), f. c^ne de Parné. — Fief vassal de la châtell. de Bazougers.
Le ruiss. des Gaudinières est un affl. de l'Ouette.
GAUDINIÈRES (LES GRANDES et LES PETITES), f. c^ne de Louvigné.
GAUDOUILLÈRE (LA), f. c^ne d'Azé.
GAUDRAIE (LA), f. c^ne de Chemazé.
GAUDRAIE (LA), h. c^ne de Cossé-en-Champagne.
GAUDRAIE (LA), éc. c^ne d'Épineu-le-Séguin.
GAUDRAIE (LA), f. c^ne de Nuillé-sur-Ouette.
GAUDRAIRIE (LA), f. c^ne de l'Huisserie.
GAUDRAIS (LES), h. c^ne de Bazouges.
GAUDRAY, f. c^ne d'Azé.
GAUDRAY, f. et m^in, c^ne d'Origné.
GAUDRAY (LE GRAND et LE PETIT), f. et logis, c^ne de Saint-Fort.
GAUDRAY (LE GRAND et LE PETIT), f. et éc. c^ne de Villiers-Charlemagne. — On écrit aussi *Gaudrée*.
GAUDRIAIS (LA), f. c^ne de Bierné.
GAUDRIAIS (LA PETITE-), f. c^ne de Saint-Denis-d'Anjou.
GAUDRIE (LA), f. c^ne de Laval.
GAUDRIÈRE (LA), h. c^ne de la Chapelle-Craonnaise.
GAUFFINIÈRES (LES), h. c^ne de Houssay.
GAUFFRAY, h. c^ne de Ménil.
GAUFFRIE (LA), f. c^ne de Changé.
GAUFFRIE (LA), f. c^ne de Laval.
GAUFFRIE (LA), f. c^ne de Ruillé-Froidfont.
GAUFFRIÈRE (LA), f. c^ne d'Andouillé.
GAUFFRIÈRE (LA), vill. c^ne de Châtillon-sur-Colmont.
GAUGEARDIÈRE (LA), f. c^ne de Bais.
GAUGEARDIÈRE (LA), vill. c^ne de Châtillon-sur-Colmont.
GAULAYÈRE (LA), f. c^ne de Cossé-le-Vivien.
GAULE (LA), f. c^ne de Laval.
GAULERIE (LA), f. c^ne d'Ahuillé.
GAULERIE (LA), f. c^ne d'Astillé.
GAULERIE (LA), vill. c^ne d'Athée.
GAULERIE (LA), vill. c^ne de Livré.
GAULERIE (LA), f. c^ne de Ruillé-Froidfont.
GAULERIE (LA), éc. c^ne de Saint-Denis-d'Anjou.
GAULERIE (LA), f. c^ne de Sainte-Gemmes-le-Robert.
GAULERIE (LA), h. c^ne de Saint-Michel-de-la-Roë.
GAULERIE (LA HAUTE-), f. c^ne d'Athée.
GAULINIÈRES (LES), f. c^ne de Juvigné-des-Landes.
GAULOIS (LE), f. c^ne d'Arquenay.
GAULT (LE), f. c^ne de Saint-Hilaire-des-Landes.

GAULT (LE) ou LE GOT, mⁱⁿ, cⁿᵉ de Saint-Pierre-sur-Erve.
GAULT (LE), f. cⁿᵉ de Vaiges.
GAUMERIE (LA), vill. cⁿᵉ de Brécé.
GAUMERIE (LA), f. cⁿᵉ d'Entramnes.
GAUMERIE (LA), f. cⁿᵉ de Saint-Denis-du-Maine.
GAUMERIE (LA), f. cⁿᵉ de Simplé.
GAUMERIE (LA PETITE-), f. cⁿᵉ de Brécé.
GAUMERIE (LA PETITE-), f. cⁿᵉ d'Évron.
GAUMERIES (LES), h. cⁿᵉ de Juvigné-des-Landes.
GAUMETERIE (LA), f. cⁿᵉ de Laval. — On dit aussi *la Gaumetière*.
GAURISSERIE (LA), f. cⁿᵉ de Méral; auj. détruite (arch. de la Mayenne E. 21).
GAURUMIÈRE (LA), f. cⁿᵉ d'Oisseau.
GAUSSURONT, f. cⁿᵉ de Meslay; détruite vers 1610. — *Moulin de Gazuron* (carte de Jaillot). — *Gauscront* (Cassini).
Le moulin a été supprimé avant 1786.
GAUTELLERIE (LA), f. cⁿᵉ d'Arquenay; détruite vers 1811.
GAUTHIED, f. cⁿᵉ de Laigné.
GAUTONNAIE (LA), f. cⁿᵉ du Genest.
GAUTRAIE (LA), h. cⁿᵉ de Bazouges.
GAUTRAIE (LA), chât. et f. cⁿᵉ de Chemazé.
GAUTRAIE (LA), h. cⁿᵉ d'Ernée.
GAUTRAIE (LA), f. cⁿᵉ du Horps. — L'étang de ce lieu est auj. desséché, et les landes ont été défrichées vers 1850.
GAUTRAIE (LA), vill. cⁿᵉ d'Izé.
GAUTRAIE (LA), f. cⁿᵉ de Landivy.
GAUTRAIE (LA), f. cⁿᵉ de Nuillé-sur-Ouette; détruite vers 1838.
GAUTRAIE (LA), f. cⁿᵉ de Saint-Christophe-du-Luat.
GAUTRAIE (LA BASSE-), h. cⁿᵉ de Couesmes.
GAUTRAIE (LA HAUTE-), vill. cⁿᵉ de Couesmes.
GAUTRAIS, mⁱⁿ, cⁿᵉ de Saint-Brice.
GAUTRAIS (LES), f. cⁿᵉ de Commer. — *L'étang et moulin do Gaulteret*, 1657 (cab. La Baulière).
Étang et moulin auj. supprimés.
GAUTRAIS (LES), f. cⁿᵉ de Saint-Denis-de-Gastines.
GAUTRIE (LA), f. cⁿᵉ d'Ahuillé.
GAUTRIE (LA), éc. cⁿᵉ de la Baroche-Gondouin.
GAUTRIE (LA), f. cⁿᵉ de Beaulieu.
GAUTRIE (LA), vill. cⁿᵉ de Brécé.
GAUTRIE (LA), f. cⁿᵉ de la Brulatte.
GAUTRIE (LA), vill. cⁿᵉ de Champgeneteux.
GAUTRIE (LA), h. cⁿᵉ de Chantrigné; donne son nom à un ruiss. affl. de celui de Bronillet.
GAUTRIE (LA), f. cⁿᵉ de Châtillon-sur-Colmont.
GAUTRIE (LA), f. cⁿᵉ de Commer.
GAUTRIE (LA), f. cⁿᵉ de Congrier.
GAUTRIE (LA), f. et étang, cⁿᵉ de Désertines. — Le ruiss. de la Gautrie est un affl. de la Colmont.

GAUTRIE (LA), h. cⁿᵉ de Fougerolles.
GAUTRIE (LA), f. cⁿᵉ de Larchamp.
GAUTRIE (LA), f. cⁿᵉ de Louvigné.
GAUTRIE (LA), f. cⁿᵉ de Méral.
GAUTRIE (LA), h. cⁿᵉ de Montaudin.
GAUTRIE (LA), f. cⁿᵉ de Montreuil.
GAUTRIE (LA), h. cⁿᵉ de Placé.
GAUTRIE (LA), f. cⁿᵉ de Saint-Christophe-du-Luat; donne son nom à un ruiss. affl. de celui des Nayères.
GAUTRIE (LA), f. cⁿᵉ de Saint-Denis-du-Maine.
GAUTRIE (LA), f. cⁿᵉ de Saint-Georges-Buttavent.
GAUTRIE (LA), f. cⁿᵉ de Saint-Isle.
GAUTRIE (LA), f. cⁿᵉ de Saint-Jean-sur-Erve.
GAUTRIE (LA), f. cⁿᵉ de Saint-Julien-du-Terroux; donne son nom à un ruiss. affl. de l'Anglaine.
GAUTRIE (LA), f. cⁿᵉ de Sainte-Marie-du-Bois.
GAUTRIE (LA), h. et vallée, cⁿᵉ de Saint-Mars-sur-Colmont. — Le ruiss. de la Gautrie est un affl. de la Colmont.
GAUTRIE (LA), f. cⁿᵉ de Villiers-Charlemagne.
GAUTRIE (LA HAUTE et LA BASSE), f. cⁿᵉ de Loiron.
GAUTRIE (LA PETITE-), f. cⁿᵉ de Montaudin.
GAUTRIES (LES), h. cⁿᵉ d'Andouillé.
GAUTRIES (LES), h. cⁿᵉ d'Astillé.
GAUVENIÈRE (LA), f. cⁿᵉ de Chemazé.
GAUVENIÈRE (LA), f. cⁿᵉ de Ménil.
GAUVILLAIS (LA), f. cⁿᵉ de Larchamp.
GAUVILLE, f. cⁿᵉ de Laval.
GAUVILLÈRE (LA), h. cⁿᵉ de Champéon.
GÉHARD, f. cⁿᵉ de Châtillon-sur-Colmont. — *Ecclesia de Fonte Gehardi*, xiᵉ siècle (Gesta pontif. Cen.). — *Prior Fontis Girardi*, 1237 (liv. bl. du chap. du Mans).
Le prieuré de Fontaine-Géhard dépend. de l'abb. de Marmoûtiers. — Le ruisseau de Géhard est un affl. de celui de la Guyottière.
GÉLAUDIÈRE (LA), vill. cⁿᵉ de Lesbois.
GELEUSERIE (LA), f. cⁿᵉ de Viviers.
GELOUSERIE (LA), f. cⁿᵉ d'Azé.
GELOUSIÈRES (LES), h. cⁿᵉ de Saint-Aubin-Fosse-Louvain.
GÉMARCÉ, h. cⁿᵉ de Commer; donne son nom à un ruiss. affl. de celui de la Coiffardière.
GÉMINIÈRE (LA), h. cⁿᵉ de Saint-Denis-de-Gastines.
GÉMINIÈRE (LA), éc. cⁿᵉ de Saint-Pierre-la-Cour.
GEMMETIÈRE (LA), f. — Voy. JAMETIÈRE (LA).
GENAISERIE (LA), vill. cⁿᵉ de Montsurs.
GÉNARDIÈRE (LA), vill. cⁿᵉ de Chevaigné.
GÉNARDIÈRES (LES), f. cⁿᵉ de Saint-Pierre-sur-Erve.
GENAUDIÈRE (LA), f. cⁿᵉ de Montourtier.
GENDARMERIE (LA), h. cⁿᵉ de Renazé.
GENDELERIE (LA), h. cⁿᵉ de Livré.

GENDIÈRE (LA), f. c^{ne} de Montigné.
GENDRIE (LA), f. c^{ne} de la Bazouge-des-Alleux.
GENDRIE (LA), h. c^{ne} de Brécé. — *Partem sui feodi de la Genterie*, 1216 (abb. de Savigny, arch. nat. L 969).
GENDRIE (LA), h. c^{ne} des Chapelles.
GENDRIE (LA), éc. c^{ne} de Cossé-le-Vivien.
GENDRIE (LA), f. c^{ne} de Gennes. — Fief vassal de la châtell. de Romfort.
GENDRIE (LA), h. c^{ne} de Juvigné-des-Landes. — *Moulin de Genderie* (carte de Jaillot).
Moulin auj. détruit.
GENDRIE (LA), f. c^{ne} de Larchamp.
GENDRIE (LA), vill. c^{ne} de Lignières-la-Doucelle.
GENDRIE (LA), h. c^{ne} de Saint-Aignan-de-Couptrain.
GENDRIE (LA), h. c^{ne} de Saint-Georges-Buttavent.
GENDRIE (LA), h. c^{ne} de Saint-Pierre-sur-Orthe.
GENDRIE (LA), f. c^{ne} de Torcé.
GENDRIE (LA), f. c^{ne} de Vimarcé.
GENDRIÈRE (LA), f. c^{ne} de Montenay.
GENDRONNIÈRE (LA), f. c^{ne} de Congrier.
GENDRONNIÈRE (LA), fief, c^{ne} de Houssay, vassal du marq. de Château-Gontier,
GENELIÈRE (LA), f. c^{ne} de Champéon.
GENEST (LE), c^{on} de Loiron. — *Constantius de Genesto*, XIe siècle (Bibl. nat. f. lat. 5441). — *Algerius de Genesta*, XIe siècle (*ibid.*).
Anc. par. du doy., de l'élect. et du comté de Laval.
GENEST (LE), éc. c^{ne} de Chemazé.
GENEST (LE), mⁱⁿ, c^{ne} de la Gravelle.
GENEST (LE), éc. c^{ne} de Livet-en-Charnie.
GENEST (LE), h. c^{ne} de Saint-Fort.
GENEST (LE), h. c^{ne} de Villiers-Charlemagne.
GENEST (LE BAS-), f. c^{ne} de Landivy. — L'étang de ce lieu a été desséché vers 1801; il était en partie dans la c^{ne} de Saint-Mars-sur-Colmont.
GENEST (LE HAUT-), h. c^{ne} de Landivy.
GENETAIS (LES), f. c^{ne} de Bazougers. — Le ruiss. des Genetais est un affl. de celui des Attelées.
GENETAIS (LES), h. c^{ne} de Madré.
GENETAIS (LES), h. c^{ne} de Ruillé-Froidfont.
GENETAIS (LES), h. c^{ne} de Vautorte.
GENETAIS (LES GRANDS et les PETITS), f. c^{ne} de Courbeveille. — Fief vassal de la châtell. de Courbeveille.
GENETAIS-GRIPPONS (LES), f. c^{ne} de Courbeveille.
GENETAY (LE), f. c^{ne} de Congrier.
GENETAY (LE), f. c^{ne} de Cossé-en-Champagne.
GENETAY (LE), f. c^{ne} de Maisoncelles.
GENETAY (LE), f. c^{ne} de Peuton.
GENÊT DE MULLÉ (LE), fief, c^{ne} de Bonchamp, vassal du comté de Laval.
GENETEIL, faubourg de Château-Gontier sis dans la c^{ne} d'Azé, autrefois nommé bourg. — *Burgenses in castro et in Genestelio sitos*, XIIe s^e (abb. de la Roë, H 151, f° 48). — *Monachorum de Genestelio*, 1190 (abb. de Saint-Nicolas d'Angers). — *In burgo quod dicitur Genestel*, 1190 (*ibid.*).
Fief du marq. de Château-Gontier.
Le prieuré de Notre-Dame de Geneteil, dépendant de l'abb. de Saint-Nicolas d'Angers, fut réuni au collége de Château-Gontier.
GENETEUSE (LA), f. c^{ne} de Chammes; donne son nom à un ruiss. affl. de celui de la Vaige.
GENETEUSE (LA), f. c^{ne} d'Izé.
GENNERIE (LA), h. c^{ne} de Carelles.
GENNERIE (LA), f. c^{ne} de Saint-Quentin.
GENNERIE (LA PETITE), f. c^{ne} de Carelles.
GENNES, c^{on} de Bierné. — *In eccl. de Gepna*, XIIe siècle (Bibl. nat. D. Housseau, t. III). — *Apud Genam*, 1286 (abb. de Saint-Nicolas d'Angers).
Le prieuré dépendait de l'abb. de Saint-Nicolas d'Angers.
Anc. par. du doy. de Sablé, de l'élect. et du marq. de Château-Gontier.
GENNIÈRE (LA), f. c^{ne} de Maisoncelles; donne son nom à un ruiss. affl. de celui de Luvinière. — On écrit aussi *la Jennière*.
GENNIÈRES (LES), f. c^{ne} de Saint-Samson. — *In valle de Jesnières*, 1198 (Hist. des sires de Mayenne, pr.).
GENOTIÈRE (LA), f. c^{ne} de Ballots. — *Le lieu de la Geneterie*, 1673 (abb. de la Roë, H. 181). — *La Genotterie*, 1693 (*ibid.* H. 174).
GENOTIÈRE (LA), h. c^{ne} de Niort. — On écrit aussi *la Gesnotière*.
GENOTIÈRE (LA), h. c^{ne} de Saint-Georges-Buttavent.
GENOUILLÈRE (LA), éc. c^{ne} de Launay-Villiers.
GENOUILLERIE (LA), h. c^{ne} du Bourgneuf-la-Forêt.
GENOUILLERIE (LA), chât. et f. c^{ne} de Saint-Brice.
GENTILLERIE (LA), f. c^{ne} de Châtillon-sur-Colmont.
GENTILLETS (LES), f. c^{ne} de Laubrières. — *In loco qui vocatur Gentillé*, 1274 (abb. de Saint-Serge d'Angers).
GEOFFROY-AUBERT (FIEF DE), c^{ne} de Brécé; vassal du Parc d'Avaugour, qui prend son nom de l'un de ses premiers possesseurs, baron de Mayenne.
GEOLIÈRE (LA), f. c^{ne} d'Ahuillé. — *La Jolière*, 1866 (rôles de dénombr.).
GEOLIÈRE (LA), f. c^{ne} d'Oisseau.
GEORGÈRE (LA), f. c^{ne} de Parigné.
GEORGÈRES (LES), f. c^{ne} de Saint-Denis-de-Gastines.
GEORGERIE (LA), h. c^{ne} de Saint-Berthevin-la-Tannière.
GEORGETIÈRE (LA), f. c^{ne} de Meslay. — *La Jargeattière*, XIVe siècle (arch. nat. P 345).
Fief vassal de la châtell. de Meslay.

GEOTIÈRES (LES GRANDES-), f. c^{ne} de Changé.
GÉRARD, mⁱⁿ, c^{ne} de Lassay. — *Margérard* (carte de Jaillot).
GÉRARDERIE (LA), f. c^{ne} d'Izé.
GÉRARDERIE (LA), vill. c^{ne} de Lignières-la-Doucelle.
GÉRARDIÈRE (LA), f. c^{ne} d'Alexain.
GÉRARDIÈRE (LA), h. c^{ne} de Congrier; ruiss. affluent du Chéran. — On dit aussi *la Girardière*.
GÉRARDIÈRE (LA), f. c^{ne} de Contest.
GÉRARDIÈRE (LA), h. c^{ne} de la Poôté.
GÉRARDIÈRE (LA), h. c^{ne} de Saint-Pierre-sur-Orthe.
GÉRAUDAIS (LA), f. c^{ne} de Bourgon.
GÉRAUDAIS (LA), f. c^{ne} de Launay-Villiers.
GÉRAUDAIS (LA), h. c^{ne} de Soucé.
GÉRAUDAIS (LA), h. c^{ne} de Vaucé.
GÉRAUDIÈRE (LA), f. c^{ne} de Saint-Aubin-Fosse-Louvain.
GÉRAUDIÈRE (LA), f. c^{ne} de Saint-Georges-sur-Erve.— Fief vassal de la châtell. de Foulletorte.
GÉRAUDIÈRE (LA), f. c^{ne} de Saint-Martin-de-Connée.
GÉRAUDIÈRE (LA), h. c^{ne} de Saint-Pierre-sur-Orthe.
GÉRAUDIÈRE (LA GRANDE-), f. c^{ne} de Martigné.
GÉRAUDIÈRE (LA PETITE-), h. c^{ne} de Martigné.
GÉRAUMERIES (LES), h. c^{ne} de Saint-Berthevin. — On dit aussi *les Giraumières*.
Fontaine minérale.
GÉRAUMIÈRE (LA), f. c^{ne} de Lignières-la-Doucelle.
GÉRAUMIÈRE (LA), h. c^{ne} de Saint-Pierre-sur-Orthe.
GÉRAY, h. et mⁱⁿ, c^{ne} de Désertines.
GÉRAY, f. c^{ne} de Vieuvy; donne son nom à un ruisseau affl. de l'Ourde.
GERBEUDRIE (LA), h. c^{ne} de Champéon.
GERBEUX, h. c^{ne} de Cigné.
GERBONNIÈRES (LA), f. c^{ne} de la Brulatte.
GÉREDIÈRE (LA), f. c^{ne} de Saint-Martin-de-Connée.
GÉRENNES, f. c^{ne} de Deux-Évailles. — *La rivière de Geraine*, 1499 (cab. la Baulcère).
Fief vassal de la châtell. de Brée.
GÉRIÈRE (LA), h. c^{ne} de Sainte-Marie-du-Bois.
GÉRIGNÉ, h. c^{ne} de Grez-en-Bouère.
GERMANDIÈRES (LES), f. c^{ne} de Saint-Pierre-la-Cour. — Mine de houille exploitée depuis 1833.
Le ruiss. des Germandières est un affluent de la Vilaine.
GERMERIE (LA), f. c^{ne} de Montaudin.
GERMILLONNIÈRE (LA), f. c^{ne} d'Ernée. — Voy. GARMELLON.
GERMILLONNIÈRE (LA), f. c^{ne} de Juvigné-des-Landes. — *Terram de la Germellonnière*, 1225 (abb. de Savigny, arch. nat. L 969).
GERMON, f. c^{ne} de Saint-Michel-de-la-Roë. — On dit aussi *Germonte*.
Fief vassal de la bar. de Craon.

GÉRONNAIS (LES), f. c^{ne} de Lévaré.
GÉROT, f. c^{ne} de Fontaine-Couverte.
GÉROUARD, vill. c^{ne} de Fougerolles; donne son nom à un ruiss. affl. de celui de Méré.
GÉROUX (LE), h. c^{ne} de Thubœuf.
GERVONNIÈRE (LA), f. c^{ne} de Saint-Denis-de-Gastines.
GESBERDIÈRE (LA), h. c^{ne} de Champgeneteux.
GESBERDIÈRE (LA), arrière-fief, c^{ne} de la Gravelle; vassal du comté de Laval. — *La Gesbretière*, 1545 (arch. de la Mayenne, série E).
GESBERDIÈRE (LA), h. c^{ne} de Parigné.
GESBERDIÈRE (LA), f. c^{ne} de Saint-Georges-Buttavent.
GESBERDIÈRE (LA), f. c^{ne} de Saint-Mars-sur-Colmont; donne son nom à un ruiss. affl. de la Colmont.
GESBERDIÈRE (LA GRANDE et LA PETITE), vill. c^{ne} de Brée.
GESBERDIÈRE-D'ISLE (LA), f. c^{ne} de Brée.
GESFRONIÈRE (LA), f. c^{ne} de Vieuvy.
GESLIÈRE (LA), f. c^{ne} de Changé.
GESLIN (LA), f. c^{ne} de Neau.
GESLINAIS (LA), h. c^{ne} d'Ambrières.
GESLINIÈRE (LA), f. c^{ne} de Bazougers.
GESLINIÈRE (LA), h. c^{ne} de Châtillon-sur-Colmont; donne son nom à un ruiss. affl. de l'Anvore.
GESLINIÈRE (LA), f. c^{ne} de Crennes-sur-Fraubée.
GESLINIÈRE (LA), f. c^{ne} de Cuillé. — Le ruisseau de la Geslinière est un affl. de la Seiche.
GESLINIÈRE (LA), f. c^{ne} d'Évron.
GESLINIÈRE (LA), h. c^{ne} de Jublains.
GESLINIÈRE (LA), f. c^{ne} de Quelaines.
GESLINIÈRE (LA), h. c^{ne} de Saint-Aignan-de-Couptrain.
GESLINIÈRE (LA), h. c^{ne} de Saint-Georges-Buttavent.
GESLINIÈRE (LA), f. c^{ne} de Saint-Jean-sur-Erve.
GESLINIÈRE (LA), h. c^{ne} de Saint-Martin-de-Connée.
GESLINIÈRE (LA), h. c^{ne} de Vimarcé.
GESLINIÈRE (LA GRANDE et LA PETITE), f. c^{ne} d'Astillé.
GESLINIÈRES (LES), f. c^{ne} de Nuillé-sur-Vicoin.
GESLINIÈRES (LES), h. c^{ne} de Saint-Denis-d'Anjou.
GESLINIÈRES (LES), f. c^{ne} de Thorigné.
GESNES, c^{on} de Montsûrs. — *Ecclesia Sancti Georgii de Gesna*, 1125 (cart. d'Évron). — *G. de Gethnis*, XIIe siècle (ibid.).
Anc. paroisse du doy. d'Évron, de l'élect. de Laval et de la châtell. de Brée. — Le prieuré dépendait de l'abbaye d'Évron.
GESNES, mⁱⁿ et f. c^{ne} de Neau.
GESNES (LE GRAND-), h. c^{ne} de Saint-Loup-du-Gast.
GESNES (LE PETIT-), mⁱⁿ, c^{ne} de Saint-Loup-du-Gast.
GESRIE (LA), h. c^{ne} de Larchamp.
GESTERIE (LA), f. c^{ne} de Ballots.
GESTIÈRE (LA), f. c^{ne} d'Andouillé.

Gestière (La), f. cne de la Bazouge-de-Chemeré.
Gestière (La), f. cne de Montreuil.
Gesvres, con de Villaines-la-Juhel. — *Gavre*, ixe siècle (Gesta Aldrici).
    Anc. par. du doy. de Fresnay, de l'élect. du Mans et du duché de Mayenne. — Siége d'un marquisat érigé en 1643.
Gevereau (Le Grand-), f. cne de Montenay. — *Fief de Gevreau*, 1543 (arch. de la Mayenne, série E).
Gevereau (Le Petit-), f. cne de Montenay.
Gevresières (Les), f. cne de Juvigné-des-Landes. — *Les Gevraisières* (Cassini).
Giairie (La), f. cne de Launay-Villiers.
Gibard, éc. cne de la Poôté.
Gibardière (La), vill. cne de Hambers.
Gibaudière (La), h. cne de Châtillon-sur-Colmont.
Gibaudière (La), éc. cne de la Dorée.
Gibaudière (La), h. cne de Saint-Georges-Buttavent.
Gibaudière (La Petite-), f. cne de Châtillon-sur-Colmont.
Gibaudières (Les), h. cne de Saint-Germain-de-Coulamer.
Giboisière (La), f. cne de Martigné.
Gibonnais (La), f. cne de Juvigné-des-Landes.
Gibraissière (La), f. cne de Chammes.
Giffardière (La), h., étang et min, cne de Colombiers.
Gigonnière (La), f. cne de la Chapelle-Craonnaise.
Gigonnière (La), f. cne de Cossé-le-Vivien.
Gigonnière (La), f. cne de Gennes.
Gigoulais (La), vill. cne de Chailland.
Gigoulais (La), f. cne de Saint-Hilaire-des-Landes.
Giguère (La), f. cne de Laigné. — Altération de *Jeguère*.
Gihier (Le Grand et le Petit), h. cne de Gennes.
Gilandière (La), f. cne de Juvigné-des-Landes.
Gilandière (La), f. cne de Montigné.
Gilandières (Les), landes, cne de Saint-Loup-du-Gast. — Ruiss. affl. de celui de Saint-Joseph.
Gilardière (La), f. cne d'Aron.
Gilardière (La), f. cne de Ballots.
Gilardière (La), f. cne de Carelles.
Gilardière (La), fief, cne de Châtelain; vassal de la seign. de Châtelain.
Gilardière (La), f. cne de Gennes.
Gilardière (La), f. cne de Grazay.
Gilardière (La), f. cne de Jublains.
Gilardière (La), f. cne de Loigné. — *La Gislardière*, 1668 (abb. de la Roë).
Gilardière (La), f. cne de Maisoncelles.
Gilardière (La), f. cne de Niafle.
Gilardière (La), f. cne de Nuillé-sur-Vicoin.
Gilardière (La), f. cne de Saint-Berthevin-la-Tannière. — *La Jiardière*, 1866 (rôles de dénombr.).

Gilardières (Les), h. cne de Houssay.
Gilardières (Les), h. cne de Quelaines.
Gilberdière (La), f. cne de la Bazoche-Montpinçon.
Gilberdière (La), h. cne du Pas.
Gilberdière (La), h. cne de Saint-Mars-sur-la-Futaie.
Gilberdière (La), éc. cne de Saint-Martin-de-Connée.
Gilberdière (La), f. cne de Saint-Pierre-sur-Orthe.
Gilberdière (La), h. cne de Thorigné.
Gilberdières (Les), f. cne de Torcé.
Gillerais (La), h. cne de Landivy; donne son nom à un ruiss. affl. de celui de la Meheudière.
Gilletière (La), f. cne de Martigné.
Gilletière (La), f. cne de la Selle-Craonnaise.
Gilletterie (La), f. cne d'Ampoigné.
Gilletterie (La), f. cne de Bonchamp.
Gilliers, h. cne de Chemeré-le-Roi.
Gilmer (Le Grand-), vill. cne de Montenay.
Gilmer (Le Petit-), h. cne de Montenay.
Giloterie (La), f. cne de Ballots.
Giloterie (La), éc. cne de Châtres.
Gilotière (La), f. cne d'Aron.
Gilotière (La), f. cne de Chammes.
Gilotière (La), f. cne de Jublains.
Gilouardière (La), f. cne de Loiron.
Gilouardière (La), f. cne de Peuton.
Gilouardière (La), vill. cne de Saint-Germain-le-Fouilloux.
Giloudière (La), f. cne de Lignières-la-Doucelle.
Gilzier, h. cne d'Ernée. — *Zilgier* (carte de l'État-major).
Gimberdière (La), h. cne de Saint-Pierre-sur-Orthe.
Gimberdière (La), f. cne de Vimarcé.
Gimbretière (La Grande-), f. cne de Ruillé-le-Gravelais.
Gimbretière (La Petite-), min, cne de Ruillé-le-Gravelais.
Ginelais (La), f. cne de Montenay.
Gingonnière (La), f. cne de Nuillé-sur-Vicoin.
Gipponnière (La), f. cne d'Izé.
Girardière (La), f. cne d'Ahuillé.
Girardière (La), h. cne de Chemeré-le-Roi.
Girardière (La), f. cne de Laval.
Girardière (La), f. cne de Montjean.
Girardière (La), f. cne de Nuillé-sur-Ouette. — Fief vassal de la châtell. de la Ramée.
Girardière (La), faubourg, cne de la Poôté. — On dit aussi *la Jiardière*.
Girardière (La), f. cne de Saint-Cénéré.
Girardière (La), chât. et f. cne de Saint-Jean-sur-Mayenne. — Fief vassal de la châtell. de Fouilloux.
Giraudais (La), f. cne de Bourgon.
Giraudais (La), vill. cne d'Oisseau.

GIRAUDAIS (La), h. c^{ne} de Renazé; donne son nom à un ruiss. affl. du Chéran.
GIRAUDAIS (La), h. c^{ne} de Saint-Mars-sur-la-Futaie.
GIRAUDIÈRE (La), f. c^{ne} d'Astillé.
GIRAUDIÈRE (La), f. c^{ne} de Beaulieu; auj. détruite.
GIRAUDIÈRE (La), f. c^{ne} de Brains-sur-les-Marches.
GIRAUDIÈRE (La), f. c^{ne} d'Entrammes.
GIRAUDIÈRE (La), f. c^{ne} de Nuillé-sur-Ouette.
GIRAUDIÈRE (La), f. c^{ne} de Saint-Fraimbault-de-Prières; donne son nom à un ruiss. affluent de celui de la Mayennerie.
GIRAUDIÈRE (La), f. c^{ne} de Saint-Georges-Buttavent.
GIRAUDIÈRE (La), h. c^{ne} de Saint-Ouen-des-Vallons.
GIRAUDIÈRE (La), h. c^{ne} de Saint-Saturnin-du-Limet.
GIRAUDIÈRE (La), éc. c^{ne} de Sainte-Suzanne.
GIRAUDIÈRES (Les Deux-), f. c^{ne} d'Ahuillé.
GIRAUDIÈRES (Les), f. c^{ne} de Bouère. — Ruiss. affl. de celui des Douets.
GIRAUDIÈRES (Les), f. c^{ne} de Changé.
GIRAUDIÈRES (Les), f. c^{ne} de Houssay. — Ruiss. affl. de celui de Poillé.
GIRAUDIÈRES (Les), f. c^{ne} de l'Huisserie.
GIRAUDIÈRES (Les), h. et f. c^{ne} de Saint-Denis-d'Anjou.
GIRAUDIÈRES (Les Grandes et les Petites), f. c^{ne} de Louvigné.
GIRAUMIÈRE (La), vill. c^{ne} de Courcité.
GIRAUMIÈRES (Les), f. c^{ne} du Ham.
GIREUSIÈRE (La), f. c^{ne} de Viviers.
GIROUDIÈRE (La), f. c^{ne} de Saint-Jean-sur-Erve.
GLACIÈRE (La), f. c^{ne} de Beaumont-Pied-de-Bœuf.
GLAINTIN, h. c^{ne} de Saint-Fraimbault-de-Prières.
GLAINTIN, chât. et f. c^{ne} de Saint-Fraimbault-de-Prières. — *Guilaintain* (carte de Jaillot). — *Guillaintain* (Cassini). — On dit aussi *Guélaintain*.
Fief du duché de Mayenne. — Le ruiss. de Glaintin est un affl. de celui du Tertre.
GLAINTIN (Le Petit-), f. c^{ne} d'Aron.
GLAINTIN (Le Petit-), f. c^{ne} de Champéon.
GLAIVERIE (La Grande-), f. c^{ne} d'Astillé.
GLANCHÈRE (La), f. c^{ne} de Saint-Germain-de-Coulamer.
GLANDELLE, vill. c^{ne} de Saint-Denis-d'Anjou.
GLANDELLE (Le Bas-), f. c^{ne} de Saint-Denis-d'Anjou.
GLANDIER, h. c^{ne} de Lévaré; donne son nom à un ruiss. affl. de celui de l'Ogerie.
GLANDIER (Le Grand et le Petit), vill. c^{ne} de Lévaré. — On prononce *Glangué*.
GLANDSEMÉ, h. c^{ne} de Sainte-Marie-du-Bois; donne son nom à un ruiss. affl. de la Mayenne. — Le mⁱⁿ a. été détruit en 1861 et l'étang desséché vers 1863.
Arrière-fief du marquisat de Lassay, vassal de la seign. du Bois-Thibaut.
GLANDSEMÉ, h. c^{ne} de Thubœuf.

GLANNERIE (La), f. c^{ne} d'Athée.
GLANNERIE (La), f. c^{ne} de Livré.
GLANNERIE (La), h. c^{ne} de Montjean; donne son nom à un ruiss. affl. de celui du Château.
GLANNERIE (La), f. c^{ne} de Saulges.
GLANNETERIE (La), f. c^{ne} de Livré.
GLANNIÈRE (La), f. c^{ne} de Beaumont-Pied-de-Bœuf.
GLARDIÈRE (La), f. c^{ne} d'Entrammes.
GLARDIÈRE (La), h. c^{ne} de Voutré.
GLATIGNÉ, chât. et f. c^{ne} de Changé.
GLATIGNÉ, f. c^{ne} de Marigné-Peuton; donne son nom à un ruiss. affl. de celui de l'Aunay.
GLATIGNÉ, f. c^{ne} de Saint-Pierre-sur-Erve. — Fief de la châtell. de Thorigné.
GLATIGNÉS (Les Deux-), h. c^{ne} du Genest.
GLATINIÈRE (La), f. c^{ne} du Genest.
GLENNE (La), riv. affl. du Déron; sépare le dép^t de la Mayenne de celui d'Ille-et-Vilaine sur une longueur de 8,800 mètres.
GLENNE (La), h. c^{ne} de Saint-Ellier. — *Totam terram que vocatur Galaneia*, 1150 (cart. de Savigny, f° 81). — *Glaine* (Cassini).
Ce lieu a pris son nom d'une forêt immense qui couvrait le pays de la châtell. de Pontmain, la Bazouge-du-Désert et Louvigné.
GLEU (Bois de), c^{ne} de Renazé.
GLOCHONNIÈRE (La), f. c^{ne} de Saint-Denis-de-Gastines.
GLOPINIÈRE (La), f. c^{ne} de Congrier.
GLOPINIÈRE (La), vill. c^{ne} d'Oisseau.
GLORET (Le), f. c^{ne} de Saint-Quentin.
GLOTTIÈRE (La), f. c^{ne} d'Azé.
GLOTTIÈRES (Les), h. c^{ne} de Champgeneteux.
GLOUSIÈRES (Les), f. c^{ne} de Bazougers.
GOBERIE (La), f. c^{ne} de Désertines.
GOBERIE (La), f. c^{ne} de Saint-Berthevin.
GOBIÈRES (Les), h. c^{ne} de Fougerolles; donne son nom à un ruiss. affl. de celui du Moulin-des-Prés.
GOBIONNIÈRE (La), h. c^{ne} d'Oisseau.
GOBLINIÈRES (Les), f. c^{ne} de Marigné-Peuton. — On dit aussi *les Globenières*.
GODTIÈRE (La), f. c^{ne} de la Bazouge-des-Alleux.
GODARD, mⁱⁿ, c^{ne} de Hambers.
GODARDIÈRE (La), f. c^{ne} de Cossé-en-Champagne.
GODARDIÈRE (La), vill. c^{ne} de Hambers. — On prononce *la Godarière*.
GODARDIÈRE (La), vill. c^{ne} de Lignières-la-Doucelle.
GODARDIÈRE (La), éc. c^{ne} de Martigné.
GODARDIÈRE (La), h. c^{ne} du Ribay; donne son nom à un ruiss. affl. de la Laire.
GODARDIÈRE (La), éc. c^{ne} de Saint-Christophe-du-Luat. — La ferme de ce lieu est auj. détruite.

Godardière (La), h. c^{ne} de Saint-Julien-du-Terroux.
Godardière (La), h. c^{ne} de Saint-Martin-de-Connée; donne son nom à un ruiss. affl. de l'Orthe.
Godardière (La), écart., c^{ne} de Saint-Pierre-sur-Orthe.
Godardière (Ruisseau de la), c^{du} de Louverné, affl. du ruiss. du Fresne.
Godazerie (La), h. c^{ne} de Cigné.
Godefrêne (La), h. c^{ne} de Fougerolles.
Godefrière (La), f. c^{ne} de Carelles. — On prononce *la Godefrayère*.
Godefrière (La), f. c^{ne} de Châtillon-sur-Colmont.
Godefrière (La), h. c^{ne} de Couesmes.
Godefrière (La), f. c^{ne} de Nuillé-sur-Vicoin.
Godefrière (La), f. c^{ne} d'Origné.
Godelieu (Ruisseau de) : arrose la c^{ne} de Saint-Jean-sur-Mayenne et afflue à l'Ernée.
Godelinière (La), f. c^{bo} de l'Huisserie. — Fief vassal de la châtell. de Laval.
Godelinières (Les), h. c^{ne} de la Bazouge-de-Chemeré.
Godellière (La), h. c^{ne} de Saint-Mars-du-Désert.
Godemellerie (La), f. c^{ne} de Sainte-Gemmes-le-Robert. — *Landes de la Godemerrerie* (Cassini).
Goderiais (La), f. c^{ne} de Saint-Denis-d'Anjou.
Goderie (La), f. c^{ne} de Belgeard.
Goderie (La), f. c^{ne} du Bignon.
Goderie (La), f. c^{ne} de Brée.
Goderie (La), f. c^{ne} de Carelles.
Goderie (La), f. c^{ne} de Colombiers.
Goderie (La), f. c^{ne} du Horps.
Goderie (La Haute et la Basse), f. c^{ne} de Saint-Ouen-des-Toits.
Goderie (La Petite-), f. c^{ne} de Gorron.
Goderie (La Petite-), f. c^{ne} de Soulgé-le-Bruant.
Goderies (Les), f. c^{ne} de Gorron.
Goderies (Les), f. c^{ne} de Soulgé-le-Bruant.
Godière (La), f. c^{ne} du Genest.
Godivraie (La), f. c^{ne} de la Bazouge-de-Chemeré. — L'étang a été desséché au xviiie siècle.
Godouillère (La), f. c^{ne} d'Azé. — On écrit aussi *la Gaudouillère*.
Godouillère (La), f. c^{ne} de Laigné. — *La Goudoulière*, 1668 (abb. de la Roë).
Goëlleu (Le), ruiss. venant de la fontaine de Nouillère, qui arrose Saint-Denis-d'Anjou et se jette dans le ruiss. de Miré. — *Grilleu*, 1555 (chap. de Saint-Maurice d'Angers). — *Ruisseau de Grelleu*, 1568 (ibid.).
Goguerie (La), f. c^{ne} de Saint-Gault. — Fief du marq. de Château-Gontier.
Goguerie (La), f. c^{ne} de Saint-Sulpice.

Goguery, bois, c^{ne} de Quelaines; auj. défriché. — *Le Breil Goguery*, 1651 (arch. de la Mayenne, E 99).
Gohart (Le Haut et le Bas), vill. c^{ne} de Mézangers.
Gohier, f. c^{ne} de Saint-Saturnin-du-Limet. — Le mⁱⁿ fut détruit vers 1805.
Gohinière (La), f. c^{ne} de Saint-Quentin.
Goisbaudière (La), h. c^{ne} de Ballots.
Goisbaudière (La); f. c^{ne} de Cossé-le-Vivien. — *La Goysbauldière*, 1615 (prieuré des Bonshommes de Craon).
Goisbardière (La), f. c^{ne} de Montjean.
Goland, vill. c^{ne} de la Baconnière.
Goland, h. c^{ne} de Juvigné-des-Landes.
Gomanière (La), h. c^{ne} du Pas.
Gombaud, f. c^{ne} d'Argenton.
Gombaudière (La), éc. c^{ne} d'Assé-le-Bérenger.
Gombaudière (La), f. c^{ne} de Neau.
Gombaudière (La), f. c^{ne} de la Poôté.
Gomberdière (La), f. c^{ne} de Saint-Germain-d'Anxure.
Gomer, h. et mⁱⁿ, c^{ne} de Saint-Brice. — *Gemer* (carte de Jaillot).

Fief vassal de la châtell. de Sablé.

Mine d'anthracite exploitée de 1825 à 1838. — Le ruiss. de Gomer est un affl. de la Sarthe.
Gonachère (La), f. c^{ne} d'Ernée.
Gonardière (La), f. c^{ne} de la Dorée; donne son nom à un ruiss. affl. de celui de Chatune.
Gondin, chât. c^{ne} de Saint-Jean-sur-Mayenne. — *Bois de. Gondain* (carte de Jaillot).

Le ruiss. de Gondin, aussi nommé *ruisseau du Fresne* ou *de Merveille*, se jette dans la Mayenne.
Gondonnière (La), f. — Voy. Gandonnière (La).
Gondronnière (La), f. c^{ne} de Congrier; donne son nom à un ruiss. affl. de celui de la Chaussée.
Gonnet, h. c^{ne} de Montourtier. — *Gonet* (Cassini).
Gonterie (La), h. c^{ne} de Cossé-en-Champagne; donne son nom à un ruiss. affl. du Treulon. — On dit aussi *la Gontière*.
Gonterie (La), f. c^{ne} de Saint-Cénéré.
Gonterie (La), h. c^{ne} de Saint-Jean-sur-Mayenne.
Gonterie (La), f. c^{ne} de Vaiges.
Gonterie (La Haute et la Basse), f. c^{ne} de Loiron.
Gonterie (La Petite-), éc. c^{ne} de Vaiges.
Gonteries (Les), h. c^{ne} de Crennes-sur-Fraubée.
Gontières (Les), landes, c^{ne} de Villaines-la-Juhel; auj. défrichées.
Gopière (La), f. c^{ne} de Châlons.
Gorguère (La), vill. c^{ne} de Montourtier. — *La Gorjuère* (carte de l'État-major).
Gornazière (Ruisseau de la), c^{ne} de Lesbois, affl. de la Colmont.
Gorretière (La), vill. c^{ne} de Courcité.

GORRETIÈRE (LA GRANDE et LA PETITE), vill. c^ne du Bourgneuf-la-Forêt.

GORRETIÈRE (RUISSEAU DE LA), c^ne de Saint-Aubin-Fosse-Louvain, affl. du ruiss. des Prés.

GORRON, arrond. de Mayenne. — *Apud Goraon*, 1198 (rec. de chartes fait au XVIIe siècle). — *Castella de Gorren*, 1199 (Ampl. coll., t. I, 1023). — *Ex dono Egidii de Gorram*, 1241 (abb. de Savigny, arch. nat. L 970). — *Chastellenie de Gouron*, 1403 (ibid. P 343).

Anc. paroisse du doy. de Passais et de l'élect. de Mayenne. — La châtell. de Gorron, qui s'étendait sur 7 paroisses, relevait directement de la sénéch. du Mans.

GORRONNIÈRE (LA), f. c^ne d'Arquenay.
GORRONNIÈRE (LA), h. c^ne de Martigné.
GORRONNIÈRE (LA), f. c^ne de Montflours.
GORRONNIÈRE (LA), h. c^ne de Parigné.
GOT (LE), m^in. — Voy. GAULT (LE).
GOUABINIÈRE (LA), f. c^ne de Ruillé-Froidfont.
GOUAILLÈRE (LA), f. c^to de Préaux.
GOUAILOU (RUISSEAU DE), c^ne de Saint-Denis-d'Anjou, affl. de la Sarthe. — *Russeau de Gouailou*, 1458 (chap. de Saint-Maurice d'Angers).

GOUALLERIE (LA), f. c^ne de la Baroche-Gondouin.
GOUALLERIE (LA), f. c^ne d'Izé.
GOUALLERIE (LA), f. c^ne de Vimarcé.
GOUANNIÈRE (LA), f. c^ne d'Alexain, auj. détruite; ruiss. affl. de celui de Mont-Guyon.
GOUANNIÈRE (LA), f. c^ne de Bazouges.
GOUANNIÈRE (LA), vill. c^ne de Neuilly-le-Vendin. — On écrit aussi *la Gouennière*.
GOUANNIÈRE (LA BASSE-), f. c^ne d'Andouillé. — *La Goenière* (Cassini).
GOUANNIÈRE (LA HAUTE-), chât. et f. c^ne d'Andouillé.
GOUANNIÈRES (LES), f. c^ne de Juvigné-des-Landes.
GOUASNIÈRES (LES), f. c^ne de la Croixille.
GOUAUDIÈRE (LA), vill. c^ne de Chevaigné. — On écrit aussi *la Guaudière*.
GOUAUDIÈRE (LA), f. c^ne de Fougerolles.
GOUAUDIÈRE (LA), vill. c^ne du Horps.
GOUAUDIÈRE (LA), f. c^ne de Juvigné-des-Landes.
GOUBIL, f. c^ne de Ménil.
GOUBIL, f. c^ne de Saint-Michel-de-Feins. — *Gouby* (cadastre).
GOUÉ, chât. et f. c^ne de Fougerolles. — Le m^in a été remplacé par une filature en 1857 et l'étang desséché vers 1858.

La seign. du Parc-de-Goué était dans la mouvance de la châtell. de Pontmain.
GOUÉ, f. c^ne de Saint-Germain-d'Anxure.
GOUERIE (LA), f. c^ne d'Ahuillé.

GOUESSE, éc. c^ne de Houssay.
GOUESSE, éc. c^ne de Quelaines. — *Aqua de Goece*, 1200 (Bibl. nat. f. lat. 5441).
Le ruiss. de Gouesse est un affl. de celui de Brault.
GOUESSENT (LE GRAND et LE PETIT), h. c^ne de Saint-Mars-sur-Colmont.
GOUET (LE HAUT-), f. c^ne de Saint-Berthevin. — Étang desséché avant 1622.
GOUETTERIE (LA), f. c^ne de Colombiers.
GOUETTIÈRE (LA), f. c^ne de Saint-Germain-de-Coulamer.
GOUFEYOT, f. c^ne de Colombiers.
GOUFFARDIÈRE (LA), f. c^ne de Ruillé-le-Gravelais.
GOUGEONNAIS (LES), h. c^ne de Juvigné-des-Landes.
GOUGEONNERIE (LA), f. c^ne de Bonchamp.
GOUGEONNERIE (LA), f. c^ne de Champgeneteux.
GOUGEONNERIE (LA), h. c^ne de Châtillon-sur-Colmont. — Fief du duché de Mayenne.
GOUGEONNERIE (LA), f. c^ne de Peuton.
GOUGEONNERIE (LA), f. c^ne de Saint-Denis-de-Gastines. — Fief du duché de Mayenne.
GOUGEONNIÈRE-MALOIRE (LA), f. c^ne de Saint-Martin-de-Connée.
GOUILLARDIÈRE (LA), vill. c^ne de Châtres.
GOUILLARDIÈRE (LA), f. c^ne de Meslay.
GOUILLARDIÈRE (LA), f. c^ne de Préaux.
GOUILLAS (LE HAUT-), f., étang et m^in, c^ne d'Ahuillé. — *Le molin, chaussée et étang de Goulias*, 1443 (arch. nat. P 343, cote 1033).
Le ruiss. de Gouillas et de la Paillardière est un affl. du Vicoin.
GOUINIÈRE (LA), fief, c^ne d'Andouillé, vassal de la châtell. d'Ernée.
GOULARDIÈRE (LA), f. c^ne de Coudray.
GOULAY, f. c^ne d'Épineu-le-Séguin.
GOULBERDIÈRE (LA), f. c^ne de Meslay.
GOULBERDIÈRE (LA), f. c^ne de Saint-Charles-la-Forêt.
GOULEGATIÈRE (LA), vill. c^ne de Fougerolles. — *La Guolegastière*, 1254 (abb. de Savigny, arch. nat. L 972).
GOULIFER, f. c^ne du Ham. — Fief de la bar. du Ham.
GOULIVIÈRE (LA), f. c^ne de Grez-en-Bouère.
GOULLIÈRE (LA), h. c^ne d'Izé.
GOULLIÈRE (LA), vill. c^ne de Saint-Jean-sur-Mayenne.
GOULUÈRE (LA), f. c^ne d'Argentré.
GOULVANDIÈRE (LA), vill. c^ne d'Izé.
GOULVENT, f. c^ne de Saint-Georges-le-Fléchard. — Lande défrichée en 1845.
GOUNIÈRES (LES), f. c^ne du Ham. — On dit aussi *les Gouhonnières*.
GOUPILLAIS (LA), f. c^ne de la Rouaudière.
GOUPILLAIS (LE GRAND et LE PETIT), vill. c^ne de Champéon.
GOUPILLEAU, f. c^ne de Chemeré-le-Roi.

Goupillère (Bois de la), cne de Blandouet.
Goupillère (La), f. cne d'Aron.
Goupillère (La), f. cne de Ballée.
Goupillère (La), f. cne de la Baroche-Gondouin.
Goupillère (La), f. cne de Beaumont-Pied-de-Bœuf.
Goupillère (La), vill. cne de Châtillon-sur-Colmont.
Goupillère (La), f. cne de Châtres.
Goupillère (La), f. cne de Colombiers.
Goupillère (La), f. cne de Craon. — *Terra ad Guopileriam*, xiie se (abb. de la Roë, H 151, fo 14).
Goupillère (La), f. cne de l'Huisserie.
Goupillère (La), vill. cne de Javron.
Goupillère (La), bois, cne de Juvigné-des-Landes.
Goupillère (La), f. cne de Larchamp.
Goupillère (La), f. cne de Meslay.
Goupillère (La), f. cne de Montaudin.
Goupillère (La), f. cne de Montigné.
Goupillère (La), vill. cne de Niafle.
Goupillère (La), f. cne de Pommerieux.
Goupillère (La), f. cne de Quelaines.
Goupillère (La), f. cne de Ruillé-le-Gravelais.
Goupillère (La), f. cne de Saint-Berthevin.
Goupillère (La), f. cne de Saint-Charles-la-Forêt.
Goupillère (La), f. cne de Saint-Christophe-du-Luat.
Goupillère (La), f. cne de Saint-Quentin. — On dit aussi *la Goupillerie*.
Goupillère (La), f. cne de Saint-Thomas-de-Courceriers.
Goupillère (La), f. cne de Saulges.
Goupillère (La), éc. cne de Thorigné.
Goupillère (La), h. cne de Trans.
Goupillère (La), f. cne de Villiers-Charlemagne.
Goupillère (La), f. cne de Voutré.
Goupillon (Le), h. cne d'Averton.
Goupillouse, h. cne d'Oisseau.
Goupillouse, min, cne de Saint-Mars-sur-Colmont.
Gouranderies (Les), h. cne de Saint-Michel-de-la-Roë. — *La Gouraudière*, 1673 (abb. de la Roë, H. 181).
Gourandière (La), f. cne de Fontaine-Couverte.
Gourbe (La), riv. qui sépare le dépt de la Mayenne de celui de l'Orne et se jette dans la Mayenne près de Méhoudin.
Gourderie (La), h. cne de Quelaines.
Gourderie (La Grande et la Petite), h. cne de Saint-Mars-sur-Colmont. — Le ruiss. de la Gourderie est un affl. de celui de la Torchandière. — On dit aussi *la Gouderie*.
Gourderie (La Haute-), f. cne de Longuefuye.
Gourdinière (La), f. cne de Saint-Laurent-des-Mortiers. — Arrière-fief du duché d'Anjou, vassal de la châtell. de Daon, qui s'étendait sur Bierné, Saint-Laurent, Sœurdres et Daon.

Gourdinière (La), f. cne de Saint-Martin-de-Connée.
Goure (La), min, cne de Ménil.
Gourfaux (Les), h. cne de Saint-Mars-sur-Colmont. — On dit aussi *les Courfaux*.
Gourie (La), f. et éc. cne de Pré-en-Pail.
Gourie (La), f. cne de Saint-Samson.
Gourmeterie (La), f. cne de Laval.
Gournay, vill. cne de la Chapelle-au-Riboul.
Gouronnière (La), f. cne de Saint-Michel-de-la-Roë.— *L'estang de la Gorronnière*, xve se (abb. de la Roë).
Gournetière (La), f. cne de Montjean; détruite vers 1847. — Fief vassal de la châtell. de Montjean.
Goussauderies (Les), f. cne de Bazouges. — Le ruiss. de la Goussauderie est un affl. de celui de Vaujeois.
Gousse (La), f. cne de Quelaines.
Gousserie (La), h. cne de Cossé-le-Vivien.
Gousserie (La), f. cne de Montigné. — Fief de la châtell. de Montigné.
Gousserie (La), h. cne de Sacé; donne son nom à un ruiss. affl. de celui des Bois-Tisons. — On dit aussi *la Gosserie*.
Gousserie (La), f. cne de Vautorte.
Goussière (La), f. et éc. cne de Chemazé.
Goussières (Les), f. cne de Fontaine-Couverte.
Goutardière (La), éc. cne de Châtillon-sur-Colmont.
Goutil (Le), f. cne de Saint-Mars-sur-Colmont.
Gouvaudières (Les), h. cne de Bazougers. — Fief vassal de la châtell. de Bazougers.
Gouvenière (La), f. cne de Chailland.
Gouverie (La), f. cne de Saint-Aubin-du-Désert.
Goyardière (La), f. cne de Châtillon-sur-Colmont.
Goyardière (La), f. cne de la Poôté.
Goyardière (La Petite-), éc. cne de Saint-Georges-Buttavent; il a pris son nom d'un bois défriché vers 1865.
Goyellières (Les), f. cne d'Azé.
Goyères (Les), h. cne de Brécé. — *Les Gouyères* (Cassini).
Graffardière (La), h. et min, cne de Colombiers.
Graffardière (La), vill. cne de la Poôté.
Graffardière (La), f. cne de Saint-Denis-de-Gastines.
Grain-d'Or, éc. cne du Buret.
Gramairie (La), vill. cne de Saint-Germain-le-Fouilloux.
Grancière (La), f. cne d'Astillé.
Grancière (La), h. cne de Saint-Denis-de-Gastines.
Granderie (La), f. cne de Montigné; détruite vers 1819.
Grandière (La), f. cne des Chapelles; auj. détruite.
Grandière (La), h. cne de Saint-Julien-du-Terroux.
Grandière (La), vill. cne de Sainte-Marie-du-Bois.
Grandières (Les), f. cne d'Arquenay.
Grandinière (La), h. cne de la Baconnière.

GRANDINIÈRE (La), f. c^ne de Gastines; nommée *la Duscherie* en 1483.
GRANDINIÈRE (La), f. c^ne de Grazay.
GRANDINIÈRE (La), f. c^ne de Larchamp.
GRANDINIÈRE (La), h. c^ne de Saint-Berthevin-la-Tannière.
GRANDINIÈRE (La), f. c^ne de Saint-Denis-de-Gastines.
GRANDINIÈRE (La), f. c^ne de Saint-Mars-sur-la-Futaie.
GRANDINIÈRES (Les), f. c^ne de Beaumont-Pied-de-Bœuf.
GRANDINIÈRES (Les), f. c^ne de Saint-Loup-du-Dorat.
GRANDONNIÈRE (La), f. c^ne d'Astillé.
GRANGE (La), f. c^ne d'Andouillé.
GRANGE (La), f. c^ne d'Argenton.
GRANGE (La), h. c^ne d'Aron.
GRANGE (La), vill. c^ne d'Arquenay.
GRANGE (La), h. c^ne d'Averton.
GRANGE (La), f. c^ne de Bazougers.
GRANGE (La), f. c^ne de la Bigottière.
GRANGE (La), f. c^ne de Chemazé.
GRANGE (La), f. c^ne de Colombiers.
GRANGE (La), f. c^ne de Courbeveille.
GRANGE (La), vill. c^ne de Courcité.
GRANGE (La), f. et éc. c^ne de Craon.
GRANGE (La), f. c^ne d'Entrammes.
GRANGE (La), f. c^ne d'Ernée.
GRANGE (La), h. c^ne de Gorron.
GRANGE (La), f. c^ne du Ham.
GRANGE (La), f. c^ne de Laigné.
GRANGE (La), f. c^ne de Larchamp.
GRANGE (La), f. c^ne de Livré.
GRANGE (La), f. c^ne de Mayenne. — L'étang de ce lieu a été desséché en 1655.
GRANGE (La), f. c^ne de Ménil.
GRANGE (La), f. c^ne de Montigné.
GRANGE (La), f. c^ne de Montourtier.
GRANGE (La), f. c^ne d'Oisseau.
GRANGE (La), h. c^ne de Placé.
GRANGE (La), h. et m^in, c^ne de la Poôté.
GRANGE (La), éc. c^ne de Quelaines.
GRANGE (La), f. c^ne de Saint-Aignan-sur-Roë.
GRANGE (La), f. c^ne de Saint-Fort; annexée le 2 juillet 1862 à Château-Gontier.
GRANGE (La), éc. c^ne de Saint-Georges-sur-Erve.
GRANGE (La), f. c^ne de Saint-Germain-d'Anxurre; supprimée vers 1860.
GRANGE (La), f. c^ne de Saint-Laurent-des-Mortiers.
GRANGE (La), f. c^ne de Soulgé-le-Bruant.
GRANGE (La), f. et éc. c^ne de Vaiges.
GRANGE (La), f. c^ne de Vautorte.
GRANGE (La Grande et la Petite), f. c^ne d'Azé.
GRANGE (La Haute-), f. c^ne de Saint-Aubin-Fosse-Louvain.
GRANGE (La Petite-), f. c^ne d'Ernée.

GRANGE (Ruisseau de la), c^ne de Landivy, affl. du ruiss. du Moulin-des-Prés.
GRANGE-BOURREAU, fief vassal de la bar. de Sainte-Suzanne.
GRANGE-FOUILLÉE (La), h. c^ne de la Poôté.
GRANGE-NEUVE (La), vill. c^ne de Gesvres.
GRANGE-NEUVE (La), h. c^ne de Pré-en-Pail.
GRANGERIE (La), h. c^ne d'Olivet.
GRANGERIE (La), f. c^ne de Saint-Pierre-des-Landes.
GRANGERIE (La), h. c^ne de Saint-Poix; donne son nom à un ruiss. affl. de l'Oudon.
GRANGERIE (La), f. c^ne de Voutré.
GRANGERIES (Les), h. c^ne de la Croixille.
GRANGERS (Les), f. c^ne d'Épineu-le-Séguin.
GRANGES (Les), h. c^ne du Ham.
GRANGES (Les), f. c^ne de Landivy.
GRANGES (Les), f. c^ne de Lassay.
GRANGES (Les), h. c^ne de Sainte-Suzanne.
GRANVILLE (La), h. c^ne de Bouchamp.
GRAPPAY (Le), h. c^ne de Gorron.
GRAPPAY (Le Grand et le Petit), h. c^ne de Brécé.
GRAPPAY-CHARPENTIER (Le), h. c^ne de Brécé.
GRAPPERIE (La), f. c^ne de Niafle; auj. détruite.
GRASLON, m^in, c^ne de Chammes.
GRASSALIÈRE (La), f. c^ne de Thorigné. — Fief de la châtell. de Thorigné.
GRASSERIE (La), h. c^ne de Saint-Mars-sur-Colmont.
GRASSERIE (La), f. c^ne de Vautorte.
GRASSIÈRE (La), f. c^ne de Houssay. — Fief vassal du marquisat de Château-Gontier. — On trouve aussi *la Grassetière*.
GRASSIÈRE (La), h. c^ne de Saint-Fraimbault-de-Prières.
GRASSIÈRES (Les), h. c^ne de Fontaine-Couverte.
GRASSINIÈRES (Les), éc. c^ne de Vaiges.
GRAT (Le), h. c^ne de Saint-Georges-sur-Erve.
GRAT (Le Haut-) f. c^ne de Saint-Gault.
GRATONNIÈRE (La), f. c^ne du Bourgneuf-la-Forêt.
GRATTE-CUISSE (Baronnie de), c^ne de Saint-Denis-d'Anjou, aussi nommée *de Beaumont*, vassale de la seign. de Morannes.
GRATTE-HAYE, éc. c^ne de Fromentières.
GRATTE-SAC, m^in, c^ne de Villaines-la-Juhel; donne son nom à un ruiss. affl. de celui de Courtemanche.
GRATTE-SAC, m^in, c^ne de Voutré. — *Molendinum quod dicitur Gratta-Saccum*, 989 (cart. d'Évron).
GRATTOIR (Le), vill. et chapelle, c^ne de Châtillon-sur-Colmont. — *Le Gratouer* (Cassini).
GRATUISIÈRE (La), f. c^ne de Louverné. — Le ruiss. de la Gratuisière est un affl. de celui de Marboué.
GRAVELLE (Étang de la), c^ne d'Ampoigné, aussi nommé au XVIIIe s^e l'étang de la Touche-Quatrebarbes (arch. de la Mayenne, série E).

GRAVELLE (LA), c^on de Loiron. — *Hoc in Gravella factum*, 1186 (abb. de Bellebranche).
Anc. par. du doy., de l'élect. et du comté de Laval.
— Siége d'une châtell. qui s'étendait sur Ahuillé, la Brulatte, Olivet, Saint-Cyr, Saint-Pierre-la-Cour, et d'une ségrairie dépendant de la maîtrise des eaux et forêts de Laval.
La forêt de la Gravelle existe encore.
GRAVELLE (LA), f. et m^in, c^ce de Courcité. — *Gravellam*, 989 (cart. d'Évron).
GRAVELLE (LA), f. c^ne de Mée.
GRAVELLE (LA), éc. c^ne de Saint-Georges-sur-Erve.
GRAVELLE (RUISSEAU DE LA), c^ne de Chérancé, affl. de l'Hière.
GRAVELLES (BOIS DES), c^ne de la Brulatte.
GRAVELLES (LES), vill. c^ne de Sainte-Suzanne. — Étang desséché au xixe siècle.
GRAVERIE (LA), f. c^ne d'Ahuillé.
GRAVETS (LES), f. c^ne de Saint-Ellier.
GRAVICHES (LES), f. c^ne de Nuillé-sur-Vicoin.
GRAVICHON (LE), f. c^ne d'Ahuillé.
GRAVIER (LE), f. c^ne d'Arquenay.
GRAVIER (LE), éc. c^ne d'Athée.
GRAVIER (LE), f. c^ne de la Bazouge-de-Chemeré.
GRAVIER (LE), f. c^ne de Bouère.
GRAVIER (LE), f. c^ne de Laval. — *G. de Graverio*, xie s^e (cart. du Ronceray).
Moulin auj. détruit.
GRAVIER (LE), h. c^ne de Mayenne.
GRAVIER (LE), f. c^ne de Méral.
GRAVIER (LE), éc. c^ne de Saint-Martin-de-Connée.
GRAVIER (LE), h. c^ne de Saint-Pierre-sur-Orthe. — Le ruiss. de ce nom est un affl. de l'Orthe.
GRAVIER (LE GRAND et LE PETIT), f. c^ne de Bazougers.
— Fief vassal de la châtell. de Bazougers.
GRAVIER (LE GRAND et LE PETIT), f. c^ne de Saint-Berthevin. — *Terra de Graviliis inter castrum Vallis et ecclesiam de Priz*, 1062 (Bibl. nat. f. lat. 5441).
GRAVIER-ROINARD (LE), f. c^ne de Torcé.
GRAVIERS (LES), vill. c^ne de Niafle.
GRAVUS (LES), vill. c^ne de Bonchamp.
GRAVUS (LES), f. c^ne de Brécé.
GRAVUS (LES), f. et four à chaux, c^ne de Louverné.
GRAY (LE), f. c^ne de Grazay.
GRAZAY, c^on de Mayenne-Est. — *Ecclesia de Grazaio*, 1213 (livre bleu du chap. du Mans). — *Parr. de Grasseio*, xiiie s^e (arch. de la Mayenne, série H).
— *Grazé* (carte de Jaillot).
Anc. par. de la châtell. de Courceriers, du doy. de Javron et de l'élect. de Mayenne. — Les ruiss. de Grazay se jettent dans l'Aron. — Source d'eau minérale.

GRAZON (LE GRAND-), h. c^ne de Mayenne.
GRAZON (LE PETIT-), f. c^ne de Mayenne.
GREDOULLIÈRE (LA), f. c^ne de Saint-Denis-d'Anjou.
GRÉE (LA), éc. c^ne de Château-Gontier. — Le ruiss. de la Grée est un affl. de celui de Saint-Joseph.
GRÉE (LA), h. c^ne de Congrier.
GRÉE (LA), éc. c^ne de la Rouaudière.
GRÉE (LA), f. c^ne de Saint-Fort; auj. détruite.
GRÉE-BLANCHAIS (LA), f. c^ne de Congrier.
GRÉE-DE-LA-RINCERIE (LA), f. c^ne de Niafle; auj. détruite.
GRÉE-DE-LA-TOUCHE (LA), f. c^ne de Saint-Saturnin-du-Limet.
GRÉE-DU-BUISSON, éc. c^ne de Saint-Saturnin-du-Limet.
GREFFERIE (LA), h. c^ne de Montreuil.
GREFFIER (LE), f. c^ne de Saint-Fort. — Le fief relevait de la seign. de Gaudrée.
GREFFINIÈRE (LA), vill. c^ne de Cuillé.
GREIL (LE), f. c^ne d'Entrammes.
GRELANDIÈRE (LA), f. c^ne de Belgeard.
GRELAYÈRE (LA), vill. c^ne de Niort.
GRELINIÈRE (LA), f. c^ne de Chantrigné.
GRELLERIE (LA), f. c^ne de Cossé-le-Vivien.
GRELLERIE (LA), f. c^ne de Launay-Villiers.
GRELLERIE (LA), h. c^ne de la Selle-Craonnaise.
GRELUNIÈRE (LA), h. c^ne de Saint-Denis-de-Gastines.
GREMILLIÈRE (LA), f. c^ne de Préaux. — Fief vassal de la châtell. Meslay.
GREMONDIÈRE (LA), f. c^ne de Marcillé-la-Ville.
GRENETIÈRE (LA), m^in, c^ne de Châtillon-sur-Colmont. — Le ruiss. de la Grenetière est un affluent de la Colmont.
GRENONNIÈRE (LA), f. c^ne de Bierné. — *La Guernonnière*, 1536 (arch. de la Mayenne, E 36).
Fief vassal de la Motte-de-Vaux.
GRENOTTIÈRE (LA), f. c^ne de la Chapelle-Anthenaise.
GRENOUILLE, f. c^ne de Quelaines. — *Lieu de Grenouille*, 1651 (arch. de la Mayenne, E 99).
GRENOUILLE (LA), h. c^ne de Champéon.
GRENOUILLE (LE BAS-), h. c^ne de Moulay. — *Molendinum de Grenor*, 1205 (abb. de Fontaine-Daniel).
— *Grenou* (carte de Jaillot).
Le m^in de ce lieu est auj. détruit.
GRENOUILLE (LE HAUT-), f. c^ne de Moulay.
GRENOUILLÈRE (LA), h. c^ne d'Athée.
GRENOUILLÈRE (LA), m^in, c^ne de Laval. — On dit aussi la Grenollière.
GRENOUILLÈRE (LA), éc. c^ne de Loiron.
GRENOUILLÈRE (LA), f. c^ne de Montigné.
GRENOUILLÈRE (LA), m^in, c^ne de Saint-Berthevin.
GRENOUX, c^on de Laval-Ouest, c^ne annexée à Laval en 1863. — *Terra in Grenort*, xie s^e (cart. du Ronce-

ray). — *In parrochia de Gennor et de Sancto Bertivuino*, 1250 (abb. de Savigny, arch. nat. L 971). — *Grenotz*, 1491 (Patientines de Laval, cab. Guays des Touches). — *Grenoz*, 1539 (*ibid.*).

Anc. par. du doy., de l'élect. et du comté de Laval.

Grenoux, écluse, c^{ne} de Commer.

Grenoux (Le Grand-), f. c^{ne} de Laval. — *Medietaria de Guernoz*, 1237 (abb. de Savigny, arch. nat. L 970).

Grenusse (Le Grand et le Petit), f. et m^{in}, c^{ne} d'Argentré. — Fief de la châtell. de Laval.

La lande de ce lieu est auj. défrichée.

Gréot, f. c^{ne} de Senonnes.

Grésillière (La), f. c^{ne} de Melleray.

Grésillière (La), vill. c^{ne} de Poulay.

Grésillon, f. c^{ne} de Meslay.

Grésillon, f. c^{ne} de Saint-Martin-du-Limet.

Grésillonnière (La), h. c^{ne} de Bourgon.

Gresleraie (La), f. et logis, c^{ne} de Saint-Michel-de-Feins. — Fief vassal de la seign. de Moiré.

Gresse, chât. f. et étang, c^{ne} de la Chapelle-Anthenaise.

Gresse (Le Haut et le Bas), f. c^{ne} de la Chapelle-Anthenaise. — *Hugo de Gressia*, xiie s^e (Bibl. nat. f. lat. 5441). — *Le Grez* (carte de Jaillot).

Fief vassal de la bar. de la Chapelle-Rainsouin en partie et en partie de la châtell. de Laval.

Gressière (La), f. c^{ne} de Bouère.

Gressière (La), f. c^{ne} du Horps.

Gressière (La Petite-), f. c^{ne} du Horps.

Gressière (Ruisseau de la), c^{ne} de Courcité, affl. du Merdereau.

Gretray, f. c^{ne} de l'Huisserie. — *Greteil* (Cassini). — On trouve aussi *Gretay*.

Grette (La), f. c^{ne} de Désertines. — Le ruiss. de la Grette est un affl. de celui de la Chesnelière.

Gretteries (Les), f. c^{ne} de Cuillé.

Grettes (Les), éc. c^{ne} de Saint-Mars-sur-la-Futaie; auj. détruit.

Grettière (La), f. c^{ne} de Villaines-la-Juhel.

Greudière (La), éc. c^{ne} de Chevaigné.

Greulerie (La), h. c^{ne} de Laubrières.

Grève (Ruisseau de la), c^{ne} de Saint-Berthevin, affl. du Vicoin.

Grez, f. et m^{in}, c^{ne} de Bouessay. — Fief vassal de la bar. de Sablé.

Grez (Le), f. c^{ne} de Senonnes.

Grez (Le Grand et le Petit), f. c^{ne} de Livré.

Grez (Le Petit-), f. c^{ne} de Niafle.

Grez (Les), f. c^{ne} de Voutré; a pris son nom de grandes carrières de pavés.

Grez-en-Bouère, arrond. de Château-Gontier. — *Griviacus*, 802 (dipl. de Charlemagne). — *R. de Gré*, xie s^e (cart. du Ronceray). — *R. de Gred*, xiie s^e (*ibid.*). — *B. de Greio* (*ibid.*).

Anc. par. du doy. de Sablé, de l'élect. de Château-Gontier et du comté de Laval.

Grifferaie (La), f. c^{ne} d'Argentré. — Fief vassal de la seign. de Marboué.

Grignardière (La), f. c^{ne} de Saint-Georges-Buttavent.

Grigné, b. c^{ne} de la Dorée. — *Grigny* (c. de Jaillot).

Grigné, f. c^{ne} de Saint-Michel-de-Feins.

Grignon, vill. c^{ne} d'Averton.

Grignonnière (La), f. c^{ne} de Bonchamp.

Grignonnière (La), éc. c^{ne} de Laubrières. — On dit aussi *la Grillonnerie*.

Grignonnière (La), f. c^{ne} de Laval. — On dit aussi *la Grillonnière*.

Fief vassal de la seign. de Rouessé.

Grignonnière (La), f. c^{ne} de Quelaines.

Grignonnière (La), f. c^{ne} de la Selle-Craonnaise.

Grignons (Bois des), c^{ne} de Bouère.

Grihaigne, f. c^{ne} de Méral. — *Lieu de Grihaigne*, 1584 (arch. de la Mayenne). — *La Grehaine* (carte de Cassini).

Grihelles, h. et m^{in} à vent, c^{ne} de Renazé. — *Griheule*, 1549 (arch. de la Mayenne, E 13). — *Griheulles*, 1686 (*ibid.*).

Fief vassal de la châtell. de Lourzais. — Le ruiss. de Grihelles est un affl. du Chéran.

Grihennes, f. c^{ne} de Loiron.

Grillais (Ruisseau de), c^{ne} de la Selle-Craonnaise, affl. du ruiss. de la Denillère.

Grillardière (La), h. c^{ne} de Châtillon-sur-Colmont.

Grille (La), f. c^{ne} de Gorron, dép. du château de Bailleul.

Grillemont, fief vassal de la châtell. de Montsurs.

Grillemont, bois, f. et m^{in}, c^{ne} de Vimarcé. — Le fief du Bois-de-Grillemont était vassal de la châtell. de Foulletorte.

Le ruiss. de Grillemont est un affl. de l'Erve.

Grillère (La), f. c^{ne} d'Évron.

Grillère (La), f. c^{ne} du Genest.

Grillère (La), f. c^{ne} de Saint-Denis-du-Maine.

Grillère (La Petite-), éc. c^{ne} d'Évron.

Grillères (Les), f. c^{ne} de Grez-en-Bouère.

Grillots (Les), f. et éc. c^{ne} de Saint-Charles-la-Forêt.

Grimaud (Le), f. c^{ne} de Saint-Denis-d'Anjou.

Grimaud (Le), h. c^{ne} de Saint-Léger.

Grimaud (Le), f. c^{ne} de Soulgé-le-Bruant.

Grimaudière (La), f. c^{ne} de Cuillé.

Grimaudière (La), f. c^{ne} de Fontaine-Couverte.

Grimaudière (La), h. c^{ne} de Livré. — Fief vassal de la bar. de Craon.

Grimetière (La), h. c^{ne} de Neau.

Grimetière (La Haute-), f. c^ne de Neau.
Grimette, h. c^ne de Brée. — Le bois taillis de ce lieu est auj. défriché.
Grinhard, f. et m^in, c^ne de Mayenne.
Grinhardières (Les Hautes et Basses), f. c^ne de Saint-Baudelle.
Griollerie (La), f. c^ne d'Évron. — *La Gruollerie*, 1646 (abb. d'Évron).
Grioullère (La), f. c^ne d'Ampoigné.
Gripassière (La), h. c^ne de Sainte-Gemmes-le-Robert.
Gripillère (La), f. c^ne de Saint-Jean-sur-Mayenne. — On dit aussi *la Gripellière*.
Grippay (Le), f. c^ne de Quelaines. — Fief vassal du marq. de Château-Gontier.
Grippe (La), f. c^ne de Placé.
Gripperay (Le), f. c^ne de Cosmes.
Gripperay (Le), h. c^ne d'Hardanges; donne son nom à un ruiss. affl. de l'Aisne.
Gripperay (Le), vill. c^ne du Horps.
Grippière (La), f. c^ne d'Andouillé.
Grippouce, f. c^ne de Bonchamp.
Grippouce, f. c^ne de la Chapelle-Anthenaise; landes auj. défrichées. — *Grippehouse*, 1552 (arch. de la Mayenne, série E).
Fief vassal de la seign. du Manoir-Ouvrouin.
Grippouce, f. c^ne de Fontaine-Couverte.
Grippouce (Landes de), c^nes d'Argentré, de Bonchamp et de la Chapelle-Anthenaise.
Grisais (La), h. c^ne de Saint-Hilaire-des-Landes.
Grisardière (La), f. c^ne de Beaulieu.
Gris-Poil, f. c^ne de Marigné-Peuton.
Grivain (Le), f. c^ne de Saint-Léger.
Grivellière (La), h. c^ne de la Baroche-Gondouin.
Grivette (La), éc. c^ne de Sainte-Gemmes-le-Robert.
Groie (La), h. c^ne de Sainte-Suzanne.
Groie-des-Prés-de-Vaux (La), fief, c^ne de Melleray, vassal du marq. de Lassay.
Groies (Les), f. c^ne de Cossé-en-Champagne. — Fief vassal de la Cour-de-Cossé.
Groinière (La), h. c^ne de Bourgon.
Groisé (Le Grand et le Petit), f. c^nu de Quelaines. — On dit aussi *le Croisé*.
Grolais (Le), vill. c^ne de Courcité.
Grolais (Le), h. c^ne de Désertines. — *Terra de Groleio*, 1205 (abb. de Fontaine-Daniel). — *In molendino de Groleio*, 1241 (abb. de Savigny, arch. nat. L 970).
Grollay, f. c^ne de Méral; auj. détruite.
Grollay, f. c^ne de Saint-Charles-la-Forêt.
Grollay (Le Haut-), f. c^ne de Saint-Charles-la-Forêt.
Grollière (La), f. c^ne du Buret.
Grommière (La), f. c^ne de Saint-Cénéré.
Gros-Bois (Le), f. c^ne d'Oisseau.

Gros-Caillou, éc. c^ne de Pommerieux.
Gros-Chêne (Le), f. c^ne d'Ahuillé.
Gros-Chêne (Le), f. c^ne de Laval.
Gros-Chêne (Le), éc. c^ne de Livré.
Gros-Chêne (Le), logis et f. c^ne de Marcillé-la-Ville.
Gros-Chêne (Le), éc. c^ne de Saint-Charles-la-Forêt. — La ferme a été détruite vers 1853.
Gros-Chêne (Le), vill. c^ne de Sainte-Suzanne.
Gros-Chêne (Le), f. c^ne de Vaiges.
Gros-Denier (Le), f. c^ne du Ham.
Gros-Fouteau (Le), vill. c^ne de Viviers.
Gros-Gué, f. c^ne de Neau.
Gros-Jonc, f. c^ne d'Évron. — *Gros-Joncts*, 1656 (cart. d'Évron).
Gros-Noyer (Le), h. c^ne de Bazouges.
Gros-Rocher (Le), h. c^ne de Grazay.
Grosse-Pierre (La), h. c^ne de Saint-Denis-de-Gastines.
Grosse-Pierre (La), f. c^ne de Saint-Jean-sur-Erve; a pris son nom du voisinage d'un menhir.
Grosse-Pierre (La), h. c^ne de Saint-Ouen-des-Toits.
Grosserie (La), f. c^ne de Saint-Denis-de-Gastines. — *La Groussière*, 1625 (cab. d'Achon).
Grosserie (La), h. c^ne de Saint-Georges-Buttavent. — *Lieu de la Groussserie*, 1783 (prieuré d'Aquitaine). Le ruiss. de la Grosserie est un affl. de celui de la Chaussée.
Grosserie (La), f. c^ne de Torcé.
Grossière (La), h. c^ne de Brains-sur-les-Marches.
Grossière (La), f. c^ne de Grazay.
Grossière (La), f. c^ne de Saint-Aignan-sur-Roë.
Grossière (La Grande et la Petite), f. c^ne de la Rouaudière.
Grossière (La Petite-), f. c^ne de Brains-sur-les-Marches. — *La Groussière*, 1480 (abb. de la Roë).
Grossière-Sabin (La), f. c^ne de Brains-sur-les-Marches.
Grossinière (La), f. c^ne de Chemazé. — Fief du marq. de Château-Gontier.
Grossinière (La), f. c^ne de Denazé. — *La Groussinière*, 1542 (chap. de Saint-Nicolas de Craon).
Grossinière (La), h. c^ne de Grez-en-Bouère.
Groteau (Le), m^in, c^ne de Voutré. — On dit aussi *le Grouteau*.
Grotteau, m^in, c^ne de Bouère.
Grottière (La), f. c^ne de Longuefuye.
Grouas (Le), h. c^ne de Sainte-Gemmes-le-Robert.
Grouas (Le), h. c^ne de Saint-Pierre-sur-Orthe.
Grouéries (Les), h. c^ne de Voutré.
Grougeardière (La), h. c^ne de Saint-Mars-du-Désert.
Grouges (Étang de) ou des Moulinets, c^ne de Saint-Thomas-de-Courceriers.
Grouget (Étang et Forge de), c^ne de la Chapelle-Rainsouin; détruits avant 1712.

GROULIÈRES (LES), mⁱⁿ à vent, c^{ne} de Congrier; détruit vers 1828.
GROUTIÈRE (LA), f. c^{ne} de la Croixille.
GROUTIÈRE (LA PETITE-), f. c^{ne} de la Croixille.
GROYAUDIÈRE (LA), h. c^{ne} de Saint-Mars-du-Désert.
GRUAU, h. et mⁱⁿ, c^{ne} de la Chapelle-au-Riboul.
GRUAUDIÈRE (LA), f. c^{ne} de Martigné.
GRUCHES (LES GRANDES et LES PETITES), f. c^{nes} de Saint-Fort.
GRUDIÈRE (LA), vill. c^{ne} d'Aron.
GRUE (ÉTANG DE LA), c^{ne} de Loigné; desséché au XIXe s^e.
GRUE (LA), f. c^{ne} de Saint-Christophe-du-Luat.
GRUÉ (LE), tertre, c^{ne} de la Pellerine (carte de Jaillot).
GRUERIE (LA), f. c^{ne} de la Pellerine.
GRUÉSIÈRE (LA), h. c^{ne} de la Selle-Craonnaise. — *Lieu de la Gruaisière*, 1462 (abb. de la Roë, H 189).
GRUGÉ, f. c^{ne} de Niafle, aussi nommée *Rastel*. — Fief de la bar. de Craon.
GRUGERIE (LA), f. c^{ne} de Ballots.
GRULERIE (LA), vill. c^{ne} de Laubrières.
GRULIÈRE (LA), f. c^{ne} de Bazougers. — Fief vassal de la châtell. de Bazougers.
GRULIÈRE (LA), f. c^{ne} de Saint-Denis-de-Gastines.
GRUOLLIÈRES (LES), f. c^{ne} de Vaiges.
GUÉ (LE), h. c^{ne} de Boulay.
GUÉ (LE), f. c^{ne} de Brécé.
GUÉ (LE), f. c^{ne} de Carelles.
GUÉ (LE), mⁱⁿ et f. c^{ne} de Châtillon-sur-Colmont.
GUÉ (LE), f. c^{ne} d'Ernée; donne son nom à un ruiss. affl. de celui de Montenay.
GUÉ (LE), h. et mⁱⁿ, c^{ne} de Fontaine-Couverte. — *L'estang des Guez*, 1547 (abb. de la Roë).
GUÉ (LE), f. c^{ne} du Ham.
GUÉ (LE), f. c^{ne} de Hercé.
GUÉ (LE), f. c^{ne} de Landivy.
GUÉ (LE), h. c^{ne} de Melleray.
GUÉ (LE), mⁱⁿ, c^{ne} de Ménil. — Il y avait deux m^{ins} en 1564 (abb. de la Roë, H 184, f° 68).
GUÉ (LE), éc. c^{ne} de Niort.
GUÉ (LE), b. c^{ne} de Pré-en-Pail.
GUÉ (LE), f. c^{ne} du Ribay.
GUÉ (LE), f. c^{ne} de Saint-Cyr-le-Gravelais ; donne son nom à un ruisseau affluent de celui de la Masure-Malnoë.
GUÉ (LE), éc. c^{ne} de Saint-Denis-d'Anjou.
GUÉ (LE), f. c^{ne} de Saint-Germain-de-Coulamer.
GUÉ (LE), f. c^{ne} de Vieuvy.
GUÉ (LE), h. c^{ne} de Villepail.
GUÉ (LE GRAND-), f. c^{ne} de Montaudin. — Fief de la châtell. de Pontmain.
GUÉ (LE GRAND et LE PETIT), b. c^{ne} de Vimarcé.
GUÉ (LE HAUT DU), f. c^{ne} de Champgeneteux ; donne son nom à un ruisseau qui afflue à celui du Moulin-Guibert.
GUÉ (RUISSEAU DU), c^{ne} de Saint-Aubin-Fosse-Louvain, affl. de celui de la Morinière.
GUÉBENARD, vill. c^{ne} de Châtres.
GUÉBIÈRE (LA), h. c^{ne} de Saint-Georges-Buttavent.
GUÉ-BLANDIN (LE), f. c^{ne} d'Izé.
GUÉ-BOUILLON (LE), f. c^{ne} de Saint-Berthevin-la-Tannière.
GUÉBOUSIÈRE (LA), f. c^{ne} de Bazougers; auj. détruite.
GUÉ-DAVID (LE), vill. c^{ne} de Saint-Samson.
GUÉ-DE-LANGUY (RUISSEAU DU) : arrose Saint-Denis-de-Gastines et Montenay et se jette dans l'Ernée. — *Rivière d'Angeguier*, 1625 (cab. d'Achon). — On dit aussi *ruisseau du Gué-d'Anzeguy*.
GUÉ-DE-L'AUNE (LE), éc. c^{ne} d'Ahuillé.
GUÉ-DE-L'AUNE (LE), f. c^{ne} d'Olivet; donne son nom à un ruiss. affl. de celui de l'étang d'Olivet.
GUÉ-DE-L'ÉPINE (LE), f. c^{ne} de Hercé.
GUÉ-DE-L'ONGERIE (LE), f. c^{ne} de Lévaré.
GUÉ-DE-MAINE (LE) ou GUÉ-DE-MAYENNE (LE), éc. et f. c^{ne} de Vautorte.
GUÉ-D'ERNÉE (LE), h. c^{ne} de Saint-Berthevin-la-Tannière.
GUÉ-DES-AULNES (LE), éc. c^{ne} de Saint-Denis-de-Gastines.
GUÉ-DE-SELLE (LE), éc. et étang, c^{ne} de Mézangers.
GUÉ-DES-LOGES (LE), f. c^{ne} de Montigné.
GUÉ-DES-LORDS (LE), h. c^{ne} du Pas. — *Le Gué des Lores* (Cassini). — *Gué des Laures* (carte de l'État-major).
GUÉ-DES-PIERRES (LE), f. c^{ne} de Bais.
GUÉ-DES-PIERRES (LE), chât., éc. et étang, c^{ne} de Livet-en-Charnie.
GUÉDIVIÈRE (LA), h. c^{ne} d'Ernée.
GUÉ-D'ORGÉ, bourg de la s^{on} d'Avesnières, annexé à la ville de Laval. — *Bordagium rivuli Orgiaci*, XIe s^e (Bibl. nat. f. lat. 5441). — *Terra de Orgiaco*, XIe s^e (cart. du Ronceray). — *G. de Orgeio*, XIe s^e (ibid.). — *J. de Orgeio*, XIe s^e (ibid.). — *G. de Orgi*, XIe s^e (ibid.). — *Le Douet-d'Orgé*, XVe s^e (arch. nat. P 343).
Le ruiss. de Gué-d'Orgé est un affl. de la Mayenne. — Fief vassal de la châtell. de Laval.
GUÉ-DU-SAULE (LE), f. c^{ne} d'Hardanges.
GUEFFIÈRE (LA), f. c^{ne} de Bais. — Les landes de ce lieu ont été défrichées en 1850.
GUEFFRIE (LA), f. c^{ne} de Montjean.
GUÉ-GÂTEAU (ÉTANG DU), c^{ne} de Juvigné-des-Landes ; auj. desséché. — Le ruiss. de ce nom est un affl. de celui des Haies.
GUÉ-GUÉRIN (LE), mⁱⁿ et éc. c^{ne} de Montenay.

Guéhardière (La), m^{io}, c^{ne} de Beaulieu. — *Mollin de la Gahardière*, 1285 (abb. de Saint-Nicolas d'Angers). — *Chaussée de la Guéhardière*, 1285 (*ibid*.). — *La Gahardière*, 1598 (Hist. de Craon, Bodard). Le château a été rasé à la fin du xvie s^e, et l'étang est auj. desséché. — La châtell. de la Guéhardière, vassale du comté de Laval, comprenait les fiefs de la Blandetière, de la Boulière, de Champagné, de l'Énaudière, de l'Épinay, de la Hart, de la Jonchère, de Lévaré-Feschal, de Ligneux, des Loges, de la Mejonnière, de Montbron, de la Tardivière, de la Thébaudière, de la Ville et de la Ville-Tremaise.

Guéhardière (La), f. c^{ne} de Laval.
Guéjardière (La), f. c^{ne} de Ruillé-Froidfont.
Guélinde, f. c^{ne} de Parné. — On écrit aussi *les Gueulindes*.
Guélinde (Bois de), c^{ne} d'Arquenay.
Guélinière (La Grande et la Petite), vill. c^{ne} de Saint-Berthevin.
Guelleries (Les), h. c^{ne} de Saint-Poix. — *La Guerrière* 1575 (abb. de la Roë, H 180). — *Les Guereries* (Cassini).
Le ruiss. des Guelleries est un affl. de la Seiche.
Gué-Marais, f. c^{ne} de Ruillé-Froidfont.
Gué-Marcé (Le), h. c^{ne} de la Pallu.
Gué-Martin (Ruisseau de) et de Buard, affl. de la riv. des Places; arrose Évron.
Gué-Mary (Le), f. c^{ne} de Champéon.
Gué-Moreau (Le), h. c^{ne} de Saint-Calais-du-Désert.
Gué-Monin (Le), vill. c^{ne} de Sainte-Gemmes-le-Robert.
Gué-Mulot (Le), éc. c^{ne} d'Hercé.
Guénardière (La), h. c^{ne} de Lesbois.
Guénardière (La), h. c^{ne} de Livré. — Voy. Guinardière (La).
Guénardière (La), f. c^{ne} de Mézangers.
Guénardières (Les), f. c^{ne} de Bazouges.
Guénardières (Les), f. c^{ne} de Lesbois.
Guénaudaie (La), vill. c^{ne} de Couesmes.
Guénauderie (La), f. c^{ne} d'Argenton.
Guénaudière, chât., c^{ne} de Bierné. — Voy. Barre (La).
Guénaudière (La), f. c^{ne} d'Ahuillé. — *Lieu de la Quenaudière*, 1440 (arch. nat. P 401). — On dit aussi *la Guinaudière*.
Fief vassal de la châtell. de Courbeveille.
Guénaudière (La), h., mⁱⁿ, chât., étang et four à chaux, c^{ne} de Grez-en-Bouère. — Châtell. érigée au xviie s^e, à laquelle fut réunie la seign. de Grez-en-Bouère; elle relevait de la châtell. de la Vezouzière.
Guénaudière (La), h. c^{ne} de Saint-Cyr-en-Pail.
Guénaut, f. c^{ne} de Bonchamp.
Guénaut (Le Haut-), f. c^{ne} de Bonchamp.
Guénaut (Le Petit-), f. c^{ne} de Bonchamp.

Gueniche (La Grande et la Petite), f. c^{ne} de Châtelain. — On dit aussi *Guenif*.
Guénillère (La), f. c^{ne} de la Selle-Craonnaise.
Guenonnière (La), f. c^{ne} de Ruillé-Froidfont.
Guenonnières (Les), h. c^{ne} de Bazouges.
Guénoterie (La), f. c^{ne} de Ballots.
Guenouillais (La), h. c^{ne} de Bais.
Gué-Péan (Le), f. c^{ne} d'Izé.
Gué-Perron (Le), éc. c^{ne} de Colombiers.
Gué-Perron (Le), f. c^{ne} de Lesbois.
Gué-Peuroux (Le), f. c^{ne} de Cosmes; auj. détruite.
Guépinière (La), f. c^{ne} de Chammes.
Guépreau (Le Grand et le Petit), f. c^{ne} de Bonchamp.
Guépreau (Le Haut), f. c^{ne} de Bonchamp.
Gué-Racinaux (Ruisseau du), c^{ne} de Montenay, affl. du ruiss. de Montguerré.
Guéraubert, f. c^{ne} de la Chapelle-Anthenaise.
Guéranceau, mⁱⁿ, c^{ne} de Montigné.
Guerche (La), f. c^{ne} d'Ahuillé.
Guerche (La), f. c^{ne} de Commer.
Guerche (La), f. c^{ne} de Nuillé-sur-Vicoin.
Guerches (Étang des), c^{ne} de Saint-Christophe-du-Luat; auj. desséché. — Le ruiss. de ce lieu est un affl. de celui du Rocher.
Guerderie (La), f. — Voy. Guyardière (La), c^{ne} de Laval.
Guérêt, vill. c^{ne} d'Aron.
Guéret (Le), h. c^{ne} de Bazouges.
Guéret (Le), éc. c^{ne} de Fontaine-Couverte.
Guéret (Le), h. c^{ne} de la Haie-Traversaine.
Guérets (Les), f. c^{ne} de Saint-Jean-sur-Mayenne. — *La Guerée* (Cassini).
Guéretterie (La), f. c^{ne} du Bourgneuf-la-Forêt. — Fief de la châtell. d'Ernée.
Guérettière (La), f. c^{ne} de Chailland.
Guérettière (La), f. et vill. c^{ne} de Châtillon-sur-Colmont. — On dit aussi *la Guérittière*.
Guérettière (La), h. c^{ne} de Contest.
Guérettière (La), f. c^{ne} de Loiron.
Guérettière (La), f. c^{ne} de Saint-Denis-du-Maine.
Guérettière (La), f. c^{ne} de Saint-Georges-Buttavent.
Guérinière (La), f. c^{ne} de Bannes.
Guérinière (La), f. c^{ne} du Bignon.
Guérinière (La), f. c^{ne} de Champfremont. — On dit aussi *la Guérinerie*.
Guérinière (La), éc. c^{ne} de Châtres.
Guérinière (La), f. c^{ne} de Cossé-en-Champagne; donne son nom à un ruiss. affl. de celui de la Forêt.
Guérinière (La), f. c^{ne} de Fontaine-Couverte; auj. détruite. — *La Guerinerie*, 1665 (abb. de la Roë).
Guérinière (La), f. c^{ne} de Fromentières.
Guérinière (La), f. c^{ne} de Longuefuye. — Fief vassal de la seign. de Ruillé.

Guérinière (La), f. c^{ne} de Montenay.
Guérinière (La), f. c^{ne} de Saint-Cyr-le-Gravelais.
Guérinière (La), h. c^{ne} de Vimarcé.
Guérinières (Les), h. c^{ne} de Vautorte.
Guériottière (La), h. c^{ne} du Ham.
Guérite (La), h. c^{ne} de Quelaines.
Guériteau, f. c^{ne} de Larchamp.
Guérivais (La), f. c^{ne} de Placé.
Guériverie (La), f. c^{ne} de l'Huisserie; détruite vers 1840.
Guérivière (La), f. c^{ne} de Chemazé.
Guérivière (La Haute et la Basse), vill. c^{ne} de Lesbois.
Guerminière (La), m^{in}, c^{ne} de Villepail.
Guermondière (La), f. c^{ne} de Carelles.
Guermondière (La), f. c^{ne} d'Hardanges; auj. détruite.
Guermondière (La), f. c^{ne} de Javron.
Guéronnière (La Grande et la Petite), fermes, c^{ne} de Fontaine-Couverte; auj. détruites.
Guérottière (La), h. c^{ne} de Boulay.
Guérouillère (La), vill. c^{ne} de Saint-Denis-d'Anjou; lande défrichée en 1838. — *La Guéroulière*, chât. (carte de Jaillot).
Fief vassal de la châtell. de Sablé.
Guéroul, arrière-fief du duché d'Anjou, c^{ne} de Daon, nommé aussi *Grande-Vallée*, vassal de la châtell. de Daon.
Guéroulet (Le Grand et le Petit), f. c^{ne} de Laval. — *Garoulet*, 1866 (rôles de dénombr.). — On dit aussi *les Garulées*.
Guerrerie (La), h. c^{ne} de Chailland.
Guerrière (La) ou la Guerrièrrie, h. c^{ne} d'Ambrières; donne son nom à un ruiss. affl. de la Varenne.
Guerrière (La), f. c^{ne} de Beaumont-Pied-de-Bœuf.
Guerrière (La), f. c^{ne} de Bourgon.
Guerrière (La), f. c^{ne} de Loigné.
Guerrière (La), f. c^{ne} de Nuillé-sur-Vicoin.
Guerrière (La), f. c^{ne} de Saint-Germain-le-Fouilloux.
Guerrières (Les), h. c^{ne} de Houssay.
Guerrières (Les), h. c^{ne} de Mézangers.
Guertière (La), f. c^{ne} de Ballots; auj. détruite.
Guertinais (La), f. c^{ne} de Ménil. — On écrit aussi *la Guétenais*.
Gués (Les), f. c^{ne} de Nuillé-sur-Vicoin.
Guesdonnière (La), f. c^{ne} de Bais.
Guesdonnière (La), f. c^{ne} de Denazé.
Guesdonnière (La), f. c^{ne} de Ménil. — L'étang de ce lieu est auj. desséché.
Guesdonnière (La), f. c^{ne} de Pommerieux.
Guesdonnière (La), h. c^{ne} de Ruillé-Froidfont.
Guesdonnière (La), h. c^{ne} de Saint-Aubin-Fosse-Louvain.

Guesdonnière (La), f. c^{ne} de Saint-Denis-de-Gastines.
Guesdonnière (La Grande et la Petite), h. c^{ne} de Couesmes.
Guesdonnière (La Grande et la Petite), f. c^{ne} de Courbeville. — Fief vassal de la châtell. de Courbeveille.
Guéserie (La), f. c^{ne} de Montigné.
Guésière (La), f. c^{ne} d'Ahuillé.
Guésière (La), f. c^{ne} de Beaulieu.
Guésière (La), f. c^{ne} de Saint-Aignan-sur-Roë.
Guesle, h. c^{ne} de Champfremont. — *G. de Guesleia*, XIIe s^e (Hist. des sires de Mayenne, pr.).
Guesné, f., m^{in} et étang, c^{ne} de Larchamp. — *Gueseré* (carte de Jaillot). — *Gainé* (Cassini).
Guesné (Le Haut et le Bas), vill. c^{ne} de Niort.
Guesné (Le Petit-), fief, c^{ne} de Châtelain, vassal de la châtell. de Romfort. — Fief vassal du marquisat de la Hautonnière.
Guesnelière (La), f. c^{ne} du Horps.
Guesneraie (La), éc. c^{ne} d'Hardanges.
Guesneraie (La), f. c^{ne} de Pommerieux. — *La Guignauraie* (Cassini).
Arrière-fief de la bar. de Craon, vassal de la terre du Petit-Bois.
Guesneraie (La), fief, c^{ne} d'Athée, vassal de la bar. de Craon.
Guesnerie (La), f. c^{ne} de Belgeard. — *La Gainerie* (Cassini).
Guesnerie (La), f. c^{ne} de Grazay. — *La Gainerie* (Cassini).
Les landes de ce lieu sont couvertes de bois depuis 1845. — Le ruiss. de la Guesnerie est un affl. de celui de Conilleau.
Guesnerie (La), f. c^{ne} de Jublains.
Guesnerie (La), f. c^{ne} de l'Huisserie.
Guesnerie (La), f. c^{ne} de Montreuil.
Guesnerie (La), f. c^{ne} de Saint-Cyr-le-Gravelais. — On dit aussi *la Quesnerie*.
Fief vassal de la châtell. de Montjean.
Guesnerie (La), éc. c^{ne} de Saint-Julien-du-Terroux.
Guesnier, f. c^{ne} d'Oisseau.
Guesnière (La), f. c^{ne} de Deux-Évailles.
Guesnière (La), f. c^{ne} de Laigné.
Guesnière (La), f. c^{ne} de Saint-Baudelle.
Guesnière (La), h. c^{ne} de Saint-Christophe-du-Luat.
Guespier, f. c^{ne} de Châtres.
Guétraudière (La), f. c^{ne} d'Ahuillé. — L'étang de ce lieu a été desséché vers 1848.
Fief vassal de la châtell. de Courbeveille.
Guétronnière (La), éc. c^{ne} de Craon.
Guétronnière (La), f. c^{ne} de Laval.
Guets (Les), f. c^{ne} de Nuillé-sur-Vicoin. — *Burgundius de Guetis*, 1142 (Bibl. nat. f. lat. 5441).

Guette (La), f. c^{ne} d'Argentré.
Guette (La), f. c^{ne} de Sainte-Marie-du-Bois.
Guette (La Grande et la Petite), f. c^{ne} de Changé. — Les landes de ce lieu sont défrichées depuis 1825. Fief vassal de la châtell. de Saint-Berthevin.
Guette (La Grande et la Petite), f. c^{ne} de Torcé. — Fief vassal de la bar. d'Évron.
Guette-Chêne (La), f. c^{ne} de Changé.
Guette-Chêne-Vent (Le), f. c^{ne} de Torcé.
Guette-Loup, f. c^{ne} de Grez-en-Bouère.
Guette-Loup, f. c^{ne} de Saint-Laurent-des-Mortiers.
Guetterie (La), h. c^{ne} de Saint-Thomas-de-Courceriers. — On dit aussi *la Guittière*.
Guettière (La), f. c^{ne} d'Assé-le-Bérenger. — On dit aussi *la Guittière*.
Guettière (La), f. c^{ne} de Châtres.
Guettière (La), f. c^{ne} de Cossé-le-Vivien.
Guettière (La), f. c^{ne} de Laval. — *Les terres de la Gaistière*, 1526 (seign. de Chanteloup).
Guettière (La), f. c^{ne} de Saint-Denis-d'Anjou.
Guettières (Les), f. c^{ne} de Bouessay.
Guettières (Les), f. c^{ne} de Vaiges.
Gueudelerie (La), f. c^{ne} de Livré. — Fief vassal de la bar. de Craon.
Gueulerie (La), h. c^{ne} de Senonnes.
Gueurerie (La), f. c^{ne} de Saint-Poix.
Gueurie (La), vill. c^{ne} de la Poôté. — On dit aussi *la Guerie*.
Gueurières (Les), f. c^{ne} de Saint-Cyr-le-Gravelais.
Gueurivais (Les), h. c^{ne} de Bouchamp.
Gueuriverie (La), h. c^{ne} de Fontaine-Couverte. — On dit aussi *la Guriverie*.
Gueusserie (La), f. c^{ne} de Saint-Cyr-le-Gravelais.
Gueuvert, h. c^{ne} de Colombiers; donne son nom à un ruiss. affl. de celui de la Turlière. — On dit aussi *Gueubert*.
Gueverdière (La), f. c^{ne} d'Ambrières.
Guibard, mⁱⁿ, c^{ne} de Champgeneteux.
Guiberdière (La), logis et f. c^{ne} de Bazouges.
Guiberdière (La), h. c^{ne} de Boulay.
Guiberdière (La), f. c^{ne} de Brécé.
Guiberdière (La), f. c^{ne} de Champgeneteux.
Guiberdière (La), f. c^{ne} d'Entrammes.
Guiberdière (La), f. c^{ne} de Niort.
Guiberdière (La), vill. c^{ne} de la Poôté.
Guiberdière (La), vill. c^{ne} de Préaux.
Guiberdière (La), vill. c^{ne} de Rennes-en-Grenouille.
Guiberdière (La), f. c^{ne} de Saint-Germain-de-Coulamer.
Guiberdière (La), h. c^{ne} de Saint-Samson.
Guiberdière (La), éc. c^{ne} de Thubœuf; donne son nom à un ruiss. affl. de la Mayenne.

Guiberdières (Les), f. c^{ne} de Chammes.
Guibertière (La), f. c^{ne} de Saint-Charles-la-Forêt.
Guibertières (Les), f. c^{ne} de Meslay.
Guibertron, éc. c^{ne} de Saint-Jean-sur-Erve.
Guibeudière (La), f. c^{ne} de Brécé.
Guibourgère (La), f. c^{ne} de Ballée.
Guibout, vill. c^{ne} du Horps; donne son nom à un ruiss. affl. de celui de Boulay.
Guibray, f. c^{ne} de Saint-Ellier.
Guibray, f. c^{ne} de Saint-Mars-sur-la-Futaie.
Guichardière (La), f. c^{ne} de Ballots.
Guichardière (La), f. c^{ne} de la Bazouge-de-Chemeré.
Guichardière (La), mⁱⁿ, c^{ne} de Beaulieu.
Guichardière (La), f. c^{ne} de Changé; donne son nom à un ruiss. affl. de celui du Guy-Boutier.
Guichardière (La), f. c^{ne} de Châtelain.
Guichardière (La), f. c^{ne} de Chemazé.
Guichardière (La), h. c^{ne} d'Izé.
Guichardière (La), f. c^{ne} de Louvigné.
Guichardière (La), f. c^{ne} de Montigné.
Guichardière (La), f. c^{ne} de Niort.
Guichardière (La), h. c^{ne} d'Olivet.
Guichardière (La), f. c^{ne} de Ruillé-Froidfont.
Guichardière (La), f. c^{ne} de Ruillé-le-Gravelais.
Guichardière (La), f. c^{ne} de Saint-Charles-la-Forêt.
Guichenais (La), f. c^{ne} de Juvigné-des-Landes.
Guicherie (La), f. c^{ne} de Contest.
Guicherie (La), f. c^{ne} de Laval.
Guicherie (La), f. c^{ne} de Loiron.
Guicherie (La), vill. c^{ne} de Montflours.
Guichetière (La), vill. c^{ne} de Javron; donne son nom à un ruiss. affl. de l'Aisne.
Guicheuron, f. c^{ne} de Louverné. — *Guicheron* (Cassini).
Guichousière (La), vill. c^{ne} de Champgeneteux.
Guichousière (La), f. c^{ne} de Loupfougères.
Guidasière (La), f. c^{ne} de Nuillé-sur-Vicoin; détruite vers 1846.
Guignardière (La), f. c^{ne} de Fougerolles.
Guignardière (La), f. c^{ne} de Montenay.
Guilbardière (La), vill. c^{ne} de Parigné.
Guilbardière (La), h. c^{ne} de Parigné.
Guilbaudais (La), f. c^{ne} de Launay-Villiers.
Guilbaudière (La), vill. c^{ne} de Saint-Ouen-des-Toits.
Guildine (La), f. c^{ne} de Loiron.
Guilladière (La), éc. c^{ne} d'Olivet.
Guillard (Le), f. c^{ne} de la Pallu.
Guillaume (Le), f. c^{ne} de Saint-Germain-le-Fouilloux.
Guillaume (Le Haut et le Bas), vill. c^{ne} de Loigné. — On dit aussi *le Yaume*.
Guillaumière (La), f. c^{ne} de la Dorée.
Guillaumière (La), f. c^{ne} d'Ernée.

Guillaumière (La), f. c^ne de Grez-en-Bouère.
Guillaumière (La), f. c^ne de Laigné.
Guillaumière (La), f. c^ne de Larchamp.
Guillaumière (La), f. c^ne de Villiers-Charlemagne.
Guillemadière (La Grande et la Petite), f. c^ne de Cosmes.
Guillemarais (Le), f. c^ne de Placé.
Guillemardière (La), f. c^ne de Fontaine-Couverte.
Guillemetterie (La), éc. c^ne d'Hardanges. — La ferme est auj. détruite.
Guilleminière (La), f. c^ne de Couesmes.
Guilleminière (La), h. c^ne de Saint-Christophe-du-Luat.
Guillemonnière (La), f. c^ne de Ruillé-le-Gravelais. — Fief vassal de la châtell. de Montjean.
Guillemots (Les), fief du duché de Mayenne.
Guiller, h. c^ne de Chemeré-le-Roi.
Guillerais (La), f. c^ne du Bourgneuf-la-Forêt.
Guillerie (La), vill. c^ne de la Poôté.
Guillerie (La), h. c^ne de Saint-Georges-Buttavent.
Guilletière (La), f. c^ne de Ballots.
Guilletière (La), f. c^ne de Bierné.
Guilletière (La), f. c^ne de Cossé-le-Vivien.
Guilletière (La), f. c^ne de Saint-Cyr-le-Gravelais.
Guilletière (La), f. c^ne de Saint-Michel-de-Feins.
Guilletière (La), f. c^ne de Saint-Saturnin-du-Limet.
Guilletière (La), h. c^ne de Thubœuf.
Guilleyère (La), h. c^ne de Saint-Jean-sur-Mayenne.
Guillocherie (La), h. c^ne de Livré.
Guiloire (La), f. c^ne du Pas.
Guiloire (La), f. c^ne de Ruillé-le-Gravelais; donne son nom à un ruiss. affl. de celui de la Fontaine-Saint-Méen. — *La Guesloire* (Cassini). — On dit aussi *la Guinloire*.
Guiloyère (La), f. c^ne de Louverné.
Guimbert (Chapelle de), c^ne d'Orgères (carte de Jaillot).
Guimbertière (La), f. c^ne de Saint-Denis-d'Anjou.
Guimées (Les), vill. c^ne de Juvigné-des-Landes.
Guimereau (Le), f. c^ne de Saint-Calais-du-Désert.
Guimondière (La), usine, c^ne de Carelles.
Guimondière (La), f. c^ne de Ménil.
Guimondière (La), f. c^ne de Ruillé-Froidfont.
Guimondière (La), f. c^ne de Saint-Aubin-du-Désert.
Guimondière (La), h. c^ne de Saint-Loup-du-Gast.
Guimonnerie (La), f. c^ne de Saint-Saturnin-du-Limet.
Guimonnière (La), f. c^ne de Montourtier.
Guimonnière (La), f. c^ne de Placé.
Guimplerie (La), f. c^ne de Saint-Denis-d'Anjou.
Guin (Étang du), c^ne d'Oisseau.
Guinard (Le), c^ne de Courcité.
Guinardais (La), h. c^ne de Brécé.

Guinardière (La), f. c^ne d'Arquenay.
Guinardière (La), f. c^ne du Bignon.
Guinardière (La), f. c^ne de Houssay.
Guinardière (La), vill. c^ne de Meslay.
Guinaudière (La), f. c^ne d'Origné.
Guindre (La), f. c^ne du Ham. — Étang desséché vers 1828; ruiss. affl. de celui de la Brunelière.
Guinebaudière (La), f. c^ne de Champgeneteux. — *Guinebeau* (Cassini).
Guinebaudière (La), f. c^ne de Laigné; donne son nom à un ruiss. affl. de celui de Marigné.
Guinebaudière (La), h. c^ne de Loupfougères.
Guineberdière (La), f. c^ne de Laigné.
Guinebertière (La), f. c^ne de Denazé.
Guinefaudière (La), f. c^ne de Bonchamp.
Guinefolle, vill. c^ne de Ballots. — On prononce aussi *Guilefol* et *Guinefeules*.
Guinefolle, f. c^ne de Beaumont-Pied-de-Bœuf.
Guinefolle, h. c^ne de Chérancé. — Fief de la bar. de Craon.
Guinefolle, f. c^ne d'Ernée; détruite vers 1853.
Guinefolle, f. c^ne de Juvigné-des-Landes.
Guinefolle, f. c^ne de Saint-Denis-du-Maine.
Guinefolle, f. c^ne de Saint-Georges-Buttavent; aussi nommée *Perrot-Verron* autrefois.
Guinefolles (Les), h. c^ne de Cossé-le-Vivien. — *Guignefolle*, 1479 (arch. nat. P. 343).
Guinehardière (La), h. c^ne de Saint-Germain-de-Coulamer.
Guinelaie (La), h. c^ne de Senonnes.
Guinelerie (La), f. c^ne de la Rouaudière.
Guingaut, h. et briqueterie, c^ne d'Évron. — *Juxta Guinegaunum*, 1387 (cart. d'Évron). — *Bois de Guinegaut* (carte de Jaillot).
Guingaut (Bois de), c^ne de Châtres; défriché vers 1852.
Guinière (La), f. c^ne de Bierné.
Guinochère (La), f. c^ne de Saint-Michel de la Roë; auj. détruite. — Lieu de la *Guinehochère*, 1462 (abb. de la Roë, H. 189, f° 34).
Guinoiserie (La), f. c^ne de la Gravelle.
Guinoiserie (La), f. c^ne de Méral.
Guiqlier, f. c^ne de Préaux.
Guiollière (La), f. c^ne d'Origné.
Guiollière (La), h. c^ne de Vaiges.
Guioullière (La), f. c^ne de Coudray. — On dit aussi *la Guiourière*.
Guisière (La), f. c^ne de Gastines. — On dit aussi *la Guesière*.
Guisière (La), h. c^ne de Saint-Michel-de-la-Roë.
Guitardaie (La), f. c^ne de Contest.
Guitardière (La), f. c^ne de la Baconnière.
Guitarnière (La), f. c^ne de Longuefuye.

GUITENIÈRE (LA), éc. c^{ne} de Méral.
GUITENIÈRE (LA), f. c^{ne} de Saint-Poix. — *Lieu de la Guytermèze*, 1595 (arch. de la Mayenne, E 121).
GUITERNIÈRE (LA GRANDE et LA PETITE), f. c^{ne} de Meslay.
GUITONNAIE (LA), h. c^{ne} de la Selle-Craonnaise.
GUITONNAIE (LA), h. c^{ne} de Vautorte.
GUITONNERAIE (LA), f. c^{ne} de Bierné.
GUITONNIÈRE (LA), f. c^{ne} de Bouère. — Lande et bois auj. défrichés.
GUITONNIÈRE (LA), f. c^{ne} de Changé.
GUITONNIÈRE (LA), f. c^{ne} de Cossé-en-Champagne.
GUITONNIÈRE (LA), f. c^{ne} de Craon.
GUITONNIÈRE (LA), f. c^{ne} de la Dorée. — Le ruiss. de la Guitonnière est un afll. de celui du Grand-Étang.
GUITONNIÈRE (LA), f. c^{ne} de Loigné. — Ruiss. afll. de la Mayenne.
GUITONNIÈRE (LA), f. c^{ne} de Montjean.
GUITONNIÈRE (LA), f. c^{ne} de Nuillé-sur-Vicoin.
GUITONNIÈRE (LA), h. c^{ne} de Saint-Germain-de-Coulamer; donne son nom à un ruiss. afll. de celui de la Cognardière. — Fief vassal de la châtell. de Courceriers.
GUITONNIÈRE (LA), h. c^{ne} de Saint-Jean-sur-Mayenne.
GUITTIÈRE (LA), vill. c^{ne} de Champfremont.
GUITTIÈRE (LA), f. c^{ne} du Ham. — Ruiss. afll. de celui de Villeray.
GUITTIÈRE (LA) ou LA GUITTERIE, chât. c^{ne} de Placé. — *Quitrie* (carte de Jaillot).
L'étang et le mⁱⁿ n'existent plus. — Seign. vassale de la bar. du Plessis-Châtillon.
GUITTIÈRE (LA), h. c^{ne} de Saint-Céneré.
GUIVAIN (LE NOUVEAU-), f. c^{ne} de Saint-Léger.
GUIVAIN (LE VIEUX-), f. c^{ne} de Saint-Léger.
GUIZES (ÉTANG DES), c^{ne} de la Roë; auj. desséché. — *Guiez*, 1418 (arch. de la Mayenne, E 99, f° 70). — *Guez*, 1455 (ibid. f° 86).
GUSVERIES (LES), fief vassal de la châtell. de Meslay.
GUTARDIÈRE (ÉTANG DE LA), c^{ne} d'Andouillé.
GUYANNIÈRE (LA), f. c^{ne} de Parné.
GUYANNIÈRE (LA), h. c^{ne} de la Pellerine.
GUYARD (MOULIN DE), c^{ne} de Saint-Jean-sur-Erve.
GUYARDAIS (LA), h. c^{ne} de Chailland. — *Guerdée* (Cassini).
GUYARDIÈRE (LA), f. c^{ne} de la Bazouge-des-Alleux.
GUYARDIÈRE (LA), vill. c^{ne} de Bourgon.
GUYARDIÈRE (LA), f. c^{ne} de Brécé.
GUYARDIÈRE (LA), f. c^{ne} de Changé; donne son nom à un ruiss. qui se jette dans l'étang de Barbé.
GUYARDIÈRE (LA), f. c^{ne} de Commer.
GUYARDIÈRE (LA), mⁱⁿ et étang, c^{ne} de Congrier.
GUYARDIÈRE (LA), vill. c^{ne} de Couesmes.
GUYARDIÈRE (LA), h. c^{ne} de Fougerolles.
GUYARDIÈRE (LA), f. c^{ne} de Hercé.

GUYARDIÈRE (LA), f. c^{ne} de Landivy.
GUYARDIÈRE (LA), f. c^{ne} de Larchamp.
GUYARDIÈRE (LA), f. c^{ne} de Laval. — On écrit aussi *la Guyarderie* et on prononce *la Guerderie*.
GUYARDIÈRE (LA), vill. c^{ne} d'Oisseau; donne son nom à un ruiss. afll. de la Colmont.
GUYARDIÈRE (LA), f. c^{ne} de Parné; auj. détruite. — Fief vassal de la bar. d'Entramnes.
GUYARDIÈRE (LA), f. c^{ne} de la Pellerine.
GUYARDIÈRE (LA), f. c^{ne} du Ribay. — *Gueurderie* (carte de Jaillot).
GUYARDIÈRE (LA), h. c^{ne} de Saint-Aubin-Fosse-Louvain.
GUYARDIÈRE (LA), f. c^{ne} de Saint-Denis-de-Gastines. — Le ruiss. de la Guyardière est afll. de celui de l'Auberdière.
GUYARDIÈRE (LA GRANDE et LA PETITE), f. c^{ne} de Martigné. — *Bois de la Guiardière* (carte de Jaillot).
GUYARDIÈRE (LA GRANDE ET LA PETITE), f. c^{ne} de Loiron.
GUYARDIÈRE (LA HAUTE et LA BASSE), vill. c^{ne} de Champéon.
GUYARDIÈRE (LA PETITE-), h. c^{ne} de Saint-Denis-de-Gastines.
GUYARDIÈRE (RUISSEAU DE LA), c^{ne} de Villaines-la-Juhel, afll. du Merdereau.
GUYAS (ÉTANG DES), c^{ne} de Fontaine-Couverte; auj. desséché.
GUYAUDIÈRE (LA), f. c^{ne} de Courcité.
GUYAUDIÈRE (LA GRANDE et LA PETITE), f. c^{ne} de Saint-Léger.
GUYAUX (LES) ou LES YAUX, f. c^{ne} de Jublains. — Landes défrichées en 1833.
GUYAUX (LES) ou LES YAUX, vill. c^{ne} de Lignières-la-Doucelle. — Ruiss. afll. de celui de la Haie-Portée.
GUYAUX (LES) ou LES YAUX, chât. c^{ne} de Saint-Julien-du-Terroux.
GUY-BOUTIER (LE), f. c^{ne} de Saint-Ouen-des-Toits. — Le ruiss. du Guy-Boutier ou des Morinières est un afll. de la Mayenne.
GUY-DES-RECONDES, f. c^{ne} d'Oisseau.
GUYOCHÈRE (LA), h. c^{ne} de Chammes.
GUYOCHÈRE (LA), f. c^{ne} de Chemeré-le-Roi.
GUYOCHÈRE (LA), f. c^{ne} d'Évron. — Arrière-fief de la bar. d'Évron, vassal de la seign. de Verdelles.
GUYONNAIS (LA), f. c^{ne} de Renazé.
GUYONNIÈRE (LA), f. c^{ne} d'Argentré.
GUYONNIÈRE (LA), f. c^{ne} d'Azé.
GUYONNIÈRE (LA), chât. c^{ne} de Bazouges.
GUYONNIÈRE (LA), f. c^{ne} de Beaulieu.
GUYONNIÈRE (LA), f. c^{ne} de Bouère.
GUYONNIÈRE (LA), f. c^{ne} de Cossé-en-Champagne.
GUYONNIÈRE (LA), h. c^{ne} du Ham; donne son nom à un ruiss. afll. de celui de Molière.

Guyonnière (La), h. c^ne de Livré. — Arrière-fief de la bar. de Craon, vassal de l'Île-d'Athée.
Guyonnière (La), h. c^ne de Loiron.
Guyonnière (La), h. c^ne de Madré.
Guyonnière (La), h. c^ne de Marigné-Peuton.
Guyonnière (La), f. c^ne de Mézangers.
Guyonnière (La), f. c^ne de Saint-Aubin-Fosse-Louvain.
Guyonnière (La), f. c^ne de Saint-Germain-le-Fouilloux.
Guyonnière (La), vill. c^ne de Saint-Julien-du-Terroux.
Guyonnière (La) h. c^ne de Sainte-Marie-du-Bois.
Guyonnière (La), f. c^ne de Saint-Sulpice.
Guyonnière (La Grande et la Petite), f. c^ne de Chemeré.
Guyonnières (Les), f. c^ne d'Évron.
Guyonnières (Les), f. c^ne de Martigné.
Guyottière (La) ou la Guillotière, f. c^ne de Bazouges. — Fief vassal du marq. de Château-Gontier.
Guyottière (La), éc. c^ne de Bouchamp.
Guyottière (La), éc. c^ne de Châtelain. — Fief vassal de la châtell. de Romfort.
Guyottière (La), f. c^ne de Congrier.
Guyottière (La), f. c^ne de Loiron.
Guyottière (La), f. c^ne de Saint-Ellier.
Guyottière (La), hameau, c^ne de Sainte-Gemmes-le-Robert.
Guyottière (La), f. c^ne de Saint-Poix.
Guyottière (La), m^in, c^ne de Vautorte.
Guyottière (Ruisseau de la) ou ruisseau du Moulin-Neuf, c^ne de Chailland, affluent du ruiss. du Pont-des-Orgués.
Guyottière (Ruisseau de la), c^ne du Genest, aff. du ruiss. de la Biconnière.
Guyottières (Les), f. c^ne d'Averton.
Guyottières (Les), f. c^ne de Grez-en-Bouère.

H

Habit (L'), f. c^ne d'Épineu-le-Séguin.
Habit (L'), f. c^ne de Saint-Ellier; donne son nom à un ruiss. affl. de la Futaie. — *Habitus Alberti*, 1137 (abb. de Savigny). — *La Bitte* (Cassini).
Habit (Saint-Barthélemy de l'), prieuré, c^ne de Chailland, dép. de l'abb. de Saint-Jouin-de-Marnes. — *Eremum Sancti Bartholomei de Habitu in sylva nostra de Meduana*, 922 (Rec. de ch. fait au XVIIe s^e).
Hablin, usine et f. c^ne de la Bazouge-de-Chemeré.
Habrais (La), f. c^ne de Bouessay.
Hachelière (La), f. c^ne de Deux-Évailles.
Hachellerie (La), f. c^ne de la Chapelle-Rainsouin.
Hacherie (La), f. c^ne de Bazouges.
Hacherie (La), f. c^ne d'Ernée.
Hacherie (La), f. c^ne de Saint-Berthevin-la-Tannière.
Hacherie (La), h. c^ne de Saint-Pierre-des-Landes. — *La Harchère* (Cassini).
Hadé (Le), f. c^ne de Chemazé.
Hadouillère (La), f. c^ne de Bierné.
Hagnon, h. c^ne de Saint-Cyr-en-Pail.
Haguenerie (La), f. c^ne de Saint-Michel-de-Feins.
Haguenière (Étang de la), c^ne d'Ahuillé.
Haidrière (La), f. c^ne de Saint-Mars-sur-Colmont.
Haie (La) f. c^ne d'Ahuillé.
Haie (La), h. c^ne d'Andouillé.
Haie (La), f. c^ne d'Averton.
Haie (La), f. c^ne de la Baconnière.
Haie (La), f. c^ne de Bais; donne son nom à un ruiss. affl. de celui de la Dannière.
Haie (La), f. c^ne de Ballots.
Haie (La), h. c^ne de la Baroche-Gondouin.
Haie (La), f. c^ne de la Bazouge-de-Chemeré.
Haie (La), f. c^ne de Bourgon.
Haie (La), vill. c^ne de Charchigné.
Haie (La), f. c^ne de Cigné.
Haie (La), vill. c^ne de Courberie.
Haie (La), h. c^ne de Courcité.
Haie (La), f. c^ne de Craon.
Haie (La), f. c^ne de la Dorée.
Haie (La), f. c^ne d'Évron.
Haie (La), f. c^ne de Fontaine-Couverte.
Haie (La), vill. c^ne de Fougerolles.
Haie (La), f. c^ne de Gesvres.
Haie (La), f. c^ne de Gorron.
Haie (La), éc. c^ne de Hambers.
Haie (La), h. c^ne d'Hardanges.
Haie (La), vill. c^ne du Horps.
Haie (La), h. c^ne d'Izé.
Haie (La), vill. c^ne de Lassay; ruiss. affl. de l'Ernée.
Haie (La), f. c^ne de Loubrières.
Haie (La), f. c^ne de Louverné.
Haie (La), f. c^ne de Marcillé-la-Ville.
Haie (La), h. c^ne de Méral.
Haie (La), f. c^ne de Montaudin.
Haie (La), h. c^ne de Montreuil.
Haie (La), f. c^ne de Montsurs.
Haie (La), chât. c^ne d'Oisseau.
Haie (La), h. c^ne du Pas.
Haie (La), f. c^ne de Quelaines.
Haie (La), vill. c^ne de Ravigny.

Haie (La), h. c^{ne} de Ruillé-Froidfont.
Haie (La), f. c^{ne} de Saint-Jean-sur-Mayenne; prend son nom d'une lande voisine auj. défrichée.
Haie (La), h. c^{ne} de Saint-Mars-du-Désert.
Haie (La), h. c^{ne} de Saint-Mars-sur-la-Futaie.
Haie (La), f. c^{ne} de Trans.
Haie (La Basse-) vill. c^{ne} de Cigné. — Fief vassal de la bar. d'Ambrières.
Haie (La Basse-), f. c^{ne} de Larchamp.
Haie (La Basse-), éc. c^{ne} de Saint-Pierre-sur-Orthe.
Haie (La Grande-), f. c^{ne} de la Bazoge-Montpinçon.
Haie (La Grande-), vill. c^{ne} de Chemeré-le-Roi.
Haie (La Grande-), chât. et f. c^{ne} de Désertines.
Haie (La Grande-), f. c^{ne} de Quelaines.
Haie (La Grande-), f. c^{ne} de Saint-Léger.
Haie (La Grande-), f. et bois, c^{ne} de Villiers-Charlemagne.
Haie (La Grande et la Petite), f. c^{ne} de Saint-Gault.
Haie (La Haute-), h. c^{ne} de Larchamp.
Haie (La Petite-), f. c^{ne} d'Astillé.
Haie (La Petite-), f. c^{ne} de Chailland.
Haie (La Petite-), f. c^{ne} de Désertines.
Haie (La Petite-), éc. c^{ne} de Saint-Léger.
Haie (La Petite-), f. c^{ne} de Villiers-Charlemagne.
Haie-au-Long (La), vill. c^{ne} de Champgeneteux.
Haie-au-Roi (La), vill. c^{ne} de Lignières-la-Doucelle.
Haie-aux-Bons-Hommes (La), prieuré de l'ordre de Grand-Mont, fondé en 1196 par Maurice de Craon dans la forêt de Craon. Annexe de la Haie, près d'Angers.
Haie-Bardoul (La), f. c^{ne} de Commer.
Haie-Bellanger (La), f. c^{ne} de Laubrières.
Haie-Berterie (La), h. c^{ne} de Gastines.
Haie-Berterie (La Petite-), f. c^{ne} de Gastines.
Haie-Bordière (La), h. c^{ne} de Loupfougères.
Haie-Bouillon (La), f. c^{ne} de Chailland.
Haie-Boungère (La), f. c^{ne} de Moulay.
Haie-Bruneau (La), h. c^{ne} de Javron.
Haie-Chardon (La), f. c^{ne} de Chailland.
Haie-d'Anjou (La), f. c^{ne} de Saint-Charles-la-Forêt.
Haie-d'Annette (La), vill. c^{ne} de la Poôté.
Haie-de-Bellegarde (La), fief, c^{ne} de Châlons, vassal de la châtell. de Montsurs.
Haie-de-Gastines (La), chât. et f. c^{ne} de Laubrières. — *Masura de Haiis de Gastiniis*, 1274 (abb. de Saint-Serge d'Angers). Fief vassal de la seign. de la Bodinière.
Haie-de-Guéné (La), f. c^{ne} de Larchamp.
Haie-de-la-Forge (La), f. c^{ne} de Courcité.
Haie-de-la-Fuie (La), f. c^{ne} de Courcité.
Haie-de-Maulny (La), fief, c^{ne} de Fontaine-Couverte, vassal de la bar. de Craon.

Haie-de-Terre (La), f. c^{ne} de Landivy.
Haie-de-Terre (La), f. c^{ne} de Loupfougères.
Haie-de-Terre (La), f. c^{ne} de Moulay.
Haie-de-Vaiges (La), f. c^{ne} de Vaiges.
Haie-de-Vienne (La), vill. c^{ne} de Chantrigné.
Haie-de-Villiers (La), f. c^{ne} de Saint-Pierre-la-Cour; donne son nom à un ruiss. affl. du Vicoin.
Haie-d'Orthe (La), h. c^{ne} de Saint-Martin-de-Connée.
Haie-Drouet (La), f. c^{ne} de Commer.
Haie-du-Tenet (La), h. c^{ne} de Chevaigné.
Haie-Ferment (La), h. c^{ne} de Colombiers.
Haie-Fromager (La), f. c^{ne} de Méral; auj. détruite. — *Les Haies-Fourmaiger*, 1550 (arch. de la Mayenne, E 121).
Haie-Gaultier (La), f. c^{ne} d'Évron.
Haie-Grouée (La), f. c^{ne} de Commer.
Haie-Guérin (La), vill. c^{ne} de Saint-Georges-sur-Erve.
Haie-Guillou (La Grande et la Petite), h. c^{ne} de Villiers-Charlemagne.
Haie-Huon (La), fief, c^{ne} de Saint-Léger, vassal de la bar. de Sainte-Suzanne.
Haie-Mausson (La), h. c^{ne} de Lignières-la-Doucelle.
Haie-Melaie (La), f. c^{ne} de Saint-Pierre-sur-Erve; donne son nom à un ruiss. affl. de l'Erve.
Haie-Molloray (La), h. c^{ne} de Trans.
Haie-Nau (La), f. c^{ne} d'Ernée.
Haie-Neuve (La), h. c^{ne} de Cossé-le-Vivien.
Haie-Neuve (La), f. c^{ne} de Fougerolles.
Haie-Neuve (La), f. c^{ne} d'Oisseau.
Haie-Noyère (La), f. c^{ne} de Saint-Georges-Buttavent. — *In Loheria*, 1205 (cart. de Fontaine-Daniel). — *La Haie-Noière* (Cassini). — On devrait dire *la Haie-Loyère*.
Haie-Peau-de-Loup (La), f. c^{ne} de Hercé. — Fief vassal de la châtell. de Gorron.
Haie-Pontée (La), vill. c^{ne} de Lignières-la-Doucelle ; donne son nom à un ruiss. affl. du Tilleul.
Haie-Richard (La Grande et la Petite), f. c^{ne} de Cossé-le-Vivien.
Haie-Rouge (La), h. c^{ne} de Saint-Aignan-sur-Roë.
Haies (Les), f. c^{ne} d'Athée.
Haies (Les), f. c^{ne} du Bourgneuf-la-Forêt. — Le ruiss. des Petites-Haies est un affl. de celui de l'Étang de la Forge.
Haies (Les), f. c^{ne} de Chailland.
Haies (Les), f. et mⁱⁿ, c^{ne} de Chantrigné. — Fief vassal du marq. de Lassay.
Haies (Les), f. c^{ne} de Châtillon-sur-Colmont.
Haies (Les), f. c^{ne} de Colombiers. — *Les Haies-Fermentes* (Cassini). Ruiss. affl. de celui de la Gauberdière.
Haies (Les), h. c^{ne} de Commer.

21.

HAIES (LES), h. c⁰ᵉ de Cossé-le-Vivien.
HAIES (LES), f. c⁰ᵉ de Courcité.
HAIES (LES), f. c⁰ᵉ de Désertines.
HAIES (LES), f. c⁰ᵉ d'Entramnes.
HAIES (LES), f. c⁰ᵉ de Gennes.
HAIES (LES), vill. c⁰ᵉ de Gesvres.
HAIES (LES), m^{in}, c⁰ᵉ de la Haie-Traversaine.
HAIES (LES), f. c⁰ᵉ de Laigné.
HAIES (LES), f. c⁰ᵉ de Maisoncelles.
HAIES (LES), h. c⁰ᵉ de Montaudin.
HAIES (LES), h. c⁰ᵉ de Niort.
HAIES (LES), m^{in}, c⁰ᵉ d'Oisseau.
HAIES (LES), h. c⁰ᵉ de Placé.
HAIES (LES), f. c⁰ᵉ de Pommerieux.
HAIES (LES), f. c⁰ᵉ de Préaux. — Fief vassal de la châtell. de Meslay.
HAIES (LES), f. c⁰ᵉ de Pré-en-Pail.
HAIES (LES), h. c⁰ᵉ de Saint-Aubin-du-Désert.
HAIES (LES), h. c⁰ᵉ de Saint-Christophe-du-Luat; donne son nom à un ruiss. affl. de la Jouanne.
HAIES (LES), h. c⁰ᵉ de Saint-Denis-de-Gastines.
HAIES (LES), f. c⁰ᵉ de Saint-Fort.
HAIES (LES), f. c⁰ᵉ de Sainte-Gemmes-le-Robert.
HAIES (LES), f. c⁰ᵉ de Saint-Georges-le-Fléchard. — Le bois dépendait de la châtell. de Foulletorte.
HAIES (LES), f. c⁰ᵉ de Saint-Hilaire-des-Landes; donne son nom à un ruiss. affl. du Lambarré.
HAIES (LES), h. c⁰ᵉ de Saint-Martin-de-Connée.
HAIES (LES), h. c⁰ᵉ de Saint-Poix.
HAIES (LES), f. c⁰ᵉ de la Selle-Craonnaise.
HAIES (LES), h. c⁰ᵉ de Trans.
HAIES (LES), h. c⁰ᵉ de Villiers-Charlemagne.
HAIES (LES), f. c⁰ᵉ de Voutré.
HAIES (LES GRANDES-), f. c⁰ᵉ de la Bazoge-Montpinçon.
HAIES (LES GRANDES-), f. c⁰ᵉ de Brée.
HAIES (LES GRANDES et LES PETITES), h. c⁰ᵉ du Ham.
HAIES (LES GRANDES et LES PETITES), f. c⁰ᵉ de Saint-Gault.
HAIES (LES PETITES-), h. c⁰ᵉ de Brée.
HAIE-SAINT-MAURICE (LA), taillis, c⁰ᵉ de Saint-Denis-d'Anjou, qui appartenait au chap. de Saint-Maurice d'Angers.
HAIE-SAINTON (LA), f. et étang, c⁰ᵉ du Ham. — La Haie-Sainxton, 1735 (aveu de Villeray, cab. d'Achon).
HAIES-BAUDES (LES), f. c⁰ᵉ de Courbeveille. — Fief vassal de la châtell. de Courbeveille.
HAIES-BRETTES (LES), h. c⁰ᵉ de Fontaine-Couverte. — Fief vassal de la châtell. de la Motte-de-Bouchamp.
HAIES-DE-TERRE (LES), f. c⁰ᵉ de Saint-Mars-sur-la-Futaie.
HAIES-GUYON (LES), f. c⁰ᵉ d'Arquenay. — La métaerie de la Hae Guion, 1274 (arch. du grand prieuré d'Aquitaine, H. 3).
HAIES-HALÉES (LES), f. c⁰ᵉ de Longuefuye. — Fief vassal de Ruillé-Froidfont.
HAIES-HUET (LES), h. c⁰ᵉ du Bourgneuf-la-Forêt.
HAIES-MORIN (LES), h. c⁰ᵉ de la Croixille.
HAIES-RENARD (LES), f. c⁰ᵉ de Saint-Loup-du-Dorat.
HAIE-SUREAU (LA), f. c⁰ᵉ de Ruillé-Froidfont. — On trouve aussi *Haisureau*.
HAIE-TRAVERSAINE (LA), c⁰ᵐ de Mayenne-Ouest, anc. section de la c⁰ᵉ d'Oisseau, érigée en c⁰ᵉ le 9 mars 1864. — *La Haie-sur-Quoumont*, 1491 (abb. de Fontaine-Daniel). — *La Haie-sur-Coulmond* ou *Traversaine*, 1660 (arch. municip. de Mayenne). — *La Haie-Traversine* (carte de Jaillot).
Fief vassal du duché de Mayenne qui appartenait à l'abb. de Fontaine-Daniel.
HAIE-TROSSARD (LA), fief, c⁰ⁿ de la Bazoche-Montpinçon, aussi nommé *Chabessie* et *Chabossaie*, vassal du duché de Mayenne.
HAIE-YON (LA GRANDE-), f. c⁰ᵉ de Courcité.
HAIE-YON (LA PETITE-), éc. c⁰ᵉ de Courcité.
HAIGONNERIE (LA), h. c⁰ᵉ de Saint-Pierre-sur-Orthe.
HAIGRONNIÈRE (LA), f. c⁰ᵉ de Cuillé.
HAIGRONNIÈRE (LA), f. c⁰ᵉ de Gesvres.
HAIL (LE), f. c⁰ᵉ de la Selle-Craonnaise; auj. détruite.
HAIRIAIS (LA), f. c⁰ᵉ d'Azé.
HAIRIE (LA), vill. c⁰ᵉ de Bourgon.
HAIRIE (LA), vill. c⁰ᵉ de Cigné.
HAIRIE (LA), f. c⁰ᵉ de Craon.
HAIRIE (LA), vill. c⁰ᵉ de Grazay. — Landes défrichées.
HAIRIE (LA), f. c⁰ᵉ d'Hardanges; détruite vers 1852.
HAIRIE (LA), f. c⁰ᵉ de Parné.
HAIRIE (LA), h. c⁰ᵉ de Saint-Aubin-Fosse-Louvain.
HAIRIE (LA), f. c⁰ᵉ de Saint-Cénéré; donne son nom à un ruiss. affl. de celui de la Métairie.
HAIRIE (LA), f. c⁰ᵉ de Saint-Denis-de-Gastines.
HAIRIE (LA BASSE-), f. c⁰ᵉ de Saint-Denis-de-Gastines.
HAIRIÈRE (LA), f. c⁰ᵉ d'Argentré.
HAIRIÈRE (LA), f. c⁰ᵉ de Livré. — *La Henrière*, 1692 et 1740 (abb. de la Roë).
HAIRIÈRE (LA), f. c⁰ᵉ de Martigné. — On prononce *la Harière*.
HAIRIÈRE (LA), f. c⁰ᵉ de Meslay.
HAIRIÈRE (LA), f. c⁰ᵉ de Nuillé-sur-Vicoin.
HAIRIÈRE (LA), f. c⁰ᵉ de Saint-Denis-de-Gastines.
HAIRIÈRE (LA), f. c⁰ᵉ de Saint-Julien-du-Terroux.
HAIRIÈRE (LA), f. c⁰ᵉ de Senonnes; donne son nom à un ruiss. affl. du Semnon.
HAIRIÈRE (LA GRANDE et LA PETITE), h. c⁰ᵉ de Saint-Baudelle.
HAIRIÈRES (LES), f. c⁰ᵉ de Congrier.

HAIRIES (LES), h. c^{ne} d'Évron.
HAIRIES (LES), éc. c^{ne} de Villiers-Charlemagne.
HAISE (LA GRANDE-), f. c^{ne} de Saint-Germain-le-Guillaume.
HAISSES (LES), f. c^{ne} de Saint-Fraimbault-de-Prières.
HAITELLIÈRE (LA), f. c^{ne} de Courbeveille; corruption d'*Attellière*.
HAITIÈRE (LA), h. c^{ne} d'Andouillé.
HALABIE (LA), f. c^{ne} de Méral.
HALBARDIÈRE (LA), f. c^{ne} de Simplé.
HALCUL, étang et m^{in}, c^{ne} d'Izé. — *Licu et fief de Hallecul*, 1583 (cab. d'Achon). — *Harcul* (carte de Jaillot). — *Halcu* (Cassini).
HALIBOURD, vill. c^{ne} de Saint-Samson.
HALITIÈRE (LA), f. c^{ne} du Genest.
HALLAIS (LES), f. c^{ne} de Thorigné. — *Decimam de Halez*, 1254 (abb. de la Chartreuse du Parc, arch. de la Sarthe).
HALLAY (LE), f. c^{ne} de Bazouges; auj. détruite. — *Bois du Hallayn*, 1460 (arch. des hospices de Château-Gontier).
HALLAY (LE), f. c^{ne} de Bignon.
HALLAY (LE), f. c^{ne} de Cossé-en-Champagne.
HALLAY (LE), f. c^{ne} de Saint-Denis-de-Gastines.
HALLAY (LE), bois, c^{ne} de Saint-Mars-du-Désert; défriché vers 1850.
HALLAY (LE GRAND et LE PETIT), f. c^{ne} du Pas. — Le trait du Hallay est une section de la commune.
HALLEBARDIÈRE (LA), f. c^{ne} d'Aron. — On prononce souvent *la Harbadière*.
HALLEGRINIÈRES (LES), f. c^{ne} de Saulges.
HALLERAY (LE), vill. c^{ne} d'Alexain.
HALLERAY (LE), f. c^{ne} de Changé.
HALLERAY (LE) ou LE HAILLERAY, f. c^{ne} de Saint-Ellier.
HALLERIE (LA), f. c^{ne} de Denazé.
HALLERIE (LA), f. c^{ne} de Laubrières.
HALLERIE (LA), f. c^{ne} de Méral.
HALLERIE (LA), h. c^{ne} de Vautorte.
HALLETIÈRE (LA), f. c^{ne} de Ballots. — *Étang et métairie de la Haterie*, 1542 (ch. du pr. des Bonshommes). — On dit aussi *la Hattière*.
HALLETIÈRE (LA GRANDE et LA PETITE), f. c^{nes} de Saint-Georges-Buttavent. — Fief vassal du duché de Mayenne.
HALLETIÈRE-DES-BOIS (LA), f. c^{ne} de Saint-Denis-d'Anjou.
HALLETIÈRE-DU-PIN (LA), f. c^{ne} de Saint-Denis-d'Anjou.
HALLIER (LE), éc. c^{ne} d'Andouillé.
HALLIER (LE), éc. c^{ne} de la Bigottière.
HALLIER (LE), éc. c^{ne} de Brécé.
HALLIER (LE), f. c^{ne} du Ribay.
HALLIER (LE), f. c^{ne} de Saint-Germain-le-Fouilloux; détruite vers 1830.

HALLIER (LE), f. c^{ne} de Saint-Hilaire-des-Landes.
HALLIER (LE), h. c^{ne} de Saint-Pierre-sur-Orthe; donne son nom à un ruiss. affl. de la Vaudelle.
HALLIER (LE), f. c^{ne} de Vieuvy.
HALLIER (LE GRAND-), h. c^{ne} de Martigné.
HALLIER (LE PETIT-), f. c^{ne} de Martigné.
HALLIÈRE (LA), f. c^{ne} de la Baconnière.
HALLIÈRE (LA), f. c^{ne} du Bourgneuf-la-Forêt.
HALLIÈRE (LA), f. c^{ne} de Saint-Georges-Buttavent.
HALLIÈRES (LES), f. c^{ne} de Montenay.
HALLIERS (LES), f. c^{ne} de Belgeard.
HALLIERS (LES), éc. c^{ne} de la Bigottière.
HALLIERS (LES), f. et éc. c^{ne} de la Brulatte.
HALLIVOLIÈRE (LA), f. c^{ne} de Daon.
HALOPERIE (LA), éc. c^{ne} d'Olivet.
HALOPERIE (LA), f. c^{ne} de Parné; lande défr. vers 1835.
HALOPERIE (LA), f. c^{ne} de Pommerieux. — *Halperine* (Cassini). Ruiss. affl. de celui de la Mare de la Monneraie.
HALOURDE (LA HAUTE et la BASSE), h. c^{ne} de Saint-Germain-le-Guillaume.
HALOURDES (LES), h. c^{ne} de Saint-Georges-sur-Erve.
HAM (LE), c^{ne} du Horps. — Anc. par. du doy. de Javron et de l'élect. du Mans; siège d'une bar. relevant du marq. de Villaines-la-Juhel. Étang et moulin supprimés vers 1818.
HAMAND, fief du duché de Mayenne.
HAMARDAIS (LA), f. c^{ne} de Juvigné-des-Landes.
HAMARDIÈRE (LA), vill. c^{ne} d'Andouillé.
HAMARDIÈRE (LA), vill. c^{ne} de la Bazoge-Montpinçon.
HAMARDIÈRE (LA), f. c^{ne} de Cossé-en-Champagne.
HAMARDIÈRE (LA), f. c^{ne} de Hambers.
HAMARDIÈRE (LA), f. c^{ne} de l'Huisserie.
HAMARDIÈRE (LA), f. c^{ne} de Laigné.
HAMARDIÈRE (LA), f. c^{ne} de Saint-Céneré.
HAMARDIÈRE (LA), h. c^{ne} de Saint-Georges-sur-Erve.
HAMARDIÈRE (LA), f. c^{ne} de Sainte-Suzanne.
HAMARDIÈRE (LA), éc. c^{ne} de Thubœuf.
HAMARDIÈRE (LA), f. c^{ne} de Vaiges.
HAMARDIÈRES (LES), h. c^{ne} d'Andouillé.
HAMARDIÈRES (LES), f. c^{ne} de Belgeard.
HAMBAIS, f. c^{ne} d'Alexain.
HAMBAIS (LE BAS-), h. c^{ne} d'Alexain. — *Hambers* (carte de Jaillot). — *Hambais* (Cassini). — *Hambers* (carte de l'État-major). Fief vassal du duché de Mayenne. — Moulin auj. détruit.
HAMBERS, c^{on} de Bais — Anc. par. du doy. d'Évron, de l'élect. et du duché de Mayenne.
HAMBERS (LE BAS-), écluse, c^{ne} de Martigné.
HAMEAU (LE), f. c^{ne} de la Baroche-Gondouin.
HAMEAU (LE), h. c^{ne} de Courcité.

HAMEAU (LE), h. c^ne de Marigné-Peuton.
HAMEAU (LE), vill. c^ne de Pré-en-Pail.
HAMEAU (LE), h. c^ne de Rennes-en-Grenouille.
HAMEAU (LE), h. c^ne de Saint-Mars-sur-Colmont.
HAMEAU (LE), h. c^ne de Soucé.
HAMEAU (LE GRAND et LE PETIT), f. c^ne de Coudray.
HAMELIÈRE (LA), f. c^ne d'Hardanges.
HAMELIÈRE (LA), f. c^ne de Ruillé-le-Gravelais ; auj. détruite. — Fief vassal de la châtell. de Montjean
HAMELINAIE (LA), vill. c^ne de Chailland.
HAMELINAIE (LA), f. c^ne de Gennes. — Bois défriché vers 1849.
Fief vassal du marq. de Château-Gontier.
HAMELINAIE (LA), f. c^ne de Saint-Gault. — On trouve aussi la Hamelinière.
HAMELINAIE (LA), f. c^ne de Saint-Pierre-des-Landes. — Fief vassal de la châtell. d'Ernée.
HAMELINIÈRE (LA), f. c^ne de la Bazouge-de-Chemeré.
HAMELINIÈRE (LA), f. c^ne de Bonchamp.
HAMELINIÈRE (LA), vill. c^ne de Chantrigné.
HAMELINIÈRE (LA), h. c^ne de Livré.
HAMELINIÈRE (LA), h. c^ne de Saint-Mars-sur-Colmont.
HAMINIÈRE (LA), h. c^ne de Villaines-la-Juhel.
HAMONNAIE (LA), f. et éc. c^ne du Pas.
HAMONNAIE (LA), f. c^ne de Senonnes.
HAMONNIÈRE (LA), h. c^ne de Bais.
HAMONNIÈRE (LA), h. c^ne de Chantrigné.
HAMONNIÈRE (LA), h. c^ne de Contest.
HAMONNIÈRE (LA), f. c^ne de Hercé.
HAMONNIÈRE (LA), f. c^ne de Houssay.
HAMONNIÈRE (LA), f. c^ne de Landivy. — *Molendinum de Haoneria*, 1210 (abb. de Savigny).
HAMONNIÈRE (LA), f. c^ne de Montigné ; détruite vers 1829.
HAMONNIÈRE (LA), f. c^ne de Niort.
HAMONNIÈRE (LA), f. c^ne de Saint-Denis-d'Anjou.
HAMONNIÈRE (LA), f. c^ne de la Selle-Craonnaise.
HAMONNIÈRE-DU-ROCHER (LA), étang, c^ne d'Ahuillé.
HAMONNIÈRES (LES), h. c^ne de Ruillé-Froidfont.
HANNELIÈRE-MALET (LA), fief vassal de la châtell. de Vaiges.
HANTELLE (LA), éc. c^ne de Chemazé.
HANTERIE (LA), f. c^ne de Brée.
HANTERIE (LA), h. c^ne du Genest.
HANTERIE (LA), vill. c^ne de Larchamp.
HAPELIÈRE (LA), f. c^ne de Livré ; donne son nom à un ruiss. affl. de celui de Mée.
HAPELIÈRE (LA), f. c^ne de Niafle.
HAQUELINIÈRE (LA), f. c^ne de Vimarcé.
HAQUETIÈRE (LA), f. c^ne de Commer.
HARANCÉ, f. c^ne de Laigné.
HARASSERIE (LA), f. c^ne de Saint-Martin-de-Connée.

HARAUDIÈRE (LA), vill. c^ne de Saint-Erblon.
HARCHERIE (LA), h. c^ne de Saint-Georges-Buttavent.
HARDANGÈRES (LES), h. c^ne de Saint-Germain-de-Coulamer. — Fief vassal de la châtell. de Courceriers.
HARDANGES, c^om du Horps. — *Sanctus Petrus de Hardengia*, 1255 (inv. des arch. de la Sarthe).
Anc. par. du doy. de Javron, de l'élect. du Mans et du marq. de Villaines-la-Juhel. — Le ruiss. d'Hardanges est un affl. de celui de Tarot.
HARDAS, f. c^ue de Saint-Saturnin-du-Limet.
HARDAS (LE), f. c^ne de Ballots.
HARDELIÈRE (LA), f. c^ne de Laval.
HARDELIÈRE (LA), vill. c^ne de Saint-Martin-du-Limet.
HARDIÈRE (LA), f. c^ne d'Argentré.
HARDIÈRE (LA), f. c^ne de Martigné.
HARDIÈRE (LA), f. c^ne de Sainte-Gemmes-le-Robert.
HARDIÈRE (LA), f. c^ne de Sainte-Suzanne.
HARDIÈRE (LA), f. c^ne de Saulges.
HARDIÈRE (LA GRANDE et LA PETITE), h. c^ue d'Andouillé.
HARDIÈRE (LA GRANDE et LA PETITE), vill. c^ue de Saint-Ouen-des-Vallons.
HARDIÈRES (LES), f. c^ne de Bazouges.
HARDILLIÈRE (LA), f. c^ue d'Alexain.
HARDON (LE), f. c^ne de Quelaines.
HARDONNIÈRE (LA), f. c^ne d'Ahuillé.
HARDONNIÈRE (LA), éc. c^ne de Brée.
HARDONNIÈRE (LA), f. c^ue de la Chapelle-Anthenaise.
HARDONNIÈRE (LA), f. c^ne de Couesmes.
HARDONNIÈRE (LA), vill. c^ue de Lévaré.
HARDONNIÈRE (LA), f. c^ne de Loiron.
HARDONNIÈRE (LA), f. c^ne de Ménil.
HARDONNIÈRE (LA), h. c^ne de Saint-Calais-du-Désert.
HARDONNIÈRE (LA), f. c^ne de Saint-Cyr-le-Gravelais.
HARDONNIÈRE (LA), f. c^ne de Sainte-Gemmes-le-Robert ; ruiss. affl. de celui des Jolivières.
HARDONNIÈRE (LA), f. c^ue de Saint-Germain-le-Fouilloux.
HARDONNIÈRE (LA), f. c^ue de Saint-Pierre-des-Landes.
HARDONNIÈRE (LA), h. c^ne de Saint-Saturnin-du-Limet.
HARDONNIÈRE (LA), f. c^ne de Saint-Sulpice.
HARDONNIÈRE (LA GRANDE et LA PETITE), f. c^ne de Cossé-en-Champagne.
HARDONNIÈRE (LA GRANDE et LA PETITE), f. c^ne de Villiers-Charlemagne.
HARDONNIÈRE (LA PETITE-), éc. c^ne de Lévaré.
HARDONNIÈRES (LES), f. c^ne de Longuefuye ; ruiss. affl. de celui de Pont-Perdreau.
HARDONNIÈRES (LES), h. c^ne de Montenay.
HARDOUILLÈRE (LA), f. c^ne de Peuton. — Landes auj. défrichées.
HARDOUINIÈRE (L'), f. c^ue de Saint-Germain-de-Coulamer.

Haribaie (La), h. c^{ne} d'Ahuillé.
Haribaie (La), f. c^{ne} de Méral.
Haribaie (La Grande et la Petite), f. c^{ne} de Beaulieu.
Harmonnière (La), f. c^{ne} de Grez-en-Bouère. — On dit aussi *la Hermonnière*.
Harnais (Les) ou Harnas, f. c^{ne} de Saint-Loup-du-Dorat.
Harquelinière (La Grande-), h. c^{ne} de Cigné.
Harquelinière (La Petite-), f. c^{ne} de Cigné.
Harsançais (Le Bas-), h. c^{ne} de la Croixille.
Harsançais (Le Haut-), f. c^{ne} de la Croixille.
Hart (La), f. c^{ne} de Beaulieu.
Hart (La), f. c^{ne} de Cossé-le-Vivien. — Voy. Cour-de-la-Hard (La).
Hasonnaillier, f. c^{ne} d'Ahuillé.
Hat (Le), fief vassal du marq. de Villaines-la-Juhel.
Hatonailles (Les), f. c^{ne} de Saint-Germain-le-Fouilloux.
Hatraie (La), f. c^{ne} de Bouessay.
Hauberderie (L'), f. — Voy. Auberdière (L').
Haubergerie (La), vill. c^{ne} de Brécé.
Haudeluge, f. c^{ne} de Madré. — Corruption du *Haut-de-l'Euche*.
Hauderie (La), f. c^{ne} de Bouessay.
Haudière (La), f. c^{ne} du Burel.
Haudre, h. c^{ne} de Saint-Calais-du-Désert.
Haut (Étang du), c^{ne} de Courcité.
Haut (Le), vill. c^{ne} de Brétignolles. — Fief vassal du marq. de Lassay.
Haut (Le), f. c^{ne} d'Origné.
Haut (Moulin et Étang du), c^{ne} de Vautorte; auj. supprimés.
Haut-Bois (Le), f. c^{ne} de Saint-Pierre-des-Landes. — Fief vassal de la terre de Charné.
Haut-Bois (Le Bas-), f. c^{ne} de Saint-Pierre-des-Landes.
Haut-de-Bauvais (Le), éc. c^{ne} de Martigné.
Haut-de-la-Lande (Le), h. c^{ne} de Martigné.
Haut-de-l'Allée (Le), f. c^{ne} de Ballots.
Haut-des-Bois (Le), h. c^{ne} de Saint-Denis-d'Anjou.
Haut-du-Bois (Le), f. c^{ne} de la Gravelle.
Haut-du-Bois (Le), f. c^{ne} de Juvigné-des-Landes.
Haut-du-Bois (Le), f. c^{ne} de Martigné.
Haute (La), h. c^{ne} de Cossé-le-Vivien.
Haute (La Petite-), f. c^{ne} de Cossé-le-Vivien.
Haute-Mule, f. c^{ne} d'Argenton.
Hauterives, chât. et f. c^{ne} d'Argentré. — *F. de Altis ripis*, xie s^e (cart. du Ronceray). — *H. de Altaripa*, 1180 (inv. des arch. de la Sarthe). — *Le seigneur d'Autherives*, 1410 (arch. de la Mayenne).
Fief vassal du comté de Laval pourvu d'une haute justice en 1484. — Le ruiss. d'Hauterives et de l'Étang de Montron est un affl. de la Jouanne.

Haut-et-Clair, f. c^{ne} du Bourgneuf-la-Forêt.
Haut-et-Clair, f. c^{ne} du Ham.
Haut-et-Clair, f. et éc. c^{ne} de Saint-Georges-sur-Erve.
Haut-et-Clair, h. c^{ne} de Saint-Germain-de-Coulamer.
Haut-et-Clair, f. c^{ne} de Saint-Pierre-sur-Orthe.
Haut-et-Court, h. c^{ne} de Gesvres.
Hauteville, chât. et bois, c^{ne} de Charchigné.
Hauteville, vill. et mⁱⁿ, c^{ne} de Chevaigné.
Hauteville, vill. c^{ne} de Cigné.
Hauteville (La), logis et f., c^{ne} de Saint-Michel-de-la-Roë.
Hautonnière (La), h. c^{ne} des Chapelles; donne son nom à un ruiss. affl. de l'Aisne.
Hautonnière (La), chât., mⁱⁿ, étang et f. c^{ne} de Fougerolles. — *Radulphus de Haltoneria*, xiie s^e (cart. de Savigny, f° 120). — *La Hatonerie*, 1210 (arch. nat. L 968). — *Hamelinus de Hautoneria*, 1220 (ibid. L 969). — *Manerium de Sancto Dyonisio de Hautoneria*, 1247 (ibid. L 971).
Siége d'un marq. érigé en 1676 sous le nom de *Montaudin*, qui fut changé en 1688 en celui de *la Hautonnière*. — Ses membres étaient les seign. des Aveneaux, de la Beucherie, de la Ferrière, de Larchamp, de la Pihoraie, de Saint-Ellier, des Touches et de Vilabry.
Hautonnière (La), f. c^{ne} de Saint-Germain-d'Anxure.
Haut-Pré (Le), fief, c^{ne} de Saulges, vassal de la Cour de Bannes.
Hautrais (La), f. c^{ne} de Vautorte.
Hautrie (La), f. c^{ne} de Martigné.
Hautrie (La), f. c^{ne} de Saint-Isle.
Havard, fief, c^{ne} de Laval, vassal de la châtell. de Laval, qui s'étendait sur les par. de la Trinité et de Saint-Vénérand.
Havardière (La), f. c^{ne} d'Astillé.
Havardière (La), éc. c^{ne} de la Chapelle-au-Ribboul.
Havardière (La), vill. c^{ne} d'Ernée.
Havardière (La), f. c^{ne} du Genest.
Havardière (La), f. c^{ne} de Martigné.
Havardière (La), h. et f. c^{ne} de Saint-Michel-de-la-Roë.
Havardière (La), f. c^{ne} de Saint-Ouen-des-Toits; donne son nom à un ruiss. affl. de celui de Mauny.
Havardière (La), f. et four à chaux, c^{ne} de Saulges. — Fief de la Cour de Bannes.
Havardière (La), f. c^{ne} de Villiers-Charlemagne.
Haverie (La), h. c^{ne} de Saint-Ouen-des-Toits.
Havet (Le), bois voisin de Clivoy, c^{ne} de Chailland; auj. défriché.
Havoust, h. et étang, c^{ne} de Saint-Cyr-en-Pail; ruiss. affl. de celui de la Boucherie.

Hayée (La), f. cne d'Olivet.
Hayée (La), f. cne de Saint-Denis-de-Gastines.
Hayère (La), h. cne de Brains-sur-les-Marches.
Hayère (La), f. cne de la Chapelle-Anthenaise.
Hayère (La), f. cne de Cuillé.
Hayère (La), f. cne de Livré.
Hayère (La), f. cne de Méral.
Hayère (La), vill. cne du Ribay.
Hayère (La), f. cne de Saint-Céneré.
Hayère (La), f. cne de Saint-Michel-de-la-Roë.
Hayère (La), h. cne de Thubœuf.
Hayère (La), fief du marq. de Château-Gontier.
Hayette (La), f. cne de Champéon.
Hazé, f. et gué, cne de Rennes-en-Grenouille.
Hazé (Le Bas), h. cne de Rennes-en-Grenouille. — Fief du marq. de Lassay.
Heaulme (Le Haut et le Bas), f. cne de la Chapelle-Anthenaise. — Fief vassal du comté de Laval.
Heaulme (Le Haut et le Bas), f. cne de Loigné. — *Decimam de Heaume*, 1231 (arch. de la Mayenne, H 183).
Heaulme-Champenois (Le), fief vassal de la châtell. de Bazougers.
Hébendières (Les), h. cne de Saint-Pierre-sur-Orthe.
Hébergement (L'), f. cne de Contest.
Hébergements (Les), f. cne de Couesmes.
Hédureau (Les), f. cne de Ruillé-Froidfont.
Hec (Le), f. cne de Chevaigné; donne son nom à un ruiss. affl. de celui de la Hersonnière.
Hec (Le), f. cne de Saint-Germain-de-Coulamer.
Hec (Le), h. cne de Saint-Samson.
Hec (Le Haut et le Bas), vill. et min, cne de Pré-en-Pail.
Hédinais (Le), f. cne d'Athée.
Hédinais (Le), f. cne de Changé.
Hélaud, fief de la châtell. de la Vezouzière.
Hélaudière (La), f. cne de Quelaines. — Le min et l'étang de ce lieu ont été supprimés vers 1833.
Hélaudière (La), f. cne de Saint-Aignan-sur-Roë.
Hélaudière (La), f. cne de Saint-Brice.
Helbaud, f. cne de Beaulieu.
Helberdière (La), f. cne d'Astillé.
Helberdière (La), f. cne de Bonchamp.
Helberdière (La), f. cne de Larchamp.
Helberdière (La), h. cne de Saint-Baudelle.
Helberdière (La), f. cne de Saint-Denis-de-Gastines.
Helberdière (La), vill. cne de Saint-Ouen-des-Toits.
Helberdières (Les), h. cne de Cossé-en-Champagne. — *La Herberdière*, 1773 (pouillé du diocèse du Mans).
Fief vassal de la Cour de Bannes.
Helberdières (Les), f. cne de Saint-Cyr-le-Gravelais.

Helbergement (L'), f. cne de Hercé. — Variante d'*Hébergement*.
Hélinière (La), landes, cne de la Bazouge-de-Chemeré; défrichées vers 1843.
Hélinière (La), f. cne de Villiers-Charlemagne.
Helleries (Les), f. cne de Mayenne. — Fief vassal du duché de Mayenne.
Hellière (La), h. cne de Champgeneteux.
Hellière (La), h. cne du Ham.
Hellière (La), f. cne de Saint-Mars-sur-la-Futaie; donne son nom à un ruiss. affl. de celui de la Futaie.
Hellière (La), f. cne de Trans.
Hellonnière (La), f. cne de Cossé-le-Vivien.
Hellonnière (La), h. cne de Loupfougères.
Hellonnière (La), h. cne de Saint-Denis-de-Gastines. — Le ruiss. de la Hellonnière ou du Gué se jette dans celui du Gué-de-Languy.
Hellonnière (La), h. cne de Saint-Georges-Buttavent. — *La Helluinière*, 1285 (abb. de Fontaine-Daniel). Le ruiss. de la Hellonnière est un affl. de celui du Fauconnier.
Hellonnière (La), f. cne de Saint-Sulpice.
Hellonnière-Romaton (La), f. cne de Saint-Denis-de-Gastines.
Hellonnières (Les), f. cne de Jublains.
Helouinière (La), f. cne de Gesvres.
Helquin, éc. cne de Laigné.
Helquin (Le), f. cne de Loigné. — *Lieu de Heslequin*, 1668 (abb. de la Roë).
Helucière (La), f. cne de la Bazouge-de-Chemeré.
Heluisière (La), f. cne de Trans.
Helvetières (Les), f. cne d'Andouillé.
Hemaraîs (La), h. cne d'Astillé.
Hémenart, h. cne de Saint-Berthevin-la-Tannière. — *Haia Ménart*, xiie s. (cart. de Savigny, f° 120). — *Frumentariis de Haia-Mainart*, vers 1250 (arch. nat. L 968).
Fief vassal de la châtell. de Pontmain.
Hemeraîs (La Grande et la Petite), f. cne de Montigné. — Fief vassal de la châtell. de Laval.
Hemerie (La), h. cne de Saint-Mars-sur-la-Futaie; donne son nom à un ruiss. affl. de la Futaie.
Henerie (La), f. cne d'Argentré.
Hennerie (La), h. cne de Montreuil.
Henneront, f. cne de Juvigné-des-Landes.
Henouillères (Les), f. cne de Grazay. — On dit aussi *les Ennouyers*.
Henrière (La), f. cne de Loiron. — Fief vassal de la châtell. de Loiron.
Henrière (La), f. cne de Louvigné.
Héraudais (La), f. cne du Bourgneuf-la-Forêt.
Héraudais (La), f. cne de Launay-Villiers.

Héraudière (La), f. c^ne de Bais.
Héraudière (La), éc. c^ne de Châtelain. — Fief vassal de la seign. de Romfort et de la châtell. de Châtelain.
Héraudière (La), f. c^ne de Quelaines.
Héraudière (La), f. c^ne de Saint-Christophe-du-Luat.
Héraudière (La Grande et la Petite), f. c^nes de Changé.
Héraudière (La Grande et la Petite), h. c^ne de Saint-Germain-le-Guillaume.
Héraudières (Les), h. c^ne de la Chapelle-Anthenaise.
Héraudières (Les), f. c^ne de Vimarcé.
Herbéchère (La), h. c^ne de Saint-Calais-du-Désert.
Herbelière (La), f. c^ne de Châlons.
Herbelinière (La), h. c^ne d'Izé.
Herbelinière (La), f. c^ne d'Oisseau.
Herbelinière (La), éc. c^ne de Saint-Thomas-de-Courceriers. — Le ruiss. de ce nom est un affl. de la Vaudelle.
Herbeyne, vill. c^ne de Chantrigné.
Herbettes (Les), f. c^ne de Mayenne.
Herbettière (La), f. c^ne de Ruillé-le-Gravelais.
Herbonne, f. c^ne de Montaudin. — *Moulin d'Erbonne* (carte de Jaillot).
Herbouet, h. c^ne du Ribay.
Herbourgère (La), h. c^ie de Cossé-en-Champagne.
Herbourgère (La), f. c^ne du Pas.
Hercaudière (La), h. c^ne de Thorigné.
Hercé, c^on de Gorron. — *Hersé*, 1464 (titres du cab. Ravault).

Anc. paroisse du doy. de Passais, de l'élect. et du duché de Mayenne.

Hercepeau (La), h. c^ne de Renazé.
Hercocherie (La), vill. c^ne de Méral. — *La Hericorcherie*, 1603 (arch. de la Mayenne, E 145).
Herdrière (La), f. c^ne de Nuillé-sur-Vicoin. — *La Herière* (cadastre).
Hergotière (La), f. c^ne de Louverné.
Hérin (Le Bas-), f. c^ne d'Astillé. — Le moulin de Hérin a été détruit vers 1828.
Hérin (Le Haut-), vill. c^ne d'Astillé.
Hérinières (Les), f. c^ne de Chemazé. — *Le long des bois des Herennières*, 1622 (abb. de la Roë).
Hérissais (La), f. c^ne de Larchamp.
Hérissière (La), f. c^ne d'Argentré.
Hérissière (La), éc. c^ie de Bazouges. — Fief du marq. de Château-Gontier.
Hérissière (La), f. c^ne de Préaux.
Hérissière (La), h. c^ne de Saint-Aignan-de-Couptrain.
Hermaudière (La), f. c^ne de Saint-Calais-du-Désert.
Hermaudières (Les), f. c^ne de Châtres.
Hermenaudière (L'), f. c^ne de Quelaines.
Hermenaudière (L'), vill. c^ne de la Rouaudière.

Hermerie (La), bois, c^ne de Charchigné; étang desséché vers 1828. — Le ruiss. de la Hermerie est un affl. de celui du Bois-Laurent.
Hermet (Le Grand-), f. et éc. c^ne de Mézangers. — *Forêt de Hermez*, 1292 (arch. de la Mayenne, série E).
Cette forêt est située entre les paroisses de Deux-Évailles, de Jublains et de Mézangers. — La seign. d'Hermet relevait du comté de Laval.
Hermet (Le Petit-), logis et f. c^nes de Jublains et de Mézangers. — Arrière-fief du duché de Mayenne, vassal de la Motte-d'Aron. — L'étang de ce lieu a été desséché vers 1859 et la forge détruite.
Hermillon, h. c^ne de Juvigné-des-Landes. — Fief de la terre de Charné.
Hermitage (L'), f. c^ne d'Ahuillé. — Le prieuré de Saint-Laurent-de-l'Hermitage, sis en la forêt de Concise, dépend. de l'abb. de la Trinité de Vendôme et relevait féodalement du prieuré de Saint-Clément de Craon.
Hermitage (L'), f. c^ne d'Aron.
Hermitage (L'), f. c^ne d'Astillé.
Hermitage (L'), logis, c^ne de Bazouges.
Hermitage (L'), éc. c^ne de la Gravelle.
Hermitage (L'), h. c^ne d'Izé. — Fief annexé à la terre de Courceriers, qui relevait de la bar. d'Évron.
Hermitage (L'), f. c^ne de Jublains. — Fief du duché de Mayenne.
Les landes de ce lieu ont été défrichées en 1856.
Hermitage (L'), f. c^ne de Landivy.
Hermitage (L'), h. c^ne de Larchamp.
Hermitage (L'), h. c^ne de Laval.
Hermitage (L'), éc. c^ne de Livet-en-Charnie.
Hermitage (L'), f. c^ne de Méral.
Hermitage (L'), f. c^ne de la Poôté.
Hermitage (L'), éc. et f. c^ne du Ribay. — Il y avait un prieuré dépend. de l'abb. de Saint-Pharon de Meaux.
Hermitage (L'), f. c^ne de Saint-Aubin-du-Désert.
Hermitage (L'), f. c^ne de Saint-Berthevin.
Hermitage (L'), vill. c^ne de Sainte-Gemmes-le-Robert.
Hermitage (L'), f. c^ne de Saint-Sulpice.
Hermitage (L') ou la Kabylie, vill. c^ne de Voutré. — La chapelle de ce lieu dépendait de l'abb. d'Étival.
Hermitage (Le Bas-), f. c^ne de Voutré.
Hermitage-Larvaudais (L'), f. c^ne de la Brulatte; auj. détruite.
Hermondières (Les), h. c^ne de Grazay. — Les landes de ce lieu sont auj. défrichées.
Hermonnière (La) ou la Harmonnière, f. c^nes de Gennes. Fief de la châtell. de la Vezouzière.
Hermonnières (Les), f. c^ne de Vaiges.
Hénochère (La), h. c^ne du Thubœuf. — On prononce aussi *la Hiérochère*.

Héron (L'), rivière qui sépare le Maine de la Bretagne.
Héronnière (La), f. c^{ne} de Contest.
Héronnière (La), h. c^{ne} du Ham.
Héronnière (La), f. c^{ne} de Laigné.
Héronnière (La), f. c^{ne} de Saint-Georges-sur-Erve.
Héronnière (La), f. c^{ne} de Saint-Poix.
Héronnières (Les Grandes et les Petites), f. c^{ne} de Loigné. — *La Haute et la Basse Hérouinière*, 1660 (abb. de la Roë).
Hérousais (La), h. c^{ne} de Saint-Mars-sur-la-Futaie.
Hérouse (La) ou la Hiérouse, f. c^{ne} de Saint-Mars-sur-la-Futaie. — Fief vassal de la châtell. d'Yvoy, Carelles et Champorin.
Le ruiss. de la Hérouse est un affl. de celui de Chambresson. — L'étang de ce lieu est auj. desséché.
Hérousseau, f. c^{ne} de Contest.
Héroutière (La), f. c^{ne} d'Entrammes.
Herperie (La), f. c^{ne} de Belgeard. — *Abbatie meæ de Claireio quam ego fundavi apud Herperiam*, vers 1200 (cart. de Fontaine-Daniel).
C'est en ce lieu que fut fondée vers 1200 l'abb. qui, quelques années après, fut transférée au lieu de Fontaine-Daniel.
Herpinière (La), f. c^{ne} d'Ahuillé.
Herpinière (La), vill. c^{ne} de Charchigné. — On dit aussi *la Harpinière*.
Le ruiss. de ce nom est un affl. de l'Aisne.
Herpinière (La), éc. c^{ne} d'Hardanges.
Herpinière (La), f. c^{ne} de Laval.
Herpinière (La), f. c^{ne} de Montigué.
Herpinière (La), vill. c^{ne} de Saint-Germain-le-Fouilloux.
Herpinière (La), h. c^{ne} de Saint-Germain-le-Guillaume.
Herpinières (Les), h. c^{ne} de Saint-Ellier; ruiss. affl. de la riv. de la Futaie.
Herpinières (Les Hautes et les Basses), h. c^{ne} de Ménil. — *La Harpinière*, 1336 (abb. de la Roë).
Herquinière (La), h. c^{ne} de Saint-Mars-sur-Colmont.
Herrouère (La), f. c^{ne} de Beaumont-Pied-de-Bœuf.
Herrouère (La), h. c^{ne} de Grazay.
Herse, f. c^{ne} de la Pallu. — *En la seigneurie d'Erses*, 1484 (cab. Chedeau).
Le fief d'Herse s'étendait sur Lignières-la-Doucelle et relevait de la châtell. de Lignières, Resné et Saint-Calais.
Herse (Étang de), c^{ne} de Neuilly-le-Vendin.
Herse (La), f. c^{ne} de la Bazouge-de-Chemeré; prend son nom d'un vieux château en ruines nommé *la Herse-Avenière*, sis en la c^{ne} de Chemeré-le-Roi. — — *Estang de la Hersavenière*, 1460 (arch. de l'abb. de Bellebranche). — *Herse Aveniers* (Cassini).

L'étang de ce lieu a été desséché au xviiie siècle. — Fief vassal du comté de Laval.
Herse (La), éc. c^{ne} de Pré-en-Pail.
Herseloyère (La), fief vassal de la châtell. de Montjean.
Hersendière (La), f. c^{ne} de Lévaré.
Hersendière (La), h. c^{ne} de Saint-Aubin-Fosse-Louvain.
Hersendières (Les), f. c^{ne} de la Croixille.
Herserie (La), f. c^{ne} de Sainte-Gemmes-le-Robert.
Hersonnière (La), f. c^{ne} d'Athée.
Hersonnière (La), f. c^{ne} de Bannes; donne son nom à un ruiss. affl. du Treulon.
Hersonnière (La), vill. c^{ne} des Chapelles; donne son nom à un ruiss. affl. de celui du Bois-Laurent.
Hersonnière (La), f. c^{ne} de la Selle-Craonnaise.
Hersouillère (La Grande et la Petite), f. c^{ne} de Cossé-le-Vivien.
Hertaie (La), f. c^{ne} de Senonnes.
Hervellière (La), f. c^{ne} de Ménil.
Hervellière (La), f. c^{ne} de Mézangers.
Hervellière (La), vill. c^{ne} de Sainte-Gemmes-le-Robert.
Hervellière (La), vill. c^{ne} de Saint-Ouen-des-Toits.
Hervenie (La), f. c^{ne} de Ballots.
Hervenie (La), f. c^{ne} de l'Huisserie; détruite vers 1820.
Hervetterie (La), f. c^{ne} de Nuillé-sur-Vicoin.
Hervinière (La), f. c^{ne} de Livré. — *La Hervelinière*, 1633 (abb. de la Roë). — *La Ervelinière* (Cassini).
Hervinière (La), f. c^{ne} de Vautorte.
Hétauderie (La), h. c^{ne} de la Baconnière.
Hêtre (Le Bas-), f. c^{ne} de Courcité.
Hêtre (Le Haut-), h. c^{ne} d'Oisseau.
Hêtres (Les), f. c^{ne} d'Aron.
Hêtres (Les), f. c^{ne} de Changé.
Hêtres (Les), h. c^{ne} de Montigné.
Hêtres (Les), f. c^{ne} de Niort.
Heudelière (La), vill. c^{ne} de Chantrigné.
Heudelière (La), vill. c^{ne} de Saint-Loup-du-Gast.
Heudière (La), f. c^{ne} de la Chapelle-Anthenaise.
Heudière (La), h. c^{ne} de Javron.
Heudrière (La), vill. c^{ne} de Niort.
Heulière (La), f. c^{ne} d'Athée.
Heunault (Étang de), c^{ne} d'Olivet; auj. desséché.
Heur-du-Bois (L'), h. c^{ne} de Montaudin. — On dit aussi *l'Aire-du-Bois*.
Heurellière (La), f. c^{ne} de Courbeveille.
Heurerie (La), f. c^{ne} de Courbeveille.
Heurlière (La), h. c^{ne} d'Athée.
Heurlière (La) ou la Hurière, f. c^{ne} de Ruillé-Froidfont.
Heurlière (La Grande et la Petite), f. c^{ne} d'Ampoigné.
Heurlières (Les), f. c^{ne} de Saint-Denis-de-Gastines.

DÉPARTEMENT DE LA MAYENNE.

Heurprière (La), f. c^{ne} de Saulges.
Heurtaudière (La), f. c^{ne} de Chérancé.
Heurtaudière (La), h. c^{ne} de Saint-Denis-d'Anjou. — On prononce *la Hurtaudière*.
Heurtebise, f. c^{ne} de Changé.
Heurtebizières (Les), h. c^{ne} de Torcé.
Heurtellière (La), f. c^{ne} de Fontaine-Couverte.
Heurtemallière (La), f. c^{ne} de Forcé; auj. détruite. — Elle existait au xve siècle.
Heurterie (La), f. c^{ne} d'Alexain.
Heurtraie (La), f. c^{ne} de Vautorte.
Heusaie (Bois de la), c^{ne} de Viviers.
Heusière (La), f. c^{ne} de Gesvres. — On dit aussi *la Heuserie* et *la Husserie*.
Heusière (La), h. c^{ne} de Trans. — Fief vassal de la bar. d'Évron.
Heusinière (La), f. c^{ne} d'Entrammes.
Heusinière (La), f. c^{ne} de Montigné.
Heuvrière (La), h. c^{ne} de la Croixille.
Hiaule (La), f. — Voy. Yaule (La).
Hiaumes (Les), f. c^{ne} de Larchamp.
Hiboudière (La), h. c^{ne} de Fougerolles.
Hichère (La), vill. c^{ne} de Chammes.
Hidenière (La), f. c^{ne} d'Évron.
Hidenière (La Petite-), éc. c^{ne} d'Évron.
Hière (L'), riv. qui arrose Chérancé et Peuton et se jette dans l'Oudon.
Hière (L'), f. c^{ne} de Simplé. — *Le fief et seigneurie d'Hyères*, 1651 (abb. de la Roë, H 180). Ce fief s'étendait sur Denazé et Simplé.
Hiéné (L'), f. c^{ne} d'Oisseau. — On écrit aussi *l'Hiéray*. Fief dépend. de l'abb. de Fontaine-Daniel. — La lande de ce lieu a été défrichée au xixe siècle.
Hiéné (Le Haut et le Bas), h. c^{ne} de Brée. — *Thiéré* (Cassini).
Hierrie (L'), f. c^{no} d'Azé.
Hillard (Le Grand et le Petit), h. c^{ne} de Laval.
Hilleux, f. c^{ne} de Saint-Georges-sur-Erve. — *Illeu*, 1646 (cart. d'Évron).
Hillière, éc. c^{ne} de Bonchamp.
Hillière (La), f. c^{ne} d'Origné.
Hillières (Les), h. c^{ne} de Quelaines.
Hinebaudière (La), f. c^{ne} de Chemazé.
Hinrière (La), f. c^{ne} de Méral. — Fief vassal de la seign. de Saint-Poix.
Hinterie (La), f. c^{ne} de Nuillé-sur-Vicoin.
Hionnières (Les), f. c^{ne} de Senonnes. — *Lionnières* (cadastre).
Hirondelle (L'), f. c^{ne} de Chailland. — On prononce *l'Arundel*.
Hirondelle (L'), f. c^{ne} de Fougerolles.
Hivet, f. c^{ne} d'Oisseau. — On écrit aussi *Livet*.

Hivets (Les), h. c^{ne} de la Baroche-Gondouin. — *Les Yvets* (carte de Jaillot).
Hivets (Les), vill. et chât. c^{ne} de Cigné. — Fief vassal de la bar. d'Ambrières.
Hoberie (La), h. c^{ne} de la Gravelle. — *Hauberie*, 1866 (rôles de dénombr.).
Hoberie (La), f. c^{ne} de Saint-Mars-sur-la-Futaie. — L'étang de ce lieu a été desséché vers 1800.
Hoberie (La), h. c^{ne} de Saint-Pierre-la-Cour.
Hobette (La), h. c^{ne} du Bignon.
Hocdairie (La), f. c^{ne} de Houssay. — Les landes de ce lieu sont auj. défrichées.
Hocderie (La), f. c^{ne} de Montigné. — On dit aussi *la Hocdière*.
Hocderie (La), f. c^{ne} de Quelaines.
Hodairie (La), f. c^{ne} de Saint-Poix. — Altération de *la Hocderie*, comme les suivants.
Hodeau (Le), h. c^{ne} de Saint-Fort. — Annexé le 2 juillet 1862 à la c^{ne} de Château-Gontier.
Hoderie (La), f. c^{ne} de la Cropte.
Hoderie (La), f. c^{ne} du Ribay.
Hogue (La), étang et mⁱⁿ, c^{ne} de Saint-Berthevin-la-Tannière. — Le ruiss. qui sort de l'étang est un affl. de la Futaie.
Hoguenais (Les), f. c^{ne} de Saint-Ellier.
Hoguette (La), étang, c^{te} de la Dorée.
Hoguette (La), f. c^{ne} de Vautorte.
Hoirie (L'), vill. c^{ne} de Madré.
Hoirie (L'), h. c^{ne} de Saint-Mars-sur-la-Futaie.
Hoisminière (La), f. c^{ne} de Bierné.
Hoisnardière (La), f. c^{ne} de Bouchamp.
Hoisnardière (La), f. c^{ne} de Laval.
Hoisnardière (La), f. avec étang, c^{ne} de Saint-Gault; donne son nom à un ruiss. affl. de l'Hière.
Hollière (La), f. c^{ne} d'Andouillé.
Hommeau (L'), éc. c^{ne} d'Andouillé.
Hommeau (L'), f. c^{ne} d'Arquenay.
Hommeau (L'), f. c^{ne} d'Astillé.
Hommeau (L'), h. c^{ne} de la Baroche-Gondouin.
Hommeau (L'), f. c^{ne} de Beaulieu.
Hommeau (L'), f. c^{ne} de Changé.
Hommeau (L'), éc. c^{ne} de Craon.
Hommeau (L'), f. c^{ne} de Fromentières.
Hommeau (L'), h. et usine, c^{ne} de Grez-en-Bouère.
Hommeau (L'), h. c^{ne} de Laubrières.
Hommeau (L'), f. et bois, c^{ne} de Marigné-Peuton. — Lande défrichée en 1833.
Hommeau (L'), f. c^{ne} de Meslay.
Hommeau (L'), f. c^{ne} de Montjean.
Hommeau (L'), f. c^{ne} de Nuillé-sur-Ouette.
Hommeau (L'), f. c^{ne} de Saint-Aignan-de-Couptrain.

HOMMEAU (L'), f. c^{ne} de Saint-Berthevin; donne son nom à un ruiss. affl. du Vicoin.
HOMMEAU (L'), f. c^{ne} de Saint-Ellier.
HOMMEAU (L'), f. c^{ne} de Saint-Germain-le-Fouilloux.
HOMMEAU (L'), f. c^{ne} de Saint-Quentin.
HOMMEAU (L'), f. c^{ne} de Sainte-Suzanne; auj. détruite.
HOMMEAU (L'), f. c^{ne} de Torcé.
HOMMEAU (L'), h. c^{ne} de Villiers-Charlemagne.
HOMMEAU (LE PETIT-), f. c^{ne} de Saint-Quentin.
HOMMEAUX (LES), f. c^{ne} de Ballots. — Le bois de ce lieu est auj. défriché.
HOMMEAUX (LES), f. c^{ne} d'Entrammes.
HOMMEAUX (LES), f. c^{ne} de Pommerieux.
HOMMEAUX (LES), f. c^{ne} de Saint-Denis-d'Anjou.
HOMMEAUX (LES), h. c^{ne} de Villiers-Charlemagne.
HOMMEAUX-BOSSÉS (LES), f. c^{ne} de Villiers-Charlemagne.
HOMME-DE-GUERRE (L'), f. c^{ne} de Marigné-Peulon. — *L'Homme-d'Yère* (Cassini).
HOMMÉE (L'), f. c^{ne} d'Argenton; donne son nom à un ruiss. affl. de celui de Morton.
HOMMÉE (L'), f. c^{ne} de Bouère. — Le ruiss. de ce lieu sort de l'étang de Petite-Roche, arrose Bouère et Saint-Brice et se jette dans la Taude.
HOMMÉE (L'), f. c^{ne} de Saint-Denis-d'Anjou.
HOMMÉE (L'), f. c^{ne} de Saint-Georges-le-Fléchard.
HOMMÉES (LES), f. c^{ne} de Coudray. — *Le pont des Homays*, 1564 (abb. de la Roë, H 184).
HOMMELAIE (L'), f. c^{ne} de l'Huisserie.
HOMMELAIE (L'), f. c^{ne} de Livré; donne son nom à un ruiss. affl. de celui de Mée.
HOMMELAIE (L'), f. c^{ne} de Vaiges.
HOMMELIÈRE (L'), f. c^{ne} d'Argenton.
HOMMELIÈRE (L'), f. c^{ne} de Saint-Denis-d'Anjou.
HOMMERIE (L'), h. c^{ne} de Châtillon-sur-Colmont.
HOMMERIE (L'), vill. c^{ne} de Rennes-en-Grenouille. — *Laumerie* (Cassini).
HOMMEROND (L'), f. c^{ne} d'Entrammes. — *Houmerand* (Cassini). — *Le Hounerau* (carte de l'État-major).
HOMMET (LE GRAND ET LE PETIT), f. c^{ne} de Pommerieux. — Le m^{in} a été détruit vers 1828.
HONOCTIÈRE (LA), h. c^{ne} de Saint-Mars-sur-la-Futaie.
HONORÉ (CHÂTEAU), vieux logis au bourg de la Cropte. — *La Noiraie*, 1750 (arch. de la Mayenne, E 121).
HÔPITAL (L'), h. c^{ne} de la Bazouge-des-Alleux.
HÔPITAL (L'), éc. c^{ne} de Commer.
HORDONS (LES), éc. c^{ne} d'Averton.
HORDRIÈRE (LA), f. c^{ne} de Ballée.
HORLANTIÈRE (LA), h. c^{ne} de Loupfougères.
HORPS (LE), arrond. de Mayenne. — *Guillelmus de Horp*, 1239 (arch. nat., L 970).
Anc. par. du doy. de Javron, de l'élect. du Mans et du marq. de Lassay.

HORPS (MOULIN DU), c^{ne} du Ribay.
HONSVILLE, h. c^{ne} de Simplé.
HÔTELLERIE (L'), f. c^{ne} de Bais.
HÔTELLERIE (L'), vill. c^{ne} du Bourgneuf-la-Forêt.
HÔTELLERIE (L'), h. c^{ne} de Bourgon.
HÔTELLERIE (L'), vill. c^{ne} de Champgéneteux.
HÔTELLERIE (L'), f. c^{ne} de Châtillon-sur-Colmont.
HÔTELLERIE (L'), h. c^{ne} de Lassay.
HÔTELLERIE (L'), h. c^{ne} de Saint-Germain-de-Coulamer; donne son nom à un ruiss. affl. de la Vaudelle.
HÔTELLERIE (LA PETITE-), f. c^{ne} de Landivy.
HOUARDIÈRE (LA), f. c^{ne} de Saint-Ellier.
HOUDERIE (LA), f. c^{ne} de Grazay.
HOUDIOCHE, éc. c^{ne} de Saint-Christophe-du-Luat.
HOUDAIRIE (LA), fief, c^{ne} de la Bazouge-de-Chemeré, vassal de la châtell. de Chemeré.
HOUDAIRIE (LA), f. c^{ne} du Buret.
HOUDAIRIE (LA), f. c^{ne} de Changé.
HOUDAIRIE (LA), f. c^{ne} de Contest.
HOUDAIRIE (LA), h. c^{ne} de Loupfougères.
HOUDAIRIE (LA), vill. c^{ne} de Saint-Germain-le-Guillaume.
HOUDAISE-BOURILLON (LA), f. c^{ne} de Saint-Mars-du-Désert.
HOUDANS (LES), h. c^{ne} de l'Huisserie. — Fief vassal de la châtell. de Montigné.
HOUDARD, m^{in}, au doyenné d'Ernée. — *Molendinum Hodeardis*, 1247 (abb. de Fontaine-Daniel).
HOUDARDIÈRE (LA), f. c^{ne} de Maisoncelles. — On dit aussi *la Houdarière*.
HOUDAUDIÈRE (LA), f. c^{ne} de Laval.
HOUDAUDRIE (LA), h. c^{ne} de la Baconnière.
HOUDEAU, éc. c^{ne} de la Baconnière.
HOUDEBINERIE, éc. c^{ne} de Chemazé.
HOUDEILLOT (LE), f. c^{ne} de Changé; détruite en 1850.
HOUDEMONNIÈRES (LES HAUTES ET LES BASSES), f. c^{ne} de Chemazé.
HOUDERIE (LA), f. c^{ne} d'Izé.
HOUDIARD, f. c^{ne} de Mézangers.
HOUDIÈRE (LA), h. et f. c^{ne} de Mézangers.
HOUDIÈRE (LA), f. c^{ne} de Saint-Germain-le-Fouilloux.
HOUDIÈRE (LA), f. c^{ne} de Bierné.
HOUDINIÈRE (LA), f. c^{ne} de Craon.
HOUDINIÈRE (LA), h. c^{ne} de Grazay.
HOUDINIÈRE (LA), f. c^{ne} de Neau.
HOUDINIÈRE (LA), h. c^{ne} de Pré-en-Pail. — *Houdelinière*, 1866 (rôles de dénombr.).
HOUDONNIÈRE (LA), f. c^{ne} de Laigné. — *Les Oudonnières*, 1772 (arch. de Maine-et-Loire, E 3721).
HOUDOUILLÈRE (LA), f. c^{ne} de Champéon.
HOUDOUILLÈRE (LA), h. c^{ne} de Poulay. — On trouve aussi *la Haudouillère*.

HOUDRIÈRE (LA), f. c⁽ᵉ⁾ de la Chapelle-Craonnaise; auj. détruite.
HOUDUSSIÈRE (LA), f. cⁿᵉ de Colombiers. — On trouve aussi *la Haudussière*.
HOUDUSSIÈRE (LA), f. cⁿᵉ de Courbeveille.
HOUELLÉE (LE GRAND et LE PETIT), f. cⁿᵉ d'Évron.
HOUELLERIE (LA), f. cⁿᵉ de Montenay.
HOUILLARDIÈRE (LA), f. cⁿᵉ du Horps.
HOUILLÈRE (L'), f. cⁿᵉ de Saint-Michel-de-Feins.
HOUILLÈRE (LA), f. cⁿᵉ de Beaulieu.
HOUILLÈRE (LA), f. cⁿᵉ de Montjean.
HOUILLÈRE (LA), f. cⁿᵉ d'Origné.
HOUILLÈRE (LA), f. cⁿᵉ de Pommerieux.
HOUILLÈRE (LA), f. cⁿˢ de Ruillé-le-Gravelais. — On dit aussi *l'Oullière*.
HOUILLÈRE (LA), vill. cⁿᵉ de Saint-Samson. — On trouve aussi *la Houillerie*.
HOUILLÈRE (LA), f. cⁿᵉ de Saint-Saturnin-du-Limet. — Fief vassal de la bar. de Craon.
Le château de ce lieu est auj. détruit.
HOUILLOTERIE (LA), f. cⁿᵉ de Niafle; auj. détruite.
HOUILLOTERIE (LA), f. cⁿᵉ de Senonnes.
HOUISIÈRE (LA), f. cⁿᵉ de la Selle-Craonnaise. — On trouve aussi *la Houissière*.
HOUISIÈRE (LA GRANDE et LA PETITE), f. cⁿᵉ d'Astillé.
HOULAIN (LE), f. cⁿᵉ de Louvigné.
HOULARDAIS (LA), h. cⁿᵉ de Soucé.
HOULBERDIÈRE (LA), f. cⁿᵉ de Courcité.
HOULBERDIÈRE (LA), f. cⁿᵉ de Jublains.
HOULBERDIÈRE (LA), f. cⁿᵉ de Mézangers.
HOULBERDIÈRE (LA), h. cⁿᵉ de Torcé.
HOULBERDIÈRE (LA), h. cⁿᵉ de Villaines-la-Juhel.
HOULBERDIÈRE (LA), f. cⁿᵉ de Viviers.
HOULBERDIÈRES (LES), vill. cⁿᵉ de Marcillé-la-Ville. — Landes auj. défrichées.
HOULLERIE (LA), f. cⁿᵉ d'Alexain.
HOULLERIE (LA), h. cⁿᵉ d'Ernée.
HOULLERIE (LA), f. cⁿᵉ de Congrier.
HOULLERIE (LA), f. cⁿᵉ de Méral. — *La Houellerie*, 1553 (abb. de la Roë).
HOULLERIE (LA), f. cⁿᵉ de Mézangers.
HOULLERIE (LA), vill. cⁿᵉ de Saint-Hilaire-des-Landes. — Fief de la terre de Charné.
HOULLERIE (LA PETITE-), éc. cⁿᵉ d'Ernée.
HOULLERIES (LES), f. cⁿᵉ de Parné.
HOULLES (LES), f. cⁿᵉ de Colombiers. — *A capella Uslee ad ecclesiam de Brécé*, 1225 (arch. nat. L 971). — *Ad capellam Ullatam*, 1228 (*ibid.*). — On trouve aussi *les Houlées*.
HOULLES (LES), f. cⁿᵉ d'Ernée.
HOULLES (LES GRANDES et LES PETITES), f. cⁿᵉ de Jublains.

HOUMETTERIE (LA), f. cⁿᵉ de la Bazouge-de-Chemeré.
HOUPLÉ (LE HAUT et LE BAS), f. cⁿᵉ de Villiers-Charlemagne.
HOURIE (LA), f. cⁿᵉ de la Brulatte.
HOUSSAIE (LA), f. cⁿᵉ de Belgeard.
HOUSSAIE (LA), f. cⁿᵉ de Bouère.
HOUSSAIE (LA), f. cⁿᵉ de Carelles; donne son nom à un ruiss. affl. de l'Ernée.
HOUSSAIE (LA), f. cⁿᵉ de Châtillon-sur-Colmont.
HOUSSAIE (LA), f. cⁿᵉ de Cigné.
HOUSSAIE (LA), f. cⁿᵉ de Colombiers.
HOUSSAIE (LA), h. cⁿᵉ de Couesmes.
HOUSSAIE (LA), f. cⁿᵉ de la Cropte.
HOUSSAIE (LA), f. cⁿˢ de Hambers.
HOUSSAIE (LA), chât. et f. cⁿᵉ de l'Huisserie; ruiss. affl. de la Mayenne.
Le fief de ce nom fut annexé à celui de la Patrière et érigé en châtellenie en 1546 dans la mouvance du comté de Laval; ce fief relevait aussi de la terre de Bonnes.
HOUSSAIE (LA), f. cⁿᵉ de Laubrières.
HOUSSAIE (LA), f. cⁿᵉ de Livré.
HOUSSAIE (LA), f. cⁿᵉ de Mézangers.
HOUSSAIE (LA), f. cⁿˢ de la Poôté.
HOUSSAIE (LA), h. cⁿᵉ de Saint-Aubin-Fosse-Louvain.
HOUSSAIE (LA), h. et landes, cⁿᵉ de Saint-Fraimbault-de-Prières.
HOUSSAIE (LA), h. cⁿᵉ de Saint-Ouen-des-Toits.
HOUSSAIE (LA GRANDE et LA PETITE), f. cⁿᵉ de Saint-Cyr-le-Gravelais.
HOUSSAIE (LA HAUTE et LA BASSE), vill. cⁿᵉ de Launay-Villiers.
HOUSSAIE (LA NEUVE-), f. cⁿᵉ de Saint-Léger.
HOUSSAIE (LA VIEILLE-), f. cⁿᵉ de Saint-Léger.
HOUSSAIES (LES), h. cⁿᵉ d'Argentré.
HOUSSARDAIS (LA), h. cⁿᵉ de Soucé.
HOUSSARDIÈRE (LA), f. cⁿᵉ de Louverné.
HOUSSAS (LE), f. cⁿᵉ de Fontaine-Couverte.
HOUSSANTIÈRE (LA), éc. cⁿᵉ de Chailland.
HOUSSAUDERIE (LA), h. cⁿᵉ de Saint-Ellier. — *La Loussauderie* (Cassini).
HOUSSAY, cⁿᵉ de Château-Gontier. — *Ecclesia Sancti Hilarii de Huseio*, xiiᵉ sᵉ (Bibl. nat. f. lat. 5441). — *G. de Hossei*, 1169 (cart. du Ronceray). — *Eccl. Sancti Hylarii de Housseyo*, 1200 (Bibl. nat. f. lat. 5441). — *Prioratus de Huxo*, 1219 (*ibid.*).
Anc. par. du doyenné, du comté de Laval et de l'élection de Château-Gontier. — Le prieuré dép. de l'abb. de Marmoûtiers.
HOUSSAY (LE), h. cⁿᵉ d'Andouillé.
HOUSSAY (LE), h. et f. cⁿᵉ de Blandouet.
HOUSSAY (LE), f. cⁿᵉ de Livré.

Houssay (Le), f. c^{ne} de Rennes-en-Grenouille.
Houssay (Le), f. c^{ne} de Saint-Léger.
Houssay-Blin (Le), vill. c^{ne} de Laubrières.
Housseau (Le), c^{on} de Lassay. — Le prieuré-cure dépend. de l'abb. de Beaulieu.
    Anc. par. du doy. de Javron, du marq. de Lassay et de l'élect. du Mans.
Housseau (Le), f. c^{ne} de Saint-Cyr-le-Gravelais. — Le moulin et l'étang de ce lieu n'existent plus.
Housseau (Le Bas-), h. c^{ne} de Marcillé-la-Ville.
Housseau (Le Grand et le Petit), h. c^{ne} de Villaines-la-Juhel.
Housseau (Le Haut-), h. c^{ne} de Marcillé-la-Ville.
Housseaux (Les), vill. c^{ne} de Montreuil.
Houssel (Le), h. c^{ne} du Horps; donne son nom à un ruiss. affl. de celui du Riolet.
Houssemagne (Le Grand et le Petit-), f. c^{ne} d'Oisseau. — *Hucemigne*, 1209 (cart. d'Évron). — On prononce aussi *Houssemaine*.
    Fief vassal de la bar. d'Ambrières.
Housserie (L'), f. c^{ne} de Sainte-Suzanne. — On écrit aussi *Lousserie*.
Housserie (La), h. c^{ne} de Hambers.
Housseterie (La), éc. c^{ne} de la Bazouge-de-Chemeré.
Houssetière (La), éc. c^{ne} d'Averton.
Houssetière-au-Clos (La), f. c^{ne} d'Averton.
Houssetière-Bourillon, vill. c^{ne} de Gesvres.
Houssetière-du-Bourg (La), f. c^{ne} de Gesvres.
Houssinière (La), f. c^{ne} du Horps.
Houssinière (La), f. c^{ne} de Montflours.
Houssinière (La), f. c^{ne} de Quelaines.
Houssinière (La), h. c^{ne} de Saint-Berthevin-la-Tannière.
Houssinière (La Basse-), éc. c^{ne} de Montflours.
Houssonnière (La), f. c^{ne} d'Ernée.
Houssonnière (La), f. c^{ne} de Montenay.
Houtinière (La), f. c^{ne} du Bignon; auj. détruite.
Houvinais (La), f. c^{ne} de Saint-Pierre-des-Landes. — *La Hourinaie* (Cassini).
Houx (Le), f. c^{ne} d'Ahuillé; détruite en 1833.
Houx (Le), f. c^{ne} d'Argentré.
Houx (Le), f. c^{ne} de Beaulieu.
Houx (Le), f. c^{ne} de Bonère.
Houx (Le), f. c^{ne} de Commer; donne son nom à un ruiss. affl. de celui de la Planche-à-l'Asnière.
Houx (Le), f. c^{ne} de Courbeveille.
Houx (Le), h. c^{ne} de Courcité.
Houx (Le), h. c^{ne} de la Cropte.
Houx (Le), h. c^{ne} de Fougerolles.
Houx (Le), éc. et f. c^{ne} de Gastines. — *Medietaria de Huxo*, 1229 (abb. de la Roë, H 186, f° 165).
Houx (Le), f. c^{ne} du Genest.

Houx (Le), h. c^{ne} de Grazay.
Houx (Le), f. c^{ne} de Loigné.
Houx (Le), f. c^{ne} de Méral.
Houx (Le), f. c^{ne} de Mézangers.
Houx (Le), f. c^{ne} de Montigné.
Houx (Le), f. c^{ne} de Montjean.
Houx (Le), h. c^{ne} de la Rouaudière.
Houx (Le), f. c^{ne} de Ruillé-Froidfont.
Houx (Le), éc. c^{ne} de Saint-Aubin-du-Désert.
Houx (Le), f. c^{ne} de Saint-Baudelle; donne son nom à un ruiss. affl. de celui du Fauconnier.
Houx (Le), f. c^{ne} de Saint-Brice. — Fief vassal de la châtell. de Sablé.
Houx (Le), f. c^{ne} de Saint-Charles-la-Forêt.
Houx (Le), h. c^{ne} de Saint-Martin-de-Connée.
Houx (Le), chât. et f. c^{ne} de Vautorte.
Houx (Le Bas-), f. c^{ne} de Changé. — Le moulin et l'étang de ce lieu sont auj. supprimés.
    Le ruiss. du Houx est un affl. de la Mayenne.
Houx (Le Bas-), f. c^{ne} de Saint-Cyr-le-Gravelais.
Houx (Le Grand-), vill. c^{ne} de Gastines.
Houx (Le Grand-), h. c^{ne} du Ham.
Houx (Le Grand-), f. c^{ne} de Saint-Georges-sur-Erve.
Houx (Le Haut-), f. c^{ne} de Saint-Germain-le-Fouilloux. — L'étang et le moulin du Bas-Houx ont été supprimés vers 1810.
Houx (Le Petit-), éc. c^{ne} de Bazouges.
Houx (Le Petit-), f. c^{ne} de Gastines.
Houx (Le Petit-), éc. c^{ne} de Saint-Georges-sur-Erve.
Houx (Les), f. c^{ne} de Quelaines.
Houx (Les), h. c^{ne} de Saint-Fraimbault-de-Prières.
Houx-Baron (Le), f. c^{ne} de Fromentières. — On dit aussi *le Haut-Baron*.
Houx-Chartier (Landes du), c^{ne} de Mézangers; auj. défrichées.
Houx-de-la-Mer (Le), h. c^{ne} de Brains-sur-les-Marches.
Houx-du-Grollay (Le), f. c^{ne} de Saint-Charles-la-Forêt.
Houx-du-Mineray (Le), f. c^{ne} de Saint-Charles-la-Forêt.
Hoyaume (Le), f. c^{ne} de Saint-Laurent-des-Mortiers.
Hoyou (Le), f. c^{ne} de la Brulatte.
Huardais (La), h. c^{ne} du Bourgneuf-la-Forêt.
Huardais (La), vill. c^{ne} de la Croixille.
Huardière (La), f. c^{ne} d'Andouillé.
Huardière (La), f. c^{ne} de Beaumont-Pied-de-Bœuf.
Huardière (La), f. c^{ne} de Cossé-le-Vivien.
Huardière (La), f. c^{ne} de Cuillé.
Huardière (La), f. c^{ne} de Deux-Évailles. — On dit aussi *la Huarière*.
Huardière (La), vill. c^{ne} d'Izé.

HUARDIÈRE (LA), f. cne de Landivy.
HUARDIÈRE (LA), vill. cne de Moulay.
HUARDIÈRE (LA), f. cne d'Oisseau; donne son nom à un ruiss. affl. de celui de Bouderon.
HUARDIÈRE (LA), f. cne de Saint-Ellier.
HUARDIÈRE (LA), f. cne de Sainte-Gemmes-le-Robert.
HUARDIÈRE (LA), f. cne de Villiers-Charlemagne.
HUARDIÈRE-DE-LA-CHAPELLE (LA), f. cne de Saint-Georges-Buttavent.
HUAUDIÈRE (LA), f. cne de Bannes. — Le fief de la Huaudière était vassal de la Cour de Bannes.
HUAUDIÈRE (LA), f. cne.de Laval.
HUAUDIÈRE (LA), f. cne de Louverné.
HUAUDIÈRE (LA), f. cne de Martigné.
HUAUDIÈRE (LA), f. cne de Neau.
HUAUDIÈRE (LA), h. cne de Placé.
HUAUDIÈRE (LA), éc. cne de Saint-Michel-de-Feins.
HUAUDIÈRE (LA PETITE-), f. cne de Bannes.
HUAUDIÈRES (LES), f. cne du Buret.
HUAUDIÈRES (LES), h. cne de Châlons.
HUAUDIÈRES (LES), h. cne de Sacé.
HUBAUDIÈRE (LA), f. cne de Laval.
HUBELIÈRE (LA), h. cne de Poulay; donne son nom à un ruiss. affl. de celui de Pigray.
HUBELIÈRE (LA HAUTE-), vill. cne de Chantrigné.
HUBELIÈRE (LA PETITE-), h. cne de Chantrigné.
HUBERDERIES (LES), h. cne d'Azé.
HUBERDIÈRE (LA), f. cne d'Argentré.
HUBERDIÈRE (LA), f. cne de Bouchamp.
HUBERDIÈRE (LA), vill. cne de Chailland; donne son nom à un ruiss. affl. de celui de la Guyottière.
HUBERDIÈRE (LA), h. cne de Champgeneteux.
HUBERDIÈRE (LA), h. cne de Châtillon-sur-Colmont.
HUBERDIÈRE (LA), h. cne de Cigné.
HUBERDIÈRE (LA), f. cne de Hambers.
HUBERDIÈRE (LA), h. cne de Jublains.
HUBERDIÈRE (LA), f. cne de Loupfougères.
HUBERDIÈRE (LA), f. cne de Mézangers.
HUBERDIÈRE (LA), f. cne de Montourtier.
HUBERDIÈRE (LA), chât. et f. cne de la Rouaudière. — On dit aussi *la Huberderie*.
HUBERDIÈRE (LA), f. cne de Ruillé-le-Gravelais.
HUBERDIÈRE (LA), f. cne de Saint-Berthevin.
HUBERDIÈRE (LA), h. cne de Saint-Denis-de-Gastines.
HUBERDIÈRE (LA), h. cne de Saint-Germain-de-Coulamer.
HUBINIÈRES (LES), f. cne de Saint-Cyr-le-Gravelais. — Fief vassal de la châtell. de Montjean.
HUCHEDELIÈRE (LA), f. cne du Genest.
HUCHEDELIÈRE (LA), f. cne de Montjean.
HUCHELIÈRE (LA), vill. cne de la Baconnière.
HUCHELIÈRE (LA), f. cne de Vaiges.

HUCHELOUP, f. cne de Bouessay.
HUCHELOUP, f. cne de Sainte-Gemmes-le-Robert.
HUCHELOUP, f. cne de Saint-Michel-de-la-Roë.
HUCHELOUP, f. cne de Voutré.
HUCHEPIED, f. cne de Saint-Jean-sur-Erve.
HUCHEPOCHE, f. cne de Saint-Georges-sur-Erve.
HUCHEREAUX (LES), f. cne de la Bigottière.
HUCHERIE (LA), h. cne de Mayenne. — Fief vassal du duché de Mayenne.
HUCHERIE (LA), f. cne de Moulay.
HUET, f. cne de Commer.
HUETTERIE (LA), f. cne de Chemazé.
HUETTERIE (LA), f. cne de Villiers-Charlemagne.
HUGERIE (L'), f. cne de Martigné. — *Lugerio* (cadastre). — On dit aussi *l'Eugerie*.
HUGERIE (LA), f. cne de Fontaine-Couverte; altération de *Hucherie*.
HUGERIE (LA), f. cne de la Selle-Craonnaise.
HUILERIE (L'), f. cne de Bonchamp.
HUILERIE (L'), f. cne de Mayenne.
HUILIER (SAINT-JEAN DE L'), cne de Vaucé; chapelle dépendant de l'abb. de Beaulieu.
HUILIÈRE (L'), f. cne de Saint-Germain-le-Guillaume.
HUISSERIE (L'), cne de Laval-Ouest. — *L'Huixerie*, 1464 (cab. la Bauluère).
Anc. paroisse du doy., de l'élect. et du comté de Laval, qui prend son nom d'un grand bois qui l'environne.
HUISSERIE (L'), h. cne de la Baroche-Gondouin.
HUISSERIE (L'), f. cne de Bonchamp.
HUISSERIE (L'), f. cne du Genest.
HUITRÉ (LE BAS-), h. cne de Torcé.
HUITRÉ (LE HAUT-), f. cne de Viviers.
HULAIRIES (LES), f. cne de Laigné. — Fief vassal du marq. de Château-Gontier.
HULINIÈRE (LA), f. cne d'Entrammes.
HULINIÈRE (LA), f. cne de Montigné.
HULINIÈRE (LA), f. cne de Niafle. — Fief vassal de la bar. de Craon.
HULINIÈRE (LA), f. cne de Saint-Quentin.
HULOTTIÈRE (LA), f. cne de Courcité.
HULOUÉ (LE), h. cne de Saint-Germain-de-Coulamer.
HULOUP, f. cne de Peuton.
HUMERIAIS (LA), h. cne de la Rouaudière.
HUNAUDAIS (LA), f. cne d'Ahuillé.
HUNAUDERIE (LA), f. cne de Laval.
HUNAUDERIE (LA), h. cne de Pommerieux.
HUNAUDIÈRE (LA), f. cne d'Argentré.
HUNAUDIÈRE (LA), f. cne de Fougerolles.
HUNAUDIÈRE (LA), f. cne de Livré.
HUNAUDIÈRE (LA), f. et étang, cne de Saint-Saturnin-du-Limet.

Hunaudière (La), f. cne de la Selle-Craonnaise.
Hunaudière (La), f. cne de Vaiges.
Hunaudière (La Petite-), f. cne de la Selle-Craonnaise.
Hunaudières (Les), h. cne de Fontaine-Couverte.
Hunaudières (Les), f. cne de Pommerieux. — On dit aussi les Hunauderies.
Hune (La), min, cne de Bazougers.
Hune (La Petite-), f. cne de Bazougers.
Hune (Le Haut et le Bas de la), f. cne de Bazougers. — Fief vassal des châtell. de Bazougers et de Meslay. Ce lieu prend son nom d'un menhir voisin.
Hunelais (La), f. cne de Montenay.
Hunelière (La), h. cne de Sainte-Marie-du-Bois. — On dit aussi la Heunellière.
Hunelière (La Petite-), h. cne de Saint-Ouen-des-Toits.
Hunelières (Les), f. cne de Champgenoteux. — Les Humelières (carte de Jaillot).
Fief vassal du marq. de Villaines-la-Juhel.
Hunière (La) ou la Heunière, h. cne d'Izé.
Huonnière (La), fief aussi nommé Ville-Garland ou Brochard, cne de Saint-Jean-sur-Mayenne, vassal de la châtell. de Fouilloux.
Huptière (La), f. cne de Saint-Pierre-des-Landes.
Hureau, f. cne de Ruillé-le-Gravelais.
Hurelière (La Grande et la Petite), f. cne de Saint-Aignan-de-Couptrain. — On prononce Hulière.
Fief vassal de la châtell. de Couptrain.

Hurie (La) ou la Heurie, éc. cne de Fromentières.
Hurie (La), h. cne de Saint-Fraimbault-de-Prières.
Husson, fief, cne d'Aron, vassal du duché de Mayenne.
Hussonnière (La), f. cne d'Aron.
Hussonnière (La), h. cne de Brécé. — Fief vassal de la bar. d'Ambrières.
Hussonnière (La), vill. cne de Javron.
Hussonnière (La), h. cne de Lesbois.
Hutereau (Le), éc. cne de Mézangers.
Hutereau (Le), f. cne de Ruillé-Froidfont.
Hutereau (Le), f. cne de Saint-Denis-de-Gastines.
Hutereaux (Les), f. cne de Champéon.
Hutereaux (Les), h. cne de la Poôté.
Hutinière (La), f. cne d'Abuillé; donne son nom à un ruiss. afll. de celui des Rochettes.
Hutinière (La), f. cne de Montigné.
Hutte (La), f. cne de Courbeveille; détruite vers 1829.
Huttes-d'Avazé (Les), éc. cne de Montenay.
Huttes-des-Landes (Les), h. cne de Courbeveille.
Huttes-de-Vilpeau (Les), h. cne de Montenay.
Huttière (La), h. cne de Montourtier.
Huttière (La), vill. cne de Saint-Calais-du-Désert.
Huverie (La), h. cne de la Baroche-Gondouin.
Huverie (La), vill. cne du Pas.
Hys (Le), h. cne de Bierné.
Hys (Le), f. cne de Mée.
Hys (Les), h. cne de la Cropte.

I

If (L'), f. cne de la Rouaudière.
Iffrières (Les), f. cne de Saint-Denis-d'Anjou.
Ifs (Le Bas des), éc. cne de Saint-Céneré.
Ifs (Les), fief vassal de la châtell. de Bazougers.
Ifs (Les), f. cne de Courcité.
Ifs (Les), min et h. cne de Montsurs. — Fief vassal de la châtell. de Montsurs.
Ifs (Les), éc. cne de Saint-Céneré.
Image (L'), logis et f. cne de Bazouges.
Imesle (L'), bois, cne d'Ampoigné; auj. défriché.
Industrie (L'), f. cne d'Ampoigné.
Ingrandes, chât. et f. cne d'Azé. — Le fief d'Ingrandes fut réuni à la seign. d'Azé à la fin du xve siècle pour former une châtellenie.
Étang desséché à la fin du xviie siècle.
Ingrandes (Vallées d'), cne de Saint-Germain-le-Fouilloux; donnent leur nom à un ruiss. afll. de l'Ernée.
Ingronnière (L'), h. cne de Trans.

Ipolite (Étang d'), cne de la Brulatte, près de la forêt de Concise; auj. desséché.
Isac, h. cne de la Baconnière; donne son nom à un ruiss. afll. de celui de Cormerie.
Isabellière (L'), f. cne de Changé.
Isambal, vill. cne de Montjean.
Isambardière (L'), h. cne de Brains-sur-les-Marches.
Isambardière (L'), f. cne de Peuton; donnait son nom à un bois qui est auj. défriché. — Fief vassal de la bar. de Craon.
Isambardière (L'), f. cne de Saint-Denis-d'Anjou.
Isambaudière (L'), f. cne de Ruillé-Froidfont.
Isebarbière (L'), h. cne de la Selle-Craonnaise. — L'Escoubarbière, 1572 (arch. de la Mayenne, E 56). — Lequebarbière, 1612 (ibid.). — Les Coubarbières (Cassini).
Islandière (L'), f. cne de Montenay.
Islantière (L'), h. cne de Contest. — Lilentière (cadastre).

Isle (L'), chât. et f. cne de Brécé. — Fief de la bar. du Plessis-Châtillon.

Isle (L'), f. cne de Nuillé-sur-Ouette.

Isle (L'), h. cne de Saint-Aubin-Fosse-Louvain.

Isle (L'), chât., min et f. cne de Saint-Fraimbault-de-Prières. — *L'Isle-du-Gast* (carte de Jaillot).

Seign. du duché de Mayenne, dont dépendaient les fiefs d'Augeard, des Cautières, de la Marcillerie et d'Ollon.

Isle-Barbier (L'), éc. cne de Pommerieux.

Isle-d'Athée (L'), f. et min, cne d'Athée. — Fief vassal de la bar. de Craon.

Isle-du-Hay (L'), f. cne de Saint-Fraimbault-de-Prières.

Isles (Les), h. cne de Montenay.

Isles (Les), f. cne de Voutré.

Isle-Sainte-Hélène (L'), éc. cne de Laval.

Isle-Tison (L'), f. cne de Craon. — Seign. de la bar. de Craon, dont relevaient les fiefs du Pin, de Saint-Amadour et de la Lande de Niafle.

Isodière (L'), h. cne de Brains-sur-les-Marches.

Issu (L'), f. cne de Saint-Saturnin-du-Limet.

Ivet, forêt sise entre Cosmes, Bouchamp et la Selle-Craonnaise; auj. défrichée. — *Dividebat forestam de Iveto de bosco et terra Charbonnel usque ad veterem viam*, xiie siècle (abb. de la Roë, H 151, f° 74).

Ivonnière (L'), h. et vill., cne de Saint-Pierre-sur-Orthe.

Ivoy (Le Haut et le Bas), f. cne de Carelles. — Seign. membre de la châtell. de Champorin et de l'Otagerie.

L'étang de ce lieu a été desséché vers 1826.

Ivrière (L'), f. cne de Saint-Denis-d'Anjou.

Izé, con de Bais. — *Ecclesiam de Isyaco*, 989 (cart. d'Évron). — *In parrochia de Iseyo*, 1347 (ibid.).

Anc. par. du doy. de Javron, de l'élect. du Mans et de la bar. d'Évron.

Izé, bois, cne d'Izé. — Le ruiss. de l'étang d'Izé est un affl. de la Vaudelle.

J

Jacopière (La), chât. et f. cne de Craon. — Fief vassal de la bar. de Craon.

Jacopière (La), f. cne de Saint-Georges-Buttavent.

Jacôtière (La), h. cre d'Ahuillé.

Jacquerie (La), f. cre de Saint-Germain-de-Coulamer.

Jacquerie (La), éc. cne de Gesvres.

Jacquerie (La), f. cne de Simplé.

Jacquetière (La), f. cne d'Aron.

Jacquetière (La), h. cne de Bais.

Jacquetière (La), f. cne de Brécé; auj. détruite. — *La Jactière*, 1250 (arch. nat. L 971).

Jacquetière (La), f. cne de Châtillon-sur-Colmont.

Jacquetière (La), f. cne de Saint-Denis-de-Gastines.

Jacquetières (Les), f. cne de la Roë. — *Closeria de Jacqueteriis*, xvie se (abb. de la Roë).

Jacquetterie (La), éc. cne de Deux-Évailles.

Jaffetière (La), h. cne de Changé; donne son nom à un ruiss. affl. de celui de Changé.

Jagu, f. et min, cne de Loupfougères.

Jaguaisières (Les), h. cne de Saint-Jean-sur-Erve; altération de *Jeguesières*.

Jaguelinière (La), f. cne d'Astillé.

Jaguère (La), f. cne de la Chapelle-Rainsouin; auj. détruite.

Jaguerie (La), f. cne de Simplé.

Jaille (La Haute et la Basse), f. cne de Fromentières.

Jaillerie (La), chât. et f. cne de Daon. — *Johannes de la Gualerie*, 1247 (abb. de la Roë, H 183). — On dit aussi *la Jallerie*.

Jaillerie (La Petite-), f. cne de Daon.

Jaillette (La), f. cne de Fromentières.

Jallerie (La), vill. cne de la Baconnière.

Jallière (La), h. cne du Bignon.

Jallonnière (La), f. cne d'Andouillé.

Jallonnière (La), f. cne de Saint-Germain-le-Fouilloux.

Jallonnière (La Haute-), f. cne d'Andouillé.

Jallonnières (Les), f. cne de Saint-Ouen-des-Toits. — Étang auj. desséché.

Jallonnières (Les), f. cne de Saint-Pierre-des-Landes.

Jambaine, f. cne de Commer.

Jambelle (La), ruiss. affl. du Merdereau, cne de Saint-Aubin-du-Désert.

Jambellière (La), f. cne de Bonchamp.

Jambinière (La), f. cne de Montflours.

Jambon, f. cne de Saint-Denis-d'Anjou.

Jambrière (La), f. cne de Carelles.

Jamelinière (La), f. cne de Chailland.

Jamebaie (La), f. cne de Soulgé-le-Bruant. — *Gambam fractam*, 989 (cart. d'Évron).

Jametière (La), f. cne de Martigné.

Jametière (La), f. cne de Moutsurs. — On prononce *la Gemmetière*.

Jametière (La), f. cne d'Olivet; auj. détruite.

Jametière (La), éc. et f. cne de Saint-Cénéré.

JAMETIÈRE (LA), f. cne de Torcé.
JAMETIÈRE (LA), f. cne de Vautorte.
JAMINS (LES); fief du duché de Mayenne.
JAMOISIÈRE (LA), vill. cne de Brétignolles.
JAMOISIÈRE (LA), h. cne de Soucé.
JAMOTIN, éc. cne d'Ernée.
JANSONNIÈRE (LA), h. cne d'Andouillé.
JANVRAIE (LA), f. cne du Bourgneuf-la-Forêt.
JANVRIE (LA), vill. cne d'Andouillé. — Landes auj. défrichées.
JANVRIE (LA), f. cne de Ballots.
JANVRIE (LA), f. cne de la Bazouge-des-Alleux.
JANVRIE (LA), f. cne de la Brulatte. — *La Genverie*, 1643 (abb. de la Roë, H 199).
JANVRIE (LA), h. cne de Châtillon-sur-Colmont.
JANVRIE (LA), f. cne de Houssay.
JANVRIE (LA), h. cne de Lassay; donne son nom à un ruiss. affl. de celui de Lassay.
JANVRIE (LA), éc. cne de Mayenne.
JANVRIE (LA), f. cne de Montjean.
JANVRIE (LA), f. cne de Niafle.
JANVRIE (LA), f. cne de Pommerieux.
JANVRIE (LA), f. cne de la Rouaudière.
JANVRIE (LA PETITE-), f. cne de Châtillon-sur-Colmont.
JAQUELINIÈRE (LA), f. cue de Chemazé; nommée aussi *la Pitaudière*.
JARD (LE), f. cne de Bouère.
JARDIÈRE (LA), f. cne de Chailland.
JARDIÈRE (LA), f. cne de Champéon.
JARDIÈRE (LA), f. cne de Cigné.
JARDIÈRE (LA), f. cne de Landivy.
JARDIÈRE (LA), vill. cne de Montaudin; donne son nom à un ruiss. affl. de celui des Sources.
JARDIÈRE (LA), f. cne de Saint-Hilaire-des-Landes.
JARDIÈRE (LA GRANDE et LA PETITE), h. cue de Saint-Berthevin-la-Tannière.
JARDIÈRES (LES), f. cne de Bazougers. — On écrit aussi *l'Égeardière*, mais à tort. — *Les Jardières* (Cassini).
JARDIN (LE), f. cne d'Aron.
JARDIN (LE), f. cne de Mayenne.
JARDINS (LES GRANDS-), h. cne de Sainte-Suzanne.
JARDS (LES), h. cne de la Cropte.
JAROSSAIE (LA), f. cne de Bazougers.
JAROSSAIE (LA), f. cue d'Entrammes. — Fief vassal de la bar. d'Entrammes.
JAROSSAY (LE), f. cne de Craon.
JAROSSAY (LE), f. cne de Loigné.
JAROSSAY (LE), f. cne d'Évron. — On dit aussi *le Jaroussay*.
JAROSSEL, fief, cne de Quelaines, vassal de la bar. de Craon.
JARRIAIS (LA), vill. cne d'Ambrières.

JARRIAIS (LA), h. cue de Bais.
JARRIAIS (LA), h. cne de Champfremont; donne son nom à un ruiss. affl. de celui du Passoir.
JARRIAIS (LA), f. cne de la Chapelle-Craonnaise.
JARRIAIS (LA), h. cne de Colombiers.
JARRIAIS (LA), f. cne de la Croixille. — *Bois de la Jarriaye* (carte de Jaillot).
JARRIAIS (LA), f. cne de la Dorée.
JARRIAIS (LA), f. cne de Fromentières.
JARRIAIS (LA), éc. cne de Gesnes. — Le ruiss. de la Jarriais ou de Gesnes, appelé aussi ruiss. de Villermanger dans son cours supérieur, arrose Montsurs et se jette dans la Jouanne.
JARRIAIS (LA), h. cne de Loupfougères.
JARRIAIS (LA) ou LA GERIAIS, f. cne de Montaudin. — Ruiss. affl. de la Futaie.
JARRIAIS (LA), éc. cne de Montigné.
JARRIAIS (LA), f. cne de Pommerieux.
JARRIAIS (LA), f. et h. cne de la Rouaudière.
JARRIAIS (LA), f. cne de Saint-Berthevin-la-Tannière.
JARRIAIS (LA), h. cne de Saint-Martin-du-Limet.
JARRIAIS (LA), h. cne de Trans.
JARRIAIS (LA), f. cne de Villiers-Charlemagne.
JARRIAIS (LA GRANDE-), f. cne de Montenay.
JARRIAIS (LA GRANDE-), f. cne de Ruillé-le-Gravelais. — Fief vassal de la châtell. de Montjean.
Le ruiss. de la Jarriais est un affl. de l'Oudon.
JARRIAIS (LA GRANDE et LA PETITE), f. cue de Changé. — On dit aussi *la Jarrirais*.
JARRIAIS (LA HAUTE-), f. cne de Montenay.
JARRIAIS (LA PETITE-), min, cne de Ruillé-le-Gravelais.
JARRIAIS (LES), f. cne de la Bazoche-Montpinçon.
JARRIAIS (LES), h. cue de Bazouges.
JARRIAIS (LES), f. cne de Beaumont-Pied-de-Bœuf. — Fief vassal de la châtell. de Bazougers.
JARRIAIS (LES), f. cne de Bouère.
JARRIER (LE), f. cne de Changé. — On dit aussi *le Jarriel*.
JARRIER (LE), f. cne de Saulges.
JARRIER (LE GRAND-), f. cne de Torcé.
JARRIÈRE (LA), f. cne d'Andouillé.
JARRIÈRE (LA), f. cne d'Assé-le-Bérenger.
JARRIÈRE (LA), vill. cue de Commer.
JARRIÈRE (LA), f. cue d'Entrammes.
JARRIÈRE (LA PETITE-), h. cne d'Assé-le-Bérenger.
JARRIÈRES (LES), f. cne de la Bazoche-Montpinçon.
JARRIS (LES), f. cne d'Épineu-le-Séguin.
JARRIS (LES), f. cne de Saint-Ouen-des-Vallons.
JARRY (LA COUR DU), f. cne de Saint-Sulpice. — L'étang de ce lieu est auj. desséché.
Arrière-fief du marq. de Château-Gontier, vassal de la Rongère.

JARRY (LE), fief, c^{ne} de Livré, vassal de la seign. de la Bodinière.
JARRY (LE), f. c^{ne} de Saint-Ellier.
JARRY (LE GRAND et LE PETIT), f. c^{ne} de Saint-Sulpice.
JARRY (LE PETIT-), f. c^{ne} de Loigné.
JARTÉ, mⁱⁿ, c^{ne} d'Entramnes.
JARTÉ, mⁱⁿ et éc. c^{ne} de Nuillé-sur-Vicoin. — *Moulin de Jarreté*, 1334 (cab. la Bauluère).
JARZÉ (LE GRAND et LE PETIT), h. c^{ne} de Montenay. — *Terram dominicam de Jarzeio cum stanno et molendinum*, 1241 (abb. de Savigny, arch. nat. L. 970).
JATTIÈRE (LA), h. c^{ne} de Rennes-en-Grenouille.
JAUGE (LA), f. c^{ne} de la Gravelle.
JAUJUÈRE (LA), f. c^{ne} de Bouère. — *La Jeaujuère* (Cassini).
JAULINIÈRE (LA), f. c^{ne} de Montenay.
JAUNAIE (LA), f. c^{ne} d'Aron.
JAUNAIE (LA), lande, c^{ne} de la Boissière; auj. défrichée.
JAUNAIE (LA), vill. c^{ne} de Bourgon.
JAUNAIE (LA), éc. c^{ne} d'Ernée.
JAUNAIE (LA), f. c^{ne} de Fontaine-Couverte. — *La Jonaye*, 1640 (abb. de la Roë).
JAUNAIE (LA), f. c^{ne} de Larchamp.
JAUNAIE (LA), f. c^{ne} de Laval.
JAUNAIE (LA), f. c^{ne} de Ménil.
JAUNAIE (LA), éc. c^{ne} de Mézangers.
JAUNAIE (LA), h. c^{ne} de Renazé.
JAUNAIE (LA), f. c^{ne} de Saint-Pierre-des-Landes.
JAUNAIES (LES), f. c^{ne} de Belgeard.
JAUNAIES (LES), f. c^{ne} de Cossé-le-Vivien.
JAUNAIES (LES), h. c^{ne} de Marcillé-la-Ville.
JAUNARDIÈRE (LA), f. c^{ne} d'Alexain.
JAUNAY (LE), f. c^{ne} de Cuillé.
JAUNAY (LE), f. c^{ne} de Launay-Villiers.
JAUNAY (LE), f. c^{ne} de Livré.
JAUNAY (LE) ou LA JAUNAIE, éc. c^{ne} de Méral.
JAUNEAU (LE), vill. c^{ne} de Blandouet.
JAUNEAU (LE), h. c^{ne} de Champgeneteux.
JAUNEAU (LE), f. c^{ne} de Laigné. — *Le Jeauneau* (Cassini).
JAUNELLIÈRE (LA), f. c^{ne} de la Brulatte.
JAUNELLIÈRE (LA), éc. c^{ne} de Saint-Christophe-du-Luat.
JAUNIER (LE), f. c^{ne} de Buzouges; auj. détruite.
JAUNIAU (LE), f. c^{ne} d'Arquenay.
JAUNIAU (RUE), c^{ne} de Saint-Berthevin.
JAUNOUSE, f. c^{ne} de la Roë. — *La métairie de Jaulnouze*, 1599 (abb. de la Roë, H. 185). La lande de ce lieu est auj. défrichée.
JAUPIER (ÉTANG DE), c^{ne} de Juvigné-des-Landes; auj. desséché.
JAUZÉ (LE HAUT et LE BAS), vill. c^{ne} de Hambers.
JAVELIÈRE (LA), f. c^{ne} de Montsurs; donne son nom à un ruiss. affl. de la Jouanne.

JAVRON, c^{on} de Pré-en-Pail. — *In vicaria Gabronense*, 780 (Baluze, *Miscell.*, t. III, p. 161). — *De vico Gabron*, 802 (dipl. de Charlemagne.) — *In condita Gabronense*, 840 (Gesta domini Aldrici). — *Rotbertus filius Gundini de Gevroniensi*, xie siècle (Bibl. nat. f. lat. 5441). — *Decanus de Jevroneis*, 1208 (abb. de Fontaine-Daniel). — *Robertus decanus de Gabronio*, 1243 (arch. nat. L 970). — *Decanus de Gaunronio*, 1285 (inv. des arch. de la Sarthe).

Le prieuré de Javron dépend. de l'abb. de Saint-Julien de Tours. — Siége d'un doy. du diocèse du Mans, dans l'archidiaconé de Passais.

Anc. paroisse de l'élection du Mans et du duché de Mayenne.

JEANNETIÈRE (LA), f. c^{ne} de la Brulatte; auj. détruite.
JEANNIÈRE (LA GRANDE et LA PETITE), f. c^{ne} de Jublains.
JEANNIÈRES (LES), f. c^{ne} de Saint-Samson.
JEGUÈRE (LA), f. c^{ne} de Ruillé-le-Gravelais.
JEGUÈRE (LA HAUTE et LA BASSE), f. c^{ne} de Loiron. — *La Geguère* (Cassini).
JEGUÈRE (LA PETITE-), éc. c^{ne} de Loiron.
JEGUEZIÈRE (LA), f. c^{ne} de Saint-Jean-sur-Erve. — *Gegueziere* (carte de Jaillot).

Fief vassal de la châtell. de Thorigné.

JENNY, h. c^{ne} d'Izé. — *Jannine* (Cassini).
JEU-DE-PAUME (LE), f. c^{ne} de Juvigné-des-Landes.
JEUDIÈRE (LA), f. c^{ne} de Montigné.
JEUFFRAUDIÈRE (LA), h. c^{ne} de Martigné. — On trouve aussi *la Juffraudière*, altération de *Geoffraudières*.
JEULINIÈRE (LA), f. c^{ne} de Bouère.
JEUNE, vill. c^{ne} de Bais. — *Iona villa*, 642 (test. Hadoindi).
JEUNERIE (LA), f. c^{ne} de Bierné.
JEUNERIE (LA), fief, c^{ne} de Brécé, vassal de la seign. du Parc d'Avaugour.
JEUNERIE (LA), f. c^{ne} de Parné.
JEUNERIE (LA), éc. c^{ne} de Thorigné.
JEUNNIÈRE (LA), f. c^{ne} de Gorron.
JEUSSAIE (LA), f. c^{ne} du Bourgneuf-la-Forêt.
JEUSSARDIÈRE (LA), h. c^{ne} de Ballots.
JEUSSE (LA), vill. c^{ne} de Launay-Villiers. — Les landes de ce lieu sont auj. défrichées.
JEUSSEAUMIÈRE (LA), h. c^{ne} de Saint-Mars-sur-Colmont; altération de *la Joussaumière*.
JEUSSÉLINAIS (LA), vill. c^{ne} de Landivy.
JEUSSELINIÈRE (LA), f. c^{ne} d'Argentré. — On dit aussi *la Jousselinière*.
JEUSSELINIÈRE (LA), f. c^{ne} de Bouère.
JEUSSELINIÈRE (LA), f. c^{ne} de Fontaine-Couverte.
JEUSSELINIÈRE (LA), fief, c^{ne} de Houssay, vassal de la châtell. de Laval.

JEUSSELINIÈRE (LA), h. c^{ne} de Juvigné-des-Landes.
JEUSSELINIÈRE (LA); f. c^{ne} de Larchamp.
JEUSSERAIE (LA), f. c^{ne} de Soulgé-le-Bruant.
JEUSSERIE (LA), f. c^{ne} d'Alexain.
JEUSSERIE (LA), h. c^{ne} de Châtillon-sur-Colmont. — On écrit aussi *la Jousserie.*
JEUSSERIE (LA), f. c^{ne} d'Ernée.
JEUSSIÈRE (LA), f. c^{ne} de Bazougers.
JEUSSIÈRE (LA), f. c^{ne} de Gorron.
JEUSSIÈRE (LA), h. c^{ne} de Jublains.
JEUSSIÈRE (LA), f. c^{ne} de Saint-Berthevin-la-Tannière. — *La Jeusserie,* 1866 (rôles de dénombrement).
JEUSSINIÈRE (LA), h. c^{ne} de Champgeneteux.
JEUTIGNET, f. c^{ne} de Chailland.
JEUZELIÈRE (LA), vill. c^{ne} du Ribay.
JIONNIÈRE (LA), f. c^{ne} de Sainte-Suzanne.
JOBERDIÈRE (LA), f. c^{ne} de Saint-Poix.
JOBRIÈRE (LA), h. c^{ne} de Montenay.
JOCHEPIE, f. c^{ne} d'Azé.
JOCHEPIE, f. c^{ne} de Bierné.
JOCHEPIE, h. c^{ne} de Craon.
JOCHEPIE, f. c^{ne} de Saint-Quentin.
JOCQUESOUDE, éc. c^{ne} d'Azé; détruit en 1857.
JODERIE (LA), h. c^{ne} de Champgeneteux; donne son nom à un ruiss. affl. de celui du Moulin-Guibert. — Bois auj. défriché.
JODONNIÈRE (LA), f. c^{ne} de Saint-Martin-du-Limet.
JOGADAINE (LA), f. c^{ne} de Chemazé.
JOIGNÉ (LE GRAND et LE PETIT), f. c^{ne} de Changé.
JOIGNÈRES (LES), f. c^{ne} d'Astillé.
JOINIÈRE (LA), f. c^{ne} de Cosmes; altération de *la Jouannière.*
JOINVILLE, f. c^{ne} d'Azé.
JOISIÈRE (LA), f. c^{ne} de la Chapelle-Anthenaise.
JOLIE-VUE (LA), éc. c^{ne} de la Croixille.
JOLISERIE (LA), f. c^{ne} de Bouchamp; donne son nom à un ruiss. affl. de l'Oudon.
JOLIVELLIÈRE (LA), f. c^{ne} de Daon.
JOLIVERIE (LA), f. c^{ne} de Cosmes.
JOLIVETTERIE (LA), f. c^{ne} de Quelaines.
JOLIVIÈRE (LA), éc. c^{ne} de l'Huisserie.
JOLIVIÈRE (LA), h. c^{ne} de Montreuil.
JOLIVIÈRES (LES), vill. c^{ne} de Sainte-Gemmes-le-Robert. — On dit aussi *la Butte des Jolivières.*
Le ruiss. des Jolivières est un affl. de celui de Culoison.
JOLLIÈRE (LA), f. c^{ne} d'Ampoigné. — On écrit aussi *la Geolière.*
JOLLIÈRE (LA GRANDE-), f. c^{ne} de Chemazé.
JOLLIÈRES (LES), h. c^{ne} de Chemazé. — *Joière,* 1622 (abb. de la Roë).

JONCHÉES (LES), f. c^{ne} d'Évron. — *Judonciacum,* 989 (cart. d'Évron). — *Les Jonchets,* 1547 *(ibid.).*
JONCHERAIES (LES), vill. c^{ne} de Désertines; ruiss. affl. de celui de la Lande.
JONCHERAY (LE), éc. c^{ne} d'Argentré.
JONCHERAY (LE), f. c^{ne} de Bouchamp.
JONCHERAY (LE), f. c^{ne} de Chemazé.
JONCHERAY (LE), c^{ne} de Contest; donne son nom à un ruiss. affl. de celui de la Juguerie.
JONCHERAY (LE), f. c^{ne} de Saint-Gault.
JONCHERAY (LE), f. c^{ne} de Simplé.
JONCHÈRE (LA), f. c^{ne} du Buret.
JONCHÈRE (LA), f. avec étang, c^{ne} de Thorigné. — *H. de Juncheria,* 1335 (cart. d'Évron).
Fief vassal de la châtell. de Thorigné.
JONCHÈRE (LA HAUTE-), f. c^{ne} de Cossé-le-Vivien. — Fief vassal de la châtell. de la Guéhardière.
JONCHÈRE (LA HAUTE et LA BASSE), h. c^{ne} de Fontaine-Couverte.
JONCHERÉES (RUISSEAU DES), c^{ne} de Désertines, affl. du ruiss. de la Gauterie.
JORIÈRE (LA), f. c^{ne} d'Évron. — *La Jorrière,* 1630 (abb. d'Évron).
JORTRUÈRE (LA), vill. c^{ne} de la Chapelle-au-Riboul.
JORUMIÈRE (LA), f. c^{ne} d'Oisseau.
JOSTIÈRE (LA), vill. c^{ne} de Lignières-la-Doucelle.
JOUANNE, riv. qui prend sa source sur les limites de la commune de Bais, traverse Sainte-Gemmes, Mézangers, Neau, Montsurs, Saint-Cénéré, Argentré, Bonchamp, Forcé, et se jette dans la Mayenne à Entrammes. Elle porte aussi, dans son cours supérieur, les noms de Dinard, de Richebourg et de Villiers. — *Prope ipsam Jona,* 642 (test. Hadoindi).
— *A la rivière de Jouene,* 1443 (arch. nat. P 343).
JOUANNEAU, mⁱⁿ et étang, c^{ne} d'Entrammes; auj. supprimés. — *Molendino de Jaannello,* 1237 (inv. des arch. de la Sarthe).
JOUANNIÈRE (LA), h. c^{ne} de la Bazouge-des-Alleux.
JOUANNIÈRE (LA), f. c^{ne} de Beaumont-Pied-de-Bœuf.
JOUANNIÈRE (LA), f. c^{ne} de Changé; annexée à la c^{ne} de Laval.
JOUANNIÈRE (LA), f. c^{ne} de Cossé-le-Vivien; donne son nom à un ruiss. affl. de l'Oudon. — On dit aussi *la Chouannière.*
JOUANNIÈRE (LA), f. c^{ne} de Parigné. — On dit aussi *la Jouannerie.*
JOUANNIÈRE (LA), f. c^{ne} de Ruillé-le-Gravelais.
JOUANNIÈRE (LA), éc. c^{ne} de Villiers-Charlemagne.
JOUANNIÈRES (LES), f. c^{ne} d'Azé.
JOUANNIÈRES (LES), éc. c^{ne} de Ballots.
JOUARDIÈRE (LA), f. c^{ne} d'Alexain.
JOUARDIÈRE (LA), f. c^{ne} d'Argentré.

JOUARDIÈRE (LA), f. c^{ne} de la Brulatte; auj. détruite.
JOUARDIÈRE (LA), h. c^{ne} d'Izé. — On prononce la Jouarière.
JOUARDIÈRE (LA), h. c^{ne} de Launay-Villiers.
JOUASSIÈRE (LA), f. c^{ne} de Louvigné; donne son nom à un ruiss. affl. de la Jouanne.
JOUASSIÈRE (LA), vill. c^{ne} du Pas; donne son nom à un ruiss. affl. de celui du Buron.
JOUASSIÈRE (LA GRANDE et LA PETITE), vill. c^{ne} de Loupfougères.
JOUASSIÈRES (LES), f. c^{ne} de Chammes.
JOUASSIÈRES (LES), h. c^{ne} de Sainte-Marie-du-Bois.
JOUBARDIÈRE (LA), h. c^{ne} de Neau.
JOUBARDIÈRE (LA), chât. et f. c^{ne} de Saint-Martin-du-Limet. — La Jobardière, 1537 (arch. de la Mayenne, E 104).
Arrière-fief de la bar. de Craon, vassal de la seign. du Parvis.
JOUBERDIÈRE (LA), f. c^{ne} de Niort.
JOUBERDIÈRE (LA), h. c^{ne} de la Poôté; donne son nom à un ruiss. affl. du Sarthon.
JOUBERT, f. c^{ne} de Saint-Brice.
JOUDONNIÈRE (LA), f. c^{ne} de Saint-Cyr-le-Gravelais.
JOUET, f. et bois, c^{ne} d'Andouillé. — Le fief de Jouet était vassal du duché de Mayenne.
JOUET, h. c^{ne} de Loupfougères.
JOUETTIÈRE (LA), f. c^{ne} de Martigné.
JOUFFIÈRE (LA) ou LA JOUFFETIÈRE, h. c^{ne} de Jublains.
JOUILLÈRE (LA), h. c^{ne} des Chapelles. — Les Joyères (arch. de la Mayenne, série Q).
JOUILLÈRE (LA), h. c^{ne} du Pas.
JOUILLÈRE (LA), h. c^{ne} de Pommerieux.
JOULINIÈRE (LA), f. c^{ne} de Saint-Aignan-sur-Roë.
JOURDAN (RUISSEAU DE), c^{ne} de Saint-Fraimbault-de-Prières, affl. du ruiss. de l'Ollon.
JOURDONNAIS (LES), h. c^{ne} de la Croixille.
JOURDONNIÈRE (LA), f. c^{ne} de Bouessay.
JOURDONNIÈRE (LA), f. c^{ne} du Bourgneuf-la-Forêt.
JOURDONNIÈRE (LA), f. c^{ne} de Chailland.
JOURDONNIÈRE (LA), f. c^{ne} de Saint-Brice.
JOURDONNIÈRE (LA), f. c^{ne} de Saint-Cyr-le-Gravelais.
JOURDONNIÈRES (LES), h. c^{ne} de la Croixille. — On dit aussi les Jourdonnais.
JOURLAIN, f. c^{ne} de Bonchamp.
JOURNAL (LE), éc. c^{ne} de Chemazé.
JOURNAL (LE), f. c^{ne} d'Épineu-le-Séguin.
JOURNAL (LE), f. et éc. c^{ne} de Pré-en-Pail.
JOURNAUX (LES), f. c^{ne} d'Épineu-le-Séguin.
JOURNIÈRE (LA), vill. c^{ne} du Housseau.
JOUSSARDIÈRE (LA), f. c^{ne} de Livré; auj. détruite.
JOUSSE, chât. et f. c^{ne} d'Ahuillé.
JOUSSELLIÈRE (LA), h. c^{ne} de Saint-Georges-Buttavent.

JOUSSERIE (LA), f. c^{ne} de Cigné.
JOUZEAU (LE), f. c^{ne} de Méral.
JOVENCE, h. c^{ne} de Jublains.
JOVENCE, croix, c^{ne} de Moulay, qui remplace une fontaine comblée.
JOVENCE, f. c^{ne} de Saint-Pierre-des-Landes.
JOYÈRE (LA), f. c^{ne} du Bignon.
JOYÈRE (LA), fief, c^{ne} de Chemazé, vassal du marq. de Château-Gontier.
JOYÈRE (LA), h. c^{ne} de Saint-Pierre-sur-Orthe.
JOYÈRE (LA PETITE), éc. c^{ne} de Saint-Pierre-sur-Orthe.
JUANDIÈRES (LES), fief du duché de Mayenne.
JUAUDIÈRE (LA), f. c^{ne} de Sacé; auj. détruite.
JUBASIÈRE (LA), f. c^{ne} de Couesmes.
JUBERDIÈRE (LA), f. c^{ne} d'Arquenay.
JUBERDIÈRE (LA), f. c^{ne} de Changé.
JUBERDIÈRE (LA), h. c^{ne} de Cossé-le-Vivien.
JUBERDIÈRE (LA), f. c^{ne} de Saint-Hilaire-des-Landes.
JUBERDIÈRE (LA), f. c^{ne} de Saulges.
JUBERDIÈRE (LA), h. c^{ne} de Villiers-Charlemagne.
JUBERDIÈRE (LA HAUTE et LA BASSE), f. c^{ne} de la Gravelle.
JUBERDIÈRES (LES), f. c^{ne} de Loigné.
JUBERTIÈRE (LA), f. c^{ne} de Bazougers; détruite vers 1810.
JUBERTIÈRE (LA), f. c^{ne} de Chailland.
JUBLAINS, c^{en} de Bais. — *Diaulitæ quorum civitas Neodunum* (Ptolémée, Descriptio Galliarum, liv. IV). — *Secus Diablintas*, 615 (test. de saint Bertrand, Gall. christ.). — *Res antiquas Sancte Ecclesie Diablenticæ*, 615 (ibid.). — *Quidquid undique in oppido Diablintis comparavi*, 615 (ibid.). — *In condita Diablintica*, 710 (Veterum anal. Mab. t. III, p. 282). — *In vicaria Diablintica*, IXe siècle (Gesta Aldrici). — *Decima de Jublenz*, 1280 (liv. bl. du chap. du Mans). — *Chemin de Jubleans*, 1585 (cab. d'Achon).
Anc. par. du doy. d'Évron, de l'élect. et du duché de Mayenne.
Les importantes ruines gallo-romaines qui ont été trouvées récemment à Jublains ne permettent pas de douter que ce lieu n'ait été autrefois la principale cité des Diablintes.
JUBOT (LANDE DE), c^{ne} de Bourgon; auj. défrichée.
JUCHEPIE (LA), f. c^{ne} de Livré.
JUDINIÈRES (LES), f. c^{ne} de Commer.
JUDINIÈRES (LES), f. c^{ne} de Martigné.
JUÈRE (LA), f. c^{ne} de Saint-Aubin-Fosse-Louvain.
JUÈRIE (LA), f. c^{ne} de Grazay.
JUGANNIÈRES (LES), f. c^{ne} de la Pellerine. — *La Juguenière* (Cassini).
JUGEARD, f. c^{ne} de Montsurs.

JUGERAIE (La Grande et la Petite), f. c^{es} de Villiers-Charlemagne.
JUGERIE (La), h. c^{ne} de Gesvres.
JUGERIE (La), h. c^{ne} de Saint-Germain-de-Coulamer.
JUGERIE (La), h. c^{ne} de Saint-Germain-le-Guillaume.
JUGES (La Lande aux), c^{ne} de Saint-Ellier; auj. défrichée.
JUGONNIÈRE (La), f. c^{ne} de Saint-Denis-de-Gastines.
JUGUÉ, vill. c^{ne} d'Ambrières.
JUGUELIÈRE (La), f. c^{ne} de Saint-Cyr-le-Gravelais; donne son nom à un ruiss. affl. de celui de l'Aunay-Housseau.
JUGUERIE (La), f. c^{ne} de Contest; donne son nom à un ruiss. affl. de celui de la Cocherie.
JUGUERIE (La), f. c^{ne} de Saint-Christophe-du-Luat.
JOIGNÉ, f. c^{ne} de Maisoncelles; donne son nom à un ruiss. affl. de celui des Galicheries.
JOIGNÉ, f. c^{ne} de Vaiges.
JUIGNIÈRES (Les), f. c^{ne} de Commer.
JUILLANDIÈRE (La), f. c^{ne} de Saint-Georges-sur-Erve.
JOILLÉ, f. c^{ne} de Torcé.
JUILLETS (Les), vill. c^{ne} de Saint-Germain-de-Coulamer.
JUISNARD, h. c^{ne} de Saint-Martin-de-Connée.
JULIARDIÈRE (La), h. c^{ne} de Lesbois.
JULIENNIÈRE (La), éc. c^{ne} de Beaulieu.
JULIENNIÈRE (La), f. c^{ne} du Bourgneuf-la-Forêt; donne son nom à un ruiss. affl. du Vicoin.
JULIENNIÈRE (La), f. c^{ne} d'Izé.
JULINIÈRE (La), f. c^{ne} de Craon.
JULINIÈRE (La), f. c^{ne} de Saint-Erblon.
JULIOTTIÈRE (La), f. c^{ne} de la Selle-Craonnaise.
JUMEAU (Le), f. c^{ne} d'Arquenay.
JUMEAU (Le), mⁱⁿ, c^{ne} de Thorigné.
JUMELAIES (Les), f. c^{ne} de Gennes. — Fief vassal de la châtell. de Longuefuye.
JUMELLERIE (La), f. c^{ne} de Fromentières.
JUMELLES (Les), h. c^{ne} du Horps.
JUMELLIÈRE (La), f. c^{ne} de Changé.
JUMELLIÈRE (La), f. c^{ne} de Thorigné; donne son nom à un ruiss. affl. de celui de la Douettée. — Fief vassal de la châtell. de Thorigné.
JUMELLIÈRE (La Grande et la Petite), f. c^{ne} de Châtillon-sur-Colmont.
JUMERAIE (La), f. c^{ne} de Soulgé-le-Bruant.
JUPELLIÈRE (La), chât. et f. c^{ne} de Maisoncelles. — Fief vassal de la châtell. d'Arquenay et de la seign. de Maisoncelles.

JUPERIE (La Haute-), logis, c^{ne} de Bazougers. — Jaujuperie (Cassini).
JUQUAISSES (Les), chât. et f. c^{ne} de Saint-Laurent-des-Mortiers. — La Juquesse, 1597 (arch. de la Mayenne, E 36).
JURAIZIÈRE (La), h. c^{ne} d'Ahuillé.
JURAIZIÈRE (La), f. c^{ne} de Changé.
JUSAN (Ruisseau de), c^{ne} de l'Huisserie, affl. de la Mayenne.
JUSSANDIÈRE (La), f. c^{ne} de Lévaré; auj. détruite. — La Jeursandière (Cassini).
JUSSAUDIÈRE (La), chât. et f. c^{ne} de la Chapelle-Rainsouin.
JUSSAUMERIE (La), f. c^{ne} de Vimarcé.
JUSSAUMIÈRE (La), f. c^{ne} de Villaines-la-Juhel.
JUSSAUMIÈRES (Les), f^{ce} c^{ne} de Courbeveille. — Fief vassal de la châtell. de Courbeveille.
JUSSELINIÈRE (La), f. c^{ne} de Courbeveille. — La Jugedelière (Cassini).
JUSSELINIÈRE (La), f. c^{ne} de la Cropte.
JUSSETIÈRE (La), f. c^{ne} d'Ampoigné.
JUSSETIÈRES (Les), f. c^{ne} d'Azé.
JUSSONNIÈRE (La), h. c^{ne} de Brée. — On dit aussi la Jeussonnière.
JUSSONNIÈRE (La), f. c^{ne} de Saint-Ouen-des-Vallons.
JUSSONNIÈRES (Les), f. c^{ne} de Neau.
JUTONNIÈRE (La), f. c^{ne} de Saint-Denis-d'Anjou.
JUTONNIÈRE (La), f. c^{ne} de Saint-Pierre-sur-Orthe.
JUVAIRIE (La), f. c^{ne} de Saint-Ouen-des-Vallons.
JUVANDIÈRE (La), chât. c^{ne} de Sacé. — Arrière-fief du duché de Mayenne, vassal de la terre de la Feuillée.
JUVIGNÉ-DES-LANDES, c^{ne} de Chailland. — *R. de Juviniaco*, 1094 (cart. du Ronceray). — *E. Sancti Martini de Juvineio*, 1160 (inv. des arch. de la Sarthe). — *Eccl. Sancti Martini de Juvigneio en Montennazais*, 1279 (abb. de Saint-Serge d'Angers). — *Juvigny Montanadas*, 1625 (cab. d'Achon). — *Juvigny* (pouillé du diocèse du Mans). — On dit encore *Juvigné-Montanadais*.

Prieuré de l'abb. Saint-Serge d'Angers. — Anc. par. du doy. d'Ernée, de l'élect. de Laval et de la châtell. d'Ernée.

La châtellenie de Juvigné fut réunie avec celle de Saint-Ouen-des-Toits au comté de Laval en 1481; mais les sires de Mayenne suzerains s'y étant opposés, les comtes de Laval furent obligés de leur en faire hommage devant la châtell. d'Ernée. La juridiction de ce siége a été maintenue jusqu'en 1709.

L

Lablé, f. c^{ne} du Pas.

Laborde (Bois de), c^{ne} de Saint-Berthevin-la-Tannière; auj. défriché.

Lac (Le), f. et m^{in} avec étang, c^{ne} de Larchamp. — Fief de la châtell. de Pontmain.

Le ruiss. du m^{in} est un affl. de celui de Rollond.

Lac (Le Bas-), f. c^{ne} d'Astillé.

Ladré (Ruisseau de), c^{ne} de Couptrain, affl. de celui de Fuseau.

Laiche (La), f. c^{ne} de Saint-Georges-sur-Erve. — N. D. de la Lesche, f. (Cassini).

Laies (Les), f. c^{ne} de Voutré.

Laigné, c^{on} de Château-Gontier. — A. de Lainiaco, xie s^e (cart. du Ronceray). — Boso de Laneriaco, 1175 (Bibl. nat. f. lat. 5441). — Guerrius de Laineio, xiie s^e (abb. de la Roë, H 151, f° 11). — In parrochia de Laigneio, 1238 (ibid. H 183).

Anc. par. du doy. de Craon, de l'élect. et du marq. de Château-Gontier.

Laigné (Le Grand et le Petit), f. c^{ne} de Ballots. — Decimam de Lainé, 1236 (prieuré des Bonshommes).

Landes auj. défrichées.

Laigné-le-Bigot, fief, c^{ne} de Saint-Michel-de-la-Roë, vassal de la seign. de Saint-Poix et de la bar. de Craon. — Plez de Ligné-le-Bigot et Balizon, 1505 (abb. de la Roë). — Longné-le-Bigot, 1630 (arch. de la Mayenne, E 132).

Laineries (Les), f. c^{ne} de Cossé-le-Vivien.

Laire (La), vill. c^{ne} de Javron.

Laire (La), f. c^{ne} du Ribay. — Le m^{in} de ce lieu a été détruit vers 1820 et l'étang vers 1825. — Le ruiss. de la Laire est un affl. de l'Aisne.

Fief du marq. de Lassay.

Laire (La), h. c^{ne} de Soucé.

Laiserie (La), h. c^{ne} de Landivy; donne son nom à un ruiss. affl. de celui de Mousson.

Laisy (Le), h. c^{ne} d'Assé-le-Bérenger.

Laisy (Le), vill. c^{ne} de Javron. — Fief du marq. de Villaines-la-Juhel.

Lamballaiserie (La), éc. c^{ne} de Laubrières.

Lamballerie (La), f. c^{ne} de Mayenne.

Lambannière (La), f. c^{ne} du Bourgneuf-la-Forêt.

Lambarré, m^{in} avec étang, c^{ne} de la Croixille.

Lambarré (Le Haut-), f. c^{ne} de la Croixille.

Lambarré (Le Petit-), f. c^{ne} de la Croixille. — Fief vassal de la terre de Charné.

Le ruiss. de Lambarré et de l'Étang-Neuf est un affl. de la Vilaine.

Lambercière (La), vill. c^{ne} d'Orgères.

Lamberderie (La), f. c^{ne} de Blandouet.

Lamberdier (Le), f. c^{ne} de Saulges.

Lamberdière (La), f. c^{ne} de Champgenoteux.

Lamberdière (La), f. c^{ne} de Châtillon-sur-Colmont.

Lamberdière (La), f. c^{ne} de Commer.

Lamberdière (La), f. c^{ne} de Fougerolles.

Lamberdière (La), h. c^{ne} de Grazay.

Lamberdière (La), f. c^{ne} de Mézangers.

Lamberdières (Les), f. c^{ne} de Bouère.

Lambinière (La), f. c^{ne} de Saint-Ellier.

Lambourgerie, f. c^{ne} de la Croixille.

Lamboux, h. c^{ne} de Chantrigné.

Lamboux, f. c^{ne} de Loupfougères. — Fief vassal du marq. de Villaines-la-Juhel.

L'étang de ce lieu est auj. desséché.

Lamboux, f. c^{ne} de Saint-Aignan-de-Couptrain. — Lamboul, 1558 (cab. Chedeau).

Fief vassal de la châtell. de Couptrain.

Lamboux (Le Grand-), h. c^{ne} du Horps.

Lamboux (Le Petit-), f. c^{ne} du Horps. — La seign. du Lamboux était vassale de la seign. de Lassay.

Lambretais (La), f. c^{ne} de Bouchamp.

Lambrus (Les), éc. c^{ne} d'Arquenay. — La ferme des Grands-Lambrus a été détruite vers 1866.

Lamerie (La), f. c^{ne} de Bonchamp.

Lamerie (La), f. c^{ne} de Changé.

Lampierre (La), f. c^{ne} de Villaines-la-Juhel.

Lancelinière (La), f. c^{ne} d'Ampoigné. — L'Incelinière, 1866 (rôles de dénombr.).

Lancelinière (La), f. c^{ne} de Soulgé-le-Bruant.

Lancheneil, chât. et f. c^{ne} de Nuillé-sur-Vicoin. — Le seigneur de Lencheneil, 1443 (arch. nat. P 343). — Lonchenail, 1553 (arch. de la fabr. de la Bazouge-de-Chemeré). — Lenchenay, 1614 (arch. de la Mayenne, E 24).

Fief vassal de la bar. d'Entramnes, de la châtell. de Laval et de la châtell. de Saint-Ouen-des-Toits.

Landais (Ruisseau du), c^{ne} de la Croixille, affl. de celui de la Bourdonnière.

Landangé, c^{ne} de Saint-Samson. — Étang desséché vers 1800.

Lande (La), f. c^{ne} d'Andouillé.

Lande (La), f. c^{ne} d'Argenton.

Lande (La), f. c^{ne} d'Arquenay.

Lande (La), vill. c^ne d'Assé-le-Bérenger.
Lande (La), f. avec étang, c^ne d'Averton.
Lande (La), f. c^ne de Bannes.
Lande (La), f. c^ne de Bazouges; auj. détruite.
Lande (La), f. c^ne de Beaumont-Pied-de-Bœuf.
Lande (La), f. c^ne de Bierné.
Lande (La), f. c^ne de Bonchamp; auj. détruite.
Lande (La), h. c^ne de Bouessay.
Lande (La), f. c^ne de Brétignolles.
Lande (La), f. c^ne du Buret.
Lande (La), f. c^ne de Champéon.
Lande (La), f. c^ne de la Chapelle-Anthenaise.
Lande (La), f. c^ne de la Chapelle-Rainsouin.
Lande (La), f. c^ne de Chemazé.
Lande (La), f. c^ne de Cossé-le-Vivien.
Lande (La), h. c^ne de Couesmes.
Lande (La), f. c^ne de Courbeveille; donne son nom à un ruiss. affl. de celui du Pont-Poirier.
Lande (La), f. c^ne de Courcité; donne son nom à un ruiss. affl. de celui de la Vallée.
Lande (La), h. c^ne de Deux-Évailles.
Lande (La), h. et chât. c^ne de la Dorée. — Fief vassal de la châtell. de Pontmain.
Lande (La), f. c^ne de Fromentières. — Fief vassal de la châtell. de Fromentières.
Lande (La), éc. c^ne de Gesnes.
Lande (La), f. c^ne de Grazay.
Lande (La), f. c^ne de Grez-en-Bouère.
Lande (La), f. c^ne du Ham.
Lande (La), f. c^ne de Houssay.
Lande (La), f. c^ne de l'Huisserie.
Lande (La), f. c^ne de Juvigné-des-Landes.
Lande (La), f. c^ne de Laubrières.
Lande (La), éc. c^ne de Lesbois.
Lande (La), éc. c^ne de Livet.
Lande (La), h. c^ne de Loupfougères.
Lande (La), vill. c^ne de Madré.
Lande (La), éc. c^ne de Montjean.
Lande (La), vill. c^ne de Montourtier.
Lande (La), f. c^ne de Montsurs.
Lande (La), f. c^ne de Moulay.
Lande (La), vill. c^ne de Neuilly-le-Vendin.
Lande (La), chât. c^ne de Niafle. — Fief vassal de la bar. de Craon.
L'étang a été desséché au xviiie s^e. — Le ruiss. de la Lande est un affl. de l'Usure.
Lande (La), f. c^ne de Nuillé-sur-Vicoin.
Lande (La), h. c^ne d'Oisseau.
Lande (La), éc. c^ne d'Olivet.
Lande (La), f. c^ne de Peuton.
Lande (La), f. c^ne de Préaux.
Lande (La), h. c^ne de Pré-en-Pail.
Lande (La), éc. c^ne de Quelaines.
Lande (La), vill. c^ne de Ruillé-le-Gravelais.
Lande (La), h. c^ne de Saint-Aubin-Fosse-Louvain.
Lande (La), f. c^ne de Saint-Baudelle; auj. détruite.
Lande (La), h. c^ne de Saint-Denis-de-Gastines.
Lande (La), f. c^ne de Saint-Fort. — Le fief de ce nom a été réuni à ceux de Bozailles et de Loigné pour former la châtell. de la Maroutière.
Lande (La), h. c^ne de Saint-Fraimbault-de-Prières.
Lande (La), f. c^ne de Saint-Georges-Buttavent.
Lande (La), h. c^ne de Saint-Mars-du-Désert.
Lande (La), f. c^ne de Saint-Martin-de-Connée.
Lande (La), f. c^ne de Saint-Ouen-des-Toits; ruiss. affl. du Vicoin, qui arrose Olivet.
Lande (La), éc. c^ne de Saint-Sulpice.
Lande (La), f. c^ne de Saulges.
Lande (La), f. c^ne de Simplé.
Lande (La), f. c^ne de Torcé. — Fief vassal de la bar. de Sainte-Suzanne.
Lande (La), f. c^ne de Vieuvy.
Lande (La Basse-), f. c^ne d'Assé-le-Bérenger.
Lande (La Basse-), h. c^ne de Désertines, fondé sur l'emplacement d'une lande de 100 hectares auj. défrichée. — L'étang de la Grande-Lande est desséché. — Le ruiss. de la Lande est un affl. de celui de la Gauterie; le ruiss. de la Petite-Lande est un affl. de celui de la Grande-Lande; le ruiss. de la Grande-Lande est un affl. de l'Ourde.
Lande (La Basse-), f. c^ne de Sacé.
Lande (La Basse-); vill. c^ne de Vimarcé.
Lande (La Basse-), h. c^ne de Voutré.
Lande (La Grande-), f. c^ne de Bouère.
Lande (La Grande-), h. c^ne de Changé.
Lande (La Grande), c^ne de Launay-Villiers; auj. défrichée.
Lande (La Grande-), f. c^ne de Saint-Mars-du-Désert.
Lande (La Grande et la Petite), vill. c^ne de Désertines.
Lande (La Haute-), f. c^ne de Contest; auj. détruite.
Lande (La Haute-), f. c^ne de Placé.
Lande (La Petite-), f. c^ne d'Abuillé.
Lande (La Petite-), f. c^ne d'Assé-le-Bérenger.
Lande (La Petite-), h. c^ne de Bouère.
Lande (La Petite-), f. c^ne de la Brulatte.
Lande (La Petite-), f. c^ne de Changé.
Lande (La Petite-), éc. c^ne de Chémeré-le-Roi.
Lande (La Petite-), f. c^ne de Cossé-le-Vivien.
Lande (La Petite-), éc. c^ne de Hercé.
Lande (La Petite-), f. c^ne de Marigné-Peuton.
Lande (La Petite-), f. c^ne de Montigné.
Lande (La Petite-), éc. c^ne de Préaux.
Lande (La Petite-), f. c^ne de Simplé.
Lande (Le Bas-de-la-), éc. c^ne d'Assé-le-Bérenger.

LANDE (LE BAS-DE-LA-), f. cne de Châlons.
LANDE (LE BAS-DE-LA-), vill. cne de Saint-Georges-sur-Erve.
LANDE (LE HAUT-DE-LA-), f. cne de Cuillé; détruite vers 1849.
LANDE (LE HAUT-DE-LA-), h. cne de Martigné.
LANDE-A-L'ABBÉ (LA), min, cne de la Roë.
LANDE-AUX-ROULIN (LA), h. cne de Saint-Denis-de-Gastines.
LANDE-AUX-TORTS (LA), vill. cne de Saint-Pierre-la-Cour.
LANDE-BALLOIRE (LA), vill. cne de Saint-Pierre-la-Cour.
LANDE-BARBOT (LA), f. cne de la Pellerine.
LANDE-BARUCHON (LA), seign. cne de Saint-Michel-de-la-Roë. — *Medietaria de Landa Baluchon*, 1209 (pr. des Bonshommes). — *In domo de Lande Balucon*, XIIIe se (abb. de la Roë, H 151, f° 97). — Voy. MOTTE-BALISSON.
LANDE-BESLAND (LA), h. cne de Deux-Évailles.
LANDE-BOURREAU (LA), arrière-fief du comté de Laval, vassal de la châtell. de Meslay. — *Landes-Bourrel*, XIVe se (arch. nat. P 345).
LANDE-BRÛLÉE (LA), fief vassal de la châtell. de Montjean. — Ruiss. afíl. de celui de la Calanche.
LANDÉCHERIE (LA), h. cne de Montenay.
LANDE-CHEVREAU (LA), vill. cne d'Évron.
LANDE-CLORIN (LA), f. cne d'Entrammes.
LANDE-CRESPIN (LA), f. cne de Bierné.
LANDE-D'AVAZÉ (LA), vill. cne de Vautorte.
LANDE-DE-BEL-AIR (LA), éc. cne de la Chapelle-Anthenaise.
LANDE-DE-BEL-AIR (LA), h. cne de Saint-Martin-de-Connée.
LANDE-DE-BENETTE (LA), h. cne de Beaulieu.
LANDE-DE-BRIOURY (LA), f. cne d'Olivet. — Ruiss. affl. du Vicoin.
LANDE-DE-CHAMPS (LA), fief vassal de la châtell. de Pontmain.
LANDE-DE-CHARNY (LA), vill. cne de Saint-Christophe-du-Luat.
LANDE-DE-COUASNON (LA), éc. cne de Saint-Pierre-des-Landes.
LANDE-DE-FEULIN (LA), f. cne de Saint-Georges-Buttavent.
LANDE-DE-GUETTE (LA), éc. cne de Changé.
LANDE-DE-LA-CHAÎNE (LA), f. cne de Commer.
LANDE-DE-LA-COUPE (LA), h. cne de Louverné.
LANDE-DE-LA-CROIX (LA), f. cne de Saint-Mars-du-Désert.
LANDE-DE-LA-GUESNERIE (LA), h. cne de Grazay.
LANDE-DE-L'AIGUILLON (LA), h. cne de la Baroche-Gondouin.

LANDE-DE-LA-MARGELIÈRE (LA), vill. cne de Désertines.
LANDE-DE-LA-PAULOYÈRE (LA), vill. cne de Grazay. — *Landes de la Peau-de-Loyère*, 1817 (arch. de la Mayenne, série O).
LANDE-DE-LA-RABLINIÈRE (LA), f. cne de Grazay.
LANDE-DE-LA-TOUCHARDIÈRE (LA), h. cne de Désertines.
LANDE-DE-RAMETTE (LA), éc. cne de Beaulieu.
LANDE-DE-ROCUALARD (LA), éc. cne de Chailland.
LANDE-DES-ALLEUX (LA), h. et éc. cne de Désertines.
LANDE-DES-AUNAIS (LA), éc. cne d'Olivet.
LANDE-DE-SAVIGNÉ (LA), h. cne de Châtillon-sur-Colmont.
LANDE-DES-BŒUFS (LA), f. cne de Saint-Pierre-la-Cour; auj. détruite.
LANDE-DES-COUDREAUX (LA), vill. cne de Désertines.
LANDE-DES-COUËVRONS (LA), h. cne de Saint-Georges-sur-Erve.
LANDE-DES-CROULIÈRES (RUISSEAU DE LA), cne de Fontaine-Couverte, affl. de celui du Pont-Coutard.
LANDE-DES-HAIES (RUISSEAU DE LA), cne du Bourgneuf-la-Forêt, affl. du Vicoin.
LANDE-DES-HOULLES (LA), éc. cne d'Ernée.
LANDE-DES-MONTCEAUX (LA), vill. cne d'Ernée.
LANDE-DES-MONTCEAUX (LA), h. cne de Saint-Pierre-des-Landes.
LANDE-DES-MORTIERS (LA), vill. cne de Désertines.
LANDE-DES-PIERRES-PLATES (LA), h. cne de Ruillé-le-Gravelais.
LANDE-D'ÉTIVEAU (LA), vill. cne de Sainte-Gemmes-le-Robert.
LANDE-DE-VAUAIS (LA), h. cne d'Ernée.
LANDE-DE-VILPETIT (LA), h. cne d'Andouillé.
LANDE-DU-BREIL (LA), h. cne de Saint-Germain-d'Anxure.
LANDE-DU-CERISIER (LA GRANDE et LA PETITE), f. cne de Montjean.
LANDE-DU-MAINE (LA), vill. cne de Saint-Pierre-la-Cour. — Le fief, aussi nommé *Fief aux Colas*, était vassal de la seign. de Feu-Villaines.
LANDE-DU-MAINE (LE BAS-DE-LA-), h. cne de Ruillé-le-Gravelais.
LANDE-DU-MESNIL (LA), vill. cne d'Andouillé. — Ruiss. affl. de l'Ernée.
LANDE-DU-MESNIL (LA), h. cne de Saint-Germain-le-Guillaume. — Ruiss. affl. de celui de la Bignonnière.
LANDE-FERRIÈRE, chât. et f. — Voy. LANFRIÈRE (LA).
LANDE-FEUVRE (LA), f. cne de la Rouaudière.
LANDE-FOUCHER (LA), fief vassal de la châtell. de Pontmain.
LANDE-FOURNIÈRE (LA), f. cne d'Aron.
LANDE-FOUTEAU-MABON (LA), éc. cne de Saint-Berthevin.

LANDE-FRIE (LA), h. c^{ne} de Thubœuf.
LANDE-GÉRÉE (LA), h. c^{ne} de Montourtier.
LANDE-GOUAULT (LA), f. c^{ne} de Saint-Aubin-Fosse-Louvain.
LANDE-GOUSSÉ (LA), f. c^{ne} de Laval.
LANDE-GUILLET (LA), h. c^{ne} de Vieuvy.
LANDE-HALAINE (LA), éc. c^{ne} de Thubœuf.
LANDE-HAYÉE (LA), vill. c^{ne} de Saint-Pierre-la-Cour.
— *Lande des Hayères*, 1643 (abb. de la Roë, H 199).
LANDE-HÉTEAU (LA), éc. c^{ne} du Bourgneuf-la-Forêt.
LANDE-JEUSSIÈRE (LA), h. c^{ne} d'Aron.
LANDE-JOINT (LA), f. c^{ne} de Saint-Jean-sur-Erve.
LANDELLE (LA), éc. c^{ne} de la Chapelle-au-Riboul. — Ruisseau affluent de celui de Tarot, qui arrose Hardanges.
LANDELLE (LA), éc. c^{ne} de Jublains.
LANDELLE (LA), f. c^{ne} de Juvigné-des-Landes.
LANDELLE (LA), éc. c^{ne} de Marcillé-la-Ville.
LANDELLE (LA), f. c^{ne} de Niort. — Ruiss. affl. de la Mayenne, qui arrose la Pallu.
LANDELLE (LA), h. c^{ne} de Placé.
LANDELLE (LA), f. c^{ne} de Saint-Cénéré.
LANDELLE (LA), f. c^{ne} de Saint-Georges-le-Fléchard. — Fief vassal de la châtell. de Vaiges.
LANDELLE (LA GRANDE et LA PETITE), f. c^{ne} d'Azé. — *Le petit Ondelle* (Cassini).
LANDELLERIE (LA), f. c^{ne} de Villiers-Charlemagne.
LANDELLERIES (LES), f. c^{ne} de Gennes.
LANDELLERIES (LES), f. c^{ne} de Ménil. — On dit aussi *les Landellières*.
LANDELLES (LES), h. c^{ne} d'Andouillé.
LANDELLES (LES), f. c^{ne} de Chemazé.
LANDELLES (LES), f. c^{ne} de Commer.
LANDELLES (LES), tuileries, c^{ne} de Cuillé.
LANDELLES (LES), h. c^{ne} de Saint-Ellier.
LANDE-LOUVICE (LA), f. c^{ne} de Colombiers.
LANDE-LOUVICE (LA), f. c^{ne} de Saint-Denis-de-Gastines.
LANDE-MAINE (LA), f. c^{ne} de Chantrigné.
LANDE-MARIE (LA), éc. c^{ne} de Juvigné-des-Landes.
LANDE-MARIGNON (LA), f. c^{ne} de Fromentières.
LANDE-MOREL (LA), f. c^{ne} de la Brulatte; aujourd'hui détruite.
LANDE-PLANTÉE (LA), f. c^{ne} du Bourgneuf-la-Forêt.
LANDE-PORÉE (LA), h. c^{ne} de Saint-Pierre-des-Landes.
LANDE-POURRIE (LA), f. c^{ne} de Saint-Pierre-la-Cour; auj. détruite.
LANDE-POUTRE (LA GRANDE), chât. et f. c^{ne} de Jublains. — *Lande-Repouste*, 1452 (arch. nat. P 343). — *Lantrepoute* (Cassini). — On dit souvent *Lantepoutre*.
Seign. vassale du duché de Mayenne.

LANDE-POUTRE (LA PETITE-), vill. c^{ne} de Jublains. — Landes défrichées en 1830.
LANDE-PRUDHOMME (LA), f. c^{ne} de l'Huisserie.
LANDE-RONDE, vill. c^{ne} de Cuillé.
LANDE-RONDE, f. c^{ne} de Sainte-Suzanne. — La ferme est auj. détruite et plantée en bois.
LANDE-RONDE, éc. c^{ne} de Viviers.
LANDE-ROYALE (LA), écart, c^{ne} de la Bazouge-des-Alleux.
LANDE ROYALE (LA), lande immense qui s'étendait sur les c^{nes} de Montourtier et de Saint-Ouen-des-Vallons et aux environs.
LANDES (ÉTANG DES), c^{ne} des Chapelles; ruiss. affl. de l'Aisne.
LANDES (ÉTANG DES), c^{ne} de Neuilly-sur-Vendin.
LANDES (ÉTANG DES), c^{ne} de Sainte-Suzanne; auj. desséché. — Ruiss. affl. de celui de l'Essart.
LANDES (LE BAS-DES-), f. c^{ne} d'Ahuillé.
LANDES (LE BAS-DES-), h. c^{ne} de la Chapelle-Rainsouin.
LANDES (LE HAUT-DES-), h. c^{ne} de Vimarcé.
LANDES (LES), f. c^{ne} d'Ahuillé.
LANDES (LES), éc. c^{ne} d'Ampoigné.
LANDES (LES), vill. et f. c^{ne} d'Aron.
LANDES (LES), f. c^{ne} d'Arquenay.
LANDES (LES), f. c^{ne} d'Astillé.
LANDES (LES), f. c^{ne} d'Azé.
LANDES (LES), f. c^{ne} de la Bazouge-de-Chemeré. — Fief vassal de la châtell. de Bazougers.
LANDES (LES), h. c^{ne} du Bignon.
LANDES (LES), f. c^{ne} de la Bigottière.
LANDES (LES), f. c^{ne} de Bouchamp.
LANDES (LES), h. c^{ne} de Bouère.
LANDES (LES), f. c^{ne} de Brains-sur-les-Marches.
LANDES (LES), h. c^{ne} de Brée.
LANDES (LES), f. c^{ne} du Buret.
LANDES (LES), vill. c^{ne} de Chailland. — Le ruiss. des Landes est un affl. de celui de la Guyottière.
LANDES (LES), f. c^{ne} de Chammes.
LANDES (LES), h. c^{ne} de Champéon.
LANDES (LES), h. c^{ne} de Châtres.
LANDES (LES), f. c^{ne} de Cigné.
LANDES (LES), f. c^{ne} de Congrier.
LANDES (LES), f. c^{ne} de Cossé-le-Vivien; ruiss. affl. de celui de la Saucerie.
LANDES (LES), f. c^{ne} de Craon.
LANDES (LES), vill. c^{ne} de la Croixille.
LANDES (LES), éc. c^{ne} d'Évron.
LANDES (LES), f. c^{ne} de Fontaine-Couverte.
LANDES (LES), f. c^{ne} de Forcé.
LANDES (LES), f. c^{ne} de Fromentières.
LANDES (LES), f. c^{ne} de l'Huisserie.

Landes (Les), h. c^ne de Javron. — Le ruiss. de l'étang des Landes est un affl. de l'Aisne.
Landes (Les), vill. c^ne de Jublains.
Landes (Les), vill. c^ne de Juvigné-des-Landes.
Landes (Les), f. c^ne de Laigné.
Landes (Les), f. c^ne de Loigné.
Landes (Les), f. c^ne de Maisoncelles.
Landes (Les), f. c^ne de Marigné-Peuton.
Landes (Les), f. c^ne de Ménil.
Landes (Les), f. c^ne de Meslay.
Landes (Les), f. c^ne de Montaudin; ruiss. affl. de celui de l'étang de l'Éplus.
Landes (Les), f. c^ne de Niafle.
Landes (Les), f. c^ne de Nuillé-sur-Vicoin.
Landes (Les), vill. c^ne d'Oisseau.
Landes (Les), f. et éc. c^ne d'Origné.
Landes (Les), éc. c^ne de Pré-en-Pail.
Landes (Les), f. c^ne de Ruillé-Froidfont.
Landes (Les), f. c^ne de Saint-Aignan-sur-Roë.
Landes (Les), h. c^ne de Saint-Cyr-en-Pail; ruiss. affl. de celui de Monthavoux.
Landes (Les), f. c^ne de Saint-Denis-d'Anjou.
Landes (Les), f. c^ne de Saint-Fort.
Landes (Les), f. c^ne de Saint-Germain-de-Coulamer.
Landes (Les), h. c^ne de Saint-Germain-le-Guillaume.
Landes (Les), f. c^ne de Saint-Julien-du-Terroux.
Landes (Les), f. c^ne de Saint-Léger.
Landes (Les), h. c^ne de Saint-Loup-du-Dorat.
Landes (Les), f. c^ne de Saint-Mars-du-Désert.
Landes (Les), f. c^ne de Saint-Quentin.
Landes (Les), f. c^ne de la Selle-Craonnaise.
Landes (Les), h. c^ne de Soulgé-le-Bruant.
Landes (Les), f. c^ne de Trans.
Landes (Les), f. c^ne de Villepail.
Landes (Les), f. c^ne de Villiers-Charlemagne. — Le ruiss. des Landes ou de l'Évrart est un affl. de la Mayenne.
Landes (Les), h. c^ne de Vimarcé.
Landes (Les), h. c^ne de Viviers.
Landes (Les Basses-), h. c^ne de Fougerolles. — Le ruiss. des Landes est un affl. de celui des Maisonnettes.
Landes (Les Basses-), h. c^ne de Juvigné-des-Landes.
Landes (Les Grandes et les Petites), f. c^ne de Laval.
Landes (Les Grandes et les Petites), f. c^ne de Saint-Jean-sur-Erve.
Landes (Les Hautes-), vill. c^ne de Fougerolles.
Landes (Les Petites-), f. c^ne de Montsurs.
Landes (Les Petites-), f. c^ne de Saint-Léger.
Landes (Moulin des), c^ne de Bais.
Landes (Ruisseau des), c^ne de Cossé-en-Champagne, affl. de la Vaigre.

Landes-à-l'Abbé (Les), h. c^ne de Saint-Michel-de-la-Roë. — Landes auj. défrichées.
Landes-aux-Fbileux (Les), f. c^ne de Montigné. — Fief vassal de la châtell. de Montigné.
Landes-Baudouin (Les), h. et éc. c^ne de Gastines.
Landes-Blanches (Les), vill. c^ne de Juvigné-des-Landes. — Landes auj. défrichées.
Landes-de-Baugé (Les), h. c^ne de Cigné.
Landes-de-Béaumont (Les), vill. c^ne de Juvigné-des-Landes.
Landes-de-Buthus (Les), vill. c^ne de Saint-Pierre-des-Landes.
Landes-de-Chellé (Les), h. c^ne de Hambers. — Voy. Chellé.
Landes-de-Cherté (Les), éc. c^ne de Saint-Pierre-des-Landes.
Landes-de-Chiffanet (Les), f. c^ne de Saint-Pierre-des-Landes.
Landes-de-Cigné (Les), f. c^ne d'Ambrières.
Landes-de-Courgé (Les), vill. c^ne de Saint-Denis-de-Gastines.
Landes-de-Crennes (Les), vill. c^ne d'Andouillé.
Landes-de-Doucé (Les), h. et éc. c^ne de Jublains.
Landes-de-Guesné (Les), h. c^ne de Larchamp.
Landes-de-Hallay (Les), h. c^ne d'Oisseau.
Landes-de-Hancourt (Les), fief vassal de la bar. de la Chapelle-Rainsouin.
Landes-de-la-Croix-Bataille (Les), h. c^ne de Laval.
Landes-de-la-Furardière (Ruisseau des), affl. du Vicoin; sépare Bourgon du Bourgneuf.
Landes-de-la-Gaudinière (Les), vill. c^ne de Martigné.
Landes-de-la-Pallu (Ruisseau des), c^ne de Montaudin, affl. de celui de l'Orgerie.
Landes-de-la-Route-de-Lassay (Les), h. c^ne de Saint-Fraimbault-de-Prières.
Landes-de-Larry (Les), h. c^ne de Larchamp.
Landes-de-l'Aubriais (Les), vill. c^ne de Bourgon.
Landes-de-Mené (Les), vill. c^ne de Saint-Pierre-des-Landes.
Landes-de-Neuvillette (Les), éc. c^ne de Jublains.
Landes-de-Rougeul (Les), h. c^ne de Saint-Pierre-des-Landes.
Landes-des-Boulais (Les), éc. c^ne de Commer.
Landes-des-Carreaux (Les), h. c^ne de Saint-Fraimbault-de-Prières.
Landes-des-Fours-à-chaux (Les), éc. c^ne d'Aron.
Landes-des-Hermondières (Les), éc. c^ne de Grazay.
Landes-des-Marais (Les), vill. c^ne d'Aron.
Landes-du-Fresne (Les), h. c^ne de Poulay.
Landes-du-Fresne (Les), éc. c^ne de Saint-Fraimbault-de-Prières.
Landes-du-Pont (Les), vill. c^ne de Hambers.

24.

Landes-Froisnard (Les), f. c^{ne} de Cuillé.
Landes-Froisnard (Les), h., mⁱⁿ et f. c^{ne} de Gastines.
— *Les Landes de Fouénart*, 1457 (abb. de la Roë, H 186, f° 168).
Landes-Garnier (Les), f. c^{ne} de Saint-Pierre-des-Landes.
Landes-Guibert (Les), h. c^{ne} d'Ahuillé. — Étang auj. desséché.
Landes-Havard (Les), f. c^{ne} de Villiers-Charlemagne.
Landes-Jouées (Les), fief vassal de la bar. de la Chapelle-Rainsouin.
Landes-Maraître (Les), f. c^{ne} d'Oisseau.
Landes-Mariées (Les), f. c^{ne} de Nuillé-sur-Vicoin.
Lande-Soreau (La), h. c^{ne} de Thubœuf.
Lande-Sorin (La), f. c^{ne} de Nuillé-sur-Vicoin.
Lande-Sourchin (La), fief vassal de la châtellenie de Montjean.
Landes-Pourries (Les), éc. c^{ne} de Brains-sur-les-Marches.
Landes Pourries (Les), landes, c^{ne} de Fontaine-Couverte; auj. défrichées.
Landes-Tournées (Les), mⁱⁿ, c^{ne} de Fontaine-Couverte; détruit vers 1860.
Landes-Vestré (Les), h. c^{ne} d'Oisseau; auj. détruit.
Lande Tallouère (La), lande, c^{ne} de la Gravelle; auj. défrichée.
Lande-Trouvée (La), f. c^{ne} de Fromentières.
Landette (La), h. c^{ne} de Chailland.
Landette (La), f. c^{ne} de la Chapelle-Rainsouin. — Étang auj. desséché.
Landette (La), éc. c^{ne} de Montourtier.
Landeuchère (La), f. c^{ne} de Loiron. — *La Lande-Eschère*, 1509 (chap. de Saint-Nicolas de Craon).
Landeucherie (La), f. c^{ne} de Saint-Sulpice.
Landevy, f. c^{ne} de Bouchamp.
Landivy, arrond. de Mayenne. — *W. de Landavi*, 1147 (abb. de Savigny, arch. nat. L 966). — *Rob. de Landeviaco*, 1207 (abb. de Fontaine-Daniel). — *Gaufridus de Landa vico miles*, 1240 (arch. nat. L 970). — *Ex dono Guillelmi de Landevico*, 1241 (ibid.). — *In vico de Landévi*, 1241 (ibid.).
Anc. par. du doy. d'Ernée, de l'élect. de Mayenne et de la châtell. de Pontmain.
Landouerie (La), f. c^{ne} de Parné; auj. détruite.
Landré (Le), h. c^{ne} de Saint-Georges-Buttavent.
Landrière (La), vill. c^{ne} de Brécé.
Landrière (La), vill. c^{ne} de Chantrigné.
Landrière (La), f. c^{ne} de la Dorée.
Landrière (La), vill. c^{ne} de Marcillé-la-Ville.
Landrocin (Taillis de), c^{ne} de Blandouet, auj. défriché; il dépendait de la terre de la Vallée.
Landrons (Les), f. c^{ne} de Juvigné-des-Landes.

Landrou, f. c^{ne} de Voutré.
Landrouère, f. c^{ne} de Senonnes.
Landrouère, h. c^{ne} de Villepail.
Lanferrière, f. c^{ne} de Saint-Saturnin-du-Limet. — *Medietariam de Landafrière*, 1227 (prieuré des Bonshommes de Craon). — *Medietaria que dicitur Landefreière apud nòas de Loel*, 1245 (ibid.). — *Métairie de Landefrayère*, 1319 (ibid.).
Lanfrairie (La), f. c^{ne} de Châtres.
Lanfrairie (La), f. c^{ne} de Cigné.
Lanfrayère (La), f. c^{ne} de la Haie-Traversaine; donne son nom à un ruiss. affl. de la Mayenne.
Lanfrayère (La), h. c^{ne} de Saint-Mars-sur-Colmont; donne son nom à un ruiss. affl. de celui de l'étang de la Pallu.
Lanfrière (La), vill. c^{ne} de la Bazouge-des-Alleux; donne son nom à un ruiss. affl. de celui de la Jarriais.
Lanfrière (La), chât., f. et étang, c^{ne} de Montjean. — On disait autrefois *Lanferrière*.
Fief vassal de la châtell. de Montjean.
Langé (Landes et Bois de), c^{ne} de Mézangers.
Langean (Bois de), c^{ne} de Saint-Jean-sur-Erve; défriché en 1860. — On disait autrefois *Landejouan*.
Langerie (La), f. c^{ne} de Châtillon-sur-Colmont.
Langnon, f. c^{ne} de Courbeveille. — *Langueron*, 1443 (arch. nat. P 343).
Fief vassal de la châtell. de Courbeveille.
Langues-Noës (Les), f. c^{ne} de Champéon.
Languetinière (Fief de), vassal du comté de Laval.
Languipayère, f. c^{ne} de Saint-Denis-de-Gastines. — On écrit aussi *Languepeyère*.
Lanjoron, éc. c^{ne} de Nuillé-sur-Ouette. — *Lanjoran* (Cassini).
Lantepié, vill. c^{ne} de Charchigné. — *Lantepiés* (Cassini). — *L'Enteptié* (carte de l'État-major).
Larchamp, c^{on} d'Ernée. — *P. de Larchampe*, 1210 (abb. de Savigny). — *Presbytero de Largo-Campo*, 1293 (abb. de Saint-Serge d'Angers).
Anc. par. du doy. d'Ernée, de l'élect. de Mayenne et du marq. de la Hautonnière.
Larcinière, f. — Voy. Racinière (La).
Lardais (Les), h. c^{ne} du Bourgneuf-la-Forêt.
Larderie (La), f. c^{ne} de Cossé-le-Vivien; donne son nom à un ruiss. affl. de celui de Bois-Ragot.
Larderie (La), f. c^{ne} de Courbeveille.
Larderie (La), f. c^{ne} de Laval.
Larderie (La), f. c^{ne} de la Pellerine.
Larderie (La), h. c^{ne} de Pommerieux.
Larderie (La), f. c^{ne} de Saint-Quentin.
Lardière (La), h. c^{ne} d'Alexain.
Lardière (La), f. c^{ne} de Commer.

Landière (La), vill. cne de Louverné.
Landière (La), f. — Voy. Hardière (La).
Landière (La Grande-), f. cne de Jublains.
Landière (La Petite-), éc. cne de Jublains.
Langère (La), f. cne de Trans.
Langerie (La), f. cne d'Alexain.
Langerie (La), f. cne d'Azé.
Langerie (La), h. cne de la Baconnière; donne son nom à un ruiss. affl. de celui du Cormier.
Langerie (La), f. cne de Cuillé.
Langerie (La), h. cne de Saint-Ouen-des-Toits.
Langerie (La), h. cne de Thorigné.
Lanné ou Lannay, vill. et étang, cne de la Poôté.
Lanny, f. cne de Grazay.
Lanny, h. cne de Larchamp. — *La Laril* (carte de Jaillot). — Voy. Cour-du-Larny (La).
Étang et moulin supprimés vers 1840.
Lassay, arrond. de Mayenne. — *Sur la provosté de Lacey*, 1200 (arch. nat. L 978). — *In burgo de Laceio*, 1213 (*ibid.* L 969). — *Apud Laçaium*, 1241 (*ibid.* L 970). — *In castellania de Laceio*, 1243 (*ibid.*). — *In burgo Lachaii*, 1249 (*ibid.* L 971). — *La ville de Laçay*, 1351 (arch. de la Loire-Inférieure, série E).

Anc. paroisse du doy. de Javron et de l'élect. du Mans. — Siége d'un marq. érigé en 1647, dont la juridiction s'étendait sur 30 paroisses, et d'un grenier à sel dont le ressort comprenait 43 paroisses.

Dès le xve siècle la châtell. de Lassay relevait de la sénéchaussée du Mans. En 1790, cette ville devint le siége du tribunal du district de Villaines-la-Juhel, puis chef-lieu administratif du district en 1793.

Ruiss. affl. de la Mayenne.
Lassay (Bois de), cne du Ribay.
Lassif, vill. cne de Chailland, avec chapelle dans la forêt de Mayenne. — *Lassix* (carte de l'État-major).
Lates (Landes des), cne de Bourgon; auj. défrichées.
Lattay (Le), chât. et f. cne d'Andouillé.
Lattay (Le), vill. cne de Bourgon. — Ruiss. affl. de la Vilaine.
Lattay (Le), h. cne de Désertines; donne son nom à un ruiss. affl. de la Colmont.
Lattay (Le), h. cne de Landivy.
Lattay (Le Grand et le Petit), h. cne de Bourgon.
Lattay (Le Grand et le Petit), f. cne de Laigné.
Lattay (Le Grand et le Petit), f. cne de Mée.
Lattay (Le Haut et le Bas), f. cne de Ménil.
Lattay-d'Usages (Le), fief, cne de Bouchamp, vassal de la seign. de la Croptière.
Lattay-Planchenault (Le), f. cne de Laigné.

Laubardière (La), éc. cne de Saint-Mars-sur-Colmont. — Altération de *l'Auberdière*.
Laubretais, f. cne de Bouchamp. — Il faudrait écrire *l'Aubertais*.
Laubrières, cen de Cossé-le-Vivien. — Cette paroisse, comprise autrefois dans celle de Méral, a été érigée en 1640 en faveur de M. Lefèvre de Laubrières; elle dépendait du doy. de Craon, de l'élect. de Château-Gontier et de la bar. de Craon.
Laubrières, f. cne de Ballée. — Il faudrait écrire *l'Aubrière*.
Laujary, h. cne de Larchamp. — *L'Augearie* (Cassini). — *Lujaarry* (carte de l'État-major).
Laume (La Petite-), éc. cne de Vaiges.
Launais (Les), h. cne de Saint-Martin-de-Connée. — Altération de *les Aunais*.
Launay (Le Petit-), f. cne de Brécé.
Launay-Villiers, cen de Loiron. — Anc. par. du doy. d'Ernée, de l'élect. et du comté de Laval.
Launière (La), f. cne de Loiron.
Laurençais (La), f. cne du Bourgneuf-la-Forêt.
Laurençais (La), h. cne du Pas. — Les landes de ce lieu sont auj. défrichées.
Laurencière (La), h. cne de Brains-sur-les-Marches.
Laurencière (La), h. cne de Désertines.
Laurencière (La), vill. cne de la Poôté.
Laurencière (La), f. cne de Saint-Christophe-du-Luat.
Laurencière (La), f. cne de Saint-Denis-de-Gastines.
Laurencière (La), f. cne de Vautorte; auj. détruite.
Laurencières (Les), h. cne de Désertines.
Laurencières (Les), f. cne de Ménil.
Laurier (Le), vill. cne de Montigné.
Laurier (Le Grand-), f. cne de Saint-Isle.
Lauzery (Le), f. cne de l'Huisserie.
Laval, ch.-l. du dépt de la Mayenne. — *Hamo de Lavallo*, xie se (cart. du Ronceray). — *Lavallense castellum*, xie se (*ibid.*). — *Hersandis de Valleia*, xie se (*ibid.*). — *N. de Lavalle Guidonis*, xie se (*ibid.*). — *Castri vallis conditor*, xie se (cart. de Marmoûtiers). — *Guido Lavaulensis dominus*, xiie se (abb. de la Roë, H 151, fo 58). — *Lavallis*, 1200 (liv. bl. du chap. du Mans). — *Guy de la Vau-Guyon*, 1284 (arch. de la Loire-Inférieure, série E). — *Laval-Guion*, 1379 (arch. de la Mayenne, H 95).

Siége d'un archidiac., d'une bar. érigée en 1429 en comté-pairie, d'une sénéchaussée royale établie en 1481 et dont le ressort ne dépassait pas les limites du comté; d'une élect. créée en 1481 avec un ressort de 91 paroisses, et réduite ensuite à 64 en 1483; d'une maîtrise des eaux et forêts particulière au comté; d'une juridiction des traites foraines établie en mai 1691, avec attribution de ressort sur toute la province du Maine; d'un grenier à sel et d'un district.

LAVANDERIE (LA), éc. c^{ne} de Saint-Fraimbault-de-Prières.

LAVANDERIES (LES), éc. c^{ne} de Château-Gontier; blanchisserie autref. très-importante.

LAVERIE (LA), étang, c^{ne} de Livet.

LAYEUL (LE), f. c^{ne} d'Hardanges. — *Le Tailleul* (carte de Jaillot).

Châtell. vassale du duché de Mayenne et du marq. de Villaines-la-Juhel.

LAYEUL (LE), c^{ne} de Quelaines; arrière-fief du marq. de Château-Gontier, vassal de la seign. d'Origné.

LAZERIE (LA), h. c^{ne} de Fougerolles.

LÉAN, f. c^{ne} de Cuillé; auj. détruite.

LÉARD, f. c^{ne} de Longuefuye.

LÉARD, f. c^{ne} d'Origné.

LÉARDS (LES), f. c^{ne} de Ruillé-Froidfont.

LÉGERIE (LA), h. c^{ne} de la Dorée.

LÉGERIE (LA), h. c^{ne} de Saint-Aubin-Fosse-Louvain.

LÉGERIE (LA), h. c^{ne} de Saint-Céneré.

LÉGERIE (LA), logis, c^{ne} de Saint-Michel-de-la-Roë. — *Le lieu de la Ligerie*, 1451 (abb. de la Roë).

LELÉE, f. c^{ne} de Villaines-la-Juhel.

LENDREUDIÈRE (LA HAUTE et LA BASSE), h. c^{ne} d'Averton.

LÉRINIÈRE (LA), f. c^{ne} de Vimarcé.

LESBOIS, c^{on} de Gorron. — Anc. par. du doy. de Passais et de l'élect. de Mayenne.

La seign. de Lesbois était annexée à la châtell. du Bois-Brault en Gorron.

LESMIÈRE, f. c^{ne} de Landivy. — On écrit aussi *Lemière*.

LESNIÈRES, chât., f. et étang, c^{ne} de Vaiges. — *Linerias curtum*, 989 (cart. d'Évron). — *Linières* (carte de Jaillot). — *Lesniers* (carte de l'État-major).

Le bois de haute futaie est auj. défriché.

LESPARDIÈRES (LES), f. c^{ne} de Bazouges.

LESVINIÈRES (LES), f. c^{ne} de Belgeard. — Les landes de ce lieu sont auj. défrichées.

LÉTARDIÈRE (LA), f. c^{ne} de Saint-Georges-sur-Erve; auj. détruite.

LEUDIÈRE (LA), f. c^{ne} de Marcillé-la-Ville.

LEUX (RUISSEAU DES), c^{ne} de Daon, affl. de la Mayenne.

LEUZIL, f. c^{ne} de Congrier. — *Louzil* (carte de l'État-major). — *Louzis*, 1866 (rôles de dénombr.).

Fief vassal de la seign. de l'Épinay et de la châtell. de Lourzais.

LÉVARÉ, c^{on} de Gorron. — *Parrochia de Livale*, 1158 (arch. nat. L 966). — *In parrochia de Livaré*, 1200 (ibid. L 977). — *Terram de Livareio*, 1241 (ibid. L 970).

Anc. par. du doy. d'Ernée, de l'élect. de Mayenne et de la châtell. de Pontmain.

LÉVARÉ, f. c^{ne} de Saint-Quentin.

LÉVARÉ (LE GRAND et LE PETIT), f. c^{ne} de Cossé-le-Vivien.

LÉVARÉ-COURTOIS, f. c^{ne} de Cossé-le-Vivien.

LÉVARÉ-FLÉCHARD, f. c^{ne} de Cossé-le-Vivien. — On disait autrefois *Lévaré-Feschal*.

Fief vassal des châtell. de Montjean et de la Guéhardière.

LEVATIÈRE (LA), f. c^{ne} de Champéon.

LEVATIÈRE (LA), f. c^{ne} de Saint-Calais-du-Désert.

LEVEREAU, f. c^{ne} de Madré.

LEVERIE (LA), h. c^{ne} de Charchigné.

LEVERIE (LA), f. c^{ne} de Chemazé.

LEVERIE (LA), f. c^{ne} du Genest.

LEVERIE (LA), éc. c^{ne} de Laigné.

LEVERIE (LA), f. c^{ne} de Saint-Georges-Buttavent.

LEVERIE (LA), f. c^{ne} de Saint-Loup-du-Dorat.

LEVERIE (LA), f. c^{ne} de Saint-Pierre-sur-Erve.

LEVERIE (LA), f. c^{ne} de Saint-Thomas-de-Courceriers.

LEVRARDIÈRE (LA), f. c^{ne} de Bais.

LEVRAUDIÈRE (LA), f. c^{ne} de Landivy.

LEVRETTIÈRES (LES), f. c^{ne} d'Andouillé.

LEVRIÈRE (LA), f. c^{ne} de Chammes.

LEVROTTIÈRE (LA), h. c^{ne} de Saint-Aubin-du-Désert.

LEVRUN, f. c^{ne} de la Chapelle-Rainsouin.

LEZARDIÈRE (LA), f. c^{ne} de Sainte-Suzanne.

LEZERIE (LA), h. c^{ne} d'Athée.

LEZERIE (LA), f. c^{ne} de Beaulieu.

LEZERIE (LA), f. c^{ne} de Bonchamp.

LEZERIE (LA GRANDE et LA PETITE), f. c^{ne} de Courbeveille.

LEZIÈRE (LA) ou LA LISIÈRE, chât. et f. c^{ne} de Maisoncelles.

LEZIÈRE (LA) ou LA LEZERIE, h. c^{ne} de Placé.

LEZIÈRE (LA), f. c^{ne} de Villiers-Charlemagne.

LEZIN (LE), h. c^{ne} de Congrier. — *Saint-Lezin* (carte de l'État-major).

LHUISSERIE, f. — Voy. HUISSERIE (L').

LIARD, f. c^{ne} de Bazougers.

LIARD, f. c^{ne} d'Entrammes.

LIARDAIS (LA), f. c^{ne} de Juvigné-des-Landes.

LIARDIÈRE (LA), f. c^{ne} de Champéon.

LIAUDIÈRE (LA), m^{in} et four à chaux, c^{ne} de Sainte-Suzanne. — *La Liauderie*, 1790 (archives de la Mayenne, série Q).

LIAUMERIE (LA), f. c^{ne} de Bourgon.

LIAUMERIE (LA), f. c^{ne} de Juvigné-des-Landes.

LIAUMERIE (LA HAUTE-), h. c^{ne} de Bourgon.

LIAUMERIE (LA HAUTE et LA BASSE), f. c^{ne} de Juvigné-des-Landes.

LIAUTRIE (LA), éc. c^{ne} de Désertines.

LIAUTRIE (LA), f. c^{ne} de Fougerolles.

Libaret, f. c^{ne} de la Brulatte.

Libaret, éc. c^{ne} d'Olivet. — *Noue de Libaret*, 1643 (abb. de la Roë, H 199).

Le moulin de ce lieu est auj. détruit.

Libaretterie (La), f. c^{ne} de la Gravelle.

Libazière (La), vill. c^{ne} de Cigné.

Libergère (La), f. c^{ne} de Laval.

Lice (La), f. c^{ne} d'Ahuillé.

Lice (La), f. c^{ne} de Saint-Pierre-des-Landes. — Fief de la châtell. d'Ernée.

Licherie (La), éc. c^{ne} de Torcé.

Licoisière (La), f. c^{ne} de Brécé.

Licorne (La), h. c^{ne} de Saint-Isle.

Lidonnière (La), f. c^{ne} de Laigné; donne son nom à un ruiss. affl. de celui de Marigné.

Lidonnière (La), h. c^{ne} de Saint-Poix.

Lierré, f. — Voy. Hiéray.

Lierre (Le), f. c^{ne} de Chailland. — Il faudrait écrire *l'Hierre*.

Le fief d'Hierre était vassal de la seign. de Villeneuve.

Lierre (Le), éc. c^{ne} de Moulay.

Lierru, f. c^{ne} d'Azé.

Lieudrie (La), f. c^{ne} de Pré-en-Pail.

Lieu-Rouzeau (Le Bas-), f. c^{ne} de Colombiers.

Lieu-Rouzeau (Le Haut-), f. c^{ne} de Colombiers.

Lieux (Les Hauts-), logis et f. c^{ne} de Trans.

Lifetière (La), h. — Voy. Livetière (La).

Liffrayère (La), f. c^{ne} de Carelles.

Ligerais (La Haute et la Basse), f. c^{ne} de Cigné.

Ligerais (Le Bas-), f. c^{ne} de Couesmes. — Le ruiss. de Ligerais arrose le Pas et se jette dans celui de Bazeille.

Ligerais (Le Haut-), vill. c^{ne} de Couesmes.

Ligerie (La), h. c^{ne} de Bais.

Ligerie (La), f. c^{ne} de Juvigné-des-Landes.

Ligerie (La Haute et la Basse), f. c^{ne} de la Bazouge-de-Chemeré.

Lignères, vill. c^{ne} d'Ambrières. — Fief de la baronnie d'Ambrières.

Lignères, f. c^{ne} de Saint-Charles-la-Forêt. — On dit aussi *Linières*.

Ligneul (Le Grand et le Petit), f. c^{ne} de la Bazouge-des-Alleux.

Ligneux, f. c^{ne} de Cossé-le-Vivien. — Fief vassal de la châtell. de la Guehardière.

Lignières-la-Doucelle, c^{ne} de Couptrain. — *Cum colonica Laniariaco*, 642 (test. Hadoindi). — *Linaria cum ecclesia*, xe siècle (anal. Mab. t. III, 303).

Anc. par. du doy. de la Roche-Mabille, de l'élect. du Mans et du duché de Mayenne.

La châtellenie de Lignières, annexée à celles de Resné et de Saint-Calais, étendait son ressort sur Ciral, la Pallu, Orgères, Saint-Aignan, et relevait du duché de Mayenne.

Lignoux, vill. c^{ne} de Lesbois.

Ligonnière (La), f. c^{ne} de Nuillé-sur-Vicoin. — Fief vassal de la châtell. de Courbeveille.

Ligottaie (La), fief du duché de Mayenne.

Lilavois, f. c^{ne} de Grazay. — *Les Lavas* (cadastre).

Limesle, f. c^{ne} de Craon.

Limesle, h. c^{ne} de Ruillé-le-Gravelais.

Limesle (Le Grand-), h. c^{ne} de Quelaines.

Limesle (Le Grand et le Petit), f. et éc. c^{ne} d'Ampoigné.

Limesle (Le Grand et le Petit), h. c^{ne} de Méral.

Limesle (Le Petit-), f. c^{ne} d'Ampoigné; auj. détruite.

Limesle (Le Petit-), f. c^{ne} de Quelaines.

Limet (Bois du), c^{ne} de Saint-Martin-du-Limet; faisait partie de la grande forêt de Craon au xve siècle.

Limetière (La), f. c^{ne} de Saint-Martin-du-Limet.

Limogènes, f. c^{ne} du Horps.

Limoudin, h. et landes, c^{ne} de Saint-Pierre-sur-Orthe.

Linandière (La), f. c^{ne} de Livré; auj. détruite.

Lincé, h. c^{ne} de Montourtier. — *Lintiacum*, 989 (cart. d'Évron). — *Capellam Sancte-Marie de Lynceio*, 1125 (ibid.).

Le prieuré de Lincé dépendait de l'abb. d'Évron; certains auteurs disent qu'il fut annexé au prieuré de Fontaine-Géhard.

Le ruiss. de Lincé est un affl. de celui du Pont-Besnard.

Lingé, h. et mⁱⁿ, c^{ne} de Hambers. — Fief vassal du marq. de Villaines.

Le ruiss. de Lingé est un affl. de celui de Biard.

Linières, chât. et h. c^{ne} de Balléc. — La seign. de ce nom, vassale de la châtell. de Bazougers, comprenait les fiefs de Bois-Isabeau, du But, de Méhardoul et des Épéchères.

Linières, f. c^{ne} de Charchigné; donne son nom à un ruiss. affl. de celui de la Hermerie.

Linières, fief, c^{ne} de Vaiges, vassal de la châtell. de Vaiges.

Linières-Morin, f. c^{ne} de Quelaines. — On écrit aussi *Lignières*.

Fief vassal du marq. de Château-Gontier.

Linières-Oge, f. c^{ne} de Quelaines. — *Étang de Linière-Hoge* (carte de Jaillot). — *Ligneröge* (carte de l'État-major).

Liollière (La), f. c^{ne} de Saint-Pierre-sur-Orthe.

Liollière (La) ou Liollenière, f. c^{ne} de Vimarcé.

Lion-d'Or (La), éc. c^{ne} de Laval.

Lionnaie (La), f. c^{ne} de la Boissière.

Lionnaie (La), f. c^{ne} de Bouchamp.

LIONNIÈRES (LES), h. c^{ne} de la Dorée.
LIOTTERIE (LA), f. c^{ne} de la Bigottière.
LISEBARBIÈRE, f. — Voy. ISEBARBIÈRE (L').
LISERIE (LA), f. c^{ne} de la Selle-Craonnaise.
LISIÈRES (LES), h. c^{ne} de Livré.
LISIÈRES (LES), éc. c^{ne} de Pré-en-Pail.
LITRON, f. c^{ne} d'Oisseau.
LIVARDEUIL (LE GRAND-), f. c^{ne} de Lévaré.
LIVARDEUIL (LE PETIT-), h. c^{ne} de Lévaré.
LIVARDIÈRE (LA), f. c^{ne} de Livré.
LIVET, h. c^{ne} d'Alexain.
LIVET, f. c^{ne} d'Arquenay. — La lande de ce lieu a été défrichée vers 1836.
LIVET, f. c^{ne} de Champgeneteux.
LIVET, f. c^{ne} de Cosmes.
LIVET, f. c^{ne} de Saint-Quentin.
LIVET, h. c^{ne} de Torcé.
LIVET (LE HAUT-DE-), vill. c^{ne} de Madré.
LIVET (LE HAUT, LE BAS ET LE MILIEU), h. c^{nes} de la Croixille.
LIVET (LE PETIT-), éc. c^{ne} d'Alexain.
LIVET (LE PETIT-), f. c^{ne} de Livet-en-Charnie.
LIVET (LE PETIT-), f. c^{ne} de Villaines-la-Juhel.
LIVET-EN-CHARNIE, c^{on} d'Évron. — *Ecclesia de Liveto*, 1147 (cart. de l'abb. de Tyron).
    Anc. par. du doy. d'Évron, de l'élect. du Mans et de la bar. de la Chapelle-Rainsouin.
LIVETIÈRE (LA), f. c^{ne} de Chailland. — Fief de la chât. d'Ernée.
LIVETIÈRE (LA), h. c^{ne} de Torcé. — On dit aussi *la Liffetière*.
LIVETTERIE (LA), h. c^{ne} de Jublains.
LIVONNIÈRE (LA), h. c^{ne} de Saint-Loup-du-Gast. — Il faudrait écrire *l'Yvonnière*.
LIVONNIÈRE (LA), h. c^{ne} de Saint-Martin-de-Connée.
LIVRAIE (LA), f. c^{ne} de Saint-Aubin-Fosse-Louvain.
LIVRAY (LE GRAND ET LE PETIT), f. c^{ne} d'Ernée. — Fief de la terre de Charné.
LIVRÉ, c^{on} de Craon. — *Ecclesia de Livreto*, 1184 (bulle de l'abbaye de la Roë). — *Libvré*, 1509 (ibid.).
    Anc. par. du doy. et de la bar. de Craon et de l'élect. de Château-Gontier.
    Le prieuré de Notre-Dame de Livré dépendait de l'abb. de la Roë.
LIZARDIÈRE (LA), f. c^{ne} de Ruillé-Froidfont.
LOCARDERIE (LA), f. c^{ne} de Saint-Fort; auj. détruite.
LOCENDIÈRE (LA), h. c^{ne} de Courcité. — On écrit aussi *l'Ossendière*.
LOCENDIÈRE (LA), h. c^{ne} de Poulay.
LOCHERIE (LA), f. c^{ne} de Bazouges. — Le bois de ce lieu est auj. défriché.

LOCHERIE (LA), f. c^{ne} d'Origné.
LOCHERIE (LA), f. c^{ne} de Saint-Mars-sur-la-Futaie.
LOCHETERIE (LA), éc. c^{ne} de Livré. — Autrefois ce lieu fut un village.
LOCHONNIÈRE (LA), vill. c^{ne} de la Poôté.
LODERIE (LA), vill. c^{ne} d'Entramnes.
LODIÈRE (LA), f. c^{ne} de la Chapelle-Craonnaise.
LODIÈRE (LA), f. c^{ne} de Meslay.
LODIÈRE (LA), f. c^{ne} de Saint-Aignan-sur-Roë.
LOGÉ, fief, c^{ne} de Chailland, vassal de la seign. de Villeneuve. — L'étang est auj. desséché.
LOGE (LA), f. c^{ne} d'Athée.
LOGE (LA), h. c^{ne} de la Baconnière.
LOGE (LA), h. c^{ne} de Belgeard.
LOGE (LA), f. c^{ne} de Blandouet. — Son nom actuel depuis trente ans est *Chambord*.
    L'étang de ce lieu a été desséché vers 1830.
LOGE (LA), f. c^{ne} de Bouchamp.
LOGE (LA), f. c^{ne} de Brée.
LOGE (LA), éc. c^{ne} de Châlons.
LOGE (LA), h. c^{ne} de Chantrigné.
LOGE (LA), éc. c^{ne} de Cigné.
LOGE (LA), f. c^{ne} de Contest.
LOGE (LA), éc. c^{ne} de Courcité.
LOGE (LA), f. c^{ne} de la Cropte.
LOGE (LA), f. c^{ne} de Deux-Évailles.
LOGE (LA), f. c^{ne} d'Épineu-le-Séguin.
LOGE (LA), f. c^{ne} du Genest.
LOGE (LA), f. c^{ne} de Hercé.
LOGE (LA), f. c^{ne} de Laigné.
LOGE (LA), f. c^{ne} de Martigné.
LOGE (LA), f. c^{ne} de Montflours.
LOGE (LA), éc. c^{ne} de Montourtier.
LOGE (LA), éc. c^{ne} de Nuillé-sur-Ouette.
LOGE (LA), éc. c^{ne} d'Olivet.
LOGE (LA), vill. c^{ne} de la Poôté.
LOGE (LA), f. c^{ne} de Pré-en-Pail.
LOGE (LA), f. c^{ne} de Saint-Baudelle.
LOGE (LA), f. c^{ne} de Saint-Brice.
LOGE (LA), h. c^{ne} de Saint-Cyr-le-Gravelais.
LOGE (LA), f. c^{ne} de Saint-Fraimbault-de-Prières.
LOGE (LA), f. et éc. c^{ne} de Sainte-Gemmes-le-Robert.
LOGE (LA), éc. c^{ne} de Saint-Germain-de-Coulamer.
LOGE (LA), éc. c^{ne} de Saint-Jean-sur-Erve.
LOGE (LA), f. c^{ne} de Saint-Jean-sur-Mayenne.
LOGE (LA), f. c^{ne} de Saint-Léger.
LOGE (LA), f. c^{ne} de Villiers-Charlemagne; donne son nom à un ruiss. affl. de la Mayenne.
LOGE (LA), f. c^{ne} de Vieuvy.
LOGE (LA GRANDE-), h. c^{ne} d'Abuillé.
LOGE (LA GRANDE-), ferme, c^{ne} de Saint-Charles-la-Forêt.

DÉPARTEMENT DE LA MAYENNE. 193

Loge (La Grande et la Petite), f. c^{ne} de la Bazouge-de-Chemeré.
Loge (La Haute-), h. c^{ne} de Saint-Berthevin.
Loge (La Haute et la Basse), f. c^{ne} de la Chapelle-Rainsouin.
Loge (La Petite-), vill. c^{ne} de Saint-Berthevin.
Loge (Ruisseau de la) : arrose Marcillé-la-Ville et se jette dans celui de la Loyère.
Loge-à-Chauvière (La), h. c^{ne} d'Hardanges.
Loge-à-Creusier (La), h. c^{ne} d'Hardanges.
Loge-à-Gelaud (La), h. c^{ne} d'Hardanges.
Loge-à-Guillemot (La), h. c^{ne} d'Hardanges.
Loge-à-Hamelin (La), h. c^{ne} d'Hardanges.
Loge-à-Hubert (La), h. c^{ne} d'Hardanges.
Loge-à-la-Guibert (La), éc. c^{ne} de Brée.
Loge-à-la-Reboux (La), éc. c^{ne} du Ribay.
Loge-à-l'Aunay (La), éc. c^{ne} de Marcillé-la-Ville.
Loge-à-Martin (La), h. c^{ne} d'Hardanges.
Loge-à-Raymond (La), f. c^{ne} d'Hardanges; auj. détruite.
Loge-à-Salard (La), éc. c^{ne} de Marcillé-la-Ville.
Loge-Bellevent (La), h. c^{ne} du Ham.
Loge-Berthereau (La), éc. c^{ne} de Saint-Ouen-des-Vallons.
Loge-Bondu (La), h. c^{ne} du Ham.
Loge-Cocou (La), f. c^{ne} de Bazouges.
Loge-Cocou (La), éc. c^{ne} de Commer.
Loge-Coucou (La), éc. c^{ne} de la Dorée.
Loge-Coucou (La), f. c^{ne} d'Ernée.
Loge-de-la-Fosse (La), éc. c^{ne} d'Ernée.
Loge-de-la-Gaucherie (La), éc. c^{ne} d'Évron.
Loge-de-la-Gaudinière (La), éc. c^{ne} de Saint-Ouen-des-Vallons.
Loge-de-Montecler (La), éc. c^{ne} de Châtres.
Loge-de-Paille (La), f. c^{ne} de Saint-Aignan-sur-Roë.
Loge-des-Chevrie (La), éc. c^{ne} de Martigné.
Loge-d'Isle (Ruisseau de la) : arrose Saint-Mars-sur-Colmont et se jette dans le Colmont.
Loge-du-Bois-de-Brée (La), f. c^{ne} de Deux-Évailles.
Loge-du-Carrefour-du-Bois (La), h. c^{ne} du Ham.
Loge-du-Closeau (La), éc. c^{ne} de Montourtier.
Loge-du-Ligneul (La), éc. c^{ne} de la Bazouge-des-Alleux.
Loge-du-Pâtis (La), éc. c^{ne} d'Ernée.
Loge-du-Rocher (La), h. c^{ne} de Chantrigné.
Loge-Malet (La), c^{ne} de Lassay.
Loge-Pelletier (La), h. c^{ne} du Ham.
Loge-Peuton (La), f. c^{ne} de Saint-Georges-sur-Erve.
Loge-près-le-Moulin (La), f. c^{ne} de Launay-Villiers.
Loge-près-l'Eucherie (La), f. c^{ne} de Launay-Villiers.
Loge-Ragolière (La), éc. c^{ne} de Hercé.
Loges (Les), f. c^{ne} d'Andouillé.
Loges (Les), éc. c^{ne} d'Aron.
Loges (Les), f. c^{ne} d'Athée.

Loges (Les), vill. c^{ne} d'Averton.
Loges (Les), f. c^{ne} de Beaulieu. — Fief vassal de la châtell. de la Guéhardière.
Loges (Les), f. c^{ne} de Blandouet.
Loges (Les), f. c^{ne} de la Boissière.
Loges (Les), f. c^{ne} de Bouère.
Loges (Les), f. c^{ne} de Château-Gontier; distraite de Saint-Fort en 1862.
Loges (Les), f. c^{ne} de Chemazé.
Loges (Les), f. c^{ne} de Commer.
Loges (Les), f. c^{ne} de Contest. — Fief du duché de Mayenne.
Loges (Les), f. c^{ne} de Cosmes.
Loges (Les), f. c^{ne} de la Cropte.
Loges (Les), éc. c^{ne} de Cuillé.
Loges (Les), f. c^{ne} d'Entrammes.
Loges (Les), f. c^{ne} de Fougerolles.
Loges (Les), chât. et f. c^{ne} de Gennes.
Loges (Les), f. c^{ne} de Gorron.
Loges (Les), f. c^{ne} d'Hardanges.
Loges (Les), f. c^{ne} de l'Huisserie. — Fief vassal de la châtell. de la Houssaie.
Loges (Les), f. c^{ne} de Lassay.
Loges (Les), vill. c^{ne} de Laval.
Loges (Les), vill. c^{ne} de Livet-en-Charnie.
Loges (Les), f. c^{ne} de Loigné.
Loges (Les), h. c^{ne} de Mayenne. — Ruiss. affl. de la Mayenne.
Loges (Les), f. c^{ne} de Ménil.
Loges (Les), f. c^{ne} de Mézangers.
Loges (Les), éc. c^{ne} de Montsurs.
Loges (Les), h. c^{ne} de Parigné.
Loges (Les), f. c^{ne} de Parné.
Loges (Les), f. c^{ne} de Placé.
Loges (Les), f. c^{ne} de Préaux.
Loges (Les), f. c^{ne} de Pré-en-Pail.
Loges (Les), h. c^{ne} de Rennes-en-Grenouille.
Loges (Les), h. et f. c^{ne} de Saint-Berthevin.
Loges (Les), h. c^{ne} de Saint-Denis-d'Anjou.
Loges (Les), h. c^{ne} de Saint-Denis-de-Gastines.
Loges (Les), h. c^{ne} de Saint-Ellier.
Loges (Les), h. c^{ne} de Saint-Germain-le-Fouilloux.
Loges (Les), f. c^{ne} de Saint-Germain-le-Guillaume.
Loges (Les), f. c^{ne} de Saint-Hilaire-des-Landes; ruiss. affl. de l'Ernée, qui est aussi nommé ruiss. de la Bretonnière.
Loges (Les), h. c^{ne} de Saint-Léger.
Loges (Les), h. c^{ne} de Saint-Ouen-des-Toits.
Loges (Les), h. c^{ne} de la Selle-Craonnaise.
Loges (Les), f. c^{ne} de Thorigné.
Loges (Les), f. c^{ne} de Vaiges.
Loges (Les), f. c^{ne} de Vautorte.

Mayenne.

Loges (Les), h. c^{ne} de Villepail. — L'étang de ce lieu a été desséché vers 1830.
Fief du marq. de Villaines-la-Juhel.
Loges (Les), h. c^{ne} de Viviers.
Loges (Les Grandes et les Petites), h. c^{ne} d'Ambrières. — Le ruiss. de l'étang des Loges est un affl. de celui de la Ribouilère.
Fief vassal de la bar. d'Ambrières.
Loges (Les Grandes et les Petites), h. c^{ne} de Saint-Christophe-du-Luat.
Loges (Les Hautes et les Basses), vill. c^{ne} de Saint-Michel-de-la-Roë.
Loges-Bettières (Les), f. c^{ne} de Saint-Denis-d'Anjou. — Anciennes loges de vignerons.
Loges-Daniel (Les), éc. c^{ne} de Gesvres.
Loges-de-Chêne-Thereau (Les), éc. c^{ne} de Martigné.
Loges-de-la-Galonnière (Les), vill. c^{ne} de Chammes.
Loges-de-Pitié (Les), vill. c^{ne} de Blandouet.
Loges-de-Saint-Avit (Les), éc. c^{ns} de Brécé.
Loges-des-Bruyères-d'Isle (Les), f. c^{ne} de Brécé.
Loges-des-Guignons (Les), éc. c^{ne} de Montourtier.
Loges-du-Bois-du-Breil (Les), éc. c^{ne} de Brécé.
Loges-du-Bois-du-Domaine (Les), éc. c^{ne} de Gesvres.
Loges-du-Pâtis-de-Beauvais (Les), éc. c^{ne} de Chammes.
Loges-du-Ruisseau (Les), éc. c^{ne} de Chammes.
Logette (La), f. c^{ne} de Chammes.
Logis (Le), vill. c^{ne} de Bourgon. — L'étang, le mⁱⁿ et le bois de ce lieu n'existent plus.
Le ruiss. du Logis se jette dans celui de Choiseau.
Logis-de-la-Motte (Le), éc. c^{ne} de Louverné.
Loigné, c^{ne} de Château-Gontier. — *Gauterius de Longneio*, 1190 (abb. de Saint-Nicolas d'Angers). — *Decima de Lungneio*, 1217 (abb. de Fontaine-Daniel). — *Longné*, 1660 (abb. de la Roë).
Anc. par. du doy. de Craon, de l'élect. et du marq. de Château-Gontier.
Loigné, h. c^{ne} de Bazouges.
Loignère (La), éc. c^{ne} de Saint-Jean-sur-Mayenne.
Loignères (Les Hautes et les Basses), vill. c^{ne} de Pré-en-Pail.
Lointerie (La), f. c^{ne} de Lévaré.
Lointival, f. c^{ne} de Cosmes. — *Lieu de Lantivalle*, 1462 (abb. de la Roë, H 189, f° 31). — *Closerie de Lointhaille*, 1575 (*ibid.* H 180).
Loir (Ruisseau du), c^{ne} de Montigné, affl. du Vicoin. — *Piscaria in Lido* (Bibl. nat. f. lat. 5441).
Loir (Ruisseau du), c^{ne} de Saint-Thomas-de-Courceriers, affl. de la Vaudelle.
Loirie (La), vill. c^{ne} de Bais. — *La Louarie* (Cassini). — Il faudrait écrire *l'Hoirie*.
Loirie (La), h. c^{ne} de Courcité.
Loirie (La), f. c^{ne} de Gastines.

Loirie (La Grande et la Petite), h. c^{ne} de Loiron.
Loirie (Lande de la), c^{ne} de Launay-Villiers; auj. défrichée.
Loirie (La Petite-), h. c^{ne} de Saint-Mars-sur-la-Futaie.
Loirière (La), f. c^{ne} de la Chapelle-Anthenaise.
Loiron, arrond. de Laval. — *Guibertus de Lerron*, xie s^e (Bibl. nat. f. latin, 5441). — *G. de Loirrun*, xie s^e (cart. du Ronceray). — *G. de Loiron*, xie s^e (*ibid.*). — *Loerron*, 1622 (reg. paroissiaux).
Anc. par. du doy. et de l'élect. de Laval. — Siège d'une châtell. vassale du comté de Laval, comprenant les fiefs de Chantepie, de la Harelière et de la Motte-Tannehier.
Loisir (Le), fief vassal du marq. de Villaines-la-Juhel.
Longbois (Le), f. c^{ne} de Désertines.
Longbois (Le Grand et le Petit), h. c^{ne} de Carelles. — *Longum boscum*, 1190 (cart. de Savigny, f° 126).
Longerie (La), f. c^{ne} d'Argentré.
Longs-Champs (Les), h. c^{ne} de Melleray.
Longué (Le), mⁱⁿ et h. c^{ne} de Pré-en-Pail.
Longue-Avette (La), f. c^{ne} de la Chapelle-au-Riboul.
Longue-Bôche (La), f. c^{ne} de Saint-Cyr-en-Pail.
Longue-Fougère (La), f. c^{ne} de Torcé. — *Longa-Fougeria*, 1209 (cart. d'Évron).
Fief vassal de la bar. d'Évron.
Longuefuye, c^{ne} de Bierné. — Anc. par. du diocèse du Mans, du doy. de Sablé et de l'élect. de Château-Gontier. — Châtell. vassale du comté de Laval, qui comprenait dans sa mouvance les fiefs de la Corbinière, des Écorces, de la Forêt-d'Aubert, de la Jumelaie, de Marboué, de la Pironnière, de la Primaudière, de la Quanterie, des Roches et des Touches; le comte de Laval ayant omis de faire valoir ses droits en 1637, lorsque le roi attribua les appels de la châtell. de Longuefuye au présidial de Château-Gontier, il perdit ce ressort judiciaire et ne le recouvra qu'en 1744.
Longue-Lande (La), f. c^{ne} de Larchamp.
Longue-Noë, f. c^{ne} de Coudray.
Longueraie (La), f. c^{ne} de Champgeneteux.
Longueraie (La), f. c^{ne} de Châtres.
Longueraie (La), f. c^{ne} de Cosmes.
Longueraie (La), f. c^{ne} de Daon; auj. détruite.
Longueraie (La), f. c^{ne} de la Dorée.
Longueraie (La), f. c^{ne} de Fougerolles.
Longueraie (La), f. c^{ne} de Montaudin.
Longueraie (La), f. c^{ne} de Montigné.
Longueraie (La), f. c^{ne} de Neau.
Longueraie (La), h. c^{ne} de Saint-Cénéré.
Longuerotte (Ruisseau de), c^{ne} de Chemeré-le-Roi, affl. de l'Erve.
Longués (Les), h. c^{ne} de Saint-Pierre-des-Landes.

Longue-Touche, f. cⁿᵉ de Gennes. — Le moulin de ce lieu a été détruit vers 1854.
 Le fief de Longue-Touche, *alias* la Chapelle de Gennes, s'étendait sur Fromentières et Longuefuye et relevait de la Quanterie.
Longuève, f. cⁿᵉ de Colombiers.
Longuève, f. cⁿᵉ de Montenay.
Longuionnière, f. cⁿᵉ de Deux-Évailles. — On dit aussi *Languionnière*.
Lonsaut (Ruisseau de), près la cⁿᵉ de Saint-Céneré, affl. de la Jouanne (carte de Jaillot).
Lonsguère, f. cⁿᵉ de Bazouges. — *Lansguère* (cadastre).
Loquerie (La), f. cⁿᵉ de Châtillon-sur-Colmont.
Loquerière (La), f. cⁿᵉ de la Chapelle-Anthenaise. — Fief vassal de la seign. du Manoir-Ouvrouin.
Loquetière (La), f. cⁿᵉ de Champgeneteux.
Loquetière (La), f. cⁿᵉ de Saint-Jean-sur-Erve.
Loré, f. cⁿᵉ d'Oisseau. — *Robertus de Loyré*, 1237 (abb. de Savigny, arch. nat. L 970).
 Fief vassal du duché de Mayenne. — L'étang de ce lieu est auj. desséché. — Château en ruines.
Loré, h. cⁿᵉ de la Poôté.
Lorerie (La), f. cⁿᵉ de Belgeard.
Lorerie (La), f. et mⁱⁿ, cⁿᵉ de Charchigné; donne son nom à un ruiss. affl. de l'Aisne.
Lorerie (La), f. cⁿᵉ de Saint-Calais-du-Désert.
Loriais (La), f. cⁿᵉ de Larchamp.
Loriat, vill. cⁿᵉ de Mézangers.
Loricière (La), h. cⁿᵉ de Saint-Denis-de-Gastines. — On dit aussi *l'Oricière*.
 Étang auj. desséché. — Ruiss. affl. de celui de Montflaux.
Loricière (La Petite-), éc. cⁿᵉ de Saint-Denis-de-Gastines.
Lorie (La), f. cⁿᵉ de la Bazouge-des-Alleux.
Lorie (La), f. cⁿᵉ de Saint-Ellier; donne son nom à un ruiss. affl. de celui de Saint-Ellier, qui prend successivement les noms de *rivière de Vaux* et de *Glaine*.
Lorières (Les), h. cⁿᵉ du Buret. — Altération de *les Orières*.
Lortière (La), f. cⁿᵉ de la Dorée.
Lortière (La), vill. cⁿᵉ de Landivy.
Losse (La), f. cⁿᵉ de Hambers. — Le moulin et l'étang sont auj. supprimés.
Losserie (La) ou la Locerie, h. cⁿᵉ de Livré. — Arrière-fief de la baronnie de Craon, relevant de la seigneurie d'Asseil.
Lotereau, f. cⁿᵉ de Lévaré.
Lotterie (La), f. cⁿᵉ de Saint-Céneré.
Lotterie (La), h. cⁿᵉ de Saint-Germain-le-Fouilloux.
Louaberie (La), h. cⁿᵉ du Pas.

Louesaudrie (La), f. cⁿᵉ de Saint-Ellier.
Louetterie (La), f. cⁿᵉ de Cuillé.
Louetterie (La), f. cⁿᵉ de Livré.
Louichère (La), f. cⁿᵉ du Genest.
Louis (Le Haut-), f. cⁿᵉ de Saint-Pierre-la-Cour.
Louise (La Grande-), f. cⁿᵉ de Bierné. — Fief vassal de la châtell. de Châtelain.
Louise (La Petite-), éc. cⁿᵉ de Bierné.
Louise (La Petite-), f. cⁿᵉ de Gennes.
Louisière (La), h. cⁿᵉ de Laval.
Louisière (La), f. cⁿᵉ de Saulges.
Loupfougères, cⁿ de Villaines-la-Juhel. — *Longa Filgeria*, ixᵉ siècle (Gesta Dom. Aldrici).
 Anc. par. du doy. de Javron, de l'élect. du Mans et du marq. de Villaines-la-Juhel.
Loupgard (Le), vill. cⁿᵉ de la Baroche-Gondouin.
Loup-Garou (Le), f. cⁿᵉ de Nuillé-sur-Ouette.
Loup-Pendu, f. cⁿᵉ de Larchamp.
Loup-Pendu, f. cⁿᵉ de Saint-Sulpice.
Loups (Les), h. cⁿᵉ du Horps.
Louriais (La), éc. et f. cⁿᵉ de Bazouges.
Louriais (La), f. cⁿᵉ du Horps.
Lourie (La), h. cⁿᵉ d'Argentré.
Lourière (La), f. cⁿᵉ de la Chapelle-Anthenaise.
Lourinyrais (La), f. cⁿᵉ de Brécé.
Lourzais, éc. et forêt, cⁿᵉ de Renazé. — *Châtellenie de Loursins*, 1740 (arch. de Maine-et-Loire). — *Forêt de Lourzé* (Cassini).
 Cette forêt, qui dépendait de la bar. de Pouancé, s'étendait aussi dans la cⁿᵉ de Congrier.
Loutière (La), f. cⁿᵉ de Marigné-Peuton.
Loutière (La), f. cⁿᵉ de Saint-Denis-d'Anjou.
Loutière (La), fief, cⁿᵉ de Vaucé, vassal de la bar. d'Ambrières.
Loutoir, f. cⁿᵉ d'Izé. — On dit aussi *Loutoie*.
Loutre (La), f. cⁿᵉ de Saint-Germain-d'Anxurre. — Landes défrichées en 1858.
Louvardière (La), h. cⁿᵉ de Contest.
Louvardière (La), f. cⁿᵉ de Livet-en-Charnie.
Louvardière (La), h. cⁿᵉ de Villepail.
Louvelais (La), f. cⁿᵉ de Juvigné-des-Landes.
Louvelais (La Grande et la Petite), h. cⁿᵉ du Pas.
Louvellière (La), vill. cⁿᵉ de Contest.
Louvellière (La), chât. et f. cⁿᵉ d'Ernée.
Louvellière (La), h. cⁿᵉ de Javron.
Louvellière (La), f. cⁿᵉ de Placé.
Louvellière (La), h. cⁿᵉ de Pré-en-Pail.
Louvellière (La), f. cⁿᵉ de Saint-Mars-du-Désert.
Louvellière (La), f. cⁿᵉ de Saint-Martin-de-Connée.
Louvellière-du-Désert (La), f. cⁿᵉ d'Ernée.
Louvellières (Les), f. cⁿᵉ de Saint-Baudelle.
Louveraie (La), f. cⁿᵉ de Montaudin.

LOUVERAIE (LA GRANDE et LA PETITE), f. c^{ne} de Châtillon-sur-Colmont. — Ce nom paraît venir du fief de Rouvraie.
LOUVERAY (LE), f. c^{ne} de Bonchamp.
LOUVERAY (LE), f. c^{ne} de Changé.
LOUVERAY (LE GRAND-), f. c^{ne} de Châtillon-sur-Colmont.
LOUVERAY (LE PETIT-), mⁱⁿ, c^{ne} de Moulay.
LOUVERIE (LA), h. c^{ne} de la Bigottière ; donne son nom à un ruiss. afll. de la Mayenne.
LOUVERIE (LA), f. c^{ne} de Changé.
LOUVERIE (LA), f. c^{ne} de Saint-Denis-de-Gastines.
LOUVERNÉ, c^{on} d'Argentré. — *Parrochia de Louvernay*, 1125 (cart. d'Évron).
Le prieuré dépendait de l'abbaye de Toussaints d'Angers. — Anc. par. du doy. de Sablé, de l'élect. et du comté de Laval.
LOUVERNÉ, vill. c^{ne} de Chantrigné.
LOUVETIÈRE (LA), f. c^{ne} de Cossé-en-Champagne.
LOUVETIÈRE (LA), vill. c^{ne} de Courcité.
LOUVETIÈRE (LA), vill. c^{ne} de Hambers.
LOUVETIÈRE (LA), h. c^{ne} de Saint-Mars-sur-la-Futaie.
LOUVETIÈRE (LA), éc. c^{ne} de Saint-Pierre-sur-Orthe.
LOUVETIÈRES (LES), f. c^{ne} de Thorigné.
LOUVIÈRE (LA), h. c^{ne} de Saint-Germain-d'Anxurre.
LOUVIÈRE (LA GRANDE et LA PETITE), vill. c^{ne}. d'Andouillé.
LOUVIGNÉ, c^{on} d'Argentré. — *A. de Lupiniaco*, 1147 (abb. de Savigny). — *Prior de Luvigneio*, 1224 (Hist. de l'Église du Mans, t. IV, pr.).
Le prieuré de Louvigné dépendait de l'abb. de Marmoûtiers. — Anc. paroisse du doy. de Sablé, de l'élect. et du comté de Laval.
LOUVINIÈRE (LA), f. c^{ne} de Saint-Berthevin.
LOUVRERIE (LA), f. c^{ne} de Châtres.
LOUVRIGNÈRE (LA), f. c^{ne} de Villiers-Charlemagne.
LOUVRINIÈRE (LA), f. c^{ne} de Bierné ; auj. détruite. — Aussi nommée *la Mecouginière*, 1414 (arch. de la Mayenne, E 36).
LOUVÈRE (LA), f. c^{ne} de Parné.
LOYANDIÈRE (LA), f. c^{ne} de la Chapelle-Anthenaise.
LOYÈRE (LA), f. — Voy. OYÈRE (L').
LOZÉ, chât. et vill. c^{ne} de la Haie-Traversaine.
LOZÉ, h. c^{ne} de la Poôté. — Fief vassal de la châtell. de la Poôté.
LOZÉ, éc. c^{ne} de Renazé.
LOZERAIS (LA), f. c^{ne} de Larchamp. — *La Louzerais* (cadastre).
LUANNIÈRE (LA), f. c^{ne} de Loiron.
LUARDIÈRES (LES), h. c^{ne} de Trans.
LUARSON (RUISSEAU DE) : arrose Craon et se jette dans l'Oudon. — *Ruisseau de Luarczon*, 1539 (arch. de la Mayenne, E 108).

LUART (LE) ou LE LUAT, château vassal de la seign. de l'Aunay-Péan et de la bar. de Sainte-Suzanne, qui a donné son nom à la paroisse de Saint-Christophe-du-Luat.
LUAUDIÈRE (LA), f. c^{ne} de Brécé.
LUBÉE, f. c^{ne} de Chemazé.
LUBINIÈRE (LA), f. c^{ne} de Coudray.
LUBLINIÈRE (LA), f. c^{ne} de Colombiers.
LUCASERIE (LA), f. c^{ne} de Renazé.
LUCAUDIÈRE (LA), f. c^{ne} de Champgeneteux.
LUCAZIÈRE (LA), h. c^{ne} de Chammes.
LUCAZIÈRE (LA), f. c^{ne} de Villiers-Charlemagne.
LUCÉ, fief, c^{ne} d'Arquenay, vassal de la terre de Marboué et de la bar. d'Entramnes.
Le ruiss. de Lucé est un afll. de celui de Buru.
LUCÉ, fief de la châtell. de Gorron.
LUCÉ (LE HAUT et LE BAS), f. et chât. c^{ne} de Saint-Denis-du-Maine. — Fief vassal du comté de Laval.
LUCERIE (LA), f. c^{ne} de Bazouges.
LUCERIE (LA HAUTE-), f. c^{ne} de Bazouges.
LUCERIES (LES), h. c^{ne} de Bazouges.
LUÇONNIÈRE (LA), vill. c^{ne} de Bais ; donne son nom à un ruiss. afll. de l'Aron.
LUDE (LE), f. c^{ne} de Cigné.
LUDRAY, f. c^{ne} de Sacé. — *Leudray* (cadastre).
LUETTERIE (LA), f. c^{ne} de Cuillé.
LUGET (RUISSEAU DE), c^{ne} de Nuillé-sur-Vicoin, afll. du Vicoin.
LUIGNÉ, chât., f., mⁱⁿ et étang, c^{ne} de Coudray. — On dit aussi *Luigné-Foucaut*.
Fief vassal du marq. de Château-Gontier.
LUMERIE (LA), f. c^{ne} de Daon. — On dit aussi *la Leumerie*.
LUSABETH, h. c^{ne} de Saint-Ellier.
LUTIÈRE (LA), vill. c^{ne} de la Poôté ; donne son nom à un ruiss. afll. de l'Ornette.
LUTISSON, f. c^{ne} de Saint-Georges-Buttavent ; auj. détruite. — *Lieu de Leutusson*, 1476 (arch. du gr. pr. d'Aquitaine).
LUTZ (LES), chât. et f. c^{ne} de Daon.
LUVINIÈRE, f. c^{ne} de Maisoncelles. — *Lieu de Levignère*, 1619 (arch. de la Mayenne, série G). — On dit aussi *Louvinière*.
Fief vassal de la châtell. d'Arquenay.
Le moulin de ce lieu est auj. détruit. — Le ruiss. de Luvinière ou de la Cour est un afll. de celui de Chesnay.
LYS (LA), riv. qui arrose Bannes et se jette dans l'Erve. — *Super fluvium Liz*, ixe s^e (Gesta Dom. Aldrici, Baluze).
LYS (LE), mⁱⁿ sur la rivière de Chéran, c^{ne} de Bouchamp.

M

Mabilais (La), f. c^{ne} de Saint-Ouen-des-Toits.
Mabillère (La), f. c^{ne} d'Averton.
Mabillère (La), f. c^{ne} de Mézangers.
Mabillère (La), h. c^{ne} de Saint-Mars-sur-la-Futaie.
— L'étang de ce lieu a été desséché en 1791. — La lande commune a été défrichée au xixe siècle.
Le ruiss. de la Mabillère est un affl. de celui du Bois-Philippe.
Mabillère (La Haute-), f. c^{ne} de Saint-Mars-sur-la-Futaie.
Mabonnais (La), h. c^{ne} du Horps; donne son nom à un ruisseau affl. de celui de la Rondelière, qui arrose Champéon. — On dit aussi *la Marbonnais*.
Mabonnerie (La), f. c^{ne} de Belgeard. — On dit aussi *les Marbonnières*.
Macé, mⁱⁿ, c^{ne} de Moulay.
Machardière (La), h. c^{ne} de Saint-Denis-de-Gastines.
Machefer, f. c^{ne} de Chérancé.
Machefer (Bois de), c^{ne} de Ballée; auj. défriché. — Il est cité au xive siècle dans les archives de l'abbaye de Bellebranche.
Macheferrière (La), f. c^{ne} de Bazougers.
Macheferrière (La), h. et f. c^{ne} de Fromentières.
Macheferrière (La), f. c^{ne} de Loiron. — Fief vassal de la châtell. de Montjean.
Macheferrière (La Haute et la Basse), f. c^{ne} d'Astillé; ruiss. affl. de celui de la Morinière.
Fief vassal de la châtell. de Courbeveille.
Machelottière (La), chât. et f. c^{ne} de Montigné. — On dit aussi *les Machenottières* et *les Machinottières*.
Fief vassal de la seign. de Vieucourt et de la châtell. de Montigné.
Machepinière (La), vill. c^{ne} de Saint-Julien-du-Terroux.
Madeleine (La), vill. c^{ne} de Landivy.
Madeleine (La), éc. c^{ne} de Livet-en-Charnie.
Madeleine (La), anc. prieuré de Bénédictines, c^{ne} de Mayenne, supprimé en 1775, puis transformé en hospice municipal.
Fief vassal du prieuré de Fontaine-Géhard.
Madeleine (La), f. c^{ne} de Montaudin.
Madeleine (La), f. c^{ne} d'Olivet. — *La Madeleine-Noueil*, 1545 (arch. de la Mayenne, série E).
Cette ferme a pris son nom du prieuré de la Madeleine-du-Plessis, qui en était voisin.
Madeleine (La), étang et f. c^{ne} de la Poôté.
Madeleine (La), f. c^{ne} de Saint-Aignan-de-Couptrain.
Madeleine (La), f. c^{ne} de Saint-Mars-sur-la-Futaie.
Madeleine (La), vill. c^{ne} de Sainte-Suzanne.
Madeleine-du-Breuil (La), h. c^{ne} de Peuton. — Le prieuré de ce lieu dépend. de l'abb. de la Roë.
Madelinais (La), f. c^{ne} de Larchamp.
Madelinière (La), f. c^{ne} de Simplé.
Madières (Les), h. c^{ne} d'Andouillé. — *Les Maguères* (Cassini).
Madiotière (La), f. c^{ne} de Pommerieux.
Madré, c^{ne} de Couptrain. — *Ecclesia de Materiaco*, ixe s^e (Gesta pontif. Cenom.). — *Eccl. de Maidreio*, 1135 (cart. de Savigny, f° 7). — *E. de Maildreio*, 1165 (abb. de Savigny, arch. nat. L 975). — *L'Église de Maidré*, 1405 (ibid.).
Anc. par. du doy. de Javron et de l'élect. du Mans. — La Motte-de-Madré dép. du marq. de Lassay.
La partie de Madré qui était située dans le dép^t de l'Orne a été réunie à celui de la Mayenne par une loi du 21 juillet 1824.
Madries (Les), f. c^{ne} de Juvigné-des-Landes.
Maffais (Les), f. c^{ne} de Loiron.
Magauderie (La), f. c^{ne} de Saint-Ouen-des-Toits.
Magenta, éc. c^{ne} de Marcillé-la-Ville.
Magerie (La), f. c^{ne} de Cossé-en-Champagne.
Magerie (La), f. c^{ne} de Désertines.
Magnannerie (La), f. — Voy. Mayennerie (La) et Meignannerie (La).
Magnannes ou Meignanne, chât. et f. c^{ne} de Ménil. — Fief du marq. de Château-Gontier, duquel relevaient les fiefs de Bressaut, de la Brosse et de Laigné.
Magnolia (Le), f. c^{ne} de Simplé.
Magny, *alias* Bellanger-de-Haux, fief de la châtell. de Resné, Lignières et Saint-Calais.
Maguiotière (La), éc. — Voy. Mattioterie (La).
Mahavène (La), h. — Voy. Maillère (La).
Mahée (La), éc. c^{ne} de la Poôté.
Mahotte (La), f. c^{ne} d'Origné; auj. détruite.
Mahottière (La), f. c^{ne} de Ménil.
Mahottière (La), f. c^{ne} d'Origné.
Mahottières (Les), f. c^{ne} de Saint-Jean-sur-Erve.
Mahouardière (La), f. c^{ne} de Loigné; auj. détruite.
Mahouillère (La), f. c^{ne} de Coudray. — On dit aussi *la Mahoudière*.
Mai, f. c^{ne} de Contest.
Mai (Bois de), c^{ne} de Quelaines; défriché en 1859.
Mai (Le), h. c^{ne} de Marigné-Peuton.
Mai (Le Haut-), f. c^{ne} de Cuillé.

Maignerie (La), h. c^{ne} de Javron.
Maigresol, f. c^{ne} de Chemazé.
Maigret, éc. c^{ne} du Bourgneuf-la-Forêt.
Maigret (Le), h. c^{ne} de Chailland.
Maigretière (La), f. c^{ne} de Brée.
Maigretière (La), f. c^{ne} de Désertines; donne son nom à un ruiss. affl. de celui de Pontpierre.
Maigrie (La), h. c^{ne} d'Andouillé.
Maigrie (La), f. c^{ne} de Juvigné-des-Landes. — L'étang de ce lieu est auj. desséché.
Maigrière (La), h. c^{ne} de Contest.
Maigrit (Le), h. c^{lle} de Gesvres.
Maillard, vill. c^{ne} de Bourgon.
Maillardière (La), f. c^{ne} d'Alexain.
Maillardière (La), f. c^{ne} d'Astillé.
Maillardière (La), vill. c^{ne} de Bais; donne son nom à un ruiss. affl. de l'Aron.
Maillardière (La), f. c^{ne} de Bazouges.
Maillardière (La), f. c^{ne} de Cossé-en-Champagne.
Maillardière (La), h. c^{ne} de Crennes-sur-Fraubée.
Maillardière (La), f. c^{ne} de Fougerolles.
Maillardière (La), f. c^{ne} de Houssay.
Maillardière (La), f. c^{ne} de Larchamp.
Maielardière (La), vill. de la c^{ne} de Changé annexé auj. à la c^{te} de Laval.
Maillardière (La), f. c^{ne} de Moulay.
Maillardière (La), f. c^{ne} d'Origné.
Maillardière (La), vill. c^{ne} de Rennes-en-Grenouilles.
Maillardière (La), f. c^{ne} de Ruillé-Froidfont. — Fief vassal de la châtell. de Meslay.
Maillardière (La), f. c^{ne} de Saint-Berthevin-la-Tannière.
Maillardière (La), h. c^{ne} de Sainte-Gemmes-le-Robert.
Maillardière (La), f., bois et étang, c^{ne} de Saint-Jean-sur-Erve. — Fief vassal de la bar. d'Évron.
Maillardières (Les), f. c^{ne} de Blandouet.
Maillardières (Les), f. c^{ne} de Torcé.
Maillardière-sur-Eau (La), f. c^{ne} de Villiers-Charlemagne.
Maillé, f. c^{ne} de Marigné-Peuton. — L'étang de ce lieu est auj. desséché.
Maillé, fief vassal de la bar. de Craon, dont relevaient les fiefs de Cheripeau et de Fontenelle.
Maillère (La), f. c^{ne} de Bazougers.
Maillère (La), f. c^{ne} de Bouère.
Maillère (La), f. c^{ne} de Congrier.
Maillère (La), f. c^{ne} de la Pellerine.
Maillère (La), h. c^{ne} de Vautorte. — La Mahaillère (Cassini).
Le ruiss. de ce lieu est un affluent de celui de la Guyottière.

Maillochère (La), f. c^{ne} de Cuillé.
Maindière (La), h. et f. c^{ne} de la Croixille. — La Mainguère (Cassini). — La Mindière (carte de l'État-major).
Maine (Bois de), c^{ne} de Landivy; auj. défriché.
Maine (Le Petit-), contrée franche, sise sur les Marches de la Bretagne, du Bas-Maine et de la Normandie, entre Saint-Ellier, Saint-Mars-sur-la-Futaie et Landivy, dont les habitants jouissaient de certaines exemptions. — Son chef-lieu était Mausson.
Maine (Le Petit-), éc. c^{ne} de Mayenne.
Maineuf, f. c^{ne} du Genest, qui donne son nom à un ruiss. affl. de celui du Plessis.
Fief vassal de l'abb. de Clermont.
Maineuf, chât. c^{ne} de Saint-Gault.
Maineufs (Les), h. c^{ne} de Juvigné-des-Landes.
Maingottière (La), f. c^{ne} de Sainte-Gemmes-le-Robert.
Mairerie (La), chât., f. et étang, c^{ne} d'Izé. — La Mererie, 1778 (cart. d'Évron).
Fief vassal de la bar. d'Évron.
Mairie (La), éc. c^{ne} de la Roë.
Mairie (La), f. c^{ne} de Vimarcé.
Mairie (La Grande-), f. c^{ne} de Saint-Germain-le-Fouilloux.
Mairie (La Grande et la Petite), f. c^{ne} de Montjean. — Métairie de la Mesrie, 1440 (arch. nat. P 401).
Fief vassal de la châtell. de Montjean.
Maison (La), f. c^{ne} de Quelaines.
Maison (La Grande-), f. c^{ne} d'Astillé; auj. détruite.
Maison (La Grande-), f. c^{ne} de Bouchamp.
Maison (La Grande-), f. c^{ne} du Bourgneuf-la-Forêt.
Maison (La Grande-), vill. c^{ne} de Bourgon.
Maison (La Grande-), f. c^{ne} de Denazé; auj. détruite.
Maison (La Grande-), f. c^{ne} de Loigné.
Maison (La Grande-), f. c^{ne} de Méral.
Maison (La Grande-), f. c^{ne} de Neau. — Les deux fermes de ce nom ont été détruites, l'une en 1819, l'autre en 1859.
Maison (La Grande-), f. et h. c^{ne} de Quelaines.
Maison (La Grande-), f. c^{ne} de Saint-Berthevin. — L'étang de ce lieu est auj. desséché.
Maison (La Grande-), f. c^{ne} de Saint-Brice.
Maison (La Grande-), f. c^{ne} de Saint-Charles-la-Forêt.
Maison (La Grande-), f. c^{ne} de Saint-Denis-d'Anjou.
Maison (La Grande-), éc. c^{ne} de Saint-Denis-du-Maine.
Maison (La Grande-), f. c^{ne} de Saint-Fort.
Maison (La Grande-), f. c^{ne} de Saint-Isle.
Maison (La Grande-), f. c^{ne} de Saint-Jean-sur-Erve; détruite vers 1865.
Maison (La Grande-), f. c^{ne} de Saint-Pierre-sur-Orthe.
Maison (La Haute-), f. c^{ne} de la Bazouge-des-Alleux.
Maison (La Haute-), vill. c^{ne} du Bourgneuf-la-Forêt.

Maison (La Haute-), f. c^{ne} de Jublains.
Maison (La Petite-), f. c^{ne} de Bannes.
Maison-Alard, éc. c^{ne} de Saint-Samson.
Maison-Blanche (La), f. c^{ne} d'Azé.
Maison-Blanche (La), éc. c^{ne} de la Bazouge-de-Chemeré.
Maison-Blanche (La), f. c^{ne} de Bazouges.
Maison-Blanche (La), f. c^{ne} de Bouère.
Maison-Blanche (La), éc. c^{ne} du Bourgneuf-la-Forêt.
Maison-Blanche (La), f. c^{ne} d'Ernée.
Maison-Blanche (La), éc. c^{ne} d'Évron.
Maison-Blanche (La), f. c^{ne} de Gennes; auj. détruite.
Maison-Blanche (La), éc. c^{ne} de Mée.
Maison-Blanche (La), h. c^{ne} de Saint-Fort.
Maison-Blanche (La), f. c^{ne} de Saint-Fraimbault-de-Prières.
Maison-Blanche (La), f. c^{ne} de Saint-Michel-de-Feins.
Maison-Blanche (La), éc. c^{ne} de la Selle-Craonnaise.
Maison-Blanche (La Petite-), éc. c^{ne} d'Azé.
Maison-Brûlée (La), f. c^{ne} de Lesbois.
Maison-Brûlée (La), f. c^{ne} de Saint-Berthevin.
Maisoncelles, c^{on} de Meslay. — *G. de Messunculis*, vers 1150 (cart. du Ronceray). — *G. de Messuncellis*, 1164 (*ibid.*). — *G. de Messuncelles*, xiie siècle (*ibid.*). — *Gauslinus de Mesoncellis et Marinus de Masuncellis*, 1200 (Bibl. nat. f. lat. 5441). — *Messoncelles*, 1404 (arch. de la Mayenne, série E).

Anc. par. du doy. de Sablé, de l'élect. de Laval et des châtell. de Bazougers et d'Arquenay.
Maison-Chaupeu, éc. c^{ne} d'Assé-le-Bérenger.
Maison-de-la-Fontaine (La), éc. c^{ne} d'Assé-le-Bérenger.
Maison-de-l'Épine (La), éc. c^{ne} de la Croixille.
Maison-de-l'Étang (La), éc. c^{ne} de Boulay.
Maison-des-Landes (La), éc. c^{ne} de Saint-Aignan-sur-Roë.
Maison-du-Houx (La), f. c^{ne} d'Abuillé.
Maison-Foucault (La), f. c^{ne} d'Assé-le-Bérenger.
Maison-Gaudray (La), éc. c^{ne} de Montourtier.
Maison-Guéranger (La), éc. c^{ne} d'Assé-le-Bérenger.
Maison-Longue (La), f. c^{ne} de Larchamp.
Maisonnaie (La), f. c^{ne} de Saint-Thomas-de-Courceriers.
Maisonnet (Le), h. c^{ne} de Vimarcé. — *Mancionnellas*, 989 (cart. d'Évron).
Maisonnette (La), f. c^{ne} du Buret.
Maisonnette (La), h. c^{ne} de la Chapelle-Anthenaise.
Maisonnette-de-la-Rouerie (La), f. c^{ne} de Saint-Berthevin.
Maisonnette-de-Launay-Cochin (La), éc. c^{ne} d'Évron.
Maisonnette-de-Maubuard (La), éc. c^{ne} d'Évron.
Maisonnette-des-Poteries (La), éc. c^{ne} de Châlons.

Maisonnette-de-Verdelle (La), éc. c^{ne} d'Évron.
Maisonnettes (Les), f. c^{ne} de Changé.
Maisonnettes (Les), f. c^{ne} de Fougerolles; donnent leur nom à un ruiss. aff. de la Colmont.
Maisonnettes (Les), f. c^{ne} de Saint-Berthevin.
Maisonneuve (Étang de la), c^{ne} de Hambers.
Maisonneuve (La), f. c^{ne} d'Alexain.
Maisonneuve (La), f. et éc. c^{ne} d'Andouillé.
Maisonneuve (La), f. c^{ne} d'Argenton.
Maisonneuve (La), éc. et f. c^{ne} d'Argentré.
Maisonneuve (La), f. c^{ne} d'Aron.
Maisonneuve (La), f. c^{ne} d'Arquenay. — La lande de ce lieu a été défrichée vers 1832.
Maisonneuve (La), f. c^{ne} d'Athée.
Maisonneuve (La), h. c^{ne} d'Averton.
Maisonneuve (La), f. c^{ne} d'Azé.
Maisonneuve (La), h. c^{ne} de la Baconnière.
Maisonneuve (La), f. c^{ne} de Bais.
Maisonneuve (La), f. c^{ne} de Ballée.
Maisonneuve (La), f. c^{ne} de Ballots.
Maisonneuve (La), f. c^{ne} de Bannes.
Maisonneuve (La), h. c^{ne} de la Bazoge-Montpinçon.
Maisonneuve (La), h. c^{ne} de la Bazouge-de-Chemeré.
Maisonneuve (La), f. c^{ne} de la Bazouge-des-Alleux.
Maisonneuve (La), h. c^{ne} de Bazouges; donne son nom à un ruiss. aff. de la Mayenne.
Maisonneuve (La), éc. c^{ne} de Beaulieu.
Maisonneuve (La), f. c^{ne} de Belgeard; donne son nom à un ruiss. qui se jette dans l'étang de Beaucoudray.
Maisonneuve (La), f. c^{ne} de Bierné.
Maisonneuve (La), éc. c^{ne} du Bignon.
Maisonneuve (La), éc. c^{ne} de Bonchamp.
Maisonneuve (La), f. c^{ne} de Bouchamp.
Maisonneuve (La), f. c^{ne} de Bouère.
Maisonneuve (La), f. c^{ne} de Bouessay.
Maisonneuve (La), f. c^{ne} du Bourgneuf-la-Forêt.
Maisonneuve (La), f. c^{ne} de Brée.
Maisonneuve (La), f. c^{ne} du Buret.
Maisonneuve (La), vill. c^{ne} de Chailland.
Maisonneuve (La), f. c^{ne} de Châlons.
Maisonneuve (La), h. c^{ne} de Champéon.
Maisonneuve (La), f. c^{ne} de Champgeneteux.
Maisonneuve (La), f. c^{ne} de Changé; donne son nom à un ruiss. aff. de la Mayenne.
Maisonneuve (La), vill. c^{ne} de la Chapelle-Anthenaise.
Maisonneuve (La), f. c^{ne} de la Chapelle-Craonnaise.
Maisonneuve (La), f. c^{ne} de Châtelain; détruite vers 1866.
Maisonneuve (La), f. c^{ne} de Châtillon-sur-Colmont.
Maisonneuve (La), f. c^{ne} de Châtres.
Maisonneuve (La), éc. c^{ne} de Chemeré-le-Roi.
Maisonneuve (La), f. c^{ne} de Chérancé.

MAISONNEUVE (LA), f. c^{ne} de Colombiers.
MAISONNEUVE (LA), f. c^{ne} de Commer.
MAISONNEUVE (LA), éc. c^{ne} de Congrier.
MAISONNEUVE (LA), f. c^{ne} de Contest.
MAISONNEUVE (LA), f. c^{ne} de Cossé-en-Champagne.
MAISONNEUVE (LA), f. et éc. c^{ne} de Cossé-le-Vivien. — Lieu aussi nommé *la Reignère*.
MAISONNEUVE (LA), f. c^{ne} de Couesmes.
MAISONNEUVE (LA), f. c^{ne} de Courberie.
MAISONNEUVE (LA), f. c^{ne} de Courbeveille.
MAISONNEUVE (LA), f. c^{ne} de Courcité.
MAISONNEUVE (LA), f. c^{ne} de Craon.
MAISONNEUVE (LA), f. c^{ne} de Cuillé.
MAISONNEUVE (LA), f. c^{ne} de Daon.
MAISONNEUVE (LA), f. c^{ne} de Denazé.
MAISONNEUVE (LA), f. c^{ne} de Deux-Évailles.
MAISONNEUVE (LA), f. c^{ne} d'Entrammes.
MAISONNEUVE (LA), f. c^{ne} d'Évron.
MAISONNEUVE (LA), f. c^{ne} de Forcé.
MAISONNEUVE (LA), f. c^{ne} de Fougerolles.
MAISONNEUVE (LA), f. c^{ne} de Fromentières.
MAISONNEUVE (LA), f. c^{ne} du Genest.
MAISONNEUVE (LA), éc. c^{ne} de Gennes.
MAISONNEUVE (LA), f. c^{ne} de Gesnes.
MAISONNEUVE (LA), h. c^{ne} de Gorron.
MAISONNEUVE (LA), f. c^{ne} de Grazay.
MAISONNEUVE (LA), f. c^{ne} de Grez-en-Bouère.
MAISONNEUVE (LA), f. c^{ne} du Ham.
MAISONNEUVE (LA), f. c^{ne} de Houssay.
MAISONNEUVE (LA), f. c^{ne} du Housseau.
MAISONNEUVE (LA), f. c^{ne} d'Izé.
MAISONNEUVE (LA), f. c^{ne} de Jublains. — Les landes de ce lieu ont été défrichées en 1865.
MAISONNEUVE (LA), f. c^{ne} de Juvigné-des-Landes.
MAISONNEUVE (LA), f. et h. c^{ne} de Laigné.
MAISONNEUVE (LA), f. et éc. c^{ne} de Landivy.
MAISONNEUVE (LA), f. et éc. c^{ne} de Laval.
MAISONNEUVE (LA), f. c^{ne} de Lévaré.
MAISONNEUVE (LA), vill. c^{ne} de Lignières-la-Doucelle.
MAISONNEUVE (LA), f. c^{ne} de Livet-en-Charnie.
MAISONNEUVE (LA), f. c^{ne} de Loigné.
MAISONNEUVE (LA), f. c^{ne} de Longuefuye.
MAISONNEUVE (LA), vill. c^{ne} de Louverné.
MAISONNEUVE (LA), f. c^{ne} de Madré.
MAISONNEUVE (LA), f. c^{ne} de Marigné-Peuton.
MAISONNEUVE (LA), éc. c^{ne} de Martigné.
MAISONNEUVE (LA), f. c^{ne} de Mée.
MAISONNEUVE (LA), f. c^{ne} de Ménil.
MAISONNEUVE (LA), f. c^{ne} de Méral.
MAISONNEUVE (LA), f. c^{ne} de Meslay.
MAISONNEUVE (LA), f. c^{ne} de Mézangers.
MAISONNEUVE (LA), f. c^{ne} de Montaudin.

MAISONNEUVE (LA), f. c^{ne} de Montenay.
MAISONNEUVE (LA), h. c^{ne} de Montflours.
MAISONNEUVE (LA), f. c^{ne} de Montigné.
MAISONNEUVE (LA), éc. c^{ne} de Montjean.
MAISONNEUVE (LA), éc. c^{ne} de Montourtier.
MAISONNEUVE (LA), f. c^{ne} de Montsurs.
MAISONNEUVE (LA), h. c^{ne} de Nuillé-sur-Vicoin.
MAISONNEUVE (LA), f. c^{ne} d'Olivet.
MAISONNEUVE (LA), éc. c^{ne} du Pas.
MAISONNEUVE (LA), h. c^{ne} de Placé.
MAISONNEUVE (LA), f. c^{ne} de la Poôté.
MAISONNEUVE (LA), f. c^{ne} de Préaux.
MAISONNEUVE (LA), éc. c^{ne} de Quelaines.
MAISONNEUVE (LA), f. c^{ne} du Ribay.
MAISONNEUVE (LA), f. et éc. c^{ne} de la Roë.
MAISONNEUVE (LA), h. c^{ne} de Ruillé-Froidfont; donne son nom à un ruiss. affl. de celui de Pont-Manceau.
MAISONNEUVE (LA), f. c^{ne} de Ruillé-le-Gravelais.
MAISONNEUVE (LA), éc. c^{ne} de Sacé.
MAISONNEUVE (LA), f. c^{ne} de Saint-Aignan-sur-Roë.
MAISONNEUVE (LA), h. c^{ne} de Saint-Aubin-du-Désert.
MAISONNEUVE (LA), éc. et f. c^{ne} de Saint-Berthevin. — Le ruiss. de la Maisonneuve et des Brûlés est un affl. du Vicoin.
MAISONNEUVE (LA), h. c^{ne} de Saint-Brice.
MAISONNEUVE (LA), f. c^{ne} de Saint-Céneré.
MAISONNEUVE (LA), h. et f. c^{ne} de Saint-Charles-la-Forêt. — Le bois de ce lieu a été défriché vers 1830.
MAISONNEUVE (LA), f. c^{ne} de Saint-Christophe-du-Luat.
MAISONNEUVE (LA), f. c^{ne} de Saint-Cyr-le-Gravelais.
MAISONNEUVE (LA), f. c^{ne} de Saint-Denis-d'Anjou.
MAISONNEUVE (LA), h. c^{ne} de Saint-Denis-de-Gastines.
MAISONNEUVE (LA), f. c^{ne} de Saint-Ellier.
MAISONNEUVE (LA), éc. c^{ne} de Sainte-Gemmes-le-Robert.
MAISONNEUVE (LA), f. et h. c^{ne} de Sainte-Suzanne.
MAISONNEUVE (LA), f. c^{ne} de Saint-Georges-le-Fléchard; donne son nom à un ruiss. affl. de l'Onette.
MAISONNEUVE (LA), f. c^{ne} de Saint-Georges-sur-Erve.
MAISONNEUVE (LA), h. c^{ne} de Saint-Germain-de-Coulamer.
MAISONNEUVE (LA), f. c^{ne} de Saint-Germain-le-Fouilloux.
MAISONNEUVE (LA), f. c^{ne} de Saint-Germain-le-Guillaume.
MAISONNEUVE (LA), f. c^{ne} de Saint-Hilaire-des-Landes.
MAISONNEUVE (LA), f. c^{ne} de Saint-Isle.
MAISONNEUVE (LA), vill. et f. c^{ne} de Saint-Jean-sur-Erve.
MAISONNEUVE (LA), éc. c^{ne} de Saint-Jean-sur-Mayenne.
MAISONNEUVE (LA), f. c^{ne} de Saint-Laurent-des-Mortiers.
MAISONNEUVE (LA), f. c^{ne} de Saint-Loup-du-Dorat.

MAISONNEUVE (LA), h. c^ne de Sainte-Marie-du-Bois. — Ruiss. affl. de celui de Lassay.
MAISONNEUVE (LA), f. c^ne de Saint-Mars-sur-la-Futaie. — Étang desséché vers 1807.
MAISONNEUVE (LA), éc. c^ne de Saint-Michel-de-la-Roë.
MAISONNEUVE (LA), h. et f. c^nes de Saint-Pierre-la-Cour.
MAISONNEUVE (LA), h. c^ne de Saint-Pierre-sur-Orthe.
MAISONNEUVE (LA), f. c^ne de Saint-Poix.
MAISONNEUVE (LA), f. c^ne de Saint-Quentin.
MAISONNEUVE (LA), f. c^ne de Saint-Sulpice.
MAISONNEUVE (LA), f. c^ne de Saint-Thomas-de-Courceriers.
MAISONNEUVE (LA), f. c^ne de Saulges.
MAISONNEUVE (LA), f. c^ne de Senonnes.
MAISONNEUVE (LA), h. c^ne de Soucé.
MAISONNEUVE (LA), f. c^ne de Torcé.
MAISONNEUVE (LA), f. c^ne de Trans.
MAISONNEUVE (LA), éc. c^ne de Vaiges.
MAISONNEUVE (LA), f. c^ne de Vautorte.
MAISONNEUVE (LA), éc. c^ne de Villaines-la-Juhel.
MAISONNEUVE (LA), éc. c^ne de Villiers-Charlemagne.
MAISONNEUVE (LA), f. c^ne de Vimarcé.
MAISONNEUVE (LA), vill. c^ne de Viviers.
MAISONNEUVE (LA), f. c^ne de Voutré.
MAISONNEUVE (LA GRANDE-), f. c^ne de Maisoncelles.
MAISONNEUVE (LA GRANDE et LA PETITE-), f. c^ne d'Astillé.
MAISONNEUVE (LA GRANDE et LA PETITE-), f. c^ne d'Ernée.
MAISONNEUVE (LA GRANDE et LA PETITE-), f. c^ne de Renazé.
MAISONNEUVE (LA HAUTE-), f. c^ne de Montenay.
MAISONNEUVE (LA PETITE-), f. c^ne d'Évron.
MAISONNEUVE-DE-LA-MARIE (LA), f. c^ne d'Alexain.
MAISONNEUVE-DE-LA-PÉLERINAIS (LA), f. c^ne de Saint-Berthevin-la-Tannière.
MAISONNEUVE-DE-LA-RAMÉE (LA), f. c^ne de Soulgé-le-Bruant. — Le ruisseau de la Maisonneuve est un affl. de l'Ouette.
MAISONNEUVE-DE-SAINT-URSIN (LA), vill. c^ne de Lignières-la-Doucelle.
MAISONNEUVE-DES-BOIS (LA), f. c^ne d'Épineu-le-Séguin.
MAISONNEUVE-DES-BOIS (LA), f. c^ne de Saulges.
MAISONNEUVE-DES-LANDES (LA), f. c^ne d'Ampoigné.
MAISONNEUVE-DES-LANDES (LA), f. c^ne de Soulgé-le-Bruant.
MAISONNEUVE-D'HÉMENART (LA), f. c^ne de Saint-Berthevin-la-Tannière.
MAISONNEUVE-DU-FREMOY (LA), f. c^ne de Carelles.
MAISONNEUVE-DU-GUILON (LA), f. c^ne de Saint-Berthevin-la-Tannière.
MAISONNEUVES (LES), f. c^ne de Bazougers.
MAISONNEUVES (LES), vill. c^ne de Bourgon.
MAISONNEUVES (LES), f. c^ne du Genest.
MAISONNEUVES (LES), f. c^ne de Gesnes.
MAISONNEUVES (LES), vill. c^ne de l'Huisserie.
MAISONNEUVES (LES), h. c^ne de Larchamp.
MAISONNEUVES (LES), h. c^ne de Laval.
MAISONNEUVES (LES), éc. c^ne de Montourtier.
MAISONNEUVES (LES), h. c^ne d'Olivet.
MAISONNEUVES (LES), h. c^ne de Saint-Georges-Buttavent.
MAISONNEUVES (LES), h. c^ne de Saint-Martin-de-Connée.
MAISONNEUVES (LES), h. c^ne de Saint-Ouen-des-Toits.
MAISONNEUVES (LES), éc. c^ne de Viviers.
MAISON-NOIRE (LA), éc. c^ne d'Assé-le-Bérenger.
MAISON-NOIRE (LA), h. c^ne d'Épineu-le-Séguin.
MAISON-NOUVELLE (LA), vill. c^ne de Thorigné.
MAISON-ROUGE (LA), f. c^ne de Ballée.
MAISON-ROUGE (LA), f. c^ne de Bouessay.
MAISON-ROUGE (LA), f. c^ne de Brée.
MAISON-ROUGE (LA), f. c^ne de Champgeneteux.
MAISON-ROUGE (LA), f. c^ne de la Dorée.
MAISON-ROUGE (LA), f. c^ne d'Évron.
MAISON-ROUGE (LA), h. c^ne de Grazay.
MAISON-ROUGE (LA), f. c^ne de Montourtier.
MAISON-ROUGE (LA), f. c^ne de Neuilly-le-Vendin.
MAISON-ROUGE (LA), f. c^ne de Saint-Jean-sur-Mayenne.
MAISON-ROUGE (LA), f. c^ne de Saint-Loup-du-Dorat.
MAISON-ROUGE (LA PETITE-), f. c^ne d'Évron.
MAISONS (LES), f. c^ne de Saint-Ellier.
MAISONS-BLANCHES (LES), h. c^ne d'Athée.
MAISONS-BLANCHES (LES), h. c^ne de Juvigné-des-Landes.
MAISONS-BRAULT (LES), h. c^ne d'Assé-le-Bérenger.
MAISONS-DE-BOUSSEAU (LES), vill. c^ne de Juvigné-des-Landes.
MAISONS-DE-SAINT-MARTIN (LES), h. c^ne de Juvigné-des-Landes.
MAISONS-DU-DÉSERT (LES), h. c^ne de Juvigné-des-Landes.
MAISONS-DU-PUITS (LES), éc. c^ne de Saint-Pierre-sur-Erve.
MAISONSEULE (LA), f. c^ne de Chailland.
MALABRI, f. c^ne d'Aron.
MALABRI, h. c^ne d'Athée.
MALABRI, éc. c^ne de la Bazouge-de-Chemeré.
MALABRI, h. c^ne de Beaumont-Pied-de-Bœuf.
MALABRI, f. c^ne de Bouère.
MALABRI, f. c^ne du Buret. — Fief vassal de la châtell. de Meslay.
MALABRI, f. c^ne de Chemazé. — Fief du marquisat de Château-Gontier.
MALABRI, f. c^ne de Chemeré-le-Roi.
MALABRI, f. c^ne de Commer.
MALABRI, f. c^ne de Denazé.
MALABRI, f. c^ne d'Entrammes.
MALABRI, f. c^ne de la Gravelle.

MALABRI, h. cne de Jublains. — Les landes de ce lieu ont été défrichées en 1842.
MALABRI, f. cne de Loigné.
MALABRI, f. cne de Marigné-Peuton.
MALABRI, f. cne de Saint-Georges-sur-Erve.
MALABRI, f. cne de Saint-Léger.
MALABRI, h. cne de Saint-Michel-de-la-Roë.
MALABRI, f. cne de Vaiges.
MALABRIÈRE (LA), f. cne d'Entramnes.
MALABRIÈRE (LA), f. cne de Forcé.
MALABRIÈRE (LA), f. cne de Saint-Denis-d'Anjou.
MALADRIE (LA), vill. cne d'Andouillé. — Ainsi nommé en souvenir d'un ancien hôpital de lépreux, comme les lieux suivants.
MALADRIE (LA), f. cne de Châtillon-sur-Colmont.
MALADRIE (LA), éc. cne de Chemazé.
MALADRIE (LA), vill. cne de Désertines.
MALADRIE (LA), f. cne de l'Huisserie.
MALADRIE (LA), f. cne de Laigné.
MALADRIE (LA), h. cne de Martigné.
MALADRIE (LA), f. cne de la Pellerine; donne son nom à un ruiss. affl. de celui de Rollond.
MALADRIE (LA), f. cne de Pommerieux.
MALADRIE (LA), f. cne de Saint-Brice.
MALADRIE (LA), éc. cne de Saint-Jean-sur-Mayenne.
MALADRIE (LA), f. cne de Villiers-Charlemagne; détruite vers 1868.
MALADRIE (LA), éc. cne de Vimarcé.
MALADRIE (LA), f. cne de Voutré.
MALAGUAIS (LA), f. cne de Renazé.
MALAISÉ (LE GRAND-), f. cne de Désertines. — *Terram de Maloseio*, 1169 (cart. de Savigny, f° 115).
Fief de la châtell. de Pontmain, relevant de la seign. de la Chaise. — Le ruiss. de Malaisé est un affl. de celui des Maisonnettes.
MALAISÉ (LE HAUT et LE BAS), f. cne de Désertines.
MALAMONDE (LA), éc. cne de Livré.
MALARDIÈRE (LA), f. cne de Nuillé-sur-Vicoin. — Il y avait jadis un étang qui a été desséché avant le XVIIe siècle.
MALARDIÈRE (LA), f. cne de Saint-Georges-Buttavent.
MALATRÉ, vill. cne de la Poôté; donne son nom à un ruiss. affl. de celui de Campas. — L'étang de ce lieu est auj. desséché.
MALAUDY (LES), h. cne de Parné.
MAL-AUMÔNE, f. cne de Livré.
MAL-AUNAY, h. cne de Niafle.
MAL-AUNAY, f. cne de Peuton.
MAL-AUNAY, f. cne de la Selle-Craonnaise; donne son nom à un ruiss. affl. de l'Usure.
MAL-AVISÉ, f. cne de la Brulatte.

MAL-AVISÉ, f. cne du Genest.
MAL-AVISÉ, f. cne de Saint-Berthevin.
MAL-BÂTI, éc. cne d'Averton.
MAL-BÂTI, éc. cne de Saint-Germain-le-Guillaume.
MALDENAY, éc. cne de Louverné. — Four à chaux auj. abandonné.
MALBRAS, f. cne de Martigné. — On dit aussi *Marbras*.
MALDODIÈRE (LA), f. cne de Chailland. — *La Maldotlière* (carte de l'État-major).
MALDOTIÈRE (LA), f. cne de Marigné-Peuton.
MALFAUDEROUSSE (RUISSEAU DE): arrose la forêt de Craon, Livré, et se jette dans l'Oudon (arch. de la Mayenne, E 109).
MALFOSSE (LA), f. cne de Congrier.
MALGARDÉS (TAILLIS DES), cne de Colombiers; auj. défriché.
MALGRÉ-TOUT, h. cne de la Baconnière.
MALGRÉ-TOUT, éc. cne de Bonchamp.
MALGRÉ-TOUT, éc. cne d'Olivet.
MALGRÉ-TOUT, éc. cne d'Origné.
MALGRÉ-TOUT, éc. cne de Saint-Michel-de-la-Roë.
MALHERBAIE (LA), vill. cne de la Bigottière.
MALHERBAIE (LA), h. cne de Chailland.
MALHERBAIE (LA), f. cne de Saint-Germain-le-Guillaume.
MALHERBERIE (LA), vill. cne de Saint-Erblon.
MALHERBIÈRE (LA), étang, cne de la Bazouge-des-Alleux; auj. desséché. — Aussi nommé *le Gasseau*.
MALHERBIÈRE (LA), h. cne de Saint-Aignan-de-Couptrain.
MALHERBIÈRE (LA), f. cne de Simplé.
MALHOUSSAIE, bois, cne de Placé; auj. détruit. — *In antiqua defensa videlicet Male Houzaee*, 1232 (Recueil de chartes fait au XVIIe siècle). — *Brolia de Mala Housseia*, 1233 (ibid.).
MALIBERT, éc. cne de Colombiers.
MALIBERT, f. cne de Saint-Cyr-en-Pail.
MALIBERT, éc. cne de Saint-Mars-sur-la-Futaie. — L'étang de ce lieu a été desséché vers 1791, et la ferme supprimée vers 1859.
MALICORNE, h. cne de Montsurs.
MALINDRE, min. cne de Courberie.
MALINDRIÈRE (LA), vill. cne du Horps.
MALINERIE (LA), éc. cne de Brains-sur-les-Marches.
MALINGRE, étang et éc. cne de Melleray.
MALINGRE (LANDES DE), cne de Niort; auj. défrichées. — *Molindare Lingres*, IXe s° (Gesta Dom. Aldrici).
MALINIÈRE (LA), f. cne de Bazouges.
MALINIÈRE (LA), f. cne de Mézangers. — On dit aussi *la Marlinière*.
MALINIÈRE (LA), f. cne de Pré-en-Pail.

Malinière (La), h. c^{ne} de Saint-Aignan-sur-Roë. — Bois défriché vers 1840.
Malinière (La Petite-), f. c^{he} de Voutré.
Malinières (Les), f. et éc. c^{ne} de Sainte-Suzanne.
Malitourne, étang et mⁱⁿ, c^{ne} d'Argentré. — On dit aussi *Maritourne*.
Fief vassal du comté de Laval.
Malitourne, h. c^{ne} de Hercé.
Malitourne, éc. c^{ne} d'Olivet.
Malitourne, f. c^{ne} de Saint-Samson.
Malitourne, f. c^{ne} de Vaiges.
Mallet (Étang de), partie c^{ue} de Lévaré, partie c^{ne} de Saint-Berthevin; auj. desséché.
Malletière (La), f. c^{ne} de Beaulieu.
Malletière (La), f. c^{ne} de Mézangers.
Malletière (La), h. c^{ne} de Saint-Mars-sur-la-Futaie.
Malletière (La), f. c^{ne} de Saint-Martin-du-Limet; auj. détruite.
Malletières (Les), vill. c^{ne} de Hercé.
Malmare, f. c^{ne} de Pré-en-Pail.
Malmonde, f. c^{ne} de Bierné.
Malnoë, h. c^{ne} de Saint-Christophe-du-Luat.
Malnoë, f. c^{ne} de Torcé.
Malnoë (Ruisseau de), affl. du ruiss. des Landes, qui prend sa source en Thorigné et arrose Cossé-en-Champagne.
Malnoës (Les), f. c^{ne} de Sainte-Suzanne.
Malnoyère (La), f. c^{ne} de Senonnes.
Malonnière (La), f. c^{ne} de Gennes.
Malonnière (La), f. c^{ne} de Houssay; auj. détruite.
Malonnière (La), f. c^{ne} de Montjean; donne son nom à un ruiss. affl. de celui du Château.
Malortie, chât. c^{ne} de Saint-Loup-du-Gast.
Maloterie (La), f. c^{ne} de Saint-Léger. — Fief de la châtell. de Vaiges.
Malpalu, f. c^{ne} de Saint-Denis-du-Maine. — *A. de Mala palude*, xie siècle (cart. du Ronceray). — *Au cloux de Malpaluz*, 1402 (abb. de Bellebranche). — *Mallepallu*, 1402 (ibid.). — On écrit aussi *Marpalu*.
Fief vassal du comté de Laval.
Malpalu, éc. c^{ne} de Vaiges.
Malpierre, éc. c^{ne} de Villaines-la-Juhel.
Malplace, éc. c^{ne} de Saint-Pierre-des-Landes.
Malsaussaie, f. c^{ne} de Congrier.
Malsaussaie, éc. et f. c^{ne} de Renazé.
Malterre (La), f. c^{ne} de Marcillé-la-Ville; détruite vers 1835.
Maltétérie (La), h. c^{ne} de Saint-Léger. — *Maltaiterie* (cadastre).
Maltonnière (La), f. c^{ne} d'Ampoigné.
Maltonnière (La), f. c^{ne} du Bourgneuf-la-Forêt.

Maltouche, f. c^{ne} de Saint-Michel-de-Feins. — Fief vassal de la châtell. de Daon.
Maltourné, éc. c^{ne} d'Olivet; donne son nom à un ruiss. affl. du Vicoin.
Malvallière (La), vill. c^{ne} de Renazé.
Malvandière (La), chât. et f. c^{ne} d'Arquenay. — Le bois de ce lieu a été défriché vers 1800.
Malvaud, h. c^{ne} de Saint-Ellier.
Malviande, f. c^{ne} de Parné.
Malvoisine, f. c^{ne} de Saint-Cyr-le-Gravelais; donne son nom à un ruiss. affl. de celui de Ville-Tremaise. — C'était jadis un fief vassal de la châtell. de Montjean.
Malvoisine (La Grande et la Petite), f. c^{ne} de Montjean.
Malvoisine (Ruisseau de), c^{nes} d'Alexain et d'Andouillé, qui se jette dans la Mayenne.
Malvue, éc. c^{ne} de Jublains.
Manceau (Ruisseau de): prend sa source à Ruillé-Froidfont, arrose Fromentières et se jette dans la Mayenne. — *Mensoubz*, 1562 (arch. de la May. E 22). — *Mansoux*, 1564 (ibid.).
Mancellière (Bois de la), h. c^{ne} de Colombiers.
Mancellière (La), vill. c^{ne} d'Ambrières; donne son nom à un ruiss. affl. de celui du Buron.
Mancellière (La), h. c^{ne} de Ballots. — Arrière-fief de la bar. de Craon, relevant de la seign. d'Asseil.
Mancellière (La), f. c^{ne} de Bierné.
Mancellière (La), f. c^{ne} de la Brulatte; auj. détruite. — *La Monselière*, 1643 (abb. de la Roë, H. 199).
Mancellière (La), mⁱⁿ, c^{ne} de l'Huisserie.
Mancellière (La), f. c^{ne} de Larchamp; donne son nom à un ruiss. affl. de celui de Rollond.
Mancellière (La), f. c^{ne} de Saint-Pierre-des-Landes.
Mancellière (La Grande et la Petite), h. c^{ne} de Colombiers.
Mancellière (La Petite-), f. c^{ne} de Gorron.
Mancellière (Ruisseau de la), c^{ne} de Cossé-en-Champagne, affl. du Treulon.
Mancellières (Les), vill. c^{ne} de Saint-Jean-sur-Erve. — La Haute-Mancellière est distraite de Thorigné depuis 1840.
Le prieuré de la Mancellière dépendait de l'abb. de l'Étoile (dioc. de Blois).
Manchetière (La), logis et f. c^{ne} de Saint-Brice. — L'étang a été desséché de 1800 à 1810.
Manelle, h. c^{ne} de Saint-Calais-du-Désert.
Mangeardière (La), fief de la terre de Charné.
Mangeottière (La), vill. c^{ne} de la Croixille. — *La Majotière* (Cassini).
Manoir (Le), f. c^{ne} d'Andouillé.
Manoir (Le), f. c^{ne} de Landivy.

Manoir (Le), f. c^ne de Lesbois. — L'étang a été desséché et le moulin détruit vers 1833.
Manoir (Le), f. c^ne de Montigné.
Manoir-Ouvrouin (Le), seign. c^ne de Laval, vassale de la châtell. de Laval.
Manourières (Les), f. c^ne de Louverné. — Le ruiss. des Manourières ou de Pontmartin est un affl. de celui de Saint-Nicolas.
Mans (Le Petit-), h. c^ne de Chantrigné.
Mans (Le Petit-), h. c^ne de Saint-Germain-de-Coulamer.
Mansonnière (La), f. c^ne de Lassay.
Mansonnière (La), f. c^ne de Moulay. — Les landes de ce lieu sont auj. défrichées.
Marais (Le), f. c^ne de Juvigné-des-Landes.
Marais (Les), vill. c^ne d'Ambrières.
Marais (Les), f. c^ne de Belgeard.
Marais (Les), h. c^ne de Bourgon.
Marais (Les), éc. c^ne d'Évron. — Le ruiss. des Marais est un affl. de celui du Rocher.
Marais (Les), h. c^ne de Landivy.
Marais (Les), f. avec étang, c^ne de Montaudin. — Le ruiss. des Marais est un affl. de celui de Montaudin.
Marais (Les), f. c^ne de Nuillé-sur-Vicoin.
Marais (Les), f. c^ne de la Pellerine.
Marais (Les), f. c^ne de Ruillé-Froidfont.
Marais (Les), f. c^ne de Saint-Berthevin. — Ruiss. affl. de celui des Petites-Haies.
Marais (Les), fief, c^ne de Saint-Calais-du-Désert, vassal de la châtell. de Pré-en-Pail.
Marais (Les), h. c^ne de Saint-Germain-de-Coulamer.
Marais (Les), f. c^ne de Saint-Pierre-sur-Orthe. — Ruiss. affl. de l'Orthe.
Marais-Pâtis (Ruisseau du), c^ne de Villaines-la-Juhel, affl. du ruiss. de la Fraubée.
Maraîtres (Les), h. c^ne d'Oisseau.
Maraîtrie (La), f. c^ne de Brécé.
Marandais (La Grande et la Petite), f. c^ne de Montigné.
Maraquinière (La), f. c^ne de Villiers-Charlemagne.
Marazière (La), h. c^ne de Saint-Germain-de-Coulamer.
Marbotte (La Grande et la Petite), f. c^ne de Laval.
Marboué, f. c^ne de Bouère.
Marboué, f. c^ne de Louvigné. — *Fulcodius de Marboio*, xie s^e (Bibl. nat. f. lat. 5441). — *F. de Marboeto*, 1118 (ibid.). — *Fief de Marboy*, 1649 (arch. de la Mayenne, E 22).

La seigneurie de Marboué, vassale des châtellenies de Laval, de Bazougers et de Longuefuye et de la baronnie d'Entrammes, s'étendait sur Bonchamp, Louvigné, Parné, Bazougers, Soulgé et Forcé. Dans sa mouvance se trouvaient les fiefs de Changé, de la Chesnaie, de la Grifferaie, de Lucé, de la Michelottière, de Pareneau, du Plessis-de-Sacé et de Sumeraine.

Marboué (Lande de), c^ne de Moulay; auj. défrichée.
Marboué (Le Haut et le Bas), vill. c^ne de Commer.
Marboué (Ruisseau de), c^ne de Louverné : est un affl. du ruiss. de Saint-Nicolas.
Marcaudière (La), f. c^ne de Larchamp.
Marcellière (La), f. c^ne du Pas.
Marcent, vill. c^ne du Housseau.
Marcés (Les), f. c^ne de Saulges.
Marchais (Les), f. c^ne de Loigné.
Marchais (Les), f. c^ne de Viviers. — *Mercasum*, 989 (cart. d'Évron).
Marchaiserie (La), f. c^ne de Chemazé.
Marchaiserie (La), f. c^ne de Fromentières.
Marchalière (La), f. c^ne de Loigné.
Marchandaie (La), h. c^ne de Lesbois; donne son nom à un ruiss. affl. de celui de la Bulangerie.
Marchandaie (La), f. c^ne d'Olivet; donne son nom à un ruiss. affl. du Vicoin.
Marchandaie (La), h. avec étang, c^ne de Juvigné-des-Landes; donne son nom à un ruisseau affluent de l'Ernée.
Marchanderie (La), f. c^ne d'Athée.
Marchanderie (La), f. c^ne de Laval.
Marchandière (La), h. c^ne de la Bazouge-de-Chemeré.
Marchandière (La), h. c^ne du Buret — Fief vassal de la châtell. de Meslay.
Marchandière (La), h. c^ne de Champgeneteux.
Marchandière (La), f. c^ne de Jubloins. — *Medietariam de Marcharderia*, 1209 (abb. de Fontaine-Daniel).
Marchandière (La), f. c^ne de Loupfougères.
Marchangère (La), f. c^ne de Saint-Julien-du-Terroux.
Marche (La), f. c^ne d'Azé.
Marche (La), vill. c^ne de Champgeneteux.
Marche (La), h. c^ne de Hambers.
Marche (La), vill. c^ne de Peuton.
Marche (La-Basse-), h. c^ne de Louverné. — Le taillis et la lande de ce lieu sont auj. défrichés.
Fief vassal de la châtell. de Laval.
Marche (La Haute-), f. c^ne de Louverné.
Marche-Coin (La), f. c^ne de Désertines.
Marchedayer, f. c^ne de Ruillé-Froidfont. — Altération de *Marchederier*.
Fief vassal de la châtell. de Meslay.
Marche-des-Alleux (La), h. c^ne de Désertines.
Marchellerie (La), f. c^ne de la Roë; auj. détruite. — *La Marchelarie*, 1668 (abb. de la Roë).
Marchellière (La), vill. c^ne de la Poôté.
Marcherie (La), f. c^ne de Saint-Denis-de-Gastines;

donne son nom à un ruiss. affluent de celui de la Chopinière.

MARCHERUES (LES HAUTS et LES BAS), village, c^{ne} de Martigné. — *Ès lieux de Marcherru*, 1397 (cab. d'Achon). — *Les landes de Marcherou*, 1443 (Arch. nat. P. 343). — *Fief de Marcharue*, 1669 (cab. La Bauluère).
Fief vassal de la châtell. de Laval et du duché de Mayenne.

MARCHIS (LES), f. c^{ne} de Montsurs.

MARCILLÉ-LA-VILLE, c^{on} de Mayenne-Est. — *Villa Marciliaco sita secus Diablentas*, 615 (test. Bertramni, *Gallia christ.* t. XIV).
Anc. par. du doy. de Javron, de l'élection et du duché de Mayenne. Une partie de la paroisse relevait aussi du marq. de Villaines-la-Juhel.

MARCILLERIE (LA GRANDE et LA PETITE), f. c^{ne} de Saint-Fraimbault-de-Prières. — On dit aussi *la Marcillère*.
Arrière-fief du duché de Mayenne, vassal en partie de la seign. de l'Île-du-Gast.

MARCILLÉS (LES), h. c^{ne} du Ham. — Les landes de ce lieu ont été défrichées de 1857 à 1870.
Fief vassal de la bar. du Ham.

MARCILLY (LE BAS-), f. c^{ne} de Landivy.

MARCILLY (LE GRAND-), h. c^{ne} de Landivy.

MARCILLY (LE PETIT-), h. c^{ne} de Landivy. — *Chiminum de Marcilleio*, 1217 (Arch. nat. L 969).
Le ruiss. de Marcilly est un affl. de celui du Moulin des Prés.

MARCIRAIS (LA), h. c^{ne} de Martigné.

MARCOTTIÈRE (LA), f. c^{ne} de la Poôté.

MARCOULIÈRE (LA), h. c^{ne} de Montaudin.

MARCOUR (ÉTANG DE), c^{ne} de Lignières-la-Doucelle; auj. desséché.

MARDELLE (LA), f. c^{ne} de Changé.

MARDELLE (LA), h. c^{ne} de Saint-Denis-d'Anjou.

MARDELLE (LA GRANDE-), f. c^{ne} de Bazougers.

MARDELLE (LA GRANDE et LA PETITE), f. c^{ne} de Saulges.

MARDELLE (LA PETITE-), h. c^{ne} de Bazougers.

MARDELLE DE LA RONGÈRE (LA), f. c^{ne} d'Oisseau.

MARE (LA), f. c^{ne} d'Argenton.

MARE (LA), h. c^{ne} d'Azé.

MARE (LA), h. c^{ne} de la Baconnière.

MARE (LA), f. c^{ne} de Bazouges.

MARE (LA), f. c^{ne} de Chemazé.

MARE (LA), f. c^{ne} de Chérancé.

MARE (LA), h. c^{ne} de Couesmes.

MARE (LA), f. c^{ne} de Cuillé.

MARE (LA), f. c^{ne} de Daon.

MARE (LA), vill. c^{ne} de Hambers.

MARE (LA), f. c^{ne} de Larchamp.

MARE (LA), h. c^{ne} de Laval.

MARE (LA), f. c^{ne} d'Olivet.

MARE (LA), f. c^{ne} du Ribay.

MARE (LA), f. c^{ne} de Ruillé-Froidfont.

MARE (LA), f. c^{ne} de Saint-Fraimbault-de-Prières.

MARE (LA), f. c^{ne} de Saint-Germain-le-Fouilloux.

MARE (LA), éc. c^{ne} de Saint-Ouen-des-Toits.

MARE (LA GRANDE et LA PETITE), f. c^{ne} de Bouessay.

MARE (LA GRANDE et LA PETITE), h. et f. c^{ne} d'Oisseau.

MARE (LA VIEILLE-), éc. c^{ne} de Jublains.

MARE-AUX-ÂNES (LA), éc. c^{ne} de Saint-Fraimbault-de-Prières.

MARE-AUX-CHIENS (LA), éc. c^{ne} de Larchamp; donne son nom à un ruiss. affl. de celui de Rollond.

MARE-AUX-HUET (LA), f. c^{ne} d'Ernée.

MARE-AUX-LOUPS (LA), éc. c^{ne} de Saint-Charles-la-Forêt.

MARE-AUX-POTTIERS (LA), f. c^{ne} du Buret; donne son nom à un ruiss. qui arrose Meslay et se jette dans celui du Pont-Saint-Martin.

MARE-BLEUE (LA), f. c^{ne} de Changé.

MARE-CAILLEAU (LA), h. c^{ne} d'Averton.

MARÉCHALLERIE (LA), h. c^{ne} du Pas.

MARÉCHALLERIE (LA), éc. c^{ne} de Saint-Charles-la-Forêt.

MARÉCHALLERIE (LA), f. c^{ne} de la Selle-Craonnaise.

MARE-CHAMPEAU (RUISSEAU DE LA), c^{ne} de Lignières-la-Doucelle, affl. du ruiss. de la Haie-Portée.

MARE-CHARTIER (RUISSEAU DE LA), affl. de l'Ouette.

MARE-DAVID (LA), f. c^{ne} de Loupfougères.

MARE-DE-LA-FORGE (LA), éc. c^{ne} de Belgeard.

MARE-DE-LA-MONNERAIE (RUISSEAU DE LA), c^{ne} de Bouchamp, affl. de l'Oudon.

MARE-DES-BOIS (LA), f. c^{ne} de Chailland.

MARE-GUILLET (LA), éc. c^{ne} de Landivy.

MARE-HOUSSAIE (LA), h. c^{ne} de Gesvres. — Les landes de ce lieu sont auj. défrichées.

MARELLERIE (LA), f. c^{ne} de Saint-Quentin.

MARELLIÈRES (LES), f. c^{ne} de Meslay.

MARE-NOIRE (LA), f. c^{ne} d'Assé-le-Bérenger.

MARE-NOIRE (LA), éc. c^{ne} d'Épineu-le-Séguin.

MARE-NOIRE (LA), éc. c^{ne} de Juvigné-des-Landes.

MARE-NOIRE (LA), f. c^{ne} du Pas.

MARERIE (LA), f. c^{ne} de Loiron.

MARERIE (LA) ou LA MAIRIE, h. c^{ne} d'Oisseau.

MARES (LES), h. c^{ne} de Brécé.

MARES (LES), h. c^{ne} de Cosmes.

MARES (LES), h. c^{ne} de Courcité.

MARES (LES), f. c^{ne} de la Croixille.

MARES (LES BASSES-), éc. c^{ne} de Bierné.

MARESSE (RIVIÈRE DE): arrose Brécé.

MARET, f. c^{ne} de Saint-Christophe-du-Luat.

MARETTES (LES), h. c^{ne} de Ballots. — Les landes de ce lieu, comprenant 35 hectares, ont été défrichées.

MARETTES (LES), éc. c^{ne} de Saint-Cyr-le-Gravelais.

Marettes (Les), éc. c^ne de Senonnes.
Marettes (Les), f. c^ne de Thorigné.
Marettes (Les Petites-), f. c^ne de Bazouges.
Margallerie (La), f. c^ne d'Alexain. — On dit aussi la Malgallerie.
Margantin, vill. c^ne de Saint-Georges-Buttavent.
Margat, f. c^ne de Laubrières.
Margat, éc. c^ne de Mée.
Margat, f. c^ne de Parné. — Les Margats (Cassini). — Morgas (carte de l'État-major).
Margat (Le), f. c^ne de Bouère. — Fief vassal de la châtell. de Saint-Denis-d'Anjou.
Margat (Le), f. c^ne de Chérancé; donne son nom à un ruiss. affl. de l'Hière.
Margellière (La), f. c^ne de Désertines.
Margerie (La), éc. c^ne de Cossé-en-Champagne.
Margerie (La), f. c^ne de Fougerolles.
Margottay (Le), éc. c^ne de Sainte-Gemmes-le-Robert.
Margottay (Le), vill. c^ne de Saint-Georges-sur-Erve. — Les Margotais, 1646 (cart. d'Évron).
Les étangs de ce lieu ont été desséchés en 1721.
Margotterie (La), éc. c^ne de Senonnes.
Margottière (La), h. c^ne d'Évron.
Margué, m^in et f. c^ne de Laigné.
Marguerie (La), f. c^ne de Larchamp.
Marguinière (La), f. c^ne de Loupfougères.
Mariage (Le), f. c^ne de Champgeneteux.
Mariage (Le), f. c^ne de Torcé.
Mariage (Le), f. c^ne de Trans.
Mariage (Le), f. c^ne de Voutré.
Mariages (Les), f. c^ne de Gennes. — Bois défriché en 1849.
Marians (La), h. c^ne de Brécé.
Mariais (La) ou la Mériais, h. c^ne de Cigné.
Mariais (La), f. c^ne de Conesmes.
Mariais (La) ou la Mériais, h. c^ne de Larchamp.
Mariais (La), vill. c^ne de Neuilly-le-Vendin.
Marie (La), chât. c^ne d'Alexain. — Fief vassal de la châtell. de Laval.
Marie (La), h. c^ne d'Épineu-le-Séguin.
Marie (La), f. c^ne de Ruillé-Froidfont.
Marie (La), f. c^ne de Saint-Hilaire-des-Landes.
Marie (La), fief vassal de la seign. d'Hauterives et arrière-fief de la châtell. de Bazougers.
Marie (Landes de la), c^ne de Bourgon; auj. défrichées.
Marie (Le Bois), c^ne de Thorigné; auj. défriché.
Marie (Moulin de la), c^ne de Saint-Germain-d'Anxurre.
Mariette, vill. c^ne de Beaumont-Pied-de-Bœuf.
Mariette, h. c^ne du Buret. — Villula de Marieta, 1201 (arch. de l'abb. d'Étival).

Le prieuré de ce lieu dépendait de l'abb. d'Étival. — Fief vassal du marq. de Sablé.
Marigné, h. c^ne d'Izé.
Marigné, éc. c^ne de Livet-en-Charnie. — Les étangs de ce lieu sont desséchés et la ferme est supprimée.
Marigné (Le Grand et le Petit), f. c^ne de Daon. — Fief vassal de la châtell. de Daon.
Marigné (Le Haut-), f. c^ne de Laigné; donne son nom à un ruiss. affl. de l'Hière.
Marigné-Peuton, c^ne de Château-Gontier. — Madrigneatum, x^e s^e (inv. des arch. de la Sarthe). — S. de Marinniaco, xiie s^e (cart. du Ronceray). — In parrochia de Marrigné, 1276 (abb. de la Roë). — Parroisse de Masrigné, 1547 (ibid.).
Anc. par. du doy. de Craon, de l'élect. et du marq. de Château-Gontier.
Les prieurés de Saint-Blaise et de Saint-Didier-de-Marigné dépendaient de l'abb. de la Roë.
Marigny ou Marigné, chât., étang et m^in, c^ne d'Alexain. — Le fief de ce nom, vassal du duché de Mayenne, s'étendait sur les c^nes de Placé, de Saint-Germain-d'Anxurre, de Contest, de la Bigottière et d'Alexain.
Marilay ou Marillée, h. c^ne de Marigné-Peuton.
Marillière (La), f. c^ne de Contest.
Marimballet (Étang de), c^ne de Saint-Ellier; auj. desséché.
Marinaie (La), f. c^ne de Ballots.
Marinaie (La), f. c^ne de Gastines.
Marinaie (La Grande et la Petite), f. c^ne de Bouchamp.
Marinière (La), f. c^ne d'Ampoigné. — Ruiss. affl. de celui de la Gravelle.
Marinière (La), h. c^ne de Ballots.
Marinière (La), h. c^ne de Congrier.
Marinière (La), vill. c^ne de Laigné.
Marionnettes (Les), f. c^ne de Saint-Berthevin.
Marionnière (La), h. c^ne de Bourgon.
Marionnière (La), h. c^ne de Carelles; donne son nom à un ruiss. affl. de celui de Berthereau.
Marionnière (La), f. c^ne de Houssay.
Marionnière (La) ou la Marionnerie, tuilerie, c^ne de Saint-Jean-sur-Erve.
Marionnière (La), h. c^ne de Saint-Pierre-la-Cour.
Mariottière (La), f. c^ne de Saint-Sulpice.
Marmaigne, vill. c^ne de Neuilly-le-Vendin. — Marmegne (Cassini).
Marmillon, h. c^ne de Quelaines.
Marmillonnière (La), h. c^ne de Bais.
Marmouillé, f. c^ne de Bazouges; auj. détruite.
Marmouillé, f. c^ne de Loigné. — Le ruiss. de Marmouillé ou de Bouillon se jette dans la Mayenne.
Marnière (La), vill. c^ne de Chevaigné.

MAROLLES, chât. et f. cne de Larchamp. — Fief vassal de la châtell. d'Ernée.

MAROLLIÈRES (LES), f. cne de Saint-Jean-sur-Mayenne. — Arrière-fief de la châtell. de Fouilloux, vassal de la seign. de la Motte-de-Creux.

MARONNERIE (LA), f. cne de Senonnes. — On dit aussi la Remaronnerie.

MAROTERIE (LA), f. cne de Ballots.

MAROTERIE (LA), f. cne de Cuillé. — On dit aussi la Marotière.

MAROTERIE (LA), f. cne de Saint-Quentin.

MAROUILLÉ (LE), éc. cne de Saint-Aubin-Fosse-Louvain.

MAROUTIÈRE (LA), chât. et f. cne de Saint-Fort. — C'était le siège d'une châtellenie érigée en 1635, avec annexion des fiefs de Loigné, de la Lande et de Bozailles, et qui reportait ses aveux au marquisat de Château-Gontier, à la châtellenie de Bouère et à la seigneurie de Bouthou.

MARPAUDIÈRE (LA), h. cne de Saint-Germain-le-Fouilloux.

MARQUERIE (LA), f. cne de la Baconnière.

MARQUERIE (LA), f. cne de Larchamp.

MARQUERIE (LA), f. cne de Loiron.

MARSEULERIE (LA), éc. cne de la Chapelle-Rainsouin. — Ferme auj. détruite.

MARSOLAIS (LA), vill. cne de Montenay.

MARSOLLIÈRE (LA), h. cne d'Athée.

MARSOLLIÈRE (LA GRANDE et LA PETITE), h. cne de Saint-Aubin-du-Désert.

MARSOLLIÈRE (LA HAUTE et LA BASSE), f. cne de la Chapelle-Rainsouin.

MARTELET (LE), f. cne de Chailland.

MARTELLIÈRE (LA), h. cne d'Hardanges.

MARTELLIÈRE (LA), f. cne de Loigné.

MARTELLIÈRE (LA), f. cne de Montenay.

MARTELLIÈRE (LA), f. cne de Saint-Denis-de-Gastines.

MARTELLIÈRE (LA GRANDE et LA PETITE), f. cne de Meslay. — On dit aussi les Martelleries.

MARTELLIÈRES (LES), éc. cne d'Épineu-le-Séguin.

MARTELLIÈRES (LES), f. cne de Saint-Charles-la-Forêt.

MARTHEBISE, chât. et f. cne de Nuillé-sur-Vicoin. — Fief vassal du comté de Laval.

MARTIGNÉ, cne de Mayenne-Est. — Villa Martiniaco, 650 (cart. d'Évron). — Ecclesia Sancti Symphoriani de Martiniaco, 1125 (ibid.).
Anc. par. du doy. d'Évron, de l'élect. et du duché de Mayenne.

MARTIGNÉ, f. cne de Bonchamp.

MARTIGNÉ, f. cne de Champéon; donne son nom à un ruiss. affl. de celui d'Ollon. Fief vassal du duché de Mayenne.

MARTIGNÉ, chât. et f. cne de Saint-Denis-d'Anjou. — Fief vassal de la seign. de Sautray.

MARTIN, min, cne d'Athée.

MARTIN, min, cne de la Chapelle-Craonnaise.

MARTIN (LE PETIT-), f. cne d'Épineu-le-Séguin.

MARTINAIS (LA), f. cne de Ballots.

MARTINAIS (LA), f. cne de la Bazoge-Montpinçon.

MARTINAIS (LA), f. cne de Saint-Quentin.

MARTINAIS (LA GRANDE et LA PETITE), vill. cne de Brécé. — Le ruiss. de la Martinais est un affl. de celui de la Saunière.

MARTINET, vill. cne de Bourgon; donne son nom à un ruiss. affl. de la Vilaine. — Les landes de ce lieu sont auj. défrichées.

MARTINIÈRE (LA), f. cne d'Argentré.

MARTINIÈRE (LA), f. cne d'Athée; auj. détruite.

MARTINIÈRE (LA), f. cne de la Bazouge-des-Alleux.

MARTINIÈRE (LA), h. cne de Beaulieu.

MARTINIÈRE (LA), h. cne de Bonchamp.

MARTINIÈRE (LA), f. cne de Bouère.

MARTINIÈRE (LA), éc. cne de Bouessay.

MARTINIÈRE (LA), f. cne du Bourgneuf-la-Forêt.

MARTINIÈRE (LA), f. cne de la Brulatte.

MARTINIÈRE (LA), f. cne du Buret.

MARTINIÈRE (LA), vill. cne de Chantrigné.

MARTINIÈRE (LA), h. cne de Congrier.

MARTINIÈRE (LA), h. cne de Couesmes.

MARTINIÈRE (LA), f. cne d'Ernée.

MARTINIÈRE (LA), f. cne de Fougerolles.

MARTINIÈRE (LA), f. cne de Hambers.

MARTINIÈRE (LA), f. cne de Houssay.

MARTINIÈRE (LA), f. cne de Larchamp.

MARTINIÈRE (LA), f. cne de Laval.

MARTINIÈRE (LA), vill. cne de Laval.

MARTINIÈRE (LA), f. cne de Loiron.

MARTINIÈRE (LA), f. cne de Ménil. — Fief vassal du prieuré de St-Jean-Baptiste de Château-Gontier.

MARTINIÈRE (LA), f. cne de Mézangers.

MARTINIÈRE (LA), f. cne de Montjean.

MARTINIÈRE (LA), h. cne de Neuilly-le-Vendin.

MARTINIÈRE (LA), f. cne du Pas.

MARTINIÈRE (LA), éc. cne de Quelaines.

MARTINIÈRE (LA), h. cne de Saint-Aubin-Fosse-Louvain.

MARTINIÈRE (LA), f. cne de Saint-Brice.

MARTINIÈRE (LA), h. cne de Saint-Calais-du-Désert.

MARTINIÈRE (LA), h. cne de Saint-Denis-du-Maine.

MARTINIÈRE (LA), f. cne de Saint-Gault. — Fief vassal du marq. de Château-Gontier.

MARTINIÈRE (LA), h. cne de Saint-Georges-sur-Erve.

MARTINIÈRE (LA), f. cne de Saint-Germain-le-Fouilloux.

Martinière (La), h. c^{ne} de Saint-Jean-sur-Mayenne.
Martinière (La), f. c^{ne} de Saint-Léger.
Martinière (La), éc. c^{ne} de Saint-Michel-de-Feins.
Martinière (La), h. c^{ne} de Villaines-la-Juhel.
Martinière (La Grande et la Petite), vill. c^{ne} de Saint-Fort.
Martinière (La Petite-), f. c^{ne} d'Ernée.
Martinières (Les), h. c^{ne} d'Ahuillé.
Martinières (Les), h. c^{ne} de la Bazouge-de-Chemeré.
Martinières (Les), f. c^{ne} de Bonchamp.
Martinières (Les), h. c^{ne} de Changé.
Martinières (Les), vill. c^{ne} de Nuillé-sur-Vicoin.
Martinières (Les), f. c^{ne} de Saint-Denis-de-Gastines.
Martinières (Les), f. c^{ne} de Saint-Germain-de-Coulamer. — Fief vassal de la châtell. de Courceriers.
Martinières (Les Hautes et les Basses), h. c^{ne} de Saulges.
Martray (Le), vill. c^{ne} de Bazouges, annexé à la c^{ne} de Château-Gontier. — *Apud Martreyum*, 1286 (abb. de Saint-Nicolas d'Angers).
Martrenière (La), f. c^{ne} d'Arquenay.
Martyrs (Les), éc. c^{ne} de Gorron.
Mascotterie (La), h. c^{ne} de Saint-Poix. — *La Mascottière*, 1550 (arch. de la Mayenne, E 121). — *La Masiquotière*, 1602 (*ibid.* E 156).
Maslerie (La), f. c^{ne} d'Ampoigné.
Maslerie (La), f. c^{ne} de Courbeveille.
Maslerie (La), f. c^{ne} de Fromentières.
Massais (La), h. c^{ne} de Châtillon-sur-Colmont. — On dit aussi *la Maziais*.
Masselière (La), vill. c^{ne} de la Cropte.
Masselière (La), h. c^{ne} du Genest.
Masserie (La), f. c^{ne} de Ruillé-Froidfont. — Fief vassal de la châtell. de Meslay.
Masses (Les), h. c^{ne} de Ballots.
Masses (Les), éc. c^{ne} de Congrier.
Masses (Les), h. c^{ne} de Renazé.
Massetière (La), f. c^{ne} du Buret. — Arrière-fief du comté de Laval, vassal de la châtell. de Meslay.
Masseurie (La) ou la Massurie, f. c^{ne} de Saint-Michel-de-Feins.
Massière (La), h. c^{ne} de Sacé.
Massillère (La), m^{in}, c^{ne} de Craon. — *Moulin de la Massiguière*, 1583 (arch. de Maine-et-Loire, E 2895).
Massillère (La), f. c^{ne} de Montjean.
Masson (Le), f. c^{ne} de la Bazouge-de-Chemeré.
Massonnaie (La), f. c^{ne} de Bouchamp; auj. détruite.
Massonnaie (La), f. c^{ne} de Courbeveille.
Massonnaie (La), h. c^{ne} de Montenay. — Fief vassal de la châtell. d'Ernée.
Massonnerie (La), h. c^{ne} du Bignon.

Massonnerie (La), f. c^{ne} de Changé.
Massonnerie (La), f. c^{ne} de Chemazé. — On dit aussi *la Massonnière*.
Massonnerie (La), f. c^{ne} de Chérancé.
Massonnerie (La), vill. c^{ne} de Contest. — Les landes de la Massonnerie ou de Feu-Heulin ont été défrichées vers 1840.
Massonnerie (La), f. c^{ne} de Sacé.
Massonnerie (La), tuil. c^{ne} de Saint-Jean-sur-Erve.
Massonnière (La), fief, c^{ne} de Saint-Christophe-du-Luat, vassal de la bar. d'Évron.
Massottière (La), f. c^{ne} de Neau.
Massottière (La), éc. c^{ne} de Voutré.
Massuardière (La), f. c^{ne} de Vaiges.
Massuère (La), f. c^{ne} de Cuillé.
Massuères (Les), h. c^{ne} de Chemazé.
Massurie (La), f. c^{ne} de Bazouges.
Masure (La), f. c^{ne} d'Alexain.
Masure (La), logis et f. c^{ne} d'Azé.
Masure (La), f. c^{ne} de Brée.
Masure (La), f. c^{ne} de la Chapelle-Rainsouin.
Masure (La), h. c^{ne} de Charchigné.
Masure (La), f. c^{ne} de Châtillon-sur-Colmont.
Masure (La), f. c^{ne} de Chemazé.
Masure (La), h. c^{ne} de Contest.
Masure (La), f. c^{ne} de Cosmes.
Masure (La), chât. c^{ne} de Courberie.
Masure (La), h. c^{ne} d'Ernée.
Masure (La), chât. et f. avec deux étangs, c^{ne} de Forcé. — Fief vassal de la châtell. de Poligné.
Masure (La), h. c^{ne} de Landivy.
Masure (La), f. c^{ne} de Martigné; donne son nom à un ruiss. affl. de celui de la Couaffardière.
Masure (La), f. c^{ne} de Mayenne.
Masure (La), f. c^{ne} de Ménil.
Masure (La), f. c^{ne} de Niafle.
Masure (La), f. c^{ne} de Saint-Aignan-sur-Roë.
Masure (La), f. c^{ne} de Saint-Christophe-du-Luat.
Masure (La), f. c^{ne} de Saint-Cyr-le-Gravelais. — Il y avait jadis un étang et un moulin.
Masure (La Grande et la Petite), h. c^{ne} de Peuton.
Masure (La Haute-), f. c^{ne} de Saint-Cyr-le-Gravelais.
Masure (La Petite-), éc. c^{ne} d'Azé.
Masure-Malnoë (La), f. c^{ne} de Saint-Cyr-le-Gravelais. — Le ruiss. de la Masure ou de l'Aunay-Housseau se jette dans l'Oudon.
Masure-Poupard (La), f. c^{ne} de Niafle.
Masurerie (La), f. c^{ne} de Cigné.
Masurerie (La), f. c^{ne} de Colombiers.
Masure-Ronceray (La), f. c^{ne} de Niafle.
Masures (Les), f. c^{ne} de Colombiers.
Masures (Les), f. c^{ne} de Cossé-le-Vivien.

Masures (Les), h. c^{ne} de Saint-Germain-de-Coulamer.
Masurière (La), f. c^{ne} de la Chapelle-Anthenaise.
Mat (Étang du), c^{ne} de Renazé; auj. desséché.
Mat (Le), f. c^{ne} de la Boissière.
Mat (Le Grand et le Petit), f. c^{ce} de Chemazé. — *Les Matz*, 1622 (abb. de la Roë).
    Le ruiss. du Mat et des Loges est un affluent de l'Oudon.
Mataudière (La), f. c^{ne} d'Origné.
Matellière (La), f. c^{ne} de Contest.
Matelot, m^{in} à vent, c^{ne} de la Rouaudière.
Mathefelon (Landes de), c^{ne} de Bonchamp; auj. défrichées.
Mathouraiserie (La), f. c^{ne} de Bouère. — On écrit aussi *la Marthourainerie*.
Matoisière (La), h. c^{ce} de Saint-Pierre-sur-Orthe.
Matraie (La), f. c^{ne} de Contest. — *Gaufridus de Materena*, 1180 (liv. d'argent de l'abb. de Saint-Florent, f° 36).
    Arrière-fief du duché de Mayenne, vassal de la seign. de Surgon.
Matraie (La), f. c^{ne} de Montenay. — Les landes de ce lieu sont auj. défrichées.
Matraie (La), fief, c^{ne} de Neau, vassal de la bar. d'Évron.
Matraie (La), f. c^{ne} de Placé.
Mats (Les), h. c^{ne} de Congrier.
Mattioterie (La), éc. c^{ne} de Martigné. — On dit aussi *la Maguiotière*.
Mauberdière (La), h. c^{ne} de Courcité.
Mauberdière (La), f. c^{ne} de Loupfougères.
Mauberdière (La), f. c^{ne} de Saulges.
Maubert, h. c^{ne} de Pré-en-Pail.
Maubert, f. c^{ne} de Thorigné.
Maubertière (La), f. c^{ne} de Beaulieu.
Maubertière (La), f. c^{ne} de Saint-Pierre-sur-Erve.
Maubourget, vill. c^{ne} de Saint-Calais-du-Désert.
Maubray, vill. c^{ne} du Horps.
Maubray (Le Grand et le Petit), h. c^{ne} d'Ambrières.
Maubuard, h. c^{ce} d'Évron. — *Mauboüard*, xvie siècle (cart. d'Évron).
Maubusson, f. c^{ne} de Chemeré-le-Roi. — *Ou fié de Malbuczon*, 1402 (abb. de Bellebranche). — On dit aussi *Maubuisson*.
    Fief vassal de la châtell. de Chemeré.
Maubusson, vill. c^{ne} de Landivy. — Les landes de ce lieu sont auj. défrichées.
Maubusson, f. c^{ne} de Loupfougères.
Maubusson, h. c^{ne} de Parigné.
Maubusson, éc. c^{ne} de Saint-Germain-d'Anxure. — La ferme de ce lieu est auj. détruite.
Maubusson, f. c^{ne} de Saint-Ouen-des-Toits.

Maubusson (Le Grand et le Petit), h. c^{ne} du Bourgneuf-la-Forêt.
Maubusson (Le Grand et le Petit), vill. c^{ne} du Genest.
Mauchamp, f. c^{ne} de Saint-Georges-Buttavent.
Mauclergerie (La), h. c^{ne} d'Astillé.
Mauclergerie (La), vill. c^{ne} de Saint-Mars-du-Désert.
Mauconnière (La), f. c^{ne} de Laigné; donne son nom à un ruiss. affl. de celui de Marigné.
Mauconnière (La), f. c^{ne} de Quelaines.
Maucottière (La), m^{in}, c^{ne} de Niafle; auj. détruit.
Maucroisières (Les), h. c^{ne} de Senonnes.
Mauditière (La), f. c^{ne} de Bouère.
Mauditière (La), f. c^{ne} de Forcé.
Mauditière (La), four à chaux, c^{ne} de Grez-en-Bouère. — *Maudicaire* (Cassini).
Mauditière (La), vill. c^{ne} de Jublains. — *La Mauguittière* (Cassini).
Mauditière (La), f. c^{ne} de Mézangers; auj. détruite.
Maufetière (La), éc. c^{ne} de Champgeneteux.
Maufrarière (La), f. c^{ne} de Neau. — On dit aussi *la Mofrazière*.
Maugendrière (La), f. c^{ce} de Livré. — Fief vassal de la bar. de Craon.
Maugendrière (La), f. c^{ne} de Saulges.
Maugeonneries (Les), f. c^{ne} de la Roë. — *Terres de la Mauhugeonnerie*, 1470 (abb. de la Roë). — *La Mahugeonnerie*, 1485 (ibid.). — *Maujonnerie*, 1650 (ibid.).
    La chapelle de ce lieu dépendait de l'abb. de la Roë.
Maugeraie (La), f. c^{ne} de Forcé.
Maugerie (La), h. c^{ne} de Bourgon.
Maugerie (La), f. c^{ne} de Colombiers; donne son nom à un ruiss. affl. de celui de la Gauberdière.
Maugerie (La), h. c^{ne} de Villaines-la-Juhel.
Mauguelinière (La), f. c^{ne} de Courcité.
Mauguiardière (La), f. c^{ne} d'Origné.
Mauguinière (La), f. c^{ne} de Chérancé. — Fief vassal de la bar. de Craon.
Mauguinière (La), vill. c^{ne} de Chevaigné.
Mauguitière (La), f. c^{ne} de Champéon.
Mauguiton, f. c^{ne} de Brée.
Maulinière (La), f. c^{ne} de Gorron.
Maunière (La), vill. c^{ne} de Champéon.
Maunière (La), h. c^{ne} de Melleray.
Mausy, m^{in}, c^{ne} de la Baconnière; détruit vers 1850. — *Moni* (carte de Jaillot).
    L'étang de ce lieu est auj. desséché.
Mauny, f. c^{ne} d'Ernée. — Ruiss. affl. de l'Ernée.
Mauny, f. c^{ne} de Fontaine-Couverte.

MAUNY, f. c^{ne} de Gesnes. — Fief vassal de la seign. de la Beschère.

MAUNY, f. c^{ne} de la Roë; donne son nom à un ruiss. affl. de celui de la Pelleterie.

MAUNY, f. c^{ne} de Saint-Pierre-sur-Orthe.

MAUNY, f. c^{ne} de Viviers.

MAUNY (BOIS DE), c^{on} de la forêt de Craon.

MAUPENCÉ (ÉTANG DE), c^{ne} de la Roë, dans le bois des Rayères; auj. desséché.

MAUPERTUIS, f. c^{ne} d'Athée. — *Gaufrido de Malo-Pertuso*, xiie s^e (abb. de la Roë, H 151, f° 35).
Fief vassal de l'Île-d'Athée.

MAUPERTUIS, f. c^{ne} de Laigné.

MAUPERTUIS, f. c^{ne} de Méral. — *Malpertuys*, 1411 (arch. de la Mayenne, E 146).
Fief vassal de la seign. de Montbourcher.

MAUPERTUIS, f. c^{ne} de Saint-Ellier.

MAUPERTUIS, f. c^{ne} de Viviers.

MAUPETITIÈRE (LA), f. c^{ne} de Chémazé. — On prononce *la Maupetiquère*.

MAUPOIRIER, f. c^{ne} de Jublains.

MAURIENNE (ÉTANG DE), c^{ne} de la Bazouge-des-Alleux.

MAURIÈRE (LA), f. — Voy. MORIÈRE (LA).

MAUSSIONNIÈRE (LA), f. c^{ne} de Craon.

MAUSSIONNIÈRE (LA), f. c^{ne} de Quelaines. — On écrit aussi *la Mauxionnière*.

MAUSSON, h. c^{ne} de Landivy; donne son nom à un ruiss. affl. de la rivière de la Futaie.
Le fief de Mausson, réuni à celui de Landivy, fut érigé en châtell. vassale de la châtell. de Pontmain et du duché de Mayenne; elle dominait Landivy, Saint-Ellier, Saint-Mars-sur-la-Futaie et la franchise du Petit-Maine, *aliàs* le pays de Glaine en Bretagne. — La forteresse de Mausson fut rasée en 1431, à la demande du duc de Bretagne.

MAUSSONNIÈRE (LA), b. c^{ne} de Courcité.

MAUTRUÈRE (LA), f. c^{ne} de Louverné; donne son nom à un ruiss. affl. de celui de Gondain. — On dit aussi *la Montruère*.

MAUVALTERIE (LA), f. c^{ne} de Saint-Mars-sur-Colmont.

MAUVALTERIE (LA GRANDE et LA PETITE), f. c^{ne} de Montenay.

MAUVESINIÈRE (LA), f. c^{ne} de la Cropte.

MAUVETIÈRE (LA), vill. c^{ne} de Champgeneteux.

MAUVIÈRE (LA GRANDE et LA PETITE), f. c^{ne} de Pommerieux.

MAUVINET, f. c^{ne} de Fromentières. — Le ruiss. de Mauvinet et de la Maisonneuve est un affl. de celui de Pont-Manceau.

MAUVINET, chât. et f. avec étang, c^{ne} de Ruillé-Froidfont. — Fief vassal du marquisat de Château-Gontier.

MAUVINET, fief, c^{nes} de Saint-Michel-de-Feins et de Coudray, aussi nommé *les féages de Chanteussé*, qui s'étendait sur Daon, Gennes, Saint-Aignan, Chanteussé, et relevait partie du marq. de Château-Gontier, partie de la châtell. de Daon.

MAUVINIÈRE (LA), éc. c^{ne} de Viviers.

MAYANNERIE (LA), f. — Voy. MEIGNANNERIE (LA).

MAYENNE, chef-lieu d'arrond. du nord du dép^t de la Mayenne. — *Gaufredi de Mehena*, xie s^e (cart. du Mont-Saint-Michel). — *Ante veterem domum leprosorum Sancti Martini de Meduana*, 1217 (abb. de Savigny, Arch. nat. L 969). — *Ecclesia Sancti Martini de ultra pontem de Meduana*, 1252 (ibid. L 972). — *Alain d'Avaugour, seigneur de Maesne*; 1265 (ibid. L 973). — *Jouste Maene la Juhes*, 1280 (ibid.). — *Le sire de Meane*, 1312 (trésor des chartes des ducs de Bretagne, arm. V, cassette B, n° 11). — *Maine la Juhel*, 1351 (arch. de la Loire-Inférieure, série E). — *Environ le chastel de Mayne*, 1364 (Arch. nat. L 975). — *La dame de Maingne*, 1392 (titres des ducs de Bretagne, arm. P, cassette A, n° 10). — *De Chasteillon à Maine*, 1403 (arch. du grand prieuré d'Aquitaine).

Siège d'un doy. qui dépendait de l'archidiaconé de Laval, d'une maîtrise des eaux et forêts, d'un grenier à sel, d'une élection comprenant 67 paroisses et d'un duché duquel relevaient 3 baronnies, 20 châtellenies et 180 fiefs. — La bar. de Mayenne, érigée en marq. en 1544, fut promue au rang des duchéspairies en 1573. — 60 paroisses relevaient immédiatement de la juridiction de la barre ducale et 15 y portaient leurs appels.

MAYENNE, rivière. — *Medanum flumen*, 859 (cart. de Redon). — *Super fluvium Meduane*, ixe s^e (Gesta pontif. Cen.). — *Ultra Medanam*, ixe s^e (Gesta dom. Aldrici).

Elle prend sa source à Orgères, près du Nellier, arrose la Pallu, Couptrain, Neuilly-le-Vendin, Madré, Méhoudin, Thubœuf, Geneslay, Rennes, Brétignolles, Cigné, Ambrières, Saint-Loup-du-Gast, Saint-Fraimbault, Mayenne, Saint-Baudelle, Contest, Moulay, Sacé, Changé, Laval, l'Huisserie, Entramnes, Villiers-Charlemagne, Origné, Houssay, Fromentières, Azé, Château-Gontier, Ménil, sort du dép^t de la Mayenne à Daon, traverse celui de Maine-et-Loire, se réunit à la Sarthe à Écouflans, près d'Angers, prend alors le nom de Maine et se jette dans la Loire à Bouchemaine, près de la Pointe.

MAYENNE (FORÊT DE), s'étend sur Châtillon-sur-Colmont, Montenay, Placé, Saint-Georges-Buttavent et Vautorte. — *De novalibus forestæ de Meduana*, 1257 (liv. bl. du chap. du Mans).

MAYENNERIE (LA), f. c^ne de la Chapelle-au-Riboul.
MAYENNERIE (LA), f. c^ne du Horps.
MAYENNERIE (LA), f. c^ne de Saint-Fraimbault-de-Prières. — *La Maignennerie*, 1597 (cab. Ravault). — On dit encore *la Magnannerie*.
Ruiss. affl. de l'Ollon.
MAYENNERIE (LA), h. c^ne de Saint-Jean-sur-Mayenne.
MAYENNERIE (LA), h. c^ne de Saint-Mars-sur-Colmont.
MAYENNERIE (LA HAUTE et LA BASSE), h. c^ne de Cigné.
MAZAGRAN, vill. c^ne de la Bazouge-de-Chemeré.
MAZAGRAN, f. c^ne d'Évron.
MAZAGRAN, vill. c^ne de Saint-Georges-le-Fléchard.
MAZAGRAN, éc. c^ne de Villaines-la-Juhel.
MAZAIS (LE), f. c^ne de Saint-Martin-du-Limet.
MAZERAIS (LES), f. c^ne de la Baconnière.
MAZERIES (LES), f. c^ne de Daon.
MAZERIT (LE BAS-), f. c^ne de Laigné.
MAZERIT (LE HAUT-), f. c^ne de Laigné.
MAZIÈRE (LA), f. c^ne de Saint-Cyr-le-Gravelais.
MAZIÈRE (LA BASSE-), f. c^ne de Mayenne.
MAZIÈRE (LA HAUTE-), f. c^ne de Contest.
MÉBERTIN (LE GRAND et LE PETIT), f. c^ne d'Ernée. — Abréviation de *Ménil-Bertin*.
Fief vassal de la terre de Charné.
MÉBERTIN (LE HAUT-), f. c^ne d'Ernée.
MÉCORBON (LE HAUT et LE BAS), f. c^ne de Montjean. — Fief vassal de la châtell. de Montjean.
MÉDARDIÈRE (LA), f. c^ne de Beaulieu.
MÉDAYÈRE (LA), vill. c^ne de Martigné.
MÉDIÈRE (LA), h. c^ne d'Izé.
MÉDIÈRE (LA), vill. c^ne de Saint-Georges-sur-Erve.
MÉE, c^ne de Craon. — *Ecclesia de Modiis*, 1292 (arch. de la Mayenne, série H). — *Mées*, 1476 (*ibid.*).
L'étang de Mée fut desséché vers 1830.
Le prieuré-cure de Mée dépendait de l'abb. de Saint-Georges-sur-Loire. — Anc. paroisse du doy. de Craon, de l'élect. de Château-Gontier et de la bar. de Mortiercrolles.
MÉE, f. c^ne de Laubrières. — *Le moulin de Maye*, 1700 (titres de la Haie-aux-Bons-Hommes, arch. de Maine-et-Loire). — *Rivière de Mère*, 1578 (abbaye de la Roë).
L'étang et le m^in ont été supprimés vers 1829. — Le ruiss. de Mée se jette dans l'Oudon.
MÉE (LA), f. c^ne de Saint-Mars-sur-Colmont.
MÉES (LES), vill. c^ne du Bourgneuf-la-Forêt.
MÉES (LES), f. c^ne de Montjean.
MÉES (LES), f. c^ne de Voutré.
MÉES (LES GRANDES et LES PETITES), vill. c^ne de Châtillon-sur-Colmont.
MÉES (LES GRANDES et LES PETITES), vill. c^ne de Saint-Jean-sur-Mayenne. — Fief vassal du comté de Laval.

MÉES (LES PETITES-), vill. c^ne du Bourgneuf-la-Forêt.
MÉFROMOND, h. c^ne de Ruillé-Froidfont. — *Fief de Meffromont*, 1406 (arch. de la Mayenne, E 25).
Fief vassal de la seign. de Ruillé-Froidfont.
MÉGAUDAIS, f. et m^in, c^ne de Lévaré. — L'étang de ce lieu est auj. desséché.
MÉGAUDAIS, chât. c^ne de Saint-Pierre-des-Landes. — La chapelle de ce lieu, construite en 1675 sur la terre de Marolles, fut érigée en chef-lieu de paroisse le 15 septembre 1846.
MÉGAUDON, h. c^ne de Saint-Denis-de-Gastines.
MÉGENDRIE (LA), h. c^ne de Livré.
MÉGÉRAULT (LE GRAND et LE PETIT), f. c^ne d'Aron.
MÉGESLIN, f. c^ne de Saint-Denis-de-Gastines.
MÉGUILLON, fief vassal de la Motte-de-Bouchamp.
MÉHAIRIE (LA), vill. c^ne de Bourgon. — *Méhaignerie* (Cassini). — *M'henri*, 1866 (dénombr.).
MÉHAIRIE (LA), f. c^ne de Craon.
MÉHAIRIE (LA), f. c^ne de Saint-Aignan-sur-Roë.
MÉHAIRIE (LA), éc. c^ne de la Selle-Craonnaise.
MÉHARDOUX, f. c^ne de Ballée. — *Fié de Mehardoul*, 1459 (arch. de l'abb. de Bellebranche).
Fief vassal de la seign. de Linières.
MÉHAUDERIE (LA), f. c^ne de Saint-Poix.
MÉHÉLÉE (LA), f. c^ne de Montenay. — *Terra de la Mehellée juxta Erneiam*, 1180 (Bibl. nat. f. latin 5441). — *Ex dono Egidii de Gorram terram de la Mehellis*, 1241 (Arch. nat. L 970). — *Les Melez* (Cassini).
MÉHEUDIÈRE (LA), h. c^ne d'Izé.
MÉHEUDIÈRE (LA), h. c^ne de Landivy; donne son nom à un ruiss. affl. du Déron.
MÉHUBERT, f. c^ne d'Ernée. — *Melembert* (Cassini). — Fief vassal de la châtell. d'Ernée.
MÉHUBERT, h. c^ne de Saint-Jean-sur-Mayenne.
MEIGNANNE (LA), f. c^ne de Bierné. — *Magnenne* (Cassini).
MEIGNANNE (LA), f. et four à chaux, c^ne de Grez-en-Bouère.
MEIGNANNE (LA), f. c^ne de Méral.
MEIGNANNERIE (LA), f. c^ne de la Chapelle-au-Riboul.
MEIGNANNERIE (LA), vill. c^ne de l'Huisserie.
MEIGNANNERIE (LA), f. c^ne de Laval.
MEIGNANNERIE (LA), f. c^ne de Livet-en-Charnie.
MEIGNANNERIE (LA), f. c^ne de Maisoncelles. — Étang desséché vers 1800.
MEIGNANNERIE (LA), m^in, c^ne de Saint-Jean-sur-Mayenne; détruit vers 1850.
MEIGNANNERIE (LA), h. c^ne de Saint-Mars-du-Désert. — Ruiss. affl. de celui de la Cretellière, qui arrose Saint-Aubin-du-Désert.
MEIGNANNERIE (LA), f. c^ne de Saint-Pierre-sur-Orthe. — On dit aussi *la Magnennière*.

27.

MEIGNANNERIE (LA GRANDE et LA PETITE), h. c^ne de Que-
  laines. — On écrit aussi la Meniannière.
    Le fief de la Meignannière, aussi nommé Rezé,
  était vassal du marq. de Château-Gontier.
MEIGNANNERIES (LES), h. c^ne de Cigné.
MEIGNANNES (LES), h. c^ne de Cossé-le-Vivien.
MEIGNÉE (LE BAS-), chât. c^ne de Montenay. — Châtell.
  vassale du duché de Mayenne.
MEJONNIÈRE (LA), fief vassal de la châtell. de la Gué-
  hardière.
MÉLANDIÈRE (LA), f. c^ne de Ballots. — Feodum Mel-
  landi, XIIe s^e (abb. de la Roë, H 151, f° 57).
MÉLANFRAY (LE), vill. c^ne de Sainte-Marie-du-Bois.
MÉLANGÉ (LE), f. c^ne de la Baroche-Gondouin.
MÉLANGIS (LE), fief, c^ne de Charchigné, aussi nommé
  la Breneudière, vassal du marq. de Lassay.
MÉLANGIS (LE), vill. c^ne de Lassay.
MÉLARD, f. c^ne d'Izé.
MÉLATIÈRE (LA) ou LA MELAGUIÈRE, f. c^ne de Bourgon;
  donne son nom à un ruiss. affl. de la Vilaine.
MELIAN, h. c^ne de Brains-sur-les-Marches. — Medieta-
  riam nuncupatam Meguillein, 1319 (prieuré des
  Bonshommes de Craon). — Ou fié de Meiguillen,
  1410 (ibid.). — Lieu de Mylyen, 1454 (ibid.). —
  Au lieu de Miglean, 1481 (ibid.). — Village de Mil-
  lian et Meiglian, 1700 (ibid.). — Millien (Cassini).
  Fief vassal de la Motte de Bouchamp.
MELIAN, f. c^ne de Saint-Cénéré.
MÉLISSIÈRE (LA), f. c^ne de Chemazé. — La Mellicière,
  1622 (abb. de la Roë).
MELLERAY, c^ne de Lassay. — Eccl. S. Albini de Meleriaco
  (Bibl. nat. f. lat. 5441).
    Anc. par. du doy. de Javron, de l'élect. du Mans
  et du marq. de Lassay. — Le prieuré dépendait de
  l'abb. de Marmoûtiers.
MELLERAY, m^in, c^ne de Cossé-le-Vivien.
MELLERAYE (LA), f. c^ne d'Ahuillé.
MELLERAYE (LA), f. c^ne de Saint-Berthevin.
MELLERIE (LA), h. c^ne de Laval.
MELLETAIE (LA), h. c^ne de Saint-Hilaire-des-Landes.
MELLETIÈRE (LA), f. c^ne de Bazouges.
MELLETIÈRE (LA), h. c^ne de la Chapelle-au-Riboul.
MELLETIÈRE (LA), h. c^ne de Châtillon-sur-Colmont.
MELLETIÈRE (LA), vill. c^ne de Courcité.
MELLETIÈRE (LA), f. c^ne de Désertines.
MELLETIÈRE (LA), vill. c^ne du Ham.
MELLETIÈRE (LA), h. c^ne de Mayenne.
MELLETIÈRE (LA), f. c^ne de Ruillé-Froidfont.
MELLETIÈRE (LA GRANDE et LA PETITE), f. c^ne du Pas.
MELLETIÈRES (LES), f. c^ne de Gesvres.
MELLOU (ÉTANG DE), c^ne de Parné; auj. desséché.
MÉLOIGNE (LA), h. c^ne de Cossé-le-Vivien.

MELOTERIE (LA), f. c^ne de Laval.
MELOTIÈRE (LA), b. c^ne de Gesvres.
MELOUÈRE (LA), h. c^ne de Saint-Aubin-Fosse-Louvain.
MELOUIN (LE), m^in, c^ne de Laubrières. — Moulin de
  Mellouein, 1550 (arch. de la Mayenne, E 121).
MÉNAGE (LE), h. c^ne de Cigné. — Fief de la bar. d'Am-
  brières.
MÉNAGE (LE), h. c^ne du Pas.
MÉNAGERIE (LA), éc. c^ne de la Baroche-Gondouin.
MÉNAGERIE (LA), vill. c^ne de la Chapelle-au-Riboul;
  donne son nom à un ruiss. affl. de l'Aron.
MÉNAGERIE (LA), f. c^ne de Saint-Brice.
MÉNAGERIE (LA), éc. c^ne de Saint-Georges-sur-Erve.
MÉNAGERIE (LA), f. c^ne de Saint-Poix; auj. détruite.
MÉNAGERIE (LA), f. c^ne de Thorigné.
MÉNAIRIE (LA), vill. c^ne de Javron.
MÉNARDAIS (LA), f. c^ne de la Bigottière.
MÉNARDAIS (LA), h. c^ne de Montenay.
MÉNARDIÈRE (LA) ou LA MÉNARDERIE, f. c^ne d'Ahuillé.
MÉNARDIÈRE (LA), f. c^ne d'Aron.
MÉNARDIÈRE (LA), h. c^ne de Bazougers. — Fief vassal
  de la châtell. de Bazougers.
MÉNARDIÈRE (LA), f. c^ne de Beaulieu.
MÉNARDIÈRE (LA), f. c^ne de Bouchamp.
MÉNARDIÈRE (LA), h. c^ne de Brecé.
MÉNARDIÈRE (LA), f. c^ne de Cossé-le-Vivien.
MÉNARDIÈRE (LA), f. c^ne de Courbeveille.
MÉNARDIÈRE (LA), f. c^ne d'Évron.
MÉNARDIÈRE (LA), f. c^ne de Grez-en-Bouère.
MÉNARDIÈRE (LA), f. c^ne de Lassay.
MÉNARDIÈRE (LA), h. c^ne de Loiron.
MÉNARDIÈRE (LA), h. c^ne de Mayenne.
MÉNARDIÈRE (LA), f. c^ne de Pommerieux.
MÉNARDIÈRE (LA), f. c^ne de Ruillé-le-Gravelais.
MÉNARDIÈRE (LA), h. c^ne de Saint-Aignan-sur-Roë.
MÉNARDIÈRE (LA), f. c^ne de Saint-Christophe-du-Luat.
MÉNARDIÈRE (LA), f. c^ne de Saint-Cyr-le-Gravelais. —
  Fief vassal de la châtell. de Montjean.
MÉNARDIÈRE (LA), h. c^ne de Saint-Germain-le-Fouil-
  loux; donne son nom à un ruiss. affl. de celui des
  Moyettes.
MÉNARDIÈRE (LA), f. c^ne de Saint-Mars-sur-la-Futaie.
MÉNARDIÈRE (LA GRANDE et LA PETITE), f. c^ne de Ménil.
MÉNARDIÈRE (LA GRANDE et LA PETITE), h. c^ne de Saint-
  Baudelle.
MÉNARDIÈRES (LES), h. c^ne de Saint-Michel-de-la-Roë.
  — La Ménaudière, 1450 (abb. de la Roë).
MÉNATRIE (LA), f. c^ne de Marigné-Peuton. — La Bé-
  nâterie (cadastre).
MÉNAUDIÈRE (LA), étang et f. c^ne de Saint-Cyr-le-Gra-
  velais.
MENAZIÈRE (LA), f. c^ne d'Aron.

MENEROLLES (RUISSEAU DE) : arrose la Bigottière et se jette dans le ruiss. de Corbon.

MENESTIÈRE (LA), f. c^ne de Larchamp; donne son nom à un ruiss. affl. de celui de Larchamp.

MENESTIÈRE (LA), f. c^ne de Mée.

MENESTIÈRES (LES), vill. c^ne de Blandouet.

MENETAIE (LA), f. c^ne de Senonnes.

MENETEUSE (LA), f. c^ne de Sainte-Gemmes-le-Robert; donne son nom à un ruiss. affl. de la Jouanne.

MENETIÈRE (LA), f. c^ne de Neau.

MENEUDIÈRE (LA), f. c^ne de Brécé.

MENIGUERRE (LA), f. c^ne de Chemazé. — *La Menieurre*, 1683 (abb. de la Roë, H 197, f° 145). — *Menicuère*, 1866 (rôles de dénombr.).

Il faudrait écrire *la Menitière*.

MÉNIL, c^on de Château-Gontier. — *Ecclesias vici Meduanilis et curtem totam*, 1040 (cart. de la Trinité de Vendôme). — *Monachi de Meduanillo*, 1058 (*ibid.*). — *Johannes de Mesnilo*, XIIe s^e (abb. de la Roë, H 151, f° 73). — *Paroisse de Meneil*, 1547 (abb. de la Roë). — *Paroisse de Mesnil*, XVIIe s^e (*ibid.* H 181).

Le prieuré de Saint-Georges-de-Ménil dépendait de l'abb. de la Trinité de Vendôme. — Anc. par. du doy. de Craon, de l'élect. et du marq. de Château-Gontier.

MÉNIL-DES-VAUX (LE), f. c^ne de Marcillé-la-Ville.

MENILLON (LE), vill. c^ne de Chevaigné.

MÉNIL-ROGER, fief, c^ne de Marcillé-la-Ville, vassal de la seign. de Vaux et arrière-fief du duché de Mayenne.

MÉNITÉ (LA) ou LA MENITRÉ, h. c^ne de Cuillé.

MÉNITÉ (LA), vill. c^ne de Gastines.

MÉNITÉ (LA), f. c^ne de Loigné.

MÉNITÉ (LANDES DE), c^ne de Larchamp; auj. défrichées. — *Landes de Ménitte*, 1625 (cab. d'Achon).

MENNERIE (LA) ou LA MONNERIE, f. c^ne d'Alexain.

MENNERIE (LA), h. c^ne de Colombiers.

MENNERIE (LA), éc. c^ne d'Hardanges.

MENNERIE (LA), f. c^ne de Saint-Berthevin.

MENNERIE (LA GRANDE-), vill. c^ne de Gorron.

MENNERIE (LA PETITE-), h. c^ne de Gorron.

MÉNOCHÈRE (LA), f. c^ne de la Croixille.

MENOTTIÈRE (LA), h. c^ne de Renazé; donne son nom à un ruiss. affl. du Chéran.

MENOTTIÈRE (LA), f. c^ne de Saint-Ellier.

MENOURIÈRE (LA), f. c^ne de Vautorte; auj. détruite.

MENOUVIÈRE (LA), h. c^ne de Vieuvy.

MENTINIÈRE (LA), f. c^ne de Lévaré.

MENUGUESNIER (LE), f. c^ne du Housseau.

MÉRAL, c^on de Cossé-le-Vivien. — *J. de Mairal*, XIe s^e (cart. du Ronceray). — *J. de Meiral*, XIe s^e (*ibid.*). — *Apud Mairoles vineam*, 1222 (abb. de Saint-Serge d'Angers). — *Ou moulin de Mereau*, 1298 (*ibid.*).

— *Paroisse de Merail*, 1549 (arch. de la Mayenne, E 145).

Le prieuré de la Madeleine de Méral dépend. de l'abb. de Saint-Serge d'Angers. — Anc. par. du doy. de Craon et de l'élect. de Château-Gontier. — Le territoire féodal de Méral se partageait entre le baron de Pouancé, le baron de Craon et le châtelain de Montjean. — De la seign. de Méral relevaient les fiefs de Brassé, de la Couardière, de Choigné, de l'Épinay et de la Ville; elle fut placée en 1654 dans la mouvance directe du comté de Laval.

MÉRAL, m^in et f. c^ne de Montsurs. — *Merolas*, 989 (cart. d'Évron).

MERCERIE (LA), f. c^ne d'Ampoigné.

MERCERIE (LA), f. c^ne d'Astillé.

MERCERIE (LA), éc. c^ne de la Bazoge-Montpinçon.

MERCERIE (LA), f. c^ne de Beaulieu.

MERCERIE (LA), f. c^ne de Brécé.

MERCERIE (LA), f. c^ne de Contest.

MERCERIE (LA), f. c^ne de Cossé-le-Vivien.

MERCERIE (LA), f. c^ne de Fromentières.

MERCERIE (LA), éc. c^ne de Gorron.

MERCERIE (LA), f. c^ne de Laval.

MERCERIE (LA), f. c^ne de Loigné.

MERCERIE (LA), f. c^ne de Méral, auj. détruite; donne son nom à un ruiss. affl. de celui de Mée.

MERCERIE (LA), h. c^ne de Montenay.

MERCERIE (LA), f. c^ne de Niafle; donne son nom à un ruiss. affl. de celui de la Lande.

MERCERIE (LA), h. c^ne d'Oisseau.

MERCERIE (LA), vill. c^ne de la Poôté.

MERCERIE (LA), h. c^ne de Pré-en-Pail.

MERCERIE (LA), h. c^ne de Saint-Cyr-en-Pail.

MERCERIE (LA), f. c^ne de Saint-Denis-d'Anjou.

MERCERIE (LA), h. c^ne de Sainte-Gemmes-le-Robert.

MERCERIE (LA), h. c^ne de Saint-Ellier.

MERCERIE (LA), f. c^ne de Saint-Gault.

MERCERIE (LA), f. c^ne de Saint-Jean-sur-Erve.

MERCERIE (LA), f. c^ne de Saint-Quentin.

MERCERIE (LA), h. c^ne de Saulges.

MERCERIE (LA), éc. c^ne de Thorigné.

MERCERIE (LA GRANDE et LA PETITE), vill. c^ne de Fougerolles.

MERCERIE (TAILLIS DE LA), c^ne d'Argentré; auj. défriché.

MERCERIES (LES), f. c^ne de Chailland.

MERCERIES (LES), f. c^ne de Laval.

MERDANSON (LE), ruiss. c^ne de Château-Gontier, qui se jette dans la Mayenne.

MERDE (BOIS DE), c^ne de Chemeré-le-Roi; auj. défriché.

MERDEREAU (LE), riv. qui prend sa source à Loupfougères, arrose Villaines, Averton, et va se jeter dans la Sarthe au Gué-Orry.

MERDEREAU (Ruisseau du), c^{ne} de Saint-Martin-du-Limet, affl. de l'Oudon.

MERDEREAU (Ruisseau du), c^{ne} de Voutré, affl. de l'Erve.

MERDOUX, f. c^{ne} de Ballée.

MÉRÉ, vill., chât. et f. c^{ne} de Fougerolles. — *Merreium*, 1190 (cart. de Savigny, f° 126). — On écrit aussi *Merray*.
 Fief vassal de la châtell. de Pontmain. — Les landes de ce lieu sont auj. défrichées. — Le ruiss. de Méré est un affluent de celui de Vieille-Lande ou du Pont.

MÉRÉ, f. c^{ne} de Longuefuye. — Le bois et les landes de ce lieu sont auj. défrichés.

MÉRÉ (Landes de), c^{ne} de Saint-Pierre-des-Landes; auj. défrichées en partie.

MÉRELLE, m^{in}, c^{ne} de Saint-Aubin-Fosse-Louvain; auj. détruit. — *Merreolum*, 1190 (cart. de Savigny, f° 126).

MÉREMBOURG, f. c^{ne} d'Ernée.

MÉRIAIS (La), h. — Voy. MARIAIS (La).

MERIAIZIÈRE (La), h. c^{ne} d'Ambrières.

MERIAUX (Ruisseau de), c^{ne} de Lesbois, affluent de la Colmont.

MERIAZIÈRE (La), éc. c^{ne} de Saint-Germain-de-Coulamer.

MERIAZIÈRE (La), f. c^{ne} de Saint-Thomas-de-Courceriers. — *La Meriarzère*, 1569 (cab. d'Achon). — *La Meriaisière*, 1585 (*ibid.*).

MERIENNAIE (La), f. c^{ne} de Fougerolles. — On dit aussi *la Mariennaie*.

MERIENNAIE (La), h. c^{ne} de Saint-Berthevin-la-Tannière.

MERIENNIÈRE (La), h. c^{ne} de la Baconnière.

MERIENNIÈRE (La), h. c^{ne} de Montaudin. — Ruiss. affl. de l'Ernée.

MERIENNIÈRE (La), f. c^{ne} de Montenay.

MERIÈRE (La), h. c^{ne} de Jublains.

MERIÈRE (La Grande et la Petite), h. c^{ne} de Mayenne. — Ruiss. affl. de la Mayenne.

MERIÈRE (La Petite-), f. c^{ne} d'Aron.

MÉROLLES, f. c^{ne} d'Argentré.

MÉROLLES, landes et h. c^{ne} de Deux-Évailles. — Fief vassal de la seign. de la Beschère.

MÉROLLES, f. c^{ne} de Juvigné-des-Landes.

MÉROLLES, f. c^{ne} de Quelaines.

MÉROUÉ (Ruisseau de), c^{ne} de Sacé, affl. du ruiss. d'Ouvrain.

MERRUAUT ou MÉRAULT, m^{in}, c^{ne} de Gorron.

MERVEILLE (La), chât. et f. c^{ne} de Saint-Jean-sur-Mayenne. — *Le seigneur de Merville*, 1443 (Arch. nat. P 343).

MÉRY, éc. et étang, c^{ne} de Chailland. — Le m^{in} de ce lieu est auj. détruit. — Ruiss. affl. de l'Ernée.

MESLANDIÈRE (La), vill. c^{ne} de Saint-Martin-de-Connée. — *Merylandas* (cart. d'Évron).

MESLARD, f. c^{ne} de Bourgon.

MESLAY, arrond. de Laval. — *W. de Melleio*, 1230 (liv. bl. du chap. du Mans). — *Mellay*, 1367 (trésor des chartes des ducs de Bretagne, arm. H, cassette F, n° xi). — *Terres de Mesloy*, 1382 (*ibid.* arm. N, cassette B).
 Anc. par. du doy. de Sablé, de l'élect. et du comté de Laval. — Siége d'une châtellenie.

MESLAY, f. c^{ne} de Placé; donne son nom à un ruiss. affl. de celui de Mont-Guyon.

MESLAY, f. c^{ne} de Vaiges. — Fief vassal de la châtell. de Vaiges.

MESLERIE (La), f. c^{ne} d'Assé-le-Bérenger.

MESLERIE (La), f. c^{ne} de Bazouges.

MESLERIE (La), f. c^{ne} d'Izé.

MESLERIE (La), f. c^{ne} de Laigné.

MESLERIE (La), h. c^{ne} de Pré-en-Pail.

MESLERIE (La), h. c^{ne} de Saint-Ouen-des-Toits; donne son nom à un ruisseau affluent de celui du Guy-Boutier.

MESLERIE (La), éc. c^{ne} de Thorigné.

MESLERIE (La Grande et la Petite), f. c^{ne} de Fromentières.

MESLETIÈRE (La), h. — Voy. MELLETIÈRE (La).

MESLIER (Le), f. c^{ne} de Bierné.

MESLIER (Le), f. c^{ne} de Brains-sur-les-Marches. — Les landes de ce lieu ont été défrichées vers 1840.

MESLIER (Le), h. c^{ne} de Charchigné.

MESLIER (Le), vill. c^{ne} de Couesmes.

MESLIER (Le), f. c^{ne} de la Rouaudière.

MESLIER (Le), h. c^{ne} de Sainte-Suzanne.

MESLIER (Le Haut et le Bas), h. c^{ne} de Vancé.

MESLIER (Le Petit-), f. c^{ne} de Brains-sur-les-Marches.

MESLIÈRE (La), h. c^{ne} de la Chapelle-au-Riboul.

MESLIÈRE (La), h. c^{ne} du Ham.

MESLIÈRE (La), f. c^{ne} de Martigné.

MESLIÈRE (La), f. c^{ne} de Pommerieux.

MESLIERS (Les), h. c^{ne} du Bourgneuf-la-Forêt.

MESLIERS (Les), éc. c^{ne} de Longuefuye.

MESLIERS (Les), f. c^{ne} de Montigné.

MESLIERS (Les), f. c^{ne} de Saint-Berthevin.

MESLIERS (Les), h. c^{ne} de Saint-Charles-la-Forêt.

MESLIERS (Les), f. c^{ne} de Saint-Georges-sur-Erve.

MESLINIÈRE (La), f. c^{ne} de Juvigné-des-Landes.

MESLINIÈRE (La), f. c^{ne} de Laigné.

MESLINIÈRE (La) ou la MESLINERIE, éc. c^{ne} de Saint-Denis-d'Anjou.

MESLINIÈRE (La Petite-), éc. c^{ne} de Hercé.

DÉPARTEMENT DE LA MAYENNE.

Meslinière-Briant (La), vill. c^{ne} de Hercé.
Meslinière-Giffard (La), vill. c^{ne} de Hercé.
Meslinière-Quentin (La), vill. c^{ne} de Hercé.
Mesnil (Le), f. c^{ne} de la Bazoge-Montpinçon.
Mesnil (Le), h. c^{ne} de Boulay.
Mesnil (Le), f. c^{ne} de Brécé.
Mesnil (Le), h. c^{ne} de Champgeneteux.
Mesnil (Le), h. c^{ne} de la Chapelle-au-Riboul.
Mesnil (Le), f. c^{ne} d'Évron.
Mesnil (Le), vill. c^{ne} d'Hardanges.
Mesnil (Le), h. c^{ne} de Javron.
Mesnil (Le), f. c^{ne} de Longuefuye.
Mesnil (Le), f. c^{ne} de Maisoncelles.
Mesnil (Le), chât. c^{ne} de Marcillé-la-Ville.
Mesnil (Le), f. c^{ne} de Meslay.
Mesnil (Le), f. c^{ne} de Montaudin.
Mesnil (Le), vill. c^{ne} d'Orgères.
Mesnil (Le), f. c^{ne} de Saint-Ellier.
Mesnil (Le), vill. c^{ne} de Saint-Germain-le-Fouilloux.
Mesnil (Le), chât., f. et mⁱⁿ, c^{ne} de Saint-Germain-le-Guillaume.
Mesnil (Le), f. c^{ne} de Saint-Hilaire-des-Landes.
Mesnil (Le), éc. c^{ne} de Saint-Mars-sur-la-Futaie.
Mesnil (Le), f. c^{ne} de Saint-Pierre-des-Landes.
Mesnil (Le), f. c^{ne} de Vautorte.
Mesnil (Le), vill. c^{ne} de Villepail.
Mesnil (Le Domaine de), f. c^{ne} d'Arquenay.
Mesnil (Le Grand-), f. c^{ne} de Moulay.
Mesnil (Le Grand-), f. c^{ne} de Saint-Pierre-la-Cour.
Mesnil (Le Grand), f., mⁱⁿ et étang, c^{ne} de Saint-Samson.
Mesnil (Le Grand et le Petit), f. c^{ne} d'Arquenay.
Mesnil (Le Haut et le Bas), f. c^{ne} de Chemazé. — Fief vassal du marq. de Château-Gontier.
Mesnil (Le Haut et le Bas), h. c^{ne} de Saint-Saturnin-du-Limet.
Mesnil (Le Petit-), h. c^{ne} de Moulay.
Mesnil (Le Petit-), f. c^{ne} de Pré-en-Pail.
Mesnil (Le Petit), f. c^{ne} de Saint-Samson.
Mesnil-Barré (Le), fief, c^{ne} d'Andouillé, vassal de la châtell. d'Ernée.
Mesnil-Richard (Le), h. c^{ne} de Montaudin.
Mesnil-Rougeul (Le), h. c^{ne} de Saint-Pierre-des-Landes.
Mesnil-Sainte-Anne (Le), h. c^{ne} de Marcillé-la-Ville.
Messagerie (La), h. c^{ne} de la Chapelle-au-Riboul.
Messé (Le Grand-), f. c^{ne} d'Aron.
Messé (Le Petit-), vill. c^{ne} d'Aron.
Messendières (Les), mⁱⁿ, étang et f. c^{ne} de Saint-Denis-de-Gastines. — *La Messandière* (carte de Jaillot). — *La Mincendière* (cadastre).
Messigné, vill. c^{ne} de Neuilly-le-Vendin.

Messuzière (La), f. c^{ne} de Montenay. — *La Missuzière* (Cassini).
Métairie (La), vill. c^{ne} d'Alexain.
Métairie (La), h. c^{ne} d'Ambrières.
Métairie (La), f. et h. c^{ne} d'Aron. — On dit aussi *la Métrie*.
Métairie (La), f. c^{ne} d'Assé-le-Béranger.
Métairie (La), f. c^{ne} de la Bazouge-de-Chemeré.
Métairie (La), f. c^{ne} de Blandouet.
Métairie (La), vill. c^{ne} de Chantrigné.
Métairie (La), f. c^{ne} de la Chapelle-Craonnaise.
Métairie (La), f. c^{ne} de la Chapelle-Rainsouin; donne son nom à un ruiss. affl. de la Jouanne, qui arrose aussi Argentré.
Métairie (La), f. c^{ne} de Châtres.
Métairie (La), f. c^{ne} de Courcité.
Métairie (La), f. c^{ne} de la Cropte.
Métairie (La), f. c^{ne} de Daon.
Métairie (La), f. c^{ne} de Denazé.
Métairie (La), h. c^{ne} de Gesvres.
Métairie (La), f. c^{ne} de Grazay.
Métairie (La), f. c^{ne} du Horps.
Métairie (La), f. c^{ne} d'Izé.
Métairie (La), h. c^{ne} de Landivy.
Métairie (La), f. c^{ne} de Larchamp.
Métairie (La), f. c^{ne} de Moulay.
Métairie (La), h. c^{ne} de Niort.
Métairie (La), vill. c^{ne} de la Poôté.
Métairie (La), f. c^{ne} de Pré-en-Pail.
Métairie (La), h. c^{ne} du Ribay; donne son nom à un ruiss. affl. de l'Aisne, qui arrose Champéon.
Métairie (La), f. c^{ne} de Ruillé-Froidfont.
Métairie (La), f. c^{ne} de Saint-Denis-d'Anjou.
Métairie (La), h. c^{ne} de Saint-Ellier.
Métairie (La), f. c^{ne} de Saint-Hilaire-des-Landes.
Métairie (La), f. c^{ne} de Saint-Mars-du-Désert.
Métairie (La), h. c^{ne} de Saint-Mars-sur-Colmont.
Métairie (La), f. c^{ne} de Soulgé-le Bruant; donne son nom à un ruiss. affl. de l'Ouette.
Métairie (La), h. c^{ne} de Thubœuf.
Métairie (La), h. c^{ne} de Vautorte.
Métairie (La Grande-), f. c^{ne} de Chammes.
Métairie (La Grande-), f. c^{ne} de Désertines.
Métairie (La Grande-), h. c^{ne} de Fougerolles.
Métairie (La Grande-), h. et mⁱⁿ, c^{ne} de Montourtier ; donne son nom à un étang sis en Jublains, dont le ruiss. est un affl. de celui du Pont-Besnard.
Métairie (La Grande-), f. c^{ne} d'Olivet.
Métairie (La Grande-), f. c^{ne} de Renazé.
Métairie (La Grande-), f. c^{ne} de Saint-Brice.
Métairie (La Grande-), f. c^{ne} de Sainte-Gemmes-le-Robert. — Fief vassal de la bar. d'Évron.

MÉTAIRIE (La Grande-), h. c^{ne} de Saint-Ouen-des-Toits.
MÉTAIRIE (La Haute et la Basse), vill. c^{ne} de la Baroche-Gondouin; ruisseau affluent de celui de la Renauderie.
MÉTAIRIE (La Petite-), h. c^{ne} de Belgeard; donne son nom à un ruiss. qui se jette dans l'étang de Beaucoudray.
MÉTAIRIE (La Petite-), éc. c^{ne} de Chammes.
MÉTAIRIE (La Petite-), f. c^{ne} de Saint-Christophe-du-Luat.
MÉTAIRIE (La Petite-), h. c^{ne} de Sainte-Gemmes-le-Robert.
MÉTAIRIE-AUX-BALLET (La), h. c^{ne} d'Oisseau.
MÉTAIRIE-AUX-RONNÉ (La), vill. c^{ne} d'Oisseau.
MÉTAIRIE-DE-LA-PORTE (La), f. c^{ne} de Hercé. — Ruiss. affl. de la Danvolière.
MÉTAIRIE-DES-PAUVRES (La), f. c^{ne} de Chammes.
MÉTAIRIE-DU-BOURG (La), f. c^{ne} de Saint-Berthevin.
MÉTAIRIE-DU-MOULIN (La), f. c^{ne} de Saint-Pierre-la-Cour.
MÉTAIRIE-MERIENNE (La), vill. c^{ne} de Fougerolles.
MÉTAIRIE-NEUVE (La), f. c^{ne} de Bierné.
MÉTAIRIE-NEUVE (La), f. c^{ne} de Champéon.
MÉTAIRIE-NEUVE (La), éc. c^{ne} de Chemeré-le-Roi.
MÉTAIRIE-PEAU-DE-LOUP (La), vill. c^{ne} de Hercé,
MÉTAIRIES (Les), vill. c^{ne} de Changé.
MÉTAIRIES (Les), h. c^{ne} du Genest.
MÉTAIRIES (Les), vill. c^{ne} de la Haie-Traversaine.
MÉTAIRIES (Les), f. c^{ne} de Nuillé-sur-Vicoin.
MÉTAIRIES-POULAIN (Les), vill. c^{ne} du Genest.
MÉTAIRIE-TROUILLARD (La), h. c^{ne} de Saint-Ellier.
MÉTINIÈRE (La), f. c^{ne} de Juvigné-des-Landes.
MÉTINIÈRES (Les), f. c^{ne} de Larchamp. — On dit aussi les Mitinières.
MÉTIVAGE (Le), f. c^{ne} d'Alexain.
MÉTIVERIE (La), f. c^{ne} de Martigné.
MÉTRIE (La), f. c^{ne} de la Brulatte.
MÉTRIE (La), f. c^{ne} de Saint-Ouen-des-Toits.
MÉTRIE (La), f. c^{ne} de Vaucé.
MÉTRIE (La Haute et la Basse), h. c^{ne} de Brains-sur-les-Marches.
MÉTRIES (Les), f. c^{ne} de Fontaine-Couverte.
MÉTUMIÈRE (La), f. c^{ne} de Cuillé.
METZ (Les), f. c^{ne} de Montjean.
MEUDIÈRES (Les), h. c^{ne} des Chapelles.
MEULAYÈRE (La), h. c^{ne} de la Chapelle-au-Riboul.
MEULE (Carrefour de la), h. c^{ne} de Juvigné-des-Landes.
MEULE (La), f. c^{ne} de Bierné.
MEULE (La), vill. c^{ne} de Juvigné-des-Landes.
MEULE (La), éc. c^{ne} de Saint-Hilaire-des-Landes.

MEULONS (Les), éc. c^{ne} de Montreuil.
MEURAND, f. c^{ne} de Champéon.
MEURGER (Le), h. c^{ne} de Laval.
MEUVRIE (La), f. c^{ne} de la Baconnière.
MEUVRIÈRE (La), f. c^{ne} de Montaudin.
MÉVITTE, landes et f. c^{ne} de Juvigné-des-Landes. — On dit aussi *Mivite*.
MÉVITTE, vill. c^{ne} de Pré-en-Pail.
MÉVITTE (Ruisseau de) ou de la Bouverie, c^{ne} de Courcité; c'est un affl. du Merdereau.
MÉVITTE (Ruisseau de), c^{ne} de Montreuil, affl. de la riv. de la Vienne.
MÉZANGÈRE (La), f. c^{ne} de Saint-Martin-du-Limet. — Le bois de ce nom est auj. défriché.
MÉZANGÈRE (La Petite-), éc. c^{ne} d'Oisseau.
MÉZANGERS, c^{on} d'Évron. — *Ecclesia Sancti Frontonis de Mezengiaco*, 1125 (cart. d'Évron).
    Anc. paroisse du doy. et de la bar. d'Évron et de l'élect. de Mayenne.
MEZAVAU, h. c^{ne} de Montaudin. — *Mézavau* (Cassini).
MEZERAIS (Les), f. c^{ne} de Brécé.
MEZERAIS (Les), vill. c^{ne} de Brétignolles.
MEZERAIS (Les), h. c^{ne} de Colombiers.
MEZERAIS (Les), f. c^{ne} de Fougerolles.
MEZERAIS (Les), h. c^{ne} de Gorron.
MEZERAIS (Les), f. c^{ne} de Juvigné-des-Landes. — *Bois de Meseray* (carte de Jaillot).
MEZERAY (Le), f. c^{ne} d'Alexain.
MEZERAY (Le), h. c^{ne} de Carelles.
MEZERAY (Le), f. c^{ne} de Chemeré-le-Roi.
MEZERAY (Le), h. c^{ne} de Cigné.
MEZERAY (Le), f. c^{ne} de Commer.
MEZERAY (Le), f. c^{ne} de Deux-Évailles. — Fief vassal de la seign. de la Beschère.
MEZERAY (Le), vill. c^{ne} du Horps.
MEZERAY (Le), f. c^{ne} de Montaudin.
MEZERAY (Le), f. c^{ne} de Saint-Pierre-des-Landes.
MEZERAY (Le), h. c^{ne} de Villaines-la-Juhel.
MEZERAY (Le Grand-), f. c^{ne} de Jublains.
MEZERAY (Le Petit-), h. c^{ne} de Jublains.
MEZERETTES (Les), h. c^{ne} de Courcité.
MEZEROLLES (Les), f. c^{ne} de Changé. — *Mezerulle* (Cassini).
MEZIÈRE (La) ou la Misière, f. c^{ne} de Grez-en-Bouère.
MEZIÈRES, h. c^{ne} de Champéon; donne son nom à un ruiss. affl. de celui de Pigray.
MEZIÈRES, h. c^{ne} de Champgeneteux. — *Macerias*, 989 (cart. d'Évron).
MEZIÈRES, f. c^{ne} de Désertines.
MEZIÈRES, f. c^{ne} de Fougerolles.
MEZIÈRES, f. c^{ne} de Juvigné-des-Landes.

Mézières, f. cne de Landivy. — *Terram de Meseriis*, xiie s e (cart. de Savigny, f o 120).
Mézières, vill. cne de Louverné.
Mézières, vill. cne d'Oisseau.
Mézières, vill. cne de Poulay.
Mézières, h. cne de Saint-Calais-du-Désert.
Mézières, h. cne de Saint-Julien-du-Terroux.
Mézières, h. cne de Saint-Loup-du-Gast.
Mézières, vill. cne de Saint-Pierre-des-Landes.
Mézières, fief vassal de la châtell. de la Ramée.
Mézières (Les), h. cne de Lévaré.
Mézières-aux-Moines (Les), f. cne d'Argentré.
Mézières-des-Landes (Les), f. cne d'Argentré.
Mezollerie (La), f. cne d'Ahuillé.
Mezoué ou Méroué, f. cne de Montflours.
Miairie (La), h. cne de la Boissière.
Miannière (La Grande et la Petite), f. cne de Bannes.
Miaule (Le), f. cne de Simplé.
Miaules (Les), f. cne de Ballots.
Miaules (Les), f. cne de Craon.
Miaules (Les), éc. cne de Denazé.
Miaules (Les), h. cne de Livré.
Micaudière (La), f. cne de Contest.
Michannière (La), h. cne de Saint-Denis-de-Gastines.
Michelinière (La), vill. cne de Montaudin. — On dit aussi *la Méchelinière*.
Michellerie (la), f. cne de Bouère.
Michellerie (La), f. cne de la Rouaudière.
Michelletière (La), f. cne de Brains-sur-les-Marches.
Michellière (La), f. cne de Saint-Mars-sur-Colmont.
Micheloterie (La), f. cne de Brécé.
Michelottière (La), f. cne de Louvigné. — Fief vassal de la seign. de Marboué.
Micherie (La), f. cne de Larchamp.
Michinottière (La), fief, cne de Marigné-Peuton; aussi nommé *Souvigné*, vassal du marquisat de Château-Gontier.
Michonnière (La), f. cne de Saint-Denis-de-Gastines.
Michotière (La), h. cne de Vautorte.
Mi-Côte, éc. cne de Brains-sur-les-Marches.
Mi-Côte, éc. cne de Saint-Ouen-des-Toits.
Mieltais (La), f. cne de la Dorée.
Mienne (La), butte, cne de Méral.
Miennerie (La), f. cne de Maisoncelles.
Miennière (La), h. cne de Martigné.
Miesle (Le), f. cne de Sainte-Gemmes-le-Robert.
Miettes (Ruisseau des), cne de Renazé, afll. du ruiss. de la Giraudais.
Mi-Fougères, h. cne d'Ernée.
Migeterie (La), f. cne de Bouchamp; auj. détruite.
Mignère (Ruisseau de la): arrose Saint-Quentin et se jette dans le ruiss. de la Besnerie.

Migonnière (La), f. cne d'Astillé.
Milardière (La), h. cne de Bouère.
Milardière (La), f. cne de Cigné.
Milardière (La), f. cne de Saint-Denis-de-Gastines.
Milcendais (La), h. cne de Javron. — *Brières de la Millesendais*, 1735 (cab. d'Achon).
Milcendais (Landes de la), cne de Saint-Ellier; auj. défrichées.
Milcendière (La), f. cne de Saint-Mars-sur-Colmont.
Milcendière (La), f. cne de Saint-Samson.
Milcendière (La) ou la Missendière, h. cne de Villaines-la-Juhel.
Milcendière (La), h. cne de Villaines-la-Juhel.
Milesse (La), h. cne du Pas.
Millère, vill. avec étang, cne de Livet-en-Charnie.
Millère, h. cne de Saint-Christophe-du-Luat. — Le ruiss. de la Millère ou des Places est un affl. de la Jouanne.
Millère, f. cne de Soucé. — Fief vassal de la bar. d'Ambrières.
Millère (La), f. cne de Courcité.
Millère (Le Petit-), f. cne de Saint-Christophe-du-Luat.
Millerie, f. cne de Brécé.
Milletière (La), f. cne d'Évron; détruite vers 1850.
Milletière (La), f. cne de Pré-en-Pail.
Millière (La), f. cne de la Poôté.
Milvain (Le Bas-), vill. cne de la Dorée. — *Brolium Cherelli et Meislevam*, 1158 (cart. de Savigny, f o 102).
Milvain (Le Haut-), f. cne de la Dorée.
Minais (Les), f. cne de Saint-Michel-de-la-Roë.
Minaudière (La), f. cne de Hercé.
Minaudière (La), f. cne de la Poôté.
Minaut, min à vent, cne de Saint-Aignan-sur-Roë.
Mine (La), usine et vill. cne de la Bazouge-de-Chemeré.
Mine (La), vill. cne de l'Huisserie.
Mine (La), vill. cne de Saint-Pierre-la-Cour.
Minée (La), vill. cne de la Chapelle-Craonnaise.
Minée (La), h. cne de Cossé-le-Vivien.
Minée (La), f. cne de Montjean.
Minée (La), éc. cne de Simplé.
Minerai (Le), f. cne de Bouessay.
Minerai (Le), vill. cne du Bourgneuf-la-Forêt; donne son nom à un ruiss. affl. du Vicoin.
Minerai (Le), f. cne de Cossé-en-Champagne.
Minerai (Le), h. cne de Launay-Villiers.
Minerai (Le), f. cne de Saint-Charles-la-Forêt.
Minerais (Landes des) et des Tuileries, cne de Marcillé-la-Ville; auj. défrichées.
Minerie (La), f. cne d'Alexain.

Mines-de-Farais (Les), usine et h. c^{ne} de la Baconnière.

Mingé (Le Haut et le Bas), f. c^{ne} de Courbeveille. — Ruiss. affl. de celui de Galpi.

Arrière-fief du comté de Laval, vassal de la châtell. de Courbeveille.

Mingné, f. c^{ne} de Bazouges.

Minière (La), f. c^{ne} de Villaines-la-Juhel.

Minières (Les), f. c^{ne} de Larchamp.

Minières (Les), f. c^{ne} de Saint-Pierre-des-Landes.

Minocherie (La), éc. c^{ne} de Gastines.

Minotaie (La), f. c^{ne} de Senonnes.

Minoterie (La), éc. c^{ne} de Montflours. — Le mⁱⁿ est auj. détruit.

Minotière (La), f. c^{ne} de Bais.

Minotière (La), f. c^{ne} de la Bazouge-de-Chemeré.

Minotière (La), vill. c^{ne} de Blandouet.

Minotières (Les Basses-), f. c^{ne} de Saint-Cyr-le-Gravelais; donnent leur nom à un ruiss. affl. de celui de la Masure.

Minterie (La), fief, c^{ne} de Laval, vassal du comté de Laval. — *Le seigneur de la Minteraie*, 1404 (arch. de la Mayenne, série E).

Mintière (La), f. c^{ne} d'Aron.

Minzé, chât., f. et étang, c^{ne} de Châtelain. — On dit aussi *Mizé*.

Fief vassal des châtell. de Romfort et de Châtelain.

Mionnière (La), f. c^{ne} de Hambers.

Mionnière (La), f. c^{ne} de Martigné.

Miotterie (La), f. c^{ne} de Marigné-Peuton; détruite vers 1835.

Miottière (La Grande et la Petite), h. c^{ne} de Loupfougères.

Miraudière (La), f. c^{ne} de Désertines.

Miraudière (La), f. c^{ne} de la Rouaudière.

Miravel, f. c^{ne} de Brains-sur-les-Marches.

Minçon, chât. c^{ne} de Couptrain.

Minçon, f. c^{ne} de Neuilly-le-Vendin.

Miré (Le Haut-) ou les Buissons, éc. c^{ne} de Saint-Charles-la-Forêt.

Miré (Le Haut et le Bas), vill. c^{ne} de la Bigottière.

Miré (Le Haut et le Bas), c^{ne} de Meslay. — Ruiss. affl. de celui des Grands-Prés, qui arrose aussi le Bignon.

Mirebeau, bois, c^{ne} de Bais.

Mirebeau, éc. c^{ne} de Vimarcé.

Mirodaine, h. c^{ne} de la Chapelle-Anthenaise. — *Miraudaine* (Cassini).

Miroderie (La), f. c^{ne} de Ballots.

Mirouaut, château et mⁱⁿ, c^{ne} d'Azé. — On dit aussi *Mirvaut*.

Fief vassal du marq. de Château-Gontier.

Mirouaut, h., mⁱⁿ et chaussée, c^{ne} de Bazouges. — *Minam de Annonagio ad Miroaudum*, 1217 (abb. de la Roë, H. 183). — *Mirvault*, 1866 (rôles de dénombr.).

Misedon (Bois de), c^{ne} d'Olivet. — *Le Breil de Mersedon*, 1265 (arch. de la Mayenne, série E). — *Bois et landes de Missedon*, 1631 (ibid. H 199, f° 52). — *Forêt du Misdon*, 1651 (abb. de la Roë).

Mision, h., étang et mⁱⁿ, c^{ne} de Saint-Ellier. — Le ruiss. de ce mⁱⁿ est un affl. de la Futaie.

Missendière (La), f. c^{ne} d'Aron.

Mitière (La), h. c^{ne} de Saint-Berthevin-la-Tannière.

Mitonnière (La), vill. c^{ne} de Pré-en-Pail. — Ruiss. affl. de celui de Fuscau.

Mitraie (La), f. c^{ne} d'Azé.

Mitraie (La Croix de la), f. c^{ne} d'Arquenay.

Mitraie (La Haute et la Basse), f. c^{ne} d'Arquenay. — La lande de ce lieu a été défrichée vers 1846.

Mitrie (La), f. c^{ne} de Champgeneteux.

Mitrie (La), f. c^{ne} de Jublains.

Mitrie (La), f. c^{ne} de Saint-Germain-le-Guillaume.

Mitrie (La), h. c^{ne} de Villaines-la-Juhel. — L'étang et le mⁱⁿ de ce lieu n'existent plus.

Fief du marq. de Villaines.

Mitrie (La), f. c^{ne} de Louverné.

Mizé (Le Haut-) ou le Haut-Minzé, f. c^{ne} de Bierné.

Mizière (La), f. c^{ne} de Villiers-Charlemagne.

Mocardière (La), f. c^{ne} de Méral. — *Courtillerie de la Mocquardière*, 1397 (arch. de la Mayenne, E 146).

Mocandière (La), h. c^{ne} de Saint-Ouen-des-Toits.

Mocherie (La), vill. c^{ne} de Niort.

Mocherie (La), h. c^{ne} de Lesbois.

Mochinière (La), f. c^{ne} de Châtillon-sur-Colmont.

Mochinière (La), f. c^{ne} de Colombiers; landes auj. défrichées.

Mochonnière (La), vill. c^{ne} de Brécé.

Moëlot (Le), h. c^{ne} de Saint-Samson.

Mogette (La), f. c^{ne} de Saint-Germain-le-Fouilloux.

Moguinière (La), f. c^{ne} de Chérancé.

Monardière (La), f. c^{ne} de Ruillé-le-Gravelais.

Moinerie (La), f. c^{ne} de Bouchamp.

Moinerie (La), fief, c^{ne} d'Épineu-le-Séguin, relevant du marq. de Sablé, qui s'étendait sur Chemeré, Ballée et la Cropte.

Moinerie (La), f. c^{ne} de Livré.

Moinerie (La), f. c^{ne} de Saint-Berthevin.

Moinerie (La), f. c^{ne} de Saint-Fort. — Fief vassal du marq. de Château-Gontier.

Moinerie (La), chât. et f. c^{ne} de Saint-Germain-d'Anxurre.

Moinerie (La), f. c^{ne} de Saint-Martin-du-Limet.

Moinerie (La), f. c^{ne} de Saulges.

Moineries (Les), f. c^{ne} d'Astillé.
Moines (Moulin aux), m^{in}, c^{ne} de Saint-Berthevin.
Moines (Moulin aux), m^{in}, c^{ne} de Saint-Georges-le-Fléchard; détruit vers 1866.
Moines (Moulin aux), m^{in} et f. c^{ne} de Saint-Jean-sur-Erve. — Le fief de ce nom, aliàs Sainte-Marie, relevait directement de l'abb. d'Évron et en arrière-fief de la châtell. de Vaiges.
Moineterie (La), vill. c^{ne} de Bannes.
Moineterie (La), f. c^{ne} de Saint-Pierre-sur-Erve.
Moinay, chât. et f. c^{ne} de Coudray. — Fief vassal du marq. de Château-Gontier.
Moiré (Le Petit-), f. c^{ne} de Daon.
Moisandière (La), f. c^{ne} de Cossé-le-Vivien.
Moisière (La), f. c^{ne} de la Baconnière. — *La Moezière* (Cassini).
L'étang de ce lieu est auj. desséché. — Fief vassal de la châtell. de Laval.
Moisière (La), h. c^{ne} de Bais.
Moisière (La), f. c^{ne} de Bierné.
Moisière (La), c^{ne} de la Chapelle-Anthenaise. — Fief vassal de la châtell. de Poligné.
Moisière (La), f. c^{ne} de Saint-Aubin-du-Désert.
Moisière (La), f. c^{ne} de Saint-Calais-du-Désert.
Moisières (Les), f. c^{ne} de l'Huisserie.
Moisinière (La), f. c^{ne} de Saint-Denis-du-Maine.
Moissant, fief, c^{ne} de Quelaines, vassal du marq. de Château-Gontier.
Moitaut, f. c^{ne} de Saint-Quentin.
Moitrie (La), h. c^{ne} d'Izé. — *La Mouetterie*, 1583 (cart. d'Évron). — *La Moëtrie* (Cassini).
Molaise (La), vill. c^{ne} de Saulges.
Molancerie (La), f. c^{ne} de Saint-Denis-d'Anjou.
Molands (Les), f. c^{ne} de Saint-Baudelle.
Molands (Les), h. c^{ne} de Saint-Fraimbault-de-Prières.
Molands (Les), h. c^{ne} de Saint-Germain-de-Coulamer.
Molencé, f. c^{ne} de Saint-Brice; donne son nom à un ruiss. affl. de la Taude.
Molezerie (La), f. c^{ne} d'Entrammes.
Moligné, f. c^{ne} de Gastines.
Molizé (Le Grand et le Petit), h. c^{ne} de Saint-Laurent-des-Mortiers.
Mollière, bourg, c^{ne} de Chemazé. — *B. de Moleriis*, xie s^e (cart. du Ronceray). — *Capella Sancti Petri de Moleriis*, 1210 (abb. de la Roë).
Le prieuré de Saint-Pierre de Mollière dépendait de l'abbaye de la Roë. — Fief vassal du marq. de Château-Gontier.
Mollière (La), f. c^{ne} de la Dorée.
Mollière (La), f. c^{ne} de la Haie-Traversaine.
Mollière (La), h. c^{ne} du Ham; donne son nom à un ruiss. affl. de la Fraubée.

Mollière (La), h. c^{ne} de Hambers.
Mollière (La), h. c^{ne} du Horps.
Mollière (La), f. c^{ne} de Neau.
Mollière (La), vill. c^{ne} de Pré-en-Pail.
Mollière (La), f. c^{ne} de Saint-Berthevin-la-Tannière.
Mollière (La), f. c^{ne} de Saint-Jean-sur-Erve.
Mollière (La), f. et h. — Voy. Morlière (La).
Mollières (Les), f. et éc. c^{ne} de Gennes.
Mollières (Les), f. c^{ne} de la Roë.
Mollières (Les), h. c^{ne} de Saulges.
Mollières (Les Grandes-), f. c^{ne} de la Roë.
Mollières (Les Hautes et les Basses), f. c^{ne} de la Roë. — *Les Basses-Mollières* aliàs *la Pitegeaudière*, 1673 (abb. de la Roë, H 181).
Mollières-Saint-Jacques (Les), f. c^{ne} des Chapelles.
Molon (Étang du), c^{ne} de Saint-Mars-du-Désert; desséché vers 1825.
Le bois a été défriché vers 1840.
Molonerie (La), f. c^{ne} de Saint-Germain-de-Coulamer.
Molorière (La), f. c^{ne} de Mézangers. — *Montlorière* 1866 (rôles de dénombr.).
Moncenaut, f. c^{ne} de Nuillé-sur-Vicoin.
Monchal, f. c^{ne} de Saint-Berthevin-la-Tannière. — *Decimam de Monchage*, 1241 (abb. de Savigny, Arch. nat. L 970).
Moncière (La), h. c^{ne} de Saint-Ouen-des-Toits.
Moncimer, m^{in}, c^{ne} de Bannes; détruit au xixe siècle.
— Il dépendait de la chartreuse du Parc.
Monconseil, étang, c^{ne} d'Ampoigné; desséché vers 1830. — Le m^{in} de ce nom a été détruit vers 1818.
Le ruiss. de Monconseil est un affl. de l'Hière.
Monconseil, m^{in}, c^{ne} de Mée. — *Terram de Malo consilio*, xiie siècle (abb. de la Roë, H 151, f° 14).
— Il faudrait dire *Mauconseil*.
Monconseil, f. c^{ne} de Saint-Mars-sur-la-Futaie. — *Mauconseil*, 1866 (rôles de dénombr.).
Moncons, vill. et forge, avec étang, c^{ne} de Chammes. — *Montem cour*, 989 (cart. d'Évron). — *Terre de Moncorp*, 1409 (cab. La Baulure).
Fief vassal de la châtell. de Thorigné.
Moncusson, h. c^{ne} de Saint-Fort.
Mondésir, f. c^{ne} de Bazouges.
Mondésir, f. c^{ne} du Bourgneuf-la-Forêt.
Mondésir, f. c^{ne} de Changé.
Mondésir, f. c^{ne} de Château-Gontier; distraite de la c^{ne} d'Azé en 1862.
Mondésir, éc. c^{ne} de Chemazé.
Mondésir, f. c^{ne} de Couesmes.
Mondésir, f. c^{ne} de Laval. — Avant 1836, cette ferme se nommait *la Celle*. Elle renferme des restes de murs d'une certaine antiquité.

MONDÉSIR, f. c^ne de Loiron.
MONDÉSIR, éc. c^ne de Saint-Loup-du-Dorat.
MONDÉSIR, f. c^ne de Saint-Ouen-des-Toits.
MONDÉSIR, f. et éc. c^ne de Voutré.
MONDÉSIR-DES-LANDES, f. c^ne de Changé.
MONDIÈRE, f. c^ne de Nuillé-sur-Vicoin. — *Mundaria*, VIIIe s^e (Gesta dom. Aldrici). — *Maundaria*, 802 (dipl. de Charlemagne, dom Bouquet, t. V).
MONDON, f. c^ne de Changé. — Fief vassal de la châtell. d'Olivet.
MONDOT, vill. c^ne de Villiers-Charlemagne. — Fief vassal du comté de Laval.
MONGON, f. c^ne de Chantrigné.
MONGRÉ, éc. c^ne de Bazouges.
MONGRÉ, éc. c^ne de Pommerieux.
MONGRÉ, éc. c^ne de Saint-Aignan-sur-Roë.
MONHAGE, h. c^ne de Vautorte.
MON-IDÉE, f. c^ne de Bazouges.
MON-IDÉE, f. c^ne de Fougerolles.
MON-IDÉE, éc. c^ne de Grez-en-Bouère.
MON-IDÉE, éc. c^ne de Saint-Fort.
MONITAIS (LA), f. c^ne de Montenay. — Ruiss. affl. de celui de la Chérouinais.
MONITAIS (LA), f. c^ne de Peuton.
MONNAIRIE (LA), logis et f. c^ne d'Azé.
MONNAIRIE (LA), f. c^ne de Thorigné.
MONNERAIE (LA), f. c^ne de la Baconnière.
MONNERAIE (LA), m^in, c^ne de la Croixille.
MONNERAIE (LA), f. c^ne de Désertines.
MONNERAIE (LA), h. c^ne du Pas.
MONNERAIE (LA GRANDE-), vill. c^ne de Brécé.
MONNERAIE (LA PETITE-), h. c^ne de Brécé.
MONNERAIE-D'ISLE (LA), éc. c^ne de Brécé.
MONNERAIE-SUR-LES-LANDES (LA), f. c^ne de Pommerieux.
MONNERAIE-SUR-LES-RIVIÈRES (LA), f. c^ne de Pommerieux.
MONNERIE (LA), f. c^ne d'Alexain.
MONNERIE (LA), h. c^ne d'Andouillé.
MONNERIE (LA), f. c^ne d'Argenton.
MONNERIE (LA), f. c^ne d'Aron.
MONNERIE (LA), f. c^ne d'Astillé.
MONNERIE (LA), f. et h. c^nes de Ballots. — *Le lieu de la Mousnerie*, 1408 (abb. de la Roë, H 19, f° 280).
MONNERIE (LA), f. c^ne de Beaumont-Pied-de-Bœuf.
MONNERIE (LA), f. c^ne de Bierné. — Fief vassal de la bar. d'Ingrandes.
MONNERIE (LA), f. c^ne de Bonchamp; auj. détruite.
MONNERIE (LA) ou LA MONNIÈRE, h. c^ne de Brétignolles.
MONNERIE (LA), f. c^ne de Champgeneteux.
MONNERIE (LA), h. c^ne de Châtillon-sur-Colmont.
MONNERIE (LA), f. c^ne de Contest.
MONNERIE (LA), h. c^ne de Cossé-en-Champagne.

MONNERIE (LA), f. c^ne de Cossé-le-Vivien.
MONNERIE (LA), vill. c^ne de Courcité.
MONNERIE (LA), f. c^ne de la Dorée.
MONNERIE (LA), h. c^ne de Hambers.
MONNERIE (LA) ou LA MONNIÈRE, vill. c^ne du Horps.
MONNERIE (LA), vill. c^ne d'Izé. — *La Moulnerye*, 1630 (cart. d'Évron).
Fief vassal de la bar. d'Évron.
MONNERIE (LA), f. c^ne de Juvigné-des-Landes.
MONNERIE (LA), h. c^ne de Larchamp.
MONNERIE (LA), vill. c^ne de Lassay.
MONNERIE (LA), f. c^ne de Laubrières.
MONNERIE (LA), f. c^ne de Laval.
MONNERIE (LA), f. c^ne de Lévaré.
MONNERIE (LA), f. c^ne de Loigné.
MONNERIE (LA), f. aussi nommée *le Coin-Noir*, c^ne de Loiron; auj. détruite.
MONNERIE (LA), f. c^ne de Martigné.
MONNERIE (LA), f. c^ne de Montaudin.
MONNERIE (LA), f. c^ne de Moulay.
MONNERIE (LA), f. c^ne de Nuillé-sur-Vicoin.
MONNERIE (LA), m^in et f. c^ne de Niort.
MONNERIE (LA), f. c^ne d'Olivet. — Fief de la châtell. de Saint-Ouen, vassal du Plessis-Milcent.
MONNERIE (LA), f. c^ne de Placé.
MONNERIE (LA), f. c^ne de la Poôté.
MONNERIE (LA), h. c^ne de Ruillé-le-Gravelais.
MONNERIE (LA), h. c^ne de Saint-Aignan-de-Couptrain.
MONNERIE (LA), h. c^ne de Saint-Cénéré.
MONNERIE (LA), f. c^ne de Saint-Denis-d'Anjou.
MONNERIE (LA), h. c^ne de Saint-Denis-de-Gastines.
MONNERIE (LA), f. c^ne de Saint-Isle.
MONNERIE (LA), vill. c^ne de Saint-Jean-sur-Mayenne.
MONNERIE (LA), h. c^ne de Saint-Loup-du-Gast.
MONNERIE (LA), f. c^ne de Saint-Mars-sur-Colmont.
MONNERIE (LA), f. c^ne de Saint-Thomas-de-Courceriers.
MONNERIE (LA), f. c^ne de Vautorte.
MONNERIE (LA), h. c^ne de Villepail.
MONNERIE-BOURLIER (LA), f. c^ne de Hercé.
MONNERIE-DE-COULONGE (LA), f. c^ne d'Aron.
MONNERIE-GUÉRAULT (LA), h. c^ne de Champgeneteux.
MONNERIE-MARTIN (LA), lande, c^ne de la Roë; auj. défrichée.
MONNERIE-PORTAIS (LA), vill. c^ne de Hercé.
MONNERIES (LES), h. c^ne d'Andouillé.
MONNERIES (LES), h. c^ne du Ribay.
MONNERIE-SUR-ORNETTE (LA), f. c^ne de la Poôté.
MONNERIE-SUR-SARTHON (LA), h. c^ne de la Poôté.
MONNIÈRE-CHAMP-BLANC (LA), f. c^ne de la Baconnière.
MONNOIE (FORÊT DE), c^ne de Lignières-la-Doucelle. — *Forest de Monoye* (carte de Jaillot).
Les bruyères de ce nom sont auj. défrichées.

Monodières (Les), h. c^ne de Saint-Michel-de-la-Roë.
Monorière (La), f. c^ne de Montigné.
Monplaisir, f. c^ne de Cossé-en-Champagne.
Monplaisir, éc. c^ne de Cuillé.
Mons, vill. c^ne d'Ambrières.
Monsacière (La), f. c^ne de la Bazouge-des-Alleux. — On trouve aussi *la Monsazière*.
Monsollier, h. c^ne de Couesmes.
Mont (Le), h. c^ne de Courcité.
Mont (Le Bas-), logis, c^ne de Moulay. — Le fief du Bas-Mont était vassal du duché de Mayenne.
Mont (Le Haut-), f. c^ne de Moulay.
Montabay, h. c^ne de Sainte-Gemmes-le-Robert.
Montadon, tertre, c^ne de Landivy.
Mont-Affiland, f. c^ne de Peuton.
Mont-Affiland, f. c^ne de Vimarcé.
Montagne (La), f. c^ne de Courbeveille. — Fief vassal de la châtell. de Courbeveille.
Montagne (La), h. c^ne de Landivy.
Montagne (La), f. c^ne de Saint-Hilaire-des-Landes.
Montaiglan, h. c^ne de Courcité. — *Montaglon*, 989 (cart. d'Évron).
Montaiglon, m^in et f. c^ne de Trans.
Montaigne, h. c^ne de Simplé.
Montaigu, h. c^ne d'Ambrières.
Montaigu, chât. et f. c^ne d'Argentré. — Fief vassal du comté de Laval.
Montaigu, h. c^ne de Bais.
Montaigu, h. c^ne de Ballots.
Montaigu, f. c^ne de Cigné.
Montaigu, vill., bois et chapelle, c^ne de Hambers. — Buttes considérables qui dominent une plaine immense.
Montaigu, f. ac^ne de Mayenne. — *Vineas apud Montagu*, 1241 (abb. de Savigny, Arch. nat. L 970). — *Medietaria de Monte Acuto sita in parrochia Beate Marie de Meduana*, 1243 (ibid.).
Montaigu (Bois de) ou de Clairdonnet, c^ne de Viviers.
Montaigu (Le Haut et le Bas), f. et éc. c^ne de Bazouges. — Fief vassal du marquisat de Château-Gontier.
Montaigu (Le Haut et le Bas), h. c^ne de la Poôté.
Montaigu (Le Milieu-), vill. c^ne de la Poôté.
Montaize (Landes de), c^nes du Genest et de Saint-Berthevin; auj. défrichées.
Montallais, fief, c^ne de Chérancé, vassal de la bar. de Craon.
Montalon, h. c^ne de Saint-Mars-sur-Colmont.
Montangevin, butte, c^ne de Vautorte.
Montardent, h. c^ne de Saint-Mars-sur-Colmont. — *Monhardas*, 1697 (arch. de la Mayenne, E 188). — *Monhardan*, 1777 (ibid.).

Mont-à-Rebours, fief, c^ne de Saint-Georges-sur-Erve, vassal de la châtell. de Foulletorte.
Montassis, f. c^ne de Bonchamp. — *Lieu de Montarsis*, 1443 (Arch. nat. P 343).
Fief du comté de Laval.
Montaton, vill. c^ne d'Ambrières. — Les landes de ce lieu ont été défrichées vers 1850.
Montauban, h. c^ne de Ballots. — *Habitatores montis Albani*, 1241 (abb. de la Roë, H 191, f° 12).
Mont-Aubert, f. c^ne de Larchamp. — *Mautouber* (Cassini).
Le ruiss. de Mont-Aubert est un affl. de celui de Rollond.
Montaubert, f. c^ne de Saint-Jean-sur-Erve.
Montauciel, f. c^ne d'Entrammes.
Montaudin, c^on de Landivy. — *Apud Montem Audain*, 1222 (abb. de Savigny, Arch. nat. L 969). — *Apud Montem Audein*, 1225 (ibid.). — *La dame de Moutauldain*, 1525 (cart. de Fontaine-Daniel).
Prieuré de l'abb. de Marmoûtiers à la présentation du prieur de Géhard. — Anc. par. du doyenné d'Ernée, de l'élect. et du duché de Mayenne.
L'étang a été desséché vers 1828. — Le ruiss. de Montaudin se jette dans celui de la Fontaine-du-Bourg.
Montaudin, f. c^ne de la Chapelle-Anthenaise. — *Montaudan*, 1552 (arch. de la Mayenne, série E).
Fief vassal de la seign. du Manoir-Ouvrouin, au comté de Laval.
Montaudin, vill. c^ne de Châtillon-sur-Colmont. — Fief vassal de la seign. de Loré.
Montaudin-des-Landes, f. c^ne de Châtillon-sur-Colmont.
Montaufray, vill. c^ne de Chantrigné.
Montauger, h. c^ne de Parigné.
Montaumer, f. c^ne de Fromentières. — *Domaine de Monttaumar*, 1550 (arch. de la Mayenne, E 26).
Fief vassal de la châtell. de Fromentières.
Montauron (Le Grand-), f. c^ne de Saint-Jean-sur-Erve. — Le ruiss. de Montauron est un affluent de l'Erve.
Montauron (Le Petit-), f. c^ne de Saint-Jean-sur-Erve.
Montaussang, f. c^ne du Bignon.
Montautiers (Les), f. c^ne de Cuillé. — *Le seigneur de Mongeaugier*, 1511 (arch. de la Mayenne, E 132).
Montavalon (Le Grand et le Petit), f. c^ne d'Arquenay. — Fief vassal de la châtell. d'Arquenay.
Montayet, f. c^ne de Saint-Germain-le-Fouilloux.
Montbahira, f. c^ne de Colombiers.
Montbert, m^in, c^ne de Montigné; auj. détruit. — *Molin de Montebert*, 1443 (Arch. nat. P 343).
Montbert, f. c^ne de Nuillé-sur-Vicoin.

Mont-Besnard, m^m, c^ne d'Argentré. — Fief vassal de la châtell. de Laval.

Mont-Bourcher, fief, c^ne de Livré, vassal de la seign. de la Corbière en la bar. de Craon.

Montbrault, f. c^ne d'Arquenay.

Montbroux, f. c^ne de Cossé-le-Vivien. — Fief vassal des châtell. de Montjean et de la Guéhardière.

Mont-Buteau, f. c^ne de Pré-en-Pail.

Montceau (Le Grand-), f. c^ne d'Argentré.

Montceaux (Domaine des), f. c^ne de Loigné. — Arrière-fief du marq. de Château-Gontier relevant de la seign. de Loigné.

Montceaux (Landes des), c^ne d'Ernée; défrichées de 1820 à 1855.

Montceaux (Les), h. c^ne de Commer. — Ruiss. aff. de celui de la Planche-à-l'Asnière.
Fief vassal du duché de Mayenne.

Montceaux (Les), chât. et f. c^ne de Loigné. — Les étangs de ce lieu sont auj. desséchés.

Montceaux (Les), f. c^ne de Montourtier.

Montceaux (Les), vill. c^ne de Niort.

Montceaux (Les), f. c^ne de Quelaines. — Ruiss. aff. de celui de Brault.
Fief vassal du Plessis de Quelaines.

Montceaux (Les), f. c^ne de Saint-Ouen-des-Vallons. — *Moncels*, 989 (cart. d'Évron).

Montcharray, f. c^ne de Fougerolles. — *In ductum de Monte Charrei*, xiie s^e (cart. de Savigny. f° 121). — *Terram quamdam in Monte Charron*, 1225 (abb. de Savigny, Arch. nat. L 969). — *Maucharet* (Cassini).
Le ruiss. de Montcharray est un affl. du ruiss. du Moulin-des-Prés.

Montchauvau, fief, c^ne de Jublains, vassal de la seign. de Landepoutre, au duché de Mayenne.

Montchauveau, fief, c^ne de Neau, vassal de la seign. de Bréc.

Montchenou, fief, c^ne de Cossé-en-Champagne, vassal de la Cour-de-Cossé. — Altération de *Montchenu*.

Montchevrier, f. c^ne de Nuillé-sur-Vicoin. — Le fief de Montchevrier, vassal de la bar. d'Entramnes, fut réuni au fief de Lancheneil par Guy XVII, comte de Laval, pour former une châtellenie; mais le roi refusa de confirmer l'érection, et il demeura haute justice. Les fiefs relevant de sa mouvance étaient : la Cour-Belot, Courcelles, la Morellière, Montmoult, la Perrine-Monteeler, Poncé, la Ragotlière, Renebourg, la Saudraie, Vauchoisier et la Volue.

Montchien (Le Bas-), f. c^ne d'Alexain.

Montchien (Le Bas-), f. c^ne de Commer.

Montchien (Le Haut-), f. c^ne d'Alexain.

Montclair, f. c^ne de Saint-Berthevin-la-Tannière.

Montclair (Le Bas-), fief, c^ne de Fougerolles. — *N. de Monteclaro*, xiie siècle (cart. de Savigny).

Montclair (Le Haut-), h. c^ne de Fougerolles. — *Terram Montisclari*, 1225 (abb. de Savigny, Arch. nat. L 969). — *Monclers* (Cassini).

Montcorneau, chât. c^ne de Conesmes. — *Monsorbeau* (Cassini).

Montchintin, f. c^ne de Livet-en-Charnie. — Fief vassal de la seign. de Launay-Péan.
Les landes de ce lieu sont auj. défrichées.

Montcroix, f. c^ne de la Brulatte.

Montdamer, f. c^ne de Bazougers.

Montdamer (Moulin de), éc. c^ne de Bazougers. — Fief vassal de la châtell. de Bazougers.
Le moulin de Montdamer est auj. détruit.

Mont-de-la-Croix (Le), vill. c^ne du Housseau.

Montdemault, h. c^ne du Genest. — *Terra de Montdomalt*, 1200 (Bibl. nat. f. lat. 5441).

Montdemer-Manceau, h. c^ne de Madré. — *Montmort* (Cassini).

Montdemer-Normand (Le Haut et le Bas), vill. c^ne de Madré.

Mont-des-Chevaliers (Fief du), c^ne de Saint-Denis-d'Anjou, vassal de la seign. de Baillif.

Mont-Désert, vill. c^ne de Sainte-Gemmes-le-Robert.

Montdomer, f. c^ne de Désertines. — *Montdomain* (Cassini).

Montebrun, f. c^ne de Saint-Fraimbault-de-Prières.

Monteclair, chât. et f. c^ne de Châtres. — *Monteclair*, 1657 (cart. d'Évron).
Ce lieu portait le nom de l'Aunay-Péan avant le xviie siècle.

Monteclair, h. d^ne de Sainte-Gemmes-le-Robert.

Monteclair (Domaine de), f. et bois, c^ne de Saint-Christophe-du-Luat.

Montécoubles (Les), f. c^ne de Saint-Baudelle. — *Super tallius de Monte-Escouble*, 1218 (abb. de Fontaine-Daniel).

Montée (La), éc. c^ne de Saint-Denis-du-Maine.

Montembault, f. c^ne de Hercé. — *Montaubeau* (Cassini).

Montenay, c^on d'Ernée. — *Parrochia de Monteneio*, 1225 (inv. des arch. de la Sarthe). — *Ecclesia de Montenaio*, 1280 (liv. bl. du chap. du Mans).
Prieuré annexe de celui de l'Abbayette, dépendant du Mont-Saint-Michel. — Anc. par. du doy. d'Ernée, de l'élect. et du duché de Mayenne.

Montenbourg, f. c^ne de Saint-Pierre-des-Landes.

Montenbonil, fief, c^ne de Saint-Georges-sur-Erve, vassal de la châtell. de Foulletorte.

Montergain, f. c^ne de Lévaré. — *Montergnin* (Cassini). — *Monterien*, 1866 (rôles de dénombr.).

MONTERIEUX, f. c^{ne} de Parigné.

MONTERMANGER, f. c^{ne} de Chailland.

MONTERNAULT, f. c^{ne} d'Athée. — Le fief de Monternault-le-Guillaume relevait de la bar. de Craon.

MONTERNAULT (LE GRAND et LE PETIT), f. c^{ne} de Livré. — *Fief de Montenault-Lamaury* et *Monhernault Lamaury*, 1578 (abb. de la Roë).

Le fief de Monternault-l'Amaury relevait de la bar. de Craon.

MONTERON, f. c^{ne} de Cossé-le-Vivien.

MONTESSON, chât., f. et mⁱⁿ, c^{ne} de Bais. — Fief du duché de Mayenne.

MONTEUZAN, vill. c^{ne} d'Averton.

MONTFAUCON, f. c^{ne} de Saint-Pierre-sur-Orthe. — Le bois de ce lieu est auj. défriché et l'étang a été desséché au XVIIe siècle.

Arrière-fief de la bar.^t de Sainte-Suzanne, vassal de la châtell. de Courceriers.

MONTFEU (LE GRAND et LE PETIT), f. c^{ne} de Voutré.

MONTFLAUX, chât. c^{ne} de Saint-Denis-de-Gastines. — Seign. de la châtell. d'Ernée érigée en comté en 1670 avec les terres de Champorin, Carelles, Yvoy et l'Otagerie pour membres.

Les deux étangs de ce lieu ont été desséchés de 1815 à 1830. — Le ruiss. de Montflaux est un affl. de celui de Tête-Louvine.

MONTFLAUX-GOBBÉ, h. c^{ne} de Fougerolles.

MONTFLAUX-VOISIN, f. c^{ne} de Désertines.

MONTFLAUX-VOISIN, f. c^{ne} de Fougerolles.

MONTFLOURS, c^{on} d'Argentré. — *Matheus de Monfolor*, 1206 (arch. des hosp. de Château-Gontier). — *In parrochia capelle de Montefolor*, 1242 (abb. de Fontaine-Daniel). — *Montfleur* et *Montfouleur*, 1589 (reg. paroissiaux).

Anc. par. du doy. de Sablé, de l'élect. et du comté de Laval.

MONTFLOURS, f. c^{ne} de la Bazouge-des-Alleux.

MONTFLOURS, f. c^{ne} de Saint-Ouen-des-Vallons; donne son nom à un ruisseau affluent de celui de la Lanfrière.

MONTFLOURS (LE PETIT-), vill. c^{ne} de Montflours.

MONTFOLON, f. c^{ne} de Saint-Quentin.

MONTFOUCAUT, h. c^{ne} de Melleray. — Fief du marq. de Lassay.

MONTFOUCHER (LE), h. c^{ne} de Laubrières. — *Molendinum de Monfulché*, XIIe s. (abb. de la Roë, H 151, f° 82).

Le mⁱⁿ et l'étang de ce lieu n'existent plus. — Arrière-fief de la bar. de Craon relevant de la seign. d'Asseil.

MONTFOUCHET (BRUYÈRES DE), sises dans la châtell. de Villeray.

MONTFOURMÉ (LE GRAND-), vill. c^{ne} d'Arquenay. — Le bois de ce lieu a été défriché en 1853.

MONTFRANC, f. c^{ne} de Saint-Berthevin-la-Tannière; donne son nom à un ruiss. affl. de celui de l'Orgerie.

MONTFRILOUX, h. c^{ne} de Saint-Mars-sur-Colmont. — *Feodum de Montefrielos*, XIIe s^e (cart. de Savigny).

Fief du duché de Mayenne.

MONT-GAUCHER, f. c^{ne} de Saint-Germain-d'Anxurre.

MONTGAZON, f. c^{ne} de Bouère. — *Montgasson* (Cassini.)

MONTGAZON, f. c^{ne} de Simplé.

MONTGENARD (LE GRAND et LE PETIT), f. c^{ne} de Martigné.

MONTGERVIN, h. c^{ne} de Montflours.

MONTGIROUX, vill. c^{ne} d'Alexain. — *Gaufridus de Monte-Girulfi*, 1241 (abb. de Savigny, Arch. nat. L. 970).

Fief du duché de Mayenne.

MONTGOUIN, f. et éc. c^{ne} de Jublains; landes défrichées en 1854. — On dit *le Faîte de Montgouin*.

MONTGREFFIER, f. c^{ne} de Laval. — *G. de Montegriferio*, XIe siècle (cart. du Ronceray).

MONT-GRIMAULT, vill. c^{ne} de Montenay.

MONT-GRIMAULT, f. c^{ne} de Saint-Hilaire-des-Landes. — Landes défrichées vers 1845.

MONTGRIVEUL (CHAUMIÈRES DE), éc. c^{ne} d'Oisseau.

MONTGRIVEUL (LE BAS-), f. c^{ne} d'Oisseau. — *Montgruo*, 1209 (cart. d'Évron).

Fief du duché de Mayenne.

MONTGRIVEUL (LE HAUT-), vill. c^{ne} d'Oisseau.

MONTGUERRÉ, chât. et vill. c^{ne} de Montenay; donne son nom à un ruiss. aussi nommé *ruisseau de Fontenailles*, affl. de l'Ernée. — Le mⁱⁿ et l'étang de ce lieu ont été détruits vers 1868.

Fief vassal de la bar. du Plessis-Châtillon et de la châtell. d'Ernée.

MONT-GUYON, f. c^{ne} de Placé. — *Dedit B. M. de Monte-Guidonis locum ipsum de Montguion*, 1208 (rec. de chartes fait au XVIIe siècle).

Prieuré de l'ordre de Grandmont fondé en 1198.

MONT-GUYON, bois et étang, c^{ne} de Placé. — Ruiss. affl. de l'Anxurre.

Le bois s'étend aussi sur Alexain et la Bigottière.

MONT-GUYON (LE BAS-), mⁱⁿ, c^{ne} de Saulges. — *Montem Guyopum*, 989 (cart. d'Évron). — *Thebauldus de Monte-Guidonis*, 1060 (cart. de l'abb. de la Couture, n° 198).

Fief vassal de la châtell. de Thorigné.

MONT-GUYON (LE HAUT-), f. c^{ne} de Saulges.

MONTHARD (LE GRAND et LE PETIT), vill. c^{ne} de Lignières-la-Doucelle. — On dit aussi *Monthéard*.

Arrière-fief du duché de Mayenne, vassal de la châtell. de Resné, Lignières et Saint-Calais. — Le ruiss. du Petit-Monthard est un affl. du Tilleul.

MONTHAUDON, f. c^{ne} de Vimarcé.

Mont-Havoust, h., étang et m^in, c^ne de Saint-Cyr-en-Pail. — Ruiss. affluent de l'Aisne, qui arrose aussi Javron.
Fief du marq. de Villaines.
Monthereux, f. c^ne de Chailland.
Monthereux, m^ie et éc. c^ne de Moutenay.
Monthermont, f. c^ne de Vaiges.
Mont-Houdéard, fief, c^ne de Bazougers, aussi nommé *Champagnette;* vassal de la bar. de la Chapelle-Rainsouin.
Montiège, f. c^ne de Chantrigné; donne son nom à un ruiss. affluent de celui de la Fontaine-Rouillée, qui arrose aussi Niort.
Montiège, f. c^ne de Montflours.
Montiège, h. c^ne de Saint-Aignan-de-Couptrain.
Montifaut, f. c^ne de Champgenéteux.
Montifaut, logis, c^ne de Hambers.
Montifaut, f. c^ne de Saint-Cyr-le-Gravelais, auj. détruite.
Montifaut, h. c^ne de Saint-Pierre-la-Cour. — *Monthifaut,* 1545 (arch. de la Mayenne, série E). — *Montisfault,* 1643 (abb. de la Roë, H 199).
Montigné, c^on de Laval-Est. — *Montiniacus vicus canonicus,* 838 (D. Bouquet, t. VI, p. 360). — *Carta fundationis cellæ Sancti Egidii de Montiniaco,* 1175 (Bibl. nat. f. lat. 5441).
Ancienne paroisse du doyenné, de l'élection et du comté de Laval. — Le prieuré, dépendant de l'abbaye de Marmoûtiers, était annexe du prieuré de Louvigné.
Montigné, f. c^ne d'Entrames. — Fief vassal de la bar. d'Entrames, qui s'étendait aussi sur Parné.
Montigné, f. c^ne de Quelaines. — Fief vassal de la bar. de Craon.
Montigné (Le Bas-), vill. c^ne de Bourgon.
Montigné-Boiseux, h. c^ne de Saint-Berthevin-la-Tannière.
Montigné-Coutard, h. c^ne de Saint-Berthevin-la-Tannière.
Montigny, fief de la terre de la Feuillée.
Montils (Bois et landes des), c^ne de Châtres.
Montiron, f. c^ne d'Azé.
Montjean, c^on de Loiron. — *Briant, seigneur de Montejan,* 1355 (Hist. de Sablé, t. I, p. 262).
Châtell. vassale du comté de Laval; anc. paroisse du doy. et de l'élect. de Laval. — Les ruines du château sont baignées par un bel étang.
Montjean, f. c^ne de Désertines; donne son nom à un ruiss. affl. de l'Ourde.
Montjean-Bœuf, h. c^ne de Juvigné-des-Landes. — *Métairie de Montembœuf,* 1699 (abb. de Saint-Serge d'Angers).

Montjon, f. c^ne de Voutré. — *Monte Jonam,* 989 (cart. d'Évron). — *Montjouan, Monjean, Monjouannais,* 1461 (cab. La Baulière).
Fief vassal de la bar. de Sillé-le-Guillaume et de la seign. de Bouillé. — Le ruiss. de Montjon est un affl. de celui du Merdereau.
Montjurin, f. c^ne d'Entrames.
Mont-la-Butte, f. c^ne de Juvigné-des-Landes.
Montlevain, f. c^ne de Houssay.
Montlevier, f. c^ne de Marigné-Peuton, détr. en 1858.
Montlevrier (Le), f. c^ne de la Brulatte. — On dit aussi *le Monlouvrier.*
Montlion, f. c^ne de Désertines. — *In feodo de Montleon,* 1239 (Arch. nat. L 970). — *Montlion* (Cassini).
Montlivour, vill. c^ne de la Poôté.
Montlivron, f. c^ne de Belgeard.
Montloup (Le), f. c^ne de Guillé.
Montmartin, fief, c^ne de Saint-Jean-sur-Erve, vassal de la châtell. de Thorigné.
Montmassuet, h. c^ne de Martigné.
Montméard, vill. c^ne de Courcité. — La chapelle dépendait de l'abb. de Beaulieu.
Montmelin, f. c^ne de Javron.
Montmorin, vill. c^ne de Madré.
Montmoult, f. c^ne de Nuillé-sur-Vicoin. — *Montmoust,* chât. (carte de Jaillot).
Fief vassal de la haute justice de Montchevrier.
Montmourier, f. c^ne d'Ernée.
Montoger, h. c^ne de Thubœuf.
Montoire, vill. c^ne d'Évron. — *Montouère,* 1630 (abb. d'Évron). — *Montoir* (Cassini).
Montorin, h. c^ne de Belgeard.
Montoron (Le Grand et Le Petit), f. c^ne de Saint-Jean-sur-Erve. — Fief vassal de la châtell. de Bréé.
Montouberts (Les), f. c^ne de Larchamp.
Montouberts (Les), f. c^ne de la Pellerine.
Montourcier, vill. c^ne de Bais.
Montourcier, h. c^ne de Voutré.
Montournants (Les), h. c^ne de Juvigné-des-Landes.
Montourtier, c^on de Montsurs. — *Johannes de Montetorterii,* 1307 (abb. de Fontaine-Daniel). — *Montortier,* 1604 (reg. paroissiaux).
Anc. par. du doy. d'Évron, de l'élect. et du duché de Mayenne.
Montoyer, h. c^ne de Sainte-Marie-du-Bois.
Montoyer, h. c^ne de Vieuvy.
Montoyer, arrière-fief du marq. de Villaines-la-Juhel, vassal de la châtell. de la Brizollière.
Montpelour, h. et f. c^ne de Bazouges. — On dit aussi *Montpeleux.*
Montperron, f. c^ne de Gennes.
Montpertuis, éc. c^ne de Cossé-en-Champagne.

Montperthis, vill. cne de Madré; donne son nom à un ruiss. affl. de celui du Bois-Laurent.

Montpinçon, f. cne de la Bazoge-Montpinçon. — *In parrochia de Monte-Pinsonis*, 1251 (Recueil de chartes fait au XVIIe siècle).

Montpion, vill. cne de Hambers.

Montre (Bois de la), cne de Châtillon-sur-Colmont.

Montre (La), chât. et f. cne de Placé. — Fief vassal de la bar. du Plessis-Châtillon.

Montre (La Grande et la Petite), h. cne de Placé.

Montréard, f. cne de Saint-Céneré. — Fief de la bar. de la Chapelle-Rainsouin.

Montreboeuf, f. cne du la Poôté.

Montrées (Les), f. cne de Saint-Berthevin-la-Tannière.

Montrenoux, f. cne de Saint-Céneré. — *Montrenou*, chât. (carte de Jaillot).

Fief vassal de la bar. de la Chapelle-Rainsouin.

Montreuil, cne du Horps. — *Juxta cymiterium de Mosterol*, 1245 (abb. de Savigny, Arch. nat. L 971). — *Montreuil-du-Gast*, 1773 (pouillé du diocèse).

Anc. par. du doy. de Javron, de l'élect. du Mans et du marq. de Lassay.

Montreuil, f. cne de Brécé.

Montreuil, vill. cne de Poulay.

Montreuil, h. cne de Saint-Jean-sur-Mayenne.

Montreul, f. cne de Ruillé-Froidfont.

Montron, f. cne de Laval.

Monthousseau, éc. cne de Launay-Villiers.

Montroux, h. cne de Montenay.

Montroux (Le Haut et le Bas), éc. et vill. cne d'Argentré.

Monts (Les), h. cne de Brétignolles.

Mont-Saint-Michel (Chemin du) : il traversait la Mayenne dans sa longueur et passait notamment à Chemazé. — *Le grant chemin du Mont-Saint-Michel*, 1494 (aveu de l'abb. de la Roë, H 198, f° 12).

Mont-Savanier (Le), f. cne de Saint-Georges-sur-Erve. — *Montsavenier*, 1646 (cart. d'Évron).

Fief vassal de la châtell. de Fouletorte. — Le ruiss. du Mont-Savanier est un affl. de l'Erve.

Montsion, f. cne de Brécé. — *Moncion* (cadastre).

Montsion (Le Haut et le Bas), f. cne de Cossé-le-Vivien.

Montsué, f. cne de Montigné.

Montsurs, arrond. de Laval. — *In monte Sodeuris*, 837 (test. sancti Aldrici, *Gallia christ.*). — *In Ecclesia S. Martini de Monte Securo*, 989 (cart. d'Évron). — *Montseur*, 1292 (arch. de la Mayenne, partage des enfants de Guy VIII). — *Montsaus*, 1363 (Arch. nat. JJ 101, n° 48, f° 28).

Anc. par. du doy. d'Évron, de l'élect. et du comté de Laval.

Monturbeau, f. cne de Saint-Georges-sur-Erve. — *Monturbault*, 1646 (cart. d'Évron).

Le bois de ce lieu est auj. défriché.

Monturbeau, f. cne de Vimarcé.

Montvian, chât. et f. cne de Bazouges. — On écrit aussi *Montvien*.

Fief vassal du marq. de Château-Gontier.

Moquesouris, f. cne de Colombiers.

Moquesouris, f. cne de Daon.

Morais (Les), h. cne de Saint-Germain-le-Fouilloux.

Morand, f. cne de Carelles.

Morand, f. cne de Saint-Christophe-du-Luat. — Fief vassal de la bar. d'Évron.

Morand, h. cne de Saint-Denis-de-Gastines; donne son nom à un ruiss. affl. de celui de Berthereau.

Morand, min, cne de Saint-Germain-d'Anxure.

Morandière (La), f. cne d'Ampoigné.

Morandière (La), h. cne d'Averton.

Morandière (La), f. cne de la Boissière.

Morandière (La), h. cne de Brécé. — *Terra que dicitur la Morendere*, 1241 (abb. de Savigny, Arch. nat. L 970).

Morandière (La), h. cne de Châtres.

Morandière (La), f. cne de la Cropte.

Morandière (La), f. cne de Daon.

Morandière (La), f. cne de Hambers.

Morandière (La), vill. cne d'Hardanges.

Morandière (La), f. cne de Pommerieux.

Morandières (Les), h. cne d'Argentré.

Morandières (Les), h. cne de Changé.

Morandières (Les), h. cne d'Izé.

Morandières (Les), f. cne de Saint-Berthevin.

Morannes, f. cne d'Azé.

Morantay (Le), f. cne de Cuillé.

Morantay (Le), f. cne de Gastines.

Morantay (Le), f. cne de Saint-Poix. — Lieu de Morantée, 1602 (arch. de la Mayenne, E 156). — *Maurantée* (Cassini).

Morbiers (Les), éc. cne de Bouessay.

Mordantière (La), h. cne de Champéon.

Mordantière (La), f. cne de Marcillé-la-Ville.

Mordantière (La), f. cne de Saint-Mars-sur-la-Futaie. — On dit aussi *la Mordanterie*.

Fief vassal de la châtell. de Pontmain.

Mordelle (La Grande-), f. cne de Bazougers.

Mordelle (La Petite-), h. cne de Bazougers.

Mordet, éc. cne de Saint-Fort.

More ou Maure, éc. cne de Sainte-Suzanne.

Morée (Ruisseau de), cne de Châtillon-sur-Colmont, affl. de la Colmont. — *Ad illum locum quo Moreta cadit in Colmont*, 1200 (Arch. nat. L 977). — Il est aussi nommé *Sauvage*.

Morelle (La Grande et la Petite), f. c^{nes} de Bazouges.

Morellerie (La), f. c^{ne} de Saint-Quentin.

Morelles (Les), f. c^{ne} de Lassay.

Morellière (La), fief vassal de la seign. de Montchevrier.

Morenne, f. c^{ne} de Saint-Georges-sur-Erve. — *Villa Mauri et Maurana*, ixe s^e (Gesta Aldrici episcopi). — *Moranne* (carte de Jaillot). — *Moraine* (Cassini).

Le Plessis-Morenne était vassal de la seign. de la Beschère. — Le château de ce lieu était en ruines dès le xviie siècle.

Morennerie (La), f. c^{ne} de Colombiers. — Les landes de ce lieu sont auj. défrichées.

Moreuil, mⁱⁿ, c^{ne} de Neuilly-le-Vendin. — On dit aussi *Moureuil*.

Morfallon (Ruisseau de) ou de Choiseau, affl. du Vicoin : arrose la c^{ne} du Bourgneuf-la-Forêt.

Morice (Étang de), dans le ressort du marq. de Villaines-la-Juhel ; auj. desséché.

Moricerie (La), f. c^{ne} de la Selle-Craonnaise.

Moricière (La), h. c^{ne} d'Ambrières.

Moricière (La), f. c^{ne} de la Bazouge-de-Chemeré.

Moricière (La), f. c^{ne} de Bierné.

Moricière (La), vill. c^{ne} de Brécé.

Moricière (La), h. c^{ne} de Chantrigné.

Moricière (La), f. c^{ne} de la Cropte.

Moricière (La), vill. c^{ne} de Niort ; donne son nom à un ruiss. affl. de celui de la Fontaine-Rouillée.

Moricière (La), h. c^{ne} de Vautorte.

Moricières (Les), h. c^{ne} de Madré.

Morière (La), f. c^{ne} d'Ahuillé.

Morière (La), vill. c^{ne} de Champéon ; ruiss. affl. de l'Ollon.

Morière (La), f. c^{ne} de Gastines.

Morière (La), f. c^{ne} d'Hardanges.

Morière (La), f. c^{ne} de Saint-Germain-de-Coulamer.

Morière (La Grande-), f. c^{ne} d'Argentré.

Morières (Les), h. c^{ne} de Gennes.

Morigné, vill. c^{ne} d'Izé ; donne son nom à un ruiss. affl. de la Vaudelle. — Fief commun entre le marq. de Jarzé et la bar. d'Évron.

L'étang de ce lieu est auj. desséché.

Morillands (Les), h. c^{ne} de Loigné. — On dit aussi *les Morillons*.

Fief du marq. de Château-Gontier.

Morinaie (La), h. c^{ne} d'Alexain.

Morinaie (La), h. c^{ne} de Châtillon-sur-Colmont.

Morinaie (La), f. c^{ne} de Contest.

Morinaie (La), f. c^{ne} de Montenay.

Morinaie (La), logis, c^{ne} de Saint-Aignan-sur-Roë.

Morinaie (La), f. c^{ne} de Saint-Pierre-des-Landes.

Morinaie (La), h. c^{ne} de Soucé.

Morine (La), bois, c^{ne} d'Ernée ; auj. défriché.

Morinet (Le Bas-), f. c^{ne} de Livet-en-Charnie. — L'étang de Morinet est auj. desséché.

Morinet (Le Haut-), f. c^{ne} de Livet-en-Charnie.

Morinière (La), f. c^{ne} d'Alexain ; donne son nom à un ruiss. affl. de celui de Meslay.

Morinière (La), f. c^{ne} d'Arquenay. — Le bois de ce lieu a été défriché vers 1859.

Morinière (La), vill. c^{ne} de la Baconnière. — On dit aussi *la Morinière-Champblanc*.

Morinière (La), h. c^{ne} de Bais.

Morinière (La), f. c^{ne} de Bazouges.

Morinière (La), f. c^{ne} de Bierné.

Morinière (La), f. c^{ne} de Bouchamp. — *La Mourinière*, 1866 (rôles de dénombr.).

Morinière (La), f. c^{ne} de Champgeneteux.

Morinière (La), vill. c^{ne} de la Chapelle-au-Riboul.

Morinière (La), h. c^{ne} de Châtillon-sur-Colmont.

Morinière (La), h. c^{ne} de Chevaigné.

Morinière (La), vill. c^{ne} de Cossé-en-Champagne.

Morinière (La), f. c^{ne} de Cossé-le-Vivien.

Morinière (La), f. c^{ne} de Courbeveille.

Morinière (La), f. c^{ne} d'Épineu-le-Séguin.

Morinière (La), f. c^{ne} de Fontaine-Couverte.

Morinière (La), h. c^{ne} du Horps.

Morinière (La), f. c^{ne} de Larchamp.

Morinière (La), f. et éc. c^{ne} de Laval.

Morinière (La), f. c^{ne} de Loigné.

Morinière (La), f. c^{ne} de Loiron.

Morinière (La), f. c^{ne} de Loupfougères ; donne son nom à un ruiss. affl. de celui des Fossés.

Morinière (La), f. c^{ne} de Mézangers. — Ruiss. affl. de celui du Gué-Martin.

Morinière (La), f. c^{ne} de Montjean. — Fief vassal de la châtell. de Montjean.

Morinière (La), f. c^{ne} de Montsurs ; donne son nom à un ruiss. affl. de la Jouanne, qui arrose aussi Saint-Cénéré.

Morinière (La), f. c^{ne} de Nuillé-sur-Vicoin ; donne son nom à un ruiss. affl. de celui de Gouillas. — Le fief de la Morinière ou de Posson-Fief était vassal de la châtell. de Montigné.

Morinière (La), f. c^{ne} de la Poôté.

Morinière (La), f. c^{ne} de Quelaines.

Morinière (La), éc. c^{ne} de Renazé.

Morinière (La), f. c^{ne} de Sacé.

Morinière (La), f. c^{ne} de Saint-Aubin-Fosse-Louvain ; donne son nom à un ruiss. affl. de l'Ourde.

Morinière (La), f. c^{ne} de Saint-Berthevin.

Morinière (La), h. c^{ne} de Saint-Berthevin-la-Tannière.

Morinière (La), f. c^{ne} de Saint-Christophe-du-Luat.

Morinière (La), f., chât. et étang ; c^{ne} de Saint-Denis-d'Anjou. — Fief vassal de la bar. de Grattecuisse et de la châtell. de Sablé.

Le ruiss. de la Morinière est un affl. de celui de Morton.

Morinière (La), f. c⁰ᵉ de Saint-Jean-sur-Mayenne; donne son nom à un ruiss. affl. de la Mayenne.

Morinière (La), f. cⁿᵉ de Saint-Ouen-des-Vallons.

Morinière (La'), f. cⁿᵉ de la Selle-Craonnaise.

Morinière (La), f. cⁿᵉ de Torcé.

Morinière (La), f. cⁿᵉ de Vautorte.

Morinière (La Basse-), h. cⁿᵉ de Grez-en-Bouère.

Morinière (La Grande-), f. cⁿᵉ de Grez-en-Bouère.

Morinière (La Grande-), h. cⁿᵉ de Grez-en-Bouère.

Morinière (La Grande et la Petite), f. cⁿᵉ de Changé.

Morinière (La Haute-), h. cⁿᵉ de Grez-en-Bouère.

Morinière (La Petite-), f. cⁿᵉ d'Évron.

Morinière-la-Ramée (La), f. cⁿᵉ de Soulgé-le-Bruant.

Morinières (Les), f. cⁿᵉ de la Boissière. — On dit aussi les Mourinières.

Les landes ont été défrichées vers 1840.

Morinières (Les), f. cⁿᵉ d'Évron.

Morinières (Les), h. cⁿᵉ d'Hardanges.

Morinières (Les), f. cⁿᵉ de Saint-Hilaire-des-Landes.

Morinières (Les), f. cⁿᵉ de Saint-Léger.

Morinières (Les), f. cⁿᵉ de Sainte-Suzanne. — Fief vassal de la bar. de Sainte-Suzanne.

Morinières (Les), f. cⁿᵉ de Soulgé-le-Bruant.

Morissaie (La), h. cⁿᵉ de Landivy.

Morissaie (La), h. cⁿᵉ de la Dorée; donne son nom à un ruiss. affl. de celui du Moulin des Prés.

Moristais (La), f. cⁿᵉ d'Olivet.

Morlaie (La), vill. cⁿᵉ d'Olivet.

Morlière (La), f. cⁿᵉ de Beaumont-Pied-de-Bœuf.

Morlière (La), f. cⁿᵉ de Châtillon-sur-Colmont.

Morlière (La), f. cⁿᵉ de Contest.

Morlière (La), chât. et f. cⁿᵉ de l'Huisserie. — La Morcillère, 1641 (arch. de la Mayenne, E 48).

Le ruisseau de la Morlière est un affluent de la Mayenne.

Morlière (La), h. cⁿᵉ du Pas.

Morlière (La), h. cⁿᵉ de Saint-Denis-d'Anjou. — Fief vassal de la châtell. de Sablé.

Morlière (La), h. cⁿᵉ de Saint-Gault.

Morlière (La), f. cⁿᵉ de Saint-Georges-Buttavent.

Morlière (La), f. cⁿᵉ de Saint-Jean-sur-Erve.

Morlière (La Grande et la Petite), f. cⁿᵉ de Mée.

Morlière (La Grande et la Petite), f. cⁿᵉ de Villiers-Charlemagne. — On prononce la Morière et la Molière.

Ruiss. affl. de celui de l'Évrard.

Morlières (Les), éc. cⁿᵉ de Bazouges.

Moronnière (La), f. cⁿᵉ de la Haie-Traversaine.

Morpainière (La), f. cⁿᵉ de Saint-Jean-sur-Erve. — On dit aussi la Marponnière.

Morpaix, h. cⁿᵉ de Niort.

Mortain, vill. cⁿᵉ de Larchamp.

Mortain, h. cⁿᵉ de Saint-Christophe-du-Luat.

Mort-Brebis, f. cⁿᵉ de Saint-Hilaire-des-Landes.

Mortelox, fief du duché de Mayenne.

Morterie (La), f. cⁿᵉ de Chemazé; détruite vers 1860. — Maisons de la Morte-Hurie, 1622 (abb. de la Roë).

Morterie (La), f. et étang cⁿᵉ de Mézangers.

Morterie (La), h. cⁿᵉ de Saint-Loup-du-Gast.

Morteries (Les), h. cⁿᵉ de Deux-Évailles; ruiss. affl. de la riv. de Deux-Évailles.

Mortève (Ruisseau de), cⁿᵉ de Saint-Fraimbault-de-Prières, affl. de la Mayenne.

Mortfontaine, f. cⁿᵉ de Lévaré. — N. de Mortuo fonte, xiiᵉ s (cart. de Savigny, fᵒ 120).

Mortier (Le), f. cⁿᵉ d'Argentré.

Mortier (Le), h. cⁿᵉ de Jublains.

Mortier (Le), f. cⁿᵉ de Laigné.

Mortier (Le), f. cⁿᵉ de Nuillé-sur-Ouette.

Mortier (Le), h. cⁿᵉ de Saint-Georges-sur-Erve.

Mortier (Le), h. cⁿᵉ de Saint-Pierre-sur-Erve. — On prononce le Morgué.

Mortier (Le), f. cⁿᵉ de Vaiges.

Mortier (Le Grand-), f. cⁿᵉ de Saint-Christophe-du-Luat.

Mortier (Le Grand et le Petit), h. cⁿᵉ d'Ampoigné.

Mortier (Le Petit-), f. cⁿᵉ de Saint-Christophe-du-Luat.

Mortiercrolles, chât. cⁿᵉ de Saint-Quentin, siège d'une bar. vassale du duché d'Anjou, qui étendait sa mouvance sur Mée, Chatelais et l'Hôtellerie-de-Flée.

Mortière (La), f. cⁿᵉ de Martigné.

Mortiers, vill. cⁿᵉ de la Haie-Traversaine. — Terra de Morters, 1158 (abb. de Savigny, Arch. nat. L 966). — Apud Morteirs in parrochia de Oissello, 1238 (ibid. L 970).

Mortiers (Les), f. cⁿᵉ de Cigné.

Mortiers (Les), h. cⁿᵉ de Désertines.

Mortiers (Les), f. cⁿᵉ de Loiron.

Mortiers (Les), éc. cⁿᵉ de Maisoncelles.

Mortiers (Les), f. cⁿᵉ de Quelaines. — Prata Mortoriorum, xiiᵉ s (Bibl. nat. f. lat. 5441).

Mortiers (Les), f. cⁿᵉ de Ruillé-Froidfont; donne son nom à un ruiss. affl. de la Maisonneuve. — Fief vassal de la châtell. de Meslay.

L'étang de ce lieu est auj. desséché.

Mortiers (Les), f. cⁿᵉ de Saint-Denis-d'Anjou.

Mortiers (Les), f. cⁿᵉ de Saint-Sulpice; auj. supprimée.

Mortiers (Les Bas-), f. cⁿᵉ de Désertines.

Mortiers (Les Bas-), vill. cⁿᵉ d'Oisseau.

MONTRAIE (La Grande et la Petite), éc. et f. c^{ne} d'Arquenay.
MONTRAIES (Les), h. c^{ne} de Brée.
MONTRAISE (La Grande et la Petite), f. c^{ne} de Châtelain.
MONTREUX, chât. et f. c^{ne} de Daon. — *Gaufredo de Mortuis-Aquis*, 1060 (cart. de Saint-Maur-sur-Loire, ch. 49).

Fief du duché d'Anjou, vassal de la châtellenie de Daon.

MONTRON, chât. et f. c^{ne} de Saint-Laurent-des-Mortiers; ruiss. aff. de la Sarthe. — On dit aussi *Morton*.

Fief vassal de la châtell. de Saint-Laurent-des-Mortiers.

MONTRON (Ruisseau de) ou de Perils, c^{ne} de Changé, aff. de la Mayenne.
MONVEUSE (La), f. c^{ne} d'Izé.
MONVIÈRES (Ruisseau des), c^{ne} de Saint-Jean-sur-Mayenne, aff. de l'Ernée.
MOTAISERIE (La), f. c^{ne} de Saint-Fort; auj. détruite.
MOTANNÉE (La), f. c^{ne} d'Abuillé.
MOTHOUZE (La), f. c^{ne} de Saint-Pierre-la-Cour.
MOTINIÈRE (La), f. c^{ne} d'Izé.
MOTOYER (Le), f. c^{ne} de la Chapelle-Craonnaise. — *Le Monteiller* (Cassini). — *Les Motayers* (carte de l'État-major).
MOTREUIL, h. c^{ne} de Villiers-Charlemagne. — Altération de *Mortreux*.
MOTTAIS (Les), h. et f. c^{ne} de Blandouet.
MOTTAIS (Les), f. c^{ne} de Cuillé.
MOTTAIS (Les), f. c^{ne} de Fougerolles.
MOTTAY (Le), h. c^{ne} de Méral.
MOTTAY (Le), f. c^{ne} de Quelaines.
MOTTE (Étang de la), c^{ne} de Saint-Thomas-de-Courceriers; auj. desséché. — On le trouve mentionné dans un titre de 1579 (cab. d'Achon).
MOTTE (La), f. c^{ne} d'Ampoigné.
MOTTE (La), f. c^{ne} d'Argentré.
MOTTE (La), fief, c^{ne} d'Aron, vassal du duché de Mayenne.
MOTTE (La), h. avec étang, c^{ne} d'Averton.
MOTTE (La), f. c^{ne} d'Azé. — Fief de la baronnie d'Ingrandes.

On nommait *motte* au moyen âge le tertre où le seigneur recevait les aveux de ses vassaux et tenait les plaids : de là l'usage de nommer *motte* les fiefs.

MOTTE (La), vill. c^{ne} de la Baconnière.
MOTTE (La), f. c^{ne} de Ballots. — Fief vassal de la bar. de Craon.

Le ruiss. de la Motte est un aff. de celui de Mée.

MOTTE (La), vill. c^{ne} de la Baroche-Gondouin.
MOTTE (La), f. c^{ne} de la Bazouge-de-Chemeré.
MOTTE (La), logis et f. c^{ne} de Bazouges.
MOTTE (La), f. c^{ne} de Beaumont-Pied-de-Bœuf.
MOTTE (La), h. c^{ne} de Bonchamp.
MOTTE (La), f. c^{ne} de Bouère.
MOTTE (La), c^{ne} de Brée, siége de la châtell. de Brée. — *Jehan Dorenge, capitaine de la Mote de Breye*, 1363 (Arch. nat. JJ 101 n° 48, f° 28.)
MOTTE (La), f. c^{ne} de Carelles.
MOTTE (La), h. c^{ne} de Champéon. — Le ruiss. de la Motte est un aff. de celui de la Mayennerie.
MOTTE (La), h. c^{ne} de Champgeneteux.
MOTTE (La), f. c^{ne} de Chantrigné.
MOTTE (La), f. c^{ne} de Chemeré-le-Roi.
MOTTE (La), h. c^{ne} de Colombiers.
MOTTE (La), f. c^{ne} de Commer.
MOTTE (La), f. c^{ne} de Congrier.
MOTTE (La), f. c^{ne} de Cossé-le-Vivien.
MOTTE (La), h. c^{ne} de Craon.
MOTTE (La), h. c^{ne} d'Épineu-le-Séguin.
MOTTE (La), f. c^{ne} d'Évron.
MOTTE (La), f. c^{ne} de Gesnes.
MOTTE (La), éc. c^{ne} de Gesvres.
MOTTE (La), h. c^{ne} du Ham; donne son nom à un ruiss. aff. de la riv. d'Aisne.
MOTTE (La), f. c^{ne} de Houssay.
MOTTE (La), f. c^{ne} de Jublains.
MOTTE (La), fief, c^{ne} de Juvigné-des-Landes; annexé à la seign. de la paroisse.
MOTTE (La), mⁱⁿ, c^{ne} de Landivy.
MOTTE (La), f. c^{ne} de Laubrières.
MOTTE (La), f. c^{ne} de Loiron.
MOTTE (La), f. c^{ne} de Louvigné.
MOTTE (La), h. et mⁱⁿ, c^{ne} de Madré. — Fief du marq. de Lassay.

Le bois de la Motte est auj. défriché.

MOTTE (La), f. c^{ne} de Maisoncelles. — La lande de ce lieu est auj. défrichée.
MOTTE (La), h. c^{ne} de Marcillé-la-Ville.
MOTTE (La), f. c^{ne} de Marigné-Peuton.
MOTTE (La), chât. c^{ne} de Martigné.
MOTTE (La), éc. c^{ne} de Mayenne.
MOTTE (La), f. c^{ne} de Ménil.
MOTTE (La), éc. c^{ne} de Meslay.
MOTTE (La), f. c^{ne} de Montflours; donne son nom à un ruiss. aff. de la Mayenne.
MOTTE (La), h. c^{ne} de Montigné.
MOTTE (La), f. c^{ne} de Montourtier.
MOTTE (La), f. c^{ne} d'Origné.
MOTTE (La), vill. c^{ne} du Pas; donne son nom à un ruiss. aff. de celui de Bertrais.
MOTTE (La), f. c^{ne} de la Roë.
MOTTE (La), f. c^{ne} de Ruillé-Froidfont.

MOTTE (LA), h. et m{in}, cne de Saint-Aubin-Fosse-Louvain.
MOTTE (LA), vill. cne de Saint-Christophe-du-Luat.
MOTTE (LA), f. cne de Saint-Cyr-en-Pail.
MOTTE (LA), f. cne de Saint-Denis-du-Maine. — Fief vassal de la châtell. de Bazougers.
MOTTE (LA), f. cne de Saint-Gault. — On dit aussi *la Motte-Aillerie*.
MOTTE (LA), m{in}, cne de Saint-Jean-sur-Erve. — Fief vassal de la châtell. de Thorigné.
MOTTE (LA), vill. cne de Saint-Martin-de-Connée.
MOTTE (LA), f. cne de Saint-Martin-du-Limet. — *La Motte-Choron*, 1572 (cab. La Baulnère.).
Le ruiss. de la Haute-Motte est un affl. de la riv. de l'Ansaudière.
MOTTE (LA), f. cne de Saint-Michel-de-Feins.
MOTTE (LA), f. cne de Saint-Ouen-des-Toits.
MOTTE (LA), f. cne de Sainte-Suzanne.
MOTTE (LA), f. cne de Simplé.
MOTTE (LA), f. cne de Thorigné.
MOTTE (LA), éc. cne de Vaiges.
MOTTE (LA), f. cne de Villiers-Charlemagne.
MOTTE (LA), f. cne de Vimarcé.
MOTTE (LA), éc. cne de Voutré.
MOTTE (LA BASSE-), f. cne de Champéon.
MOTTE (LA BASSE-), h. cne de Mayenne.
MOTTE (LA BASSE-), éc. cne de Meslay.
MOTTE (LA GRANDE-), f. cne de Gennes.
MOTTE (LA GRANDE-), m{in}, cne de Méral.
MOTTE (LA GRANDE-), h. cne de Ruillé-Froidfont.
MOTTE (LA GRANDE-), f. cne de Saint-Poix.
MOTTE (LA GRANDE et LA PETITE), f. cne d'Arquenay. — La lande de la Grande-Motte a été défrichée vers 1838.
MOTTE (LA GRANDE et LA PETITE), éc. cne de Mayenne.
MOTTE (LA GRANDE et LA PETITE), f. cne de Saint-Mars-sur-Colmont.
MOTTE (LA HAUTE-), h. cne de Brains-sur-les-Marches.
MOTTE (LA HAUTE et LA BASSE), f. cne de Bouchamp. — Fief vassal de la bar. de Craon, qui avait dans sa mouvance les fiefs de Cangin, de Confignon, de Haie-Brette, de Meguillon, de la Motte-Guibert, de la Petite-Roë, de la Pommeraie et de la Touchardière.
MOTTE (LA HAUTE et LA BASSE), f. cne de Contest.
MOTTE (LA PETITE-), f. cne de Grez-en-Bouère.
MOTTE (LA PETITE-), f. cne de Méral.
MOTTE-AILLERIE (LA), h. cne de Saint-Gault.
MOTTE-À-L'ABBÉ (ÉTANGS DE LA), cne d'Évron; auj. desséchés.
MOTTE-ALAIN (LA), fief, cne de Beaumont-Pied-de-Bœuf, vassal du marq. de Sablé, de la châtell. de Bazougers et de celle de Bouère. — L'étang de ce lieu a été desséché vers 1800.
MOTTE-À-L'ÉCUYER (LA), f. cne de Saint-Gault.
MOTTE-AUDENAIS (LA), f. cne de Saint-Denis-d'Anjou. — *Juxta motam Audanays*, 1331 (chap. de Saint-Maurice d'Angers). — Voy. DENAY.
MOTTE-BABIN (LA), f. cne de Louverné.
MOTTE-BALISSON (LA), fief, cne de Saint-Michel-de-la-Roë, vassal de la bar. de Craon, qui a porté aussi le nom de *Lande Baruchon*. — *Guillermus de Landa Baruchun*, xiie s{e} (abb. de la Roë, H 151, f° 12). — *Motte Belusson*, 1461 (arch. de la Mayenne, E 103).
MOTTE-BASTÉ (LA), fief, cne de la Selle-Craonnaise, vassal de la seign. du Parvis.
MOTTE-BELIN (LA), h. cne de Vaucé. — Fief de la bar. d'Ambrières.
MOTTE-BOIS-RAHIER (LA), f. cne de Saint-Poix. — Le fief, nommé avant 1400 *la Motte-Hamelin*, était vassal des seign. de la Brardière, de la Corbière, de Saint-Poix et de Chanteil.
MOTTE-BOUDIER (LA), fief, cne de Contest, vassal de la châtell. d'Ernée. — *Lamotte-Boudière*, 1327 (abb. de Fontaine-Daniel).
MOTTE-BUFFERRAU (LA), f. cne de Bouère. — Fief vassal de la châtell. de la Vezouzière.
MOTTE-CHESNEAU (LA), h. cne de Méral.
MOTTE-CORMERANT (LA), fief vassal de la châtell. de Daon.
MOTTE-CRENEN (LA), fief, cne d'Alexain, vassal du duché de Mayenne.
MOTTE-D'ARON (LA), f. cne de Martigné.
MOTTE-DE-BOUCHAMP (LA), fief, cne de Bouchamp, vassal de la bar. de Craon.
MOTTE-DE-MONDRON (LA), f. cne de Courbeveille; auj. détruite. — Fief vassal de la châtell. de Courbeveille.
MOTTE-DE-VAUX (LA), f. cne de Bierné. — Fief vassal de la châtell. de Châtelain.
MOTTE-DIOT (LA), f. cne de Ballots. — Seign. vassale de la bar. de Craon.
MOTTE-GAUBERT (LA), fief, cne de la Selle-Craonnaise, aussi nommé *Touchard*; vassal de la seign. de Brécharnon.
MOTTE-GIRAINE (LA), fief vassal de la châtell. de Chemeré-le-Roi.
MOTTE-GUITET (LA), fief, cne de Saint-Christophe-du-Luat, vassal de la bar. de Sainte-Suzanne.
MOTTE-HAMELIS (LA) f. —Voy. MOTTE-BOIS-RAHIER(LA).
MOTTE-HENRI (LA), f. et chât. cne d'Arquenay. — Fief de la châtell. de Meslay.
MOTTE-HERNIER (LA), f. cne de Châtelain. — Fief vassal du marq. de Château-Gontier.

Motte-Husson (La), f. c^{ne} de Martigné. — Fief vassal de la bar. du Bourg-le-Prêtre.
Motte-Jean (La), f. c^{ne} de Laval.
Motte-Lorière (La Haute et la Basse), f. c^{ne} du Bignon. — *Motrollière* (Cassini). — *Montrollière* (carte de l'État-major).
Fief vassal de la châtell. de Meslay.
Motte-Macé (La), f. c^{ne} de Simplé.
Motte-Marcoul (La), f. c^{ne} d'Ahuillé. — Fief du comté de Laval.
Mottenaie (La), f. c^{ne} de Coudray.
Motte-Piau (La), f. c^{ne} du Buret. — Fief vassal de la châtell. de Meslay.
Motteraie (La), f. c^{ne} de Brécé.
Motte-Richard (La), f. c^{ue} d'Astillé. — Fief vassal de la châtell. de Montchevrier.
Motterie (La), h. c^{ne} de Hercé.
Motterie (La), h. c^{ne} de Saint-Aubin-Fosse-Louvain; donne son nom à un ruiss. affl. de la Colmont.
Motterie (La), f. c^{ne} de Villepail; donne son nom à un ruiss. affl. de celui de Charollais.
Motte-Robin (La), f. c^{ne} de Louverné.
Mottes (Les), f. c^{ne} de la Chapelle-Craonnaise.
Mottes (Les), f. c^{ne} de Châtillon-sur-Colmont. — *Stagnum de Mota quod est in aqua Anverie*, 1205 (cart. de Fontaine-Daniel).
Mottes (Les), f. c^{ne} de Forcé.
Mottes (Les), f. c^{ne} de Louverné.
Mottes (Les), f. c^{ne} de Placé.
Mottes (Les), h. c^{ne} de Saint-Denis-d'Anjou.
Mottes (Les), h. c^{ne} de Soulgé-le-Bruant.
Mottes (Les Hautes et les Basses), f. c^{ne} de Coudray.
Mottes (Les Hautes et les Basses), f. c^{ne} de Juvigné-des-Landes.
Mottes (Les Hautes et les Basses), vill. c^{ne} de Saint-Denis-d'Anjou.
Motte-Serrant (La), chât. et f. c^{ue} de Montflours. — Arrière-fief du duché de Mayenne, vassal de la seign. de la Feuillée.
Motte-Sorsin (La), f. c^{ne} de la Chapelle-Craonnaise. — *La dame de la Mote-Chorcin*, 1462 (abb. de la Roë, H 189, f° 23), — *Le seigneur de Chorchin*, 1728 (*ibid.* H 181, f° 50).
Fief vassal de la bar. de Craon. — Le ruiss. de la Motte est un affl. de celui du Fresne.
Motte-Tannerie (La), fief, c^{ne} de Loiron, vassal de la châtell. de Loiron.
Motte-Valory (La), chât., c^{ne} de Soulgé-le-Bruant. — Fief aussi nommé *la Motte-Ferrand*, vassal de la châtell. de Bazougers.
Mottin (Ruisseau de l'Étang de), c^{ne} de Saint-Mars-du-Désert, affl. de la Vaudelle.

Mouchardière (La), f. c^{ne} de Cossé-le-Vivien.
Mouchardière (La), h. c^{ne} de Juvigné-des-Landes.
Mouchardières (Les), h. c^{ne} de Gennes.
Moucherie (La), f. c^{ne} de Châtillon-sur-Colmont.
Moucheterie (La), f. c^{ne} de Ménil.
Mouetiez (Le Bas-), fief du duché de Mayenne.
Mouette (La), f. et four à chaux, c^{ne} d'Argentré.
Mouettes (Les), f. c^{ne} de Mézangers.
Moufetière (La), vill. c^{ne} de la Pallu. — On dit aussi *la Moufière*.
Mouille-Bouche, éc. c^{ne} de Houssay.
Mouille-Braies (Ruisseau de), c^{ne} de Chammes, affl. de l'Erve.
Mouillères (Les), f. c^{ne} d'Argentré.
Mouillères (Les), f. c^{ne} du Bignon.
Mouillères (Les), h. c^{ne} de Meslay. — Fief de la châtell. de Meslay.
Mouillères (Les), f. c^{ne} de Saint-Germain-le-Fouilloux.
Mouillerie (Le), vill. c^{ne} de la Poôté.
Moulairie (La), h. c^{ne} de Contest.
Moulaises (Landes), c^{ne} de Saint-Berthevin; défrichées au XIXe siècle.
Moulardière (La), f. c^{ne} de Saint-Ellier.
Moulardière (La Haute et la Basse), f. c^{ne} de Saint-Mars-sur-la-Futaie.
Moulay, c^{on} de Mayenne-Est. — *Dono Auliaco*, 642 (test. Hadoindi). — *Ecclesia de Moolay*, 1125 (cart. d'Évron). — *In parrochia de Molayo*, 1251 (Recueil de chartes fait au XVIIe siècle).
Moulées (Les), h. c^{ne} de Chammes.
Moulin, éc. c^{ne} de Saint-Julien-du-Terroux.
Moulin (Le), f. et bois, c^{ne} de Beaumont-Pied-de-Bœuf. — Fief vassal de la châtell. de Sablé.
Moulin (Le), f. c^{ne} de la Chapelle-Anthenaise.
Moulin (Le), f. c^{ne} de Châtelain.
Moulin (Le), éc. c^{ne} de Congrier.
Moulin (Le), f. c^{ne} de Montjean.
Moulin (Le), h. c^{ne} de Saint-Aubin-Fosse-Louvain.
Moulin (Le Grand-), vill. c^{ne} de Sainte-Suzanne.
Moulin (Le Grand-), f. c^{ne} de Carelles.
Moulin (Le Haut-), f. c^{ne} de Fougerolles.
Moulin (Le Petit-), éc. c^{ne} d'Azé.
Moulin (Le Petit-), f. c^{ne} de Belgeard.
Moulin (Le Petit-), f. c^{ne} de Ménil.
Moulin-à-Drap (Le), f. c^{ne} de Montaudin.
Moulin-à-Foulon (Le), vill. c^{ne} de Saint-Pierre-sur-Orthe.
Moulinais (La), mⁱⁿ, c^{ne} de Vimarcé.
Moulinais (La Petite-), éc. c^{ne} de Vimarcé.
Moulinaisière (La), f. c^{ne} de Louverné.
Moulin-à-Tan (Le), h. c^{ne} d'Aron.

Moulin-à-Tan (Le), éc. cne de la Bazouge-des-Alleux.
Moulin-à-Tan (Le), éc. cne d'Entramnes.
Moulin-à-Tan (Le), éc. cne de Laval.
Moulin-à-Tan (Le), éc. cne d'Olivet.
Moulin-à-Tan (Le), éc. cne de Villaines-la-Juhel.
Moulin-aux-Moines (Le), f. cne de Nuillé-sur-Ouette; ancien moulin des moines d'Évron. — *Mensuras de Molendino Monachi*, 1244 (cart. d'Évron).
Moulin-à-Vent (Le), f. cne d'Ampoigné.
Moulin-à-Vent (Le), f. cne d'Astillé.
Moulin-à-Vent (Le), min et vill. cne de Bazouges.
Moulin-à-Vent (Le), f. cne de Châlons.
Moulin-à-Vent (Le), f. cne de Chemazé.
Moulin-à-Vent (Le), f. cne de Cossé-en-Champagne.
Moulin-à-Vent (Le), h. cne de Marigné-Peuton.
Moulin-à-Vent (Le), f. et min, cne de Saint-Charles-la-Forêt.
Moulin-à-Vent (Le), éc. cne de Saint-Pierre-des-Landes.
Moulin-Blandin (Le), f. cne de Brains-sur-les-Marches.
Moulin-Bourel (Le Grand et le Petit), f. cne de Bierné.
Moulin-Bunon (Le), éc. cne du Pas.
Moulin-Chevalier (Le), fief vassal de la châtell. de Courceriers.
Moulin-Clément (Le), h. cne de Châtillon-sur-Colmont; donne son nom à un ruiss. affl. de celui de la Chaussée, qui arrose aussi Saint-Georges-Buttavent.
Moulin-d'Aulnay (Le), f. cne de Marigné-Peuton.
Moulin-de-Créan (Le), f. cne d'Alexain.
Moulin-de-l'Isle (Le), h. cne d'Athée.
Moulin-de-Martin (Le), f. cne d'Athée.
Moulin-de-Rouchet (Le), éc. cne de Saint-Hilaire-des-Landes.
Moulin-de-Pic-et-Pac (Le), éc. cne d'Ernée.
Moulin-d'Éplu (Le), f. cne de Montaudin.
Moulin-des-Prés (Ruisseau du), la Chambre ou la Chambe : sépare le dépt de la Mayenne de celui de la Manche sur une longueur de 5,720 mètres et se jette dans le Déron.
Moulin-des-Vaux (Le), vill. cne de Champéon.
Moulin-d'Orcisse (Le), éc. cne de Larchamp.
Moulin-du-Bas (Le), éc. cne de Loiron.
Moulin-du-Bois (Étang du), cne du Bourgneuf-la-Forêt; auj. desséché.
Le ruiss. du Moulin-du-Bois est un affl. du Vicoin.
Moulin-du-Bois (Le), f. cne de la Baconnière.
Moulin-du-Bois (Le), f. cne de Houssay.
Moulin-du-David (Le), éc. cne de Craon.
Moulin-du-Fret (Le), f. cne de Saint-Cyr-le-Gravelais.
Moulin-du-Haut (Le), éc. cne de Loiron.
Moulineau, vill. cne de Lassay.
Moulines (Les), f. cne de Laval.

Moulinet (Le), f. cne de Bazouges.
Moulinet (Le), f. cne de Juvigné-des-Landes.
Moulinet (Le), éc. cne de Martigné.
Moulinet (Le), f. et éc. cne de Torcé.
Moulinet (Le Grand et le Petit), f. cne de Parné. — Fief vassal de la bar. d'Entramnes.
Moulinets (Les), f. cne d'Andouillé.
Moulinets (Les), f. cne de Laval.
Moulinets-Daram (Les), f. cne de Bazouges.
Moulin-Fourniau (Ruisseau du), cne de Pré-en-Pail, affl. de la Mayenne.
Moulin-Geslin (Le), h. cne de Martigné. — L'étang de ce lieu est auj. desséché.
Moulin-Guibert (Ruisseau du), cne de Jublains, affl. de la riv. de l'Aron.
Moulin-Guillaume (Le), h. cne de Louverné.
Moulin-Hault, vill. cne de Grazay. — On prononce *Mouinault*.
Moulin-Herbelin (Le), fief, cne de la Bazouge-de-Chemeré, vassal de la châtell. de Chemeré.
Moulinière (La), f. cne de Gorron.
Moulinière (La), f. cne de Hambers; donne son nom à un ruiss. affl. de celui de Lingé.
Moulin-Lassue (Le), h. cne de Lignières-la-Doucelle.
Moulin-Mouchard (Le), f. cne de Longuefuye.
Moulin-Neuf (Le), h. et min, cne de Ballots. — Anc. propriété des moines de l'abb. de la Roë.
Moulin-Neuf (Le), min et f. cne du Bourgneuf-la-Forêt.
Moulin-Neuf (Le), f. et éc. cne de Bouère.
Moulin Neuf (Le), min, cne de la Brulatte, avec un étang qui est en partie en Juvigné.
Moulin-Neuf (Le), f. cne de Chailland; prend son nom d'un moulin détruit.
Moulin-Neuf (Le), h. cne de Chevaigné.
Moulin-Neuf (Le), éc. cne de Contest; prend son nom d'un moulin détruit vers 1856.
Moulin-Neuf (Le), min et vill. cne de la Croixille.
Moulin-Neuf (Le), f. et étang, cne de Jublains. — Le moulin à vent a été détruit vers 1857 et le moulin à eau en 1867.
Moulin-Neuf (Le), usine, cne de la Roë.
Moulin-Neuf (Le), f. cne de Saint-Fraimbault-de-Prières.
Moulin-Neuf (Le), h., étang et min, cne de Saint-Martin-de-Connée.
Moulin Neuf (Le), min, cne de Saint-Pierre-des-Landes détruit vers 1810.
Moulin-Neuf (Le), f. et min, avec étang, cne de Saint-Pierre-la-Cour. — Ruiss. affl. du Vicoin.
Moulin-Neuf (Le), f. et étang, cne de Vautorte.
Moulin-Neuf (Le), h. et min, cne de Villaines-la-Juhel

Moulin-Neuf (Le Grand et le Petit-), h. c^ne de Saint-Mars-sur-la-Futaie.
Moulin-Neuf (Le Petit-), éc. c^ne de Saint-Martin-de-Connée.
Moulin-Oger (Le), f. c^ne de Craon.
Moulin-Oger (Le), h. c^ne de Montflours.
Moulinot (Le), f. c^ne de Saint-Pierre-des-Landes.
Moulin-Oury (Le Grand-), h. c^ne de la Croixille.
Moulin-Oury (Le Petit-), f. c^ne de la Croixille.
Moulin-Pautonnier (Le), f. c^ne de Torcé.
Moulin-Péan (Le), f. c^ne de Montaudin.
Moulin-Rallier (Le), chât. et f. c^ne de Coudray.
Moulins (Les), h. c^ne de Gennes.
Moulins-Neufs (Étang des), c^nes d'Alexain et de Saint-Germain-d'Anxurre.
Moulin Vieux (Le), m^in, c^ne de Bouère.
Moulin-Vieux (Le), h. c^ne de Saint-Denis-d'Anjou.
Mourerie (La), f. c^ne de Saint-Georges-le-Fléchard. — La lande de ce lieu a été défrichée en 1840.
Mourlière (La), f. c^ne de Niafle; donne son nom à un ruiss. affl. de celui de la Teillée. — Altération de *la Morlière*.
Mouronnière (La), f. c^ne de Saint-Georges-Buttavent. — *La Moronnière*, 1578 (arch. du grand prieuré d'Aquitaine).
Mouronnière (La Haute-), h. c^ne de Saint-Georges-Buttavent.
Mousqueterie (La), f. c^ne de Saint-Germain-le-Fouilloux.
Moussaie (Bois de la), c^nes de Saint-Pierre-sur-Orthe et de Saint-Germain-de-Coulamer.
Moussais (Les), vill. c^ne de Montreuil.
Moussard, h. c^ne de Saint-Baudelle; donne son nom à un ruiss. affl. de la Mayenne.
Moussardais (La), h. c^ne de Soucé.
Moussardière (La), f. c^ne d'Aron.
Moussauderie (La), f. c^ne de Cuillé. — *La Moussauderie*, 1866 (rôles de dénombr.).
Moussardière (La), vill. c^ne de Jublains.
Moussardière (La), vill. c^ne de la Poôté.
Moussardière (La), f. c^ne de Saint-Christophe-du-Luat.
Moussardière (La), f. c^ne de Sainte-Gemmes-le-Robert.
Moussauderie (La), h. c^ne de Niafle; donne son nom à un ruiss. affl. de celui de Mée.
Moussay (Le), f. c^ne de Désertines. — Fief de la châtell. de Pontmain, relevant de la seign. de la Chaise.
Moussay (Le), f. c^ne de Parné; donne son nom à un ruiss. affl. de celui de la Chesnaie. Fief vassal de la bar. d'Entrammes.
Moussay (Le), f. c^ne du Pas. — Fief vassal de la bar. d'Ambrières.

Moussay (Le Grand et le Petit), h. c^nes de Saint-Cyr-le-Gravelais.
Mousselière (La), h. c^ne de Saint-Aignan-de-Couptrain.
Moussemandière (La), f. c^ne de Couesmes.
Mousseraie (La), éc. c^ne de Congrier. — Le ruiss. de la Mousseraie est un affl. du Chéran et arrose Saint-Saturnin.
Moussière (La), f. c^ne de Courcité.
Mousson (Ruisseau de), c^ne du Pas, affl. de celui de Bazeille.
Moussu (Le), éc. c^ne de la Poôté.
Moussuère (La), f. c^ne d'Athée.
Moussuère (La), f. c^ne de Bazouges.
Moutellière (La), f. c^ne de Bouère.
Moutonnière (La), f. c^ne de la Bigottière.
Moutonnière (La), vill. c^ne de Changé.
Moutonnière (La), h. c^ne de la Croixille.
Moutonnière (La), f. c^ne de Saint-Baudelle.
Moutonnière (La), f. c^ne de Saint-Jean-sur-Erve.
Moutonnière (La Haute-), h. c^ne de Colombiers.
Moutonnière-Creuse (La), h. c^ne de Colombiers.
Moyettes (Ruisseau des), c^ne de Saint-Germain-le-Fouilloux, affl. du ruiss. du Guy-Boutier.
Muette (La) ou la Meute, logis et f. c^nes de Viviers et de Saint-Denis-d'Orques, avec rendez-vous de chasse, au centre de la forêt de la Grande-Charnie, dépendant du chât. de Bouillé.
Mulardière (La), f. c^ne de Loigné. — *La Meuslardière*, 1668 (abb. de la Roë, H 170).
Muleries (Les), h. c^ne de Saint-Céneré.
Mulochère (La), f. c^ne de Gennes.
Mulochère (La), h. c^ne de Gesvres. — Les bruyères de ce lieu ont été défrichées en 1830.
Mulochère (La), f. c^ne de Viviers.
Mulonnière (La), f. c^ne de Méral.
Mulonnière (La), f. c^ne de la Selle-Craonnaise.
Mulonnières (Les), f. c^ne de Bazouges.
Mulottière (La), h. c^ne de Pré-en-Pail.
Mulottière (La), f. c^ne de Saint-Berthevin-la-Tannière.
Mulottière (La), f. c^ne de Villiers-Charlemagne.
Multière (La), vill. c^ne de Ravigny.
Multière (La), h. c^ne de Saint-Aubin-Fosse-Louvain.
Multonne (Forêt de), c^nes de Boulay et de Champfremont, sur les limites des dép^ts de l'Orne et de la Mayenne. — *Bois des Monts de Tonnes* (carte de Jaillot). — On dit aussi *Moultonne*.
Multonne (Landes de), c^ne de Ravigny; auj. défrichées.
Mur (Le), f. c^ne de Commer.
Mur (Le), vill. c^ne de Jublains.

DÉPARTEMENT DE LA MAYENNE. 233

Mur (Le), f. c^{ne} de Juvigné-des-Landes.
Murailles (Les), éc. c^{ne} de Saint-Christophe-du-Luat.
Mûrier (Le), f. c^{ne} de Craon.
Musardière (La), vill. c^{ne} de Javron.
Musardière (La), h. c^{ne} d'Olivet.
Musardière (La), éc. c^{ne} de Saint-Ouen-des-Toits.
Muse (La), f. c^{ne} de Brécé.
Musellière (La), h. c^{ne} de la Cropte.
Musellière (La), h. c^{ne} de Neau.
Musse (La), f. c^{ne} de Pommerieux.
Musse (La), f. c^{ne} de la Roë; auj. détruite.

Musserie (La), vill. c^{ne} de la Brulatte.
Musserie (La), f. c^{ne} de Loigné.
Musserie (La), éc. c^{ne} de Ruillé-le-Gravelais.
Mussetière (La), f. c^{ne} du Pas.
Mussoir (Le), f. c^{ne} de Cigné; donne son nom à un ruiss. affl. de la Mayenne.
Muttière (La), h. c^{ne} de Bazouges.
Muttière (La), h. c^{ne} de Chailland.
Muzangène (La), h. c^{ne} de Saint-Mars-sur-Colmont.
Mythême, chât. et f. c^{ne} de Martigné. — Fief du duché de Mayenne.

N

Naie-Brûlée (La), f. c^{ne} de Laval.
Naies (Les), h. c^{ne} de Laval. — On écrit aussi quelquefois les Nez.
Nail (Le), vill. c^{ne} de Mée.
Nancé, h. c^{ne} de Brécé. — Fief vassal de la bar. du Plessis-Châtillon.
Nangers, f. c^{ne} de Martigné; auj. détruite.
Napoléon, éc. c^{ne} de Gastines.
Napoléon, éc. c^{ne} de Saint-Martin-du-Limet.
Narbonne, f. c^{ne} de Montigné. — Nerbonne, 1558 (arch. de la Mayenne, série E).
Narbonne, h. c^{ne} de Thubœuf.
Nardé (Le Grand et le Petit), h. c^{ne} de Villiers-Charlemagne; on dit aussi Nardelle. — Terra de Natbel, Nabel et Belver, 1200 (Bibl. nat. f. lat. 5441).
Nargot (Ruisseau de), c^{ne} d'Andouillé; affl. du ruiss. de la Bigottière.
Nartère, f. c^{ne} de Gennes.
Narterie (La), f. c^{ne} de Mée.
Nauviet, éc. c^{ne} de Bazouges.
Nauvray, éc. c^{ne} de Pré-en-Pail.
Navellière (La), f. c^{ne} de Préaux.
Navellière (La), h. c^{ne} de Saint-Brice. — On dit aussi la Navellerie.
Navellières (Les), h. c^{ne} de Cossé-en-Champagne.
Naverie (La), f. c^{ne} de Landivy.
Navetière (La), f. c^{ne} d'Azé.
Navière (La), f. c^{ne} du Ham.
Nayère (La), h. c^{ne} d'Argentré.
Nayère (La), fief vassal de la Cour de Cossé-en-Champagne.
Nayère (La), f. c^{ne} de Denazé.
Nayères (Les), f. c^{ne} de Sainte-Gemmes-le-Robert. — Naillayam, 989 (cart. d'Évron).
Le ruiss. des Nayères et de la Fosse est un affl. de la Jouanne.

Nazé (Le Grand et le Petit), f. c^{ne} d'Argentré. — Fief du comté de Laval.
Le ruiss. du Petit-Nazé est un affl. de la Jouanne.
Neau, c^{on} d'Évron. — Ecclesiam Nyeel cum ipsa villa, 989 (cart. d'Évron). — Ecclesia Sancti Vigoris de Naël, 1125 (ibid.). — Rag. de Neel, 1203 (Bibl. nat. f. lat. 5441). — In parrochia de Nigello, 1218 (cart. d'Évron).
Prieuré dépendant de l'abb. d'Évron. — Anc. paroisse du doy. et de la bar. d'Évron et de l'élect. de Mayenne.
Nécessité (La), f. c^{ne} de Laigné.
Népandière (La), f. c^{ne} de Marcillé-la-Ville.
Nellier (La), f. c^{ne} d'Orgères.
Nerbonnière (La), f. c^{ne} de Chemeré-le-Roi.
Neroille (La Grande et la Petite), f. c^{ne} de Chemazé. — On dit aussi la Nervalle.
Néronnière (La), f. c^{ne} d'Ampoigné.
Néronnière (La), f. c^{ne} de Saint-Cénéré.
Nerrie (La), h. c^{ne} du Bourgneuf-la-Forêt.
Neslerie (La), f. c^{ne} d'Astillé.
Neslerie (La), f. c^{ne} de Ballots; donne son nom à un ruiss. affl. de celui de Mée.
Neslerie (La), h. c^{ne} de Nuillé-sur-Vicoin.
Neslerie (La), éc. c^{ne} d'Origné.
Neslèries (Les), f. et mⁱⁿ, c^{ne} de Laubrières.
Neubourg (Le), f. c^{ne} de Larchamp.
Neudières (Les), h. c^{ne} des Chapelles.
Neuillé ou Nuillé, f. c^{ne} de Châtillon-sur-Colmont.
Neuillerie (La), h. c^{ne} de la Poôté.
Neuilly-le-Vendin, c^{on} de Couptrain. — Nuillé, 1452 (Arch. nat. P 343).
Anc. par. du doy. de la Roche-Mabille et de l'élect. du Mans; elle relevait en partie du marq. de Lassay et en partie de la juridiction de la Ferté-Macé en Normandie.

Mayenne. 30

NEUVILLE, f. c^{ne} de Beaulieu. — *La Métaerie de Neufville*, 1305 (abb. de Saint-Serge d'Angers). — *Domayne de Nofville*, 1311 (*ibid.*).
NEUVILLE, f. c^{ne} de Cossé-le-Vivien.
NEUVILLE, mⁱⁿ, c^{ne} de Fromentières.
NEUVILLE ou NEUVY, fief, c^{ne} de Laval, vassal de la châtell. de Laval. — *Ma terre de Neufville*, 1419 (arch. de la Mayenne, série E).
Il s'étendait sur la partie de la rive gauche de la Mayenne comprise entre Bootz et l'étang de Barbé.
NEUVILLE, h. c^{ne} d'Oisseau.
NEUVILLE, f. c^{ne} de Saint-Pierre-sur-Orthe. — *Ecclesia de Nova Villula*, 1125 (cart. d'Évron).
NEUVILLE, chât., mⁱⁿ et f. c^{ne} de Saint-Sulpice.
NEUVILLE (LA), h. c^{ne} de Saint-Denis-de-Gastines.
NEUVILLERIE (LA), f. c^{ne} de Brains; auj. détruite. — Voy. ROCHEBOLAIS.
NEUVILLETTE, f. avec étang, c^{ne} de Jublains. — Arrière-fief du duché de Mayenne, vassal de la Motte d'Aron. — Anc. château.
Les landes de ce lieu sont auj. défrichées.
NEUVITRE (LA), éc. c^{ne} de Louverné.
NEVOUILLÈRE (LA), h. c^{ne} de Préaux. — On dit aussi la *Nevollière*.
NEVOUILLÈRE (LA PETITE), f. c^{ne} de Ballée.
NEVOURIE (LA), f. c^{ne} d'Azé.
NEZAN, h. c^{ne} de Parigné.
NEZEMENT (LE), f. c^{ne} de Bonchamp. — Fief du comté de Laval.
NEZEMENT (LE), h. c^{ne} du Bourgneuf-la-Forêt.
NEZEMENT (LE), vill. c^{ne} de Saint-Denis-de-Gastines.
NEZEMENT (LE), f. c^{ne} de Saint-Georges-Buttavent. — *Lieu du Nessement*, 1618 (arch. du grand prieuré d'Aquitaine). — *Lieu du Naizement*, 1751 (*ibid.*).
NEZEMENT (LE), h. c^{ne} de Vautorte; donne son nom à un ruiss. affl. de celui de Montenay.
NIAFLE, c^{ne} de Craon. — *Petrus de Niafla*, XIIe siècle (abb. de la Roë, H 151, f° 82). — *Nyaphle*, 1549 (abb. de la Roë).
Anc. paroisse du doy. et de la bar. de Craon et de l'élect. de Château-Gontier.
NIAFLES, h. c^{ne} de Changé. — *Neafles*, 1356 (censif de la bibl. de Laval).
Le ruiss. de la fontaine de Niafles est un affl. de celui de Saint-Nicolas.
NIAFLES, vill. c^{ne} de Louverné.
NICOUILLÈRE (LA GRANDE et LA PETITE), h. c^{ne} de Niafle. — *Nicoulier* (Cassini). — *La Denicoullière* (carte de l'État-major).
NID-CORBIN (BOIS et LANDES DE), c^{nes} de Torcé et de Viviers; faisaient partie de la forêt de la Charnie.
NID-DE-CHIEN, h. c^{ne} de Fougerolles.

NIFFAIE (LA), fief, c^{ne} de Saint-Michel-de-la-Roë, vassal de la bar. de Craon. — *La Nymphaie*, 1543 (prieuré des Bonshommes).
NIGERIE (LA), f. c^{ne} de Brécé; donne son nom à un ruiss. affl. de la Colmont.
NIGETERIE (LA), f. c^{ne} de Bouchamp.
NIOLERIE (LA), éc. c^{ne} de Louverné.
NIORT, c^{ne} de Lassay. — Anc. par. du doy. de Javron, de l'élect. du Mans et du marq. de Lassay.
Le ruiss. de Niort est un affl. de celui de Lassay.
NIORT (LE GRAND et LE PETIT), f. c^{ne} de Saint-Poix.
NIVERIE (LA), f. c^{ne} de la Baconnière.
NIVELAIE (LA), h. c^{ne} d'Averton.
NIVELAIE (LA), vill. c^{ne} de Courcité.
NIVELAIE (LA), h. c^{ne} de Trans.
NIVIÈRE (LA), h. c^{ne} de Jublains.
NIZIÈRES (LES), f. c^{ne} d'Ampoigné.
NIZIÈRES (LES), vill. c^{ne} de Saint-Julien-du-Terroux.
NIZIÈRES (LES), h. c^{ne} de Saint-Quentin.
NOCHERIE (LA), f. c^{ne} de Montreuil.
NOCHETIÈRE (LA), f. c^{ne} d'Évron.
NODERIES (LES), chât. et f. c^{ne} de Brécé.
NODIÈRES (LES), c^{ne} de Fougerolles.
NODIÈRES (LES), h. c^{ne} de la Haie-Traversaine.
NODIÈRES (LES), f. c^{ne} du Ham.
NOË (LA), f. c^{ne} de la Bazoge-Montpinçon.
NOË (LA), f. c^{ne} de Bierné.
NOË (LA), f. c^{ne} de Brains-sur-les-Marches.
NOË (LA), h. c^{ne} de Changé.
NOË (LA), f. c^{ne} de Congrier.
NOË (LA), f. c^{ne} de Cossé-le-Vivien. — Fief vassal de la seign. de la Corbière.
NOË (LA), f. c^{ne} de Fontaine-Couverte.
NOË (LA), f. c^{ne} de Lassay; donne son nom à un ruiss. affl. de celui de la Janvrie.
NOË (LA), f. c^{ne} de Laval.
NOË (LA), f. c^{ne} de Martigné.
NOË (LA), éc. c^{ne} de Montaudin.
NOË (LA) ou LA PIELLERIE, f. c^{ne} de Montourtier.
NOË (LA), f. c^{ne} de Neau.
NOË (LA), vill. c^{ne} de la Poôté.
NOË (LA), bois, c^{ne} du Ribay; défriché en 1855.
NOË (LA), f. c^{ne} de Sacé.
NOË (LA), f. c^{ne} de Saint-Berthevin.
NOË (LA), éc. c^{ne} de Saint-Denis-de-Gastines.
NOË (LA), éc. et f. c^{ne} de Saint-Georges-sur-Erve.
NOË (LA), f. c^{ne} de Saint-Jean-sur-Erve.
NOË (LA), éc. c^{ne} de Saint-Jean-sur-Mayenne.
NOË (LA), f. c^{ne} de la Selle-Craonnaise.
NOË (LA), h. c^{ne} de Vautorte.
NOË (LA GRANDE), f. c^{ne} de Loigné.
NOË (LA GRANDE), f. c^{ne} de Meslay.

DÉPARTEMENT DE LA MAYENNE.

Noë (La Grande et la Petite), vill. c^{ne} de Pré-en-Pail.
— Le ruiss. de la Noë est un affl. de la Mayenne.
Noë (La Petite-), éc. c^{ne} de la Brulatte.
Noë (La Petite-), h. c^{ne} de Saint-Berthevin.
Noë (La Petite-), f. c^{ne} de Saint-Charles-la-Forêt.
Noë-aux-Loups (La), f. c^{ne} de Pré-en-Pail.
Noë-Baudron (La), f. c^{ne} de Saint-Pierre-la-Cour.
Noë-Besnard (La), h. c^{ne} d'Évron.
Noë-Besnard (La), h. c^{ne} de Lignières-la-Doucelle.
Noë-Blanche (La), éc. c^{ne} de la Roë.
Noë-Cerf (La Grande et la Petite), vill. c^{ne} de Pré-en-Pail.
Noë-Chauveau (La), f. c^{ne} de la Bazouge-de-Chemeré.
Noë-Chereau (La), vill. c^{ne} de la Poôté.
Noë-Chevron (La), f. c^{ne} de Saint-Ouen-des-Toits.
Noë-Collet (La), f. c^{ne} de Gesvres.
Noë-Creuse (La), h. c^{ne} de Pré-en-Pail.
Noë-Doyen (La), f. c^{ne} de Brée.
Noë-du-Haut (La), h. c^{ne} de Bais.
Noë-du-Puits (La), éc. c^{ne} de Maisoncelles.
Noë-Dure (La), f. c^{ne} de Vimarcé.
Noë-Fèvre (La), h. c^{ne} de Bais.
Noë-Germain (La), f. c^{ne} de Châlons.
Noë-Gontier (La), h. c^{ne} de Chammes.
Noë-Guyon (La), f. c^{ne} de Mézangers.
Noë-Hervé (La), f. c^{ne} de la Chapelle-Rainsouin; auj. détruite.
Noë-Hinoux (La), h. c^{ne} de Lignières-la-Doucelle.
Noë-Huchet (La), h. c^{ne} de Lignières-la-Doucelle.
Noëlles (Les), f. c^{ne} de Brée.
Noëlles (Les), h. c^{ne} de Saint-Martin-de-Connée.
Noë-Milet (La), h. c^{ne} de Saint-Samson.
Noë-Montsûrs (La), f. c^{ne} de Vaiges.
Noë-Moreau (La), f. c^{ne} de Voutré.
Noë-Moreau (La Haute et la Basse), f. c^{ne} de Voutré.
Noë-Pelouse (La), f. et éc. c^{ne} de Pré-en-Pail.
Noë-Pierre (La), vill. c^{ne} de Bonchamp.
Noë-Pouillère (La), f. c^{ne} de Bourgon.
Noë-Ragaine (La), f. c^{ne} de Saint-Pierre-sur-Orthe. — Le ruiss. de la Noë-Ragaine ou de la Biochère est un affl. de la Vaudelle et arrose Saint-Germain-de-Coulamer. Le bois de ce lieu est auj. défriché.
Noë-Ronde (La), f. c^{ne} d'Évron.
Noë-Ronde (La), f. c^{ne} de Gesvres.
Noë-Ronde (La), f. c^{ne} de l'Huisserie.
Noë-Ronde (La), f. c^{ne} d'Izé.
Noë-Ronde (La), éc. c^{ne} de Saint-Martin-de-Connée.
Noë-Ronde (La), f. c^{ne} de Trans.
Noë-Rousse (La), f. c^{ne} de Maisoncelles; donne son nom à un ruiss. affl. de celui de la Bigottière.
Noës (Les), h. c^{ne} d'Assé-le-Bérenger.

Noës (Les), h. c^{ne} d'Azé.
Noës (Les), h. c^{ne} de Bais.
Noës (Les), f. c^{ne} de Ballée.
Noës (Les), f. c^{ne} de Boulay. — Les landes de ce lieu ont été défrichées en 1865.
Noës (Les), h. c^{ne} de Chemazé.
Noës (Les), f. c^{ne} de Courbeveille. — Le fief des Grandes-Noës était vassal de la châtell. de Courbeveille.
Noës (Les), h. c^{ne} de Cuillé. — L'étang de ce lieu est auj. desséché.
Noës (Les), f. c^{ne} de Fromentières.
Noës (Les), f. c^{ne} de Gennes.
Noës (Les), f. c^{ne} du Horps.
Noës (Les), f. c^{ne} de Jublains.
Noës (Les), vill. c^{ne} de Lignières-la-Doucelle.
Noës (Les), f. c^{ne} de Neau.
Noës (Les), f. c^{ne} de Neuilly-le-Vendin.
Noës (Les), h. c^{ne} de la Pallu.
Noës (Les), f. c^{ne} de Sacé.
Noës (Les), f. c^{ne} de Saint-Aignan-de-Couptrain.
Noës (Les), f. c^{ne} de Saint-Calais-du-Désert.
Noës (Les), f. c^{ne} de Saint-Denis-de-Gastines. — Ruiss. affl. de celui de Tête-Louvine.
Noës (Les), f. c^{ne} de Saint-Denis-du-Maine.
Noës (Les), h. c^{ne} de Saint-Germain-de-Coulamer.
Noës (Les), f. c^{ne} de Saint-Jean-sur-Erve.
Noës (Les), f. c^{ne} de Soulgé-le-Bruant.
Noës (Les), f. c^{ne} de Villiers-Charlemagne.
Noës (Ruisseau des), c^{ne} de Saint-Julien-du-Terroux, affl. de l'Anglaise.
Noës-Chopins (Les), f. c^{ne} de Chammes.
Noës-David (Les), f. c^{ne} de Fromentières.
Noës-David (Les), f. c^{ne} de Mée.
Noës-de-Louban (Bois des), faisait partie de la forêt de Craon d'après un aveu de 1460 (Arch. nat. P 339).
Noës-d'Erve (Les), f. c^{ne} de Chammes.
Noës et Rochettes (Fief de), c^{ne} d'Évron, vassal de la terre de Verdelles sous la mouvance de la baronnie d'Évron.
Noë-sous-la-Butte (La), éc. c^{ne} de Pré-en-Pail.
Noës-Richard (Les), vill. c^{ne} de Saint-Pierre-la-Cour. — *Les Noues-Richard*, 1643 (abb. de la Roë, H 199).
Nogez, f. c^{ne} de Boulay.
Nogez, h. c^{ne} de la Poôté.
Noire (La), h. c^{ne} d'Épineu-le-Seguin.
Noire-Fontaine, vill. c^{ne} d'Izé; donne son nom à un ruiss. affl. de l'Orthe.
Noirie (La) ou la Noërie, f. c^{ne} de Bazouges.
Noirie (La), f. c^{ne} de Chantrigné.
Noirie (La), éc. c^{ne} de Daon.
Noirie (La) ou la Noirerie, vill. c^{ne} d'Izé.

NOIRIE (LA), f. c^{ne} de Niort; donne son nom à un ruiss. affl. de celui de la Fontaine-Rouillée.
NOIRIÈRE (LA), f. c^{ne} de Torcé.
NOIRIEUX, chât. et f. c^{ne} de Saint-Laurent-des-Mortiers. — *Clos de Nouerieux*, 1605 (arch. de la Mayenne, E 36).
Fief du marq. de Château-Gontier, qui s'étendait sur Bierné et Saint-Laurent.
NOISETTE, h. c^{ne} de Placé.
NOLANDIÈRE (LA), f. c^{ne} de Landivy.
NOLLERIE (LA), f. c^{ne} de Sainte-Gemmes-le-Robert.
NOMBRIL (LE PETIT-), éc. c^{ne} de Livet-en-Charnie.
NOMÉ (LE), h. c^{ne} d'Averton.
NOMÉE (LA HAUTE et LA BASSE), vill. c^{ne} de Saint-Aubin-du-Désert.
NONNERIE (LA), f. c^{ne} de Changé.
NOPTIÈRE (LA), f. c^{ne} de Saint-Pierre-des-Landes.
NORMAND (LE MOULIN), mⁱⁿ, c^{ne} d'Aron.
NORMANDERIE (LA), f. c^{ne} de Ballots; auj. nommée *la Tour*.
NORMANDIÈRE (LA), f. c^{ne} de Bierné.
NORMANDIÈRE (LA), h. c^{ne} de Cossé-le-Vivien; donne son nom à un ruiss. affl. de celui du Pont-Poirier.
NORMANDIÈRE (LA), éc. c^{ne} de la Pallu. — Le ruiss. de ce nom, affluent de celui de la Pallu, forme la limite du département sur une longueur de 1,600 mètres.
NORMANDIÈRE (LA), f. c^{ne} de Sainte-Gemmes-le-Robert.
NORMANDIÈRE (LA), f. c^{ne} de Saint-Michel-de-la-Roë. — *Le lieu de la Normanderie, aliàs le moulin de Davy*, 1728 (abb. de la Roë, H 181, f° 30).
NOSTIÈRE (LA), f. c^{ne} de Rennes-en-Grenouille.
NOTERIE (LA), f. c^{ne} de Saint-Gault.
NOTERIES (LES), f. c^{ne} de Gesnes.
NOTROUS (LE BOIS DES), c^{ne} de Bouère.
NOUDINS (LES), f. c^{ne} d'Assé-le-Bérenger.
NOUERIE (LA), f. c^{ne} de Saint-Christophe-du-Luat.
NOUERIE (LA), f. c^{ne} de Saint-Georges-le-Fléchard. — Landes défrichées en 1845.
NOUERIE (LA), f. c^{ne} de Saulges.
NOUES (LES), f. c^{ne} de Ménil.
NOUES (LES), f. c^{ne} de Saint-Laurent-des-Mortiers. — Altération de *Noës*.
NOUES (LES), éc. c^{ne} de Saint-Pierre-sur-Orthe.
NOUES-NARDS (LES), f. c^{ne} de Bouère.
NOUETS (LES), f. c^{ne} de la Bazouge-de-Chemeré; détruite vers 1828.
NOUETTE (LA), f. c^{ne} de Gastines; auj. détruite.
NOUETTE (LA), f. c^{ne} de Pré-en-Pail.
NOUETTES (LES), f. c^{ne} de Bazougers.
NOUILLÈRE (LA), f. c^{ne} de Saint-Denis-d'Anjou.
NOUILLÈRE (LA GRANDE-), f. c^{ne} de Bouère.

NOUILLÈRE (LA PETITE-), éc. c^{ne} de Bouère.
NOUIS (LES), f. c^{ne} de la Bazouge-de-Chemeré. — *Les Noys*, 1432 (arch. de la fabrique).
Cette ferme a été réunie à celle de la Guichardière.
NOUIS (LES), éc. c^{ne} de Saint-Ouen-des-Toits.
NOURRIÈRE (LA), mⁱⁿ, c^{ne} d'Andouillé.
NOURRIÈRE (LA), écluse, c^{ne} de Sacé.
NOUVEAU-BOIS-LIVET (LE), f. c^{ne} de Commer.
NOUVEAU-CIMETIÈRE (LE), f. c^{ne} d'Ernée.
NOUVELAIE (LA), f. c^{ne} de Juvigné-des-Landes.
NOUVELLE-FRANCE (LA), h. c^{ne} de Bouère.
NOUVELLE-VIEUVILLE (LA), vill. c^{ne} de Livré.
NOUVELLE-VIGNE (LA), f. c^{ne} de Grez-en-Bouère.
NOUVELLIÈRE (LA), h. c^{ne} de Gesvres.
NOUVELLIÈRE (LA), vill. c^{ne} de Ruillé-le-Gravelais. — *La Nouvayère*, 1527 (abb. de la Roë, H 199, f° 184). — *La Novaière*, 1663 (ibid. H 199, f° 160). — *La Noë-Vayère*, 1665 (ibid. H 200, f° 128). — *La Novellière*, 1721 (ibid. H 199).
Fief de la châtell. de Montjean.
NOUVELLIÈRE (LA BASSE-), f. c^{ne} de Chemeré-le-Roi. — Nom synonyme de *Novale*.
NOUVELLIÈRE (LA HAUTE-), éc. c^{ne} de Chemeré-le-Roi.
NOUVELLIÈRES (LES), f. et vill. c^{ne} de Gesvres.
NOUVELLIÈRES (LES), h. c^{ne} de Neau.
NOVALE (LA), f. c^{ne} de Cossé-en-Champagne.
NOVAYÈRE (LA), fief, c^{ne} d'Olivet, relevant du Plessis-Milcent en la châtell. de Saint-Ouen. — Il faudrait dire *la Nouvellière*.
NOYER (LE), f. c^{ne} d'Arquenay.
NOYER (LE), vill. c^{ne} d'Averton.
NOYER (LE), f. c^{ne} d'Azé.
NOYER (LE), f. c^{ne} de Cuillé.
NOYER (LE), f. c^{ne} d'Épineu-le-Seguin.
NOYER (LE), f. c^{ne} de Louverné.
NOYER (LE), vill. c^{ne} de la Poôté.
NOYER (LE), h. c^{ne} de Villepail.
NOYER (LE GRAND-), h. c^{ne} de Placé.
NOYER (LE GRAND et LE PETIT), f. c^{ne} de Brécé.
NOYER (LE GROS-), éc. c^{ne} de Bazouges.
NOYER (LE HAUT et LE BAS), vill. c^{ne} de Châtillon-sur-Colmont.
NOYER (LE PETIT-), f. c^{ne} de Placé.
NOYERS (LES), f. c^{ne} d'Arquenay.
NOYERS (LES), f. c^{ne} de Brécé; ruiss. affl. de celui de Bazeille.
NOYERS (LES), mⁱⁿ, c^{ne} de Chammes.
NOYERS (LES), vill. c^{ne} d'Évron.
NOYERS (LES), f. c^{ne} de la Gravelle.
NOYERS (LES), f. c^{ne} de la Pallu.
NOYERS (LES), f. c^{ne} de Saint-Berthevin.

NOYERS (LES), h. c^{ne} de Saint-Germain-le-Fouilloux. — La chapelle de Saint-Yves, dite *de Baratte*, portait aussi le nom des *Noyers*.

NUE-DORÉE (LA), f. c^{ne} d'Assé-le-Béranger.

NUILLÉ, f. c^{ne} de Châtillon-sur-Colmont.

NUILLÉ, f. c^{ne} d'Ernée.

NUILLÉ (LE PETIT-), f. c^{ne} de Houssay.

NUILLÉS (LES), f. c^{ne} d'Argentré. — Arrière-fief du comté de Laval, vassal du fief de Perils.

NUILLÉ-SUR-OUETTE, c^{ne} de Montsurs. — *Nojolium*, IXe siècle (Gesta dom. Aldrici). — *Nulley-sur-Oeste*, XVIe siècle (cab. la Bauluère). — *Nuillé-sur-Oistre*, 1685 (reg. paroissiaux).

Anc. par. du doy. et de l'élect. de Laval et du baill. de Sainte-Suzanne.

NUILLÉ-SUR-VICOIN, c^{ne} de Laval-Est. — *G. de Nuliaco*, XIe s^e (cart. du Ronceray). — *Parrochia de Nuillé*, 1217 (liv. bl. du chap. du Mans). — *Parrochia de Nuilleio*, 1298 (arch. de la Mayenne, série H).

Anc. par. du doyenné, de l'élection et du comté de Laval.

NUPIEDS (LES), f. c^{ne} de Laval.

NUZ, forêt et contrée comprises entre les rivières de la Mayenne et de la Sarthe au N.-E. de l'arrondissement de Mayenne. Les habitants de ce pays se sont longtemps appelés les Nussiens. — *Les vaillants Nussiens*, XVIe s^e (2e Noël de Samson Bedouin). — *C'est ès limites de ce pays de Nuz en la ville de Maine la Juhée*, XVIe s^e (Bonaventure des Perriers, 29e nouvelle).

O

OCHE (L'), mⁱⁿ, c^{ne} de Saint-Brice.

OCHE-BINET (L'), mⁱⁿ, c^{ne} de Villepail.

OGER, mⁱⁿ, c^{ne} de Montflours; détruit vers 1856.

OGEREAU (L'), h. c^{ne} de Saint-Pierre-sur-Orthe.

OGERIE (L'), f. c^{ne} de Châtillon-sur-Colmont.

OGERIE (L'), f. c^{ne} de Désertines.

OGERIE (L'), f. c^{ne} de la Dorée; ruiss. affl. de l'Ourde.

OGERIE (L'), f. c^{ne} de l'Huisserie.

OGERIE (L'), f. c^{ne} de la Mayenne.

OGERIE (L'), f. c^{ne} de Méral.

OGERIE (L'), f. et vill. c^{ne} de Montenay.

OGERIE (L'), f. c^{ne} de la Rouaudière.

OGERIE (L'), f. c^{ne} de Ruillé-le-Gravelais. — Fief de la châtell. de Montjean.

OGERIE (L'), f. c^{ne} de Saint-Berthevin-la-Tannière.

OGERIE (L'), h. — Voy. ORGERIE (L').

OGERIE-AUX-BARONS (L'), f. c^{ne} de Montenay. — On dit aussi *la Logerie*.

OGERIE-AUX-GRÉSILLONS (L'), h. c^{ne} de Montenay.

OIGNON, vill. c^{ne} d'Ambrières.

OISARDIÈRE (LA GRANDE et LA PETITE), f. c^{ne} de Thorigné. — Fief de la bar. de Sainte-Suzanne.

OISEAU (L'), h. c^{ne} de Vaiges.

OISELLERIE (L'), h. c^{ne} de Champfremont; donne son nom à un ruiss. affl. de celui de la Jarriais.

OISELLERIE (L'), f. c^{ne} de Craon. — *Métairie de l'Oassellerie*, 1328 (prieuré des Bonshommes, arch. de Maine-et-Loire).

OISELLERIE (L'), h. c^{ne} de Montourtier. — *Le douet et rivage en dép. de l'Oissaillerie* (arch. de la Mayenne, E 15).

L'étang de ce lieu est auj. desséché.

OISELLERIE (L'), f. c^{ne} de Saint-Ouen-des-Vallons.

OISELLERIE (L'), h. c^{ne} de Thubœuf.

OISELLERIE (L'), h. c^{ne} de Viviers. — Landes auj. défrichées.

OISERIE (L'), h. c^{ne} de Landivy.

OISILLÉ (LE GRAND et LE PETIT), vill. et h. c^{ne} de Champgenéteux. — Fief vassal du marq. de Villaines-la-Juhel.

OISILLÈRE (L'), f. c^{ne} de la Bazouge-de-Chemeré.

OISILLÈRE (L'), f. c^{ne} de la Bazouge-des-Alleux.

OISILLÈRE (L'), f. c^{ne} de Bazouges.

OISILLÈRE (L'), h. c^{ne} de Brains-sur-les-Marches. — On dit aussi *l'Oisellière*.

OISILLÈRE (L'), f. c^{ne} de Cuillé.

OISILLÈRE (L'), f. c^{ne} de Fontaine-Couverte. — *Decime. totius masure de Oiseleria*, XIIe s^e (abb. de la Roë, H 151, f° 29).

OISILLÈRE (L'), f. c^{ne} de Fougerolles.

OISILLÈRE (L'), h. c^{ne} d'Hardanges.

OISILLÈRE (L'), h. c^{ne} de Neau.

OISILLÈRE (L'), f. c^{ne} de Nuillé-sur-Ouette. — Fief vassal de la châtell. de la Ramée.

OISILLÈRE (L'), f. c^{ne} du Ribay.

OISILLÈRE (L'), f. c^{ne} de Saint-Denis-du-Maine.

OISILLÈRE (L'), f. c^{ne} de Saint-Georges-le-Fléchard.

OISILLÈRE (L'), f. c^{ne} de Saint-Georges-sur-Erve. — Fief vassal de la châtell. de Foulletorte.

OISILLÈRE (L'), f. c^{ne} de Saint-Germain-le-Guillaume.

OISILLÈRE (L'), f. c^{ne} de Saint-Ouen-des-Toits.

OISILLÈRE (L'), f. c^{ne} de Vautorte.

OISILLY (RUISSEAU D'), c^{nes} de Grazay et de Marcillé, affl. de l'Aron.

238 DÉPARTEMENT DE LA MAYENNE.

Oisonnais (L'), f. cne de la Croixille.

Oisonnière (L'), f. cne de Bouère.

Oisonnière (L'), f. cne de Changé.

Oisonnière (L') ou l'Oisonnerie, f. cne de Chemazé.

Oisonnière (L'), f. cne d'Entrammes.

Oisonnière (L'), éc. cne de Placé.

Oisonnière (L'), f. cne de Saint-Baudelle.

Oisonnière (L'), f. cne de Saint-Berthevin; donne son nom à un ruiss. affl. de celui de Raffray.

Oisonnière (L'), f. cne de Saint-Mars-du-Désert.

Oisseau, con de Mayenne-Ouest. — *Guillelmus de Ossello*, XII° s° (Bibl. nat. f. latin 5441). — *Hamelinus de Ossel*, 1190 (cart. de Savigny, f° 127). — *Willelmus de Oisseio miles*, 1212 (Arch. nat. L 969). — *Apud Oissel*, 1216 (ibid.). — *Wuillelmus de Oeyssel*, 1235 (ibid. L 970). — *Ecclesia B. Petri de Oissello*, 1237 (ibid.). — *In parrochia de Oissel super Colmont*, 1252 (ibid. L 971).

Anc. par. du doyenné, de l'élection et du duché de Mayenne.

Oliveau, unin, cne de la Bigottière.

Oliveau, f. cne de Saint-Sulpice.

Oliveau, f. cne de Montenay.

Oliveaux (Les), f. cne de Montenay.

Oliverie (L'), h. cne de Lignières-la-Doucelle.

Olivet, con de Loiron. — *Hamelinus prior de Oliveto*, 1203 (Bibl. nat. f. lat. 5441).

Prieuré dép. de l'abb. de Notre-Dame-de-la-Réale en Poitou; anc. par. du doy., de l'élect. et du comté de Laval. — Siége d'une châtell. comprenant les fiefs du Genest, de Mondon et du Tertre.

L'étang de cette paroisse s'étend aussi en Saint-Ouen-des-Toits.

Olivet, f. cne de Saint-Brice. — Ruiss. affl. de la Taude.

Olivraie (L'), f. cne d'Azé. — Fief vassal du marq. de Château-Gontier.

Olivraie (L'), vill. cne de Brécé.

Olivraie (L'), f. cne de la Croixille.

Olivraie (La Grande et la Petite), f. cne de Biérné.

Olivrie (L'), h. cne de Loiron.

Ollon, f. cne de Saint-Fraimbault-de-Prières. — Arrière-fief du duché de Mayenne relevant de l'Isle-du-Gast.

Ollon (L'), riv. qui a sa source à Champéon et se jette dans la Mayenne à Saint-Fraimbault-de-Prières.

Ombretière (L'), f. cne de Laigné.

Onglées (Les), f. cne de Bonchamp.

Onglées (Les), f. cne de Daon.

Onglées (Les), vill. cne de Saint-Jean-sur-Mayenne.

Onguelaie (L'), f. cne de Ménil.

Onguelaine (L'), vill. cne de Sainte-Gemmes-le-Robert. — *Longlaine* (Cassini).

Orange, chât. et f. cne de Saint-Jean-sur-Mayenne. — Le fief de la Motte d'Orange était vassal de la châtell. de Laval et du duché de Mayenne.

Orangère (L'), f. cne d'Hardanges.

Orangerie (L'), f. cne d'Entrammes.

Orazière (L'), h. cne de Saint-Aignan-de-Couptrain.

Orbebeau (L'), f. cne de Parné.

Orbière (L'), f. cne de Bonchamp.

Orbière (L'), f. cne d'Entrammes.

Orbries (Les), f. cne de Chailland. — *Les Orbis* (carte de l'État-major).

Orbru (L'), h. cne de la Baconnière.

Orcisse (Le Moulin d'), h. et étang, cne de Larchamp. — Arrière-fief du duché de Mayenne, vassal de la châtell. de Pontmain.

Oreillerie (L'), h. cne de Montreuil.

Oresse, éc. cne de Courbeveille.

Oresse (L'), f. cne de Beaulieu.

Oresse (L'), cne de Montjean. — Fief vassal de la châtell. de Montjean.

Oresse (La Haute et la Basse), vill. cne de Loiron. — *L'Ouvresse*, 1385 (cab. la Bauluère).

Oresse (La Petite-), f. cne de Courbeveille; détruite depuis 1869.

Orfielle (L'), f. cne de Loigné. — *L'Orfeille*, XVII° s° (abb. de la Roë). — On dit aussi *l'Orfeuille*.

Organderie (L'), f. cne de Colombiers.

Organdière (L'), f. cne de Saint-Denis-de-Gastines.

Orgebec, f. cne de Saint-Denis d'Anjou; auj. détruite. — *Medietaria de Orgebec*, 1335 (arch. du chap. de Saint-Maurice d'Angers).

Orgères, con de Couptrain. — *Unam masuram in Orgeriis*, 1241 (Arch. nat. L. 970).

Anc. par. du doy. de la Roche-Mabille, de l'élect. du Mans et de la seign. de la Motte-Fouquet (Normandie).

Orgères (Les), h. cne de Landivy.

Orgères (Les), h. cne de la Poôté.

Orgerie (L'), h. cne d'Aron.

Orgerie (L'), chât. et h. cne d'Averton. — *Lorgerie* (carte de Jaillot).

Fief vassal du comté d'Averton. — Le ruiss. de l'Orgerie est un affl. de celui du Vieil-Averton.

Orgerie (L'), vill. cne de Ballots.

Orgerie (L') ou l'Ogerie, h. cne de Brécé.

Orgerie (L'), h. cne de la Chapelle-Anthenaise.

Orgerie (L'), h. cne de Cuillé. — *L'Ogerie*, 1615 (abb. de la Roë, H 170).

Orgerie (L'), f. cne de Lévaré; donne son nom à un ruiss. affl. de celui de la Fontaine-du-Bourg, qui arrose aussi Saint-Berthevin-la-Tannière.

DÉPARTEMENT DE LA MAYENNE. 239

Orgerie (L'), f. c^{ne} de Saint-Michel-de-la-Roë. — *Terres de Logerie*, 1450 (abb. de la Roë).
Orgerie (L'), f. c^{ne} de Saint-Ouen-des-Toits.
Orgerie (L'), f. c^{ne} de Saint-Quentin ; détruite vers 1866.
Orgerie (L'), f. c^{ne} de Sainte-Suzanne.
Orgerie (La Petite-), f. c^{ne} d'Averton.
Orgeries (Les), f. c^{ne} de la Bazouge-des-Alleux.
Orgeries (Les), h. c^{ne} de Juvigné-des-Landes.
Orgeries (Les), f. c^{ne} de la Roë ; auj. détruite.
Orgeries (Les), f. c^{ne} de Saint-Michel-de-la-Roë.
Oriaie (L'), f. c^{ne} de Carelles.
Oriaie (L'), h. c^{ne} de Hambers. — On dit aussi *Lorias*.
Orient (L'), vill. c^{ne} de la Gravelle.
Orière (L'), f. c^{ne} d'Argenton.
Orière (L'), f. c^{ne} d'Arquenay.
Orière (L'), f. c^{ne} de Bazougers.
Orière (L'), f. c^{ne} de Bouère.
Orière (L'), f. c^{ne} du Bourgneuf-la-Forêt.
Orière (L'), f. c^{ne} de la Chapelle-Anthenaise.
Orière (L'), h. c^{ne} de Chemeré-le-Roi. — Fief vassal de la châtell. de Chemeré.
Orière (L'), f. c^{ne} de Colombiers.
Orière (L'), f. et éc. c^{ne} de Gennes.
Orière (L'), mⁱⁿ, c^{ne} de Gesvres.
Orière (L'), f. c^{ne} du Ham.
Orière (L'), h. c^{ne} d'Izé.
Orière (L'), f. c^{ne} de Javron.
Orière (L'), h. c^{ne} de Lassay.
Orière (L'), fief, c^{ne} de Meslay, vassal de la châtell. de Meslay. — Le ruiss. de l'Orière et des Vincendières est un affl. de celui du Pont-Saint-Martin.
Orière (L'), f. c^{ne} d'Olivet. — *Lourière*, 1643 (abb. de la Roë, H 199).
Le ruiss. de l'Orière est un affl. du Vicoin.
Orière (L'), f. c^{ne} de Saint-Berthevin. — Fief vassal de la seign. de Rouessé.
Orière (L'), f. c^{ne} de Saint-Charles-la-Forêt.
Orière (L'), f. c^{ne} de Saint-Cyr-le-Gravelais.
Orière (L'), f. c^{ne} de Saint-Denis-d'Anjou.
Orière (L'), f. c^{ne} de Saint-Denis-de-Gastines ; donne son nom à un ruiss. affl. de celui de Montflaux. — Étang auj. desséché.
Orière (L'), f. c^{ne} de Saint-Germain-le-Fouilloux.
Orière (L'), éc. c^{ne} de Saint-Mars-du-Désert.
Orière (L'), f. c^{ne} de Saint-Martin-du-Limet.
Orière (L'), h. c^{ne} de Saint-Ouen-des-Toits.
Orière (L'), f. c^{ne} de Vaiges.
Orière (L'), h. c^{ne} de Vautorte.
Orière (L'), h. c^{ne} de Villaines-la-Juhel.
Orière (La Petite-), f. c^{ne} de Bazouges.
Orières, f. c^{ne} de Champgeneteux.

Origné, c^{on} de Château-Gontier. — *Burgus de Origneyo*, 1051 (Bibl. nat. f. lat. 5441). — *Apud Orinacum*, 1189 (Hist. de l'Égl. du Mans, t. IV). — *Origny*, 1773 (pouillé du dioc.).
Section de Houssay érigée en c^{ne} le 31 mai 1865. — Cette c^{ne} renferme un bois.
Prieuré dépendant de l'abb. de Marmoûtiers. — La seign. d'Origné relevait en arrière-fief du marq. de Château-Gontier et directement de la seign. de la Rongère.
Origné, vill. c^{ne} d'Andouillé.
Origné, h. c^{ne} de Hambers ; donne son nom à un ruiss. affl. de celui de Lingé.
Origné, f. c^{ne} de Sacé.
Origné, h. c^{ne} de Saint-Pierre-sur-Orthe.
Origné, fief vassal de la châtell. de Montjean.
Orillardière (L'), f. c^{ne} d'Averton.
Orillardière (L'), h. c^{ne} de Saint-Germain-de-Coulamer.
Orillardière (L'), h. c^{ne} de Vaiges.
Oriolais (L'), f. c^{ne} de Vaiges. — *Laurioclais* (Cassini).
Orion (L'), h. c^{ne} de Sainte-Gemmes-le-Robert. — Fief vassal de la bar. d'Évron.
Oriondière (L'), f. c^{ne} de Sainte-Gemmes-le-Robert ; aussi nommée *Bréon*.
Orlizière (La Grande et la Petite), f. c^{ne} de Pommerieux. — *Lorzuières* (Cassini).
Orlouillère (L'), f. c^{ne} de Châtelain.
Ormaine, f. c^{ne} de Champfremont.
Ormaine, vill. c^{ne} de Ravigny.
Ormeau (Carrefour de l'), éc. c^{ne} de Saint-Georges-sur-Erve.
Ormeau (L'), f. c^{ne} d'Arquenay.
Ormeau (L'), f. c^{ne} de Gennes ; auj. détruite.
Ormeau (L'), f. c^{ne} de Longuefuye.
Ormeau (L'), f. c^{ne} de Saint-Aignan-sur-Roë.
Ormeau (L'), f. c^{ne} de Saint-Aubin-du-Désert.
Ormeau (L'), éc. c^{ne} de Saint-Baudelle.
Ormeau (Le Grand et le Petit), f. c^{ne} de Saint-Georges-le-Fléchard.
Ormeau-Meslier (L'), f. c^{ne} de Neau.
Ormeaux (Les), f. c^{ne} de Bais.
Ormeaux (Les), éc. c^{ne} de Bonchamp.
Ormeaux (Les), h. c^{ne} de Cossé-en-Champagne.
Ormeaux (Les), f. c^{ne} d'Entramnes.
Ormeaux (Les), vill. c^{ne} de Laval.
Ormeaux (Les), vill. c^{ne} de Moulay.
Ormeaux (Les Grands et les Petits), f. c^{ne} de Cossé-le-Vivien.
Ormeaux (Les Grands et les Petits), h. c^{ne} de Saint-Ouen-des-Vallons.

OBMEILLÈRES (LES), f. c^ne de Houssay. — On dit aussi *Oneillère.*
Fief vassal du marq. de Château-Gontier.
ORMIER (L'), vill. c^ne d'Orgères.
ORNETTE (L'), rivière qui prend sa source à Boulay, arrose Gesvres et se jette dans la Sarthe au lieu du Val. — On la nomme aussi *rivière du Buisson de Malheur.*
ORNIÈRE (L'), f. c^ne d'Évron. — *Lorgnière* (Cassini). Le bois s'étend sur Châtres et Évron.
ORNIÈRE (L'), f. c^ne de Longuefuye.
ORSAY, h. et étang, c^ne de Villaines-la-Juhel. — *Orsey* (carte de Jaillot).
Fief du marq. de Villaines-la-Juhel. — Les landes de ce lieu sont auj. défrichées.
ORTHE, chât., forge, étang et vill. c^ne de Saint-Martin-de-Connée. — Le fief d'Orthe, annexé à celui de la Lucasière, fut érigé en châtell. vassale du duché de Mayenne et de la bar. de Sillé-le-Guillaume.
ORTHE (L'), rivière qui a sa source dans la c^ne d'Izé, arrose Saint-Martin-de-Connée et Saint-Pierre-sur-Orthe et se jette dans la Sarthe près de Moré.
ORTIER, f. c^ne de Saint-Ellier. — *Hortier* (Cassini).
ORVENIÈRE (L'), f. c^ne d'Ampoigné.
ORVILLETTE, f. et m^in, c^ne de Parné. — Fief vassal de la bar. d'Entramnes.
ORZILLÉ (LE GRAND ET LE PETIT), f. c^ne de Pommerieux.
OSERAIS (L') ou L'OUSERAIS, f. c^ne de Larchamp.
OSERAIS (LES), f. c^ne de Saint-Michel-de-Feins.
OSIER (L'), f. c^ne de Chantrigné.
OSIER (L'), f. c^ne de Cuillé.
OSIER (L'), f. c^ne de Montenay ; donne son nom à un ruiss. affluent de celui de Montenay. — On dit aussi *l'Ousier.*
OSIÈRE (L'), h. c^ne de Lassay.
OSNIÈRE (L'), f. c^ne de Cossé-en-Champagne.
OTAGERIE (L'), f. et m^in, c^ne de Colombiers ; ruiss. affl. de celui de la Turlière. — Le fief de l'Otagerie, annexé à ceux de Carelles, d'Yvoy et de Champorain, relev. du duché de Mayenne.
OUBLAIRIE (L'), éc. c^ne de Laval.
OUBLAIRIE (L'), f. c^ne de Saint-Michel-de-la-Roë. — *Medietariam de l'Oblaère*, 1234 (abb. de la Roë).
Fief vassal du fief de Balisson.
OUCHE (L'), f. c^ne d'Ahuillé.
OUCHE (L'), f. c^ne de Cossé-le-Vivien.
OUCHE (L'), éc. c^ne de la Poôté.
OUCHE (L'), f. c^ne de Saint-Mars-du-Désert.
OUCHE-ALLAIS (L'), h. c^ne de Boulay.
OUDON (L'), rivière qui prend sa source à la Gravelle, dans le ruiss. du château, arrose Montjean, Méral, Cossé, Athée, Craon, Bouchamp, Chérancé, traverse une partie du dép^t de Maine-et-Loire et se jette dans la Mayenne près du Lion-d'Angers. — *Olidum super*, 1038 (cart. du Ronceray). — *Uldonum super*, xie s^e (*ibid.*). — *Castrum super ripam Uldonis composuit*, xve s^e (Hist. de Bretagne, D. Morice, t. I. p. 139). — *Rivière d'Udon*, 1431 (abb. de la Roë). — *Rivière de Dom*, 1578 (*ibid.*).

OUESTRES (LES GRANDES et LES PETITES), f. c^ne de Fromentières. — *Les Oaistres*, 1410 (arch. de la Mayenne, série E). — *Les Ouatres* (Cassini).
Fief vassal de la seign. de Forges, en la baronnie d'Entramnes.
OUETTE, f. c^ne de Parné. — La lande de ce lieu a été défrichée en 1846.
OUETTE (L'), rivière qui prend sa source dans la c^ne de la Chapelle-Rainsouin, traverse Nuillé, Saint-Georges-le-Fléchard, Parné, Entramnes, et se jette dans la Mayenne au-dessous de cette dernière commune. — *In riparia de Oiste*, 1277 (abb. de Belle-Branche). — Voy. NUILLÉ-SUR-OUETTE.
OUETTE (LA HAUTE et LA BASSE), f. c^ne d'Entramnes.
OUETTE (LA PETITE-) f. c^ne d'Entramnes.
OUGERIE (L'), f. c^ne d'Argentré.
OUGERIE (L'), h. c^ne de Nuillé-sur-Ouette. — *Lougerie* (Cassini).
OULARDIÈRE (L'), h. c^ne de Bouchamp.
OURDE (ÉTANG ET MOULIN D'), c^ne de Lévaré, détruits en 1870.
OURDE (L'), rivière qui prend sa source en Lévaré, arrose Vieuvy, Désertines et Saint-Aubin-Fosse-Louvain, où elle se jette dans la Colmont.
OUTREBOIS, fief vassal de la bar. de la Chapelle-Rainsouin.
OUVRAIN, éc. c^ne de Montflours. — Le ruiss. du Chêne-Coudé et d'Ouvrain, affl. de la Mayenne, arrose Sacé et Montflours.
OUVRINIÈRE (L'), f. c^ne de Villiers-Charlemagne.
OUZELAIS (L'), vill. c^ne de Fougerolles ; donne son nom à un ruiss. affl. de celui de Buais. — *Louzelay* (Cassini).
OVEILLÈRE (L'), h. c^ne de Cuillé.
OYÈRE (L'), f. c^ne de Bouère.
OYÈRE (L'), vill. c^ne de Commer. — On dit aussi *la Loyère.*
OYÈRE (L'), f. c^ne de Marcillé-la-Ville.
OYÈRES (LES BASSES-), vill. c^ne d'Aron. — *Loyère* (carte de Jaillot).
Ruiss. affl. de la riv. de l'Aron. — Le fief de la Cour des Oyères était vassal du duché de Mayenne.
OYÈRES (LES HAUTES-), h. c^ne d'Aron. — *Grangie de Loheria*, 1205 (abb. de Fontaine-Daniel).
OZÉ (ÉTANG D'), c^ne de la Baconnière.

P

Paffetière (La), f. cne de Saint-Céneré; donne son nom à un ruiss. affl. de celui de la Javelière.
Pagerie (La), f. cne d'Arquenay.
Pagerie (La), f. cne d'Astillé.
Pagerie (La), h. cne d'Athée.
Pagerie (La), f. cne de Bais; donne son nom à un ruiss. affl. de l'Aron.
Pagerie (La), f. cne de Blandouet.
Pagerie (La), f. cne de Cuillé.
Pagerie (La), f. cne de Jublains. — Fief vassal du duché de Mayenne, qui s'étendait aussi sur Belgeard. Les landes de ce lieu ont été défrichées en 1820.
Pagerie (La), f. et bois, cne de Saint-Aignan-sur-Roë.
Pagerie (La), h. cne de Saint-Léger.
Pages (Étang aux), en la forêt de Concise, cne de Saint-Berthevin; auj. desséché.
Paie (La), f. cne de Saint-Aignan-sur-Roë.
Paigerie (La), f. cne de Montenay.
Pail (Forêt de) : s'étend entre les cnes d'Averton, de Villaines, de Crennes, de Villepail, de la Poôté, de Gesvres et d'Averton. — *Foresta de Pail*, 1198 (recueil de chartes fait au xviie siècle).
Paillard, f. cne de Ravigny; donne son nom à un ruiss. de Paillard ou de Chandon, affl. du Sarthon. Le mln et l'étang ont été supprimés vers 1858.
Paillardière (La), étang et mln, cne d'Ahuillé. — Le ruiss. de la Paillardière ou de Gouillas est un affl. du Vicoin.
Paillardière (La), f. cne de Gorron; donne son nom à un ruiss. affl. de celui de Meriaux, qui arrose aussi Lesbois.
Paillardière (La), vill. cne de la Poôté. — On dit aussi *la Peyardière*.
Paillardière (La), f. cne de Saint-Aubin-Fosse-Louvain.
Paillardière (La), h. cne de Saint-Denis-de-Gastines.
Paillardière (La), f. cne de Saint-Gault.
Paillardière (La), f. cne de Saint-Georges-sur-Erve. — Le bois de ce lieu a été défriché vers 1863.
Paille-Maille, h. cne de Brécé.
Pailleron (Le), f. cne de Nuillé-sur-Ouette. — *Palleron* (Cassini).
Pain-Brûlé, f. cne de Vimarcé.
Painchaud, h. et mln, cne du Genest. — Fief de la châtell. de Saint-Ouen. Le ruiss. de Painchaud est un affl. du Vicoin et arrose aussi Saint-Berthevin.

Painchaudière (La), h. cne du Genest.
Pain-Maigné, éc. cne de Saint-Christophe-du-Luat.
Pain-Tout-Sec, éc. cne de Fougerolles.
Pain-Tout-Sec, f. cne de Jublains..
Pairas (Le) ou le Perras, f. cne de Larchamp. — Fief de la châtell. de Pontmain.
Paizière (La), éc. cne de Larchamp.
Paizière (La), h. cne de Lassay.
Paizière (La), h. cne de Montaudin.
Paizière (La), f. cne de Saint-Denis-de-Gastines.
Paizière (La Petite-), f. cne de Montaudin.
Pajottière (La), h. cne de Sainte-Suzanne.
Palainie (La), f. cne de Saint-Christophe-du-Luat.
Palaron (Le), f. cne de Ménil.
Palatrière (La), f. cne de la Baconnière.
Palayère (La), h. cne de la Chapelle-Craonnaise.
Palavère (La), f. cne de Chemazé; auj. détruite. — Closerie de la Palaière, 1622 (abb. de la Roë).
Palefrondière (La), vill. cne de Saint-Berthevin.
Palette (La), éc. cne de Châtillon-sur-Colmont. — *Sancta Trinitas de Palea*, 1147 (arch. de la May. H 66). — *Rivière de Paleis*, 1218 (ibid.). Le ruiss. de la Palette, plus connu sous les noms de *ruisseau du Fauconnier* ou *de Gasté*, se jette dans la Mayenne près de Contest.
Palfandière (La), f. cne de Laval.
Palis (Le), f. cne d'Argentré.
Palis (Le), h. cne de la Chapelle-Craonnaise.
Palis (Le), f. cne de la Chapelle-Rainsouin.
Palis (Le), éc. cne de Châtres.
Palissot (Le), f. cne de Sainte-Gemmes-le-Robert.
Pallier (Le), h. cne de Houssay.
Pallouis, f. cne de Saint-Poix. — *Lieu de Paslouis*, 1602 (arch. de la Mayenne, E 156).
Pallu (La), cne de Couptrain. — Anc. par. du doy. de la Roche-Mabille et de l'élect. du Mans, qui relevait de la seign. du Bois-Hamelin en Saint-Ouen-le-Brisoul (Normandie). Le ruiss. de la Pallu se jette dans la Mayenne.
Pallu (La), f. cne de Ménil.
Pallu (La), fief, cne du Pas, vassal de la bar. d'Ambrières; a donné son nom à un étang dont le ruiss. est un affl. de celui de l'étang du Buron.
Pallu (La), h. et mln, cne de Saint-Mars-sur-Colmont.
Palouzières (Les), f. cne d'Argentré.
Paluelle (La), f. cne de Laigné.
Palulière (La), h. cne de Javron.

PAMBOUG, h. c^{ne} de Saint-Pierre-sur-Orthe.
PAMPELUNE, éc. c^{ne} de Bazouges.
PANARD, mⁱⁿ, c^{ne} de Juvigné-des-Landes. — L'étang de ce lieu est auj. desséché.
PANARD, f. c^{ne} de Saint-Ellier.
PANARD (LE HAUT et LE BAS), h., chât. et mⁱⁿ, c^{ne} d'Ernée. — *Garinus de Penart*, 1160 (cart. de Savigny, f° 110). — *Decimam de Pennardo*, 1209 (abb. de Fontaine-Daniel).
 Fief vassal de la châtell. d'Ernée.
PANARDS, f. c^{ne} de Colombiers.
PANÉGE, f. c^{ne} d'Izé. — *Les Pernaiges*, 1583 (cart. d'Évron).
 Fief vassal de la seign. de Courceriers.
PANGELINE, f. c^{ne} de Quelaines.
PANGELINE, h. c^{ne} de Saint-Ouen-des-Toits.
PANIÈRE (LA), f. c^{ne} de Bannes.
PANIÈRES (LES), f. c^{ne} de Cossé-en-Champagne.
PANISSAIE (LA), f. c^{ne} de Chailland.
PANISSAIE (LA), h. c^{ne} de Montenay. — *La Pennissaie* (Cassini).
PANLIVARD, f. c^{ne} de Ballée.
PANLIVIER, f. c^{ne} de Jublains.
PANLOUP, f. c^{ne} de la Baconnière.
PANNE (LA), éc. c^{ne} de Bazouges.
PANNETERIE (LA), f. c^{ne} de Chammes. — On dit aussi *la Pannetière*.
 Fief vassal de la bar. de Sainte-Suzanne.
PANNETERIE (LA), f. c^{ne} de Châtillon-sur-Colmont.
PANNETERIE (LA), f. c^{ne} de Saint-Jean-sur-Erve.
PANSUÈRE (LA GRANDE-), f. c^{ne} de Blandouet.
PANTIÈRE (LA), éc. c^{ne} de Meslay.
PANTIÈRE (LA), h. c^{ne} de Quelaines.
PANTIÈRE (LA), f. c^{ne} de Saint-Germain-le-Guillaume.
PANTIÈRE (LA), éc. c^{ne} de Saint-Pierre-sur-Orthe.
PANTINIÈRE (LA), f. c^{ne} d'Assé-le-Bérenger.
PANVAUD (LE), f. c^{ne} d'Aron.
PANVAUX (LES), éc. c^{ne} de Saint-Germain-de-Coulamer.
PAPAUTÉ (LA), f. c^{ne} de Châtres.
PAPELLIÈRE (LA), h. c^{ne} de Villepail; donne son nom à un ruiss. affl. de celui de la Chauvellière.
PAPELONNIÈRE (LA), f. c^{ne} de Bazougers.
PAPELONNIÈRE (LA), f. c^{ne} du Bourgneuf-la-Forêt.
PAPELONNIÈRE (LA), f. c^{ne} d'Entrammes; donne son nom à un ruiss. affl. de l'Ouette.
PAPELONNIÈRE (LA), f. c^{ne} de Loiron.
PAPELONNIÈRE (LA), h. c^{ne} d'Olivet.
PAPILLON, mⁱⁿ, c^{ne} de Saint-Mars-sur-Colmont; détruit avant 1820.
PAPILLONNAIE (LA), f. c^{ne} de Saint-Quentin.
PAPILLONNIÈRE (LA), f. c^{ne} de Saint-Calais-du-Désert.

PAPINAIS (LA), f. c^{ne} de Gennes. — Le bois de ce lieu a été défriché vers 1835.
 Fief vassal de la châtell. de Romfort.
PAPINIÈRE (LA), mⁱⁿ, c^{ne} de la Bazouge-des-Alleux; auj. détruit.
PAPINIÈRE (LA), f. c^{ne} de Bazouges.
PAPINIÈRE (LA), f. c^{ne} de Beaulieu.
PAPINIÈRE (LA), vill. c^{ne} de la Chapelle-au-Riboul.
PAPINIÈRE (LA), f. c^{ne} de la Chapelle-Craonnaise.
PAPINIÈRE (LA), f. c^{ne} de Daon.
PAPINIÈRE (LA), f. c^{ne} de Montjean. — Le ruiss. de la Papinière ou de Villetremaise est un affluent de l'Oudon.
PAPINIÈRE (LA), éc. c^{ne} de Quelaines.
PAPINIÈRE (LA), f. c^{ne} de Saint-Georges-Buttavent.
PAPINIÈRE (LA), bois, c^{ne} de Senonnes; défriché vers 1840.
PAPONNIÈRE (LA), f. c^{ne} d'Oisseau.
PAPONNIÈRE (LA GRANDE et LA PETITE), h. c^{ne} de Saint-Georges-Buttavent.
PAPOUSE (RUISSEAU DE), c^{ne} de Saint-Denis-de-Gastines, affl. du ruiss. de Gastines.
PARADIS, f. c^{ne} de Laval.
PARADIS (LE), éc. c^{ne} de la Bigottière.
PARADIS (LE), f. c^{ne} de Chailland.
PARADIS (LE), f. c^{ne} de Villiers-Charlemagne.
PARADIS (MAISONS DE), éc. c^{ne} de Saint-Denis-du-Maine.
PARAGÈRE (LA), f. c^{ne} de l'Huisserie.
PARAIRIE (LA), f. c^{ne} de Saint-Cénéré.
PARANJER (RUISSEAU DU), c^{ne} de Launay-Villiers, affl. du Vicoin.
PARASSIÈRE (LA), f. c^{ne} d'Aron.
PARBRUNIÈRE (LA), f. c^{ne} de Saint-Fraimbault-de-Prières. — On dit aussi *la Palbrunière*.
PARC (ÉTANG DU), c^{ne} de la Gravelle.
PARC (ÉTANG DU), c^{ne} de Saint-Brice; desséché de 1800 à 1810.
PARC (LE), mⁱⁿ et bois, c^{ne} d'Averton.
PARC (LE), mⁱⁿ et f. c^{ne} de Brécé. — Ruiss. affl. de la Colmont.
 Le fief du Parc d'Avaugour était de la mouvance du duché de Mayenne.
PARC (LE), f. c^{ne} de Landivy.
PARC (LE), f. c^{ne} de Lévaré.
PARC (LE), vill. c^{ne} de Montaudin.
PARC (LE), bois, c^{ne} de Ruillé-le-Gravelais.
PARC (LE), f. c^{ne} de Saint-Baudelle.
PARC (LE), étang et mⁱⁿ, c^{ne} de Saint-Cyr-le-Gravelais; auj. supprimés.
PARC (LE), h. c^{ne} de Saint-Denis-de-Gastines.
PARC (LE), f. c^{ne} de Saint-Ellier.
PARC (LE), f. c^{ne} de Saint-Georges-Buttavent.

Parc (Le), f. c^{ne} de Saint-Sulpice. — Fief pourvu d'une haute justice annexée à celle de la Rongère, qui relevait du marq. de Château-Gontier.

Parc (Le Grand-), vill. c^{ne} de Viviers.

Parc (Le Grand et le Petit), h. c^{ne} de Saint-Pierre-des-Landes.

Parc-de-Goué (Le), fief, c^{ne} de Fougerolles, vassal de la châtell. de Pontmain.

Parc-des-Aulnais (Le), étang, c^{ne} de Parné; desséché vers 1800.

Parc-des-Bois (Le), f. c^{ne} de Gesvres.

Parc-du-Bourg (Le), vill. c^{ne} de Gesvres.

Parcé, f. c^{ne} de Fromentières. — *Métairie de Parrecé*, 1605 (arch. de la Mayenne, E 27).

Parcelle (La), éc. c^{ne} de Blandouet.

Parcs (Les), éc. c^{ne} de Charchigné.

Parcs (Les), h. c^{ne} de Viviers.

Parentière (La), vill. c^{ne} de la Baroche-Gondouin; donne son nom à un ruiss. affl. de l'Anglaine.

Parentière (La), f. c^{ne} de Beaumont-Pied-de-Bœuf.

Parentière (La), f. c^{ne} de Loupfougères.

Parentière (La), f. c^{ne} de Saint-Christophe-du-Luat.

Parentière (La), vill. c^{ne} de la Selle-Craonnaise.

Parentière (La Basse-), f. c^{ne} de la Selle-Craonnaise.

Parentières (Les), h. c^{ne} de Maisoncelles.

Parigné, c^{on} de Mayenne-Ouest. — *Ecclesia B. M. de Parrigneio*, 1186 (liv. bl. du chap. du Mans). — *In Ecclesia de Patriniaco*, xiie s^e (Bibl. nat. Dom. Housseau, III). — *Parigné-sous Braie* (c. de Jaillot).

Anc. par. du doyenné, de l'élection et du duché de Mayenne.

Parigné, f. c^{ne} de la Brulatte.

Parigné, logis, c^{ne} de Thorigné.

Parinière (La), f. c^{ne} de Juvigné-des-Landes.

Parisière (La), f. c^{ne} de Chailland.

Parisière (La), f. c^{ne} de Désertines.

Parmeigner, fief vassal de la châtell. de Meslay.

Parné, c^{on} d'Argentré. — *Guyardus de Parrenaio*, xie s^e (Bibl. nat. f. lat. 5441). — *Parrochia de Parreneia*, 1125 (cart. d'Évron). — *G. de Parrenciaco*, xiie s^e (abb. de la Roë, H 151 f° 83). — *G. de Parrena*, xiie s^e (cart. du Ronceray). — *Parrenay*, 1483 (arch. de la Mayenne, Lettres de Louis XI). — *Parrené*, 1555 (reg. paroiss.). — *Parenay* (carte de Jaillot).

Anc. par. du doy. de Sablé, de l'élect. et du comté de Laval.

Parné (Le Grand et le Petit), h. c^{ne} de Gennes.

Parneau, f. c^{ne} de Parné; donne son nom à un ruiss. affl. de l'Ouette.

Fief vassal d'abord de la seign. de Marboué, puis après 1620 de la bar. d'Entrammes.

Parnière (La), f. c^{ne} de Craon.

Paroissiennerie (La), f. c^{ne} de Placé.

Parrerie (La), f. c^{ne} de Chemeré-le-Roi.

Partage (Le), mⁱⁿ et f. c^{ne} d'Averton.

Parthenay, fief vassal de la châtell. de Laval.

Parvis (Le Bas-), f. et mⁱⁿ, c^{ne} de la Selle-Craonnaise; auj. détruits.

Parvis (Le Haut-), f. c^{ne} de la Selle-Craonnaise. — Fief vassal de la bar. de Craon, duquel relevaient la Joubardière et la Motte-Basté.

Pas (Le), c^{ne} d'Ambrières. — *In parrochia de Passu*, 1260 (abb. de Savigny, Arch. nat. L 972).

Anc. par. du doy. de Passais, de l'élection et du duché de Mayenne.

Pas (Le), f. c^{ne} de Cuillé.

Pas (Le), f. c^{ne} de Deux-Évailles.

Pas (Le), f. c^{ne} de Fontaine-Couverte.

Pas (Le), f. c^{ne} d'Olivet.

Pas (Le), h. c^{ne} de Saint-Aignan-sur-Roë.

Pas (Le Haut et le Bas), vill. c^{ne} du Ham.

Pas-Bizeul (Le), f. c^{ne} de la Brulatte.

Pas-de-Beau (Le), h. c^{ne} de Villiers-Charlemagne.

Pas-de-Pierre (Le), vill. c^{ne} de Juvigné-des-Landes.

Pasquerie (La), f. c^{ne} de la Chapelle-au-Riboul.

Pasquerie (La), f. c^{ne} de Denazé.

Pasquerie (La), vill. c^{ne} de Gastines.

Pasquerie (La), f. c^{ne} de Houssay; auj. détruite.

Pasquerie (La), vill. c^{ne} de Lignières-la-Doucelle.

Pasquerie (La), f. c^{ne} de Maisoncelles.

Pasquerie (La), f. c^{ne} de Montjean.

Pasquerie (La), f. c^{ne} de Niafle; auj. détruite.

Pasquerie (La), f. c^{ne} de Saint-Denis-de-Gastines.

Pasquerie (La), éc. c^{ne} de Saint-Michel-de-la-Roë. — *Village de la Paccaurie*, 1658 (abb. de la Roë).

Pasquerie (La), f. c^{ne} de Saint-Ouen-des-Vallons.

Pasquerinais (La), h. c^{ne} de Saint-Berthevin-la-Tannière.

Passage-des-Voyageurs (Le), éc. c^{ne} de Voutré.

Passager (Le), f. c^{ne} de Changé.

Passeau (Le), h. c^{ne} de Ruillé-Froidfont.

Passelière (La), f. c^{ne} de Loiron.

Passoir, h. c^{ne} de Châtillon-sur-Colmont. — On prononce *Passouer*.

Fief vassal du duché de Mayenne.

Passoir (Le), f. c^{ne} d'Hardanges.

Passoir (Le), f. c^{ne} de Saint-Denis-de-Gastines.

Passoir (Ruisseau du), c^{ne} de Champfremont, affl. du ruiss. de Campas.

Passonnaie (La), vill. c^{ne} de Couesmes.

Passonnière (La), vill. c^{ne} de Couesmes.

Pastière (La), vill. c^{ne} de Châtillon-sur-Colmont.

Pastière (La Haute-), h. c^{ne} de Châtillon-sur-Colmont.

PASTOURETTE (LA), éc. c^{ne} de Cossé-en-Champagne.
PATENEYÈRES (LES), f. c^{ne} de Villiers-Charlemagne.
PATENIÈRE (LA), f. c^{ne} d'Entramnes.
PATEREAU (LE), étang et mⁱⁿ, c^{ne} d'Ahuillé.
PATIENCE, f. c^{ne} de Craon.
PATIENCE, f. c^{ne} de Saint-Martin-du-Limet. — Fief vassal de la bar. de Craon.
PATIENCE, f. c^{ne} de Vaiges.
PÂTIS (LE), f. c^{ne} d'Ampoigné.
PÂTIS (LE), f. c^{ne} d'Assé-le-Bérenger.
PÂTIS (LE), f. c^{ne} d'Azé.
PÂTIS (LE), f. c^{ne} de Bazougers.
PÂTIS (LE), f. c^{ne} de Bazouges.
PÂTIS (LE), f. c^{ne} de la Bigottière.
PÂTIS (LE), f. c^{ne} du Bourgneuf-la-Forêt.
PÂTIS (LE), f. c^{ne} de Brains-sur-les-Marches.
PÂTIS (LE), h. c^{ne} de la Brulatte.
PÂTIS (LE), f. c^{ne} de la Chapelle-Rainsouin.
PÂTIS (LE), f. c^{ne} de Châtelain; supprimée vers 1863.
PÂTIS (LE), f. c^{ne} de Chevaigné.
PÂTIS (LE), h. c^{ne} de la Croixille.
PÂTIS (LE), vill. c^{ne} de Cuillé.
PÂTIS (LE), éc. c^{ne} de Deux-Évailles.
PÂTIS (LE), éc. c^{ne} d'Ernée.
PÂTIS (LE), h. c^{ne} d'Évron.
PÂTIS (LE), f. c^{ne} de Fougerolles.
PÂTIS (LE), f. c^{ne} de Fromentières.
PÂTIS (LE), éc. c^{ne} de Gesnes.
PÂTIS (LE), h. c^{ne} de la Gravelle.
PÂTIS (LE), f. c^{ne} de Hambers.
PÂTIS (LE), f. c^{ne} de l'Huisserie; donne son nom à un ruiss. affl. de la Mayenne.
PÂTIS (LE), h. c^{ne} de Loiron.
PÂTIS (LE), f. c^{ne} de Madré.
PÂTIS (LE), h. c^{ne} de Marigné-Peuton.
PÂTIS (LE), f. c^{ne} de Mée.
PÂTIS (LE), f. c^{ne} de Parné.
PÂTIS (LE), f. c^{ne} de Quelaines.
PÂTIS (LE), f. c^{ne} de Ruillé-Froidfont. — Fief vassal de la châtell. de Meslay.
PÂTIS (LE), h. c^{ne} de Saint-Christophe-du-Luat.
PÂTIS (LE), f. c^{ne} de Saint-Denis-d'Anjou.
PÂTIS (LE), h. c^{ne} de Saint-Pierre-sur-Orthe.
PÂTIS (LE), f. c^{ne} de Saint-Quentin.
PÂTIS (LE), h. c^{ne} de Saint-Samson.
PÂTIS (LE), f. c^{ne} de Senonnes.
PÂTIS (LE), éc. c^{ne} de Torcé.
PÂTIS (LE), f. c^{ne} de Vautorte.
PÂTIS (LE GRAND-), f. c^{ne} de Juvigné-des-Landes.
PÂTIS (LE GRAND-), f. c^{ne} de Saint-Michel-de-Feins.
PÂTIS (LE GRAND et LE PETIT), f. c^{ne} de Gennes.
PÂTIS (LE HAUT et LE BAS), f. c^{ne} d'Ernée.

PÂTIS (LE HAUT et LE BAS), f. c^{ne} de Saint-Michel-de-Feins.
PÂTIS (LE PETIT-), f. c^{ne} de Livet-en-Charnie.
PÂTIS-AU-CHAT (LE), éc. c^{ne} de Blandouet.
PÂTIS-AUX-LOUPS (LE), h. c^{ne} de Livet-en-Charnie.
PÂTIS-BEAUVAIS (LE), f. c^{ne} de Chammes.
PÂTIS-BEDOUET (LE), f. c^{ne} d'Évron.
PÂTIS-BELOT (LE), f. c^{ne} de Neau.
PÂTIS-BESNIER (LE), f. c^{ne} de la Brulatte; auj. détruite.
PÂTIS-BLANCS (LES), landes, c^{ne} de Saint-Denis-d'Anjou; défrichées en 1836.
PÂTIS-BOIVIN (LE), f. c^{ne} de la Gravelle.
PÂTIS-CHAUVIN (LE), f. c^{ne} de Gastines.
PÂTIS-DE-CLERMONT (LE), f. c^{ne} de Juvigné-des-Landes.
PÂTIS-DE-LA-PORTE (LE), h. c^{ne} de Saint-Charles-la-Forêt.
PÂTIS-DE-LAUNAY (LE), f. c^{ne} de Juvigné-des-Landes.
PÂTIS-DE-L'ÉCU (LE), h. c^{ne} de Fontaine-Couverte.
PÂTIS-DES-CLOUS (LE), éc. c^{ne} de Brée.
PÂTIS-DES-ÉGOUTIS (LE), f. c^{ne} de Voutré.
PÂTIS-DES-LANDES (LE), f. c^{ne} de la Bazouge-des-Alleux.
PÂTIS DES PEIGNES (LE), landes, c^{ne} de Saint-Pierre-sur-Orthe.
PÂTIS-DES-POTENCES (LE), éc. c^{ne} de Moulay.
PÂTIS-DES-SAULES (LE), f. c^{ne} de la Bazouge-des-Alleux.
PÂTIS-D'HAUTERIVES (LE), h. c^{ne} de Voutré.
PÂTIS-DORÉ (LE), éc. c^{ne} de Laval.
PÂTIS-D'ORGERIE (LE), f. c^{ne} de Saint-Berthevin.
PÂTIS-FOUILLET (LE), éc. c^{ne} de Saint-Martin-de-Connée.
PÂTIS-MEZIÈRE (LE), f. c^{ne} de Saint-Pierre-des-Landes.
PÂTIS-MOREAU (LE), vill. c^{ne} de Chammes.
PÂTIS-MOUILLÉ (LE), éc. c^{ne} de Brée.
PÂTIS-RENVEU (LE), f. c^{ne} de la Gravelle.
PÂTISSERIE (LA), f. c^{ne} de Cuillé.
PÂTISSOT, éc. c^{ne} de Cuillé.
PÂTIS-VERT (LE), éc. c^{ne} de Châlons.
PÂTIS-VERT (LE), f. c^{ne} de Fontaine-Couverte.
PÂTIS-VERT (LE), f. c^{ne} de Maisoncelles.
PÂTIS-VERT (LE), éc. c^{ne} de Saint-Berthevin.
PÂTIS-VERT (LE), éc. c^{ne} de Saint-Charles-la-Forêt.
PÂTIS-VERT (LE), h. c^{ne} de Voutré.
PATOTTIÈRE (LA), f. c^{ne} de Laigné.
PATOUILLE (LA), f. et éc. c^{ne} de Vimarcé. — Lieu aussi nommé l'Épine-Blanche.
PATOUILLET, éc. c^{ne} de la Dorée.
PATOUILLET, éc. c^{ne} de Juvigné-des-Landes; donne son nom à un ruiss. affl. de la Calanche.
PATRICIÈRE (LA), vill. c^{ne} de Lignières-la-Doucelle.
PATRIE (LA), vill. c^{ne} de Courcité; donne son nom à un ruiss. affl. de celui de Remontay.
PATRIE (LA), f. c^{ne} de Montreuil.
PATRIE (LA), h. c^{ne} de la Poôté.

PATRIE (LA), h. cne de Saint-Ellier.
PATRIE (LA), h. cne de Trans.
PATRIÈRE (LA), f. cne de Bais.
PATRIÈRE (LA), f. cne de Cossé-le-Vivien. — Fief vassal de la bar. de Craon.
PATRIÈRE (LA), chât. cne de Courbeveille. — Fief vassal de la châtell. de Courbeveille.
PATRIÈRE (LA), f. cne de Montjean.
PATRIÈRE (LA), f. cne de Ruillé-Froidfont. — Fief vassal de la châtell. de Laval.
PATRIÈRE (LA), f. cne de Saint-Mars-du-Désert.
PATRINIÈRE (LA), f. cne d'Olivet; auj. détruite.
PATRONNIÈRE (LA), f. cne de Bazougers.
PATRONNIÈRE (LA), f. cne d'Oisseau.
PÂTURE (LA), éc. cne du Buret.
PATURETTE (LA), f. cne de Bierné.
PATURIÈRE (LA), f. cne de Ballée. — La Patourière, 1865 (rôles de dénombr.).
PATURIÈRE (LA), f. cne de Grez-en-Bouère.
PATURIÈRE (LA PETITE-), éc. cne de Ballée.
PAUBELIÈRE (LA), f. cne d'Azé. — La Poibellière, 1610 (cab. Trochon de la Théardière). Fief de la châtell. d'Azé.
PAUBELLIÈRE (LA), f. cne de Meslay. — On dit aussi la Poibellière.
PAUBELLIÈRE (LA), f. cne d'Origné.
PAUBOYÈRE (LA), f. cne de Cigné. — La Paugoyère (Cassini). — Altération de la Paubellière.
PAULERIE (LA), f. cne de Châtillon-sur-Colmont.
PAULOYÈRE (LA), vill. cne de Grazay; donne son nom à un ruiss. affl. de celui de Cosnilleau. — Landes auj. défrichées en partie.
PAUMARDIÈRE (LA), f. cne de Bazougers.
PAUMARDIÈRE (LA PETITE-), f. cne d'Argentré.
PAUMERIE (LA), h. cne de la Bigottière.
PAUMERIE (LA), h. cne de Saint-Erblon.
PAUMERIE (LA), h. cne de Saint-Mars-sur-la-Futaie. — Fief vassal de la châtell. de Pontmain.
PAUMERIE (LA PETITE-), f. cne d'Azé; détruite vers 1858.
PAUTON, f. cne de Saint-Baudelle.
PAUTONNERIE (LA), f. cne de Saint-Germain-de-Coulamer.
PAUVOYÈRE (LA), h. cne de Chantrigné.
PAUVRERIE (LA), f. cne de Saulges.
PAVARDIÈRE (LA), f. cne de Saint-Germain-de-Coulamer.
PAVARDIÈRE (LA), h. cne de Saint-Mars-du-Désert.
PAVÉ (LE), éc. cne de Chemeré-le-Roi.
PAVÉ (LE), f. cne de Saint-Laurent-des-Mortiers.
PAVÉ (LE GRAND et LE PETIT), f. cne d'Azé.
PAVÉ (LE PETIT-), éc. cne de Château-Gontier.
PAVEMENT (LE), h. cne de Craon.

PAVEMENT (LE), h. cne de Laval.
PAVEMENT (LE GRAND-), f. cne de Craon.
PAVÉS (LES), h. cne de la Gravelle.
PAVETTERIE (LA), f. cne de Fromentières.
PAVIÈRE (LA), f. cne de Contest.
PAVIÈRE (LA), éc. cne de la Poôté.
PAVIÈRE (LA), h. cne de Vimarcé. — Puverras, 989 (cart. d'Évron).
PAVILLON (LE), h. cne d'Argentré.
PAVILLON (LE), éc. cne du Bourgneuf-la-Forêt.
PAVILLON (LE), éc. cne de Chailland.
PAVILLON (LE), éc. cne de Changé.
PAVILLON (LE), f. cne de la Chapelle-Rainsouin.
PAVILLON (LE), f. cne de Fontaine-Couverte.
PAVILLON (LE), éc. cne de Juvigné-des-Landes.
PAVILLON (LE), h. cne de Launay-Villiers.
PAVILLON (LE), éc. cne de Mayenne.
PAVILLON (LE), éc. cne de Moulay.
PAVILLON (LE), éc. cne de Saint-Mars-du-Désert.
PAVILLON (LE), vill. cne de Saint-Martin-de-Connée.
PAVILLON (LE), f. cne de Saint-Ouen-des-Toits.
PAVILLON (LE), éc. cne de Saint-Pierre-la-Cour.
PAVILLON (LE), f. cne de Saint-Pierre-sur-Orthe.
PAVILLON (LE), éc. cne de Villiers-Charlemagne.
PAVILLON-DE-LA-HOGUE (LE), f. cne de Saint-Berthevin-la-Tannière.
PAVILLON-DE-L'ALLEUX (LE), éc. cne de Châlons.
PAVIS (LES LANDES), cne de Saint-Aignan-de-Couptrain; défrichées vers 1850.
PAVOITIÈRES (LES), f. cne de Saint-Mars-sur-Colmont.
PAYENNE (RUE DE), cne de Laval, sise au faubourg Saint-Martin.
PAYENNIÈRE (LA), f. cne de la Bazouge-des-Alleux.
PAYENNIÈRE (LA), LA PEYONNIÈRE OU LA PAPEYENNIÈRE, f. cne de Mayenne. — Domaine de la Peennière, 1351 (arch. de la Loire-Inférieure, série E).
PAYONNIÈRE (LA), f. cne de Saint-Céneré.
PAYONNIÈRE (LA), éc. cne de Saint-Jean-sur-Mayenne.
PAZIN, mlin à vent, cne de la Rouaudière.
PÉ (LE), f. cne de la Cropte.
PÉANNIÈRE (LA), f. cne de Houssay.
PEAU-DE-LOYÈRE (LA GRANDE et LA PETITE), h. cne de Javron. — Fief vassal de la châtell. de Pré-en-Pail.
PECCARDIÈRE (LA), f. cne de Saint-Denis-d'Anjou.
PECCAUDIÈRE (LA), f. cne de Marcillé-la-Ville.
PÉCHARDIÈRE (LA) OU LA PLÉCHARDIÈRE, f. cne de Bouchamp. — Carrière de marbre.
PÉCHARDIÈRE (LA), f. cne de Montjean.
PÉCHARDIÈRE (LA), f. cne de Saint-Ouen-des-Toits.
PÉCHAUNAIS (LA), éc. cne de Saint-Pierre-sur-Orthe.
PÉCHELIÈRE (LA), h. cne de Sainte-Marie-du-Bois.
PÉCHELIÈRE (LA), h. cne de Soucé.

Pécheliere (La), f. cⁿᵉ de Thubœuf.
Péchelières (Les), h. cⁿᵉ de la Bigottière. — On dit aussi *les Pécheleries*.
Pêcherie (La), f. cⁿᵉ de Hambers.
Pêcherie (La), logis, f. et chapelle, cⁿᵉ de Loigné.
Pêcherie (La), vill. cⁿᵉ de Montenay.
Pêcherie (La), b. cⁿᵉ de Saint-Martin-de-Connée; donne son nom à un ruiss. affl. de l'Orthe.
Pêcherie (La), f. cⁿᵉ de Saint-Pierre-sur-Orthe.
Pêcherie (La), f. cⁿᵉ de Thubœuf; donne son nom à un ruiss. affl. de la Mayenne.
Pêcherie (Ruisseau de la), cⁿᵉ de Saint-Thomas-de-Courceriers, affl. de la Vaudelle.
Pêcheries (Les), f. cⁿᵉ de Mézangers. — Les landes de ce lieu sont auj. défrichées.
Pêcheries (Les), h. cⁿᵉ de Saint-Baudelle.
Pechetière (La), f. cⁿᵉ d'Argentré.
Péconnière (La), vill. cⁿᵉ de Montenay; donne son nom à un ruiss. affl. de celui du Pont-des-Orgués, qui arrose aussi Chailland et Saint-Hilaire-des-Landes.
Pec-Raisin, éc. cⁿᵉ de Bierné.
Pec-Raisin, éc. cⁿᵉ de Houssay.
Pec-Raisin, éc. cⁿᵉ de Quelaines.
Peculais-d'Isle (La), vill. cⁿᵉ de Brécé.
Peganneire (La), f. cⁿᵉ de Launay-Villiers.
Peignerie (La), f. cⁿᵉ de Champéon.
Peignerie (La), h. cⁿᵉ de Cigné.
Peignerie (La), f. cⁿᵉ de la Dorée; ruiss. affl. de celui de Mausson, qui arrose aussi Fougerolles.
Peignerie (La), h. cⁿᵉ de l'Huisserie.
Peignerie (La), f. cⁿᵉ de Javron.
Peignerie (La), h. cⁿᵉ de Parigné.
Peignerie (La), f. cⁿᵉ de Ruillé-Froidfont.
Peignerie (La), f. cⁿᵉ de Saint-Fort.
Peillière (La), arrière-fief de la baronnie de Sainte-Suzanne, cⁿᵉ de Châtres, vassal de la seigneurie de l'Aunay-Péan.
Peinière (La), h. cⁿᵉ de la Baroche-Gondouin.
Peinière (La), f. cⁿᵉ de la Bazouge-de-Chemeré. — *La Paynière*, 1478 (abb. de Bellebranche).
Peinière (La), f. cⁿᵉ de Lignières-la-Doucelle.
Peinière (La), h. cⁿᵉ de Saint-Germain-le-Guillaume.
Pelardière (La), f. cⁿᵉ d'Alexain.
Pelardière (La), f. cⁿᵉ de Champgeneteux.
Pelardière (La), f. cⁿᵉ de Loupfougères.
Pelardière (La), vill. cⁿᵉ de Neuilly-le-Vendin.
Pelardière (La), h. cⁿᵉ de Quelaines.
Pelardière (La), f. cⁿᵉ de Saint-Pierre-sur-Orthe.
Pelardière (La Grande et la Petite), f. cⁿᵉ d'Andouillé.
Pelardière-du-Bas (La), f. cⁿᵉ de Nuillé-sur-Vicoin.
Pelardière-du-Haut (La), f. cⁿᵉ de Nuillé-sur-Vicoin.

Pelardières (Les), f. cⁿᵉ de Nuillé-sur-Vicoin.
Pelée (La), f. cⁿᵉ de la Baconnière.
Pelée (La), f. cⁿᵉ de Parné.
Pélican (Le), éc. cⁿᵉ de Saint-Pierre-sur-Orthe.
Pelinière (La), f. cⁿᵉ d'Ahuillé.
Pelinière (La), vill. cⁿᵉ d'Assé-le-Bérenger.
Pelinière (La), f. cⁿᵉ de Courcité.
Pelinière (La), f. cⁿᵉ de Vimarcé.
Pelissonnière (La), f. cⁿᵉ de Nuillé-sur-Vicoin.
Pelissonnière (La), f. cⁿᵉ de Saint-Denis-du-Maine.
Pelivière (La), vill. cⁿᵉ de Bouère. — *Métairie de la Paillevière*, 1407 (Bibl. nat. f. lat. 5441). — *La Poelivière* (Cassini).
Pellavoine, mⁱⁿ, cⁿᵉ de Colombiers.
Pelleraie (La), vill. cⁿᵉ de Boulay.
Pelleray, f. cⁿᵉ de Saint-Poix.
Pellerie (La), vill. cⁿᵉ d'Aron.
Pellerie (La), f. cⁿᵉ de Chantrigné.
Pellerie (La), h. cⁿᵉ de Courcité.
Pellerie (La), f. cⁿᵉ de Denazé.
Pellerie (La), vill. cⁿᵉ de Juvigné-des-Landes.
Pellerie (La), f. cⁿᵉ de Placé.
Pellerie (La), vill. cⁿᵉ de Saint-Germain-le-Guillaume; donne son nom à un ruiss. affl. de celui de la Bigottière.
Pellerie (La), h. cⁿᵉ de Saint-Ouen-des-Vallons.
Pellerie (La), h. cⁿᵉ de Saint-Martin-de-Connée.
Pellerie (La), f. cⁿᵉ de Vautorte; donne son nom à un ruiss. affl. de celui des Landes.
Pellerie (La), f. cⁿᵉ de Vieuvy.
Pellerie (La Grande et la Petite), h. cⁿᵉ de Bannes.
Pellerie (Ruisseau de la), cⁿᵉ de Marcillé-la-Ville, affl. de l'Aron.
Pellerie (La), cⁿᵉ d'Ernée. — *In obedientia Peregrina*, xiiᵉ s⁰ (cart. de Saint-Aubin d'Augers). — *In feodo de Peregrina*, 1234 (abb. de Fontaine-Daniel).
Anc. par. du doy. d'Ernée, de l'élect. de Mayenne et de la châtell. d'Ernée.
Pellerinais (La), f. cⁿᵉ de Chailland.
Pellerie (La), vill. cⁿᵉ de la Baroche-Gondouin.
Pelleterie (La), f. cⁿᵉ de Beaulieu.
Pelleterie (La), f. cⁿᵉ de Bourgon.
Pelleterie (La), éc. cⁿᵉ du Buret.
Pelleterie (La), f. cⁿᵉ de Châlons.
Pelleterie (La), f. cⁿᵉ de Champéon.
Pelleterie (La), f. cⁿᵉ de Changé.
Pelleterie (La), f. cⁿᵉ de la Chapelle-Rainsouin.
Pelleterie (La), h. cⁿᵉ de Cuillé.
Pelleterie (La), h. cⁿᵉ d'Évron.
Pelleterie (La), étangs, cⁿᵉˢ de Fontaine-Couverte et de la Roë; desséchés vers 1825. — Leur ruiss. se jette dans l'Usure.

Pelleterie (La), f. c⁰ᵉ de Laigné; donne son nom à un ruiss. affl. de celui de l'Aunay.
Pelleterie (La), h. c⁰ᵉ de Lignières-la-Doucelle.
Pelleterie (La), h. c⁰ᵉ de Marcillé-la-Ville.
Pelleterie (La), f. c⁰ᵉ de Marigné-Peuton.
Pelleterie (La), f. c⁰ᵉ d'Olivet.
Pelleterie (La), h. et f. c⁰ᵉ du Pas; donne son nom à un ruiss. affl. de celui de Bazeille.
Pelleterie (La), f. c⁰ᵉ de Saint-Christophe-du-Luat. — On dit aussi *la Pelletière*.
Pelleterie (La), h. c⁰ᵉ de Saint-Denis-du-Maine.
Pelleterie (La), h. c⁰ᵉ de Saint-Michel-de-la-Roë.
Pelleterie (La), vill. c⁰ᵉ de Saint-Ouen-des-Toits.
Pelletrière (La), f. c⁰ᵉ de la Chapelle-Rainsouin.
Peloie, f. c⁰ᵉ de Saint-Jean-sur-Erve.
Pelonnière (La), h. c⁰ᵉ de Neau.
Pelonnière (La), éc. et étang, c⁰ᵉ de Neuilly-le-Vendin.
Pelonnière (La), h. c⁰ᵉ de Ruillé-le-Gravelais.
Pelonnière (La), f. c⁰ᵉ de Saint-Calais-du-Désert.
Pelonnière (La), f. c⁰ᵉ de Saint-Georges-le-Fléchard.
Pelonnière (La), f. c⁰ᵉ de Vimarcé.
Pelotenie (La), éc. c⁰ᵉ de Saint-Martin-du-Limet.
Pelotière (La), f. c⁰ᵉ de Bais; donne son nom à un ruiss. affl. de celui de la Joderie, qui arrose aussi Champgeneteux.
Pelouardière (La), f. c⁰ᵉ de Houssay. — L'étang de ce lieu est auj. desséché.
Pelouardière (La), f. c⁰ᵉ de Saint-Denis-de-Gastines.
Pelouinière (La), h. c⁰ᵉ de Couesmes.
Pelouinière (La), f. c⁰ᵉ de Grez-en-Bouère.
Pelouinière (La), h. c⁰ᵉ du Pas.
Pelourderie (La), f. c⁰ᵉ de Cossé-le-Vivien.
Pélousière (La), f. c⁰ᵉ de Loiron.
Peluère (La), h. c⁰ᵉ du Genest.
Penaudière (La), éc. c⁰ᵉ de Bazouges.
Pendu, minoterie, c⁰ᵉ d'Azé.
Pendu, vill. et écluse, c⁰ᵉ de Saint-Fort.
Penets (Les), h. c⁰ᵉ de Saint-Martin-de-Connée.
Penevaudière (La), f. c⁰ᵉ de Houssay.
Penotterie (La), f. c⁰ᵉ de la Chapelle-Craonnaise; auj. détruite.
Pentibales (Les), h. c⁰ᵉ de Voutré. — *Pentiballe*, xvi° siècle (cart. d'Évron).
Pépinière (La), h. c⁰ᵉ de Brains-sur-les-Marches.
Pépinière (La), h. c⁰ᵉ de la Poôté.
Pépinières (Les), f. c⁰ᵉ de Chérancé.
Pérardière (La), f. c⁰ᵉ d'Évron. — Fief vassal de la bar. de Sainte-Suzanne.
Percauderie (La), f. c⁰ᵉ de Saint-Michel-de-la-Roë.
Percé, éc. c⁰ᵉ d'Assé-le-Bérenger. — *Persiacum*, 989 (cart. d'Évron).

Perchais (La), f. c⁰ᵉ de Champgeneteux.
Perchais (La), f. c⁰ᵉ de Loupfougères.
Perchais (Les), f. c⁰ᵉ du Bourgneuf-la-Forêt.
Perchaudière (La), f. c⁰ᵉ de Saint-Denis-du-Maine.
Perche (La), éc. c⁰ᵉ d'Andouillé.
Perche (La), étang et mⁱⁿ, c⁰ᵉ de Montenay.
Perchère (La Grande-), f. c⁰ᵉ d'Ampoigné; auj. détruite.
Percherie (La), h. c⁰ᵉ d'Andouillé.
Percherie (La), f. c⁰ᵉ d'Astillé. — On prononce *la Pergerie*.
Percherie (La), f. c⁰ᵉ d'Ernée.
Percherie (La), f. c⁰ᵉ de Juvigné-des-Landes.
Percherie (La), h. c⁰ᵉ de Saint-Berthevin-la-Tannière; donne son nom à un ruiss. affl. de celui de l'étang de la Hogue.
Perdereau (Les Landes du), c⁰ᵉ de Saint-Calais-du-Désert.
Perdrière (La), f. c⁰ᵉ d'Azé.
Perdrière (La), f. c⁰ᵉ de Bierné, aussi nommée *la Saulaie*. — Fief vassal de la châtell. de Romfort.
Perdrière (La), f. c⁰ᵉ de Chemazé.
Perdrière (La), f. c⁰ᵉ de Colombiers.
Perdrière (La), f. c⁰ᵉ d'Épineu-le-Séguin. — Mine d'anthracite épuisée en 1823.
Perdrière (La), vill. c⁰ᵉ de Landivy. — *Terram de Perdrieria*, 1241 (abb. de Savigny, Arch. nat. L 970). — *Aque de Perdrieria ubi cadit in Camba*, xii° siècle (cart. de Savigny, f° 117).
Le ruiss. de la Perdrière se jette dans la Chambe. — Les landes de ce lieu sont auj. défrichées.
Perdrière (La), f. c⁰ᵉ de Laval.
Perdrière (La), f. c⁰ᵉ de Montjean.
Perdrière (La), h. c⁰ᵉ de Poulay.
Perdrière (La), f. c⁰ᵉ de Saint-Aubin-Fosse-Louvain.
Perdrière (La), f. c⁰ᵉ de Saint-Georges-sur-Erve.
Perdrière (La), h. c⁰ᵉ de Villaines-la-Juhel.
Pèremoine, f. c⁰ᵉ de la Croixille.
Perigaudière (La), f. c⁰ᵉ d'Ambrières.
Perigoisière (La), f. c⁰ᵉ de Sainte-Gemmes-le-Robert. — On dit aussi *la Périgusière*.
Perils, chapelle et h., c⁰ᵉ de Changé. — *Inter castrum Vallis et ecclesiam de Priz*, 1062 (Bibl. nat., f. latin 5441). — *Hubertus de Priz*, 1062 (ibid.). — *Prix*, 1772 (pouillé du diocèse). — *Péril* (Cassini).
Prieuré dépendant de l'abb. de la Couture du Mans. — Le fief de Perils était vassal des seigneuries de Rouessé et de Marboué.
Le ruisseau de Perils ou de Montron se jette dans la Mayenne.
Perles, vill. et étang, c⁰ᵉ d'Averton. — Le ruiss. de l'étang est un affl. de celui du Vieux-Averton.

Pérouse, h. c^{ne} de Belgeard.
Pérouse, éc. c^{ne} de Laval.
Pérouse (Étang de), c^{ne} d'Olivet; auj. desséché.
Perouselle, éc. c^{ne} de Saint-Christophe-du-Luat.
Péroux, f. c^{ne} de Lassay.
Péroux (Le), f. c^{ne} de la Poôté.
Perraie (La), f. c^{ne} de Brains-sur-les-Marches.
Perraie (La), f. c^{ne} de Fromentières.
Perras (Le), f. — Voy. Pairás (Le).
Perraudière (La), vill. c^{ne} de Blandouet.
Perraudière (La), f. c^{ne} de Grez-en-Bouère.
Perraudière (La), f. c^{ne} de Marcillé-la-Ville; donne son nom à un ruiss. affl. de celui de la Pellerie.
Perraudière (La), f. c^{ne} de Ruillé-Froidfont.
Perraudière (La), f. c^{ne} de Saint-Ouen-des-Vallons.
Perraudière (La), h. c^{ne} de Trans. — Fief vassal de la bar. d'Évron.
Perray (Le), f. c^{ne} d'Argentré. — Fief vassal de la châtell. de Laval.
Perray (Le), f. c^{ne} de Bouère.
Perray (Le), f. c^{ne} de Brains-sur-les-Marches.
Perray (Le), f. c^{ne} du Buret. — Le ruiss. du Perray ou des Bouhorons se jette dans la Vaige.
Perray (Le), vill. c^{ne} de Madré.
Perray (Le), f. c^{ne} de Montenay.
Perray (Le), f. c^{ne} de Montreuil. — Fief vassal du marquisat de Lassay.
Perray (Le), h. c^{ne} de Préaux.
Perray (Le), f. c^{ne} de Saint-Denis-de-Gastines.
Perray (Le Grand et le Petit), h. c^{ne} de Saint-Mars-sur-Colmont.
Perrelle (La), f. c^{ne} de Fougerolles.
Perrerie (La) ou la Perrette, f. c^{ne} de Vaiges.
Perrette, f. et h. c^{ne} d'Ahuillé.
Perrettes (Les), h. et f. c^{ne} de Bazouges.
Perrettes (Les), f. c^{ne} de Mée; ruiss. affl. de celui de la Gravelle.
Perrettes (Les), f. c^{ne} de Villiers-Charlemagne. — Fief vassal du comté de Laval.
Perrichet (Le), f. c^{ne} de Saint-Léger.
Perrichet (Le), f. c^{ne} de Vaiges.
Perrière (La), éc. c^{ne} d'Ampoigné.
Perrière (La), f. c^{ne} d'Andouillé.
Perrière (La), éc. c^{ne} d'Argentré.
Perrière (La), f. c^{ne} d'Azé.
Perrière (La), h. c^{ne} de la Bazouge-de-Chemeré.
Perrière (La), h. c^{ne} de Bonchamp.
Perrière (La), éc. c^{ne} de la Brulatte.
Perrière (La), f. c^{ne} du Buret.
Perrière (La), éc. c^{ne} de Châlons.
Perrière (La), f. c^{ne} de la Chapelle-Craonnaise.
Perrière (La), f. c^{ne} de Contest.

Perrière (La), f. c^{ne} d'Entramnes.
Perrière (La), f. c^{ne} d'Évron; détruite vers 1832.
Perrière (La), f. c^{ne} de la Gravelle. — On dit aussi la *Pierrière*.
La lande de ce lieu est auj. défrichée.
Perrière (La), f. c^{ne} de Grez-en-Bouère.
Perrière (La), f. c^{ne} de Hambers.
Perrière (La), f. c^{ne} de Laigné.
Perrière (La), f. c^{ne} de Larchamp.
Perrière (La), f. c^{ne} de Lévaré.
Perrière (La), f. c^{ne} de Loigné.
Perrière (La), f. c^{ne} de Ménil.
Perrière (La), éc. c^{ne} de Saint-Aubin-Fosse-Louvain.
Perrière (La), f. c^{ne} de Saint-Charles-la-Forêt.
Perrière (La), f. c^{ne} de Saint-Ellier.
Perrière (La), éc. c^{ne} de Saint-Germain-de-Coulamer.
Perrière (La), h. c^{ne} de Saint-Jean-sur-Mayenne.
Perrière (La), f. c^{ne} de Saint-Pierre-des-Landes.
Perrière (La), f. c^{ne} de Saint-Sulpice.
Perrière (La Grande et la Petite), f. c^{ne} de Gesnes.
Perrière (La Grande et la Petite), h. c^{ne} de Saint-Martin-de-Connée.
Perrière (La Haute-), f. c^{ne} de Saint-Aubin-Fosse-Louvain.
Perrière-de-la-Peau-de-Loyère (La), f. c^{ne} de Javron.
Perrière-Lecomte (La), f. c^{ne} d'Évron.
Perrière-Rousse (La), h. c^{ne} de Pré-en-Pail.
Perrières (Les), h. c^{ne} d'Astillé.
Perrières (Les), vill. c^{ne} de Bouère.
Perrières (Les), f. c^{ne} de la Cropte.
Perrières (Les), h. c^{ne} d'Entramnes.
Perrières (Les), h. c^{ne} de Quelaines.
Perrin (Le), f. c^{ne} de Bierné.
Perrin (Le) ou le Peurin, f. c^{ne} de Bouchamp.
Perrin (Le), éc. c^{ne} de Denazé; ferme auj. détruite.
Perrin (Le), f. c^{ne} de Laigné.
Perrin (Le), éc. c^{ne} de Livet-en-Charnie.
Perrin (Le), f. c^{ne} de Saint-Denis-d'Anjou.
Perrin (Le), f. c^{ne} de Senonnes.
Perrin (Le), h. c^{ne} de Torcé.
Perrine (La), f. c^{ne} d'Athée. — Fief vassal de la bar. de Craon.
Perrine (La), f. c^{ne} du Bignon.
Perrine (La), f. c^{ne} de Coudray.
Perrine (La), f. c^{ne} de Grez-en-Bouère. — *Étang de la Perrigne* (carte de Jaillot) : cet étang a été desséché vers 1841.
Perrine (La), h. c^{ne} de Houssay. — Fief vassal de la châtell. de Laval.
Perrine (La), f. c^{ne} de l'Huisserie.
Perrine (La), propriété sise à Laval, au sommet de la vieille ville.

DÉPARTEMENT DE LA MAYENNE.

Perrine (La), f. c^{ne} de Nuillé-sur-Vicoin. — Le fief de la Perrine-Montecler était vassal de la haute justice de Montchevrier.

Perrine-des-Bois (La), f. c^{ne} de Laval.

Perrines (Ruisseau des), c^{ne} de Denazé, afft. du ruiss. de Fleins.

Perrinière (La), h. c^{ne} de Vimarcé.

Perrinières (Les), f. c^{ne} de Meslay.

Perrin-Pineau (Le), f. c^{ne} de Denazé.

Perron (Le), f. c^{ne} de la Baconnière.

Perron (Le), vill. c^{ne} de Boulay.

Perron (Le), h. c^{ne} du Bourgneuf-la-Forêt.

Perron (Le), h. c^{ne} de Bourgon.

Perron (Le), vill. c^{ne} d'Oisseau.

Perron (Le), f. c^{ne} de Saint-Thomas-de-Courceriers. —Fief vassal de la châtell. de Courceriers.

Perron (Le), h. c^{ne} de Soucé.

Perron (Le), vill. c^{ne} de Thubœuf.

Perron (Le Haut et le Bas), f. c^{ne} de Fontaine-Couverte. — *Medieteria de Perrun*, xiie siècle (abb. de la Roë, H 151, f° 39).

Perronnière (La), f. c^{ne} de la Chapelle-Rainsouin.

Perronnière (La), f. c^{ne} de Mayenne.

Perronnière (La), f. c^{ne} de Trans. — Fief vassal de la châtell. de Courceriers.

Perronnières (Les), f. c^{ne} de Voutré.

Perroterie (La), f. c^{ne} de la Baconnière.

Perrouins (Les), vill. c^{ne} de Mayenne; donnent leur nom à un ruiss. affl. de la Mayenne.

Perruche (La), éc. c^{ne} de l'Huisserie. — La ferme de ce lieu a été détruite vers 1849.

Perruche (La), f. c^{ne} de Louvigné.

Perruche (La), f. c^{ne} de Vieuvy.

Persigan, écluse, c^{ne} d'Entrammes, établie sur la Mayenne. — *Precigan*, 1500 (arch. de la Mayenne, E 48). — *Presigan*, 1636 (*ibid.*, E 92). — *Persignan* (carte de Jaillot).

Elle a pris son nom d'un moulin, auj. détruit, qui au xiiie siècle appartenait aux Templiers. — Ruiss. affl. de la Mayenne.

Persillère (La), chât. c^{ne} de Pommerieux.

Pertellières (Les), f. c^{ne} de Montsurs. — *Les Pestelières* (Cassini).

Pertesses (Les), f. c^{ne} de Parné.

Pertouesson, f. c^{ne} de Bonchamp.

Pertuis (Le), f. c^{ne} de Loiron.

Pertuis (Le), f. c^{ne} de Saint-Berthevin.

Pertuis (Le), f. c^{ne} de Saint-Jean-sur-Mayenne.

Pertuis (Le), h. c^{ne} de Saint-Pierre-la-Cour.

Pertuisière (La), éc. c^{ne} de Sainte-Suzanne.

Pervenche (Bruyères de), c^{ne} de la Poôté; auj. défrichées.

Pervenchère (Bois de la), c^{ne} de Torcé; auj. défriché.

Pervenchère (La Grande et la Petite), h. c^{ne} de la Croixille.

Peschière (La), f. c^{ne} d'Argentré. — Le fief de ce nom était vassal de la châtell. de Laval.

Pétard, mⁱⁿ, c^{ne} de la Poôté.

Pétauderie (La), h. c^{ne} d'Évron.

Petillon, f. c^{ne} de Chammes.

Petitbal, f. c^{ne} d'Évron.

Petitière (La), f. c^{ne} d'Aron.

Pétonnais (La), f. c^{ne} de Saint-Hilaire-des-Landes.

Pétras, logis, c^{ne} de Marcillé-la-Ville.

Petruère (La), f. c^{ne} d'Olivet. — *La Patruère*, 1643 (abb. de la Roë, H 199). — *Le bois de la Pitruaire*, 1790 (arch. de la Mayenne, série Q).

Peultière (La), f. c^{ne} de Saint-Denis-du-Maine.

Peupetit, f. c^{ne} de Montsurs.

Peuplier (Le), f. c^{ne} de Saint-Pierre-des-Landes.

Peuplière (La), f. c^{ne} de Voutré.

Peuray (Le), f. c^{ne} de Quelaines.

Peurettes (Les), éc. c^{ne} de Saint-Gault.

Peurière (La), f. c^{ne} de Livré.

Peurin (Le), f. — Voy. Perrin (Le).

Peuronnerie (La), f. c^{ne} de Peuton.

Peuserie (La), f. c^{ne} de Cosmes.

Peustière (La), f. c^{ne} de Désertines.

Peustière (La Basse-), h. c^{ne} de Saint-Ouen-des-Toits.

Peutellerie (La) ou la Putallerie, f. c^{ne} de Chailland. — *La Puterrerie* (Cassini).

Peutellière (La), f. c^{ne} de Couesmes.

Peutinière (La), f. c^{ne} d'Assé-le-Bérenger.

Peutoire, f. c^{ne} de Craon.

Peuton, c^{on} de Cossé-le-Vivien. — *Capellam Sancte Marie Magdalene de Pestum*, 1136 (abb. de la Roë). — *Ad nemus Pistonis*, xiie s^e (*ibid.* H 151, f° 75). — *Juridictio alta et bassa Brolii de Peston*, 1220 (*ibid.*). — *In parrochia de Pestum*, 1238 (abb. de la Roë). — *Paroisse de Peston*, 1658 (*ibid.* H 187, f° 304).

Prieuré dépendant de l'abb. de la Roë. — Anc. par. du doy. de Craon, de l'élect. et du marq. de Château-Gontier. — Le fief de Peuton était vassal de la seign. de Jarzé.

Peuvrie (La), f. c^{ne} de Launay-Villiers.

Peuvrie (La), f. c^{ne} de Quelaines.

Peyardière (La), vill. — Voy. Paillardière (La).

Pezereul, f. c^{ne} de Saint-Mars-sur-la-Futaie. — On dit aussi *Pezeruele*.

Pezeril (Le), f. c^{ne} d'Izé.

Pezerils (Les), h. c^{ne} de Saint-Pierre-sur-Orthe.

Phariseraie (La), f. c^{ne} de Cossé-le-Vivien. — *La Farisseraie*, 1549 (arch. de la Mayenne, E 145).

Phelippotière (La), vill. c^{ne} de Laval.

PHILIPPOT, étang, c^ne de Landivy; auj. desséché. — *Flipot* (carte de Jaillot).
  Le ruiss. de Philippot est un affluent de celui du Moulin des Prés.
PIAU, éc. c^ne de Martigné.
PIAU, h. c^ne de Sacé.
PIBANNIÈRE (LA), f. c^ne de Nuillé-sur-Vicoin.
PIBONNIÈRES (LES), f. c^ne de Sainte-Suzanne.
PIBOULIÈRE (LA), f. c^ne de Jublains.
PICANES (LES), f. c^ne de Saint-Denis-de-Gastines. — *Les Piquainnes* (Cassini). — On dit aussi *la Piquère*. Fief vassal du duché de Mayenne.
PICARDAIS (LA), f. c^ne de Saint-Pierre-la-Cour; auj. détruite.
PICARDIÈRE (LA), f. c^ne de Ballots. — *La métairie de la Piquardière*, 1457 (abb. de la Roë, H 186, f° 45). Ruiss. affl. de celui de Méc.
PICARDIÈRE (LA), éc. c^ne de Courbeveille.
PICARDIÈRE (LA), f. c^ne de Ruillé-Froidfont.
PICASSIÈRE (LA), f. c^ne de Bouère.
PICAUDIÈRE (LA), f. c^ne d'Arquenay. — On dit aussi *la Picauderie*.
PICAUDIÈRE (LA), f. c^ne de Ballots; auj. détruite.
PICAUDIÈRE (LA), h. c^ne de Désertines.
PICAUDIÈRE (LA), f. c^nes de Fougerolles.
PICAUDIÈRE (LA), h. c^ne de Montigné.
PICAUDIÈRE (LA), f. c^ne de Ruillé-le-Gravelais.
PICAUDIÈRE (LA), f. c^ne de Saint-Cyr-en-Pail.
PICAULLIÈRE (LA), f. c^ne de Parné. — On dit aussi *la Picoullière*.
PICAULLIÈRE (LA), f. c^ne de Saint-Gault.
PIC-FOURMI, f. c^ne de la Baconnière.
PICHARDIÈRE (LA), f. c^ne d'Andouillé.
PICHARDIÈRE (LA), f. c^ne de Bonchamp.
PICHARDIÈRE (LA), f. c^ne de Changé.
PICHARDIÈRE (LA), vill. c^ne de Grazay.
PICHARDIÈRE (LA), vill. c^ne d'Hardanges.
PICHARDIÈRE (LA), f. c^ne du Montourtier.
PICHARDIÈRE (LA), f. c^ne de Saint-Erblon.
PICHARDIÈRE (LA), h. c^ne de Saint-Samson.
PICHARDIÈRE (LA), h. c^ne de Villaines-la-Juhel.
PICHENNIÈRE (LA), f. c^ne de Changé.
PICHERIE (LA), vill. c^ne de Courcité.
PICHERIE (LA), f. c^ne de Martigné.
PICHERIE (LA), h. c^ne de Saint-Aubin-du-Désert.
PICHONNIÈRE (LA), f. c^ne de Brains-sur-les-Marches; donne son nom à un ruiss. affluent de l'Usure qui arrose aussi la Roë.
PICHONNIÈRE (LA), f. c^ne de Changé.
PICHONNIÈRE (LA), f. c^ne de Larchamp.
PICHONNIÈRE (LA), h. c^ne de Louverné.
PICHONNIÈRE (LA), f. c^ne de Saint-Georges-Buttavent.

PICHONNIÈRES (LES), f. c^ne de Beaulieu.
PICHONNIÈRES (LES), h. c^ne de Montjean.
PICHOTIÈRE (LA), f. c^ne de Maisoncelles.
PICHOTIÈRE (LA), f. c^ne de Saulges.
PICHOUARDIÈRE (LA), f. c^ne d'Origné.
PIC-NID, éc. c^ne de Saint-Berthevin-la-Tannière.
PIC-NID, f. c^ne de Saint-Denis-de-Gastines.
PICOT (BOIS), c^ne de Saint-Ouen-des-Toits; donne son nom à un ruiss. affl. de l'Ernée.
PICOTTIÈRE (LA), vill. c^ne du Bignon.
PICOTTIÈRE (LA), vill. c^ne de Brée.
PICOTTIÈRE (LA), h. c^ne de Saint-Pierre-sur-Orthe.
PICOTTIÈRE (LA), f. c^ne de Trans.
PICOULIÈRE (LA), f. c^ne de Martigné; auj. détruite.
PIC-EN-PAC, étang et m^in, c^ne d'Ernée. — Ruiss. affl. de celui de Rollond.
PIÈCE (LA), éc. c^ne de la Chapelle-Craonnaise.
PIÈCE (LA), f. c^ne de Neau.
PIÈCE (LA), éc. c^ne de Nuillé-sur-Ouette.
PIÈCE (LA), f. c^ne de Placé.
PIÈCE (LA), h. c^ne de Pré-en-Pail.
PIÈCE (LA), h. c^ne de Saint-Denis-de-Gastines.
PIÈCE (LA), éc. c^ne de Saulges.
PIÈCES (LES), f. c^ne de Landivy.
PIED-VIGNON (RUISSEAU DU) ou DE LA GARAUDIÈRE, c^ne de Cosmes, affl. de celui du Bois-Ragot.
PIÉGÈRE (LA), f. c^ne de Gesvres.
PIEL, h. c^ne de Saint-Ellier; donne son nom à un ruiss. affl. de celui de la Coulerie.
PIELLERIE (LA), f. — Voy. NOË (LA).
PIÉNAIS (LA), h. c^ne du Pas.
PIERCÉE (LANDES DE), c^ne de Viviers.
PIERRAS, four à chaux, c^ne de Châtres.
PIERRAS (LE), h. c^ne de Sainte-Suzanne.
PIERRE (LA), h. c^ne de Belgeard.
PIERRE (LA), f. c^nes du Bignon.
PIERRE (LA), h. c^ne de la Bigottière.
PIERRE (LA), f. c^ne de la Chapelle-Craonnaise.
PIERRE (LA), f. c^ne de Châtelain.
PIERRE (LA), f. c^ne de Congrier.
PIERRE (LA), f. c^ne de Hercé. — Fief vassal de la châtell. de Champorin, Yvoy et l'Otagerie.
PIERRE (LA), f. c^ne de Juvigné-des-Landes.
PIERRE (LA), f. c^ne de Saint-Denis-d'Anjou.
PIERRE (LA), éc. c^ne de Saint-Germain-de-Coulamer.
PIERRE (LA), f. c^ne de Saint-Léger.
PIERRE (LA), h. c^ne de Saint-Mars-du-Désert.
PIERRE (LA), h. c^ne de Sainte-Suzanne.
PIERRE (LA GRANDE-), f. c^ne de Meslay.
PIERRE (LA GRANDE et LA PETITE); f. c^ne de Ruillé-le-Gravelais.
PIERRE (LA HAUTE-), éc. c^ne de Saint-Denis-d'Anjou.

PIERRE-AIGUË (LA), f. c^ne de Sainte-Gemmes-le-Robert.
PIERRE-AIGUË (LA), h. c^ne de Saint-Hilaire-des-Landes.
PIERRE-À-L'ANE (LA), f. c^ne de Saint-Jean-sur-Erve; distraite de Thorigné par une loi du 22 mai 1840. — Anc. pâtis défriché.
PIERRE-BLANCHE (LA), vill. c^ne de l'Huisserie.
PIERRE-BLANCHE (LA), f. c^ne de Saint-Hilaire-des-Landes.
PIERRE-BRUNE (LA), f. c^ne d'Aron.
PIERRE-BRUNE (LA), f. c^ne de Cigné.
PIERRE-FOLLET (LA), h. c^ne de Saint-Pierre-des-Landes; prend son nom d'une pierre debout.
PIERRE-FONTAINE (LA), f. c^ne de Sainte-Gemmes-le-Robert. — Fief vassal de la bar. de Sainte-Suzanne.
PIERRE-FRITE (LA), h. c^ne de Sainte-Gemmes-le-Robert.
PIERRELAIE (LA), vill. c^ne de Montaudin.
PIERRELAIE (LA GRANDE et LA PETITE), f. c^ne de Belgeard.
PIERRE-MARTIN (LA), h. c^ne d'Aron.
PIERRE-PICHARD (LA), f. c^ne de Gorron.
PIERRE-PONT, vill. c^ne de Villepail; donne son nom à un ruiss. affl. de celui de Charolais.
PIERRE-QUENTIN (LA), vill. c^ne d'Évron.
PIERRES (LES), f. c^ne d'Azé.
PIERRES (LES), f. c^ne de Chemazé; donnent leur nom à un ruiss. affl. de celui du Bourg-de-Ménil.
PIERRES (LES GRANDES-), f. c^ne de Meslay.
PIERRES (LES PETITES-), h. c^ne de Voutré.
PIERRES-SAINT-GUILLAUME (LA), f. c^ne de Gorron.
PIERRES-PLATES (LES), landes, c^ne de Ruillé-le-Gravelais; auj. défrichées.
PIERRU (RUISSEAU DE), c^ne du Bourgneuf-la-Forêt, affl. du Vicoin.
PIÉTAIE (LA), f. c^ne de Senonnes.
PIÉTONNIÈRE (LA), h. c^ne de Villaines-la-Juhel.
PIÉTRU, f. c^ne de Meslay.
PIEURES (LES), h. c^ne de Congrier.
PIFETIÈRE (LA), vill. c^ne de la Dorée.
PIGEARDIÈRE (LA), f. c^ne de Saint-Julien-du-Terroux.
PIGEON-BLANC (LE), f. c^ne de Saint-Ellier.
PIGEONNIER (LE HAUT et LE BAS), bois, c^ne de Viviers; dépendant de la forêt de la Charnie.
PIGEONNIÈRE (LA BASSE-), h. c^ne d'Andouillé.
PIGEONNIÈRE (LA HAUTE et BASSE), vill. c^ne d'Andouillé.
PIGNERIE (LA), f. c^ne de Gennes.
PIGNERIE (LA), vill. c^ne de l'Huisserie.
PIGNERIE (LA), f. et h. c^ne de Laval.
PIGNERIE (LA), f. c^ne de Saint-Berthevin.
PIGNOIRE (LA), vill. c^ne de Landivy.
PIGNON-BLANC (LE), éc. c^ne de la Dorée.
PIGNON-SEC (LE), éc. c^ne de Voutré.

PIGNON-VERT (LE), vill. c^ne de Chammes.
PIGNON-VERT (LE), éc. c^ne d'Évron.
PIGRAY (RUISSEAU DE), c^ne de Poulay, affl. de la Mayenne.
PIGUSSEAU (RUISSEAU DE), c^ne de Cigné, affl. de la Mayenne.
PIHERRÉ (LA), f. c^ne de Saulges.
PIHORAIS (LA), fief, c^ne de la Bigottière, vassal de la seign. de la Feuillée, au duché de Mayenne.
PIHORAIS (LA), f. c^ne de Larchamp. — Le taillis de ce lieu a été défriché en 1867.
PIHORAIS (LA), h. c^ne de Saint-Ellier. — Fief du marq. de la Hautonnière.
PIHOULIÈRE (LA), f. c^ne de Montflours.
PILAIS (LA), f. c^ne de Juvigné-des-Landes.
PILAIS (LA), h. c^ne de Saint-Mars-sur-la-Futaie. — On écrit aussi la Pilée.
PILARONNIÈRE (LA), f. c^ne d'Astillé.
PILASSIÈNE (LA), vill. c^ne de Champéon.
PILAVÉSNIÈRE (LA GRANDE et LA PETITE), f. c^ne de la Bazouge-de-Chemeré. — On dit aussi la Pilavanière.
PILLARDAIS (LA), f. c^ne de Saint-Hilaire-des-Landes.
PILLARDIÈRE (LA), f. c^ne de Loigné.
PILLARDIÈRE (LA), f. c^ne de Niort.
PILLARDIÈRE (LA), vill. c^ne de Saint-Denis-d'Anjou. — On prononce la Pilarière.
PILLARDIÈRE (LA), éc. c^ne de Voutré. — On dit aussi la Pillarderie.
PILLARDIÈRE (LA GRANDE et LA PETITE), f. c^ne de la Bigottière.
PILLARDIÈRES (LES), f. c^ne de Châtillon-sur-Colmont.
PILLEGAUDIÈRE (LA), f. c^ne de la Roë; auj. détruite. — Lieu mentionné en 1306 (abb. de la Roë, H 195, f° 11).
PILLERIE (LA), h. c^ne d'Arquenay. — On dit aussi la Pillière.
PILLERIE (LA), f. c^ne de Laval, distraite de Changé.
PILLERIE (LA), éc. c^ne de Montourtier. — Lieu aussi nommé la Noë.
PILLERIE (LA), f. c^ne de Villiers-Charlemagne.
PILLERIE (LA PETITE-), h. c^ne de Javron. — Les Piries (Cassini).
PILLERIES (LES), f. c^ne de la Haie-Traversaine.
PILLET-DE-MILVAIN, éc. c^ne de la Dorée.
PILLETIÈRE (LA), f. c^ne d'Ampoigné.
PILLETIÈRE (LA), f. c^ne de Chemazé.
PILLETIÈRE (LA), f. c^ne de Laubrières.
PILLETIÈRE (LA), f. c^ne de Livré. — La Picquetière, 1692 (abb. de la Roë). — La Piltière, 1750 (ibid.). Le ruiss. de la Pilletière est un affl. de celui de Mée.
PILLETIÈRE (LA), f. c^ne de Meslay.
PILLETIÈRE (LA), vill. c^ne de Saint-Cyr-en-Pail.

Pillière (La), vill. c^{ne} d'Ahuillé.
Pillière (La), vill. c^{ne} de Chantrigné.
Pillière (La), f. c^{ne} de la Cropte.
Pillière (La), vill. c^{ne} de Pré-en-Pail.
Pillière (La), h. c^{ne} de Saint-Baudelle. — Fief vassal du duché de Mayenne.
Pillière (La), f. c^{ne} de Saint-Denis-de-Gastines.
Pillière (La), f. c^{ne} de Saint-Michel-de-la-Roë.
Pillière (La Basse-), éc. c^{ne} de Courbeveille.
Pillière (La Grande et la Petite), f. c^{ne} de Chammes.
Pillière (La Haute-), f. c^{ne} de Courbeveille. — On prononce dans le pays *la Pihère*.
Pillière (La Haute et la Basse), h. c^{ne} de Contest.
Pillière (La Petite-), f. c^{ne} de Chantrigné.
Pillière (La Petite-), f. c^{ne} de Grez-en-Bouère; supprimée vers 1843.
Pillières (Les), f. c^{ne} de Grez-en-Bouère.
Pillières (Les), éc. c^{ne} de la Poôté.
Pilloire (La), f. c^{ne} de Nuillé-sur-Ouette. — *La Pillouère*, 1469 (arch. de la Mayenne, série E). Fief vassal de la seign. de la Ramée.
Pilloire (La), f. c^{ne} de Saint-Christophe-du-Luat.
Pilloire (La Haute et la Basse), vill. c^{ne} de Saint-Germain-le-Guillaume.
Piloisière (La), f. c^{ne} de Saint-Pierre-sur-Orthe.
Pilonnière (La), f. c^{ne} de Jublains.
Pilonnière (La), vill. c^{ne} de la Poôté.
Pilonnière (La), f. c^{ne} de Voutré.
Pilonnière (La Grande et la Petite), h. c^{ne} de Brécé. — Le ruiss. de la Pilonnière est un affl. de celui de Bazeille et arrose aussi le Pas.
Pilonnières (Les), h. c^{ne} de Sainte-Suzanne.
Pilorgerie (La), f. c^{ne} de la Chapelle-Craonnaise.
Pilvendière (La), f. c^{ne} de Vautorte.
Pimaurie (La), f. c^{ne} de Saint-Fort; auj. détruite.
Pin (Le), m^{in}, c^{ne} de Beaumont-Pied-de-Bœuf. — Fief vassal de la châtell. de Bazougers.
Pin (Le), h. c^{ne} de Brains-sur-les-Marches.
Pin (Le), éc. et f. c^{ne} de Chérancé.
Pin (Le), chât. et f. c^{ne} de Contest.
Pin (Le), f. c^{ne} de la Croixille.
Pin (Le), f. et bois, c^{ne} de Denazé. — Arrière-fief de la bar. de Craon, vassal de l'Île-Tison. — Le domaine du Pin est auj. supprimé.
Pin (Le), f. c^{ne} d'Entrammes.
Pin (Le), f. c^{ne} de Martigné.
Pin (Le), f. c^{ne} de Ménil.
Pin (Le), f. et chât. c^{ne} de Préaux. — Fief vassal de la châtell. de Meslay.
Pin (Le), f. c^{ne} de Renazé.
Pin (Le), f. c^{ne} de Saint-Charles-la-Forêt.
Pin (Le), f. c^{ne} de Saint-Denis-d'Anjou.

Pin (Le), h. c^{ne} de Saint-Germain-le-Guillaume.
Pin (Le Grand et le Petit), f. c^{ne} de Villiers-Charlemagne.
Pin (Le Haut-), éc. c^{ne} de la Bigottière.
Pin (Le Haut et le Bas), f. c^{ne} d'Ampoigné.
Pin (Le Haut et le Bas), f. c^{ne} de Brécé.
Pinardière (La), f. c^{ne} de Mézangers.
Pinardière (La), f. c^{ne} de Montjean.
Pinardière (La), f. c^{ne} de Ruillé-Froidfont.
Pinaudière (La), f. c^{ne} de Bazouges.
Pinaudière (La Petite-), f. c^{ne} de Saint-Denis-d'Anjou.
Pince-Guerrière (La), f. c^{ne} d'Azé.
Pince-Loup, f. c^{ne} de Beaulieu.
Pince-Loup, h. c^{ne} du Genest.
Pince-Loup, f. c^{ne} de Montjean.
Pince-Loup, f. c^{ne} de Saint-Ouen-des-Toits.
Pince-Louvette, éc. et logis, c^{ne} de Mézangers.
Pince-Rat, éc. c^{ne} de la Dorée.
Pincesme, f. c^{ne} de Ballée. — Le m^{in} de ce lieu est auj. détruit.
Pineau (Le), f. c^{ne} d'Athée. — Fief vassal de la bar. de Craon.
Pineau (Le), f. c^{ne} de Beaumont-Pied-de-Bœuf.
Pineau (Le), f. c^{ne} de Coudray. — *Pigneau*, 1866 (rôles de dénombr.).
Pineau (Le), f. c^{ne} de Craon.
Pineau (Le), h. c^{ne} de Gastines.
Pineau (Le), f. c^{ne} de Saint-Fort.
Pineau (Le), f. c^{ne} de Saint-Gault.
Pineau (Le), f. c^{ne} de Simplé.
Pineau (Le), fief, c^{ne} de Saint-Berthevin, vassal de la seign. de Rouessé.
Pineau (Le Grand et le Petit), h. c^{ne} de Gennes. — Fief vassal de la châtell. de Romfort.
Pineau (Le Grand et le Petit), f. c^{ne} de Meslay.
Pineau (Le Haut et le Bas), f. c^{ne} de Ruillé-le-Gravelais.
Pinelaie (La), f. c^{ne} de Ménil.
Pinelaie (La), f. c^{ne} de Nuillé-sur-Ouette.
Pinelaie (La), f. c^{ne} de Vautorte.
Pinelleries (Ruisseau des) ou de Vaugeois, c^{ne} de Saint-Fort, affl. de la Mayenne.
Pinellière (La), f. c^{ne} de Ballots.
Pinellière (La), f. c^{ne} de Bazouges.
Pinellière (La), f. c^{ne} de Coudray.
Pinellière (La), f. c^{ne} de Grez-en-Bouère.
Pinellière (La), f. c^{ne} de Mézangers.
Pinellière (La), f. c^{ne} de Neau.
Pinellière (La), f. c^{ne} de la Roë. — La chapelle de ce lieu dépendait de l'abb. de la Roë.
Pinellière (La), f. c^{ne} de Ruillé-le-Gravelais. — Fief vassal de la châtell. de Montjean.

PINELLIÈRE (La) ou la PINELLERIE, f. c^ne de Saint-Gault.
PINELLIÈRE (La), f. c^ne de Saint-Sulpice.
PINELLIÈRE (La), f. c^ne de Vautorte.
PINELLIÈRE (La), f. c^ne de Villaines-la-Juhel.
PINELLIÈRE (La), h. c^ne de Vimarcé.
PINELLIÈRE (La Grande-), f. c^ne de Longuefuye.
PINELLIÈRES (Les), éc. c^ne de Fontaine-Couverte.
PINGAUDIÈRE (La), f. c^ne de Charchigné.
PINGAUDIÈRE (La), f. c^ne de Neau.
PINGENAY (Le Haut-), f. c^ne de Saint-Poix. — *Pingeonnain*, 1470 (arch. de la Mayenne, E 122).
Fief vassal de la seign. de Saint-Poix, duquel relevaient les fiefs de la Hainrière et de la Ferronnière.
PINGENETS (Les Hauts et les Bas), h. c^ne de Laubrières. — *Decimam de Pingoncig*, XIIe s^e (abb. de la Roë, H 151, f° 44). — *Le Fief de Pingenain*, 1516 (*ibid.* H 186, f° 258). — *Fief de Pinguenaye*, 1542 (prieuré des Bonshommes). — *Fief de Pingennain*, 1630 (arch. de la Mayenne, E 132).
Fief vassal de la bar. de Craon.
PINGERIE (La), vill. c^ne de Charchigné.
PINIÈRE (La), vill. c^ne de Chailland.
PINIÈRE (La), vill. c^ne de Courbeveille.
PINIÈRE (La), f. c^ne de Méral; auj. détruite. — *Pinerie*, 1563 (abb. de la Roë, H 18).
PINIÈRE (La Grande et la Petite), vill. c^ne d'Astillé.
PINIÈRES (Les), f. c^ne de Bazouges.
PINIÈRES (Les), h. c^ne de Ruillé-Froidfont.
PINOCHERIE (La), vill. c^ne de Saulges.
PINOTIÈRE (La), f. c^ne de Courbeveille. — Fief vassal de la châtell. de Courbeveille.
PINOTIÈRE (La), f. c^ne de Lévaré.
PINOTTERIES (Les), h. c^ne de Gennes.
PINROCHE (Le Grand et le Petit), h. c^ne de Saint-Laurent-des-Mortiers.
PINS (Les), f. c^ne de Saint-Pierre-sur-Erve. — Fief vassal de la châtell. de Thorigné.
PINS (Les), f. c^ne de Thorigné. — On les nommait *les Pins-au-Large* pour les distinguer des *Pins-d'Erve*.
PINS (Les Hauts et les Bas), f. et étang, c^ne de Saint-Léger. — Fief vassal de la seign. de l'Aunay-Péan.
PINS (Les Petits-), f. c^ne de Saint-Léger.
PINSON, f. c^ne d'Ahuillé.
PINSON (Le), h. c^ne de Saint-Sulpice.
PINSONNIÈRE (La), f. c^ne d'Ampoigné.
PINSONNIÈRE (La), f. c^ne d'Assé-le-Bérenger.
PINSONNIÈRE (La), f. c^ne d'Azé.
PINSONNIÈRE (La), f. c^ne de la Bazouge-de-Chemeré.
PINSONNIÈRE (La), h. c^ne de Beaumont-Pied-de-Bœuf. — Fief vassal de la châtell. de Bazougers.
PINSONNIÈRE (La), f. c^ne du Bignon.
PINSONNIÈRE (La), f. c^ne de Brée.

PINSONNIÈRE (La), f. c^ne de Champgenetcux.
PINSONNIÈRE (La), f. c^ne de Changé.
PINSONNIÈRE (La), vill. c^ne des Chapelles.
PINSONNIÈRE (La), vill. c^ne de Gesvres.
PINSONNIÈRE (La), h. c^ne de Nuillé-sur-Vicoin.
PINSONNIÈRE (La), f. c^ne de Peuton; auj. détruit.
PINSONNIÈRE (La), f. c^ne de Ruillé-Froidfont. — Fief vassal de la seign. de Ruillé-Froidfont.
PINSONNIÈRE (La), f. c^ne de Saint-Denis-de-Gastines.
PINSONNIÈRE (La), f. et éc. c^ne de Saint-Germain-de-Coulamer.
PINSONNIÈRE (La Grande et la Petite), f. c^ne de Courbeveille.
PINSONNIÈRE (La Petite-), f. c^ne d'Assé-le-Bérenger.
PINSONNIÈRE-LA-CLAIE (La), éc. c^ne d'Assé-le-Bérenger.
PINSONNIÈRES (Les), h. c^ne de Gennes.
PINTARDIÈRE (Landes de la), c^ne d'Andouillé.
PINTENELLE, f. c^ne de la Bazouge-de-Chemeré.
PINTERIE (La), h. c^ne de Gesvres.
PIOCHÈRE (La), f. c^ne de la Baconnière.
PIOCHÈRE (La), f. c^ne de Châlons.
PIOCHÈRE (La), vill. c^ne de Saint-Germain-le-Fouilloux.
PIOGERIE (La), f. c^ne d'Ernée.
PIOGERIE (La), h. c^ne de Marigné-Peuton.
PIOGERIE (La), logis, c^ne de Sainte-Suzanne.
PIONNIÈRE (La), h. c^ne d'Andouillé.
PIONNIÈRE (La), f. c^ne de la Baconnière. — Le ruiss. de la Pionnière est un affluent de celui du Bois-Picot.
PIONNIÈRE (La Petite-), f. c^ne de la Baconnière.
PIPARDIÈRE (La'), f. c^ne de Bourgon.
PIPELLERIES (Les), f. c^ne de Bazougers.
PIQUELIÈRE (La), f. c^ne de Loigné.
PIQUENAY (La), f. c^ne de Saint-Denis-d'Anjou.
PIQUERONNIÈRE (La), f. c^ne de la Chapelle-Rainsouin.
PIQUETAUX (Ruisseau de), c^ne de Courberie, affl. du ruiss. de Lassay.
PIQUETIÈRE (La), f. c^ne de Hambers.
PIRIE (La), f. c^ne de Chevaigné.
PIRMILLÈRE (La), f. c^ne de Louvigné; auj. détruite. — *La Pillemillière*, 1476 (arch. de la Mayenne, E 45).
PIRONNAIE (La), f. c^ne de la Bazouge-de-Chemeré.
PIRONNETTE (La), f. c^ne de Changé.
PIRONNIÈRE (La), f. c^ne de Ballée.
PIRONNIÈRE (La), f. c^ne de Changé. — *La Pironnette*, 1866 (rôles de dénombr.).
PIRONNIÈRE (La), f. c^ne de Longuefuye. — Fief vassal de la châtell. de Longuefuye et du marq. de Château-Gontier.
PIRONNIÈRE (La), éc. c^ne de Méc.
PIRONNIÈRE (La), f. c^ne de Villiers-Charlemagne.

PINOTERIE (LA), h. c^ne de Saint-Ellier.
PISSE (RUISSEAU DE LA), c^ne de Soucé, affl. de la Varenne.
PISSENIA (MONASTERIUM BEATE MARIE DE). — Nom primitif de l'abb. de Fontaine-Daniel.
PISSE-OISON, f. c^ne d'Ahuillé.
PISSE-OISON, h. c^ne d'Athée.
PISSE-OISON, f. c^ne de la Boissière.
PISSE-OISON, f. c^ne de Cossé-le-Vivien.
PISSE-OISON, f. c^ne de Villiers-Charlemagne.
PISSEROT, f. c^ne de Sainte-Gemmes-le-Robert.
PISSEROT, éc. c^ne de Saint-Pierre-sur-Orthe.
PISSEROT (LE), h. c^ne de Gesvres.
PISSEROT (LE), h. c^ne de Hambers; donne son nom à un ruiss. affl. de celui de Lingé.
PISSEROT (LE), f. c^ne de Saint-Martin-de-Connée.
PISSEROTTE (LA), f. c^ne de Saint-Sulpice.
PISSOT (LE), h. c^ne de Châtillon-sur-Colmont.
PISSOT (LE), h. c^ne de Laval.
PISSOT (LE), h. c^ne de Madré.
PISSOT (LE), h. c^ne de Saint-Calais-du-Désert.
PISSOT-DE-LA-RUELLE (LE), f. c^ne de Montaudin.
PISSOUZE (LA), f. c^ne de Cosmes.
PITARDIÈRE (LA), h. c^ne de Villaines-la-Juhel.
PITAUDIÈRE (LA), f. c^ne d'Azé; supprimée vers 1863.
PITAUDIÈRE (LA) ou LA JACQUELINIÈRE, f. c^ne de Chemazé.
PITAUTONNIÈRE (LA), h. c^ne de Fougerolles.
PITELIÈRE (LA), f. c^ne de la Selle-Craonnaise. — Lieu aussi nommé *la Beucherie*.
  Fief vassal de la seign. de la Vieuville.
PITERIE (LA), f. c^ne de la Brulatte; auj. détruite.
PITERIE (LA), h. c^ne d'Olivet; auj. détruit. — *La Petirie*, 1643 (abb. de la Roë, H 199).
PITIÈRE (LA), f. c^ne de Courbeveille.
PITIÈRE (LA), f. c^ne de Hambers.
PITISIÈRES (LES), f. c^ne de la Roë; auj. détruite.
PITOISERIE (LA), f. c^ne de Fromentières.
PIVAIGNON, h. c^ne de Neau.
PIVARD, f. c^ne de Montourtier.
PIVERDAIS (LA), f. c^ne de Landivy; donne son nom à un ruiss. affl. de celui de la Baltière.
PIVERDIÈRE (LA), éc. c^ne de Bazouges.
PIVERDIÈRE (LA), f. c^ne de la Pellerine.
PIVERDIÈRE (LA), f. c^ne de Saint-Denis-d'Anjou. — Fief vassal de la châtell. de Romfort.
PIVERDIÈRES (LES), f. c^ne de Saint-Georges-le-Fléchard.
PIVETTE (LA), f. c^ne de Saint-Denis-de-Gastines.
PIVRONNIÈRES (LES), f. c^ne de Cossé-en-Champagne.
PLACÉ, c^on de Mayenne-Ouest. — *Placiacus, vicus canonicus*, 838 (D. Bouquet, t. VI, p. 630). — *Stagnum de Placeio*, 1198 (Hist. des sires de May., pr.).
  Prieuré dépendant de l'abb. de Saint-Florent de Saumur. — Anc. paroisse du doy., de l'élect. et du marq. de Mayenne.
PLACÉ, f. c^ne d'Ambrières.
PLACÉ, f. c^ne de Bazougers.
PLACE (LA), m^in, c^ne d'Argentré.
PLACE (LA), éc. c^ne de Chemeré-le-Roi.
PLACE (LA), m^in, c^ne de Méral.
PLACE (LA), f. c^ne de Saulges.
PLACE (LA HAUTE-), f. c^ne d'Argentré.
PLACE (LA HAUTE-), h. c^ne de Cossé-le-Vivien.
PLACE (LA HAUTE et LA BASSE), h. et f. c^ne de la Bigottière.
PLACE-FOUCAULT (LA), f. c^ne de la Bigottière.
PLACE-NEUVE (LA), f. c^ne de Saint-Isle.
PLACERIE (LA), f. c^ne de la Bazouge-de-Chemeré.
PLACES (LES), h. c^ne de Cossé-le-Vivien.
PLACES (LES), b. c^ne de Coudray.
PLACES (LES), f. c^ne de la Cropte.
PLACES (LES), f. c^ne de Madré.
PLACES (LES), f. c^ne de Marigné-Peuton.
PLACES (LES), f. c^ne de Montenay.
PLACES (LES), f. et étang, c^ne de Montourtier; donnent leur nom à un ruiss. affl. de celui du Pont-Besnard.
PLACES (LES), éc. c^ne de Voutré.
PLACES (LES GRANDES et LES PETITES), chât. et f. c^ne de Daon.
PLACES (LES GRANDES et LES PETITES), f. c^ne de Loigné.
PLACES (RUISSEAU DES) ou DE LA MILLIÈRE, c^ne de Saint-Christophe-du-Luat, affl. de la Jouanne.
PLACETS (LES), f. c^ne d'Assé-le-Bérenger.
PLACITE, éc. c^ne de Cuillé.
PLAGUERIE (LA), h. c^ne de Lesbois.
PLAINE (LA), f. c^ne d'Argentré.
PLAINE (LA), vill. c^ne de l'Huisserie.
PLAINE (LA), vill. c^ne de Saint-Samson.
PLAINE (LA PETITE-), f. c^ne de Bazougers. — *Tenementi de Plana*, 1219 (arch. de l'abb. de Bellebranche).
  Fief vassal de la châtell. de Bazougers.
PLAINERIE (LA), éc. c^ne de Bourgon.
PLAINES (LES), éc. c^ne de la Pallu.
PLAINES (LES), h. c^ne de Saint-Aignan-de-Couptrain.
PLAINS (LES), chât. c^ne du Bignon. — Fief vassal de la châtell. de Meslay.
PLAIRIE (LA), f. c^ne de Saint-Céneré.
PLAISANCE, f. c^ne de Châlons.
PLAISANCE, f. c^ne de Saint-Charles-la-Forêt.
PLAISANCE, f. c^ne de Saint-Pierre-sur-Orthe.
PLAISIR (LE), m^in à vent, c^ne de la Rouaudière.
PLANCHALAY, éc. c^ne de Jublains. — Les landes de ce lieu ont été défrichées en 1839.
PLANCHE (LA), f. c^ne d'Andouillé.
PLANCHE (LA), f. c^ne d'Azé.

Planche (La), h. cne de la Baconnière; donne son nom à un ruiss. afll. de celui du Bois-Picot.
Planche (La), f. cne de Bazouges. — Le ruiss. de la Planche, dit aussi *de Saint-Joseph*, est un affluent de la Mayenne.
Planche (La), vill. cne de Chantrigné.
Planche (La), vill. cne de Châtillon-sur-Colmont.
Planche (La), f. cne de Contest.
Planche (La), f. cne de Courcité.
Planche (La), f. cne de Cuillé.
Planche (La), h. cne de Fougerolles. — *Feodum de Plancha*, 1243 (abb. de Savigny, Arch. nat. L 970).
Planche (La), h. cne du Horps; donne son nom à un ruiss. afll. de celui de Boulay.
Planche (La), f. cne de Houssay; auj. détruite.
Planche (La), f. cne de Juvigné-des-Landes.
Planche (La), f. cne de Loigné; donne son nom à un ruiss. afll. de celui de la Guitonnerie.
Planche (La), f. cne de Ménil. — Le ruisseau de la Planche, dit aussi *de Cimbretière*, est un affluent de la Mayenne.
Planche (La), vill. cee de Ravigny.
Planche (La), h. cne de Renazé.
Planche (La), h. cne de Saint-Baudelle; donne son nom à un ruiss. afll. de la Mayenne.
Planche (La), usine, cne de Saint-Christophe-du-Luat.
Planche (La), min, cne de Sainte-Gemmes-le-Robert.
Planche (La), f. cne de Saint-Georges-Buttavent.
Planche (La), f. cne de Saint-Jean-sur-Mayenne.
Planche (La), h. cne de Saint-Pierre-sur-Orthe.
Planche (La), h. cne de Saint-Samson.
Planche (La), chât. cne de Simplé.
Planche (La), h. cne de Trans.
Planche (La Grande et la Petite), h. cne de Pommerieux.
Planche (La Haute et la Basse), h. cne de Montjean.
Planche (La Petite-), f. cne de Saint-Sulpice; auj. détruite.
Planche-à-l'Ane (La), f. cne de Bonchamp.
Planche-à-l'Asnière (Ruisseau de la), cne de Commer, afll. de la Mayenne.
Planche-au-Prêtre (La), éc. cne du Ham.
Planche-Barrée (La), éc. cne de Quelaines.
Planche-Blottais (La), f. cne de Pommerieux; détruite vers 1848.
Planche-Lambert (La), min, étang et f. cne d'Évron.
Planche-Marguerite (La), f. cne de Saint-Christophe-du-Luat.
Planche-Moreau (La), f. cne de Saint-Jean-sur-Erve. — *Planca-Morel*, 989 (cart. d'Évron).
Planchenault, f. cne de Simplé. — *Medietarie de Planchenaut*, 1225 (abb. de la Roë, H 183, f° 299).

Planches (Les), f. cne de la Bigottière.
Planches (Les), f. cne de Champéon.
Planches (Les), f. cne de la Chapelle-Craonnaise.
Planches (Les), f. cne de Désertines.
Planches (Les), f. cne de Montenay.
Planches (Les), f. et min à vent, cne de Niafle.
Planches (Les), f. cne de Parné. — Fief vassal de la bar. d'Entrammes.
Planches (Les Grandes et les Petites), f. cne de Chemazé.
Planchet (Le), f. cne de Laval.
Planche-Tramière (La), f. cne de la Poôté.
Planchette (La), vill. cne de Villepail.
Planchettes (Les), usine et carrière, cne de Renazé.
Planchettes (Les), f. cne de Thorigné.
Planchottière (La), h. cne de Brécé.
Planitre (Le), f. cne de Charchigné.
Plannière (La), h. cne de Marcillé-la-Ville.
Plannière (La Haute et la Basse), f. cne de Chemazé. — Ruiss. qui arrose Méc et se jette dans celui de la Gravelle.
Plansonnière (La), f. cne de Saint-Aignan-de-Couptrain.
Plansonnière (La), h. cne de Villepail.
Plans-Tronchons (Les), h. cne de Saint-Denis-d'Anjou.
Plantairie (La), f. cne de Congrier. — Le min à vent a été détruit en 1828.
Plantardais (La), f. cne de Bonchamp.
Plante (La), f. cne de Bierné.
Plante (La), f. cne de Chammes.
Plante (La), h. cne de Congrier.
Plante (La), vill. cne de Javron.
Planterie (La), h. cne de Congrier.
Plantes (Les), éc. cne d'Arquenay.
Plantes (Les), h. cne de Bazouges.
Plantes (Les), h. cne de Fromentières.
Plantes (Les), f. cne de Grez-en-Bouère.
Plantes (Les), f. cne de Ruillé-Froidfont; donne son nom à un ruiss. qui arrose Villiers-Charlemagne et se jette dans celui de l'Évrard.
Plantes (Les), h. et min, cne de Saint-Christophe-du-Luat.
Plantinières (Les), f. cne de Saint-Germain-le-Fouilloux.
Plantis (Le), f. cne de la Baconnière.
Plantis (Le), f. cne de Denazé.
Plantis (Le), f. cne de Désertines.
Plantis (Le), f. cne de Martigné.
Plantis (Le), h. cne d'Oisseau.
Plat-d'Étain (Le), f. cne de la Gravelle.
Plat-d'Étain (Le), f. cne de Saint-Denis-du-Maine.
Plate-Corne (La), f. cne de Commer.

PLATERIE (LA), vill. c^ne de Chantrigné.
PLATERIE (LA), h. c^ne de Saint-Pierre-sur-Orthe.
PLATIÈRE (LA), f. c^ne de Cossé-le-Vivien.
PLAUDIÈRE (LA), f. c^ne de Ménil.
PLAUDOYÈRE (LA), h. c^ne de Sainte-Suzanne.
PLAYÈRE (LA GRANDE et LA PETITE), f. c^ne de Cossé-le-Vivien.
PLÉCHARDIÈRE (LA), f. — Voy. PÉCHARDIÈRE (LA).
PLÉE (LA), f. — Voy. PELÉE (LA).
PLEIN-BOIS (LE), f. c^ne de Saint-Ouen-des-Toits.
PLEINCHÊNE (LE), f. c^ne de Meslay. — Le ruisseau du vieil étang de Pleinchêne arrose le Bignon et se jette dans le ruiss. des Grands-Prés. Fief vassal de la châtell. d'Arquenay.
PLEINIÈRE (LA), f. c^ne de Carelles.
PLEINIÈRE (LA), f. c^ne de Saint-Aubin-Fosse-Louvain.
PLEIN-MER, vill. c^ne de Mayenne.
PLEIN-POIRIER, h. c^ne de la Poôté.
PLENNERIE (LA), f. c^ne du Bourgneuf-la-Forêt.
PLENNERIE (LA), f. c^ne de Juvigné-des-Landes.
PLESSE (LA), f. c^ne de Bouère.
PLESSE (LA), h. c^ne de Gennes.
PLESSE (LA), h. c^ne de Pré-en-Pail.
PLESSE (LA), f. c^ne de Saint-Ouen-des-Toits.
PLESSERINIÈRE (LA), f. c^ne de Saint-Denis-du-Maine.
PLESSIS (LE), f. c^ne d'Ahuillé. — Ce nom indique le plus souvent l'emplacement d'un ancien manoir féodal et le siége d'une seigneurie.
PLESSIS (LE), f. c^ne d'Argenton.
PLESSIS (LE), f. c^ne d'Argentré.
PLESSIS (LE), f. c^ne d'Assé-le-Béranger.
PLESSIS (LE), f. c^ne de la Bazouge-des-Alleux.
PLESSIS (LE), f. c^ne de Bazouges.
PLESSIS (LE), logis, c^ne de Beaumont-Pied-de-Bœuf.
PLESSIS (LE), chât. et f. c^ne de Bierné.
PLESSIS (LE), f. c^ne de Bouère.
PLESSIS (LE), f. c^ne de Bouessay.
PLESSIS (LE), f. c^ne du Bourgneuf-la-Forêt.
PLESSIS (LE), f. c^ne de Châlons.
PLESSIS (LE), fief, c^ne de la Chapelle-Anthenaise, vassal de la châtell. de Laval.
PLESSIS (LE), chât. et f. c^ne de la Chapelle-Craonnaise.
PLESSIS (LE), f. c^ne de Châtillon-sur-Colmont. — Seign. et haute justice du duché de Mayenne.
PLESSIS (LE), f. c^ne de Chemeré-le-Roi.
PLESSIS (LE), f. c^ne de Contest. — Fief vassal du duché de Mayenne.
PLESSIS (LE), f. c^ne de Cosmes. — Le fief du Plessis de Cosmes était vassal de la châtell. de Laval et de la seign. de la Motte-Sorsin.
PLESSIS (LE), f. c^ne de Cossé-le-Vivien.
PLESSIS (LE), f. et bois, c^ne de Denazé.

PLESSIS (LE), f. c^ne d'Entrammes. — Lande défrichée en 1866.
PLESSIS (LE), f. et éc. c^ne de Fromentières.
PLESSIS (LE), f. c^ne de Gennes.
PLESSIS (LE), vill. c^ne de Gesnes.
PLESSIS (LE), vill. c^ne de Gesvres. — Les bruyères de ce lieu ont été défrichées vers 1850.
PLESSIS (LE), chât. et f. c^ne de Grez-en-Bouère.
PLESSIS (LE), f. c^ne de Landivy.
PLESSIS (LE), f. c^ne de Laval.
PLESSIS (LE), f. c^ne de Lévaré. — Étang auj. desséché.
PLESSIS (LE), f. c^ne de Livet-en-Charnie.
PLESSIS (LE), f. c^ne de Loiron.
PLESSIS (LE), f. c^ne de Longuefuye.
PLESSIS (LE), f. c^ne de Marigné-Peulon. — *Medietariam de Plesseiz*, 1238 (abb. de la Roë). Fief et haute justice relevant du marq. de Château-Gontier.
PLESSIS (LE), f. c^ne de Martigné.
PLESSIS (LE), h. c^ne de Mée.
PLESSIS (LE), f. c^ne de Montflours. — Fief vassal de la seign. de la Feuillée.
PLESSIS (LE), h. c^ne de Montourtier.
PLESSIS (LE), f. c^ne de Montsurs.
PLESSIS (LE), h. c^ne de Neuilly-le-Vendin.
PLESSIS (LE), vill. c^ne d'Orgères.
PLESSIS (LE), f. c^ne de Parigné.
PLESSIS (LE), chât., f. et four à chaux, c^ne de Parné. — Fief vassal de la châtell. de Laval.
PLESSIS (LE), h. c^ne du Pas.
PLESSIS (LE), f. c^ne de Placé.
PLESSIS (LE), chât., f. et h. c^ne de Pommerieux. — L'étang de ce lieu a été desséché au XVIIIe siècle. — Le ruiss. du Plessis est un affl. de celui de l'Hière.
PLESSIS (LE), vill. c^ne de la Poôté.
PLESSIS (LE), chât. et f. c^ne de Préaux.
PLESSIS (LE), h. c^ne de Quelaines. — *R. de Plexeicio*, XIe s^e (cart. du Ronceray). — *B. de Plaxicio*, XIIe s^e (inv. des arch. de la Sarthe). Fief du marq. de Château-Gontier, duquel relevaient les fiefs du Brossay, de Montceau, du Plessis-Brochard et de Saint-Gault.
PLESSIS (LE), f. c^ne de Renazé.
PLESSIS (LE), vill. c^ne du Ribay.
PLESSIS (LE), f. c^ne de Sacé. — Le Plessis de Sacé était un fief vassal de la seign. de Marboué.
PLESSIS (LE), h. c^ne de Saint-Baudelle.
PLESSIS (LE), f. c^ne de Saint-Denis-du-Maine.
PLESSIS (LE), f. c^ne de Sainte-Gemmes-le-Robert.
PLESSIS (LE), vill. c^ne de Saint-Germain-de-Coulamer; donne son nom à un ruiss. affl. de celui de l'Hôtellerie.

PLESSIS (LE), h. c^ne de Saint-Germain-le-Guillaume.
PLESSIS (LE), f. c^ne de Saint-Laurent-des-Mortiers.
PLESSIS (LE), f. c^ne de Saint-Loup-du-Dorat.
PLESSIS (LE), f. c^ne de Saint-Martin-de-Connée.
PLESSIS (LE), h. c^ne de Saint-Thomas-de-Courceriers.
PLESSIS (LE), chât. et f. c^ne de Saulges.
PLESSIS (LE), h. c^ne de la Selle-Craonnaise. — *Le lieu du Plessis passe faire,* 1465 (abb. de la Roë).
PLESSIS (LE), f. c^ne de Soulgé-le-Bruant.
PLESSIS (LE), vill. c^ne de Thubœuf.
PLESSIS (LE), f. c^ne de Vaiges.
PLESSIS (LE), f. c^ne de Villiers-Charlemagne; donne son nom à un ruiss. affl. de celui du Coudray.
PLESSIS (LE), f. c^ne de Viviers.
PLESSIS (LE), f. c^ne de Voutré.
PLESSIS (LE BAS-), f. c^ne du Bourgneuf-la-Forêt.
PLESSIS (LE GRAND ET LE PETIT), f. c^ne de Saint-Denis-d'Anjou.
PLESSIS (LE HAUT-), h. c^ne de Gesnes.
PLESSIS (LE HAUT ET LE BAS), f. c^ne de Colombiers.
PLESSIS (LE HAUT ET LE BAS), f. c^ne de Fougerolles.
PLESSIS (LE HAUT ET LE BAS), vill. c^ne du Genest.
PLESSIS (LE HAUT ET LE BAS), vill. c^ne de Madré.
PLESSIS (LE HAUT ET LE BAS), h. c^ne de Saint-Samson.
PLESSIS (LES), h. c^ne de Saint-Quentin.
PLESSIS-AUX-NONNAINS (LE), f. c^ne de Bonchamp. — Fief vassal du comté de Laval.
PLESSIS-BARDOULAIS (LE), f. c^ne de Chailland. — Fief vassal de la seign. de Villeneuve.
PLESSIS-BÂTARD (LE), f. c^ne de Bouchamp. — Fief vassal de la bar. de Craon.
PLESSIS-BELLE-BOSSE (LE), h. c^ne de Gesnes. — Fief vassal de la seign. de la Beschère.
PLESSIS-BOURREAU (LE), châtell. c^ne de Bierné, érigée en 1633 en marquisat sous le nom de *la Barre*. — *Plessis-Bourré,* 1655 (arch. de la Mayenne, E 22). — *Plessis-Bourel,* 1786 (*ibid.*).
PLESSIS-BROCHARD (LE), f. avec étang, c^ne de Quelaines. — Fief vassal du marq. de Château-Gontier.
PLESSIS-BURET (LE), seign. c^ne de Sainte-Gemmes-le-Robert, vassale de la bar. de Sainte-Suzanne, qui s'étendait sur les fiefs de Crun, de Courmontais et de Sourches. — *Depuis le Plesseis-Buret jusqu'en Bretaigne,* 1363 (Arch. nat. JJ 101, n° 48, f° 28). — *Le visconte de Plessoys-Buret,* XIV° siècle (Rymer, vol. III, p. 536).
PLESSIS-CAIGNEUX (LE), fief, c^ne de Saint-Jean-sur-Mayenne, vassal de la châtell. de Fouilloux.
PLESSIS-CHARBON (LE), f. c^ne de Bouchamp. — Fief vassal de la bar. de Craon.
PLESSIS-CHÂTILLON (LE), fief, c^ne de Châtillon-sur-Colmont, érigé en baronnie, puis en marquisat par Louis XIII, en 1624. — Ses membres étaient les fiefs de Crapon, de Colombiers, de l'Écluse, de la Gauberdière, de Montguerré, de Nancé et de la Ponnière.
PLESSIS-COLINET (LE), f. c^ne du Bourgneuf-la-Forêt. — Fief vassal de la châtell. de Saint-Ouen-des-Toits.
PLESSIS-COLINET (LE PETIT-), f. c^ne du Bourgneuf-la-Forêt.
PLESSIS-D'AUVERS (LE), fief, c^ne de Ballée, vassal de la châtell. de Linières.
PLESSIS-DE-FER (LE), f. c^ne de Chailland.
PLESSIS-DE-L'ÉPINE (LE), fief, c^ne de Forcé, vassal de la terre de Poligné.
PLESSIS-D'ENFER (LE), h. c^ne du Bourgneuf-la-Forêt. — Fief vassal de la châtell. de Saint-Ouen.
PLESSIS-DES-ÉTRONNETS (LE), f. c^ne du Bourgneuf-la-Forêt. — Fief vassal de la châtell. de Saint-Ouen.
PLESSIS-DU-BOIS-DU-PIN (LE), f. c^ne de Bazougers.
PLESSIS-GABIER (LE), fief et landes de la châtell. de la Gravelle.
PLESSIS-GUYEUX (LE), f. c^ne de Bonchamp. — *Le Plessis-Guilleu* (Cassini).
Fief vassal du comté de Laval.
PLESSIS-HAMELINAIE (LE), fief, c^ne de Gennes, vassal du marq. de Château-Gontier.
Bois défriché en 1849.
PLESSIS-HAYER (LE), f. c^ne de Pommerieux.
PLESSIS-JANVIER (LE), fief, c^ne de Saint-Germain-de-Coulamer, vassal de la châtell. de Courceriers.
PLESSIS-JOUANNE (LE), f. c^ne de Bonchamp. — Fief du comté de Laval.
PLESSIS-MARSEUL (LE), chât. c^ne de Fougerolles. — Fief vassal de la châtell. de Pontmain.
PLESSIS-MILCENT (LA MADELEINE DU), chapelle et prieuré, c^ne d'Olivet, dépend. de l'abb. de la Roë, fondés en 1100. — *Capellam Sancte Marie de Plessiaco Milessendis,* 1100 (bulle de l'abb. de la Roë). — *Apud Plesseis Milessent,* 1212 (abb. de Savigny, Arch. nat. L 969).
La chapelle a été détruite vers 1854, au moment de la construction du chemin de fer de Paris à Rennes. — Le fief du Plessis-Milcent relevait des châtell. de la Gravelle et de Saint-Ouen et avait dans sa mouvance les fiefs de Boisard, de la Monnerie, de la Novayère, de la Ruaudais et de Vildé.
PLESSIS-MORAINE (LE), fief, c^ne de Saint-Georges-sur-Erve, vassal de la seign. de la Beschère.
PLESSIS-MONICE (LE), f. c^ne de Denazé. — Fief vassal de la bar. de Craon.
PLESSIS-MULOT (LE), fief, c^ne d'Entrammes, vassal de la bar. d'Entrammes. — *Le Plessais de Moulot,* 1404 (arch. de la Mayenne, comté de Laval).

PLESSIS-PÉRICOT (LE), f. c^{ne} de Grez-en-Bouère. — *Le Plessis-Pellecoq*, xive siècle (Arch. nat. P 345). — *Le Plessis-Pelicot*, 1671 (ibid. P 401). — *Plessis-Petit-Col*, 1773 (pouillé du dioc. du Mans).

Arrière-fief du comté de Laval, vassal de la châtell. de Meslay.

PLESSIS-PEZARD (LE), fief, c^{ne} de Longuefuye, vassal de la seign. de la Quanterie. — *Plessis-Pezaz*, 1404 (arch. de la Mayenne).

PLESSIS-PINEAU (LE), fief, c^{ne} de Viviers, vassal de la châtell. d'Ambriers.

PLESSIS-SAULMON (LE), fief, c^{ne} de Saint-Jean-sur-Mayenne, vassal de la châtell. de Fouilloux.

PLESSIS-SAUVAGE (LE), f. c^{ne} de Bonchamp. — Fief vassal du comté de Laval.

PLESSIS-SOUVRAY (LE), f. c^{ne} de Bazougers.

PLESSIS-TELOUINIÈRE (LE), fief, c^{ne} de Quelaines, vassal du marq. de Château-Gontier.

PLETTIÈRE (LA), f. c^{ne} de Châtillon-sur-Colmont.

PLEUTERIE (LA), éc. c^{ne} de Ballots.

PLEVIGNON (ÉTANG DE), c^{ne} de Cosmes; auj. desséché.

PLINGÈRE (LA), f. c^{ne} de Lignières-la-Doucelle.

PLISSE (LA GRANDE et LA PETITE), f. c^{ne} de Loiron.

PLUCHÈRE (LA), h. c^{ne} de Vimarcé.

POCHARD, mⁱⁿ, c^{ne} de Bouchamp.

POCHARDIÈRES (LES), f. c^{ne} de Longuefuye.

POCHERIE (LA), f. c^{ne} de Meslay.

POCHÉS (LES), f. c^{ne} de Bazougers. — *Lieu de Poché en Bazougiers*, 1473 (Arch. nat. P 343).

POIBELLIÈRE (LA), f. — Voy. PAUBELLIÈRE (LA).

POIBELLIÈRES (LES), h. c^{ne} de Ménil.

POIGNARDIÈRE (LA), f. c^{ne} de Saint-Cyr-le-Gravelais.

POIL (LE), f. c^{ne} de Saint-Brice. — L'étang de ce lieu a été desséché de 1800 à 1810.

POILBOUC (LE HAUT ET LE BAS), f. et bois, c^{ne} de Beaulieu. — *Inter viam de barra de Pelebool*, xiie siècle (abb. de la Roë, H 164). — *Domaine de Poilboust*, 1440 (Arch. nat. P 401).

Fief vassal de la châtell. de Montjean.

POIL-DE-BREBIS (LE), f. c^{ne} de Sainte-Suzanne.

POILERIE (LA), éc. c^{ne} d'Azé.

POILLÉ, f. c^{ne} de Contest. — *Nemus de Poilleio*, 1205 (cart. de Fontaine-Daniel). — *Poillé* (carte de Jaillot).

Fief vassal du duché de Mayenne.

POILLÉ, f. c^{ne} d'Évron. — *Pouellé*, 1778 (arch. de la bar. d'Évron).

Le moulin de ce lieu est auj. détruit.

POILLÉ, f. c^{ne} de Houssay.

POILLÉ, h. c^{ne} de Saint-Gault; fief vassal du marquisat de Château-Gontier. — *Babin dedit terram suam de Apulia*, xiie siècle (cart. de la Roë, f° 66). — *Fulcho de Appulia*, xiie siècle (ibid. H 151, f° 69). — On prononce *Polié*.

Le ruiss. de Poillé est un affl. de la Mayenne.

POILLÉ, vill. c^{ne} de Sainte-Gemmes-le-Robert. — *Villam Pauliacum*, 615 (test. Bertranni, Gall. Chr. XIV).

Fief vassal de la bar. de Sainte-Suzanne.

POILTRÉ, f. c^{ne} de la Roë. — *Capellam Sancti Georgii de Peletroia*, 1184 (arch. de l'abb. de la Roë). — *Terra Peletronie*, xiie s^e (ibid. H 151, f° 15). — *R. de Peletria*, 1200 (ibid.). — *Peilletrée*, 1336 (ibid.). — *Bourg et étang de Poilletrée*, 1444 (ibid.). — *Poilletruye*, 1468 (ibid.). — *Peiltrée*, *Peilletrée*, 1690 (ibid.).

Le mⁱⁿ de ce lieu est auj. détruit, et les étangs ont été desséchés vers 1820.

Fief vassal de la baronnie de Craon, appelé châtellenie en un aveu de 1418 (Arch. nat. P 339).

POINET, mⁱⁿ, c^{ne} de Rouessay. — *Moulin de Poynet*, 1588 (arch. de la Mayenne, H 10).

POINIÈRE (LA), fief, c^{ne} de Soulgé-le-Bruant, vassal de la châtell. de Bazougers.

POINSIÈRE (LA), f. c^{ne} d'Averton.

POINSONNAIS (LA), f. c^{ne} de Saint-Hilaire-des-Landes.

POINT-DU-JOUR (LE), éc. c^{ne} de la Bazouge-des-Alleux.

POINT-DU-JOUR (LE), f. c^{ne} de Bouère.

POINT-DU-JOUR (LE), éc. c^{ne} de la Chapelle-Anthenaise.

POINT-DU-JOUR (LE), h. c^{ne} de Chemazé.

POINT-DU-JOUR (LE), f. c^{ne} de Gesnes.

POINT-DU-JOUR (LE), f. c^{ne} de Gorron.

POINT-DU-JOUR (LE), éc. c^{ne} d'Hardanges.

POINT-DU-JOUR (LE), éc. c^{ne} de Houssay.

POINT-DU-JOUR (LE), h. c^{ne} de Montaudin.

POINT-DU-JOUR (LE), vill. c^{ne} de Nuillé-sur-Ouette.

POINT-DU-JOUR (LE), h. c^{ne} d'Olivet.

POINT-DU-JOUR (LE), éc. c^{ne} de Saint-Baudelle.

POINTE (LA), h. c^{ne} de Chailland.

POINTEAU, f. c^{ne} de Saint-Mars-sur-la-Futaie.

POINTE-CHARDONNIÈRE (LA), h. c^{ne} de Saint-Pierre-sur-Orthe.

POINTU (LE), éc. c^{ne} de Saint-Denis-de-Gastines.

POIPAILLE, f. c^{ne} de Vimarcé.

POIRELAY, f. c^{ne} de Grez-en-Bouère.

POIRIER (LE), f. c^{ne} d'Azé.

POIRIER (LE), f. c^{ne} d'Ernée.

POIRIER (LE), f. c^{ne} de Laval.

POIRIER (LE), f. c^{ne} de Maisoncelles.

POIRIER (LE), f. c^{ne} de Martigné.

POIRIER (LE), f. c^{ne} de Mée.

POIRIER (LE), chât. et f. c^{ne} de Saint-Hilaire-des-Landes.

POIRIER (LE), h. c^{ne} de Saint-Mars-sur-la-Futaie; ruiss. affl. de celui du Bois-Philippe.

Poirier (Le), f. c^ne de Saint-Pierre-des-Landes.
Poirier (Le Grand-), f. c^ne de Saint-Georges-sur-Erve.
Poirier (Le Grand et le Petit), f. c^ne de Daon.
Poirier-de-la-Garde (Le), h. c^ne de Viviers.
Poirière (La), f. c^ce de Ballots.
Poirier-Rouge (Le), f. c^ne de Bouère.
Poirier-Rouge (Le), éc. c^ne. du Buret.
Poirier-Roussel (Le), f. c^ne de Saint-Denis-du-Maine.
Poirier-Roux (Le), f. c^ne de Jublains.
Poiriers (Les), f. c^ne de Bazougers.
Poiriers (Les), h. c^ne de Châtillon-sur-Colmont.
Poiriers (Les), f. c^ne. d'Entramnes.
Poiriers (Les), f. c^ne. de Juvigné-des-Landes.
Poiriers (Les), chât. et f. c^ne de Loigné. — Fief vassal du marq. de Château-Gontier.
Poiriers (Les), h. c^ne de Méral. — Était nommé aussi *la Péannière* en 1602.
Le ruisseau des Poiriers arrose Méral et Saint-Poix et se jette dans celui des Guelleries.
Poiriers (Les), f. c^ne de Montigné.
Poiriers (Les), f. c^ne de Saint-Germain-le-Fouilloux.
Poiriers (Les), f. c^ne de Saint-Ouen-des-Toits.
Poiriers (Les), h. c^ne de Voutré.
Poiriers (Les Grands et les Petits), f. c^ne de Bierné. — Fief vassal de la châtell. de Romfort.
Ruisseau affluent du Béron.
Poirieux (Le), f. c^ne de Saint-Laurent-des-Mortiers.
Poinsac, f. c^ne de Mayenne.
Poissoisons, f. c^ne de Marigné-Peuton; supprimée vers l'an 1827.
Poissonnais (La), f. c^ne de Montenay.
Poissonnière (La), f. c^ne d'Andouillé.
Poissonnière (La), f. c^ne de la Boissière. — Fief vassal de la châtell. de la Boissière.
Poissonnière (La), f. c^ne de Bouchamp.
Poissonnière (La), f. c^ne de Bouessay.
Poissonnière (La), h. c^ne de Brécé.
Poissonnière (La), h. c^ne de Cigné.
Poissonnière (La), f. c^ne de Denazé; auj. détruite.
Poissonnière (La), f. c^ne de Désertines.
Poissonnière (La), éc. c^ne. de Montflours.
Poissonnière (La), f. c^ne de Quelaines.
Poissonnière (La), h. c^ne de Saint-Aignan-de-Couptrain.
Poissonnière (La), f. et éc. c^ne de Saint-Denis-d'Anjou.
Poissonnière-des-Clos (La), f. c^ne de Quelaines.
Poissonnière-des-Prés (La), f. c^ne de Quelaines.
Poissonnières (Les), h. c^ne de la Haie-Traversaine.
Poissons (Les), f. c^ne de Torcé.
Poitevinière (La), h. c^ne de Bazouges.
Poitevinière (La), f. c^ne de Cuillé.
Poitevinière (La), f. c^ne de Fromentières.

Poitevinière (La), f. c^ne de Gastines.
Poitevinière (La), f. c^ne. de Mée.
Poitevinière (La), h. c^ne de Pré-en-Pail.
Poitevinière (La Basse-), h. c^ne de Martigné.
Poitevinière (La Haute-), f. c^ne de Martigné.
Poiverie (La), h. c^ne de Lévaré.
Poivière (La), h. c^ne de Vimarcé.
Poizelé, f. c^ne de Grez-en-Bouère.
Policière (La), f. c^ne de Brécé.
Policière (La), f. c^ne de Châtillon-sur-Colmont.
Poligné ou Poligny, chât. et f. c^ne de Bonchamp. — *Polineio*, xiie siècle (cart. du Ronceray). Fief relevant directement du donjon du Mans.
Polusière (La Grande et la Petite), f. c^ne d'Entramnes.
Pommaugé (Le Grand et le Petit), f. c^ne d'Évron.
Pomme-d'Orange (La), éc. c^ne de Saint-Jean-sur-Mayenne.
Pommelières (Les), h. c^ne de Villaines-la-Juhel.
Pommeraie (La), f. c^ne d'Alexain.
Pommeraie (La), f. c^ne d'Arquenay.
Pommeraie (La), f. c^ne d'Averton.
Pommeraie (La), f. c^ne de Ballée.
Pommeraie (La), f. et éc. c^ne de la Bazouge-de-Chemeré.
Pommeraie (La), f. c^ne de Bonchamp.
Pommeraie (La), f. c^ne de Bouchamp.
Pommeraie (La), h. c^ne de Brécé.
Pommeraie (La), f. c^ne de la Brulatte.
Pommeraie (La), h. c^ne du Buret. — Fief vassal de la châtell. de Meslay.
Pommeraie (La), h. c^ne de la Chapelle-Craonnaise.
Pommeraie (La), f. c^ne de Chemazé.
Pommeraie (La), éc. c^ne de Chemeré-le-Roi.
Pommeraie (La), f. c^ne de Cossé-en-Champagne.
Pommeraie (La), éc. c^ne de la Croixille.
Pommeraie (La), f. c^ne d'Entramnes.
Pommeraie (La), f. c^ne de Fontaine-Couverte. — Fief vassal de la Motte de Bouchamp.
Pommeraie (La), h. c^ne de Gorron.
Pommeraie (La), f. c^ne du Horps; donne son nom à un ruisseau affluent de la Vienne, qui arrose aussi Montreuil.
Pommeraie (La), éc. c^ne de Jublains.
Pommeraie (La), f. c^ne de Juvigné-des-Landes.
Pommeraie (La), f. c^ne de Loigné.
Pommeraie (La), f. c^ne de Maisoncelles.
Pommeraie (La), f. c^ne de Ménil.
Pommeraie (La), f. c^ne de Niafle; auj. détruite.
Pommeraie (La), f. c^ne de Nuillé-sur-Ouette.
Pommeraie (La), h. c^ne de Nuillé-sur-Vicoin.
Pommeraie (La), f. c^ne de Peuton.
Pommeraie (La), f. c^ne de Pommerieux.

Pommeraie (La), f. c^{ne} de Saint-Brice.
Pommeraie (La), f. c^{ne} de Sainte-Suzanne.
Pommeraie (La), h. c^{ne} de Saint-Thomas-de-Courceriers.
Pommeraie (La), f. c^{ne} de Villaines-la-Juhel.
Pommeraie (La), h. c^{ne} de Villepail.
Pommeraie-Grangeraie (La), h. c^{ne} de Gorron.
Pommeraies (Les), f. c^{ne} de Laval.
Pommereau, f. c^{ne} de Chammes.
Pommerie (La), f. c^{ne} d'Azé.
Pommerie (La), étang, c^{ne} de Fougerolles; desséché vers 1848.
Pommerie (La), h. c^{ne} de Saint-Erblon.
Pommerie (La), f. c^{ne} de Saint-Fraimbault-de-Prières.
Pommerie (La), f. c^{ne} de Saulges.
Pommerie (La), f. c^{ne} de Voutré.
Pommerieux, c^{on} de Craon. — *Ad viam de Pomeria*, XIIe s^e (abb. de la Roë, H 151, f° 28). — *Henmelinus de Pomerellis*, XIIe s^e (*ibid.* f° 94). — *Gondelmarus de Pomeroliis*, 1203 (Bibl. nat. f. lat. 5441). — *Infra metas parochie de Pomeries*, 1439 (abb. de la Roë). — *La paroisse de Pommerex*, 1462 (*ibid.* H 189, f° 25).
    Anc. par. du doy. de Craon, de l'élect. de Château-Gontier et de la bar. de Craon.
Pommerieux, fief, c^{ne} de Mée, vassal de la bar. de Mortiercrolles.
Pommerieux (Le Haut et le Bas), f. c^{ne} du Bourgneuf-la-Forêt; donnent leur nom à un ruiss. affl. de celui des Haies.
Pommerolaie (La), f. c^{ne} de Châtillon-sur-Colmont.
Pommier (Lande du), c^{ne} de Saint-Jean-sur-Mayenne; auj. défrichée.
Pommier (Le), f. c^{ne} d'Azé.
Pommier (Le), f. c^{ne} de la Baconnière.
Pommier (Le), f. c^{ne} de Beaulieu.
Pommier (Le), f. c^{ne} de Bourgon.
Pommier (Le), f. c^{ne} de Chailland.
Pommier (Le), f. c^{ne} de Jublains.
Pommier (Le), f. c^{ne} de Mayenne.
Pommier (Le), f. c^{ne} de Ruillé-le-Gravelais.
Pommier (Le), f. c^{ne} de Saint-Berthevin-la-Tannière.
Pommier (Le Haut-), éc. c^{ne} de Fontaine-Couverte.
Pommiers (Les), h. c^{ne} de Châtillon-sur-Colmont.
Pommiers (Les), f. c^{ne} de Courbeveille.
Pommiers (Les), f. c^{ne} de Loiron; ruiss. affl. de celui des Rochettes.
Pommiers (Les), vill. c^{ne} de Saint-Jean-sur-Mayenne.
Pommiers (Les), vill. c^{ne} de Saint-Martin-de-Connée.
Pommiers (Les), f. c^{ne} de Saint-Pierre-sur-Orthe.
Pommiers (Les), h. c^{ne} de Thorigné.
Poncé, f. c^{ne} d'Astillé. — Fief vassal de la seign. de Montchevrier.

Ponneau, mⁱⁿ, c^{ne} de Contest.
Ponnière (La), f. c^{ne} de Bannes.
Ponnière (La), f. et mⁱⁿ, c^{ne} de Châtillon-sur-Colmont. — Fief vassal de la bar. du Plessis-Châtillon.
Ponsoussinière (La), f. — Voy. Poussinière (La).
Pont (Le), vill. c^{ne} d'Andouillé.
Pont (Le), f. c^{ne} d'Arquenay.
Pont (Le), f. c^{ne} d'Athée.
Pont (Le), f. c^{ne} de Bazouges.
Pont (Le), f. c^{ne} de Châtelain; détruite vers 1861.
Pont (Le), h. c^{ne} de Châtillon-sur-Colmont.
Pont (Le), mⁱⁿ, c^{ne} de Chérancé.
Pont (Le), f. c^{ne} de Cossé-en-Champagne.
Pont (Le), f. c^{ne} de Courberie.
Pont (Le), f. c^{ne} de Gesnes; donne son nom à un ruiss. affl. de celui de la Jariais.
Pont (Le), h. c^{ne} de Javron.
Pont (Le), f. c^{ne} de Larchamp; donne son nom à un ruiss. affl. de celui de Rollond.
Pont (Le), f. c^{ne} de Lévaré.
Pont (Le), h. c^{ne} de Livré.
Pont (Le), f. c^{ne} de Madré.
Pont (Le), f. c^{ne} de Montjean. — Fief vassal de la châtell. de Montjean.
    Le ruiss. du Pont arrose Abuillé et se jette dans celui des Rochettes.
Pont (Le), mⁱⁿ, c^{ne} de Moulay.
Pont (Le), éc. c^{ne} de Nuillé-sur-Vicoin.
Pont (Le), éc. c^{ne} d'Olivet.
Pont (Le), f. c^{ne} de Pommerieux.
Pont (Le), f. c^{ne} de Préaux.
Pont (Le), f. c^{ne} de Saint-Aignan-sur-Roë.
Pont (Le), f. c^{ne} de Saint-Berthevin.
Pont (Le), vill. c^{ne} de Saint-Céneré.
Pont (Le), vill. c^{ne} de Saint-Cyr-en-Pail.
Pont (Le), vill. c^{ne} de Saint-Mars-sur-Colmont.
Pont (Le), f. c^{ne} de Saint-Pierre-des-Landes.
Pont (Le), mⁱⁿ, c^{ne} de Saint-Pierre-sur-Erve.
Pont (Le), vill. c^{ne} de Saint-Poix.
Pont (Le), f. c^{ne} de la Selle-Craonnaise.
Pont (Le), f. c^{ne} de Simplé.
Pont (Le), fief, c^{ne} de Torcé, vassal de la baronnie de Sainte-Suzanne.
Pont (Le), vill. c^{ne} de Voutré.
Pont (Le Grand-), f. c^{ne} de Chevaigné.
Pont (Le Grand-), f. c^{ne} de Soulgé-le-Bruant.
Pont (Le Grand et le Petit), h. c^{ne} de la Haie-Traversaine.
Pont (Le Grand et le Petit), vill. c^{ne} de Quelaines.
Pont (Le Haut et le Bas), f. c^{ne} de la Chapelle-Anthenaise.
Pont (Le Petit-), éc. c^{ne} de Bazouges.

Pont (Moulin du), c^{ne} de Bazougers. — *Molendini de Ponte*, 1277 (abb. de Bellebranche).

Pont (Ruisseau du), c^{ne} de Fougerolles, aff. du ruiss. du Moulin des Prés.

Pont (Ruisseau du), c^{ne} de la Pallu, aff. du ruiss. de la Pallu; forme la limite du dép^t de la Mayenne sur 1,600 mètres.

Pont-Alain (Le), m^{in}, c^{ne} de Saint-Berthevin. — *Le molin et reffoul de Pontalain*, 1443 (Arch. nat. P 343).

Pont-Aubray (Le), vill. et chapelle, c^{ne} de Landivy. — *Cheminum de Poncello del Biet*, xiie siècle (cart. de Savigny, f° 112).

Arrière-fief du duché de Mayenne, vassal de la châtell. de Pontmain. — Ancienne forteresse du Petit-Maine. — Chapelle vénérée.

Pont-au-Chat (Le), f. c^{ne} de Montigné; donne son nom à un ruiss. aff. du Vicoin.

Pont-aux-Chèvres (Le), f. c^{ne} de la Brulatte.

Pont-Baignard (Le), éc. c^{ne} de Mézangers. — On dit aussi *le Pont-Bayard*.

L'étang de ce lieu est auj. desséché.

Pont-Ballu (Le), f. c^{ne} de Fontaine-Couverte; auj. détruite.

Pont-Barré (Le), f. c^{ne} de Ménil.

Pont-Bellanger (Le), fief, c^{ne} du Bourgneuf-la-Forêt, vassal de la châtell. de Saint-Ouen.

Pont-Bellanger (Le), fief, c^{ne} de Grazay, vassal de la châtell. de Courceriers.

Pont-Beslon (Le Grand et le Petit), f. c^{ne} de Saint-Pierre-des-Landes. — *Les Pombellons* (Cassini).

Pont-Besnard (Le), f. c^{ne} de Montourtier; donne son nom à un ruiss. aff. de la riv. de Deux-Évailles.

Pont-Biberon (Ruisseau du), c^{ne} de Soulgé-le-Bruant, aff. de l'Ouette.

Pont-Blandin (Le), f. c^{ne} de Fontaine-Couverte.

Pont-Bourdon (Le), h. c^{ne} de Sacé.

Pont-Brimon (Le), f. c^{ne} de Saint-Denis-de-Gastines.

Pont-Brun (Le), éc. c^{ne} de Saint-Germain-de-Coulamer.

Pontceau (Le), f. c^{ne} de Bazouges.

Pontceau (Le), f. c^{ne} de Châtillon-sur-Colmont. — *Terram de Sponcelz*, 1241 (abb. de Savigny, Arch. nat. L 970).

Pontceau (Le), f. c^{ne} de la Dorée.

Pontceau (Le), f. c^{ne} de Fromentières.

Pontceau (Le), f. c^{ne} de Saint-Cénéré; donne son nom à un ruiss. affluent de la Jouanne, qui arrose aussi Montsurs.

Pontceau (Le), f. c^{ne} de Saint-Pierre-sur-Orthe.

Pontceau (Le), f. c^{ne} de la Selle-Craonnaise.

Pontceau (Le Haut et le Bas), f. c^{ne} de Cigné.

Pontceau (Ruisseau du), c^{ne} de Méral, aff. de l'Oudon.

Pontcel (Le), vill. c^{ne} de Ravigny.

Pont-Chambrière (Le), h. c^{ne} de Brécé.

Pont-Corbin (Le), f. c^{ne} de la Bazouge-de-Chemeré.

Pont-Cordon (Le), h. c^{ne} de Saint-Aignan-de-Couptrain. — Le ruiss. du Pont-Cordon et du Fuseau arrose Couptrain et se jette dans la Mayenne.

Pont-Coutard (Ruisseau du), c^{ne} de la Roë, aff. du ruiss. de la Pelleterie.

Pont-de-Châtenay (Le), f. c^{ne} de Lassay.

Pont-de-Courgé (Le), éc. c^{ne} de Saint-Hilaire-des-Landes.

Pont-de-Couterne (Le), h. c^{ne} de Saint-Julien-du-Terroux.

Pont-de-la-Claie (Le), h. c^{ne} de Chailland.

Pont-de-la-Cour (Le), éc. c^{ne} de Vautorte.

Pont-de-l'Aunay (Le), h. c^{ne} de Saint-Denis-de-Gastines.

Pont-de-Meignanne (Le), h. c^{ne} de Grez-en-Bouère.

Pont-de-Moulin (Le), h. c^{ne} de Saint-Denis-d'Anjou.

Pont-de-Pierre (Le), f. c^{ne} de Montenay.

Pont-de-Poirier, f. et éc. c^{ne} de Juvigné-des-Landes.

Pont-des-Orgués (Ruisseau du): arrose Chailland et Saint-Hilaire et se jette dans l'Ernée.

Pont-des-Prés (Le), m^{in}, c^{ne} de Landivy.

Pont-de-Terre (Le), h. c^{ne} de Laubrières.

Pont-de-Valles (Le), h. c^{ne} de Ménil.

Pont-de-Vautorte (Le), h. c^{ne} de Montenay.

Pont-d'Hière (Le), f. c^{ne} de Peuton.

Pont-d'Hière (Le), f. c^{ne} de Pommerieux.

Pont-Donguérin (Le), h. c^{ne} de Saint-Ellier. — *Le Pont d'Anguerin* (carte de Jaillot).

Autrefois chef-lieu d'un territoire nommé *la Franchise du Petit-Maine*.

Pont-d'Orvalle (Le), h. c^{ne} de Chammes; donne son nom à un ruiss. aff. de l'Erve.

Pont-d'Ouette (Le), m^{in}, c^{ne} d'Entrammes.

Pont-du-Gué (Le), m^{in}, c^{ne} de Saulges.

Pont-du-Hazé (Le), vill. c^{ne} de Rennes-en-Grenouille.

Pontenard (Le), f. c^{ne} de Saint-Berthevin.

Ponterie (La), f. c^{ne} d'Aron.

Pontfarcy, fief vassal de la châtell. d'Arquenay.

Pont-Gasté (Le), f. c^{ne} d'Oisseau; donne son nom à un ruiss. aff. de celui de la Riboulière.

Pont-Glamard (Le), f. c^{ne} de Quelaines.

Pont-Guéret (Le), h. c^{ne} de Bouessay.

Pont-Guimond (Le), f. c^{ne} de Saint-Mars-du-Désert; ruiss. aff. de celui de la Jambelle.

Pont-Hubert (Le), f. c^{ne} de Cossé-le-Vivien.

Pontières (Les), h. c^{ne} de Ballots.

Pontillé, éc. c^{ne} de Saint-Germain-d'Anxurre. — *Pontigné*, 1866 (rôles de dénombr.).

PONTILLEURON, f. c^{ne} de Meslay.
PONTINIÈRE (LA), f. c^{ne} de Montjean; détruite v. 1847.
PONTINIÈRE (LA), f. c^{ne} de Saint-Martin-de-Connée.
PONT-JUHEL (LE), mⁱⁿ et f. c^{ne} de Landivy.
PONT-L'ABBÉ (LE), fief, c^{ne} de Ménil, vassal du marq. de Château-Gontier.
PONT-LANDRY (LA MAISON DU), f. c^{ne} de Saint-Loup-du-Gast.
PONT-LANDRY (LE), éc. c^{ne} d'Ambrières. — *Ripariam Meduane usque ad pontem Landrini*, 1209 (abb. de Fontaine-Daniel).
PONT-LÉARD (LE), h. c^{ne} de Ménil.
PONT-LÉGER (LE), f. c^{ne} de Montaudin; donne son nom à un ruiss. afll. de celui de Montaudin.
PONT-LIVARD (LE), f. — Voy. PANLIVARD.
PONT-LOCHARD (LE), f. c^{ne} de Maisoncelles.
PONTMAIN, vill. avec étang, c^{ne} de Saint-Ellier, érigé en commune le 2 septembre 1876. — *Radulphus Galeis de Ponte Menii*, 1225 (abb. de Savigny, Arch. nat. L 969). — *In burgo de Pomain*, 1247 (ibid. L 971). — *A la garde des chasteaux de Mayne et du Ponmain*, 1364 (ibid. L 975).

    Chef-lieu d'un pays nommé *les Haies-du-Maine*. — Châtellenie comprenant tout le canton actuel de Landivy, plus Larchamp, Carelles, Hercé, Lévaré, une partie de Désertines, Colombiers, la Dorée, Saint-Ellier, Saint-Berthevin, Saint-Mars-sur-la-Futaie, Vieuvy et le Loroux-de-Bretagne.

PONT-MANCEAU (RUISSEAU DU): arrose Ruillé-Froidfont et Fromentières et se jette dans la Mayenne.
PONTMARCHANT (LE), f. c^{ne} de Châtelain.
PONTMARTIN (LE), h. c^{ne} de Ballots.
PONTMARTIN (LE), f. c^{ne} de la Cropte.
PONTMARTIN (RUISSEAU DU), c^{ne} de Louverné, afll. du ruiss. de Saint-Nicolas.
PONT-MOREAU (LE), f. c^{ne} de Fontaine-Couverte; auj. détruite.
PONT-NEUF (LE), éc. c^{ne} de Saint-Germain-de-Coulamer.
PONT-NEUF (LE), éc. c^{ne} de Sainte-Suzanne.
PONTON (RUISSEAU DU), c^{ne} de Torcé, afll. du ruiss. d'Ambriers.
PONTONNIER (RUISSEAU DU), c^{ne} de Torcé, afll. du ruiss. d'Ambriers.
PONTORBÉ, f. c^{ne} d'Évron. — *Pontorbée*, 1778 (cart. d'Évron).
PONTPASSE, h. c^{ne} de Meslay.
PONT-PERDREAU (RUISSEAU DU): sépare Fromentières d'Azé et se jette dans la Mayenne.
PONTPERRÉ, écluse, c^{ne} d'Entrammes.
PONT-PERRÉ (LE), f. c^{ne} d'Assé-le-Bérenger.
PONT-PERRÉ (LE), f. c^{ne} de Bonchamp.

PONTPERRÉ (LE), éc. c^{ne} de Larchamp.
PONTPERRIN, f. c^{ne} de Laval, aussi nommée *Closerie de Saint-Nicolas* dans les anciens titres.
PONT-PERRIN (LE), f. c^{ne} du Bignon; donne son nom à un ruiss. afll. de celui des Grands-Prés.
PONTPEDRIN (LE), vill. c^{ne} de Larchamp.
PONTPIERRE (ÉTANG et MOULIN DE), c^{ne} de Désertines. — *Aqua Stanni de Ponte Petra*, 1220 (abb. de Savigny, Arch. nat. L 969). — *Super capella de Ponte-Petre*, 1228 (ibid. L 969). — *Nemus et Terra de Ponte Petri*, 1241 (ibid. L 970).

    Le ruiss. de Pontpierre se jette dans l'Ourde.

PONT-PILLARD (LE), h. c^{ne} de Placé; donne son nom à un ruiss. afll. de l'Anxurre.
PONTPINEAU (LE), f. c^{ne} de Nuillé-sur-Ouette. — *Moulin de Pompineau* (carte de Jaillot).
PONTPOIRIER (RUISSEAU DU), c^{ne} de Courbeveille, afll. de l'Oudon.
PONT-POTIER (LE), f. c^{ne} de l'Huisserie.
PONT-RANDOUX (LE), f. c^{ne} de Cossé-le-Vivien. — On dit aussi le *Pont-Randeau* et le *Pont-Randoul*.

    Fief de la bar. de Craon, vassal de la seign. de Romfort.

    Ruiss. qui arrose Cosmes et Cossé et se jette dans l'Oudon.

PONTRIAUX (LANDES DES), c^{ne} de la Croixille; auj. défrichées.
PONT-RIMBERT (LE), f. c^{ne} de Bazouges.
PONT-ROBIN-GAUTIER (LE), éc. c^{ne} d'Averton.
PONTROTON, vill. c^{ne} de Bourgon.
PONT-ROUGE (LE), éc. c^{ne} de Neuilly-le-Vendin.
PONT-ROUSSELIN (RUISSEAU DU), c^{ne} de Saint-Mars-du-Désert, afll. de la Vaudelle.
PONT-RUAULT (LE), f. c^{ne} de Chantrigné.
PONTS (LES), f. c^{ne} de la Chapelle-Rainsouin.
PONTS (LES), f. c^{ne} de Soulgé-le-Bruant.
PONT-SAINT-MARTIN OU DE L'ÉTANG DE VASSÉ (RUISSEAU DU), c^{ne} de Meslay, afll. de la Vaige.
PONT-SAINT-TREF, f. — Voy. SAINT-TREF.
PONTS-MOREAU (LES), h. c^{ne} de la Baconnière.
PONT-TRICOT (LE), h. c^{ne} de Saint-Aubin-Fosse-Louvain.
PONT-TROP-COURT (LE), f. c^{ne} de Bazougers; détruite vers 1849.
PONTVIEN (LE), vill. c^{ne} de Livré. — *Capellam de Ponte-Viviani*, 1184 (abb. de la Roë). — *Hergement en bort de Pontvivien*, 1275 (ibid.). — *Pontvian*, 1549 (ibid.). — *Au village de Haut-Pontvian*, 1553 (ibid.).

    Le prieuré de Sainte-Anne et de Saint-Antoine-de-Pontvien dépendait de l'abb. de la Roë. — Fief vassal de la bar. de Craon.

Poôté (La) ou la Poôté-des-Nids, c⁰ⁿ de Pré-en-Pail. Anc. par. du doy. de la Roche-Mabille et de l'élect. du Mans. — Châtell. du duché de Mayenne, qui s'étendait sur Boulay, Champfremont, Ravigny et Saint-Pierre-des-Nids.

Popelinais (La Haute et la Basse), h. cⁿᵉ du Genest. — On dit aussi les Poupelinaies.

Porchandière (La), f. cⁿᵉ de Saint-Denis-du-Maine. — La Préchandière (cadastre).

Porcherie (La), h. cⁿᵉ d'Andouillé.

Porcherie (La), f. cⁿᵉ de la Chapelle-Rainsouin.

Porcherie (La), f. cⁿᵉ de Meslay.

Porcherie (La), h. cⁿᵉ de Saint-Martin-de-Connée.

Porcherie (La), f. cⁿᵉ de la Selle-Craonnaise. — Fief vassal de la bar. de Craon.

Porcherie (La Grande et la Petite), f. cⁿᵉ de Vautorte.

Ponée, mⁱⁿ, cⁿᵉ de Bonchamp.

Ponée, mⁱⁿ, cⁿᵉ de Parné.

Pont (Le), f. cⁿᵉ de la Chapelle-Craonnaise.

Pont (Le), f. cⁿᵉ d'Entramnes.

Pont (Le), h. cⁿᵉ de Sacé.

Pont (Le), h. cⁿᵉ de Saint-Jean-sur-Mayenne.

Portail (Le), f. cⁿᵉ du Buret.

Portail (Le), f. cⁿᵉ de Hambers.

Portail (Le), f. cⁿᵉ de Saint-Michel-de-Feins; détruite vers 1809.

Portail (Le), f. cⁿᵉ de Saint-Thomas-de-Courceriers.

Port-Brillet, section d'Olivet, érigée en commune le 4 août 1874. — Les Portes-Breillet, 1543 (arch. de la Mayenne, série E).

Il y a un étang et des forges considérables. — Ce lieu a été autrefois de la par. du Plessis-Milcent.

Porte (La), f. cⁿᵉ d'Argentré.

Porte (La), vill. cⁿᵉ d'Astillé.

Porte (La), h. cⁿᵉ de Champéon.

Porte (La), f. cⁿᵉ de Cuillé.

Porte (La), chât., domaine et f. cⁿᵉ de Daon. — Fief vassal de la châtell. de Daon.

Porte (La), f. cⁿᵉ de Landivy; donne son nom à un ruiss. afll. de celui de Mousson.

Porte (La), f. cⁿᵉ de Mayenne.

Porte (La), f. cⁿᵉ de la Pellerine.

Porte (La), f. cⁿᵉ de Saint-Denis-de-Gastines.

Porte (La), f. cⁿᵉ de Thorigné.

Porte (La Basse-), f. cⁿᵉ de Saint-Brice.

Porte (La Grande et la Petite), h. cⁿᵉ de Châtillon-sur-Colmont.

Porteaux (Les), vill. et f. cⁿᵉ de Saint-Gault.

Porte-aux-Ogers (La), h. cⁿᵉ de Brecé.

Portejoie, h. cⁿᵉ de Bierné. — Fief vassal de la bar. d'Ingrandes.

Portellerie (La), vill. cⁿᵉ de Montsurs.

Porterie (La), éc. cⁿᵉ de Jublains.

Portes (Les), h. cⁿᵉ de Châlons.

Portes (Les), f. cⁿᵉ de Chevaigné.

Portes (Les), f. cⁿᵉ de Cossé-en-Champagne.

Portes (Les), f. cⁿᵉ de Saint-Ouen-des-Toits.

Portes (Les), éc. cⁿᵉ de Saint-Sulpice. — La ferme de ce lieu est auj. détruite.

Portes (Les Grandes et les Petites), f. cⁿᵉ d'Évron. — Le ruiss. des Grandes-Portes est un afll. de la Jouanne.

Port-Joulain (Le), fief, cⁿᵉ de Daon; vassal de la seigneurie de Daon.

Port-la-Valette (Le), fief du marquisat de Château-Gontier.

Port-Marot (Le), h. cⁿᵉ de Daon.

Port-Ringeard (Le) ou le Port du Salut, mⁱⁿ et couvent de Trappistes, cⁿᵉ d'Entramnes. — Pele de villa Eringardis, vers 1180 (liv. d'arg. de l'abb. de Saint-Florent, f° 36). — Fratrum de portu Renjardis, 1298 (arch. de la Mayenne, série H). — Le prieur du Port-Rengeart, 1402 (ibid. E 25).

Le prieuré de Saint-Nicolas et de Notre-Dame du Port-Ringeard dépendait de l'abbaye de la Réale en Poitou.

Ports (Les), f. cⁿᵉ de Changé.

Potage, fief, cⁿᵉ de Gennes, vassal du marq. de Château-Gontier.

Potagers (Les Deux-), f. cⁿᵉ de Saint-Michel-de-Feins; détruite vers 1834.

Pot-de-Vin (Le), éc. cⁿᵉ de Saint-Denis-d'Anjou.

Poteau (Le), vill. cⁿᵉ de Bouère.

Poteau (Le), f. cⁿᵉ de Fromentières.

Potellière (La Grande et la Petite), f. cⁿᵉ de Colombiers. — On dit aussi la Poutellière et les Potelleries.

Ruiss. afll. de celui de la Gauberdière.

Potence (La), f. cⁿᵉ de Saint-Georges-sur-Erve.

Poterie (Étang de la), cⁿᵉ de Villiers-Charlemagne; desséché vers 1836.

Poterie (La), f. cⁿᵉ d'Ambrières.

Poterie (La), f. cⁿᵉ d'Argenton. — Fief vassal du marq. de Château-Gontier.

Poterie (La), h. cⁿᵉ de Bais.

Poterie (La), vill. cⁿᵉ du Bignon. — Le mⁱⁿ de ce lieu est auj. détruit et l'étang a été desséché vers 1838.

Poterie (La), h. cⁿᵉ de la Bigottière.

Poterie (La), f. et étang, cⁿᵉ de la Brulatte. — Ruiss. afll. du Vicoin.

Fief vassal de la châtell. de Saint-Ouen.

Poterie (La), f. cⁿᵉ de Chammes.

Poterie (La), vill. cⁿᵉ des Chapelles.

POTERIE (LA), f. c^ne de Châtillon-sur-Colmont.
POTERIE (LA), h. c^ne de Chemazé.
POTERIE (LA), f. c^ne de Laigné.
POTERIE (LA), f. c^ne de Lévaré; donne son nom à un ruiss. affl. de celui de l'Ogerie.
POTERIE (LA), f. c^ne de Livré; auj. détruite.
POTERIE (LA), f. c^ne de Loiron; auj. détruite.
POTERIE (LA), h. c^ne de Mayenne.
POTERIE (LA), f. c^ne de Montreuil.
POTERIE (LA), éc. c^ne de Quelaines.
POTERIE (LA), f. c^ne de Ruillé-le-Gravelais. — Fief vassal de la châtell. de la Guéhardière.
POTERIE (LA), f. c^ne de Saint-Berthevin-la-Tannière; donne son nom à un ruisseau affluent de celui de la Davière.
POTERIE (LA), h. c^ne de Saint-Calais-du-Désert.
POTERIE (LA), éc. c^ne de Saint-Christophe-du-Luat.
POTERIE (LA), f. c^ne de Sainte-Gemmes-le-Robert.
POTERIE (LA), chât. c^ne de Saint-Georges-Buttavent; donne son nom à un ruiss. affl. de celui du Fauconnier.
POTERIE (LA), h. c^ne de Saint-Germain-d'Anxure.
POTERIE (LA), f. c^ne de Saint-Hilaire-des-Landes.
POTERIE (LA), h. c^ne de Saint-Mars-sur-Colmont.
POTERIE (LA), f. c^ne de Saint-Quentin.
POTERIE (LA), f. c^ne de la Selle-Craonnaise.
POTERIE (LA BASSE-), éc. c^ne de Saint-Martin-du-Limet.
POTERIE (LA HAUTE-), vill. c^ne de Saint-Martin-du-Limet. — Le fief de la Poterie ou Colette était vassal de la bar. de Craon.
POTERIE (RUISSEAU DE LA), c^ne de Marcillé-la-Ville, affl. de l'Aron.
POTERIES (LES), h. c^ne d'Aron; ruiss. affl. de celui de la Purassière et autre ruiss. affl. de l'Ollon.
POTERIES (LES), h. c^ne de Châlons.
POTERIES (LES), f. c^ne de la Cropte.
POTERIES (LES), f. c^ne d'Évron.
POTERIES (LES), h. c^ne de Montsurs.
POTINAIS (LA), f. et m^in, c^ne de Landivy.
POTINIÈRE (LA), f. c^ne d'Astillé.
POTINIÈRE (LA), f. c^ne de Craon.
POTINIÈRE (LA), f. c^ne d'Olivet; a donné son nom à un ruiss. affl. de celui de Galpi.
POTINIÈRE (LA), vill. c^ne de Pommerieux.
POUARDIÈRE (LA), f. c^ne de Ballots; auj. détruite. — *Super decima Poarderie*, XIIe siècle (abb. de la Roë, H 164). — *Per Poarderiam transiens*, XIIe siècle (ibid. H 151, f° 57).
POUBELIÈRE (LA), h. c^ne de Fougerolles.
POUCHANDIÈRE (LA), h. c^ne de Couesmes.
POUCHERIE (LA), f. c^ne de Brécé. — *La Pocherie* (cadastre).

POUDRETTE (LA), éc. c^ne de Laval.
POUGUES (FONTAINE DE), c^ne de Château-Gontier. — Fontaine minérale en usage contre la gravelle.
POUILLÉ (LE), h. c^ne de Montaudin.
POUILLÉ (LE), f. c^ne de Montenay.
POUILLÉ (LE), f. c^ne de Saint-Denis-de-Gastines.
POUILLÉ (LE), f. c^ne de Trans.
POUILLÉ (LE PETIT-), f. c^ne de Montaudin.
POUILLERIE (LA), f. c^ne de Saint-Julien-du-Terroux.
POUILLERIES (LES), f. c^ne de Saint-Brice.
POUILLOUSE (LA), f. c^ne de Bazouges.
POULAILLERIES (LES), h. c^ne du Bourgneuf-la-Forêt.
POULAINERIE (LA), f. c^ne du Bourgneuf-la-Forêt; auj. détruite.
POULAISIÈRE (LA), f. c^ne de Saint-Calais-du-Désert.
POULARDIÈRE (LA), f. c^ne de Contest. — Les landes de ce lieu sont auj. défrichées.
POULARDIÈRE (LA), forges, c^ne d'Olivet, créées vers 1650 et auj. détruites. — La chapelle de ce lieu, construite au XVIIe s^e par l'abbé de la Trémoille, existe encore.
POULAY, c^ne du Horps. — *Villa secus Pocileno vico*, 615 (test. Bertramni, *Gallia christ.* t. XIV). — *Villelmus de Polai*, 1169 (cart. de Savigny, f° 115).
Anc. par. du doy. de Javron, de l'élect. du Mans et du duché de Mayenne.
POULENNERIE (LA), éc. c^ne d'Olivet.
POULERIE (LA), vill. c^ne des Chapelles.
POULERIE (LA), f. c^ne de Jublains. — Les landes de ce lieu ont été défrichées vers 1850.
POULERIE (LA), f. c^ne de Maisoncelles.
POULERIE (LA), f. c^ne de Saint-Brice.
POULERIE (LA), h. c^ne de Saint-Julien-du-Terroux.
POULETERIE (LA), f. c^ne d'Argenton, détruite vers 1860.
POULETIÈRE (LA GRANDE et LA PETITE), f. c^ne d'Ampoigné. — *Les Pourlières* (Cassini).
POULGRENIÈRE (LA), f. c^ne de Saint-Mars-sur-Colmont.
POULIE (LA GRANDE et LA PETITE), h. c^ne de Montsurs.
POULINIÈRE (LA), f. c^ne d'Ahuillé.
POULINIÈRE (LA), f. c^ne de Fougerolles.
POULINIÈRE (LA), f. c^ne de l'Huisserie.
POULINIÈRE (LA), f. c^ne de Saint-Aubin-du-Désert.
POULINIÈRE (LA), éc. c^ne de Saint-Baudelle. — La ferme de ce nom est auj. détruite.
POULINIÈRE (LA GRANDE et LA PETITE), f. c^ne de Bierné.
POUPAILLE, f. c^ne de Vimarcé.
POUPARD-AUNAY (LE), f. c^ne de Pommerieux.
POUPARDIÈRE (LA), fours à chaux et h. c^ne de la Baconnière.
POUPARDIÈRE (LA), f. c^ne de Larchamp. — Fief vassal du marq. de la Hautonnière.
Le château et la chapelle sont auj. détruits.
POUPARDIÈRE (LA), h. c^ne de Loupfougères.

POUPARDIÈRE (LA), f. c^{ne} de Saint-Berthevin.
POUPARDIÈRES (LES), f. c^{ne} de Bouère.
POUPELIÈRE (LA), f. c^{ne} d'Ahuillé.
POUPELINIÈRE (LA), f. c^{ne} de Bazougers.
POUPELINIÈRE (LA), h. c^{ne} de Chailland.
POUPELINIÈRE (LA), vill. c^{ne} de Cigné.
POUPELINIÈRE (LA), f. c^{ne} de Cosmes. — *Bordagium de Popelineria*, XIIe siècle (abbaye de la Roë, H 151, f° 35).
POUPELINIÈRE (LA), h. c^{ne} de Couesmes.
POUPELINIÈRE (LA), f. c^{ne} de Louverné.
POUPINEAU, h. c^{ne} de Nuillé-sur-Ouette.
POUPINETTERIE (LA), f. c^{ne} de Bouère.
POUPINIÈRE (LA), f. c^{ne} de Bazouges.
POUPINIÈRE (LA), f. c^{ne} de Fontaine-Couverte.
POUPINIÈRE (LA), vill. c^{ne} de la Poôté; donne son nom à un ruiss. affl. de celui du Rocher.
POUPINIÈRE (LA), vill. c^{ne} de Changé.
POUPONNIÈRE (LA), f. c^{ne} de la Chapelle-Craonnaise.
POURCELLIÈRE (LA), f. c^{ne} de Bourgon.
POURCELLIÈRE (LA), f. c^{ne} de Saint-Aubin-du-Désert.
POURIASSIÈRE (LA GRANDE ET LA PETITE), f. c^{ne} de Montigné.
POURIOTTE, étang et mⁱⁿ, c^{nes} de Saint-Georges-Buttavent et de Placé. — *Pouriette* (carte de Jaillot). Le ruiss. de Pouriotte est un affl. de l'Anxurre.
POURISSOIR (LE), f. c^{ne} de Saint-Léger.
POURNISSERIE (LA), f. c^{ne} de l'Huisserie.
POURRIES (LES LANDES), c^{ne} du Genest; défrichées de 1818 à 1828.
POUSSARDIÈRE (LA), éc. c^{ne} de Champéon.
POUSSEMILLÈRE (LA), f. c^{ne} de Daon.
POUSSINIÈRE (LA), f. c^{ne} de la Chapelle-Rainsouin. — *Medietaria de la Poscinière sita in parrochia de Capella*, 1239 (cart. d'Évron).
POUSSINIÈRE (LA), f. c^{ne} de Montjean.
POUVERIE (LA), fief, c^{ne} de Quelaines, vassal du marq. de Château-Gontier. — Voy. PROUVERIE (LA).
PRADELLE, f. c^{ne} de Désertines.
PRÉ (LE), éc. c^{ne} d'Arquenay. — La ferme de ce lieu a été détruite vers 1830.
PRÉ (LE), éc. c^{ne} de Carelles. — Fief vassal de la châtell. de Gorron.
PRÉ (LE), f. c^{ne} de Saint-Denis-d'Anjou.
PRÉ (LE), f. c^{ne} de Saint-Georges-le-Fléchard.
PRÉ (LE), mⁱⁿ, c^{ne} de Saulges. — *Molendino de Pratis*, 1265 (abb. de Bellebranche).
PRÉ (LE HAUT-), f. c^{ne} de Saulges.
PRÉ (LE PETIT-), éc. c^{ne} de Bazougers.
PRÉ (LE PETIT-), éc. c^{ne} de Saint-Denis-d'Anjou.
PRÉ (RUISSEAU DU), affluent du ruiss. de Corbon : arrose la Baconnière.

PRÉ (RUISSEAU DU GRAND-), c^{ne} de la Dorée, affl. du ruiss. de l'étang de la Hogue.
PRÉ (RUISSEAU DU GRAND-), c^{ne} de Saint-Pierre-sur-Orthe, affl. du ruiss. de la Chouannière.
PRÉ-À-L'HOMME (LE), f. c^{ne} de Saint-Michel-de-Feins.
PRÉAMBOURG (LE), f. c^{ne} de Commer; donne son nom à un ruiss. affl. de l'Aron, qui arrose Moulay.
PRÉAU (LE), f. c^{ne} de Larchamp. — Il faudrait écrire *le Pré-Haut*.
PRÉ-AUCHER (LE), h. c^{ne} de Moulay.
PRÉ-AU-JUGE (LE), f. c^{ne} de Laval.
PRÉAUX, c^{on} de Grez-en-Bouère. — *Villa de Pratellis*, 802 (diplôme de Charlemagne). — *Matheo de Pratellis*, 1096 (arch. de Maine-et-Loire, abbaye de Saint-Aubin). — *Robert de Praiaux*, 1284 (Bibl. nat. f. lat., 5441).
Anc. par. du doy. de Sablé, de l'élect. de la Flèche et du comté de Laval.
PRÉAUX, vill. c^{ne} de Neuilly-le-Vendin.
PRÉAUX (LE BOIS DE), c^{ne} d'Origné.
PRÉAUX (LES), h. c^{ne} de Pré-en-Pail.
PRÉAUX (LES), f. c^{ne} de Saint-Gault.
PRÉAUX (LES), f. c^{ne} de Saulges.
PRÉAUX (LES), f. c^{ne} de Villiers-Charlemagne.
PRÉ-AUX-MOINES (LE), c^{ne} de Châtillon-sur-Colmont.
PRÉ-BARBIN (LE), h. c^{ne} de Saint-Thomas-de-Courceriers.
PRÉ-BELLENGER (LE), f. c^{ne} de la Bazouge-de-Chemeré.
PRÉ-BIAIZIN (RUISSEAU DU), c^{ne} de Chemeré-le-Roi, affl. de la Vaige.
PRÉ-BONNE, f. c^{ne} de Moulay.
PRÉ-BOUGRÉ (LE), f. c^{ne} de la Poôté.
PRÉCILIÈRES (LES), f. c^{ne} de la Bazouge-de-Chemeré.
PRÉ-CLOS (LE), f. c^{ne} de la Brulatte.
PRÉ-CLOS (LE), f. c^{ne} de Saint-Brice.
PRÉ-CLOS (LE), f. c^{ne} de Saint-Michel-de-Feins.
PRÉ-DE-LA-TOUCHE (LE), h. c^{ne} de Cossé-le-Vivien.
PRÉ-DE-LA-VILLE (LE), éc. c^{ne} de Fromentières.
PRÉ-DE-L'OSIER (LE), éc. c^{ne} de Saint-Denis-d'Anjou.
PRÉ-D'HÉRON (LE), f. c^{ne} de Montflours.
PRÉ-DOISNEAU (LE), f. c^{ne} de Mée.
PRÉ-DU-BOIS (LE), f. c^{ne} de Montourtier.
PRÉ-DU-PRIEURÉ (LE), étang, c^{ne} de Champgeneteux; desséché vers 1848.
PRÉE (LA), f. c^{ne} de Launay-Villiers.
PRÉE (LA), f. c^{ne} de Saint-Berthevin.
PRÉE (LA), f. c^{ne} de Saint-Léger.
PRÉE (LA GRANDE ET LA PETITE), f. c^{ne} d'Ampoigné. — Fief vassal de la seign. d'Ampoigné.
PRÉE (LA GRANDE ET LA PETITE), h. c^{ne} de Ruillé-le-Gravelais.

Prée (Ruisseau de la), c^{ne} de Cossé-en-Champagne, affl. du Treulon.

Prée (Ruisseau de la), c^{ne} de Niafle, affl. du ruiss. de la Lande.

Prée (Ruisseau de la Petite-), c^{ne} de Mée, affl. du ruiss. de la Gravelle.

Prée-Gallais (La), éc. c^{ne} de Saint-Pierre-la-Cour.

Prée-Neuve (Ruisseau de la), c^{ne} d'Ampoigné, affl. de celui de Mauconseil.

Pré-en-Pail, arrond. de Mayenne. — *G. de Pratis*, 1218 (inv. des arch. de la Sarthe).

Prieuré dép. de l'abb. de la Couture du Mans. — Anc. par. du doy. de Javron, de l'élect. du Mans, et du duché de Mayenne. — Châtell. qui s'étendait sur Javron, Saint-Samson, Saint-Calais et Villepail. — Siége d'une maîtrise des eaux et forêts.

Pré-Guillaume (Le), f. c^{ne} de la Poôté.

Pré-Guyon (Le), éc. c^{ne} de Quelaines.

Pré-Hardier (Le), f. c^{ne} d'Ahuillé.

Pré-Hardouin (Le), f. c^{ne} de Marigné-Peuton.

Pré-Houdré (Le), h. c^{ne} de Bais; donne son nom à un ruiss. affl. de l'Aron.

Préjaillère (La), f. c^{ne} de Laigné.

Prégillier (Le), f. c^{ne} de Ruillé-Froidfont. — On dit aussi *la Prégillière*.

Pré-Moreau (Le), f. c^{ne} d'Olivet.

Pré-Motteux (Le), f. c^{ne} de la Poôté.

Pré-Moulé (Le), f. c^{ne} de Châlons.

Pré-Neuf (Le), f. c^{ne} de Meslay.

Pré-Neuf (Le), éc. c^{ne} de Torcé.

Préoullière (La), f. c^{ne} de Bouère.

Préoullière (La), f. c^{ne} de Grez-en-Bouère. — *La Prioullière* (carte de Jaillot). — *La Pérouillère* (Cassini).

Pré-Péan (Le), f. c^{ne} de Saint-Isle.

Pré-Peltier (Le), éc. c^{ne} de Livet-en-Charnie.

Pré-Rond (Le), h. c^{ne} de Saint-Céneré.

Pré-Rouillette (Ruisseau du), c^{ne} de Villaines-la-Juhel, affl. de celui du Marais-Pâtis.

Prés (Les), f. c^{ne} d'Andouillé.

Prés (Les), f. c^{ne} de Bonchamp.

Prés (Les), f. c^{ne} de Châlons.

Prés (Les), f. c^{ne} de Châtelain.

Prés (Les), f. c^{ne} de Courbeveille. — Fief vassal de la châtell. de Courbeveille.

Prés (Les), f. c^{ne} de Hambers.

Prés (Les), f. c^{ne} de Hercé.

Prés (Les), h. c^{ne} d'Izé.

Prés (Les), mⁱⁿ, c^{ne} de Montigné.

Prés (Les), h. c^{ne} de Préaux.

Prés (Les), h. c^{ne} de Saint-Denis-d'Anjou.

Prés (Les), f. c^{ne} de Saint-Fraimbault-de-Prières.

Prés (Les), h. c^{ne} de Saint-Mars-sur-la-Futaie.

Prés (Les), h. c^{ne} de Saint-Thomas-de-Courceriers.

Prés (Les), h. c^{ne} de Saulges.

Prés (Les Grands-), f. c^{ne} de Saint-Charles-la-Forêt. — Ruiss. affl. de celui du Pont-Saint-Martin, qui arrose aussi le Bignon.

Prés (Les Hauts-), f. c^{ne} de Saint-Thomas-de-Courceriers.

Prés (Les Hauts et les Bas), f. c^{ne} de Cuillé.

Prés (Ruisseau des), c^{ne} de Saint-Aubin-Fosse-Louvain, affl. de celui de la Morinière.

Présaie (La), f. c^{ne} de Bouère.

Présaie (La), fief vassal de la châtell. de Courbeveille.

Présaie (La), f. c^{ne} d'Évron.

Présaie (La), f. c^{ne} de Ruillé-Froidfont.

Présaie (La), h. et chât. c^{ne} de Saint-Christophe-du-Luat. — Fief vassal de la châtell. de Saint-Christophe et de Bazougers. — Les landes et taillis de ce lieu ont été défrichés vers 1848.

Présaie (La), f. c^{ne} de Saint-Denis-d'Anjou.

Prés-Bâtards (Les), éc. c^{ne} de Javron.

Prés-Belin (Ruisseau des), c^{ne} de Sainte-Gemmes-le-Robert, affl. de celui de la Bellangerie.

Presbytère (Le), f. c^{ne} d'Argenton; détruite vers 1844.

Presbytère (Le), f. c^{ne} de la Chapelle-Rainsouin.

Presbytère (Le), h. c^{ne} du Ham.

Presbytère (Le), éc. c^{ne} de Louverné.

Presbytère (Le Petit-), f. c^{ne} d'Astillé.

Presbytère (Ruisseau du), c^{ne} de Gesnes, affl. du ruiss. de la Juriais.

Presbytère (Ruisseau du), c^{ne} de Senonnes, affl. du Semnon.

Presbytère-des-Champs (Le), f. c^{ne} de Coudray.

Presbytère-des-Cherres (Le), f. c^{ne} de Saint-Gault.

Prés-Halés (Les Grands et les Petits), f. c^{ne} de Châtelain.

Prés-Julienne (Les), f. c^{ne} de Gennes.

Presleau, f. c^{ne} de Château-Gontier.

Prés-Neufs (Les), f. c^{ne} d'Arquenay.

Prés-Neufs (Les), f. c^{ne} de la Bazouge-des-Alleux.

Prés-Neufs (Les), éc. c^{ne} de Meslay.

Pressoir (Le), f. c^{ne} d'Argenton.

Pressoir (Le), f. c^{ne} de Ballots; auj. détruite.

Pressoir (Le), f. c^{ne} de la Bazoge-Montpinçon.

Pressoir (Le), f. c^{ne} de Bazouges.

Pressoir (Le), f. c^{ne} de Bouchamp.

Pressoir (Le), h. c^{ne} de Courcité.

Pressoir (Le), f. c^{ne} de Craon.

Pressoir (Le), f. c^{ne} de Daon.

Pressoir (Le), f. c^{ne} de Denazé.

Pressoir (Le), h. c^{ne} d'Évron.

Pressoir (Le), vill. c^{ne} de Houssay.

Pressoir (Le), h. et f. c^{ne} de Laval.
Pressoir (Le), éc. c^{ne} de Nuillé-sur-Ouette.
Pressoir (Le), h. c^{ne} de Saint-Brice.
Pressoir (Le), f. c^{ne} de Saint-Charles-la-Forêt.
Pressoir (Le), h. c^{ne} de Sainte-Suzanne.
Pressoir (Le), f. c^{ne} de Saint-Fort.
Pressoir (Le), f. c^{ne} de Saint-Jean-sur-Mayenne.
Pressoir (Le), f. c^{ne} de Saint-Martin-de-Connée.
Pressoir (Le), h. c^{ne} de Saint-Pierre-sur-Orthe.
Pressoir (Le), f. c^{ne} de Saulges.
Pressoir (Le), h. et f. c^{ne} de Torcé.
Pressoir (Le), f. c^{ne} de Villiers-Charlemagne.
Pressoir-Billon (Le), éc. c^{ne} de Saint-Denis-d'Anjou.
Pressoir-de-Coudray (Le), f. c^{ne} d'Origné.
Pressoir-Salé (Le), f. c^{ne} de Laval.
Pressoir-Verron (Le), f. c^{ne} de Fromentières.
Prêterie (La), f. c^{ne} de la Bazouge-de-Chemeré.
Prêterie (La), éc. c^{ne} de Bouère.
Prêterie (La), f. c^{ne} de Lassay.
Pretesellières (Les), f. c^{ne} de Ruillé-Froidfont. — *Prestescillere*, xive siècle (Arch. nat. P 345). Arrière-fief du comté de Laval, vassal de la châtell. de Meslay.
Prêtrée (La), f. c^{ne} d'Azé.
Prévallée (La), f. c^{ne} d'Andouillé.
Prévert, f. c^{ne} de Saint-Ellier.
Prévieux (Le), f. c^{ne} de Montigné.
Prévôterie (La), f. c^{ne} de Saint-Berthevin.
Priautié (La), f. c^{ne} de Gennes; auj. détruite.
Prie (La Grande-), f. c^{ne} de Saint-Laurent-des-Mortiers.
Prie (La Petite-), f. c^{ne} de Saint-Laurent-des-Mortiers, aussi appelée *la Motte-des-Bois*.
Prieuré (Le), éc. c^{ne} d'Azé.
Prieuré (Le), f. c^{ne} de Bazougers.
Prieuré (Le), f. c^{ne} de Daon.
Prieuré (Le), f. c^{ne} de Ménil.
Prieuré (Le), f. c^{ne} de Neau. — Fief vassal de la bar. d'Évron.
Prieuré (Le), f. c^{ne} de la Rouaudière.
Prieuré (Le), h. c^{ne} de Saint-Denis-du-Maine.
Prieuré (Le), éc. c^{ne} de Saint-Isle.
Prieuré (Le), f. c^{ne} de Villiers-Charlemagne.
Prieuré-de-la-Ramée (Le), f. c^{ne} de la Chapelle-Rainsouin.
Pril (La), h. c^{ne} de Martigné.
Prillière (La), f. c^{ne} d'Arquenay. — La lande de ce lieu a été défrichée vers 1846.
Primaie (La), f. c^{ne} de la Rouaudière.
Primaie (La), h. c^{ne} de Saint-Aignan-sur-Roë.
Primaudais (La), f. c^{ne} de Bourgon.
Primaudais (Les), h. c^{ne} de la Rouaudière.

Primaudière (La), f. c^{ne} d'Alexain.
Primaudière (La), h. c^{ne} d'Andouillé.
Primaudière (La), f. c^{ne} de Chailland.
Primaudière (La), f. c^{ne} de Cossé-le-Vivien.
Primaudière (La), f. c^{ne} de Loiron.
Primaudière (La), f. c^{ne} de Nuillé-sur-Vicoin.
Primaudière (La), f. c^{ne} d'Oisseau.
Primaudière (La), f. c^{ne} de Ruillé-Froidfont. — Fief vassal de la châtell. de Longuefuye.
Primaudière (La), f. c^{ne} de Saint-Ouen-des-Toits.
Primaudon, f. c^{ne} de Saint-Ellier. — Fief vassal du marq. de la Hautonnière.
Prince (Le), f. c^{ne} de Ballots.
Prince (Le Haut et le Bas), h. c^{ne} de Mée. — On dit aussi *les Pincés*.
Prince-Barillé, f. c^{ne} de Ballots.
Princerie (La), f. c^{ne} de Saint-Michel-de-la-Roë.
Pringaudière (La), f. c^{ne} de Désertines. — L'étang de ce lieu est auj. desséché.
Prioré (Le), h. c^{ne} de Couptrain.
Prioré (Le), f. c^{ne} de Saint-Gault.
Priorie (La Grande et la Petite), f. c^{ne} de Gennes.
Prioulaie (La), f. c^{ne} du Horps.
Prioulaie (La), h. c^{ne} de Saint-Mars-sur-la-Futaie.
Prioullière (Bois de la), c^{ne} de Saint-Fort; auj. défriché.
Prioullière (La), fief, c^{ne} de Grez-en-Bouère, vassal de la châtell. de la Vezouzière.
Priourie (La), f. c^{ne} de Saint-Gault.
Priouté (Le), éc. c^{ne} de Gennes.
Prioutés (Les), f. c^{ne} de Saint-Laurent-des-Mortiers.
Prise (La), éc. c^{ne} du Buret.
Prise (La), h. c^{ne} de Ruillé-le-Gravelais.
Prise (La), éc. c^{ne} de Saint-Charles-la-Forêt. — Ferme détruite vers 1859.
Prise (La), f. c^{ne} de Saint-Georges-sur-Erve.
Prise (La), f. c^{ne} de Saint-Pierre-la-Cour.
Prise (La Basse-), f. c^{ne} de Laval.
Prise (La Grande et la Petite), f. c^{ne} d'Olivet. — Le ruiss. de la Prise est un affl. du Vicoin.
Prise-à-Gauche (La), éc. c^{ne} de la Brulatte. — Ferme auj. détruite.
Prise-à-l'Égal (La), f. c^{ne} de la Gravelle.
Prise-au-Curé (La), f. c^{ne} de Montigné.
Prise-au-Noyer (La), f. c^{ne} de Laval.
Prise-Bâtard (La), f. c^{ne} de l'Huisserie; détruite vers 1860.
Prise-Baubon (La), h. c^{ne} de la Brulatte. — *La Prise-Bobon*, 1643 (abb. de la Roë, H 199).
Prise-Blanche (La), f. c^{ne} de l'Huisserie.
Prise-des-Bois (La), éc. c^{ne} de Saint-Berthevin.
Prise-des-Noyers (Bois de la), c^{ne} de Sainte-Suzanne.

Prise-du-Bas (La), f. c^{ne} de Saint-Berthevin.
Prise-du-Désert (La), f. c^{ne} de la Brulatte.
Prise-en-Rente (La), h. c^{ne} de la Chapelle-Craonnaise.
Prise-Gembron (La), f. c^{ne} de Saint-Pierre-la-Cour. — La *Prise-Gobron* (Cassini).
Prise-Gripon (La), f. c^{ne} de Saint-Berthevin; détruite.
Prise-Hennier (La), f. c^{ne} de Saint-Berthevin.
Prise-Jegu (La), f. c^{ne} de Saint-Berthevin.
Prise-Lavallière (La), éc. c^{ne} de Montigné.
Prise-Mortou (La), f. c^{ne} de Saint-Berthevin.
Prise-Piau (La), f. c^{ne} de Saint-Berthevin.
Prise-Rolland (La), f. c^{ne} de Montigné.
Prises (Les), f. c^{ne} de Saint-Berthevin.
Prises (Les), f. c^{ne} de Saint-Germain-le-Fouilloux.
Prises-de-Barbé (Les) ou Semis-Nouveau, bois taillis, c^{ne} d'Évron.
Prodhommière (La), h. c^{ne} de Saint-Aubin-Fosse-Louvain. — *La Prodonnière* (Cassini).
Promenade (La), éc. c^{ne} de Ballée.
Promenade (La), éc. c^{ne} de la Boissière.
Promenade (La), f. c^{ne} de Chemazé.
Promenade (La), éc. c^{ne} de Chemeré-le-Roi..
Promenade (La), éc. c^{ne} d'Épineu-le-Séguin.
Promenade (La), éc. et h. c^{ne} de Grez-en-Bouère.
Promenade (La), éc. de Houssay.
Promenade (La), éc. c^{ne} de Laval.
Promenade (La), éc. c^{ne} de Livet-en-Charnie.
Promenade (La), éc. c^{ne} d'Origné.
Promenade (La), éc. c^{ne} de Renazé.
Promenade (La), h. c^{ne} de Saint-Denis-du-Maine.
Promenade (La), éc. c^{ne} de Saint-Erblon.
Promenade (La), f. c^{ne} de Villiers-Charlemagne.
Prompt, f. c^{ne} de Fromentières.
Protais (La), f. c^{ne} de Saint-Hilaire-des-Landes.
Proulières (Les), f. c^{ne} de Sacé; auj. détruite. — Ruiss. affl. de la Mayenne.
Proutaie (La), h. c^{ne} d'Argentré.
Prouverie (La), vill. c^{ne} de Courbeveille.
Prouverie (La), f. c^{ne} de Laubrières.
Prouverie (La), f. c^{ne} de Pommerieux.
Provenchères (Les), bois, c^{ne} de Viviers, dépendant de la forêt de la Charnie.
Provins, f. c^{ne} de Ménil.
Provôté (La), h. c^{ce} de la Pallu.
Provôté (La), éc. c^{ne} de Saint-Germain-de-Coulamer.
Provôterie (La) ou la Prévôterie, château et f. c^{ne} d'Ahuillé. — Ruiss. affl. de celui de Gouillas. Fief vassal de la châtell. de Laval.
Provôterie (La), f. c^{ne} de Congrier.
Provôterie (La), h. c^{ne} de la Dorée.
Provôtière (La), f. c^{ne} de Fougerolles. — Fief vassal de la châtell. de Pontmain.

Provôtière (La), h. c^{ne} de la Haie-Traversaine.
Provôtière (La), h. c^{ne} de Lignières-la-Doucelle.
Provôtière (La), vill. c^{ne} de Madré.
Provôtière (La), f. c^{ne} de Saint-Berthevin.
Provôtières (Les), f. c^{ne} de Parigné.
Prunelaie (La), éc. c^{ne} de Bazouges.
Prunelaie (La), f. c^{ne} de Juvigné-des-Landes.
Prunelaie (La), f. c^{ne} de Saint-Gault.
Prunerie (La), h. c^{ne} de Saint-Georges-sur-Erve.
Prunerie (La); vill. c^{ne} de Saint-Ouen-des-Toits.
Pruniers (Les), f. c^{ne} de Placé.
Pruniers (Les), f. et éc. c^{ne} de Voutré.
Puberdières (Les), h. c^{ne} de Craon.
Pucelle (Bois de), c^{ne} de Bouchamp.
Pucelle (Ruisseau de la), c^{ne} de Saint-Martin-du-Limet, affl. du ruiss. de Saint-Jouin.
Pucellière (La), f. c^{ne} de Bouchamp.
Puchemallière (La), vill. c^{ne} de Beaulieu.
Puisard (Le), vill. c^{ne} de Larchamp.
Puisard (Le), f. c^{ne} de Méral. — *Le domaine de Pusat*, 1394 (arch. de la Mayenne, E 146).
Puisiens, h. et bois taillis, c^{ne} de Ruillé-Froidfont. — *Puissieurs et Puissieux*, 1404 (arch. de la Mayenne, série E). — *Fief de Pluissiers*, 1499 (cab. La Baulière).
Fief vassal de la châtell. de Laval, qui s'étendait sur Grez-en-Bouère.
Puisseau (Le), h. c^{ne} de Ruillé-Froidfont.
Puits (Le), éc. c^{ne} de Ballée.
Puits (Le), f. c^{ne} de Courbeveille.
Puits (Le), h. c^{ne} d'Évron.
Puits (Le), f. c^{ne} de Javron.
Puits (Le), f. c^{ne} de Laigné.
Puits (Le), f. c^{ne} de Préaux.
Puits (Le), f. c^{ne} de la Roë.
Puits (Le), f. c^{ne} de Saint-Charles-la-Forêt.
Puits (Le), f. c^{ne} de Saint-Isle.
Puits (Le), h. c^{ne} de Saint-Léger.
Puits (Le Grand-), f. c^{ce} de Saint-Fort.
Puits (Le Grand et le Petit), f. c^{ce} de Parné.
Puits (Les), h. c^{ne} de Ballots.
Puits-Cochelin (Le), fief de la châtell. de Pré-en-Pail, c^{ne} de Javron.
Puits-du-Bois (Le), vill. c^{ne} de Montigné.
Puits-Édouard (Le), h. c^{ne} de la Baconnière.
Puits-Neuf (Le), f. c^{ne} d'Ahuillé.
Puits-Oger (Le), vill. c^{ne} de Mézangers.
Puivent, mⁱⁿ, c^{ne} de Bouessay.
Pulle (La), f. c^{ne} de Viviers.
Pulvinais (La), f. c^{ne} de Saint-Mars-sur-la-Futaie.
Purassière (La), h. c^{ne} d'Aron; donne son nom à un ruiss. affl. de celui de l'Ollon.

PURAUDERIE (LA), f. c^{ne} de Méral.
PURGERIE (LA), h. c^{ne} de Charchigné. — Le ruiss. de la Purgerie est un affl. de l'Aisne.
PURGERIE (LA PETITE-), f. c^{ne} de Charchigné.
PURONNIÈRE (LA), f. c^{ne} de Quelaines.
PURONNIÈRE (LA), f. c^{ne} de Saint-Gault.
PURONNIÈRE (RUISSEAU DE LA), c^{ne} de Simplé, affl. de l'Hière.
PUSIER ou PUISIERS, f. c^{ne} de Villiers-Charlemagne.
PUSSU (LE HAUT ET LE BAS), f. c^{ne} de Cosmes.
PUSSU (LE ROQUET DE), f. c^{ne} de Cosmes.

PUTALLERIE (LA), f. —.Voy. PEUTELLERIE (LA).
PUY (LE), f. c^{ne} d'Arquenay. — Les landes de ce lieu ont été défrichées vers 1865.
PUY (LE), chât., étang et f. c^{ne} de Ruillé-Froidfont. —Fief vassal de la châtell. de Laval.
Le ruiss. du Puy est un affl. de celui de Pont-Manceau.
PUY (LE), chât. c^{ne} de Saint-Martin-de-Connée. — Fief de la bar. de Sillé-le-Guillaume.
PUY-DU-BOURGNEUF (LE), f. c^{ne} de Saint-Quentin; détruite vers 1844.

Q

QUANNUETTE, f. c^{ne} de Nuillé-sur-Ouette.
QUANTERIE (LA), fief, c^{ne} de Fromentières, vassal de la châtellenie de Longuefuye, à laquelle il reportait les fiefs de Longue-Touche, du Plessis-Pezard, de la Touche-Chevalier et d'Auvers; il reportait à celle de Fromentières les fiefs de la Bauderie, de Beauchêne, du Coudray et de la Forêt-d'Aubert. — *La Canterie*, 1757 (arch. de la Mayenne, E. 27).
L'étang de ce lieu est auj. desséché.
QUARTIER (LE), f. c^{ne} de Blandouet.
QUARTIER (LE), f. et mⁱⁿ, c^{ne} de Bonchamp. — Ruiss. affl. de l'étang de Barbé.
QUARTIER (LE), f. c^{ne} de Saint-Berthevin.
QUARTIER (RUISSEAU DU) ou DE SAINT-NICOLAS, c^{ne} de Laval, affl. de la Mayenne.
QUARTIERS (LES), f. c^{ne} de Châlons.
QUARTIERS (LES), h. c^{ne} de Fougerolles. — Ruiss. affl. de celui de la Barbottière.
QUARTIERS (LES), f. c^{ne} de Ruillé-Froidfont.
QUARTIERS (LES), f. c^{ne} de Saint-Cyr-en-Pail.
QUARTIERS (LES), f. c^{ne} de Villiers-Charlemagne.
QUASPLÉ, f. c^{ne} de Vimarcé.
QUATRE-CHEMINS (LES), éc. c^{ne} d'Ahuillé.
QUATRE-CHEMINS (LES), éc. c^{ne} de Hercé.
QUATRE-CHEMINS (LES), vill. c^{ne} de Martigné.
QUATRE-CHEMINS (LES), éc. c^{ne} de Saint-Michel-de-la-Roë.
QUATRE-ÉPINES, h. c^{ne} de Gorron.
QUATRE-HAIES, éc. c^{ne} de Saint-Mars-sur-la-Futaie.
QUATRE-VENTS (LES), f. c^{ne} de Ballée.
QUATRE-VENTS (LES), f. c^{ne} de la Gravelle.
QUATRE-VENTS (LES), f. c^{ne} de Larchamp.
QUATRE-VENTS (LES), f. c^{ne} de Saint-Charles-la-Forêt; détruite vers 1867.
QUEILLE (ÉTANG DE LA), c^{ne} de la Boissière; auj. desséché.

QUELAINES, c^{on} de Cossé-le-Vivien. — *In Colonica ultra Meduanam*, 837 (test. Sancti Aldrici, *Gallia christ.* t. XIV, Instr. col. 130). — *Colonias*, 1097 (inv. des arch. de la Sarthe). — *Ad burgum de Coloniis*, XIIe siècle (abb. de la Roë, H 151, f° 75). — *R. de Colonis*, 1217 (ibid.). — *Rag. de Queleniis*, XIIIe siècle (ibid. f° 100). — *T. de Colene*, XIIIe siècle (cart. d'Évron). — *Stannus de Keulain*, 1342 (Bibl. nat., f. latin, 5441).
Anc. paroisse du doy. de Laval et de l'élect. de Château-Gontier. — Pour la féodalité, elle était divisée entre la bar. de Craon et le marquisat de Château-Gontier. — Prieuré dépendant de l'abbaye de Saint-Aubin d'Angers.
QUELINIÈRE (LA), f. c^{ne} d'Argentré.
QUELLES, h. c^{ne} de la Dorée. — *Quesle* (Cassini).
QUENOUILLER (LE), f. c^{ne} de Montigné.
QUENOUILLÈRE (LA), f. c^{ne} de Loiron.
QUENOUILLÈRE (LA GRANDE et LA PETITE), f. c^{ne} de Louverné.
QUENOUILLES (LES), f. c^{ne} de Montigné; détruite vers 1862.
QUENTIÈRE (LA GRANDE et LA PETITE), f. c^{ne} de Cossé-le-Vivien. — Fief vassal de la châtell. de Montjean.
QUENTINIÈRE (LA), f. c^{ne} des Chapelles.
QUENTINIÈRE (LA), mⁱⁿ et f. c^{ne} de Désertines.
QUENTINIÈRE (LA), f. c^{ne} de Jublains.
QUENTINIÈRE (LA), f. c^{ne} de Parigné.
QUENTINIÈRE (LA), f. c^{ne} de Ruillé-le-Gravelais; auj. détruite. — *La Quantinière*, 1663 (abb. de la Roë; H 199, f° 160).
QUENTINIÈRE (LA), h. c^{ne} de Saint-Calais-du-Désert.
QUENTINIÈRE (LA HAUTE et LA BASSE), h. c^{ne} de Saint-Jean-sur-Mayenne.
QUENTINIÈRES (LES), f. c^{ne} de Beaumont-Pied-de-Bœuf.
QUENTINIÈRES (LES), f. c^{ne} de Longuefuye.

QUENTINIÈRES (LES), f. c^{ne} de Nuillé-sur-Ouette.
QUERCELINAIS (LA), f. — Voy. THIERCELINAIS (LA).
QUERMIMAIS (LA), f. c^{ne} de Montenay.
QUERRAY (LE), f. c^{ne} de Bierné.
QUERRIÈRE (LA), h. c^{ne} d'Averton.
QUERRIÈRE (LA), f. c^{ne} de Bouère.
QUERRIÈRE (LA), f. c^{ne} de Saint-Sulpice.
QUERRIÈRE (LA BASSE-), h. c^{ne} d'Averton.
QUERRIÈRE (LA HAUTE-), vill. c^{ne} d'Averton.
QUERRIÈRE-DU MILIEU (LA), h. c^{ne} d'Averton.
QUERRUCHE (LA), f. c^{ne} d'Azé.
QUERRUÈRE (LA), h. c^{ne} de Deux-Évailles.
QUESNAIE (LA), h. c^{ne} de Saint-Ellier. — *La Cannuais* (Cassini).
QUESNE (LANDES DE), cⁿⁱ de Larchamp. — *Moulin de Gaine* (Cassini).
QUESNERIE (LA), f. c^{ne} de Ballots.
QUESNERIE (LA), f. c^{ne} de Cuillé.
QUESNET, h. c^{ne} de Grazay. — On dit aussi *Quesnette*. Fief vassal du duché de Mayenne.
QUESNIÈRE (LA), f. c^{ne} de Courcité.
QUESNIÈRE (LA), f. c^{ne} d'Hardanges.
QUESNIÈRE (LA), f. c^{ne} de Parné.
QUETTERIE (LA), f. c^{ne} d'Alexain.
QUETTERIE (LA), f. c^{ne} d'Ambrières. — Ruiss. affl. de la Varenne.
QUETTERIE (LA), f. c^{ne} du Buret.
QUETTERIE (LA), f. c^{ne} de Maisoncelles.
QUEU (LE), f. — Voy. CLOS (LE).
QUEUCHERIE (LA), f. c^{ne} de Saint-Hilaire-des-Landes. — Les landes de la Queucherie ont été défrichées vers 1848.
QUEUDEREUX, éc. c^{ne} de Saint-Fraimbault-de-Prières.
QUEU-DE-VIEILLE (LE), f. c^{ne} de la Selle-Craonnaise; auj. détruite. — *Métairie du Cu-de-Vieille*, 1673 (abb. de la Roë, H 181). — *Métairie de Queutevielle*, 1728 (*ibid.* f° 29). — *Quedevielle* (Cassini).
QUEUE (LA), f. c^{ne} de Saint-Pierre-la-Cour.
QUEUE-DE-CHIEN (LA), vill. c^{ne} de Saint-Georges-sur-Erve.
QUEUE-DE-LOUP (LA), f. c^{ne} de Chemazé.
QUEUE-DE-MORUE (LA), éc. c^{ne} de Changé.
QUEUES-BARILS (LES), f. c^{ne} de Saint-Pierre-des-Landes.
QUEUFAU, éc. c^{ne} de Saint-Christophe-du-Luat.
QUEUGERAI, éc. c^{ne} de Mézangers.
QUEULLERIE (LA), vill. c^{ne} de la Bigottière.
QUEULLERIE (LA), f. c^{ne} de Loiron.
QUEULLERIE (LA), f. c^{ne} de Saint-Hilaire-des-Landes.

QUEUMONT, mⁱⁿ, c^{ne} de l'Huisserie; détruit vers 1868. — *Molendinum de Clauso monte*, XIIe siècle (cart. du Ronceray). — *Quemont* (Cassini). — Voy. CUMONT.
QUEURDRAIBIE (LA), f. c^{ne} de la Chapelle-Craonnaise.
QUEURIAIS (LA HAUTE et LA BASSE), f. c^{ne} de Cosmes. — Bois auj. défriché.
QUEURIE (LA), f. c^{ne} de Cuillé.
QUEURIE (LA), f. c^{ne} de Livré. — Altération de *la Closerie*. Fief vassal de la bar. de Craon. — L'étang de ce lieu a été desséché vers 1830.
QUEUTUÈRE (LA), f. c^{ne} de Saint-Jean-sur-Erve.
QUEUTUÈRE (LA), f. c^{ne} de Vaiges.
QUEVALLIÈRES (LES), vill. c^{ne} de Bazouges.
QUIAUDRIE (LA), h. c^{ne} de Saint-Thomas-de-Courceriers. — *La Guaudrie*, 1585 (cab. d'Achon).
QUIBOUE, éc. c^{ne} de Saint-Denis-de-Gastines.
QUIFFEUX, f. c^{ne} de Martigné.
QUIFFEUX, f. c^{ne} de Saint-Denis-d'Anjou. — Fief vassal de la bar. de Gratte-Cuisse.
QUIFFEUX (LE HAUT et LE BAS), h. et mⁱⁿ, c^{ne} de Saint-Jean-sur-Mayenne. — Fief vassal du comté de Laval.
QUIMBOTTERIE (LA), f. c^{ne} de Placé.
QUINCAMPOIX, mⁱⁿ, c^{ne} de la Chapelle-Craonnaise.
QUINCAMPOIX, vill. c^{ne} de Laval.
QUINCAMPOIX, h. et filature, c^{ne} d'Oisseau. — Le mⁱⁿ de ce lieu est auj. détruit.
QUINCAMPOIX, f. c^{ne} de Saint-Pierre-la-Cour.
QUINCÉ (LE), vill. c^{ne} de Charchigné.
QUINCÉ (LE BAS-), h. c^{ne} de Charchigné.
QUINCÉ (LE HAUT-), f. c^{ne} de Charchigné.
QUINDOLIÈRE (LA), f. c^{ne} de Livré.
QUINDORIÈRE (LA), h. c^{ne} de Saint-Martin-de-Connée.
QUINEFOLLE, vill. et f. — Voy. GUINEFOLLE.
QUINQUANGROGNE, éc. c^{ne} d'Ampoigné.
QUINTERIE (LA), f. c^{ne} de Saint-Denis-du-Maine.
QUISSONNIÈRE (LA), f. c^{ne} d'Arquenay.
QUITTAY (LE), h. c^{ne} de Saint-Georges-Buttavent. — *Sanctus Georgius de Quitteio*, 1204 (abb. de Savigny). — Commanderie et baillie *d'Acquitay*, XIVe s^e (arch. du grand prieuré d'Aquitaine). — *L'ospital de Quitay*, 1405 (cab. La Baulucre). L'étang de Quittay est auj. desséché. — Ancienne commanderie de l'ordre de Malte, dont la justice, ressortissant d'abord à la sénéchaussée du Mans, devint en 1639 subalterne du présidial de Château-Gontier.
QUITÉ, h. c^{ne} de la Bazouge-des-Alleux.

R

Rabâcherie (La), h. c^{ne} de Saint-Mars-sur-Colmont.
Rabellière (La), f. c^{ne} de Beaulieu.
Rabellière (La), f. c^{ne} de Gennes. — Le mⁱⁿ de ce lieu a été détruit vers 1850.
Rabellière (La), étang, c^{ne} de Quelaines.
Rabellière (La Grande et la Petite), h. c^{ne} de Châtillon-sur-Colmont.
Rabellière (Ruisseau de la), c^{ne} de Bierné, affl. du ruiss. de Vauguilmet.
Rabinazières (Les), h. c^{ne} de Cossé-en-Champagne.
Rabine (La), éc. c^{ne} de Montaudin.
Rabine (La), f. c^{ne} de Saint-Thomas-de-Courceriers.
Rabineau (Le), éc. c^{ne} d'Ernée.
Rabines-de-la-Borde (Les), vill. c^{ne} de Saint-Pierre-des-Landes.
Rabines-de-Montflaux (Les), éc. c^{ne} d'Ernée.
Rabines-du-Ménil (Les), éc. c^{ne} de Saint-Pierre-des-Landes.
Rabinière (La Grande et la Petite), h. c^{ne} de Saint-Ouen-des-Toits.
Rablais (La), vill. — Voy. Éraplay (L').
Rablinière (La), h. c^{ne} de Grazay.
Rabotinière (La), vill. c^{ne} d'Alexain.
Rabotinière (La), f. c^{ne} du Bourgneuf-la-Forêt.
Rabotinière (La), h. c^{ne} de Bourgon.
Rabourgère (La), h. c^{ne} de Vautorte.
Rabrie (La), vill. c^{ne} de Sainte-Suzanne.
Racappé, f. c^{ne} de Ménil; prend son nom d'une famille importante du pays.
Rachat (Le), h. c^{ne} de Juvigné-des-Landes.
Racine (La), h. c^{ne} de Brécé.
Racinet (Le), f. c^{ne} de la Dorée. — *Masuram de Racineio*, XIIe siècle (cart. de Savigny, f° 120).
Racinet (Le), h. c^{ne} d'Hardanges.
Racinet (Le), h. c^{ne} de Saint-Berthevin-la-Tannière.
Racinière (La), f. et h. c^{ne} de Laval.
Racinière (La), h. c^{ne} de Villaines-la-Juhel.
Racinière (La Haute et la Basse), vill. c^{ne} de Chevaigné. — On dit aussi *Larcinière*.
Radivaud, f. c^{ne} d'Alexain.
Radouillerie (La), h. c^{ne} de Bouère.
Radray, vill. c^{ne} de Madré. — *Les Raderels* (Cassini). L'étang et le mⁱⁿ n'existent plus.
Raffray (Le), mⁱⁿ, c^{ne} de Saint-Berthevin.
Raffray (Le Vieux-), f. c^{ne} de Saint-Berthevin. — Le ruiss. de Raffray est un affl. du Vicoin.
Rafichet, f. c^{ne} de Saint-Georges-Buttavent.

Raganière (La), éc. c^{ne} d'Assé-le-Bérenger.
Raganière (La), f. c^{ne} de Thorigné. — *La Raguenière*, château (carte de Jaillot). Arrière-fief de la bar. de Sainte-Suzanne, vassal de la seign. de Bordeau-Chouan.
Ragaudières (Les), h. c^{ne} d'Izé.
Ragaume (Étang de), c^{ne} de Saint-Hilaire-des-Landes; auj. desséché.
Ragelière (La), h. c^{ne} de Lesbois.
Ragelin (Le), f. c^{ne} de Saint-Hilaire-des-Landes. — Les landes de ce lieu ont été défrichées vers 1848.
Ragolle (La), f. c^{ne} de Changé; donne son nom à un ruiss. affl. de la Mayenne.
Ragollière (La), f. c^{ne} de Hercé.
Ragonsière (La), f. c^{ne} de Montflours. — Fief vassal de la châtell. de Laval.
Ragonnière (La), f. c^{ne} de Saint-Denis-du-Maine.
Ragossay (Le), f. c^{ne} de Bourgon.
Ragosseau (Le), f. c^{ne} de Saint-Aubin-Fosse-Louvain.
Ragot (Le), f. c^{ne} de Contest.
Ragottay (Le), f. c^{ne} de Launay-Villiers.
Ragottière (Cour de la), f. c^{ne} de Méral. — Fief vassal de la Bodinière.
Ragottière (La), f. c^{ne} d'Ahuillé.
Ragottière (La), f. et logis, c^{ne} d'Astillé. — Fief vassal de la seign. de Montchevrier.
Ragottière (La), f. c^{ne} de Bonchamp; auj. détruite.
Ragottière (La), h. c^{ne} de Changé.
Ragottière (La), f. c^{ne} de Cossé-en-Champagne.
Ragottière (La), h. c^{ne} de Gesvres.
Ragottière (La), f. c^{ne} de Landivy; donne son nom à un ruiss. affl. de celui de la Futaie. — On dit aussi *la Ragottière-Plessis*.
Ragottière (La), f. c^{ne} de Saint-Berthevin.
Ragottière (La), f. c^{ne} de Saint-Jean-sur-Erve; distraite de Thorigné le 22 mai 1840.
Ragottière (La Grande-), f. c^{ne} de Méral.
Ragottière (La Grande et la Petite), f. c^{ne} de Jublains.
Ragottière (La Petite-), f. c^{ne} de Méral.
Ragottière-Dieu-le-Fit, f. c^{ne} de Landivy.
Ragottière-Neuve (La), f. c^{ne} de Saint-Germain-le-Fouilloux.
Ragottière-Vieille (La), vill. c^{ne} de Saint-Germain-le-Fouilloux. — Fief vassal de la châtell. de Fouilloux.
Raguenière (La), h. c^{ne} des Chapelles.

Raguenière (La), f. c^{ne} de Simplé.
Raierie (La), h. c^{ne} de Chammes.
Raierie (La), f. c^{ne} de Champgeneteux.
Raierie (La), h. c^{ne} d'Évron.
Raierie (La), f. c^{ne} de la Poôté.
Raieries (Les), f. c^{ne} de Cossé-en-Champagne.
Raieries (Les), h. c^{ne} de Saint-Denis-d'Anjou.
Raieries (Les), f. c^{ne} de Saint-Denis-de-Gastines.
Raillerie (La), f. c^{ne} de Loiron.
Raimbaud, f. c^{ne} de Ménil.
Raimbaudière (La), h. c^{ne} de la Baconnière.
Raimbaudière (La), h. c^{ne} de la Bazouge-des-Alleux.
Raimbaudière (La), f. c^{ne} de Bouère.
Raimbaudière (La), f. c^{ne} de Courbeveille.
Raimbaudière (La), f. c^{ne} de Fontaine-Couverte.
Raimbaudière (La), f. c^{ne} du Horps.
Raimbaudière (La), f. c^{ne} de Neau.
Raimbaudière (La), f. c^{ne} de Saint-Aignan-sur-Roë.
Raimbaudière (La), f. c^{ne} de Saint-Ouen-des-Vallons.
Raimbaudière (La), h. c^{ne} de Saint-Georges-sur-Erve.
Raimberge, f. c^{ne} de Saint-Denis-d'Anjou.
Raimbergère (La), f. c^{ne} de Marigné-Peuton. — *De feodo de la Reimbergeire*, 1238 (abb. de la Roë).
Raimbourgère (La), h. c^{ne} de la Selle-Craonnaise.
Rainerie (La), vill. c^{ne} de Charchigné.
Rainerie (La), f. c^{ne} de Courbeveille.
Rainerie (La), h. c^{ne} de Niafle.
Rainerie (La), h. c^{ne} de Saint-Mars-sur-la-Futaie. — *La Rennerie* (Cassini).
Rainette (La), f. c^{ne} de Saint-Germain-de-Coulamer.
Rainière (La), vill. c^{ne} d'Aron.
Rainière (La), f. c^{ne} d'Azé. — Le bois de ce lieu a été défriché vers 1838.
Rainière (La), f. c^{ne} de la Bazouge-des-Alleux.
Rainière (La), f. c^{ne} de la Brulatte.
Rainière (La), vill. c^{ne} de Charchigné.
Rainière (La), éc. c^{ne} de Cossé-en-Champagne.
Rainière (La), f. c^{ne} de Fontaine-Couverte. — *La Raignère*, 1465 (abb. de la Roë).
Rainière (La), f. c^{ne} du Genest.
Rainière (La), f. c^{ne} de Loigné. — On trouve aussi *la Régnère*.
Rainière (La), f. c^{ne} de Méral. — *La Reynière*, 1408. — *La Raignière*, 1559 (arch. de la Mayenne, E 134).
Rainière (La), f. c^{ne} de Ruillé-le-Gravelais. — Fief vassal de la châtell. de Montjean.
Rainière (La), f. c^{ne} de Saint-Aignan-sur-Roë. — On trouve aussi *la Reignère*.
Rainière (La), f. c^{ne} de Saint-Mars-sur-la-Futaie.
Rainière (La Grande et la Petite), f. c^{ne} de Brécé.
Rainière-du-Bois-du-Breil (La), f. c^{ne} de Brécé.
Rainières (Les), f. c^{ne} de Cossé-en-Champagne.

Rainières (Les), h. c^{ne} de Cossé-le-Vivien. — On prononce *les Raignères*.
Rainières (Les), h. et mⁱⁿ, c^{ne} de Saint-Denis-d'Anjou.
Raitrie (La), f. c^{ne} de Jublains.
Raitrie (La), h. c^{ne} du Pas.
Raîtrie (La), f. c^{ne} de Saint-Mars-sur-la-Futaie.
Raîtries (Les), f. c^{ne} de Bazouges.
Raizeux (Les), chât. et h. c^{ne} de Juvigné-des-Landes. — Fief de Frouslay, aliàs *de Raizeux*, départi autrefois de la Croixille, 1660 (arch. de la mairie de Mayenne). — *Rezeul* (carte de l'État-major).
Fief vassal de la châtell. d'Ernée. — L'étang de ce lieu est auj. desséché.
Rale, f. c^{ne} de la Bazouge-de-Chemeré. — *Ral* (cadastre).
Ralebaudière (Le), f. c^{ne} de Simplé.
Ralerie (La), f. c^{ne} de Juvigné-des-Landes.
Rallay, chât. et f. c^{ne} d'Azé. — Voy. Cour-de-Rallay (La).
Rallay (La), f. c^{ne} de Bazougers.
Rallay (Le), h. c^{ne} de Champgeneteux.
Rallay (Le), h. c^{ne} de la Gravelle.
Rallay (Le Grand-), f. c^{ne} d'Azé. — Fief vassal de la châtell. d'Azé.
Rallay (Le Haut et le Bas), f. c^{ne} de Châtelain. — Fief vassal de la bar. de Château-Gontier.
Ramadière (La), f. c^{ne} de Nuillé-sur-Vicoin. — On trouve aussi *la Ramardière*.
Ramaugerie (La), f. c^{ne} d'Origné.
Rambouillet (Le), éc: c^{ne} de Saint-Denis-d'Anjou.
Ramée (La), f. c^{ne} de la Chapelle-Rainsouin. — Prieuré dépendant de l'abb. d'Évron. — Châtell. de la baronnie de la Chapelle-Rainsouin, comprenant les fiefs des Bordeaux, de la Girardière, de Mezières, de Nuillé, de l'Oisillère, de la Pilloire et du Rocher.
Ramée (La), f. c^{ne} de Nuillé-sur-Ouette. — *Apud Rameiam*, 1251 (cart. d'Évron).
Le mⁱⁿ de ce lieu a été détruit, et l'étang, qui contenait plus de 150 hectares, a été desséché vers 1830.
Ramée-Neuve (La), f. c^{ne} de Soulgé-le-Bruant.
Ramerie (La), f. c^{ne} de Placé.
Ramerie (La), f. c^{ne} de Saint-Denis-de-Gastines.
Ramière (La), f. c^{ne} de Grez-en-Bouère.
Ramonnière (La), f. c^{ne} de Lévaré.
Rampone, f. c^{ne} de Laval.
Rançon (La), f. c^{ne} de Nuillé-sur-Vicoin; donne son nom à un ruiss. affl. du Vicoin.
Randellières (Les), f. c^{ne} du Bourgneuf-la-Forêt.
Randonnières (Les), f. c^{ne} d'Aron. — Arrière-fief du duché de Mayenne, vassal de la Motte-d'Aron.

DÉPARTEMENT DE LA MAYENNE.   273

Randouillère (La), f. c^ne de Houssay.
Rangé (Le Haut-), h. c^ne de Cigné.
Rangée (La), f. c^ne d'Andouillé.
Rangée (La), f. c^ne de Courbeveille; détruite vers 1867.
Rangée (La), f. c^ne de Louvigné.
Rangées de Sourche (Landes des), c^nes de Bouère et du Buret.
Rangevin, h. c^ne de Brecé; donne son nom à un ruiss. aff. de la Colmont.
Rangottière (La), h. c^ne de Vautorte. — On dit aussi la Rangotterie.
Raoult, f. c^ne de Villiers-Charlemagne.
Rapinerie (La), éc. c^ne de Craon.
Rapinerie (La), lande, c^ne de Saint-Michel-de-la-Roë; auj. défrichée.
Rapines (Les), h. c^ne de Ballots.
Rapinière (La), f. c^ne de Cosmes.
Rapinière (La), f. c^ne de Courbeveille; auj. détruite.
Rapinière (La), éc. c^ne de Simplé.
Rapinière (La Haute et la Basse), hameau, c^ne de la Croixille.
Raqueraie (La), f. c^ne de Daon.
Raquette (La) ou Bel-Air, f. c^ne de Fromentières.
Rasées (Les), f. c^ne de Saint-Mars-sur-la-Futaie. — L'étang de ce lieu a été desséché vers 1806.
Rasiller, f. c^ne de Coudray.
Rassenousière (La), f. c^ne de Saint-Cyr-le-Gravelais. — Fief vassal de la châtell. de Montjean.
Rateau (Ruisseau du) ou des Béziers, c^ne de Laval, aff. de la Mayenne.
Ratellière (La), h. c^ne de Cigné.
Ratellière (La), f. c^ne de Saint-Germain-le-Guillaume.
Ratterie (La), f. c^ne d'Andouillé.
Ratterie (La), h. c^ne de Courcité.
Ratterie (La), f. c^ne de Juvigné-des-Landes.
Ratterie (La), h. c^ne de Laval.
Ratterie (La), f. c^ne de Mée.
Ratterie (La), f. c^ne de Parné.
Ratterie (La), vill. c^ne de Saint-Aignan-de-Couptrain; donne son nom à un ruiss. aff. de l'Aisne.
Raudais (Les), f. c^ne de Désertines.
Rauderie (La), h. c^ne de la Baconnière.
Rauderie (La), h. c^ne de Champéon.
Rauderie (La), h. c^ne de la Gravelle.
Rauderie (La), f. c^ne de Saint-Fort.
Rauderie (La Petite-), f. c^ne de la Baconnière.
Raudière (La), f. c^ne de la Bazouge-de-Chemeré.
Raudière (La), f. c^ne de Saint-Jean-sur-Erve.
Raudière (La Basse-), f. c^ne de Ballots; donne son nom à un ruiss. aff. de celui de la Pelleterie.
Raudières (Les), h. c^ne de Ballots.
Raudières (Les), f. c^ne de la Chapelle-Anthenaise.

Raudières (Les), h. c^ne de Quelaines. — La Rondière, château (carte de Jaillot).
Fief vassal du marq. de Château-Gontier.
Ravallay (Le), h. c^ne de Livré. — Decimam de Ravalei, xiiie siècle (abb. de la Roë, H. 151, f° 99).
Fief vassal de la bar. de Craon, qui s'étendait sur Cossé, Méral et Livré. — Ruiss. aff. de celui de Mée.
Ravanne (La), h. c^ne du Buret.
Ravandière (La), f. c^ne d'Alexain.
Ravandière (La), f. c^ne de la Bigottière.
Ravandière (La), f. c^ne de Louverné.
Ravaudière (La), f. c^ne de Sacé.
Ravaut, m^in, c^ne de Saint-Thomas-de-Courceriers; auj. détruit.
Ravaux, h. c^ne de Carelles.
Ravay (Le), m^in, c^ne de Saint-Jean-sur-Mayenne.
Ravenellière (La), f. c^ne de Fougerolles.
Ravennière (La), f. c^ne de Javron.
Raverie (La), vill. c^ne de la Haie-Traversaine; donne son nom à un ruiss. aff. de la Mayenne.
Raverie (La), f. c^ne d'Oisseau.
Raveries (Les), f. c^ne de Saint-Georges-Buttavent.
Ravière (La Grande et la Petite), h. c^ne de Saint-Georges-sur-Erve.
Ravigny, c^on de Pré-en-Pail. — Anc. par. du doy. de la Roche-Mabile, de l'élect. du Mans et du duché de Mayenne.
Ravinière (La), éc. c^ne de Gesvres.
Ray (Le), h. c^ne de la Chapelle-au-Riboul.
Ray (Le), f. c^ne de Deux-Évailles.
Ray (Le), vill. c^ne de la Poôté.
Ray (Le), f. c^ne de Saint-Denis-d'Anjou.
Ray (Le), éc. c^ne de Saint-Georges-sur-Erve.
Rayée (La), f. c^ne de Changé.
Rayer (Étang et moulin de), c^ne de Juvigné-des-Landes.
Rayère (La), f. c^ne de Ménil.
Rayères (Bois des), c^ne de la Roë; défriché vers 1763. — Les Reyères, 1376 (abbaye de la Roë, H 188, f° 93).
Razelière (La), h. c^ne de Lassay.
Réardières (Les), h. c^ne de Saint-Quentin.
Réaulumière (La), f. c^ne du Genest. — Fief vassal de la châtell. de Saint-Ouen-des-Toits.
Réauté (La), f. c^ne d'Astillé.
Réauté (La), éc. c^ne de la Chapelle-Craonnaise. — Ferme auj. supprimée.
Réauté (La), f. c^ne de Cuillé; détruite en 1867.
Réauté (La), f. c^ne de Méral.
Réauté (La), f. c^ne de Montenay.
Réauté (La), f. c^ne de Parné.
Réauté (La), f. c^ne de Saint-Berthevin.

Mayenne.   35

RÉAUTÉ (LA), f. c^ne de Saint-Cénéré.
RÉAUTÉ (LA), f. c^ne de Saint-Cyr-le-Gravelais. — Fief vassal de la châtell. de Montjean.
RÉAUTÉ (LA), f. c^ne de Saint-Jean-sur-Mayenne.
RÉAUTÉ (LA), f. c^ne de Saint-Michel-de-la-Roë.
RÉAUTÉ (LA GRANDE et LA PETITE), h. c^ne de Saint-Poix.
REBERDIÈRE (LA), h. c^ne de Torcé.
REBERDIÈRE (LA), éc. c^ne de Viviers.
REBEURRIÈRE (LA), f. c^ne de Mézangers. — La Reburière (carte de l'État-major).
RÉBILLARDIÈRE (LA), f. c^ne de Daon; auj. détruite.
RÉBILLARDIÈRE (LA), f. c^ne de Saint-Pierre-des-Landes.
REBOUCUÈRE (LA), f. c^ne d'Astillé.
REBOULERIE (LA), f. c^ne de Loiron.
REBOULERIE (LA), f. c^ne de Sainte-Suzanne.
REBOURGÈRE (LA), h. c^ne du Horps.
REBOURSIÈRE (LA), vill. c^ne de la Baroche-Gondouin.
REBOUSSIÈRE (LA), f. c^ne de Larchamp.
REBOUSSERIES (LES), f. c^ne de Ruillé-Froidfont.
REBUFFERIE (LA), f. c^ne du Bourgneuf-la-Forêt.
REBUFFERIE (LA), f. c^ne de Neau.
REBUFFERIE (LA HAUTE-), f. c^ne du Bourgneuf-la-Forêt.
REBURETIÈRE (LA), h. c^ne de Sainte-Gemmes-le-Robert.
REBUSSON, vill. c^ne de Saint-Pierre-sur-Orthe.
REBUTIÈRE (LA), h. c^ne de Parigné. — *Tenementum quod vocatur la Rebutire*, 1241 (abb. de Savigny, Arch. nat. L 970). — *In terra de la Rebuteria*, 1241 (ibid.).
RECHAUSSÉE (LA), f. c^ne de Saint-Pierre-sur-Erve.
RECHERIES (LES), f. c^ne de Saint-Cénéré.
RECHIGNÉE (LA), vill. c^ne de Changé.
RECHIGNÉE (LA), vill. c^ne de Grazay.
RECHIGNÉE (ROCHER DE LA), éc. c^ne de Grazay.
RECLUS (LE), f. c^ne de la Gravelle.
RECONDE, f. c^ne de Saint-Ouen-des-Vallons. — Les landes de ce lieu sont auj. défrichées.
RECONDIÈRE (LA), f. c^ne de Quelaines; détruite vers 1842.
RECULÉE (LA), f. c^ne de Brécé.
RECULLÉE (LA), h. c^ne de Congrier.
RECULÉE (LA), f. c^ne d'Évron.
RECULÉES (LES), f. c^ne de Brée.
RECUSSONNIÈRE (LA), f. c^ne de la Chapelle-Rainsouin.
RECUSSONNIÈRE (LA), f. c^ne de Montaudin.
RÉDONNIÈRE (LA), f. c^ne de Champgeneteux.
RÉDONNIÈRE (LA), f. c^ne de Nuillé-sur-Vicoin.
REFAUDIÈRE (LA), h. c^ne de Marcillé-la-Ville.
REFAUDIÈRES (LES), f. c^ne de Nuillé-sur-Vicoin.
REFOUL (LE), f. c^ne d'Azé.
REFOUL (LE), f. c^ne de Gastines.
REFOUL (LE), f. c^ne de Méral.

REFOULÉES (RUISSEAU DES), c^ne de la Selle-Craonnaise, affl. de l'Usure.
REFOULLERIE (LA), h. c^ne de Courberie.
REGAIN (LE BAS-), f. c^ne de la Brulatte; auj. détruite.
RÉGALE (LA), fief, c^ne de Vaucé, vassal de la baronnie épiscopale de Touvoie.
RÉGALES (FIEFS DE), c^ne de Saint-Christophe-du-Luat, vassaux de la châtell. de Brée.
REGELIÈRE (LA), fief, c^ne de Saint-Cyr-en-Pail, vassal de la châtell. de Pré-en-Pail.
REGELLERIE (LA), f. c^ne de Melleray. — Fief du marq. de Lassay.
REGEREAU, vill. c^ne de Nuillé-sur-Vicoin.
REGEREAU, m^in, c^ne d'Origné.
REGEUX, vill. c^ne de la Brulatte; donne son nom à un ruiss. affl. du Vicoin.
REGNIER, f. et m^in, c^ne de Javron.
REGOUSSIÈRE (LA), h. c^ne de Champéon.
REGRETTE (LA), vill. c^ne de Pré-en-Pail.
REHAIRIE (LA), f. c^ne du Bignon.
REHAIRIE (LA), h. c^ne de Saint-Martin-de-Connée.
REHAIRIE (LA), f. c^ne de Saulges.
REHAND, f. et m^in, c^ne de Saint-Jean-sur-Mayenne.
RÉHARDIÈRE (LA GRANDE et LA PETITE), f. c^ne de Bazouges; auj. détruite.
REHETTE (TOUR DE), sise dans la forêt de Mayenne, et dont il ne reste que des ruines. — Elle a donné son nom à un étang qui est auj. desséché et à un bois. — *Iehette* (carte de Jaillot). — On dit aussi *Hévette*.
RÉHORAIE (LA), f. c^ne de Daon; auj. détruite. — *La Lehoraye*, 1564 (abb. de la Roë, H 184, f° 67).
RÉHORAIE (LA), f. c^ne de Gennes. — *La métairie de la Récheria*, 1780 (arch. de Maine-et-Loire, série E). Fief vassal de la châtell. de Romfort.
RÉHORAIE (LA), f. c^ne de Ménil.
RÉHORIE (LA), f. c^ne d'Ampoigné.
RÉHORIE (LA), f. c^ne de Juvigné-des-Landes.
RÉHORIE (LA GRANDE et LA PETITE), f. c^ne de Grez-en-Bouère.
RÉHORIES (LES), f. c^ne de Meslay.
REILLES (LES), section du bourg d'Arquenay.
REISSIÈRE (LA), f. c^ne de Méral.
RELAIS (LE), vill. c^ne de la Gravelle.
RELAIS (LES), éc. c^ne de Saint-Ouen-des-Vallons.
RELANDIÈRE (LA), f. c^ne de Cuillé.
RELANDIÈRE (LA), f. c^ne du Genest.
RELANDIÈRE (LA), f. c^ne de Loiron.
RELARDIÈRE (LA), vill. c^ne de Rennes-en-Grenouille.
RELIRIE (LA), f. c^ne de Chammes.
REMAILLÈRES (LES), h. c^ne de Saint-Denis-d'Anjou.
REMANNERIE (LA), f. c^ne du Bignon.
REMAUDERIE (LA), f. c^ne de Fontaine-Couverte.

REMAUDIÈRE (LA), f. cne de la Croixille.
REMBLAIS (LE), h. cne de Nuillé-sur-Vicoin.
REMENAUDIÈRE (LA), h. cne de Larchamp. — *L'Armenaudière* (Cassini). — *La Renaudière* (carte de l'État-major).
REMENAUDIÈRE (LA), h. cne de Saint-Mars-sur-la-Futaie. — *L'Armenaudière* (Cassini).
REMENAUDIÈRE (LA), vill. — Voy. HERMENAUDIÈRE (L').
REMENEUDIÈRE (LA), h. cne de Saint-Calais-du-Désert. — Fief vassal de la châtell. de Pré-en-Pail.
RÉMERÉE (LA), f. cne de Loiron.
RÉMERÉE (LA), f. cne de Saint-Denis-de-Gastines.
REMEUDERIE (LA), h. cne de Courcité.
REMIEU, f. cne de Brétignolles. — *Remien* (Cassini).
REMISES (LES), f. cne de la Selle-Craonnaise.
REMMES, vill. cne de Sainte-Gemmes-le-Robert. — Fief vassal de la bar. de Sillé-le-Guillaume.
REMOILLIÈRES (LES), f. cne de Livré. — Arrière-fief de la bar. de Craon, relevant de la terre de la Vieuville.
REMONDIÈRE (LA), f. cne de Voutré.
REMONNAIE (LA), h. cne de Saint-Jean-sur-Erve. — *Fresche du Remonnay*, 1787 (cart. d'Évron).
REMONNIÈRE (LA), vill. cne de Grazay.
REMONNIÈRE (LA), f. cne de Vaiges.
REMONNIÈRE (LA), écart, cne de Voutré. — Lieu aussi nommé *Chéronné*.
REMONTAY (RUISSEAU DE), cne de Courcité, affl. du ruiss. de Méville.
RENAILLES (LES), h. cne de Saint-Denis-d'Anjou.
RENAISE, f. cne de Bazougers.
RENAISSANCE (LA), éc. cne de Grez-en-Bouère.
RENARD, éc. cne de Fougerolles.
RENANDIÈRE (LA), f. cne de Chantrigné.
RENANDIÈRE (LA), h. cne de Congrier. — Étang desséché vers 1821.
RENARDIÈRE (LA), f. cne de Contest.
RENARDIÈRE (LA), f. cne de la Croixille.
RENARDIÈRE (LA), éc. cne de Gennes.
RENARDIÈRE (LA), h. cne de Grazay.
RENARDIÈRE (LA), f. cne de Jublains.
RENARDIÈRE (LA), f. cne de Juvigné-des-Landes.
RENARDIÈRE (LA), f. cne de Laval.
RENARDIÈRE (LA), h. cne de Loupfougères.
RENARDIÈRE (LA), f. cne de Marcillé-la-Ville.
RENARDIÈRE (LA), f. cne de Mézangers.
RENARDIÈRE (LA), f. cne d'Oisseau.
RENARDIÈRE (LA), f. cne de Saint-Berthevin.
RENARDIÈRE (LA), f. cne de Saint-Charles-la-Forêt. — Bois défriché vers 1870.
RENARDIÈRE (LA), f. cne de Saint-Denis-de-Gastines.
RENARDIÈRE (LA), f. cne de Sainte-Gemmes-le-Robert.

RENARDIÈRE (LA), f. cne de Saint-Fort. — Fief vassal du marq. de Château-Gontier.
RENARDIÈRE (LA), éc. cne de Saint-Jean-sur-Erve. — Ruiss. affl. de l'Erve.
RENARDIÈRE (LA), h. cne de Saint-Ouen-des-Toits.
RENARDIÈRE (LA), f. cne de Viviers.
RENARDIÈRE (LA), h. cne de Villaines-la-Juhel.
RENARDIÈRE (LA), éc. cne de Villiers-Charlemagne. — Ruiss. affl. de la Mayenne.
RENARDIÈRE (LA), f. cne de Voutré.
RENARDIÈRE (LA HAUTE-), f. cne de Contest.
RENARDIÈRES (LES), h. cne de Courcité.
RENARDIÈRES (LES), h. cne de Gesvres.
RENAUD, f. cne de la Brulatte; auj. détruite.
RENAUD, f. cne de Laigné.
RENAUD-BERSON, min, sis dans le doy. de Mayenne. — *In molendino Reginaudi Berson*, 1239 (abb. de Savigny, Arch. nat. L 970).
RENAUDERIE (LA), f. cne de Bouessay.
RENAUDERIE (LA) ou LA COUDRE, f. cne de Thorigné.
RENAUDIÈRE (LA), f. cne de Cossé-le-Vivien.
RENAUDIÈRE (LA), éc. cne de Courbeveille.
RENAUDIÈRE (LA), f. cne de Gorron.
RENAUDIÈRE (LA), f. cne de Laigné.
RENAUDIÈRE (LA), f. cne de Laubrières.
RENAUDIÈRE (LA), f. cne de Loiron.
RENAUDIÈRE (LA), f. cne de Marcillé-la-Ville.
RENAUDIÈRE (LA), h. cne de Ruillé-le-Gravelais.
RENAUDIÈRE (LA), éc. cne de Sainte-Gemmes-le-Robert.
RENAUDIÈRE (LA), h. cne de Saint-Julien-du-Terroux. — On dit aussi *la Renauderie*. Ce hameau donne son nom à un ruiss. affl. de celui de Berdavy.
RENAUDIÈRE (LA), vill. cne de Saint-Martin-de-Connée.
RENAUDIÈRE (LA), f. cne de Villaines-la-Juhel.
RENAUDIÈRES (LES), éc. cne de Voutré.
RENAUMIÈRE (LA), f. cne de Gennes.
RENAZAIS (LA), h. cne de Saint-Martin-du-Limet.
RENAZÉ, cne de Saint-Aignan-sur-Roë. — Anc. par. du doy. de Craon et de l'élect. d'Angers.
Les fiefs de cette paroisse relevaient en grande partie de la baronnie de Pouancé par la châtellenie de Lourzais.
RENAZÉ (LE GRAND et LE PETIT), f. cne d'Azé.
RENEUDIÈRE (LA), f. cne du Ribay.
RENEUDIÈRE (LA PETITE et LA BASSE), vill. cne du Horps.
RENNEBOURG f. cne de Saint-Sulpice. — Fief vassal de la seign. de Montchevrier et du comté de Laval. — On dit aussi *Renneboux*.
RENNERAIES (LES), f. cne de la Bazouge-de-Chemeré. — *Métairie de la Reneraye*, 1460 (abb. de Bellebranche).

RENNES-EN-GRENOUILLE, c⁰ⁿ de Lassay. — Anc. par. du doy. de Javron, de l'élect. du Mans et du marq. de Lassay.

RENOUARD, étang et mᶦⁿ, cⁿᵉ de Châlons. — *Renovard* (carte de Jaillot).

RENOUARDIÈRE (LA), f. cⁿᵉ de Saulges.

RENOUILLÈRE (LA), f. cⁿᵉ de Renazé.

RENOULAIE (LA), f. cⁿᵉ de Saint-Ellier.

RENSE (LA), f. cⁿᵉ de Trans.

RENTE (LA), f. cⁿᵉ de Saint-Georges-Buttavent.

RENTES (LES), f. cⁿᵉ de Daon.

RENUSSON (LE), f. cⁿᵉ de Quelaines.

REPAIL (LE), f. cⁿᵉ de Saint-Aubin-du-Désert. — *Fief et seign. de Ripast*, 1455 (arch. de l'abb. de Champagne).

Fief du marq. de Villaines-la-Juhel et du comté d'Averton, appartenant à l'abb. de Champagne.

REPAS (LE), h. cⁿᵉ de Sacé.

REPENELAIS (LA), f. cⁿᵉ de Renazé.

REPENTELIÈRE (LA), h. cⁿᵉ de la Poôté.

REPOSOIR (LE), éc. cⁿᵉ de Laigné.

RESARDIÈRE (LA), vill. cⁿᵉ de Brécé.

RÉSERVOIRS (LES), f. cⁿᵉ de Désertines.

RÉSERVOIRS (LES), éc. cⁿᵉ de Montourtier.

RESNÉ, mᶦⁿ et f. cⁿᵉ de Lignières-la-Doucelle. — Étang auj. desséché.

Le prieuré de Saint-Leu et de Saint-Gilles, fondé en 1310 par le seigneur de Doucelles, dépendait de l'abb. de Tyron; le prieuré de Saint-Maurice de Resné était à la présentation de l'abbé d'Évron. — Châtell. annexée à celles de Lignières et de Saint-Calais, relevant du duché de Mayenne.

RETARDIÈRE (LA), f. cⁿᵉ d'Évron.

RETARDIÈRE (LA), f. cⁿᵉ d'Izé.

RETARDIÈRE (LA), h. cⁿᵉ de Rennes-en-Grenouille.

RETARDIÈRE (LA), f. cⁿᵉ de Saint-Georges-sur-Erve.

RETAUDIÈRE (LA), f. cⁿᵉ de Bierné.

RETAUDIÈRE (LA), f. cⁿᵉ de Nuillé-sur-Vicoin.

RETAUDIÈRE (LA), f. cⁿᵉ de Saint-Denis d'Anjou.

RETAUDIÈRE (LA), éc. cⁿᵉ de Saint-Fraimbault-de-Prières.

RETAUDIÈRE (LA), h. cⁿᵉ de Saint-Germain-le-Guillaume.

RETEUDAIS (LA), f. cⁿᵉ de Champéon.

RETEUDIÈRE (LA), h. cⁿᵉ de la Bazouge-des-Alleux; donne son nom à un ruisseau affluent de celui de la Jariais.

RETIGNÉ, fief, cⁿᵉ de Changé, vassal du comté de Laval.

RETIVERIE (LA), h. cⁿᵉ de Livré. — Fief vassal de la bar. de Craon.

RETOUDIÈRE (LA), h. cⁿᵉ de Saint-Julien-du-Terroux.

RETOUR (LE), f. cⁿᵉ de Saint-Martin-de-Connée.

RETOURS (LES), f. et éc. cⁿᵉ de Saint-Germain-de-Coulamer.

RETRIVIÈRE (LA), h. cⁿᵉ de Sainte-Gemmes-le-Robert.

RETUSIÈRE (LA), f. cⁿᵉ d'Ernée. Altération d'*Arthusière*.

RETUISIÈRE (LA), h. cⁿᵉ de Saint-Hilaire-des-Landes.

RETURAIS (LA), h. cⁿᵉ de Colombiers.

RETUZIÈRE (LA), h. cⁿᵉ de Congrier.

REUCHÈRE (LA), f. cⁿᵉ de Colombiers.

REUCHERIE (LA), f. cⁿᵉ de Grez-en-Bouère.

REUGERIE (LA), f. cⁿᵉ de Hercé.

REULIER (LE), h. cⁿᵉ de Launay-Villiers.

REUSSARDIÈRE (LA), h. cⁿᵉ de Saint-Ouen-des-Toits.

REUSSARDIÈRES (LES), vill. cⁿᵉ de Saint-Germain-le-Fouilloux.

REUSSAUDIÈRE (LA), f. cⁿᵉ de Congrier.

REUSSERIE (LA), f. cⁿᵉ d'Athée. — *Lieu de la Reussière*, 1638 (abb. de la Roë, H 191, f° 34).

REUSSETIÈRE (LA), f. cⁿᵉ de Fougerolles.

REUSSIÈRE (LA), f. cⁿᵉ de Saint-Germain-le-Fouilloux.

REUTAUX (LES), h. cⁿᵉ de Lévaré.

REUTOURNANTE (LA), f. cⁿᵉ de Juvigné-des-Landes.

REUX (LA), f. cⁿᵉ d'Évron.

REUZÉ, mᶦⁿ, cⁿᵉ de la Baconnière.

REUZÉ (LE PETIT-), f. cⁿᵉ de la Baconnière.

REUZERAIE (LA), h. cⁿᵉ de Couesmes.

REUZERAIS (LES), f. cⁿᵉ d'Ahuillé.

REUZERAIS (LES), f. cⁿᵉ d'Argentré.

REUZERIE (LA), f. cⁿᵉ d'Argentré.

REUZERIE (LA), vill. cⁿᵉ de Hercé.

REUZERIE (LA HAUTE-), f. cⁿᵉ de Villiers-Charlemagne.

REVAURIE (LA), f. cⁿᵉ de la Gravelle.

REVEAU (RUISSEAU DE), cⁿᵉ de Javron; traverse le lieu de Vauloré.

REVEILLARDIÈRE (LA), f. cⁿᵉ de Loiron.

REVEILLÈRE (LA), f. cⁿᵉ de Jublains.

REVEILLÈRE (LA), f. cⁿᵉ de la Poôté.

REVEILLÈRE (LA), h. cⁿᵉ de Saint-Calais-du-Désert. — Fief vassal de la châtell. de Lignières.

REVELONNIÈRE (LA), éc. cⁿᵉ de la Cropte. — On dit aussi *la Reveronnière*.

REVELONNIÈRE (LA), f. cⁿᵉ de Montsurs.

REVENU (LE), éc. cⁿᵉ de Livet-en-Charnie.

REVENU (LE PETIT-), f. cⁿᵉ d'Assé-le-Bérenger.

REVENU (LE PETIT-), vill. cⁿᵉ d'Évron.

REVENU (LE PETIT-), f. cⁿᵉ de Livet-en-Charnie.

REVENU (LE PETIT-), f. cⁿᵉ de Neau.

REVENU (LE PETIT-), éc. cⁿᵉ de Sainte-Suzanne.

REVERDIÈRE (LA), f. cⁿᵉ du Bourgneuf-la-Forêt; auj. détruite.

REVERDIÈRE (LA), f. cⁿᵉ de Méral.

REVERONNIÈRE (LA), f. cⁿᵉ de Préaux.

REVERSERIE (LA), vill. cⁿᵉ de Saint-Erblon.

Reverserie (La), éc. et four à chaux, c^{ne} de Saulges.
Revessilais (La), h. c^{ne} de Montenay.
Reveurie (La), vill. c^{ne} de Saint-Pierre-la-Cour.
Reveurie (La Basse-), f. c^{ne} de Saint-Pierre-la-Cour.
Reveux (Le Grand et le Petit), h. c^{ne} d'Alexain.
Révillerie (La), f. c^{ne} de Montenay. — *Manerium de Revilla*, 1207 (abb. de Fontaine-Daniel).
Revin (Étang de), c^{ne} de Champfremont.
Revonnière (La), f. c^{ne} de Bouère.
Revouillère (La), f. c^{ne} de Bouère.
Rezé (Le Grand-), f. c^{ne} de Quelaines, *aliàs* la Meignannière. — Fief vassal du marquisat de Château-Gontier.
Rezeynières (Les), f. c^{ne} de Juvigné-des-Landes.
Rhône, f. c^{ne} de Saint-Brice. — Fief vassal de la châtell. de Sablé.
Rhumbert (Le Petit-), éc. c^{ne} de Bazouges.
Riandière (La), f. c^{ne} de Champéon.
Riantière (La), f. c^{ne} d'Ampoigné; donne son nom à un ruiss. affl. de celui de Mauconseil.
Riantrie (La), h. c^{ne} de la Dorée.
Riantrie (La), f. c^{ne} de Saint-Berthevin-la-Tannière; donne son nom à un ruiss. affluent de celui de la Rouairie.
Riaudière (La), f. c^{ne} de Carelles.
Riaudière (La), vill. c^{ne} de Champéon.
Riaudière (La), f. c^{ne} d'Ernée.
Riaume (Le), f. c^{ne} de Viviers.
Riaumière (La), f. et étang, c^{ne} de Champfremont. — On dit aussi *la Réaumière*.
Le ruiss. de l'étang de la Riaumière ou de l'étang du Tout est un affl. de celui de Campas et arrose la Poôté.
Riautière (La), f. c^{ne} d'Ernée; donne son nom à un ruiss. affl. de l'Ernée.
Ribaldières (Les), f. c^{ne} de Ruillé-Froidfont.
Riballerie (La), f. c^{ne} d'Izé.
Riballerie (La), f. c^{ne} de Saint-Georges-sur-Erve.
Ribardière (La), f. c^{ne} de Châtillon-sur-Colmont.
Ribaudière (La), f. c^{ne} d'Ahuillé.
Ribaudière (La), f. c^{ne} de Grez-en-Bouère.
Ribaudière (La), h. c^{ne} de Saint-Germain-le-Guillaume.
Ribaudières (Les), h. c^{ne} de Laval.
Ribay (Le), c⁶⁵ du Horps.. — Anc. par. du doy. de Javron, de l'élect. du Mans et du duché de Mayenne.
Ribet (Le), f. c^{ne} d'Argenton.
Ribet (Le), h. c^{ne} d'Aron.
Riblé (Le Grand et le Petit), h. c^{ne} d'Entramnes.
Riblottière (La), f. c^{ne} du Ham.
Ribot (Le), f. c^{ne} de Bouchamp.
Ribottière (La), h. c^{ne} d'Averton.

Ribottière (La), h. c^{ne} de Champfremont.
Ribottière (La), vill. c^{ne} de Gesvres.
Riboulais (La), h. c^{ne} de la Croixille.
Riboule, f. c^{ne} de Saint-Gault.
Riboulière (La), f. c^{ne} d'Ambrières; donne son nom à un ruiss. affl. de celui de la Torchandière.
Riboulière (La), h. c^{ne} de Châtillon-sur-Colmont. — On prononce *la Ribouillère*.
Riboulière (La), éc. c^{ne} d'Oisseau.
Riboulière (La), f. c^{ne} de Parigné.
Rican, mⁱⁿ, c^{ne} de Saint-Calais-du-Désert.
Ricaudière (La), f. c^{ne} de Saint-Gault.
Richaie (La), f. c^{ne} d'Argentré.
Richard, f. c^{ne} de Loigné.
Richandaies (Les), f. c^{ne} de Louvigné.
Richandais (La), f. c^{ne} de Saint-Pierre-la-Cour; donne son nom à un ruiss. affl. de la Vilaine.
Richardière (La), h. c^{ne} d'Andouillé.
Richardière (La), vill. c^{ne} d'Averton.
Richardière (La), h. c^{ne} de Belgeard.
Richardière (La), f. c^{ne} de Chammes.
Richardière (La), h. c^{ne} de Champgeneteux.
Richardière (La), f. c^{ne} de Colombiers.
Richardière (La), h. c^{ne} de la Croixille; donne son nom à un ruiss. affl. de celui de Lambarré.
Richardière (La), f. c^{ne} de Désertines.
Richardière (La), f. c^{ne} d'Izé.
Richardière (La), h. c^{ne} de Javron.
Richardière (La), f. c^{ne} de Landivy.
Richardière (La), f. c^{ne} de Montigné; détr. vers 1818.
Richardière (La), f. c^{ne} de Saint-Denis-de-Gastines.
Richardière (La), f. c^{ne} de Saint-Léger.
Richardière (La), h. c^{ne} de Saint-Martin-de-Connée.
Richardière (La), f. c^{ne} de la Selle-Craonnaise.
Richardière (La), f. c^{ne} de Simplé.
Richardière (La), f. c^{ne} de Villaines-la-Juhel.
Richardières (Les), h. c^{ne} de Bouère. — Fief vassal des seign. de la Guénaudière et de Châtelain.
Richardières (Les), f. et écluse, c^{ne} de Montflours.
Richardières (Les), éc. c^{ne} de Saint-Brice.
Richaton (Ruisseau de), c^{ne} d'Argentré, affl. de la Jouanne.
Richaton (Ruisseau de), c^{ne} de Montflours, affl. de la Mayenne.
Richaussière (La), vill. c^{ne} de Loiron.
Richebourg, f. c^{ne} de Bannes.
Richebourg, f. c^{ne} de Bazouges.
Richebourg, f. et étang, c^{ne} de Meslay.
Richebourg, f. c^{ne} de Saint-Fort.
Richebourg, vill. et mⁱⁿ, c^{ne} de Sainte-Gemmes-le-Robert. — La Jouanne dans son cours supérieur porte le nom de ruiss. de Richebourg et de Villiers.

RICHEFOLLIÈRES (LES), f. c^ne de Châtres. — *Richefolières*, 1218 (cart. d'Évron).

RICHENID, h. c^ne de Carelles; donne son nom à un ruiss. affl. de celui de la Gauberdière.

RICHERAIE (LA), h. c^ne de Poulay.

RICHERAIES (LES), f. c^ne de Montaudin.

RICHÈRE (LA), h. c^ne d'Ampoigné.

RICHERIE (LA), vill. c^ne de la Baconnière.

RICHERIE (LA), h. c^ne de Saint-Germain-le-Guillaume.

RICHOTERIE (LA), f. c^ne de Saint-Fort.

RICOCHAU, éc. c^er de la Chapelle-Rainsouin.

RICOCHET (LANDES DE), c^ne de Juvigné-des-Landes.

RICOLET, f. c^ne de Gorron.

RICORDEAU, h. c^ne du Horps.

RICORDELAIE (LA), f. c^ne de Saint-Denis-d'Anjou.

RICORDELLIÈRE (LA), f. c^ne d'Ampoigné.

RICORDIÈRE (LA), f. c^ne d'Ahuillé.

RICOTTIÈRE (LA), f. c^ne de Saint-Georges-Buttavent.

RICOULIÈRE (LA), vill. c^ne de Louverné.

RICOULIÈRE (LA), f. c^ne de Ménil.

RICOULIÈRES (BOIS DES), c^ne de Bouère.

RICOULIÈRES (RUISSEAU DES), c^ne d'Entrammes, affl. de la Jouanne.

RIDARD (LE), f. c^ne de Saint-Laurent-des-Mortiers.

RIDEAU (LE), f. c^ne de Ménil.

RIDELAIE (LA), f. c^ne de Saint-Saturnin-du-Limet.

RIDELLERIE (LA), f. c^ne de Laval; détruite et remplacée par une rue qui porte son nom.

RIDELLIÈRE (LA), h. c^ne de la Baroche-Gondouin.

RIDELLIÈRE (LA), vill. c^ne de Boulay.

RIDELLIÈRE (LA), h. c^ne de Charchigné.

RIDELLIÈRE (LA), h. c^ne de Hambers.

RIDELLIÈRE (LA), f. c^ne de Jublains.

RIDELLIÈRE (LA), f. c^ne de Laigné.

RIDELLIÈRE (LA GRANDE ET LA PETITE), h. c^ne de Loupfougères. — Fief vassal du marq. de Villaines. Le ruiss. de la Petite-Ridellière est un affl. de celui de la Vrillère.

RIDELLIÈRES (LES), éc. c^ne de Placé.

RIDERAIE (LA), f. c^ne de la Poôté.

RIDERAIS (LES), vill. et bois, c^ne de Viviers.

RIDERAY, f. et bois, c^ne de Sainte-Suzanne.

RIDEREAU, h. c^ne de Saint-Calais-du-Désert.

RIDOLLERIE (LA), f. c^ne de Saint-Denis-d'Anjou; détruite vers 1826.

RIEUX (RUISSEAU DES), c^ne de Voutré, affl. du ruiss. de Mordereau.

RIFARDIÈRE (LA), f. c^ne de Parné.

RIFFAUDIÈRE (LA), f. c^ne de Saint-Fraimbault-de-Prières.

RIFFAUDIÈRE (LA), f. c^ne de Saint-Mars-sur-la-Futaie.

RIFFAUDIÈRE (LA GRANDE ET LA PETITE), vill. c^ne de Loiron.

RIFFRAY, f. c^ne de Brains-sur-les-Marches.

RIGANDON, chât. et f. c^ne de Saint-Denis-de-Gastines.

RIGAUDIÈRE (LA), f. c^ne de Brée.

RIGAUDIÈRE (LA), f. c^ne de la Chapelle-Rainsouin.

RIGAUDIÈRE (LA) ou LA RIGAUDERIE, f. c^ne de Châtelain. — Fief vassal de la châtell. de Châtelain.

RIGAUDIÈRE (LA), f. c^ne de Contest.

RIGAUDIÈRE (LA), f. c^ne de Craon.

RIGAUDIÈRE (LA), f. c^ne du Horps.

RIGAUDIÈRE (LA), f. c^ne de Neuilly-le-Vendin.

RIGAUDIÈRE (LA), h. c^ne de Saint-Gault.

RIGAUDIÈRE (LA), f. c^ne de Sainte-Suzanne.

RIGAUDIÈRE (LA), f. c^ne de Soulgé-le-Bruant.

RIGAUDINIÈRE (LA, f. c^ne de Courberie.

RIGAUDINIÈRES (LES), vill. c^ne de Loupfougères. — On prononce aussi *les Regadinières*.

RIGAULT (LA), f. c^ne de Martigné.

RIGOT-HUAUT ou RIGOHEAU, chât. et f. c^ne d'Argentré. — *Rigohuau* (Cassini). Ruiss. affl. de celui de Saint-Nicolas qui arrose Louverné.

RIGOUILLÈRE (LA), f. c^ne de Saint-Brice.

RIGOUILLÈRE (LA), f. c^ne de Saint-Ellier.

RIGOUILLÈRE-DES-BOIS (LA), f. c^ne de Bouère.

RIGOUX, éc. c^ne de Brains-sur-les-Marches.

RILLIÈRE (LA), f. c^ne du Ménil.

RILLIÈRES (LES), f. c^ne de Charchigné.

RIMACÉ, f. c^ne de Nuillé-sur-Vicoin. — Ruiss. affl. du Vicoin.

RIMACÉS (LES), f. c^ne de Courheveille. — Fief vassal de la châtell. de Courbeveille.

RIMBERT (LE HAUT ET LE BAS), f. c^ne de Hercé.

RIMBOICHE (LA), f. c^ne de Saint-Mars-sur-la-Futaie.

RIMECHARD, f. c^ne de Craon. — *Remechard* (Cassini).

RIMONNIÈRE (LA), f. c^ne d'Entrammes.

RIMONNIÈRE (LA), f. c^ne de Louverné. — Fief vassal de la châtell. de Laval.

RIMONNIÈRE (LA), f. c^ne de Sacé.

RINCERIE (LA), f. c^ne de Ballots. — L'étang et le moulin ont été supprimés vers 1859.

RINCERIE (LA), h. c^ne de la Selle-Craonnaise.

RINFRIÈRE (LA), f. c^ne du Genest.

RINGAUDIÈRE (LA), f. c^ne de Méral. — *Decimam de la Reingaudière*, 1222 (abb. de Saint-Serge d'Angers).

RINGEARDAIS (LES), h. c^ne de Montenay.

RINGEARDIÈRE (BOIS DE LA), c^ne de Saint-Pierre-sur-Orthe.

RINGEARDIÈRE (LA), f. c^ne d'Argentré. — Fief vassal de la châtell. de Bazougers.

RINGEARDIÈRE (LA), f. c^ne d'Astillé.

RINGEARDIÈRE (LA), éc. c^ne d'Épineu-le-Séguin.

RINGEARDIÈRE (LA), f. c^ne de Mézangers.

Ringonnières (Les), f. cne de la Rouaudière.
Ringotière (La), h. cne de Saint-Ellier. — Le bois de ce lieu est auj. défriché.
Riochard (Landes de), cnes de Ballots; auj. défrichées.
Riolais (La), f. cne de Renazé.
Riolerie (La), f. cne de Loiron.
Riolet (Le), h. cne du Horps; donne son nom à un ruiss. affl. de l'Aisne.
Riolet (Le), vill. cne de Sainte-Marie-du-Bois.
Riotais (La), f. cne de Chailland.
Riotais (La), f. cne de Saint-Ellier.
Riotière (La), f. cne du Genest.
Rioulière (La), h. cne de Saint-Mars-sur-Colmont.
Riparfond, f. cne de Louvigné.
Ripaudière (La), f. cne de Parné.
Ripaudière (La), h. cne de Saint-Calais-du-Désert.
Ritardière (La), f. cne d'Izé.
Rité (La), h. cne d'Ampoigné.
Rité (La), h. cne de Chemazé.
Rivages-de-l'Étang-Neuf (Les), h. cne de Juvigné-des-Landes.
Rivaudière (La), f. cne d'Ampoigné.
Rivaudière (La), f. cne de Cuillé.
Rivaudière (La), f. cne d'Ernée.
Rivaudière (La), vill. cne de Larchamp.
Rivaudière (La), f. cne de Ménil.
Rivelaise (La), f. cne de Saint-Pierre-la-Cour ; auj. détruite. — Mentionnée en 1643 (abb. de la Roë, H 199).
Riveraie (La), f. cne du Buret. — Fief vassal de la châtell. de Meslay.
Riveraie (La Petite-), f. cne du Buret.
Riveraies (Les), h. cne de Hercé.
Riveraies (Les), f. et éc. cne de Saint-Aubin-Fosse-Louvain.
Riverie (La), f. cne de Laval.
Riveries (Les), h. cne de Saint-Fraimbault-de-Prières.
Rivier, f. cne de Laigné.
Rivière (La), vill. cne d'Andouillé; donne son nom à un ruiss. affl. de l'Ernée.
Rivière (La), f. cne d'Argenton.
Rivière (La), f. cne d'Aron.
Rivière (La), f. cne d'Athée.
Rivière (La), f. cne d'Azé. — *Rivière Frezel*, 1404 (arch. de la Mayenne, série E).
Fief vassal de la bar. d'Ingrandes.
Rivière (La), f. cne de Ballots.
Rivière (La), f. cne de Bazouges.
Rivière (La), f. cne de Bouère.
Rivière (La), f. cne de Bourgon.
Rivière (La), h. cne de Brécé. — Fief vassal de la bar. d'Ambrières.
Rivière (La), f. cne de Chailland.
Rivière (La), f. cne de Châtelain.
Rivière (La), h. cne de Congrier.
Rivière (La), f. cne de Craon.
Rivière (La), f. cne de Cuillé.
Rivière (La), f. cne de Denazé.
Rivière (La), f. cne du Houssay.
Rivière (La), h. cne de Javron.
Rivière (La), f. cne de Laigné.
Rivière (La), f. cne de Laval.
Rivière (La), f. cne de Livré.
Rivière (La), f. cne de Louverné.
Rivière (La), h. cne de Madré.
Rivière (La), chât. et f. cne de Ménil.
Rivière (La), f. cne de Montenay.
Rivière (La), h. cne de Montourtier.
Rivière (La), f. cne de Niort.
Rivière (La), h. cne de Peuton.
Rivière (La), vill. cne de la Poôté.
Rivière (La), f. cne de Saint-Cénéré.
Rivière (La), f. cne de Saint-Charles-la-Forêt.
Rivière (La), h. cne de Saint-Christophe-du-Luat.
Rivière (La), f. cne de Saint-Denis-du-Maine.
Rivière (La), f. cne de Saint-Erblon.
Rivière (La), f. cne de Sainte-Suzanne.
Rivière (La), f. cne de Saint-Gault.
Rivière (La), f. cne de Saint-Jean-sur-Erve.
Rivière (La), h. cne de Saint-Michel-de-la-Roë; donne son nom à un ruiss. affl. de celui de la Pelleterie, qui arrose la Roë.
Rivière (La), f. cne de Saint-Ouen-des-Vallons.
Rivière (La), h. cne de Saint-Pierre-la-Cour.
Rivière (La), h. cne de Saint-Samson.
Rivière (La), f. et carrière d'ardoises, cne de Saint-Saturnin-du-Limet.
Rivière (La), f. cne de la Selle-Craonnaise; donne son nom à un ruiss. affl. de celui de la Denillière.
Fief vassal de la seign. de la Denillère.
Rivière (La), f. cne de Senonnes.
Rivière (La), f. cne de Simplé.
Rivière (La), f. cne de Vaiges.
Rivière (La Basse-), f. cne de Longuefuye.
Rivière (La Grande-), min, cne de Chevaigné.
Rivière (La Grande-); h. cne d'Oisseau.
Rivière (La Grande et la Petite), h. cne d'Averton.
Rivière (La Grande et la Petite), h. cne de Lévaré.
Rivière (La Grande et la Petite), f. cne de Torcé.
Rivière (La Haute et la Basse), h. cne de Madré.
Rivière (La Haute et la Petite), f. cne de Congrier.
Rivière (La Haute et la Petite), f. cne de Marcillé-la-Ville.
Rivière (La Petite-), f. cne de Chevaigné.

Rivière (La Petite-), f. c^{ne} d'Oisseau.
Rivière (La Petite-), f. c^{ne} de Saint-Hilaire-des-Landes.
Rivière-Beaudouin (La), f. c^{ne} de Fontaine-Couverte.
Rivière-Blot (La), f. c^{ne} d'Aron.
Rivière-Bossart (La), f. c^{ne} de Simplé; donne son nom à un ruiss. affl. de l'Hière.
Rivière-Chevaudée (La), f. c^{ne} de Livré. — *La Rivière Couaudé*, 1578 (abb. de la Roë). — *La Rivière Jouaudé*, 1692 (*ibid.*).
Rivière-Cornesse (La), f. c^{ne} de Longuefuye. — Fief vassal de la châtell. de la Vezouzière.
Rivière-des-Perriers (La), f. c^{ne} de la Roë; auj. détruite.
Rivière-Gautier (La), f. c^{ne} de Fontaine-Couverte.
Rivière-Hubert (La), f. c^{ne} de Cossé-le-Vivien.
Rivière-Infermier (La), f. c^{ne} de Fontaine-Couverte. — *La Rivière l'Enfermier, appartenant à l'enfermier de la Roë*, 1549 (abb. de la Roë). — *La Rivière à l'Infirmier* (Cassini).
Son nom lui vient de ce qu'elle appartenait à l'office de l'infirmerie de la Roë.
Rivière-Jagueneau (La), f. c^{ne} de Cossé-le-Vivien.
Rivière-Manceau (La), f. c^{ne} de Chérancé; auj. détruite.
Rivière-Pommeraie (La), f. c^{te} de Fontaine-Couverte.
Rivières (Les), f. c^{ne} d'Ahuillé.
Rivières (Les), h. c^{ne} de Bouchamp.
Rivières (Les), vill. c^{ne} de la Croixille.
Rivières (Les), f. c^{ne} de Houssay.
Rivières (Les), éc. c^{ne} de Laval.
Rivières (Les), éc. c^{ne} d'Origné. — Ruiss. affl. de celui de la Frogerie.
Rivières (Les), h. c^{ne} de Saint-Michel-de-la-Roë.
Rivières (Les), f. c^{ne} de Vautorte.
Rivières (Ruisseau des), c^{ne} de Changé, affl. du ruiss. de Perils ou de Mortron.
Rivière-Suzanne (La), f. c^{ne} de Cossé-le-Vivien.
Rivière-Valo (Ruisseau de la), c^{ne} de Simplé, affl. de l'Hière.
Rivière-Vattal (La), f. c^{ne} de Saint-Gault.
Robannerie (La), f. c^{ne} de Congrier.
Robanneries (Les), f. c^{ne} du Ménil.
Robardellerie (La), f. c^{ne} de Saint-Sulpice; auj. détruite. — 1565 (arch. de la Mayenne, E 39).
Robbé, chât. et h. c^{ne} de Meslay.
Robechonnière (La), h. c^{ne} du Pas.
Robellière (La), f. c^{ne} de Chemazé. — Fief vassal de la seign. d'Ampoigné.
Roberdie (La), f. c^{ne} d'Azé.
Roberdière (La), f. c^{ne} de Châtillon-sur-Colmont.
Roberdière (La), f. c^{ne} de Fougerolles.
Roberdière (La), f. c^{ne} de Loiron.

Roberdière (La), f. c^{ne} de Placé.
Roberdière (La), h. c^{ne} de Saint-Ouen-des-Vallons.
Roberie (La), f. c^{ne} de Houssay.
Robert, h. c^{ne} de Saint-Martin-de-Connée.
Robert, f. c^{ne} de Saint-Michel-de-Feins.
Robichère (La), f. c^{ne} de Vaiges. — Fief vassal de la châtell. de Vaiges.
Robichonnière (La), f. c^{ne} de Cosmes.
Robidal, h. c^{ne} d'Olivet.
Robidazière (La), f. c^{ne} d'Ahuillé.
Robidazières (Les), f. c^{ne} de Cossé-en-Champagne.
Robidezières (Les), f. c^{ne} de Laval.
Robillardière (La), f. c^{ne} de Brétignolles.
Robillardière (La), f. c^{ne} de Neuilly-le-Vendin.
Robinage, f. c^{ne} de Fontaine-Couverte.
Robinaisière (La), h. c^{ne} de Loiron.
Robinard, f. c^{ne} de Villiers-Charlemagne.
Robinardière (La), f. c^{ne} de Ballots.
Robineau, éc. c^{ne} d'Ernée.
Robinetière (La), f. c^{ne} de Bouchamp.
Robinière (La), éc. c^{ne} d'Athée.
Robinière (La), f. c^{ne} de Beaumont-Pied-de-Bœuf; donne son nom à un ruiss. affl. de la Vaige. — On trouve aussi *la Robinerie*.
Robinière (La), f. c^{ne} de Cuillé.
Robinière (La), f. c^{ne} de Daon.
Robinière (La), f. c^{ne} de Livré.
Robinière (La), f. c^{ne} de Saint-Berthevin-la-Tannière.
Robinière (La), h. c^{ne} de Saint-Cyr-en-Pail. — Fief vassal de la châtell. de Pré-en-Pail.
Robinière (La), f. c^{ne} de Saint-Georges-sur-Erve; auj. détruite.
Robinière (La), f. c^{ne} de Saint-Germain-le-Fouilloux.
Robinières (Les), h. c^{ne} de Grazay.
Roblinière (La), f. c^{ne} d'Ambrières.
Roblinière (La Grande-), h. c^{ne} d'Ambrières.
Roc (La Loge du), éc. c^{ne} de Saint-Georges-Buttavent.
Roc (Le), éc. c^{ne} d'Argentré.
Roc (Le) ou la Lande-de-Rochalard, h. c^{ne} de Chailland.
Roc (Le), f. c^{ne} de Javron.
Roc (Le), f. c^{ne} d'Oisseau.
Roc (Le), f. c^{ne} du Pas.
Roc (Le), h. c^{ne} de Saint-Baudelle. — Le moulin de ce lieu est auj. détruit et l'étang desséché.
Roc (Le), f. c^{ne} de Saint-Georges-Buttavent.
Roc (Le), h. c^{ne} de Saint-Pierre-la-Cour.
Roc (Le), éc. c^{ne} de Saint-Pierre-sur-Orthe.
Roc (Le Haut du), f. c^{ne} de Nuillé-sur-Vicoin.
Roc-d'Enfer (Le), rocher du bois de Crun, auquel on attribue la propriété de détourner les nuées orageuses.

Rochalais (Le Haut et le Bas), vill. cne d'Averton.
Rochalard, vill. cne de Chailland. — Les landes de ce lieu sont auj. défrichées.
Rochalard, éc. et landes, cne de Saint-Hilaire-des-Landes.
Rochard, f. cne de Sainte-Gemmes-le-Robert.
Rochard (Les Buttes-de-), vill. cne de Sainte-Gemmes-le-Robert. — Les landes de Rochard s'étendent dans les cnes de Bais et d'Izé.
Roc-Haton (Le), éc. cne de Beaumont-Pied-de-Bœuf. — *Apud rupem Hatonis*, 1217 (arch. de la Mayenne, H 95). — *Étang de Rochaton*, 1616 (*ibid.*). — On trouve aussi *Roche-Haton*. L'étang de ce lieu est auj. desséché.
Rochaux (Les Hauts et les Bas), vill. cne du Housseau; donnent leur nom à un ruiss. affluent de celui de Lassay.
Roche (La), h. cne d'Ahuillé.
Roche (La), min, cne d'Argentré.
Roche (La), éc. cne d'Arquenay.
Roche (La), f. cne d'Assé-le-Bérenger.
Roche (La), chât. et f. cne d'Azé.
Roche (La), vill. cne de Bais.
Roche (La), f. cne de la Bazouge-de-Chemeré. — Fief vassal de la châtell. de Chemeré. Ancien château ruiné.
Roche (La), f. cne de Champgeneteux.
Roche (La), f. cne de Changé; donne son nom à un ruiss. affl. de celui de Changé.
Roche (La), min et écluse, cne de Commer.
Roche (La), h. cne de Congrier.
Roche (La), h. cne de Contest. — *Duos solidos in rupe Fredeborchi*, 1209 (recueil de chartes fait au xviie siècle). — *Hominibus de rupe Freiborc*, 1282 (cart. de Fontaine-Daniel).
Roche (La), min, cne de Cossé-le-Vivien.
Roche (La), f. cne de la Croixille.
Roche (La), min, cne d'Entrammes.
Roche (La), min, cne de Fromentières.
Roche (La), h. cne de Gorron.
Roche (La), f. cne de la Gravelle.
Roche (La), f. cne de Grazay.
Roche (La), h. cne d'Hardanges; prend son nom de l'éminence de la Roche-Gonnaud. — Ruisseau qui se jette dans celui de la Roirie.
Roche (La), h. cne de Javron. — Fief vassal du marquisat de Lassay. Le moulin de ce lieu a été détruit vers 1828.
Roche (La), f. cne de Laval.
Roche (La), f. cne de Loigné.
Roche (La), min, cne de Loigné.
Roche (La), four à chaux et f. cne de Louverné.

Roche (La), f. cne de Mayenne.
Roche (La), f. cne de Mée.
Roche (La), f. cne de Ménil.
Roche (La), f. cne de Montaudin.
Roche (La), vill. cne de Montigné.
Roche (La), chât. et f. cne d'Origné. — Fief vassal de la bar. de Laval.
Roche (La), min, cne de Saint-Berthevin.
Roche (La), chât. et f. cne de Saint-Céneré.
Roche (La), éc. cne de Saint-Cyr-le-Gravelais.
Roche (La), h. cne de Sainte-Gemmes-le-Robert.
Roche (La), f. cne de Saint-Gault.
Roche (La), h. et vallée, cne de Saint-Jean-sur-Mayenne.
Roche (La), f. cne de Saint-Léger.
Roche (La), éc. cne de Saint-Loup-du-Gast.
Roche (La), f. cne de Saint-Martin-de-Connée.
Roche (La), f. cne de Saint-Martin-du-Limet.
Roche (La), f. cne de Saint-Pierre-la-Cour.
Roche (La), f. cne de Villaines-la-Juhel. — Landes auj. défrichées.
Roche (La Basse-), f. cne de Saint-Germain-d'Anxurre.
Roche (La Grande-), chât. et f. cne d'Entrammes.
Roche (La Grande-), f. cne de Thorigné.
Roche (La Grande et la Petite), f. et min, avec étang, cne de Bouère.
Roche (La Grande et la Petite), h. cne de la Chapelle-Craonnaise. — Arrière-fief de la bar. de Craon, vassal de la seign. de Saint-Poix.
Roche (La Grande et la Petite), chât. et f. cne de Louvigné.
Roche (La Grande et la Petite), min, cne de Ménil.
Roche (La Grande et la Petite), h. cne de la Poôté.
Roche (La Grande et la Petite), vill. cne de Saint-Hilaire-des-Landes.
Roche (La Grande et la Petite), f. cne de Saint-Laurent-des-Mortiers.
Roche (La Haute-), vill. cne de Montourtier.
Roche (La Haute-), f., éc. et min, cne de Nuillé-sur-Vicoin. — Le ruiss. du moulin de la Roche est un affl. du Vicoin.
Roche (La Haute-), écart, cne de Saint-Germain-d'Anxurre.
Roche (La Petite-), f. cne de Javron.
Roche (Le Fourneau de la), éc. et four à chaux, cne de Saint-Georges-sur-Erve.
Roche-Aubert (La), h. cne de Gorron.
Roche-Barrier (La), h. cne de Beaulieu.
Roche-Bonoiseau (La), fief, cne de Saint-Laurent-des-Mortiers, vassal de la bar. de Sablé.
Roche-Boutin (La), fief, cne de Thorigné, vassal de la Cour de Bannes.

Roche-Brault (La), m^ie, c^ne de Thorigné. — Arrière-fief de la châtell. de Thorigné, vassal de la Cour de Bannes.
Roche-Coisnon (La), fief, c^ne de Fromentières.
Roche-de-Bretagne (La), h. c^ne de Méral. — L'étang de ce lieu est auj. desséché.
Roche-de-Gennes (La), fief vassal de la baronnie d'Ingrandes.
Rochefeuille, chât. et f. c^ne de Mayenne.
Rochefort, h. et m^in, c^ne d'Andouillé.
Rochefort, f. c^ne de Grez-en-Bouère.
Rochefoucault (La), f. c^ne de Nuillé-sur-Vicoin.
Rochefoureau (La), f. c^ne de Montaudin.
Roche-Gandon (Vallées de la), c^ne de Mayenne; ont donné leur nom à un hospice d'aliénés.
Rochelet (Le), f. c^ne de Colombiers.
Rochelifeu, étang et landes, c^ne du Ham; n'existent plus.
Rochelle (La), f. et m^in, c^ne d'Andouillé.
Rochelle (La), f. c^ne de Chantrigné.
Rochelle (La), m^in, c^ne de Chevaigné.
Rochelle (La), f. c^ne de la Dorée.
Rochelle (La), h. c^ne de Mayenne.
Rochelle (La), f. c^ne de Montaudin.
Rochelle (La), f. c^ne de Neuilly-le-Vendin.
Rochelle (La), f. c^ne de Saint-Berthevin-la-Tannière.
Rochelle (La), h. c^ne de Sainte-Gemmes-le-Robert.
Rochelle (La), m^in et f. c^ne de Saint-Germain-de-Coulamer.
Rochelle (La), vill. et m^in, c^ne de Saint-Mars-du-Désert. — Fief vassal du comté d'Averton.
Bois défriché vers 1859.
Rochelle (La), h. c^ne de Saint-Martin-de-Connée.
Rochelle (La), h. c^ne de Saint-Pierre-des-Landes.
Rochelle (La), f. c^ne de Vautorte.
Rochelle-de-Belle-Taille (La), f. c^ne de Chantrigné.
Rochellerie (La), vill. c^ne d'Alexain.
Rochellerie (La), h. c^ne de Contest.
Rochellière (La), éc. c^ne de Chemeré-le-Roi.
Rochemado, vill. et four à chaux, c^ne d'Évron.
Roche-Paillère (La), f. c^ne de Ménil. — Fief vassal de la terre de Ménil.
Roche-Pebrière (La), f. c^ne de Soulgé-le-Bruant.
Roche-Pichemer (La), chât. c^ne de Saint-Ouen-des-Vallons. — Fief vassal de la chât. de Bazougers.
Roche-Plate (La), f. c^ne de Saint-Ellier.
Roche-Porée (La), f. c^ne de la Roë. — Le moulin de ce lieu a été détruit vers 1822.
Roche-Poulain (La), vill. c^ne de Saint-Martin-du-Limet. — Fief vassal de la bar. de Craon.
Rocher (Le), h. c^ne d'Alexain.
Rocher (Le), h. c^ne d'Argentré.

Rocher (Le), f. c^ne d'Aron.
Rocher (Le), f. c^ne d'Averton.
Rocher (Le), f. c^ne de Beaulieu.
Rocher (Le), f. c^ne du Bourgneuf-la-Forêt.
Rocher (Le), f. c^ne de Brécé.
Rocher (Le), f. c^ne de Chailland.
Rocher (Le), f. c^ne de Chammes.
Rocher (Le), h. et f. c^ne de Champéon.
Rocher (Le), h. c^ne de Charchigné.
Rocher (Le), faubourg, c^ne de Château-Gontier, aussi nommé le Martray. — Château et ferme aujourd'hui détruits.
Rocher (Le), f. c^ne de Châtelain.
Rocher (Le), vill. c^ne de Chemeré-le-Roi.
Rocher (Le), h. c^ne de Cigné.
Rocher (Le), f. c^ne de Commer.
Rocher (Le), f. c^ne de Couesmes; donne son nom à un ruiss. affl. de celui de l'étang de Beslay.
Rocher (Le), f. c^ne de Courcité.
Rocher (Le), vill. c^ne de la Cropte. — Fief vassal de la châtell. de Meslay.
Rocher (Le), vill. c^ne d'Entrammes.
Rocher (Le), étang et f. c^ne d'Évron. — Le ruiss. du Rocher se jette dans la rivière des Places.
Rocher (Le), éc. c^ne de Fougerolles.
Rocher (Le), f. c^ne de Fromentières. — Fief vassal du comté de Laval.
Le bois de ce lieu est auj. défriché.
Rocher (Le), éc. c^ne de Gesnes.
Rocher (Le), f. c^ne de Gorron; donne son nom à un ruiss. affl. de la Colmont.
Fief vassal de la châtell. de Gorron.
Rocher (Le), h. c^ne de Grez-en-Bouère.
Rocher (Le), f. c^ne du Horps.
Rocher (Le), vill. c^ne d'Izé.
Rocher (Le), éc. c^ne de Larchamp.
Rocher (Le), f. et h. c^ne de Laval.
Rocher (Le), f. c^ne de Livré. — Fief vassal de la seign. de la Bodinière.
Rocher (Le), chât., m^in et étang, c^ne de Mézangers. — Arrière-fief de la bar. de Sainte-Suzanne, vassal de la châtell. de Mézangers.
Le ruiss. du Rocher et de la Maisonneuve est un affl. de la Jouanne.
Rocher (Le), f. c^ne de Montaudin.
Rocher (Le), f. c^ne de Niort.
Rocher (Le), f. c^ne de Nuillé-sur-Vicoin.
Rocher (Le), h. c^ne de la Poôté; donne son nom à un ruiss. affl. de celui de la Poôté.
Rocher (Le), éc. c^ne de Saint-Baudelle.
Rocher (Le), f. c^ne de Saint-Berthevin.
Rocher (Le), f. c^ne de Saint-Berthevin-la-Tannière.

Rocher (Le), f. c^{ne} de Saint-Brice. — *Lo Rochay,* 1479 (Arch. nat. P 343).
Fief de la châtell. de Sablé. — Le ruiss. du Rocher ou de Bellebranche est un affl. de la rivière de la Taude.
Rocher (Le), f. c^{ne} de Saint-Charles-la-Forêt.
Rocher (Le), f. et mⁱⁿ, c^{ne} de Saint-Denis-de-Gastines.
Rocher (Le), f. c^{ne} de Saint-Ellier.
Rocher (Le), vill. c^{ne} de Saint-Germain-le-Fouilloux.
Rocher (Le), f. c^{ne} de Saint-Germain-le-Guillaume.
Rocher (Le), h. c^{ne} de Saint-Léger.
Rocher (Le), f. c^{ne} de Saint-Loup-du-Gast; donne son nom à un ruiss. affl. de celui de la Foucaudière.
Rocher (Le), h. c^{ne} de Saint-Mars-sur-Colmont.
Rocher (Le), f. c^{ne} de Saint-Mars-sur-la-Futaie; donne son nom à un ruiss. affl. de celui d'Aussé.
Rocher (Le), éc. c^{ne} de Saint-Martin-de-Connée.
Rocher (Le), f. c^{ne} de Saint-Ouen-des-Toits.
Rocher (Le), f. c^{ne} de Saint-Pierre-sur-Orthe.
Rocher (Le), h. c^{ne} de Saint-Samson.
Rocher (Le), h. c^{ne} de Saulges.
Rocher (Le), éc. c^{ne} de Senonnes.
Rocher (Le), f. c^{ne} de Soulgé-le-Bruant.
Rocher (Le), f. c^{ne} de Vautorte.
Rocher (Le Bas-), éc. c^{ne} de Chammes.
Rocher (Le Bas-), f. c^{ne} de Châtillon-sur-Colmont.
Rocher (Le Grand-), f. c^{ne} de Châtres.
Rocher (Le Grand et le Petit), h. c^{ne} de Saint-Hilaire-des-Landes.
Rocher (Le Grand et le Petit), h. c^{ne} de Vaiges.
Rocher (Le Gros-), h. c^{ne} de Grazay.
Rocher (Le Haut-), h. c^{ne} de Châtillon-sur-Colmont.
Rocher (Le Haut-), éc. c^{ne} de Laval.
Rocher (Le Haut et le Bas), f. et éc. c^{ne} de Nuillé-sur-Ouette. — Fief vassal de la châtell. de la Ramée et de la seign. d'Outrebois.
Rocher (Le Haut et le Bas-), h. c^{ne} de Sainte-Suzanne.
Rocher (Le Petit-), éc. c^{ne} de Brécé.
Rocher (Le Petit-), éc. et four à chaux, c^{ne} de Châtres.
Rocher (Le Petit-), f. c^{ne} d'Évron.
Rocher (Le Petit-), f. c^{ne} de Grez-en-Bouère.
Rocher (Le Petit-), f. c^{ne} de Hambers.
Rocher (Le Petit-), h. c^{ne} du Pas.
Rocher (Le Petit-), éc. c^{ne} de Saint-Georges-Buttavent.
Rocher de la Pinsonnière (Le), éc. c^{ne} d'Averton.
Rocher-des-Bas-Hameaux (Le), vill. c^{ne} d'Argentré.
Rochère (La), f. c^{ne} de Vaiges.
Rochereau (Le), f. c^{ne} de Louverné.
Rochereau (Le), f. c^{ne} de Montjean. — Fief vassal de la châtell. de Montjean.
Rochères (Les Basses-), f. c^{ne} de Saint-Généré.

Rochères (Les Basses et les Hautes), chât., étang et f., c^{ne} de Meslay. — Fief vassal de la châtellenie de Meslay.
Rocheret, f. c^{ne} de Parné. — Arrière-fief de la bar. d'Entrammes, vassal de l'Aunay-Pelocquin.
Rocheret (Le), h. c^{ne} de Pré-en-Pail.
Rocheret (Maison de), f. c^{ne} de Juvigné-des-Landes.
Rochereul, f. c^{ne} de Marigné-Peuton.
Rochereux (Les), h. c^{ne} de Saint-Ouen-des-Toits.
Rocher-Galesne (Le), f. c^{ne} de Saint-Georges-Buttavent.
Rocherie (La), f. et éc. c^{ne} de la Croixille.
Rocherie (La), f. c^{ne} de Fontaine-Couverte.
Rocherie (La), vill. c^{ne} de Hambers.
Rocherie (La), h. c^{ne} d'Hardanges. — Fief du marq. de Lassay.
Rocherie (La), f. c^{ne} de Launay-Villiers.
Rocherie (La), h. c^{ne} de Saint-Aubin-du-Désert.
Rocherie (La Grande et la Petite), f. c^{ne} d'Astillé.
Roche-Robert (La Basse-), vill. c^{ne} d'Andouillé.
Roche-Robert (La Haute-), f. c^{ne} d'Andouillé. — Le ruiss. de la Roche-Robert est un affluent de celui de la Bigottière.
Rochers (Les), f. c^{ne} d'Aron.
Rochers (Les), vill. c^{ne} de la Bazouge-de-Chemeré.
Rochers (Les), f. c^{ne} de Belgeard.
Rochers (Les), f. c^{ne} du Bignon.
Rochers (Les), h. c^{ne} de la Chapelle-au-Riboul.
Rochers (Les), étang, c^{ne} d'Hardanges; auj. desséché.
Rochers (Les), f. c^{ne} de Niort.
Rochers (Les), éc. c^{ne} d'Olivet.
Rochers (Les), h. c^{ne} du Pas.
Rochers (Les), h. c^{ne} de Sainte-Gemmes-le-Robert.
Rochers (Les), éc. et vallée, c^{ne} de Saint-Jean-sur-Mayenne.
Rochers (Les), h. c^{ne} de Saint-Mars-sur-la-Futaie.
Rochers (Les), f. c^{ne} de Saint-Ouen-des-Vallons.
Rochers (Les), f. c^{ne} de Vieuvy.
Rochers (Les Hauts et les Bas), f. c^{ne} de la Bazouge-de-Chemeré.
Roches (Les), f. c^{ne} d'Aron.
Roches (Les), h. c^{ne} de Fromentières. — Fief vassal de la châtell. de Longuefuye.
Roches (Les), h. c^{ne} de Gennes. — Fief vassal de la bar. d'Ingrandes.
Roches (Les), h. c^{ne} de Houssay.
Roches (Les), chât. et f. c^{ne} de Louvigné.
Roches (Les), h. c^{ne} de Saint-Généré. — Ruiss. affl. de la Jouanne.
Roches (Les), h. c^{ne} de Saint-Laurent-des-Mortiers.
Roches (Les Basses-), h. c^{ne} de la Bazouge-de-Chemeré.

Roches (Les Hautes-), f. cne de la Bazouge-de-Chemeré.
Roches-aux-Claies (Les), f. cbe d'Entrammes. — On trouve aussi la *Roche-aux-Clercs*.
Roches-et-Volaine, arrière-fief de la seign. de Saint-Péan, cne de la Roë, vassal des terres des Brardières et de la Bodinière, qui s'étendait sur Ballots, Fontaine-Couverte et Méral. — *Ou Fief du Rocher et Volaines*, 1553 (abb. de la Roë).
Roches-Hautes (Les), f. cne de Nuillé-sur-Vicoin.
Roches-Plates (Les), f. cne d'Averton.
Roche-Taillis (La), f. cne de Laigné. — *Étang de Rochetaillée*, 1461 (Arch. nat. P 339). — *Étang de Rochetaille* (carte de Jaillot).

Le moulin de ce lieu est supprimé et a laissé son nom à une ferme. — L'étang est auj. desséché.

Roche-Taillis (La), f. cne de Loigné.
Roche-Talbot (La), fief, cne d'Azé, vassal de la bar. d'Ingrandes.
Roche-Talbot (La), fief, cne de Louvigné, vassal de la seign. de Marboué.
Roche-Thoreau (La), f. cne de Saint-Laurent-des-Mortiers. — Arrière-fief du duché d'Anjou, vassal de la Fossardière.
Rochette (La), f. cne d'Ahuillé.
Rochette (La), f. cne d'Astillé.
Rochette (La), f. cne de la Boissière.
Rochette (La), h. cne de Bouessay.
Rochette (La), f. cne du Buret.
Rochette (La), f. cne d'Évron. — Fief vassal de la bar. d'Évron.
Rochette (La), f. cne de Longuefuye.
Rochette (La), f. cne de Quelaines.
Rochette (La), f. cne de Saint-Pierre-la-Cour.
Rochette (La), f. cne de Vaiges; détruite vers 1847.
Rochettes (Les), h. cne de Courcité.
Rochettes (Les), f. et bois, cne de Loiron. — Les deux moulins détruits ont laissé leur nom à deux écarts; l'un des deux étangs a été desséché vers 1830.

Le ruiss. des Rochettes, affl. de l'Oudon, arrose Ahuillé, Loiron et Montjean.

Rochettes (Les), h. cne de Saint-Aubin-du-Désert.
Rochettes (Les), h. cne de Saint-Mars-du-Désert.
Rochettes (Les), h. cne de Vaucé; donne son nom à un ruiss. affl. de celui de l'étang de Beslay.
Rochevé, h. cne de Juvigné-des-Landes.
Rochevier, éc. et carrière, cne de Forcé.
Roche-Vigné (La), f. cne de Champfremont.
Roche-Vildé (La), f. cne de la Brulatte; auj. détruite.
Rochinette, f. cne de Vaiges.
Rochinière (La), f. cne de Saint-Christophe-du-Luat.
Rocholaie (La), f. aussi nommée *la Neuvillerie* au xviiie siècle, située partie dans la cne de Brains-sur-les-Marches et partie en Bretagne, cne de Rannée. — *La Rocherollais*, 1633 (abb. de la Roë). — *La Rocheollaie*, 1658 (ibid.).

Rocnord, f. cne de Saint-Georges-Buttavent.
Roconnière (La), f. cne de la Chapelle-Anthenaise.
Rocoullière (La), f. cne de la Bazouge-des-Alleux.
Rocs (Les), éc. cne de Méral.
Roculière (La), f. cne de Javron.
Rodoir (Le), f. cne de Cosmes.
Rodouées (Les), f. cne de Laval.
Roë (La), con de Saint-Aignan-sur-Roë, cne qui a pris son nom d'une ancienne abbaye de l'ordre de Saint-Augustin, fondée par Robert d'Arbrissel. — *Ecclesia Sancte Marie de Bosco*, 1136 (abb. de la Roë, bulle). — *Couvent de la Roue*, 1372 (ibid.). — *Notre-Dame de la Roue*, 1444 (ibid.).

Anc. paroisse du doy. et de la bar. de Craon et de l'élect. de Château-Gontier. — Étangs auj. desséchés.

Roée (La), f. cne de Saint-Léger.
Roffinière (La), f. cne de Saint-Denis-de-Gastines.
Rogardière (La), f. cne de Belgeard.
Roger, f. cne d'Ernée.
Rogerais (La), f. cne de Couesmes.
Rogerais (La), f. cne de Vaucé. — *Rogerie*, 1866 (dénombr.).
Rogerie (La), f. cne d'Andouillé.
Rogerie (La), f. cne d'Aron.
Rogerie (La), f. cne de la Bazoge-Montpinçon.
Rogerie (La), f. cne de la Bazouge-de-Chemeré. — L'étang de ce lieu a été desséché au xviiie siècle.
Rogerie (La), h. cne de Champéon.
Rogerie (La), h. cne de Champgeneteux.
Rogerie (La), f. cne de la Chapelle-Rainsouin.
Rogerie (La), f. cne de Courcité.
Rogerie (La), f. cne de Fromentières.
Rogerie (La), f. cne de Gennes.
Rogerie (La), f. cne de Jublains.
Rogerie (La), h. cne de Landivy.
Rogerie (La), éc. cne de Mayenne.
Rogerie (La), f. cne de Montenay.
Rogerie (La), f. cne de Saint-Aubin-Fosse-Louvain.
Rogeries (Les), h. cne d'Arquenay.
Rogueraie (La), f. cne de Daon.
Roguère (La), f. cne de Landivy.
Roguerie (La), f. cne de Parigné.
Roguerie (La), fief, cne de Saint-Michel-de-la-Roë.
Roguinière (La), f. cne d'Ahuillé. — Fief vassal de la châtell. de Courbeveille.
Roguinière (La), f. cne de Landivy.
Roguinière (La Petite-), f. cne d'Ahuillé.
Roineaux, f. cne de Saint-Thomas-de-Courceriers. —

Rouasneau, 1569 (cab. d'Achon). — *Métairie de Royneau*, 1583 (*ibid.*).
Roineaux (Les), f. c^ne d'Assé-le-Bérenger.
Roinières (Les), h. c^ne de Saint-Hilaire-des-Landes.
Roirie (La), h. c^ne de la Bigottière.
Roirie (La), h. c^ne de Fougerolles.
Roirie (La), h. c^ne d'Hardanges; donne son nom à un ruiss. affluent de celui de Tarot, qui arrose la Chapelle-au-Riboul.
Roirie (La), h. c^ne du Horps.
Roirie (La), vill. c^ne de Landivy. — Le ruisseau de la Roirie est un affl. de celui du Moulin des Prés.
Roirie (La), f. c^ne de Livré.
Roirie (La), vill. c^ne de Ravigny.
Roirie (La), f. c^ne de Saint-Berthevin-la-Tannière.
Roirie (La), f. c^ne de Vimarcé.
Roirie (La), f. c^ne de Viviers.
Roirie (La), f. — Voy. Rouairie (La).
Roirie (La Basse-), f. c^ne de Landivy.
Roisière (La), f. c^ne de Champgeneteux.
Roisière (La), f. c^ne de Sainte-Marie-du-Bois; donne son nom à un ruiss. affl. de celui de Glandsemé.
Fief vassal de la seign. du Perray.
Roisnon, h. c^ne de Viviers.
Rolland, f. c^ne de Belgeard.
Rolland, f. c^ne de Cossé-le-Vivien.
Rolland, h. c^ne de Saint-Martin-de-Connée.
Rolland, f. c^ne de Voutré.
Rolland (Le Pont), c^ne de Brécé, cité au XIIIe siècle. — *Pontem Rollandi*, 1225 (abb. de Savigny, Arch. nat. L 971).
Rollandière (La), m^in, c^ne de Brécé. — *In molendino de Rollanderia*, 1223 (abb. de Savigny, Arch. nat. L 969). — *Molendinum Rollandi*, 1232 (*ibid*. L 970).
Rollandière (La), f. c^ne de Landivy. — On dit aussi la Roulandière.
Rollard, f. c^ne d'Arquenay.
Rollard (Le Petit-), éc. c^ne d'Arquenay.
Rollier (Le), f. c^ne de Martigné.
Rollier (Le), f. c^ne de Montjean.
Rollond, étang, f. et m^in, c^ne de Saint-Pierre-des-Landes. — Le ruiss. de Rollond ou de la Lorie, affl. de l'Ernée, arrose Ernée et Larchamp.
Romagné (Le Haut et le Bas), h. c^ne du Pas.
Romainville, f. c^ne d'Azé.
Romairie (La Grande et la Petite), f. c^ne de Bouchamp.
Romaton, h. c^ne de Gorron.
Romaton, h. c^ne de Vautorte.
Romayère (La), f. c^ne de Hambers.
Romeillère (La), h. c^ne de Chantrigné.
Romenée, m^in, c^ne de Saint-Fraimbault-de-Prières. — *Étang et moulin de Rommais* (carte de Jaillot).

Romfort, f. c^ne de Gennes. — *G. de Ramoforti*, 1159 (cart. du Ronceray). — *La dame de Raymefort*, 1460 (aveu, arch. des hospices de Château-Gontier). — *Ramefort*, 1664 (Rapp. de Colbert sur l'Anjou, p. 129). — *Remefort*, 1759 (cab. d'Achon). — *Rumfort et Remfort*, 1775 (titres du château de la Touchasse).
Le château de Romfort a été détruit vers 1425 par les Anglais. — Châtell. du marq. de Château-Gontier qui s'étendait sur les paroisses de Saint-Martin-de-Villenglose, de Gennes, de Bierné, d'Argenton et de Châtelain.
Romfort, h. c^ne de Laigné.
Romfort, f. c^ne de Ménil.
Romfort, f. c^ne de Renazé. — *Gaufrido de Ramoforti*, XIIe siècle (abb. de la Roë, H 151, f° 48). — *Lieu des Ramfors*, 1600 (*ibid*. H 184). — *Lieu de Remefort*, 1658 (*ibid*.).
Romfort (Le Grand et le Petit), f. et éc. c^ne de Cossé-le-Vivien. — Fief de la baronnie de Craon, duquel relevaient les fiefs du Pont-Randoux et de Villeperdue.
Rommé, éc. c^ne d'Évron.
Rommé (Le), vill. c^ne de Lassay.
Rommé (Le Grand et le Petit), f. et éc. c^ne de Craon. — Le ruiss. est un affl. de celui de la Gravelle.
Rommeraie (La), f. c^ne de la Baconnière.
Rommeraie (La), h. c^ne de Bazougers.
Romonnière (La), f. c^ne de Lévaré.
Ronce (La), f. c^ne d'Argentré.
Ronce (La), h. c^ne de Livet-en-Charnie.
Ronce (La), f. c^ne de Parné.
Ronce (La), éc. c^ne de Saint-Cyr-en-Pail.
Ronceray (Le), chât. c^ne d'Argentré.
Ronceray (Le), f. c^ne d'Aron.
Ronceray (Le), f. c^ne de la Baconnière.
Ronceray (Le), f. c^ne de Ballots.
Ronceray (Le), f. c^ne de Bourgon.
Ronceray (Le), éc. c^ne de Crennes-sur-Fraubée.
Ronceray (Le), f. c^ne de Larchamp.
Ronceray (Le), f. c^ne de Loiron; donne son nom à un ruiss. affl. de celui des Rochettes. — On dit aussi la Ronceraie.
Ronceray (Le), chât. et f. c^ne de Louverné. — Fief vassal du comté de Laval.
Ronceray (Le), f. c^ne de Saint-Jean-sur-Mayenne.
Ronceray (Le), f. c^ne de Saint-Léger.
Ronceray (Le), f. c^ne de Saint-Pierre-sur-Orthe.
Ronceray (Le Bas-), f. c^ne de Loigné.
Ronceray (Le Haut-), h. c^ne de Loigné.
Ronces (Les), vill. c^ne de Nuillé-sur-Ouette.
Ronchet, m^in, c^ne de Saint-Hilaire-des-Landes.

RONCIÈRE (LA), éc. c⁽ᵉ⁾ de Saint-Cyr-le-Gravelais.
RONCINIÈRE (LA), h. c⁽ⁿᵉ⁾ de Bais.
RONCINIÈRE (LA), f. c⁽ⁿᵉ⁾ de Ballots.
RONCINIÈRE (LA), f. c⁽ⁿᵉ⁾ de Champgeneteux.
RONCINIÈRE (LA), éc. c⁽ⁿᵉ⁾ de Grazay.
ROND-AUVRAY (LE), éc. c⁽ⁿᵉ⁾ de Saint-Pierre-des-Landes.
RONDE (LA), f. c⁽ⁿᵉ⁾ de la Cropte.
RONDEAU, m⁽ⁱⁿ⁾, c⁽ⁿᵉ⁾ de Charchigné.
RONDEAU, f. c⁽ⁿᵉ⁾ de Saint-Denis-d'Anjou.
RONDEAU, m⁽ⁱⁿ⁾, c⁽ⁿᵉ⁾ de Saint-Saturnin-du-Limet.
RONDELLE (LA), f. c⁽ⁿᵉ⁾ de Fougerolles.
RONDELLE (LA), f. c⁽ⁿᵉ⁾ de Saint-Pierre-des-Landes.
RONDELLIÈRE (LA), f. c⁽ⁿᵉ⁾ d'Ernée.
RONDELLIÈRE (LA), f. avec étang, c⁽ⁿᵉ⁾ du Horps; donne son nom à un ruiss. affluent de l'Aisne, qui arrose Champéon.
RONDELLIÈRE (LA), f. c⁽ⁿᵉ⁾ de Saint-Fort.
RONDELLIÈRES (LES), f. c⁽ⁿᵉ⁾ du Bourgneuf-la-Forêt. — Bois auj. défriché.
RONDE-NOË, h. c⁽ⁿᵉ⁾ de Gesvres; donne son nom à un ruiss. affl. de l'Ornette.
RONDE-NOË (BOIS DE LA), c⁽ⁿᵉ⁾ de Champfremont.
RONDIÈRE (LA), f. c⁽ⁿᵉ⁾ de Beaulieu.
RONDIÈRE (LA), f. c⁽ⁿᵉ⁾ de Loiron.
RONDIÈRES (LES), f. c⁽ⁿᵉ⁾ de Chemazé.
RONDIN (LE), f. c⁽ⁿᵉ⁾ d'Assé-le-Bérenger.
RONDINIÈRE (LA), fief, c⁽ⁿᵉ⁾ de Ménil, vassal de la châtell. de Châtelain.
ROND-LIÉGE, f. c⁽ⁿᵉ⁾ de Fougerolles.
RONGERAIS (LES), f. c⁽ⁿᵉ⁾ de Cossé-le-Vivien.
RONGÈRE (LA), f. c⁽ⁿᵉ⁾ d'Alexain.
RONGÈRE (LA), f. c⁽ⁿᵉ⁾ de Bazougers. — Fief de la châtell. de Bazougers, relevant immédiatement de la seign. de Montdamer.
RONGÈRE (LA), f. c⁽ⁿᵉ⁾ de Bierné.
RONGÈRE (LA), éc. c⁽ⁿᵉ⁾ de Bouère.
RONGÈRE (LA), f. c⁽ⁿᵉ⁾ de Chammes.
RONGÈRE (LA), château, ferme, étang et m⁽ⁱⁿ⁾, c⁽ⁿᵉ⁾ de la Croixille. — Fief vassal de la châtell. d'Ernée.
RONGÈRE (LA), vill. c⁽ⁿᵉ⁾ d'Hardanges.
RONGÈRE (LA), vill. c⁽ⁿᵉ⁾ d'Oisseau.
RONGÈRE (LA), chât. et m⁽ⁱⁿ⁾, c⁽ⁿᵉ⁾ de Saint-Sulpice. — *Hamelinus de la Rongeria*, xi⁽ᵉ⁾ siècle (Bibl. nat. f. lat. 5441). — *Guido de Rungeria*, 1158 (abb. de Savigny).

Fief pourvu d'une haute justice relevant du marq. de Château-Gontier. — Le ruiss. de la Rongère est un affl. de la Mayenne.
RONGÈRE (LA), m⁽ⁱⁿ⁾, c⁽ⁿᵉ⁾ de Villiers-Charlemagne.
RONGÈRE (LA BASSE-), vill. c⁽ⁿᵉ⁾ de Niort.
RONGÈRE (LA HAUTE-), h. c⁽ⁿᵉ⁾ de Niort.
RONGÈRE (LA HAUTE et la BASSE), vill. c⁽ⁿᵉ⁾ du Pas.

RONGNERIE (LA), h. c⁽ⁿᵉ⁾ de Pré-en-Pail.
RONNERIE (LA), h. c⁽ⁿᵉ⁾ de la Baconnière.
RONNERIE (LA), vill. c⁽ⁿᵉ⁾ de Gastines.
RONNIÈRE (LA), h. c⁽ⁿᵉ⁾ de la Chapelle-au-Riboul.
ROPETIÈRE (LA), f. c⁽ⁿᵉ⁾ d'Hardanges.
ROPETIÈRE (LA), f. c⁽ⁿᵉ⁾ de Saint-Pierre-des-Landes.
ROPIÈRE (LA), f. c⁽ⁿᵉ⁾ d'Andouillé.
ROPIÈRE (LA), f. c⁽ⁿᵉ⁾ de la Bazouge-de-Chemeré.
ROPIQUET, h. c⁽ⁿᵉ⁾ de Saint-Pierre-la-Cour.
ROPITEAU, chât. et f. c⁽ⁿᵉ⁾ de Chemeré-le-Roi. — Fief volant vassal de la châtell. de Chemeré.
ROQUELINIÈRE (LA), f. c⁽ⁿᵉ⁾ de Saint-Christophe-du-Luat.
ROQUET (LE), f. c⁽ⁿᵉ⁾ de Fromentières.
ROQUET (LE), éc. c⁽ⁿᵉ⁾ de Livet-en-Charnie.
ROQUET (LE), h. c⁽ⁿᵉ⁾ de Renazé.
ROQUET (LE), f. c⁽ⁿᵉ⁾ de Saint-Ellier.
ROQUET (LE BAS-), h. c⁽ⁿᵉ⁾ de Montaudin.
ROQUET-DE-BACHARD (LE), h. c⁽ⁿᵉ⁾ de Saint-Berthevin.
ROQUET-DE-LA-CHAUMINETTE, passage difficile de l'ancien chemin de Laval à Changé.
ROQUET-DE-PUSSU (LE), éc. c⁽ⁿᵉ⁾ de Cosmes.
ROQUETERIES (LES), h. c⁽ⁿᵉ⁾ de Laigné.
ROQUETIÈRE (LA), f. c⁽ⁿᵉ⁾ de Cuillé.
ROQUETIÈRE (LA), h. c⁽ⁿᵉ⁾ d'Izé.
ROQUETIÈRE (LA), f. c⁽ⁿᵉ⁾ de Vaiges.
ROQUETIÈRES (LES), f. c⁽ⁿᵉ⁾ de Saint-Saturnin-du-Limet.
ROSE (LA), h. c⁽ⁿᵉ⁾ de Launay-Villiers.
ROSE (LA HAUTE-), f. c⁽ⁿᵉ⁾ de Saint-Pierre-la-Cour.
ROSEAU (LE), f. c⁽ⁿᵉ⁾ de Parné.
ROSE-BLANCHE (LA), f. c⁽ⁿᵉ⁾ d'Ernée.
ROSÉE (LA), f. c⁽ⁿᵉ⁾ de la Chapelle-Rainsouin.
ROSÉE (RUISSEAU DE LA), c⁽ⁿᵉˢ⁾ d'Entrammes et de Villiers, affl. de la Mayenne. — On prononce *Rousée*.
ROSERAIS (LES), f. c⁽ⁿᵉ⁾ de Chemazé.
ROSERAIS (LES PETITS-), f. c⁽ⁿᵉ⁾ de Gennes.
ROSERAIS (RUISSEAU DES), c⁽ⁿᵉ⁾ de Ménil, affl. de celui du Bourg de Ménil.
ROSERAY (LE), chât. c⁽ⁿᵉ⁾ de Ballots. — *Rouzeray*, 1465 (abb. de la Roë).
Étang auj. desséché.
ROSERIE (LA GRANDE et LA PETITE), f. et éc. c⁽ⁿᵉ⁾ de Saint-Georges-Buttavent.
ROSIÈRE (LA), f. c⁽ⁿᵉ⁾ d'Ahuillé.
ROSIÈRE (LA), h. c⁽ⁿᵉ⁾ de Neuilly-le-Vendin.
ROSIERS (LES), éc. c⁽ⁿᵉ⁾ de Bazougers.
ROSIERS (LES), h. c⁽ⁿᵉ⁾ de Simplé.
ROSSERIE (LA), h. c⁽ⁿᵉ⁾ de Saint-Loup-du-Gast; donne son nom à un ruiss. affl. de la Mayenne, qui arrose Ambrières.
ROSSIGNOL, h. c⁽ⁿᵉ⁾ de Saint-Denis-d'Anjou.
ROSSIGNOLLERIE (LA), h. c⁽ⁿᵉ⁾ de la Chapelle-Craonnaise.
ROSSIGNOLLERIE (LA), f. c⁽ⁿᵉ⁾ de Gennes.

Rossignollière (La), f. cⁿᵉ de Lignières-la-Doucelle.
Rossignollière (La), h. cⁿᵉ de Saint-Thomas-de-Courceriers. — On dit aussi *la Roussignollière*.
Rostière (La), f. cⁿᵉ de Brécé.
Rostière (La), f. cⁿᵉ de Saint-Mars-sur-la-Futaie.
Rostières (Les), h. cⁿᵉ de Saint-Denis-de-Gastines.
Rostières (Les), f. cⁿᵉ de Vautorte.
Roteaux, vill. cⁿᵉ de Louverné.
Rotières (Les), h. cⁿᵉ de Saint-Samson.
Rôtis (Les), f. cⁿᵉ de Fougerolles.
Rotruère (La), f. cⁿᵉ de Louvigné.
Rotterie (La), f. cⁿᵉ de Courcité; donne son nom à un ruiss. affl. de celui du Merdereau.
Rotterie (La), f. cⁿᵉ de Désertines.
Rotterie (La), f. cⁿᵉ de Deux-Évailles.
Rotterie (La), f. cⁿᵉ de Laval.
Rotterie (La), f. cⁿᵉ de Nuillé-sur-Vicoin.
Rotterie (La), f. cⁿᵉ du Riboy; donne son nom à un ruiss. affl. de l'Aisne.
Rotterie (La), h. cⁿᵉ de Saint-Germain-de-Coulamer.
Rotterie (La), h. cⁿᵉ de Thubœuf.
Rotterie (La), f. cⁿᵉ de Vaiges; donne son nom à un ruiss. affl. de la Vaige, qui arrose Saint-Georges-le-Fléchard.
Rotterie (La Grande et la Petite), f. cⁿᵉ de Loiron.
Rottes (Les), f. cⁿᵉ de Saint-Pierre-la-Cour.
Rottoir (Le), h. cⁿᵉ d'Averton.
Rottoir (Le), f. cⁿᵉ de la Bazouge-des-Alleux.
Rottoir (Le), f. cⁿᵉ d'Évron.
Rottoir (Le), f. cⁿᵉ de Saint-Ouen-des-Vallons.
Rottu (Le), f. cⁿᵉ de Saint-Georges-sur-Erve.
Rouaberie (La), f. cⁿᵉ de Saint-Germain-le-Fouilloux.
Rouaberie (La), f. cⁿᵉ de Saint-Hilaire-des-Landes.
Rouabière (La), f. cⁿᵉ de la Bazouge-de-Chemeré. — Étang desséché au xviiiᵉ siècle.
Rouablère (La), f. cⁿᵉ d'Ernée.
Rouablère (La), f. cⁿᵉ de Montourtier; étang et mⁱⁿ qui n'existent plus. — On écrit aussi *la Rouéblère*.
Rouairie (La), f. cⁿᵉ d'Ampoigné. — On écrit aussi *la Rouérie*.
Rouairie (La), f. cⁿᵉ de la Baconnière.
Rouairie (La), f. cⁿᵉ de Beaumont-Pied-de-Bœuf.
Rouairie (La), logis et f. cⁿᵉ de Belgeard.
Rouairie (La), f. cⁿᵉ de la Bigottière.
Rouairie (La), f. cⁿᵉ de Bouchamp; auj. détruite. — *La Roherie*, 1445 (arch. de Maine-et-Loire, résidu).
Rouairie (La), h. cⁿᵉ du Bourgneuf-la-Forêt.
Rouairie (La), f. cⁿᵉ de Brains-sur-les-Marches.
Rouairie (La), f. cⁿᵉ de Chailland.
Rouairie (La), f. cⁿᵉ de Châlons.
Rouairie (La), h. cⁿᵉ de Châtillon-sur-Colmont. — Fief vassal du duché de Mayenne.

Rouairie (La), f. cⁿᵉ de Fromentières.
Rouairie (La), h. cⁿᵉ de Gastines; donne son nom à un ruiss. affluent de celui du Pont-Coutard, qui arrose Fontaine-Couverte.
Rouairie (La), f. cⁿᵉ de Launay-Villiers.
Rouairie (La), vill. cⁿᵉ de Lignières-la-Doucelle.
Rouairie (La), f. cⁿᵉ de Longuefuye.
Rouairie (La), f. cⁿᵉ de Marcillé-la-Ville.
Rouairie (La), f. cⁿᵉ de Martigné.
Rouairie (La), f. cⁿᵉ de Montaudin; donne son nom à un ruiss. affl. de l'Ernée.
Rouairie (La), f. cⁿᵉ de Nuillé-sur-Ouette.
Rouairie (La), f. cⁿᵉ de Saint-Berthevin.
Rouairie (La), f. cⁿᵉ de Saint-Christophe-du-Luat.
Rouairie (La), f. cⁿᵉ de Saint-Fort.
Rouairie (La), f. cⁿᵉ de Saint-Ouen-des-Vallons.
Rouairie (La), f. cⁿᵉ de Soulgé-le-Bruant.
Rouairie (La Grande et la Petite), f. cⁿᵉ de Saint-Denis-de-Gastines.
Rouairie (La Grande et la Petite), f. cⁿᵉ de la Selle-Craonnaise.
Rouairies (Les), f. cⁿᵉ de Maisoncelles.
Rouardière (La), h. et f. cⁿᵉ de Cigné. — *La Hérouardière* (Cassini). — On dit aussi *la Harrouardière*.
Rouaudière (La), cⁿᵉ de Saint-Aignan-sur-Roë. — *Ecclesia Sancte Marie de Roalderia*, 1136 (abb. de la Roë). — *La Rouauldière*, 1480 (ibid.).
Anc. par. du doy. de Craon, de l'élect. d'Angers et de la bar. de Craon.
Rouaudière (La), mⁱⁿ et f. cⁿᵉ de Bierné.
Rouaudière (La), h. cⁿᵉ de Colombiers.
Rouaudière (La), h. cⁿᵉ de Congrier.
Rouaudière (La), f. cⁿᵉ de Daon; auj. détruite. — *La Ruaudière*, 1600 (abb. de la Roë, H 184, fᵒ 20).
Rouaudière (La), f. cⁿᵉ de Désertines.
Rouaudière (La), f. cⁿᵉ de Laval.
Rouaudière (La), f. cⁿᵉ de Louverné; donne son nom à un ruiss. affl. de celui de Pontmartin.
Rouaudière (La), f. cⁿᵉ de Laigné.
Rouaudière (La), f. cⁿᵉ de Laval.
Rouaudière (La), f. cⁿᵉ de Louverné. — Ruiss. affl. de celui de Pontmartin.
Rouaudière (La), f. cⁿᵉ de Saint-Denis-d'Anjou.
Rouaudière (La), f. cⁿᵉ de Saint-Julien-du-Terroux.
Rouaudière (La), f. cⁿᵉ de Saint-Michel-de-la-Roë.
Rouaudière (La), h. cⁿᵉ de Saint-Pierre-des-Landes.
Rouaudière (La), f. cⁿᵉ de Torcé.
Rouaudière (La Grande et la Petite), f. cⁿᵉ de Gennes. — Fief vassal de la châtell. de Romfort.
Rouaudière (La Petite), f. cⁿᵉ de Saint-Denis-d'Anjou.
Rouaudières (Les), vill. cⁿᵉ de Gesvres.
Roue (La), éc. cⁿᵉ d'Ahuillé.

ROUELLERIE (LA), éc. c^{ne} de Cigné.
ROUENNERIE (LA), f. c^{ne} de Sainte-Gemmes-le-Robert.
ROUENNERIE (LA), f. c^{ne} de Saint-Pierre-des-Landes.
ROUESSÉ, f. c^{ne} de la Baconnière.
ROUESSÉ, f. et ancien manoir, c^{ne} de Laval. — *Guido de Ruxiaco*, XIe siècle (Bibl. nat. f. latin, 5441). — *G. de Roiseio*, XIe siècle (cart. du Ronceray). — *G. de Rossoessico*, XIe siècle (*ibid.*). — *Andreas de Roessel*, XIe siècle (Bibl. nat.f. latin, 5441).

Fief vassal de la châtell. de Laval, comprenant dans sa mouvance les fiefs d'Alligné, de l'Épine, de la Grignonnière, de l'Orière, de Perils, du Pineau, de Thubœuf et de Vaux.

ROUESSÉ, h. c^{ne} de la Pellerine. — *Roissé* (Cassini).
ROUESSÉ, vill. c^{ne} de Saint-Christophe-du-Luat. — Fief vassal de l'abb. d'Évron.
ROUESSETS (LES), f. c^{ne} de Saint-Mars-sur-la-Futaie.
ROUESSON, vill. c^{ne} de Contest.
ROUESSON, vill. c^{ne} de la Haie-Traversaine. — Fief vassal du duché de Mayenne.
ROUE-TOURNANTE (LA), f. c^{ne} de Juvigné-des-Landes.
ROUETTE (LA GRANDE-), h. c^{ne} de Pommerieux. — *La Rouete de Chauvigné*, 1462 (abb. de la Roë, H 189, f° 30).
ROUETTE-MOREAU, f. c^{ne} de Pommerieux.
ROUETTE-NEUVE (LA), f. c^{ne} de Pommerieux.
ROUFFINIÈRE (LA), f. c^{ne} de la Poôté.
ROUGÉ, h. c^{ne} de Marigné-Peuton. — Le fief de Rougé-Derval, vassal du marq. de Château-Gontier, s'étendait sur Ménil.
ROUGEFAY, vill. c^{ne} de Bourgon. — On dit aussi *Rougefeil* et *Rougefeuil*.

Les landes de ce lieu sont auj. défrichées.
ROUGELIÈRE (LA), h. c^{ne} de Villaines-la-Juhel.
ROUGERAIE (LA), f. c^{ne} du Horps.
ROUGERAY, éc. c^{ne} de Ruillé-le-Gravelais.
ROUGÈRES (LES), f. c^{ne} de Congrier.
ROUGERIE (LA), f. c^{ne} d'Ahuillé.
ROUGERIE (LA), f. c^{ne} d'Assé-le-Bérenger.
ROUGERIE (LA), f. c^{ne} de Bouchamp.
ROUGERIE (LA), f. c^{ne} de Châtillon-sur-Colmont.
ROUGERIE (LA), h. c^{ne} de Châtres.
ROUGERIE (LA), f. c^{ne} de Loiron; auj. détruite.
ROUGERIE (LA), f. c^{ne} de Saint-Denis-d'Anjou.
ROUGERIE (LA), f. c^{ne} de Saint-Martin-du-Limet.
ROUGERIE (LA), h. c^{ne} de Senonnes.
ROUGERIE (LA HAUTE et LA BASSE), h. c^{ne} de la Croixille.
ROUGERIES (BOIS DES), c^{ne} de Châtres.
ROUGET (LE GRAND et LE PETIT), h. c^{ne} de Marigné-Peuton.
ROUGETERRE (LA), h. c^{ne} de Gesvres. — L'étang a été desséché en 1867.

ROUGETTE, h. c^{ne} de Bourgon.
ROUGETTE, f. c^{ne} de Gennes.
ROUGETTE, vill. c^{ne} de Laval.
ROUGETTE, f. c^{ne} de Bazougers.
ROUGEUL, f. c^{ne} de Juvigné-des-Landes.
ROUGEUL (LES LANDES DE), sises c^{ne} de Saint-Pierre-des-Landes.
ROUGISSÉ (LE), f. c^{ne} de Pré-en-Pail.
ROUILLARD, f. c^{ne} de Chemazé.
ROUILLARDAIS (LA), h. c^{ne} de Juvigné-des-Landes.
ROUILLARDERIE (LA), h. c^{ne} d'Andouillé.
ROUILLARDIÈRE (LA), f. c^{ne} de Brécé.
ROUILLE (LA), f. c^{ne} de Saint-Céneré.
ROUILLÈRE (LA), fief vassal de la bar. d'Ambrières.
ROUILLÈRE (LA), f. c^{ne} d'Astillé.
ROUILLÈRE (LA), f. c^{ne} de la Baconnière.
ROUILLÈRE (LA), f. c^{ne} de Ballots; donne son nom à un ruiss. affl. de celui de la Pelleterie, qui arrose aussi la Roë.
ROUILLÈRE (LA), f. c^{ne} de Bouère.
ROUILLÈRE (LA), h. c^{ne} du Bourgneuf-la-Forêt.
ROUILLÈRE (LA), f. c^{ne} de la Chapelle-Anthenaise.
ROUILLÈRE (LA), f. c^{ne} de la Dorée.
ROUILLÈRE (LA), f. c^{ne} de Fougerolles.
ROUILLÈRE (LA), f. c^{ne} de Gesvres.
ROUILLÈRE (LA), f. c^{ne} de Laigné.
ROUILLÈRE (LA), h. c^{ne} de Laval.
ROUILLÈRE (LA), f. et bois, c^{ne} de Loigné. — Fief vassal du marq. de Château-Gontier.
ROUILLÈRE (LA), f. c^{ne} de Loiron.
ROUILLÈRE (LA), f. c^{ne} de Maisoncelles.
ROUILLÈRE (LA), f. c^{ne} de Mée.
ROUILLÈRE (LA), f. c^{ne} de Nuillé-sur-Vicoin.
ROUILLÈRE (LA), f. c^{ne} de Saint-Jean-sur-Mayenne. — On dit aussi *la Rouillerie*.
ROUILLÈRE (LA), éc. c^{ne} de Saint-Ouen-des-Toits.
ROUILLÈRE (LA), h. c^{ne} de Sainte-Suzanne.
ROUILLÈRE (LA), f. c^{ne} de Torcé.
ROUILLÈRE (LA GRANDE-), f. c^{ne} de Maisoncelles.
ROUILLÈRES (LES), f. c^{ne} de la Bazouge-de-Chemeré.
ROUILLÈRES (LES BOIS DES), c^{ne} de Peuton. — Fief vassal du marq. de Château-Gontier.
ROUILLERIE (LA), h. c^{ne} de Grazay.
ROUILLERIE (LA), f. c^{ne} de Houssay.
ROUILLERIES-DU-BOIS (LES), f. c^{ne} de Villiers-Charlemagne.
ROUILLERIE-SUR-L'EAU (LA), f. c^{ne} de Villiers-Charlemagne.
ROUILLIERS (LES), f. et éc. c^{ne} de Meslay.
ROUILLIS (LE), f. c^{ne} de Brécé. — On dit également *le Rouillais*.

Fief vassal de la bar. de Touvois.

Rouillis (Le), m^{in}, c^{ne} de Chantrigné.
Rouillis (Le), f. c^{ne} d'Orgères.
Rouillis (Le), éc. c^{ne} de Saint-Isle.
Rouillon, étang et m^{in}, c^{ne} de Soucé, supprimés vers 1833. — Le ruiss. de Rouillon est un affluent de la Varenne.
Rouillon (Le), h. c^{ne} d'Athée.
Rouillon (Le), h. c^{ne} de Commer.
Rouillon (Le), f. c^{ne} de Saint-Michel-de-la-Roë.
Rouillon (Le), f. c^{ne} de la Selle-Craonnaise.
Rouillons (Les), f. c^{ne} de Loigné.
Roujaune, h. c^{ne} de Vautorte. — *Decimam de Rogeaune*, 1241 (abb. de Savigny, Arch. nat. L 970).
Roujaunière (La), f. c^{ne} de Montenay.
Roulandière (La), f. c^{ne} de Châtillon-sur-Colmont.
Roulandière (La), f. c^{ne} de Saint-Charles-la-Forêt.
Roulanière (La), f. c^{ne} de Saint-Denis-d'Anjou; auj. détruite. — *Lieu de la Rouillasnière*, 1520 (chap. de Saint-Maurice).
Roulandière (La), h. c^{ne} de Crennes-sur-Fraubée.
Roulée (La), f. c^{ne} de Grez-en-Bouère.
Roulerie (La), h. c^{ne} de Trans.
Rouleries (Les), f. c^{ne} de Bonchamp.
Roullais, fief, c^{ne} de Brécé, vassal de la bar. épiscopale de Touvois.
Roulle, fief vassal de la châtell. de Gorron.
Roullis (Le), fief, c^{ne} de Saint-Léger, vassal de la bar. de la Chapelle-Rainsouin.
Rouperoux, h. c^{ne} d'Assé-le-Bérenger. — *Rivus Petrosus*, IXe siècle (Gesta dom. Aldrici). — *Silvester de Rouperroux*, 1219 (abb. de Fontaine-Daniel). — *Rouperroux*, 1646 (cart. d'Évron).
Fief vassal de la châtell. d'Assé-le-Bérenger. — Ruiss. affl. de celui du Mont-Savanier.
Roupinière (Ruisseau de la), c^{ne} de Jublains, affl. de l'Aron.
Roussardière (La), f. c^{ne} de Brée.
Roussardière (La), f. c^{ne} de la Chapelle-Rainsouin.
Roussardière (La), f. c^{ne} de Gesnes.
Roussardière (La), f. c^{ne} de Laval.
Roussardière (La), h. c^{ne} de Montaudin.
Roussardière (La), vill. c^{ne} de Montreuil.
Roussardière (La), chât. et f. c^{ne} de Quelaines. — Fief vassal de la bar. de Craon.
Roussardières (Les), vill. c^{ne} de Saint-Germain-le-Fouilloux.
Roussé, usine, c^{ne} de Saint-Christophe-du-Luat.
Rousseau, éc. c^{ne} de Brée.
Rousseau, vill. c^{ne} de Gorron.
Rousseaux (Les), h. c^{ne} de Juvigné-des-Landes.
Rousseigne, h. c^{ne} du Genest.
Rousselaie (La), h. c^{ne} d'Ambrières.

Rousselaie (La), vill. c^{ne} de Couesmes.
Rousselaie (La), h. c^{ne} de Larchamp.
Rousselette (La), f. c^{ne} de Lassay.
Roussellerie (La), f. c^{ne} de Ballots. — *La Rouxquelerie*, 1470 (arch. de la Mayenne, E 122).
Roussellière (La), f. c^{ne} d'Argentré.
Roussellière (La), éc. c^{ne} d'Aron.
Roussellière (La), f. c^{ne} d'Assé-le-Bérenger.
Roussellière (La), f. c^{ne} de Beaulieu.
Roussellière (La), f. c^{ne} du Bignon.
Roussellière (La), f. c^{ne} de Brée.
Roussellière (La), f. c^{ne} du Buret.
Roussellière (La), f. c^{ne} de la Chapelle-au-Riboul.
Roussellière (La), f. c^{ne} de la Chapelle-Rainsouin.
Roussellière (La), vill. c^{ne} de Châtillon-sur-Colmont.
Roussellière (La), f. c^{ne} de Chemazé.
Roussellière (La), f. c^{ne} de Colombiers.
Roussellière (La), f. c^{ne} de Contest.
Roussellière (La), f. c^{ne} de Cosmes.
Roussellière (La), h. c^{ne} de Courbeveille.
Roussellière (La), f. c^{ne} d'Évron.
Roussellière (La), f. c^{ne} du Ham.
Roussellière (La), f. c^{ne} de Jublains.
Roussellière (La), h. c^{ne} de Landivy; donne son nom à un ruiss. affl. de la Futaie.
Roussellière (La), f. c^{ne} de Loiron.
Roussellière (La), f. c^{ne} de Mézangers.
Roussellière (La), f. c^{ne} de Neau.
Roussellière (La), f. c^{ne} de Neuilly-le-Vendin.
Roussellière (La), f. c^{ne} de Niafle.
Roussellière (La), éc. c^{ne} de Nuillé-sur-Ouette.
Roussellière (La), vill. c^{ne} de Renazé.
Roussellière (La), f. c^{ne} de Saint-Aubin-Fosse-Louvain.
Roussellière (La), f. c^{ne} de Saint-Baudelle.
Roussellière (La), f. c^{ne} de Saint-Berthevin.
Roussellière (La), f. c^{ne} de Saint-Denis-d'Anjou.
Roussellière (La), f. c^{ne} de Sainte-Gemmes-le-Robert.
Roussellière (La), f. c^{ne} de Saint-Georges-Buttavent.
Roussellière (La), h. c^{ne} de Saint-Pierre-sur-Orthe.
Roussellière (La), f. c^{ne} de Voutré.
Roussellière (La Grande et la Petite), f. c^{ne} d'Astillé.
Roussellière (La Haute et la Basse), f. c^{ne} de Larchamp.
Roussellières (Les), f. c^{ne} d'Astillé.
Roussellières (Les), f. c^{ne} de la Bazouge-de-Chemeré.
Roussellières (Les), h. c^{ne} de la Bigottière.
Roussellières (Les), h. c^{ne} de Chammes.
Roussellières (Les), f. c^{ne} de Laval.
Rousseraie (La), fief, c^{ne} de la Baconnière, vassal de la châtell. de Saint-Ouen.
Roussetière (La), f. c^{ne} de Saint-Mars-sur-la-Futaie.

Roussette, f. cⁿᵉ de Montigné.
Roussette, f. cⁿᵉ de Saint-Germain-le-Fouilloux.
Roussière (La), h. cⁿᵉ d'Ambrières. — Landes défrichées vers 1858.
Roussière (La), f. cⁿᵉ de Bouchamp.
Roussière (La), h. cⁿᵉ de Brée.
Roussière (La), vill. cⁿᵉ de Commer.
Roussière (La), f. cⁿᵉ de la Croixille. — Fief vassal de la terre de Charné.
Roussière (La), h. cⁿᵉ de Fontaine-Couverte.
Roussière (La), f. cⁿᵉ de Grez-en-Bouère.
Roussière (La), f. cⁿᵉ de Laigné.
Roussière (La), f. cⁿᵉ de Maisoncelles.
Roussière (La), f. cⁿᵉ de Parné. — Fief vassal de la bar. d'Entramnes.
Roussière (La), f. cⁿᵉ de Saint-Denis-d'Anjou. — Fief vassal de la châtell. de Romfort.
Roussière (La), h. cⁿᵉ de Saint-Germain-de-Coulamer.
Roussière (La), f. cⁿᵉ de Saint-Germain-le-Fouilloux.
Roussière (La), f. cⁿᵉ de Saint-Martin-de-Connée. — Ruiss. aﬄ. de l'Orthe.
Roussière (La), h. cⁿᵉ de Saint-Ouen-des-Toits.
Roussière (La), h. cⁿᵉ de Thubœuf.
Roussière (La), f. cⁿᵉ de Vaiges.
Roussière (La Grande et La Petite), vill. cⁿᵉ de Saint-Christophe-du-Luat.
Roussière (La Haute-), f. cⁿᵉ de la Bigottière.
Roussière (La Haute et La Basse), h. cⁿᵉ d'Athée. — Fief vassal de la bar. de Craon.
Roussières (Les), f. cⁿᵉ de Lassay.
Roussillon, f. cⁿᵉ de Montigné.
Roussinière (La), h. cⁿᵉ de Saint-Jean-sur-Erve.
Roussoir (Le), vill. cⁿᵉ de Saint-Ouen-des-Toits. — *Rossouay* (Cassini).
Taillis défriché en 1830.
Rousson, f. et mⁱⁿ, cⁿᵉ de Saulges.
Rousson (Le Grand et le Petit), f. cⁿᵉ de Ballée.
Route (La), éc. cⁿᵉ de Neuilly-le-Vendin.
Route-de-Fougères (La), h. cⁿᵉ d'Ernée.
Route-de-Laubrières (La), éc. cⁿᵉ de Saint-Poix.
Route-de-Neau (La), éc. cⁿᵉ d'Évron.
Routin (Ruisseau de), cⁿᵉ de Brécé; se jette dans celui du Parc.
Rouvadin (Le), h. cⁿᵉ de Crennes-sur-Fraubée.
Rouvadin (Le), f. cⁿᵉ de Gesvres.
Rouveray (Le), f. cⁿᵉ de Changé.
Rouveray (Le), fief, cⁿᵉ de Châtillon-sur-Colmont, vassal du duché de Mayenne.
Rouves (Les), h. cⁿᵉ de Lassay.
Rouves (Les Basses-), f. cⁿᵉ de Niort.
Rouves (Les Hautes-), h. cⁿᵉ de Niort.
Rouvres, f. cⁿᵉ de Champfremont.

Rouvres, h. cⁿᵉ de la Poôté.
Roux (Le), éc. cⁿᵉ d'Averton.
Roux (Le), f. cⁿᵉ de Bouère.
Rouxfrançois, f. cⁿᵉ de Saint-Germain-de-Coulamer. — Fief vassal de la châtell. de Courceriers.
Rouxfrançois, mⁱⁿ, cⁿᵉ de Saint-Pierre-sur-Orthe.
Rouzauderie (La), f. cⁿᵉ de Congrier.
Rouzière (La), f. cⁿᵉ d'Aron.
Rouzière (La), h. cⁿᵉ de Hambers.
Rouzière (La), f. cⁿᵉ de Marcillé-la-Ville.
Rouzière (La), f. cⁿᵉ de Montourtier.
Rouzière (La Haute et la Basse), h. cⁿᵉ de Mayenne.
Rouzières (Les), f. cⁿᵉ de Voutré.
Rouzinière (La), f. cⁿᵉ du Genest.
Rouzinière (La), f. cⁿᵉ de Longuefuye.
Royalu (Le), f. cⁿᵉ de Brécé.
Rozais (Ruisseau du), cⁿᵉ du Bourgneuf-la-Forêt, aﬄ. de celui de Forton.
Rozé, f. cⁿᵉ d'Entramnes.
Rualinière (La), arrière-fief de la bar. de Sainte-Suzanne, cⁿᵉ de Chammes, vassal de la châtell. de Thorigné.
Ruaud, h. cⁿᵉ de la Bazouge-de-Chemeré; étang desséché au XVIIIᵉ siècle.
Ruaudais (La), h. cⁿᵉ de Saint-Pierre-la-Cour. — Fief de la châtell. de Saint-Ouen, vassal de la seign. du Plessis-Milcent.
Ruaude, h. cⁿᵉ d'Évron; donne son nom à un ruiss. aﬄ. de celui de Montéclair.
Ruaudière (La), f. — Voy. Rouaudière (La).
Ruaux, h. cⁿᵉ d'Alexain. — Étang desséché et mⁱⁿ détruit vers 1808.
Ruaux (Les), f. cⁿᵉ d'Argenton.
Ruaux (Les), f. cⁿᵉ de Bouère.
Ruaux (Les), h. cⁿᵉ d'Hardanges.
Ruaux (Les), h. cⁿᵉ de Quelaines.
Ruaux (Les), f. cⁿᵉ de Saint-Cyr-le-Gravelais.
Ruaux (Les), f. cⁿᵉ de Saint-Denis-d'Anjou.
Rubaux (Les), éc. cⁿᵉ de Laval.
Rubellière (La), h. cⁿᵉ de Châlons.
Rubert, f. cⁿᵉ d'Alexain.
Rubert, mⁱⁿ, cⁿᵉ de Martigné; détruit vers 1800.
Rubricaire, lande et vill., cⁿᵉ de Sainte-Gemmes-le-Robert, qui prend son nom d'une ruine romaine.
Ruche (La Petite-), h. cⁿᵉ de la Baconnière.
Rucheray (Le), f. cⁿᵉ de Brécé.
Ruchères (Les), f. cⁿᵉ de Désertines.
Rucherie (La), f. cⁿᵉ de Gennes.
Ruchonnières (Les), f. cⁿᵉ de Saint-Christophe-du-Luat.
Rudson (Le), vill. cⁿᵉ de la Baroche-Gondouin. — *Rutson* (Cassini).
Rue (La), f. cⁿᵉ d'Assé-le-Bérenger.

Rue (La), chât. et f. c^ne de Bazougers. — Fief vassal de la châtell. de Bazougers.
Rue (La), h. c^ne de Brécé.
Rue (La), h. c^ne de la Chapelle-au-Riboul. — Fief vassal du marq. de Villaines-la-Juhel.
Rue (La), f. c^ne de Gesvres.
Rue (La), h. c^ne de Javron.
Rue (La), f. c^ne de Maisoncelles.
Rue (La), vill. c^ne de Montenay.
Rue (La), f. c^ne de Saint-Quentin.
Rue (La Grande et la Petite), éc. c^ne de Saint-Germain-le-Fouilloux.
Rue (La Haute-), f. c^ne de Voutré.
Rue-André (La), f. c^ne de Montaudin.
Rue-Boucher (La), f. c^ne de Saint-Pierre-la-Cour.
Rue-Brard (La), f. c^ne de Bazouges.
Rue-Chèvre (La), f. c^ne d'Astillé.
Rue-Chèvre (La), h. c^ne de Viviers. — Landes auj. défrichées.
Rue-Creuse (La), éc. c^ne de Craon.
Rue-Creuse (La), f. c^ne de Laval.
Rue-Creuse (La), h. c^ne de Pré-en-Pail.
Rue-de-Beau (La Grande et la Petite), h. c^ne d'Olivet.
Rue-de-Beau (La Petite-), f. c^ne de Saint-Ouen-des-Toits.
Rue-du-Bois (La), éc. c^ne de la Brulatte. — Ferme auj. détruite.
Ruel (Le), f. c^ne de Saint-Ellier.
Ruelle (La), éc. c^ne de Mézangers.
Ruelle (La), h. c^ne de Montaudin; donne son nom à un ruiss. affl. de la Futaie.
Ruelle (La), f. c^ne de Voutré.
Ruelle (La Petite-), f. c^ne de Voutré.
Ruelle (Le Bas-de-la-), h. c^ne du Bourgneuf-la-Forêt.
Ruelle-Bouvet (La), f. c^ne d'Évron.
Ruellerie (La Grande et la Petite), f. c^ne de Chemazé.
Ruelles (Les), vill. c^ne de Montsurs.
Ruellonnière (La), f. c^ne de Bazougers.
Ruellonnière (La), f. c^ne de Bouère. — Bois taillis de neuf hectares, auj. défriché.
Rue-Ménard (La), f. c^ne de Bierné.
Rue-Neuve (La), h. c^ne du Bourgneuf-la-Forêt.
Rues (Les), f. c^ne de Ballots.
Rues (Les), f. c^ne de la Bazouge-de-Chemeré.
Rues (Les), f. c^ne de Cossé-le-Vivien. — Le fief, aussi nommé la Quanterie, était vassal de la châtell. de Montjean.
Rues (Les), f. c^ne de Saint-Denis-de-Gastines.
Rues (Les), h. c^ne de Saint-Loup-du-Gast.
Rues (Les), f. c^ne de Saulges.
Ruette (La), h. c^ne de Châtillon-sur-Colmont.

Ruette (La), éc. c^ne de Saint-Gault.
Ruettes (Les), f. c^ne de la Bazouge-des-Alleux.
Ruettes (Les), éc. c^ne de Brée.
Ruettes (Les), f. c^ne de Cigné.
Ruettes (Les), éc. c^ne de la Gravelle.
Ruettes (Les), f. c^ne de Marigné-Peuton.
Ruettes (Les), h. c^ne de Saint-Denis-d'Anjou; aussi nommé Moulin-Vieux à cause d'un moulin détruit en 1868.
Ruettes (Les), h. c^ne de Saint-Pierre-la-Cour.
Rue-Verte (La), f. c^ne d'Arquenay.
Ruffinière (La), f. c^ne de Bazouges.
Ruffinière (La), vill. c^ne de Montigné.
Ruillé, f. c^ne de Bazouges.
Ruillé-Froidfont, c^on de Grez-en-Bouère. — *G. de Ruiliaco*, xiie siècle (cart. du Ronceray). — *Par. de Ruilleio*, 1268 (liv. bl. du chap. du Mans).

Anc. par. du doy. de Sablé, de l'élect. de Château-Gontier et du comté de Laval. — Seign. qui comprenait dans sa mouvance les fiefs de Cutesson, des Écorces, des Épinais, de la Cour de la Grande-Fontaine, de la Fouconnière, de Méfromond, de la Pinsonnière et de la Sarchère.

Ruillé-le-Gravelais, c^on de Loiron. — *In parrochia Ruileü*, xiie siècle (abb. de la Roë, H 151, f° 22).

Anc. par. du doyenné, de l'élection et du comté de Laval.

Ruillère (La), f. c^ne de la Baconnière. — *Rouillère* (cadastre).
Ruillère (La), f. c^ne de Cossé-le-Vivien.
Ruillère (La Grande et la Petite), f. c^ne de Bierné.
Ruillonnière (La), f. c^ne de Préaux.
Ruine (La), fief vassal de la Cour de Cossé-en-Champagne.
Ruisseau (Le), f. c^ne de Ballée.
Ruisseau (Le), h. c^ne de Cossé-en-Champagne.
Ruisseau (Le), f. c^ne de la Cropte.
Ruisseau (Le), f. c^ne de Montjean.
Ruisseau (Le), éc. c^ne de Saint-Baudelle.
Ruisseau (Le), f. c^ne de Saint-Charles-la-Forêt.
Ruisseau (Le), f. c^ne de Saint-Germain-de-Coulamer.
Ruisseau (Le), f. c^ne de Saint-Jean-sur-Mayenne.
Ruisseau (Le), f. c^ne de Saint-Pierre-sur-Orthe.
Ruisseau (Le), éc. c^ne de Vautorte.
Ruisseau-Morin (Le), éc. c^ne d'Oisseau.
Ruisseaux (Les), h. c^ne de Bais.
Ruisseaux (Les), éc. c^ne de Bazouges.
Ruisseaux (Les), f. c^ne de Lévaré.
Ruisseaux (Les), h. c^ne de Voutré.
Rulais (La), f. c^ne de Bazougers.
Rulandière (La), f. c^ne de Commer.
Ruotières (Les), f. c^ne de Ballée.

RUSSARDIÈRE (LA), h. — Voy. REUSSARDIÈRE (LA).
RUSSELINIÈRES (LA), f. c^ne de Montenay.

RUSSERIES (LES), f. c^nes de Marcillé-la-Ville.
RUTINIÈRE (LA), f. c^ne de Montigné.

S

SABLE, f. c^ne de Ravigny.
SABLE (LA), f..c^oe d'Azé.
SABLE (LA), f. c^ne de Bazouges. — Le bois de ce lieu est auj. défriché.
SABLÉ (RUISSEAU DE), c^ne de Cossé-le-Vivien, affl. du ruiss. de Cossé.
SABLES (LES), f. c^ne de Ballots.
SABLIÈRE (LA), éc. c^ce de Blandouet. — Le ruiss. de la Sablière est un affl. du Treulon.
SABLIÈRE (LA), h. c^ne de Chantrigné.
SABLONNAY (LE), f. c^ne de Sainte-Suzanne.
SABLONNIÈRE (LA), f. c^ne d'Ampoigné; donne son nom à un ruiss. affl. de celui de la Riantière.
SABLONNIÈRE (LA), f. c^ne d'Évron.
SABLONNIÈRE (LA), f. c^ne de Saint-Berthevin.
SABLONNIÈRE (LA HAUTE et LA BASSE), f. c^ne de Craon.
SABLONNIÈRES (LES), h. c^ne de Laval.
SABLONNIÈRES (LES), f. et logis, c^ne de Saint-Fort.
SABLONNIÈRES (LES), h. c^ne de Saint-Pierre-sur-Orthe.
SABLONNIÈRES (LES), h. c^ne de Voutré.
SABLONS (LES), éc. c^ne d'Assé-le-Bérenger.
SABRES (LES), h. c^ne de Saint-Charles-la-Forêt.
SABRIE (LA), h. c^ne de Lassay.
SACÉ, c^on de Mayenne-Est. — *Satiacus*, 989 (cart. d'Évron). — Prieuré dép. de l'abb. de Toussaints d'Angers.
Anc. par. du doy. de Sablé, de l'élect. de Laval et du duché de Mayenne.
SACÉ (LE), f. c^ne de Bonchamp.
SACÉ (LE PETIT-), vill. c^ne de Bonchamp.
SACELLERIE (LA), h. c^ne de Gesvres.
SACERIE (LA), f. c^ne de Martigné.
SACERIE (LA), éc. c^ne de Saint-Michel-de-la-Roë.
SACHETIÈRE (LA), f. c^ne de Saint-Mars-sur-la-Futaie.
SAC-JAS, f. c^ne de Saint-Berthevin.
SACRISTIE (LA), éc. c^ne de Bazouges.
SACRISTIE (LA), fief, vassal de la bar. d'Évron.
SACS (LES GRANDS et LES PETITS), f. c^ne de la Bazouge-de-Chemeré.
SAGERIE (LA), f. c^ne de Couesmes.
SAGERIE (LA), f. c^ne de Larchamp.
SAGERIE (LA), f. c^ne de Livré.
SAGERIE (LA), f. c^ne du Pas.
SAGERIE (LA), f. c^ne de Pommerieux.
SAGERIE (LA GRANDE et LA PETITE), h. c^ne de Saint-Mars-sur-Colmont.

SAICHERIE (LA), f. c^ne d'Évron, aussi appelée *les Petites-Vignes*; auj. détruite.
SAILLANDERIE (LA), f. c^ne de Colombiers. — *La Saillandère*, 1250 (abb. de Savigny, Arch. nat. L 971).
SAILLANDERIE (LA), éc. c^ne de Saint-Cyr-le-Gravelais.
SAILLARDIÈRE (LA), h. c^ne de la Bazouge-de-Chemeré.
SAILLARDIÈRES (LES HAUTES et LES BASSES), f. c^ne de Vaiges.
SAILLÈRE (LA), f. c^ne de Cossé-le-Vivien.
SAILLERIE (LA), f. c^ne de Saint-Ellier.
SAIMMIÈRES (LES), f. c^ne du Bourgneuf-la-Forêt. — *Lieu de la Saynière*, 1583. — *La Sainière*, 1751 (gr. prieuré d'Aquitaine).
SAINERIE (LA), f. c^ne de Beaumont-Pied-de-Bœuf.
SAINERIE (LA); éc. c^ne de Gorron.
SAINERIE (LA), f. c^ne de Hambers.
SAINIÈRE (LA), f. c^ne de Chemeré-le-Roi.
SAINT-AIGNAN, vill. c^ne de Gennes.
SAINT-AIGNAN-DE-COUPTRAIN, c^on de Couptrain. — Anc. par. du doy. de Javron, de l'élect. du Mans et du duché de Mayenne.
SAINT-AIGNAN-SUR-ROË, arrond. de Château-Gontier. — P. *Sancti Agnani de Deserto*, 1119 (abb. de la Roë, H 183). — *In parr. Sancti Aniani*, 1238 (*ibid.*). — *Saint-Aignien*, 1489 (*ibid.*).
Anc. paroisse du doy. et de la bar. de Craon et de l'élect. de Château-Gontier.
SAINT-AMADOUR (LE GRAND et LE PETIT), chât. et f. c^ne de la Selle-Craonnaise. — *Paganus de Sancto Amatore*, 1191 (abb. de la Roë, H 194, f° 6). — *Saint-Amadou* (Cassini).
Arrière-fief de la bar. de Craon, vassal de l'Isle-Tison, qui comprenait dans sa mouvance les fiefs de l'Ansaudière, de la Babinière, de la Balayère, de Cornilleau et de la Fléchère. — Le ruiss. de Saint-Amadour est un affl. de l'Usure.
SAINT-ANDRÉ, vill. c^ne d'Izé.
SAINT-AUBERT, h. c^ne de Madré.
SAINT-AUBIN, f. c^ne de Champgenoteux.
SAINT-AUBIN, fief, c^ne de Chemazé, vassal du marq. de Château-Gontier.
SAINT-AUBIN, f. c^ne de Jublains.
SAINT-AUBIN, f. c^ne de Montenay.
SAINT-AUBIN, f. c^ne de Saint-Thomas-de-Courcerriers.
SAINT-AUBIN-DE-FRÉMUR, prieuré, c^ne de Laigné, dé-

pendant de l'abb. de la Roë. — *Prioratus de Frigido-Muro*, 1444 (abb. de la Roë).

SAINT-AUBIN-DU-DÉSERT, c^{on} de Villaines-la-Juhel. — *Sanctus Albinus de Deserto*, 1254 (liv. bl. du chap. du Mans).

Anc. par. du doy. de Javron, de l'élect. du Mans et du marq. de Villaines-la-Juhel.

SAINT-AUBIN-FOSSE-LOUVAIN, c^{on} de Gorron. — *Forestam de Fossa-Lovani que ad castellaneum de Erneia pertinere dinoscitur*, 1199 (Hist. de Sablé, p. 186 et 360). — *Foresta de Fossa Loven*, 1205 (abb. de Fontaine-Daniel). — *Juxta Sanctum Albinum de Fosse-Lovein*, 1239 (abb. de Savigny, Arch. nat. L 970). — *In granario Sancti Albini de Fossa-Luppina*, 1265 (*ibid.* L 972).

Cette paroisse, bâtie sur les défrichements d'une forêt, était comprise dans le doy. de Passais, dans l'élect. et dans le duché de Mayenne.

Fief vassal de la seign. de la Briançaie, appartenant aux moines de Savigny.

SAINT-AVENTIN, chapelle et cimetière privés, c^{ne} d'Azé.

SAINT-AVIT, c^{ne}. — Voy. SAINT-ISLE.

SAINT-AVIT, vill. c^{ne} de Brécé; ruiss. affl. de la Colmont.

SAINT-BARTHÉLEMY, prieuré, c^{ne} de Courcité, dépendant de l'abb. de Beaulieu (Sarthe).

SAINT-BARTHÉLEMY, f. c^{ne} de Denazé. — La chapelle de ce nom, annexée au prieuré de la Ballue, dépendait de l'abb. de la Roë.

SAINT-BAUDELLE, c^{on} de Mayenne-Ouest. — *In parrochia Sancti Baudilii*, 1248 (abb. de Savigny, Arch. nat. L 971). — *De terra de Sancto Baudero*, 1249 (*ibid.*). — *In parrochia Sancti Baudelii*, 1250 (*ibid.*). — *Ad molendinum de Sancto Balderio*, 1259 (*ibid.* L 972). — Seigneurie de Saint-Baudele, 1421 (*ibid.* L 975).

Anc. par. du doy., de l'élect. et du duché de Mayenne.

SAINT-BERTHEVIN, c^{on} de Laval-Ouest. — *Apud Sanctum Bertivinum*, xie siècle (cart. du Ronceray).

Anc. par. du doy., de l'élect. et du comté de Laval.

SAINT-BERTHEVIN-LA-TANNIÈRE, c^{on} de Landivy. — *Ecclesia Centrannensis*, xe siècle (cart. du Mont-Saint-Michel).

Anc. par. du doy. d'Ernée, de l'élect. et du duché de Mayenne.

SAINT-BLAISE, h. c^{ne} de Marigné-Peuton. — Le prieuré dépendait de l'abb. de la Roë.

SAINT-BOMER, h. c^{ne} de Cossé-le-Vivien.

SAINT-BRICE, c^{on} de Grez-en-Bouère. — *Salomon de Sancto-Briccio*, xiie siècle (Bibl. nat. fonds latin 5441).

Anc. par. du doy. de Sablé, de l'élect. de la Flèche et du marq. de Sablé.

SAINT-CALAIS-DU-DÉSERT, c^{on} de Couptrain. — *En la paroisse de Saint-Calles*, 1617 (cab. Brière).

Anc. paroisse du doy. de Javron et de l'élect. du Mans. — Le prieuré dépendant de l'abb. de Saint-Vincent du Mans. — La seign. de la paroisse, érigée en châtell. avec celles de Resné et de Lignières, relevait du duché de Mayenne.

SAINT-CÉNERÉ, c^{on} de Montsurs. — *Ecclesiam Sancti Cenerati*, 989 (cart. d'Évron). — *Saint-Cérené et Saint-Séréné*, 1601 (reg. par.).

Anc. par. du doy. d'Évron, de l'élect. et du comté de Laval.

SAINT-CHARLES, h. c^{ne} de Marigné-Peuton.

SAINT-CHARLES-LA-FORÊT, c^{on} de Grez-en-Bouère. — Par. du doy. de Sablé, du comté et de l'élect. de Laval, fondée en 1690 par le prince Ch. de la Trémoïlle sur les défrichements de la forêt de Bouère.

SAINT-CHRISTOPHE, vill. c^{ne} de la Boissière.

SAINT-CHRISTOPHE-DU-LUAT, c^{on} d'Évron. — *In parrochia Sancti Christophori*, 1218 (cart. d'Évron).

Anc. par. du doy. d'Évron, de l'élect. de Laval, de la baronnie d'Évron et du bailliage de Sainte-Suzanne. — Voy. LUART (LE).

SAINT-CLAIR, f. c^{ne} de Saint-Pierre-la-Cour.

SAINT-CLÉMENT-DE-CRAON, bourg annexé à la ville de Craon par décret du 16 septembre 1811. — Le prieuré de la par., qui dépendait au viiie siècle de l'abb. Saint-Aubin d'Angers, fut donné à la Trinité de Vendôme, en 1053, par le comte d'Anjou Geoffroy Martel. Il avait dans sa dépendance les prieurés de Bouchamp, de Saint-Eutrope, de Boutigny et d'Athée.

Étang desséché au xviiie siècle.

SAINT-CYR, f. c^{ne} de Bouère. — *Masura sancti Cirici veteris*, 1208 (arch. du dép^t de Maine-et-Loire, E 1541).

SAINT-CYR-EN-PAIL, c^{on} de Pré-en-Pail. — Anc. par. du doy. de Javron, de l'élect. du Mans et du marq. de Villaines-la-Juhel. — Le prieuré dép. de l'abb. de Saint-Julien de Tours.

SAINT-CYR-LE-GRAVELAIS, c^{on} de Loiron. — Anc. par. du doy., de l'élect. et du comté de Laval.

SAINT-DENIS, f. c^{ne} de Bazouges. — Étang auj. desséché.

SAINT-DENIS-D'ANJOU, c^{on} de Bierné. — *N. de Sancto Dionisio de Anjou*, 1233 (inv. des arch. de la Sarthe). — En 1793, *Mont-Vainqueur*.

Anc. par. du doy. d'Écuillé et de l'élect. de Château-Gontier. — La châtell. de Saint-Denis, vassale de la sénéchaussée d'Angers, comprenait les fiefs de la Châlerie, de Chantemesle, de Cutesson, de la Doucerie et de Margot.

Saint-Denis-de-Gastines, c^{on} d'Ernée. — *Ecclesia Sancti Dionisii de Gastine*, 1214 (liv. bl. du chap. du Mans.)

Anc. par. du doy. d'Ernée, de l'élect. et du duché de Mayenne. — Siége de la juridiction des châtellenies de Carelles, Yvoy, Champorin et l'Otagerie.

Saint-Denis-du-Blochet, chapelle, c^{ne} de Livré. — Voy., Blochet (Le).

Saint-Denis-du-Maine, c^{on} de Meslay. — Anc. par. du doy. de Sablé, du comté et de l'élect. de Laval. — Le prieuré dép. de l'abb. de la Couture du Mans.

La seign. de la par. fut distraite en 1542 de la châtell. de Bazougers et érigée en châtell. relevant directement du donjon de Laval; elle comprenait les fiefs du Breil-Héraut, de la Clavière et de Vauberger.

Sainte-Alphonsine, f. c^{ne} du Ham.

Sainte-Anne, f. c^{ne} d'Aron.

Sainte-Anne, éc. c^{ne} de Ballots.

Sainte-Anne, f. c^{ne} de Belgeard; donne son nom à un ruiss. affl. de celui du Préambourg.

Sainte-Anne, vill. c^{ne} de Champfremont. — Le bois de ce nom s'étend dans les c^{nes} de Boulay et de Ravigny. — Les landes sont auj. défrichées.

Sainte-Anne, h. c^{ne} de Marcillé-la-Ville. — La chapelle de ce lieu a été érigée en paroisse vers 1852.

Le ruiss. de Sainte-Anne est un affl. de celui de Tarot.

Sainte-Anne-d'Hermet, chât. et f. c^{ne} de Jublains.

Sainte-Appollonie, papeterie sise dans une île, c^{ne} d'Entramnes; détruite en 1870.

Sainte-Barbe, éc. c^{ne} de Marigné-Peuton.

Sainte-Catherine, f. c^{ne} de Bazouges.

Sainte-Catherine, prieuré, c^{ne} de Laval, fondé en 1224, dépendant de l'abb. de Notre-Dame de la Réale en Poitou.

Sainte-Catherine, vill. c^{ne} de Louverné.

Sainte-Catherine, vill. c^{ne} de Mayenne.

Sainte-Civière, menhir, c^{ne} du Pas.

Sainte-Croix, f. c^{ne} de l'Huisserie. — La chapelle de ce lieu dépendait de l'abb. de Nidoiseau.

Sainte-Forge (La), f. c^{ne} d'Azé.

Sainte-Frérie, f. c^{ne} de Fromentières.

Sainte-Gemmes-le-Robert, c^{on} d'Évron. — *Ecclesia Sancte Gemme*, 1110 (liv. bl. du chap. du Mans). — *Sainte-James*, 1579 (reg. par.). — *Sainte-Jamme*, 1680 (cart. d'Évron). — *Sainte-Jame-la-Robert*, 1705 (carte de Jaillot). — En 1793, *Montrochard*.

Anc. par. du doy. d'Évron, de l'élect. de Mayenne et de la bar. d'Évron.

Saint-Ellier, c^{on} de Landivy. — *Parrochia Sancti Eleuterii*, 1241 (abb. de Savigny, Arch. nat. L 970). — *In parrochia Sancti Elierii*, 1241 (*ibid.*).

Anc. par. du doy. d'Ernée, de l'élect. de Mayenne et du marq. de la Hautonnière. — Le prieuré dép. de l'abb. de Saint-Calais.

Le ruiss. de Saint-Ellier se jette dans la Glenne.

Sainte-Marie, mⁱⁿ, c^{ne} de Champgenéteux.

Sainte-Marie, h. c^{ne} d'Évron.

Sainte-Marie, f. c^{ne} de Mézangers. — Les landes de ce lieu sont auj. défrichées.

Sainte-Marie, ou le Moulin-aux-Moines, fief, c^{ne} de Saint-Jean-sur-Erve; dépendant de la bar. d'Évron et de la châtell. de Vaiges.

Sainte-Marie, f. c^{ne} de Saint-Hilaire-des-Landes.

Sainte-Marie-du-Bois, c^{ne} de Lassay. — Anc. par. mixte du doy. de Javron, placée sur les limites du Maine et de la Normandie. — Pour la justice, elle relevait du marq. de Lassay et du baill. de Domfront; pour les impôts, de l'élect. de Mayenne et de celle de Domfront.

Sainte-Plaine (Le Haut et le Bas), h. c^{ne} de Cossé-le-Vivien. — Fief vassal du comté de Laval.

Le ruiss. de Sainte-Plaine est un affl. de celui du Pontpoirier.

Saint-Erblon, c^{on} de Saint-Aignan-sur-Roë. — Anc. par. du doy. et de la bar. de Craon et de l'élect. d'Angers.

Le nom primitif est *Saint-Hermeland*.

Sainte-Suzanne, arrond. de Laval. — *Ecclesiam Sancte Suzanne*, 989 (cart. d'Évron). — *Sancta Subsanna*, xiie s^e (cart. du Ronceray). — *In castro Sancte Suzanne*, 1218 (cart. d'Évron). — *Mont-d'Erve*, 1793.

Anc. par. du doy. d'Évron et de l'élect. de Mayenne. — Siége d'une justice royale, d'abord subalterne de la sénéchaussée du Mans, puis placée en 1595 dans le ressort du présidial de la Flèche. — Siége d'une baronnie, d'un grenier à sel, d'une segrairie fieffée et de la justice du district d'Évron.

Saint-Étienne, éc. et fontaine, c^{ne} de Gorron. — La chapelle qui a donné son nom à ce lieu fut détruite au xviiie siècle.

Saint-Étienne, f. c^{ne} de Laval. — *La chapelle Saint-Éstienne*, 1526 (aveu de Chanteloup).

Le ruiss. de ce nom se jette dans la Mayenne.

Saint-Eutrope, vill. c^{ne} de Craon. — Le prieuré, fondé vers 1439, était annexé au prieuré de Saint-Clément de Craon.

Saint-Évroul ou Saint-Ouvroul, nom primitif de Saint-Fort. — *In vineis de Sancto Ebrulfo*, 1224 (prieuré des Bonshommes).

Fief vassal de la seign. de Bressaut.

SAINT-FIACRE, f. c.^{ne} d'Aron.
SAINT-FORT, c^{on} de Château-Gontier. — Anc. par. du doy. d'Écuillé, de l'élect. et du marq. de Château-Gontier, qui fut démembrée de celle de Ménil.
SAINT-FRAIMBAULT-DE-LASSAY, vill. c^{ne} de Lassay, qui dépendait en partie de la seign. de la Drouardière et en partie de la Baroche-Gondouin.
SAINT-FRAIMBAULT-DE-PRIÈRES, c^{on} de Mayenne-Est. — *Cellam Sancti Frambaldi*, ixe siècle (Baluze, *Miscell.* t. III, p. 161). — *G. de Sancto Frenbaldo*, 1162 (cart. de Savigny, f° 106). — *Vill. de Sancto Frambaudo*, xiie siècle (cart. d'Évron). — *Sanctus Frambaldus de Praeriis*, 1247 (liv. bl. du chap. du Mans). — *Saint-Fraimbour*, 1613 (abb. de Fontaine-Daniel).
Anc. par. du doy. de Javron, de l'élect. et du duché de Mayenne.
SAINT-FRANÇOIS (CHAPELLE DE), c^{ne} de Courberie, sise au milieu des landes de Barberie.
SAINT-FRONT, vill. c^{ne} de Saint-Mars-sur-la-Futaie; il donne son nom à un ruisseau qui se jette dans celui de Mausson.
SAINT-GAULT, c^{on} de Château-Gontier. — *Arnaldus de Sancto Gallo*, 1051 (Bibl. nat. f. lat. 5441). — *Rainaldus de Sancto Galdo*, xiie siècle (*ibid.*). — *Raginaldus de Sancto Gaudo*, xiie siècle (abb. de la Roë, H 151, f° 80). — *Mattheus de Gallia*, 1206 (arch. des hospices de Château-Gontier).
Anc. par. du doy. de Laval, de l'élect. et du marq. de Château-Gontier.
SAINT-GEORGES, vill. c^{ne} d'Ernée.
SAINT-GEORGES, fief, c^{ne} de Grazay, vassal du duché de Mayenne.
SAINT-GEORGES, h. c^{ne} de la Roë. — Le prieuré de Saint-Georges-de-Poiltré dépendait de l'abb. de la Roë.
SAINT-GEORGES, h. c^{ne} de Villaines-la-Juhel; donne son nom à un ruiss. affl. de celui de Courtemanche.
SAINT-GEORGES-BUTTAVENT, c^{on} de Mayenne-Ouest. — *Hominibus de Botavant*, 1282 (abb. de Fontaine-Daniel). — *Paroisse de Boutavant*, 1403 (grand prieuré d'Aquitaine). — *Saint-Georges-de-Bouttavent*, 1640 (cab. Ravault).
Anc. par. du doy., de l'élect. et du duché de Mayenne.
SAINT-GEORGES-LE-FLÉCHARD, c^{on} de Meslay. — *Sancti Georgii de Feschal*, 1125 (cart. d'Évron). — *Saint-Georges-de-Feschal*, 1235 (*ibid.*). — *Saint-Georges-de-Fleschal*, 1440 (abb. de Bellebranche).
Anc. par. du doy. de Sablé et de l'élect. de Laval. — Les fiefs de la par. relevaient partie de la châtell. de Vaiges et partie de la bar. d'Évron.
SAINT-GEORGES-SUR-ERVE, c^{on} d'Évron. — Anc. par. du doy. d'Évron et de l'élect. de Laval; pour la justice, elle relevait de la bar. d'Évron et du baill. de Sainte-Suzanne.
SAINT-GERMAIN-D'ANXURRE, c^{on} de Mayenne-Ouest. — Anc. par. du doy., de l'élect. et du duché de Mayenne.
SAINT-GERMAIN-DE-COULAMER, c^{on} de Villaines-la-Juhel. — *Guido de Corlamer*, 1260 (liv. bl. du chap. du Mans).
Anc. par. du doy. de Sillé-le-Guillaume, de l'élection du Mans et de la châtell. de Courceriers.
SAINT-GERMAIN-DE-L'HOMMEL, vill. c^{ne} de Fromentières, — Anc. commune qui fut annexée à Fromentières le 25 juin 1843. — *Ecclesiam Sancti Germani super Meduanam*, xiie siècle (cart. de l'abb. de Toussaints, f° 53). — *Saint-Germain de Lhommeau* (carte de Jaillot).
Le prieuré dépendait de l'abb. de Toussaints. — La seign. de la paroisse fut consolidée à celle de Villiers pour relever du comté de Laval. — Anc. par. du doy. de Sablé et de l'élect. de Château-Gontier.
SAINT-GERMAIN-LE-FOUILLOUX, c^{on} de Laval-Ouest. — *Ecclesia Sancti Germaini de la Hatenala*, 1125 (cart. d'Évron). — *Sanctus Germanus Foliost*, 1280 (liv. bl. du chapitre du Mans). — *Saint-Germain-des-Fouilloux*, xviie siècle (cart. d'Évron).
Anc. par. du doy., de l'élect. et du comté de Laval.
SAINT-GERMAIN-LE-GUILLAUME, c^{on} de Chailland. — Anc. par. du doy., de l'élect. et du duché de Mayenne.
SAINT-GILLES, f. c^{ne} de Simplé.
SAINT-GUILLAUME (FONTAINE DE), c^{ne} de Lesbois.
SAINT-HILAIRE-DES-LANDES, c^{on} de Chailland. — *Decimam que fuit Gervasii de Sancto Hilario*, 1241 (abb. de Savigny, Arch. nat. L 970). — *Persona de Sancto Hilario juxta Herneiam*, 1243 (*ibid.*).
Anc. par. du doy. et de la châtell. d'Ernée et de l'élect. de Mayenne.
SAINT-HUBERT, h. c^{ne} de Bazouges.
SAINT-HUBERT, f. c^{ne} de Fougerolles.
SAINT-HUBERT, f. c^{ne} de Livré. — L'étang de ce lieu fut desséché au xviiie siècle.
SAINT-HUBERT, éc. c^{ne} de Saint-Fort.
SAINT-ISLE ou SAINT-AVIT, c^{on} de Loiron. — *Capellam Sancti Aviti*, 1184 (abb. de la Roë, bulle de Lucius III). — *Saint-Aisle*, 1612 (reg. par.).
Anc. par. du doy., de l'élect. et du comté de Laval. — Le prieuré dép. de l'abb. de la Roë.
SAINT-JACQUES, f. c^{ne} de Saint-Berthevin-la-Tannière.
SAINT-JACQUES (LE GRAND ET LE PETIT), f. et éc. c^{ne} de Voutré.
SAINT-JACQUES (PRIEURÉ DE), c^{ne} d'Ernée; dépendait de l'abb. de Saint-Jouin-de-Marnes.

SAINT-JEAN, vill. c^ne de Laval.
SAINT-JEAN, h. c^ne de Lesbois.
SAINT-JEAN-BAPTISTE (PRIEURÉ DE), c^ne de Château-Gontier; dépendant de l'abb. Saint-Aubin d'Angers.
SAINT-JEAN-SUR-ERVE, c^on de Sainte-Suzanne. — *Ecclesia Sancti Johannis super Arvam*, 1244 (cart. d'Évron). — *Saint-Jehan-sur-Arve*, 1416 (cab. Guays des Touches).
Anc. paroisse du doy. de Brûlon, de l'élect. de Mayenne et du baill. de Sainte-Suzanne.
SAINT-JEAN-SUR-MAYENNE, c^on de Laval-Ouest. — Le premier nom de cette paroisse fut *Bouessé*. — La *Boisselière* était encore au XVIII° siècle le nom du petit hameau où est le presbytère de Saint-Jean. — *S. Thuribius in loco qui dicitur Buxiolus super fluvium Meduane in honore Sancti Johannis monasteriolum fecit*, IX° s° (Gesta pontif. Cenoman.). — *Monasterium Sancti Johannis et Sancti Trechii in Buxido*, 802 (diplôme de Charlemagne).
Anc. paroisse du doy., de l'élection et du comté de Laval.
SAINT-JOSEPH (RUISSEAU DE) et DE LA PLANCHE, c^ce de Château-Gontier, affl. de la Mayenne.
SAINT-JOSEPH (RUISSEAU DE), c^ne de Saint-Loup-du-Gast, affl. de la Mayenne.
SAINT-JOSEPH-DES-CHAMPS, éc. et chapelle, c^ne d'Entrammes.
SAINT-JOSEPH-DES-GENÊTS, chapelle, c^ne de Saint-Fort.
SAINT-JOUIN, f. c^ne de Bouchamp; a pris son nom d'une chapelle détruite en 1793 et reconstruite en 1823. — Le ruiss. de Saint-Jouin et du Tertre arrose Saint-Martin-du-Limet et se jette dans l'Oudon.
SAINT-JULIEN, bois et vill. c^ne de Pré-en-Pail.
SAINT-JULIEN (MOULIN DE), c^ne de Madré.
SAINT-JULIEN-DU-TERROUX, c^on de Lassay. — Anc. par. du doy. de Javron, de l'élect. du Mans et du marq. de Lassay.
L'étang de cette paroisse est auj. desséché.
SAINT-JUST (COLLÉGIALE DE), c^ne de Château-Gontier; supprimée en 1789.
SAINT-LAURENT, f. c^ne de Ballots. — *Saint-Laurent-des-Rouzais*, 1535 (abb. de la Roë, H 182, f° 112). — *Saint-Laurent-des-Rozerays*, 1728 (ibid. H 181, f° 43).
La chapelle dépendait de l'abb. de la Roë.
SAINT-LAURENT, chapelle, c^ne de Gorron; détruite avant 1789.
SAINT-LAURENT, f. c^ne de Juvigné-des-Landes; ancien prieuré.
SAINT-LAURENT-DE-L'ERMITAGE, prieuré, c^ne d'Aluillé; annexé au prieuré de Saint-Clément de Craon; dépendant de l'abb. de la Trinité de Vendôme.
SAINT-LAURENT-DES-MORTIERS, c^on de Bierné. — *G. de Sancto Laurentio*, 1169 (cart. du Ronceray). — *S. Laurentius de Morteriis*, 1206 (cart. de l'Hôtel-Dieu d'Angers, f° 116). — *Saint-Lourentz-des-Mortiers*, 1807 (abb. de la Roë, H 180).
Anc. châtellenie du doy. d'Écuillé, de l'élect. et de la sénéchaussée de Château-Gontier.
SAINT-LAZARE, chapelle, c^ne de Chantrigné.
SAINT-LÉGER, c^on de Sainte-Suzanne. — *Cella Sancti Leodegarii*, 802 (dipl. de Charlemagne). — *Ecclesia Sancti Leodegarii*, 1125 (cart. d'Évron). — *La terre de Saint-Ligier*, 1410 (Chartreuse du Parc). — *Saint-Liger-en-Charnye*, 1614 (arch. de la May.).
Anc. paroisse du doy. de Sablé, de l'élect. de la Flèche et du baill. de Sainte-Suzanne; cette paroisse fut donnée en décembre 1410 par Guy de Laval à la chartreuse de Saint-Denis-d'Orques.
— L'étang de cette c^ne a été desséché vers 1812.
SAINT-LÉGER, f. et éc. c^ne de Ballée.
SAINT-LÉGER, h. c^ne de Martigné.
SAINT-LÉONARD, h., chapelle et gué, c^ne de Mayenne.
SAINT-LEZIN, h. c^ne de Congrier.
SAINT-LOUIS, h. c^ne de Crennes-sur-Fraubée.
SAINT-LOUIS, f. c^ne d'Hardanges.
SAINT-LOUP-DU-DORAT, c^on de Grez-en-Bouère. — *Saint-Loup-du-Douet*, 1613 (arch. de la Mayenne, H 95). — *Saint-Loup-près-Sablé*, 1737 (registres paroissiaux). — *Saint-Loup-du-Douet*, 1773 (pouillé du dioc.). — *Saint-Loup-du-Doigt*, 1776 (registres paroissiaux).
Anc. par. du doy. de Sablé, de l'élect. de la Flèche et du comté de Laval. — Prieuré dépendant de l'abb. de Marmoûtiers.
SAINT-LOUP-DU-GAST, c^on d'Ambrières. — *Concedente Guidone de Sancto Lupo domino*, 1241 (abb. de Savigny, Arch. nat. L 970).
Anc. par. du doy. de Javron, de l'élect. du Mans, du duché de Mayenne et du marq. de Lassay.
SAINT-MARC, f. c^ne de Craon.
SAINT-MARS-DU-DÉSERT, c^on de Villaines-la-Juhel. — Anc. paroisse du doyenné de Sillé-le-Guillaume, de l'élect. du Mans et du duché de Mayenne.
SAINT-MARS-SUR-COLMONT, c^on de Gorron. — *Sicut descendit de Oissello versus Sanctum Marchum*, vers 1200 (abb. de Savigny, Arch. nat. L 978).
Anc. par. du doy. de Passais, de l'élect. et du duché de Mayenne.
SAINT-MARS-SUR-LA-FUTAIE, c^on de Landivy. — *Ecclesiam parochialem Sancti Medardi super Fustayam*, 922 (recueil de chartes fait au XVII° siècle). — *Monachis B. Marie de Fustaya*, 922 (ibid.). — *Gaufridus de Sancto Medardo*, 1150 (cart. de Savigny, f° 82). — *Herveus prior de Fustoia*, XII° siècle (abb.

de la Roë, H 151 f° 18). — *Saint-Médar-la-Futaie*, 1660 (arch. municip. de Mayenne).

Anc. par. du doy. d'Ernée, de l'élect. et du duché de Mayenne. — Prieuré dép. de l'abb. de Saint--Jouin-de-Marnes.

Saint-Martin, f. c^{ne} de Courcité.

Saint-Martin, f. c^{ne} d'Épineu-le-Séguin.

Saint-Martin, éc. c^{ne} de Jublains.

Saint-Martin, faubourg de la c^{ne} de Laval, qui a pris son nom d'un prieuré dépendant de l'abb. de Marmoûtiers, fondé au xie siècle par Guy de Laval.

Saint-Martin, paroisse de la c^{ne} de Mayenne; anc. prieuré dépendant de l'abb. de Marmoûtiers, fondé au ixe siècle.

Saint-Martin, éc. c^{ne} de Montflours.

Saint-Martin, chât., c^{ne} de Saint-Denis-d'Anjou.

Saint-Martin, h. c^{ne} de Trans.

Saint-Martin (Le Grand et le Petit), f. et éc. c^{ne} de Montourtier. — Ce lieu a pris son nom de l'ancien prieuré de Saint-Martin-de-Sezain, annexe du prieuré de Fontaine-Géhard.

Le ruiss. de Saint-Martin afflue à la Jouanne.

Saint-Martin (Ruisseau de) ou de Chefteaux, c^{ne} de Bouchamp, affl. de l'Oudon.

Saint-Martin (Ruisseau de), c^{ne} de Grez-en-Bouère, affl. de la Taude.

Saint-Martin-de-Connée, c^{ne} de Bais. — Anc. par. du doy. de Sillé-le-Guillaume, de l'élect. du Mans et du duché de Mayenne.

Saint-Martin-de-Sezain, prieuré, c^{ne} de Montourtier, annexé au prieuré de Fontaine-Géhard.

Saint-Martin-de-Villenglose, vill. c^{ne} de Saint-Denis-d'Anjou. — *Saint-Martin-de-Ville-Englouse*, 1478 (chap. de Saint-Maurice d'Angers). — *Saint-Martin-de-Ville-Anglose* (carte de Jaillot).

Anc. par. du doy. d'Écuillé, de l'élect. et du marq. de Château-Gontier. Érigée en municipalité en 1790, elle fut réunie à la c^{ne} de Saint-Denis-d'Anjou par décret du 7 octobre 1812.

Saint-Martin-du-Limet, c^{ne} de Craon. — *Apud Sanctum Martinum de Lumeto*, 1216 (abb. de la Roë, H 194, f° 11).

Anc. paroisse du doy. de Craon, de l'élect. de Château-Gontier et de la bar. de Craon.

Saint-Mathurin, h. c^{ne} de Saint-Baudelle.

Saint-Mathurin-le-Rocher, éc. c^{ne} de Saint-Mars-sur-la-Futaie.

Saint-Maurice, vill. c^{ne} de Lignières-la-Doucelle; donne son nom à un ruiss. affl. de celui du Tilleul.

Saint-Melaine, château, domaine et h. c^{ne} de Laval. — *S. de Sancto Melano*; 1152 (pr. de l'Église du Mans, t. IV).

Anc. prieuré dépendant de l'abb. de Toussaints d'Angers.

Saint-Michel, ermitage, c^{ne} de Hambers; nom donné à la chapelle sise sur la butte de Montaigu.

Saint-Michel, f. c^{ne} de Laval.

Saint-Michel-de-Feins, c^{ne} de Bierné. — *Saint-Michel de Faigns*, 1602 (abb. de la Roë, H 184).

Anc. paroisse du doy. d'Écuillé, de l'élect. et du marq. de Château-Gontier.

Saint-Michel-de-la-Roë ou Saint-Michel-des-Bois, c^{ne} de Saint-Aignan-sur-Roë. — *Leprosi de Sancto Michaele*, 1221 (abb. de la Roë, H 183). — *Saint Michiel du Bouays*, 1462 (*ibid.*). — *Saint-Michel-du-Bois*, 1509 (*ibid.*).

Anc. par. du doy. de Craon, de l'élect. de Château-Gontier et de la seign. de Candé.

Saint-Michel-des-Écotais, prieuré. — Voy. Bourgneuf (Le), c^{ne} de Livré.

Saint-Nicolas, éc. c^{ne} de Beaulieu.

Saint-Nicolas, c^{ne} de Craon, paroisse qui a pris son nom d'une collégiale fondée au xie s^e par Renaud, baron de Craon.

Saint-Nicolas, éc. c^{ne} de la Gravelle.

Saint-Nicolas, vill. c^{ne} de Laval. — *Closerie de Saint-Nicolas*, aliàs *Pontperrin*, 1600 (arch. de Chanteloup).

Le ruisseau de Saint-Nicolas porte aussi les noms de *Barbé* et du *Quartier* dans son cours supérieur et se jette dans la Mayenne.

Saint-Nicolas, h. c^{ne} de Montsurs.

Saint-Nicolas, vill. c^{ne} de Viviers ; enclave de Chemiré (Sarthe), réunie au dép^t de la Mayenne le 4 juin 1842. — La lande de ce lieu dépendait de la forêt de la Charnie.

L'étang et la forge sont auj. supprimés.

Saint-Nicolas (Étang de), c^{ne} de Blandouet; desséché vers 1853.

Saintonnière (La), f. c^{ne} de Saint-Brice.

Saint-Ouen, chât. et f. c^{ne} de Chemazé. — *Capellam Sancti Audoeni apud Chamazeium*, 1184 (abb. de la Roë). — *Saint-Houayn*, 1494 (*ibid.* H 198, f° 7). — *Le lieu de Saint-Ouan*, xve siècle (*ibid.*).

Fief appartenant à l'abb. de la Roë, vassal du marq. de Château-Gontier.

Saint-Ouen-des-Toits, c^{on} de Loiron. — *Prieuré de Saint-Ouen-le-Thibault*, aliàs *des Toits*, 1790 (arch. de la Loire-Inf., série L).

Anc. paroisse du doyenné, de l'élection et du duché de Mayenne; l'église, fillette du prieuré de Changé, dépendait de l'abb. d'Évron. — La châtell. de Saint-Ouen, dont la justice fut conservée sous le nom de sénéchaussée jusqu'en 1789, s'éten-

.dait sur Andouillé, la Baconnière, le Bourgneuf-la-Forêt, Bourgon, la Croixille, Launay-Villiers, Loiron, et sur une partie de Changé; les appels de ce siége se reportaient à la barre ducale de Mayenne. La châtell. avait été réunie en 1481 à la mouvance du comté de Laval; mais le suzerain n'étant pas consentant, les comtes de Laval continuèrent à en faire hommage aux ducs de Mayenne.

Le moulin et l'étang de cette commune ont été supprimés en 1850.

Saint-Ouen-des-Vallons, c^{on} de Montsurs. — *Ecclesia Sancti Audoeni*, 1125 (cart. d'Évron). — *Saint-Ouen-des-Vaulx*, aliàs *des Ouays*, 1523 (registres paroissiaux).

En 1847, le nom ancien de *Saint-Ouen-des-Oies* fut changé en celui de *Saint-Ouen-des-Vallons*. — Anc. par. du doy. d'Évron, de l'élect. de Laval et de la bar. de la Chapelle-Rainsouin.

Saint-Ouix (Le Petit-), h. c^{ne} d'Aron. — *Sainte-Guye* (carte de Jaillot).

Ruiss. affl. de l'Aron.

Saint-Paul, f. c^{ne} de Cosmes.

Saint-Père, faubourg, c^{ne} de Jublains.

Saint-Pierre (Ruisseau de) ou de Choiseau; arrose Azé et se jette dans la Mayenne.

Saint-Pierre-des-Landes, c^{ne} de Chailland, autrefois Dompierre. — *Sancti Petri de Landis*, 1293 (abb. de Saint-Serge d'Angers).

Anc. par. du doy. et de la châtell. d'Ernée et de l'élect. de Mayenne.

Saint-Pierre-la-Cour, c^{on} de Loiron. — *Ecclesia Beati Petri de Curia*, xe siècle (inv. des arch. de la Sarthe). — *Saint-Père-de-la-Court*, 1545 (arch. de la Mayenne, série E).

Anc. par. du doy., de l'élect. et du comté de Laval. — Une partie des terres de cette par. relevait du Bois-Belin, en Bretagne.

Saint-Pierre-le-Potier, vill. c^{ne} de Laval. — *Ecclesia Sancti Petri de Clausomonte*, xie siècle (cart. du Ronceray).

A pris son nom d'une fabrique de grosse poterie établie dans le voisinage.

Saint-Pierre-sur-Erve, c^{on} de Sainte-Suzanne. — *Parrochia Sancti Petri super Arvam*, 1226 (cart. d'Évron).—*Saint-Père-d'Arve*, 1415 (cab. La Baulière). — *Saint-Pierre-d'Herve*, 1574 (reg. paroissiaux).

Anc. paroisse du doy. de Brûlon, de l'élect. de Mayenne, du baill. de Sainte-Suzanne et du comté de Laval.

Saint-Pierre-sur-Orthe, c^{on} de Bais. — *Saint-Pierre-de-la-Cour* (carte de Jaillot) : elle n'a été autorisée à changer ce nom que le 14 décembre 1863, pour éviter toute confusion avec *Saint-Pierre-la-Cour*.

Anc. paroisse du doy. de Sillé-le-Guillaume, de l'élect. du Mans et du duché de Mayenne.

Saint-Poix, c^{on} de Cossé-le-Vivien. — *Pagano de Sancto Paterno*, xiie siècle (abb. de la Roë, H 151, f° 22). — *Saint-Pern*, 1320 (arch. de la Mayenne, E 158). — *Saint-Paeon*, 1462 (ibid. H 189, f° 31). — *Saint-Paern*, 1474 (arch. de la Mayenne, E 122). — *Saint-Paien*, 1507 (ibid., E 46). — *Saint-Pean*, 1575 (abb. de la Roë, H 180). — *Motte Saint-Payen*, 1586 (arch. de la Mayenne, E 155).

Anc. paroisse du doy. et de la bar. de Craon et de l'élect. de Château-Gontier. — La seign. de Saint-Poix comprenait dans sa mouvance les fiefs de la Bodinière, du Bois-Gautier, de Bouche-d'Usure, de la Brosse, de Chanteil, de la Corbière, de la Cour-Bigot, de la Croptière, du Deffay, de l'Épinay, de Laigné-le-Bigot, de la Motte-Bois-Rahier, du Haut-Pingenay, de la Roche.

L'étang a été desséché au xviiie siècle.

Saint-Quentin, c^{on} de Craon. — *Apud Sanctum Quintinum*, xie siècle (cart. du Ronceray). — *Apud Sanctum Quintinum de Burgonovo*, 1292 (arch. de la Mayenne, série G).

Anc. par. du doy. de Craon, de l'élect. de Château-Gontier et de la bar. de Mortiercrolles.

Saint-Remy (Paroisse de), c^{ne} de Château-Gontier. — La commune, érigée en 1789, fut réunie à celle de Saint-Fort par décret du 15 janvier 1813.

Saint-René, éc. c^{ne} de Saint-Poix.

Saint-Roch, h. c^{ne} de Changé.

Saint-Roch, vill. c^{ne} de Saint-Ouen-des-Toits.

Saint-Samson, c^{on} de Pré-en-Pail. — *Johanne de Sancto Sansone*, 1243 (abb. de Savigny, Arch. nat. L 970).

Anc. par. du doy. de la Roche-Mabille, de l'élect. du Mans et du duché de Mayenne.

Saint-Saturnin-du-Limet, c^{on} de Saint-Aignan-sur-Roë. — *J. de Sancto Saturnino*, xiie siècle (cart. du Ronceray). — *Parrochia de Saint-Sornin*, 1428 (prieuré de la Haie-aux-Bons-Hommes). — *Saint-Sernin*, 1546 (arch. de la Mayenne, série E).

Anc. par. du doy. de Craon, de l'élect. de Château-Gontier et de la bar. de Craon. — Le prieuré dépendait de l'abb. de la Trinité de Vendôme.

Saint-Saulin (Bois et Domaine de), c^{ne} d'Izé. — Le bois, défriché dès le xvie siècle, fut transformé en deux métairies, le Haut et le Bas Hermitage.

Le domaine ressortissait à la seign. de Courceriers.

Saint-Sauveur, f. c^{ne} de la Baconnière.

Saint-Sauveur, f. c^{ne} de Saint-Berthevin. — Fief vassal de la châtell. de Laval.

Saint-Silvain, ermitage avec chapelle, c^{ne} de Saint-Pierre-sur-Erve.

Saint-Siméon, f. c^{ne} de Champéon.

Saint-Sulpice, c^{on} de Château-Gontier. — *Herberto de Sancto Supplicio*, xiie siècle (abb. de la Roë, H 151, f° 71). — *Saint-Supplice-de-Houssay*, 1466 (abb. de Saint-Serge d'Angers).

Anc. par. du doy. de Laval, de l'élect. et du marq. de Château-Gontier.

Saint-Sulpice, éc. c^{ne} de Bazouges.

Saint-Sulpice, f. c^{ne} de Gesvres. — Le prieuré de Saint-Sulpice-des-Chèvres dép. de l'abb. de Tyron (dioc. de Chartres).

Saint-Sulpice (Le Haut et le Bas), h. c^{ne} d'Athée; ruiss. affl. de celui des Perrines.

Saint-Thomas-de-Courceriers, c^{on} de Bais. — Anc. par. du doy. de Javron, de l'élect. du Mans et du duché de Mayenne. — Voy. Courceriers.

Saint-Thugal, collégiale, c^{ne} de Laval, dont l'église a été détruite vers 1804.

Saint-Tref, chapelle, c^{ne} de Saint-Jean-sur-Mayenne, voisine du presbytère. — *Monasterium Sancti Johannis et Sancti Trechii in Buxido*, 802 (dipl. de Charlemagne). — *Moulin de Pont-Saint-Tref*, 1642 (cab. Guays des Touches). — *Saint-Triphon* (Cassini).

Saint-Ursin, vill. c^{ne} de Lignières-la-Doucelle. — Prieuré conventuel réuni en 1783 au séminaire de Domfront, qui dépendait du monastère de Huy en Allemagne (ordre de Sainte-Croix).

Ruisseau affluent de celui de Cadin.

Saint-Victor, f. c^{ne} d'Aron. — Les féages de Saint-Victor, dépend. du duché de Mayenne, s'étendaient aussi sur Deux-Évailles.

Salair, h. et bois, c^{ne} de Saint-Georges-Buttavent. — *Fons Danielis est in Salerto*, 1205 (abb. de Fontaine-Daniel). — *Nemus de Salerto*, 1205 (*ibid.*).

Arrière-fief du duché de Mayenne, relevant de la seign. d'Augeard.

Salle (Étang de la), c^{ne} de Mézangers.

Salle (La), f. c^{ne} de Chailland. — Fief de la châtell. d'Ernée.

Salle (La), f. c^{ne} de la Chapelle-Rainsouin.

Salle (La), f. c^{ne} de la Croixille; auj. supprimée.

Salle (La), f. c^{ne} de Launay-Villiers.

Salle (La), f. c^{ne} de Nuillé-sur-Ouette.

Salle (La), chât. et étang, c^{ne} de Saint-Charles-la-Forêt. — Le mot *Salle* est synonyme de *Cour*, de *Plessis* et de *Motte*.

Fief vassal du comté de Laval.

Salle (La), fief, c^{ne} de Saint-Germain-le-Guillaume, vassal de la châtell. de Fouilloux.

Salle (La), f. c^{ne} de Saint-Pierre-des-Landes.

Salle (La), f. c^{ne} de Saint-Pierre-la-Cour. — Fief vassal de la châtell. de Saint-Ouen-des-Toits.

Salle (La), f. c^{ne} de Saulges. — Fief vassal de la châtell. de Thorigné.

Salle (La Basse-), h. c^{ne} de Saint-Pierre-des-Landes.

Salle (La Haute-), f. c^{ne} de Saint-Pierre-des-Landes. — La Haute-Salle était un fief de la châtellenie d'Ernée.

Le ruiss. de la Haute-Salle est un affl. de celui de la Touche.

Sallée (La), f. c^{ne} de Saint-Germain-de-Coulamer.

Sallerie (La), f. c^{ne} de Ballée.

Sallerie (La), f. c^{ne} de Loigné; auj. détruite.

Sallerie (La), f. c^{ne} de Simplé.

Sallerie (La Basse-), f. c^{ne} de Fougerolles. — Ruiss. affl. de celui de la Brichetière.

Sallerie (La Haute-), h. c^{ne} de Fougerolles.

Salles (Les), h. c^{ne} de Châtillon-sur-Colmont.

Salle-Verte (La), f. c^{ne} de Carelles.

Salle-Verte (La), f. c^{ne} de Loupfougères.

Salle-Verte (La Petite-), f. c^{ne} de Carelles.

Salmassière (La), chât. et f. c^{ne} de Saint-Denis-d'Anjou.

Salmon, f. c^{ne} du Pas. — Bois auj. défriché.

Salmondière (La), f. c^{ne} d'Astillé.

Salmondière (La), f. c^{ne} de Cosmes.

Salmondière (La), f. c^{ne} de Louverné.

Salmondière (La), f. c^{ne} de Villaines-la-Juhel. — Landes auj. défrichées.

Salmonnaie (La), h. c^{ne} de Montaudin.

Salmonnière (La), f. c^{ne} de Bierné.

Salmonnière (La), f. c^{ne} de Chemazé.

Salmonnière (La), f. c^{ne} de la Croixille.

Salmonnière (La Grande et la Petite), f. c^{ne} de Fougerolles.

Salouillères (Les), f. c^{ne} de Bazougers. — On écrit aussi les *Salouyères*.

Salourgerie (La), f. c^{ne} de Bonchamp; auj. détruite.

Saltière (La), f. c^{ne} de Sainte-Suzanne.

Salvert, f. c^{ne} de Colombiers.

Salvert, f. c^{ne} du Genest.

Salvert, éc. c^{ne} de Thorigné.

Salvert, h. c^{ne} de Vaiges.

Sancé, f. c^{ne} de Coudray. — Fief vassal de la châtell. de Chambellé et du marq. de Château-Gontier.

Sandinière (La), h. c^{ne} de Saint-Samson.

Sangles (Les), h. c^{ne} de Montreuil.

Sansonnière (La), fief, c^{ne} de Daon, vassal de la seign. de Moiré.

Sapin (Le), f. c^{ne} de Viviers.

Sapin (Le Petit-), éc. c^{ne} de Saint-Poix.

Sapinière (La), f. c^ne de Juvigné-des-Landes.
Sapinière (La), éc. c^ne de Voutré.
Sapinière (La Grande et la Petite), h. c^ne de Bierné. — Fief vassal du marq. de Château-Gontier.
Sapins (Les), vill. c^ne de Saint-Fort, annexé le 2 juillet 1862 à la c^ne de Château-Gontier.
Sabadinais (La), vill. c^ne de Marcillé-la-Ville.
Sabadinière (La), h. c^ne de Rennes-en-Grenouille.
Sarcigné, h. c^ne de Saint-Loup-du-Gast. — Fief vassal de la bar. d'Ambrières.
Sardaie (La), f. c^ne de Contest. — Le ruiss. de la Sardaie est un afll. de l'Anxurre.
Sargerie (La), f. c^ne d'Azé.
Sarigné (Le Haut et le Bas), f. c^ne de Louvigné.
Sarthon, vill. c^ne de la Poôté.
Sarthon, rivière qui sépare le dép^t de la Mayenne de celui de l'Orne.
Sarts (Les Grands et les Petits), f. c^ne de la Bazouge-de-Chemeré.
Saubert, f. c^ne de Meslay.
Saucinière (La), f. c^ne de Laval.
Saucogné (Fief de), c^ne de Bonchamp, vassal de la châtell. de Laval. — *G. de Salcoigneio*, xie s^e (cart. du Ronceray). — *P. de Sauconeio*, 1159 (*ibid.*).
Sauconnier, f. c^ne de Marigné-Peuton.
Sauconnier, f. c^ne de Saint-Quentin. — *Petrus de Sauchonneio*, xiie s^e (abb. de la Roë, H 151, f° 49). — *Philippi de Saucogné*, 1200 (coll. D. Housseau, vol. VI, n° 2135). — *La Sauconnière* (Cassini).
Saudraie (La), vill. c^ne d'Andouillé.
Saudraie (La), h. c^ne de la Bigottière. — C'est le même nom que *Saulaie*.
Saudraie (La), f. c^ne de Cossé-le-Vivien.
Saudraie (La Grande et la Petite), f. c^ne d'Astillé. — Fief vassal de la seign. de Montchevrier.
Saudrais (Les), f. c^ne de Saint-Denis-de-Gastines. — *Medietariam de Saudreia*, 1212 (abb. de Fontaine-Daniel).
Saudrais (Les Hauts et les Bas), h. c^ne de Chailland.
Saudray (Le Grand et le Petit), h. c^ne de Gorron.
Saudray (Le Grand et le Petit), f. c^ne de Saint-Pierre-des-Landes.
Saudrenault ou Saudernaut, f. c^ne de Martigné.
Saugère (La), f. c^ne de Châtres. — Le bois de ce nom a été défriché vers 1868.
Fief vassal de la seign. de l'Aunay-Péan. — Le ruiss. de la Saugère est un afll. de la rivière des Places.
Saugère (La), fief, c^ne de Saint-Brice. — *Le seigneur de la Saugière*, 1402 (abb. de Bellebranche).
Saugère (La), moulin, c^ne de Sainte-Suzanne; auj. détruit.

Saugrenière (La), f. c^ne de Bouère. — Fief vassal de la seign. de Linières en Ballée.
Saugrenière (La), f. c^ne de Saint-Brice.
Saulaie (La), f. c^ne de la Bazouge-de-Chemeré.
Saulaie (La), h. c^ne de Bierné.
Saulaie (La), f. c^ne de Bréc.
Saulaie (La), h. c^ne du Buret.
Saulaie (La), f. c^ne de Chemeré-le-Roi.
Saulaie (La), f. c^ne de Cossé-en-Champagne.
Saulaie (La), f. c^ne de la Cropte.
Saulaie (La), h. c^ne de Grez-en-Bouère.
Saulaie (La), h. c^ne de Hambers.
Saulaie (La), f. c^ne de Louvigné.
Saulaie (La), f. c^ne de Martigné.
Saulaie (La), f. c^ne de Meslay; donne son nom à un ruiss. afll. de celui du Pont-Saint-Martin.
Saulaie (La), f. c^ne de Montflours.
Saulaie (La), f. c^ne d'Origné.
Saulaie (La), f. c^ne de Parné.
Saulaie (La), h. c^ne de Préaux.
Saulaie (La), f. c^ne de Saint-Christophe-du-Luat. — *La Saulaie Goisquin*, 1755 (cab. La Baulière).
Saulay (Le), chât. et f. c^ne de Bierné.
Saulay (Le), f. c^ne de Bouère.
Saulay (Le), vill. c^ne de Jublains. — Les landes de ce nom ont été défrichées en 1850.
Saulce (Le), f. c^ne de Lignières-la-Doucelle. — Le ruiss. du Saulce est un afll. de celui du Tilleul.
Saule (Le), f. c^ne de Fromentières; étang auj. desséché.
Saule (Le), f. c^ne d'Hardanges.
Saule (Le), éc. c^ne de Maisoncelles.
Saules (Les), f. c^ne d'Aron.
Saules du Haut et du Bas (Les), h. c^ne de Courcité.
Saulet (Bois de), c^ne de Bouessay.
Saulgé (Le), f. c^ne de Saint-Léger.
Saulges, c^on de Meslay. — *Dedit ei Salicam, vicum publicum*, ixe s^e (Gesta dom. Aldrici). — *Ecclesia Sancti Petri que est constructa in Salico vico canonico*, ixe s^e (Mabillon, *Anal.*, t. III, p. 289). — *In alio loco in vicaria Silgiacense curciatura*, ixe s^e (dom Bouquet, t. IX, p. 489). — *Lisiardus de Saugia*, vers 1160 (inv. des arch. de la Sarthe). — *Parrochia de Salvia*, 1265 (*ibid.*).
Anc. par. du doy. de Brûlon, de l'élect. de la Flèche et du comté de Laval. — Le prieuré de Saulges dép. de l'abb. de la Couture du Mans. — Siége d'une viguerie au ixe siècle.
Saulges (Forêt de), c^ne de Saulges; auj. défrichée. — *Do silvam de Salgia que est de Charnia*, 1060 (cart. de l'abb. de la Coûture).
Sauliaux (Les), f. c^ne de Chemeré-le-Roi. — *Les Saulleaux*, 1473 (Arch. nat. P 343).

SAULINIÈRE (LA), h. cne de Sainte-Gemmes-le-Robert.
SAULLAINS (LES), f. cne de Saint-Denis-du-Maine; auj. détruite.
SAULNAY, f. cne de Cossé-en-Champagne.
SAULNAY (ÉTANG DE), cne de Blandouet.
SAULNERIE (LA), f. cne d'Alexain.
SAULNERIE (LA), éc. cne d'Assé-le-Bérenger.
SAULNERIE (LA), f. cne de Châtillon-sur-Colmont.
SAULNERIE (LA), f. cne de Montourtier. — On dit aussi la Saulerie.
SAULNERIE (LA), f. cne de Ruillé-Froidfont.
SAULNERIE (LA), f. cne de Saint-Denis-d'Anjou.
SAULNERIE (LA), f. cne de Saint-Denis-de-Gastines. — Fief vassal du duché de Mayenne.
SAULNERIE (LA), h. cne de Saint-Hilaire-des-Landes.
SAULNERIE (LA), f. cne de Saint-Martin-de-Connée.
SAULNERIE-PRÈS-LA-LOIRE (LA), h. cne de Javron.
SAULNERIE-PRÈS-L'ÉCARDIÈRE (LA), h. cne de Javron.
SAULNIÈRE (LA), h. cne de Brécé; donne son nom à un ruiss. affl. de la Colmont.
SAULNIÈRE (LA), f. cne de la Brulatte. — *La Sosnière* (Cassini).
SAULNIÈRE (LA), h. cne de Thubœuf.
SAULNUÈRE (LA), h. cne de la Brulatte.
SAULOUP (ÉTANG DE) ou DES GRANDINIÈRES, cne de Saint-Loup-du-Dorat; desséché vers 1847.
SAUMELLIÈRE (LA), h. cne de Saint-Pierre-sur-Erve.
SAUSSAIS (LES), h. cne d'Averton.
SAUSSAY (LE), f. cne du Housseau.
SAUSSAY (LE), h. cne de Rennes-en-Grenouille.
SAUSSERAIE (LA), f. cne de Chemazé.
SAUSSERIE (LA), f. cne de Cossé-le-Vivien; donne son nom à un ruiss. affl. de l'Oudon.
SAUT-AU-LOUP (LE), éc. cne de Brécé.
SAUTECOURT (LE HAUT et LE BAS), f. cne de Beaulieu. — *La métairie de Saudecourt*, 1544 (abb. de Saint-Serge d'Angers).
SAUTINAIE (LA), f. cne de Ménil.
SAUTRAY, chât. et f. cne de Saint-Denis-d'Anjou. — Fief vassal de la seign. de Baillif.
SAUVAGE, f. cne de Bierné.
SAUVAGE, éc. cne de Saint-Charles-la-Forêt.
SAUVAGE (LE HAUT-), h. cne de Saint-Charles-la-Forêt.
SAUVAGE (RUISSEAU DE), cne de Châtillon-sur-Colmont, aussi nommé *Morée*; se jette dans la Colmont.
SAUVAGÈRE (LA), f. cne d'Izé.
SAUVAGÈRE (LA), f. cne de Neau.
SAUVAGÈRE (LA), f. cne de Saint-Berthevin-la-Tannière.
SAUVAGÈRE (LA), h. cne de Saint-Samson; donne son nom à un ruiss. affl. de la Mayenne.
SAUVAGÈRE (LA BASSE-), h. cne de Gesvres.
SAUVAGÈRE (LA HAUTE-), vill. cne de Gesvres.

SAUVAGÈRE-DU-HAUT (LA PETITE-), h. cne de Gesvres. — Le ruiss. de la Sauvagère est un affl. de celui de la Boiterie.
SAUVAGÈRES (LES), h. cne de Saint-Germain-de-Coulamer.
SAUVAGERIE (LA), f. cne de la Baconnière.
SAUVAGERIE (LA), f. cne de Bonchamp.
SAUVELLIÈRE (LA), f. cne de Cosmes; auj. détruite.
SAUVELLIÈRE (LA), fief du duché de Mayenne.
SAUVELOUP, f. cne de Renazé; donne son nom à un ruiss. affl. du Chéran.
SAUVELOUP, f. cne de Saint-Christophe-du-Luat.
SAUVELOUP (LE GRAND et LE PETIT), f. cne d'Azé. — Fief vassal de la terre de Forges.
SAUVERIE (LA), f. cne de Saint-Quentin; détruite vers 1837.
SAUVESSELIÈRE (LA), f. cne de Saint-Jean-sur-Erve.
SAUVEUR, f. cne de Saint-Berthevin.
SAUVIGNÉ (LE HAUT et LE BAS), h. cne de Saint-Mars-sur-Colmont. — On dit aussi *Souvigné*.
SAUVOTERIE (LA), f. cne de Daon.
SAUZAY (LE), f. cne d'Ampoigné. — Altération de *le Saussay*.
SAVARDIÈRE (LA), h. cne de Chantrigné. — On dit aussi la *Savarière*.
SAVARDIÈRE (LA), f. cne de Congrier.
SAVARDIÈRE (LA), éc. cne de Louverné; prend son nom d'une ferme supprimée.
SAVARDIÈRE (LA), f. cne de Saint-Germain-d'Anxurre.
SAVARDIÈRE (LA GRANDE et LA PETITE), f. cne de Cosmes.
SAVATERIE (LA), f. cne de Daon.
SAVATERIE (LA), h. cne de Laval.
SAVENIÈRE (RUISSEAU DE LA), cne de Saint-Laurent-des-Mortiers, affl. de celui de Morton.
SAVIÈRE (LA), vill. cne de Javron; donne son nom à un ruiss. affl. de l'Aisne. — On dit aussi la *Savrière*.
SAVIGNÉ, f. cne de Louvigné.
SAVIGNÉ (LE GRAND-), f. cne de Soulgé-le-Bruant.
SAVIGNÉS (LES), f. cne de Soulgé-le-Bruant.
SAVINIÈRE (LA), f. cne de Saint-Michel-de-Feins.
SAVINIÈRE (LA), h. cne de Vautorte. — Altération de la *Sapinière*.
SAVRIÈRE (LA), vill. cne des Chapelles.
SAZÉE (RUISSEAU DE), cne de Saint-Quentin, affl. de l'Oudon.
SCÉLANDES, f. cne de Cossé-en-Champagne.
SCEPEAUX (LES), f. cne d'Astillé. — *Fief des Ceppeaux*, XIVe se (Arch. nat. P 345).
Fief vassal de la châtell. de Montigné.
SÉBASTOPOL, éc. cne de Cigné.
SÉBASTOPOL, éc. cne d'Ernée.
SÉBASTOPOL, vill. cne d'Évron.

Sébaudière (La), f. c de Châtillon-sur-Colmont.
Sébaudière (La), f. c de Gennes; auj. détruite.
Sébaudière (La), h. c de Niort.
Sébaudière (La), f. c de Thubœuf.
Sébaudières (Les), h. c de Saint-Martin-de-Connée.
— *Radulfus de Sebauderia*, 1219 (cart. d'Évron).
Séberdière (La), f. c de Couesmes.
Séberdière (La), f. c de Courbeveille.
Séberdière (La), f. c de Montjean.
Séberdière (La), h. c de Saint-Pierre-sur-Orthe.
Sébilais (La), vill. c de Couesmes.
Séboisière (La), f. et éc. c de Courbeveille.
Sébourgère (La), h. c de Saint-Germain-le-Fouilloux.
Sécherie (La), éc. c de Saint-Georges-Buttavent.
Séchetière (La), f. c de Gesvres.
Séchetière (La), h. c de Villepail.
Secourie, h. c d'Ernée. — *La Scourie* (c. de Jaillot).
Le m^{in} de ce lieu a été détruit au xixe siècle.
Sédilais (La), vill. c de la Baconnière.
Sédilais (La), h. c de Saint-Berthevin-la-Tannière.
Sédillère (La), h. c de Vimarcé.
Sée, m^{in}, c de Houssay. — *Garinus de Celso*, 1200 (Bibl. nat. f. lat. 5441). — *Moulin de Scé*, 1404 (arch. de la Mayenne, série E).
Sée, m^{in}, c d'Origné.
Seffetière (La), f. c de Vaiges.
Seffrière (La), f. c de Congrier. — *La Saefferière*, 1494 (arch. de la Mayenne, série E).
Segrée (La), f. c de Saint-Laurent-des-Mortiers.
Séguère (La), fief vassal de la châtell. de Montjean.
Séguilais (La), f. c de Juvigné-des-Landes. — On trouve aussi *la Seguelière*.
Fief vassal de la châtell. d'Ernée.
Séguinaie (La), f. c de la Baconnière.
Séguinière (La), f. c de Saint-Ouen-des-Toits.
Séhorie (La), h. c de Landivy.
Seiche, f. c de Cuillé.
Seiche (La), rivière qui arrose Cuillé, Saint-Poix et Beaulieu, sépare la Mayenne de la Bretagne et se jette dans la Vilaine. — On prononce *la Seige*.
Selle-Craonnaise (La), c de Craon. — *Dominus de Cella Credonensi*, 1296 (abb. de la Roë).
Anc. par. du doy. et de la bar. de Craon et de l'élect. de Château-Gontier.
Il faudrait écrire *la Celle*.
Sellerie (La), f. c d'Ampoigné; donne son nom à un ruiss. affl. de celui de Mauconseil.
Sellerie (La), éc. c de Maisoncelles.
Sellerie (La), f. c de Thubœuf.
Selouzière (La Grande et la Petite), f. c de Gennes.
Semême (Le Grand et le Petit), f. c de Saulges.

Semillère (La), f. c d'Ambrières.
Seminière (La), h. c de Lassay. — On dit aussi *la Saminière*.
Semis (Le), f. c de Fougerolles.
Semis (Le), éc. c de Larchamp.
Semis (Le), f. c de Saint-Fraimbault-de-Prières.
Semis (Les), f. c de Montreuil.
Semnon (Le), rivière de Bretagne, qui prend sa source à Senonnes et se jette dans la Vilaine.
Semondière (La), h. c d'Ernée.
Semondière (La), h. c de Marcillé-la-Ville.
Semondière (La), f. c de Montigné. — *Fief de la Saymondière*, xive s^e (Arch. nat. P 345).
Fief vassal de la châtell. de Montigné.
Semondière (La), f. c de Saint-Thomas-de-Courceriers.
Semondière (La Grande-), vill. c d'Oisseau.
Semondière (La Petite-), f. c d'Oisseau. — *En la Petite-Saemondière*, 1430 (abb. de Savigny, Arch. nat. L 975).
Le ruiss. de la Semondière est un affl. de celui de Bouderon.
Senaillères (Les), vill. c de Lignières-la-Doucelle.
Sénéchaussée (La), f. c de Villiers-Charlemagne. — Fief vassal du comté de Laval.
Senelle (La), vill. et f. c de Laval.
Sénétrière (La), vill. c de la Poôté.
Senonnes, c de Saint-Aignan-sur-Roë. — *Senona*, viie s^e (dipl. de Childebert, Hiret, Antiq. d'Anjou, p. 101). — *P. de Sanonis*, xiie s^e (cart. du Ronceray). — *J. de Sanona*, xiie s^e (*ibid.*). — *Ecclesia de Portu Sononia*, 1136 (abb. de la Roë, bulle).
Anc. par. du doy. et de la bar. de Craon et de l'élect. d'Angers. — Prieuré de l'abb. de Marmoûtiers; l'église dépendait de l'abb. de Saint-Serge d'Angers.
Sens, f. c de Daon.
Sentinière (La), f. c de Trans; donne son nom à un ruiss. affl. de la Vaudelle.
Sepellières (Les), f. c de Contest. — *Homines de Cepeleria*, 1205 (abb. de Fontaine-Daniel).
Sept-Fontaines (Les), f. c d'Andouillé.
Sept-Fontaines (Les), f. c de Laval.
Sérais (La), h. c de Chemazé.
Sérancière (La), vill. c de Saint-Jean-sur-Erve.
Sérardière (La), vill. c de Pré-en-Pail.
Sérardière (La), f. c de Saint-Baudelle.
Sérardières (Les), h. c de Sainte-Suzanne.
Séray ou Sérez, f. c de Javron. — *Le Cerez* (carte de Jaillot). — *Terre du Cerais-Boissay*, 1743 (cab. d'Achon).
Fief vassal de la châtell. de Couptrain.

Sénay-Géré (Le), f. c^{ne} de Javron.
Sergenterie (La), f. c^{ne} d'Évron.
Sergentière (La), vill. c^{ne} de Fougerolles.
Sergentière (La), f. c^{ne} d'Oisseau.
Sergentières (Les), f. c^{ne} de Ménil.
Sergeolais (La), f. c^{ne} de Landivy.
Sergonnière (La), vill. c^{ne} de la Baroche-Gondoüin.
Serpes (Les), f. c^{ne} d'Azé.
Serquère (Fief de la), c^{ne} de Saint-Martin-du-Limet.
— Ou *fié de la Séroucouère*, 1509 (abb. de la Roë, H 180).
Serrie (La), éc. c^{ne} de Désertines.
Servaie (Ruisseau de), c^{ne} de Saint-Aubin-du-Désert, affl. de la Jambelle.
Servellière (La), f. c^{ne} de Laigné.
Servière (La), h. c^{ne} de Deux-Évailles.
Servinière (La), f. c^{ne} d'Argentré.
Servinière (La), f. c^{ne} de Quelaines.
Servinière (La), f. c^{ne} de Saint-Aubin-Fossé-Louvain.
Servinière (La), f. c^{ne} de Saint-Berthevin.
Servinière (La), f. c^{ne} de Sainte-Gemmes-le-Robert.
Seurrie (La), f. c^{ne} de la Bazouge-des-Alleux.
Seuvre (La), f. c^{ne} de Coudray.
Sévaudais (La), f. c^{ne} de la Rouaudière.
Sevaudière (La Grande et la Petite), chât. et f. c^{ne} de Bouère. — Fief vassal de la seign. de la Vezouzière : il prenait son nom de *Sevaud*, seigneur au xive siècle (cab. d'Achon).
Severie (La), h. c^{ne} de Nuillé-sur-Vicoin.
Severie (La), f. c^{ne} de la Rouaudière.
Severies (Les), h. c^{ne} de Bazougers.
Séveroué, f. c^{ne} de Colombiers.
Sévillé, m^{in}, c^{ne} de Châtelain; détruit au xixe siècle.
Sévinière (La), h. c^{ne} de Colombiers.
Sévinière (La), f. c^{ne} de Gorron.
Sez, f. c^{ne} de Chailland.
Sez, f. c^{ne} de Saint-Fraimbault-de-Prières.
Sicardière (La Haute et la Basse), h. c^{ne} de la Bigottière.
Sigaudière (La), h. c^{ne} de Saint-Mars-du-Désert.
Sigottière (La), f. c^{ne} de Balléc.
Silard (Le), éc. c^{ne} d'Assé-le-Bérenger.
Silardière (La), f. c^{ne} de Ballots.
Silardière (La), f. c^{ne} de Senonnes.
Sillandre, vill. c^{ne} de Fougerolles. — *Decime de Silingneio*, 1241 (abb. de Savigny, Arch. nat. L 970). — On dit aussi *Silande*.
Simonnaie (La), f. c^{ne} de Brains-sur-les-Marches.
Simonnière (La), f. c^{ne} de Bazouges.
Simonnière (La), vill. c^{ne} de la Chapelle-au-Riboul.

Simonnière (La), f. c^{ne} de Courbeveille. — Fief vassal de la châtell. de Courbeveille.
Simonnière (La), f. c^{ne} de Quelaines.
Simonnière (La), f. c^{ne} de Villiers-Charlemagne.
Simonnières (Les), f. c^{ne} de Chammes.
Simplé, c^{on} de Cossé-le-Vivien. — *In parrochia de Simpleio*, 1229 (abb. de la Roë, H 183).
Anc. paroisse du doy. et de la bar. de Craon et de l'élect. de Château-Gontier.
Sinandière (La), f. c^{ne} de Maisoncelles.
Sinardière (La), éc. c^{ne} de la Chapelle-Anthenaise.
Sinardière (La), f. c^{ne} d'Évron.
Sinardière (La), vill. c^{ne} d'Hercé; donne son nom à un ruiss. affl. de celui de la Danvolière.
Sinardière (La), f. c^{ne} de Lévaré.
Sion, f. c^{ne} de Gesnes.
Sionnaie (La), f. c^{ne} de Bouchamp.
Sionnière (La), chât. et f. c^{ne} d'Argenton. — Fief vassal de la seign. de Châteauneuf.
Sionnière (La), f. c^{ne} de Courbeveille.
Sirardière (La), vill. c^{ne} de Brétignolles.
Sirardière (La), vill. c^{ne} de la Poôté.
Soissière (La), étang, c^{ne} de Saint-Germain-le-Guillaume; auj. desséché. — Il a laissé son nom à un ruiss. affl. de l'Ernée.
Soitinière (La), f. c^{ne} d'Hardanges.
Solachère (La), h. c^{ne} de Loupfougères.
Soleillènes (Les), f. c^{ne} de Belgeard.
Sollerie (La), f. c^{ne} de Saint-Berthevin.
Sollerie (La), h. c^{ne} de Saint-Martin-de-Connée.
Sollier (Le), f. c^{ne} du Bignon.
Sollier (Le), f. c^{ne} de Bouchamp.
Sollier (Le), h. c^{ne} de Saint-Aignan-sur-Roë.
Sollier (Le), f. c^{ne} de Saint-Saturnin-du-Limet.
Sollier (Le), f. c^{ne} de Villiers-Charlemagne.
Sollier (Le Petit-), f. c^{ne} de Saint-Martin-du-Limet.
Sollière (La), f. c^{ne} d'Ahuillé.
Sollière (La), h. c^{ne} de Champgenéteux.
Soltru, f. c^{ne} de Torcé.
Sommerie (La), f. c^{ne} de Montourtier.
Sone (Bois de la), c^{ne} de la Brulatte.
Sorbier (Le), logis, c^{ne} de Bazougers.
Soreau, f. c^{ne} d'Argenton.
Soreau, m^{in}, c^{ne} du Horps.
Soreau (Le Grand-), f. c^{ne} de Coudray.
Sorets (Les), f. c^{ne} de Fromentières.
Sorie (La), f. c^{ne} de Cosmes. — On dit également la *Sourie*.
Sorie (La), f. c^{ne} de Sainte-Suzanne.
Sorie (La Haute et la Basse), h. c^{ne} de Saint-Thomas-de-Courceriers.

Sorière (La), h. c^ne de Thubœuf.
Sorinière (La), f. c^ne de Cossé-le-Vivien.
Sorinière (La), f. c^ne de Loiron.
Sorinière (La), h. c^ne de la Poôté.
Sorinière (La), f. c^ne de Préaux.
Sorlière (La), vill. c^ne de Champgenéteux.
Sorlière (La), f. c^ne de Cosmes. — *La métairie de la Saurière*, 1728 (abb. de la Roë, H 181, f° 50).
Sort (Le), f. c^ue de Bazougers; détruite vers 1868. — C'était autrefois un fief qui était vassal de la châtell. de Bazougers.
Sossonnière (La), f. c^ne de la Chapelle-Rainsouin.
Souavière (La), h. c^ne de Saint-Christophe-du-Luat.
Soubrie (La), f. c^ne de Changé. — On dit aussi *la Soubillerie*.
Soucé, c^on d'Ambrières. — Anc. paroisse du doy. de Passais, de la baronnie d'Ambrières et de l'élection de Mayenne.
Souchardière (La), h. c^ne de Louverné.
Souche (La), f. c^ne d'Aron.
Souche (La), f. c^ne de Bouère.
Souchère (La), h. c^ne de Champfremont.
Soucherie (La), f. c^ne de Placé.
Soucherie-Neuve (La), f. c^ne de Loiron.
Soucheries (Les), f. c^ne de Maisoncelles.
Soucherie-Vieille (La), éc. c^ne de Loiron.
Souches (Les), f. c^ue d'Aron.
Souches (Les), f. c^ne de Lignières-la-Doucelle. — L'étang a été desséché vers 1843.
Le ruiss. de l'étang des Souches est un aff. de celui du Tilleul.
Souchet (Le), h. c^ne du Buret.
Souchet (Le), éc. c^ne de Saint-Germain-de-Coulamer.
Souchetière (La Grande et la Petite), vill. c^ne de la Poôté.
Souchets (Les), f. c^ne de Lignières-la-Doucelle.
Souchot (Le), f. c^ue de Saint-Cyr-en-Pail.
Souffrette, m^in, c^ne de Forcé. — *Moulin de Souffrecte*, 1476 (arch. de la Mayenne, E 45).
Souffrie (La), f. c^ne de Châlons.
Sougerie (La), f. c^ne de Courbeveille.
Souil (Le), f. c^ne de Châtillon-sur-Colmont.
Souillardière (La), fief, c^ne de Montaudin. — *In feodo de la Soillardire*, 1222 (abb. de Savigny, Arch. nat. L 969). — *In feodo de la Sollardière*, 1225 (ibid.).
Souillay (Le), f. c^ne de Champéon.
Souillère (La), f. c^ne de Ballée.
Souillère (La), f. c^ne de Ballots. — *Chapelle de la Saoulière*, 1436 (abb. de la Roë).
Le prieuré de la Souillère ou de la Roche dépendait de l'abb. de la Roë.

Souillère (La Grande et la Petite), h. c^ne de Saint-Céneré.
Souillerie (La), f. c^ne de Houssay.
Soulgé, chât. et f. c^ne de Saulges. — *Soulgé-le-Courtin* (carte de Jaillot).
Fief vassal de la Cour de Bannes et du marq. de Sablé.
Soulgé-le-Bruant, c^on de Montsurs. — *Hugo de Suggé*, 1217 (cart. d'Évron). — *F. de Sougeio*, 1272 (liv. bl. du chap. du Mans). — *Une maison à Sougié*, aveu de 1443 (Arch. nat. P 343).
Anc. par. du doy. de Sablé et de l'élect. de Laval. — Siége d'une châtellenie relevant en partie de la sénéchaussée du Mans, en partie de la châtellenie de Bazougers.
Soulioche, f. c^ne de Beaulieu. — *Sous les Oches* (Cassini).
Soulioche, f. c^ne de Craon. — On dit aussi *Soulehoche*.
Soulioche, f. c^ne de Fontaine-Couverte.
Soulioche, f. c^ne de Houssay.
Soulioche, f. c^ne de Laubrières. — Arrière-fief de la bar. de Craon, vassal de la seign. d'Asseil.
Soulioche, f. c^ne de Méral. — *Métairie de Souligeoche*, 1481 (arch. de la Mayenne, E 2).
Soullerie (La), f. c^ne du Bourgneuf-la-Forêt.
Soullerie (La), f. c^ne de la Rouaudière.
Soulletière (La), f. c^ne de Chailland; donne son nom à un ruiss. affl. de l'Ernée.
Souloup, f. c^ne de Maisoncelles. — Le m^in de ce lieu est auj. détruit.
Soumat ou Soumer, fief vassal des bar. de Sainte-Suzanne et de la Chapelle-Rainsouin.
Souprat (Landes et bruyères de), c^né de Pré-en-Pail.
Souprat (Mont), c^ne de Champfremont, situé au milieu de la forêt de Multonne. — *Bruyères de Soupras* (carte de Jaillot).
Souravais, f. c^ne d'Andouillé.
Source (La), f. c^ne de Fougerolles.
Source (La), f. c^ne de Juvigné-des-Landes.
Sources (Les), f. c^ne de Montaudin; donne son nom à un ruiss. affl. de l'Ernée.
Sources (Les), éc. c^ne de Saint-Georges-sur-Erve.
Sources (Les), h. c^ne de Voutré.
Sourcette, h. c^ne de Pré-en-Pail.
Sourche, f. c^ne de Bouère. — *Fourche* (carte de l'État-major).
Sourches, arrière-fief, c^ne de Sainte-Gemmes-le-Robert, de la baronnie de Sainte-Suzanne, vassal du Plessis-Buret.
Sourches, f. c^ne de Vaiges. — *Lieu et fief de Sourchette*,

1440 (Arch. nat. P. 401). — *Chorcettes*, 1443 (*ibid.* P 343).

Fief vassal de la châtell. de Vaiges.

Sourcillère (La), f. c^{ne} de Méral.

Sourcinière (La), f. c^{ne} de Bouère.

Sourdailles (Bois de), dans la forêt de la Gravelle. — 1545 (arch. de la Mayenne).

Sourderie (La), f. c^{ne} de la Baroche-Gondouin.

Sourderie (La), f. c^{ne} de Hambers.

Sourderie (La), h. c^{ne} d'Izé.

Sourderie (La), vill. c^{ne} de Niort.

Sourderie (La), h. c^{ne} de Vaiges.

Sourderie (La), f. c^{ne} de Saint-Georges-sur-Erve. — C'était jadis un fief vassal de la châtell. de Foulletorte.

Sourderie (La Grande et la Petite), h. c^{ne} de Villaines-la-Juhel.

Sourderie (La Petite-), h. c^{ne} de Saint-Georges-sur-Erve.

Sourdière (La), f. c^{ne} d'Azé.

Sourdière (La), vill. et mⁱⁿ, c^{ne} de Champfremont. — Les landes de ce lieu sont auj. défrichées.

Sourdière (La), f. et h. c^{ne} de Ménil. — Ruiss. affl. de celui du Bourg-de-Ménil.

Sourdière (La), h. c^{ne} de la Poôté.

Sourdière (La), f. c^{ne} de Trans. — On prononce aussi *la Sourière*.

Sourdières (Les), f. c^{ne} de Chemazé.

Souris-Morte (La), h. c^{ne} de Saint-Pierre-la-Cour.

Sourty (Le), h. c^{ne} de Saint-Aubin-du-Désert.

Sous-Ballon, f. et éc. c^{ne} de Viviers.

Sous-Carelles, f. c^{ne} de Carelles. — L'étang et le mⁱⁿ de ce lieu ont été supprimés vers 1830.

Sous-la-Haie, éc. c^{ne} d'Izé.

Sous-la-Haie, h. c^{ne} de Saint-Pierre-sur-Orthe.

Sous-le-Bois, éc. c^{ne} d'Izé.

Sous-le-Bois, éc. c^{ne} de Saint-Jean-sur-Mayenne.

Sous-le-Bois, f. c^{ne} de Saint-Pierre-des-Landes.

Sous-le-Bois, h. c^{ne} de Saint-Pierre-sur-Orthe.

Sous-le-Bray, f. c^{ne} de Bierné. — On écrit aussi *Soulbray*.

Sous-les-Tertres, vill. c^{ne} d'Oisseau.

Sous-Roche, f. c^{ne} de Marigné-Peuton; détruite vers 1834.

Sous-Roche, f. c^{ne} de Saint-Laurent-des-Mortiers.

Sous-Tisons, f. c^{ne} de Bouère. — Fief relevant de Linières en Ballée.

Le ruiss. de ce lieu est un affluent de celui des Douets.

Soutivière (La), h. c^{ne} du Ribay.

Souval, f. c^{ne} de Saint-Georges-Buttavent.

Souval (Landes de), c^{ne} d'Épineu-le-Séguin; auj. défrichées. — *Landes de Souvalles*, 1690 (abb. de Bellebranche).

Souvatte (La), h. c^{ne} de la Croixille.

Souvatte (La), f. c^{ne} de Juvigné-des-Landes.

Souvatte (La), h. c^{ne} de Saint-Aubin-Fosse-Louvain.

Souvelle, f. c^{ne} de Châtillon-sur-Colmont.

Souverron (Le Grand et le Petit), f. c^{ne} d'Azé. — *Étang de Souveron*, 1470 (Arch. nat. P 339).

Ruiss. affl. de la Mayenne.

Souvetterie (La), f. c^{ne} de Saint-Sulpice.

Souvigné, h. c^{ne} de Marigné-Peuton, aussi nommé *la Michanotterie*. — Fief vassal du marq. de Château-Gontier.

Étang desséché vers 1830.

Souvigné, h., mⁱⁿ et étang, c^{ne} de Montaudin. — *Ad burgum Silvigneu*, 1160 (cart. de Savigny, f° 110). — *Sevigné* (carte de Jaillot).

Souvray, chât., f. et mⁱⁿ, t^{ne} de Bazougers. — Fief vassal de la châtell. de Bazougers.

Souvré, chât. c^{ne} de Daon.

Suavière (La), h. c^{ne} de Cossé-le-Vivien. — Fief vassal de la bar. de Craon.

Subardière (La), h. c^{ne} de Saint-Pierre-sur-Orthe; donne son nom à un ruiss. affluent de celui de la Chouannière. — On dit aussi *la Subardière*.

Sublay, chât. et f. c^{ne} de Cossé-le-Vivien. — *Sublé*, 1694 (titres de la famille Richard). — *Sablay*, 1766 (*ibid.*).

Fief vassal des châtell. de Montjean et d'Origné.

Sublerie (La), f. c^{ne} de Gesnes.

Subnardière (La), chât., bois et f. c^{ne} de Méral. — *La Soubs-Brardière*, 1595 (arch. de la Mayenne, E 121).

Suchemalière (La), f. c^{ne} de Beaulieu. — *Souchemallière*, 1624 (arch. de la Mayenne, E 46).

Suffentré (Bois de), dépendant de la forêt de Bellebranche, c^{ne} de Saint-Brice. — *Nemus de Suffentret*, 1217 (arch. de la Mayenne, H 95).

Sufficerie (La), h. c^{ne} de Saint-Michel-de-la-Roë. — *Le lieu de la Soufficerie*, 1429 (abb. de la Roë).

Suhardière (La), f. c^{ne} de Bouère.

Suhardière (La), f. c^{ne} de Craon.

Suhardière (La), logis et f. c^{ne} de Daon.

Suhardière (La), h. c^{ne} de Méral.

Suhardière (La), f. c^{ne} de Meslay; auj. détruite.

Suhardière (La), f. c^{ne} de Nuillé-sur-Vicoin.

Suhardière (La), f. c^{ne} de Saint-Germain-de-Coulamer.

Suhardière (La), f. c^{ne} de Saint-Michel-de-Feins.

Suhardière (La Haute-), f. c^{ne} de la Selle-Craonnaise. — *La Suardière*, 1517 (abb. de la Roë).

Fief vassal de la seign. de Brécharnon.

SUHARDIÈRE (La Petite), h. c^{ne} de la Selle-Craonnaise.
SUHARDS (Lande des), c^{ne} de Saint-Isle; auj. défrichée.
SUHORIÈRE (La), h. c^{ne} de Saint-Germain-d'Anxurre.
SUMERAINE, f. c^{ne} de Meslay.
SUMERAINE, f. c^{ne} de Parné. — *Jean de Surmeraine*, 1413 (abb. de Fontaine-Daniel). — *Terre de Saumerenes*, 1443 (Arch. nat. P 343). — *Sumeranne* (Cassini).
    Fief important, qui s'étendait sur Maisoncelles, Meslay, Villiers, Saint-Denis, Fromentières, et sur Parné.
SURAIE (La Grande et la Petite), h. c^{ne} de Villaines-la-Juhel.
SURAUDIÈRE (La), f. c^{ne} de Bouère.
SURAUDIÈRE (La), h. c^{ne} de Lévaré; donne son nom à un ruiss. affl. de celui de l'Ogerie.
SURBIN (Le Haut et le Bas), f. c^{ne} de Saint-Hilaire-des-Landes. — Les landes de Surbin ont été défrichées vers 1843.
SURELLE (La), h. c^{ne} de Saint-Samson.

SURGEOLLIÈRE (La), vill. c^{ne} des Chapelles. — *La Surjolière* (Cassini).
SURGOIN, f. c^{ne} d'Ernée.
SURGON (Le Grand et le Petit), vill. c^{ne} de Gorron. — Fief vassal de la châtell. de Gorron.
SURGON (Le Grand et le Petit), f. c^{ne} de Placé. — Fief qui s'étendait sur les paroisses de Contest, Alexain, Saint-Germain-d'Anxurre, et relevait du duché de Mayenne.
SURJONNIÈRE (La), f. c^{ne} de Sainte-Suzanne.
SURMAINE, f. c^{ne} de Fromentières. — *Lieu de Sourmaienne*, 1506 (arch. de la Mayenne, E 26).
SURVARENNE, h. c^{ne} de Cigné.
SURVARENNE, h. c^{ne} de Soucé.
SUSSONNIÈRES (Les), f. c^{ne} de Neau.
SUSSOTIÈRE (La), f. c^{ne} de Jublains. — *Fussotière* (cadastre).
SUZE (Bois de la), c^{ne} de Viviers.
SUZENNAIS (La), h. c^{ne} du Pas.
SUZINIÈRE (La), h. c^{ne} du Horps.

T

TABARDIÈRES (Les), h. c^{ne} de Thorigné.
TABATIÈRE (La), f. c^{ne} de Moulay.
TABERDIÈRES (Les), h. c^{ne} de Chemazé.
TABLE (La), h. c^{ne} de Fougerolles.
TABLETTE (La), h. c^{ne} de Chemeré-le-Roi.
TABONDERIE (La), f. c^{ne} de Saint-Berthevin.
TABOURIE (La), f. c^{ne} de Courbeveille.
TABOURIE (La), f. c^{ne} de Landivy.
TABOURIE (La), f. c^{ne} de Launay-Villiers.
TABOURIE (La), f. c^{ne} du Pas.
TABOURIE (La), f. c^{ne} de Saint-Aignan-de-Couptrain. — Le bois a été défriché vers 1853.
TABOURIE (La), f. c^{ne} de Saint-Berthevin-la-Tannière.
TABUÈRE (La), h. c^{ne} de Fougerolles. — *Evano de Taboeria*, xiie siècle (cart. de Savigny, f° 121). — *Terram Tabuerie*, 1241 (abb. de Savigny, Arch. nat. L 970).
TACONNIÈRE (La), f. et landes, c^{ne} de Changé.
TACONNIÈRE (La), chât. c^{ne} de Laval. — Fief vassal du comté de Laval.
TACONNIÈRES (Les), vill. c^{ne} de Sainte-Suzanne.
TAFFOLIÈRE (La), f. c^{ne} de Vautorte.
TAFFORIÈRE (La), f. c^{ne} de Méral.
TAILLANDERIE (La), f. c^{ne} de Ballée.
TAILLANDERIE (La), f. c^{ne} de Saint-Michel-de-la-Roë.
TAILLANDERIE (La), h. c^{ne} de Trans.
TAILLE (La), f. c^{ne} de Chailland.

TAILLÉE-D'AVERTON (La), fief vassal du marq. de Villaines-la-Juhel.
TAILLÉE-SÉRIE (La), f. c^{ne} de Saint-Léger.
TAILLE-FERRIÈRE (La), logis, c^{ne} de la Dorée.
TAILLIS (Le), f. c^{ne} de Châlons.
TAILLIS (Le), f. c^{ne} de Changé.
TAILLIS (Le), f. c^{ne} de Martigné.
TAILLIS (Le), f. c^{ne} de Montsurs.
TAILLIS (Le), f. c^{ne} de Saint-Berthevin.
TAILLIS (Le), f. c^{ne} de Saint-Berthevin-la-Tannière.
TAILLIS (Le Bas-), f. c^{ne} de Saint-Léger.
TAILLIS (Le Grand-), f. c^{ne} de Sainte-Marie-du-Bois; ruiss. affl. de celui de Villeneuve.
TAILLIS (Le Haut-), éc. c^{ne} de Saint-Léger.
TAILLIS (Les), éc. f. et h., c^{ne} de Carelles.
TAILLIS (Les), éc. c^{ne} de Châtillon-sur-Colmont.
TAILLIS-DE-LA-MORT (Le), éc. c^{ne} de Gorron.
TAILLIS-DE-L'ÉCOT (Les), h. c^{ne} de Colombiers.
TAILLIS-DE-MALVA (Le), f. c^{ne} de Montaudin.
TAILLIS-DE-POUILLÉE (Le), vill. c^{ne} de Montaudin.
TAILLIS-DES-NOËLS (Le), éc. c^{ne} de Brécé.
TAILLIS-PELOUIN (Le), f. c^{ne} de Saint-Mars-sur-Colmont.
TALBOTIÈRE (La), h. c^{ne} de Hambers.
TALBOTIÈRE (La), vill. c^{ne} de Poulay.
TALBOTIÈRES (Les), h. c^{ne} de Saint-Léger.
TALBOTINE (La), f. et h. c^{ne} d'Aron.

Taleusières (Les), h. et f. c^{ne} de Ménil.
Talon (Le), f. c^{ne} de Bazougers. — Fief vassal de la châtell. de Bazougers.
Taloterie (La), h. c^{ne} de Parné.
Talu (Le), h. c^{ne} d'Averton.
Talus (Ruisseau des), c^{ne} du Horps, affl. de celui de Boulay.
Talvasserie (La), f. c^{ne} de Gennes.
Talvasserie (La), f. c^{ne} de Meslay.
Talvasserie (La Grande et la Petite), h. c^{ne} d'Arquenay.
Tamosé, f. c^{ne} de Saint-Berthevin. — Fief vassal de la châtell. de Laval.
Tanchonnière (La), f. c^{ne} d'Entramnes.
Tangourderie (La), f. c^{ne} de Laval.
Tannerie (La), éc. c^{ne} d'Alexain.
Tannerie (La), h. c^{ne} de Bazougers; donne son nom à un ruiss. affl. de la Vaige.
Tannerie (La), h. c^{ne} du Bourgneuf-la-Forêt.
Tannerie (La), éc. c^{ne} du Buret.
Tannerie (La), f. c^{ne} de Châtelain. — *Tonière* (plan cadastral). — *Tannière* (matr. cadastr.). — *Taunière* (usage).
Tannerie (La), f. c^{ne} de Contest.
Tannerie (La), éc. c^{ne} de Laval.
Tannerie (La), éc. c^{ne} de Meslay; donne son nom à un ruiss. affl. de celui de l'Orière.
Tannerie (La), f. c^{ne} de Sacé.
Tannerie (La), h. c^{ne} de Saint-Cénéré.
Tannerie (La), h. c^{ne} de Sainte-Marie-du-Bois.
Tannerie (La), f. c^{ne} de Saint-Georges-sur-Erve.
Tannerie (La), vill. c^{ne} de Saint-Hilaire-des-Landes.
Tannerie (La), éc. c^{ne} de Saint-Martin-de-Connée.
Tannet (Le), f. c^{ne} de Brée.
Tannière (La), fief, c^{ne} d'Azé, vassal de la bar. d'Ingrandes.
Tannière (La), h. c^{ne} de Loiron.
Tannière (La), h. c^{ne} de Montaudin.
Tannière (La), vill. c^{ne} de Saint-Berthevin-la-Tannière. — *Taxinarie*, 802 (dipl. de Charlemagne). — *In Tanneria*, 1158 (abb. de Savigny, Arch. nat. L 966). — *Et in Thammeria masuram*, 1200 (*ibid.* L 978). — *Terra de Tabneria*, 1216 (*ibid.* L 968). — *Masuram in Thaoneria*, 1241 (*ibid.* L 970).
Tannières (Les), f. c^{ne} de Livré.
Tannis, vill. c^{ne} de la Haie-Traversaine.
Tannis, mⁱⁿ, c^{ne} d'Oisseau.
Tannis (Le), f. c^{ne} de Chailland.
Tansolière (La), f. c^{ne} de Saint-Mars-sur-la-Futaie.
Tansorière (La), h. c^{ne} de Vimarcé.
Tansorière (La Haute et la Basse), h. c^{ne} de Saint-Martin-de-Connée.

Taracherie (La), f. c^{ne} de Hercé. — On dit aussi *la Terracherie*.
Taracherie (La), éc. c^{ne} de Lévaré.
Tardif, h. c^{ne} de Brécé; inconnu aujourd'hui. — *Cheminum quod ducit de hamelo Tardif*, 1231 (abb. de Savigny, Arch. nat. L 971).
Tardinière (La), f. c^{ne} d'Ambrières.
Tardinières (Les), f. c^{ne} de Contest; auj. détruite.
Tardivière (La), f. c^{ne} de Beaulieu. — Fief vassal de la châtell. de la Guéhardière.
Tardivière (La), f. c^{ne} d'Ernée.
Tardivière (La), vill. c^{ne} de Madré.
Tardivière (La), f. c^{ne} de Montourtier.
Tardivière (La), f. c^{ne} de Quelaines.
Tardivière (La), h. c^{ne} de Saint-Martin-de-Connée.
Tardivière (La), f. c^{ne} de Saint-Samson.
Tardivière (La Grande-), f. c^{ne} de Vaiges.
Tardivière-la-Bâte (La), f. c^{ne} de Vaiges.
Tariette (La), f. c^{ne} de Landivy.
Tarot, h. et mⁱⁿ, c^{ne} de la Chapelle-au-Riboul. — Le ruiss. de Tarot ou de Buleu est un affl. de l'Aron.
Tarquin, mⁱⁿ, c^{ne} d'Ahuillé.
Tarquin, mⁱⁿ, c^{ne} de Courbeveille; auj. détruit. — *Molin de Taraquin*, 1443 (Arch. nat. P 343).
Tarquin (Le Haut et le Bas), f. c^{ne} de Chérancé. — Le moulin de ce lieu a été détruit vers 1818.
Tartifume, h. c^{ne} de Villiers-Charlemagne.
Tantinière (La), f. c^{ne} d'Argenton.
Tarvetelaie (La), h. c^{ne} de Courcité.
Tassaie (La), h. c^{ne} de Champéon.
Tasse (La), f. c^{ne} de Gesvres.
Tasse (La), h. c^{ne} de Pré-en-Pail.
Tasse (La), f. c^{ne} de Saint-Pierre-sur-Orthe.
Tasse (La Grande et la Petite), f. c^{ne} de Châtres. — Le bois de ce lieu est auj. défriché.
Tasseaux (Les), f. c^{ne} de Martigné.
Tasse-de-la-Chambrie (La), bois taillis, c^{ne} de Châtres; auj. défriché.
Tasse-de-Loué (La), bois, c^{ne} de Blandouet; défriché en partie.
Tasse-de-Marcé (La), bois, c^{ne} de Blandouet; auj. défriché.
Tasse-du-Puits (La), éc. c^{ne} d'Évron.
Tatinière (La), h. c^{ne} de Gesvres.
Tatinière (La), h. c^{ne} de Loupfougères.
Taubray, éc. c^{ne} de la Pallu. — On dit aussi *Taubry*.
Taude (La), h. c^{ne} de Grez-en-Bouère; donne son nom à un ruiss. affl. de la Sarthe.
Tauderie (La), f. c^{ne} de Saint-Georges-sur-Erve.
Taugerie (La), f. c^{ne} de Congrier.
Tauheurte (La), mⁱⁿ à vent, c^{ne} de la Rouaudière.
Taunière (La), f. c^{ne} d'Ampoigné.

TAUNIÈRE (LA), f. c^{ne} d'Azé; détruite vers 1856.
TAUPERIE (LA), éc. c^{ne} de Craon.
TAUPINERIE (LA), f. c^{ne} de Craon.
TAUPINIÈRE (LA), h. c^{ne} de Champgenéteux.
TAURIE (LA), f. c^{ne} de Louvigné. — *Torize*, 1476 (arch. de la Mayenne, E 45).
TAURIÈRE (LA), f. c^{ne} de Bierné.
TAURIÈRE (LA), h. c^{ne} de Coudray.
TAXON, f. c^{ne} de Fromentières; auj. détruite.
TAY (LE), f. c^{ne} d'Andouillé.
TAY (LE), h. c^{ne} de Carelles; donne son nom à un ruiss. affl. de celui de la Beugère.
TAY (LE), f. c^{ne} de Launay-Villiers.
TAYÈRE (LA), f. c^{ne} de Brécé; auj. détruite. — *In parrochia de Brécé inter Telariam et burgum*, 1223 (abb. de Savigny, Arch. nat. L 969).
TAYÈRE (LA), h. et f. c^{ne} de Fontaine-Couverte. — *Terram de Ateieria*, xiie siècle (cart. de l'abb. de la Roë). — *La Thayère*, 1536 (abb. de la Roë).
TÉBERGÈRE (LA), f. c^{ne} de la Brulatte.
TÉBERGERIE (LA), f. c^{ne} de Saint-Cénéré.
TÉCHARDIÈRE (LA), h. c^{ne} de Congrier. — *Lieu de la Tréchardière*, 1481 (abb. de la Roë).
TÉGONNIÈRE (LA), fief vassal de la châtell. de Montjean. — *Lieux de la Thégonnière*, 1440 (Arch. nat. P 401).
TEIGNÉ, f. c^{ne} de Ménil. — *Taigné*, 1730 (arch. de la Mayenne, G. 84). — *Saint-Jacques de Thesnier*, 1736 (*ibid.*).
Fief vassal du marq. de Château-Gontier.
TEIGNEUX (LE), f. c^{ne} d'Argentré. — On dit aussi *la Teignouse*.
TEIL (LE), f. c^{ne} d'Arquenay. — Bois défr. vers 1865.
TEIL (LE), f. c^{ne} de Bazouges.
TEIL (LE), bois, c^{ne} de Champgenéteux.
TEIL (LE), f. c^{ne} de Changé.
TEIL (LE), f. c^{ne} de la Cropte.
TEIL (LE), vill., bois et mⁱⁿ, c^{ne} de Hambers. — *Dominus de Tilia*, xiiie siècle (arch. de la Mayenne, série H). — *Bois du Tay* (carte de l'État-major).
Siège d'une bar. du marq. de Villaines-la-Juhel. — Le ruiss. du Teil est un affl. de l'Aron.
TEIL (LE), f. c^{ne} de Larchamp.
TEIL (LE), vill. c^{ne} de Saint-Cyr-en-Pail.
TEIL (LE), f. c^{ne} de Saint-Michel-de-Feins.
TEIL (LE), h. c^{ne} de Soucé.
TEIL (LE BAS-), mⁱⁿ et f. c^{ne} de Niafle. — *Moulin du Tail*, 1594 (chap. de Saint-Nicolas de Craon).
TEIL (LE HAUT-), h. c^{ne} de la Selle-Craonnaise.
TEILLAIE (LA), f. c^{ne} de la Chapelle-Craonnaise. — *Super terram de Telleia*, 1230 (prieuré des Bonshommes).
Fief vassal de la seign. de la Motte-Sorsin.

TEILLAIE (LA), f. c^{ne} de Laigné. — *La Taillers* (Cassini).
TEILLAIE (LA), vill. c^{ne} de Sainte-Marie-du-Bois.
TEILLAIE (LA), f. c^{ne} de Senonnes.
TEILLAIE (LA HAUTE et LA BASSE), f. c^{ne} de Niafle. — Ruiss. affl. de l'Uzure.
TEILLAIE (LA HAUTE et LA BASSE), h. c^{ne} de Saint-Cyr-le-Gravelais.
TEILLAIS (LES), f. c^{ne} de l'Huisserie.
TEILLAY (LE), h. c^{ne} de Champfremont.
TEILLAY (LE VIEUX et LE NEUF), f. c^{ne} de Saint-Gault. — Ruiss. affl. de l'Hière.
Fief vassal du marq. de Château-Gontier et de la seign. d'Origné.
TEILLEUL (LE), fief du marq. de Château-Gontier, qui s'étendait sur Ampoigné et Chemazé.
TEILLEUL (LE), *alias* L'ABBAYE, f. c^{ne} de Laubrières.
TEINTURE (LA), h. c^{ne} de Pré-en-Pail.
TÉLÉGRAPHE (LE), b. c^{ne} de la Poôté.
TELLERIE (LA), f. c^{ne} de la Bazouge-des-Alleux.
TELLERIE (LA), f. c^{ne} de la Chapelle-Rainsouin.
TELLERIE (LA), h. c^{ne} de Chemeré-le-Roi.
TELLERIE (LA), f. c^{ne} de Contest.
TELLERIE (LA), f. c^{ne} de Louverné.
TELLERIE (LA), f. c^{ne} de Maisoncelles.
TELLERIE (LA), f. c^{ne} de Neau.
TELLERIE (LA), f. c^{ne} de Saint-Jean-sur-Erve; donne son nom à un ruiss. affl. de celui du Bois-du-Gast.
TELLERIE (LA), f. c^{ne} de Torcé. — On écrit aussi *l'Atellerie*.
TELLINIÈRE (LA), f. c^{ne} de Louverné.
TELLINIÈRE (LA), f. c^{ne} de Meslay.
TELLUÈRE (LA), f. c^{ne} de la Bazouge-de-Chemeré.
TÉLOINIÈRE (LA), f. c^{ne} de Quelaines. — Le Plessis-Télouinière était un fief vassal du marq. de Château-Gontier.
TELVINIÈRE (LA), f. c^{ne} de Craon. — On dit aussi *la Tilvinière*.
TEMERAIE (LA), f. c^{ne} de Ruillé-le-Gravelais.
TÉMINE (LA), h. c^{ne} de Saint-Denis-de-Gastines.
TEMPÊTRIE (LA), f. c^{ne} de la Poôté.
TEMPLE (LE), f. c^{ne} de la Baroche-Gondouin. — Fief vassal du marq. de Lassay.
Ancien domaine des Templiers, comme tous ceux qui suivent.
TEMPLE (LE), f. c^{ne} de Saint-Denis-du-Maine.
TEMPLE (LE GRAND et LE PETIT), h. c^{ne} de Voutré.
TEMPLERIE (LA), f. c^{ne} de Chemazé.
TEMPLERIE (LA), f. c^{ne} de Gesnes.
TEMPLERIE (LA), vill. c^{ne} de Lesbois.
TEMPLERIE (LA), f. c^{ne} de Longuefuye.
TEMPLERIE (LA), f. c^{ne} de Saint-Cénéré.

TEMPLERIE (LA), vill. c^{ne} de Saint-Hilaire-des-Landes; donne son nom à un ruiss. affl. de celui de Villeneuve.
TEMPLERIE (LA), h. c^{ne} de Voutré.
TEMPLERIE (LA GRANDE et LA PETITE), f. c^{ne} de Longuefuye.
TEMPLERIE (LA GRANDE et LA PETITE), village, c^{ne} de Préaux.
TEMPLERIE-DE-MOLIÈNE (LA), f. c^{ne} de Chemazé.
TEMPLERIES (LES), h. c^{ne} de Voutré.
TEMPOREL (LE), h. c^{ne} de Mézangers.
TEMPS-PERDU, f. c^{ne} de Cosmes.
TEMPS-PERDU, h. c^{ne} de Livré.
TEMPS-PERDU, h. c^{ne} de Saint-Denis-d'Anjou.
TÉNARDIÈRE (LA), f. c^{ne} de Coudray.
TÉNARDIÈRE (LA), f. c^{ne} de Cuillé.
TÉNARDIÈRE (LA), h. c^{ne} de Hambers.
TÉNARDIÈRE (LA), vill. c^{ne} de Moulay.
TENET (LE), mⁱⁿ, c^{ne} de Chevaigné. — Fief vassal du marq. de Lassay.
TENET (LE), h. c^{ne} de Madré. — *Gaufridus de Teneto*, 1198 (recueil de chartes fait au XVIIe siècle).
TENET (LE GRAND et LE PETIT), f. et éc. c^{ne} de Saint-Julien-du-Terroux.
TENILLÈRE (LA), h. c^{ne} de Courberie.
TENNERIE (LA), f. c^{ne} de la Bazouge-de-Chemeré.
TENNERIE (LA), f. c^{ne} de Soulgé-le-Bruant.
TERANÇON, h. c^{ne} de Champfremont.
TERANÇON, éc. c^{ne} de la Poôté.
TERANÇON ET DE CAMPAS (RUISSEAU DE), c^{ne} de Boulay, affl. de l'Ornette.
TERBILIÈRE (LA), éc. c^{nes} de Désertines.
TERBRONNIÈRE (LA), f. c^{ne} de Contest.
TERCERIE (LA GRANDE et LA PETITE), h. c^{ne} de Loupfougères.
TERCHANT, h., mⁱⁿ et étang, c^{ne} de Saint-Cyr-le-Gravelais. — Siége d'une vicomté érigée en 1690, comprenant les fiefs de la Villetrémaise, de Loiron, de la Guéhardière, et quelques terres de Cossé-le-Vivien.
TERMERIE (LA), h. c^{ne} de Madré.
TERMERIE (LA GRANDE et LA PETITE), vill. et h. c^{ne} de Chevaigné.
TERPINIÈRE (LA), f. c^{ne} de Saint-Denis-du-Maine.
TERQUIN, mⁱⁿ, c^{ne} de Saint-Quentin; détruit vers 1810.
TERRA (LE), f. c^{ne} de Beaulieu.
TERRA (LE), f. c^{ne} de Champfremont.
TERRAS (LES), f. c^{ne} de Mayenne.
TERRAUDIÈRE (LA), f. c^{ne} de Saint-Germain-de-Coulamer.
TERRAY (LE), vill. c^{ne} de Courberie.
TERRAY (LE), f. c^{ne} du Horps.
TERRE (LA BASSE-), f. c^{ne} d'Ahuillé.

TERRE-NEUVE (LA), f. c^{ne} de Congrier.
TERRE-NEUVE (LA), f. c^{ne} de Saint-Germain-de-Coulamer.
TERRE-PAILLE, éc. c^{ne} de Craon.
TERRE-PINTONNE, h. c^{ne} de Montsurs.
TERRERIE (LA), h. c^{ne} d'Andouillé.
TERRERIE (LA), f. c^{ne} de Bonchamp.
TERRERIE (LA), h. c^{ne} de Brée.
TERRERIE (LA), h. c^{ne} de Désertines.
TERRERIE (LA), vill. c^{ne} de Loiron.
TERRERIE (LA), h. c^{ne} de Saint-Loup-du-Gast.
TERRERIE (LA), f. c^{ne} de Villiers-Charlemagne.
TERRE-ROUGE (LA), f. c^{ne} de Châtres; auj. détruite.
TERRETIENT, fief, c^{ne} de Pommerieux, vassal de la bar. de Craon.
TERRIENNAIS (LA), f. c^{ne} de Saint-Hilaire-des-Landes.
TERRIENNIÈRES (LES), h. c^{ne} de Contest.
TERRIER (LE), h. c^{ne} de Brée.
TERRIÈRE (LA), f. c^{ne} d'Argentré.
TERRIÈRE (LA), f. c^{ne} de Saint-Fort.
TERRIÈRES (LES), vill. c^{ne} du Ham.
TERRIERS (LES), f. c^{ne} du Ham.
TERRIERS (LES), f. c^{ne} d'Hardanges.
TERRIERS (LES), f. c^{ne} de Landivy.
TERRIERS (LES), f. c^{ne} de Neuilly-le-Vendin.
TERRIERS (LES), mⁱⁿ, c^{ne} de la Poôté.
TERRIERS (LES), f. c^{ne} de Saint-Germain-de-Coulamer.
TERRINIÈRE (LA BASSE-), f. c^{ne} de Saint-Fort.
TERRINIÈRE (LA GRANDE-), f. c^{ne} de Ménil. — On prononce *Térignière*.
TERRINIÈRE (RUISSEAU DE LA), c^{ne} d'Azé, affluent de la Mayenne.
TERROUET, f. c^{ne} de Ruillé-Froidfont.
TERROUX-FLEURY (LE), h. c^{ne} de Saint-Julien-du-Terroux.
TERROUX-RAGUIN (LE), h. c^{ne} de Saint-Julien-du-Terroux.
TERTELIÈRE (LA), h. c^{ne} de Saint-Germain-de-Coulamer.
TERTRE (LE), h. c^{ne} d'Ambrières. — Fief vassal de la bar. d'Ambrières.
TERTRE (LE), h. c^{ne} d'Andouillé.
TERTRE (LE), h. c^{ne} d'Argentré.
TERTRE (LE), f. c^{ne} d'Athée.
TERTRE (LE), vill. c^{ne} d'Averton.
TERTRE (LE), f. c^{ne} d'Azé.
TERTRE (LE), h. c^{ne} de Bais.
TERTRE (LE), f. et bois, c^{ne} de Bouère.
TERTRE (LE), f. c^{ne} de Brains-sur-les-Marches.
TERTRE (LE), éc. c^{ne} de Brée.
TERTRE (LE), f. et étang, c^{ne} de Brétignolles.
TERTRE (LE), f. c^{ne} de la Brulatte.
TERTRE (LE), vill. c^{ne} de Chailland.
TERTRE (LE), h. c^{ne} de Champéon.

TERTRE (LE), f. c^{ne} de Champfremont.
TERTRE (LE), vill. c^{ne} de la Chapelle-au-Riboul.
TERTRE (LE), h. c^{ne} de Charchigné.
TERTRE (LE), f. c^{ne} de Châtelain.
TERTRE (LE), vill. c^{ne} de Châtillon-sur-Colmont.
TERTRE (LE), f. c^{ne} de Cigné.
TERTRE (LE), f. c^{ne} de Cosmes.
TERTRE (LE), f. c^{ne} de Cossé-en-Champagne.
TERTRE (LE), f. c^{ne} de Cossé-le-Vivien.
TERTRE (LE), h. c^{ne} de Courcité.
TERTRE (LE), f. c^{ne} de Craon.
TERTRE (LE), h. c^{ne} de Crennes-sur-Fraubée.
TERTRE (LE), h. c^{ne} de Désertines.
TERTRE (LE), vill. c^{ne} de Gastines.
TERTRE (LE), f. c^{ne} du Genest.
TERTRE (LE), f. et vill. c^{ne} de Gesvres.
TERTRE (LE), vill. c^{ne} de Hambers.
TERTRE (LE), f. c^{ne} de l'Huisserie.
TERTRE (LE), f. c^{ne} de Laigné.
TERTRE (LE), f. c^{ne} de Landivy.
TERTRE (LE), f. c^{ne} de Laval.
TERTRE (LE), h. c^{ne} de Lignières-la-Doucelle.
TERTRE (LE), f. c^{ne} de Longuefuye.
TERTRE (LE), h. c^{ne} de Loupfougères.
TERTRE (LE), vill. c^{ne} de Louverné.
TERTRE (LE), f. c^{ne} de Martigné.
TERTRE (LE), chât., mⁱⁿ et f., c^{ne} de Mée. — Fief vassal de la bar. de Mortiercrolles.
TERTRE (LE), vill. c^{ne} de Méral.
TERTRE (LE), vill. c^{ne} de Montigné.
TERTRE (LE), vill. c^{ne} de Montourtier.
TERTRE (LE), h. c^{ne} de Neuilly-le-Vendin.
TERTRE (LE), f. c^{ne} d'Olivet. — Fief vassal de la châtell. d'Olivet.
TERTRE (LE), f. c^{ne} de Parigné.
TERTRE (LE), f. c^{ne} de la Poôté.
TERTRE (LE), f. c^{ne} du Ribay.
TERTRE (LE), h. c^{ne} de Saint-Aignan-de-Couptrain.
TERTRE (LE), f. c^{ne} de Saint-Berthevin.
TERTRE (LE), f. c^{ne} de Saint-Berthevin-la-Tannière.
TERTRE (LE), f. c^{ne} de Saint-Céneré.
TERTRE (LE), vill. c^{ne} de Saint-Christophe-du-Luat.
TERTRE (LE), h. c^{ne} de Saint-Denis-de-Gastines.
TERTRE (LE), h. c^{ne} de Saint-Denis-du-Maine.
TERTRE (LE), f. c^{ne} de Saint-Ellier.
TERTRE (LE), f. c^{ne} de Saint-Germain-le-Fouilloux.
TERTRE (LE), chât. c^{ne} de Saint-Germain-le-Guillaume.
TERTRE (LE), f. c^{ne} de Saint-Jean-sur-Mayenne.
TERTRE (LE), f. c^{ne} de Saint-Laurent-des-Mortiers.
TERTRE (LE), f. c^{ne} de Saint-Mars-sur-la-Futaie.
TERTRE (LE), f. c^{ne} de Saint-Martin-du-Limet.
TERTRE (LE), h. c^{ne} de Saint-Pierre-des-Landes.

TERTRE (LE), h. c^{ne} de Saint-Pierre-sur-Orthe.
TERTRE (LE), f. c^{ne} de Saint-Thomas-de-Courceriers.
TERTRE (LE), f. c^{ne} de Thorigné.
TERTRE (LE), f. c^{ne} de Vaiges; donne son nom à un ruiss. affl. de la Vaige, qui arrose Saint-Georges-le-Fléchard.
TERTRE (LE), chât. et f. c^{ne} de Vimarcé. — Fief vassal de la bar. de Sillé-le-Guillaume.
TERTRE (LE), f. c^{ne} de Voutré.
TERTRE (LE BAS-), h. c^{ne} de l'Huisserie. — Fief vassal de la châtell. de Laval.
TERTRE (LE BAS-), f. c^{ne} de Juvigné-des-Landes.
TERTRE (LE BAS-), f. c^{ne} de Montenay.
TERTRE (LE GRAND-), f. c^{ne} de Longuefuye.
TERTRE (LE GRAND, LE PETIT et LE BAS), vill. c^{ne} de Saint-Georges-Buttavent.
TERTRE (LE HAUT-), h. c^{ne} de Montenay.
TERTRE (LE HAUT et LE BAS), f. c^{ne} de Bouchamp.
TERTRE (LE HAUT et LE BAS), vill. c^{ne} de Brécé.
TERTRE (LE HAUT et LE BAS), h. c^{ne} de Saint-Hilaire-des-Landes.
TERTRE (LE PETIT-), f. c^{ne} de Courcité.
TERTRE (LE PETIT-), éc. c^{ne} d'Entramnes.
TERTRE (LE PETIT-), h. c^{ne} de Laval.
TERTRE (LE PETIT-), f. c^{ne} de Pommerieux.
TERTRE-AMIRAL (LE), vill. c^{ne} d'Andouillé, autrement appelé le Tertre-Méral.
    Lieu bâti sur une butte où l'on trouve des débris de vieilles constructions.
TERTRE-BLANC (LE), h. c^{ne} de Loupfougères.
TERTRE-CESSELIN (LE), f. c^{ne} de Montaudin.
TERTRE-CAUCHET (LE), f. c^{ne} de Viviers.
TERTRE-DE-CAMPAIL (LE), f. c^{ne} de Javron.
TERTRE-DE-LA-MARSOLLIÈRE (LE), éc. c^{ne} d'Athée.
TERTRE-DE-LA-MINÉE (LE), f. c^{ne} d'Athée.
TERTRE-DE-LA-MINIÈRE (LE), éc. c^{ne} d'Athée.
TERTRE-DE-LOUVERIE (LE), h. c^{ne} de Saint-Denis-de-Gastines.
TERTRE-DES-LANDES (LE), f. c^{ne} d'Entramnes.
TERTRE-DE-VILLERAY (LE), f. c^{ne} de Javron.
TERTRE-DOMAINE (LE), h. c^{ne} de Montsurs.
TERTRE-FAUTRAS (LE), f. c^{ne} d'Entramnes; détruite vers 1865. — On dit aussi le Tertre-Faultrard.
    Le bois de ce lieu est auj. défriché.
    Fief vassal de la bar. d'Entramnes.
TERTRE-GARREAU (LE), f. c^{ne} de Saint-Quentin; donne son nom à un ruiss. affl. de celui de la Gravelle.
TERTRE-GUERCHAIS (LE PETIT-), f. c^{ne} de la Brulatte; auj. détruite.
TERTRE-ISOIR (LE), h. c^{ne} d'Hardanges, — Tertre-Isoy (carte de l'État-major).
TERTRE-JARTÉ (LE), h. c^{ne} de Nuillé-sur-Vicoin.

TERTRE-MARÉCHAL (LE), h. c^ne de Marcillé-la-Ville.
TERTRE-MARÉCHAL-DE-SAINTE-ANNE (LE), f. c^ne de Marcillé-la-Ville.
TERTRE-MARTIN (LE), f. c^ne d'Hardanges.
TERTRE-MÉRAL (LE), vill. c^ne d'Andouillé; aussi nommé le *Tertre-Amiral.*
TERTRE-NAVEAU (LE), f. c^ne de Longuefuye.
TERTRE-PERRON (LE), f. c^ne de Villiers-Charlemagne.
TERTRE-PERTUIS (LE), f. c^ne d'Entramnes.
TERTRE-PICOT (LE), f. c^ne de Sainte-Gemmes-le-Robert.
TERTRE-RAMIER (LE), f. c^ne de Sacé.
TERTRE-RENAUD (LE), f. c^ne d'Ernée.
TERTRE-ROUGE (LE), f. c^ne de Bazouges.
TERTRES (LES), h. c^ne de Cigné.
TERTRES (LES), f. c^ne de Nuillé-sur-Vicoin.
TERTRES (LES GRANDS et LES PETITS), ferme, c^ne d'Entramnes.
TERTRE-SAINT-PIERRE (LE), h. c^ne de Laval; prend son nom d'une éminence qui domine le bourg de Saint-Pierre-le-Potier.
TERTRE-SOUCHARD (LE), h. c^ne de Laval.
TESNEROTTES (LES), vill. c^ne de Pré-en-Pail.
TESNIÈRE (LA), f. c^ne de Châtillon-sur-Colmont.
TESNIÈRES (LES), f. c^ne de Belgeard.
TESNIÈRES (LES), vill. c^ne de Blandouet.
TESNIÈRES (LES), f. avec étang, c^ne de Désertines. — Ruiss. affl. de celui de la Gautrie.
TESNIÈRES (LES), f. c^ne de Livré.
TESNIÈRES (LES), f. c^ne de Marcillé-la-Ville. — *Quidquid in oppido Diablintis juxta ripam Aroenis fluvioli comparavi... cum Taxoneria,* 615 (test. Bertramni, *Gallia christ.* t. XIV, col. 107).
TESNIÈRES (LES), f. c^ne de Martigné.
TESNIÈRES (LES), h. c^ne de Placé. — *Stagnum de Placeio sicut doitus exit de valle des Ternières,* 1198 (recueil de chartes fait au XVIIe siècle).
Fief vassal de la bar. du Plessis-Châtillon.
TESSÉ, f. c^ne de Meslay.
TESSBAIE (LA), f. c^ne de la Bazoche-Montpinçon.
TESSERIE (LA), f. c^ne de la Bazouge-de-Chemeré.
TESSERIE (LA), f. c^ne de Bazouges.
TESSERIE (LA), f. c^ne de Cuillé.
TESSERIE (LA), f. c^ne d'Izé.
TESSERIE (LA), f. c^ne de Neau.
TESSERIE (LA), f. c^ne de Nuillé-sur-Vicoin.
TESSERIE (LA), éc. c^ne de Quelaines.
TESSERIE (LA), f. c^ne de Saint-Berthevin.
TESSERIE (LA), h. c^ne de Saint-Pierre-sur-Orthe.
TESSERIE (LA), f. c^ne de Soulgé-le-Bruant.
TESSERIE (LA), f. c^ne de Vimarcé.
TESSERIE (LA GRANDE-); vill. c^ne de Fougerolles.

TESSERIE (LA GRANDE et LA PETITE), f. c^ne de Livré.
TESSERIE (LA PETITE-), f. c^ne de Fougerolles.
TESSONNIÈRE (LA), h. c^ne de Bouchamp.
TESTARDIÈRE (LA), f. c^ne de la Bazouge-des-Alleux.
TESTARDIÈRE (LA), f. c^ne de Livré.
TÉTÉE (LA), f. c^ne de Soucé.
TÊTE-LOUVINE, h. c^ne de Saint-Denis-de-Gastines; donne son nom à un ruiss. affl. de l'Ernée.
TÊTE-NOIRE (LA), h. c^ne de Montsurs.
TÉTUYÈRE (LA), f. c^ne de Saint-Mars-du-Désert.
TEUFEU, f. c^ne de la Dorée. — On écrit aussi *Toffou* et *Tufeu.*
Fief vassal de la châtell. de Pontmain.
TEUFEU, éc. c^ne de Saint-Mars-sur-la-Futaie.
TEULIÈRE (LA), f. c^ne d'Averton.
TEULIÈRE (LA), h. c^ne de Contest.
TEULIÈRE (LA), f. c^ne de Courberie.
TEULIÈRE (LA), f. c^ne de Villaines-la-Juhel.
TEURNIÈRE (LA), vill. c^ne de la Haie-Traversaine.
TEURNIÈRE (LA), f. c^ne de Bouchamp.
THÉANNERIE (LA), f. c^ne d'Ahuillé; donne son nom à un ruiss. affl. de celui de Gouillas.
THÉARDIÈRE (LA), f. c^ne de Quelaines.
THÉARDIÈRE (LA), f. c^ne de Quelaines. fief vassal de la châtell. de Courbeveille.
THÉAUDIÈRE (LA), fief vassal de la châtell. de Vaiges.
THÉBAUDAIS (LA), f. c^ne de Juvigné-des-Landes; donne son nom à un ruiss. affl. de celui du Bois-Garreau.
THÉBAUDAIS (LA), h. c^ne de Saint-Mars-sur-la-Futaie.
THÉBAUDAIS (LA), f. c^ne de Vaucé.
THÉBAUDIÈRE (LA), f. c^ne d'Ambrières.
THÉBAUDIÈRE (LA), f. c^ne d'Argentré; donne son nom à un ruiss. affl. de celui du Fresne.
THÉBAUDIÈRE (LA), f. c^ne de la Bazouge-de-Chemeré.
THÉBAUDIÈRE (LA), f. c^ne de Beaulieu. — Fief vassal de la châtell. de la Guéhardière et de la châtell. de Montjean.
THÉBAUDIÈRE (LA), f. c^ne de Brains-sur-les-Marches.
THÉBAUDIÈRE (LA), h. c^ne de Champgénéteux.
THÉBAUDIÈRE (LA), f. c^ne de Contest.
THÉBAUDIÈRE (LA), f. c^ne de Gennes.
THÉBAUDIÈRE (LA), éc. c^ne de Grazay.
THÉBAUDIÈRE (LA), h. c^ne d'Hardanges.
THÉBAUDIÈRE (LA), f. c^ne de Martigné.
THÉBAUDIÈRE (LA), f. c^ne de Quelaines.
THÉBAUDIÈRE (LA), h. c^ne de Ruillé-le-Gravelais.
THÉBAUDIÈRE (LA), f. c^ne de Saulges.
THÉBAUDIÈRE (LA), f. c^ne de Saint-Georges-sur-Erve. — Fief vassal de la châtell. de Foulletorte.
THÉBAUDIÈRE (LA), h. c^ne de Saint-Germain-de-Coulamer; donne son nom à un ruiss affl. de la Vaudelle.

Thébaudière (La), f. c^{ne} de Vaiges.

Thébert, f. c^{ne} de Chammes. — Fief vassal de la bar. de Sainte-Suzanne.

Thelouse, f. c^{ne} de Lignières-la-Doucelle.

Thévalles, chât., m^{in} et f., c^{ne} de Chemeré-le-Roi. — *Warnerius de Thesvala*, vers 1100 (inv. des arch. de la Sarthe). — *Henricus de Tesvalle*, 1282 (liv. bl. du chap. du Mans).

Fief vassal de la bar. de Sainte-Suzanne et de la seign. de Chemeré-le-Roi, pourvu d'une haute justice en 1558, lorsqu'il fut réuni à la seign. de Saulges.

Thévalles, f. c^{ne} de Grez-en-Bouère.

Thévalles, vill. c^{ne} de Laval. — *Hospes de Thesvale*, 1237 (arch. du pr. d'Aquitaine, H 3). — *L'ouspital de Tesvale*, xiiie s^e (*ibid.*). — *Hôpital de Tesvalle et du Breil auffrans*, 1405 (cab. La Baulnère).

Siége d'une ancienne commanderie de Templiers et de Chevaliers de Malte, composée de trois membres : Thévalles, le Breil-aux-Francs et Chevillé (Sarthe), tous situés dans le ressort du grand prieuré d'Aquitaine. — La juridiction, qui s'étendait sur 40 paroisses, ressortissait à la barre de la bar. épiscopale de Touvoie.

Le ruiss. de Thévalles ou de la Tannerie se jette dans la Mayenne.

Thévinière (La), f. c^{ne} de Peuton ; bâtie sur les défrichements d'une forêt. — *Super quibusdam nemoribus de la Tevineria*, 1225 (abb. de la Roë, H 183, f° 299).

Thibaudière (La), h. c^{ne} de Ravigny.

Thibertière (La), f. c^{ne} de Champéon.

Thibeudière (La), h. c^{ne} de Brétignolles.

Thiélin (Bois de), c^{ne} de Chemeré-le-Roi ; auj. défriché. — *Bois-Tiélin*, 1367 (abb. de Bellebranche).

Thiercelinais (La), f. c^{ne} de Gorron. — On dit *la Quercelinais*.

Thiérilais (La), f. c^{ne} de Hercé. — On prononce *la Quérilais*.

Thieudières (Les), h. c^{ne} de Placé.

Thomansais (La), f. c^{ne} de Bouchamp.

Thomassais (La), h. c^{ne} de Brains-sur-les-Marches.

Thomassière (La), f. c^{ne} de Bouère.

Thomassière (La), f. c^{ne} de Hercé.

Thomassière (La), f. c^{ne} de Saint-Aubin-Fosse-Louvain.

Thomassière (La Grande-), f. c^{ne} de Fougerolles.

Thomassière (La Haute-), vill. c^{ne} de Fougerolles.

Thomassière (La Petite-), h. c^{ne} de Fougerolles.

Thomassières (Les), h. c^{ne} de Juvigné-des-Landes. — L'étang de ce lieu est auj. desséché.

Thorigné, c^{on} de Sainte-Suzanne. — *Turiniacus*, 802 (dipl. de Charlemagne). — *Tauriniacus*, xiie siècle (Gesta Pontif. Cen.). — *Ecclesia de Thorigniaco*, 1125 (cart. d'Évron). — *Parrochia de Taurigné*, 1217 (liv. bl. du chap. du Mans). — *Infra parrochiam Sancti Stephani de Toriné*, 1254 (inv. des arch. de la Sarthe).

Anc. par. du doy. de Brulon, de l'élect. du Mans et du baill. de Sainte-Suzanne. — Prieuré dép. de l'abb. d'Évron.

Siége d'une châtell. annexée à la châtell. de la Raguenière en 1584 : elle comprenait les fiefs des Auvers, de la Bonne-Marie, du Bordeau-Chouan, du Châtelet, de la Cour de Bannes, de la Massonnière, de Moncors, de Montmartin, des Pins-au-Large, de la Rualinière et de Valtrop.

Thorigné, f. c^{ne} de la Chapelle-Craonnaise. — Fief vassal de la seign. de la Motte-Sorsin.

Thorigné (Moulin de), c^{ne} de Saint-Pierre-sur-Erve.

Thorinière (La), f. c^{ne} de l'Huisserie.

Thorinière (La), f. c^{ne} de Laval.

Thou (Le) h. c^{ne} de Bouère.

Thouallière (La), f. c^{ne} de Cossé-le-Vivien.

Thouardière (La), f. c^{ne} de Changé.

Thuallière (La), f. c^{ne} de Pommerieux ; détruite vers 1848.

Thubœuf, c^{on} de Lassay. — *H. de Tuebof*, 1188 (abb. de Fontaine-Daniel). — *Decima de Tuebove*, xiie s^e. (Hist. des sires de Mayenne, pr.). — *Tuebœuf*, 1651 (cab. Chedeau).

Anc. par. du doy. de Javron et de l'élect. du Mans. — Le bois de Thubœuf était un fief du marq. de Lassay.

L'étang de Thubœuf a été desséché en 1828.

Thubœuf, f. c^{ne} d'Argenton. — Fief vassal de la seign. de la Morlière.

Thubœuf, fief, c^{ne} de Laval, vassal de la terre de Rouessé.

Thubœuf, chât., f. et m^{in}, c^{ne} de Nuillé-sur-Vicoin. — Le fief de Thubœuf ou de la Cour-Belot était vassal de la châtell. de Lancheneil.

Thuré, f. c^{ne} de Bais.

Thuré, chât., f. et étang, c^{ne} de la Bazouge-des-Alleux. — Le m^{in} de ce lieu est auj. détruit.

Fief vassal des châtell. de Laval et de Montsurs.

Thuré, f. c^{ne} de Champfremont.

Thuré, vill. c^{ne} de Cossé-le-Vivien.

Thuré, f. c^{ne} de Juvigné-des-Landes.

Thuré (Le Grand et le Petit), f. c^{ne} de Changé.

Thuré (Le Petit-), f. c^{ne} de Brée.

Thuré-de-Beaugeard (Bois et landes de), c^{ne} de Boulay ; défrichés en 1863.

DÉPARTEMENT DE LA MAYENNE. 313

Thuveau (Le Haut et le Bas), f. c^{ne} d'Azé. — On écrit aussi *Étuveau*.
Fief vassal de la bar. d'Ingrandes.
Thyraie (La), vill. c^{ne} de Saint-Aignan-de-Couptrain. — *Village de la Thoraye*, 1535 (cab. Chedeau). — On écrit aussi *la Tire-Haie*.
Thyré, éc. c^{ne} de Champfremont. — On écrit aussi *Tirret*.
Thybé, f. c^{ne} de Saint-Céneré.
Tibergère (La), f. c^{ne} de Cossé-en-Champagne.
Tibergère (La), f. c^{ne} d'Ernée.
Tibergère (La Grande et la Petite), f. c^{ne} de Saint-Michel-de-la-Roë. — Fief vassal de la bar. de Craon.
Tibordière (La), vill. c^{ne} de la Poôté.
Tibouchère (La), h. c^{ne} de Saint-Pierre-sur-Erve.
Tibourgère (La), f. c^{ne} de Saint-Pierre-des-Landes.
Tiburgeais (La), éc. c^{ne} de Juvigné-des-Landes.
Tiellerie (La), f. c^{ne} de la Bigottière.
Tiers (Le), f. et éc. c^{ne} de Chemazé.
Tieuferie (La), h. c^{ne} de Parigné.
Tigerie (La), f. c^{ne} de Saint-Denis-d'Anjou.
Tillaudière (La), f. c^{ne} de Carelles.
Tillé, f. c^{ne} de Champgénéteux. — *Tilliacum villam*, 989 (cart. d'Évron). — *Medietarias de Tylia et hospitalaria Tylie*, 1258 (ibid.).
Tilleudière (La), h. c^{ne} de la Poôté.
Tilleudière (La), f. c^{ne} de Saint-Georges-Buttavent.
Tilleul (Le), riv. du dép^t de l'Orne qui vient se jeter dans la Mayenne à Saint-Calais-du-Désert.
Tilleul (Le), h. c^{ne} d'Averton.
Tilleul (Le), f. c^{ne} de Châtillon-sur-Colmont
Tilleul (Le), m^{in} et f. c^{ne} de Lassay. — On prononce *le Teilleul*.
Tilleul (Le), f. c^{ne} de Ruillé-le-Gravelais. — Le fief des Tilleuls était vassal de la châtell. de Montjean.
Tilleul (Le), h. c^{ne} de Saint-Germain-de-Coulamer.
Tilleul (Le), vill. c^{ne} de Saint-Pierre-la-Cour; donne son nom à un ruiss. affl. du Vicoin.
Tilleul (Le Grand-), éc. c^{ne} de Changé. — *Les landes de Teilleul* (carte de Jaillot).
Les landes ont été défrichées de 1820 à 1825.
Tilleul (Le Petit-), f. c^{ne} de Changé.
Tillez, f. c^{ne} de Châtillon-sur-Colmont.
Tillière (La), vill. c^{ne} de Champgénéteux.
Tillière (La), f. c^{ne} de Saint-Thomas-de-Courceriers.
Tillot, f. c^{ne} de Carelles.
Timberdière (La), vill. c^{ne} de Pré-en-Pail.
Timonnière (La), f. c^{ne} de Madré.
Tinalière (La), f. c^{ne} de Craon.
Tinalière (La), h. c^{ne} de Saint-Saturnin-du-Limet.
Tinvetière (La), f. c^{ne} de Courbeveille.
Tiolière (La), vill. c^{ne} de la Baconnière.

Tioltière (La), f. c^{ne} de Saint-Berthevin-la-Tannière.
Tionnière (La), f. c^{ne} de Loiron.
Tioullière (La), f. c^{ne} de Saint-Germain-le-Fouilloux. — Fief vassal de la châtell. de Fouilloux.
Tirelais (La), f. c^{ne} de Gorron.
Tirepoil, éc. c^{ne} de Craon.
Tirière (La), f. c^{ne} de Loiron.
Tirière (La), f. c^{ne} de Marigné-Peuton.
Tiron, f. c^{ne} d'Argenton. — Fief de la châtellenie de Romfort.
Tisonière (La), f. c^{ne} d'Assé-le-Bérenger. — L'étang de ce lieu a été desséché vers 1843.
Tisonnière (La), f. c^{ne} de Bonchamp.
Tisonnière (La), f. c^{ne} du Buret.
Tisonnière (La), f. c^{ne} d'Ernée.
Tisonnière (La), f. c^{ne} de Laval.
Tisonnière (La), h. c^{ne} de Saint-Martin-de-Connée.
Tisons (Bois des), c^{ne} de Sacé.
Tissotrière (La), f. c^{ne} d'Évron.
Tissu, m^{in}, c^{ne} de Craon; détruit au xviiie siècle.
Tissu-aux-Moines, f. c^{ne} de Craon.
Tissu-Baraton, h. c^{ne} de Craon. — *Tissu-Barenton*, 1790 (arch. de la Mayenne, série Q).
Tissu-Borbien, f. c^{ne} de Craon. — *Tissu-Bourbier* 1866 (rôles de dénombr.).
Tissu-l'Enfant, f. c^{ne} de Craon.
Titre (Le), f. c^{ne} de Senonnes.
Tivoli, vill. c^{ne} d'Andouillé.
Tivoli, éc. c^{ne} de Changé.
Tivoli, éc. c^{ne} de Pommerieux.
Toinandière (La), h. c^{ne} de Sainte-Marie-du-Bois.
Toinerie (La Grande-), h. c^{ne} de Gastines.
Toinerie (La Petite-), vill. c^{ne} de Gastines.
Toinsard (Le), h. c^{ne} de Deux-Évailles. — On dit aussi *le Truinsard*.
Toits (Les Grands et les Petits), h. c^{ne} de Saint-Sulpice. — Fief vassal de la seign. de la Rongère.
Toits-Fouques (Les), f. c^{ne} de Saint-Sulpice.
Tombe (La), f. c^{ne} de Sainte-Gemmes-le-Robert.
Tombe (La), h. c^{ne} de la Selle-Craonnaise.
Tomberie (La), f. c^{ne} de Pommerieux.
Tonderie (La), f. c^{ne} de Lignières-la-Doucelle.
Tonderie (La), h. c^{ne} de Saint-Martin-de-Connée.
Tonnairie (La), f. c^{ne} de l'Huisserie.
Tonnardière (La), h. c^{ne} de Sainte-Marie-du-Bois.
Tonnazière (La), vill. c^{ne} de Madré. — *Tonnassière* (Cassini).
Tonnelle (La), f. c^{ne} de Saint-Charles-la-Forêt.
Tonnellière (La), f. c^{ne} de Bais.
Tonnellière (La), f. c^{ne} de Bouessay.
Tonnellières (Les), vill. c^{ne} de Viviers.
Tonnerie (La), vill. c^{ne} de la Baconnière.

Mayenne.

40

Tonnerie (La), f. c^{ne} de Bazouges.
Tonnerie (La), f. c^{ne} de Bierné.
Tonnerie (La), f. c^{ne} de Colombiers.
Tonnerie (La), f. c^{ne} de Gesnes.
Tonnerie (La), f. c^{ne} de l'Huisserie.
Torambert, fief, c^{ne} d'Ernée vassal de la terre de Charné.
Torbechet, chât. c^{ne} de Saint-Georges-Buttavent. — Fief vassal du duché de Mayenne.
Torcé, c^{on} de Sainte-Suzanne. — *Curtem Tortiacum*, 989 (inv. des arch. de la Sarthe). — *Ecclesia de Torciaco*, vers 1100 (*ibid.*) — *Ecclesiam S. Petri de Tortiaco*, 1125 (cart. d'Évron). — *Prior de Torceio*, vers 1160 (inv. des arch. de la Sarthe).
Le prieuré dép. de l'abb. d'Évron. — Anc. par. du doyenné et de la bar. d'Évron et de l'élection de Mayenne.
Torcé, f. et mⁱⁿ, c^{ne} de Cigné. — Fief relevant de la bar. d'Ambrières et de la seign. de Montcorbeau.
Torcé, h. c^{ne} de Daon; donne son nom à un ruiss. affl. de la Mayenne.
Torcé, f. c^{ne} de Soulgé-le-Bruant.
Torcés (Les), f. c^{ne} de Soulgé-le-Bruant.
Torchalon, h. c^{ne} de Juvigné-des-Landes. — On écrit aussi *Torchanon* et *Touchalon*.
Fief vassal de la terre de Charné. — L'étang et le moulin n'existent plus.
Torchandière (La), vill. c^{ne} d'Ambrières; donne son nom à un ruiss. affl. de la Varenne.
Torchonnière (La), f. c^{ne} de Changé.
Torchonnière (La), f. c^{ne} de l'Huisserie.
Toret (Le Haut et le Bas), h. c^{ne} de la Chapelle-au-Riboul.
Torlais (La), h. c^{ne} de Vaiges.
Torlière (La), f. c^{ne} de Châlons.
Torlière (La), h. c^{ne} de Châtillon-sur-Colmont; donne son nom à un ruiss. affl. de celui du Fauconnier.
Torlière (La), h. c^{ne} de Moulay. — La lande de ce lieu est auj. défrichée.
Torlière (La), éc. c^{ne} de Saint-Cénéré.
Torlière (La Petite-), éc. c^{ne} de Châlons.
Torseries (Les), éc. c^{ne} de Ravigny.
Tortiane (La Grande et la Petite), f. c^{ne} de Craon.
Touchaie (La Haute et la Basse), h. c^{ne} de Deux-Évailles. — *Les Touchas* (Cassini).
Touchais (La), f. c^{ne} de Grez-en-Bouère.
Touchamin, h. c^{ne} de Vimarcé.
Touchamp (Le Grand et le Petit), h. c^{ne} de Saint-Mars-du-Désert.
Touchardière (La), f. c^{ne} de Ballots. — Fief vassal de la Motte de Bouchamp.
Touchardière (La), f. c^{ne} de Bierné.

Touchardière (La), f. c^{ne} de Chemazé. — Fief vassal du marq. de Château-Gontier.
Touchardière (La), h. c^{ne} de Congrier. — *La Trouschardière*, 1459 (abb. de la Roë).
Touchardière (La), f. c^{ne} de Denazé; donne son nom à un ruiss. affl. de celui de Fleins. — Fief vassal de la seign. de Gangein.
Touchardière (La), vill. c^{ne} de Désertines; donne son nom à un ruiss. affl. de l'Ourde.
Touchardière (La), f. c^{ne} de Longuefuye.
Touchardière (La), f. c^{ne} de Ménil.
Touchardière (La), f. c^{ne} de Saint-Aignan-sur-Roë.
Touchasse (La), chât. et f. c^{ne} de Gennes.
Touche (La), f. c^{ne} d'Andouillé.
Touche (La), vill. c^{ne} d'Aron. — *F. de Tuscha*, 1247 (liv. bl. du chap. du Mans).
Touche (La), f. c^{ne} d'Arquenay.
Touche (La), f. c^{ne} d'Astillé.
Touche (La), f. et four à chaux, c^{ne} de Ballée.
Touche (La), f. c^{ne} de Ballots. — *Contulisset Thoscham*, 1234 (prieuré des Bonshommes de Craon).
Touche (La), f. c^{ne} de la Bazouge-de-Chemeré.
Touche (La), f. c^{ne} de la Bazouge-des-Alleux.
Touche (La), f. c^{ne} de Bazougers.
Touche (La), f. c^{ne} de Bazouges.
Touche (La), f. c^{ne} de Bourgon.
Touche (La), f. c^{ne} de la Brulatte.
Touche (La), f. c^{ne} du Buret.
Touche (La), éc. c^{ne} de Champéon.
Touche (La), h. c^{ne} de Champfremont.
Touche (La), f. c^{ne} de Changé.
Touche (La), h. c^{ne} de Chantrigné.
Touche (La), h. c^{ne} de la Chapelle-Craonnaise.
Touche (La), h. c^{ne} de Charchigné.
Touche (La), f. c^{ne} de Chemazé.
Touche (La), h. c^{ne} de Chemeré-le-Roi.
Touche (La), f. c^{ne} de Cigné.
Touche (La), éc. c^{ne} de Colombiers.
Touche (La), f. c^{ne} de Commer.
Touche (La), f. c^{ne} de Congrier.
Touche (La), f. c^{ne} de Contest.
Touche (La), f. c^{ne} de Cosmes.
Touche (La), h. c^{ne} de Cossé-en-Champagne.
Touche (La), f. c^{ne} de Cossé-le-Vivien.
Touche (La), vill. c^{ne} de Courberie.
Touche (La), f. c^{ne} de la Croixille.
Touche (La), f. c^{ne} de Guillé.
Touche (La), f. c^{ne} de Denazé; auj. détruite.
Touche (La), h. c^{ne} de Deux-Évailles.
Touche (La), f. c^{ne} de Fromentières.
Touche (La), f. c^{ne} de Gennes.
Touche (La), f. c^{ne} de Gorron.

DÉPARTEMENT DE LA MAYENNE.

Touche (La), h. c^ne de Grez-en-Bouère.
Touche (La), f. c^ne du Horps.
Touche (La), f. c^ne de Houssay.
Touche (La), h. c^ne du Housseau.
Touche (La), f. c^ne d'Izé. — Le fief de la Grande-Touche était vassal de la châtell. de Courceriers.
Touche (La), h. c^ne de Landivy.
Touche (La), f. c^ne de Laval.
Touche (La), vill. c^ne de Lignières-la-Doucelle.
Touche (La), h. c^ne de Livré.
Touche (La), f. c^ne de Longuefuye.
Touche (La), f. c^ne de Marigné-Peuton.
Touche (La), f. c^ne de Martigné.
Touche (La), éc. et h. c^ne de Mayenne.
Touche (La), logis et f. c^ne de Mée.
Touche (La), chât. et f. c^ne de Meslay.
Touche (La), h. c^ne de Moulay.
Touche (La), f. c^ne de Neau. — Fief vassal de la bar. d'Évron.
Touche (La), f. c^ne de Niafle.
Touche (La), f. c^ne de Niort.
Touche (La), f. c^ne de la Poôté.
Touche (La), f. c^ne de Préaux.
Touche (La), vill. c^ne du Ribay.
Touche (La), éc. c^ne de Ruillé-le-Gravelais.
Touche (La), vill. c^ne de Saint-Aignan-sur-Roë.
Touche (La), éc. c^ne de Saint-Berthevin.
Touche (La), f. c^ne de Saint-Cyr-le-Gravelais.
Touche (La), h. c^ne de Saint-Denis-d'Anjou.
Touche (La), h. c^ne de Saint-Germain-le-Fouilloux.
Touche (La), h. c^ne de Saint-Loup-du-Gast.
Touche (La), h. c^ne de Saint-Mars-sur-Colmont; donne son nom à un ruiss. affl. de la Colmont.
Touche (La), h. c^ne de Saint-Martin-de-Connée.
Touche (La), h. c^ne de Saint-Pierre-des-Landes.
Touche (La), f. c^ne de Saint-Pierre-sur-Orthe.
Touche (La), f. c^ne de Saint-Saturnin-du-Limet.
Touche (La), étang, c^ne de Saint-Thomas-de-Courceriers; auj. desséché.
Touche (La), f. c^ne de Saulges.
Touche (La), f. c^ne de la Selle-Craonnaise.
Touche (La), f. c^ne de Soulgé-le-Bruant.
Touche (La), f. c^ne de Vaiges.
Touche (La), vill. c^ne de Villepail.
Touche (La), f. c^ne de Villiers-Charlemagne.
Touche (La), h. c^ne de Vimarcé.
Touche (La Basse-), h. c^ne de Renazé.
Touche (La Grande-), f. c^ne de Craon.
Touche (La Grande-), f. c^ne d'Ernée. — Le ruiss. de la Touche est un affl. de celui de Montguerré.
Touche (La Grande-), fief, c^ne de Montigné, vassal du comté de Laval.

Touche (La Grande et la Petite), h. c^nes d'Ambrières. — Fief vassal de la bar. d'Ambrières.
Touche (La Grande et la Petite), f. c^ne du Bourgneuf-la-Forêt.
Touche (La Grande et la Petite), f. c^ne de Préaux.
Touche (La Grande et la Petite), f. c^ne de Voutré.
Touche (La Petite-), f. c^ne d'Argentré; auj. détruite.
Touche (La Petite-), vill. c^ne d'Ernée.
Touche (La Petite-), h. c^ne de Landivy.
Touche (La Petite-), f. c^ne de Ruillé-Froidfont.
Touche-à-l'Abbesse (Étang de la), c^ne de Craon; auj. desséché et transformé en prairie qui sert d'hippodrome.
Touche-aux-Arçons (La), vill. c^ne de Chailland.
Touche-aux-Bonneau (Le), f. c^ne d'Ambrières.
Touche-aux-Godets (La), vill. c^ne de Chailland.
Touche-aux-Regereaux (La), fief, c^ne de Montigné.
Touche-Baron (La), h. et m^in, c^ne de Cossé-le-Vivien.
Touche-Belin (La), chât. et f. c^ne de Daon.
Touche-Bœuf (La), f. c^ne de Craon.
Touche-Bœuf (La), f. c^ne de Voutré.
Touche-Boulard (La), fief, c^ne de Chemeré-le-Roi, vassal de la châtell. de Chemeré.
Touche-Bourdon (La), h. c^ne de Sacé.
Touche-Brou (La), f. c^ne de Sacé.
Touche-Brou (La), f. c^ne de Saint-Cyr-le-Gravelais. — Fief vassal de la châtell. de Montjean.
Touche-Budor (La), vill. c^ne de Méral. — *La Tousche-Budots*, 1615 (prieuré des Bonshommes). — *La Touche-Bidot*, 1866 (rôles de dénombr.). Arrière-fief de la seign. de Saint-Poix et de la bar. de Craon.
Touche-Chevalier (La Grande et la Petite), h. c^ne de Fromentières. — *La Touche-Vallier*, 1552 (arch. de la Mayenne, E 26). Fief vassal de la Quanterie et de la châtellenie de Fromentières.
Touche-Conil (La), h. c^ne de Lassay.
Touche-Cosnard (La), f. c^ne de Désertines.
Touche-Courte (La), f. c^ne de Bouère.
Touche-Crosnier (La), vill. c^ne de Renazé.
Touche-des-Alleux (La), f. c^ne de Cossé-le-Vivien.
Touche-des-Landes (La), vill. c^ne de Méral.
Touche-des-Prés (La), f. c^ne de Viviers.
Touche-du-Puits (La), f. c^ne de Cosmes. — *Le lieu de la Touche du Pouez*, 1462 (abb. de la Roë, II 189, f° 23).
Touche-Éperon (La), f. c^ne de Pommerieux.
Touche-Faton (La), h. c^ne de Charchigné.
Touche-Fermée (La), h. c^ne du Buret.
Touche-Fleury (La Haute et la Basse), f. c^ne de Laigné.
Touche-Fouillère (La), vill. c^ne des Chapelles.

TOUCHE-FOUILLÈRE (LA), vill. c^n de Lignières-la-Doucelle.
TOUCHE-FOLQUET (RUISSEAU DE LÀ), c^nes de Belgeard et de Commer, affl. de celui de Préambourg.
TOUCHE-GAST (LA), f. c^ne de Quelaines.
TOUCHE-GÉRIGNÉ (LA), fief vassal de la châtell. de Meslay.
TOUCHE-GIFFARD (LA), arrière-fief de la bar. de Craon, vassal de la seign. de Chauvigné.
TOUCHE-GODIER (LA), vill. c^ne de Renazé.
TOUCHE-GUILLET (LA), f. c^ne de Cossé-le-Vivien.
TOUCHE-GUIMARD (LA), f. c^ne de Lassay. — *Totum feodum meum de la Tosche Guimar*, 1213 (abb. de Savigny, Arch. nat. L 969). — *Hosca terræ sita juxta Thoscam Guimar*, 1213 (*ibid.*).
TOUCHE-GUY (LA), f. c^ne de Marigné-Peuton.
TOUCHE-ISSAIE (LA), f. c^ne de Saulges.
TOUCHE-LEZÉ (LA), f. c^ne de Grez-en-Bouère. — Autrefois *la Touche-Fourmond*.
TOUCHE-LORIÈRE (LA), vill. c^ne d'Oisseau. — Fief de la seign. du Parc d'Avaugour.
TOUCHE-MARTIN (LA), f. c^ne de Bouère.
TOUCHE-MATIGNON (LA), fief vassal de la châtell. d'Ernée.
TOUCHE-MAUBUSSON (LA), f. c^ne de Saint-Ouen-des-Toits.
TOUCHE-MAUVIER (LA), f. c^ne de Craon.
TOUCHE-MINOT, f. et éc. c^ne de Saint-Saturnin-du-Limet.
TOUCHE-MINOT (LA), h. c^ne de la Selle-Craonnaise. — Anc. poste de gabelle.
TOUCHE-MOLLIÈRE (LA), fief vassal de la châtellenie de Montjean.
TOUCHE-MORIN (LA), m^in, c^ne de Saint-Pierre-sur-Orthe.
TOUCHE-OLIVIER (LA), f. c^ne de Désertines.
TOUCHE-PASSAIS (LA), h. c^ne de Désertines.
TOUCHE-PIQUET (LA), h. c^ne de Sainte-Suzanne.
TOUCHE-POIDAT (LA), vill. c^ne de Méral.
TOUCHE-QUATREBARBES, fief, c^ne de Mée, vassal de la bar. de Mortiercrolles.
TOUCHE-RICHER (LA), h. c^ne de Saulges.
TOUCHE-RONDE (LA), f. c^ne d'Arquenay.
TOUCHE-RONDE (LA), f. c^ne de Beaumont-Pied-de-Bœuf.
TOUCHE-RONDE (LA), f. c^ne de Fromentières.
TOUCHE-RONDE (LA), vill. c^ne de Hambers.
TOUCHE-RONDE (LA), f. c^ne de Longuefuye.
TOUCHE-RONDE (LA), f. c^ne de Saint-Denis-du-Maine.
TOUCHE-RONDE (LA), h. c^ne de Saint-Pierre-sur-Erve.
TOUCHE-RONDE (LA GRANDE et LA PETITE), f. c^ne de Saint-Denis-du-Maine.
TOUCHES (LES), f. c^ne de Bazouges.
TOUCHES (LES), f. c^ne de la Boissière.
TOUCHES (LES), f. c^ne de Denazé.
TOUCHES (LES), h. c^ne de la Dorée. — Fief vassal du marq. de la Hautonnière.
TOUCHES (LES), f. c^ne d'Épineu-le-Séguin.
TOUCHES (LES), h. c^ne de Fromentières. — Fief vassal de la châtell. de Fromentières.
TOUCHES (LES), f. c^ne de Gesnes.
TOUCHES (LES), f. c^ne de Laval. — Fief vassal de la châtell. de Laval.
TOUCHES (LES), chât. et f. c^ne de Loigné.
TOUCHES (LES), f. c^ne de Méral.
TOUCHES (LES), f. c^ne de Montigné.
TOUCHES (LES), f. c^ne de Montjean.
TOUCHES (LES), h. c^ne de Pré-en-Pail.
TOUCHES (LES), f. c^ne de Ruillé-Froidfont. — Fief vassal de la châtell. de Longuefuye.
TOUCHES (LES), f. c^ne de Saint-Berthevin.
TOUCHES (LES), vill. c^ne de Saint-Cyr-en-Pail.
TOUCHES (LES), f. c^ne de Saint-Denis-du-Maine. — Fief vassal de la châtell. de Bazougers.
TOUCHES (LES), h. c^ne de Saint-Germain-de-Coulamer.
TOUCHES (LES), f. c^ne de Saint-Laurent-des-Mortiers.
TOUCHES (LES), h. c^ne de Saint-Ouen-des-Toits.
TOUCHES (LES), f. c^ne de Saint-Thomas-de-Courceriers.
TOUCHES (LES), vill. c^ne de Thubœuf.
TOUCHES (LES), f. c^ne de Torcé.
TOUCHES (LES GRANDES et LES PETITES), f. c^ne de Daon.
TOUCHES (LES GRANDES et LES PETITES), f. c^ne de Ménil.
TOUCHES (LES PETITES-), f. c^ne d'Ambrières.
TOUCHES (LES PETITES-), vill. c^ne de Saint-Cyr-en-Pail.
TOUCHES (RUISSEAU DES), c^ne de Villepail, affl. de celui de Mont-Havoust.
TOUCHE-SALLÉE (LA), f. c^ne d'Argentré.
TOUCHES-NEUVES (LES), f. c^ne de Fromentières.
TOUCHES-PALLIER (BOIS DES), c^ne de Houssay; auj. défriché.
TOUCHES-RONDS (LES), f. c^ne de Saint-Christophe-du-Luat. — Fief vassal de la châtell. du Luard.
TOUCHES-VIEILLES (LES), f. c^ne de Fromentières.
TOUCHETTE (LA), f. c^ne de Chemazé; donne son nom à un ruiss. affl. de celui de la Mignère.
TOUCHETTE (LA), f. c^ne de Saint-Jean-sur-Erve.
TOUCHETTES (LES), f. c^ne de Livré.
TOUCHETTES (LES), f. c^ne de Méral.
TOUCHETTES (LES), h. c^ne de Saint-Cyr-le-Gravelais.
TOUCHE-VALLIER (LA), h. c^ne de Voutré.
TOUCHE-VALORY (LA), fief vassal de la seign. de la Beschère.
TOUCHE-VERTE (LA), f. c^ne de Nuillé-sur-Vicoin.
TOUCHE-YVON (LA), f. c^ne d'Argentré.
TOUFFE (LA), éc. c^ne de Pré-en-Pail.
TOUFFE (LA), f. c^ne de Saint-Cyr-en-Pail.

TOUFFINIÈRE (LA), f. c^{ne} de Beaulieu.
TOUFFRIÈRE (LA GRANDE et LA PETITE), f. c^{ne} de la Bigottière.
TOUILLAUDERIE (LA), f. c^{ne} de Mée.
TOUINIÈRE (LA), f. c^{ne} de Courbeveille.
TOULIÈRE (LA), f. c^{ne} de Saint-Berthevin. — Fief vassal de la châtell. de Laval.
TOULIFAUT, h. c^{ne} de Loiron.
TOULONNIÈRE (LA), h. et bois, c^{ne} d'Andouillé.
TOUPE (LA), éc. c^{ne} d'Origné.
TOUR (LA), fief, c^{ne} d'Aron, vassal du duché de Mayenne.
TOUR (LA), f. c^{ne} de Ballots. — *Closerie de la Tour*, aliàs *la Normanderie*, 1564 (abb. de la Roë).
TOUR (LA), f. c^{ne} d'Entramnes.
TOUR (LA), f. c^{ne} de Saint-Denis-du-Maine.
TOURAILLE (LA), f. c^{ne} de Courcité. — *In feodo de la Toraille*, 1245 (cart. de Fontaine-Daniel).
TOURAILLES (LES), h. c^{ne} de Saint-Calais-du-Désert.
TOURASNIÈRE (LA), vill. c^{ne} de Ravigny.
TOUR-BLANCHE (LA), h. c^{ne} de Simplé. — Siége d'une prévôté dépendant de la bar. de Craon et d'une châtell. vassale de la même bar. par le Bois de Simplé. L'étang de ce lieu est auj. desséché.
TOUR-COUPÉE (LA), f. c^{ne} de Louvigné; auj. détruite.
TOUR-DU-BAS (LA), m^{in}, c^{ne} de Saint-Hilaire-des-Landes.
TOUR-DU-HAUT (LA), h. c^{ne} de Saint-Hilaire-des-Landes.
TOURELLE (LA), f. c^{ne} de Couptrain.
TOURELLE (LA), f. c^{ne} de Saint-Christophe-du-Luat.
TOUR-ÉMOND (ÉTANG DE LA), c^{ne} de Saint-Hilaire-des-Landes. — Vieux donjon rasé vers 1431. Siége d'une seign. vassale de la châtell. d'Ernée. — Voy. TOUR-DU-BAS (LA) et TOUR-DU-HAUT (LA).
TOURETTERIE (LA), f. c^{ne} du Pas.
TOURMONTIÈRE (LA), h. c^{ne} d'Andouillé.
TOURNEBRIDE, éc. c^{ne} de Méral.
TOURNEBRIDE, f. c^{ne} de Saint-Mars-sur-la-Futaie.
TOURNEBRIDE, f. c^{ne} de Simplé.
TOURNEFEUILLE (LE), f. c^{ne} de Bouchamp.
TOURNERIE (LA), vill. c^{ne} de Lesbois.
TOURNERIE (LA), f. et éc. c^{ne} de Placé.
TOURNERIE (LA PETITE-), éc. c^{ne} de Lesbois.
TOURNIQUET (LE), vill. c^{ne} de Fromentières.
TOUROUX (LES), f. c^{ne} de Belgeard. — Le moulin de ce lieu est auj. détruit.
Le ruiss. des Touroux est un affl. de celui de Beaucoudray.
TOURTELAIE (LA), f. c^{ne} de Courcité.
TOURTELIÈRE (LA), f. c^{ne} de Parné.
TOURTERIE (LA), h. c^{ne} de Vautorte.
TOUSSAINT, f. c^{ne} de Louvigné.

TOUSSAINTERIE (LA), f. c^{ne} de Ballots.
TOUTERIE (LA), h. c^{ne} de Villaines-la-Juhel.
TOUVOIE, juridiction, c^{ne} d'Argentré, relevant du comté de Laval en premier ressort et de la sénéchaussée du Mans en appel. — Elle comprenait l'église et la ceinture de maisons du cimetière. Elle fut annexée aux siéges d'Hauterives et d'Argentré au xviiie siècle.
TOUZELIÈRE (LA), f. c^{ne} de Champgénéteux.
TOUZELIÈRE (LA), f. c^{ne} de Fontaine-Couverte. — *De Gaufrido Tousel in Tosseleria*, xiiie s^e (abb. de la Roë, H 151, f° 98).
TOUZELIÈRE (LA), f. c^{ne} de Saint-Christophe-du-Luat. — On prononce *la Touzeillière*.
TOUZERAIE (LA), f. c^{ne} de Soucé.
TOUZERAIE (LA GRANDE et LA PETITE), f. c^{ne} du Buret.
TOUZERIE (LA), h. c^{ne} de Saint-Aubin-du-Désert.
TOUZERIE (LA), f. c^{ne} de Saint-Georges-sur-Erve.
TOUZIÈRES (LES), f. c^{ne} d'Astillé.
TRACOUILLÈRE (LA), f. c^{ne} de la Selle-Craonnaise.
TRAGINIÈRE (LA), f. c^{ne} de Saint-Germain-le-Guillaume.
TRAINEAU (LE), f. c^{ne} de Saint-Quentin.
TRAINEAU (LE), f. c^{ne} de Voutré.
TRAITS (LES), f. c^{ne} de Saulges. — *Les Trées* (Cassini)
TRAMIÈRE (LA), f. c^{ne} de Marigné-Peuton.
TRAMIÈRE (LA), h. c^{ne} de Peuton.
TRANCALOUP, f. c^{ne} de Deux-Évailles. — *Maneir de Drong-au-Lou*, 1292 (archives de la Mayenne, série E). — *Troncalou*, 1440 (Arch. nat. P 401). — *Francalou* (carte de Jaillot). — *Châtellenie de Francaloux*, 1755 (cab. La Bauluère).
Le manoir est auj. détruit. Fief vassal de la châtell. de Brée. — Lieu nommé autrefois *Morteville*.
TRANCHAIE (LA), h. c^{ne} de Saint-Loup-du-Dorat.
TRANCHANDIÈRE (LA), h. c^{ne} de Bais.
TRANCHANDIÈRE (LA), f. c^{ne} de Neuilly-le-Vendin.
TRANCHANDIÈRE (LA), f. c^{ne} de Pré-en-Pail.
TRANCHANDIÈRE (LA), h. c^{ne} de Saint-Calais-du-Désert.
TRANCHANDIÈRE (LA), f. c^{ne} de Saint-Denis-du-Maine.
TRANCHÉE (LA), fief, c^{ne} du Buret, vassal de la châtell. de Meslay.
TRANCHÉE (LA), fief vassal de la châtell. d'Ernée.
TRANS, c^{ne} de Bais. — *Villam Tridentem*, ixe s^e (Gesta Aldrici). — *De villa Tredendo*, 802 (dipl. de Charlemagne). — *Ecclesia sedet nomine Treant*, 989 (cart. d'Évron). — *Medietate de Tredente*, ixe s^e (Gesta pontif. Cenom.). — *Ecclesia Sancti Nicolai de Trantis*, 1125 (cart. d'Évron).
Le prieuré de la paroisse dépendait de l'abbaye d'Évron. — Anc. par. du doy. et de la bar. d'Évron et de l'élect. du Mans.
TRANSOULIÈRE (LA), f. c^{ne} de Chemeré-le-Roi.

TRAPPE (LA), f. c^ne de Sainte-Marie-du-Bois.
TRAPPE (LA), prieuré. — Voy. PORT-RINGEARD (LE).
TRAVERS (LE), f. c^ne de Saint-Mars-sur-la-Futaie.
TRAVERSERIE (LA), f. c^ne de Laigné.
TRAVERSERIE (LA), vill. c^ne de Saint-Germain-le-Guillaume.
TRÉBILLARDIÈRE (LA), f. c^ne de Ballots.
TRÉBILLARDIÈRE (LA), f. c^ne d'Évron.
TRÉBILLÈRE (LA), f. c^ne de Désertines.
TRÉBONDIÈRE (LA), f. c^ne de Cossé-le-Vivien.
TRÉBONDINIÈRE (LA), f. c^ne de Vautorte.
TRÉBONNAIS (LA), h. c^ne de Saint-Pierre-la-Cour.
TRÉBONNIÈRE (LA), vill. c^ne de Contest.
TRÉBOUILLÈRE (LA), h. c^ne de Pré-en-Pail.
TRÉBOUILLÈRE (LA), h. c^ne de Saint-Samson.
TRÉBUCHÉRE (LA), f. c^ne d'Hardanges; donne son nom à un ruiss. affl. de celui des Fossés.
TRÉBUCHET, éc. c^ne de Saint-Charles-la-Forêt.
TRÉBUCHOT (LE), f. c^ne de Meslay.
TRÉFANERIE (LA), f. c^ne de Marigné-Peuton.
TRÉFIÈRE (LA), h. c^ne de Loupfougères.
TRÈFLE (LE), h. c^ne de Bazouges.
TRÉFLERIE (LA), h. et éc. c^ne de Brée. — La Trefferie (Cassini).
TRÉGAUX (LES), f. c^ne de Lignières-la-Doucelle.
TRÉGONNIÈRE (LA), f. c^ne de la Boissière.
TRÉGONNIÈRE (LA), f., bois et vallée, c^ne de Saint-Germain-le-Fouilloux. — On dit aussi la Tergonnerie.
TRÉGONNIÈRE (LA HAUTE et LA BASSE), f. c^ne de Saint-Cyr-le-Gravelais. — Lieu de la' Thégonnière, 1440 (Arch. nat. P 401). — On dit aussi la Trigonnière. Fief vassal de la châtell. de Montjean.
TRÉGUILLÈRE (LA), f. c^ne de Landivy.
TRÉHARDIÈRE (LA), vill. c^ne de Courberie.
TRÉHARDIÈRE (LA), f. c^ne du Horps.
TRÉHARDIÈRE (LA), vill. c^ne de la Poôté.
TRÉHARDIÈRE (LA), f. c^ne de Saulges.
TRÉHOLIÈRE (LA), f. c^ne de Larchamp.
TRÉHORIE (LA), vill. c^ne d'Izé. — La Trihorie (Cassini). Fief vassal de la châtell. de Courceriers.
TRÉHORIES (LES), h. c^ne de Parné.
TRÉHOT, f. c^ne d'Azé.
TRÉHUT, h. c^ne de Bazouges, annexé à la c^ne de Château-Gontier.
TREILLONNIÈRE (LA), f. c^ne de Saint-Michel-de-la-Roë; supprimée en 1855.
TREIZE-VOUGES, m^in et étang, c^ne de Bouchamp. — In masura que nuncupatur de Tredecim Voogiis, XIIIe s^e (abb. de la Roë, H 151, f° 98).
TRÉMAILLÈRE (LA), f. c^ne de Bazougers.
TRÉMAILLÈRE (LA), h. c^ne de Saint-Denis-d'Anjou.

TRÉMAILLÈRE (LA), h. c^ne de Villaines-la-Juhel. — Fief vassal du marq. de Villaines.
TREMBLAIE (BOIS DE LA), c^ne de Parné; défriché vers 1865.
TREMBLAIE (LA), f. c^ne d'Ahuillé.
TREMBLAIE (LA), f. c^ne d'Athée.
TREMBLAIE (LA), f. c^ne de Chemeré-le-Roi.
TREMBLAIE (LA), f. c^ne de Courbeveille.
TREMBLAIE (LA), f. c^ne de Cuillé. — La Tremblerie, 1673 (abb. de la Roë, H 181).
TREMBLAIE (LA), f. c^us de Daon.
TREMBLAIE (LA), f. c^ne de Meslay.
TREMBLAIE (LA), f. c^ne de Quelaines.
TREMBLAIE (LA), f. c^ne de la Rouaudière.
TREMBLAIE (LA), éc. c^ne de Ruillé-Froidfont.
TREMBLAIE (LA), h. c^ne de Saint-Aignan-de-Couptrain.
TREMBLAIE (LA), f. c^ne de Saint-Berthevin. — On dit aussi le Tremble.
TREMBLAIE (LA), f. c^ne de Saint-Charles-la-Forêt; détruite vers 1838.
TREMBLAIE (LA), éc. c^ne de Saint-Germain-le-Fouilloux.
TREMBLAIE (LA), f. c^ne de Saint-Laurent-des-Mortiers.
TREMBLAIE (LA), h. c^ne de Saint-Mars-du-Désert.
TREMBLAIE (LA GRANDE et LA PETITE), f. c^ne de Pommerieux.
TREMBLAIES (LES), h. c^ne de Daon. — Notre-Dame de la Tremblaie, 1866 (rôles de dénombr.).
TREMBLAIES (LES), f. c^ne de Louvigné.
TREMBLAIES (LES), h. c^ne de Parné. — Fief vassal de la bar. d'Entramnes.
TREMBLAY (LA COUR-DU-), f. c^ne de Saint-Christophe-du-Luat. — Fief vassal de la seign. de l'Aunay-Péan. Le moulin est auj. détruit.
TREMBLAY (LE), f. c^us de Bouère.
TREMBLAY (LE), f. c^ue de Châtelain. — Fief vassal du marq. de Château-Gontier.
TREMBLAY (LE), f. c^ue de Fontaine-Couverte.
TREMBLAY (LE), f. c^ue de Gastines.
TREMBLAY (LE), vill. c^ne de Javron.
TREMBLAY (LE), h. c^ne de la Rouaudière.
TREMBLAY (LE), f. c^ne de Saint-Denis-de-Gastines; donne son nom à un ruiss. affl. de celui de Tête-Louvine. — Fief vassal de la terre de Charné.
TREMBLAY (LE), f. c^ne de Saint-Erblon.
TREMBLAY (LE BAS-), f. c^ne de Saint-Christophe-du-Luat.
TREMBLAY (LE PETIT-), f. c^ne de Javron.
TREMBLE (LE), f. c^ne de Viviers.
TREMBLE (LE), f. — Voy. TREMBLAIE (LA).
TREMBLES (LES), h. c^ne de Saint-Fraimbault-de-Prières.
TREMBLAIE (LA), f. c^ne du Bourgneuf-la-Forêt.

TREMELAIE (LA BASSE-), éc. c^ne du Bourgneuf-la-Forêt.
TREMELLIÈRE (LA), f. c^ne de la Selle-Craonnaise. — On prononce aussi la Trémaillère.
TREMEZEAU, f. c^ne de Saint-Cyr-le-Gravelais.
TRÉMONNIÈRE (LA), f. c^ne de Saint-Denis-d'Anjou.
TRÉMOUCHÈRE (LA), vill. c^ne de Gesvres.
TRÉNAILLÈRE (LA), f. c^ne d'Argentré.
TRÉNAILLÈRE (LA), f. c^ne de Houssay.
TRÉPELLIÈRE (LA), f. c^ne de Congrier.
TRÉPINIÈRE (LA), f. c^ne de Saint-Denis-du-Maine.
TRESSILLON, chât., chapelle et étang, c^ne de Montenay; auj. détruits.
TRESSINIÈRE (LA), h. c^ne de Hambers.
TRÉTONNIÈRE (LA), f. c^ne d'Averton.
TRÉTONNIÈRE (LA), f. c^ne de Ménil.
TRÉTONNIÈRE (LA), h. c^ne de la Poôté.
TRÉTONNIÈRE (LA), h. c^ne de Saint-Pierre-des-Landes.
TRÉTONNIÈRES (LES GRANDES et LES PETITES), f. c^ne d'Argentré. — Fief vassal de la châtell. de Poligné.
TREULON (LE), rivière du dép^t de la Sarthe qui forme la limite de celui de la Mayenne dans les c^nes de Thorigné, Bannes, Cossé, Épineu-le-Séguin, et se jette dans l'Erve près d'Auvers-le-Hamon. — Le ruissel de Trulon, 144 (Arch. nat. P 343).
TREUNIÈRE (LA), h. c^ne de Hambers. — On dit aussi la Trunière.
TREUPELAIS (LA), f. c^ne de la Rouaudière.
TRÉVANNIÈRE (LA), vill. c^ne de Javron.
TRÉVANNIÈRE (LA), vill. c^ne de Lignières-la-Doucelle; donne son nom à un ruiss. affl. de celui de la Haie-Portée.
TREZURIE (LA), f. c^ne de Saint-Quentin. — Fief vassal de la bar. de Craon.
TRIAGE (LE), f. c^ne de Châtillon-sur-Colmont.
TRIAGE (LE), lande, c^ne de Saint-Calais-du-Désert.
TRIAGE (LE), h. c^ne de Vautorte.
TRIANON (LE), h. c^ne du Bourgneuf-la-Forêt.
TRIBALLERIE (LA), f. c^ne de Courbeveille; détruite vers 1844.
TRIBOUILLÈRE (LA), f. c^ne de Loiron.
TRIBOUILLERE (LA), f. c^ne de Saint-Berthevin.
TRICARDIÈRE (LA), f. c^ne de Longuefuye; donne son nom à un ruiss. affl. de celui de Froidfont.
TRICHONNIÈRE (LA), f. c^ne d'Ampoigné.
TRICHONNIÈRE (LA), vill. c^ne de la Selle-Craonnaise. — Le fief de ce nom, aussi appelé la Belissonnière, relevait de la bar. de Craon.
TRICONNIÈRE (LA), f. c^ne de Châtillon-sur-Colmont.
TRICONNIÈRE (LA), f. c^ne de Vautorte.
TRICOTTIÈRE (LA), f. c^ne de Courberie.
TRICOTTIÈRE (LA), f. c^ne du Horps.

TRICOTTIÈRE (LA), vill. c^ne de Mayenne. — Fief du duché de Mayenne.
Le moulin de ce lieu est auj. détruit.
TRICOUILLÈRE (LA), f. c^ne de Congrier. — On dit aussi la Tracouillère.
TRICOUILLERIE (LA), f. c^ne de Bazouges.
TRIGALE (LA), f. c^ne de Lignières-la-Doucelle.
TRIGANDIÈRES (LES), h. c^ne de Saint-Pierre-sur-Orthe.
TRIGONNIÈRE (LA), f. c^ne de Saint-Berthevin.
TRIHOUDY, m^in, c^ne d'Aron; auj. détruit.
TRINCANNIÈRE (LA), f. c^ne de Jublains.
TRINITÉ (LA), vill. c^ne de Pré-en-Pail.
TRINITÉ (LA), f. c^ne de Ruillé-le-Gravelais.
TRINITÉS (LES), f. c^ne de Chailland.
TRINTINIÈRE (LA), f. c^ne de Saint-Germain-le-Guillaume.
TRIOTTERIE (LA), h. c^ne de Saint-Quentin.
TRIOUFLÈRE (LA), f. c^ne de Placé.
TRIPELLIÈRE (LA), h. c^ne de Lignières-la-Doucelle.
TRIPPIÈRE (LA), h. c^ne de Larchamp.
TRIQUELIÈRE (LA), f. c^ne de la Croixille.
TRIQUELIÈRE (LA), f. c^ne de Fougerolles. — On dit aussi la Triguelière.
TRIQUERIES (LES), f. c^ne de Soulgé-le-Bruant. — Fief vassal de la châtell. de Bazougers.
TRIQUETERIE (LA), f. c^ne de Vautorte.
TRIQUETIÈRE (LA), f. c^ne de Saint-Denis-d'Anjou.
TRIVOISIÈRE (LA), f. c^ne de Gesnes; donne son nom à un ruiss. affl. de celui de la Jarriais.
TRIVOISIÈRES (LES), f. c^ne de Changé.
TROCHÈRE (LA), éc. c^ne de Juvigné-des-Landes.
TROCHÈRE (LA), f. c^ne de Loiron.
TROCHÈRE (LA), f. c^ne d'Olivet. — On écrit aussi la Tropchère.
TROCHERIE (LA), f. c^ne d'Ampoigné.
TROGANDIÈRE (LA), f. c^ne de Larchamp.
TROIS-CHÂTEAUX, vill. c^ne de Thorigné. — Ce lieu a pris son nom de trois enceintes en terre établies les unes près des autres, avec fossé extérieur, dans l'une desquelles se voit encore un château en ruine, de forme carrée.
TROIS-CHÊNES (LES), h. c^ne d'Averton.
TROIS-CHÊNES (LES), éc. c^ne de Ballots.
TROIS-CHÊNES (LES), f. c^ne de Brains-sur-les-Marches.
TROIS-CHÊNES (LES), f. c^ne de Lévaré.
TROIS-PRUNIERS (LES), f. c^ne de Saint-Charles-la-Forêt.
TROIS-QUARTS (LES), f. c^ne de Saint-Pierre-des-Landes.
TROIS-SOLÉS (LES), landes, c^ne de Deux-Évailles.
TROIS-SOULAIRES (LES), f. et étang c^ne de Deux-Évailles. — Le ruiss. de ce nom est un affl. de celui des Morteries.
TROLOTINS, vill. c^ne de la Poôté.

Trompe-Souris, f. c^ne de Saint-Loup-du-Dorat.
Tronc (Le), f. c^ne de Chailland.
Tronchaie (La), f. c^ne de Craon; donne son nom à un ruiss. affl. de l'Hière.
Tronchardière (La), h. c^ne de Saint-Germain-de-Coulamer.
Tronchay (Le), f. c^ne d'Aron.
Tronchay (Le), h. c^ne de Pré-en-Pail.
Tronchay (Le), vill. c^ne de Saint-Aubin-du-Désert.
Tronchay (Le), f. c^ne de Saint-Quentin.
Tronchay (Le), h. c^ne de Saint-Samson.
Tronchay (Le Bas-), f. c^ne de Saint-Denis-d'Anjou.
Tronchay (Le Haut-), h. c^ne de Saint-Denis-d'Anjou. — Le fief du Haut-Tronchay était vassal de la bar. de Gratte-Cuisse.
Tronchay (Le Haut-), f. c^ne de Saint-Michel-de-Feins.
Tronchay (Les fiefs du) ou d'Astillé, vassaux de la seign. de la Vieucour.
Tronchebert, f. c^ne de Saint-Samson.
Tronchereau (Le), vill. c^ne de Saint-Cyr-en-Pail.
Troncherie (La), vill. c^ne de Loiron.
Tronque-Foin (Le), éc. c^ne de Mézangers.
Tropinière (La), f. c^ne de Saint-Michel-de-la-Roë.
Tropinpanière (La), f. c^ne de Ballée. — *Terres de la Tropenpenière*, 1459 (abb. de Bellebranche).
Trop-Vendu, f. c^ne de Belgeard.
Trop-Vendu, f. c^ne de Jublains.
Trop-Vendu, h. c^ne de Montourtier.
Trop-Vendue, éc. c^ne d'Assé-le-Bérenger.
Troquerie (La); f. c^ne de Bierné.
Troquerie (La), f. c^ne de Meslay. — Fief vassal des châtell. d'Arquenay et de Meslay.
Trotterie (La), f. c^ne de Bouère; donne son nom à un ruiss. affl. de celui de Saint-Martin.
Trotterie (La), f. c^ne de Courberie.
Trotterie (La), f. c^ne d'Évron. — *Apud les Trotinez*, 1237 (cart. d'Évron).
Trotterie (La), f. c^ne du Horps.
Trotterie (La), f. c^ne de Peuton.
Trotterie (La), f. c^ne de Placé. — Fief vassal du duché de Mayenne.
Trotterie (La), vill. c^ne de Saint-Saturnin-du-Limet.
Trottet, m^in, c^ne de la Poôté.
Trottière (La), h. c^ne de Champéon.
Trottière (La), vill. c^ne des Chapelles.
Trottinière (La), h. c^ne de Chammes.
Trottinières (Les), f. c^ne de Laval.
Trouaillères (Les), vill. c^ne de Hambers.
Trouaillères (Les), h. c^ne de Jublains.
Trouée (La), f. c^ne de Ruillé-Froidfont.
Trouesnerie (La), f. c^ne de Gastines; auj. détruite. — *Troesnerie*, 1524 (chap. de Saint-Nicolas de Craon).

Trouëssardière (La), f. c^ne de Saint-Aubin-Fosse-Louvain. — On prononce la *Toissardière*.
Trouëssarts (Les), h. c^ne de Saint-Denis-d'Anjou.
Trouësserie (La), f. c^ne de Ballots.
Trouillarderie (La), f. c^ne de Saint-Jean-sur-Mayenne.
Trouillaudière (La), f. c^ne de Saint-Aignan-sur-Roë.
Trouillère (La), h. c^ne de Saint-Germain-d'Anxurre.
Trouillerie (La), f. c^ne de la Chapelle-Rainsouin.
Trouillet (Ruisseau du), c^ne de Saint-Ellier, affl. de la riv. de la Glenne.
Troupet (Le), h. c^ne de la Poôté.
Troussardière (La), f. c^ne de Saint-Mars-du-Désert.
Trousselaie (La), f. c^ne du Genest.
Trousselaie (La), f. c^ne de Montenay.
Trousselière (La), f. c^ne de Ruillé-le-Gravelais.
Trousserie (La), f. c^ne d'Azé.
Trousserie (La), f. c^ne de Vieuvy.
Troussière (La), f. c^ne d'Argentré.
Troussière (La), h. c^ne de Louverné. — Châtellenie vassale du comté de Laval.
Trouverie (La), f. c^ne de Houssay.
Truchardière (La), h. c^ne de Saint-Aignan-sur-Roë.
Truchère (La), h. c^ne de Sainte-Marie-du-Bois.
Truelles (Les), h. c^ne de Courcité.
Trussière (La), f. c^ne de Villiers-Charlemagne.
Tuardière (La), h. c^ne d'Orgères.
Tuaudière (La), c^ne de Carelles. — Ruiss. affluent de l'Ernée.
Tuaudière (La), f. c^ne de Courbeveille.
Tuaudière (La), f. c^ne de Ménil.
Tuaudière (La), f. c^ne de la Roë.
Tuaudière (La), f. c^ne de Vaiges.
Tuberdière (La), f. c^ne d'Azé.
Tuberdière (La), f. c^ne de Chemazé.
Tuberie (La), f. c^ne de Saint-Denis-de-Gastines.
Tubertière (La), f. c^ne d'Athée.
Tubertière (La), vill. c^ne de Landivy.
Tubertière (La Basse-), f. c^ne de Landivy.
Tubertières (Les), h. c^ne de Saint-Germain-le-Fouilloux.
Tucé, fief, c^ne de Beaulieu. — Nom ancien des fiefs de la Guéhardière qui furent consolidés au comté de Laval au xive siècle (Arch. nat. p. 443).
Tucé, f. c^ne de Parné.
Tuchonnière (La), h. c^ne de Charchigné.
Tudelière (La), f. c^ne de Cossé-le-Vivien.
Tuellière (La), f. c^ne de Louvigné. — Fief vassal de la seign. de Marboué.
Tuilerie (La), fabrique de tuiles, c^ne du Bignon.
Tuilerie (La), h. c^ne de Boulay.
Tuilerie (La), f. c^ne de Champfremont.
Tuilerie (La), f. et usine, c^ne de Gesnes.

TUILERIE (LA), h. c^ne du Ham; donne son nom à un ruiss. affl. de celui de la Laire.
TUILERIE (LA), f. c^ne de Juvigné-des-Landes.
TUILERIE (LA), h. c^ne de Loigné.
TUILERIE (LA), h. alias PETIT-DOMAINE, c^ne de Montourtier.
TUILERIE (LA), fief, c^ne de Saint-Brice, vassal de la châtell. de Sablé.
TUILERIE (LA), briqueterie, c^ne de Saint-Céneré.
TUILERIE (LA), éc. c^ne de Saint-Gault.
TUILERIE (LA), éc. c^ne de Vautorte.
TUILERIE (LA), usine, c^ne de Villaines-la-Juhel.
TUILERIES (LES), éc. c^ne de Bazouges.
TUILERIES (LES), h. c^ne de Marcillé-la-Ville. — *Landes des Tuileries et des Minerais* (carte de Jaillot).
TUILERIES (LES), éc. c^ne de Pré-en-Pail.
TUILERIES (LES), vill. c^ne de Viviers.
TUILERIE-SOUS-LE-GALOP (LA), f. c^ne de Gesnes.
TULHAIE (LA), f. c^ne de Pommerieux; détruite vers 1848.
TULHAIRES (LES), h. c^ne de Ballots. — *Lieu de la Tullehière*, 1550 (arch. de la Mayenne, E 121). — *La Tulehuère* (Cassini).
TULLIÈRE (LA), f. c^ne de Ménil. — *La Tuellière*, 1564 (abb. de la Roë, H 184).
TULOUP, f. c^ne de Laval.
TULVINIÈRE (LA), f. c^ne de Saint-Brice.
TURBOTTIÈRE (LA), f. c^ne de Niafle.
TURCASSERIE (LA), f. c^ne de Larchamp.
TURCONNIÈRE (LA), h. c^ne de Chantrigné.
TURLIÈRE (LA), f. et m^in, c^ne de Colombiers; donne son nom à un ruiss. affl. de la Colmont.
TURLIÈRE (LA), f. c^ne d'Oisseau. — On dit aussi *la Tulière*.
TURLIZIÈRE (LA), f. c^ne de Grez-en-Bouère.
TURMALIÈRE (LA), f. c^ne de Cossé-le-Vivien.
TURMASSERIE (LA), vill. c^ne d'Arquenay.

TURMEAU (LE HAUT ET LE BAS), f. c^ne de Bierné. — *Haut-Urmeaux* (Cassini).
 Fief vassal de la châtell. de Romfort.
TURMELLIÈRE (LA), f. c^ne de Bais.
TURMELLIÈRE (LA), vill. c^ne de Champgenéteux.
TURMELLIÈRE (LA), f. c^ne de Maisoncelles.
TURMELLIÈRE (LA), f. c^ne de Saint-Germain-d'Anxurre. — Landes défrichées vers 1858.
TURMELLIÈRE (LA GRANDE et LA PETITE), f. c^ne d'Ampoigné.
TURMELLIÈRES (LES), f. c^ne de Montsurs.
TURMERIE (LA), f. c^ne de Courbeveille; détr. vers 1846.
TURMERIE (LA), f. c^ne de Grez-en-Bouère.
TURMIÈRE (LA), f. c^ne de Longuefuye.
TURMIÈRES (LES), f. c^ne de Marcillé-la-Ville. — *Le bois de l'Esturmière*, xviiie siècle (cab. Ravault).
 Ce bois, qui s'étendait en Champéon, est auj. défriché.
TURMINIÈRE (LA), f. c^ne de Craon.
TURMINIÈRE (LA), f. c^ne de Denazé.
TURNAUDERIE (LA), h. c^ne d'Argentré.
TURPINIÈRE (LA), f. et éc. c^ne d'Aron.
TURPINIÈRE (LA), vill. c^ne de Bais.
TURPINIÈRE (LA), f. c^ne de Courcité.
TURPINIÈRE (LA), f. c^ne d'Évron.
TURPINIÈRE (LA), f. c^ne de Gorron.
TURPINIÈRE (LA), f. c^ne de Grez-en-Bouère.
TURPINIÈRE (LA), f. c^ne de Loigné.
TURPINIÈRE (LA), f. c^ne de Marcillé-la-Ville.
TURPINIÈRE (LA), f. c^ne de Saint-Denis-d'Anjou.
TURPINIÈRE (LA), f. c^ne de Saint-Georges-sur-Erve.
TURPINIÈRE (LA), f. c^ne de Torcé.
TURPINIÈRE (LA), f. c^ne de Vaiges.
TURQUETTERIE (LA), h. c^ne de Saint-Charles-la-Forêt.
TURTAUDIÈRE (LA), chât. et f. c^ne de Pommerieux.
TUYAUDERIE (LA), vill. c^ne de Saint-Thomas-de-Courceriers.

U

USACHÈRES (LES), f. c^ne de la Pellerine; détruite au xixe siècle.
USAGES (LES), f. c^ne de Saint-Michel-de-la-Roë.
USAGES (LES), bois sis entre Saulges et Épineu-le-Séguin, mentionné sur la carte de Jaillot.
USURE (L'), rivière qui prend sa source dans la c^ne de Brains-sur-les-Marches, arrose Saint-Michel-de-Feins, Niafle, et se jette dans l'Oudon à Bouchamp — *Aquam que Usura nuncupatur*, xie siècle (cart. de la Roë, H 151, f° 4).
USURE (L'), f. c^ne de la Selle-Craonnaise.

V

Vaaz (Ruisseau de), c^ne d'Argentré, affl. de la Jouanne.
Vacherie (La), h. c^ne de Chemazé.
Vacherie (La), éc. c^ne de Courcité.
Vacherie (La), vill. c^ne de Lignières-la-Doucelle.
Vacherie (La Haute et la Basse), f. c^ne de la Brulatte.
Vachonnière (La), f. c^ne de la Poôté.
Vahais, vill., chât. et m^in, c^ne d'Ernée. — *Terram de Vallehaie*, 1168 (cart. de Savigny, f° 113). — *Molendinum de Vahaia*, 1205 (abb. de Fontaine-Daniel). — *Terram de Valhaie*, 1241 (abb. de Savigny, Arch. nat. L 970).
  Les landes de ce lieu ont été défrichées de 1830 à 1860.
Vaige (Bois de), compris dans la forêt de la Gravelle au xve siècle.
Vaige (La), riv. qui prend sa source dans la c^ne de Vaiges, traverse la Bazouge-de-Chemeré, la Cropte, Préaux, Beaumont, Bouessay, Saint-Loup, et se jette dans la Sarthe à Sablé. — *In fluvio Vizegia nuncupato*, 1100 (inv. des arch. de la Sarthe). — *Aqua de Vegia*, 1123 (Bibl. nat. f. lat. 5441). — *Rivière de Vagette*, 1782 (arch. de la Mayenne, E 90).
  On la nomme aussi vulgairement *Vaigette*.
Vaiges, c^ne de Sainte-Suzanne. — *G. de Vege*, xie s^e (cart. du Ronceray, p. 222). — *Ecclesia Sancti Sulpicii de Vegia*, 1125 (cart. d'Évron). — *G. de Vegio*, 1197 (inv. des arch. de la Sarthe).
  Le prieuré de la paroisse dépendait de l'abbaye d'Évron. — Anc. par. du doy. de Sablé, de l'élect. et du comté de Laval.
Vaigette, f. c^ne de Saint-Denis-du-Maine.
Vaigron, fief vassal de la bar. de Sainte-Suzanne.
Vairie (La), h. c^ne de Désertines. — Fief vassal de la châtell. de Pontmain.
  L'étang de ce lieu est auj. desséché.
Vairie (La), fief, c^ne de Gorron, vassal de la châtell. de ce nom.
Vairie (La), vill. c^ne de Larchamp.
Vairie (La), h. c^ne de Melleray.
Vairie (La), f. c^ne de Parigné. — *Pro molendino de la Veerie*, 1259 (abb. de Savigny, Arch. nat. L 972). — On dit aussi *la Varie*.
  Le moulin de ce lieu est auj. détruit.
Vairie (La), fief, c^ne de la Roë, vassal de la bar. de Craon.
Vairie (La), h. c^ne de Saint-Cyr-en-Pail. — On dit aussi *la Vaérie*.

Val (Le), closerie et m^in, c^ne d'Athée; auj. supprimés. — *Molendino de Valle*, 1235 (prieuré des Bonshommes). — *Ung lieu appelé le Vau*, 1459 (abb. de la Roë).
Val (Le), f. c^ne de Champgenéteux. — On dit aussi *le Vau*.
Val (Le), f. c^ne de Changé.
Val (Le), h. c^ne de Cigné. — Fief vassal de la bar. d'Ambrières.
Val (Le), f. c^ne de la Croixille.
Val (Le), h. et m^in, c^ne de Larchamp.
Val (Le), m^in, c^ne de Louverné; auj. détruit.
Val (Le), h. c^ne de Melleray.
Val (Le), f. c^ne de Montflours.
Val (Le), h. c^ne de Pré-en-Pail.
Val (Le), m^in et f. c^ne du Ribay.
Val (Le), m^in, c^ne de Saint-Germain-le-Guillaume.
Val (Le), f. c^ne de Saint-Jean-sur-Mayenne. — Le ruiss. de ce nom est un affl. de la Mayenne.
Val (Le), h. c^ne de Thubœuf.
Val (Le), h. c^ne de Vaucé.
Val (Le Bas-), h. c^ne d'Averton.
Val (Le Grand-), f. c^ne de Quelaines.
Val (Le Grand-), f. c^ne de Saint-Germain-le-Guillaume.
Val (Le Grand et le Petit), f. c^ne d'Ampoigné; ruiss. affl. de celui de Mauconseil.
  Le fief du Val relevait du marquisat de Château-Gontier.
Val (Le Grand et le Petit), f. c^ne de Houssay. — Les bois du Grand-Val sont auj. défrichés.
  Fief vassal de la châtell. de Laval.
Val (Le Haut-), vill. c^ne d'Averton.
Val (Le Petit-), h. c^ne d'Andouillé.
Val (Le Petit-), f. c^ne de Chailland.
Val (Le Petit-), f. c^ne de Landivy.
Val (Le Petit-), f. c^ne de Livré.
Valachaux (Le), f. c^ne de la Poôté.
Valaisière (La), f. c^ne de Landivy.
Valaisière (La), f. c^ne de Larchamp.
Valaisière (La), h. c^ne de Sainte-Gemmes-le-Robert.
Valaisière (La Grande et la Petite), f. c^ne d'Évron.
Valandré, f. c^ne de la Dorée; donne son nom à un ruiss. affl. de l'Angottière.
Val-Aubert (Le), h. c^ne de Saint-Hilaire-des-Landes.
Val-Aubin, h. c^ne de Soucé.
Val-Auray (Le), f. et éc. c^ne de Bais.

Val-aux-Bourdais (Le), vill. c^ne de Chailland.
Val-aux-Bourdais (Le Petit-), f. c^ne de Chailland.
Valbardière (Étang de la), c^ne de Saint-Pierre-sur-Orthe.
Valbruant (Le), vill. c^ne d'Andouillé.
Val-de-Bleré (Le), étang et moulin, c^ne de Sacé; auj. supprimés.
Valentin, f. c^ne de Saint-Berthevin.
Valette (La), f. c^ne d'Ahuillé.
Valette (La), f. c^ne d'Alexain.
Valette (La), f. c^ne d'Argentré.
Valette (La), f. c^ne de Bazougers. — Fief vassal de la châtell. de ce nom.
Valette (La), m^in, c^ne de Cigné. — Fief vassal de la bar. d'Ambrières.
Valette (La), f. c^ne de Hambers.
Valette (La), m^in, c^ne de Houssay.
Valette (La), m^in, c^ne de Saint-Baudelle; auj. détruit. — Fief vassal du duché de Mayenne.
Valette (La), m^in et f. c^ne de Saint-Cénéré. — Fief vassal de la bar. de la Chapelle-Rainsouin.
Valette (La), chât., f. et m^in, c^ne de Villiers-Charlemagne. — Fief vassal de la châtell. de Laval.
Valette (La), f. et étang, c^ne de Viviers. — *Masnigellum qui vocatur Vale*, 989 (cart. d'Évron). Fief vassal de la bar. de Sainte-Suzanne. — Le ruiss. de la Valette est un affl. de celui d'Ambriers.
Valette (La), fief vassal de la bar. de Craon.
Valette (La Grande-), f. c^ne de Coudray. — Fief vassal de la châtell. de Château-Gontier.
Valette (La Grande-), f. c^ne de Laval, auj. détruite; fut transformée en hospice d'incurables en 1712. — La rue des Tuyaux traverse son ancien domaine. La Petite-Valette, auj. détruite, était située entre le gué d'Orgé et la rue du Lycée.
Valette (La Haute-), h. c^ne de Cigné.
Valette (La Haute-), f. c^ne de Houssay.
Valette (La Petite-), f. c^ne de Ménil.
Valettes (Les), h. c^ne de Châlons. — Fief vassal de la châtell. de Montsurs.
Valettes (Les Grandes-), fief vassal de la terre de Ménil.
Valettes (Les Hautes-), f. c^ne de Ménil.
Valeyette (La), f. c^ne de Ballots; auj. détruite. — *In terra quæ Vallula appellatur*, 1175 (abb. de la Roë, H 151, f° 8). — *Juxta Valeetam*, xii° siècle (ibid. f° 57). — *La mettairie de Valleete*, 1462 (ibid. H 188, f° 16).
Valoré, étang et m^in, c^ne de Saint-Pierre-des-Landes. — *Valgray* (carte de Jaillot). Ruiss. affl. de celui de Montguerré.
Valiette (La), f. et bois, c^ne du Ribay. — Bois défriché en 1860.

Valinière (La), f. c^ne d'Ampoigné.
Valinière (La), h. c^ne du Ham.
Valinière (La), f. c^ne de Méral.
Valinière (La), f. c^ne de Saint-Jean-sur-Mayenne. — Le moulin est auj. détruit.
Valinière (La Grande et la Petite), f. c^ne de Courbeveille.
Vallée (La), h. c^ne d'Andouillé.
Vallée (La), h. c^ne d'Argentré.
Vallée (La), f. c^ne d'Aron; donne son nom à un ruiss. affl. de celui du Moulin-Guibert.
Vallée (La), f. c^ne de Ballots.
Vallée (La), éc. c^ne de Bazouges.
Vallée (La), h. c^ne de la Bigottière.
Vallée (La), f. et bois, c^ne de Blandouet. — Fief vassal de la bar. de Sainte-Suzanne.
Vallée (La), h. c^ne de Bouchamp.
Vallée (La), f. c^ne de Bouère.
Vallée (La), f. c^ne de Bouessay.
Vallée (La), f. c^ne de Champéon.
Vallée (La), f. c^ne de Champgenéteux.
Vallée (La), h. c^ne de Changé.
Vallée (La), vill. c^ne de Chevaigné; donne son nom à un ruiss. affl. de l'Anglaine.
Vallée (La), vill. c^ne de Commer.
Vallée (La), vill. c^ne de Couesmes.
Vallée (La), f. c^ne de Courbeveille.
Vallée (La), f. et étang, c^ne de Crennes-sur-Fraubée.
Vallée (La), f. c^ne de Désertines.
Vallée (La), h. c^ne d'Entrammes.
Vallée (La), m^in et f. c^ne du Genest.
Vallée (La), c^ne de la Haie-Traversaine. — *Notre-Dame de Vallée*, chapelle (carte de Jaillot).
Vallée (La), f. c^ne d'Hardanges.
Vallée (La), h. c^ne d'Izé.
Vallée (La), vill. c^ne de Javron.
Vallée (La), f. c^ne de Lassay.
Vallée (La), f. c^ne de Loiron.
Vallée (La), f. c^ne de Loupfougères.
Vallée (La), f. c^ne de Pré-en-Pail.
Vallée (La), f. c^ne de Saint-Cénéré.
Vallée (La), h. c^ne de Saint-Cyr-en-Pail.
Vallée (La), f. c^ne de Saint-Denis-d'Anjou.
Vallée (La), éc. c^ne de Saint-Denis-du-Maine.
Vallée (La), f. c^ne de Saint-Ellier; donne son nom à un ruiss. affl. de la Glaine.
Vallée (La), éc. c^ne de Sainte-Marie-du-Bois.
Vallée (La), vill. c^ne de Saint-Germain-de-Coulamer.
Vallée (La), f. c^ne de Saint-Germain-le-Guillaume.
Vallée (La), f. c^ne de Saint-Martin-de-Connée.
Vallée (La), éc. c^ne de Saint-Ouen-des-Vallons.
Vallée (La), f. c^ne de Saint-Thomas-de-Courceriers.

Vallée (La), éc. c^{ne} de Villepail.
Vallée (La Grande-), f. c^{ne} de Montigné.
Vallée (La Grande et la Petite), h. c^{ne} de Courcité; ruiss. affl. du Merdereau.
Vallée (La Petite-), f. c^{ne} de Landivy.
Vallée (La Petite-), éc. c^{ne} de Montigné.
Vallée (Le Bois de la), c^{ne} de Viviers.
Vallée-Buffardière (La), éc. c^{ne} d'Oisseau.
Vallées (Étang des), sis c^{ne} de Saint-Georges-sur-Erve.
Vallées (Le Bas des), éc. c^{ne} d'Argentré.
Vallées (Les), f. c^{ne} de Bazouges.
Vallées (Les), f. c^{ne} de Bouessay.
Vallées (Les), f. c^{ne} de Brécé.
Vallées (Les), f. c^{ne} de Champéon.
Vallées (Les), h. c^{ne} de Champfremont.
Vallées (Les), f. c^{ne} de Chantrigné.
Vallées (Les), h. c^{ne} de Châtelain. — Fief vassal de la châtell. de ce lieu.
Vallées (Les), f. c^{ne} de Cuillé.
Vallées (Les), f. c^{ne} de Daon. — *La métairie des Vallées Fourmont dépendant de la terre des Vaux*, 1577 (abb. de la Roë, H 180).
Le ruiss. des Vallées est un affl. de la Mayenne.
Vallées (Les), h. c^{ne} de Gesvres.
Vallées (Les), h. c^{ne} de Grazay.
Vallées (Les), h. c^{ne} du Horps; ruiss. affluent de celui du Boulay.
Vallées (Les), mⁱⁿ, c^{ne} de Javron.
Vallées (Les), f. c^{ne} de Juvigné-des-Landes.
Vallées (Les), f. c^{ne} de Lignières-la-Doucelle.
Vallées (Les), f. c^{ne} de la Poôté.
Vallées (Les), f. c^{ne} de Quelaines.
Vallées (Les), h. c^{ne} de Saint-Mars-du-Désert.
Vallées (Les), h. c^{ne} de Saint-Mars-sur-la-Futaie; ruiss. affl. de celui de la Hemerie.
Vallées (Les), f. c^{ne} de Saint-Martin-de-Connée.
Vallées (Les), éc. c^{ne} de Saulges.
Vallées (Les), f. c^{ne} de Thubœuf.
Vallées (Les), f. c^{ne} de Vaiges.
Vallées (Les), f. c^{ne} de Villiers-Charlemagne.
Vallées (Ruisseau des), c^{ne} de l'Huisserie, affl. de la Mayenne.
Vallées (Ruisseau des) ou de Bécardière, c^{ne} de Saint-Laurent-des-Mortiers, affl. de la Sarthe.
Vallées-aux-Pilet (Les), h. c^{ne} de Courcité.
Vallées-de-Doiron (Les), éc. c^{ne} de Saint-Georges-Buttavent.
Vallées-de-la-Gaultrie (Les), f. c^{ne} de Saint-Mars-sur-Colmont.
Vallées-de-la-Mézière (Landes des), c^{ne} de Saint-Calais-du-Désert.

Vallées-de-Mortrain (Les), h. c^{ne} de Larchamp.
Vallées-d'Essé (Les), f. c^{ne} de Sainte-Gemmes-le-Robert. — On écrit aussi *les Vallées de Sée*.
Vallées-de-Tannis (Les), h. c^{ne} d'Oisseau.
Vallées-de-Vaux (Les), f. c^{ne} de Larchamp.
Vallées-de-Villette (Les) ou Vert-de-Gris, éc. c^{ne} de Chailland.
Vallées-et-Pansu (Bois des), c^{nes} de Blandouet et de Viviers, faisant partie de la Charnie.
Vallées-Gauthier (Les), h. c^{ne} de Saint-Aubin-Fosse-Louvain.
Vallées-Pelées (Les), h. c^{ne} de Javron.
Vallées-Plates (Landes des), c^{ne} d'Andouillé.
Vallées-Pouriel (Les), f. c^{ne} de Saint-Aubin-Fosse-Louvain.
Vallées-Rouillées (Landes des), c^{ne} de Saint-Calais-du-Désert.
Vallehais (La), f. c^{ne} de Larchamp.
Vallenay (Le), f. c^{ne} de Montjean.
Vallenay (Le), h. c^{ne} de Saint-Ouen-des-Toits. — Château auj. détruit.
Fief vassal de la châtell. de Saint-Ouen.
Valleray (Le Haut et le Bas), f. c^{ne} de Louverné.
Valleray (Le Petit-), f. c^{ne} du Bourgneuf-la-Forêt.
Vallerie (La), f. c^{ne} de Brécé.
Vallerie (La), f. c^{ne} de Chammes.
Vallerie (La), f. c^{ne} de Fromentières.
Valleries (Les), f. c^{ne} de Saint-Cyr-le-Gravelais.
Valles, fief de Chemazé, vassal du marq. de Château-Gontier.
La forêt de Valles s'étend sur les communes de Chemazé, de Saint-Fort et d'Ampoigné. — Les landes de Valles sont auj. défrichées. — Le ruiss. de Valles ou des Bourdonnières est un affluent de celui du bourg de Ménil.
Valles (Hautes-), f. c^{ne} de Ménil.
Vallet (Le), éc. c^{ne} de Chailland.
Vallet (Le), f. c^{ne} de Gesvres.
Vallet (Le), f. c^{ne} de Montenay.
Valletière (La), f. c^{ne} de Thorigné.
Vallière (La), f. c^{ne} de Ballée.
Vallière (La), h. c^{ne} de la Pallu; donne son nom à un ruiss. affl. de la Mayenne.
Vallon (Le), f. c^{ne} d'Argentré.
Vallon (Le), chât. c^{ne} d'Entrammes.
Vallon (Le), f. c^{ne} de Saint-Ouen-des-Toits; donne son nom à un ruisseau qui réunit l'étang de Saint-Ouen à celui d'Olivet et se jette dans le Vicoin.
Vallon (Le Bas-), f. c^{ne} de Saint-Berthevin.
Vallonnière (La Grande et la Petite), f. c^{ne} de Loiron.
Vallons (Bois des), c^{ne} de Livet-en-Charnie.
Valloup, f. c^{ne} de Lassay.

VAL-MARIE (LE), f. cne de Marcillé-la-Ville.
VALMARY (LE), h. cne du Pas.
VALNEUF (LE), f. cne d'Ampoigné.
VALORÉ (LE GRAND-), f. cne de Charchigné.
VALORÉ (LE PETIT-), h. cne de Charchigné.
VALORY (LE), vill. cne de Deux-Évailles.
VALTROP, h. cne de Saulges. — Arrière-fief de la bar. de Sainte-Suzanne, vassal de la châtell. de Thorigné.
VALTROTIÈRE (LA), f. cne de Bazougers. — Fief vassal de la châtell. de Bazougers.
VANNERIE (LA), f. cne d'Ahuillé.
VANNERIE (LA), vill. cne de la Bazouge-des-Alleux.
VANNERIE (LA), f. cne de Beaulieu.
VANNERIE (LA), h. cne de la Bigottière. — Fief vassal de la châtell. de Laval.
VANNERIE (LA), f. cne de Carelles.
VANNERIE (LA), h. cne de la Chapelle-au-Riboul.
VANNERIE (LA), h. cne de Châtillon-sur-Colmont.
VANNERIE (LA), vill. cne de Courcité.
VANNERIE (LA), h. cne de la Dorée.
VANNERIE (LA), f. et éc. cne de Fontaine-Couverte.
VANNERIE (LA), fief, cne de la Gravelle, vassal de la châtell. de la Gravelle.
VANNERIE (LA), vill. cne de Lignières-la-Doucelle.
VANNERIE (LA), four à chaux, cne de Louverné.
VANNERIE (LA), vill. cne de Madré.
VANNERIE (LA), f. cne de Marcillé-la-Ville.
VANNERIE (LA), h. cne de Montenay.
VANNERIE (LA), f. cne de Montjean.
VANNERIE (LA), f. cne de Sacé.
VANNERIE (LA), vill. cne de Saint-Aubin-du-Désert.
VANNERIE (LA), h. cne de Saint-Baudelle.
VANNERIE (LA), f. cne de Saint-Berthevin.
VANNERIE (LA), h. cne de Saint-Ellier. — La Vennière (Cassini). — On dit aussi la Vannière.
VANNERIE (LA), éc. cne de Saint-Gault.
VANNERIE (LA), f. cne de Saint-Thomas-de-Courceriers.
VANNERIE (LA GRANDE-), f. cne de Montflours. — La Petite-Vannerie a été détruite en 1868.
Le ruiss. de la Vannerie est un affl. de celui des Bois-Tisons.
VANNERIE (LA HAUTE et LA BASSE), f. cne de Saint-Pierre-sur-Orthe.
VANNERIE (LA PETITE-), éc. cne de la Dorée.
VANNERIE (LA PETITE-), f. cne de Montenay.
VANNIER (LE), vill. cne de Ravigny; donne son nom à un ruiss. affl. du Sarthon.
VANNUÈRE (LA), f. cne de Torcé.
VARENNE (LA), riv. du dépt de l'Orne qui arrose Soucé et Cigné et se jette dans la Mayenne à Ambrières. — *Pontem Varene*, 1200 (abb. de Savigny, Arch. nat. L 977). — *In valle Varianne*, 1229 (ibid. L 969).

— *Molendinum in aqua Varenie*, 1229 (abb. de Fontaine-Daniel).
VARENNE (LA), f. cne de la Bazouge-de-Chemeré.
VARENNE (LA), f. cne de Villiers-Charlemagne. — La ferme de la Petite-Varenne a été détruite vers 1817.
VARENNE (LE PETIT-), f. cne de Cossé-en-Champagne. — Fief vassal de la Cour de Cossé.
VARENNE-BOURREAU, vill. cne de Saint-Denis-d'Anjou, qui a cessé d'être municipalité depuis 1813.
Anc. par. du doy. d'Écuillé (dioc. d'Angers).
VARENNE-L'ENFANT, vill., chât., f. et min, cne d'Épineu-le-Séguin. — Le prieuré dépendait de l'abbaye de Châteaux-l'Hermitage.
La bar. de Varenne, comprenant la châtellenie d'Épineu, les terres de Cheviré et de Poillé, reportait ses aveux à la sénéchaussée du Mans, à celle de Château-du-Loir et au marq. de Sablé.
VARIE (LA), f. d'Izé.
VARIE (LA), vill. cne de Javron.
VARIE (LA), h. cne de Montreuil.
VARIE (LA), éc. cne de Saint-Denis-de-Gastines.
VARIE (LA), h. cne de Saint-Fraimbault-de-Prières.
VARIE (LA), h. cne de Saint-Martin-de-Connée.
VARIE (LA GRANDE et LA PETITE), f. cne du Horps. — L'étang et le min de la Petite-Varie ont été supprimés vers 1808.
VARIE (LA GRANDE et LA PETITE), h. cne de Saint-Julien-du-Terroux.
VARIE (LA PETITE-), éc. cne de Javron.
VARIES (RUISSEAU DES), cne de Mayenne, affl. de celui de la Bretonnière.
VARINIÈRE (LA), f. cne de Saint-Ouen-des-Toits.
VASSAL (LE), min, cne de Montenay. — *Vasseau* (carte de Jaillot).
VASSÉ, étang et min, cne d'Arquenay. — Le fief de Vassé a porté aussi les noms de *Deffay-Robinot*, *la Roussière*, *la Jaille* et *la Haie*.
VASSEAUX (LES), vill. cne de Landivy.
VAU (ÉTANG DE), cne de Biernć; desséché au xixe siècle.
VAU (LE) ou LE VAL, f. cne d'Argentré.
VAU (LE), f. cne de Cossé-en-Champagne.
VAU (LE), f. et min, cne de Forcé.
VAU (LE), f. cne de Gennes.
VAU (LE), f. cne de Gesnes.
VAU (LE), f. cne de Saint-Cénéré.
VAU (LE), f. cne de Saint-Georges-sur-Erve.
VAU (LE), vill. cne de Saint-Germain-de-Coulamer.
VAU (LE) f. cne de Viviers.
VAU (LE GRAND et LE PETIT), h. cne de Loupfougères.
VAU (RUISSEAU DU), cne de Montenay, affl. de celui de Montenay.
VAUBARBAULT, h. cne de Larchamp.

VAUBENAIS (LE HAUT et LE BAS), f. c^ne de Colombiers. — Le ruiss. de Vaubenais est un affl. de celui de la Ganberdière.

VAUBERGER, f. c^ne de Saint-Denis-du-Maine. — Fief vassal du comté de Laval par la châtell. de Saint-Denis-du-Maine.

VAUBERNIER, f. c^ne de Louverné; donne son nom à un ruiss. affl. de celui de Saint-Nicolas.

Étang auj. desséché.

VAUBERTRON, f. c^ne de Châtelain.

VAUBLIN, h. c^ne de Bais.

VAUBLIN, vill. c^ne de Saint-Hilaire-des-Landes. — Il faudrait écrire Val-Belin.

VAUBOIS, f. c^ne de Châtillon-sur-Colmont.

VAUBOUARD, vill. c^ne de Villaines-la-Juhel. — On écrit aussi Vauboir.

La rivière du Pont de Vauboir arrose Villeray. — Les landes et les bois de ce lieu sont auj. défrichés.

Fief vassal du marq. de Villaines-la-Juhel.

VAUBOUREAU, f. c^ne de Désertines. — Decime Vallis-Burel, 1228 (abb. de Savigny, Arch. nat. L 969).

VAUBOUREAU, h. c^ne d'Oisseau. — Moulin détruit vers 1795; étang desséché vers 1825.

Fief vassal de la bar. d'Ambrières.

VAUBOURGUEIL (LE GRAND et LE PETIT), f. c^ne de Saint-Pierre-sur-Orthe.

VAUBRENON, f., m^in et étang, c^ne de Saint-Pierre-sur-Erve. — Vallorbem, 989 (cart. d'Évron). — Molendinum de Valbrenon, 1226 (ibid.). — In terra de Vallebrenon, XIIIe siècle (ibid.).

VAUBRENON (LE GRAND et LE PETIT), f. c^ne de Saint-Jean-sur-Erve. — Vallem Brenon, 989 (cart. d'Évron).

VAUCÉ, c^on d'Ambrières. — Hamelinus de Vaceio, 1168 (cart. de Savigny, f° 107). — In molendino meo de Vaussé, vers 1200 (abb. de Savigny, Arch. nat. L 978). — In toto terra de Vasseel juxta Ambrerias, 1200 (ibid. L 977).

Anc. par. du doy. de Passais, de l'élection et du marq. de Mayenne.

Le ruiss. de Vaucé se jette dans celui de l'étang de Beslay.

VAUCÉ, h. c^ne d'Ambrières.

VAUCELAND, h. c^ne d'Argentré.

VAUCELLE, lande, c^ne de Gesnes; auj. défrichée.

VAUCELLE (LA), f. c^ne de Saint-Cénéré. — Valliculam, 989 (cart. d'Évron). — On écrit aussi la Vauzelle.

VAUCELLE (LA), chât. et f. c^ne de Villaines-la-Juhel. — Vasellas, 989 (cart. d'Évron).

Baronnie vassale du marq. de Villaines-la-Juhel.

VAUCELLE (LA GRANDE et LA PETITE), h. c^ne d'Argentré.

VAUCENAY, fief, c^ne d'Épineu-le-Séguin, vassal de la Moinerie.

VAUCENAY (LE GRAND et LE PETIT), chât. et f. c^ne d'Argentré. — Fief vassal du comté de Laval.

VAUCENAY-FLEURY, f. c^ne d'Argentré.

VAUCERIE (LA), h. c^ne du Pas.

VAUCHOISEAU, f. c^ne de Mayenne; auj. détruite. — Totam terram de Val Choysel in parrochia Meduane, XIIIe s^e (abb. de Savigny, Arch. nat. L 970).

VAUCHOISIER (LE GRAND et LE PETIT), h. c^ne de Nuillé-sur-Vicoin. — Le bois de ce lieu est auj. défriché.

C'était jadis un fief vassal de la haute justice de Montchevrier.

VAUCILLON, vill. c^ne de Champfremont.

VAUCILLON, h. c^ne de la Poôté.

VAUCLAIR, f. c^ne de Neau.

VAUCLARDAIS, f. et m^in, c^ne d'Épineu-le-Séguin. — Vauclerdais, 1531 (arch. de la Mayenne, H 8).

Fief vassal de la bar. de Varennes-l'Enfant, qui s'étendait aussi sur Ballée.

VAUCOUILLER, f. c^ne de Peuton. — Dominus de Vallecoier, XIIe siècle (abb. de la Roë, H 151, f° 71).

VAUCOURBE, vill. c^ne de Chantrigné. — Medietaria de Valle curva, 1235 (abb. de Savigny, Arch. nat. L 970). — Med. de Valle curba, 1241 (ibid.).

VAU-COUVE (LE), h. c^ne de Javron.

VAUDELLE (LA), chât. et h. c^ne de Bais. — Le ruiss. de la Vaudelle prend sa source en la c^ne de Bais, arrose Trans, Saint-Thomas-de-Courceriers, Saint-Mars-du-Désert, et se jette dans la Sarthe près de Courtimont. — Étang auj. desséché.

Fief vassal de la bar. d'Évron.

VAUDELLE (LA), f. c^ne de Torcé.

VAUDELUCES (LES), f. c^ne d'Assé-le-Bérenger.

VAUDEMUSSON (LE GRAND et LE PETIT), f. c^ne de Hercé. — Landes auj. défrichées.

VAUDERENNES, m^in, c^ne de Montenay; détruit vers 1838. — Étang desséché à la même époque.

VAUDORIÈRE (LA), h. c^ne de Villaines-la-Juhel.

VAUFARON, f. c^ne de Loigné.

VAUFLEURY, h. c^ne de Laval; donne son nom à un ruiss. affl. de la Mayenne.

La motte de Vaufleury dépendait du fief de Chanteloup.

VAUFORTIN (LE), vill. c^ne de Javron.

VAUFOUILLAIS, m^in, c^ne de Beaumont-Pied-de-Bœuf. — Moulin de Vaufoillet, 1658 (arch. de la Mayenne, H 95).

VAUGARON (LE GRAND-), f. c^ne de Commer.

VAUGARON (LE PETIT-), h. c^ne de Commer.

VAUGASNIER, f. c^ne de Laigné.

VAUGÂTÉ (LE), f. c^ne d'Aron.

VAUGAUTIER (LE), h. c^ne de Saint-Thomas-de-Courceriers.

VAUGENCIÈRES (LES), f. c^{ne} de Moulay; ruiss. affl. de celui de la Cour.
  Étang desséché vers 1820 et landes auj. défrichées.
VAUGEOIS, vill. c^{ne} d'Andouillé. — Le fief de la Motte de Vaugeois était vassal de la châtell. de Laval.
VAUGEOIS, f. et éc. c^{ne} de Cossé-le-Vivien.
VAUGEOIS, h. et mⁱⁿ, c^{ne} de Marcillé-la-Ville; donne son nom à un ruiss. affl. de l'Aron. — On trouve aussi *Vaujours* et *Vaujuâs*.
  Fief vassal du duché de Mayenne. — Bois auj. défriché.
VAUGEOIS, chât. c^{ne} de Neuilly-le-Vendin; auj. détruit.
  — *Vaujouas*, 1600 (arch. de la Mayenne, H 109).
  — *Vaultjois*, 1712 (*ibid.*).
  Fief relevant féodalement du Bois-Hamelin en Saint-Ouen-le-Brisoul et judiciairement de la barre de la Ferté-Macé.
VAUGEOIS, vill. c^{ne} d'Oisseau.
VAUGEOIS, f. c^{ne} de Saint-Georges-le-Fléchard.
VAUGEOIS (LE BAS-), f. c^{ne} de Houssay.
VAUGEOIS (LE GRAND et LE PETIT), f. c^{ne} de Saint-Fort.
  — *Feodum de Vallejuhas in territorio castri Gonteri*, 1244 (cart. de Fontaine-Daniel). — On trouve aussi *Vaujours*.
  Fief vassal du prieuré de Saint-Jean-Baptiste de Château-Gontier.
  Le ruiss. de Vaugeois ou des Pinelleries est un affl. de la Mayenne.
VAUGEOIS (LE HAUT-), h. c^{ne} de Houssay.
VAUGER (LE), h. c^{ne} de Saint-Pierre-sur-Orthe.
VAUGERBÉ, f. c^{ne} de Grez-en-Bouère.
VAUGIRON, h. c^{ne} de Saint-Mars-sur-la-Futaie.
VAUGON (RUISSEAU DE L'ÉTANG DE), c^{ne} du Ribay, affl. de la Laire.
VAUGONNIÈRE (LA), f. c^{ne} du Ribay.
VAUGOTTIÈRE (LA), f. c^{ne} d'Arquenay. — Fief vassal du comté de Laval.
VAUGRON, f. c^{ne} de Bais.
VAUGRUVIN, f. c^{ne} de Saint-Jean-sur-Erve. — *Vauguvin* (Cassini).
VAUGUIBERT, mⁱⁿ, c^{ne} de Ravigny.
VAUGUILMET, f. c^{ne} de Grez-en-Bouère; donne son nom à un ruiss. affl. du Béron.
VAUGUYARD (LE), vill. c^{ne} d'Andouillé. — *Le Grand et le Petit Vauguard*, 1575 (archives de la Mayenne, série E).
VAUGUYON, f. c^{ne} de Maisoncelles. — On prononce *Vauyon*.
VAUGUYONNE, fief, c^{ne} de Maisoncelles, vassal de la bar. d'Entrammes.
VAUGUYONNIÈRE (LA), éc. c^{ne} d'Entrammes.
VAU-HAMELIN (LE), f. c^{ne} de Châtillon-sur-Colmont.

VAUHUBERT, vill. c^{ne} de Brécé.
VAUJOURS, h. et mⁱⁿ. — Voy. VAUGEOIS.
VAUJUAS, fief vassal de la bar. du Ham. — *Bordagio de Valle Juas*, 1263 (liv. bl. du chap. du Mans).
VAULORÉ (LE), f. c^{ne} de Javron.
VAULOUP, h. c^{ne} de Saint-Aignan-de-Couptrain.
VAULOUP, f. c^{ne} de Saint-Cyr-en-Pail.
VAULOYER, h. c^{ne} d'Hardanges.
VAUMARTIN, f. c^{ne} d'Alexain.
VAUMESLIÈRE (LA), f. c^{ne} de Saint-Pierre-sur-Erve.
VAUMORIN, étang, mⁱⁿ et f., c^{ne} de Saint-Hilaire-des-Landes. — Le ruiss. de Vaumorin ou de l'étang de Courgé est un affl. de l'Ernée.
  Fief vassal de la châtell. d'Ernée.
VAUNAIS (LES), h. c^{ne} de Viviers.
VAUNAY (LE), f. c^{ne} de Loigné.
VAU-RAIMBAUD (LE GRAND et LE PETIT), h. c^{ne} de Montigné. — *Terram de Valle Raimbaudi*, 1241 (abb. de Savigny, Arch. nat. L 970).
  Fief vassal de la châtell. de Montigné.
VAURIMBEUX, h. c^{ne} de Saint-Germain-de-Coulamer.
VAUROQUE, mⁱⁿ, c^{ne} d'Ernée. — *Vaurogue* (carte de Jaillot).
VAUSSION, h. c^{ne} de la Poôté. — On trouve aussi *Vausillon*.
VAUSSOURDE (ÉTANG DE LA), c^{ne} de Désertines; auj. desséché.
VAUSSOURDE (LA), h. c^{ne} de Saint-Aubin-Fosse-Louvain.
VAUSSOURDE (LA), h. c^{ne} de Saint-Martin-de-Connée.
VAUSSOURDE (LA), h. c^{ne} de Vieuvy; donne son nom à un ruiss. affl. de celui de l'Ourde.
VAUSSOUREAU, éc. c^{ne} de Contest. — On trouve aussi *Vaucerau*.
VAUTIER, fief, c^{ne} de Saint-Ouen-des-Vallons, vassal de la châtell. de Montsurs.
VAUTION (LE), h. c^{ne} de Bais; donne son nom à un ruiss. affl. de l'Aron. — On trouve aussi *Vaussion*.
VAUTORTE, c^{ne} d'Ernée. — *Ex dono Hugonis de Valle Torta*, 1241 (abb. de Savigny, Arch. nat. L 970).
  Anc. par. du doyenné d'Ernée et de l'élection de Mayenne. — Le fief, vassal de la châtell. d'Ernée, fut érigé en comté en 1653 en faveur de François Cazet.
VAUTOURNANT, f. c^{ne} de Laigné; donne son nom à un ruiss. affl. de celui de Marigné.
VAUVELLE, h. c^{ne} de la Chapelle-Craonnaise.
VAUVERON, f. c^{ne} de la Bazouge-de-Chemeré.
VAUVERON, f. c^{ne} de Bazougers.
VAUVERON (LE PETIT-), f. c^{ne} de Saint-Denis-du-Maine. — Fief vassal de la châtell. de Meslay.
VAUVERT, f. c^{ne} de Bazouges.

VAUVIENNE (ÉTANG DE), c^{ne} de la Bazouge-des-Alleux; auj. desséché.

VAUVIER (LE), f. c^{ne} de Saint-Pierre-des-Landes.

VAUVINEUX, h. c^{ne} de la Cropte.

VAUX, f. c^{ne} d'Ambrières. — Moulin détruit vers 1795.

VAUX (BOIS DES), s'étend sur Aron et Marcillé.

VAUX (ÉTANG DE), c^{ne} de Bierné; desséché vers 1768.

VAUX (LES), h. c^{ne} de la Baconnière.

VAUX (LES), h. c^{ne} de Brains-sur-les-Marches.

VAUX (LES), f. c^{ne} de Carelles.

VAUX (LES), éc. c^{ne} de Champéon. — Châtell. vassale du duché de Mayenne, qui s'étendait sur Marcillé, Aron, le Horps et Champéon.

VAUX (LES), h. c^{ne} de la Dorée.

VAUX (LES), h. c^{ne} de Gennes.

VAUX (LES), vill. c^{ne} de Larchamp.

VAUX (LES), h. c^{ne} de Laval. — Fief vassal du comté de Laval, relevant de Rouessé.

VAUX (LES), f. c^{ne} de Madré.

VAUX (LES), chât. et f. c^{ne} de Ménil. — Terre seigneuriale qui appartenait aux chanoines de la Roë et relevait du marq. de Château-Gontier et de plusieurs seigneuries inférieures; elle s'étendait dans les par. de Ménil, de Daon, de Montguillon et de Chambellé.

VAUX (LES), f. c^{ne} de Montaudin.

VAUX (LES), vill. c^{ne} de Ravigny.

VAUX (LES), f. c^{ne} de Saint-Denis-d'Anjou.

VAUX (LES), mⁱⁿ, c^{ne} de Saint-Ellier.

VAUX (LES), f. c^{ne} de Saint-Michel-de-Feins.

VAUX (LES), h. c^{ne} de Vautorte.

VAUX (LES GRANDS-), f. c^{ne} de Saint-Samson; donnent leur nom à un ruiss. affl. de la Mayenne. — Les Petits-Vaux ont été réunis aux Grands.

VAUX (LES GRANDS ET LES PETITS), f. c^{ne} de Saint-Berthevin.

VAUXPONTS (LES), h. c^{ne} de la Haie-Traversaine.

VAVIN (RUISSEAU DE), affl. de celui de Lambarré, c^{ne} de la Croixille.

VAYÈRE (LA), f. c^{ne} de Montjean. — Fief vassal du comté de Laval.

VEIL (LE), mⁱⁿ et éc. c^{ne} de Saint-Germain-le-Guillaume.

VEILLARDIÈRE (LA), f. c^{ne} de Brécé.

VEILLE-MORTE (LA), f. c^{ne} d'Évron.

VEILLONNIÈRE (LA), f. c^{ne} de Cossé-en-Champagne.

VEILLONNIÈRE (LA), f. c^{ne} de Lévaré.

VELARDIÈRE (LA), f. c^{ne} de Sainte-Gemmes-le-Robert.

VELARDIÈRES (LES), f. c^{ne} d'Évron.

VELINIÈRE (LA), vill. c^{ne} de Fougerolles.

VELLETIÈRE (LA), h. c^{ne} de Pré-en-Pail.

VELLETIÈRE (LA), h. c^{ne} de Saint-Samson.

VELLETIÈRE (LA GRANDE et LA PETITE), f. c^{ne} de Saint-Brice.

VELOCHÉ, h. c^{ne} de Brée. — Fief vassal de la châtell. de Montsurs.

VELUTIÈRE (LA), f. c^{ne} de Gennes.

VELUTIÈRE (LA), f. c^{ne} de Saint-Denis-d'Anjou.

VENAGE (LA), h. et mⁱⁿ, c^{ne} de Montigné.

VENANDIÈRE (LA), f. c^{ne} de Buret.

VÉNARD (ÉTANG DE), c^{ne} de Montsurs, auj. desséché; il a donné son nom à un ruiss. qui se jette dans la Jouanne.

VENARDIÈRES (LES), f. c^{ne} de la Bazouge-de-Chemeré.

VÉNAUX (LES), f. c^{ne} de Louverné.

VENDIN, vill. c^{ne} de Neuilly-le-Vendin.

VENDOM (LE GRAND et LE PETIT), f. c^{ne} d'Athée. — *Le Grand Vendon*, 1568 (archives de la Mayenne, E 101). — *Vandon*, 1866 (rôles de dénombr.).

Le ruiss. du Douet de Vendon est un affluent de l'Oudon.

VENELLE (LE), f. c^{ne} de Marcillé-la-Ville.

VENELLIÈRE (LA), h. c^{ne} de Pré-en-Pail.

VENEZ, f. c^{ne} de Chemeré-le-Roi. — *Terre de Vernée*, 1367 (abb. de Bellebranche). — *Vesnée*, 1644 (*ibid.*). — *Vesnay* (Cassini).

VENGEALIÈRE (LA GRANDE et LA PETITE), f. c^{ne} de Congrier. — *Dixmes de la Vingéallière*, 1541 (arch. de Maine-et-Loire, série E, 1133). — *La Vaugealière* (carte de l'État-major).

Lande auj. défrichée.

VENILLÈRE (LA), f. c^{ne} de Saint-Berthevin.

VENNERIE (LA), h. c^{ne} de Courcité.

VENNERIE (LA PETITE-), h. c^{ne} de Courcité.

VENTE, f. c^{ne} de Gesnes.

VENTE (BOIS DE LA), c^{ne} de Mézangers; défriché vers 1860.

VENTE (LA), f. c^{ne} de Saint-Ouen-des-Toits.

VENTERIE (LA), f. c^{ne} de la Bigoitière.

VENTERIE (LA), f. c^{ne} de Livré.

VENTS (LES), vill. c^{ne} de Saint-Germain-le-Fouilloux.

VERDAGNIE (LA), éc. c^{ne} d'Averton.

VERDELLE, f. c^{ne} d'Évron. — *Verrellas*, 989 (cart. d'Évron).

Le fief de Verdelle, uni à celui de Marioche, dépendait de la bar. d'Évron.

VERDELLE (LE PETIT-), éc. c^{ne} d'Évron.

VERDERIE (LA), h. c^{ne} de Chevaigné. — L'étang de la Forge de la Verderie est auj. desséché.

VERDERIE (LA), h. c^{ne} de Cigné.

VERDERIE (LA) ou LA VEDRIE, f. c^{ne} de Désertines.

VERDERIE (LA), f. c^{ne} de Laval.

VERDERIE (LA), f. c^{ne} de Saint-Aubin-Fosse-Louvain.

VERDERIE (LA), f. c^{ne} de Saint-Fraimbault-de-Prières.

Verderie (La), f. cne de Saint-Pierre-des-Landes.
Verderie (La Petite-), f. cne de Laval.
Verderies (Les), f. cne de Nuillé-sur-Ouette.
Verdière (La), f. cne de Quelaines.
Verdon, fief. de la châtell. de la Gravelle. — On dit aussi *Vredon*.
Verdonnière (La), f. cne de Melleray.
Verdray (Étang de), cne de Lignières-la-Doucelle; auj. desséché.
Verdun (Étang de), cne de Villiers-Charlemagne; desséché vers 1820.
Verdure (La), éc. cne d'Origné.
Vergaucé, éc. cne de Chailland.
Verge (La), f. cne de la Poôté.
Vergée (La), f. cne de Saint-Aubin-Fosse-Louvain.
Vergeolet, h. cne de Saint-Germain-d'Anxurre. — On dit aussi *Virgeolet*.
Vergeot, vill. cne de Brécé.
Vergeot (Le Grand et le Petit), f. cne de Cosmes. — *Decime de Vergat*, 1217 (abb. de la Roë).
Verger (Le), h. cne d'Ambrières.
Verger (Le), f. cne d'Aron.
Verger (Le), f. cne d'Arquenay.
Verger (Le), f. cne d'Athée.
Verger (Le), f. cne de Bannes.
Verger (Le), f. cne de la Bazouge-des-Alleux.
Verger (Le), f. et h. cne de Bonchamp.
Verger (Le), éc. cne de Brains-sur-les-Marches.
Verger (Le), f. cne de Changé.
Verger (Le), f. cne de la Chapelle-Rainsouin.
Verger (Le), f. cne de Château-Gontier; distraite de la cne de Bazouges le 2 juillet 1862.
Verger (Le), f. cne de Chemazé. — Fief vassal du marq. de Château-Gontier.
Verger (Le), f. cne de Chemeré-le-Roi.
Verger (Le), f. cne de Colombiers.
Verger (Le), f. et min, cne de Craon.
Verger (Le), vill. cne de la Cropte.
Verger (Le), f. cne du Genest.
Verger (Le), f. cne de Gorron; donne son nom à un ruiss. affl. de la Colmont. Fief vassal de la châtell. de Gorron.
Verger (Le), f. cne de Laigné. — Fief vassal du marq. de Château-Gontier.
Verger (Le), f. cne de Loiron.
Verger (Le), f. cne de Marcillé-la-Ville.
Verger (Le), f. cne de Marigné-Peuton.
Verger (Le), fief, cne de Montigné, vassal de la châtell. de Montigné.
Verger (Le), éc. cne de Moulay.
Verger (Le), f. cne de Neau.
Verger (Le), f. cne de Parné.

Verger (Le), f. cne du Pas.
Verger (Le), f. cne de Peuton.
Verger (Le), f. cne de la Poôté.
Verger (Le), f. cne de Quelaines.
Verger (Le), f. cne de Ruillé-le-Gravelais. — Fief vassal de la châtell. de Montjean.
Verger (Le), vill. cne de Sacé.
Verger (Le), h. cne de Saint-Baudelle.
Verger (Le), f. cne de Saint-Berthevin.
Verger (Le), h. cne de Saint-Charles-la-Forêt.
Verger (Le), f. cne de Saint-Fort.
Verger (Le), f. cne de Saint-Georges-Buttavent.
Verger (Le), h. cne de Saint-Jean-sur-Mayenne.
Verger (Le), h. cne de Saint-Mars-sur-Colmont.
Verger (Le), f. cne de Saint-Pierre-sur-Erve.
Verger (Le), éc. cne de Saulges.
Verger (Le), f. cne de Vaiges.
Verger (Le), f. cne de Vautorte.
Verger (Le), f. cne de Villiers-Charlemagne, détruite vers 1840.
Verger (Le), f. cne de Voutré.
Verger (Le Grand et le Petit), f. cne d'Évron.
Verger (Le Grand et le Petit), f. cne de Niafle.
Verger (Le Grand et le Petit), f. cne de Saint-Pierre-sur-Orthe.
Verger (Le Haut-), f. cne de Carelles.
Verger (Le Haut-), h. cne de Villiers-Charlemagne.
Verger (Le Petit-), f. cne de la Bazouge-de-Chemeré.
Verger (Le Petit-), f. cne de Brée.
Verger (Le Petit-), éc. cne de Craon.
Verger (Le Petit-), f. cne de Livet-en-Charnie.
Verger (Ruisseau du), cne de Cuillé, affl. de la Seiche.
Verger-Robert (Le), f. cne de Saint-Georges-Buttavent; donne son nom à un ruiss. affl. de celui du Fauconnier.
Vergers (Les), f. cne d'Andouillé.
Vergers (Les), h. cne de Ballots.
Vergers (Les), f. cne de Gorron.
Vergers (Les), f. cne de Marcillé-la-Ville.
Vergers (Les), h. cne de Méral.
Vergers (Les), f. cne de Placé.
Vergers (Les), f. cne de Saint-Baudelle.
Vergers (Les), f. cne de Saint-Jean-sur-Erve.
Vergne (La), éc. cne de Livet-en-Charnie.
Vermaillère (La), f. cne de Vaiges.
Vermandiers, fief, cne de la Gravelle, vassal de la châtell. de la Gravelle.
Vermeneux, f. cne de Saint-Quentin.
Vernay, f. cne de Sainte-Suzanne.
Verne (Le), f. cne de Ruillé-Froidfont.
Vernèche (Bois de), cne de Saint-Denis-d'Anjou; défriché en 1850.

VERNÉE, f. c^ne de Saint-Denis-du-Maine; auj. détruite.
VERNIÈRE (LA), f. c^ne d'Hardanges.
VERNISSIÈRE (LA), f. c^ne de Loigné. — *Decimam feodi Bernerii Veisin*, XII° siècle (abb. de la Roë, H 170). — *La Vernussière*, XVII° siècle (*ibid.*).
Le prieuré de la Madeleine de la Vernissière dépendait de l'abb. de la Roë.
VÉROLLE, h. c^ne de Brécé.
VÉROLLE (LA PETITE-), f. c^ne de Brécé.
VERONNIÈRE (LA), f. c^ne d'Ampoigné.
VERONNIÈRE (LA), éc. c^ne de Bazouges. — La ferme de ce nom a été supprimée.
VERONNIÈRE (LA), h. c^ne de Désertines. — On dit aussi *la Verennière*.
VERONNIÈRE (LA), f. c^ne d'Entramnes.
VERONNIÈRE (LA), f. c^ne de l'Huisserie.
VERONNIÈRE (LA), f. c^ne de Montjean.
VERONNIÈRE (LA), h. c^ne d'Oisseau.
VERONNIÈRE (LA), h. c^ne de Saint-Ouen-des-Toits; donne son nom à un ruiss. affl. de celui du Guy-Boutier.
VERONNIÈRES (LES), vill. c^ne de la Roë.
VERRERIE (LA), f. c^ne d'Ampoigné.
VERRERIE (LA), f. c^ne d'Argentré. — On écrit aussi *la Verrie*.
VERRERIE (LA), h. c^ne de Bazouges.
VERRERIE (LA), f. c^ne du Bignon.
VERRERIE (LA), f. c^ne de Blandouet.
VERRERIE (LA), f. c^ne de Changé.
VERRERIE (LA), f. c^ne de Coudray.
VERRERIE (LA), f. c^ne d'Entramnes.
VERRERIE (LA), f. c^ne de Fontaine-Couverte.
VERRERIE (LA), f. c^ne de Gorron.
VERRERIE (LA), f. c^ne de Landivy; donne son nom à un ruiss. affl. de celui du Moulin-des-Prés.
VERRERIE (LA), f. c^ne de Launay-Villiers. — Landes auj. défrichées.
VERRERIE (LA), f. c^ne de Laval.
VERRERIE (LA), f. et h. c^ne de Lignières-la-Doucelle.
VERRERIE (LA), h. c^ne de Melleray.
VERRERIE (LA), f. c^ne de Ménil.
VERRERIE (LA), f. c^ne de Montjean; supprimée vers 1847.
VERRERIE (LA), écluse, c^ne de Sacé. — Moulin auj. détruit.
VERRERIE (LA), f. c^ne de Saint-Aubin-Fosse-Louvain.
VERRERIE (LA), vill. c^ne de Saint-Cyr-en-Pail.
VERRERIE (LA), h. c^ne de Saint-Denis-du-Maine.
VERRERIE (LA), f. c^ne de Sainte-Gemmes-le-Robert.
VERRERIE (LA), f. c^ne de Saint-Georges-le-Fléchard; supprimée vers 1848.
VERRERIE (LA), éc. c^ne de la Selle-Craonnaise.
VERRERIE (LA GRANDE-), f. c^ne de Quelaines.

VERRERIE (LA HAUTE et LA BASSE), f. c^ne de Saint-Aignan-sur-Roë.
VERRERIE (LA PETITE-), f. c^ne de Laval.
VERRERIE (LA PETITE-), f. c^ne de Ménil.
VERRERIE (LA PETITE-), f. c^ne de Nuillé-sur-Vicoin.
VERRERIE-DE-GRIPOUCE (LA), f. c^ne d'Argentré.
VERRERIE-DE-JALLIET (LA), f. c^ne d'Argentré.
VERRIÈRE (LA), éc. c^ne de la Brulatte.
VERRIÈRE (LA), h. c^ne de la Chapelle-Anthenaise.
VERRIÈRE (LA), f. c^ne de Deux-Évailles.
VERRIÈRE (LA), h. c^ne de Villaines-la-Juhel.
VERRIÈRES (LES), vill. c^ne de Saint-Pierre-des-Landes.
VERRIÈRES (RUISSEAU DES), c^ne d'Ernée, affl. de celui de Montguerré. — Bois auj. défriché.
VERRON, éc. c^ne de Désertines.
VERRUÈRE, f. c^ne d'Andouillé.
VERT-BOIS, h. c^ne de la Poôté.
VERT-BUISSON, éc. c^ne d'Astillé.
VERT-BUISSON, f. c^ne de Cosmes.
VERT-BUISSON, f. c^ne de Parné.
VERT-BUISSON, f. c^ne de Saint-Pierre-la-Cour.
VERTONNIÈRE (LA), vill. c^ne de Javron.
VESINS, h. c^ne de Houssay.
VESINS, f., étang et m^in, c^ne de Saint-Pierre-des-Landes. — Fief vassal de la châtell. d'Ernée.
Le château de ce nom est auj. détruit.
VESLIÈRE (LA), h. c^ne de Saint-Christophe-du-Luat.
VESQUERIE (LA), h. c^ne de Brécé.
VESQUERIE (LA), h. c^ne de Courcité.
VESQUERIE (LA), f. c^ne de la Rouaudière; auj. supprimée.
VESQUERIE (LA), f. c^ne de Saint-Denis-d'Anjou.
VESQUERIE (LA), four à chaux et f. c^ne de Saulges. — *L'Envesquerie* (carte de l'État-major).
Fief vassal de la châtell. de Thorigné. — La chapelle du manoir existe encore.
VESQUETIÈRE (LA), f. c^ne d'Évron. — On dit aussi *la Vesquère*.
Fief vassal de la bar. d'Évron.
VESTRÉ, h. c^ne d'Oisseau.
VETIÈRE (LA), f. c^ne de Mézangers.
VETILLERIE (LA), éc. c^ne de Nuillé-sur-Ouette.
VETZ, f. c^ne d'Ampoigné. — *Vetz, alias Veru*, 1770 (terrier de la bar. de Château-Gontier).
VEUQUERIE, f. c^ne de Méral.
VEZOUZIÈRE (LA), chât. et f. c^ne de Bouère. — *Hamelinus de la Veissuère*, 1234 (Bibl. nat. f. lat. 5441). — *Vaizouyière*, 1409 (cab. La Baulaère). — *Le seigneur de la Vaissousière*, 1479 (Arch. nat. P 343).
La châtell. de la Vezouzière, réunie à celle de Bouère, relevait de la bar. de Sablé.
VEZOUZIÈRE (LA), f. c^ne de Gennes.

VIAILLÈRE (LA), f. c^ne de Chérancé. — On trouve aussi la *Viallère*.
Fief vassal de la bar. de Craon.
VIAILLIÈRE (LA), f. et m^in, c^ne de Cossé-le-Vivien. — *Molendinum de Vialère in parr. de Coceio*, 1274 (abb. de Saint-Serge d'Angers).
VIANDRAIS (LES), f. c^ne de Colombiers; ancien logis.
VIANDRIE (LA), chât. et f. c^ne de Saint-Baudelle.
VIANDRIE (LA), vill. c^ne de Saint-Germain-de-Coulamer.
VIANDRIES (LES), f. c^ne de Nuillé-sur-Vicoin.
VIANNIÈRE (LA), f. c^es de Laigné. — *Les marays de la Viennerie*, 1565 (arch. de la Mayenne, E 6, f° 13).
VIARDIÈRE (LA), h. c^ne d'Andouillé.
VIARDIÈRES (LES), f. c^ne d'Aron.
VIARDIÈRES (LES), f., bois et landes, c^ne de Saint-Georges-Buttavent. — Le ruiss. de ce nom est un affl. de l'Anxurre.
VICELLE (LA), f. c^ne d'Argentré.
VICELLE (LA), f. c^ne de Saint-Fort. — Bois auj. défriché.
VICOIN (LE), rivière qui prend sa source près de la Baconnière, arrose les c^nes du Bourgneuf, de Launay-Villiers, d'Olivet, du Genest, de Saint-Berthevin, de Montigné, et se jette dans la Mayenne au-dessus d'Origné. Elle alimente les étangs de la Chaîne et de Port-Brillet. — *Ad faciendos molindinos in fluvio Vulcone*, xie siècle (Bibl. nat. f. lat. 5441). — *Le Vicquoing*, 1617 (abb. de la Roë, H 200, f° 65).
Le fief de Vicoin était vassal de la seign. de Courbusson.
VICOMTÉ DE LA MOTTE, fief, c^ne de la Boissière, vassal de la bar. de Pouancé.
VIDANGES (RUISSEAU DES), c^ne de Mézangers, affl. de celui du Rocher.
VIEIL-AUNAY (ÉTANG DU), c^ne d'Aron.
VIEIL-AUNAY (LE), chât., f. et chapelle du xiie s^e, c^ne de Loigné. — *Viaunay*, xviie s^e (abb. de la Roë, H 170).
Fief vassal du marq. de Château-Gontier.
VIEIL-AVERTON (LE), m^in, c^ne de Courcité; ruiss. affl. du Merdereau.
VIEIL-ÉTANG (RUISSEAU DU), c^ne du Housseau, affl. de la Mayenne.
VIEIL-HÊTRE (LE), f. c^ne d'Ambrières.
VIEIL-HÊTRE (LE), f. c^ne d'Ampoigné.
VIEIL-HÊTRE (LE), f. c^ne d'Aron; donne son nom à un ruiss. affl. de l'Aron.
VIEIL-HÊTRE (LE), h. c^ne de la Baconnière.
VIEIL-HÊTRE (LE), f. c^ne de Champfremont.
VIEIL-HÊTRE (LE), h. et f. c^ne de Châtillon-sur-Colmont.
VIEIL-HÊTRE (LE), f. c^ne de Montreuil.

VIEIL-HÊTRE (LE), éc. c^ne d'Oisseau.
VIEIL-HÊTRE (LE), f. c^ne de Saint-Denis-d'Anjou.
VIEIL-HÊTRE (LE), f. c^ne de Saint-Georges-Buttavent.
VIEIL-HÊTRE (LE), f. c^ne de Saint-Martin-de-Connée.
VIEILLE-AIRE (LA), f. c^ne d'Azé.
VIEILLE-CHAUVIÈRE (LA), h. c^ne de Deux-Évailles; donne son nom à un ruiss. affl. de celui des Morteries.
VIEILLE-CLAIE (LA), h. c^ne de Pré-en-Pail.
VIEILLE-COUR (LA), f. c^ne de Larchamp.
VIEILLE-COUR (LA), f. c^ne de Mézangers.
VIEILLE-COUR (LA), f. c^ne de Montigné.
VIEILLE-COUR (LA), f. c^ne de Saulges.
VIEILLE-ÉCOLE (LA), f. c^ne de Montaudin.
VIEILLE-ÉPINE, h. c^ne de Sainte-Gemmes-le-Robert.
VIEILLE-ESTRE (LA), f. c^ne du Méé.
VIEILLE-ESTRE (LA), f. c^ne de Mézangers.
VIEILLE-ESTRE (LA), f. c^ne de Montigné. — On dit aussi *le Vellêtre*.
VIEILLE-FORGE (LA), f. c^ne de Larchamp.
VIEILLE-HAIE (LA), f. c^ne de Saint-Denis-d'Anjou.
VIEILLE-LANDE (LA), f. c^ne de Désertines; donne son nom à un ruiss. affl. de celui de Pontpierre.
VIEILLE-LANDE (LA), f. c^ne de la Dorée.
VIEILLE-LANDE (LA), f. c^ne de Nuillé-sur-Vicoin.
VIEILLE-LOGE (LA), éc. c^ne d'Ahuillé.
VIEILLE-MARE (LA), f. c^ne de Jublains.
VIEILLE-MINE (LA), éc. c^ne de Saint-Pierre-la-Cour.
VIEILLE-PERRIÈRE (LA), h. c^ne de Rennes-en-Grenouille.
VIEILLE-PLACE (LA), vill. c^ne de la Bigottière.
VIEILLERIE (LA), éc. c^ne de Saint-Charles-la-Forêt. — La ferme de ce nom a été détruite vers 1838.
VIEILLERIE (LA), f. c^ne de Saint-Martin-du-Limet.
VIEILLE-ROUTE-D'AMBRIÈRES (LA), éc. c^ne de Mayenne.
VIEILLE-ROUZIÈRE (LA), f. c^ne de Mayenne.
VIEILLES-ESTRES (LES), h. c^ne de Mézangers.
VIEILLES-VIGNES (LES), éc. c^ne de Vaiges.
VIELLE (LA), éc. c^ne de Saint-Michel-de-Feins.
VIENNAIS (LA), h. c^ne du Bourgneuf-la-Forêt.
VIENNAIS (LA), f. c^ne de Saint-Hilaire-des-Landes; donne son nom à un ruiss. affl. de celui de Villeneuve.
VIENNE, h. c^ne de Cigné.
VIENNE (RUISSEAU DE LA), c^ne de Chantrigné, affl. de la Mayenne. — *A rivulo qui descendit in Vianam*, xiie s^e (cart. de Savigny, f° 121).
VIENNERIE (LA), f. c^ne de Pommerieux. — On dit aussi *la Viannière*.
VIENNIÈRE (LA), h. c^ne de Champéon.
VIENNIÈRE (LA), f. c^ne de Cuillé.
VIENNIÈRE (LA), f. c^ne de Jublains.
VIENNIÈRE (LA), vill. c^ne de Saint-Germain-le-Guillaume.
VIENNIÈRE (LA), f. c^ne de la Selle-Craonnaise.

VIENNIÈRE (LA), f. c^{ne} de Viviers. — On dit aussi *la Viannière*.

VIESMONT (RUISSEAU DE), c^{ne} de Lignières-la-Doucelle, affl. de celui de la Trévannière.

VIEUCOUR (LA), chât., étang et f. c^{ne} d'Ahuillé. — *Le Plessis de la Vielcourt*, XIVe siècle (Arch. nat. P 345).

VIEUCOUR (LA), fief, c^{ne} du Ham, vassal de la bar. du Ham.

VIEUCOUR (LA), f. c^{ne} de Montigné.

VIEUVILLE (LA), vill. c^{ne} de Brécé.

VIEUVILLE (LA), h. c^{ne} de Colombiers.

VIEUVILLE (LA), h. c^{ne} de Houssay. — *Lieu de Viezville*, 1443 (Arch. nat. P 343).

VIEUVILLE (LA), h. c^{ne} de Juvigné-des-Landes.

VIEUVILLE (LA), h. c^{ne} de Livré. — *La Vieuville Fleurac*, 1618 (arch. de la Mayenne, série E).

Le fief de la Vieuville-Fleurard ou Poulain relevait de la seign. d'Asseil et de celle de Livré.

VIEUVILLE (LA), fief vassal de la châtell. de Laval.

VIEUVILLE (LA NOUVELLE-), f. c^{ne} de Livré.

VIEUVILLE (LA PETITE-), f. c^{ne} de Juvigné-des-Landes.

VIEUVILLIÈRE (LA), f. c^{ne} de Vautorte; donne son nom à un ruiss. affl. de celui de la Guyottière.

VIEUVY, c^{on} de Gorron. — *Vetus Vicum*, IXe siècle (Gesta pontif. Cen.). — *Terram inter Camberon et Veterem Vicum*, 1200 (abb. de Savigny, Arch. nat. L 978).

Anc. par. du doy. de Passais, de l'élection et du duché de Mayenne.

VIEUX-BENÂTRE (LE), vill. c^{ne} de Champéon.

VIEUX-BOIS (LE), h. c^{ne} de Saint-Julien-du-Terroux.

VIEUX-CHAMPS (LES), f. c^{ne} d'Averton.

VIEUX-CHAMPS (LES), f. c^{ne} de Châtillon-sur-Colmont.

VIEUX-CHAMPS (LES), f. c^{ne} de Juvigné-des-Landes.

VIEUX-CHAMPS (LES), f. c^{ne} de Montaudin.

VIEUX-CHÂTEAU (LE), h. c^{ne} de Saint-Mars-sur-Colmont.

VIEUX-CHÂTEAU (VALLÉES DU), c^{ne} de Saint-Mars-sur-Colmont.

VIEUX-CHEVAIGNÉ (LE), h. c^{ne} de Madré.

VIEUX-CIMETIÈRE (LE), vill. c^{ne} du Horps.

VIEUX-CONTEST (LE), f. c^{ne} de Contest; donne son nom à un ruiss. affl. de celui du Fauconnier.

VIEUX-CRÉAN (LE), f. c^{ne} d'Alexain.

VIEUX-DURAND (LE), h. c^{ne} de Lassay.

VIEUX-FOUR (LE), f. c^{ne} de Jublains.

VIEUX-FOUR (LE), f. c^{ne} de Saint-Baudelle.

VIEUX-FOUR (LE), f. et four à chaux, c^{ne} de Saint-Denis-d'Anjou.

VIEUX-GAST (LE), vill. c^{ne} de Montreuil.

VIEUX-GAST (LE), h. c^{ne} de Saint-Loup-du-Gast; donne son nom à un ruiss. affl. de celui de Pigray.

VIEUX-GUÉRET (LE), f. c^{ne} de la Haie-Traversaine.

VIEUX-MONT (LE), f. c^{ne} de Lassay.

VIEUX-MOULIN (LE), éc. c^{ne} de la Bazouge-des-Alleux. — Le moulin de ce lieu est auj. détruit et l'étang desséché.

VIEUX-MOULIN (LE), f. c^{ne} de Carelles.

VIEUX-MOULIN (LE), h. et mⁱⁿ, c^{ne} de Champfremont.

VIEUX-MOULIN (LE), logis et f. c^{ne} de Jublains; ruiss. affl. de celui d'Hermet.

VIEUX-MOULIN (LE), h. c^{ne} de Laval.

VIEUX-MOULIN (LE), f. c^{ne} de la Poôté.

VIEUX-PRESBYTÈRE (LE), f. c^{ne} de Méral.

VIEUX-PRESBYTÈRE (LE), éc. c^{ne} de Vautorte.

VIEUX-SOU (LE GRAND et LE PETIT), f. c^{ne} de Brécé.

VIEUX-TAY (LE), f. c^{ne} d'Andouillé.

VIEUX-VIVIER (LE), h. c^{ne} d'Évron. — Fief vassal de la bar. d'Évron.

VIÈVES, f. c^{ne} de Quelaines. — Fief vassal de la bar. de Craon.

VIGNAS, f. c^{ne} de Bannes. — On dit aussi *Vignart*. Fief vassal de la Cour de Bannes.

VIGNE (LA), f. c^{ne} d'Assé-le-Bérenger.

VIGNE (LA), éc. c^{ne} de Ballée.

VIGNE (LA), f. c^{ne} de la Bazouge-des-Alleux.

VIGNE (LA), h. c^{ne} de Beaulieu.

VIGNE (LA), f. c^{ne} de Bonchamp.

VIGNE (LA), h. c^{ne} de Brécé; donne son nom à un ruiss. affl. de celui de la Fourmondière, qui arrose aussi Châtillon-sur-Colmont.

VIGNE (LA), éc. c^{ne} de la Chapelle-Rainsouin.

VIGNE (LA), f. c^{ne} de Contest.

VIGNE (LA), f. c^{ne} de Deux-Évailles.

VIGNE (LA), éc. c^{ne} de Fontaine-Couverte. — Ferme auj. supprimée.

VIGNE (LA), f. c^{ne} de Larchamp.

VIGNE (LA), f. c^{ne} de Marigné-Peuton.

VIGNE (LA), f. c^{ne} de Méral.

VIGNE (LA), f. c^{ne} de Montjean.

VIGNE (LA), f. c^{ne} de Neau.

VIGNE (LA), h. c^{ne} de Quelaines.

VIGNE (LA), éc. c^{ne} de Renazé.

VIGNE (LA), f. c^{ne} de Saint-Aubin-du-Désert.

VIGNE (LA), f. c^{ne} de Saint-Berthevin.

VIGNE (LA), éc. c^{ne} de Saint-Jean-sur-Mayenne.

VIGNE (LA), f. c^{ne} de Saint-Michel-de-la-Roë.

VIGNE (LA), f. c^{ne} de Saint-Ouen-des-Vallons.

VIGNE (LA), h. c^{ne} de Vimarcé.

VIGNE (LA BASSE-), h. c^{ne} de Vimarcé.

VIGNE (LA GRANDE-), f. c^{ne} de Mayenne.

VIGNE (LA PETITE-), éc. c^{ne} de Champgenéteux.

VIGNE (LA PETITE-), h. c^{ne} d'Ernée.

VIGNE (LA PETITE-), f. c^{ne} de Saint-Baudelle.

VIGNERETTE, vill. c^{ne} de Champfremont.

VIGNERIE (LA), f. c^{ne} de Parné.
VIGNES (LES), éc. c^{ne} d'Ampoigné.
VIGNES (LES), éc. c^{ne} d'Athée.
VIGNES (LES), h. c^{ne} de Bazougers.
VIGNES (LES), h. c^{ne} de Bazouges.
VIGNES (LES), vill. c^{ne} de Bonchamp.
VIGNES (LES), h. c^{ne} de Bouère.
VIGNES (LES), f. c^{ne} de la Chapelle-au-Riboul. — Ce nom montre jusqu'où s'étendait la culture de la vigne dans l'arrond. de Mayenne.
VIGNES (LES), four à chaux, c^{ne} de Châtres.
VIGNES (LES), f. c^{ne} de Chérancé.
VIGNES (LES), f. c^{ne} de Daon.
VIGNES (LES), f. c^{ne} de Grez-en-Bouère.
VIGNES (LES), vill. c^{ne} de Laval.
VIGNES (LES), h. c^{ne} de Loigné.
VIGNES (LES), f. c^{ne} de Ménil.
VIGNES (LES), f. c^{ne} de Saint-Baudelle.
VIGNES (LES), f. c^{ne} de Saint-Cénéré.
VIGNES (LES), h. c^{ne} de Simplé.
VIGNES (LES GRANDES et LES PETITES), f. c^{ne} de Quelaines; ruiss. qui se jette dans celui du Brault. — L'étang et le moulin des Vignes ont été supprimés vers 1800.
Fief vassal de la baronnie de Craon et du marq. de Château-Gontier.
VIGNES (LES HAUTES-), f. c^{ne} d'Évron.
VIGNETTE (LA), h. c^{ne} de Gesvres.
VIGNETTES (LES), f. c^{ne} d'Astillé.
VIGNEULE (LA), f. c^{ne} de Montflours.
VIGNÉ (LE), h. c^{ne} de Cuillé.
VILFEU, f. c^{ne} d'Ambrières.
VILFEU, f. c^{ne} de Gorron; donne son nom à un ruiss. affl. de la Colmont.
VILFEU, f. c^{ne} du Pas. — Le moulin et l'étang de ce lieu n'existent plus.
Fief vassal de la bar. d'Ambrières.
VILFEU (LE PETIT-), h. c^{ne} du Pas.
VILLABON, h. c^{ne} de la Chapelle-Craonnaise. — In masura de Vilabon, XIIIe siècle (abb. de la Roë, H 151, f° 95).
VILLABRY, fief vassal du marq. de la Hautonnière.
VILLAGE (LE HAUT-), f. c^{ne} de Saint-Quentin.
VILLAGE (LE HAUT-), h. c^{ne} de Simplé.
VILLAGE (LE PETIT-), f. c^{ne} de Carelles.
VILLAGE (LE PETIT-), h. c^{ne} de Courcité.
VILLAGE (LE PETIT-), f. c^{ne} de Hercé.
VILLAGE (LE PETIT-), f. c^{ne} de Larchamp.
VILLAGE-DE-THUBÉ (LE), f. c^{ne} de Cossé-le-Vivien.
VILLAGE-DU-MOULIN (LE), h. c^{ne} de Montaudin.
VILLAGONNAIS (ÉTANG DE), c^{ne} de Juvigné-des-Landes; auj. desséché. — Il a donné son nom à un ruisseau qui arrose le Bourgneuf et se jette dans le Vicoin et à un autre qui se jette dans le ruiss. de Lambarré.
VILLAINE (LA), h. et étang, c^{ne} de Larchamp; ruiss. affl. de celui de Larchamp. — In antiqua defensa videlicet Villenei, 1232 (recueil de chartes fait au XVIIe siècle). — Brolia de Villaña, 1233 (ibid.).
VILLAINE (LA), f. c^{ne} de Laval. — C. de Vilenia, XIe s^e (cart. du Ronceray).
Fief dép. du prieuré de Saint-Melaine.
VILLAINE (LA), f. c^{ne} de Maisoncelles.
VILLAINE (LA), f. c^{ne} de Méral; auj. supprimée. — Lieu de la Vellayennes, 1550 (arch. de la Mayenne, E.121).
VILLAINE (LA), f. c^{ne} de Montaudin. — Fief du marq. de la Hautonnière.
VILLAINES, f. c^{ne} de Nuillé-sur-Ouette. — Étang de la Villerne, XVIe siècle (cab. La Baulnère).
VILLAINES-LA-JUHEL, arrond. de Mayenne. — Vintlena, 802 (dipl. de Charlemagne). — G. de Villena, XIIe s^e (cart. d'Évron). — Parrochia Villane Juhelli, 1180 (inv. des arch. de la Sarthe). — Apud Villaniam, 1241 (abb. de Savigny, Arch. nat., L 970).
Siège d'un marq., érigé en 1587, dont la juridiction s'exerçait sur 13 paroisses. — Anc. par. du doyenné de Javron et de l'élection du Mans. — L'administration civile du directoire du district de Lassay siégeait à Villaines-la-Juhel.
Le prieuré-cure de Saint-Georges de Villaines dépendait de l'abb. de Beaulieu (Sarthe).
VILLAIS (LA), h. c^{ne} de Saint-Cyr-en-Pail; donne son nom à un ruiss. affluent de celui de la Ratterie, qui arrose aussi Saint-Aignan-de-Couptrain.
VILLAISERIE (LA), f. c^{ne} de Cuillé.
VILLAMAUGER, h. c^{ne} de Saint-Ellier.
VILLAMIS (LE GRAND et LE PETIT), f. c^{ne} de Cossé-le-Vivien. — Fief vassal de la châtell. de Courbeveille.
VILLARDIÈRE (LA), f. c^{ne} de Mayenne.
VILLARENTON, anc. prieuré. — Voy. ABBAYETTE (L').
VILLARI, h. c^{ne} de Saint-Ellier. — La Villechallerie (Cassini). — Villary (carte de l'État-major).
VILLARMÉ, f. c^{ne} de la Baconnière.
VILLATE (LA), chât. et f. c^{ne} de Montigné.
VILLATE (LA), f. c^{ne} de Saint-Quentin.
VILLATES (LES), f. c^{ne} de Nuillé-sur-Ouette.
VILLATES (LES), h. c^{ne} de Quelaines.
VILLAUT (LE), vill. c^{ne} d'Izé.
VILLE (LA), fief, c^{ne} de Beaulieu, vassal de la châtell. de la Guéhardière et de Méral.
VILLE (LA), f. c^{ne} de Brée; auj. supprimée.
VILLE (LA BASSE-), f. c^{ne} de Chemazé.
VILLE (LA GRANDE ET LA PETITE), f. c^{ne} de la Chapelle-Craonnaise.

VILLE (LA GRANDE ET LA PETITE), f. c^{ne} de Martigné; ruiss. affl. de celui de l'Aunay-Noyé.

VILLE-AMALLE, h., étang et mⁱⁿ, c^{ne} du Bourgneuf-la-Forêt. — *Ville-Amelle*, 1790 (arch. de la Mayenne, série Q).

Le ruiss. de l'Étang sépare Juvigné du Bourgneuf et se jette dans le Vicoin.

VILLE-AUDRAIS (LA), chât. c^{ne} de Beaulieu.

VILLE-AUX-MOINES, vill. c^{ne} de Nuillé-sur-Ouette. — Prieuré dépend. de l'abb. de la Couture du Mans.

VILLEBEDON, f. c^{ne} de Saint-Denis-de-Gastines.

VILLEBOIS (ÉTANG DE), c^{ne} d'Olivet; auj. desséché.

VILLE-CHARDON, h. c^{ne} de Landivy. — *Reddidi Cardun Villas*, xe siècle (*Cenomania*).

VILLECHAT, f. c^{ne} de Châtelain.

VILLECHAT (LE PETIT-), f. c^{ne} de Châtelain; supprimée vers 1851.

VILLE-CHEVREUL (LA), vill. c^{ne} de Carelles.

VILLE-CHIEN, f. c^{ne} de Changé; donne son nom à un ruiss. affl. de la Mayenne.

VILLE-CUIEN, f. c^{ne} de Châtelain; donne son nom à un ruiss. affl. de celui de la Popinais.

VILLE-CHIEN, f. c^{ne} de Gennes.

VILLE-COURTAISE, f. c^{ne} de Ballots. — *In molendino de Villa Cortesia*, XIIe siècle (*ibid*. H 151, f° 62). — *In Vile Corteisa*, vers 1250 (abb. de la Roë, H 180).

VILLE-CUITE, vill. c^{ne} de Montaudin.

VILLEDÉ, f. et vill. c^{ne} de la Brulatte. — *Le village et le fief de Vildé*, 1660 (arch. de la Mayenne, H 199, f° 140).

Fief de la châtellenie de Saint-Ouen, vassal du Plessis-Milcent.

VILLEDÉ, f. c^{ne} de Cuillé.

VILLE-DONNAISE, f. c^{ne} de Méral. — *Pro terra de Villa Dolenesia*, XIIe siècle (abb. de la Roë, H 151, f° 40).

VILLÉE, h. et four à chaux, c^{ne} d'Évron. — *Vuilliacum*, 989 (cart. d'Évron).

VILLÉE (LA), f. c^{ne} de Montigné.

VILLE-EN-BOIS (LA), h. c^{ne} de Saint-Berthevin.

VILLE-EN-BOIS (LA), éc. c^{ne} de Saint-Hilaire-des-Landes.

VILLE-ÉTABLE (LA), h. c^{ne} de Bourgon; donne son nom à un ruiss. qui se jette dans l'étang du Logis. — *Les Villetables* (Cassini).

VILLEFORGE (BOIS DE), c^{ne} de Méral; auj. défriché. — *Nemus de Villeforge*, 1222 (abb. de Saint-Serge d'Angers).

VILLEFRANCHE, f. c^{ne} de Bierné.

VILLEFRANCHE, vill. c^{ne} de Chailland; les landes s'étendaient en Chailland et Saint-Hilaire-des-Landes et ont été défrichées vers 1835.

VILLEFRANCHE, h. c^{ne} de Saint-Hilaire-des-Landes.

VILLE-GARLAND, fief, c^{ne} de Saint-Jean-sur-Mayenne, aussi nommé *la Huonnière*, et auparavant *Brochard*, vassal de la châtell. de Fouilloux. — *Ville-Garland*, 1391 (aveu du cab. Guays des Touches).

VILLE-GÉRARD, h. et landes, c^{ne} d'Ernée. — *Landes de Villegéhard* (carte de Jaillot).

VILLE-GRAFIN (RUISSEAU DE LA), c^{ne} de Saint-Pierre-la-Cour, affl. de la Vilaine.

VILLE-GRAND, h. c^{ne} de la Chapelle-Craonnaise. — Arrière-fief de la bar. de Craon, vassal de la seign. de la Corbière.

VILLE-HERCÉ, f. c^{ne} de Saint-Ouen-des-Vallons.

VILLE-LIMAUDIN, fief, c^{ne} de Martigné; vassal du duché de Mayenne.

VILLE-MARCHAND, f. c^{ne} de Cossé-en-Champagne.

VILLEMATIER, éc. c^{ne} d'Assé-le-Bérenger.

VILLEMAUGER (LA), f. c^{ne} de Livré. — *Medietariam de Villa Mauger*, XIIe siècle (abb. de la Roë, H. 151, f° 11).

VILLEMENU, h. c^{ne} de Montenay.

VILLENÇAIS, h. c^{ne} de Saint-Denis-de-Gastines.

VILLENEUVE, f. c^{ne} d'Ampoigné.

VILLENEUVE, f. c^{ne} de la Baroche-Gondouin; donne son nom à un ruiss. affl. de celui de la Renauderie.

VILLENEUVE, h. c^{ne} de Bazouges, réuni à la ville de Château-Gontier en 1862.

VILLENEUVE, h. c^{ne} de Bourgon.

VILLENEUVE, h. et chât. c^{ne} de Chailland. — Arrière-fief du duché de Mayenne, vassal de la châtellenie d'Ernée.

Moulin et étang auj. supprimés. — Le ruiss. de Villeneuve et de la Tour est un affl. de l'Ernée.

VILLENEUVE, éc. c^{ne} de Champéon.

VILLENEUVE, f. c^{ne} de Chantrigné.

VILLENEUVE, f. c^{ne} de Chemazé.

VILLENEUVE, f. c^{ne} de Cosmes.

VILLENEUVE, f. c^{ne} de Craon.

VILLENEUVE, f. et étang, c^{ne} de Daon.

VILLENEUVE, éc. c^{ne} de Deux-Évailles.

VILLENEUVE, vill. c^{ne} d'Évron; donne son nom à un ruiss. affl. de celui des Places.

VILLENEUVE, h. c^{ne} de Gorron.

VILLENEUVE, f. c^{ne} de Grez-en-Bouère; donne son nom à un ruiss. affl. de celui d'Olivet.

VILLENEUVE, f. c^{ne} de Juvigné-des-Landes.

VILLENEUVE, f. c^{ne} de Larchamp; ruiss. qui arrose Montaudin et se jette dans la Futaie.

VILLENEUVE, f. c^{ne} de Lignières-la-Doucelle.

VILLENEUVE, f. et étang, c^{ne} de Livet-en-Charnie. — Fief vassal de la seign. de l'Aunay-Péan.

VILLENEUVE, f. c^{ne} de Montreuil.

VILLENEUVE, h. c^{ne} de Niort.

Villeneuve, f. c^{ne} de Ruillé-Froidfont.
Villeneuve, h. c^{ne} de Saint-Berthevin.
Villeneuve, f. c^{ne} de Saint-Charles-la-Forêt.
Villeneuve, h. c^{ne} de Sainte-Gemmes-le-Robert.
Villeneuve, h. c^{ne} de Saint-Mars-sur-la-Futaie.
Villeneuve, f. c^{ne} de Saint-Ouen-des-Toits.
Villeneuve, h. c^{ne} de Saint-Pierre-la-Cour.
Villeneuve, b. c^{ne} de Trans.
Villeneuve, f. c^{ne} de Vaucé.
Villeneuve, f. c^{ne} de Villiers-Charlemagne.
Villenglose, f. c^{ne} de Laval.
Ville-Oudard, f. et éc. c^{ne} de Gennes.
Villepail, c^{on} de Villaines-la-Juhel. — Anc. par. du doy. de Javron, de l'élect. du Mans et du marq. de Villaines.
Le bois de Villepail est auj. défriché.
Villeperdue, f. c^{ne} d'Ampoigné.
Villeperdue, vill. c^{ne} de la Poôté.
Ville-Petit, vill. c^{ne} d'Andouillé. — Landes auj. défrichées.
Ville-Poêle, f. c^{ne} d'Ampoigné. — La ferme du Petit-Ville-Poêle est auj. supprimée.
Villepoil, f. c^{ne} de Gennes. — Le bois de ce nom a été défriché vers 1849.
Ville-Prouvée, f. c^{ne} de Ruillé-Froidfont. — Fief vassal de la bar. de Laval.
Villepucelle, h. c^{ne} de Ruillé-Froidfont. — Fief vassal de la châtell. de Meslay.
Villeray, chât., f., étang et mⁱⁿ, c^{ne} de Javron. — *P. de Villereio*, xiie siècle (Hist. des sires de Mayenne, pr.).
Châtell. de laquelle relevaient les fiefs de Broch, Goulifer, la Vieucourt, et qui s'étendait sur les c^{nes} de Javron, Crennes, Villepail et le Ham.
Le ruiss. du Château de Villeray est un affl. de la Fraubée.
Villeray, f. c^{ne} de Nuillé-sur-Vicoin.
Villeray, f. c^{ne} de Saint-Baudelle. — *Petrus de Vilareio*, 1200 (abb. de Fontaine-Daniel). — *Apud Regis Villam tenementum*, 1241 (abb. de Savigny, Arch. nat. L 970).
Villeray (Le Grand et le Petit), f. c^{ne} de Vaiges.
Ville-Renard (Le Grand et le Petit), f. c^{ne} de Livré; auj. détruite. — Fief dépendant du prieuré de Saint-Clément de Craon.
Villerie (La), éc. c^{ne} de la Baroche-Gondouin.
Villerie (La), f. c^{ne} de Laval.
Villermanger, étang, c^{ne} de la Bazouge-des-Alleux; donne son nom à un ruiss. affl. de celui de la Jarriais. — On dit aussi *Villemanger*.
Fief vassal du comté de Laval.
Ville-Roquet, éc. c^{ne} de Saint-Ellier.

Ville-Souris (Le Grand et le Petit), f. c^{ne} de Chemazé. — *Mediatoria de Villa Soriz*, 1169 (cart. du Ronceray).
Ville-Tremaise, h. c^{ne} de Saint-Cyr-le-Gravelais; donne son nom à un ruiss. affl. de l'Oudon. — *Hugone de Villa Tremesia*, xiie siècle (abb. de la Roë. H 151, f° 22).
Fief vassal de la châtell. de la Guéhardière et de la vicomté de Terchamp.
Villette (La), f. c^{ne} d'Alexain. — Fief vassal du duché de Mayenne.
Villette (La), f. c^{ne} de Cossé-le-Vivien.
Villette (La), chât. c^{ne} de Longuefuye. — Arrière-fief de la bar. d'Entramnes, vassal de la terre de Forges.
Villette (La), vill. c^{ne} de Niort; donne son nom à un ruiss. affl. de la Mayenne.
Villette (La), h. c^{ne} de Saint-Aubin-du-Désert.
Villette (La), f. c^{ne} de Saint-Brice.
Villette (La), f. c^{ne} de Saint-Pierre-des-Landes.
Villette (La), h. c^{ne} de Saint-Pierre-sur-Orthe.
Villette (La Basse-), h. c^{ne} d'Aron.
Villette (La Grande et la Petite), f. c^{ne} de Longuefuye.
Villette (La Grande et la Petite), h. c^{ne} de Saint-Mars-du-Désert.
Villette (La Haute-), f. c^{ne} d'Aron.
Villette (La Haute et la Basse), c^{ne} de Marcillé-la-Ville.
Villettes (Les), h. c^{ne} de Chailland.
Villevert, f. c^{ne} de Livré.
Villevert, éc. c^{ne} de Méral.
Villière (La), h. c^{ne} de Beaumont-Pied-de-Bœuf.
Villière (La), f. c^{ne} d'Entramnes.
Villière (La), éc. c^{ne} de Saint-Baudelle.
Villiers, f. c^{ne} de Larchamp.
Villiers, chât., f. et étang, c^{ne} de Launay-Villiers. — Fief vassal de la châtell. d'Ernée.
Villiers, chât., f. et mⁱⁿ, c^{ne} de Sainte-Gemmes-le-Robert. — Fief vassal des bar. d'Évron et de Sillé.
Villiers, chât. et f. c^{ne} de Vaiges. — Fief vassal de la châtell. de Vaiges.
Villiers (Féage de-), appartenant aux religieux de Bellebranche, qui s'étendait sur les Bazouge-de-Chemeré, Chemeré-le-Roi et Saint-Georges-le-Fléchard.
Villiers (Le Bas-), f. c^{ne} d'Ernée.
Villiers (Le Haut-), f. c^{ne} de Launay-Villiers. — Fief vassal de la châtell. d'Ernée.
Villiers (Le Haut et le Grand), h. c^{ne} d'Ernée.
Villiers (Le Petit-), h. c^{ne} de Larchamp.
Villiers-Charlemagne, c^{on} de Grez-en-Bouère. — *G. de Vileriis*, xie siècle (cart. du Ronceray). —

Rossellus de Villeriis, xii° siècle (Bibl. nat. fonds lat. 5441). — *Ecclesia que vulgo Vilers Caroli Magni appellatur*, 1114 (*ibid.*).

Anc. par. du doy. de Sablé, de l'élect. de Château-Gontier et de la châtell. de Meslay. — Prieuré dépend. de l'abb. de Marmoûtiers. — Seign. pourvue en 1505 d'une haute justice par sa consolidation avec celles de Franc-Aleu et de Saint-Germain-de-l'Hommel. L'appel des causes de cette barre, attribué d'abord au présidial de Château-Gontier, fut ensuite rendu par arrêt du 9 août 1687 au comté de Laval.

VILLOIN (LE GRAND et LE PETIT), f. c^{ne} de Saint-Michel-de-Feins.
VILLOTTE (RUISSEAU DE LA) ou DE MONTRÉARD; arrose Saint-Céneré et se jette dans la Jouanne.
VILLOYER, f. c^{ne} de Montenay.
VILOISEAU, f. c^{ne} de Bouchamp. — Fief vassal de la seign. du Manoir-Ouvrouin.
VILOISEAU, f. c^{ne} de Hambers. — *Villa-avis*, 1256 (abb. de Fontaine-Daniel).
VILPEAU, f. c^{ne} de Montenay.
VILTIEN, h. c^{ne} du Horps.
VIMARCÉ, c^{on} d'Évron. — *Villare martis*, ix° siècle (Gesta Dom. Aldrici). — *F. de Vimurcio*, 1189 (Hist. de l'Église du Mans, t. IV, pr.). — *Johannes de Vimarcie*, 1290 (inv. des arch. de la Sarthe).

Anc. par. du doy. de Sillé-le-Guillaume, de l'élect. du Mans et du duché de Mayenne.

VINAGE, f. c^{ne} de Saint-Quentin.
VINÂTERIE (LA), h. c^{ne} de Quelaines.
VINAUX (LES), f. — Voy. VENAUX (LES).
VINCENDIÈRE (LA), f. c^{ne} du Buret.
VINCENDIÈRE (LA), f. c^{ne} de Meslay.
VINCENDIÈRE (LA), h. c^{ne} de Saint-Martin-de-Connée.
VINCENTS, fief, c^{ne} de Gesvres, vassal du marquisat de Gesvres.
VINÉ, f. c^{ne} de Torcé.
VINETTE, f. c^{ne} de Cuillé.
VINETTERIE (LA), f. c^{ne} d'Andouillé.
VINETTERIE (LA), f. c^{ne} de la Bazouge-de-Chemeré; supprimée vers 1838.
VINEVIERS, vill. c^{ne} de Torcé.
VINIÈRE (LA), f. c^{ne} de Maisoncelles.
VIOCHETRIE (LA), f. c^{ne} de Congrier.
VIOCHETRIE (LA), f. c^{ne} de la Rouaudière.
VIOLAIS (LA), h. c^{ne} de Gorron.
VIOLAIS (LA), f. c^{ne} de Senonnes.
VIOLETTE (LA), h. c^{ne} de Grez-en-Bouère.
VIOLETTE (LA), f. c^{ne} de Saint-Charles-la-Forêt; supprimée vers 1869.
VIOLIÈRE (LA), f. c^{ne} d'Assé-le-Bérenger.
VIOLIÈRE (LA), f. c^{ne} de la Chapelle-Anthenaise.

VIOLIÈRE (LA), h. c^{ne} de la Poôté.
VIOLIÈRE (LA), f. c^{ne} de Ruillé-le-Gravelais.
VIONNIÈRE (LA), f. c^{ne} de Saint-Cyr-le-Gravelais.
VIONNIÈRE (LA), h. c^{ne} de Trans.
VIONNIÈRE (LA HAUTE et LA BASSE), vill. c^{ne} de Contest.
VIONNIÈRE-TASSEAU (LA), f. c^{ne} de Contest.
VIOSNE (LA), h. c^{ne} de Saint-Ouen-des-Toits.
VIOTERIE (LA), éc. c^{ne} de Bazougers.
VIOTERIE (LA), f. c^{ne} de la Boissière.
VIOTERIE (LA), f. c^{ne} de Méral.
VIOTERIE (LA), f. c^{ne} de Neau.
VIOTERIE (LA), f. c^{ne} de Saint-Poix.
VIRAILLE (ÉTANG DE LA), c^{ne} de Saint-Léger; desséché vers 1826. — On dit aussi *Vireille*.
VIREILLE (LA), f. c^{ne} de Saint-Christophe-du-Luat.
VIRELOUP, f. c^{ne} de Saint-Thomas-de-Courcerriers.
VIROFLET, mⁱⁿ, c^{ne} de Saint-Loup-du-Dorat. — On dit aussi *Virfolet*.
VIRVEAU, f. c^{ne} de Saint-Georges-Buttavent; donne son nom à un ruiss. affl. de celui du Fauconnier.
VISARDIÈRE (LA), f. c^{ne} de Saint-Denis-d'Anjou.
VISSEULE (LA), f. c^{ne} du Pas.
VITAUDIÈRE (LA), f. c^{ne} de Belgeard.
VITRÉ, f. c^{ne} de Livré.
VITRÉ, f. c^{ne} de Simplé.
VITRIE (LA), f. c^{ne} de Saint-Denis-d'Anjou.
VIVAIN, fief, c^{ne} de Saint-Georges-Buttavent, vassal du duché de Mayenne.
VIVAIN (LE HAUT et LE BAS), h. c^{ne} de Juvigné-des-Landes. — *Étangs de Vivaing*, 1443 (Archives nat. P 343, n° 1033). — *Vivain*, aliàs *l'Éveillardière*, 1519 (Hist. des sires de Mayenne, pr.).

Arrière-fief du duché de Mayenne relevant de la châtell. de Saint-Ouen.

VIVANCIÈRE (LA), h. c^{ne} de Courbeveille. — Fief vassal de la châtell. de Courbeveille.
VIVANCIÈRE (LA), f. c^{ne} de Grez-en-Bouère.
VIVANCIÈRE (LA), f. c^{ne} de Saint-Quentin.
VIVANDIÈRE (LA), f. c^{ne} de la Poôté.
VIVANNIÈRE (LA), f. c^{ne} de Vaiges.
VIVANTERIE (LA), f. c^{ne} de Pommerieux.
VIVANTIÈRE (LA HAUTE et LA BASSE), f. c^{ne} de Brains-sur-les-Marches.
VIVIENNIÈRE (LA), f. c^{ne} de Vieuvy.
VIVIER (LE), f. c^{ne} d'Aron.
VIVIER (LE), vill. c^{ne} de la Baroche-Gondouin.
VIVIER (LE), f. c^{ne} de Bazouges.
VIVIER (LE), f. c^{ne} de Bierné.
VIVIER (LE), f. c^{ne} de Bouchamp.
VIVIER (LE), f. c^{ne} de la Chapelle-Craonnaise. — Fief vassal de la bar. de Craon.

DÉPARTEMENT DE LA MAYENNE. 337

Vivier (Le), f. cne de Houssay.
Vivier (Le), vill. cne de Juvigné-des-Landes.
Vivier (Le), f. cne de Saint-Gault.
Viviers, cen de Sainte-Suzanne. — *De villa Viviriaco*, 802 (diplôme de Charlemagne). — *Visveriolum*, 989 (cart. d'Évron). — *Villam Visveris nomine cum ecclesia*, 989 (*ibid.*). — *G. de Vivariis*, xi° siècle (cart. du Ronceray). — *Ecclesia Sancti Leodegarii de Vivariis*, 1125 (cart. d'Évron).
Église fillette du prieuré de Torcé. — Anc. par. du doy. d'Évron, de l'élect. et de la sénéchaussée du Mans.
Viviers (Les), vill. cne de Champgenéteux.
Viviers (Les), f. cne de Saint-Denis-de-Gastines.
Viviers (Les), f. cne de Saint-Pierre-des-Landes.
Vivoin, h., f. et briqueterie, cne de Sainte-Gemmes-le-Robert. — *Vivaing*, aveu du xiv° siècle (Arch. nat. P 345).
Fief du comté de Laval relevant de la châtell. de Montsurs et de la bar. de Sillé-le-Guillaume.
Vivon, f. cne de Saint-Pierre-des-Landes.
Vivreux, f. cne d'Oisseau. — *In territorio quod vocatur Viverous*, L 970 (abb. de Savigny).
Vizaille, f. cne de Saint-Christophe-du-Luat; prend son nom d'une forêt de Viseille, encore existante au xvi° siècle, entre Sainte-Suzanne et la Chapelle-Rainsouin (cab. La Bauluère).
Vizellière (La), f. cne de Saint-Denis-de-Gastines. — On dit aussi *la Visière*.
Voirie (La), f. cne de Nuillé-sur-Vicoin.
Voisin, f. cne de la Bazouge-des-Alleux.
Voisin, f. cne de Trans.
Voisinière (La), f. cne de Larchamp.
Voisinière (La), f. cne de Mézangers.
Voisinière (La), h. et éc. cne du Pas.
Volerie (La), f. cne d'Ampoigné.
Volerie (La), f. cne de Cossé-en-Champagne.
Volerie (La), f. cne de Gennes.
Volerie (La), f. cne de Larchamp.
Volier (Le), éc. cne de Fromentières. — Ferme auj. supprimée.
Volière (La), h. cne de la Baconnière.
Volue (La), f. cne d'Entramnes. — Fief vassal de la bar. d'Entramnes.
Volue (La), f. cne de Marigné-Peuton.
Volue (La), f. cne de Nuillé-sur-Vicoin. — *S. de Voluta*, xi° siècle (cart. du Ronceray).
Fief vassal de la seign. de Montchevrier.
Vonière (La), f. cne de Jublains; donne son nom à un ruiss. qui se jette dans l'étang de Beaucoudray.
Voutré, cen d'Évron. — *Ecclesia Sancti Petri de Vulteriaco*, 1125 (cart. d'Évron). — *Ecclesia de Voultreio*, 1209 (*ibid.*). — *Voultray*, 1646 (*ibid.*).
Anc. par. du doy. d'Évron, de l'élect. du Mans et de la bar. d'Évron.
Voyen (Le), éc. cne de Denazé.
Vrillère (La), f. cne de Blandouet. — On dit aussi *la Vrillerie*.
Vrillère (La), h. et min, cne de Champgenéteux. — Ruiss. affl. de celui des Fossés.
Vrillère (La), f. cne de Cuillé; auj. supprimée. — *L'Avrillière*, 1656 (abb. de la Roë).
Vrillère (La), f. cne de Laval.
Vrillère (La), f. cne de Ruillé-Froidfont.
Vrillère (La), éc. cne de Vautorte.
Vrirais (Les), h. cne de Bazouges.

Y

Yaule (La), f. et vallée, cne de Saint-Jean-sur-Mayenne. — *Hiaule* (carte de Jaillot). — On écrit aussi *la Geôle*.
Yaux (Les), vill., f. et château. — Voy. Guyaux (Les).
Yvron, f. cne du Buret.
Yvron, f. cne de Préaux.
Yvron (Le Grand et le Petit), f. cne de Meslay. — Fief vassal de la châtell. de Meslay.
Le moulin de ce lieu est auj. supprimé.

Mayenne.

TABLE DES FORMES ANCIENNES.

A

Abathon, Abattans. *Abattants* (*Les*).
Abbatiola de Villarentum. *Abbayette* (*L'*).
Acherets (Les). *Écherets* (*Les*).
Aciacus. *Assé-le-Bérenger*.
Acquitay. *Quittay* (*Le*).
Adzeium. *Azé*.
Agez. *Agets* (*Les*).
Ahérondeau. *Arondeau*.
Aire-du-Bois (L'). *Heure-du-Bois* (*L'*).
Airfroide. *Erfroide*.
Airon. *Aron*.
Aistres (Les). *Estres* (*Les*).
Albigneium. *Aubigné*.
Alosem. *Alexain*.
Alières (Les). *Aillères* (*Les*).
Allées (Les). *Hallais* (*Les*).
Allerie. *Aillères* (*Les*).
Allouée. *Alloué*.
Alnetæ Chotard. *Aunay-Chotard* (*L'*).
Alodia; Aloeta. *Alleux* (*Les*).
Alouers. *Aloué*.
Alta-noisa. *Anthenaise*.
Alta-ripa. *Hauterives*.
Alvers. *Auvers*.
Ambre. *Ambriers*.
Ambreres; Ambreriæ; Ambres; Ambriez. *Ambrières*.
Amerie (L'). *Lamerie* (*La*).
Ampongné; Amponiacum; Ampugneium. *Ampoigné*.
Andoillé; Andoilleium; Andoillotum; Andolacum. *Andouillé*.
Ancillier (L'). *Annelière* (*L'*).
Angeguier). *Gué-de-Languy* (*Le*).

Anglécherie (L'). *Angueucherie* (*L'*).
Angoyère (L'). *Angoulière* (*L'*).
Anjubaudière (L'). *Angebaudière* (*L'*).
Anjuinière (L'). *Angevinière* (*L'*).
Antonosia; *Anthenaise*.
Antredousière (L'). *Entredouzière* (*L'*).
Anveria; Anvoria. *Anvore* (*L'*).
Anzeguy (Le Gué d'). *Gué-de-Languy* (*Le*).
Aptée. *Athée*.
Apulia. *Poillé*.
Aquilaria. *Égrillère* (*L'*).
Arao. *Aron*.
Archæ. *Arche* (*L'*).
Archeni. *Arquené*.
Archer. *Archet*.
Arciacæ. *Assé-le-Bérenger*.
Arcis (Les). *Arsis* (*Les*).
Ardannes. *Ardennes*.
Ardriller. *Ardrior*.
Argenceium; Argentheium. *Argencé*.
Argentratum. *Argentré*.
Armenaudière (L'). *Remenaudière* (*La*).
Aronium; Aronum. *Aron*.
Arrua; Arva. *Erve* (*L'*).
Arseil. *Asseil*.
Arun. *Aron*.
Arundel (L'). *Hirondelle* (*L'*).
Assé-le-Bellanger. *Assé-le-Bérenger*.
Asseul. *Asseil*.
Atée; Ateia. *Athée*.
Ateieria. *Tayère* (*La*).
Atramæ. *Entramnes*.
Attellière (L'). *Haitellière* (*La*).
Aubépin. *Aupin*.
Auberdière (L'). *Laubardière*.
Aubertais (L'). *Laubretais*.
Aucé. *Aussé*.

Augearie (L'). *Laujarry*.
Augebequaire (L'). *Augebetière* (*L'*).
Auger. *Oger*.
Augerie (L'). *Laujarry*.
Augier. *Augé*.
Augranière (L'). *Augronnière* (*L'*).
Aujaissière (L'); Aujuizières (Les). *Aujuisières* (*Les*).
Aureonnum. *Évron*.
Aurias (L'). *Auriais* (*L'*).
Aurion. *Évron*.
Ausciacus. *Aussé*.
Autheu-Soursil. *Autheux*.
Autraire (L'). *Autruère* (*L'*).
Auzuizières (Les). *Aujuisières* (*Les*).
Avenarie; Avenerie. *Avesnières*.
Avertonium; Avertum. *Averton*.
Azeium; Aziacum. *Azé*.

B

Babineria. *Babinière* (*La*).
Bachevrail. *Beauchevreuil*.
Baconneria; Bacumneria. *Baconnière* (*La*).
Badonneria. *Badonnière* (*La*).
Baes. *Bais*.
Bahé. *Bahaie*.
Baïf. *Baillif*.
Baillard; Beillard. *Belliard*.
Baillée. *Ballée*.
Baillol. *Bailleul*.
Baiseilles. *Baseille*.
Balae. *Ballée*.
Balaillée. *Bellaillée*.
Baleyère (La); Balhayère (La). *Balayère* (*La*).
Ballaye. *Ballée*.

TABLE DES FORMES ANCIENNES.

Ballouz. *Ballots.*
Balorcium; Baloz. *Ballots.*
Balua; Baluta. *Ballue (La).*
Barbatus. *Barbé.*
Barbez. *Barbé.*
Barcoisière (La). *Bercoisière (La).*
Barra. *Barre (La).*
Barrileium. *Barrillé-Princé.*
Bas. *Bais.*
Basbillon. *Basbignon.*
Baseillæ. *Baseille.*
Baselgæ. *Bazouge-de-Chemeré (La).*
Basilgeacum; Basilgerie. *Bazougers.*
Basilicæ. *Bazouges.*
Basiligia juxta Criptam. *Bazouge-de-Chemeré (La).*
Basogers. *Bazougers.*
Bassoges. *Bazouges.*
Bastardière (La). *Batardière (La).*
Baste (La). *Bâte (La).*
Bastilliacum. *Bastille (La).*
Baudières (Les). *Ébaudières (Les).*
Baumaillère (La). *Boumaillère (La).*
Bauron. *Boiron.*
Bayard. *Baillard.*
Bayardière (La). *Belliardière (La).*
Bayette (La). *Abbayette (L').*
Bazeilla. *Bazeille.*
Bazilgia-Gunduini. *Baroche-Gondouin (La).*
Baziliga. *Bazouges.*
Bazoche (La). *Bazouge-de-Chemeré (La).*
Bazogia-de-Monte-Pinsonis; Bazoge-Montpinçon (La). *Bazoche-Montpinçon (La).*
Bazogiæ. *Bazouges.*
Bazogia-Gondoini. *Baroche-Gondouin (La).*
Béard. *Biard.*
Béassière (La). *Bessière (La).*
Beauces (Les). *Bosses (Les).*
Beaudonnière (La). *Baudonnière (La).*
Beaulou. *Beaulieu.*
Bediscum. *Bais.*
Bedouaudière (La). *Beduaudière (La).*
Bedoyère (La). *Bedouillère (La).*
Béhairie (La). *Béheris (La).*
Bébard. *Béard.*
Beillard. *Bailliard.*
Beillard. *Bayard.*
Beillardière (La). *Belliardière (La).*
Bela-brachia. *Bellebranche.*
Belhardière (La). *Belle-Hardière (La).*
Bellée. *Beslay.*
Bellejeart. *Bolgeard.*
Belleu. *Beaulieu.*
Bellignière (La). *Belinière (La).*

Bellus-mons de Pede Bovis. *Beaumont-Pied-de-Bœuf.*
Bellus-radius. *Beauray.*
Belorceraie (La). *Belosseraie (La).*
Belot-Ouaysel. *Beloiseau.*
Beltière (La). *Belletière (La).*
Belvéart. *Bénéards.*
Benâtrie (La). *Menâtrie (La).*
Benna. *Bannes.*
Béraudais (La). *Braudais (La).*
Bérie (La). *Béhérie (La).*
Berlerye. *Bellerie (La).*
Berna. *Berne.*
Bernichère (La). *Bénichère (La).*
Bernussière (La). *Benussière (La).*
Berouardière (La). *Brouardière (La).*
Beroulière (La). *Brouillère (La).*
Berrueria. *Berruère (La).*
Berteuchère (La). *Bretoucherie (La).*
Bertigneul. *Brétignolles.*
Bertonnière (La). *Bretonnière (La).*
Beslobière (La). *Belle-Aubière (La).*
Beslonnière (La). *Belonnière (La).*
Bosnehardière (La). *Béardière (La).*
Beuchevral. *Beauchevreuil.*
Beugicum. *Beugy.*
Beulotterie (La). *Belotterie (La).*
Beuson. *Besson.*
Beyardière (La). *Belliardière (La).*
Beyer. *Belliée.*
Bezelinière (La). *Beuzelinière (La).*
Bezillère (La). *Beziguère (La).*
Bias. *Biard.*
Biausses (Les). *Bosses (Les).*
Bicaunuère (La). *Bicosnuère (La).*
Bidauyère (La). *Bidaudière (La).*
Bief. *Biay.*
Bierni. *Bierné.*
Bigeardière (La). *Bijardière (La).*
Bignognes. *Bignonnet.*
Bigotteria. *Bigottière (La).*
Biherneium. *Bierné.*
Billehoudière (La). *Billeudière (La).*
Billotière (La). *Biotière (La).*
Bitte (La). *Habit (L').*
Bizarière (La). *Bizardière (La).*
Blailinière (La). *Blcslinière (La).*
Blandoit. *Blandouët.*
Blardière (La). *Belardière (La).*
Blinière (La). *Belinière (La).*
Bloin. *Blohin.*
Blon. *Bloin.*
Blonnière (La). *Blohinière (La).*
Blosserie (La). *Belosserie (La).*
Blotière (La). *Belottière (La).*
Blouin. *Bloin.*
Bloy. *Bloin.*
Bloynière (La). *Blohinière (La).*

Bluet. *Belluet.*
Blussinière (La). *Blessinière (La).*
Blutourne. *Belustourne.*
Boctière (La). *Boquetière (La).*
Boëria. *Bouère.*
Boessel. *Boisseau.*
Bois-Benoist (Le). *Bois-Benêts (Les).*
Bois-Beucher (Le). *Bois-Boucher (Le).*
Bois-Bleray (Le). *Bois-Belleray (Le).*
Bois-de-Mane (Le); Bois-Domayne (Le); Bois de Mayenne (Le). *Bois-de-Maine (Le).*
Bois-Frost (Le). *Bois-Froul (Le).*
Bois-Gèvre (Le); Bois-Gevrese (Le). *Bois-Gervais (Le).*
Bois-Glamart (Le). *Bois-Gamast (Le).*
Bois-Herbert (Le). *Bois-Helbert (Le).*
Bois-Heumont (Le). *Bois-Aumont (Le).*
Bois-Jacot (Le). *Bois-Chacot (Le).*
Bois-Johan (Le). *Bois-Jouan (Le).*
Boislion. *Boiryon.*
Bois-Louvre (Le). *Bois-Louveau (Le).*
Boisné; Boisnet. *Boismay.*
Bois-Prioudé (Le). *Bois-Plaidé (Le).*
Bois-Prioul (Le). *Bois-Prioux (Le).*
Bois Sanos. *Boiscent.*
Boissée. *Bouessée.*
Bonalla. *Bannes.*
Bonsculière (La). *Bonsulière (La).*
Bonus Campus. *Bonchamp.*
Boochamp. *Bouchamp.*
Boolet. *Boulay.*
Bor. *Bootz.*
Borbiers. *Barbiers (Les).*
Borbouillet. *Bourbouillé.*
Borchevrel. *Bourg-Chevreau (Le).*
Borgon. *Bourgon.*
Boscampus. *Bouchamp.*
Boschum-Bochardi. *Boisbouchard (Le).*
Boscum-Berengerii. *Bois-Bérenger (Le).*
Boscum-Froout. *Bois-Froul (Le).*
Boscum-Gellini. *Bois-Geslin (Le).*
Bossard. *Boussard.*
Bossée. *Bozeille.*
Bosseleium. *Boussellière (La).*
Bossiliacum. *Boissière (La).*
Bostière (La). *Bossetière (La).*
Botavant; Saint-Georges de Boutavant. *Saint-Georges-de-Buttavent.*
Botelies. *Boutellerie (La).*
Botte-Lorière (La). *Botrolière (La).*
Boudangères (Les). *Bodangerie (La).*
Boudemonnière (La). *Bourdonnière (La).*
Bouessellerie (La). *Boissellerie (La).*
Bouestard. *Boitard.*
Bouffayère (La). *Bouffelière (La).*
Bouguelinière (La). *Bouguelière (La).*

TABLE DES FORMES ANCIENNES.

Bouhardière (La). *Brouardière (La)*.
Bouillerie (La). *Boulerie (La)*.
Bouinière (La). *Boinière (La)*.
Boujantière (La). *Boujandière (La)*.
Boulerie (La). *Bouillerie (La)*.
Bourdelière (La). *Bordellière (La)*.
Bourg-Chevral (Le); Bourg-Chevrart (Le). *Bourg-Chevreuil (Le)*.
Boust. *Boux*.
Boustière (La). *Boussetière (La)*.
Boutavant. *Saint-Georges-de-Buttavent*.
Boutigny. *Bouligné*.
Boyère. *Bouère*.
Boz. *Bootz*.
Braacé. *Brassé*.
Brachanon. *Brécharnon*.
Brancheraie (La). *Brangeraie (La)*.
Braudière (La). *Béraudière (La)*.
Brea. *Brée*.
Breaimum. *Brains-sur-les-Marches*.
Breau. *Brault*.
Bréchalon. *Brécharnon*.
Brechesac. *Bressac*.
Breczau. *Bressault*.
Bregerel. *Bregelle*.
Bregerie (La). *Bergerie (La)*.
Bréguillery. *Bergault*.
Bréhon. *Bréon*.
Bréhuon. *Bréon*.
Breiacum. *Brée*.
Breil. *Bray*.
Breil-Breillant (Le). *Breil-Brillant (Le)*.
Breil-en-Sebert (Le); Breile-Sibert (Le). *Bréon-Subert*.
Breil-Érault (Le). *Brérault*.
Breil-Goguery (Le). *Goguerie (La)*.
Breillardière (La). *Bréardière (La)*.
Breil-Ménard (Le). *Brémenard*.
Breil-Orset. *Brillancière (La)*.
Brejel. *Bregelle*.
Brel-an-Subert (Le). *Bréon-Subert*.
Brel-au-Frans (Le). *Breil-aux-Francs (Le)*.
Bremium. *Brains-sur-les-Marches*.
Bren. *Brains*.
Bréon. *Bréhon*.
Bresceium. *Brécé*.
Bretaignelles. *Brétignolles*.
Bretellière (La). *Berthellière (La)*.
Brétinière (La). *Bertinière (La)*.
Bretochière (La). *Bretoucherie (La)*.
Bretonnière (La). *Bertonnière (La)*.
Bretynnollæ. *Brétignolles*.
Brévindière (La). *Bréhindière (La)*.
Briacé. *Briassé*.
Briacum. *Bray*.
Briacum. *Brée*.
Brian-Setbert. *Bréon-Subert*.

Bribonnière (La). *Brébonnière (La)*.
Briceium. *Brécé*.
Brière (La). *Bruyère (La)*.
Bril-Héraut. *Breil-Héraut (Le)*.
Brillehaut. *Brilhaut*.
Brilory. *Brioury*.
Brion-sur-Bert. *Bréon-Subert*.
Brochasnon. *Brécharnon*.
Brocinière (La). *Bressinière (La)*.
Broissinière (La). *Brossinière (La)*.
Brolium. *Breil (Le)*.
Brolium-Cherelli. *Bricherel*.
Brolium de Landes. *Bridelandes*.
Brolium-Francorum. *Breil-aux-Francs (Le)*.
Brolium-Legardis. *Belgeard*.
Brommer. *Bromer*.
Brouardière (La). *Berouardière (La)*.
Brousses (Les). *Brosses (Les)*.
Brouzière (La). *Bourouzière (La)*.
Brueil-Auffrans (Le). *Breil-aux-Francs (Le)*.
Brugnard. *Brunard*.
Brunescat; Brunessart. *Brensac*.
Bruyère (La). *Brière (La)*.
Buaretum. *Buret (Le)*.
Bublière (La). *Beublière (La)*.
Buca-Usure. *Bouche-d'Uzure*.
Buchardière (La). *Beuchardière (La)*.
Buechamp. *Bouchamp*.
Bueret (Le). *Buret (Le)*.
Buffières (Les). *Buffetières (Les)*.
Bugnon (Le). *Bignon (Le)*.
Buhannay; Buheneium. *Buhané*.
Buignonnet (Le). *Bignonnet (Le)*.
Buino. *Bignon (Le)*.
Buisarderie (La). *Buzarderie (La)*.
Bulerie (La). *Brûlerie (La)*.
Bulordière (La). *Bulourdière (La)*.
Bunache. *Beûnèche*.
Burcoium; Burcon. *Bourgon*.
Burgauderia; Burgaudière (La). *Bourgaudière (La)*.
Burgodenum; Burgon. *Bourgon*.
Burgus-Episcopi. *Bourg-l'Évêque (Le)*.
Burgus-Hersendis. *Bourg-Hersend (Le)*.
Burgus-Novellus. *Bourgnouvel*.
Burgus-Novus. *Bourgneuf (Le)*.
Burgus-Philippi. *Bourg-Philippe*.
Burlory. *Brioury*.
Busnaud. *Buchaud*.
Busseria. *Boissière (La)*.
Bussiacum. *Boussaie (La)*.
Busson (Le). *Buisson (Le)*.
Buxeria. *Boissière (La)*.
Buxiacum. *Boissière (La)*.
Buxiolus. *Saint-Jean-sur-Mayenne*.

C

Caduleæ; Cadurcæ. *Chaources*.
Cahareau. *Carreau*.
Cahayum. *Chain*.
Caivronium. *Cheronné*.
Caladon; Caladunnum. *Châlons*.
Calceatum. *Chaussay*.
Calceia Henrici. *Chaussée-Henri (La)*.
Calgiacum. *Changé*.
Calisamen. *Chammes*.
Calviacus, Chiellé. *Chellé*.
Camariacus. *Chemeré-le-Roi*.
Camaziacum. *Chemazé*.
Camba. *Chambre (La)*.
Cambiacum. *Changé*.
Cambio. *Champéon*.
Campas. *Campail*.
Campellæ. *Champeaux*.
Campéon. *Champéon*.
Campus-Aionis. *Champéon*.
Campus-Brezais. *Chambrezais*.
Campus-Fremuni. *Champfremont*.
Campus-Genestosus. *Champgenéteux*.
Campus-Raius. *Chambray*.
Campus-Tiliate. *Chanteil*.
Cangean; Cangemeium. *Cangin*.
Cangiacus. *Changé*.
Cannuois (La). *Quesnaie (La)*.
Canta-Lupus. *Chanteloup*.
Canterie (La). *Quanterie (La)*.
Cantus Merule. *Chantemesle*.
Carneia; Cerneta. *Charnie*.
Carnerium. *Charné*.
Castello. *Châlons*.
Castellum-Gunterii. *Château-Gontier*.
Castra. *Châtres*.
Caumont (La). *Colmont (La)*.
Cauvineium. *Chauvigné*.
Cavania. *Chevaigné*.
Cella-Credonensis. *Selle-Craonnaise (La)*.
Celsus. *Sée*.
Centrannensis ecclesia. *Saint-Berthevin-la-Tannière*.
Cepeleria. *Sepelières (Les)*.
Ceppeaux (Les). *Scepeaux (Les)*.
Cerais-Boissay; Cerez. *Seray*.
Ceron. *Craon*.
Ceulais. *Esseulay*.
Chaagland. *Chailland*.
Chaâlon. *Châlons*.
Chaalud. *Chalus*.
Chaannay. *Chasnay*.
Chabosaie (La). *Chabossaie (La)*.
Chadelo. *Châlons*.
Chaën. *Chain*.

Chafferné. *Chaffenay.*
Chagouinière (La). *Chogonnière (La).*
Chabaing. *Chain.*
Chahennay. *Chasnay.*
Chaidagnerie (La). *Chadaignerie (La).*
Chaignardière (La). *Chesnardière (La).*
Chaigno (Le). *Chesne (Le).*
Chaincutte. *Chêne-Cutte.*
Challoire (La); Challuère (La). *Chelluère (La).*
Chama. *Chammes.*
Chamazé ; Chamazeium ; Chamaziacum. *Chemazé.*
Chamba. *Chambe (La).*
Chambellou. *Chambellant.*
Chamboz. *Chambor.*
Chambreil. *Chambray.*
Chambrisé. *Chambrezais.*
Chamoceium. *Chamossay.*
Champoux. *Champoux.*
Chamslain. *Champlain.*
Changenet. *Champgemert.*
Changien. *Cangin.*
Chantail. *Chanteil.*
Chantemellus. *Chantemesle.*
Chanteroyne. *Chantereine.*
Chantringneium. *Chantrigné.*
Chapelle-Rainxoin (La). *Chapelle-Rainsouin (La).*
Charancé. *Cherancé.*
Charbay. *Cherbay.*
Charbonnerie (La). *Cherbonnerie (La).*
Charchenay. *Charcenay.*
Charmoyère (La). *Chermoyère (La).*
Charnea; Charneium. *Charné.*
Charnia. *Charnie (La).*
Charniers; Charniex. *Charnières.*
Charterie (La). *Charetterie (La).*
Chartrière (La). *Chártière (La).*
Chaspallière (La). *Chassepalière (La).*
Chassegayère (La). *Chasseguère (La).*
Chastellier (Le). *Châtellier (Le).*
Chastres. *Châtres.*
Chatayer (Le). *Châtellier (Le).*
Chateau-moyen. *Château-Meignan.*
Chauguenière (La). *Chaugonnière (La).*
Chaussis. *Chauchis.*
Chauvigné. *Chauvigny.*
Chauvineium. *Chauvigné.*
Chavaillies. *Chevaillé.*
Chebrolea. *Chevrolais (La).*
Cheberé. *Cheré.*
Chehullière (La). *Chullière (La).*
Chelfraicte. *Cherfrette.*
Chelieu. *Cheflieu.*
Chemière (La). *Chamière (La).*
Chentres (Les). *Chintres (Les).*
Cherefrette. *Cherfrette.*

Chèrencie. *Chérancé.*
Chérens. *Chéran.*
Cherniacum. *Charnie (La).*
Cherumé. *Cheronné.*
Cheruppeau. *Chéripeau.*
Cheruvière (La). *Cheruliére (La).*
Chescæ. *Chaires (Les).*
Chesluère (La). *Chelluère (La).*
Chesnaie-Railler (La). *Chesnaie-Lallier (La).*
Chesnardière (La). *Chaignardière (La).*
Chesnuère (La). *Chenuère (La).*
Chetelrie (La). *Châtellerie (La).*
Chetoriaie (La). *Choteraie (La).*
Chevagny. *Chevaigné.*
Chevegnon. *Chevaignon.*
Cheze (La). *Chaise (La).*
Chie-de-Frete. *Cherfrette.*
Chimera regis; Chimereium. *Chemeré-le-Roi.*
Chofignum. *Configñon.*
Choinière (La). *Chouannière (La).*
Choisel. *Choiseau.*
Choisière (La). *Joisière (La).*
Choon. *Chon.*
Chorcettes. *Sourches.*
Chosma. *Cosmes.*
Chouagné. *Choigné.*
Chouannier. *Chouagné.*
Chouannière (La). *Jouannière (La).*
Chouen; Chouon. *Chon.*
Cigneium. *Cigné.*
Civisiacum. *Cissé.*
Claray. *Clairet.*
Clareium. *Clairet.*
Classé. *Classées.*
Clausus-Mons. *Cumont.*
Clausus-Mons. *Queumont.*
Clavigeium. *Clavières.*
Clementiacum. *Clementière (La).*
Clerisse. *Clarisse.*
Clolueil. *Closlœil.*
Clos (Le). *Queu (Le).*
Clotendar. *Cotendar.*
Cloux-Fraysie; Cloux-Raissis; Cluraiserie. *Curassy.*
Coaibouc. *Cobourg.*
Coairaudière (La). *Coiraudière (La).*
Coaysmes. *Couesmes.*
Cocciacus Vicus; Goceium. *Cossé-le-Vivien.*
Cochelineia. *Cochelinaie (La).*
Coconeria. *Coconnière (La).*
Codelouyère (La). *Cul-de-Loyère (Le).*
Coëbron. *Coëvrons (Les).*
Cohiaudière (La). *Coyaudière (La).*
Cohonnière (La). *Cochonnière (La).*
Coismes. *Couesmes.*

Coisnonnière (La). *Couasnonnière (La).*
Coldreium. *Coudray (Le).*
Colene. *Quelaines.*
Coleriacum. *Coulière (La).*
Colmons. *Colmont (La).*
Colonæ; Coloniæ; Colonica; Queleniæ. *Quelaines.*
Columbaria. *Colombiers.*
Comæ. *Cosmes.*
Comerson. *Commerçon.*
Comes; Comete; Cometie; Commeth. *Commer.*
Commeré. *Comerais.*
Comnæ. *Cosmes.*
Comté. *Contée.*
Concisus Boscus. *Concise.*
Condest. *Condé.*
Condulerium. *Condreuil.*
Congnardière (La). *Cognardière (La).*
Congreciacum. *Congrez. Congriez.*
Conrouaye (La). *Conraie (La).*
Constet. *Contest.*
Copesac; Copesage. *Coupesac.*
Copetrain. *Couptrain.*
Coppel. *Coupeau.*
Coquonnière (La). *Coconnière (La).*
Corberia. *Corbière (La).*
Corbeure; Corbuira. *Courbure.*
Corcanol. *Courquenoux.*
Corceser. *Courceriers.*
Cordoan. *Cordouan.*
Cordouan. *Cordouin.*
Coriletum. *Coudray (Le).*
Corlamer. *Saint-Germain-de-Coulamer.*
Cormeria. *Cormerie.*
Cornuère (La). *Cosnuère (La).*
Corpoltrem; Corputin; Corputragium; Corputranum. *Couptrain.*
Corrasière (La). *Courasière (La).*
Corrayère (La). *Couralière (La).*
Cosimbre. *Cossimbre.*
Cosnuyère (La). *Cornuillère (La).*
Couaillerie (La). *Coillerie (La).*
Couainterie (La). *Cointerie (La).*
Coublers (Les). *Écoublère (L').*
Couboux. *Cobourg.*
Couceron. *Courceron.*
Couelou. *Couveloup.*
Couespelière (La). *Coipellière (La).*
Couessinière (La). *Coissinière (La).*
Coueuvron. *Coëvrons (Les).*
Cougemay. *Courgemay.*
Couillère (La). *Coyère (La).*
Couldoye. *Coidoie.*
Coulefroquière (La); Coullefrotière (La). *Coufrotière (La).*
Coullefru. *Coulfru.*
Coulluces. *Coulusse.*

Coulombière (La). *Colombière* (*La*).
Coulousière (La). *Colousière* (*La*).
Coumont (La). *Colmont* (*La*).
Coupel. *Coupeau.*
Coupemillière (La). *Coutemillière* (*La*).
Courbayer. *Courbeiller.*
Courceliers. *Courceriers.*
Courdhoux. *Courdoux.*
Courfaux (Les). *Gourfaux* (*Les*).
Courfleur. *Confleur.*
Courflux. *Coulfru.*
Courgenie. *Courgenil.*
Courmerson. *Commerçon.*
Courmondrau. *Courmondron.*
Courpourtrain. *Couptrain.*
Coursonnais (La). *Coussonnais* (*La*).
Courtaille. *Courteille.*
Courtbchier. *Courbeiller.*
Courtoges. *Courtogis.*
Courtour. *Courtoux.*
Couvillère (La). *Couvellière* (*La*).
Couyère (La); Coyère (La). *Couillère* (*La*).
Crames. *Crennes.*
Cran. *Craon.*
Crannes. *Crennes.*
Cravolière (La). *Clavrolière* (*La*).
Credonense castrum; Credonium; Credunum. *Craon.*
Crehun. *Craon.*
Cremezière (La). *Cromazière* (*La*).
Creniæ; Crenne; Cresneium. *Crennes-sur-Fraubée.*
Crespinière (La). *Crépinière* (*La*).
Creto. *Craon.*
Cripta. *Cropte* (*La*).
Croescittes (Les). *Croisettes* (*Les*).
Croisé. *Groisé.*
Cropoire. *Croquepoire.*
Crosilla; Crosille (La). *Croixille* (*La*).
Crosouardière (La). *Crossardière* (*La*).
Crossoire (La). *Crossardière* (*La*).
Crotte (La). *Cropte* (*La*).
Crouesille (La); Crouxille. *Croixille* (*La*).
Crucilia. *Croixille* (*La*).
Cudeloyère (La). *Cul-de-Loyère* (*Le*).
Cu-de-Vieille. *Quou-de-Vieille.*
Cuiries (Les). *Écurie* (*L'*).
Culleium. *Cuillé.*
Cultura. *Couture* (*La*).
Cupron. *Culpront.*
Curaurelio. *Coulion.*
Curcesiers. *Courceriers.*
Curessis. *Curessy.*
Curia-Cesaris. *Courceriers.*
Curia civitatis. *Courcité.*
Curqbebot. *Courbault.*

Curquorbio. *Courbusson.*
Cursille (La). *Croixille* (*La*).
Curtille. *Courtils* (*Les*).
Curtis-Bysseris. *Courbeiller.*
Curtpetra. *Courpierre.*
Curva-Fossa. *Courbefosse.*
Curva villa. *Courboveille.*
Cuvraie (La). *Cuivraie* (*La*).
Cyveré. *Civray.*

D

Daan. *Daon.*
Dagorrière (La). *Dagordière* (*La*).
Damerie (La). *Desmerie* (*La*).
Danazeium; Danaziacum. *Denazé.*
Dancé. *Dansé.*
Danpère. *Dompierre.*
Daons; Daonium. *Daon.*
Daufetterie (La). *Daufreterie* (*La*).
Daum; Daun. *Daon.*
Dauneau. *Doniau.*
Dauzuzières. *Auzuzières* (*Les*).
Déaurata. *Dorée* (*La*).
Debonnière (La). *Dibonnière* (*La*).
Deflorière (La). *Defleurière* (*La*).
Dehailerie (La); Debellière (La). *Dellerie* (*La*).
Deloutière (La). *Dilautière* (*La*).
Denae. *Daon.*
Denaël; Denail. *Denay.*
Denicoulièré (La). *Nicoulière* (*La*).
Desertina. *Désertines.*
Deuffleurière (La). *Defleurière* (*La*).
Deulière (La). *Dulière* (*La*).
Diaulitæ; Diablintæ. *Jublains.*
Diaulitai; Diablindi; Diablintes. *Diablintes* (*Les*).
Digeon. *Dijon.*
Dignart; Disnart. *Dinart.*
Dirgiacum. *Diergé.*
Dodinière (La). *Daudinière* (*La*).
Doitais (La). *Douettée* (*La*).
Doit-Sauvage (Le). *Douet-Sauvage* (*Le*).
Dolenoise; Dollenaise; Dolnaise. *Dolnaize.*
Dom (Le). *Oudon* (*L'*).
Dominus-Petrus-de-Landis. *Dompierre.*
Dommaignère (La). *Domanière* (*La*).
Donclière (La). *Dauclière* (*La*).
Donvolière (La). *Danvolière* (*La*).
Dorea; Doreta. *Dorée* (*La*).
Douardière (La). *Drouardière* (*La*).
Douet-d'Orgé (Le). *Gué-d'Orgé* (*Le*).
Douredogne. *Dordogne.*
Dousserie (La). *Dosserie* (*La*).

Dreaumerie (La). *Draumerie* (*La*).
Drong-au-lou. *Trancaloup.*
Drouet. *Douet* (*Le*).
Druillatum. *Drouillards* (*Les*).
Duæ-Avallæ. *Deux-Évailles.*
Dubonnaire (La). *Dibonnière* (*La*).
Duchière (La). *Duchetière* (*La*).
Dulmetiacum. *Dommier.*
Dutice. *Dutière* (*La*).
Dureau. *Durot.*
Duredogne. *Dordogne.*
Durie (La). *Deurie* (*La*).

E

Ebrone; Ebronium. *Évron.*
Echais (Les). *Échées* (*Les*).
Echarderie (L'). *Écarderie* (*L'*).
Echardière (L'). *Chardière* (*La*).
Echerbé. *Cherbé.*
Echerettes (Les). *Échelettes* (*Les*).
Eclaiche (L'). *Éclèche* (*L'*).
Eclairets (Les). *Clairets* (*Les*).
Ecueure (L'). *Écure* (*L'*).
Efferdière (L'). *Effretière* (*L'*).
Egeardière (L'). *Jardières* (*Les*).
Egipte (L'); Egypte (L'). *Égite* (*L'*).
Eguère (L'). *Aiguère* (*L'*).
Empegnardière (L'). *Ampegnardière* (*L'*).
Englenne (L'). *Anglaine* (*L'*).
Englescherie (L'). *Anglécherie* (*L'*).
Ennouyers (Les). *Hénouillères* (*Les*).
Enteptié (L'). *Lantepied.*
Entorterie (L'). *Entourterie* (*L'*).
Entrepoutre (L'). *Landepoutre.*
Envesquerie (L'). *Vesquerie* (*La*).
Epeignère (L'). *Épagnère* (*L'*).
Epiais; Epicez. *Épiez.*
Eplu (L'). *Épalu* (*L'*).
Equillerie (L'). *Équirie* (*L'*).
Erbonne. *Herbonne.*
Erguntium. *Argencé.*
Erkania. *Arquenay.*
Erneia. *Ernée.*
Erpentigné. *Arpentigné.*
Erquencium. *Arquenay.*
Errerie (L'). *Hairie* (*L'*).
Erse. *Herse.*
Ervelinière (L'). *Hervelinière* (*L'*).
Escharbaie. *Cherbay.*
Eschobleria. *Écoublère* (*L'*).
Esclivon. *Éclevon.*
Esclusa. *Écluse* (*L'*).
Escoreé. *Écorcé.*
Escorcos. *Écorce.*
Escotails. *Écotais* (*Les*).

TABLE DES FORMES ANCIENNES.

Escoubarbière (L'); Lequebarbière. *Isoubarbière (L')*.
Espeau (L'). *Épau (L')*.
Espiers. *Épiers (Les)*.
Espinou; Espinou-le-Seguin. *Épineu-le-Séguin*.
Espinouse. *Épineuse*.
Essaulay. *Esseulay*.
Estalla. *Étaux (Les)*.
Estamouère (L'). *Étamoire (L')*.
Estoges (Les). *Étoges (Les)*.
Estrongné. *Étrogné*.
Esturmière (L'). *Turmières (Les)*.
Esventedos. *Euzevin*.
Esvron. *Évron*.
Etuveau (L'). *Thuveau (Le)*.
Eudelière (L'). *Heudelière (L')*.
Eufvron. *Évron*.
Eugerie (L'). *Hugerie (La)*.
Evreulle. *Évrelle*.

F

Fail; Faill; Faillus. *Fay*.
Fainière (La). *Feinière (La)*.
Falgerole. *Fougerolles*.
Faluyère (La). *Falluère (La)*.
Farinelière (La). *Farinière (La)*.
Farisseraie (La). *Phariseraie (La)*.
Faugerolles. *Fougerolles*.
Faulx-du-Tail (Le). *Fau-du-Teuil (Le)*.
Faumusson. *Feumusson*.
Fauqueron. *Fouqueron*.
Fauquier. *Fautier*.
Feilleray. *Feuillevée*.
Feillère (La). *Fayère (La)*.
Feilvé. *Feuillevés*.
Ferselière (La). *Frezelière (La)*.
Ferté (La). *Fertrais (La)*.
Fertière (La). *Frettière (La)*.
Fervennière (La). *Ferronnière (La)*.
Fesselle (La). *Fresselle (La)*.
Feucibourde. *Foucibourde*.
Feugerolles. *Fougerolles*.
Feuilloux. *Feuilleau*.
Feulin. *Feu-Heulin*.
Feutillé. *Festillé*.
Filgeriole. *Fougerolles*.
Filouzière (La). *Frilouzière (La)*.
Flaanderia. *Flandière (La)*.
Flesselle. *Fesselle*.
Fleurance. *Florence*.
Fleurardière (La). *Furardière (La)*.
Flipot. *Phelippot*.
Folaquerie (La). *Folletière (La)*.
Fola-Torta. *Foulletourte*.
Foleterie (La). *Foulletière (La)*.
Folgeroles. *Fougerolles*.

Folleverrie (La). *Folleverie (La)*.
Folliardière (La). *Fouillardière (La)*.
Folvairie. *Folleverie (La)*.
Fomulaine. *Feux-Vilaine*.
Fonnetières (Les). *Fouennetière (La)*.
Fons-Coopertus. *Fontaine-Couverte*.
Fons-Danielis. *Fontaine-Daniel*.
Fons-Gebardi; Fons-Girardi. *Fontaine-Géhard*.
Fons-Oezt; Fons-OEtis. *Fontenoy*.
Fontenella. *Fontenelle*.
Fontenellæ. *Fontenailles*.
Fontenouël. *Fontenoy*.
Forbois. *Fourboué*.
Forceium. *Forcé*.
Formagère (La). *Fromagère (La)*.
Fossa-Lovani; Fossa-Loven. *Saint-Aubin-Fosse-Louvain*.
Fosse-Cusse. *Cusse (Haute-)*.
Fosse-Daguery (La). *Fosse-Dogrie (La)*.
Fosse-Ravay (La). *Fosse-Avray (La)*.
Fouchommé. *Fourchommer*.
Fouclusses (Les). *Cusse (La Haute-)*.
Fouconnière (La). *Fauconnière (La)*.
Foucraière (La). *Foucreillère (La)*.
Fouérie (La). *Foirie (La)*.
Fougerassière (La). *Fougeratière (La)*.
Fougeretterie (La). *Fougetterie (La)*.
Fouillée (La); Foullée (La). *Feuillée (La)*.
Foulmisson; Foumisson. *Fremusson*.
Fourgonnerie (La). *Fougeonnerie (La)*.
Fourmaigerie (La). *Fromagère (La)*.
Fourmarière (La). *Fourmardière (La)*.
Fourmenterie (La). *Fromenterie (La)*.
Fourmentières. *Fromentières*.
Fourmontraie (La). *Fromenteraie (La)*.
Fousillère (La). *Feusillère (La)*.
Foyleux. *Fouilloux*.
Fraideffons. *Froidfont*.
Fraigeu. *Frageu*.
Frainose. *Frenouse*.
Francalou. *Trancaloup*.
Fredefons. *Froidfont*.
Fremusson. *Feumusson*.
Fressière (La). *Froissière (La)*.
Frichottière (La). *Fraichottière (La)*.
Frigidus fons. *Froidfont*.
Frigidus murus. *Saint-Aubin-de-Fremur*.
Fromondais (La). *Fourmondais (La)*.
Frumentarie. *Fromentières*.
Fumeçon. *Feumusson*.
Furetière (La). *Feurtière (La)*.
Fussotière (La). *Sussotière (La)*.
Fustaya; Fusteia. *Saint-Mars-sur-la-Futaie*.
Fuxon. *Fluxon*.

G

Gabron; Gabronium. *Javron*.
Gagnerie (La). *Gasnerie (La)*.
Gahaigné. *Gahigné*.
Gahardière (La). *Guéhardière (La)*.
Gaigne. *Gagne*.
Gaiguerie (La). *Gasnerie (La)*.
Gaine. *Quesne*.
Gainé. *Guesné*.
Gainerie (La). *Guesnerie (La)*.
Gaisterie (La). *Guettière (La)*.
Galaisière (La). *Galasière (La)*.
Galaneia. *Glenne*.
Galenières (Les). *Galinière (La)*.
Gallebé. *Galbé*.
Gallia. *Saint-Gault*.
Gamba-Fracta. *Jameraie (La)*.
Gandonaria; Gandonère (La). *Gandonnière (La)*.
Ganoiserie (La). *Ganaiserie (La)*.
Gapriais. *Capriais (La)*.
Garulées. *Guéroulet*.
Gastechèvre. *Gattechèvre*.
Gastine; Gastinerie. *Gastines*.
Gaudechia. *Gaudesche*.
Gaudrées; Gaudreia. *Gaudray*.
Gaulteret. *Gautrais*.
Gaunronium. *Javron*.
Gavre. *Gesvres*.
Gazuron. *Gauseront*.
Geguère (La). *Jeguère (La)*.
Geguezière (La). *Jegnezière (La)*.
Gemer. *Gomer*.
Gemmetières (La). *Jametière (La)*.
Gena. *Gennes*.
Genesta; Genestum. *Genest (Le)*.
Genestel; Genestolium. *Geneteil*.
Geneterie (La). *Genotterie (La)*.
Gennor. *Grenoux*.
Genterie (La). *Gendris (La)*.
Gentillé. *Gentillets*.
Genvrie (La). *Janvrie (La)*.
Geoffraudière (La). *Jeufraudière (La)*.
Géolière (La). *Jollière (La)*.
Gepna. *Gennes*.
Geraine. *Gerenne*.
Gériais (La). *Jarriais (La)*.
Germeillon. *Garmellon*.
Germellonnière (La). *Germillonnière (La)*.
Gesna; Gethnæ. *Gesnes*.
Gevraisières (Les). *Gevrosières (Les)*.
Gevron. *Javron*.
Girardière (La). *Gérardière (La)*.
Glaine. *Glenne*.
Globenières (Les). *Goblinières (Les)*.

TABLE DES FORMES ANCIENNES. 345

Goailecière (La). *Galasière (La)*.
Godarière (La). *Godardière (La)*.
Godmerrerie (La). *Godemellerie (La)*.
Goëce. *Gouesse*.
Goisnière (La). *Gouanière (La)*.
Gondonnière (La). *Gandonnière (La)*.
Gonet. *Gonnet*.
Goraon. *Gorron*.
Gorram; Gorren. *Gorron*.
Gorronnière (La). *Gouronnière (La)*.
Gosserie (La). *Gousserie (La)*.
Gouderie (La). *Gourderie (La)*.
Goudoulière (La). *Godoullière (La)*.
Gouhonnières (Les). *Gounières (Les)*.
Goulias. *Gouillas*.
Gouron. *Gorron*.
Gouvrie (La). *Couvrie (La)*.
Gouyères (Les). *Goyères (Les)*.
Grasseium. *Grazay*.
Grattasaccum. *Grattesac*.
Gravella. *Gravelle (La)*.
Graverius. *Gravier (Le)*.
Graviliæ. *Gravier (Le)*.
Grazaium; Grazé. *Grazay*.
Gré; Gred. *Grez-en-Bouère*.
Grehaine (La). *Grihaigne*.
Greium. *Grez-en-Bouère*.
Grenoille. *Grenouille*.
Grenor. *Grenouille*.
Grenort; Grenotz. *Grenoux*.
Grenou. *Grenouille*.
Gressia. *Gresse*.
Greteil. *Gretray*.
Grez. *Gresse*.
Griheule; Griheulles. *Grihelles*.
Grilleu. *Grelleu*.
Grillonnière (La). *Grignonnière (La)*.
Gripellière (La). *Gripillière (La)*.
Grippebouse. *Grippouce*.
Griviacus. *Grez-en-Bouère*.
Groisé. *Croisé*.
Groleium. *Grolais*.
Grousserie (La); Groussière (La). *Grosserie (La)*.
Groussinière (La). *Grossinière (La)*.
Grouteau. *Grotteau*.
Gruaisière (La). *Gruasière (La)*.
Gruollerie (La). *Griollerie (La)*.
Gualerie (La). *Jaillerie (La)*.
Guanerie (La). *Gasnerie (La)*.
Guarière (La). *Gardière (La)*.
Guauderie (La). *Quiaudrie (La)*.
Guaudière (La). *Gouaudière (La)*.
Gué-d'Anzeguy (Le). *Gué-de-Languy (Le)*.
Gueherrière (La). *Guerrière (La)*.
Guehégné. *Chevaigné*.
Guéhigné. *Gahigné*.

Mayenne.

Guenif. *Gueniche*.
Guerdée (La). *Guyardais (La)*.
Guerderie (La). *Guyarderie (La)*.
Guerderie (La); Guerderies (Les). *Écarderie (L')*.
Guerée (La). *Guérets (Les)*.
Guererie (La). *Guellerie (La)*.
Guerie (La). *Gueurie (La)*.
Gueritière (La). *Guerettière (La)*.
Guernonnière (La). *Grenonnière (La)*.
Guernoz. *Grenoux*.
Guéroulière (La). *Guerouillère (La)*.
Guerrière (La). *Guellerie. (La)*.
Gueseré. *Guesné*.
Guesleia. *Guesle*.
Guesloire (La). *Guiloire (La)*.
Guetterie (La). *Guettière (La)*.
Gueubert. *Gueuvert*.
Gueulindes. *Guélindes (Les)*.
Guez. *Guizes*.
Guiez. *Guizes*.
Guignefolle. *Guinefolle*.
Guilaintan. *Guélaintin*.
Guilefol. *Guinefolle*.
Guillard. *Guyard*.
Guillottière (La). *Guyottière (La)*.
Guimberdière (La). *Gimberdière (La)*.
Guinaudière (La). *Guénaudière (La)*.
Guinebeau. *Guinebaudière (La)*.
Guinegaunum; Guinegaut. *Guingaut*.
Guinehochère (La). *Guinochère (La)*.
Guinloire (La). *Guiloire (La)*.
Guiourière (La). *Guioullière (La)*.
Guiries (Les). *Écuries (L')*.
Guitermeze (La). *Guiténière (La)*.
Guitrie (La). *Guittière (La)*.
Guittière (La). *Guettière (La)*.
Guolegastière (La). *Goulegastière (La)*.
Guopileria. *Goupillère (La)*.
Guriverie (La). *Gusuriverie (La)*.

H

Habitus; Habitus Alberti. *Habit (L')*.
Hac-Guyon (La). *Haie-Guyon (La)*.
Haiæ-de-Gastiniis. *Haie-de-Gastines (La)*.
Haia-Ménart. *Hémenart*.
Haie-Sainxton. *Haie-Sainton (La)*.
Haies-Fourmaiger (Les). *Haie-Fromager (La)*.
Haie-sur-Coulmond (La); Haie-sur-Quoumont (La). *Haie-Traversaine (La)*.
Hairie (La). *Errerie (L')*.
Haisureau. *Haie-Sureau (La)*.
Halex. *Hallay*.
Hallecul. *Halcul*.

Halperine (La). *Haloperie (La)*.
Haltonneria (La). *Hautonnière (La)*.
Hambers. *Hambais*.
Hannebault. *Annebaux (Les)*.
Haonneria. *Hamonnière (La)*.
Harbadière (La). *Hallebardière (La)*.
Harché. *Archet*.
Harchère (La). *Hacherie (La)*.
Harcul. *Halcul*.
Hardengia. *Hardanges*.
Hardrière (La). *Ardrière (L')*.
Harière (La). *Hairière (La)*.
Harmonnière (La). *Hermonnière (La)*.
Harpinière (La). *Herpinière (La)*.
Harrouardière (La). *Rouardière (La)*.
Hasanges. *Azanges*.
Hastilliacum. *Astillé*.
Hatonerie (La). *Hautonnière (La)*.
Hattière (La). *Halletière (La)*.
Hauberderie (La). *Auberderie (L')*.
Hauberie (La). *Hoberie (La)*.
Haudouillère (La). *Houdouillère (La)*.
Houdussière (La). *Houdussière (La)*.
Haut-Baron (Le). *Houx-Baron (Le)*.
Hauteberdière (La). *Berdière (La Haute-)*.
Haute-Loire (La). *Auteloire (L')*.
Hautoneria. *Hautonnière (La)*.
Hébergement (L'). *Aubergement (L')*.
Hédin (L'). *Éden (L')*.
Hédinière (L'). *Édinière (L')*.
Helluinière (La). *Hellonnière (La)*.
Henrière (La). *Hairière (La)*.
Herberdière (L'). *Helberdière (L')*.
Herbergement (L'). *Aubergement (L')*.
Herennières. *Hérinières (Les)*.
Herotte. *Rehette*.
Héricochère. *Hercocherie (L')*.
Hérière (La). *Herdrière (La)*.
Hermez. *Hermet*.
Herneia; Hernez. *Ernée*.
Hérouardière. *Rouardière (La)*.
Herouinière (La). *Herronnière (La)*.
Herperia. *Herperie (L')*.
Herquené. *Arquenay*.
Herrerie (L'). *Errerie (L')*.
Hersavenière (La); *Herse-Avenière (La), Herse (La)*.
Hersé. *Hercé*.
Heslequin. *Helquin (Le)*.
Hesnaudais (La). *Énaudais (L')*.
Heucheloup. *Hucheloup*.
Heuisières (Les). *Euisières (Les)*.
Heunellière (La). *Hunellière (La)*.
Heunière (La). *Hunière (La)*.
Heurio (La). *Hurie (La)*.
Heurrie (L'). *Eurerie (L')*.
Heuserie (La). *Heussière (La)*.

44

TABLE DES FORMES ANCIENNES.

Heuzevin. *Euzevin.*
Hiéray (L'). *Hiéré (L').*
Hiérochère. *Hérochère (La).*
Hiérouse. *Hérouse.*
Hierre (L'). *Lierre (Le).*
Hiliacum. *Ahuillé.*
Hionnières (Les). *Lionnières (Les).*
Hocderie (La). *Hodairie (La).*
Hoirie (L'). *Loirie (La).*
Homme-d'Yère (L'). *Homme-de-Guerre (L').*
Honoré (Château). *Noiraie (La).*
Horp. *Horps (Le).*
Hortier. *Ortier.*
Hoseium. *Houssay.*
Houdarière (La). *Houdardière (La).*
Houdelinière (La). *Houdinière (La).*
Houmerand. *Hommerond (L').*
Hourinais (La). *Houvinais (La).*
Housseium. *Houssay.*
Houssemaine. *Houssemagne.*
Huarière (La). *Huardière (La).*
Hucheloup. *Huloup.*
Hucherie (La). *Hugerie (La).*
Huixerie (L'). *Huisserie (L').*
Huliacum. *Ahuillé.*
Hulière (La). *Hurelière (La).*
Humelières (Les). *Hunelières (Les).*
Hunauderie (La). *Hunaudière (La).*
Hurlière (La). *Heurlière (La).*
Hurtaudière (La). *Heurtaudière (La).*
Huseium. *Houssay.*
Husserie (La). *Heussière (La).*
Huxum. *Houx (Le).*
Hyères. *Hière.*

I

Illeu. *Hilleux.*
Incelinière (L'). *Lancelinière (La).*
Intramæ; Intramnæ. *Entramnes.*
Isiacum; Izeium. *Izé.*
Ivetum. *Ivet (L').*

J

Jaannellus. *Jouanneau.*
Jacqueterie (La). *Jacquetières (Les).*
Juctière (La). *Jacqueterie (La).*
Jalerie (La). *Jaillerie (La).*
Jallonnière (La). *Chalonnière (La).*
Jannine. *Jenny.*
Jargeottière (La). *Georgetière (La).*
Jarmeillon. *Garmellon.*
Jaroussay. *Jarossay.*
Jarreté. *Jarté.*
Jarriaye (La); Jarrirais (La). *Jarriais (La).*

Jarriel. *Jarrier.*
Jarzeium. *Jarzé.*
Jaulnouze. *Jaunouse.*
Jeauguère (La). *Jauguère (La).*
Jeauneau. *Jaunoau.*
Jeguesières (Les). *Jaguesières (Les).*
Jehette. *Rehette.*
Jelousières (Les). *Gelousières (Les).*
Jennières (Les). *Gennière (La).*
Jeursandière. *Jussandière (La).*
Jeusserie (La). *Joussière (La).*
Jeussonnière (La). *Jussonnjère (La).*
Jevronea. *Javron.*
Jobardière (La). *Joubardière (La).*
Jolière (La). *Geolière (La).*
Jona. *Jouanne (La).*
Jona villa. *Jeune.*
Jonaye (La). *Jaunaie (La).*
Jonchets (Les). *Jonchées (Les).*
Jouaisière (La). *Choisière (La).*
Jouannerie (La); Jouannière (La). *Joinière (La).*
Jouarière (La). *Jouardière (La).*
Joucne (La). *Jouanne (La).*
Joussaumière (La). *Jeussaumière (La).*
Jousselinière (La). *Jeusselinière (La).*
Jousserie (La). *Jeusserie (La).*
Jublens; Jubleans. *Jublains.*
Juffraudière (La). *Jeufraudière (La).*
Jugedelière (La). *Jusselinière (La).*
Juguenières (La). *Jugannières (Les).*
Juncheria. *Jonchère (La).*
Juperie (La Haute-). *Jauguperie.*
Juquesse (La). *Juquaisses (Les).*
Juvigneium; Juvineium; Juviniacum; Juvigny. *Juvigné-des-Landes.*

K

Keulain. *Quelaines.*

L

Lëbos, Bos *(La).*
Lacaium; Laçay; Laceium; Lacey; Lachaium. *Lassay.*
Laigneium; Loineium; Lainiacum. *Laigné.*
Laigné-le-Bigot. *Longné-le-Bigot.*
Lainé. *Laigné.*
Lallier. *Allier (L').*
Lamboul. *Lamboux.*
Landa-Baluchon. *Lande-Baruchon (La).*
Landafrière. *Lanferrière.*
Landavi; Landavicus. *Landivy.*
Lande Baluçon. *Lande-Baruchon (La).*
Lande des Hayères (La). *Lande-Hayée (La).*

Lande-Eschère. *Landouchère.*
Landeferrière (La). *Angeferrière (L').*
Landefreière; Landefrayère. *Lanferrière.*
Landejouan. *Langean.*
Lande-Repouste; Landrepoutre. *Landepoutre.*
Landeviacum; Landevi. *Landivy.*
Landreudière (La). *Endreudière (L').*
Laneriacum. *Laigné.*
Lanfainerie. *Enfennerie (L').*
Langelotterie. *Angelottière (L').*
Langibaudière. *Angeboudière (L').*
Languecherie. *Anglocherie (L').*
Langueron. *Langron.*
Langulonnière. *Longuionnière (La).*
Lansguère. *Lonsguère.*
Lantivalle. *Lointival.*
Lantorterie. *Entourterie (L').*
Lantpleurie. *Amplerie (L').*
Lantredousière. *Entredousière (L').*
Larchampe. *Larchamp.*
Larcinière. *Racinière (La).*
Lardière (La). *Hardière (La).*
Largus-Campus. *Larchamp.*
Laril. *Larry.*
Lasnerie. *Anerie (L').*
Laubouynière. *Aubonnière (L').*
Laudruget. *Audruget (L').*
Laugoyère; Lougoyère. *Angoyère (L').*
Laumerie. *Hommerie (L').*
Launay. *Aunay (L').*
Lauriais. *Auriais (L').*
Laurioclais. *Oriolais (L').*
Lauvois. *Auvoy (L').*
Laval-Guyon; Lavallum. *Laval.*
Lavas (Les). *Lilavois.*
La Vau-Guyon. *Laval.*
Lèche. *Laiche (La).*
Léglorère. *Églorière (L').*
Leguire. *Aiguère (L').*
Lenchaneil; Lenchenay. *Lanchaneil.*
Lequebarbière. *Isebarbière (L').*
Lermenaudière. *Ermenaudière (L').*
Lerrie. *Errerie (L').*
Lerron. *Loiron.*
Lesgaillele. *Gailleule (La).*
Lesniers. *Lesnières.*
Lestre-au-Vailler. *Estre-aux-Veillées (L').*
Leudray. *Ludray.*
Leumerie. *Lumerie (La).*
Leutusson. *Lutisson.*
Leverie (La). *Éverie (L').*
Levignère (La). *Luvinière (La).*
Levrelles. *Évrelle (L').*
Liburet. *Libaret.*
Lifetière (La). *Livetière (La).*

Ligerie (La). *Logerie (La)*.
Lignarie. *Lignières-la-Doucelle.*
Ligné-le-Bigot. *Longné-le-Bigot.*
Ligneroge. *Linières-Oger.*
Limesle. *Imesle (L').*
Linerie; Linières. *Lesnières.*
Linières. *Lignières.*
Lintiacum. *Lincé.*
Lisière (La). *Lézière (La).*
Livale; Livaré; Livarcium. *Lévaré.*
Livet. *Hivet.*
Livetum. *Livet.*
Livretum. *Livré.*
Liz (La). *Lys (La).*
Locerie (La). *Losserie (La).*
Loërron. *Loiron.*
Logerie (La). *Ogerie (L').*
Logerie (La). *Orgerie (L').*
Loheria. *Haie-Noyère (La).*
Loheria. *Oyères (Les).*
Lointhaille. *Lointival.*
Loirrun. *Loiron.*
Lonchenail. *Lancheneil.*
Longa-Filgeria. *Loupfougères.*
Longafougeria. *Longuefougère.*
Longlaine. *Onglaine (L').*
Longné; Longneium. *Loigné.*
Longus Boscus. *Longbois.*
Lorgerie. *Orgerie (L').*
Lorgnière. *Ornière (L').*
Lorias. *Oriaie (L').*
Lougerie. *Ougerie (L').*
Loursins; Lourzé. *Lourzais.*
Loussauderie (La). *Houssauderie (La).*
Lousserie. *Housserie (La).*
Loutoie. *Loutoir.*
Louvernay. *Louverné.*
Louvinière (La). *Luvinière (La).*
Louzelay. *Ouzelais (L').*
Louzil. *Eusil (L').*
Loyère. *Oyère (L').*
Loyré. *Loré.*
Luarczon. *Luarson.*
Lugerie. *Hugerie (La).*
Lungneium. *Loigné.*
Lupiniacum; Luvigneium. *Louvigné.*
Lynceium. *Lincé.*

M

Macerie. *Mezières.*
Machinottière (La). *Machelottière (La).*
Madrigneatum. *Marigné-Peuton.*
Maenc-la-Juhes; Maesne. *Mayenne.*
Magnannerie (La). *Mayennerie (La).*
Magnannerie (La). *Meignannerie (La).*
Maguères (Les). *Madières (Les).*
Maguiotièré (La). *Mattioterie (La).*

Mahaillère (La). *Maillère (La).*
Mahoudière (La). *Mahouillère (La).*
Maidré. *Madré.*
Maignennerie (La). *Mayennerie (La).*
Maildré. *Madré.*
Mainc-la-Juhel; Maigne. *Mayenne.*
Mainguère. *Maindière (La).*
Mairal; Mairoles. *Méral.*
Majottière. *Mangeottière (La).*
Mala Housseia. *Malhoussaie.*
Mala palus. *Malpalu.*
Malbuczon. *Maubusson.*
Malgallerie (La). *Margalterie (La).*
Maloseius. *Malaisé.*
Malpertuis. *Maupertuis.*
Malum consilium. *Monconseil.*
Malus-Campus. *Bonchamp.*
Malus-Pertusus. *Maupertuis.*
Mansoux. *Manceau.*
Marboëtum; Marboium. *Marboué.*
Marbonnais (La). *Mabonnais (La).*
Marboy. *Marboué.*
Marbras. *Malbras.*
Marcharderia. *Marchandière (La).*
Marcharue. *Marcherues (Les).*
Marchelarie (La). *Marchellerie (La).*
Marcherou. *Marcherues (Les).*
Marciliacum Villa. *Marcillé-la-Ville.*
Marcilleium. *Marcilly.*
Margérard. *Gérard.*
Mariais (La). *Mériais (La).*
Marionnaie (La). *Meriennaie (La).*
Marieta. *Mariette.*
Marigné. *Marigny.*
Maritourne. *Malitourne.*
Marlinière (La). *Malinière (La).*
Marpalu. *Malpalu.*
Marponnière (La). *Morpainière (La).*
Marrigné; Marriniacum. *Marigné-Peuton.*
Martiniacum. *Martigné.*
Martreyum. *Martray.*
Masiquotière (La). *Mascotterie (La).*
Masrigné. *Marigné-Peuton.*
Masuncella. *Maisoncelles.*
Materena. *Matrais (La).*
Materiacum. *Madré.*
Maubouard. *Maubuard.*
Maucharet. *Montcharay.*
Mauconseil. *Monconseil.*
Maudicaire ou Maudiquère. *Mauditière (La).*
Maugonnerie (La). *Maugeonneries (Les).*
Mauguittière (La). *Mauditière (La).*
Mauhugeonnerie (La). *Maugeonneries (Les).*
Maundaria. *Mondières.*
Maupetiquère (La). *Maupetitière (La).*

Maurana Villa. *Morenne.*
Maurantée. *Morantay.*
Maurière (La). *Morière (La).*
Mautoubert. *Montaubert.*
Mauxionnière (La). *Maussionnière (La).*
Maye. *Mée.*
Mayne. *Mayenne.*
Mazangère (La). *Mézangère (La).*
Maziais (La). *Massais (La).*
Meane. *Mayenne.*
Mechelinière (La). *Michelinière (La).*
Medanum flumen; Meduana. *Mayenne.*
Meduanillum. *Ménil.*
Meguillein. *Melian.*
Méhaignerie (La). *Méhairie (La).*
Méhardoul. *Méhardoux.*
Mehellée; Mehellis. *Mchelée.*
Mehena. *Mayenne.*
Mébenri. *Méhairie (La).*
Meiglian. *Melian.*
Meignannes. *Magnannes.*
Meillard. *Émeillard.*
Meiral. *Méral.*
Meislevain. *Milvain.*
Melaguière (La). *Mélatière (La).*
Meleubert. *Mshubert.*
Melez (Les). *Méhelée (La).*
Melicière (La). *Mélissière (La).*
Mellandi Feodum. *Mélandière (La).*
Mellay; Melleium. *Meslay.*
Melletière (La). *Mesletière (La).*
Mellouein. *Mélouin.*
Ménaudière (La). *Ménardière (La).*
Meneil. *Ménil.*
Meniannière (La). *Meignannerie (La).*
Menicuère (La); Menieurre (La). *Méniguerre (La).*
Ménil-Bertin (Le). *Mébertin (Le).*
Ménitière (La). *Méniguerre (La).*
Mensoubz. *Mansoux.*
Mérail. *Méral.*
Mercasum. *Marchais.*
Mère. *Méc.*
Mereau. *Méral.*
Mergat. *Margat.*
Mériais (La). *Mariais (La).*
Meriqisière (La); Meriarzière (La). *Mériazière (La).*
Meroille. *Merveille.*
Merreium. *Méré.*
Merreolum. *Mérolle.*
Mersedon. *Misdon.*
Merylanda. *Mélandière (La).*
Meserii. *Mezières.*
Mesguillon. *Melian.*
Mesloy. *Meslay.*
Mesnil; Mesnillum. *Ménil.*
Mesoncellæ. *Maisoncelles.*

Mesric (La). *Mairie (La)*.
Messandière (La). *Messendières (Les)*.
Messoncelles; Messuncellæ; Messuncelles; Messunculæ. *Maisoncelles*.
Meuslardière (La). *Mulardière (La)*.
Mezengiacum. *Mézangers*.
Miglean. *Melian*.
Millesendais (La). *Milcendais (La)*.
Millian; Millien. *Melian*.
Mincendière (La). *Messendières (Les)*.
Miraudaine (La). *Mirodaine (La)*.
Mirouaudum; Mirwault. *Mirouaut*.
Mirvaut. *Mirouaut*.
Misière (La). *Mezière (La)*.
Missedon. *Misdon*.
Missuzière (La). *Messuzière (La)*.
Mitinières (Les). *Métinières (Les)*.
Mivite. *Mévitte*.
Mizé. *Minzé*.
Mocquardière (La). *Mocardière (La)*.
Modiæ. *Méе*.
Moëtrie (La). *Moitrie (La)*.
Moëzière (La). *Moisière (La)*.
Mofrazière (La). *Maufrarière (La)*.
Moinerie (La). *Monnerie (La)*.
Molayum. *Moulay*.
Molendinum Monachi. *Moulin-aux-Moines (Le)*.
Moleriæ. *Mollière*.
Molindare Lingres. *Malingre*.
Mollière (La). *Morlière (La)*.
Moncels. *Montceaux*.
Monchage. *Monchal*.
Moncion. *Montsion*.
Monclers. *Montclair*.
Moncorp. *Moncors*.
Monfolor. *Montflours*.
Monfulché. *Montfoucher*.
Mongeaugier. *Montautier*.
Monhardan; Monhardas. *Montardent*.
Monhernault l'Amaury. *Monternault*.
Monjean; Monjouannais. *Montjon*.
Monlouvrier. *Montlevrier*.
Monnerie (La). *Mennerie (La)*.
Mons Acutus. *Montaigu*.
Mons Albanus. *Montauban*.
Mons Audoin. *Montaudin*.
Mons Charrei; Mons Charron. *Montcharay*.
Monsclarus. *Montclair*.
Monscour. *Moncors*.
Mons-Escouble. *Montécoubles (Les)*.
Mons-Girulfi. *Montgiroux*.
Monsgriferius. *Montgreffier*.
Mons-Guidonis; Mons-Guyopus. *Montguyon*.
Monsjonæ, *Montjouan; Montjean; Monjouannais. *Montjon*.

Monsorbeau. *Montcorbeau*.
Mons-Pinsonis. *Montpinçon*.
Mons Securus; Mons Sodeuris; Montseur. *Montsurs*.
Mons-Torterius. *Montourtier*.
Montaglon. *Montaiglan*.
Montagu. *Montaigu*.
Montarsis. *Montassis*.
Montaubeau. *Montembault*.
Montaudan; Montauldain. *Montaudin*.
Montaumar. *Montaumer*.
Mont-d'Erve. *Sainte-Suzanne*.
Montdomalt. *Montdemault*.
Montebert. *Montbert*.
Montefrielos. *Montfriloux*.
Monteiller. *Motayers*.
Montejean. *Montjean*.
Montembœuf. *Montjean-Bœuf*.
Montenaium; Monteneium. *Montenay*.
Monterguin; Monterien. *Montergain*.
Montfleur; Montfouleur. *Montflours*.
Montgruus. *Montgriveul*.
Monthifaut. *Montifaut*.
Montiniacus. *Montigné*.
Montisfault. *Montifaut*.
Montjouan. *Montjon*.
Montlien. *Montlion*.
Montlorière (La). *Molorière (La)*.
Montmoust. *Montmoult*.
Montoir. *Montoire*.
Montortier. *Montourtier*.
Montouère. *Montoire*.
Montrollière (La). *Motte-Lorière (La)*.
Montruère (La). *Mautruère (La)*.
Montsaus. *Montsurs*.
Montsavenier. *Montsavanier*.
Monts-de-Tonnes (Les). *Multonne*.
Mouturbault. *Monturbeau*.
Mont-Vainqueur. *Saint-Denis-d'Anjou*.
Montvien. *Montvian*.
Moolay. *Moulay*.
Moraine. *Morenne*.
Morandière (La). *Mourandière (La)*.
Moranne. *Morenne*.
Morantée. *Morantay*.
Moreillère (La). *Morlière (La)*.
Morendère (La). *Morandière (La)*.
Moreta. *Morée (La)*.
Morgué. *Mortier (Le)*.
Morière (La). *Morlière (La)*.
Morlière (La). *Morière (La)*.
Moronnière (La). *Mouronnière (La)*.
Mortaria. *Mortiers (Les)*.
Morte-Hurie (La). *Morterie (La)*.
Morteirs; Morteria; Morters. *Mortiers (Les)*.
Morton. *Mortron*.
Mortuæ-Aquæ. *Mortreux*.

Mortuus Fons. *Mortfontaine*.
Mosterol. *Montreuil*.
Mota Audanays. *Motte-Audenais (La)*.
Motrollière (La). *Motte-Lorière (La)*.
Motte-Belusson (La). *Motte-Balisson (La)*.
Motte-Boudière (La). *Motte-Boudier (La)*.
Motte-Chorcin ou Chorchin (La). *Motte-Sorsin (La)*.
Mouetterie (La). *Moitrie (La)*.
Mouflère (La). *Monfetière (La)*.
Mouinaut (Le). *Moulin-Haut (Le)*.
Moulnerie (La). *Monnerie (La)*.
Moultonne. *Multonne*.
Moureuil. *Moreuil*.
Mourinière (La). *Morinière (La)*.
Mousnerie (La). *Monnerie (La)*.
Moussauderie (La). *Moussardière (La)*.
Mundarie. *Mondière*.
Mylyen. *Melian*.

N

Nael. *Neau*.
Naillaya. *Nayères (Les)*.
Naizement (Le). *Nezement (Le)*.
Nardelle. *Nardé*.
Neafles. *Niafles*.
Neel. *Neau*.
Neissement (Le). *Nezement (Le)*.
Nemus Theobaldi. *Bois-Thibault*.
Nerbonne. *Narbonne*.
Nervalle. *Neroille*.
Neufville. *Neuville*.
Nevollière (La). *Névouillère (La)*.
Nez. *Naies*.
Niafla; Niaphle. *Niafle*.
Nicoulier. *Nicoullière (La)*.
Nigellum. *Neau*.
Nodières (Les). *Énaudière (L')*.
Noërie (La). *Noirie (La)*.
Noë-Vayère (La). *Nouvellière (La)*.
Nofville. *Neuville (La)*.
Nojolium. *Nuillé-sur-Ouette*.
Nouerieux. *Noirieux*.
Noues (Les). *Noës (Les)*.
Nouvayère (La). *Nouvellière (La)*.
Nova Villula. *Neuville*.
Noys (Les). *Nouis (Les)*.
Nuillé. *Neuillé*.
Nuillé. *Neuilly-le-Vendin*.
Nuilleium. *Nuillé-sur-Vicoin*.
Nuillé-sur-Oistre. *Nuillé-sur-Ouette*.
Nuliacum. *Nuillé-sur-Vicoin*.
Nulley-sur-Oeste. *Nuillé-sur-Ouette*.
Nyeel. *Neau*.
Nymphaie (La). *Niffaie (La)*.

TABLE DES FORMES ANCIENNES.

O

Oacsellerie (L'). *Oisellerie (L')*.
Oaistres (Les). *Ouestres (Les)*.
Oblaère (L'). *Oublairie (L')*.
Oeste (L'). *Ouette (L')*.
Oeyssel. *Oisseau*.
Offrières (Les). *Auffrières (Les)*.
Oiseleria. *Oisillière (L')*.
Oissaillerie (L'). *Oisellerie (L')*.
Oisseium; Oissel; Oissellum. *Oisseau*.
Oiste (L'); Oistre (L'). *Ouette (L')*.
Olidum. *Oudon (L')*.
Olivetum. *Olivet*.
Ondelle (L'). *Landelle*.
Oneillère (L'). *Ormeillère (L')*.
Oratoire (L'). *Artoire (L')*.
Orbis (L'). *Orbries (Les)*.
Orfeille(L'); Orfeuille(L'). *Orfielle(L')*.
Orgeires; Orgerie. *Orgères*.
Orgeium; Orgiacum; Orgium. *Gué-d'Orgé (Le)*.
Oricière (L'). *Loricière (La)*.
Origneium; Origny; Orinacum. *Origné*.
Orsey. *Orsay*.
Ossel; Ossellum. *Oisseau*.
Ossendière (L'). *Locendière (La)*.
Ossesnière (L'). *Aucesnière (L')*.
Ouaillons. *Douaillon*.
Ouatres (Les). *Ouestres (Les)*.
Oucherie (L'). *Aucherie (L')*.
Oudonnière (L'). *Houdonnière (La)*.
Oullière (L'). *Houillère (La)*.
Ousernis (L'). *Oserais (L')*.
Ousier (L'). *Osier (L')*.
Ouvresse (L'). *Oresse (L')*.

P

Paccaurie (La). *Pasquerie (La)*.
Paillevière (La). *Polivière (La)*.
Palaière (La). *Palayère (La)*.
Palbrunière (La). *Parbrunière (La)*.
Palea. *Palette (La)*.
Palleron. *Pailleron*.
Papeyennière (La). *Payennière (La)*.
Parenay. *Parné*.
Parigné-sous-Braie. *Parigné*.
Parrecé. *Parcé*.
Parrena; Parrenaium; Parrenay; Parrencia; Parreneiacum. *Parné*.
Parrigneium. *Parigné*.
Paslouis. *Pallouis*.
Passus. *Pas (Le)*.
Patourière (La). *Paturière (La)*.
Patriniacum. *Parigné*.
Paubellière (La). *Pauboyère (La)*.
Pauliacum. *Poillé*.
Paverræ. *Pavière (La)*.
Paynière (La.). *Poinière (La)*.
Peennière (La). *Payennière (La)*.
Peilletrée. *Poiltré*.
Pelebool. *Poilbouc*.
Peletreia; Peletroia; Peletronia.*Poiltré*.
Penart; Pennardus. *Panard*.
Pennissaie (La). *Panissaie (La)*.
Perdrieria. *Perdrière (La)*.
Peregrina. *Pellerine (La)*.
Pergerie (La). *Percherie (La)*.
Périgusière (La). *Perigoisière (La)*.
Pernaiges. *Panége*.
Perouillère (La). *Préouillère (La)*.
Perra. *Pairas*.
Perrigne. *Perrine (La)*.
Perrin. *Peurin*.
Perrun. *Perron*.
Persiacum. *Percé*.
Persignan. *Persigan*.
Perviers (Les). *Épervier (L')*.
Pestellières (Les). *Pertellière (La)*.
Peston; Pestum. *Peuton*.
Peurin (Le). *Perrin (Le)*.
Pentellerie. *Putallerie (La)*.
Peyardière (La). *Paillardière (La)*.
Peyonnière (La). *Payennière (La)*.
Pezerucle. *Pezereul*.
Picoullière (La). *Picaullière (La)*.
Picquetière (La). *Pilletière (La)*.
Pierrière (La). *Perrière (La)*.
Pigneau (Le). *Pineau (Le)*.
Pilière (La). *Pillière (La)*.
Pilarière (La). *Pillardière (La)*.
Pilavanière (La). *Pilavesnière (La)*.
Pilée. *Pilais*.
Pillemillière (La). *Pirmillière (La)*.
Pillouère (La). *Pilloire (La)*.
Pincés. *Princés*.
Pingenain; Pingennain; Pingeonnain; Pingoneig; Pinguenaye. *Pingenay*.
Piquainnes; Piquère. *Picanes*.
Piquardière (La). *Picaudière (La)*.
Piries (Les). *Pillerie (La)*.
Pironnette (La). *Pironnière (La)*.
Pissenia. *Fontaine-Daniel*.
Pisto. *Peuton*.
Pitruaire (La). *Petruère (La)*.
Placeium; Placiacus. *Placé*.
Plana. *Plaine (La)*.
Planca-Morel. *Planche-Moreau (La)*.
Plancha. *Planche (La)*.
Plaxicium. *Plessis (Le)*.
Pléchardière (La). *Péchardière (La)*.
Plée. *Pelée (La)*.
Plessais-de-Moulot. *Plessis-Mulot (Le)*.
Plesseiz (Le). *Plessis (Le)*.
Plesseiz Milessent; Plessiacum Milessendis. *Plessis-Milcent (Le)*.
Plessis-Rourel (Le); *Plessis-Bourré (Le)*. *Plessis-Bourreau.(Le)*.
Plessis-Guilleu (Le). *Plessis-Guyeux (Le)*.
Plessis-Moulot(Le). *Plessis-Mulot(Le)*.
Plessis-Pellecoq (Le); Plessis-Pelicot (Le); Plessis-Petitcol (Le). *Plessis-Péricot (Le)*.
Plessis-Pezaz (Le). *Plessis-Pezard (Le)*.
Plessoys-Buret (Le). *Plessis-Buret (Le)*.
Plexeicium. *Plessis (Le)*.
Pluissiers. *Puisiers*.
Poarderia. *Pouardière (La)*.
Pocilenum. *Poulay*.
Poelivière (La). *Polivière (La)*.
Poibellière (La). *Paubellière (La)*.
Poilboust. *Poilbouc*.
Poilleium. *Poillé*.
Poilletrée. *Poiltré*.
Polai. *Poulay*.
Polié. *Poillé*.
Polineium. *Poligné*.
Pomain. *Pontmain*.
Pombellons (Les). *Pont-Beelon (Le)*.
Pomeria; Pomerellæ; Pomeroliæ; Pomeries; Pommerex. *Pommerieux*.
Pompineau. *Pontpineau (Le)*.
Poncellus del Biet. *Pont-Aubray (Le)*.
Pons Landrini. *Pont-Landry (Le)*.
Pons-Menii. *Pontmain*.
Pons Petre; Pons Petri. *Pontpierre*.
Pons-Rollandi. *Pont-Rolland*.
Pons-Viviani. *Pontvien (Le)*.
Pont-Bayard (Le). *Pont-Baignard(Le)*.
Pontigné. *Pontillé*.
Pontrandoul; Pont-Randeau. *Pont-Randoux (Le)*.
Pontvian; Pontvivien. *Pontvien*.
Popelineria. *Poupelinière (La)*.
Poplinaie (La). *Pouplinaie (La)*.
Portes-Breillet (Les). *Port-Brillet (Le)*.
Portus Renjardis. *Port-Ringeard (Le)*.
Poscinière (La). *Poussinière (La)*.
Pouellé. *Poillé*.
Poulières (Les). *Pouletière (La)*.
Poupelinaie (La). *Popelinaie (La)*.
Pourriette. *Pouriotte*.
Poutellière (La). *Potellière (La)*.
Pouverie (La). *Prouverie (La)*.
Poynet. *Poinot*.
Praiaux. *Préaux*.
Prata. *Pré (Le)*.
Pratellæ. *Préaux*.
Préchandière (La). *Porchandière (La)*.
Precigan. *Persigan*.

TABLE DES FORMES ANCIENNES.

Presteseillère. *Pretesellières* (*Les*).
Prévoterie (La). *Provoterie* (*La*).
Prils. *Perils*.
Prioullière (La). *Préoullière* (*La*).
Prise-Gobron (La). *Prise-Gombron* (*La*).
Prix; Priz. *Perils*.
Prodonnière (La). *Prodhommière* (*La*).
Puisiers. *Pusier*.
Puissiers; Puissieux. *Puisiers*.
Pusat. *Puisard*.
Putallerie (La). *Peutellerie* (*La*).
Puterrie (La). *Putallerie* (*La*).

Q

Quanta Portas. *Chambord*.
Quarteau (Le). *Carteau*.
Quartrais (Là). *Cartrais* (*La*).
Quartronnière (La). *Cartronnière* (*La*).
Quedevielle. *Queu-de-Vieille* (*Le*).
Quemont. *Queumont*.
Quenaudière (La). *Guenaudière* (*La*).
Quercelinais (La). *Thiercelinais* (*La*).
Quesle. *Quelles*.
Queuhuet (Le). *Clos-Huet* (*Le*).
Queullerie (La). *Cueillerie* (*La*).
Queumont. *Cumont*.
Queutevielle. *Queu-de-Vieille* (*Le*).
Quiries (Les). *Écurie* (*L'*).
Quitay; *Quitteium*. *Quittay*.
Quoceium. *Cossé-le-Vivien*.
Quocuère (La). *Coquère* (*La*).
Quoiboue. *Cobourg*.
Quoquonerie (La). *Coconnerie* (*La*).
Quotinière (La). *Cotinière* (*La*).

R

Rablaie (La). *Érablaie* (*L'*).
Racineium. *Racinet* (*Le*).
Raderets. *Radray*.
Raguenière (La). *Raganière* (*La*).
Raignère (La). *Rainière* (*La*).
Ral. *Ralo*.
Ramardière (La). *Ramadière* (*La*).
Ramefort; Ramus fortis. *Romfort*.
Raoullières (Les). *Rouillères* (*Les*).
Ravaleium. *Ravallay*.
Raymefort. *Romfort*.
Réaumière (La). *Riaumière* (*La*).
Reburière (La). *Rebeurière* (*La*).
Rebuteria; Rebutire. *Robutière* (*La*).
Réchorie (La). *Rehoraie* (*La*).
Regadinières (Les). *Rigaudinières* (*Les*).
Regnère (La). *Rainière* (*La*).
Reimbergeiro (La). *Rimbergère* (*La*).
Reingaudière (La). *Ringaudière* (*La*).
Remaronnerie (La). *Maronnerie* (*La*).

Remechard. *Rimechard*.
Remefort. *Romfort*.
Reneraye (La). *Renneraie* (*La*).
Renneboux. *Rennebourg*.
Rennerie (Là). *Rainerie* (*La*).
Reveronnière (La). *Revelonnière* (*La*).
Revilla. *Revillerie* (*La*).
Reyères (Les). *Rayères* (*Les*).
Rezeul. *Raizeux*.
Ribouillère (La). *Ribouilère* (*La*).
Ripast. *Repail*.
Rivière-Couaudé (La). *Rivière-Chevaudé* (*La*).
Rivière-Frezel. *Rivière* (*La*).
Rivière-Infirmier (La); *Rivière-l'Enfermier* (*La*). *Rivière-Infirmier* (*La*).
Rivière-Jouaudé (La). *Rivière-Chevaudée* (*La*).
Rivus-Petrosus (La). *Rouperoux*.
Roalderia. *Rouaudière*-(*La*).
Rochay. *Rocher* (*La*).
Roche-aux-Clercs (La). *Roche-aux-Claies* (*La*).
Roche-Haton. *Roc-Haton* (*Le*).
Rocheoflaie; Rocherollaie. *Rocholaie* (*La*).
Rochetaille; Roche-Taillée. *Rochetaillis*.
Roessel. *Rouessé*.
Rogeaune. *Roujaune*.
Rogerie (La). *Rogeraie* (*La*).
Roherie (La); Roirie (La). *Rouairie* (*La*).
Roiseium. *Rouessé*.
Roissé. *Rouessay*.
Rollanderia. *Rollandière* (*La*).
Romayère (La). *Romangère* (*La*).
Rommais. *Romenée*.
Ronceraie (La). *Ronceray* (*Le*).
Rondière (La). *Raudières* (*Les*).
Rongeria. *Rongère* (*La*).
Rossoessicum. *Rouessé*.
Rossouay (Le). *Roussoir* (*Le*).
Rouasneau. *Roineaux*.
Rouauldière (La). *Rouaudière* (*La*).
Ronéblère (La). *Rouablère* (*La*).
Rougefeil; Rougefeuil. *Rougefay*.
Rouillais. *Rouillis*.
Rouillasnière (La). *Roulanière* (*La*).
Rouillère (La). *Ruillère* (*La*).
Roulandière (La). *Rolandière* (*La*).
Rousée (La). *Rosées* (*La*).
Roussignollière (La). *Rossignollière* (*La*).
Rouxquelerie (La). *Rousselleric* (*La*).
Rouzeray. *Roseray* (*Le*).
Royneau. *Roineaux*.
Ruaudière (La). *Rouaudière* (*La*).
Ruileium. *Ruillé-le-Gravelais*.

Ruiliacum; Ruilleium; Ruillé-en-Anjou. *Ruillé-Froidfont*.
Rumfort. *Romfort*.
Rungeria. *Rongère* (*La*).
Rupes-Freibore. *Roche* (*La*).
Rupes-Hatonis; Roche-Haton. *Roc-Haton* (*Le*).
Russardière (La). *Reussardière* (*La*).
Rutson. *Rudson*.
Ruxiacum. *Rouessé*.

S

Saefferière (La). *Seffrière* (*La*).
Saillandère (La). *Saillanderie* (*La*).
Sainière (La). *Saimmières* (*Les*).
S. Agnanus de Desertó; S'-Aignien; S'-Aignan-en-Craonnais. *Saint-Aignan-sur-Roë*.
S'-Aisle. *Saint-Isle*.
S. Albinus de Deserto. *Saint-Aubin-du-Désert*.
S. Albinus de Fossa-Lovani; S. Albinus de Fossa Luppina. *Saint-Aubin-Fosse-Louvain*.
S'-Amadou; S. Amator. *Saint-Amadour*.
S. Anianus. *Saint-Aignan-sur-Roë*.
S. Audoenus. *Saint-Ouen*.
S. Avitus. *Saint-Isle*.
S. Baudelius; S. Bauderus; S. Baudilius. *Saint-Baudelle*.
S. Briccius. *Saint-Brice*.
S. Ceneratus; S. Cerené. *Saint-Céneré*.
S. Christophorus. *Saint-Christophe-du-Luat*.
S. Dionisius de Anjou. *Saint-Denis-d'Anjou*.
S. Dionisius de Gastine. *Saint-Denis-de-Gastines*.
S. Ebrulfus. *Saint-Évroul*.
S. Eleuterius; S. Elierius. *Saint-Ellier*.
S'-Fraimbour; S. Frambaldus; S. Frambaldus de Praëriis; S. Frambaudus; S. Frembaldus. *Saint-Fraimbault-de-Prières*.
S. Galdus; S. Gallus; S. Gaudus. *Saint-Gault*.
S'-Gemmes. *Sainte-Gemmes-le-Robert*.
S. Georgius-de-Fleschal; S. Georgius-le-Feschal. *Saint-Georges-le-Fléchard*.
S. Germanus de Hatenala; S. Germanus Foliost; S'-Germain-des-Fonilloux. *Saint-Germain-le-Fouilloux*.
S. Germanus-super-Meduanam; S'-Germain de l'Hommeau. *Saint-Germain-de-l'Hommel*.
S'-Guye. *Sainte-Ouie*.
S'-Hermeland. *Saint-Erblon*.

TABLE DES FORMES ANCIENNES.

S. Hilarius juxta Erneiam. *Saint-Hilaire-des-Landes.*
St-Houayn. *Saint-Ouen.*
Sta-Jame le Robert; Ste-James; Ste-Jamme. *Sainte-Gemmes-le-Robert.*
S. Johannes super Arvam; St-Jehan-sur-Arve. *Saint-Jean-sur-Erve.*
St-Laurent-des-Roserays; St-Laurent-des-Rouzais. *Saint-Laurent.*
S. Laurentius de Morteriis. *Saint-Laurent-des-Mortiers.*
S. Leodegarius; St-Liger-en-Charnye; St-Ligier. *Saint-Léger.*
St-Loup-du-Doigt; St-Loup-du-Douet. *Saint-Loup-du-Dorat.*
S. Lupus. *Saint-Loup-du-Gast.*
S. Marchus. *Saint-Mars-sur-Colmont.*
St-Martin-de-Ville-Englouse. *Saint-Martin-de-Villenglose.*
S. Martinus de Limeto. *Saint-Martin-du-Limet.*
S. Medardus super Fustayam; St-Médar-la-Futaie. *Saint-Mars-sur-la-Futaie.*
S. Melanus. *Saint-Melaine.*
S. Michael. *Saint-Michel-de-la-Roë.*
St-Michel de Faigns. *Saint-Michel-de-Foins.*
St-Michiel du Bouays. *Saint-Michel-de-la-Roë.*
St-Ouan. *Saint-Ouen.*
St-Ouen-des-Vaulx ou des Ouays; St-Ouen-des-Oies. *Saint-Ouen-des-Vallons.*
St-Ouvroul. *Saint-Évroul.*
St-Paeon; St-Paern; St-Paien; S. Paternus. *Saint-Poix.*
St-Payen. *Saint-Poix.*
St-Père-d'Arve. *Saint-Pierre-sur-Erve.*
St-Père-de-la-Court. *Saint-Pierre-la-Cour.*
S. Petrus super Arvam. *Saint-Pierre-sur-Erve.*
S. Petrus de Clauso Monte. *Saint-Pierre-le-Potier.*
S. Petrus de Curia. *Saint-Pierre-la-Cour.*
S. Petrus de Landis; Dompierre. *Saint-Pierre-des-Landes.*
S. Petrus de Passu Bovis. *Beaumont-Pied-de-Bœuf.*
St-Pierre-de-la-Cour. *Saint-Pierre-sur-Orthe.*
St-Pierre-d'Herve. *Saint-Pierre-sur-Erve.*
S. Quintinus de Burgonovo. *Saint-Quentin.*
S. Sanso. *Saint-Samson.*
S. Saturninus. *Saint-Saturnin-du-Limet.*
St-Serené. *Saint-Ceréné.*
St-Sernin; St-Sornin. *Saint-Saturnin-du-Limet.*
S. Subsanna. *Sainte-Suzanne.*
S. Supplicius; St-Supplice-de-Houssay. *Saint-Sulpice.*
S. Suzanna. *Sainte-Suzanne.*
S. Trechius; St-Triphon. *Saint-Tref.*
Salcoigneium. *Saucogné.*
Salertus. *Salair.*
Salgia; Salica; Salicus vicus. *Saulges.*
Saltus Alberti. *Forêt d'Aubert.*
Salvia. *Saulges.*
Saminière (La). *Seminière (La).*
Sanona; Sanonæ. *Senonnes.*
Saoulière (La). *Souillère (La).*
Sapinière (La). *Savinière (La).*
Sarchière (La). *Charchére (La).*
Sarciniacus. *Charchigné.*
Satiacus. *Sacé.*
Sauchonneium; *Saucogné*; Sauconnière (La). *Sauconnier.*
Sauconeium. *Saucogné.*
Saudecourt. *Sautecourt.*
Saudre. *Saule.*
Saudreia. *Saudrais (Les).*
Saugia. *Saulges.*
Saugière (La). *Saugère (La).*
Saulaie (La). *Saudraie (La).*
Saulleaux (Les). *Sauliaux (Les).*
Saumerenes. *Sumeraine.*
Saurière (La). *Sorlière (La).*
Saussay (Le). *Sauzay (Le).*
Sauvigné. *Souvigné.*
Savarière (La). *Savardière (La).*
Saymondière (La). *Semondière (La).*
Saynière (La). *Saimmières (Les).*
Scée. *Cée.*
Scorcerie. *Écorcières (Les).*
Sebauderia. *Sebaudière (La).*
Seguelière (La). *Seguilais (La).*
Selinière (La). *Célinière (La).*
Sencie (La). *Censie (La).*
Senona. *Senonnes.*
Senseraie (La). *Censeraie (La).*
Sereseraye (La). *Ceriselaie (La).*
Serez. *Seray.*
Seroucouère (La). *Serquère (La).*
Sévigné. *Souvigné.*
Sfondreux. *Fondreux.*
Silande; Silingneium. *Sillandre.*
Silgiacensis vicaria. *Saulges.*
Silvigneium. *Souvigné.*
Simpleium. *Simplé.*
Sivainne. *Civenne.*
Sixcontards. *Ciscognard.*
Sizepiteau. *Cispitault.*

Soillardère (La); Sollardière (La). Souillardière (La).
Sononia. *Senonnes.*
Sonsi. *Censif (Le).*
Sosnière (La). *Saulnière (La).*
Soubillerie (La). *Soubris (La).*
Soubs-Brardière (La). *Subrardière (La).*
Souchemollière (La). *Suchemollière (La).*
Soufficerie (La). *Sufficerie (La).*
Souffrecte. *Souffrette (La).*
Sougié. *Soulgé-le-Bruant.*
Soulbray. *Sous-le-Bray.*
Soulehoche. *Soulioche.*
Soulgé-le-Courtin. *Soulgé.*
Souligeoche. *Soulioche.*
Soumer. *Soumat.*
Soupras. *Souprat.*
Sourchette. *Sourches.*
Sourie (La). *Sorie (La).*
Sourière (La). *Sourdière (Lu).*
Sourmaienne. *Surmaine.*
Sous les Oches. *Soulioche.*
Souvalles. *Souval.*
Souverron. *Souveron.*
Souvigné. *Sauvigné.*
Speltariæ. *Épagnère.*
Spina. *Épine (L').*
Spinetum. *Épineu-le-Seguin.*
Sponcelz. *Ponceau (Le).*
Stromeium; Stroneium. *Étrongé.*
Suardière (La). *Suhardière (La).*
Suberdière (La). *Suberdière (La).*
Sublé. *Sublay.*
Suffentret. *Suffentré.*
Suggé. *Soulgé-le-Bruant.*
Sumeranne. *Sumeraino.*
Surjollère (La). *Surgeollière (La).*

T

Taberia. *Tannière (La).*
Taboeria; Tabuerio. *Tabuère (La).*
Taigné. *Theigné.*
Tail. *Teil (Le).*
Taillers. *Teillais (La).*
Tailleul (Le). *Layoul (Le).*
Tanneria. *Tannerie (La).*
Taraquin. *Tarquin.*
Toubry. *Taubray.*
Taunière (La). *Tannerie (La).*
Taurigné; Tauriniacus. *Thorigné.*
Taxinaria. *Tannière (La).*
Taxoneria. *Tesnières (Les).*
Tay. *Teil (Le).*
Teignouse. *Teigneux.*
Teillère (La). *Tayère (La).*
Teilleul. *Tilleul (Le).*

TABLE DES FORMES ANCIENNES.

Telaria. *Tayère (La)*.
Telleia. *Teillaie (La)*.
Telloterie (La). *Taloterie (La)*.
Tenetum. *Tenet (Le)*.
Tergonnière. *Trégonnière (La)*.
Terignère (La). *Térinière (La)*.
Ternières (Les). *Tesnières (Les)*.
Terracherie (La). *Taracherie (La)*.
Tertre-Isoy (Le). *Tertre-Isoir (Le)*.
Tertre-Méral. *Tertre-Amiral (Le)*.
Tesvalle. *Thévalles*.
Tevineria. *Thévinière (La)*.
Thammeria; Thaoneria. *Tannière (La)*.
Thayère (La). *Tayère (La)*.
Thégonnière (La). *Trégonnière (La)*.
Thesnier. *Theigné*.
Thesvala; Thesvale. *Thévalles*.
Thibaudais (La). *Thébaudais (La)*.
Thieuraisserie (La). *Thuresserie (La)*.
Thoraye (La). *Thyraie (La)*.
Thorigniacum. *Thorigné*.
Thosca Guimard (La). *Touche-Guimard (La)*.
Thoscha. *Touche (La)*.
Tilia. *Teil (Le)*.
Tilliacum. *Tillé*.
Tilvinière (La). *Telvinière (La)*.
Tirehaie. *Thyrais (La)*.
Tissu Barenton. *Tissu-Baraton*.
Tofou. *Teufeu*.
Toissardière (La). *Trouëssardière (La)*.
Tonière (La). *Tannerie (La)*.
Toraille (La). *Touraille (La)*.
Torceium; Torciacum. *Torcé*.
Torchanon. *Torchalon*.
Toriné. *Thorigné*.
Torize. *Taurie*.
Tortiacum. *Torcé*.
Tosche Guimard (La). *Touche-Guimard (La)*.
Tosselerie. *Tauzelière (La)*.
Touchalon. *Torchalon*.
Touchas. *Touchasse (La)*.
Touche-Bidot (La); Touche-Budots (La). *Touche-Budor (La)*.
Touche du Pouez (La). *Touche-du-Puits (La)*.
Touche-Fourmond (La). *Touche-Lezé (La)*.
Touche-Vallier (La). *Touche-Chevalier (La)*.
Toupinière (La). *Taupinière (La)*.
Touzeillère (La). *Touzelière (La)*.
Tracouillère (La). *Tricouillère (La)*.
Trantæ. *Trans*.
Tréant. *Trans*.
Tréchardière. *Trétardière (La)*.

Tredendum; Tredens. *Trans*.
Tredecim Voogiæ. *Treize-Vouges*.
Trées (Les). *Traits (Les)*.
Trefferie (La). *Tréflerie (La)*.
Tremaillère (La). *Tremellière (La)*.
Tridens. *Trans*.
Trihorie (La). *Tréhorie (La)*.
Troesnerie (La). *Trouesnerie (La)*.
Troncalou. *Trancaloup*.
Tropenpenière (La). *Tropinpanière (La)*.
Trouschardière (La). *Touchardière (La)*.
Truigniacum. *Étrogné*.
Trulon. *Treulon*.
Trumniacum. *Étrogné*.
Trunière (La). *Treunière (La)*.
Tuebof; Tuebœuf; Tuebove. *Thubœuf*.
Tuellière (La). *Tullière (La)*.
Tufeu. *Teufeu*.
Tulehuère (La); Tullehière (La); Tullière. *Tulhaires (Les)*.
Tulière (La). *Turlière (La)*.
Turiniacus. *Thorigné*.
Tuscha. *Touche (La)*.
Tusciacum. *Torcé*.
Tylia. *Tillé*.

U

Udon; Uldo; Uldonum. *Oudon*.
Uslea. *Houlles (Les)*.
Usura. *Usure (L')*.

V

Vaceium. *Vaucé*.
Vahaia. *Vahais*.
Vaigette (La). *Vaige (La)*.
Vaissousière (La); Vaizouyière. *Vezouzière (La)*.
Val-Belin (Le). *Vaublin (Le)*.
Valbrenon. *Vaubrenon*.
Val Choysel. *Vauchoiseau*.
Valc. *Valette (La)*.
Valeette. *Valeyetts (La)*.
Valgray. *Valgré*.
Valhaie. *Vahais*.
Valieta. *Valeyette (La)*.
Vallées de Sée (Les). *Vallées-d'Essé (Les)*.
Vallehaie. *Vahais*.
Valleia. *Laval*.
Vallicula. *Vaucelle (La)*.
Vallis. *Val (Le)*.
Vallis Brenon. *Vaubrenon*.
Vallis Burel. *Vauboureau*.
Vallis-Castrum. *Laval*.

Valliscoier. *Vaucouiller*.
Vallis curba; Vallis curva. *Vaucourbe*.
Vallis Juas. *Vaujuas*.
Vallisjuhas. *Vaugeois*.
Vallis Raimbaudi. *Vau-Raimbaud*.
Vallis recta. *Vauré*.
Vallis torta. *Vautorte*.
Vallula. *Valeyette (La)*.
Varena; Variauna. *Varenne (La)*.
Varie (La). *Vairie (La)*.
Vasellæ. *Vaucelle (La)*.
Vasseau. *Vassal*.
Vasseel. *Vaucé*.
Vau. *Val (Le)*.
Vauboir. *Vaubouard*.
Vaucereau. *Vaussoureau*.
Vauclerdais. *Vauclardais*.
Vaufoillet. *Vaufouillais*.
Vauguard. *Vauguyard*.
Vauguvin. *Vauguewin*.
Vaujouas; Vaujours. *Vaugeois*.
Vaulgois. *Vaugeois*.
Vaurogue. *Vauroque*.
Vausillon. *Vaussion*.
Vaussé. *Vaucé*.
Vaussion. *Vaution (Le)*.
Vauzelle (La). *Vaucelle (La)*.
Vedrie (La). *Verderie (La)*.
Veerie (La). *Vairie (La)*.
Vege; Vegia; Vegium. *Vaiges*.
Vegia. *Vaige (La)*.
Veissosère (La). *Vezouzière (La)*.
Vellayennes (La). *Villains (La)*.
Vellêtre (Le). *Vieille-Estre (La)*.
Vendon. *Vendôme*.
Vennière (La). *Vannerie (La)*.
Verennière (La). *Véronnière (La)*.
Vergal. *Vergeau*.
Vernée. *Venez*.
Vernussière (La). *Vernissière (La)*.
Verrellæ. *Verdelle*.
Verrie (La). *Verrorie (La)*.
Vesnée; Vesnay. *Venez*.
Vesquère (La). *Vesquetière (La)*.
Vetulus Campus. *Bouchamp*.
Vetus Vicus. *Vieuvy*.
Vialère (La); Viallère (La). *Viaillère (La)*.
Viana. *Vienne (La)*.
Viannière (La). *Viennière (La)*.
Viaunay. *Vieil-Aulnay (Le)*.
Vicquoing (Le). *Vicoin (Le)*.
Vielcourt. *Vieucourt*.
Viennerie (La). *Viannière (La)*.
Vieuville-Fleurac (La); Vieuville-Fleurard (La). *Vieuville (La)*.
Viezville (La). *Vieuville (La)*.
Vignart. *Vignas*.

TABLE DES FORMES ANCIENNES.

Vildé. *Villedé.*
Vile-Corteise (La). *Ville-Courtaise (La).*
Vilenia. *Villaine.*
Vileria; Vilers Caroli Magni; Villeria. *Villiers-Charlemagne.*
Villa-Avis. *Viloiseau.*
Villa Cardum. *Ville-Chardon.*
Villa Cortesia. *Ville-Courtaise.*
Villa Dolenesia. *Ville-Donnaise.*
Villa Eringardis. *Port-Ringeard.*
Villa Mauger. *Villemauger (La).*
Villana. *Villaine (La).*
Villana; Villonia. *Villaines-la-Juhel.*
Villa Regis; Villareium. *Villeray.*
Villare Martis. *Vimarcé.*
Villarenton; Villarentum. *Abbayette (L').*
Villa Soriz. *Ville-Souris (La).*
Villa Tremesia. *Ville-Tremaise.*
Villa Visveris. *Viviers.*
Ville-Amelle (La). *Villamalle (La).*

Villechallerie (La). *Villari.*
Ville-Garland. *Ville-Garland.*
Villegéhard *Ville-Gérard.*
Villemanger. *Villermanger.*
Villena. *Villaines-la-Juhel.*
Villercium. *Villeray.*
Villerne. *Villaines.*
Villetables (Les). *Ville-Étable (La).*
Vimarcie; Vimurcium. *Vimarcé.*
Vingeallière (La). *Vengeallière (La).*
Vintlena. *Villaines-la-Juhel.*
Vireille. *Viraille (La).*
Virfolet. *Viroflet.*
Virgeolet. *Vergeolet.*
Viseille. *Vizaille.*
Visière (La). *Vizellière (La).*
Visveriolum. *Viviers.*
Vivaing. *Vivain.*
Vivaing. *Vivoin.*
Vivaria. *Viviers.*

Viverous. *Vivreux.*
Viviriacus. *Viviers.*
Vizegia. *Vaige (La).*
Voluta. *Volue (La).*
Voultray; Voultreium. *Voutré.*
Vredon. *Verdon.*
Vrillerie (La). *Vrillère (La).*
Vuilliacum. *Villée (La).*
Vulco. *Vicoin (Le).*
Vulteriacum. *Voutré.*

Y

Yaume. *Guillaume.*
Yaux (Les). *Guyaux (Les).*
Yvonnière (L'). *Livonnière (La).*

Z

Zilgier. *Gilzier.*

ERRATA.

SUPPRESSIONS.

Page 3. Amerie (L'), f. c^ne de Martigné.
Page 33. Boilard, m^in, c^ce de Chantrigné.
Page 35. Bois-d'Achaies (Le), f. c^ne de Saint-Gault.
Page 40. Bontelvère (La), vill. c^ne du Horps.
Page 40. Bonulière (La), f. c^ne de Saulges.
Page 74. Chaterie (La), f. c^ne de Villiers-Charlemagne.
Page 76. Chauviclou, h. c^ne du Ribay.
Page 84. Chomeau, h. c^ne de Houssay.
Page 87. Clos-de-Billes (Le), h. c^ne de Simplé.
Page 94. Corvinière (La), h. c^ne de Hercé.
Page 94. Corvinière (La), c^ne de Saint-Berthevin-la-Tannière.
Page 258. Poipaille, f. c^ce de Vimarcé.

CORRECTIONS.

Page 1. Agnets (Les), éc. c^ne de Jublains, lisez : Aguets (Les).
Page 38. Bois-Noë (Le), f. c^ne de Loigné, lisez : Bois-Noir (Le) ou les Landes, éc. c^ne de Laigné.
Page 65. Chagouinière (La), lisez : Chogonière (La).
Page 66. Châlons, c^on d'Argentré, au lieu de 710, lisez : ixe siècle.
Page 78. Chemins (Les), f. c^ne de Sainte-Suzanne, effacez les mots : auj. détruite.
Page 155. Groie (La), h. c^ne de Sainte-Suzanne, lisez : f. au lieu de h.
Page 163. Haie (La Grande-), lisez : c^ne de la Bazoche-Montpinçon au lieu de la Bazoge.
Page 164. Haies (Les Grandes-) : même correction.
Page 165. Hamardière (La) : même correction.
Page 187. Landes (Les), f. c^ne de Laigné, lisez : éc. au lieu de f.
Page 199. Maisonneuve (La), lisez : c^ne de la Bazoche-Montpinçon au lieu de la Bazoge.
Page 220. Mondière, f. c^ne de Nuillé-sur-Vicoin, lisez : ixe siècle au lieu de viiie.
Page 317. Trans, c^on de Bais, après *medietate de Tredente*, lisez : xiie siècle au lieu de ixe.

ADDITIONS.

Page 12. Baillée (La), f. c^ne de Sainte-Suzanne.
Page 13. Bannet, domaine, c^ne d'Azé, aujourd'hui inconnu. — *Unam plateam in villa de Banneyo in feodo domini de la Gaudière*, 1360 (cart. de Geneteil, f° 129).

ERRATA.

Page 14. Barde, f. c^{ne} de Sainte-Suzanne.
Page 15. Barracie (Ruisseau de), c^{ne} de l'Huisserie; affl. du Vicoin.
Page 15. Barre (La), anc. chât. auj. détruit, c^{ne} du Horps.
Page 24. Belu, f. c^{ne} de Sainte-Suzanne.
Page 24. Benête (La), f. c^{ne} de Sainte-Suzanne.
Page 26. Besnâtre, mⁱⁿ, c^{ne} d'Entrammes.
Page 34. Bois-Abert (Le), f. c^{ne} de Sainte-Suzanne.
Page 39. Bonde (Ruisseau de la) ou de l'ancien Grand-Étang, c^{ce} de Sainte-Suzanne; affl. de l'Erve.
Page 45. Boullière (La), f. c^{ce} de Sainte-Suzanne.
Page 56. Brosse-Cônu (La), f. c^{ne} de Sainte-Suzanne.
Page 61. Butte (La), éc. c^{ne} de Sainte-Suzanne.
Page 64. Cerisier (Le), f. c^{ne} de Courberie.
Page 68. Champfleury, f. c^{ne} de Sainte-Suzanne.
Page 69. Champs (Les Petits-), f. c^{ne} de Sainte-Suzanne.
Page 73. Châteauneuf, logis, c^{ne} de Sainte-Suzanne.
Page 75. Chaussée (La), f. c^{ne} de Bouchamp. — Étang et mⁱⁿ supprimés vers 1800; au milieu de l'étang était une presqu'île où se tenaient les assises féodales.
Page 84. Choiseau, mⁱⁿ, c^{ne} de Sainte-Suzanne.
Page 89. Cœurond (Ruisseau de), c^{ne} du Ribay, affl. de la rivière d'Aisne. — On le nomme aussi *la Laire*.
Page 109. Daudibon, rue et fontaine, c^{ne} d'Azé. — *Fontaine de Daudibon*, 1393 (cart. de Geneteil, f° 14).
Page 112. Dordogne, f. c^{ne} d'Azé. — *Au bois de Dourdongne*, 1405 (cart. de Geneteil, f° 141).
Page 122. Eufinière (L'), f. c^{ne} de Villiers-Charlemagne. — On dit aussi *Lufinière*.
Page 143. Gaudray, f. c^{ne} d'Azé. — *Nemus Petri de Gaudreia*, 1223 (cart. de Geneteil, f° 102). — *Le cloux de Gaudrées*, 1297 (ibid. f° 111).
Page 145. Geneteil, c^{ne} d'Azé. — Aumônerie qualifiée ancienne au XIIIe siècle : *Circa antiquam elemosinariam de Genestolio*, 1206 (cart. de Geneteil, f° 1).
Page 155. Gripperay (Le), anc. château, c^{ne} du Horps.
Page 189. Laurencière (La), f. c^{ne} de Loiron.
Page 212. Melleray, c^{on} de Lassay, ajoutez : XIIe siècle après le texte latin.
Page 234. Nevourie (La), f. c^{ne} d'Azé. — *La Nepvourie*, XVe siècle (cart. de Geneteil).
Page 240. Oronnière (L'), mⁱⁿ, c^{ne} d'Azé; auj. détruit. — *Discordia de molendino de Hoirunneria et de primitiis de Azeio*, v. 1200 (cart. de Geneteil, f° 98).
Page 242. Panlivard, c^{ne} d'Azé. — *Apud Pelivert*, 1277 (cart. de Geneteil, f° 132).
Page 254. Pissot (Fontaine et motte de), c^{ne} de Château-Gontier.
Page 272. Rallay, c^{ne} d'Azé. — *In feodo Johannis de Raleio*, 1216 (cart. de Geneteil, f° 101).
Page 283. Rocherbul (Butte de), c^{ne} de Bazouges. — *Recheroul*, XIIIe siècle (cart. de Geneteil).
Page 288. Rouillères (Le bois des), c^{ne} de Peuton. — *La terre et seigneurie des Raoullières*, 1465 (cart. de Geneteil, f° 32-33).
Page 307. Taloterie (La), h. c^{ne} de Parné. — *Telloterie* (cadastre).